LE
PARFAIT
CUISINIER

LE PARFAIT CUISINIER

Texte original de Josceline Dimbleby
Adaptation française d'Anne Blot

GRÜND

Adaptation française d'Anne Blot
Texte original de Josceline Dimbleby

Première édition française 1992 par Librairie Gründ, Paris

ISBN : 2-7000-5771-6
Dépôt légal : septembre 1992
Édition originale 1991 par Websters International Publishers, Londres, sous le titre original « The cook's companion »

Photocomposition : Charente Photogravure, Angoulême
Imprimé à Hong Kong par Dai Nippon Printing

NOTES

Toutes les cuillères sont rases.
1 cuillère à soupe = 15 ml
1 cuillère à café = 5 ml

Quand la recette ne donne pas de précision, utilisez du poivre noir du moulin.
Sauf indication contraire, utilisez des œufs de taille moyenne et du lait entier.
Le four doit toujours être préchauffé à la température indiquée.

SOMMAIRE

INTRODUCTION 6

Le placard à provisions 8

Les herbes aromatiques 10

Les épices 12

L'équipement de base 14

FONDS DE CUISSON ET POTAGES 26

LES LÉGUMES 40

LES ŒUFS 66

PÂTES ET PIZZAS 80

PÂTÉS ET TERRINES 94

RIZ, CÉRÉALES ET LÉGUMES SECS 106

POISSONS ET FRUITS DE MER 116

VIANDES ET GIBIER 142

VOLAILLE ET GIBIER À PLUMES 172

SAUCES ET ASSAISONNEMENTS 194

ENTREMETS ET DESSERTS 214

PÂTES DE CUISINE ET DE PÂTISSERIE 242

GÂTEAUX ET BISCUITS 260

PAINS ET PÂTES LEVÉES 280

CONSERVES 298

LA CUISSON AUX MICRO-ONDES 310

LA CONGÉLATION 312

Glossaire 314

Index 315

Remerciements

INTRODUCTION

La cuisine est pour moi une réelle passion. J'ai toujours aimé manger, mais, à mes yeux, la nourriture n'est pas seulement un moyen de se sustanter. Grâce aux goûts variés, aux consistances diverses, aux parfums et aux couleurs sans cesse renouvelés des aliments, faire la cuisine me permet de satisfaire un besoin créatif pressant. Lorsque j'étais enfant et que je suivais mes parents diplomates de pays en pays, j'aimais me réfugier dans la cuisine : c'était là, dans cette pièce, que je découvrais avec émerveillement les produits locaux ; là, j'observais, je sentais, je goûtais et je commençais à m'intéresser à l'art culinaire. Tous les trois ans, lorsque nous déménagions, la cuisine changeait de façon spectaculaire, d'où mon goût pour les saveurs exotiques. Ce n'est que de nombreuses années plus tard, alors que je partageais un studio avec une amie, que je me mis à cuisiner. J'acquis de l'expérience et, ne connaissant aucune règle culinaire, je n'hésitais pas à employer des techniques simples pour associer des aliments de façon originale ou pour laisser libre cours à mon imagination. Très vite, je me rendis compte que chaque nouvelle technique de base m'offrait une multitude de possibilités nouvelles. J'aimerais que mon livre vous permette de découvrir cette sensation.

J'ai toujours préféré les techniques rapides à mettre en œuvre et nécessitant le moins d'entraînement possible. Les recettes de cet ouvrage qui me semblent les plus utiles, sont celles présentées étape par étape. Dans chaque chapitre, est développé un aspect particulier de l'art culinaire, vous permettant ainsi d'approfondir vos connaissances. Les indications présentées dans un cadre de couleur sont autant d'idées et de suggestions qui vous donneront de l'assurance. Si vous cuisinez peu, j'espère que vous vous rendrez compte qu'en modifiant de façon même infime vos recettes favorites, il est possible de réaliser de délicieux plats en s'amusant. Au contraire, si vous êtes un adepte de l'art culinaire, vous serez, je l'espère, amené à découvrir de nouvelles façons de cuisiner et de nouvelles idées à essayer. La cuisine et la dégustation de délicieux mets constituent des plaisirs sans cesse renouvelés. À la fin de chaque chapitre, j'ai inclus des recettes originales dans lesquelles j'ai utilisé des variantes de techniques présentées au cours du même chapitre et des associations originales d'ingrédients. Ces recettes illustrent les techniques culinaires expliquées dans le chapitre et vous permettent de les utiliser comme base pour de succulents plats.

Lorsque j'ai commencé à travailler sur ce livre, certains chapitres me semblaient plus agréables à écrire que d'autres. Je savais que la partie consacrée aux entremets me plairait tout particulièrement. J'ai toujours adoré ce type de dessert ; enfant déjà c'était un véritable plaisir pour moi de les préparer. Je savais également que j'aurais pu consacrer plus de pages aux légumes. Les qualités gustatives et esthétiques des nombreuses variétés disponibles sur nos marchés m'ont toujours beaucoup inspirée. De même, pour le poisson, cet aliment délicieux et sain qu'une cuisson non adaptée peut gâcher. Il est à mon avis important de connaître les petits trucs qui mettent en valeur sa saveur et sa délicate consistance. En fait, tous les chapitres m'ont procuré un immense plaisir — lorsque je réalisais les recettes mais aussi lors de la rédaction. J'ai travaillé sur le chapitre consacré aux confitures, aux gelées et aux conserves juste avant Noël, ce qui m'a permis d'offrir de nombreux cadeaux. J'avais déjà fait mon propre pain, mais lorsque je me suis intéressée de plus près à ce sujet, je me suis demandé pourquoi je n'en fabriquais pas tous les jours. Les expériences avec les œufs, loin d'être fastidieuses, se sont avérées très intéressantes et m'ont permis de mettre en lumière les qualités de cet ingrédient magique.

Je savais que ce livre devait contenir des explications pratiques, complètes et de qualité. Mais je ne souhaitais pas en faire un manuel ni un guide. Mon désir le plus cher serait qu'il devienne presque un ami. Un ami en qui vous aurez confiance, qui vous aidera à trouver de l'inspiration et vous donnera des conseils. Je serais heureuse de savoir que, grâce à ce livre, vous ne vous sentez plus seul dans votre cuisine. J'aimerais aussi que l'art culinaire devienne pour vous une source de grandes satisfactions.

LE PLACARD À PROVISIONS

Un garde-manger bien garni procure un sentiment de satisfaction très sécurisant ; grâce à lui, vous pourrez toujours préparer un repas à l'improviste ; votre ingéniosité étonnera vos amis et vous saurez trouver le petit quelque chose qui ravivera ou égaiera un plat ordinaire. Garnissez vos étagères de bocaux de fruits à l'eau-de-vie ; ils seront appréciés de tous, lorsque l'occasion se présentera.

Votre garde-manger peut être un simple placard dans votre cuisine ou, si vous le pouvez, une véritable pièce exposée au nord, dans une partie fraîche de la maison. Dans ce cas, vous pourrez conserver chez vous des cageots de fruits de saison, tels que pommes ou agrumes, des tresses d'ail et des bouquets d'herbes aromatiques qui, pendus au moyen de crochets, décoreront la pièce. Dans la plupart des cas, nous disposons souvent de peu de place et la température est trop élevée ; c'est pourquoi nous avons souvent recours à des aliments non périssables : conserves, bouteilles, bocaux, emballages sous vide et autres ingrédients séchés.

Si vous disposez de quelques étagères sur lesquelles vous rangerez soigneusement vos réserves, vous n'aurez besoin que de très peu de place. Il est important d'être méthodique afin de ne pas oublier les petits bocaux derrière de grosses boîtes de conserve ; rangez les ingrédients de même type ensemble et essayez de réserver des endroits précis à certains ingrédients, de manière à savoir aussitôt ce qu'il vous manque. Veillez à placer les ingrédients récemment achetés à l'arrière de l'étagère, afin d'utiliser d'abord les aliments les plus anciens.

Pour disposer de provisions utiles, il faut savoir quels sont les aliments non périssables les plus commodes pour improviser un repas ou préparer un petit plat rapide. Bien souvent, les réserves se composent de paquets et de conserves qui prennent la poussière et s'abîment au fond du placard avant d'avoir été utilisés. Pourtant grâce aux nouveaux produits « longue conservation », il est facile de rehausser la qualité d'un dîner réalisé au pied levé.

J'apprécie toujours d'avoir en réserve les ingrédients suivants. J'essaie d'avoir un garde-manger aussi bien fourni dans ma maison de campagne, afin de pouvoir préparer un repas sans avoir fait de courses au préalable.

Bocaux et bouteilles

• Les conserves de moules et de coques au naturel sont excellentes dans des salades composées ; ajoutées à une sauce à la tomate ou à de la crème, elles accompagnent très bien riz et pâtes.
• La sauce tomate en bocal rend de grands services, surtout si vous la parfumez avec des fines herbes hachées et du beurre.
• Les câpres sont très utiles pour agrémenter des sauces servies avec du poisson ainsi que des salades.
• La mayonnaise en pot, si elle est de bonne qualité, est très commode ; n'hésitez pas à la parfumer avec des herbes fraîches, du curry, des grains de poivre vert, des anchois hachés, de la purée de tomates ou de l'ail écrasé. Elle se conserve au réfrigérateur après ouverture.
• La sauce au pistou en bocal est excellente pour accompagner les pâtes, mais aussi les pommes de terre en robe des champs. Vous pouvez utiliser également de la sauce au pistou rouge, parfumée à la tomate.
• Les chutneys, condiments et achards sont délicieux avec la viande, froide ou chaude, mais aussi dans un ragoût ordinaire auquel ils ajouteront une délicieuse note exotique.
• Les olives, en boîte ou en bocal, égayent un apéritif mais parfument aussi très bien les sauces, farces et plats en sauce.
• Avec des feuilles de vigne au naturel, vous pourrez réaliser un délicieux plat : alternez des couches de feuilles de vigne et de viande hachée, passez au four et nappez d'une sauce au fromage.
• Les gelées de fruits rouges sont délicieuses pour accompagner du gibier.
• Utilisez du miel ordinaire pour parfumer vos pâtisseries. Le miel liquide est idéal pour donner une note sucrée à une sauce.
• La moutarde parfume à merveille les plats en sauce, les soupes, les sauces, certaines pâtes à pain et de nombreuses marinades. La moutarde en grains est délicieuse dans la vinaigrette et certaines sauces chaudes.
• La sauce soja est très commode pour relever le goût d'un plat. Elle parfume très bien les légumes sautés, ravive un simple plat de légumes verts mais aussi du poulet, du veau ou du porc froid.
• Certaines pâtes, comme la pâte d'anchois, ajoutent une note originale à de nombreuses sauces et ragoûts. De même, le Viandox est un ingrédient aux utilisations variées.
• L'eau de fleurs d'oranger, de rose ou de violette, donne une touche de romantisme et d'authenticité à certains desserts d'antan.
• Il existe un vaste choix d'huiles. Réservez l'huile d'olive vierge pour assaisonner les salades et les sauces accompagnant les pâtes. Une huile ordinaire suffit pour la friture. Les huiles de noix ou de noisette sont délicieuses avec certaines variétés de salade aux feuilles parfois amères ; il faut les consommer rapidement, au risque de les voir rancir. Il est préférable de les conserver au réfrigérateur après ouverture. Les huiles de tournesol, de pépins de raisin et d'arachide sont plus légères que l'huile d'olive ; elles sont idéales pour les vinaigrettes et la mayonnaise.
• Il existe de nombreuses variétés de vinaigre. Les vinaigres de xérès et de vin vieux, mais aussi les variétés aromatisées aux fines herbes, sont délicieux avec les sauces, les ragoûts et les vinaigrettes. Le vinaigre de cidre, plus doux, est idéal pour les conserves. Le vinaigre de framboise ou d'autres fruits est parfait pour des sauces de salade plus raffinées.

Conserves

• J'utilise fréquemment des tomates pelées en boîte pour préparer une sauce accompagnant des pâtes, un ragoût ou un potage. Lorsque le temps manque, une boîte de légumes secs, comme des flageolets, des haricots rouges ou des pois chiches rend de grands services ; ces légumes sont notamment excellents dans des salades ou des plats parfumés avec un peu de lard.
• Les œufs de cabillaud ou de saumon peuvent être servis sur du pain grillé.
• Toujours très apprécié, le thon entre dans la composition de nombreux mets : sauces, tourtes, pâtes, farces et bien sûr salades.
• Les sardines à l'huile, une fois débarrassées de leurs arêtes et de leur peau, permettent de préparer un délicieux beurre de sardine.
• Les anchois en boîte ont de multiples utilisations. Ils permettent de parfumer ou de garnir une pizza, des pâtes, un plat de viande en sauce, une farce ou même une pièce de viande rôtie (agneau notamment). En les faisant réduire au bain-marie dans leur huile, on obtient une excellente base de sauce ou un délicieux accompagnement pour des pâtes.

Ingrédients secs et séchés

• Les pâtes sont l'un des ingrédients de base les plus utiles. Accompagnées d'huile d'olive et de quelques herbes, elles constitueront, en un tournemain, un délicieux plat complet. Les variétés de pâtes sont infinies ; n'oubliez pas les nouilles chinoises, parfaites pour certains plats sautés.
• Il existe également de nombreuses variétés de riz. Mon riz préféré est le basmati aux grains longs et délicats. Le riz complet basmati est le plus léger des riz complets mais aussi le plus rapide à préparer. Les recettes à base de riz sont nombreuses : paella, risotto, pilaf...
• La farine s'altère plus vite que l'on croit. Surveillez régulièrement la date limite de consommation. J'ai toujours en réserve un peu de farine à pain, complète ou ordinaire. Ayez toujours un peu de farine de seigle : mélangée à de la farine ordinaire, elle permet de varier le goût de vos pains.
• J'ai toujours en réserve des graines de tournesol ou de potiron que j'aime ajouter à ma pâte à pain ou sur mes salades composées.
• J'essaie d'avoir toujours plusieurs sortes de fruits secs. Ils remplacent agréablement les friandises et sont bien meilleurs pour la santé. Ils sont délicieux en fin de repas, lorsque vous n'avez pas eu le temps de préparer un dessert ou d'acheter des fruits frais.

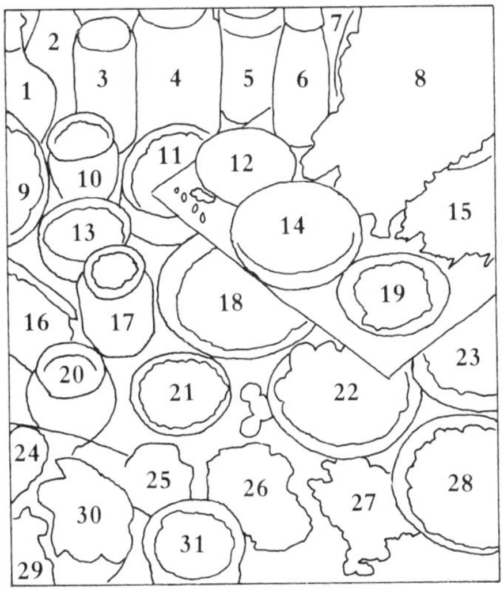

1. Huile de noix - 2. Vinaigre de vin vieux - 3. Clams - 4. Feuilles de vigne - 5. Huile de tournesol - 6. Huile d'olive vierge - 7. Vinaigre de vin - 8. Pâtes sèches - 9. Abricots séchés - 10. Coques - 11. Lentilles vertes - 12. Pignons - 13. Farine complète - 14. Flageolets secs - 15. Spaghetti - 16. Farine de froment - 17. Moutarde à l'ancienne - 18. Riz - 19. Gros sel - 20. Gelée d'abricots - 21. Cassonade - 22. Olives noires et vertes - 23. Cerneaux de noix et de noix de pécan - 24. Champignons noirs - 25. Tomates séchées au soleil - 26. Riz basmati - 27. Pois chiches secs - 28. Haricots blancs secs - 29. Champignons lyophilisés - 30. Cèpes séchés - 31. Purée de tomates.

• Les champignons lyophilisés coûtent cher mais ils relèvent si bien les sauces que la dépense me paraît justifiée. En outre, il est inutile d'en prévoir de grandes quantités, leur parfum étant très fort. Essayez d'ajouter quelques-uns de ces champignons à la sauce blanche de vos lasagne.
• Si vous trouvez des tomates séchées au soleil, goûtez-les. Vous les trouverez en sachet ou conservées dans de l'huile. Vous pourrez couper ces dernières en rondelles et les utiliser telles quelles avec des pâtes ou dans des salades ; l'autre variété doit être cuisinée avec des plats en sauce.
• Les noix et noisettes se conservent mal sauf si elles sont emballées sous vide. Ces fruits secs sont très commodes et parfument agréablement gâteaux, salades, desserts, farces et autres plats encore. On trouve dans le commerce des pistaches décortiquées, succulentes dans des terrines, des farces et certaines crèmes glacées. J'ai toujours en réserve des amandes en poudre, que j'ajoute à certains desserts.
• J'ai un petit faible pour les pignons ; grillés, ils sont excellents sur des salades, dans des plats épicés à base de viande, pour parfumer une farce de feuilles de vigne, d'aubergines ou de poivrons, ou tout simplement sur des légumes verts.
• Les lentilles vertes, brunes ou blondes, contrairement à d'autres légumes secs, n'ont pas besoin d'être trempées au préalable. Pour les lentilles vertes, comptez entre 30 et 45 minutes de cuisson, jusqu'à ce qu'elles soient bien tendres et utilisez-les dans des salades composées, des plats en sauce ou telles quelles, avec un peu de beurre et d'herbes judicieusement choisies. Les lentilles roses cuisent plus rapidement et permettent d'enrichir facilement un ragoût ou une soupe.
• Il est évidemment indispensable d'avoir toujours en réserve un certain nombre d'épices (voir page 12). Il est préférable d'acheter des épices entières et de les hacher, dans un moulin à café, au moment de les utiliser.
• Les herbes aromatiques sont en général meilleures fraîches que séchées, à l'exception toutefois de l'origan. Vous pourrez en faire sécher certaines avec succès ; c'est le cas du thym, de l'estragon, de l'aneth (étonnamment) et des feuilles de laurier.
• On trouve parfois du lait de coco lyophilisé ; il permet de reconstituer très facilement du lait de coco, ingrédient indispensable de certains plats exotiques.
• Certains types de thé parfumés, le Earl Grey par exemple, sont parfaits pour faire gonfler les fruits séchés trop secs comme les pruneaux ou les raisins secs.

Divers

• La crème fraîche ou le lait longue conservation permettent d'agrémenter sauces et soupes. Ils se conservent au frais après ouverture.
• Les tubes de concentré de tomate ou de tapenade ainsi que les pots de crème d'ail pilé relèvent à merveille certains plats à base de viande hachée, les terrines ou pâtés ; ils peuvent aussi parfumer des ragoûts.
• J'ai toujours en réserve une tablette de chocolat noir. Additionné du jus de cuisson juste avant de servir, il enrichit un plat de gibier de façon très originale. Il est en outre très utile pour napper les glaces ou les fruits au sirop.
• Les cubes de bouillon (poulet, bœuf, légumes) ou les préparations pour court-bouillon sont fort utiles lorsque vous n'avez pas le temps d'en préparer vous-même, mais ils permettent aussi de relever le parfum d'une sauce.
• Les crêpes toutes prêtes font gagner du temps. Pour les rendre moins sèches, il convient de les garnir avec de la confiture ou de les faire tremper dans du sirop de fruits avant de les servir, avec de la crème chantilly par exemple.

LES HERBES AROMATIQUES

C'est à l'occasion d'un séjour dans le Luberon, dans le sud de la France, que je me suis rendu compte combien j'appréciais les herbes aromatiques. Les collines sont recouvertes de pieds de thym et de romarin sauvages, qui dégagent un merveilleux parfum. Fouler ces petites plantes poussiéreuses offre un véritable plaisir olfactif. L'association succulente d'un gigot d'agneau rosé et d'un de ces bouquets de thym m'a enthousiasmée, ce qui m'a poussée à utiliser abondamment les herbes dans ma cuisine.

Les herbes peuvent véritablement métamorphoser le goût de certains aliments. Certaines associations sont si réussies que les aliments semblent être faits l'un pour l'autre : c'est le cas du basilic et de la tomate, de l'estragon et du poulet, du thym et du romarin avec l'agneau et de l'origan avec le fromage et les œufs. Vous pourrez cependant remplacer ces associations classiques par de nouvelles combinaisons originales de parfums et de saveurs qui s'avéreront sûrement délicieuses. Moi-même, je n'hésite jamais à réaliser des mixtures nouvelles.

Il est préférable, lorsque cela est possible, d'utiliser des herbes fraîches à l'exception de l'origan. Il est en effet meilleur lorsqu'il est séché. La plupart des herbes peuvent être cultivées très facilement. Le thym garde toute sa saveur lorsqu'on le fait sécher mais il ne se conserve pas longtemps ainsi. Il est maintenant facile de se procurer des herbes fraîches tout au long de l'année. Certaines variétés, le basilic et le persil notamment, perdent toutes leurs qualités gustatives dès lors qu'on les fait sécher. Si vous ne pouvez utiliser toutes vos herbes fraîches, vous pouvez les mettre à congeler dans des bacs à glaçons (voir page 312), ou mieux les conserver avec de l'huile dans des bocaux. Lorsque vous aurez utilisé les herbes aromatiques, vous pourrez vous servir de l'huile pour une délicieuse vinaigrette parfumée (voir page 204).

Rien ne remplace le parfum des herbes aromatiques ajoutées dans une salade ou un plat de légumes. Les plantes aux feuilles régulières peuvent également décorer le dessus d'un plat. Avec quelques herbes, les plats les plus simples prendront un air de fête. Les plats en sauce, les ragoûts et les soupes les mieux réussis gagnent à être parfumés, au dernier moment, avec une petite poignée d'herbes hachées. Celles-ci ajoutent aux sauces et aux jus de cuisson une petite note succulente.

Ail Bien qu'il appartienne à la même famille que les oignons, l'ail parfume les mets tout autant que n'importe quelle herbe aromatique. Le parfum qu'il dégage en cuisant est l'un des plus appétissants. Lorsqu'on l'utilise correctement, il relève le goût des ingrédients, même les plus délicats. L'ail cru ou à peine cuit présente une saveur prononcée et puissante ; une fois cuit en revanche, il devient doux et presque sucré. C'est pourquoi certaines sauces ou plats exigent fort peu d'ail, alors que les recettes qui cuisent longtemps peuvent en contenir beaucoup.

Aneth frais ou séché L'aneth sert principalement à parfumer les soupes, les sauces, les cornichons ou le saumon mariné (voir page 135). L'aneth frais présente un goût très agréable ; il aromatise avec succès les salades, les timbales de poisson, les pommes de terre et autres légumes. En mélangeant des crevettes avec de la crème fraîche et de l'aneth frais, vous obtiendrez une délicieuse entrée.

Angélique séchée ou fraîche Cette herbe est délicieuse pour parfumer le poisson et les salades. Sous sa forme confite, on peut la hacher et l'utiliser dans des recettes de cake. On peut aussi s'en servir pour décorer un gâteau ou un dessert. Le goût de l'angélique rappelle celui du genièvre.

Basilic Cette herbe, que l'on peut facilement faire pousser chez soi, se prête à de très nombreuses utilisations. Les feuilles vertes ont un goût prononcé de citron et de jasmin. Si vous ajoutez du basilic à un plat en cours de cuisson, incorporez-le au dernier moment, pour préserver son arôme. Le basilic est une herbe couramment utilisée dans la cuisine provençale ou italienne, notamment avec des tomates, avec lesquelles il se marie très bien ; il entre aussi dans la composition de salades et de sauces. Le pistou, à base de basilic broyé, est un grand classique de la cuisine méditerranéenne. Il est préférable de déchirer les feuilles de basilic, plutôt que de les hacher (sauf dans la recette du pistou).

Bouquet garni Il s'agit d'un mélange de thym frais, de persil et de feuilles de laurier que l'on utilise pour parfumer des soupes ou des plats en sauce. Préparez votre propre bouquet garni en mélangeant les herbes de votre choix.

Bourrache Cette herbe qui pousse très facilement se caractérise par ses fleurs bleues. Confites (voir page 275), on les utilise pour décorer la pâtisserie. Les feuilles sont également très parfumées. Leur goût rappelle celui du concombre. On peut les ajouter à la salade.

Cerfeuil Cette plante aromatique présente un arôme rappelant celui de l'anis. Il faut l'utiliser sans attendre car une fois cueillies les feuilles se fanent très vite. Elle est utilisée pour garnir les omelettes et les apprêts de poisson mais aussi dans les salades.

Ciboulette Les tiges brillantes de cette herbe ont une saveur proche de celle de l'oignon. Elles servent, finement ciselées, à relever les sauces de salade, les soupes de tomates, les pommes de terre en robe des champs et à parfumer les omelettes.

Citronnelle Très courante dans la cuisine indonésienne et chinoise, la citronnelle existe sous la forme séchée ou fraîche. Son goût citronné se marie très bien avec le poisson. Il convient de faire tremper la variété séchée avant de l'utiliser.

Coriandre Les feuilles, le bulbe, la tige et les graines de cette herbe aromatique présentent des goûts légèrement différents les uns des autres. Quelques feuilles fraîches, ajoutées à un plat juste avant de servir, apportent une petite note exotique des plus agréables ; elles sont excellentes dans des salades et autres garnitures. Le bulbe et la tige parfument les soupes et ragoûts mais il faut les retirer avant de servir.

Estragon Cette herbe aux feuilles vert vif se caractérise par son goût très fin et délicat mais néanmoins assez prononcé. L'estragon se marie très bien avec le poulet, les beurres composés, les œufs, le poisson, mais aussi la viande et le gibier. Il parfume agréablement la vinaigrette.

Fenouil Les tiges et les feuilles de cette herbe aromatique ont un délicat goût anisé. Les feuilles de fenouil sont idéales pour garnir les légumes et le poisson. Les tiges séchées constituent un excellent lit de verdure sur lequel déposer un poisson avant de le faire griller.

Fenugrec Les feuilles rappellent le trèfle. On utilise souvent les graines dans la cuisine indienne pour leur goût légèrement amer. Le goût des feuilles ressemble à celui d'une noix parfumée au curry.

Fines herbes Il s'agit d'un mélange d'herbes aromatiques — généralement du persil, de l'estragon, de la ciboulette et du cerfeuil. L'omelette aux fines herbes est un grand classique de la cuisine familiale.

Grains d'anis Les grains d'anis déjà cultivés à l'époque des Pharaons, sont surtout utilisés de nos jours dans l'ouzo, la boisson grecque traditionnelle. Ils parfument à merveille les soupes de poisson, un ragoût ou des légumes mais aussi les biscuits, les gâteaux et les crèmes aux œufs.

Laurier Les feuilles de laurier s'utilisent fraîches ou séchées pour parfumer les soupes et les ragoûts, au sein généralement du célèbre bouquet garni. Elles sont délicieuses avec le poisson, ainsi qu'avec le gibier et les légumes secs. Retirez la tige des feuilles fraîches et hachez-les finement avant de les ajouter à une sauce à la crème ou aux œufs. Vous pouvez aussi parfumer l'eau de cuisson des pommes de terre.

Livèche Les graines, les feuilles et les tiges de cette plante présentent un goût rappelant celui du céleri, tout en restant néanmoins très particulier. Les feuilles, élégantes, décorent joliment un plat. On peut les hacher et les ajouter à une souple ou un plat en sauce juste au moment de servir. La livèche se marie très bien avec les plats à la tomate.

Marjolaine Cette herbe aromatique est très proche de l'origan, avec un goût moins prononcé. Les qualités aromatiques de la marjolaine disparaissent lors d'une cuisson prolongée ; il est donc préférable de ne l'ajouter qu'au moment de servir. Elle accompagne très bien les poulets en sauce ou les soupes de légumes.

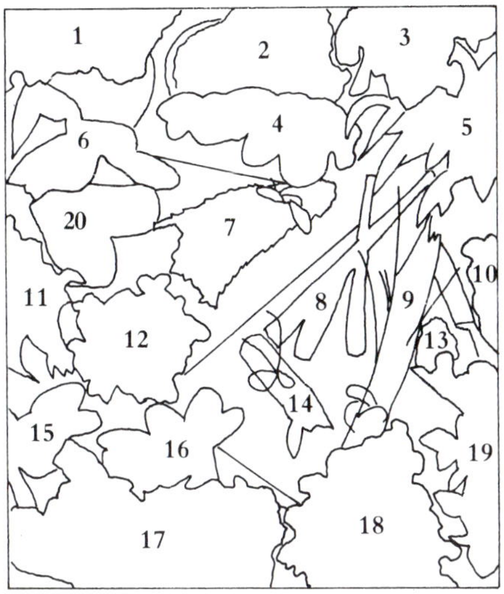

1. Persil plat - 2. Thym - 3. Coriandre - 4. Roquette - 5. Sauge - 6. Feuilles de laurier - 7. Romarin - 8. Citronnelle - 9. Ciboulette - 10. Persil frisé - 11. Estragon - 12. Marjolaine - 13. Ciboulette hachée - 14. Bouquet garni - 15. Menthe - 16. Basilic - 17. Aneth - 18. Cerfeuil - 19. Origan - 20. Oseille.

Mélisse Ces feuilles fraîches présentent un goût et un parfum rappelant ceux du citron. Utilisez les feuilles entières dans des punchs ou des boissons aux fruits et hachez-les pour les incorporer à des recettes de soupes, ou de salades. Mais c'est en pâtisserie qu'on l'utilise le plus, dans des gâteaux et entremets.

Menthe C'est l'une des plantes aromatiques les plus couramment utilisées en cuisine. La sauce à la menthe est délicieuse avec le gigot, mais on peut également ajouter à la viande des morceaux de menthe fraîche hachée. Elle agrémente délicieusement bien les compotes de fruits rouges ainsi que les salades de fruits. Sur des légumes et des salades, quelques feuilles de menthe hachée ajoutent une note très agréable.

Origan Très proche de la marjolaine, l'origan présente toutefois un goût plus prononcé. C'est la seule herbe aromatique qui gagne à être utilisée sous sa forme séchée. L'origan est délicieux avec la viande, le poulet, les plats au fromage et les œufs. Il est très couramment utilisé dans la cuisine italienne et grecque.

Oseille Cette plante au goût acide qui exige un temps de cuisson très bref, permet de confectionner de délicieuses soupes et salades. Les feuilles d'oseille perdent leur belle couleur vive dès qu'on les fait chauffer. L'oseille accompagne traditionnellement le poisson et le veau. Elle sert aussi à fourrer les omelettes.

Persil Bien que largement utilisé comme élément de décor, il faut savoir que le persil parfume très bien les soupes et les sauces. La variété frisée est la plus courante, mais le persil commun à feuilles plates est le plus parfumé. Quelques feuilles de ce persil ajoutées à de l'ail écrasé et à un peu d'huile d'olive suffisent à égayer une pièce de viande ou un poisson grillé. On peut faire revenir un peu de persil à la poêle pour accompagner un poisson ou le réduire en purée avec du beurre pour confectionner une délicieuse sauce, exquise avec du veau ou du poulet. Il peut remplacer le basilic dans une sauce inspirée du pistou provençal (voir page 207).

Romarin Le romarin se marie particulièrement bien avec l'agneau, mais également avec le porc, le lapin, le poulet et les saucisses. Son goût étant très prononcé, il est préférable de l'utiliser avec parcimonie, finement haché. Un bouquet de romarin forme un excellent lit de verdure sur lequel faire griller de la viande ou de la volaille. Essayez d'en faire infuser quelques brins dans des liquides, pour parfumer des crèmes, des sirops ou des glaces.

Roquette La roquette, à la saveur assez forte, est une herbe que l'on mange en salade. Son goût ressemble à celui du cresson et se déguste avec une bonne vinaigrette (voir page 204). La roquette est également délicieuse avec du beurre et de l'ail écrasé pour accompagner des pâtes.

Sarriette L'arôme de cette herbe rappelle à la fois la menthe et le thym. Utilisez-la, sans en abuser, pour parfumer des soupes, des ragoûts ou des viandes en sauce.

Sauge Excellente avec des tomates, de l'ail et de l'huile d'olive, elle parfume à merveille la viande de porc ou de canard ainsi que le foie. Elle est également délicieuse avec du bœuf à la sauce tomate ou des gratins, mais aussi dans des farces. L'arôme de la sauge étant très prononcé, il convient de l'utiliser avec parcimonie.

Sureau Les baies et les fleurs de cet arbrisseau sont utilisées en cuisine. On ne peut ni congeler ni faire sécher les fleurs ; c'est pour cette raison qu'on ne les utilise qu'au début de l'été. Leur parfum musqué ne laisse pas deviner l'exquise saveur qu'elles peuvent apporter aux sirops, sorbets, confitures et compotes de fruits. En automne, les baies permettent de confectionner de délicieuses confitures et gelées.

Thym Le thym est très utilisé en cuisine comme aromate. Il est excellent dans des recettes dont les ingrédients doivent mijoter de longues heures : pot-au-feu, potée, civet, bœuf bourguignon. À l'instar de l'origan, le thym gagne à être utilisé séché. Il est délicieux avec l'agneau rôti, le porc, le poulet, le poisson et les œufs. N'en abusez pas, car le goût du thym peut masquer la saveur des autres aliments.

LES ÉPICES

Dès mon plus jeune âge, j'ai apprécié les épices, ce qui est rare pour les enfants. C'était à l'époque où nous vivions en Syrie. Les souvenirs des parfums et des couleurs extraordinaires qui animaient la rue des Épices du souk de Damas sont encore très vivaces dans mon esprit. Un plat peut être épicé sans pour autant emporter le palais ; les épices sont des aromates qui permettent de dévoiler certaines qualités cachées des aliments — seules quelques variétés comme le chili, le piment et le gingembre sont effectivement piquantes.

C'est à Damas que j'ai découvert les recettes typiques du Moyen-Orient à base de cumin, de coriandre, de cannelle, etc. ; plus tard, en Inde, j'ai retrouvé ces épices et d'autres encore, mais elles étaient utilisées de façon fort différente. Ceci m'encouragea à ajouter des épices dans mes recettes : que ce soit un mélange ou une seule variété, lorsqu'il s'agit de parfumer légèrement un plat au goût peu prononcé, le résultat est toujours très réussi. Une épice judicieusement choisie peut relever de façon étonnante un plat salé ou sucré ; ainsi, une pincée de muscade fraîchement râpée suffit à parfumer un plat de légumes, un entremets à base de lait ou un gratin au fromage, tandis que quelques graines de carvi agrémentent délicieusement des patates douces ou du potiron.

Il m'est très difficile de me passer de cardamome. Celle-ci relève les plats de viande, de volaille et de poisson — une ou deux graines suffisent pour transformer une timbale de poisson toute simple en un plat agréablement parfumé —, mais ajoute également aux desserts et aux glaces une note originale. Pour les plats salés, l'association de cardamome, d'ail et de gingembre frais représente pour moi la meilleure combinaison qui soit. La cannelle parfume à merveille les plats sucrés et salés. Elle est notamment délicieuse avec du poulet : un simple bâton suffit à parfumer une volaille en sauce. Les plus gourmands ne pourront résister à quelques tranches de pain dorées au beurre dans une poêle, parsemées d'un peu de cannelle en poudre.

De même qu'il est préférable d'utiliser des herbes aromatiques fraîches, le parfum des épices est plus prononcé lorsqu'on les achète entières et que l'on ne les réduit en poudre qu'au moment de les utiliser. Qu'il s'agisse d'épices en poudre ou entières, il est conseillé de les faire chauffer rapidement dans une poêle sèche. Je possède un moulin à café électrique pour le seul usage de mes épices, mais si vous en utilisez peu, votre moulin à café suffira, à condition de l'essuyer soigneusement au préalable. Le mortier et le pilon sont également très efficaces, sauf pour quelques épices particulièrement dures, comme la cannelle, les clous de girofle et l'anis étoilé. En Afrique du Nord et au Moyen-Orient, on prépare le café en y faisant infuser une capsule de cardamome. On peut le moudre avec quelques graines de cardamome.

À l'instar des herbes, les épices se prêtent aux expériences culinaires les plus variées. À cet égard, j'ai remarqué que les gens étaient toujours très intrigués par le goût d'une épice qu'ils ne parvenaient pas à identifier. Il est possible de préparer soi-même son propre mélange d'épices pour parfumer un curry, comme le font les Indiennes. Un plat judicieusement épicé connaîtra toujours un vif succès auprès de vos amis. Il est souvent difficile de choisir la boisson qui accompagnera le mieux un plat épicé. Inutile de choisir un trop bon vin qui serait gâché. Un vin blanc sec conviendra parfaitement.

Aneth Son goût est comparable à celui des graines de fenouil ou de carvi, en moins prononcé. Les graines d'aneth sont délicieuses avec la purée de pommes de terre, le chou et le porc en sauce.

Anis étoilé Cette jolie petite gousse, en forme d'étoile, est très utilisée dans la cuisine chinoise traditionnelle. Son goût rappelle celui de la réglisse et de l'anis, en plus fort. Elle est idéale pour parfumer les plats de poisson, les purées de légumes, le chou, les poireaux et le potiron.

Cannelle Il s'agit de l'écorce d'un arbre originaire du Sri Lanka, vendue sous la forme de bâton ou de poudre. La cannelle se conserve bien. Elle possède une saveur chaude et piquante. La cannelle en bâton est idéale pour parfumer des plats de poulet, d'agneau ou de légumes, tandis que l'épice en poudre se prête davantage à la pâtisserie. Son goût se marie bien avec les pommes, les poires et le chocolat.

Cardamome Cette épice possède une saveur sucrée au goût proche de celui de l'eucalyptus, en plus riche et plus doux. Ses capsules sont petites et vertes, parfois blanches, ou grosses et noires. La cardamome noire est moins raffinée. La cardamome est originaire d'Inde où on l'utilise couramment pour parfumer les plats sucrés et salés. Elle est particulièrement bonne dans des entremets à base de lait (voir page 216). Utilisez les capsules entières si vous souhaitez un goût léger, mais cassez-les si vous recherchez un parfum plus prononcé. L'arôme de cette épice s'évapore très rapidement ; il est donc préférable de la réduire en poudre juste avant de l'utiliser.

Carvi Les graines brunes de carvi sont utilisées pour aromatiser le pain et les pâtisseries, ainsi que pour certaines variétés de fromage. Le carvi est délicieux sur les légumes cuits, notamment le chou dont il est le complément traditionnel.

Cinq-épices Ce subtil mélange chinois d'épices se compose de parts égales de poivre, d'anis étoilé, de cannelle, de clous de girofle et de graines de fenouil finement broyés.

Clou de girofle Cette épice très connue présente d'excellentes qualités aromatiques. On l'emploie généralement dans les matelotes au vin rouge, les marinades au vinaigre mais aussi avec de la cannelle dans le vin chaud. Quelques clous de girofle piqués dans un oignon parfument à merveille de nombreux plats en sauce.

Coriandre Les graines séchées de la coriandre présentent un goût tout à fait différent des feuilles et des tiges fraîches. Elles sont excellentes dans les conserves au vinaigre et le curry et parfument bien le porc et les légumes.

Cumin Les graines de cumin se caractérisent par leur goût puissant, assez fort et légèrement amer. On les utilise entières ou moulues pour parfumer fromage, pain, sauces et curry.

Curcuma Vendu sous la forme d'une poudre jaune orangée, le curcuma est souvent utilisé pour remplacer le safran à cause de sa couleur vive. Son goût épicé et assez fort est différent. Il entre dans la composition du curry et se marie très bien avec le poulet ou le poisson.

Épices mélangées Il s'agit d'un mélange d'épices en poudre bien défini comprenant du macis, de la coriandre, du carvi, de la casse, des clous de girofle, du gingembre, de la cannelle et du piment ; il parfume à merveille les biscuits, les entremets et les gâteaux. Ce mélange d'épices ne se conserve pas très longtemps ; utilisez-le le plus rapidement possible.

Fenouil Ces délicieuses graines au goût d'anis entrent dans la composition du curry ; elles sont délicieuses avec des légumes ou des ragoûts à base de haricots rouges.

Garam masala Ce terme signifie littéralement « mélange épicé » ; il s'agit d'une préparation à base d'épices grillées comprenant des graines de coriandre, de cumin, de cardamome, des clous de girofle, de la cannelle et du macis.

Genièvre Ces petites baies violettes ou noires sont le condiment indispensable des marinades, ragoûts, courts-bouillons et terrines — notamment à base de porc et de gibier.

Gingembre Qu'il soit frais, moulu, ou confit dans du sucre, le gingembre est un ingrédient épicé au goût piquant fréquemment utilisé dans la cuisine indienne et britannique. Le gingembre frais étonne par son petit goût citronné très différent de celui du gingembre en poudre ou confit. Il se marie très bien avec de l'ail pour agrémenter les fruits de mer, les plats à base de poisson ou de volaille.

Macis Il s'agit de l'enveloppe protectrice de la noix de muscade ; le macis est une épice d'un rouge vif lorsqu'elle est fraîche, virant au beige foncé à mesure qu'elle se dessèche. Son goût est assez différent de celui de la muscade. Cette épice parfume les soupes et les plats en sauce ; en poudre, elle entre dans la préparation de certains biscuits et gâteaux secs. Vous pouvez aussi en ajouter quelques pincées dans les sauces à la crème accompagnant volailles, poissons, ou gibiers.

Moutarde Les graines de moutarde peuvent être blanches, brunes ou noires — l'huile extraite de ces deux dernières est très piquante. La moutarde à l'ancienne, en grains, est excellente pour relever certaines sauces à la crème.

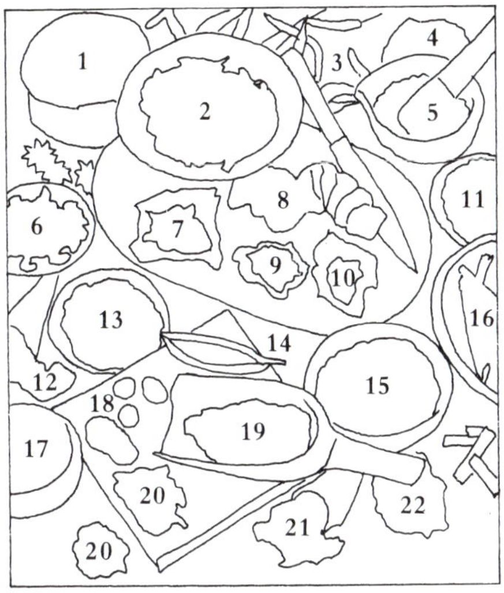

1. Anis étoilé - 2. Piments séchés - 3. Piments rouges et verts - 4. Graines de carvi - 5. Baies de genièvre - 6. Cardamome verte - 7. Piment de Cayenne - 8. Gingembre frais entier et émincé - 9. Macis - 10. Safran - 11. Curcuma en poudre - 12. Graines de cumin - 13. Tamarin - 14. Gousses de vanille - 15. Grains de poivre roses, gris et blancs - 16. Bâtons de cannelle - 17. Graines de moutarde noires et blanches - 18. Muscade entière et râpée - 19. Graines de fenouil - 20. Clous de girofle - 21. Graines d'aneth - 22. Poivre vert séché.

Muscade (noix de) Grâce à son goût de noisette très agréable, cette épice se prête à de nombreuses utilisations. On en ajoute volontiers quelques pincées dans certains entremets à base de lait, comme le riz au lait, mais elle relève surtout les recettes à base de pommes de terre, d'œufs et de fromage. On peut en ajouter dans la béchamel. Râpez votre muscade juste avant de l'utiliser dans une recette ; elle conservera toute sa saveur et ses huiles essentielles.

Piment Cette plante appartenant à la même famille que la tomate et l'aubergine présente de nombreuses variétés différentes en forme, taille, et couleurs. C'est le piment qui donne le piquant que l'on connaît au curry. Les piments peuvent être plus ou moins épicés selon les variétés. Les petits piments verts sont cueillis avant d'être mûrs, tandis que les rouges sont arrivés à maturité, sans être pour autant plus épicés. En règle générale, les piments les plus charnus sont les moins forts. Les graines étant très piquantes, il est préférable de les ôter au préalable. Préparez toujours les piments sous l'eau du robinet et ne touchez ni vos yeux ni votre bouche pendant que vous les préparez.

Piment (ou poivre) de Cayenne Il s'agit d'une épice très relevée, obtenue à partir des gousses séchées d'un arbre originaire d'Amérique centrale. Utilisez le piment de Cayenne pour relever votre curry et pour parfumer les plats à base de fromage ou de poisson.

Piment de la Jamaïque Cette épice dont l'apparence rappelle celle de gros grains de poivre présente un goût inattendu évoquant un mélange de muscade, de macis, de cannelle et surtout de clous de girofle. Cette épice entre dans la composition des marinades et des sauces, parfois des farces. Contrairement à ce que son goût peut laisser supposer, ce n'est pas un mélange d'épices.

Poivre Outre le poivre de Cayenne obtenu à partir de piments très forts, il existe différentes variétés de poivre, aux grains de couleur blanche, verte ou grise. Les grains sont en fait les baies séchées du poivrier. On peut acheter du poivre moulu, mais il est préférable de moudre les grains de poivre au moment de cuisiner. Vous pourrez en outre mélanger les différents types. Le poivre vert en grains, conservé dans de la saumure, permet de préparer d'exquises sauces pour accompagner la viande rouge. Bien qu'il ne s'agisse pas véritablement d'une variété de poivre, les baies roses présentent des qualités à la fois esthétiques et aromatiques.

Safran Variété de crocus particulière, le safran est l'épice la plus chère du monde à cause de sa récolte qui doit être faite manuellement. Le safran confère au plat qu'il parfume une magnifique couleur jaune vif. Seule une petite quantité est nécessaire, car cette épice est très concentrée. Pour extraire toute la saveur des filaments, il convient de les faire infuser dans un liquide bouillant pendant au moins un quart d'heure puis d'ajouter cette préparation parfumée aux ingrédients du plat. Le safran se prête particulièrement bien à la préparation de plats à base de riz et de poisson : la paella bien sûr, mais également le risotto italien et le pilaf indien. Il se marie très bien avec la crème fraîche ; à cet égard, il est excellent avec le poisson et les pommes de terre cuites à la vapeur. On l'utilise parfois dans certaines recettes de pâtisserie.

Tamarin Utilisé surtout pour préparer du curry, le tamarin est une épice de couleur brune, légèrement collante, provenant des gousses du fruit du tamarinier. Son petit goût acidulé confère au plat une note fruitée très agréable. Vendu généralement en petits blocs de pulpe compressée ou en liquide, le tamarin constitue un ingrédient indispensable dans la cuisine indienne et extrême-orientale.

Vanille Ce merveilleux arôme provient des gousses d'une variété mexicaine d'orchidée. La meilleure est celle que l'on cultive à Madagascar. Ce sont les cristaux blancs qui se collent aux gousses qui donnent cette saveur inégalable. Les gousses sont assez onéreuses, mais on peut les utiliser plusieurs fois ; vous pourrez les conserver dans des bocaux de sucre en poudre, qu'elles parfumeront délicieusement (voir page 235). La vanille de synthèse ne peut remplacer la vanille naturelle ; en revanche, l'extrait de vanille rend de grands services et parfume agréablement les plats. Pour sortir de l'ordinaire, ajoutez un soupçon de vanille à un poisson en sauce.

L'ÉQUIPEMENT DE BASE

La cuisine peut être un véritable plaisir ou au contraire, une corvée. Afin que cette activité quotidienne ne soit pas fastidieuse, il est important de posséder les bons accessoires ou ustensiles. Inutile d'engager de grosses dépenses ou d'acheter du matériel de professionnels ! Choisissez plutôt un équipement de qualité, à la portée de votre budget ; vous compléterez votre collection, progressivement, en fonction de vos besoins.

Du bon matériel dure toute une vie ; c'est pourquoi il est préférable d'investir au départ dans des ustensiles dans lesquels vous pourrez avoir confiance. Un instrument de mauvaise qualité, susceptible de se casser, de se tordre, de brûler ou d'attacher en cours de cuisson vous frustrera chaque fois que vous l'utiliserez.

Votre efficacité devant les fourneaux dépendra autant de la qualité de votre équipement que de votre organisation et de votre tour de main. Grâce à de bons ustensiles, vous pourrez goûter le plaisir de préparer un repas, sans vous énerver ou vous fatiguer.

Casse-noix Il existe plusieurs types de casse-noix. Il s'agit le plus souvent d'une pince en acier chromé à deux niveaux de serrage pour recevoir des coques de grosseur différente. Il exige une certaine force de la part de l'utilisateur ; en outre, le mouvement étant difficile à contrôler, les cerneaux sont souvent écrasés. D'autres sont cylindriques dotés d'une grosse vis en bois. Plus fragiles que les précédents, ils sont plus faciles à utiliser. Il existe des systèmes à encliquetage.

Cuillères en bois Elles sont indispensables pour remuer, mélanger, battre les préparations culinaires avant ou pendant la cuisson. Les cuillères classiques aux bouts arrondis existent en diverses tailles. Il existe également des cuillères plates, idéales pour travailler divers appareils à cru ou sur le feu. La spatule à bords droits permet de bien râcler le fond et les côtés de la casserole. Le bois étant un excellent isolant, ces cuillères ne chauffent pas pendant la cuisson des aliments. Elles sont généralement munies d'un long manche, pour éviter que l'on se brûle avec la chaleur dégagée par le contenu de la casserole ou du plat. Ne laissez pas la cuillère en bois dans la casserole pendant la cuisson, elle pourrait brûler, voire prendre feu. Les modèles avec des trous doivent être nettoyés soigneusement.

Décapsuleur Cet ustensile fonctionne grâce à un mouvement de levier exercé sur la capsule de la bouteille. Il doit être solide et facile à manier. Il existe des modèles de tire-bouchon doublés d'un décapsuleur.

Fourchette à rôti On a toujours besoin d'une fourchette de ce type à deux dents (généralement en acier inoxydable), pour sortir des aliments d'une casserole et les goûter, pour retourner et manipuler un rôti ou pour maintenir une pièce de viande pendant qu'on la découpe (voir page 166). Comme pour un bon couteau, une fourchette de qualité est rivetée au niveau du manche ; en outre, le métal doit se prolonger dans le manche tout entier, bien isolant, de préférence en bois ou en plastique.

Une fourchette de qualité avec 3 ou 4 dents est toujours très utile ; elle servira par exemple à séparer des spaghetti ou des légumes hachés, comme du chou, en cours de cuisson.

Louches et cuillères en métal Les grandes cuillères en métal peuvent servir à remuer des aliments, à incorporer des blancs d'œufs à une préparation, à arroser une viande en cours de cuisson. Il est important qu'elles soient solides, car les aliments soulevés sont souvent lourds. Le cuilleron ne doit pas être trop profond, afin que les aliments puissent en glisser facilement. Il est préférable de choisir des cuillères avec un manche en bois bien isolant.

L'écumoire, perforée de petits trous, permet de soulever des aliments cuisant dans un liquide ou de la graisse. Elle sert également à écumer ou dégraisser une préparation en ébullition. Les écumoires en fil métallique sont très utiles pour soulever des aliments au fond d'une friture.

Les louches, dont vous vous servirez pour verser par exemple de la pâte dans une poêle ou pour transvaser un liquide d'un plat dans un autre, doivent être munies d'un long manche, pour éviter les risques de brûlure, et d'un cuilleron assez profond. Les petites louches à bec servent à puiser les jus et les sauces.

Ouvre-boîtes Le modèle le plus courant est composé d'un ergot d'acier qui perfore le couvercle de la boîte. Il est d'utilisation plus facile que l'ouvre-boîtes à lame circulaire et roue dentée. Certains modèles sont électriques. Ils peuvent se fixer au mur. Plus commodes, ils sont néanmoins bien plus onéreux.

Palette en métal La palette est formée d'une lame large et souple en acier inoxydable, l'extrémité, de forme carrée ou rectangulaire, est arrondie aux angles. Certaines lames ont des dents de scie sur l'un des bords. Cet ustensile est très commode pour retourner des aliments peu épais (filets de poisson ou crêpes par exemple), ou encore pour décoller de la plaque à pâtisserie des biscuits sortant du four. Il est également très commode pour décoller les bords d'un gâteau de son moule, étaler un glaçage sur une pâtisserie ou pour donner un effet décoratif à la surface d'une purée de légumes. Une spatule à dents de scie permet également de couper un gâteau en parts.

Passoire Ce récipient percé existe en métal ou en matière plastique. Il doit comporter des trous sur tout le fond ainsi que sur les bords. Pour laver et égoutter les aliments, choisissez une passoire munie de deux poignées latérales et d'un large socle (les modèles avec des pieds sont moins stables). Si vous souhaitez utiliser votre passoire pour faire cuire des aliments à la vapeur, choisissez-la en métal bien sûr, avec un fond plat, un long manche et si possible une poignée ou un crochet à l'opposé, afin de la poser facilement sur le bord de la casserole.

Pelle à poisson Une bonne pelle à poisson doit être à la fois fine et solide, afin de glisser facilement sous les aliments pour les soulever sans les briser. Certaines sont plutôt carrées, d'autres rectangulaires. Elles peuvent être percées de petits trous ou de fentes laissant ainsi s'écouler la graisse. Il en existe également des rondes ou des triangulaires plus commodes à utiliser dans une casserole.

Pince Lorsque vous devez manipuler des aliments très chauds ou au contraire congelés, mieux vaut utiliser une pince en métal ou en

LE MATÉRIEL DE CUISINE DE BASE

Cette liste peut servir de guide à toute personne qui s'installe. Avec cet équipement de base, rares seront les recettes que vous ne pourrez pas réaliser, faute de matériel ; par la suite, vous pourrez progressivement acheter du matériel plus spécialisé (voir page 24) selon vos besoins.

- verre gradué
- balance de cuisine
- ouvre-boîte
- décapsuleur
- ciseaux de cuisine
- jattes et bols de tailles diverses
- épluche-légumes
- couteaux de cuisine de tailles diverses
- planche à découper en bois massif
- râpe
- fouet métallique de taille moyenne
- cuillères en bois de tailles diverses
- cuillère en métal
- fourchette à viande
- pelle à poisson en métal, percée
- spatules en caoutchouc
- passoire
- écumoire
- chinois de taille moyenne
- pilon et mortier
- rouleau à pâtisserie
- 1 série de casseroles comportant au moins 4 tailles
- poêle à fond épais
- poêle à petit bord
- plat à rôtir équipé d'une grille
- moule à tarte
- cocotte de taille moyenne résistant à la chaleur
- 2 plats à flan
- au moins 2 plaques à pâtisserie
- moules à manqué de tailles diverses, de 18 à 25 cm de diamètre
- 2 à 4 moules carrés ou rectangulaires (de 18 à 20 cm)

1. Rouleau à pâtisserie effilé
2. Rouleau à pâtisserie ordinaire
3. Rouleau à pâtisserie avec poignées
4. Grande louche
5. Mini-louche
6. Louche à bec
7. Louche plate
8. Casse-noix avec système d'encliquetage
9. Cuillères en bois
10. Pince de cuisine
11. Passoire
12. Écumoire en fil métallique
13. Écumoire plate
14. Écumoire en treillis métallique
15. Pique en bois
16. Pince à spaghetti
17. Fourchette en métal
18. Passoire munie d'un long manche
19. Ouvre-boîtes
20. Palette
21-22. Pelles à poisson
23. Raclette
24. Grosse cuillère de cuisine
25. Cuillère de cuisine perforée
26-27. Pinceaux à pâtisserie
28. Spatule en bois à fentes
29. Décapsuleur
30. Tire-bouchon

bois. Les modèles qui ressemblent à une paire de ciseaux sont plus solides et précis que ceux qui sont simplement composés de deux branches articulées. En outre, ils s'ouvrent suffisamment pour maintenir de grosses pièces.

Pinceau à pâtisserie Cet ustensile se prête à de nombreuses utilisations : il vous servira pour beurrer un moule, pour dorer à l'œuf battu une pâte, pour humidifier les bords d'une tourte, pour arroser des brochettes en cours de cuisson. Choisissez un pinceau avec des poils naturels, qui ne risqueront pas de brûler au contact de la chaleur. Les pinceaux ronds sont les plus pratiques. Il est préférable d'en posséder plusieurs afin de réserver à chacun un usage particulier. Lavez-les fréquemment dans de l'eau tiède savonneuse.

Raclette Souple mais suffisamment solide, cette palette en caoutchouc est parfaite pour travailler des préparations légères ainsi que pour racler les parois d'un récipient. Mieux vaut ne pas l'utiliser pour mélanger une préparation chaude, car le caoutchouc pourrait s'abîmer. Les spatules en bois, en revanche, ne présentent pas cet inconvénient, on peut les utiliser pour mélanger une préparation dans une casserole ou pour remplacer une pelle à poisson. Il existe différents modèles de spatules en bois, plates, arrondies, trouées...

Rouleau à pâtisserie Pour une utilisation courante, choisissez un modèle en bois plein, bien lourd. La surface lisse du bois retient une fine couche de farine, contrairement à la porcelaine ou au verre. En outre, le poids et la longueur du rouleau permettent d'abaisser, par un mouvement de va-et-vient, la pâte très finement et sans effort. Les modèles munis de poignées sont très commodes. Il existe aussi des rouleaux en aluminium et des modèles creux en matière plastique à remplir d'eau. Certains rouleaux, plus fins et de forme effilée, sont parfaits pour fabriquer des pâtes fraîches. Ne laissez jamais votre rouleau tremper dans l'eau car le bois risquerait de gauchir.

Tire-bouchon Parmi les nombreux modèles existant sur le marché, essayez de choisir un tire-bouchon qui corresponde à la force de votre main. L'un des plus faciles à utiliser se compose d'une vis hélicoïdale et d'une poignée bien large. Le bord de la bouteille sert de butoir au tire-bouchon, ce qui facilite la manipulation. Pour les bouchons fragiles, il est préférable d'utiliser un modèle fonctionnant avec deux lames très fines que l'on glisse entre le bouchon et le goulot avant de tirer le tout très délicatement. Ce système permet en outre de réutiliser les bouchons.

COUPER ET HACHER

En cuisine, l'essentiel est de savoir maîtriser ses outils. Cette maîtrise s'avère particulièrement importante dans l'utilisation de certains couteaux spécifiques. Il est selon moi indispensable de posséder de bons couteaux bien aiguisés plutôt que n'importe quel autre matériel de cuisine. Il est d'ailleurs très frustrant d'utiliser un couteau inefficace qui risque par ailleurs de glisser et de se révéler dangereux.

Les couteaux de cuisine doivent être très solides. La mitre, la partie de la lame qui s'enfonce dans le manche, doit être « pleine », c'est-à-dire se prolonger jusqu'au bout du manche, et visible tout le long. Idéalement la lame doit être rivetée au manche, et pas seulement collée, et les rivets ne doivent pas dépasser du manche. Enfin, celui-ci doit résister à la chaleur et ne pas déraper.

Le métal de la lame doit être en acier ordinaire ou en acier inoxydable à haute teneur en carbone. L'acier ordinaire est plus coupant que celui à haute teneur en carbone mais il a tendance à davantage rouiller, à moins que vous ne l'entreteniez très méticuleusement en le séchant aussitôt après l'avoir lavé. L'acier à haute teneur en carbone résiste davantage à l'épreuve du temps mais coûte beaucoup plus cher à l'achat. En outre, les lames à haute teneur en carbone s'aiguisent mieux et restent affûtées plus longtemps.

AIGUISER SES COUTEAUX

Vos plats seront plus faciles à préparer si vos couteaux coupent bien. Un fusil, grossièrement cannelé (plus commode que s'il l'est finement), est un outil indispensable dans la cuisine. Tous les couteaux ont besoin d'être aiguisés régulièrement, voire avant chaque utilisation. Si vous trouvez que l'un de vos couteaux n'est pas suffisamment aiguisé, lavez-le dans de l'eau savonneuse, essuyez-le soigneusement et passez-le sur le fusil plusieurs fois en le maintenant à un angle de 30 à 45°. Cette manipulation ne permet pas d'aiguiser véritablement un couteau ; la lame retrouve temporairement son fil naturel, mais l'intervention d'un spécialiste trois ou quatre fois par an est nécessaire pour un couteau utilisé quotidiennement. N'utilisez vos couteaux que pour couper et hacher les aliments, sur une planche de bois.

Ciseaux Une paire de ciseaux de cuisine doit être solide et aiguisée. Il est préférable que la lame soit en acier inoxydable, afin de pouvoir la nettoyer soigneusement après chaque utilisation. Lorsque l'une des lames est dentelée, certains aliments, tels que le poisson, sont plus faciles à couper. Les cisailles à volaille doivent être encore plus robustes, car elles devront couper les os. Les meilleurs modèles présentent un ressort hélicoïdal entre les deux parties du manche ainsi qu'une petite entaille dans l'une des lames pour bien maintenir les os de poulet.

Couperet chinois Cet ustensile, dont les formes et les tailles varient énormément, se prête à autant d'utilisations qu'un couteau « chef » : il permet de hacher, de trancher, de désosser, d'aplatir ; la large lame permet de hacher les aliments, de couper les os de poulet et de découper une volaille. Certains cuisiniers chinois n'utilisent comme matériel qu'un couperet ; lorsqu'il est bien aiguisé, il peut en effet couper n'importe quoi.

Couteau à désosser Utilisez ce couteau pour désosser une volaille ou une pièce de viande crue. La lame solide et rigide, d'environ 12 à 15 cm de long, présente une extrémité très pointue qui permet de couper le plus près de l'os possible. Choisissez un modèle avec un manche moulé, pour éviter que votre main ne glisse sur la lame.

Couteau à filets de sole Comme son nom l'indique, ce couteau permet de lever des filets de sole ou d'un autre poisson sans abîmer la chair ; la lame est fine et flexible, d'environ 18 à 23 cm. La pointe permet de percer facilement la peau et la chair du poisson ; la lame permet en outre de débarrasser les filets de poisson de leur peau. Choisissez un couteau en acier à haute teneur en carbone, car il sera continuellement mouillé pendant son utilisation.

Couteau à huîtres La petite lame pointue permet d'entrouvrir la coquille en exerçant un mouvement de levier (voir page 123) ; la garde horizontale protège votre main des bords coupants de la coquille.

Couteau à jambon Il permet de former des tranches fines et régulières de jambon mais aussi de viande froide. La lame, longue et flexible, est cannelée. Le couteau à saumon fumé lui ressemble, avec une lame étroite et lisse.

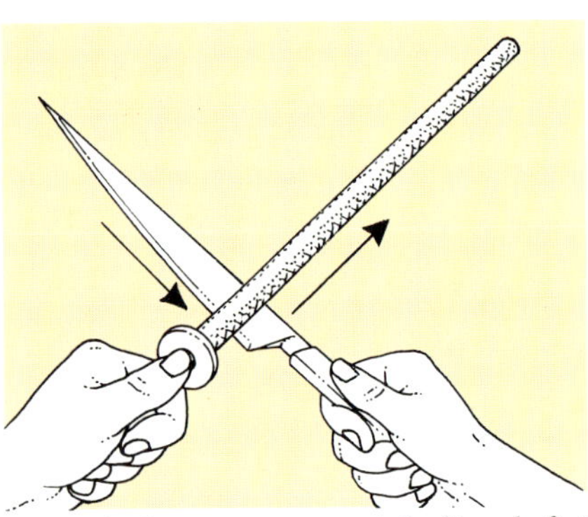

Pour aiguiser un couteau : *1 Inclinez le fusil devant vous, selon un angle de 45°. Placez la partie la plus large de la lame sous le fusil, près du manche. Passez la lame du couteau le long du fusil en un mouvement rapide, tout en tirant le couteau de la pointe vers le talon.*

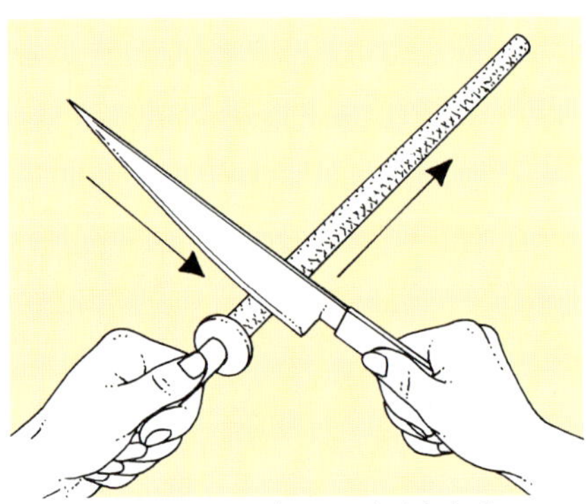

2 Recommencez pour l'autre côté de la lame, en positionnant à nouveau le talon du couteau contre le fusil et en tirant en un mouvement rapide. Répétez plusieurs fois ces deux étapes jusqu'à ce que la lame soit bien aiguisée et avant chaque utilisation.

Couteau à pain La plupart des modèles sont de grands couteaux-scies qui permettent de couper la croûte facilement sans abîmer la mie ; certains ont une lame cannelée.

Couteau à pamplemousse Il s'agit d'un couteau-scie à lame flexible et recourbée permettant de découper proprement les agrumes, en ôtant en une seule opération les petites peaux et membranes.

Couteau « chef » Les couteaux « chefs » se composent d'une lame rigide, triangulaire et pointue, au fil légèrement arrondi, ce qui permet d'exercer un mouvement de balancement pour hacher les aliments très finement. Le couteau « chef » le plus couramment utilisé pour hacher et émincer est muni d'une lame de 15 à 20 cm. Le plus petit, appelé parfois couteau à éplucher, rend de grands services. Avec sa lame de 7 à 10 cm, il est très commode pour éplucher et hacher les légumes, ou pour retirer les « yeux » des pommes de terre et des ananas. Le plus long des couteaux « chefs », avec une lame d'environ 35 cm, permet de couper et de trancher de gros aliments.

Couteau de boucher Il s'agit d'un grand couteau large avec une lame ferme en forme de cimeterre, idéal pour couper des rôtis, des steaks ou des côtelettes. Le manche présente une entaille profonde à l'endroit où il rejoint la lame, afin de protéger les doigts du cuisinier, et pour permettre à la main d'exercer un important effet de levier.

Couteau d'office Ce couteau est très utile pour couper ou trancher des fruits ou des légumes à la peau fragile ou des agrumes. La lame est longue et étroite, avec un tranchant en dents de scie. Elle est généralement en acier inoxydable ; en effet l'acidité des fruits pourrait abîmer un couteau en acier à haute teneur en carbone.

Couteau éplucheur Ce type d'ustensile facilite l'épluchage de nombreux fruits et légumes. La double lame peut rester fixe ou pivoter autour d'un axe. L'extrémité pointue de la lame permet de retirer facilement les parties abîmées.

Couteau japonais De forme similaire à une épée de samouraï, ce couteau traditionnel présente un dos aplati et des bords très aiguisés,

1. Couteau à jambon
2. Couteau à désosser
3. Hachoir à viande
4. Couperet chinois
5. Hachoir « berceau »
6. Planche à découper en bois
7. Râpe
8. Couteau de boucher
9. Fusil à mèche grossière
10. Couteau à pain
11. Planche à pain
12. Râpe mécanique
13. Couteau d'office
14. Couteau à éplucher
15. Couteau à pamplemousse
16. Cisailles à volaille
17. Planches de plastique de tailles diverses
18. Présentoir à couteaux en pin
19. Ciseaux de cuisine
20. Porte-couteau magnétique
21 à 23. Couteaux « chefs »
24. Couteau à huîtres
25. Couteau à fromage
26. Couteau à filets de sole
27. Couteau à éplucher
28. Couteau à découper la volaille
29. Couteau à découper
30. Fourchette à viande
31. Couteau « chef » à dents de scie
32-33. Râpe à muscade
34. Couteau éplucheur
35. Vide-pomme

pour que le cuisinier puisse couper et hacher très précisément. Ces superbes couteaux sont merveilleux à utiliser. Ils constituent un magnifique cadeau, certes assez onéreux.

Hachoir à viande La lourde lame incurvée permet de couper la plupart des os. C'est un instrument très commode qui existe en différentes tailles.

Hachoir « berceau » Ce couteau à large lame incurvée munie, à chaque extrémité, d'une poignée verticale, utilise un mouvement de balancement idéal pour hacher ou couper de la viande, des herbes ou des légumes.

Planche à découper Les meilleures planches à découper sont épaisses et lourdes, afin d'absorber au mieux les chocs ; elles sont en général faites dans une seule pièce de bois dense (les bandes de bois collées les unes aux autres risquent de se séparer). Une surface en bois empêche la lame de s'émousser ; toutefois il existe certains inconvénients : le bois est poreux et absorbe donc l'humidité, la planche risque alors de se craqueler ou de gauchir ; les odeurs, les tâches et la prolifération des bactéries sont plus fréquentes qu'avec un autre type de matériau. Veillez toujours à bien laver votre planche, en frottant dans le sens du bois, puis rincez-la et essuyez-la soigneusement. Les planches à découper en plastique sont plus hygiéniques car on peut les nettoyer parfaitement, même au lave-vaisselle, après utilisation. En outre, elles sont suffisamment souples pour ne pas abîmer la lame du couteau.

Personnellement, je préfère les planches en bois ; j'en possède plusieurs, de tailles différentes, chacune réservée à un usage précis. En effet si vous utilisez une seule planche et que vous hachez de l'ail, vous risquez que d'autres aliments, plus délicats, ne s'imprègnent du goût de l'ail.

Porte-couteau Lorsque les couteaux sont rangés dans un tiroir, les lames se cognent les unes aux autres et s'émoussent très rapidement ; prenez soin de vos couteaux en installant au mur un porte-couteau métallique aimanté ou un présentoir à fentes. Ne suspendez pas de couteaux trop lourds, ceux-ci risquent de tomber, sous leur poids.

Râpe Il existe des râpes à quatre faces qui sont plus faciles à utiliser que la simple râpe plate. Préférez un modèle en métal : les trous seront plus coupants. Si vous privilégiez la sécurité, choisissez un modèle rotatif, avec un choix de tambour plus ou moins fin. Une petite râpe à muscade permet de profiter pleinement de la fraîcheur et de l'arôme de cette épice.

Vide-pomme L'extrémité de ce petit instrument forme une bague aux bords coupants que l'on enfonce au centre d'une pomme ou d'une poire pour en ôter le cœur.

LES USTENSILES DE CUISSON

Pour cuisiner efficacement et avec plaisir, il est important que vous possédiez le meilleur matériel possible, surtout lorsqu'il s'agit de choisir des casseroles et autres ustensiles de cuisson.

C'est par le fond que les casseroles, les poêles et les cocottes reçoivent la chaleur; pour cette raison il est important que celui-ci soit épais; s'il est trop fin, les aliments risquent de brûler et la casserole d'attacher. En outre, le matériau utilisé doit pouvoir conduire la chaleur uniformément du fond vers les côtés. Le métal est le meilleur conducteur de chaleur possible. C'est d'ailleurs le matériau le plus couramment utilisé. Il existe un grand choix de métaux pouvant convenir à la fabrication des casseroles.

Lorsque vous choisissez une casserole, tenez compte non seulement du matériau mais aussi de la stabilité et de la maniabilité. Une bonne casserole doit durer de longues années : le couvercle doit être adapté à la casserole, le manche doit être robuste, assez long et fixé solidement à la casserole.

N'oubliez jamais avant d'acheter une casserole ou une cocotte de la soupeser. Certains modèles, ceux qui sont en fonte notamment, sont très lourds : veillez à ne pas acquérir un article que vous aurez du mal à utiliser.

Au moment d'acheter votre matériel, réfléchissez à son entretien. Les casseroles de cuivre par exemple, sont certes superbes et idéales pour cuisiner, mais elles exigent un entretien régulier; si les taches ne sont pas nettoyées régulièrement, elles deviennent rapidement indélébiles. Toutefois leur pouvoir de conduction de la chaleur est incomparable.

Bain-marie La casserole inférieure contient l'eau bouillante, tandis que celle du dessus permet de faire chauffer très délicatement des ingrédients ou des préparations. On utilise également ce système pour maintenir au chaud des crèmes ou des sauces. Généralement la casserole contenant l'eau est en cuivre étamé et le récipient supérieur en métal plus fin ou en céramique. Ce dernier matériau refroidit plus lentement une fois qu'on l'a retiré de la source de chaleur.
Casseroles Pour la cuisine ordinaire, choisissez des casseroles aux rebords verticaux assez profonds qui permettent de mieux garder la chaleur. Pour préparer une sauce, une casserole à bord évasé est préférable, les aliments réduisent plus rapidement et les manipulations sont plus faciles. La taille des casseroles varie énormément — une série de 5 casseroles de 12 à 20 cm couvrira vos besoins. Les manches doivent être suffisamment longs pour être maintenus loin de la source de chaleur; s'ils transmettent la chaleur, il faudra prévoir une main chaude pour ne pas vous brûler. L'aluminium, l'acier inoxydable avec pour le fond du cuivre ou de l'aluminium et le cuivre étamé comptent parmi les meilleurs matériaux.

PETIT GUIDE DES MATÉRIAUX

Acier inoxydable Ce métal très résistant est facile à nettoyer et ne se raye pas même lorsqu'on le gratte lors du nettoyage. Seul, il est mauvais conducteur thermique, c'est pourquoi on l'associe souvent à de l'aluminium ou du cuivre pour certains fonds de casserole. Une bonne casserole en acier inoxydable dure toute une vie.

Aluminium Une casserole en bon aluminium conduit et conserve bien la chaleur. Ce métal est utilisé pour les grandes poêles et casseroles à cause de son faible poids. Il a tendance à noircir au contact des alcalins et redevient clair au contact des acides. Il peut avoir une incidence sur le goût et la couleur de certains plats acides ou à base d'œufs. Certaines casseroles d'aluminium présentent un revêtement antiadhésif, qui diminue les qualités de conduction de la chaleur.

Cuivre Superbes — mais onéreuses — les casseroles en cuivre sont d'excellents conducteurs de chaleur. Les aliments chauffent ou refroidissent plus rapidement qu'avec n'importe quel autre métal. Mais à moins qu'elles ne soient étamées ou tapissées d'une épaisseur d'acier inoxydable, elles ne peuvent servir à préparer des chutneys ou d'autres préparations vinaigrées, de crainte de provoquer une réaction toxique. Un fond étamé ne doit pas être gratté lors du nettoyage, contrairement à un revêtement en acier inoxydable que l'on peut laver et frotter. Il est toutefois possible de refaire étamer ses casseroles en cuivre. Les casseroles en cuivre recouvertes d'acier inoxydable sont les meilleurs modèles existant sur le marché. Le cuivre extérieur des casseroles doit être entretenu régulièrement. Pour cela frottez-le avec un citron coupé en deux et plongé dans du sel.

Fonte Ce matériau est idéal pour les poêles car il répartit la chaleur uniformément, lentement et vivement, ce qui permet de faire dorer convenablement les aliments. La fonte est parfaite pour faire mijoter des plats mais aussi pour saisir des grillades. La fonte doit être traitée à l'huile et au sel avant la première utilisation puis lavée (sans détergent), et soigneusement essuyée. Graissez le fond avec un peu de papier huilé.

Fonte émaillée Les casseroles en fonte émaillée sont solides et conduisent très bien la chaleur; malheureusement elles sont très lourdes et chauffent ou refroidissent lentement. Elles ne sont donc pas très commodes pour faire sauter des aliments ou préparer des sauces délicates. L'émail se fendille parfois, se craquèle et l'intérieur peut s'abîmer au contact d'ustensiles en métal. Certains fabricants recommandent un traitement particulier avant la première utilisation. Si des aliments ont attaché, laissez tremper puis grattez avec un objet en plastique.

Verre et porcelaine Ces matériaux ne peuvent convenir que pour une cuisson lente et douce. Les casseroles en Pyrex conduisent médiocrement la chaleur mais sont en revanche faciles à nettoyer.

Casseroles antiadhésives Ces casseroles en acier inoxydable tapissées d'un revêtement antiadhésif présentent parfois des bords évasés; elles sont très pratiques pour faire chauffer du lait.
Cocotte De nos jours, les cocottes sont généralement en fonte, émaillée ou non. Ce sont des récipients assez profonds, lourds, aux bords verticaux. Ils peuvent être soit ronds soit ovales. Ils permettent de faire revenir rapidement les ingrédients sur le feu puis de les laisser mijoter doucement, sur le feu ou dans le four. Le couvercle doit être hermétique pour bien conserver l'humidité et les poignées doivent être très solides. Ces cocottes sont idéales pour préparer des plats uniques.
Crêpière Choisissez une poêle dont le métal présente de bonnes qualités de conduction, comme la fonte, mais suffisamment légère pour qu'on puisse la soulever facilement. Le manche doit être long pour faire sauter les crêpes. Les bords sont évasés et peu élevés. Il existe différentes tailles de crêpières.
Fait-tout Ce grand récipient est destiné aux cuissons à l'eau ou à l'étuvée et même au mijotage. Il est relativement étroit afin d'éviter que le liquide ne s'évapore trop et pour permettre aux saveurs de se mêler les unes aux autres. Les fait-tout sont généralement en acier inoxydable. Leurs anses doivent être très solides pour supporter le poids du contenu.
Friteuse Choisissez une friteuse munie de deux petites poignées solides et équipées d'un panier d'égouttage à long manche. Certaines sont équipées d'un filtre dans le couvercle pour absorber les vapeurs d'huile. Les friteuses électriques ne valent guère la dépense, à moins d'avoir recours très fréquemment à ce mode de cuisson.
Gril Cet ustensile consiste en une grille rectangulaire, montée sur quatre pieds, dotée d'une poignée et d'un bec verseur permettant de se débarrasser de la graisse. La grille sert à maintenir la viande au-dessus de la graisse fondue; elle imprime des marques sur la viande qui est saisie à point.
Panier de cuisson à la vapeur Ce type de panier au fond perforé existe en différentes formes et tailles : il peut être rond ou long et étroit, pour contenir des légumes longs comme les asperges par exemple; il se compose parfois d'un panier rigide que l'on pose sur une casserole. Le panier d'un autocuiseur peut également servir à faire

1. Sauteuse en acier inoxydable avec couvercle en dôme
2. Poêle en fonte
3. Casserole en fonte émaillée avec becs verseurs
4. Panier de cuisson à la vapeur
5. Fait-tout muni de deux poignées
6. Panier de friteuse
7. Poissonnière en acier inoxydable
8. Casserole en cuivre étamé
9. Combiné-vapeur en acier inoxydable
10. Cocotte en fonte émaillée
11. Bain-marie émaillé
12. Plaque de fonte
13. Poêle à omelette en fonte
14. Crêpière
15. Panier chinois de cuisson à la vapeur, en bambou
16. Gril en fonte
17. Casseroles en acier inoxydable

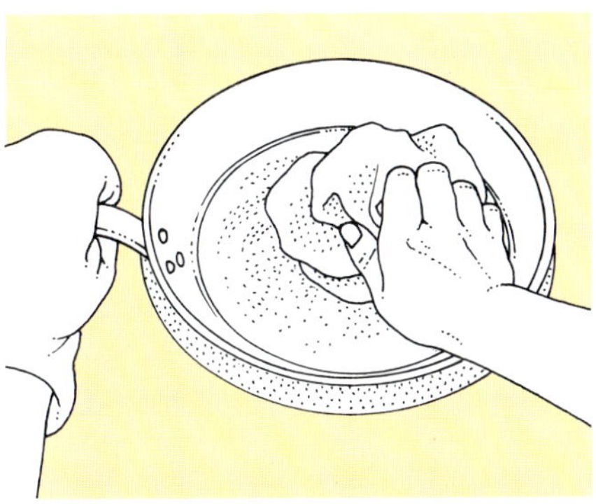

Avant d'utiliser une crêpière pour la première fois, faites chauffer un peu d'huile et de gros sel jusqu'à ce que l'huile bouille. Puis essuyez la poêle à l'aide d'un gros morceau de papier absorbant en veillant à ne pas vous brûler. Par la suite, lorsque vous laverez la poêle, essuyez-la de même. Il sera inutile de l'huiler à moins que des aliments n'aient attaché au fond. Dans ce cas, faites tremper et grattez délicatement le fond.

cuire des aliments à la vapeur, tout comme les paniers de bambou chinois qui offrent en outre l'avantage d'être empilables, ce qui permet de faire cuire plusieurs ingrédients à la fois et de retirer en premier ceux qui mettent le moins de temps à cuire.

Plaque de fonte Cette plaque large et plate présente des bords très bas afin de retourner les ingrédients très facilement. Elle est utilisée à feu vif ; c'est pourquoi il convient de choisir de la fonte ou de la fonte émaillée.

Poêle Cet ustensile présente des rebords peu élevés évasés ou verticaux, afin que les aliments puissent frire et être retournés facilement. Le fond doit être épais et le métal doit présenter de bonnes qualités de conduction. Pour les cuissons prolongées à feu vif, la fonte est le matériau idéal, quoique très lourd à soulever. Le manche doit être long, solide et si possible recouvert de bois, pour protéger des brûlures.

Poêle à omelette Les rebords doivent être légèrement évasés pour que l'on puisse facilement retourner et rouler l'omelette ; ne choisissez pas une grande poêle car l'omelette ne pourrait être correctement retournée ; un modèle de 23 cm est idéal pour une omelette destinée à 2 ou 3 personnes.

Poissonnière Longue et étroite, la poissonnière doit pouvoir contenir des poissons entiers. Elle est équipée d'une grille permettant de retirer le poisson cuit sans le briser. Choisissez de préférence une poissonnière en acier ou en cuivre étamé car les autres métaux, notamment le cuivre non étamé, pourraient s'abîmer au contact du liquide de cuisson parfois acide.

Sauteuse Cette casserole à fond large et à bords verticaux ou droits est utilisée pour faire sauter des ingrédients à feu très vif. Elle doit être fabriquée dans un métal présentant de bonnes qualités de conduction, tels que l'étain, le cuivre étamé ou recouvert d'acier inoxydable ou encore l'acier inoxydable avec un fond en cuivre. Choisissez une sauteuse solide avec un manche permettant une bonne prise afin de pouvoir remuer énergiquement les aliments en cours de cuisson. Une sauteuse se prête à de nombreuses utilisations ; couverte, elle se transforme en cocotte allant sur le feu.

AU FOUR

Dans un four, l'air est le principal conducteur de chaleur. C'est pourquoi les moules ou les récipients de cuisson au four n'ont pas besoin d'offrir d'excellentes qualités de conduction. Les matériaux tels que l'aluminium, le cuivre, l'acier, la fonte ou le verre suffisent amplement. Il existe néanmoins certains critères à prendre en compte lorsqu'on choisit des ustensiles de cuisson au four.

Ainsi, la taille d'un plat à rôtir peut s'avérer primordiale — s'il est trop grand, le jus de cuisson risque de s'évaporer voire de brûler ; s'il est trop petit, vous ne pourrez pas arroser votre pièce pour garder son mœlleux. Si votre moule n'est pas assez épais, il peut gauchir et se déformer, au risque parfois de renverser le contenu. Les aliments cuits au four sont souvent volumineux et lourds et le plat ou le moule est très chaud. C'est pourquoi il convient que le récipient présente un rebord ou des poignées cannelées pour éviter que vous le lâchiez. Les cuisiniers qui hésiteront à porter des objets lourds préféreront des moules en aluminium ou en acier inoxydable plutôt qu'en fonte.

N'oubliez pas que certains plats de cuisson au four sont suffisamment jolis pour être présentés à table. Ceux-ci vous feront économiser de la vaisselle.

Broches à rôtir Ces grosses aiguilles en acier inoxydable, mesurant de 10 à 15 cm, permettent de maintenir en forme une pièce de viande désossée et de fermer l'ouverture d'une volaille préalablement vidée. Les brochettes sont plus plates. Les deux types doivent présenter des extrémités pointues. Pour trousser un poulet, utilisez de la ficelle de cuisine et une aiguille de 20 à 25 cm, et pour une dinde, une aiguille de 35 cm de long.

Cercle à tarte Placez le cercle sur une plaque à pâtisserie et garnissez-le jusqu'au bord. Après la cuisson, le cercle, généralement en fer blanc, se soulève très facilement. Choisissez des modèles rigides et solides. Ils existent en différentes tailles et peuvent être ronds ou rectangulaires, cannelés ou non.

Cocottes Ce sont de grands récipients très lourds, équipés d'un couvercle, qui retiennent bien la chaleur. Les cocottes sont en fonte émaillée, en terre (les modèles non émaillés retiennent mieux la chaleur) ou en porcelaine à feu. Le couvercle doit être bien ajusté, pour éviter l'évaporation, et les poignées solides.

Emporte-pièce Ils existent en une multitude de formes et de tailles, en plastique ou, mieux, en métal. Vérifiez qu'ils sont bien solides et coupants.

Grille en métal Une grille à pâtisserie est nécessaire pour faire refroidir certains gâteaux, biscuits ou autres aliments cuits au four. Choisissez une grille, la plus grande possible, bien stable et suffisamment solide pour supporter le poids d'un gâteau lourd. Les grilles à rôtir permettent de maintenir la pièce au-dessus de la graisse, mais elles ne sont pas indispensables. Les plus commodes sont les modèles en forme de « V », que l'on peut régler selon la taille du rôti.

Les grilles à barbecue se composent de deux parties permettant de maintenir certains aliments délicats, tels que des poissons entiers, pendant la cuisson. On peut également les utiliser sur un barbecue.

Moule à brioche Généralement fabriqué en acier étamé qui permet de faire dévier la chaleur de la pâte à brioche en train de cuire, ce moule se reconnaît à ses bords hauts et côtelés. Il en existe de nombreux modèles, y compris de très petits pour faire cuire des brioches individuelles. On peut également les utiliser pour présenter un bavarois ou une mousse de fruits.

Moule à cake Les cakes riches en fruits confits qui exigent un temps de cuisson prolongé sont meilleurs lorsqu'on peut les faire cuire dans un moule, à bords hauts, en acier étamé bien lourd plutôt qu'en aluminium léger. Si votre moule est effectivement en aluminium, il est préférable de l'isoler en le garnissant de papier kraft très épais. Certains ont un fond amovible. Il en existe même dont le fond métallique est double afin que l'air puisse s'y nicher. Ceci permet d'isoler le fond des gâteaux très riches, afin qu'il ne brûle pas avant que le reste du gâteau ne soit cuit.

Moules à génoise Ces moules existent dans des formes et des tailles très diverses ; l'acier inoxydable ou l'aluminium atténue la chaleur et permet au gâteau de cuire uniformément. Certains moules sont équipés d'une barrette tournant dans le fond pour faciliter le démoulage.

Moule à kouglof Il s'agit d'un moule assez profond présentant un cyclindre creux au centre qui permet à la chaleur de se répartir uniformément au sein d'une pâte dense ; ce moule aux bords cannelés est utilisé pour confectionner des gâteaux que l'on arrose de sirop ou de liqueur ou pour des pâtes levées très riches.

Moule à manqué Ce grand moule présente des bords côtelés et légèrement évasés ainsi qu'un centre surélevé qui crée un trou prêt à recevoir des garnitures une fois que le gâteau est cuit.

Moules à pain Les moules à pain rectangulaires à parois légèrement évasées en acier inoxydable conservent mieux leur forme que les modèles en aluminium ou avec un revêtement antiadhésif. Les moules les plus courants sont ceux de 500 g ou de 1 kg.

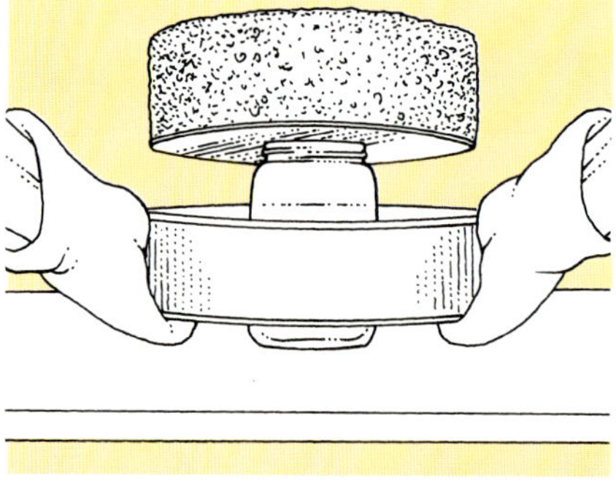

Pour démouler un gâteau cuit dans un moule à fond amovible, faites-le refroidir pendant le temps indiqué dans la recette, jusqu'à ce que les bords se décollent. Posez le moule sur un pot à confiture et poussez légèrement le cercle vers le bas. Retirez délicatement le gâteau et posez-le sur une assiette. Utilisez cette méthode avec un moule à tarte à fond amovible.

Moule à roulé Il s'agit d'une grande plaque rectangulaire dont les bords ne mesurent pas plus de 2 à 2,5 cm de haut. Il est préférable que le moule soit fabriqué en métal conduisant bien la chaleur, comme l'aluminium ou l'acier. Choisissez un moule suffisamment solide, afin qu'il ne gauchisse pas. Un moule de 35 cm × 27 cm permet de confectionner un roulé pour 4 à 6 personnes. Il est conseillé de tapisser le fond du moule avec une épaisseur de papier sulfurisé, afin que le gâteau se démoule facilement et puisse être roulé proprement (voir page 262).

Moules à savarin Ils sont en forme de couronne, leurs bords sont lisses et peu élevés. Ils servent également à mouler des bordures d'entremets.

Moules à soufflé Ces plats cylindriques ont des bords hauts et lisses, pour que la préparation monte uniformément. La tradition veut que l'extérieur du plat soit légèrement cannelé et que son fond ne soit pas verni. Parmi les diverses tailles disponibles, le moule de 1,2 litre est le plus commode.

Moule à tarte Fabriqué en métal ou en porcelaine à feu, le moule à tarte est un élément de base de la batterie de cuisine. Lorsqu'il est en porcelaine, le fond doit être brut, afin que la chaleur puisse se répartir uniformément. Si l'on veut intensifier la chaleur pénétrant par le fond du moule et obtenir un résultat plus doré, on peut poser le moule sur une plaque à pâtisserie lourde et foncée. Les moules en métal sont en acier inoxydable.

Moule à tarte à fond amovible Le fond se cale contre un cercle lisse ou cannelé. Ce type de moule facilite le démoulage des gâteaux et des tartes (voir ci-contre).

Moule démontable Idéal pour faire cuire des gâteaux délicats, difficiles à démouler, ce moule comprend une plaque ronde qui vient se caler contre un cercle ; lorsque le ressort est fermé le cercle est serré, lorsqu'il est ouvert, le cercle libère le gâteau.

Plaques à biscuits Ces plaques comprennent généralement une douzaine de moules qui peuvent être plus ou moins profonds et parfois même de forme décorative. Elles sont très commodes pour confectionner des gâteaux individuels ou des petits pains. Elles sont faites en acier étamé très solide, certaines présentant également un revêtement antiadhésif.

Plaque à pâtisserie Elle doit être plate, rigide,

1. Plat à rôtir
2. Grille à rôtir en forme de « V »
3. Cocotte en terre
4. Moule à kouglof
5. Tourtière
6. Plaque à biscuits
7. Ramequins
8. Plaque à pâtisserie
9. Grille à pâtisserie
10. Emporte-pièce
11. Ficelle et aiguille à trousser
12. Moule à tarte en porcelaine
13. Moule à soufflé
14. Moule à génoise
15. Plat à gratin
16. Plat à four ovale
17. Moule à brioche individuel
18. Moule à pain
19. Moule à manqué
20. Moule à roulé
21. Moule démontable
22. Moule à charlotte à fond amovible
23. Choix de brochettes en métal de tailles diverses
24. Cercles à tarte
25. Moule à tartelette à fond amovible

Pour démouler un gâteau cuit dans un moule démontable, laissez-le refroidir pendant le temps indiqué dans la recette. Faites glisser une palette le long du bord puis ouvrez le ressort afin de libérer le gâteau du cercle. Faites glisser la palette entre le gâteau et le fond puis faites glisser le gâteau sur un plat de service.

ni trop fine (elle risquerait de gondoler et empêcherait une cuisson uniforme), ni trop grande (pour ne pas gêner la circulation d'air). S'il y a des bords, ils ne doivent pas dépasser 1 cm de haut. Les plaques foncées absorbent mieux la chaleur et donnent des résultats plus dorés et croustillants. Les plaques brillantes atténuent la chaleur et sont plutôt réservées à la cuisson des meringues ou d'autres gâteaux délicats.

Plat à four ovale Ce plat se prête à de très nombreuses utilisations, outre le traditionnel gratin. Il comprend deux poignées et des bords évasés. Il doit résister parfaitement bien à la chaleur, car il devra passer régulièrement sous le gril pour dorer les aliments.

Plat à gratin Les plats à gratin existent en une multitude de formes et de tailles ; ils sont peu profonds et comprennent un rebord ou des poignées pour faciliter les manipulations. Ils doivent résister à la chaleur. Ce sont les modèles en Pyrex, en terre et en grès qui absorbent le mieux la chaleur.

Plat à rôtir Prenez un plat d'environ 5 cm de haut (des bords plus hauts empêchent la viande de dorer à point et le plat risque d'être trop humide), qui tiendra dans votre four avec au moins 5 cm sur tous les côtés, pour permettre à la chaleur de circuler uniformément. Le plat doit être solide, avec des poignées ou un épais rebord, car une grosse volaille ou un rôti sont souvent lourds à soulever. Il existe des modèles en acier inoxydable, en aluminium ou en fonte émaillée. Certains ont un couvercle qui permet de faire mijoter à la vapeur en fin de cuisson ; n'oubliez pas de découvrir le plat pour faire griller les aliments avant de servir.

Tourtière Idéal pour préparer des tourtes ou des plats complets, ce plat rend de grands services dans la cuisine. Le moule le plus commode fait 5 cm de haut et présente un bord plat.

MÉLANGER, ÉCRASER ET MESURER

Malgré le progrès de la technique en matière de petit électroménager, de nombreuses opérations nécessaires à la préparation de certains plats sont encore réalisées à la main. Ceci est particulièrement vrai lorsqu'il s'agit de mélanger, de hacher et d'écraser les ingrédients. Les robots ménagers et autres mixeurs électriques facilitent le travail quotidien de la ménagère, mais ne peuvent pas remplacer les fouets, les chinois, le presse-purée et même les traditionnels pilon et mortier. Le fouet métallique, utilisé conjointement avec une jatte de cuivre noir étamé, permet d'incorporer davantage d'air dans les blancs d'œufs qu'avec un batteur électrique.

Ceci ne signifie pas que le petit électroménager de cuisine ne rende pas de grands services. Le crochet à pâte dont sont équipés certains robots pétrit les préparations de façon remarquable et sans aucun effort. Un mixeur électrique permet d'obtenir des purées de légumes en un clin d'œil. Un robot ménager est très utile pour mélanger les ingrédients d'une pâte à gâteau, d'une terrine, de sauces diverses, ainsi que pour râper, émincer et hacher des légumes plus rapidement et uniformément que le cuisinier le plus habile. Toutefois, certaines salades gagnent en saveur si les légumes sont coupés à la main, moins régulièrement. Mais il est certain que pour obtenir de fines tranches de concombre, rien ne remplace un robot ménager. Pour peser les ingrédients, utilisez une balance classique ou électronique.

Attendrisseurs Ils sont généralement en bois et présentent souvent une face lisse et une face avec des pointes. La première sert à aplatir des escalopes ou des filets de porc. Le côté avec des pointes décompose les fibres et attendrit les morceaux de viande un peu trop fermes. Il permet également d'écraser des épices entières.

Balance Il existe de nombreux modèles. Les plus classiques sont simples et précis mais encombrants. Les balances automatiques ou électroniques sont idéales pour les poids légers, supérieurs toutefois à 20 g. Les modèles à fléau sont très précis, mais sont encombrants.

Batteur électrique Il peut être équipé d'un bol, de sorte qu'il n'est pas nécessaire de le tenir. Un batteur électrique à main est indispensable pour travailler sur le feu ainsi que pour fouetter des ingrédients légers, comme de la crème fleurette. Choisissez un modèle à plusieurs vitesses. Les modèles qui se posent sur la table de travail sont certes plus encombrants, mais permettent de travailler de grandes quantités de pâte à gâteau et, s'ils sont munis d'un crochet adapté, de pétrir de la pâte à pain.

Chinois et passoires De forme arrondie ou conique, ils présentent des trous plus ou moins fins, selon l'usage auquel ils sont destinés. Le chinois, fine passoire conique en étamine métallique, en acier inoxydable ou en nylon (préférable pour les fruits et d'autres ingrédients qui risqueraient de noircir au contact du métal), est utilisé pour filtrer, tamiser et réduire en fine purée. Pour obtenir des préparations plus grossières, vous pouvez utiliser un chinois moins fin et tasser les aliments à l'aide d'un pilon étroit et conique. Les chinois à filet fin sont très utiles pour passer les crèmes et sauces qui contiennent des grumeaux. Pour filtrer des fruits à pépins ou des légumes fibreux, utilisez un tamis en bois et en nylon. Pour laver les chinois et les passoires, faites-les tremper dans de l'eau chaude, afin de déloger les particules, puis frottez-les avec une brosse à vaisselle des deux côtés.

Pour mouliner des légumes, choisissez le disque adapté à la consistance souhaitée et posez-le audessus d'une jatte. Une manivelle pousse les aliments au travers d'un tamis dans le récipient.

Cuillères doseuses Ces cuillères rendent de grands services pour mesurer de petites quantités d'ingrédients secs et liquides. Les tailles les plus courantes correspondent à 1 ml, 2,5 ml, 5 ml ou 15 ml.

Fouet Les tailles et formes diffèrent beaucoup, selon l'usage que l'on souhaite en faire. Pour monter les blancs d'œufs en neige dans une jatte de cuivre, c'est le gros fouet avec 10 ou 12 fils métalliques formant des anneaux fermés qui convient le mieux. Un autre type, le fouet à sauce, de forme plus allongée et dont les fils sont plus raides, est très commode pour travailler une sauce préparée avec un roux. Le fouet plat, comprenant peu de fils métalliques, permet de battre les pâtes à crêpes, à beignets, etc. Les fils métalliques sont en fer étamé ou acier inoxydable, le manche est en bois ou en métal. Choisissez un modèle qui ne risque pas de rouiller et dont les fils sont soudés dans la poignée : ceux-ci ne risqueront pas de se démonter et seront plus faciles à nettoyer.

Hachoir Le hachoir mécanique fixé par un étau au plan de travail rend toujours de grands services, surtout s'il est équipé de plusieurs grilles interchangeables permettant de hacher plus ou moins finement. Assurez-vous qu'il est facile à démonter pour le nettoyer.

Jatte Les jattes traditionnelles sont en porcelaine, en terre ou en grès, mais les modèles modernes font appel au Pyrex ou à l'inox. L'inox est facile à nettoyer, ne provoque pas de réactions avec certains aliments, comme peut le faire l'aluminium, ne s'écaille pas, est incassable, ne fond pas et refroidit ou chauffe plus rapidement que la céramique, le verre ou le plastique. Quelles que soient les jattes que vous choisissez, veillez à ce que les bords soient évasés pour pouvoir mélanger les ingrédients plus facilement. Assurez-vous que le fond est bien plat et repose de façon stable sur la table. Il est utile d'en avoir plusieurs de diverses tailles, empilables de préférence.

Jatte en cuivre Elle est idéale pour battre les blancs d'œufs, car elle provoque une réaction chimique qui augmente le volume des œufs et rend la neige plus stable. Préférez une jatte à fond arrondi et à bords recourbés.

Mortier et pilon Il s'agit d'un récipient profond et arrondi bien stable dans lequel on écrase à l'aide d'un pilon des graines dures, du cumin ou du fenouil, des anchois ou des noix. Certains modèles sont en porcelaine épaisse, d'autres en céramique résistante, en porcelaine brute, en pierre, en bois ou en marbre. L'extrémité du pilon et la partie intérieure du fond doivent être légèrement rugueuses pour accentuer le mouvement de friction.

Moules à entremets Ces moules aux bords évasés sont fabriqués en porcelaine à feu ou en terre cuite. Ils doivent présenter un fond bien solide ainsi qu'un rebord permettant de poser un couvercle de papier sulfurisé. Ils peuvent servir de jattes, ou de récipients pour le bain-marie. Ces moules sont si commodes que j'ai toujours l'impression d'en manquer.

Moulin à légumes Ce moulin manuel est généralement livré avec plusieurs grilles interchangeables permettant d'obtenir des purées plus ou moins fines, avec davantage de précision qu'avec un robot ménager. Les pattes escamotables permettent de poser le moulin de façon stable sur un récipient.

Pilon à purée Cet ustensile extrêmement simple se compose d'un disque métallique quadrillé fixé à un long manche. Si vous souhaitez obtenir une purée plus fine, utilisez un moulin à légumes, équipé d'une grille très fine.

Un bon pilon et un solide mortier vous permettront de piler des épices ou de préparer une délicieuse sauce au pistou ou un aïoli. Tournez le pilon contre les bords et le fond du mortier.

1. Passoire en nylon
2. Balance de cuisine
3. Jatte en verre
4. Presse-citron
5. Presse-citron en bois
6. Jatte en bois
7. Robot ménager
8. Jatte en cuivre
9. Mortier et pilon
10. Passoire conique en métal
11. Batteur électrique
12. Pilon à purée
13. Attendrisseur
14. Presse-purée en bois
15. Pot à ustensiles de cuisine
16. Jatte
17. Moule à entremets en porcelaine
18. Spatule à pâtisserie
19. Passoire à thé
20. Chinois conique
21. Chinois
22. Hachoir mécanique
23. Verre gradué
24. Moulin à légumes
25. Moule à entremets
26. Cuillères doseuses
27-28. Thermomètre à viande
28. Thermomètre à four
29. Petit fouet pour sauces
30. Fouet plat pour pâte à frire
31. Fouet
32. Fouet réglable
33. Presse-ail

Presse-ail Cette petite presse très solide écrase les gousses d'ail et pousse la pulpe au travers des trous. Choisissez un modèle avec des trous suffisamment gros pour qu'il ne soit pas trop difficile à nettoyer.

Presse-citron Les modèles de presse-citron sont très nombreux. Le plus économique et le plus simple mais néanmoins très efficace est en verre ou en plastique ; il se compose d'un dôme cannelé situé au centre d'une soucoupe creuse, sur lequel on fait pivoter des moitiés d'agrumes pour en extraire le jus. Certains presse-citrons présentent de petites dents qui retiennent plus ou moins bien les pépins : c'est pourquoi il est préférable de choisir un modèle équipé d'un filtre incorporé.

Robot ménager La plupart des modèles sont livrés avec un couteau métallique permettant de hacher et de réduire en purée les aliments, ainsi que des disques pour émincer, râper ou couper en bâtonnets. Certains fabricants incluent également un crochet pétrisseur en plastique ainsi qu'une centrifugeuse et un moulin à café qui viennent se fixer sur le bloc moteur. Sur les modèles les plus perfectionnés, des pastilles en caoutchouc sont fixées sur le socle, pour éviter que le robot ne bouge pendant que la lame tourne.

Spatule à pâtisserie Cette spatule, triangulaire ou rectangulaire, doit être en plastique ou en inox. Elle est très commode pour mélanger les pâtes à gâteau et à pain, pour décoller des biscuits de la plaque à pâtisserie ou encore pour manipuler des mélanges bouillants lors de la confection de confiseries. On l'utilise aussi pour gratter le plan de travail avant de le laver ainsi que pour incorporer des ingrédients dans des préparations légères.

Thermomètre de cuisine Indispensable pour stocker et préparer les aliments en toute sécurité. Les thermomètres de congélateurs, de réfrigérateurs et de four permettent de vérifier que la température désirée est atteinte et qu'elle est maintenue. Les pèse-sirop mesurent la température du sirop de sucre, d'une confiture ou de l'huile, et permettent de discerner les différents stades de cuisson. La sonde est un thermomètre que l'on plante au cœur d'un rôti, jambon ou pâté pour mesurer la température interne de la viande (voir page 159). Il existe des thermomètres affichant instantanément la température des aliments cuits dans un four à micro-ondes (voir page 311).

Verre gradué Ce récipient en verre ou plastique dur sert à mesurer le volume des liquides ou à peser certains aliments.

L'ÉQUIPEMENT SPÉCIALISÉ

Lorsque vous aurez équipé votre cuisine avec l'indispensable matériel de base — à savoir casseroles, couteaux, etc. — vous pourrez commencer à investir dans du matériel spécialisé qui vous permettra d'être plus efficace et de mieux présenter vos plats.

Les ustensiles et appareils présentés ne sont pas indispensables, mais certains deviendront, peut-être, vite très utiles dans votre cuisine. Tout dépend des plats que vous aimez préparer. Si vous confectionnez des pâtes régulièrement, il peut être judicieux d'investir dans une machine à faire les pâtes ; si vous aimez servir des entremets ou des bavarois, vous n'hésiterez pas à acheter de jolis moules. Les amoureux de la pâtisserie apprécieront un plan de travail en marbre et des moules de formes diverses. Un wok chinois paraît indispensable pour ceux qui apprécient les aliments saisis à feu vif.

Parmi les ustensiles présentés, nombreux sont ceux qui restent d'un prix raisonnable. Un bon panier à salade permet de sécher les feuilles de légumes efficacement pour un coût modique. Le prix d'un canneleur, d'un zesteur ou d'une cuillère parisienne est presque négligeable, mais ces ustensiles vous permettront de présenter, avec une note originale, vos plats.

Autocuiseur Il s'agit d'une lourde marmite dont le couvercle parfaitement hermétique est équipé d'une soupape. La vapeur dégagée par le liquide en ébullition est retenue à l'intérieur du récipient et fait monter la température ainsi que la pression. Les aliments cuisent beaucoup plus rapidement qu'avec un mode de cuisson classique tout en économisant l'énergie. L'autocuiseur est particulièrement utile pour faire cuire des légumes secs car il n'est pas pas nécessaire de les faire tremper au préalable.

Bassine à confiture Choisissez un modèle profond pour éviter les risques de débordement et suffisamment large pour que l'évaporation soit maximale. Veillez à ce que la bassine présente un fond épais qui évitera que la confiture ne brûle et n'attache. Il est indispensable qu'elle soit équipée de deux poignées solides. Le matériau utilisé peut être de l'aluminium ou du cuivre tapissé d'aluminium.

Boule à riz Il s'agit d'une boule d'aluminium percée de petits trous que l'on remplit à moitié de riz avant de la plonger dans de l'eau bouillante. Le riz s'égoutte alors très facilement.

Canneleur Il s'agit d'un couteau dont la lame en acier inoxydable arrondie présente une dent en forme de « V » dans un trou horizontal percé sur un des côtés. Utilisez-le pour former des pelures décoratives d'environ 5 mm avec de l'écorce d'agrumes, de légumes ou fruits. Une fois coupées en tranches, les rondelles obtenues ressemblent à des pétales de fleurs.

Couscoussier Très utile pour préparer sans peine un bon couscous (voir page 110), ce récipient est constitué d'une partie supérieure au fond percé de trous reposant sur une bassine ronde. La semoule cuit dans le récipient supérieur, grâce à la vapeur dégagée par le bouillon, la viande et les légumes qui mijotent dans la partie inférieure. Il est généralement en aluminium ou en cuivre et parfois en terre. Vous pourrez utiliser votre couscoussier également pour faire cuire du riz, des légumes ou du poisson à la vapeur.

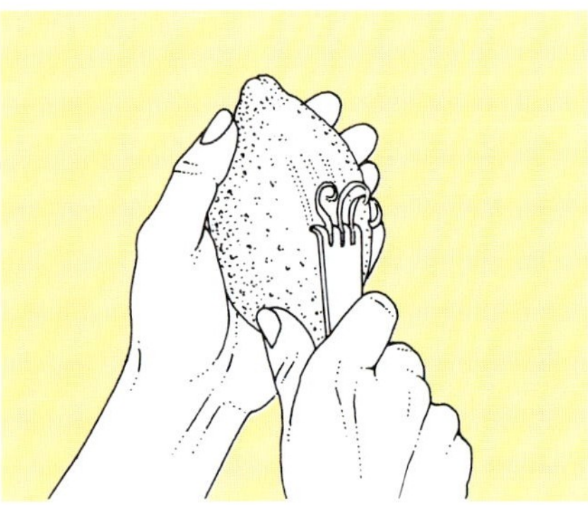

Le zesteur permet de prélever de fines bandes d'écorce d'agrumes pour parfumer ou garnir des plats. Passez la lame aiguisée sur la peau.

Cuillère à glace Ce sont les cuillères à glace en aluminium moulé qui sont les plus commodes ; en effet, leur manche conduit la chaleur de votre main et la transmet à la cuillère à mesure que vous raclez la glace dure.

Cuillère parisienne Cet ustensile composé d'un manche et d'un petit cuilleron ovale, cannelé ou rond à chaque extrémité, sert à lever des billes de melon, mais aussi de carottes ou de pommes de terre.

Gaufrier Le modèle traditionnel avec un long manche s'utilise directement sur le gaz ou la plaque électrique. Il permet d'obtenir des gaufres de forme rectangulaire très classique. D'utilisation plus facile et moins dangereuse, le gaufrier électrique est généralement équipé de parois antiadhésives. Sur certains modèles, les plaques à gaufre peuvent être remplacées par des plaques à croque-monsieur, parfaitement lisses.

Machine à pâtes Cette machine se compose de rouleaux réglables (en acier inoxydable si possible) qui pétrissent et roulent la pâte. Des lames coupantes permettent de choisir la largeur des pâtes. Certaines machines sont manuelles, d'autres électriques. Pour les machines manuelles, assurez-vous qu'elles peuvent être fixées solidement à la table.

Moule à charlotte Ce modèle à bords lisses et très peu évasés est muni de deux poignées facilitant le démoulage. Ces moules existent en aluminium, en cuivre ou en acier étamé. Comme son nom l'indique, ce moule est indispensable pour réussir les charlottes mais aussi pour confectionner d'autres recettes (mousses, bavarois et crème caramel).

Moule à pâté Ce grand moule est rond, ovale ou rectangulaire en acier étamé et ses bords sont hauts. On l'utilise pour faire cuire des pâtés en croûte. Les bords du moule (à motifs ou uni) sont maintenus l'un contre l'autre sur le fond par une charnière pour pouvoir ouvrir facilement le plat en fin de cuisson et démouler la croûte. Ce moule est assez onéreux mais permet d'obtenir de superbes résultats.

Moules décoratifs Ils permettent de transformer le plus simple des entremets en une œuvre d'art culinaire. Les formes sont très nombreuses et existent dans des matières fort diverses : en cuivre étamé (ils sont suffisamment esthétiques pour servir d'objets décoratifs dans la cuisine), en porcelaine, en acier inoxydable (très résistant, ils conviennent pour les préparations chaudes ou froides), en terre, en aluminium (qui risque de faire noircir les aliments), en fer (qui risque de rouiller), en verre (plus fragile), en acier étamé ou en plastique rigide. Les moules destinés à la cuisson au four doivent être résistants à la chaleur ; si le contenu du moule doit être refroidi rapidement, il est préférable d'utiliser un métal très fin qui pourra en outre être réchauffé rapidement au moment du démoulage. Veillez à choisir des moules sans jointures, qui risqueraient de provoquer des fuites. Les motifs doivent être le moins profonds possible, afin de faciliter le démoulage.

Moules individuels Il existe de très nombreux types de moules individuels. Des petits ramequins en forme de cœurs permettront de préparer de délicieux cœurs à la crème ; les ramequins classiques se prêtent à de nombreuses utilisations : œufs cocotte, crèmes brûlées, soufflés individuels ; les moules à dariole en métal peuvent servir à faire cuire des gâteaux de riz ou de légumes ; les moules ovales en métal sont utilisés pour préparer des œufs en gelée ; les moules à petits pains peuvent tout à fait servir à confectionner des gâteaux individuels. Les moules à tartelettes sont d'une utilisation aussi variée : ils peuvent être ronds et peu profonds (pour les tartelettes aux fruits), ronds et pro-

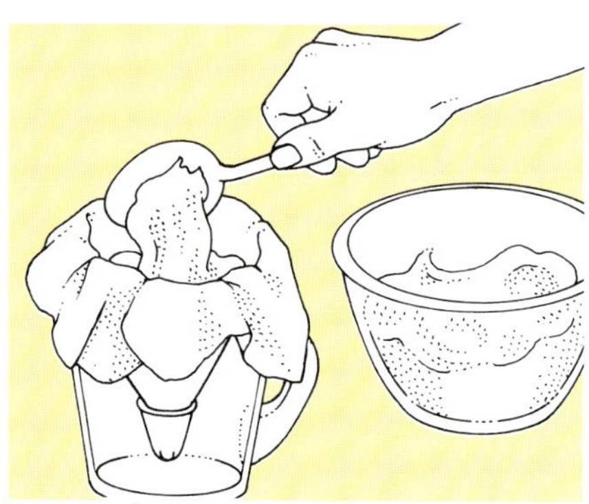

Pour remplir proprement et facilement une poche à douille : placez la poche munie de son embout dans un verre en repliant la toile sur le bord puis versez la préparation.

1. Wok
2. Panier à salade pliant
3. Autocuiseur
4. Couscoussier
5. Bassine à confiture
6. Mousseline à gelée
7. Machine à pâtes manuelle
8. Plat à paella en fonte
9. Moule à charlotte en aluminium
10. Moule en cuivre
11. Moule à pain individuel
12. Moule à dariole
13. Cuillère parisienne
14. Canneleur
15. Zesteur
16. Moule à barquette
17. Cuillère à glace
18. Tranche-fromage
19. Moule à tartelette
20. Terrine en terre
21. Moule à pâté
22. Moule en porcelaine
23. Embouts pour poche à douille
24. Poche à douille

fonds (pour les flans), en forme de barquette, lisse ou cannelée ou même conique (pour préparer des cornets).

Mousseline à gelée Il s'agit d'un sac en flanelle épaisse ou en feutrine que l'on suspend afin de faire s'égoutter le jus de la pulpe de fruits crus ou cuits entrant dans la préparation des gelées (voir page 301). Plus le tissage est serré, plus le jus sera clair. Des rubans permettent de suspendre la mousseline, soit sur un support spécial en plastique, soit sur un manche à balai posé entre deux chaises, de sorte que le sac se trouve au-dessus d'une jatte dans laquelle est recueilli le jus à mesure qu'il s'égoutte.

Panier à salade Il peut s'agir d'un simple panier métallique que l'on secoue (dehors), ou d'une essoreuse à salade qui, en tournant, expulse l'eau des feuilles sous l'effet de la force centrifuge. Celle-ci est plus encombrante qu'un panier métallique qui se replie facilement. Cependant, les essoreuses demandent moins d'effort.

Plat à paella Cette grande poêle ronde dont les bords évasés mesurent moins de 5 cm comporte deux poignées. Elle peut être en acier, en aluminium ou plus traditionnellement en fonte. Conçue pour faire cuire et présenter la paella, elle rend de grands services pour préparer un plat pour de très nombreux convives.

Poche à douille De taille et de forme variées, les poches à douille doivent être très solides, cousues avec des doubles surpiqûres et des doubles ourlets. Une toile de coton au tissage serré ou un nylon solide seront plus résistants qu'une poche en plastique. Une série complète d'embouts (en forme d'étoile, lisses...) vous permettra de réaliser tous les décors et garnitures nécessaires en pâtisserie. Certains modèles sont équipés de bouchons qui permettent de changer l'embout sans avoir à vider au préalable le contenu de la poche.

Terrine Ce lourd récipient pouvant être passé au four est généralement ovale, mais il peut également être rond ou rectangulaire. Il sert à faire cuire des terrines ou des pâtés. Le couvercle en dôme doit comporter un petit trou pour éviter que la terrine ne se gorge d'eau en cours de cuisson. Il existe des terrines en porcelaine à feu, en terre cuite mais aussi en fonte émaillée.

Tranche-fromage Un simple fil à couper suffit pour découper de fines tranches de fromage du type emmenthal ou gruyère. Vous pouvez cependant utiliser un tranche-fromage que l'on tient dans la main, muni d'une fente dans la lame ou d'une lame rotative.

Wok Idéal pour la cuisson des plats à la chinoise, le wok est une poêle peu profonde et très évasée ; les modèles munis d'un long manche sont commodes car on peut remuer les ingrédients énergiquement sans risquer de provoquer des éclaboussures de graisse. Une bonne répartition de la chaleur est une qualité primordiale pour ce type d'ustensile, c'est pourquoi il convient de le choisir en fonte plutôt qu'en acier inoxydable ou en aluminium.

Zesteur Ce petit ustensile se compose d'une lame en acier inoxydable recourbée percée de cinq petits trous en ligne. Il sert à peler l'écorce de l'agrume en laissant sur le fruit la membrane blanche amère.

FONDS DE CUISSON ET POTAGES

Les fonds de cuisson constituent la base de nombreuses recettes. Le goût de la plupart des potages ou des sauces est bien supérieur lorsqu'ils ont été préparés à partir d'un fond de cuisson bien relevé. Ce n'est pas pour autant que je déconseille à quiconque de préparer une soupe avec un bouillon cube, car c'est un ingrédient qui rend service et dont il est toujours possible d'améliorer le goût en ajoutant du jus de citron, du vin ou du xérès par exemple. De même, je ne pense pas, contrairement à ce qu'affirment les plus grands cuisiniers, qu'il soit indispensable de préparer son fond de cuisson avec des ingrédients frais, qui n'auraient pas été cuits au préalable. Ces fonds sont évidemment exquis, mais je trouve qu'il serait dommage de ne pas tirer parti d'une carcasse de poulet ou de restes de viande pour préparer un bouillon fait maison. Il suffit que la viande n'ait pas été exagérément cuite pour conserver suffisamment de goût.

Toutefois, le résultat obtenu avec des ingrédients crus et frais mérite que l'on prenne l'habitude de procéder ainsi. Le sentiment de satisfaction qu'on en retire, proche de celui que l'on ressent lorsque l'on prépare son propre pain, est inégalable. Les meilleurs fonds de cuisson s'obtiennent en faisant cuire les parties gélatineuses de viande ou de volaille (pied de porc, queue de bœuf et carcasses) avec des légumes, tels que carottes ou poireaux, les oignons étant pratiquement indispensables.

Lorsque vous préparez de grandes quantités de fond de cuisson, n'hésitez pas à en congeler une partie (voir page 312). En faisant beaucoup réduire un fond de cuisson, vous obtiendrez un consommé très parfumé que vous pourrez alors congeler pour relever, par la suite, des sauces ou des plats. Si vous prévoyez de préparer une soupe claire ou un aspic, je vous conseille de colorer votre fond avec de la betterave, de la tomate, des épinards ou même des carottes. C'est sous cette forme que je préfère congeler mes fonds de cuisson car ils prennent moins de volume, sans rien sacrifier au goût. Évitez d'utiliser des casseroles en aluminium, car ce métal risque d'altérer le goût et la couleur des ingrédients.

La soupe constitue depuis toujours un plat de base dans tous les pays du monde. Quelle culture ne possède pas à son répertoire culinaire une soupe traditionnelle ? Dans certains pays, comme au Portugal, il est rare de ne pas commencer au moins l'un des repas quotidiens par une soupe. En France, le potage du soir reste dans certaines régions rurales une habitude à laquelle on tient. En Chine et en Extrême-Orient, la célèbre soupe claire très parfumée est servie à tous les repas, ou presque.

Il existe une très grande variété de soupes, depuis la crème raffinée et légère jusqu'aux plats complets qui tiennent parfois plus du ragoût que de la soupe à proprement parler. Elles sont plus ou moins liquides, crémeuses, claires, épaisses ou moulinées. Tous ces plats se dégustent à l'aide d'une cuillère à soupe.

La saveur d'une soupe maison est incomparable ; pourtant, on oublie souvent sa simplicité de préparation et ses qualités gastronomiques : une bonne soupe de légumes épaisse servie avec du pain complet constitue un plat équilibré et diététique. J'adore servir ce genre de soupe pendant les vacances.

Une bonne soupe rencontre toujours un vif succès. C'est le plat réconfortant par excellence — lorsqu'on a froid, faim ou simplement du vague à l'âme, lorsqu'on a trop mangé au repas précédent ou lorsqu'on se sent fatigué — qui nourrit tout en réchauffant. Le potage que l'on sert en entrée a une fonction tout à fait différente. Froid ou chaud, il doit ouvrir l'appétit. Il peut s'agir d'une fine purée de légumes agrémentée de crème ou d'une soupe claire préparée avec du bouillon clarifié auquel on ajoute quelques ingrédients croquants ou des fines herbes hachées.

Dans le sens des aiguilles d'une montre, en partant du haut : Bisque de poisson (page 39), version moderne de la traditionnelle soupe crémeuse, parfumée avec des filets de harengs fumés et des épices, agrémentée de gros bouquets et de rondelles de poivron ; Soupe aux échalotes et à l'estragon (page 38), une crème très originale à servir en entrée ; Crème de poulet aux huîtres fumées (page 38), savant mélange comprenant également des champignons, du poivron rouge et de la ciboulette hachée ; Soupe aux légumes et aux œufs de caille (page 39), qui se prépare à partir d'un bouillon très parfumé auquel on ajoute, au dernier moment, des œufs et de fins rubans de laitue ; Soupe d'été indienne (page 38), qui associe la saveur des aubergines et des tomates à un fond de cuisson très épicé et parfumé au lait de coco.

BOUILLONS DE VIANDE

Il existe deux types de fonds de cuisson : le fond blanc et le fond brun. La viande et la volaille crues sont généralement recommandées, mais il est néanmoins possible d'utiliser des carcasses ou des os de viande cuite. Dans un fond blanc, les différents ingrédients sont mis directement dans le liquide de cuisson ; pour le fond brun, on les fait dorer au préalable. Il est indispensable d'inclure des os dans la préparation des fonds de cuisson, car ce sont eux qui donnent une réelle intensité de goût. Des os débarrassés de leur viande suffisent à parfumer un bouillon.

L'eau en ébullition a tendance à troubler le fond de cuisson, aussi est-il important de baisser le feu après la première ébullition et d'écumer régulièrement la surface du bouillon. Si le temps vous manque, vous pouvez confectionner en 20 minutes un délicieux fond de cuisson dans un autocuiseur, mais il sera trouble et vous devrez le réserver aux soupes épaisses.

Ces fonds de cuisson délicieusement parfumés constituent la base des consommés : on obtient ces derniers en clarifiant le fond à l'aide de blancs et de coquilles d'œufs, puis en le filtrant dans une mousseline.

QUELS OS UTILISER ?

Les os contiennent du collagène qui se dissout en cours de cuisson pour former de la gélatine. Les os les plus appropriés sont les plus gélatineux, à savoir : les os de veau, de jarret ou de queue de bœuf et de porc ainsi que les carcasses de volaille ou de gibier. N'oubliez pas de briser les carcasses et de scier les os afin que le collagène se répande bien dans le liquide en cours de cuisson.

FONDS DE CUISSON DE BASE

Le fond blanc n'est pas véritablement blanc, mais sa couleur est assez pâle. La viande de veau permet de préparer de succulents fonds blancs, mais il est néanmoins possible d'utiliser du porc, si la viande n'est pas trop grasse.

1 *Placez les os coupés et les autres ingrédients aromatiques dans une grande casserole ou cocotte et recouvrez d'eau. Salez peu, surtout si vous utilisez des os crus.*

2 *Portez à ébullition. Écumez la surface à l'aide d'une grande cuillère. Laissez mijoter, couvert, en rajoutant un peu d'eau de temps en temps, si nécessaire.*

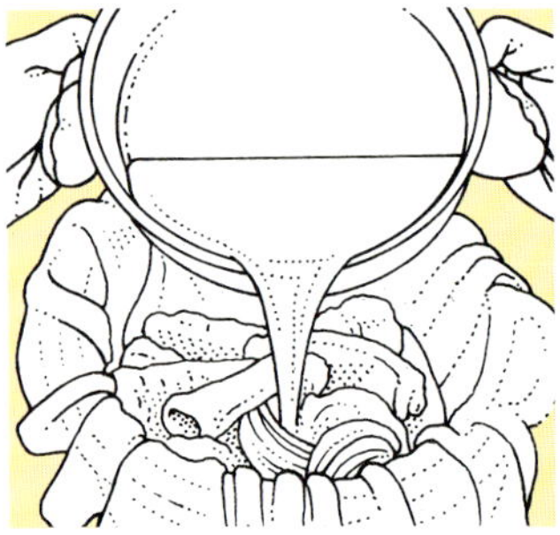

3 *Lorsque le fond de cuisson est limpide, laissez-le mijoter pendant 2 ou 3 heures. Filtrez-le au travers d'une passoire tapissée d'une mousseline humide. Rectifiez l'assaisonnement, sauf si vous comptez faire réduire le fond.*

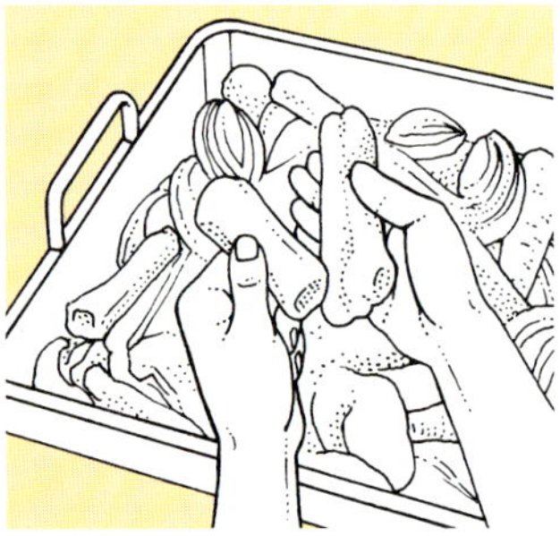

Pour préparer un fond brun, *faites dorer des os et des oignons au four, à 220 °C, Th. 7, puis portez à ébullition jusqu'à obtention d'un bouillon foncé. Les oignons non épluchés intensifient la couleur. Préférez les os de bœuf.*

QUELQUES VARIANTES

- Les ingrédients aromatiques les plus courants pour parfumer un bouillon de viande sont les oignons (non épluchés pour le fond brun), les carottes et le céleri. On peut également ajouter des navets et du céleri-rave. Évitez d'employer des pommes de terre si vous souhaitez un fond limpide. Si vous préférez un fond très clair, utilisez peu de carottes, car elles colorent beaucoup.
- Les bulbes de fenouil, même défraîchis, parfument très bien un fond.
- J'ajoute souvent un peu d'ail épluché et émincé, en début de cuisson pour obtenir un goût doux et légèrement sucré, et en fin de cuisson pour donner un goût franchement aillé.
- Pour obtenir un fond de cuisson très coloré et parfumé, ajoutez des tomates très mûres ou un peu de purée de tomates.
- Le poivron rouge rehausse le goût des bouillons d'une façon très agréable.
- Préférez les herbes fraîches et ficelez-les ensemble ou rassemblez-les en bouquet garni dans une mousseline (voir page 10).
- La sauge, qui pousse comme du chiendent et dont on ne sait pas toujours que faire, est excellente, en petites quantités, dans un fond de bœuf.
- Les épices ne rentrent pas fréquemment dans la composition des bouillons, mais certaines peuvent apporter une note très originale ; c'est le cas des grains de poivre entiers, du macis, des bâtons de cannelle, du gingembre frais émincé, de l'anis étoilé, du carvi, des graines de cumin et de la coriandre.
- Un bâton de cannelle, des feuilles d'estragon et du gingembre frais non épluché mais coupé en rondelles relèvent à la perfection un bouillon de volaille. Le gingembre frais coupé en rondelles parfume également bien le bouillon de bœuf.
- Ajoutez quelques baies de genièvre écrasées, du piment de la Jamaïque et des feuilles de laurier à un bouillon de gibier.
- Le sel doit être utilisé avec parcimonie en début de cuisson, pour renforcer la saveur des ingrédients. Plutôt que de saler le bouillon en fin de cuisson, attendez de l'avoir incorporé à votre plat final pour rectifier l'assaisonnement. Un fond de cuisson destiné à être réduit ne doit pas être salé au préalable, car la réduction intensifie le goût des ingrédients ; le fond risque alors d'être trop salé.
- Préférez les grains de poivre entiers ; le poivre moulu risque de donner un goût aigre.
- Si vous ne servez que les blancs des pigeons, la carcasse vous permettra de préparer un succulent fond de volaille.
- Vous pouvez utiliser votre four à micro-ondes (voir page 311) pour faire un fond : placez tous les ingrédients dans une grande jatte, couvrez et faites cuire à la puissance maximale (100 %) jusqu'à ce que le mélange commence à bouillir, puis faites mijoter sur la position « décongélation » pendant 45 à 60 minutes. (Consultez le manuel du fabricant pour plus de précisions.)

FAIRE RÉDUIRE UN FOND

Un fond que l'on a fait réduire lentement ajoute une saveur inégalable aux soupes et sauces. Vous pouvez faire réduire le bouillon plus ou moins longtemps, selon l'intensité de goût recherchée. Le stade final est celui de la gelée, pratiquement solide. Le fond, une fois réduit, se conserve au réfrigérateur pendant une semaine. Au-delà, faites-le bouillir de nouveau afin d'éviter qu'il ne s'abîme. Vous pouvez ajouter un peu de gelée claire à une sauce en fin de cuisson : cela la rendra riche et brillante à souhait.

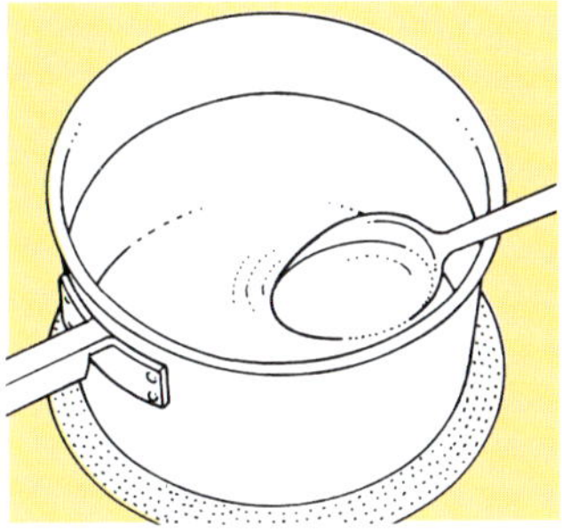

1 *Versez le fond filtré dans une casserole et portez doucement à ébullition, en écumant souvent la surface, jusqu'à ce qu'il ait réduit de moitié.*

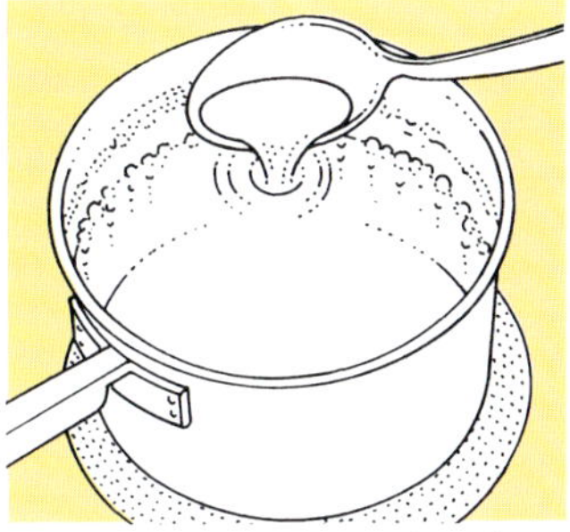

2 *Pour obtenir une gelée claire, continuez de faire réduire le fond jusqu'à ce que la préparation nappe la cuillère. Laissez prendre au frais.*

DÉGRAISSER UN BOUILLON

Il est important de dégraisser le bouillon, afin qu'il n'alourdisse pas inutilement le plat final. Le consommé exige un fond de cuisson parfaitement dégraissé (voir page 32). Il est plus facile d'opérer sur du bouillon froid, mais il existe également une méthode pour dégraisser un liquide tiède.

Laissez refroidir complètement le bouillon filtré, puis réfrigérez-le jusqu'à ce que la surface se solidifie. À l'aide d'une grande cuillère ou d'une spatule en métal, retirez la couche de graisse et jetez-la.

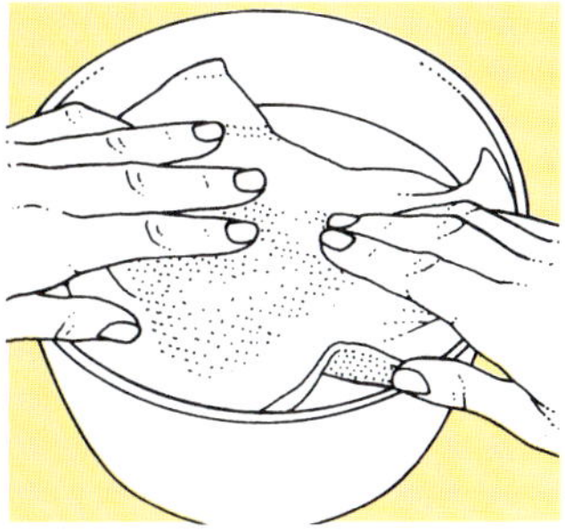

Si le fond est encore tiède, retirez autant de graisse que vous pouvez à l'aide d'une louche ou d'une grande cuillère, puis utilisez plusieurs épaisseurs de papier absorbant pour éliminer le reste de gras.

FOND DE VOLAILLE OU DE GIBIER

Utilisez des os crus, avec ou sans viande, des abats (à l'exception du foie) ou, à défaut, des carcasses. Les os de volailles grasses (de canard, par exemple) conviennent, mais il faut éliminer peau et graisse.

Brisez la carcasse ou les os, et placez-les dans une grande cocotte avec des oignons, des carottes, du céleri et des poireaux. Les carcasses de gibier donnent une couleur brune au fond de cuisson. Ajoutez un bouquet d'herbes fraîches — le romarin et l'estragon accompagnent bien le bouillon de volaille ou de gibier — et quelques grains de poivre. Recouvrez d'eau, portez à ébullition à feu doux, et écumez souvent jusqu'à ce que le liquide soit limpide.

Baissez le feu et laissez cuire, couvert, pendant environ 3 heures; écumez de temps en temps si nécessaire. Filtrez et laissez refroidir, réfrigérez jusqu'à ce que la graisse se solidifie, puis dégraissez.

Un bon bouillon de volaille brûlant : des os, des poireaux, des carottes, des oignons, des grains de poivre et un bouquet garni. Salez en début de cuisson pour faire ressortir les saveurs.

BOUILLONS DE LÉGUMES ET FUMETS

Les bouillons de légumes et les fumets de poisson sont des préparations plus délicates que les fonds de cuisson. La cuisson du fumet de poisson ne doit jamais dépasser 25 minutes. Si le liquide mijote plus longtemps, vous le rendrez amer, et les arêtes gélatineuses des poissons se transformeront en une infâme colle. Si vous souhaitez faire réduire le fumet de poisson, filtrez-le au préalable.

Les poissons à chair blanche et gélatineuse, notamment les espèces plates, permettent de préparer d'excellents fumets. Le carrelet, la sole, le turbot, la barbue, le saint-pierre, le merlan, le merlu, le cabillaud et l'églefin donnent de très bons résultats. Demandez des parures (têtes, arêtes et peaux blanches) à votre poissonnier et ajoutez-les à votre fumet. Si vous souhaitez apporter un petit goût fumé, pensez au haddock. Les têtes et les queues des saumons sont également délicieuses dans un fumet. En revanche, évitez les parures de poisson gras, comme le maquereau, la sardine ou le hareng, car elles ne feraient qu'ajouter un goût huileux et un parfum trop prononcé. La tête et la carapace des crevettes, des homards et des crabes donnent une petite note sucrée très agréable, tout en colorant le liquide.

Les fumets de poisson étant généralement grisâtres, vous pourrez relever la couleur de votre préparation en y ajoutant des pelures d'oignons, en plus des oignons et des échalotes utilisés dans la recette. Les carottes sont, à cet égard, parfaitement indiquées; elles apportent un petit goût sucré indispensable — vous pouvez d'ailleurs ajouter une ou deux cuillères à café de sucre en poudre. J'ajoute souvent des tomates, à la fois pour le goût et pour la couleur, et parfois même un trait de jus d'orange. Le vin blanc et le cidre brut figurent souvent dans mes recettes de fumet, que je parfume d'une ou deux cuillères à soupe de jus de citron et d'une cuillère à soupe de vinaigre. N'hésitez pas à inclure quelques épices : des graines de coriandre, une ou deux gousses de cardamome et un peu de macis. Utilisez de préférence du poivre en grains et ajoutez un bouquet de fines herbes, avec un peu d'aneth et de fenouil. Évitez les herbes séchées.

COURT-BOUILLON ET FUMET

Le court-bouillon permet de pocher des ingrédients fragiles, tels que le poisson, les fruits de mer ou le poulet. On le prépare généralement à l'avance en faisant bouillir des légumes avec de l'eau et du vin, du vinaigre ou du jus de citron, et on l'utilise lorsqu'il a refroidi pour faire cuire les aliments. Le fumet est un court-bouillon que l'on a fait réduire.

BOUILLON DE LÉGUMES

Avec le succès grandissant des recettes diététiques, les bouillons de légumes retrouvent depuis peu leur juste place. Tous les légumes ou presque peuvent convenir : le chou, les poireaux et les épinards donnent un bouillon de couleur verte; les navets, les carottes et le céleri-rave ont un goût assez doux; les tomates, le poivron, les oignons et l'ail permettent d'obtenir un bouillon rosé aux accents méridionaux; la betterave cuite hachée et cuisinée avec des oignons donne un bouillon écarlate qui peut ensuite entrer dans la préparation de soupes et de sauces.

J'aime ajouter un soupçon de jus de citron, de xérès ou de vinaigre de cidre. Les graines de carvi sont délicieuses dans un bouillon à base de légumes-racines. Les légumes doivent bouillir jusqu'à ce qu'ils soient gorgés d'eau. On les jette ensuite, car toutes leurs qualités nutritives ont enrichi l'eau de cuisson.

BOUILLON DE LÉGUMES

Hachez, sans les éplucher, environ 750 g de légumes lavés. Placez les légumes dans une cocotte avec 10 grains de poivre, 4 cuillères à soupe de jus de citron, 1,2 litre d'eau et une pincée de sel. Portez à ébullition, en écumant la surface avec une grande cuillère de métal si nécessaire. Baissez le feu et laissez mijoter, couvert, pendant 30 à 45 minutes. Filtrez au travers d'un chinois et jetez les légumes. Vous obtiendrez environ 1 litre de bouillon que vous pourrez conserver au réfrigérateur pendant 2 jours.

Une sélection de légumes et d'aromates.

FUMET DE POISSON

Prévoyez 1 litre d'eau et 30 cl de vin blanc par kilo de parures de poisson. Ajoutez 1 carotte et 1 oignon émincés, un bouquet d'herbes fraîches (persil, laurier et fenouil), 2 ou 3 cuillères à soupe de jus de citron, 2 cuillères à café de sucre en poudre et de 10 à 12 grains de poivre. N'utilisez pas de parures de poisson gras. Vous obtiendrez environ 1,2 litre de fumet.

1 *Mettez toutes les parures de poisson dans une grande cocotte avec la carotte et l'oignon émincés, le bouquet d'herbes, le jus de citron, le sucre et le poivre.*

2 *Ajoutez l'eau et le vin, portez à ébullition, puis laissez mijoter pendant 20 à 25 minutes, en écumant la surface lorsque cela est nécessaire.*

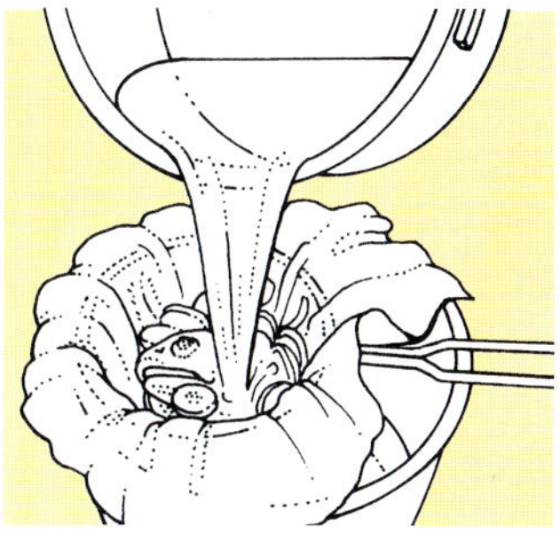

3 *Filtrez le fumet au travers d'un chinois tapissé d'une mousseline humide. Vous pouvez l'utiliser tiède ou froid. Il se conservera 2 jours au réfrigérateur.*

QUELQUES SUGGESTIONS

- Le fumet entre principalement dans la préparation des soupes de poisson. Vous pouvez choisir la version méditerranéenne, en servant le fumet tel quel après y avoir fait cuire un assortiment de poissons et de fruits de mer, ou préférer épaissir la soupe avec un peu de farine et de crème, afin d'obtenir une bisque onctueuse.
- Utilisez de préférence un fumet clair et coloré pour préparer des soupes claires. Pour obtenir une soupe très claire, filtrez le fumet une deuxième fois au travers d'une mousseline propre.
- Pour faire une soupe d'un fumet de poisson, ajoutez de la chapelure, du riz ou des légumes cuits et réduits en purée — essayez les pommes de terre, les poivrons ou les courgettes.
- Pour obtenir presque instantanément à partir d'un fumet une délicieuse sauce d'accompagnement pour un poisson grillé ou poché, ajoutez de la crème fraîche et portez à ébullition pendant 1 ou 2 minutes (voir page 130).
- Le fumet de poisson, une fois filtré, permet de préparer des aspics (voir page 33) dans lesquels on peut faire prendre des crevettes, des morceaux de poisson et des herbes fraîches.
- Vous pouvez préparer de délicieux plats de poisson en sauce en faisant cuire rapidement des lamelles de légumes, des filets de poisson ou des fruits de mer dans un fumet épaissi et judicieusement parfumé. Faites cuire pendant 5 à 8 minutes avant d'ajouter une poignée d'herbes fraîches.
- Le bouillon de légumes, clair ou épais, sert de base à de nombreuses soupes. Il constitue aussi le liquide de cuisson idéal pour les légumes, le poulet ou la viande maigre que l'on veut incorporer à un plat en sauce.
- Pour épaissir un bouillon de légumes, vous pouvez ajouter divers légumes verts (voir page 53) ou secs (voir page 113) réduits en purée. Le chou-fleur permet d'obtenir un résultat velouté, tandis que les haricots secs constituent un épaississant plus substantiel. Passez la purée au chinois pour qu'elle soit bien lisse.
- Le bouillon de légumes clair est la base idéale du minestrone : faites-y cuire des légumes coupés en morceaux, avec des pâtes.
- Des petites pâtes à potage transformeront un bouillon léger en soupe nourrissante, surtout si vous ajoutez un peu de parmesan au moment de servir.
- Pour obtenir une sauce savoureuse et parfumée, mais néanmoins très simple, faites réduire le bouillon pour donner davantage d'intensité au goût, puis épaississez avec de la crème, un peu de Maïzena (voir page 199) ou une fine purée de légumes (voir page 53).
- L'arrow-root donne une consistance brillante et translucide aux soupes, tout en les épaississant (voir page 199).
- Le bouillon de légumes filtré, surtout s'il présente une agréable couleur et une saveur suffisamment prononcée, vous permettra de préparer de délicieux aspics (voir page 33). Le bouillon de betterave, notamment, donne des aspics tout à fait étonnants par leur couleur rouge vif.

Le safran, le paprika et les herbes aromatiques apportent saveur et couleur à la Soupe aux fruits de mer (page 39), qui ne manquera pas de séduire vos invités.

SOUPES CLAIRES ET ASPICS

Les soupes claires sont un véritable plaisir pour les yeux autant que pour le palais. Les variantes sont multiples, car on peut faire pocher différents types d'ingrédients dans le bouillon de base — légumes finement émincés, petits morceaux de poisson, crevettes ou coquilles Saint-Jacques.

Les soupes claires se préparent comme un bouillon, mais la proportion d'eau est moins importante. Tous les types de viandes et de légumes conviennent, à l'exception des légumes riches en fécule qui pourraient troubler le liquide. Les soupes chinoises sont parmi les meilleures soupes claires ; très parfumées, elles combinent un grand nombre d'ingrédients. Vous pouvez filtrer la soupe au travers d'une passoire tapissée d'une mousseline, mais si vous souhaitez obtenir un résultat parfaitement limpide, clarifiez-la en suivant la recette du consommé.

CONSOMMÉ

Le véritable consommé est un fond de veau, de bœuf ou de volaille ; on l'obtient en faisant cuire des ingrédients aromatiques dans un bouillon fortement dégraissé. Le consommé brille davantage encore s'il est servi froid ou sous la forme d'une gelée : si le fond de cuisson comportait peu d'os gélatineux, vous pouvez ajouter un peu de gélatine — environ 1 sachet pour 1,2 litre de liquide — pendant la clarification, afin que la gelée prenne correctement. Le consommé froid se sert tel quel, ou parfumé avec quelques herbes et un peu de crème.

ASPIC

Les aspics faits maison préparés à partir d'un fond de viande riche et très concentré exigent beaucoup de travail, mais vous serez récompensé par les compliments de vos amis. Placez des morceaux de poulet, de saumon ou de côtelettes d'agneau froids sur une grille en métal et nappez-les d'une couche de gelée. Laissez prendre et décorez le dessus. Nappez d'une seconde couche si nécessaire. S'il s'agit d'un aspic moulé, disposez quelques brins de fines herbes entre deux couches de gelée, au fond du moule.

CONSOMMÉ DE BŒUF

Pour obtenir un consommé parfaitement limpide, le bouillon doit être clarifié avec des blancs et des coquilles d'œufs ; les impuretés, qui troubleraient le liquide, sont ainsi entraînées et fixées dans l'écume. Les blancs d'œufs ont tendance à affadir le parfum du fond, aussi prévoyez des quantités de viandes et de légumes frais plus importantes : comptez 1 petit oignon, 1 carotte, 1 côte de céleri, le tout haché menu, et 250 g de viande de bœuf maigre hachée pour 1,8 litre de bouillon.

1 *Placez le bouillon parfaitement dégraissé (voir page 29) dans une casserole propre avec la viande, les légumes, un peu de sel et des grains de poivre.*

2 *Ajoutez 2 blancs d'œufs légèrement battus et les coquilles écrasées, puis portez doucement à ébullition, en fouettant constamment. Une mousse se formera à la surface.*

3 *Cessez de fouetter lorsque la mousse est bien ferme et recouvre toute la surface. Laissez bouillir à feu moyen, pendant 20 minutes.*

Gelée de consommé de bœuf finement hachée.

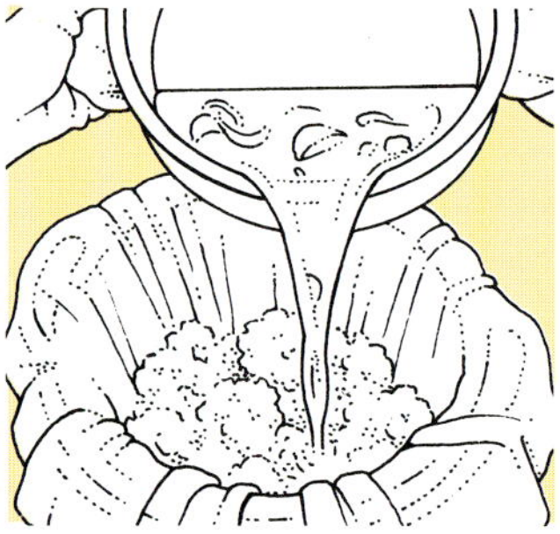

4 *Tapissez une passoire avec une double épaisseur de mousseline humide et posez le tout au-dessus d'une jatte. Déposez la mousse au fond de la passoire à l'aide d'une écumoire, puis versez délicatement la soupe dans la jatte.*

5 *Si le consommé n'est pas parfaitement clair, recommencez l'opération au-dessus d'un récipient propre. Ajoutez 1 ou 2 cuillères de madère ou de porto et des fines herbes hachées. Servez chaud ou froid. Si vous servez la gelée froide, hachez-la finement.*

SOUPE CLAIRE À LA CHINOISE

Les Chinois sont de grands consommateurs de soupe. Leurs recettes, légères et limpides, sont aussi délicieuses que décoratives. Les nombreuses variantes font appel à tous les légumes frais ou presque, à différents types de viandes et parfois aux nouilles. L'ingrédient de base reste dans tous les cas un bon fond de volaille.

Pour préparer une soupe pour 8 personnes, il vous faudra 1 poulet de 1,5 kg (si les abats ont été conservés, éliminez le foie) et 400 g d'os de travers de porc.

Avant d'entamer la cuisson, émincez 6 pieds de ciboule, 1 carotte, 1 côte de céleri ; hachez la valeur de 2 cuillères à soupe de gingembre.

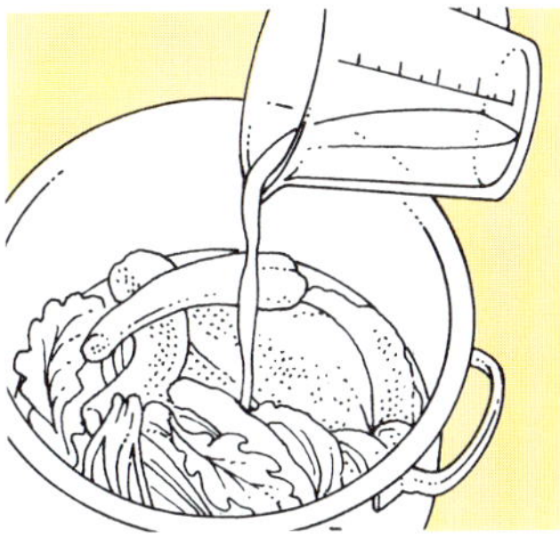

1 *Préparez un fond de volaille très parfumé. Mettez le poulet et les abats dans une grande cocotte ou une grande casserole avec les os de travers de porc, la moitié de la ciboule, la carotte, le gingembre, le céleri et quelques tiges de coriandre et de persil finement hachées. Ajoutez 2 cuillères à soupe de sauce soja, 15 cl de vin blanc et 2,5 litres d'eau froide. Assaisonnez.*

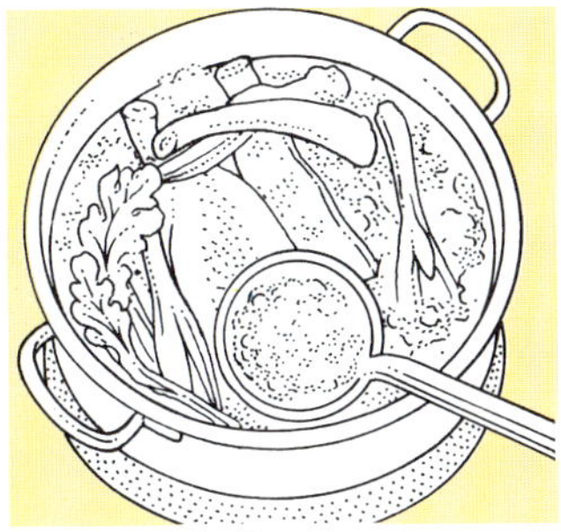

2 *Portez à ébullition, en écumant la surface. Baissez le feu, couvrez et laissez mijoter pendant 1 heure. Filtrez, puis réfrigérez et dégraissez la surface (voir page 29). Hachez finement le blanc de poulet et réservez ; utilisez le reste de poulet dans des salades composées. Versez le fond de cuisson dans une casserole propre.*

3 *Faites bouillir le fond de cuisson, sans couvrir, pendant 10 minutes, ajoutez le reste de la ciboule, le poulet haché, 125 g de champignons noirs, 125 g de brocoli et 2 cuillères à soupe de xérès sec. Laissez mijoter pendant 5 minutes, puis ajoutez 25 g de vermicelles instantanés, 1 cuillère à café d'huile de sésame, 1 cuillère à café de sucre et 2 cuillères à soupe de sauce soja. Poursuivez la cuisson pendant 1 minute.*

ASPIC

Suivez les indications données dans la recette du consommé (voir page précédente) en remplaçant la viande de bœuf par du veau ou du poulet haché qui donneront une couleur moins foncée. Pour un aspic de poisson, préparez un fumet (voir page 31) et clarifiez-le avec des blancs et des coquilles d'œufs (voir page précédente). Il est nécessaire de rajouter un peu de gélatine (comptez environ 1 sachet pour 1,2 litre de consommé, un peu plus par temps chaud). Si vous préparez votre aspic en utilisant un bouillon de viande ou de légumes ou un fumet ordinaire (et non un consommé), prévoyez davantage de gélatine (1 sachet pour 60 cl de bouillon).

Faites dissoudre la gélatine dans un peu d'eau. Faites chauffer dans une petite casserole à feu doux, sans faire bouillir.

Pendant ce temps, faites bouillir le consommé. Lorsque la gélatine est bien claire, ajoutez-la délicatement au consommé. Laissez refroidir et faites prendre au réfrigérateur.

Cette délicieuse soupe chinoise se compose d'un fond de volaille dans lequel on a fait cuire des petits légumes et des vermicelles chinois. La sauce soja ajoute une note très orientale.

PARFUMER UNE SOUPE CLAIRE

- Les parfums et arômes que l'on peut ajouter à une soupe claire sont multiples — n'hésitez pas à inclure du riz, des œufs (cuits dans la soupe ou durs et coupés en rondelles), des pâtes à potage, de petits morceaux de légumes, des fruits de mer, du poisson, de fines languettes de viande, de poulet ou de jambon, de la ciboule hachée, etc.
- Ma recette préférée est très simple à préparer : faites cuire dans de l'eau additionnée d'un peu de jus de citron et de deux morceaux de sucre des tomates bien mûres grossièrement hachées, jusqu'à ce qu'elles soient bien tendres. Filtrez la préparation au travers d'une mousseline mouillée et faites réchauffer le liquide obtenu avec du basilic frais et de petits cubes de tomate pelée.
- Faites pocher des œufs de caille dans une soupe claire et servez dès qu'ils sont cuits.
- Si vous servez votre consommé chaud, n'ajoutez la garniture qu'au dernier moment, afin qu'il ne perde pas de sa limpidité. Vous pouvez utiliser de petits morceaux de viande froide ou de jambon, des herbes fraîches, de petits morceaux de légumes frais ou encore un peu de xérès.

SOUPES ÉPAISSES ET PASSÉES

Il existe plusieurs façons d'épaissir une soupe. La plus courante consiste à faire revenir les ingrédients crus dans du beurre additionné de farine, puis à mouiller le tout avec du bouillon. On peut également délayer la farine dans un peu de liquide puis ajouter cette préparation en fin de cuisson, sans cesser de remuer, jusqu'à ce que la soupe soit bien épaisse. (La farine doit cuire complètement pour ne pas risquer de donner un goût de fécule à la soupe.) Un peu de chapelure permet également d'épaissir un potage nourrissant.

En ajoutant de la crème et/ou des jaunes d'œufs au dernier moment, on obtient une soupe plus parfumée et plus riche. Si vous souhaitez épaissir légèrement une soupe, ajoutez de la crème et des jaunes d'œufs battus ensemble et faites cuire à feu doux, sans laisser bouillir (les œufs cuiraient trop et la crème tournerait). Personnellement, je trouve que le meilleur moyen d'épaissir une soupe consiste à ajouter un peu de farine au début puis à parfumer le potage en fin de cuisson avec de la crème et des œufs. Cette méthode convient particulièrement aux soupes de légumes, de poulet ou de poisson.

On obtient aussi de bons résultats en incorporant des purées de légumes, mais le goût des ingrédients ajoutés aura tendance à dominer (voir page 53). Certaines personnes préfèrent mixer leurs légumes au moulin à légumes ; si la vitesse de rotation de votre robot se règle très précisément, vous pouvez néanmoins utiliser votre appareil.

Pour des soupes plus nourrissantes, on peut également ajouter des légumes secs cuits et réduits en purée (voir page 113). Les lentilles brunes donnent une belle couleur à la soupe.

ÉPAISSIR AVEC DES ŒUFS ET DE LA CRÈME

Des œufs battus avec de la crème épaississent une soupe mais lui apportent surtout une saveur riche et onctueuse. Ne laissez pas bouillir la soupe une fois que le mélange œufs-crème a été incorporé, afin que la préparation ne tourne pas. Les jaunes d'œufs, en cuisant, épaissiront la soupe. Si vous avez ajouté de la farine au préalable, la soupe risquera moins de tourner, mais ne la laissez pas bouillir pour autant.

Pour 1,2 litre de potage épaissi au préalable avec de la farine, prévoyez 8 cl de crème fraîche et 2 jaunes d'œufs ; doublez le nombre d'œufs si vous n'avez pas ajouté de farine.

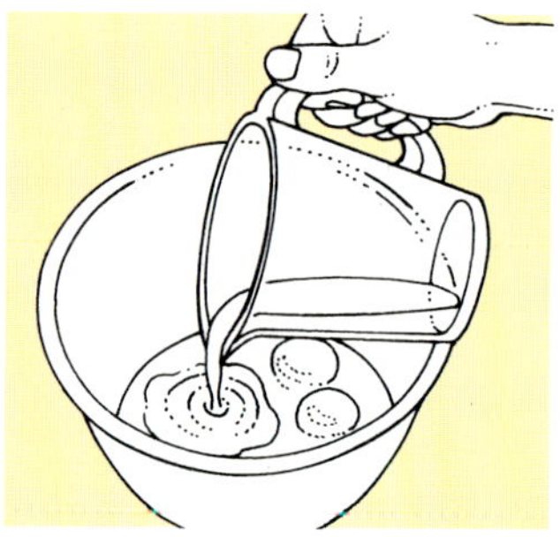

1 *Le potage peut être préparé à l'avance, mais il est préférable d'attendre le dernier moment pour l'épaissir. Préparez le mélange épaississant en incorporant dans une jatte les jaunes d'œufs et la crème. Battez-les à la fourchette ou au fouet. Utilisez de la crème épaisse, qui risquera moins de tourner si la soupe se met à bouillir accidentellement.*

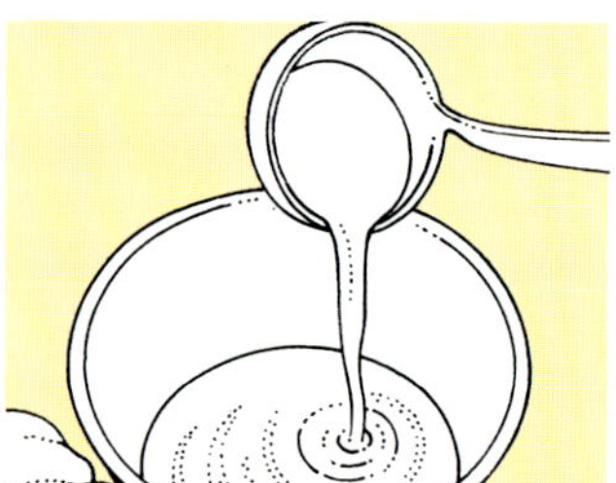

2 *Pendant ce temps, faites réchauffer la soupe sans laisser bouillir. Versez une louche de soupe dans la préparation œufs-crème puis mélangez à l'aide d'une cuillère en bois.*

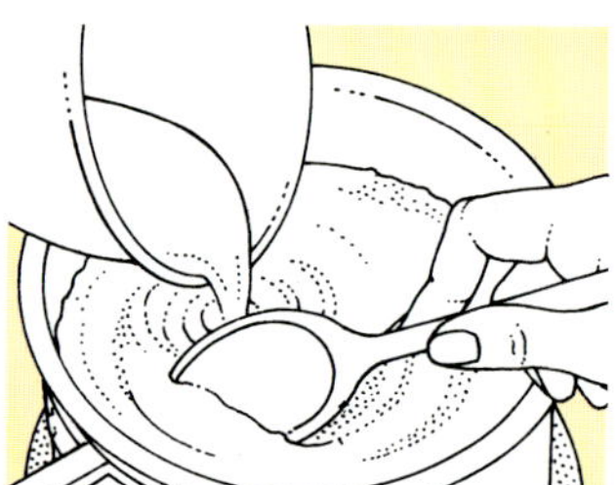

3 *Ajoutez ce mélange tiède dans la casserole. Continuez de remuer à feu doux sans laisser bouillir, jusqu'à ce que la soupe ait épaissi. Servez aussitôt.*

CRÈMES DE LÉGUMES

La recette de base se prête à de nombreuses variantes, selon les légumes de saison que l'on peut utiliser. Si vous souhaitez une crème de légumes très onctueuse, je vous conseille de mixer les ingrédients au robot, puis de passer cette purée au chinois. La quantité de liquide nécessaire ainsi que le temps de cuisson dépendent de la consistance souhaitée et de la teneur en eau des ingrédients. Les tomates donneront une soupe plus épaisse que les poivrons, par exemple. Les quantités indiquées conviennent pour 4 personnes.

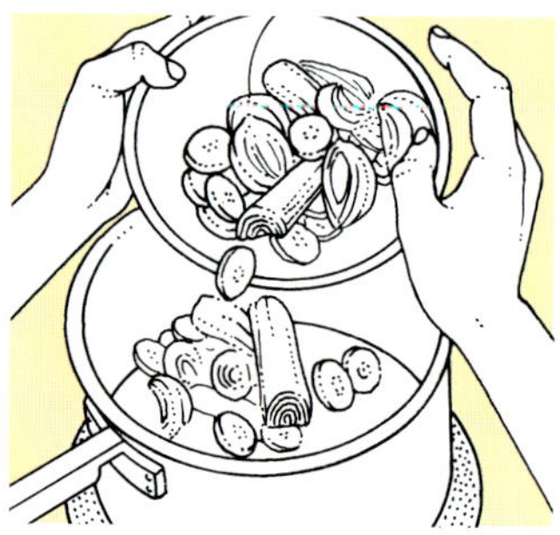

1 *Faites fondre environ 25 g de beurre dans une casserole, puis ajoutez 750 g de légumes préparés et coupés en morceaux.*

2 *Ajoutez 1,2 litre de bouillon, de lait ou d'un mélange des deux, puis couvrez et laissez mijoter jusqu'à ce que les légumes soient tendres.*

3 *Réduisez en purée, dans un moulin à légumes ou dans un robot. Si vous souhaitez une soupe très onctueuse, passez la purée au chinois, en vous aidant d'une cuillère en bois.*

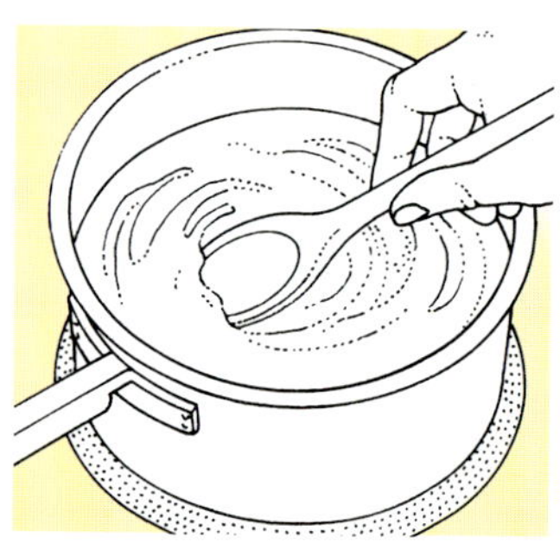

4 *Ajoutez de la crème fraîche épaisse ou liquide, ou encore du fromage blanc, et faites réchauffer, sans laisser bouillir, tout en remuant. Servez avec la garniture de votre choix.*

ÉPAISSIR UN POTAGE

C'est la méthode que je choisis lorsque je manque de temps. Elle permet d'incorporer facilement les ingrédients dans un bouillon ; en outre, la farine étant ajoutée en début de cuisson, elle ne risque pas de donner un désagréable goût de fécule.

Vous pouvez utiliser des restes aussi bien que des ingrédients frais. Pour obtenir une couleur plus soutenue, faites revenir les ingrédients dans le beurre pendant quelques minutes avant d'ajouter la farine et le bouillon. Si vous souhaitez une soupe plus riche, ajoutez de la crème en fin de cuisson, juste avant de servir.

La liste des ingrédients possibles est très longue. Veillez toutefois à ce que les temps de cuisson soient similaires ; sinon, coupez les légumes les plus denses en petits morceaux. Certaines associations sont exquises, par exemple : églefin et crevettes, légumes secs et lard, ou encore poulet cuit et poireaux. Pour 4 à 6 personnes.

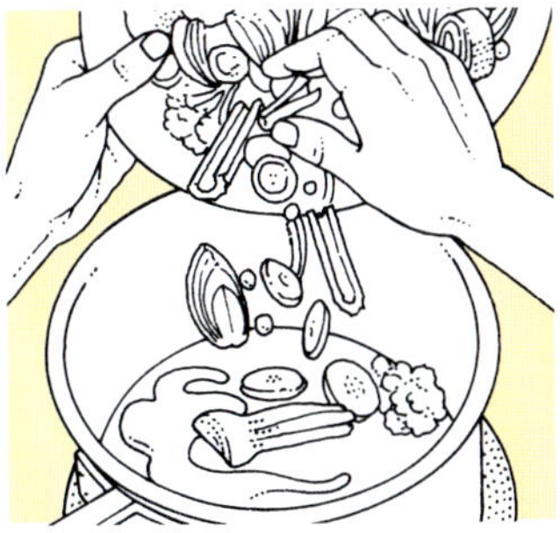

1 *Faites fondre environ 50 g de beurre et ajoutez 500 g d'ingrédients préparés et hachés. Remuez pour bien enrober les morceaux de beurre.*

2 *Ajoutez environ 4 cuillères à soupe de farine, puis incorporez 1,2 litre de bouillon. Portez à ébullition, laissez mijoter, à couvert, autant que nécessaire. Rectifiez l'assaisonnement.*

POUR FINIR EN BEAUTÉ

• Les garnitures décoratives sont plus soignées si on les dispose dans les assiettes individuelles.
• Ce sont les herbes fraîches qui donnent les meilleurs résultats. Le persil plat, l'aneth, le fenouil, le basilic, l'oseille, la livèche, la ciboulette, sont très esthétiques et parfument le potage de façon incomparable. La coriandre convient particulièrement bien aux soupes peu épicées.
• Soyez prudent avec l'estragon dont le goût très prononcé ne convient pas à toutes les soupes. Le romarin, très fibreux, a quant à lui tendance à se coincer entre les dents.
• Ajoutez un peu de crème, du fromage blanc ou du yaourt dans les soupes sans crème. Vous pouvez également inclure un peu de beurre ou de fromage frais parfumé aux herbes juste avant de servir.
• Les amandes grillées apportent une note très agréable aux soupes à base de crème.
• Saupoudrez une soupe chaude de gruyère râpé ; vos convives se régaleront avec les longs fils qui se formeront.
• De fines rondelles de courgette, de poivron, de carotte ou de concombre donnent une touche croquante et colorée à une soupe lisse.
• Ajoutez 1 ou 2 cuillères de Sauce au pistou (page 207) à une soupe de tomates.
• Émiettez quelques fines tranches de lard grillé au-dessus d'une soupe ; vous aimerez le croquant et le goût très prononcé de cet ingrédient inattendu.

Donner du corps à un potage

• Les soupes de légumes de style campagnard peuvent être épaissies avec du pain. Utilisez des morceaux de pain dur, ou encore parsemez la surface de chapelure.
• Disposez une tranche de pain au fond d'une assiette creuse et versez la soupe par-desssus. Le pain, en gonflant, épaissira la soupe.
• La soupe à l'oignon s'accompagne d'une tranche de pain grillé recouverte de fromage râpé que l'on fait griller après l'avoir posée sur la soupe. Utilisez toujours une soupière résistant à la chaleur.
• De petits morceaux de pommes de terre cuits préalablement dans un bon bouillon se désintégreront tout en épaississant la soupe.

CROÛTONS GRILLÉS

Les croûtons constituent l'accompagnement obligé de nombreuses soupes. Voici comment en préparer de délicieux : retirez la croûte de deux tranches de pain de mie rassis et coupez-les en cubes réguliers. Faites chauffer de l'huile ou un autre type de matières grasses — huile d'olive, graisse de canard ou d'oie, beurre aillé — dans une grande poêle, puis disposez les croûtons en une seule couche. Faitez-les dorer à feu doux, jusqu'à ce qu'ils soient bien croustillants, puis égouttez-les sur du papier absorbant.

Pour préparer des croûtons sans matières grasses, faites dorer des rondelles de pain rassis au four tiède.

Frottez le pain avec une gousse d'ail, les croûtons n'en seront que plus parfumés. Vous pouvez découper des formes décoratives avec un emporte-pièce.

Le goût rafraîchissant de la Soupe aux carottes et aux canneberges (page 38), allié à sa couleur vive, vous vaudront de nombreux compliments.

SOUPES FROIDES

La variété des légumes disponibles sur nos marchés et le vaste choix de produits laitiers permettent de réaliser toutes sortes de soupes froides. Qu'elles soient à base d'ingrédients crus ou cuits, ces soupes sont très appréciées pendant l'été, lorsque les fruits parfumés et les légumes nouveaux abondent sur les marchés.

Les variantes des soupes glacées sont innombrables ; quant aux techniques mises en œuvre, elles sont à la portée de tous. Les plus simples consistent à mélanger des légumes crus réduits en purée avec du yaourt ou du fromage blanc. Les soupes préparées à partir d'une base à la tomate et aux poivrons cuits et réduits en purée (voir ci-dessous) exigent un temps de préparation un peu plus long. La soupe à la framboise et à la menthe (voir page suivante) peut être adaptée pour inclure d'autres fruits. Il suffit de modifier la quantité de liquide en fonction de la teneur en eau des fruits ou des légumes utilisés.

De nombreuses soupes destinées à être dégustées chaudes peuvent également être servies froides ; toutefois, les potages comprenant de la farine sont meilleurs chauds que froids, comme d'ailleurs la plupart des soupes à base de féculents. La soupe aux poireaux et aux pommes de terre constitue une exception à cette règle. Lorsque vous préparez une soupe froide, évitez le beurre ou les jaunes d'œufs, car ces deux ingrédients durcissent et rendent la préparation écœurante.

SOUPES CRUES PRÉPARÉES AU ROBOT

Le robot ménager ou le mixeur permettent de préparer d'excellentes soupes en un clin d'œil. Il suffit de mixer des légumes frais, tels que concombres, tomates ou avocats, avec un produit laitier onctueux.

Pour préparer une soupe pour 6 personnes, il vous faudra de 30 à 60 cl de purée de légumes frais, selon la teneur en eau des légumes utilisés, environ 60 cl de yaourt et environ 300 g de fromage blanc.

Les herbes fraîches sont indispensables pour parfumer les soupes crues. J'aime également ajouter un peu d'huile parfumée.

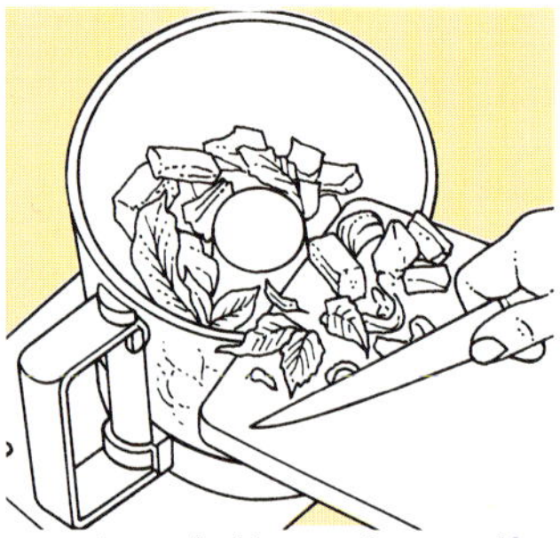

1 *Préparez les légumes de votre choix et placez-les dans le robot ménager avec les herbes fraîches et une bonne pincée de sel. Si vous utilisez de l'avocat, ajoutez un peu de jus de citron pour éviter qu'il ne noircisse.*

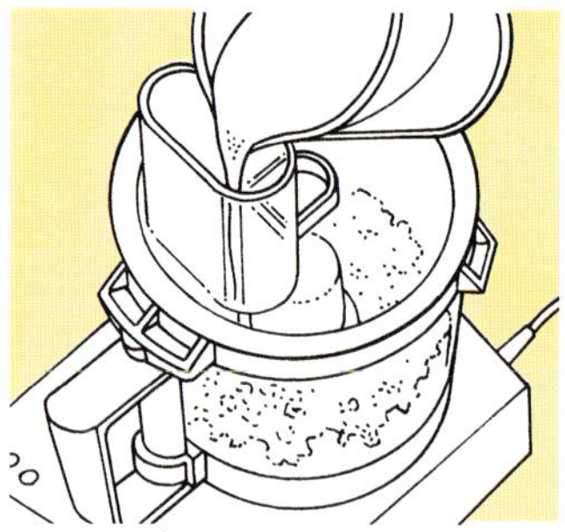

2 *Mixez le tout puis incorporez le yaourt et le fromage blanc sans arrêter le moteur. Versez dans un bol et réfrigérez complètement. Rectifiez l'assaisonnement, puis servez la soupe dans des assiettes individuelles ; garnissez d'herbes ou d'un filet d'huile parfumée.*

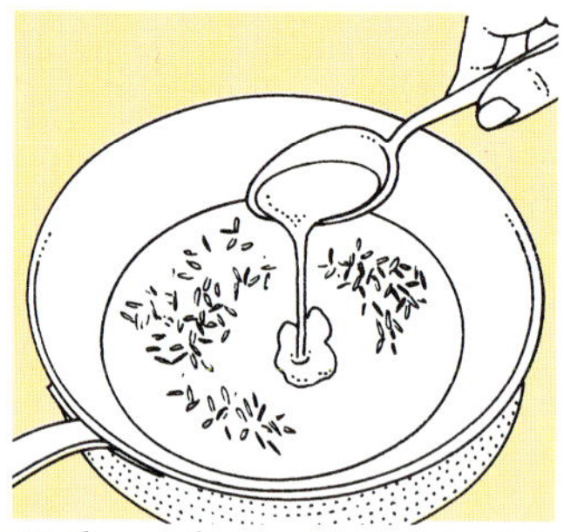

Huile parfumée *Versez de 1 à 2 cuillères à café de graines de cumin dans une petite poêle, à feu moyen, pendant environ 30 secondes. Ajoutez 3 cuillères à soupe d'huile d'olive et 2 cuillères à café de paprika, puis remuez pendant 2 minutes sans laisser bouillir. Laissez refroidir.*

SOUPE AUX TOMATES ET AUX POIVRONS

Voici un exemple de soupe dans laquelle les légumes sont d'abords cuits, puis réduits en purée avant d'être assaisonnés avec des herbes et des épices. La soupe aux poireaux et aux pommes de terre est l'illustration de cette méthode.

Les temps de cuisson dépendent des légumes utilisés. Les courgettes, par exemple, ramollissent en 5 minutes, tandis qu'il faut prévoir 20 minutes environ pour que des poivrons s'attendrissent suffisamment.

Cette recette s'adapte à tous types de légumes. Les quantités sont prévues pour 4 personnes.

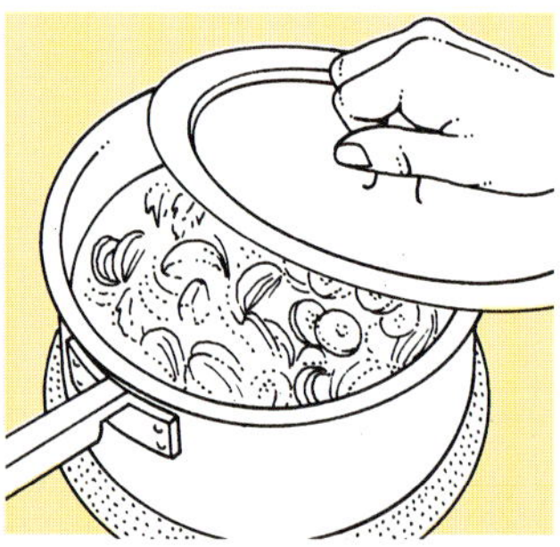

1 *Mettez 1 gros poivron rouge épépiné et haché dans une casserole avec 1 grosse gousse d'ail, 2 cuillères à soupe de purée de tomates et 45 cl d'eau. Rectifiez l'assaisonnement. Portez à ébullition, puis baissez le feu, couvrez et laissez mijoter pendant 15 à 20 minutes, jusqu'à ce que le poivron et l'ail soient bien tendres.*

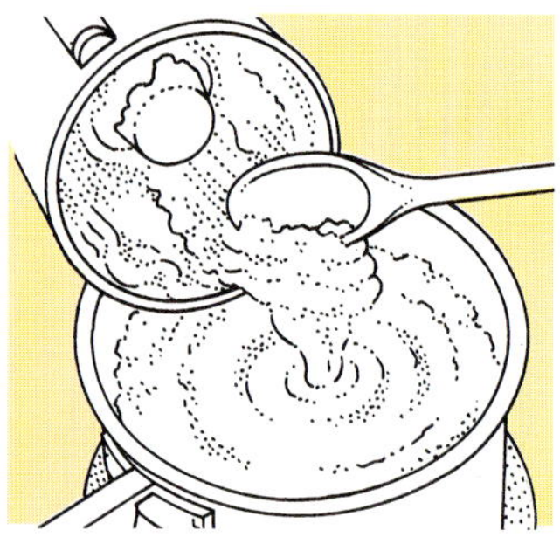

2 *Retirez le poivron et l'ail, réduisez-les en purée avec un peu d'eau, puis versez cette préparation dans la casserole. Ajoutez 750 g de tomates épépinées et hachées, le jus de 1 citron et 1 cuillère à café de sucre. Portez à ébullition, couvrez et laissez mijoter de 8 à 10 minutes.*

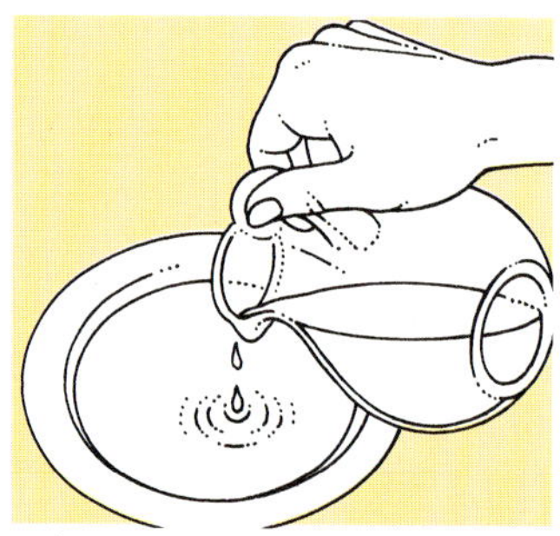

3 *Rectifiez l'assaisonnement. Laissez refroidir la soupe, puis réfrigérez totalement. Pour servir, versez la soupe dans des assiettes individuelles, parfumez avec un peu d'huile d'olive et quelques herbes hachées. J'ajoute souvent quelques feuilles de basilic juste avant de servir.*

DES IDÉES DE SOUPES FROIDES

- De petits glaçons jetés dans la soupe au dernier moment tinteront agréablement lorsque vous servirez vos convives.
- Vous pouvez poursuivre cette idée en faisant prendre des morceaux d'herbes aromatiques dans des glaçons.
- Soyez prudent avec l'assaisonnement, car les goûts se modifient quand la soupe est complètement froide. Rectifiez l'assaisonnement juste au moment de servir.
- Un consommé bien assaisonné se transforme, en refroidissant, en une délicieuse soupe-gelée glacée.
- Des feuilles de laitue ou de cresson blanchies et réduites en purée permettent de préparer de savoureuses soupes glacées.
- Parfumez vos soupes froides à base de fruits avec du yaourt, de la crème fraîche, un fond de volaille parfaitement dégraissé, des jus de fruits, du cidre ou du vin.
- Les fruits peuvent être réduits en compote dans un robot ménager ou au travers d'un chinois. On peut également en mixer les trois quarts et hacher le reste en petits morceaux, qui ajouteront du croquant à la compote.
- Il est préférable de présenter les soupes froides dans des assiettes individuelles ou des coupelles en verre par exemple. Les herbes fraîches, les légumes crus finement émincés, les rubans de laitue, le piment de Cayenne, le paprika ou la muscade, la crème fraîche ou le yaourt garnissent merveilleusement les soupes froides légères et rafraîchissantes.

Soupe à la tomate et aux poivrons (à gauche), soupe à la framboise et la menthe (en haut) et soupe moulinée crue aux concombres et au yaourt, relevée avec un trait d'huile parfumée.

SOUPE À LA FRAMBOISE ET À LA MENTHE

L'été, cette soupe est extrêmement rafraîchissante ; c'est une entrée toujours très appréciée.

Les fruits qui se prêtent le mieux à cette recette sont les variétés légèrement acides : les framboises, les cerises et les pommes acides conviennent parfaitement bien. Vous pouvez ajouter un peu de jus de citron et de sucre, et remplacer le cidre ou le vin blanc par du bouillon ou, bien sûr, une purée de fruits mélangés. Les quantités conviennent pour 4 personnes.

1 *Dans une casserole, mettez 750 g de framboises ; ajoutez 4 cuillères à soupe de jus de citron et 1 ou 2 cuillères à soupe de sucre. Faites chauffer à feu moyen en remuant.*

2 *Lorsque le sucre est bien dissous et que le jus commence à sortir des fruits, réduisez le mélange en purée avec 15 cl de vin ou de cidre. Passez au chinois à l'aide d'une louche.*

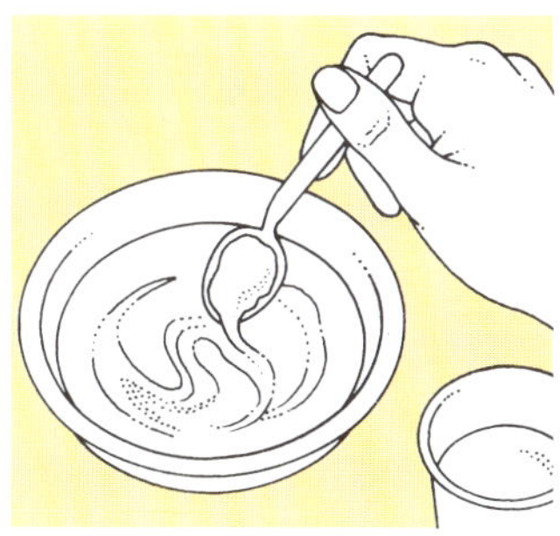

3 *Ajoutez 30 cl de vin ou de cidre, le jus filtré d'une orange ainsi qu'une poignée de menthe fraîche hachée. Réfrigérez, versez dans des assiettes et garnissez de crème fraîche.*

SOUPE AUX CAROTTES ET AUX CANNEBERGES *(35)*

L'association haute en couleur des carottes orangées et des canneberges rouge vif donne à cette soupe toute son originalité. Du fait qu'elle est à la fois acide et légèrement sucrée, vos convives éprouveront des difficultés à reconnaître les ingrédients qui la composent. Mais elle rencontre toujours beaucoup de succès. Utilisez des canneberges fraîches ou surgelées.

POUR 6 PERSONNES

500 g de carottes, émincées gros
6 grosses gousses d'ail
1,2 litre d'eau
30 cl de jus d'orange, fraîchement pressé
2 cuillères à café de sucre en poudre
175 g de canneberges, décongelées si nécessaire
1 bonne poignée d'aneth ou de feuilles de fenouil frais, hachés gros
30 cl de crème fraîche
sel et poivre gris

Mettez les carottes, les gousses d'ail, l'eau et le jus d'orange, le sucre, un peu de sel et de poivre dans une grande casserole. Couvrez et portez à ébullition puis baissez le feu et laissez mijoter pendant 30 à 40 minutes, jusqu'à ce que les carottes soient bien tendres.

Ajoutez les canneberges, couvrez et laissez mijoter pendant 10 minutes. Versez la préparation dans un robot ménager — en deux ou trois fois selon la taille du bol mélangeur de votre appareil — et faites tourner la lame. Filtrez la soupe au travers d'une passoire, dans une casserole propre. Goûtez et rectifiez l'assaisonnement.

Faites réchauffer la soupe et servez dans des assiettes individuelles, garni d'un peu d'aneth ou de fenouil. Ajoutez un peu de crème fraîche dans chaque assiette et servez.

SOUPE AUX ÉCHALOTES ET À L'ESTRAGON *(26)*

Les échalotes, plus sucrées que les oignons, se marient bien au goût légèrement moutardé de cette recette.

POUR 4 PERSONNES

1 gros oignon, émincé gros
4 bouquets de chou-fleur, hachés gros
25 g de beurre
75 cl de fond de volaille (page 29)
2 cuillères à café de moutarde
1 cuillère à soupe de sucre en poudre
250 g d'échalotes, coupées en deux
2 cuillères à soupe d'estragon haché
15 cl de crème fraîche
sel et poivre gris

Dans une grande poêle, faites revenir l'oignon et le chou-fleur dans le beurre, jusqu'à ce qu'ils soient bien tendres. Réduisez-les en purée avec 30 cl de fond de volaille, la moutarde et le sucre. Allongez avec le reste du bouillon. Rectifiez l'assaisonnement.

Portez à ébullition ; dès que le liquide bout à gros bouillons, ajoutez les échalotes. Couvrez et laissez mijoter de 25 à 30 minutes. Ajoutez l'estragon et la crème, rectifiez l'assaisonnement et servez.

CRÈME DE POULET AUX HUÎTRES FUMÉES *(26)*

Cette soupe, qui peut être préparée à l'avance, est suffisamment riche pour servir de plat unique, lors d'un dîner familial.

POUR 4 PERSONNES

3 cuillères à soupe d'huile d'olive
1 gros poivron rouge, débarrassé du cœur et des pépins, émincé (page 49)
2 cuillères à café de paprika
8 cuillères à soupe de jus de citron
2 blancs de poulet, coupés en petites languettes
30 cl de crème fraîche
125 g de champignons, émincés dans la hauteur
30 cl de crème fraîche
100 g d'huîtres fumées en boîte, égouttées
1 grosse botte de ciboulette, hachée
sel et poivre gris

Faites chauffer l'huile d'olive dans une grande casserole à feu moyen. Ajoutez le poivron et le paprika, couvrez et faites cuire à feu doux pendant environ 10 minutes, jusqu'à ce que les rondelles de poivron soient bien tendres.

Ajoutez le jus de citron et le poulet puis faites cuire, à couvert, pendant 5 minutes.

Ôtez du feu et ajoutez la crème ainsi que les champignons. Portez à ébullition à feu moyen, en remuant constamment. Laissez bouillir pendant 2 ou 3 minutes, en remuant, puis ajoutez la crème et gardez sur le feu, sans laisser bouillir. Ajoutez les huîtres, ôtez du feu et rectifiez l'assaisonnement. Juste avant de servir, ajoutez la ciboulette hachée.

SOUPE D'ÉTÉ INDIENNE *(26)*

Cette délicieuse soupe pleine d'arôme, d'inspiration indienne, se sert chaude ou froide, selon la saison.

POUR 6 PERSONNES

2 aubergines, coupées en cubes de 1 cm
3 cuillères à soupe d'huile d'arachide
25 g de beurre
2 cuillères à café de garam masala
1 morceau de gingembre frais de 5 cm, épluché et haché fin
3 grosses gousses d'ail, épluchées et hachées fin
1 kg de tomates, hachées gros
2 cuillères à soupe de purée de tomates
1,2 litre de bouillon de légumes (page 30) ou d'eau
4 cuillères à soupe de jus de citron
2 cuillères à café de sucre en poudre
50 cl de lait de coco
2-5 pincées de piment de Cayenne
6 cuillères à soupe de yaourt nature
sel

Frottez les cubes d'aubergines avec du sel. Laissez-les dégorger dans une passoire pendant environ 30 minutes, puis rincez-les ; égouttez-les et essuyez-les avec du papier absorbant.

Faites chauffer l'huile dans une grande casserole, à feu vif. Ajoutez les cubes d'aubergines et faites-les dorer. Baissez le feu et ajoutez le beurre, le garam masala, le gingembre haché et l'ail. Remuez pendant 1 ou 2 minutes, puis ajoutez les tomates et la purée de tomates. Mouillez progressivement avec le bouillon ou l'eau, le jus de citron et le sucre en poudre. Portez à ébullition, couvrez et laissez frémir pendant environ 45 minutes, en remuant de temps en temps.

Retirez du feu et ajoutez le lait de coco, remuez jusqu'à ce qu'il soit bien fondu et incorporé au mélange. Ajoutez du piment de Cayenne et du sel. Juste avant de servir, garnissez chaque assiette avec une cuillère à soupe de yaourt.

SOUPE AUX LÉGUMES ET AUX ŒUFS DE CAILLE *(26)*

Le bouillon de cette soupe, au goût nettement oriental, peut être préparé à l'avance puis réchauffé au dernier moment avec les œufs et la laitue.

POUR 4-6 PERSONNES

2 oignons, non épluchés
250 g de carottes, hachées gros
8 tomates, hachées gros
2 côtes de céleri, hachées gros
1 morceau de gingembre de 5 cm, épluché et haché gros
1,8 litre d'eau
1 cuillère à café de graines de coriandre, écrasées
4 gousses de cardamome, écrasées
1 blanc d'œuf légèrement battu
4 cuillères à soupe de jus de citron
12 œufs de caille
1 laitue bien pommée, coupée en fines lanières
3 cuillères à soupe de feuilles de coriandre, fraîchement hachées
sel et poivre gris

Mettez les oignons, les carottes, les tomates, le céleri, le gingembre et l'eau dans une casserole avec un peu de sel et de poivre. Ajoutez les graines de coriandre et la cardamome, ainsi que le blanc d'œuf, puis remuez soigneusement. Portez à ébullition, puis baissez le feu ; couvrez et laissez mijoter à feu doux pendant 1 heure 30 sans remuer. Retirez du feu, écumez la surface au maximum à l'aide d'une grande écumoire puis ajoutez le jus de citron.

Disposez une double épaisseur de mousseline ou de papier absorbant dans une passoire et filtrez le bouillon au-dessus d'une grande jatte. Jetez les légumes.

Placez un morceau de mousseline ou de papier absorbant dans la passoire et filtrez à nouveau dans la casserole rincée. Rectifiez l'assaisonnement avec du sel et du poivre.

Juste avant de servir, faites bouillir la soupe à gros bouillons, puis cassez-y les œufs un par un, délicatement mais rapidement. Ajoutez la salade en lanières et remuez délicatement. Les œufs seront mollets au bout d'environ 1 minute.

Retirez la casserole du feu, ajoutez les feuilles de coriandre et servez aussitôt dans des assiettes à soupe chaudes, en répartissant les œufs de caille.

BISQUE DE POISSON *(26)*

Cette soupe très raffinée se prépare facilement. Les filets de kipper cuits dans le bouillon ajoutent une note fumée des plus agréables, tandis que le gingembre frais relève l'ensemble de façon très subtile.

POUR 6 PERSONNES

750 g - 1 kg de parures de poisson
1 kg de filets de kipper, hachés gros
1 petit céleri-rave, épluché et haché gros
1 oignon, coupé en deux
2 carottes, non épluchées et hachées gros
1 morceau de gingembre de 5 cm, non épluché et haché gros
4 grosses gousses d'ail, épluchées et hachées gros
1,8 litre d'eau
3-4 pincées de piment de Cayenne
1 cuillère à café de curcuma
1 petit poivron rouge, épépiné et émincé (voir page 49)
4 cuillères à soupe de jus de citron
6 cuillères à soupe de crème fraîche
250 g de grosses crevettes cuites
1 poignée de feuilles de livèche, de coriandre ou de menthe fraîches, hachées gros
sel

Préparez le fumet de poisson : mettez les parures de poisson, les filets de kipper, le céleri-rave, l'oignon, les carottes, le gingembre, l'ail et l'eau dans une grande casserole ou un grand fait-tout. Ajoutez du sel, le piment de Cayenne et le curcuma, couvrez et portez à ébullition, puis baissez le feu et laissez mijoter pendant 1 heure.

Filtrez le liquide dans un chinois au-dessus d'une casserole propre. Si possible, réfrigérez la soupe toute une nuit, afin de la dégraisser plus facilement avant de la faire réchauffer. Sinon, essayez de retirer le maximum de graisse avec une grosse cuillère ou du papier absorbant (voir page 29).

Remettez la casserole sur le feu. Ajoutez le poivron et portez doucement à ébullition, puis couvrez, baissez le feu et laissez mijoter pendant 10 minutes. Découvrez et laissez cuire à feu doux pendant 5 minutes supplémentaires afin de faire réduire le liquide. Ajoutez le jus de citron et retirez la casserole du feu.

Juste avant de servir, ajoutez la crème dans la soupe et goûtez ; rectifiez l'assaisonnement si nécessaire. Remettez la soupe sur le feu et faites frémir. Retirez la casserole du feu, ajoutez les crevettes et les herbes fraîches, puis servez aussitôt.

SOUPE AUX FRUITS DE MER *(31)*

Réservez quelques moules non décortiquées pour décorer cette soupe délicate.

POUR 4-6 PERSONNES

30 cl de vin blanc
1 kg de moules fraîches, grattées
60 cl de fumet de poisson (voir page 31)
12-14 filaments de safran
1 cuillère à café de paprika
30 cl de crème fraîche
50 g de beurre
25 g de farine
700 g de queues de saumon, débarrassées de la peau, des arêtes en fines tranches
4 coquilles Saint-Jacques (coupez la noix en tranches et le corail en deux)
1 poignée d'aneth frais, haché gros
1 poignée de persil frais, haché
2 cuillères à soupe de jus de citron, filtré
sel et poivre gris

Faites bouillir le vin dans une grande casserole. Ajoutez les moules, couvrez et faites bouillir pendant environ 5 minutes, jusqu'à ce que les coquilles se soient ouvertes. Décortiquez-les dans une jatte en jetant celles qui ne sont pas ouvertes. Filtrez le jus dans un chinois au-dessus d'une casserole propre puis ajoutez le fumet, le safran et le paprika. Portez à ébullition, retirez du feu, couvrez et laissez cuire 30 minutes. Ajoutez la crème.

Faites fondre le beurre dans une grande poêle, puis, hors du feu, ajoutez la farine. Versez la préparation réservée, progressivement et sans cesser de remuer. Portez à ébullition, puis laissez mijoter à feu doux, tout en remuant, pendant 4 à 5 minutes. Retirez du feu. Rectifiez l'assaisonnement et couvrez.

Pour servir, faites bouillir à gros bouillons, tout en remuant. Faites-y mijoter les tranches de saumon pendant 2 minutes, puis ajoutez les coquilles Saint-Jacques et laissez mijoter pendant 2 à 3 minutes. Ajoutez les moules, l'aneth, le persil et le citron. Faites chauffer pendant 30 secondes et servez.

Les légumes

Bien que je n'aie nullement l'intention de devenir végétarienne, les légumes comptent parmi les aliments dont je me passerais le plus difficilement. Ils offrent un vaste choix de goûts, de formes, de consistances, de couleurs et de qualités propres qui constitue, à ce titre, une source d'inspiration inépuisable. Pourtant, ne se retrouve-t-on pas souvent à court d'idées lorsqu'il s'agit de les préparer : ne sont-ils pas souvent présentés nature, sans recherche particulière, comme s'il était indispensable de les servir à table mais qu'ils n'étaient pas attendus avec plaisir. Ces ingrédients sont pratiquement toujours cuits à l'eau, comme si c'était le seul mode de cuisson possible. En réalité, il existe bien d'autres techniques de cuisson, aussi délicieuses les unes que les autres.

Les recettes de légumes sont inépuisables. La variété des préparations est influencée, plus que pour un autre type d'aliments, par le rythme des saisons et les arrivages des marchés. Certaines recettes sont idéales par temps froid, comme les gratins, les légumes farcis et cuits au four, les purées de légumes, les beignets, les légumes sautés et les tourtes aux légumes. Aux beaux jours, les légumes verts abondent. Qu'ils soient crus, cuits, colorés ou croquants, les légumes d'été se marient bien à des ingrédients simples : beurre frais, huile d'olive vierge, herbes aromatiques fraîches, crème fraîche, sauce hollandaise, sauce tomate fraîche ou vinaigrette. Certaines recettes donnent des résultats légers, très raffinés : soufflés, tempura à la japonaise ou terrines de légumes rencontrent toujours un vif succès. De plus, les légumes présentent des qualités esthétiques incomparables : les symphonies de couleurs, les formes variées, les consistances étonnantes permettent des associations inoubliables. C'est pour cette raison que j'adore acheter des légumes, ceux-ci offrant autant de plaisir pour le palais que pour les yeux.

Vous apprendrez avec l'expérience le temps de cuisson des différents légumes, d'autant que les goûts personnels varient. Toutefois, il est souvent dommage de trop cuire certains légumes très tendres : les mange-tout, les petits pois, les asperges et les épinards ainsi que d'autres variétés de printemps doivent être cuits à la vapeur le moins longtemps possible afin de bien conserver leurs qualités gustatives. En revanche, on peut faire cuire des légumes tels que le chou et les poireaux rapidement, afin qu'ils conservent tout leur croquant, ou au contraire, les faire longuement mijoter, afin qu'ils deviennent fondants et moelleux — les deux solutions donnent de délicieux résultats.

Ma fille aînée est, depuis plusieurs années, végétarienne. Mais, heureusement pour moi, elle accepte de manger du poisson. L'idée de préparer un repas familial en fonction des goûts ou des aspirations d'un seul membre de la famille ne me plaît guère ; mais je n'imagine pas non plus qu'une personne soit obligée de manger tout à fait différemment des autres. Je dois cependant avouer que depuis que ma fille est devenue végétarienne, je réfléchis davantage à la façon de préparer des plats de légumes agréables, qui parfois deviennent de véritables plats complets, appréciés des plus carnivores de la famille.

Dans le sens des aiguilles d'une montre, en partant du haut et de la gauche : Gnocchi aux poireaux et céleri-rave saupoudrés de parmesan (page 65); Salade de carottes aux oranges et à la ciboule (page 64) pour donner une note de fraîcheur à un repas; la Tourte aux œufs, au fenouil et à la tomate (page 64), qui cache sous sa croûte dorée des légumes émincés et des œufs pochés; Courgettes grillées au fromage et aux noix (page 62) pour ouvrir un dîner sur une note originale; Pommes de terre sautées au gingembre et aux épices cuites avec du cumin, des graines de carvi et du persil frais (page 65); Purée d'épinards et de petits pois au chou et au parmesan (page 64) à préparer toute l'année, grâce aux produits surgelés; Salade chaude et froide (page 62) composée de haricots verts, de champignons, de pignons de trévise et de cœurs de laitue.

TUBERCULES ET RACINES COMESTIBLES

Cette catégorie comprend des légumes très divers : pommes de terre, ignames, carottes, navets, betteraves, radis, rutabagas, topinambours, céleris-raves, salsifis. Se prêtant à de nombreuses préparations, ils peuvent constituer la base de soupes, de beignets, de purées, de soufflés, etc. Ils apportent aux végétariens des éléments nutritifs indispensables à l'organisme ainsi qu'une bonne proportion de sucres lents, que ne contiennent pas les légumes verts.

Le céleri-rave, malgré son aspect peu appétissant, associe la fraîcheur du céleri et le goût sucré caractéristique des racines comestibles. La note poivrée du rutabaga permet de confectionner de délicieuses purées. Ce légume étant très riche en eau, il est préférable de le parfumer avec du beurre ou de la crème fraîche ou de l'associer à une purée de pommes de terre afin d'obtenir un résultat plus lisse et onctueux. Les qualités bien connues des carottes sont mises en valeur dans des purées ou des soupes de légumes. Leur couleur vive et leur petit goût sucré rehaussent de nombreuses créations culinaires, crues ou cuites, sucrées ou salées. Le navet, quant à lui, se marie à la perfection avec de nombreux aromates et épices.

Dans cette catégorie de légumes, ce sont sans aucun doute les pommes de terre que je préfère. Les variétés sont nombreuses, les goûts et les consistances diffèrent selon les types et les modes de cuisson. Que de différences entre de petites pommes de terre nouvelles enrobées de beurre et parfumées avec de l'aneth et une grosse pomme de terre en robe des champs, à la peau craquante et au cœur moelleux ! Les pommes de terre se prêtent à d'innombrables préparations ; on peut les cuire selon différents modes de cuisson. Contrairement cependant à d'autres légumes, on ne peut les consommer crues.

CHOISIR ET CONSERVER

Il est préférable de conserver les tubercules et les racines comestibles dans un sac aéré, placé au frais, au sec et à l'abri de la lumière, si possible hors du réfrigérateur. Dans ces conditions, les légumes se conservent au moins deux semaines. Exposées à la lumière, les pommes de terre germent et verdissent. Dans ce cas, mieux vaut ne pas les utiliser. La plupart des pommes de terre vendues dans le commerce ont été nettoyées, mais il est préférable de les gratter à nouveau, surtout si vous souhaitez les faire cuire dans leur peau. Si elles sont particulièrement terreuses, faites-les tremper dans de l'eau froide et grattez-les lorsque la terre a ramolli. Mais peut-être préférerez-vous les éplucher ?

PRÉPARER DES LÉGUMES

Afin de préserver au maximum les vitamines des légumes, il est préférable de les gratter ou de les éplucher le moins possible. Ne les faites pas tremper dans l'eau froide, car ils perdraient leurs vitamines B et C. Certains légumes, comme le céleri-rave ou les salsifis, noircissent lorsqu'on les débarrasse de leur peau ; c'est pourquoi, il faut les éplucher au dernier moment ou les plonger dans de l'eau additionnée d'un peu de jus de citron ou de vinaigre d'alcool. Faites cuire la betterave avant de l'éplucher : elle conserve ainsi sa belle couleur vive.

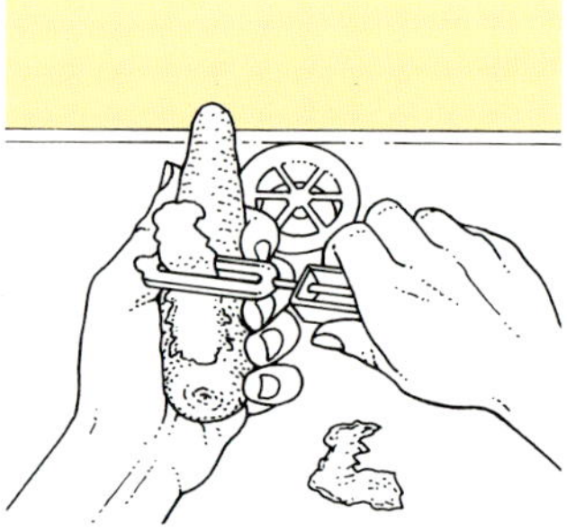

Pour éplucher de longs légumes lisses, tels que des carottes ou des navets, à l'aide d'un épluche-légumes, maintenez le légume bien droit dans une main et faites glisser la lame de bas en haut, afin d'ôter de fines pelures. Si vous épluchez des légumes plus ronds, il est plus commode de les tenir dans le creux de votre main et de faire glisser la lame vers vous.

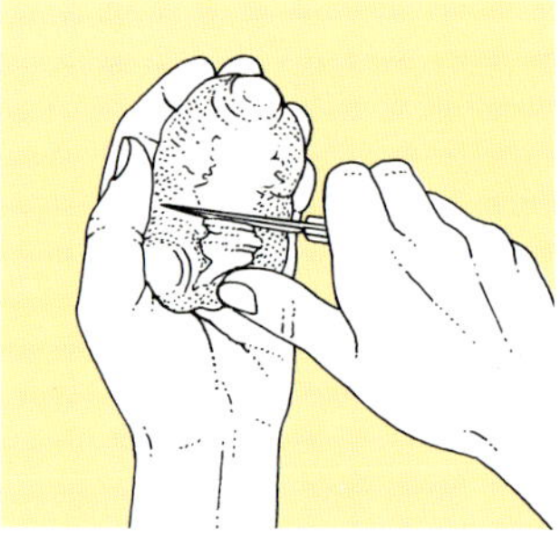

Dans le cas de légumes noueux (topinambours, céleri-rave), utilisez un couteau à éplucher. Tenez le couteau dans une main et le légume dans l'autre. Pour les petits légumes, placez le pouce de la main qui tient le couteau contre la base du légume, afin de bien le tenir. Retirez la peau en fines pelures ou coupez le légume en petits morceaux, selon vos besoins.

COUPER MENU DES LÉGUMES

Pour couper des légumes en petits morceaux, un grand couteau « chef » d'environ 20 cm de long est l'ustensile le plus pratique. Avec un peu d'entraînement, vous acquerrez la précision et la rapidité d'un grand chef. Lorsque vous utilisez un couteau bien aiguisé, il est essentiel de placer les doigts de la main qui ne tient pas la lame à angle droit sur les légumes. Ainsi, vous ne risquerez pas de vous couper. On peut couper les légumes en rondelles, en cubes, pour des ragoûts et des plats en sauce ou encore en dés pour préparer une jardinière. Les morceaux doivent être réguliers, afin que la cuisson soit uniforme.

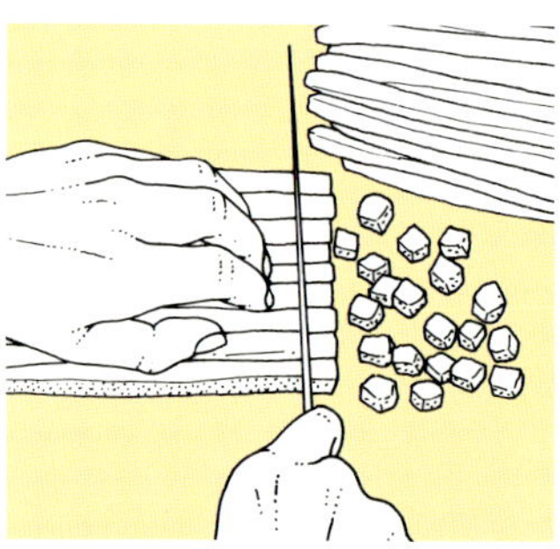

Pour former de petits dés, épluchez les légumes et coupez-les dans la longueur en bâtonnets plus ou moins épais. Empilez-les les uns sur les autres et recoupez-les perpendiculairement.

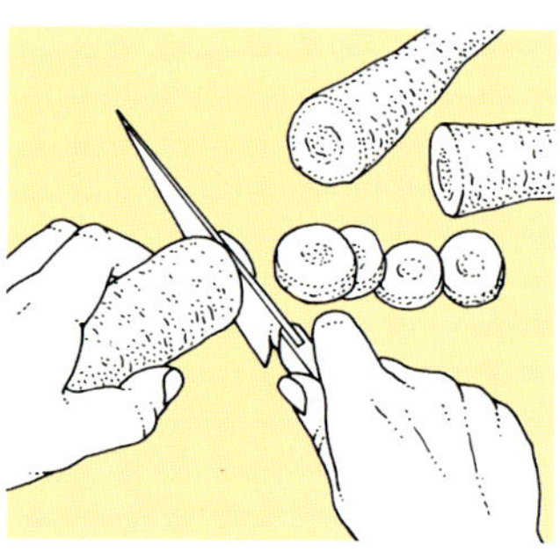

Pour couper des navets, des carottes ou des pommes de terre en rondelles, tenez bien le légume épluché ou non, puis coupez perpendiculairement ou en diagonale, en rondelles plus ou moins fines. Si vous désirez des rondelles extrêmement fines, utilisez un robot ménager.

LES VARIÉTÉS DE POMMES DE TERRE

Certaines variétés de pommes de terre conviennent mieux à des préparations particulières. Il arrive que l'emballage spécifie le type d'utilisation conseillé ; mais si vous achetez vos pommes de terre en vrac, préférez :

Les Bintjes, à la peau jaune et la chair jaune, au grain assez fin sont délicieuses pour préparer des pommes de terre farcies, des pommes sautées ou vapeur, des frites, de la purée, des chips, des gratins dauphinois. Vous pouvez aussi les utiliser pour les cuire sous la cendre en papillotes.

Les Belles de Fontenay, à la peau jaune et chair jaune foncé, fermes et à grain fin, conviennent pour apprêts à l'anglaise, à la vapeur, en robe des champs, rissolées, sautées et pour les ragoûts.

Les Rosevals, à la peau rouge et chair jaune, les Rattes, à la peau jaune et chair jaune, sont délicieuses pour préparer des salades.

Les Violas, à la peau jaune et chair jaune, sont délicieuses cuites à l'eau et servies avec du beurre ou de la crème fraîche.

LES LÉGUMES : MODE D'EMPLOI

- Choisissez des légumes en excellent état — ils doivent être fermes, croquants et colorés. Les feuilles ne doivent pas être jaunies, la peau doit être intacte.
- Tous les légumes gagnent à être consommés le plus rapidement possible. Dès qu'ils sont cueillis ou ramassés, les enzymes responsables du processus de décomposition commencent à agir : le goût s'altère, la peau noircit, la chair se déshydrate et ramollit. Il existe deux façons de ralentir cette évolution : en conservant les légumes au frais et en les enveloppant dans du film alimentaire ou dans un sac en plastique afin de prévenir une déshydratation trop importante. C'est donc au réfrigérateur que les légumes se conservent le mieux ; toutefois, il est important de ne pas les envelopper de façon trop hermétique, car trop humides, ils risqueraient de moisir.
- Déballez les légumes dès que vous arrivez chez vous et placez-les dans des sacs ou des boîtes en plastique, sans les fermer complètement.
- Dans l'idéal, les légumes devraient être préparés juste avant de les faire cuire, afin de préserver toutes leurs qualités nutritives et de fraîcheur. Si vous devez les préparer à l'avance, conservez-les dans un sac en plastique, au réfrigérateur.
- Les tubercules se ramollissent lorsqu'ils commencent à être abîmés. Plus difficiles à éplucher, ils peuvent néanmoins être utilisés pour confectionner un bouillon.

PRÉPARER DES FRITES MAISON

Pour préparer des frites, il est important de choisir une variété qui conserve sa forme pendant la cuisson tout en devenant moelleuse à l'intérieur sous l'effet de la chaleur. Coupez-les en bâtonnets, à l'aide d'un couteau puis faites-les tremper dans de l'eau froide pendant une demi-heure, afin de les débarrasser de l'excédent d'amidon. Ainsi, elles ne risqueront pas de coller entre elles.

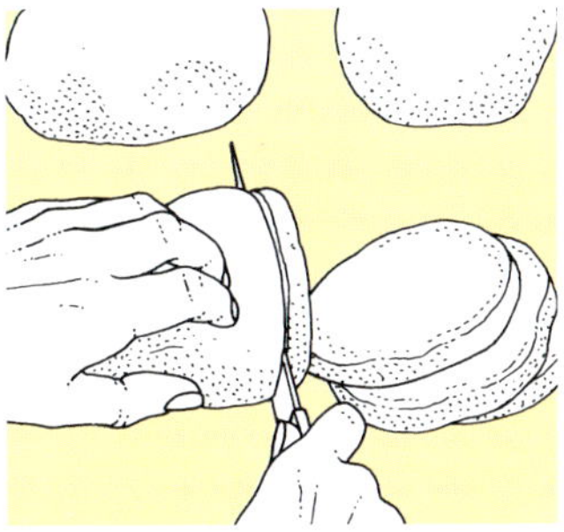

1 *Choisissez de grosses pommes de terre. Épluchez-les finement, puis coupez-les en rondelles de 5 mm à 1 cm, selon l'épaisseur souhaitée.*

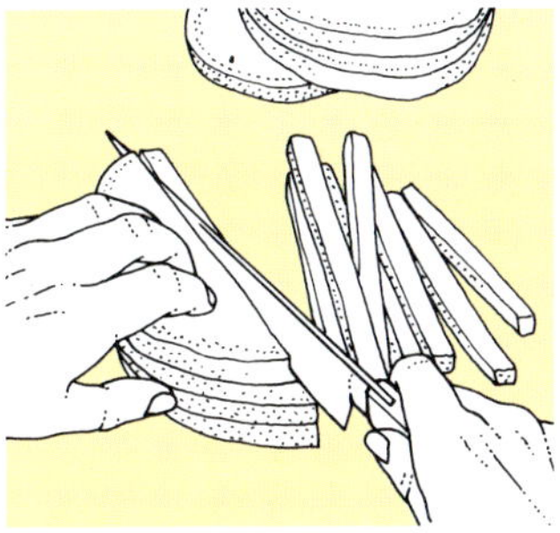

2 *Empilez plusieurs rondelles les unes sur les autres et coupez-les en bâtonnets de 5 mm à 1 cm. Faites-les tremper 30 minutes.*

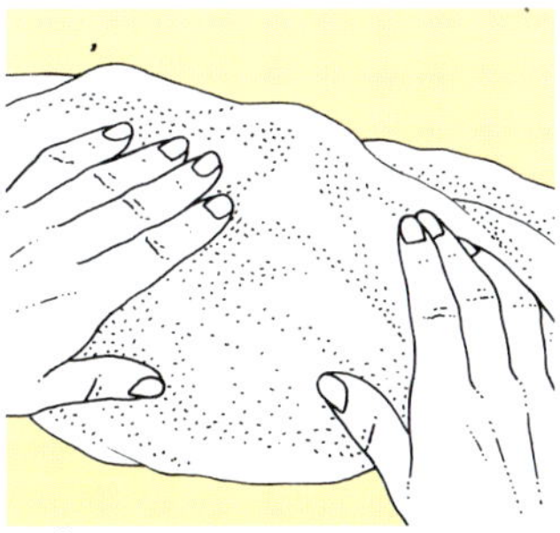

3 *Égouttez-les soigneusement, puis essuyez-les dans un torchon, pour éviter les projections d'huile (voir page 54).*

Coupez vos frites maison plus ou moins finement selon votre goût.

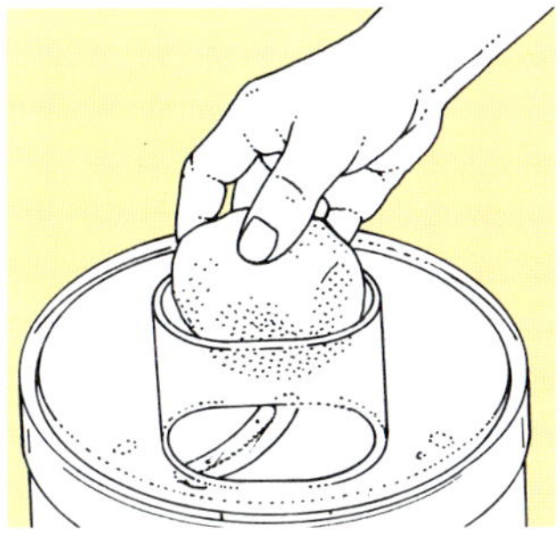

Pour faire des chips, installez le disque adéquat du robot. Coupez les pommes de terre de façon à les faire tenir dans l'entonnoir du couvercle puis introduisez-les en poussant plus ou moins fort : plus vous pousserez fort, plus les chips seront épaisses. Faites-les frire comme des frites (voir page 54) une seule fois (à 190 °C pendant 1 minute 30 ou 2 minutes). Servez-les avec un rôti.

LÉGUMES VERTS ET PETITS POIS

Ce groupe important de légumes offre une grande variété de plaisirs. Les petits pois et les haricots doivent être parfaitement frais ; ainsi une cuisson très rapide mettra en valeur leur goût délicat. Si vous avez déjà eu l'occasion d'en cueillir dans votre potager, vous savez combien il est difficile de ne pas les déguster aussitôt.

Le chou classique compte parmi les légumes les plus méconnus. On a tendance à sous-estimer ses qualités gustatives qui sont mises à la fois en valeur par une cuisson brève — le chou reste croquant et frais — et par une cuisson plus longue, dans du beurre — les feuilles deviennent alors délicieusement fondantes. L'un de mes plats préférés consiste en une assiette de chou de Milan tendre à souhait cuit rapidement dans une poêle et parfumé avec un peu de sauce soja.

Le chou-fleur se prête à diverses préparations : il est délicieux lorsqu'on le fait cuire brièvement, ou au contraire longuement. Cru, il entre dans la composition de salades ou de corbeilles de crudités. Je l'adore en purée ou en soupe. Choisissez un chou-fleur de couleur ivoire, aux bouquets serrés et de couleur uniforme, entourés de petites feuilles vertes, qui sont également délicieuses. N'oubliez pas que les brocoli, délicieux lorsqu'ils sont cuits à point, peuvent devenir amers lorsqu'on les cuit trop longtemps.

J'aime aussi beaucoup les épinards. Leurs tendres feuilles, au goût incomparable, conservent leur couleur vive même lorsqu'elles sont légèrement trop cuites. Utilisez les petites feuilles tendres de jeunes épinards pour préparer d'excellentes salades.

CHOISIR ET CONSERVER

Il est préférable de faire cuire ce type de légume le jour même. Mais si cela n'est pas possible, mieux vaut les conserver dans le bac à légumes du réfrigérateur. Choisissez des légumes sans taches, aux feuilles bien croquantes. Les petits pois frais s'écossent d'un coup sec, les feuilles des légumes doivent être fermes et bien vertes et les haricots frais se cassent en deux dès qu'on les plie légèrement.

PRÉPARATION

La plupart des légumes achetés dans le commerce n'exigent que très peu de préparation, soit parce qu'ils sont cueillis très jeunes, soit parce qu'ils ont été nettoyés au préalable. En outre, on ne considère plus que l'épluchage des légumes soit indispensable. Certains cuisiniers vont jusqu'à laisser les queues des haricots, tout à fait comestibles, afin que le plat final présente un aspect plus naturel. Parallèlement, les goûts se sont modifiés, de sorte que les légumes cuisent moins longuement qu'auparavant. Qu'ils soient cuits à l'eau ou à la vapeur, on les fait légèrement ramollir, jusqu'à ce qu'ils soient à point mais encore croquants.

Si vous le pouvez, préparez les légumes au dernier moment, plutôt que de les laisser tremper, tout épluchés, dans une bassine d'eau froide. Celle-ci détruit les vitamines B et C, qui sont solubles dans l'eau.

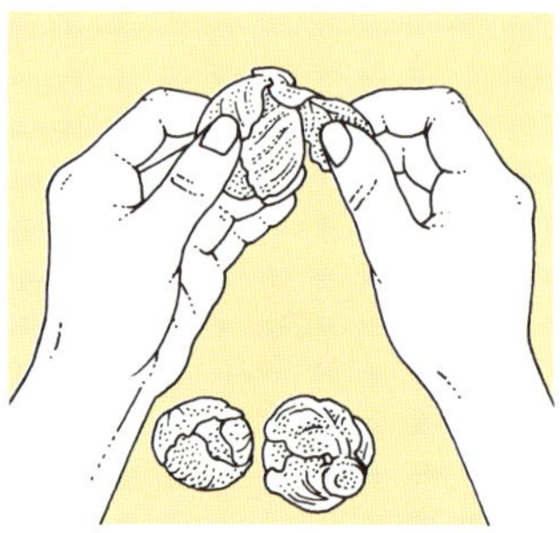

Choux de Bruxelles *Retirez les feuilles externes et coupez la tige. Si les choux ne sont plus très jeunes ou trop gros, entaillez-les à la base, afin que la cuisson soit bien uniforme.*

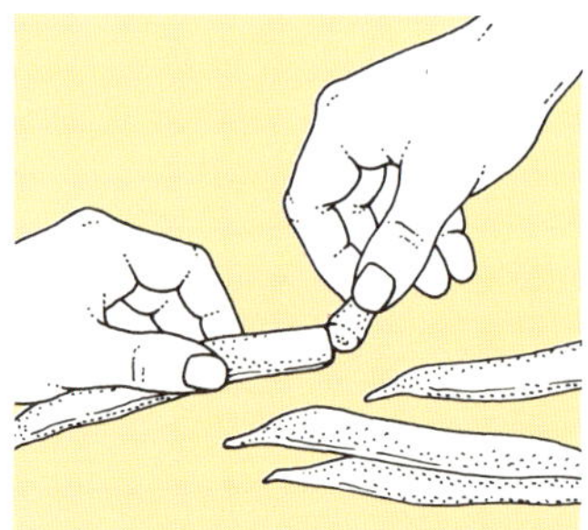

Les **haricots verts** *doivent être équeutés ; on peut couper largement les extrémités en réunissant plusieurs haricots ensemble, afin qu'ils aient tous la même taille.*

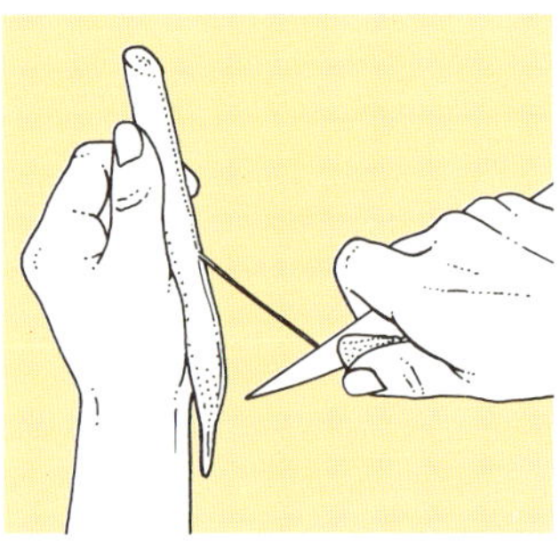

Il faut parfois débarrasser les ***haricots à rames*** *de leur fil. Cassez l'une des extrémités, puis tirez le fil vers le bas. Tirez au niveau de l'extrémité opposée, afin de dégager le fil de l'autre côté. Coupez le haricot en longs tronçons.*

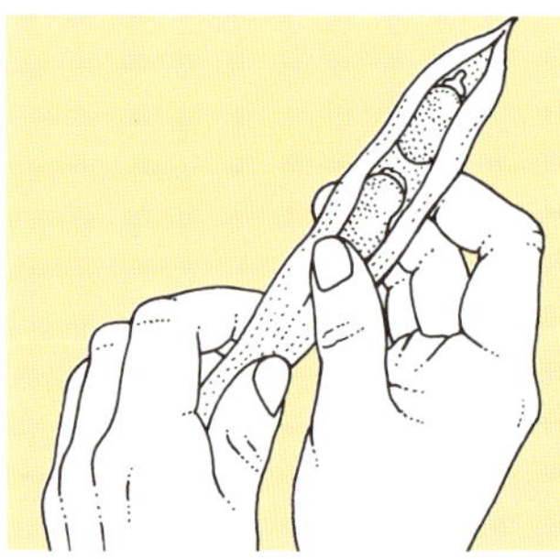

Les ***fèves*** *et les* ***petits pois frais*** *s'écossent très facilement, en appuyant sur l'extrémité. Faites glisser le pouce le long du bord arrondi et dégagez les pois. Vous pouvez retirer l'enveloppe des petits pois après la cuisson — si vous disposez de suffisamment de temps.*

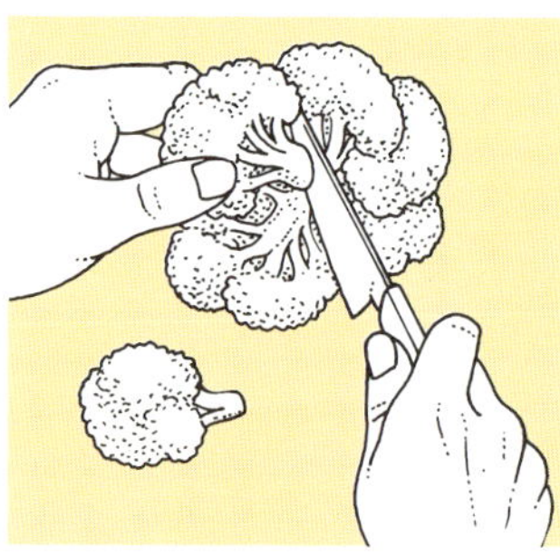

Choux-fleurs et brocoli *Retirez les feuilles externes, en ne laissant que les petites, de couleur vert pâle. Séparez les bouquets, et recoupez légèrement chaque tige. Les plus gros bouquets doivent être coupés en deux. Coupez les bouquets à ras de la tige principale.*

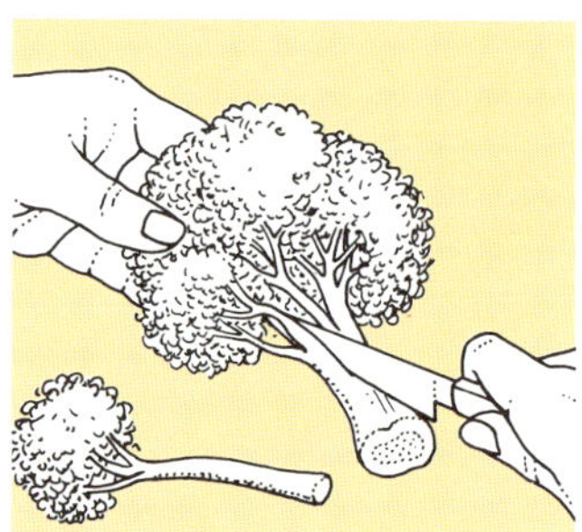

Brocoli en branches *Coupez les tiges dans la longueur à partir de la base des bouquets, ou détachez les bouquets des tiges et recoupez les tiges en rondelles. Faites cuire d'abord les rondelles de tige puis ajoutez les bouquets au bout de quelques minutes, pour une cuisson uniforme.*

PRÉPARER DES ÉPINARDS

Selon la saison, les tiges et les feuilles des épinards sont plus ou moins grosses et épaisses. Seules les feuilles vert foncé, moins jeunes, doivent être débarrassées des tiges ; on peut cuire les feuilles claires et fines telles quelles. Choisissez des épinards qui ne sont ni jaunis ni abîmés, dont les tiges ne sont pas trop dures. La plupart des épinards étant terreux, lavez-les plusieurs fois, en changeant l'eau à chaque fois. Égouttez les feuilles convenablement puis faites-les cuire ainsi, l'eau restée sur les feuilles étant bien suffisante.

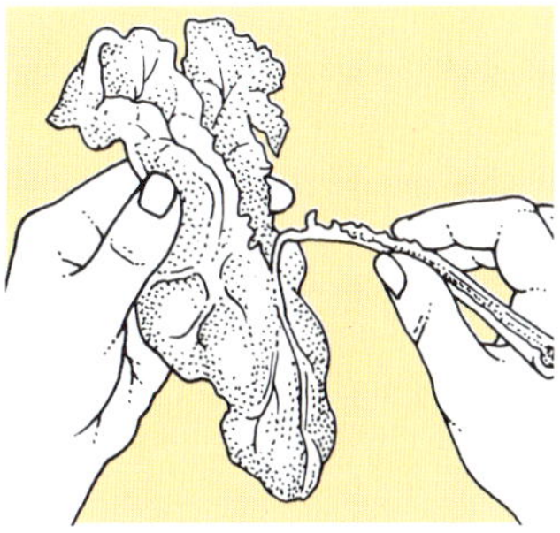

1 *Triez soigneusement les épinards, retirez les feuilles jaunies ou abîmées. Ôtez les tiges des plus grosses feuilles.*

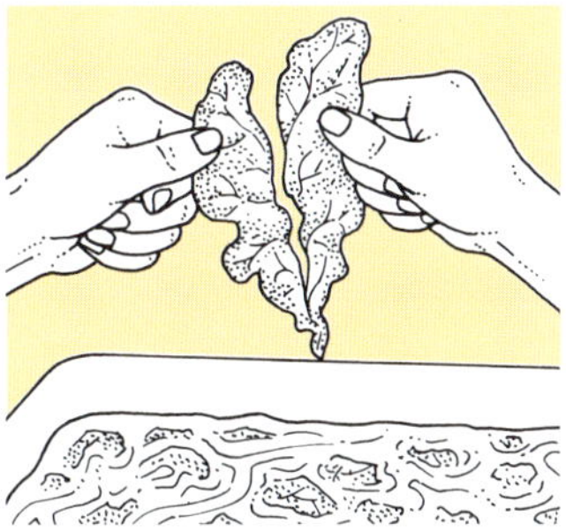

2 *Déchirez les feuilles en deux ou trois morceaux. Lavez-les deux ou trois fois, puis égouttez-les, en les secouant énergiquement.*

Cette délicieuse salade haute en couleur associe du chou rouge et du chou blanc, des poivrons verts coupés en rondelles, de la ciboule, des raisins secs et des graines de carvi.

PRÉPARER DU CHOU

Un chou frais, haché et cuit dans une petite quantité d'eau le moins longtemps possible, compte parmi les plats les plus appétissants. Une noix de beurre suffit à mettre en valeur le goût de ce légume sobre mais délicieux. Le chou conserve son croquant plus longtemps que d'autres légumes verts, comme la laitue ou le cresson par exemple. Les vitamines B et C présentes en grande quantité dans le chou sont solubles dans l'eau. C'est pourquoi il est inutile, voire dommage, de faire tremper le chou dans de l'eau additionnée de bicarbonate, comme on le faisait autrefois. Cette opération ravive les couleurs des feuilles mais détruit les vitamines en donnant un goût curieux au légume.

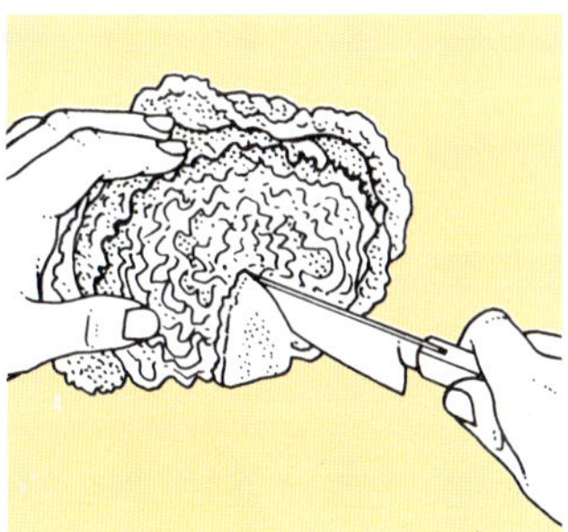

Chou vert *Coupez la tête en deux verticalement, puis entaillez le cœur en forme de « V ». Dégagez les grandes feuilles et retirez les grosses tiges. Roulez les feuilles sur elles-mêmes et hachez-les finement. Coupez en deux le reste du chou et disposez chaque moitié à plat puis hachez les feuilles en fins lambeaux.*

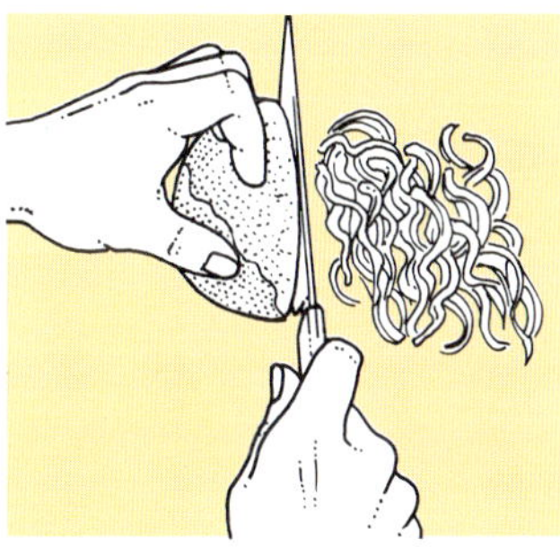

Chou blanc *Coupez le chou en quatre. Maintenez chaque quartier bien droit et retirez le cœur dur. Placez un quartier sur le côté et hachez-le, finement si vous le destinez à une salade. Si vous avez besoin des feuilles entières pour une farce (voir page 60), détachez les plus grosses avant de couper le chou en quatre ; faites-les blanchir.*

SALADE DE CHOU

La salade de chou est délicieuse lorsqu'elle est bien préparée. Vous pouvez l'enrichir d'une multitude d'autres ingrédients, tels que carottes râpées, céleri haché, poivron vert en rondelles, pommes râpées, raisins secs, ciboule finement hachée et concombre. Plutôt que de l'assaisonner avec la traditionnelle mayonnaise (voir page 202), vous pouvez l'accompagner d'un mélange de crème fraîche et de crème liquide (comme ci-dessous) ou d'une vinaigrette légèrement sucrée, parfumée avec des graines de carvi. Laissez alors reposer la salade pendant une demi-heure, puis mélangez-la avant d'ajouter un peu de mayonnaise épaisse enrichie de crème fraîche. Mélangez le chou blanc avec du chou rouge, votre salade sera plus colorée.

1 *Râpez finement 3 carottes dans une grande jatte puis ajoutez les légumes croquants de votre choix, râpés ou hachés menu. Mélangez le tout avec 30 cl de mayonnaise maison et un peu de crème fraîche.*

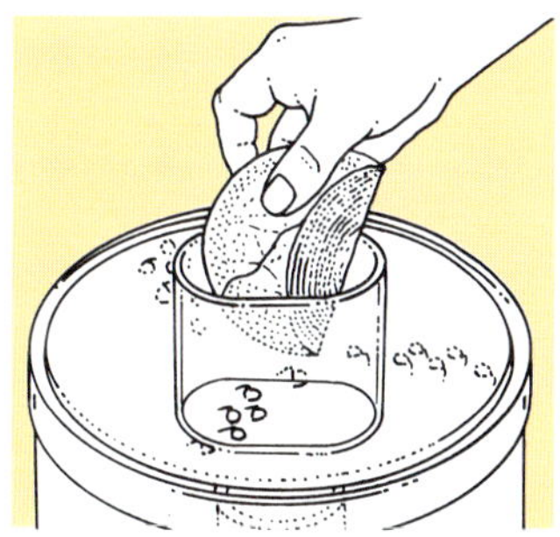

2 *Hachez finement environ 500 g de chou dans un robot, ou à l'aide d'une râpe manuelle. Ajoutez-le aux autres légumes et mélangez. Salez et poivrez et réservez pendant 30 minutes.*

BULBES, ÉPIS ET TIGES

Dans cette catégorie de légumes, c'est le fenouil que je préfère ; son goût et ses caractéristiques sont totalement différents s'il est cuit ou cru, mais dans les deux cas, il permet de confectionner de délicieuses recettes. Cuit, il présente une saveur douce et légèrement sucrée. Cru, le goût anisé ressort particulièrement bien et permet de parfumer de nombreuses salades.

Les oignons et les échalotes peuvent être cuits plus ou moins longuement. Qu'ils soient frits ou cuits à l'étouffée, la douceur sucrée de ces légumes dégage une saveur indispensable dans de nombreuses recettes. Lorsque vous épluchez des oignons, sachez que vous cesserez de pleurer dès que vous aurez passé les mains sous l'eau froide.

Les asperges ont un goût unique. Elles peuvent être plus ou moins charnues, presque blanches, vert vif ou violettes.

L'artichaut est facile à préparer. La base des feuilles est délicieuse, le cœur caché au fond du légume encore plus exquis.

Le maïs frais doit être consommé le plus rapidement possible après sa cueillette. En effet, les grains sont alors juteux, tendres et sucrés à souhait, mais le sucre contenu dans la chair se transforme rapidement en amidon. C'est pourquoi, plus on attend avant de faire cuire l'épi, plus il est farineux.

CHOISIR ET CONSERVER

Comme pour la plupart des légumes, il est important de conserver ce type de légumes dans le bas du réfrigérateur, enveloppés dans du plastique. Les oignons en revanche, se conservent mieux dans un endroit sec, frais et sombre.

ÉMINCER UN OIGNON

C'est à la réussite de cette opération que l'on reconnaît un grand cuisinier ! Dès que vous aurez acquis la technique, vous n'aurez qu'à vous entraîner afin de devenir de plus en plus rapide. Le secret consiste à utiliser un couteau « chef » très aiguisé et à laisser la racine de l'oignon intacte, afin de maintenir l'oignon entier. Hachez l'oignon au dernier moment afin qu'il ne se dessèche pas.

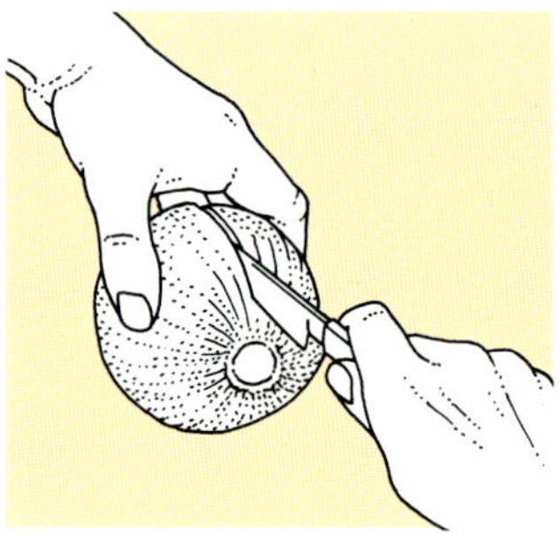

1 *Coupez l'oignon en deux, en veillant à laisser un peu de racine sur chaque moitié. Épluchez chaque morceau et posez-les à plat sur le plan de travail.*

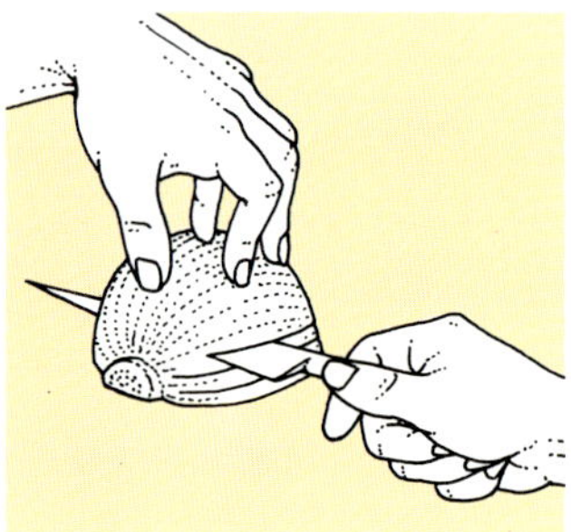

2 *D'une main, pratiquez des entailles horizontales jusqu'à la racine, tous les 5 mm environ, sans couper la racine. De l'autre, maintenez l'oignon.*

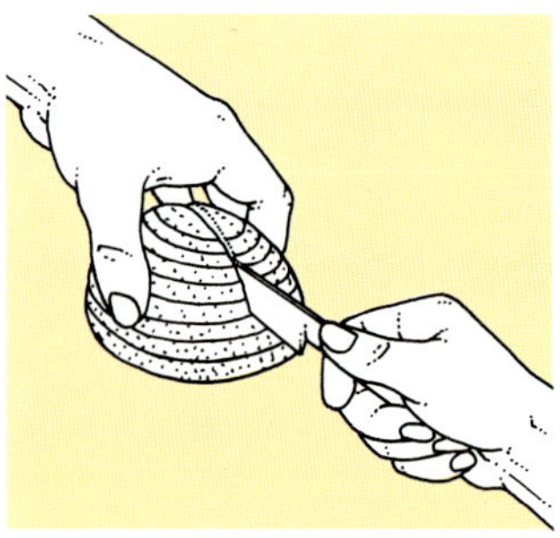

3 *Recommencez l'opération mais en pratiquant cette fois-ci des entailles verticales, sans couper la racine.*

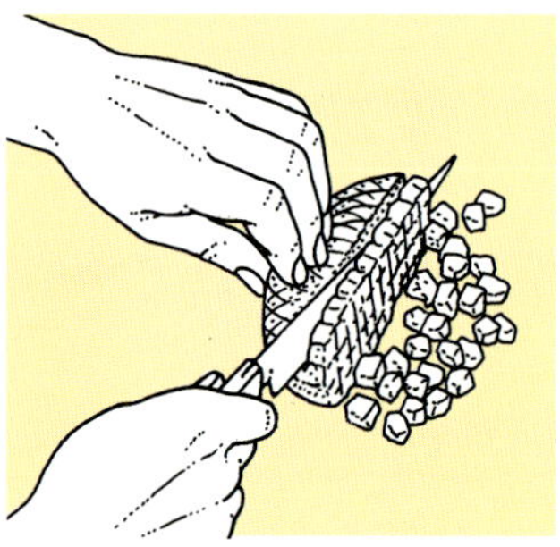

4 *En maintenant l'oignon d'une main, les doigts posés à angle droit sur le dessus, hachez l'oignon, en un mouvement de va-et-vient. Ôtez la racine.*

PRÉPARER DES POIREAUX

Les poireaux que vous achèterez en barquettes n'ont pas besoin d'une grande préparation, mais ceux que vous trouverez sur les marchés risquent d'être fort terreux. Éliminez la terre visible sur les feuilles vertes et coupez la racine et l'extrémité dure.

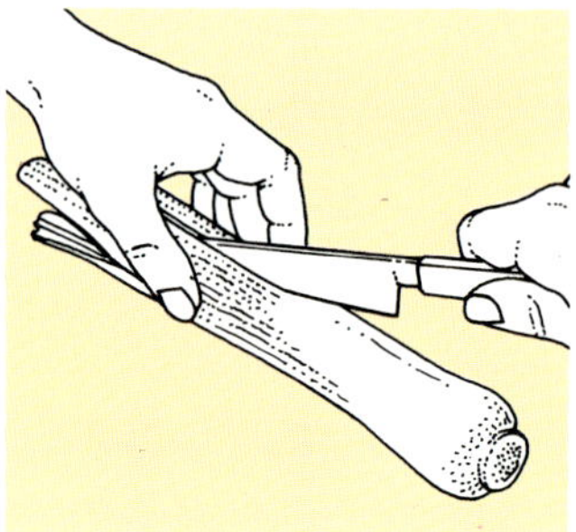

1 *Entaillez le poireau deux fois dans la longueur depuis l'extrémité verte jusqu'au début de la partie blanche. Lavez soigneusement en changeant l'eau deux fois.*

2 *Coupez en 3 ou 4 tronçons; puis recoupez en fines bandes. On peut également couper le poireau en rondelles de 5 mm ou 1 cm d'épaisseur.*

PRÉPARER DU FENOUIL

Le fenouil se présente sous la forme d'un bulbe très serré, ovale, aplati ou arrondi, avec de petites feuilles très décoratives. Choisissez des bulbes vert clair ou blancs. Rejetez les bulbes trop foncés, qui seraient amers.

Coupez le fenouil en deux ou en quatre et débarrassez-le de son cœur. Puis faites-le cuire à l'étouffée, à la vapeur, à la poêle ou au four. Il est également délicieux cru, dans des salades composées.

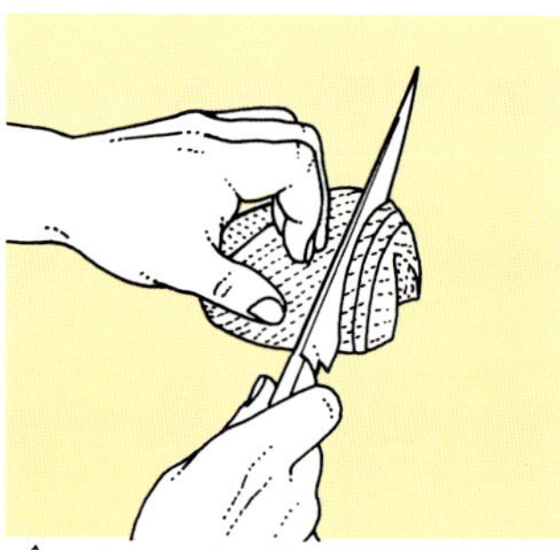

Ôtez les extrémités et coupez le bulbe en deux. Retirez le cœur en faisant une double entaille, en forme de « V », puis posez chaque moitié à plat avant de couper.

PRÉPARER DES ARTICHAUTS

L'artichaut constitue une entrée très esthétique. Choisissez des artichauts aux feuilles vertes bien fermes et rejetez ceux dont les feuilles sont brunes ou desséchées. Une fois cuit, l'artichaut se sert froid ou chaud. Détachez les feuilles une à une et plongez l'extrémité dans du beurre fondu ou de la vinaigrette assaisonnée. Le cœur se déguste à part, à l'aide d'une fourchette et d'un couteau, après qu'il ait été débarrassé du foin.

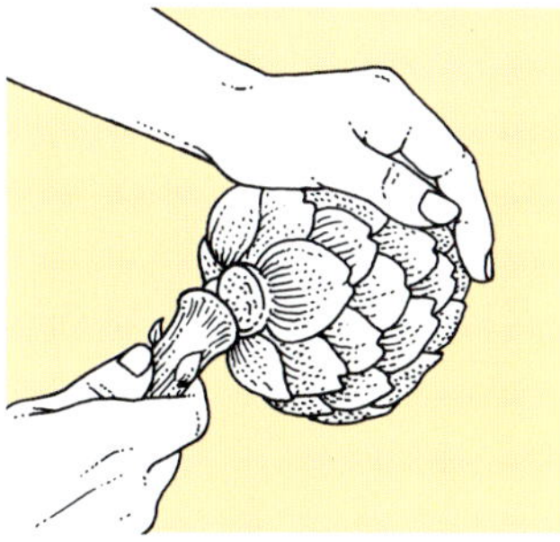

1 *Entaillez la tige et tirez dessus pour la détacher de l'artichaut. Recoupez la base si vous souhaitez.*

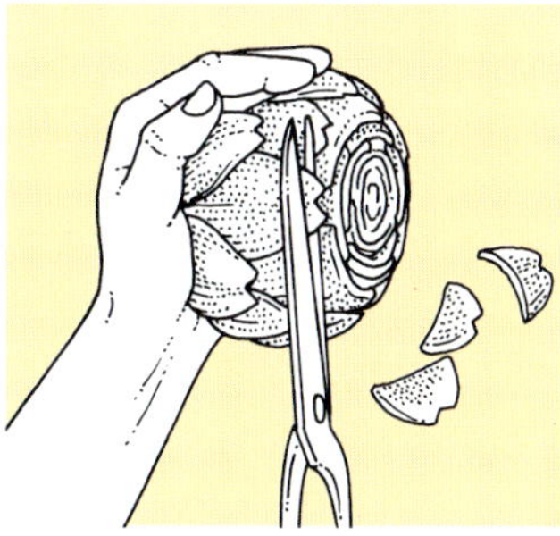

2 *Coupez l'extrémité des feuilles avec des ciseaux. Faites cuire l'artichaut dans de l'eau additionnée de jus de citron, 40 minutes environ.*

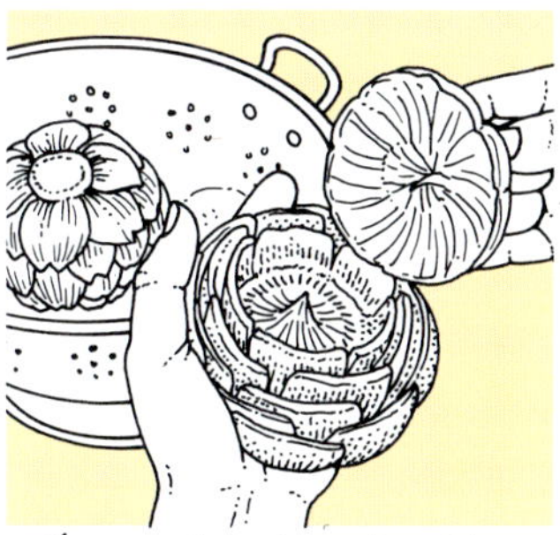

3 *Égouttez-le la tête en bas. Séparez les feuilles du centre, pour faire apparaître les feuilles violettes. Tirez sur celles-ci, vous apercevrez le foin.*

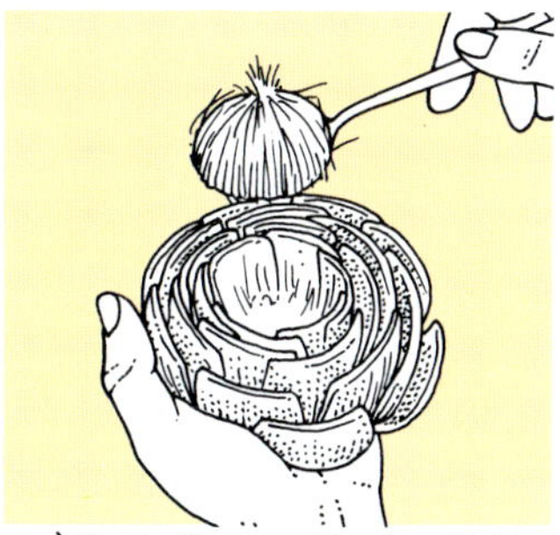

4 *À l'aide d'une cuillère à café, détachez le foin, en un seul morceau si possible, pour laisser apparaître le cœur. Replacez les feuilles violettes et servez.*

Asperges chaudes et tendres servies sur un miroir de beurre fondu et Artichauts sauce mystère (page 65).

PRÉPARER DES ÉPIS DE MAÏS

Choisissez des épis de maïs encore enveloppés de leurs feuilles : vous serez sûr de leur fraîcheur. En effet, les grains se dessèchent très vite lorsqu'ils sont exposés à l'air. C'est pourquoi, il est préférable de consommer le maïs le jour de son achat. Les grains de maïs peuvent se manger crus, s'ils sont parfaitement frais.

PRÉPARER DES ASPERGES

La saison des asperges, autrefois limitée à quelques semaines chaque printemps, s'est aujourd'hui considérablement rallongée, grâce aux légumes d'importation.

Les tiges des grosses asperges, blanches ou vertes, doivent être épluchées. Ensuite, vous pourrez casser l'extrémité dure. Les jeunes asperges violettes exigent moins de préparation : il suffit en effet de couper l'extrémité. Préparez les asperges juste avant de les faire cuire (voir page 52), afin qu'elles ne se dessèchent pas.

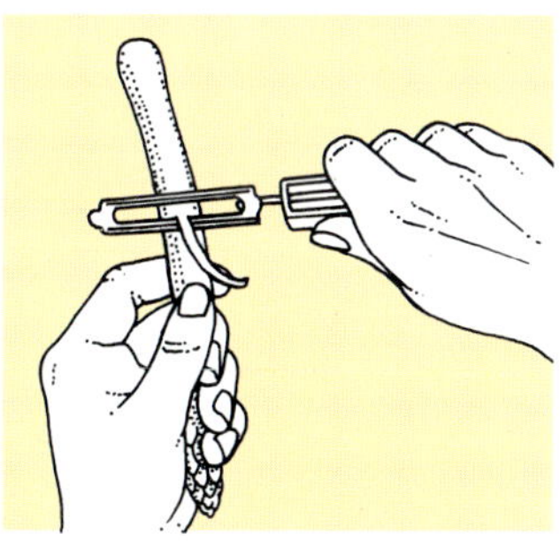

Pour éplucher des asperges, utilisez un épluche-légumes ou un couteau et retirez la peau en allant de la pointe vers le pied.

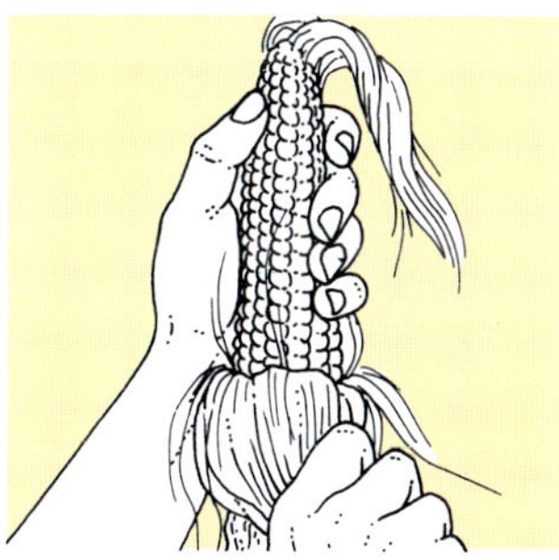

1 *Pour préparer un épi de maïs, tenez l'épi fermement dans une main, dégagez-le des feuilles protectrices, puis débarrassez-le des filandres brunes en les arrachant une à une. Il n'est pas nécessaire de le laver.*

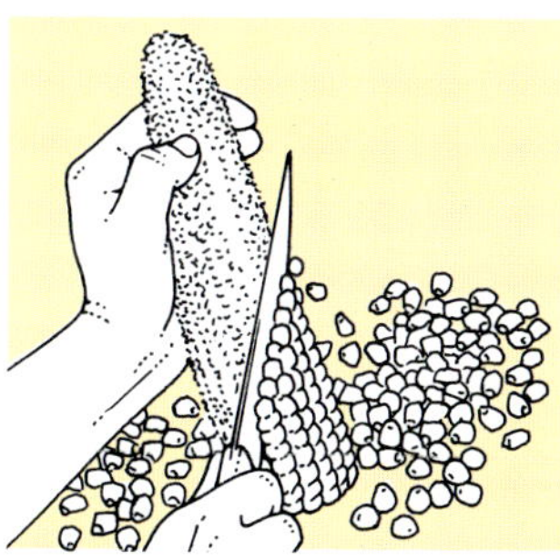

2 *Pour détacher les grains de l'épi, tenez celui-ci bien droit sur une planche à découper. Passez la lame d'un couteau « chef » sur les grains qui rouleront sur le plan de travail. Prévoyez beaucoup d'espace.*

LÉGUMES-FRUITS ET COURGES

Les légumes-fruits comprennent les tomates, les poivrons, les aubergines, les concombres et les gombos. Leur petit goût sucré est l'une de leurs caractéristiques communes. Ils se marient délicieusement bien les uns aux autres dans des plats tels que la ratatouille (voir page 59).

La qualité gustative première de l'aubergine vient de sa consistance crémeuse et fondante. Qu'elle soit cuite au four, grillée, frite ou cuite à l'étouffée, elle doit être très molle. Certaines personnes n'apprécient guère les gombos ; mais si vous les choisissez petits et de couleur uniforme, vous les trouverez certainement excellents. La famille des courges comprend les courgettes et le potiron, fort différents en goût et en consistance. Toutefois, tous s'associent très bien avec d'autres ingrédients.

CHOISIR ET CONSERVER

Conservez ces légumes au réfrigérateur, enveloppés dans des sacs en plastique non fermés. Utilisez-les dans les deux jours qui suivent. Les poivrons et les aubergines se conservent plus longtemps, même si leur peau a tendance à se rider rapidement. Vous pouvez garder les avocats à température ambiante jusqu'à ce qu'ils soient suffisamment mûrs pour être réfrigérés. Les courges se conservent dans un endroit frais et sec.

DÉNOYAUTER UN AVOCAT

Pour savoir si un avocat est mûr, prenez-le dans vos mains et regardez si la chair est suffisamment tendre. On trouve des avocats toute l'année, mais les variétés diffèrent les unes des autres. Néanmoins, on les prépare toujours de la même façon. Lorsqu'on les a ouverts, il convient d'arroser la chair de jus de citron si vous ne souhaitez pas les utiliser aussitôt.

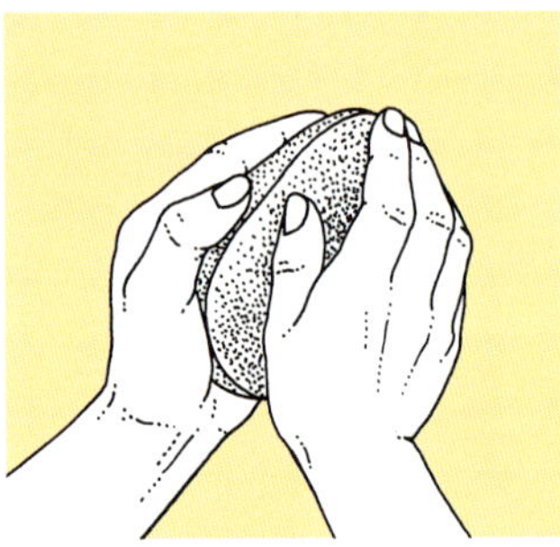

1 *Coupez l'avocat en deux dans la longueur, autour du noyau central. Maintenez-le dans vos mains et faites tourner les deux moitiés en sens opposé délicatement mais fermement, jusqu'à ce qu'elles se détachent.*

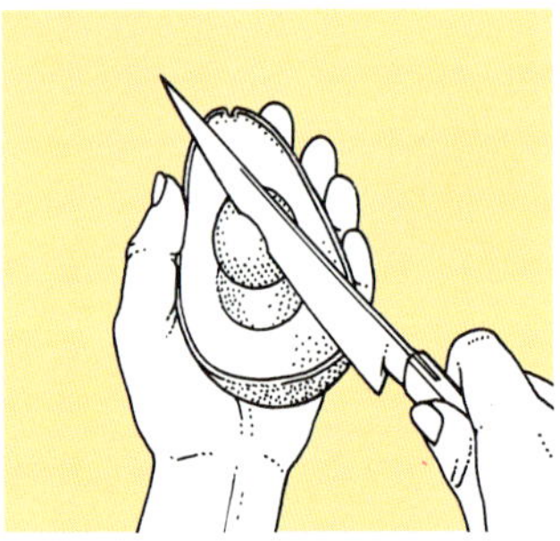

2 *Tenez une moitié dans votre main et plantez un couteau « chef » dans le noyau. Retirez le noyau qui restera accroché à la lame du couteau. Servez tel quel ou épluché et émincé dans une salade.*

FAIRE DÉGORGER DES AUBERGINES

Procurez-vous de belles aubergines fermes et bien pleines, à la peau lisse. On peut très facilement évider la chair d'une aubergine cuite dans sa peau, afin de confectionner une mousse ou une terrine de légumes (voir page 97). Toutefois, on les coupe généralement en rondelles ou en dés. On fait souvent dégorger les aubergines, afin d'éliminer le jus amer, et la chair s'en trouve raffermie. Cela est essentiel lorsque l'on veut les faire frire, mais n'est guère nécessaire si l'on prépare une ratatouille ou un plat en sauce.

1 *Coupez la tige et émincez la chair en rondelles de 1 cm d'épaisseur, puis placez-les dans une passoire et salez-les.*

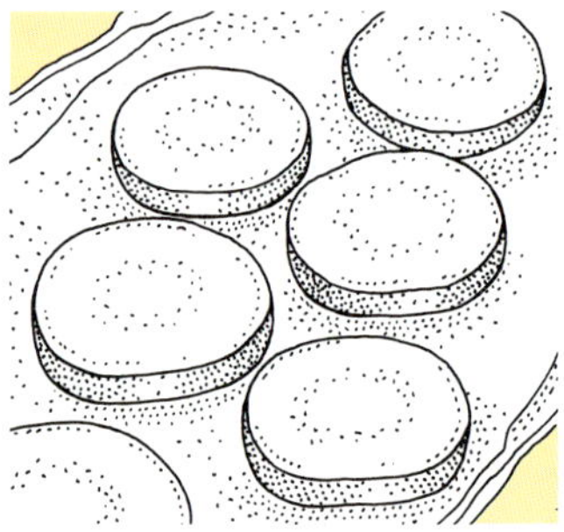

2 *Laissez-les s'égoutter pendant 30 minutes, au-dessus d'un évier puis rincez-les soigneusement. Épongez-les avec du papier absorbant.*

PRÉPARER DES TOMATES

Il est préférable de peler des tomates entrant dans la composition d'un ragoût, d'une sauce ou d'un coulis.

Choisissez des tomates fermes et tout juste mûres. Si vous devez peler une seule tomate, plantez une fourchette dans la chair et passez-la au-dessus d'une flamme, jusqu'à ce que la peau noircisse et se décolle. Pour de plus grandes quantités, ébouillantez-les à l'eau chaude. Pour la cuisine, ce sont les tomates bien rondes et mûres qui conviennent le mieux.

1 *Retirez les tiges et pratiquez une entaille en forme de croix à l'opposé. Placez les tomates dans une jatte résistant à la chaleur et arrosez-les d'eau bouillante.*

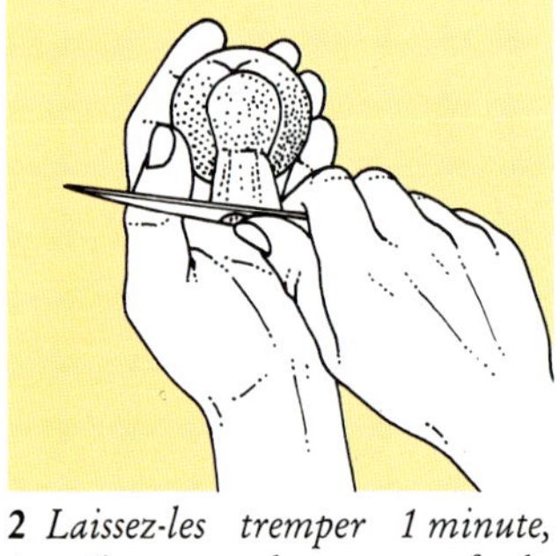

2 *Laissez-les tremper 1 minute, jusqu'à ce que la peau se fende. Égouttez-les et arrosez-les d'eau froide, puis retirez la peau à l'aide d'un couteau éplucheur.*

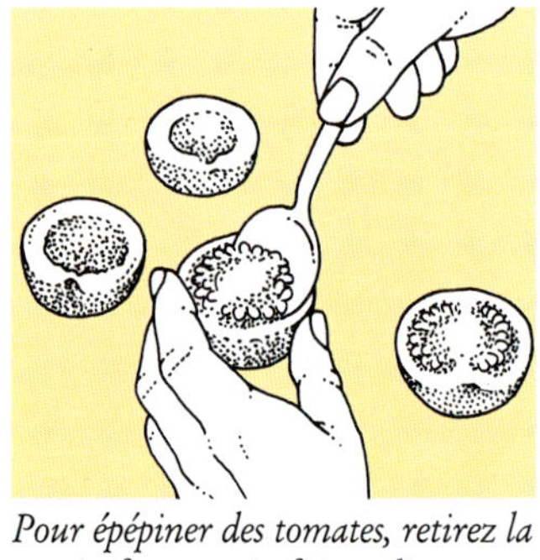

Pour épépiner des tomates, retirez la partie ferme puis faites glisser une cuillère, afin de retirer les pépins. Coupez le reste en morceaux ou en rondelles.

PRÉPARER DES POIVRONS

Les poivrons se prêtent à une multitude de préparations. Crus, accompagnés d'une sauce ou d'un condiment bien parfumé, grillés (voir page 55) et coupés en rondelles dans une salade ou encore cuits longuement dans un ragoût, les poivrons sont tout aussi délicieux. Une fois évidés, on peut les farcir (voir page 61), ou s'en servir pour présenter une sauce d'accompagnement. Enfin, les poivrons sont exquis en purée. Hormis les poivrons rouges, verts et jaunes, il existe d'autres variétés, plus rares, de couleur orangée ou noire.

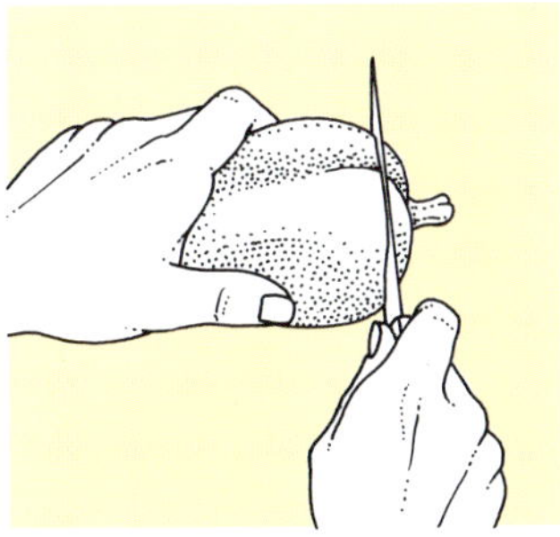

Pour les évider, coupez l'extrémité à l'aide d'un couteau et réservez-la, si nécessaire. À l'aide d'une cuillère, ôtez les graines et le cœur. Pour former des rondelles, découpez le poivron dans sa largeur.

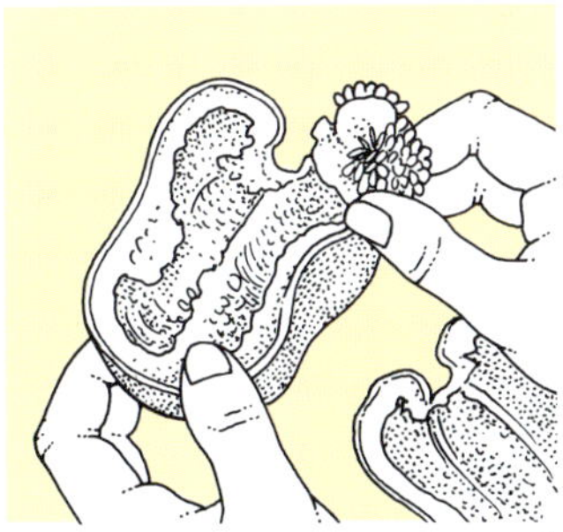

Pour émincer un poivron, coupez-le en deux dans la longueur puis retirez le cœur et les pépins. Coupez-le en deux dans la longueur ou la largeur. Pour des brochettes, coupez-le en quatre puis recoupez-le en carrés.

ÉPÉPINER UN PIMENT

Lorsque l'on manipule des piments, il convient d'être très prudent. Ainsi, évitez de vous frotter le nez ou les yeux après avoir touché un piment. Je prépare mes piments sous le robinet, mais cela ne m'empêche pas de faire extrêmement attention. Si vous avez la peau très sensible, portez une paire de gants de caoutchouc.

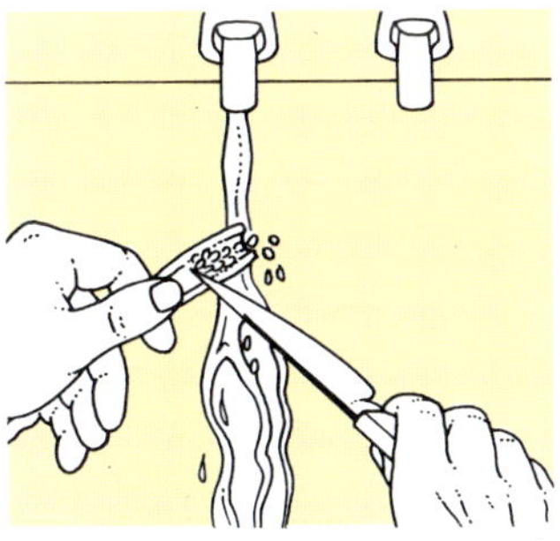

Pour épépiner un piment, ouvrez-le en deux à l'aide d'un couteau puis grattez les pépins, sous l'eau froide, avec un couteau. Hachez le piment ou coupez-le en rondelles, selon les besoins de la recette.

PRÉPARER DES GOMBOS

Ce légume exotique entre dans la composition de nombreux plats d'origine indienne ou créole. Choisissez-les vert vif, sans taches. Les gombos sont souvent cuits entiers, car l'intérieur contient une substance collante, qui a tendance à épaissir les préparations. Préparez-les au dernier moment, afin que cette substance ne suinte pas, à moins que vous ne souhaitiez utiliser ces légumes comme épaississant.

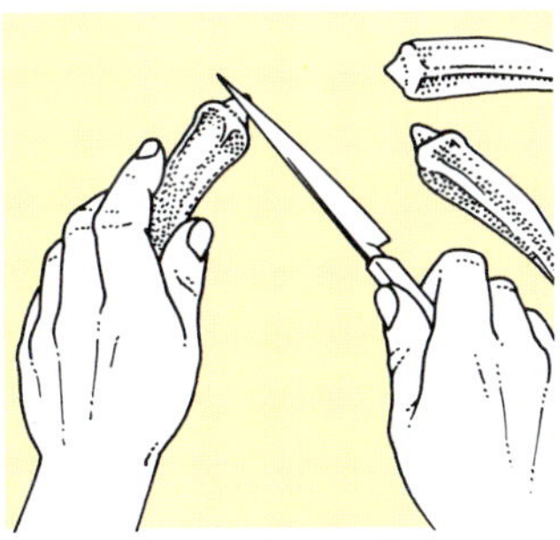

Pour préparer des gombos entiers, découpez l'extrémité de la tige, puis épluchez la partie à la base de celle-ci. Essayez de conserver une partie de la tige.

FARCIR DES COURGES

Les courges constituent un délicieux plat de légumes, idéal en automne : cuisinées avec des oignons et des tomates, coupées en rondelles ou encore farcies et cuites au four, elles sont délicieuses. Contrairement aux courgettes, la peau des courges est trop dure pour être mangée. Lorsque vous choisissez des courges, n'optez pas nécessairement pour les plus grosses : la chair risquerait d'être râpeuse et bourrée de pépins. Les courges de 20 à 30 cm sont généralement meilleures. Réservez les gros légumes à la préparation de confitures ou de chutneys. La chair de la courge gagne à être abondamment poivrée. Les courges farcies de viande hachée et de légumes sont délicieuses.

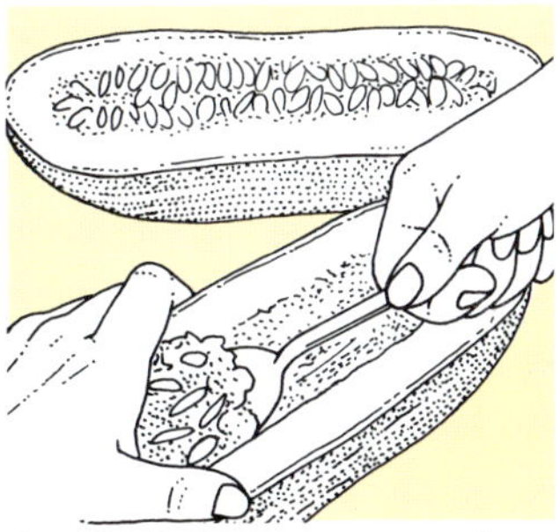

Pour farcir des courges, coupez-les en deux dans la longueur et évidez la chair. Préparer la farce (voir page 61) et disposez-la dans la courge évidée. Replacez les deux moitiés l'une sur l'autre et enveloppez-les dans du papier d'aluminium avant de les passer au four.

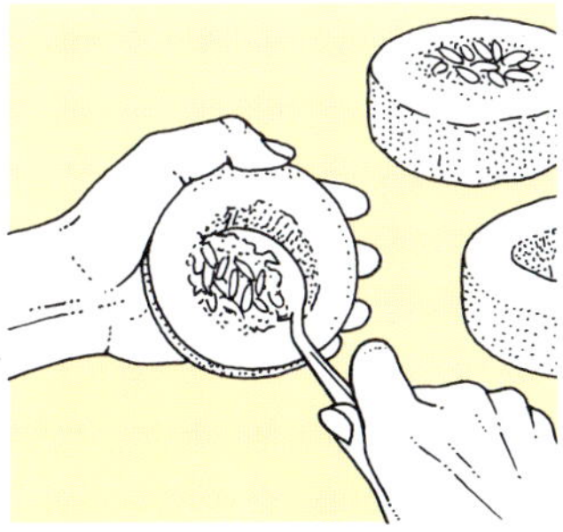

Pour obtenir des rondelles, coupez les courges en tranches épaisses, puis épépinez-les à l'aide d'une cuillère. Placez les rondelles dans un plat allant au four beurré. Vous pouvez aussi couper les rondelles de courges en gros dés pour une ratatouille (voir page 59).

Les saveurs orientales sont exaltées dans la recette des Aubergines et gombos à la menthe et aux pignons (page 62).

SALADES ET LÉGUMES CRUS

La salade, ingrédient de base de nombreuses entrées froides, comprend des variétés très diverses. La laitue présente une saveur très douce et agréable. Elle est délicieuse telle quelle, assaisonnée d'une simple vinaigrette et de quelques herbes aromatiques. La batavia ou la salade iceberg sont utilisées pour leur consistance croquante très agréable. Ma préférée, la romaine, aux longues feuilles vertes et croustillantes a un goût incomparable. Les cœurs de laitue sont également fort appréciés. Certaines variétés sont très esthétiques dans les salades composées. On les utilise souvent en décor ou en garniture, mais on les sert également braisées, à la crème, farcies ou en accompagnement d'autres légumes comme les petits pois ou les haricots. Le cresson, et son petit goût poivré, accompagne à merveille de fines tranches d'avocat. Les champignons crus sont délicieux dans des salades, assaisonnées avec une bonne huile d'olive vierge.

CHOISIR ET CONSERVER

Les salades se conservent dans le bas du réfrigérateur, dans des sacs en plastique. Il faut les utiliser le plus rapidement possible, surtout les variétés aux feuilles fragiles.

SALADE VERTE

Essayez toujours d'utiliser au moins deux types de salades : une à la saveur douce, comme la romaine, l'autre, plus amère, comme la frisée ou la trévise. Pour rehausser le goût de votre salade, vous pourrez ajouter du cresson ou de la roquette, du persil, de la ciboulette ou d'autres herbes fraîchement hachées. Les légumes croquants, comme la ciboule, le concombre et les poivrons verts conviennent mieux pour des salades composées. Une bonne vinaigrette (voir page 204) est indispensable ; veillez toutefois à ne pas noyer votre salade de sauce.

1 *Séparez les feuilles de salade et déchirez-les en petits morceaux, puis mettez-les au fond d'une passoire. Jetez les feuilles abîmées. Lavez-les soigneusement, en même temps que d'autres ingrédients, comme du cresson, puis laissez-les s'égoutter.*

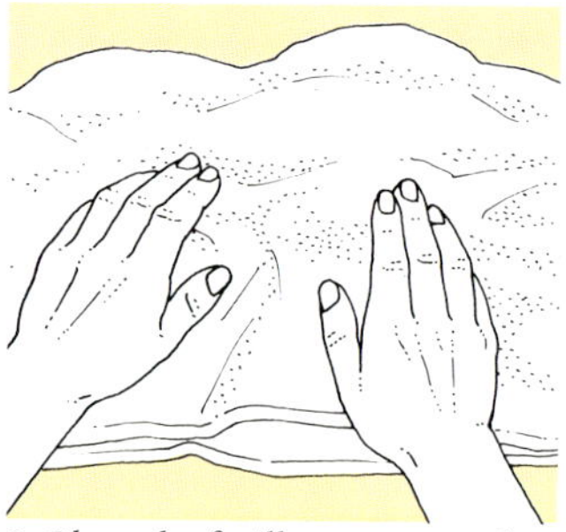

2 *Placez les feuilles sur un torchon propre, recouvrez-les avec un autre torchon et essuyez-les délicatement ou utilisez une essoreuse à salade. Si vous lavez votre salade à l'avance, conservez-la au réfrigérateur, dans un sac en plastique.*

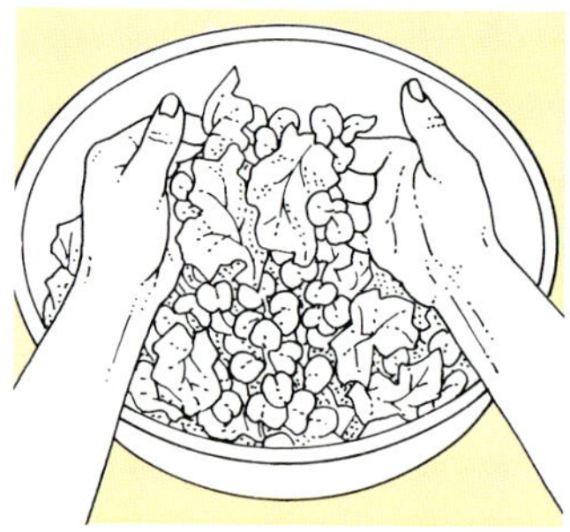

3 *Versez un peu de vinaigrette (juste assez pour recouvrir les feuilles) au fond d'une jatte. Ajoutez les feuilles et mélangez avec les mains ou à l'aide de couverts à salade. Transférez aussitôt dans un saladier.*

IDÉES DE SALADES

- La laitue ordinaire, accompagnée d'une bonne vinaigrette, est idéale pour préparer une salade verte. Réservez les variétés plus décoratives pour les salades composées.
- Les endives, au goût légèrement amer, se marient très bien avec une bonne vinaigrette légèrement sucrée avec du miel (voir page 204), ou des fruits, oranges, abricots frais ou melon. Leur couleur permet en outre de réaliser des plats très esthétiques.
- La frisée est délicieuse avec des rondelles d'orange et une vinaigrette à base d'huile de noix ou de noisette.
- Servez avec du tarama une corbeille de crudités : carottes, fenouil, poivrons et céleri coupés en petits morceaux réguliers.
- Servez de petites rondelles de fenouil avec des tranches d'oranges sanguines, assaisonnées d'un filet d'huile d'olive ou de noix, de vinaigre d'alcool, de gros sel écrasé, de quelques baies roses et une pincée ou deux de piment de Cayenne.
- Mélangez du cresson et de la roquette avec des tomates-cerises coupées en deux. Assaisonnez avec une vinaigrette chaude au lard (celle-ci se marie d'ailleurs fort bien avec la salade d'épinards). Pour la préparer, faites revenir un peu de lard dans une poêle, puis incorporez-le, avec sa graisse, à une vinaigrette chaude (voir page 204).
- Épluchez un concombre, coupez-le en dés et mélangez-le avec du yaourt salé, poivré et parfumé d'un peu de menthe.

SALADE COMPOSÉE

Une bonne salade composée comporte à la fois des légumes crus et des légumes préalablement blanchis, tels que des haricots verts, des mange-tout ou des pointes d'asperges. Des légumes tubercules peuvent être également inclus comme des rondelles tendres mais encore croquantes de navets, céleri-rave ou rutabaga rapidement cuits à la vapeur ou à l'eau. Des lanières de poivron grillé (voir page 55) apportent un goût doux et fumé aux salades composées. Un bulbe de fenouil rapidement grillé et coupé en diagonale est excellent. Vous pouvez ajouter aussi des fèves fraîches. Un peu de chou rouge râpé ajoute une petite note croquante et colorée à une salade verte.

Je n'utilise jamais de tomates dans mes salades composées, à l'exception des petites tomates-cerises, car je considère qu'elles sont bien meilleures seules, assaisonnées d'un filet d'huile d'olive et d'herbes aromatiques.

Préparez tous les ingrédients nécessaires et réunissez-les dans une grande jatte ; ajoutez des herbes aromatiques si vous le souhaitez. Assaisonnez avec une bonne vinaigrette aillée, à base de moutarde en grains (voir page 204). Assaisonnez les légumes tubercules à part, lorsqu'ils sont encore chauds, afin qu'ils absorbent au maximum la saveur de la vinaigrette.

SALADE NIÇOISE

Cette célèbre salade se compose d'ingrédients méditerranéens qui apporteront une petite touche ensoleillée au cœur de l'hiver : tomates, olives noires, haricots verts croquants, câpres et filets d'anchois. Servez-la en entrée ou en plat principal pour un dîner léger. Si vous souhaitez obtenir une salade plus nourrissante, rajoutez des œufs durs et des rondelles de pommes de terre cuites. La salade niçoise est exquise avec une vinaigrette bien moutardée (voir page 204).

1 *Mettez 250 g de haricots verts chauds et autant de rondelles de pommes de terre tièdes dans une grande jatte. Ajoutez 2 tomates hachées grossièrement.*

2 *Ajoutez 2 cuillères à soupe de câpres, 200 g de thon en boîte égoutté et émietté, 1 poignée de petites olives noires, 1 cuillère à soupe de persil plat et 4 à 6 cuillères à soupe de vinaigrette.*

3 *Salez, poivrez. Coupez 50 g de filets d'anchois dans la longueur. Disposez la salade sur un plat et garnissez d'anchois et d'œufs durs, 1 ou 2, coupés en quatre.*

La salade niçoise contient toutes les saveurs du sud de la France. Elle constitue un repas léger délicieux.

SALADE DE POMMES DE TERRE

Il est essentiel, pour réussir une bonne salade de pommes de terre, de les assaisonner pendant qu'elles sont encore chaudes avec de l'huile d'olive vierge, un peu de vinaigre, du sel et du poivre, puis de les laisser absorber la sauce une trentaine de minutes. Ensuite, vous pourrez les parfumer d'une vinaigrette bien moutardée à l'aneth haché (voir page 204), d'une sauce au yaourt (voir page 205) ou d'une mayonnaise maison à l'aneth (voir page 202). Pour 4 personnes.

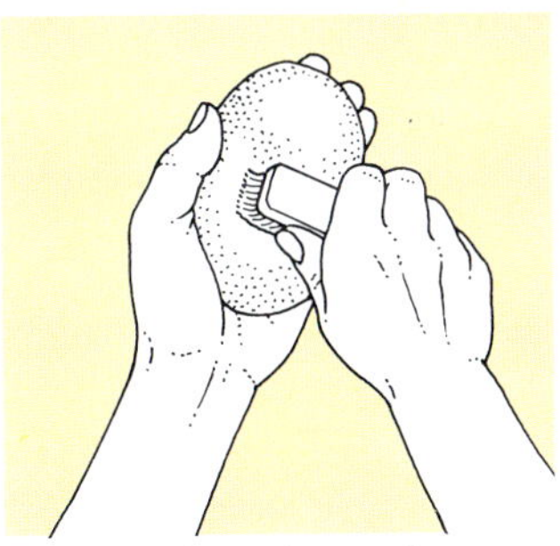

1 *Grattez de 500 à 750 g de pommes de terre nouvelles. Faites-les cuire à l'eau ou à la vapeur (voir page 52) entières ou coupées en morceaux selon leur taille.*

2 *Assaisonnez les pommes de terre chaudes avec une vinaigrette (voir page 204) et laissez-les refroidir. Puis ajoutez la sauce de votre choix.*

SALADE DE TOMATES

Une salade de tomates assaisonnée d'un simple filet d'huile d'olive, d'un peu de sel et de basilic fraîchement haché peut être tout simplement exquise.

Coupez les tomates en rondelles et disposez-les sur un plat. On utilise souvent de la vinaigrette pour assaisonner une salade de tomates, mais je préfère n'ajouter qu'un peu d'huile, l'acidité des tomates faisant le reste. Si les tomates ne sont pas suffisamment parfumées, vous pouvez rajouter un peu de jus de citron.

Recouvrez légèrement les tomates avec un filet d'huile d'olive. Salez, poivrez et ajoutez du basilic fraîchement haché.

PRÉPARER DES CHAMPIGNONS

Les champignons de culture poussent dans du compost stérilisé, il est donc inutile de les nettoyer. Un simple coup de torchon suffit à les rendre bien propres. Les petits champignons de Paris peuvent être utilisés entiers, tandis que les plus gros seront farcis (voir page 60), coupés en rondelles, en quatre ou encore enfilés, entiers, sur des brochettes.

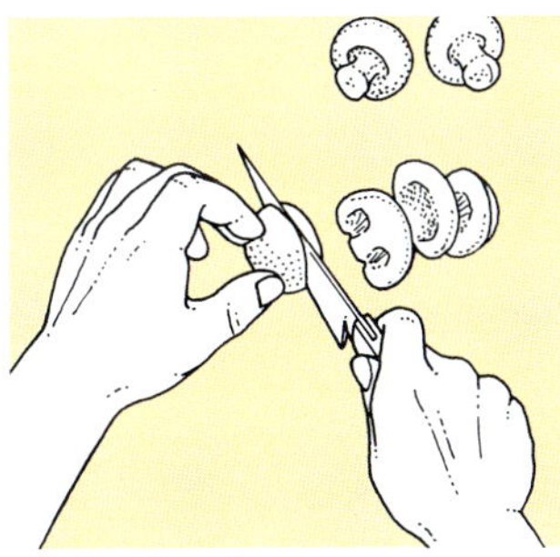

Essuyez les champignons avec un linge humide. Recoupez la base puis émincez-les selon vos besoins.

CUISSON À L'EAU ET À LA VAPEUR

Je préfère toujours faire cuire mes légumes à la vapeur plutôt qu'à l'eau, à l'exception des variétés qui cuisent très rapidement, comme les mange-tout, que je plonge dans une casserole d'eau bouillante salée 1 ou 2 minutes. Je procède de même pour faire blanchir certains légumes comme les épinards ou la salade. La cuisson à la vapeur préserve davantage le goût des aliments, ne les gorge pas d'eau et n'exige aucune matière grasse. Il existe différents modèles d'ustensiles destinés à la cuisson à la vapeur (voir page 19).

Autrefois, on avait l'habitude de plonger les légumes verts dans de l'eau bouillante et de faire cuire les légumes tubercules dans de l'eau froide que l'on portait à ébullition. Aujourd'hui, on a tendance à faire cuire tous les légumes dans une petite quantité d'eau, afin de préserver au maximum les vitamines. Les légumes bouillis cuisent dans l'eau salée alors que les légumes cuits à la vapeur ne sont assaisonnés qu'au moment de servir. Il faut les saler plus mais leur saveur naturelle est plus prononcée. Quel que soit le mode de cuisson choisi, surveillez fréquemment vos légumes en cours de cuisson, car il est toujours très difficile de prévoir exactement le temps nécessaire.

CUIRE DU CHOU À L'EAU

Le chou est l'un des légumes les moins appréciés ; pourtant il peut être délicieux dès lors qu'il est bien préparé.

On peut le faire cuire rapidement, afin que les feuilles restent croquantes et vertes ou au contraire, le laisser longuement mijoter à feu doux pour obtenir une consistance moelleuse et une saveur presque sucrée. Si vous faites cuire du chou à l'eau, utilisez le moins de liquide possible. Les variétés aux feuilles fines, comme le chou vert ou le chou frisé de Milan sont excellents lorsqu'ils sont à peine cuits.

Hachez le chou finement (voir page 45) puis rincez-le. Faites bouillir 1 cm d'eau environ au fond d'une casserole, ajoutez le chou, couvrez et laissez cuire 5 à 8 minutes.

CUIRE DES BROCOLI À LA VAPEUR

Les brocoli doivent rester bien verts et croquants ; c'est pourquoi ils ne doivent pas cuire trop longtemps. Toutefois, il est préférable de les goûter en cours de cuisson, afin qu'ils ne soient pas trop croquants. Coupez les brocoli en bouquets réguliers (voir page 44), en ne conservant que la partie tendre et verte de la tige. Certaines variétés de brocoli ont des tiges si tendres qu'on peut les utiliser entièrement ou presque.

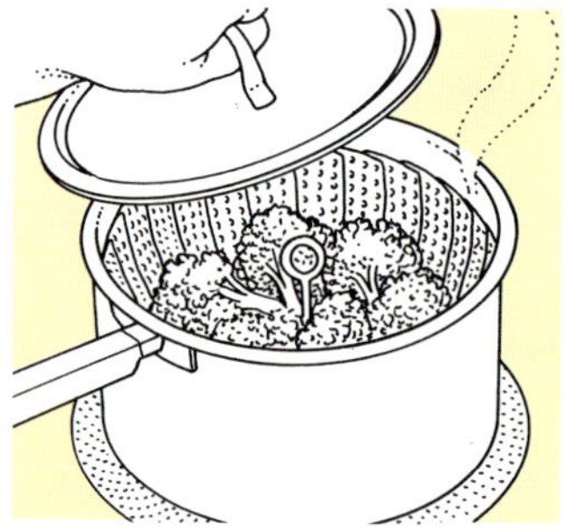

Placez les bouquets de brocoli dans un panier à vapeur au-dessus d'une casserole d'eau bouillante. Couvrez et faites cuire 5 à 10 minutes, jusqu'à ce qu'ils soient tendres mais encore vert vif. Salez et poivrez et servez avec du beurre ou une sauce hollandaise (voir page 200).

QUELQUES SUGGESTIONS

- Une purée de céleri-rave et de pommes de terre est idéale pour terminer un reste de gratin de poisson. On peut utiliser cette préparation pour confectionner des croquettes de poisson (voir page 129).
- Faites cuire à l'eau des poivrons et des gousses d'ail dans leur peau. Hachez le poivron, épluchez l'ail et réduisez le tout en purée. Servez chaud avec du beurre, ou froid avec de l'huile d'olive. Vous pouvez aussi filtrer la purée allongée avec de la crème ou du bouillon, afin d'obtenir une sauce.
- On peut cuire les poivrons à l'eau avec d'autres légumes, puis les réduire en purée. Essayez l'association courgettes ou fenouil et poivrons verts ou carottes et poivrons rouges.
- Quelques gouttes de sauce soja versées sur des légumes cuits permettent d'exalter toute leur saveur sans utiliser de matières grasses.
- Des herbes aromatiques hachées, comme la menthe, le persil ou des feuilles de fenouil, sont délicieuses sur des légumes.
- La muscade râpée fait ressortir le goût de nombreux légumes ; elle assaisonne fort bien les gratins de légumes au fromage.
- De la betterave rouge cuite accompagnée d'une sauce blanche (voir page 196) parfumée avec de la crème fraîche ou du yaourt et des herbes, permet de renouveler les recettes à base de betterave.

CUIRE DES ASPERGES

La pointe des asperges étant plus tendre, elle a tendance à cuire plus vite que les tiges. La meilleure façon de procéder est de disposer les asperges dans une poêle à bord haut de manière à ce que les pointes soient surélevées.

1 *Préparez les asperges (voir page 47). Faites bouillir l'eau dans une sauteuse, puis ajoutez les asperges, sans les empiler. Baissez le feu et laissez mijoter.*

2 *Faites cuire 5 minutes, jusqu'à ce que les tiges soient bien tendres. Retirez-les à l'aide d'une spatule et disposez-les dans un plat de service chaud. Nappez de beurre ou de sauce hollandaise (voir page 200).*

LES PURÉES DE LÉGUMES

De nombreux légumes permettent de préparer de délicieuses purées, idéales pour accompagner mille et une viandes. Les légumes qui conviennent le mieux sont le chou-fleur, les carottes, les rutabagas, les choux de Bruxelles, les navets, le céleri-rave, les petits pois et les épinards. Mais ce sont les racines comestibles qui donnent les meilleurs résultats.

Il est souvent agréable de mélanger deux types de légumes, surtout lorsque l'un d'eux, comme le poireau, apporte du goût mais a une consistance trop liquide. Le céleri-rave se marie très bien avec la pomme de terre, mais aussi les carottes, les navets et les rutabagas. Le fenouil est délicieux avec des légumes tubercules, mais également seul, ou simplement parfumé avec du yaourt.

N'hésitez pas à enrichir vos purées avec du beurre, de la crème, du fromage blanc, du yaourt ou de l'huile d'olive. Parsemez-les de noix grillées, d'huile parfumée (voir page 36), de chapelure, d'herbes hachées. Décorez-les avant de servir en passant les dents d'une fourchette sur le dessus.

Dans cette recette colorée, les épinards et les poivrons sont servis sur une purée de navets et de patates douces (page 63).

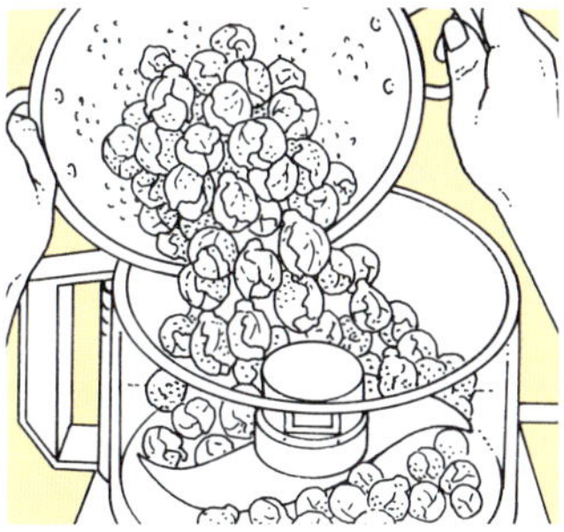

1 *Faites bouillir les légumes de votre choix dans une petite quantité d'eau, jusqu'à ce qu'ils soient bien tendres. Égouttez, réservez le liquide et placez les légumes dans un robot. Mixez-les, en ajoutant un peu de liquide de cuisson si nécessaire.*

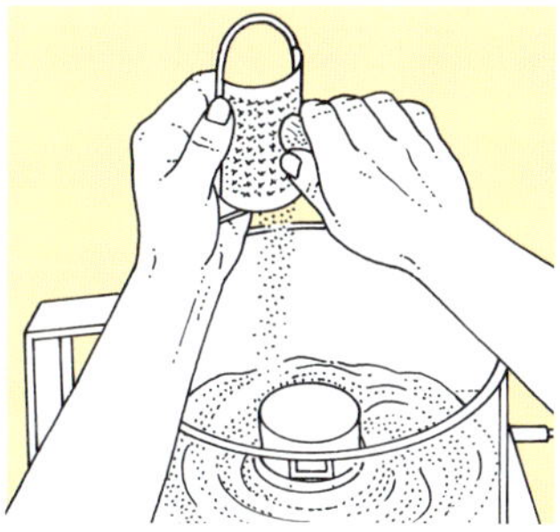

2 *Incorporez du beurre ou du fromage blanc. Vous pouvez ajouter de la muscade râpée, de la cannelle, du thym, de la coriandre. Goûtez et rectifiez l'assaisonnement.*

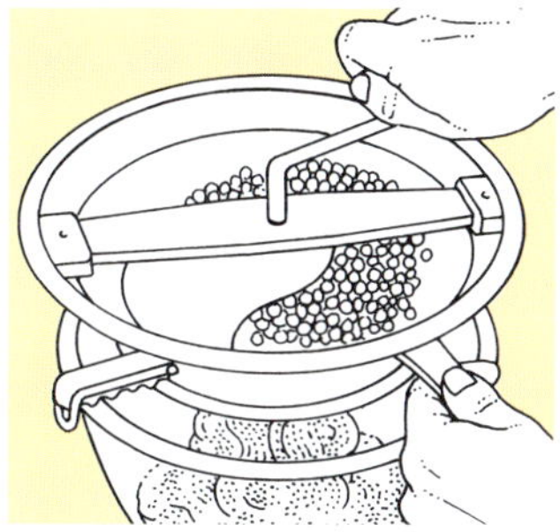

On peut également préparer des purées de légumes à l'aide d'un presse-purée (voir page 22). Le résultat est plus épais. Faites réchauffer la purée dans une casserole afin que l'humidité s'évapore doucement, puis assaisonnez.

PURÉE DE POMMES DE TERRE

Une bonne purée de pommes de terre, légère, mousseuse et crémeuse, est un véritable régal. Elle accompagne à la perfection les saucisses, le porc, les escalopes de veau et les rôtis, ainsi que les ragoûts les plus divers et est appréciée de tous.

Le secret d'une bonne purée tient dans le choix des pommes de terre, qui doivent être, une fois cuites, moelleuses sans pour autant se désagréger (voir page 43). Si vous désirez une purée plus raffinée, faites infuser du safran dans le lait ou la crème que vous utiliserez.

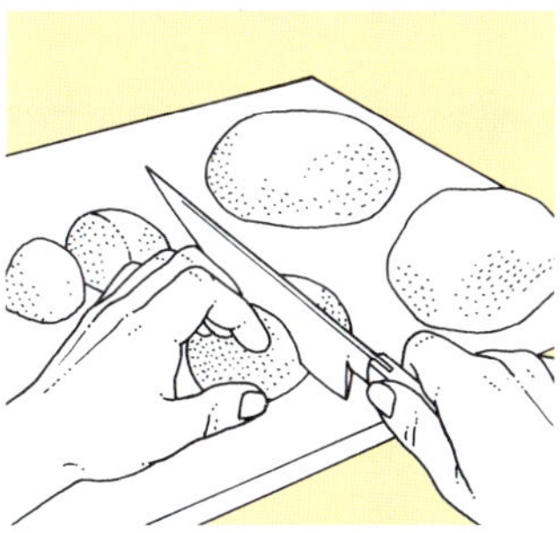

1 *Coupez les pommes de terre épluchées en morceaux réguliers et faites-les cuire dans de l'eau bouillante légèrement salée, jusqu'à ce qu'elles soient tendres, mais pas trop molles. Égouttez-les et remettez-les à chauffer pour les faire sécher.*

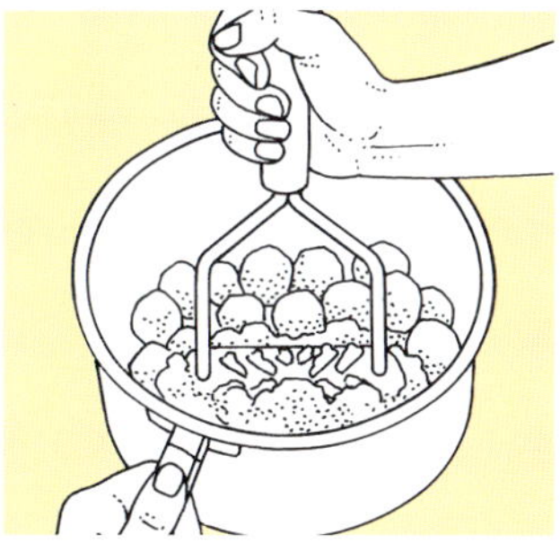

2 *Écrasez-les manuellement à l'aide d'un presse-purée. N'utilisez pas de robot ménager; votre purée risquerait de coller. Si vous le souhaitez, faites infuser du safran dans la crème ou le lait.*

3 *Incorporez le beurre, tout en battant, ainsi que le lait chaud, si vous souhaitez une purée très onctueuse. Rectifiez l'assaisonnement, ajoutez de la muscade ou du macis râpé. Présentez la purée dans un plat et parsemez de noix de beurre.*

LÉGUMES FRITS ET GRILLÉS

Les légumes frits à la poêle peuvent être irrésistibles, à condition de surveiller soigneusement leur cuisson, afin qu'ils ne brûlent pas. Le type d'huile ou de matière grasse utilisé est essentiel, car sa saveur parfumera le plat final ; pour faire frire rapidement des légumes, le mélange d'huile d'olive et de beurre (qui peut chauffer à une température élevée sans risquer de brûler), est idéal. L'huile d'olive vierge est à recommander. Pour les plats d'inspiration chinoise, veillez à couper les légumes en morceaux de taille uniforme et n'hésitez pas à rajouter quelques gouttes d'huile de sésame à votre huile de base, d'arachide ou de tournesol.

On oublie parfois que les tomates et les champignons ne sont pas les seuls légumes que l'on puisse faire griller. Les légumes coupés en rondelles ou de la famille des courgettes, se prêtent parfaitement bien à ce mode de cuisson. Il ne faut pas hésiter à monter le feu au maximum, pour que les légumes noircissent complètement par endroits, offrant ainsi une petite note fumée des plus agréables.

FRITURE À LA POÊLE

La cuisson à la poêle exalte la saveur des légumes. De même que pour les autres aliments frits selon cette technique, les légumes doivent être cuits dans une huile bien chaude, afin que l'extérieur soit bien croustillant et l'intérieur bien moelleux. Choisissez une grande poêle à fond épais et une huile d'excellente qualité, d'olive, d'arachide ou de tournesol. Les légumes doivent être coupés en fines tranches ou râpés. En les plongeant dans de l'œuf battu ou en les roulant dans de la chapelure, vous protégerez leur chair de la chaleur. Une excellente recette consiste à préparer des galettes de pommes de terre râpées et à les faire frire.

Beignets de courgettes : *mélangez 400 g de courgettes râpées et 1 petit oignon râpé dans une pâte à frire composée de 150 g de farine, 1 œuf, 1 cuillère à café de garam masala et autant de sel et 15 cl de lait. Mettez dans l'huile chaude des cuillerées de cette pâte et faites frire 5 minutes, en les retournant une fois. Égouttez sur du papier absorbant.*

Galettes de pommes de terre : *faites tremper 1 kg de pommes de terre épluchées et râpées 1 heure dans de l'eau froide. Puis laissez égoutter 15 minutes. Battez ensemble 2 cuillères à soupe de farine avec poudre levante, 2 œufs, 1 cuillère à soupe d'oignon râpé, du sel et du poivre. Ajoutez les pommes de terre. Faites frire 3 minutes de chaque côté.*

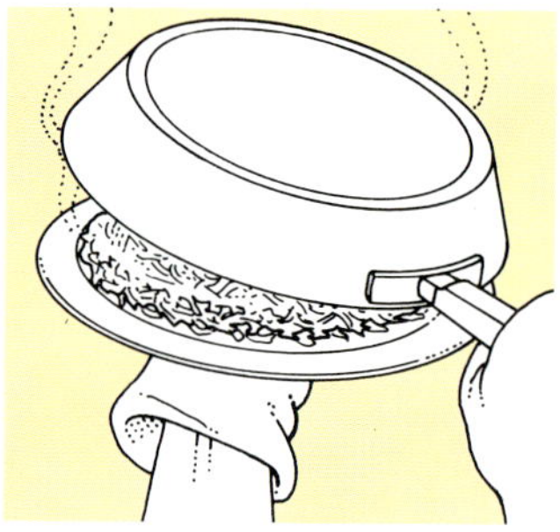

Gâteau de pommes de terre : *râpez grossièrement 750 g de pommes cuites épluchées et refroidies. Salez et poivrez. Faites chauffer 1 cuillère à soupe d'huile et 25 g de beurre dans une poêle de 23 cm. Mettez-y les pommes de terre puis lissez le dessus. Faites frire 10 minutes, puis démoulez sur un plat. Retournez le gâteau pour faire cuire l'autre côté.*

CUISSON EN FRITEUSE

Les légumes frits sont plus croustillants si on les déguste aussitôt. Les huiles de tournesol et d'arachide qui peuvent être chauffées à des températures élevées, sont idéales. Tous les légumes, à l'exception des racines comestibles, doivent être enrobés de pâte à frire ou de farine.

Les frites sont appréciées de tous. On fait d'abord cuire la pomme de terre, puis on lui donne sa consistance croustillante. Une fois cuites, les frites se garderont au chaud, dans le four réglé au plus bas, sur plusieurs épaisseurs de papier absorbant.

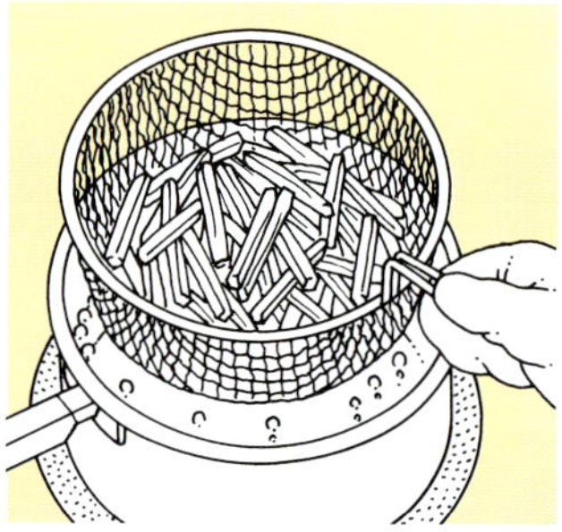

1 *Préparez les frites (voir page 43). Faites-les tremper 30 minutes, puis égouttez-les et essuyez-les. Remplissez une friteuse à fond épais d'huile jusqu'au tiers de sa hauteur. Faites chauffer à 160 °C (un dé de pain doit brunir en 1 minute). Placez une couche de frites crues dans le panier et faites-les dorer environ 5 minutes.*

2 *Égouttez-les sur du papier absorbant. Faites cuire celles qui restent. Augmentez le feu, jusqu'à ce que la température atteigne 190 °C (un dé de pain dore en 30 secondes). Faites frire à nouveau les frites 1 minute, jusqu'à ce qu'elles soient bien croustillantes. Faites chauffer l'huile entre chaque opération. Égouttez les frites sur du papier et salez-les.*

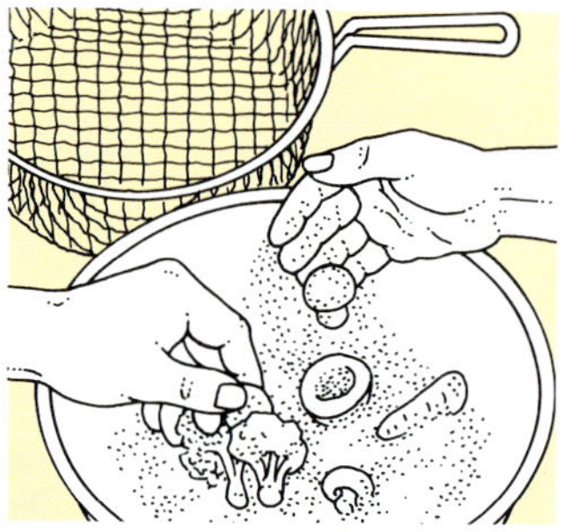

Beignets de légumes : *roulez des oignons en rondelles, des bouquets de brocoli et des champignons de Paris dans de la farine épicée avec du curry. Faites chauffer l'huile à 185 °C (un dé de pain doit dorer en 40 secondes). Faites frire 2 minutes les légumes, en plusieurs fois si nécessaire. Égouttez sur du papier absorbant.*

POIVRONS GRILLÉS

Les poivrons grillés comptent parmi mes légumes préférés. Ce mode de cuisson transforme la consistance aqueuse en une texture lisse, douce et légèrement sucrée.

Pour retirer la peau des poivrons, faites-les griller jusqu'à ce qu'ils soient bien noirs et brûlés. Le petit goût fumé qui en résulte apporte une note très agréable. Les poivrons grillés et pelés sont excellents dans des salades, des pâtes ou des plats de poisson.

Pour préparer des poivrons, coupez-les en deux dans le sens de la longueur et retirez le cœur et les pépins (voir page 49).

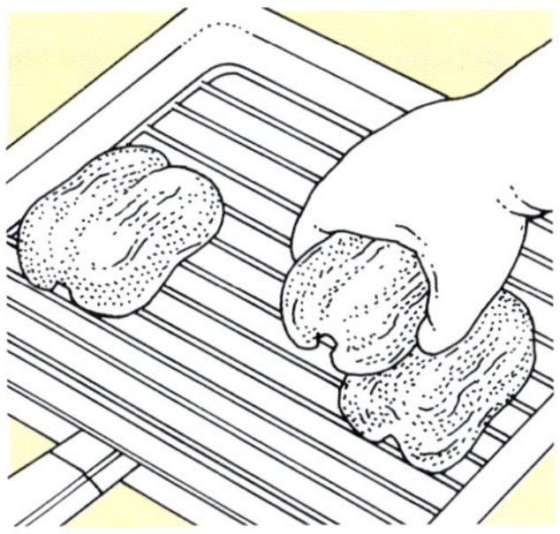

1 *Placez les poivrons, la peau vers le haut, sous un gril au maximum de sa puissance. Laissez-les griller jusqu'à ce que la peau soit noire. Retirez-les du gril et enveloppez-les dans un linge ou dans un sac en papier afin qu'ils refroidissent.*

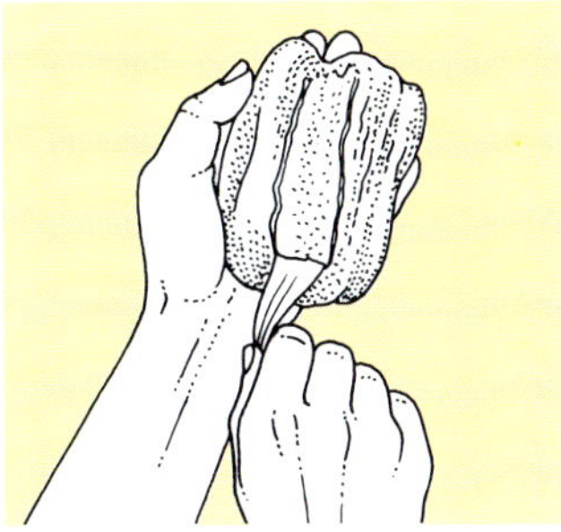

2 *Pelez-les, à la main, lambeau par lambeau. Coupez le poivron comme vous le souhaitez. Vous pouvez ajouter le poivron chaud à des pâtes cuites ou l'utiliser froid dans une salade ou comme base aux Poivrons à l'huile (voir page 307).*

IDÉES DE GRILLADES ET FRITURES

- Pensez aux champignons lorsque vous préparez des grillades de légumes variés (voir ci-contre).
- On peut griller le maïs en épi s'il est bien frais et donc juteux. Il est préférable de laisser l'enveloppe de feuilles pendant la cuisson.
- Pour alléger une pâte à frire, vous pouvez remplacer un peu du lait par de la bière. N'hésitez pas à la parfumer avec des herbes aromatiques, du zeste de citron râpé et des épices.
- Certains légumes de la famille des racines comestibles (navet, céleri-rave ou rutabaga) sont délicieux lorsqu'on les fait frire dans de l'huile d'olive. On peut ensuite les ailler et les persiller abondamment avant de les servir. Froids ou chauds, ils constituent une excellente entrée.
- Vous serez certainement étonné de voir comme le potiron frit est délicieux : faites frire, à feu vif, de petites rondelles dans de l'huile d'olive parfumée avec de l'ail jusqu'à ce que les bords commencent à noircir légèrement et que la chair soit encore bien ferme. Un peu de menthe hachée ajoute une note de fraîcheur à ce plat.
- Les fleurs de courgettes sont exquises, préparées à l'italienne, c'est-à-dire sautées dans de l'huile d'olive ou encore farcies au fromage, plongées dans de la pâte avant d'être jetées dans de l'huile de friture.
- Je n'hésite pas à préparer des beignets de pommes de terre non épluchées. Pour cela, ébouillantez de longues pommes de terre après les avoir coupées en grosses tranches. Essuyez-les, puis faites-les frire dans de l'huile chaude, jusqu'à ce qu'elles soient croustillantes.
- Des courgettes de taille moyenne entières peuvent être enrobées d'huile d'olive, salées puis placées sous le gril, jusqu'à ce que la peau noircisse, tandis que l'intérieur reste bien tendre. Coupez-les en longues bandes, parsemez d'origan et arrosez d'un filet d'huile d'olive.
- Le chou chinois détaillé en fines lanières est délicieux sauté. Servez-le en vrac, au sortir de la friteuse.

Un appétissant choix de légumes grillés — aubergines, poivrons jaunes, trévise, tomates, courgettes et champignons.

GRILLADES DE LÉGUMES MÉLANGÉS

Les légumes grillés peuvent être exquis. Les courgettes, les champignons, les tomates, les poivrons, les aubergines, les rondelles de fenouil, les feuilles de trévise sont autant d'idées pour préparer un mélange de légumes grillés. Vous pourrez les servir seuls ou en accompagnement de viandes ou de volailles rôties. Le gril doit être extrêmement chaud, afin que la peau des légumes brûle littéralement, et donne à la chair un petit goût fumé très agréable. Si vous possédez une poêle-gril, les légumes seront marqués de lignes noires très esthétiques. En été, le barbecue permet d'obtenir de savoureux résultats, surtout si vous alimentez votre feu avec du bois d'arbres fruitiers ou que vous le parfumez avec du romarin, du thym ou du fenouil. Il sera toutefois plus difficile d'obtenir le degré de cuisson voulu.

Préparez les légumes : coupez les tomates ou les poivrons en deux ou laissez-les entiers ; coupez le pied des champignons, pour pouvoir poser les chapeaux à plat ; faites cuire les courgettes et les aubergines dans leur peau après les avoir coupées en longues tranches. Si les aubergines sont très grosses, entaillez la chair en plusieurs endroits, afin que la chaleur pénètre complètement. Coupez les feuilles de trévise en deux dans le sens de la longueur. Aspergez les légumes d'huile d'olive puis salez-les. Parfumez-les avec de l'origan, du romarin ou du thym.

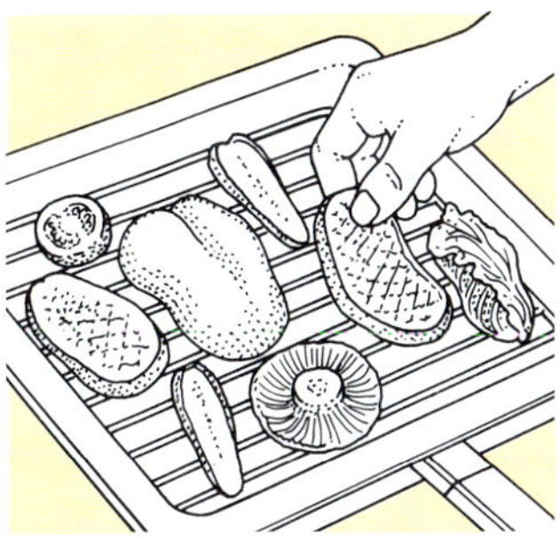

1 *Disposez les légumes sur ou sous un gril très chaud — lorsqu'ils sont noirs d'un côté, retournez-les.*

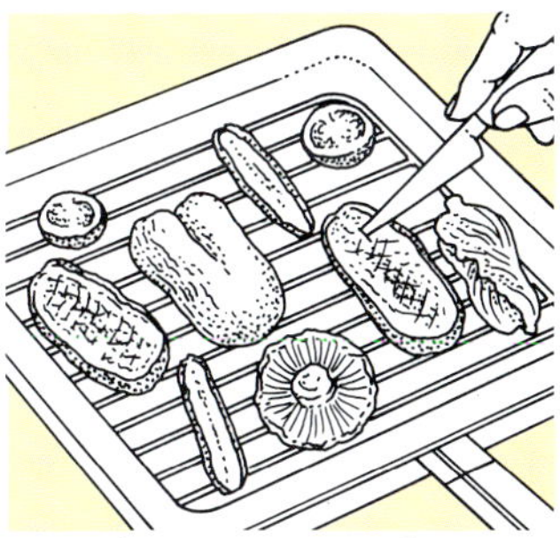

2 *Les légumes sont cuits lorsqu'une lame de couteau s'enfonce facilement dans la chair.*

LA CUISSON AU FOUR

Les pommes de terre rôties au four sont délicieuses. Mais d'autres légumes se prêtent fort bien à ce mode de préparation, si vous les faites cuire à l'eau au préalable. Les variétés riches en sucre, tels que les navets et les patates douces brûlent très facilement et il faut surveiller attentivement leur cuisson. Les légumes rôtis au four sont croustillants à l'extérieur et moelleux à l'intérieur. Il est conseillé d'utiliser beaucoup d'huile ou de beurre. Les gousses d'ail rôties dans le jus d'une pièce de viande constituent un accompagnement tout à fait irrésistible.

Il existe de nombreuses façons de préparer des légumes au four ; les pommes de terre sont une fois encore la variété la plus courante. On peut cuire de nombreux légumes au four, accompagnés d'une sauce Béchamel (voir page 196) ou en gratin. Vous pouvez également disposer dans un plat des épaisseurs successives de légumes variés arrosés d'huile d'olive et parfumés d'épices, puis passer le tout au four pour une cuisson douce et lente.

La cuisson au four s'effectue à feu moyen. Lorsqu'il s'agit de faire rôtir des légumes, il convient d'enfourner à feu vif 20 à 30 minutes les légumes cuits à l'eau avant de baisser la température pour terminer la cuisson. Surveillez la cuisson très attentivement car les temps nécessaires varient d'un four à l'autre.

POMMES DE TERRE AU FOUR

Il m'arrive d'éprouver une irrésistible envie de déguster une bonne pomme de terre cuite au four, garnie d'une grosse noix de beurre ou d'un choix de farces variées (voir ci-dessous).

Bien que l'on puisse faire cuire une pomme de terre au four à micro-ondes très rapidement, ce n'est qu'au four traditionnel que vous parviendrez à obtenir une peau croustillante enrobant une pulpe moelleuse exquise. Le tableau page 43 vous aidera à choisir les meilleures variétés de pommes de terre selon l'usage souhaité.

Si vous avez de la graisse d'oie (voir page 179), utilisez-la pour arroser les pommes de terre ; sinon, vous pourrez les parfumer avec un filet d'huile d'olive et un peu de sel. Si vous préférez une peau bien croustillante, faites-les cuire un peu plus longtemps. Pour accélérer la cuisson, on peut percer les pommes de terre à l'aide d'une brochette, mais cette opération n'est pas indispensable.

Vous pouvez préparer des patates douces de la même façon ; mais celles-ci ont tendance à cuire plus rapidement.

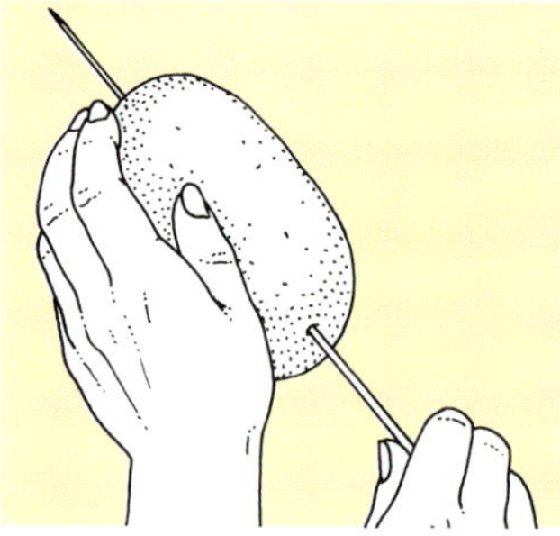

1 *Nettoyez les pommes de terre puis enfoncez dedans une brochette ou découpez une ligne tout autour, sur la peau, afin qu'elle n'éclate pas en cours de cuisson. Arrosez généreusement de graisse d'oie, de beurre ou d'huile d'olive.*

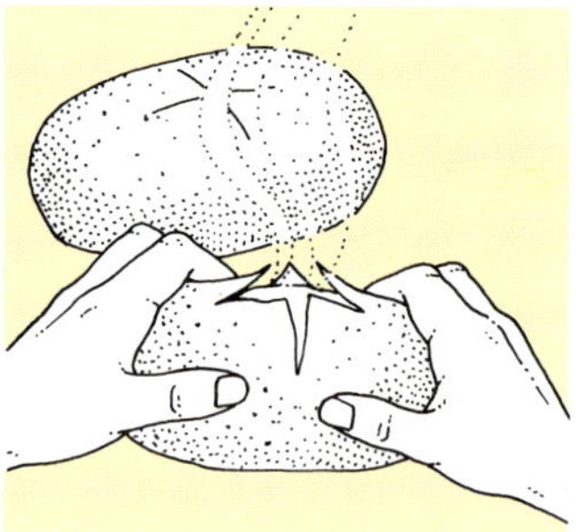

2 *Saupoudrez de sel et disposez les pommes de terre sur une plaque à pâtisserie, puis enfournez-les au four préchauffé à 200 °C, Th. 6. Laissez-les cuire 1 heure 15 environ. Retirez les brochettes. Pratiquez une entaille en forme de croix et pressez la chair à l'extérieur.*

CUISSON AU FOUR : QUELQUES CONSEILS

• Si vous souhaitez faire rôtir des pommes de terre sans les ébouillanter au préalable, épluchez des pommes de terre de taille moyenne et coupez-les en fines tranches, sans les séparer complètement, étalez un peu d'ail écrasé ou de sauce au pistou (voir page 207) entre les lamelles, salez, poivrez, arrosez d'un filet d'huile d'olive et faites-les rôtir au four chaud.

• Pour préparer des navets rôtis, épluchez-les et coupez-les en tranches épaisses puis faites-les cuire 5 minutes à l'eau. Égouttez soigneusement et faites-les cuire comme des pommes de terre (voir page suivante), à une température moindre, pendant un temps plus court.

• J'adore les gratins de légumes garnis de parmesan râpé, de chapelure fraîche, d'ail écrasé et d'huile. Faites cuire les légumes à l'eau, jusqu'à ce qu'ils soient bien tendres. Puis égouttez-les soigneusement avant de les disposer dans un plat et de les recouvrir de leur garniture. On peut obtenir une croûte plus croquante en mélangeant des noisettes ou des amandes hachées au fromage râpé.

• Un potiron farci cuit au four ne manquera pas d'étonner vos convives (voir page 60), mais vous pouvez également le faire cuire coupé en gros morceaux que vous aspergerez d'huile, assaisonnerez et ferez dorer au four préchauffé à 180 °C, Th. 4, jusqu'à ce que la chair soit bien tendre.

• Vous pouvez faire cuire de la même façon des navets entiers débarrassés de leur tige : arrosez-les d'huile d'olive, salez-les et servez-les avec une sauce composée de miel battu avec un peu d'ail haché et de vinaigre de vin vieux, le tout salé et poivré.

• Parmi les plats de légumes cuits au four, il ne faut pas oublier les terrines et les soufflés. Ainsi quelques morceaux de potiron ou de courgettes râpés parfument de façon inattendue une préparation pour soufflé au fromage.

• Voici quelques idées de farces idéales pour garnir des pommes de terre : purée d'épinards, crème et lard frit émietté ; crème fraîche et œufs de saumon ou de lump ; saumon fumé, crème fraîche et aneth haché ; harengs marinés hachés et crème fraîche avec coriandre moulue et ciboulette hachée — et bien sûr, une bonne cuillère de sauce au pistou (voir page 207).

• La betterave cuite au four est délicieuse. Elle exige une cuisson lente et douce et doit être enveloppée avec sa peau dans du papier aluminium. Dégustez-la avec de la crème fraîche ou du yaourt et du poivre.

• Un bol de crème fraîche ou de yaourt mixé dans un robot ménager avec de la ciboulette ou/et de la menthe permet d'obtenir une délicieuse sauce d'accompagnement pour des pommes de terre ou des betteraves cuites au four.

COURGES CUITES AU FOUR

Les légumes charnus et aqueux, protégés par une peau plus ou moins épaisse, sont aussi étonnants que délicieux. On les consomme en purée, tarte, soufflé et gratin.

Le plat que nous vous proposons, d'une belle couleur vive, est fort bon. Accompagnez-le d'une sauce au fromage parfumée avec de la muscade râpée, et passez-le au gril ou au four chaud afin de faire dorer le dessus. Si vous ne souhaitez pas de sauce au fromage (voir page 196), mélangez la chair cuite avec un gros morceau de beurre, du sel, du poivre et parsemez de parmesan râpé.

Les graines des courges étant tout à fait comestibles, il n'est pas nécessaire de les retirer.

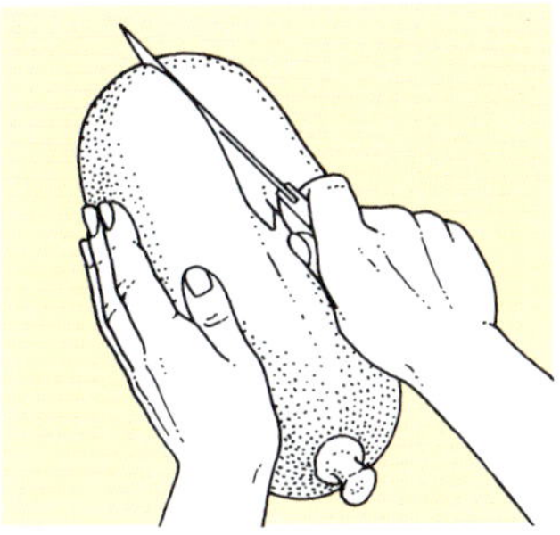

1 *Coupez la courge en deux dans la longueur et recouvrez chaque moitié de papier d'aluminium, puis placez-les, aluminium vers le bas, sur une plaque à pâtisserie. Faites cuire à 180 °C, Th. 4, 40 à 50 minutes, jusqu'à ce que la chair soit bien tendre.*

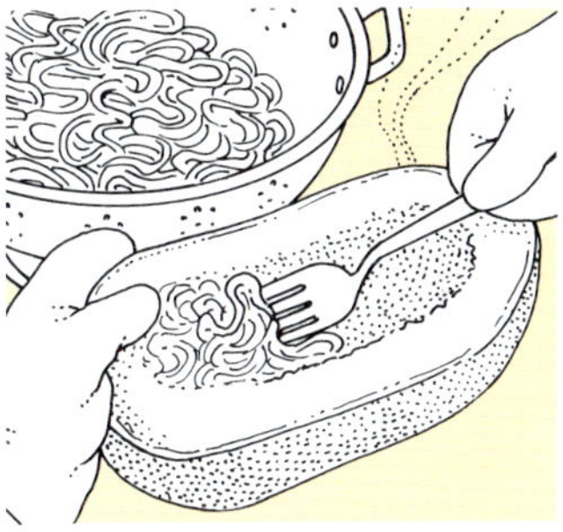

2 *À l'aide d'une fourchette, grattez l'intérieur. Égouttez la pulpe obtenue dans une passoire puis versez dans un plat. Nappez de sauce au fromage (voir page 196) parfumée avec le quart d'une noix de muscade râpée et une bonne pincée de poivre. Parsemez de parmesan et faites griller.*

POMMES DE TERRE RÔTIES

Dorées à point, croustillantes mais moelleuses à l'intérieur, ces pommes de terre sont délicieuses. Coupez-les d'abord en petits morceaux puis faites-les bouillir jusqu'à ce qu'elles soient tout juste tendres. Il faut prévoir une bonne quantité d'huile ou de matières grasses chaude, dont la saveur se répandra dans les pommes de terre. C'est la graisse d'oie qui donne les meilleurs résultats, mais la graisse d'oie ou l'huile d'olive sont également délicieuses. Si vous devez faire cuire simultanément d'autres plats dans le four, adaptez la température, mais prévoyez une cuisson à feu vif pendant au moins 20 minutes.

1 *Épluchez les pommes de terre et coupez-les en morceaux de 2,5 cm à 5 cm. Faites-les cuire 15 minutes dans de l'eau bouillante salée puis égouttez-les. Versez de l'huile ou un autre type de matières grasses, sur une hauteur de 1 cm et enfournez à 230 °C, Th. 8. Lorsque la graisse est suffisamment chaude, ajoutez les pommes de terre et retournez-les rapidement.*

2 *Faites-les rôtir 20 à 30 minutes, en les retournant une fois, puis baissez le four à 180 °C, Th. 4 de 45 minutes à 1 heure 15, jusqu'à ce que les pommes de terre soient bien dorées. Vérifiez la cuisson de temps en temps. Égouttez sur du papier absorbant et salez. Disposez-les sur un plat de service et servez très chaud.*

GRATIN DE FENOUIL

Les gratins sont toujours délicieux mais je crois que le fenouil se prête particulièrement bien à ce mode de préparation à base d'ail, d'huile d'olive et de parmesan. Cette recette se déguste froide comme chaude, en accompagnement ou en plat principal. Pour 4 personnes.

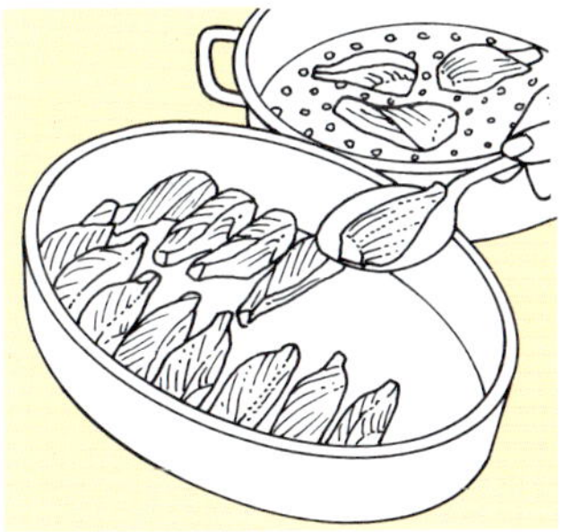

1 *Coupez la base et les tiges de 4 gros fenouils, puis coupez-les horizontalement en quatre ou en six, s'ils sont très gros. Faites-les cuire à la vapeur ou à l'eau jusqu'à ce qu'ils soient bien tendres puis égouttez-les avant de les disposer, la partie arrondie vers le haut, en une seule couche dans un plat à gratin légèrement beurré.*

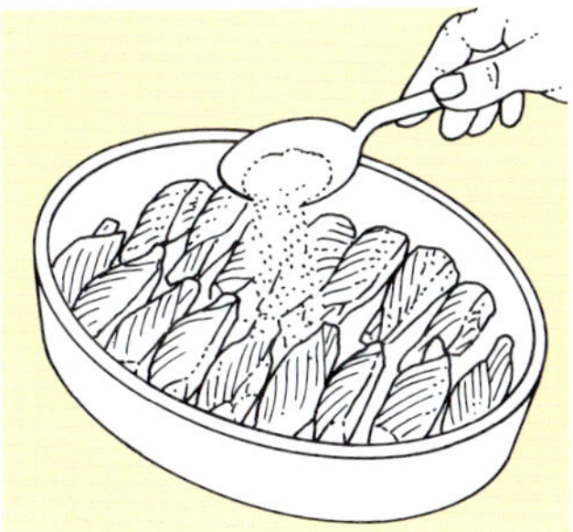

2 *Arrosez de 5 ou 6 cuillères à soupe d'huile d'olive, parsemez de 2 gousses d'ail finement hachées, 40 à 50 g de parmesan râpé, de sel et de poivre gris. Faites cuire à 200 °C, Th. 6 de 20 à 30 minutes, jusqu'à ce que la surface soit bien dorée.*

Ce Gratin de fenouil et de pommes de terre (page 63) est un plat végétarien délicieux. Il accompagne aussi fort bien la volaille et la viande.

LÉGUMES BRAISÉS ET CUITS À L'ÉTOUFFÉE

Ces deux types de cuisson donnent des résultats très différents lorsqu'il s'agit de légumes. Pour braiser des légumes, on les place dans un plat couvert avec un peu de beurre, d'huile d'olive ou de liquide et de nombreuses épices, ail, gingembre frais ou piment. L'eau de végétation des légumes suffit généralement, et il n'est alors pas nécessaire d'ajouter du liquide dans le plat. Utilisez des herbes comme des feuilles de laurier, du thym ou de l'estragon dès le début de la cuisson, mais n'ajoutez qu'au dernier moment les plus fragiles, feuilles de fenouil, aneth, basilic, coriandre fraîche ou persil.

On peut également faire cuire les légumes à l'étouffée, sur le feu, dans une cocotte ou une casserole, ou encore au four, avec davantage d'eau. Ce mode de cuisson est alors plus rapide que le précédent mais les saveurs des ingrédients se mélangent moins bien. Toutefois les légumes braisés exigent moins de surveillance en cours de cuisson, ce qui est un avantage d'importance lorsqu'il vous faut préparer plusieurs plats.

Certains légumes se prêtent particulièrement bien au braisage ou à la cuisson à l'étouffée ; c'est le cas notamment du céleri, du fenouil, du chou, des poireaux et bien sûr des endives et des oignons, qui absorbent la saveur du jus de cuisson et des épices et voient leur propre goût mis en valeur de façon étonnante.

Si vous souhaitez faire cuire différents types de légumes, ajoutez-les au bon moment selon le temps de cuisson exigé pour chaque variété, afin qu'aucune ne soit trop cuite. L'ail accompagne fort bien les plats de légumes braisés ; n'hésitez pas à en ajouter car en cuisant il devient délicieusement doux et sucré. Les épices entières, telles que la cannelle, contribuent à améliorer par leur parfum généreux, la saveur des plats de légumes.

CURRY DE LÉGUMES

Cette recette permet d'accommoder des restes de légumes d'une manière on ne peut plus succulente. Tous les légumes de la famille des racines comestibles gagnent à être cuisinés avec des épices, en raison de leur saveur légèrement sucrée. Si vous ajoutez des légumes secs, comme des pois chiches, vous obtiendrez un plat copieux que vous pourrez servir en plat principal. Les œufs durs coupés en deux accompagnent aussi harmonieusement ce plat.

N'oubliez pas que certains légumes sont plus longs à cuire que d'autres et qu'il faut donc les inclure à différents moments. C'est pour cette raison que je préfère préparer mon curry de légumes dans une cocotte, plutôt qu'au four.

25 g de beurre
3 cuillères à soupe d'huile d'arachide
2 oignons, épluchés et émincés
1 morceau de 2,5 cm de gingembre frais, haché fin
3 ou 4 gousses d'ail, hachées fin
2 cuillères à café de coriandre moulue
1 cuillère à café de cumin en poudre
1 cuillère à café de cannelle en poudre
1/2 cuillère à café de curcuma en poudre
1/2 cuillère à café de piment de Cayenne
4 navets, épluchés et coupés en dés
1 chou-fleur, séparé en bouquets
1 gros poivron rouge, épépiné et émincé (page 49)
500 g de tomates mûres, pelées et hachées
2 cuillères à soupe de jus de citron
2 cuillères à café de sucre en poudre
250 g d'épinards, lavés, égouttés et hachés gros
sel

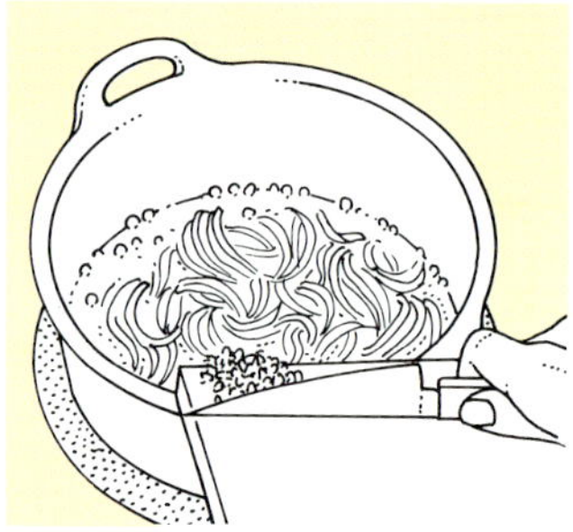

1 *Faites fondre le beurre et l'huile dans une grande cocotte. Ajoutez les oignons et remuez jusqu'à ce qu'ils soient tendres. Ajoutez le gingembre et l'ail, ainsi que les épices et le piment de Cayenne.*

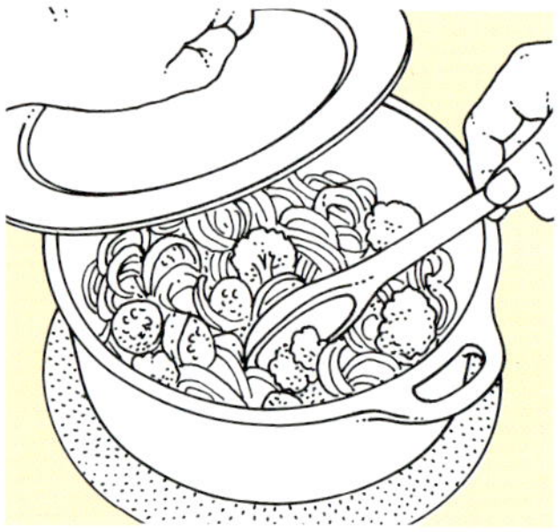

2 *Remuez pendant 1 minute. Ajoutez les navets, le chou-fleur et le poivron, puis remuez. Ajoutez les tomates, le jus de citron et le sucre en poudre. Couvrez la cocotte et faites cuire à feu doux pendant 30 à 40 minutes, en remuant une ou deux fois avec une cuillère en bois, jusqu'à ce que les légumes soient bien tendres et les tomates tout à fait ramollies.*

3 *Ajoutez les épinards hachés, remuez, couvrez la cocotte et faites cuire 8 à 10 minutes. Salez et rajoutez du piment si vous aimez les plats épicés. Servez ce curry avec du riz basmati (voir page 108), un Riz au safran et au coco (voir page 115) ou du pain indien (voir page 293).*

PLATS BRAISÉS ET CUITS À L'ÉTOUFFÉE

- Les champignons chinois conviennent mieux à ce type de cuisson que les champignons de Paris. En effet, ils sont moins riches en eau et conservent donc davantage leur forme en cours de cuisson. Les champignons sont délicieux avec les épices indiennes — essayez de les braiser dans un plat couvert, avec des épices à curry par exemple ou encore avec du gingembre frais ou des piments verts. Rajoutez des feuilles de coriandre ou de menthe fraîche au moment de servir.
- Vous pouvez faire braiser certains légumes dans du bouillon (voir page 30), du vin blanc ou quelques tomates concassées.
- Offrez à vos amis du fenouil ou des endives cuits dans une cocotte couverte, avec un peu de bouillon de volaille, de beurre bruni, de cassonnade et d'épices. Cette recette est délicieuse avec de la viande de porc, de la volaille ou du gibier.
- Lorsque je sers un rôti de viande ou de gibier, j'aime l'accompagner d'un petit plat de gousses d'ail épluchées cuites avec des échalotes dans du beurre, de l'huile d'olive, du vinaigre de vin vieux, 1 à 2 cuillères à café de miel, du sel et une bonne quantité de poivre.
- Un peu de lait de coco ajouté en fin de cuisson à un plat de légumes épicés, apporte une note douce très plaisante.

LÉGUMES BRAISÉS

Certains légumes comme le céleri ou certaines racines comestibles, longs à cuire, sont délicieux braisés au four, à feu doux. Ajoutez les épices de votre choix, un peu de tomates et de bouillon et laissez mijoter 40 à 50 minutes, couvert, au four préchauffé à 180 °C, Th. 4, jusqu'à ce qu'ils soient bien tendres.

Pour préparer du céleri braisé, détachez les parties dures des côtes en tirant dessus. Coupez les feuilles et émincez-les.

Placez les rondelles de céleri dans une cocotte avec 1 oignon rouge émincé, 2 carottes émincées et 60 cl de bouillon. Salez, parfumez et faites cuire.

L'aneth et le fenouil exaltent le goût de ces Poireaux braisés (page 64). La cuisson lente et douce met en valeur la douceur de ces légumes.

RATATOUILLE

Ce plat typiquement provençal se déguste chaud ou froid, seul, ou en accompagnement de viande, de poulet ou de poisson. Il est important de faire cuire la ratatouille à feu doux, afin que le liquide s'évapore doucement pendant que les légumes s'attendrissent, mêlant leurs saveurs les unes aux autres. Choisissez des ingrédients bien frais en veillant à ce que les tomates soient bien mûres. Les proportions et les ingrédients peuvent varier. Pour le plaisir des yeux, utilisez des poivrons de différentes couleurs.

Coupez une grosse aubergine non épluchée en rondelles épaisses puis recoupez chacune d'elle en deux. Salez-les et laissez dégorger 30 minutes dans une passoire (voir page 48). Lavez-les et égouttez-les soigneusement. Il vous faudra également 5 ou 6 cuillères à soupe d'huile d'olive vierge, 2 ou 3 oignons émincés, 2 ou 3 poivrons coupés en lanières (voir page 49), 500 g de tomates bien mûres pelées et hachées (voir page 48), 250 g de courgettes émincées, 4 grosses gousses d'ail hachées, 2 cuillères à soupe de jus de citron, 2 cuillères à café de sucre en poudre, 1 poignée de persil plat, du sel et du poivre. Pour 4 personnes.

1 *Faites chauffer l'huile d'olive dans une grande cocotte à feu moyen. Ajoutez les rondelles d'oignons, et faites cuire en remuant de temps en temps. Lorsque les oignons sont ramollis, au bout d'environ 20 minutes, ajoutez les morceaux d'aubergines et les lanières de poivrons. Baissez le feu, couvrez et faites cuire à feu doux 15 minutes.*

2 *Ajoutez les tomates, les courgettes, l'ail, le jus de citron et le sucre. Faites cuire sans couvrir, à feu doux, en remuant fréquemment, pendant 35 à 45 minutes, jusqu'à ce que les tomates se soient réduites en une sauce épaisse et que les autres légumes soient tendres. Salez et poivrez et ajoutez le persil haché. Servez aussitôt.*

CHOU ROUGE BRAISÉ

Délicieux pour accompagner du rôti de porc et de l'oie ou du canard, le chou rouge braisé gagne à être préparé à l'avance et réchauffé au dernier moment. La saveur douce du chou rouge se marie bien avec le goût acidulé de la pomme et la richesse des épices. Il est excellent avec la bière, le miel, les marrons et les graines de carvi. Le chou rouge braisé est en outre un plat très esthétique.

Si vous ne servez pas votre chou aussitôt, faites-le refroidir puis réfrigérez-le avant de le faire réchauffer. Ce plat est idéal pour les végétariens. Pour 6 personnes.

1 *Coupez un chou rouge de 1 kg en quatre, ôtez le cœur dur et coupez le chou en lanières (voir page 45). Placez le chou dans une cocotte avec 1 oignon émincé et 1 grosse pomme à cuire ou 2 granny smith.*

2 *Arrosez avec 60 cl de bouillon de volaille, de légumes ou d'eau ou encore avec un mélange de bière et d'eau. Ajoutez 1 cuillère à soupe de miel, 1 cuillère à café de graines de carvi, 1 bâton de cannelle, du sel et du poivre. Couvrez et faites braiser 50 minutes à 160 °C, Th. 3, jusqu'à ce que le chou soit bien tendre.*

LÉGUMES FARCIS

C'est au cours de mon premier voyage en Turquie, où tous les ingrédients ou presque sont farcis, que j'ai découvert combien il était agréable de garnir les légumes de mille et une façons. Ces recettes étonnent toujours, tout en mettant en avant l'ingéniosité du cuisinier. Servis froids, légèrement arrosés d'huile d'olive, les légumes farcis sont délicieux en entrée. De nombreux légumes, comme les poivrons, gros oignons, tomates, aubergines, courges, feuilles de salade, sont parfaits pour recevoir une farce. Toutefois, on peut également évider certains légumes de la famille des racines comestibles afin de les farcir. Même les feuilles de chou, d'épinards et de vigne peuvent être ramollies pour envelopper une farce.

La farce destinée à garnir des légumes mous du type des tomates doit être suffisamment absorbante; on peut y ajouter de la mie de pain, qui absorbera le jus de la cuisson. Les légumes plus denses devront être farcis avec des garnitures juteuses, riches en beurre afin d'enrichir la saveur du plat final. Pour remplacer le beurre, vous pourrez utiliser de la crème ou de l'huile d'olive vierge.

POTIRON FARCI

L'écorce du potiron constitue un excellent récipient pour une farce épicée à base de légumes ou de viande. Un potiron farci fait beaucoup d'effet sur une table; pourtant il est plus facile à préparer que d'autres légumes farcis, plus petits. Idéal pour le dîner, ce plat est servi à l'aide d'une grosse cuillère avec laquelle vous aurez prélevé un peu de chair de potiron et un peu de farce. Cette recette propose une farce aux légumes mais on peut la remplacer par une garniture à la viande.

Pour préparer une farce aux légumes, mélangez soigneusement 500 g d'épinards blanchis et égouttés avec 1 petit poivron rouge finement haché et 250 g de fromage frais (mozarella par exemple) haché, un morceau de gingembre frais de 2,5 cm à 5 cm, haché, 1 gousse d'ail écrasée, 2 cuillères à café de macis en poudre, 1 cuillère à café de cannelle moulue, 1/2 cuillère à café de piment de Cayenne, 2 cuillères à café de sucre en poudre et une bonne pincée de sel. Pour 4 personnes.

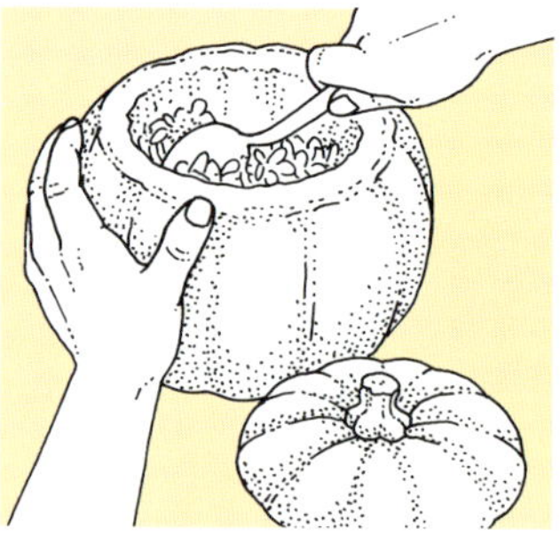

1 *Découpez la partie supérieure d'un potiron de 1,7 kg à 2 kg à l'aide d'un couteau aiguisé et réservez-la. Grattez les graines et la partie filandreuse à l'aide d'une cuillère. Garnissez l'intérieur de farce.*

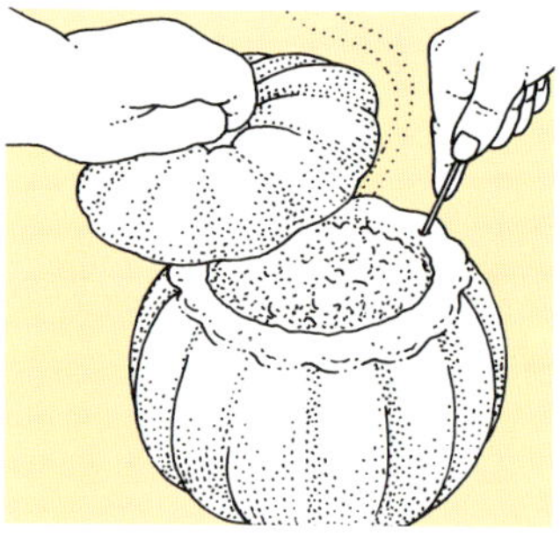

2 *Refermez le potiron, arrosez-le d'un filet d'huile et posez-le dans un plat à rôtir. Faites cuire à 180 °C, Th. 4, 45 à 60 minutes jusqu'à ce que le potiron soit tendre.*

La farce épicée aux épinards se marie à merveille avec la chair tendre du potiron.

CHAMPIGNONS FARCIS

On peut farcir les gros champignons plats. Réservez les pieds de 4 gros champignons. Puis faites frire un petit oignon et une gousse d'ail écrasée dans 2 cuillères à soupe d'huile d'olive; ajoutez 2 côtes de céleri hachées, 2 fines tranches de lard hachées, les pieds des champignons hachés et 1 tomate pelée et hachée et faites frire le tout 5 minutes. Rectifiez l'assaisonnement, ajoutez 1 cuillère à soupe d'origan ou de sauge et 2 cuillères à soupe de crème fraîche.

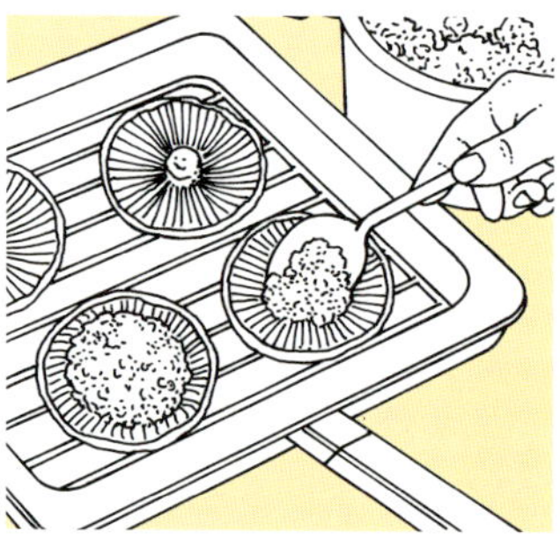

1 *Badigeonnez l'extérieur des champignons avec de l'huile et faites griller de chaque côté 5 minutes environ. Ajoutez la garniture, en l'étalant uniformément.*

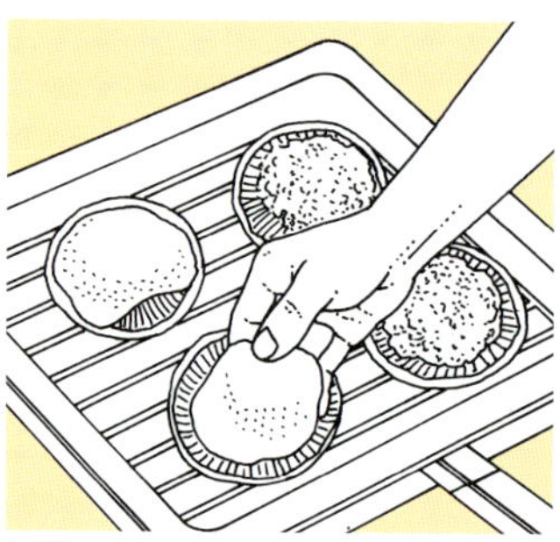

2 *Recouvrez avec une tranche de mozarella. Passez sous le gril jusqu'à ce que le fromage soit tout juste fondu, puis servez avec des herbes hachées sur 4 toasts beurrés.*

LÉGUMES FARCIS

Les légumes farcis constituent une agréable association de goûts et de consistances. Servez des petits légumes farcis en entrée et réservez les plus gros (courges et potiron) pour un plat principal. Lorsque vous faites cuire des légumes farcis dans un plat à rôtir, n'oubliez pas de mettre de l'huile d'olive ou de l'eau sur 1 cm. Les courgettes doivent être coupées en deux dans la longueur, évidées (vous pouvez utiliser la chair dans des salades ou dans la farce) et cuites à l'eau 3 ou 4 minutes avant d'être farcies. Faites cuire comme des tomates farcies (voir ci-dessous). Tous les légumes farcis sont aussi bons chauds que froids. Essayez les idées de farce proposées ou garnissez vos légumes de fromage blanc mélangé avec des noix hachées, des herbes, des épices et des rondelles d'oignons sautés.

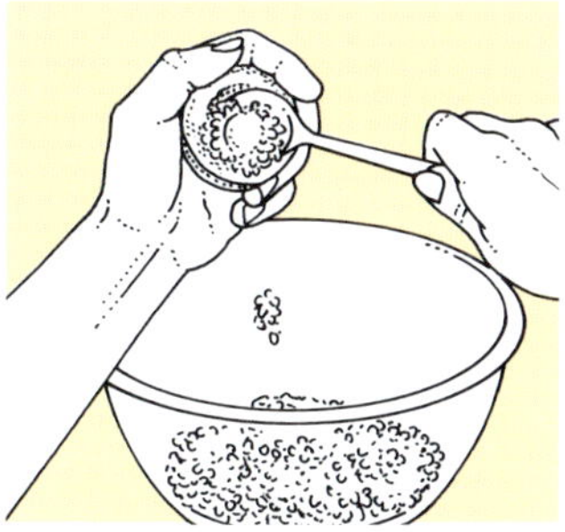

Pour farcir des tomates, décalottez le dessus de grosses tomates. Évidez délicatement la pulpe à l'aide d'une cuillère à café. Garnissez-les avec la farce de votre choix (voir ci-dessous), en ajoutant la pulpe ôtée. Placez les tomates farcies dans un plat et faites cuire à 200 °C, Th. 6 pendant 35 minutes.

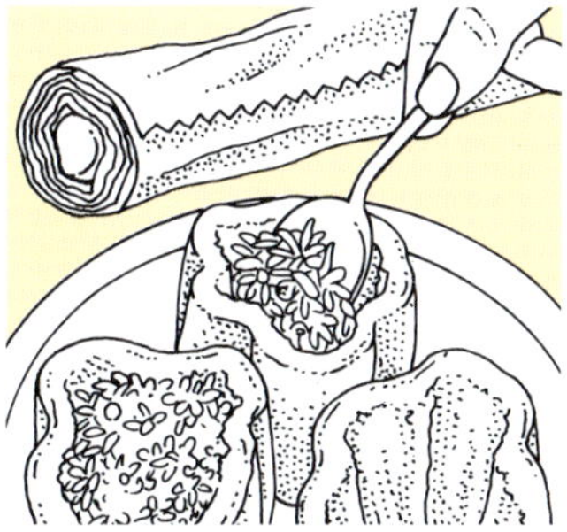

Pour farcir des poivrons, coupez le dessus des poivrons et débarrassez-les des graines et du cœur (voir page 49). Faites blanchir les poivrons évidés dans de l'eau bouillante pendant 5 minutes, puis égouttez-les. Farcissez les poivrons, replacez les chapeaux, disposez-les dans un plat, couvrez-les d'aluminium et faites cuire à 190 °C, Th. 5 pendant 35 à 40 minutes.

FARCES POUR LÉGUMES

- Les farces à base de viande hachée conviennent à tous les types de légumes. Faites revenir un peu de bœuf, de porc, de veau, d'agneau ou de dinde hachée dans une poêle, en remuant avec une cuillère en bois. Ajoutez de l'ail haché, des rondelles d'oignons, des tomates hachées, de la sauce au pistou, de la pâte de curry, de la pâte miso; des champignons hachés, des pignons, des noix hachées, des zestes de citron râpé, des épices ou des herbes aromatiques.
- On peut mélanger des préparations à base de viande ou de légumes avec du riz cuit — j'utilise généralement du riz basmati, en raison de son goût de noisette si agréable (voir page 108). On peut ajouter des fruits tels qu'abricots frais, pommes, poires et prunes à du riz parfumé, de l'écorce de citron et de la ciboule hachée.
- Si vous souhaitez obtenir une farce plus épaisse, vous pouvez remplacer le riz par de la chapelure. Vous pouvez garnir le dessus des légumes farcis avec un peu de fromage râpé — un mélange de gruyère et de parmesan.
- Deux purées de couleur contrastée pourront servir à farcir des légumes rôtis puis évidés; garnissez-les ensuite de fromage râpé.
- Le chou farci peut être servi en plat principal. Évidez le centre d'un chou et garnissez-le avec une farce à base de légumes, de viande hachée et de riz. S'il vous reste de la farce, glissez-en entre les feuilles extérieures. Faites cuire dans une cocotte couverte avec du beurre et un peu de bouillon.

Dans le sens des aiguilles d'une montre, un choix de légumes farcis : feuilles de vigne, champignon, poivron et tomate.

FEUILLES DE VIGNE

Cette entrée typiquement méditerranéenne se prépare avec des feuilles en bocaux. Préparez la farce en mélangeant 1 oignon frit dans de l'huile d'olive avec 125 g de riz long grain cuit, 3 cuillères à soupe de raisins secs, 1 cuillère à soupe de menthe fraîche et autant d'aneth frais ou séché, 2 cuillères à soupe de pignons, 15 cl d'eau, 1 cuillère à café de sel et du poivre. Faites bouillir pendant 5 minutes.

1 *Égouttez et rincez les feuilles de vigne, puis disposez-les à plat, les nervures vers vous, sur un plan de travail. Déposez 1 cuillère à café de farce à la base de la tige et repliez les deux côtés vers le milieu.*

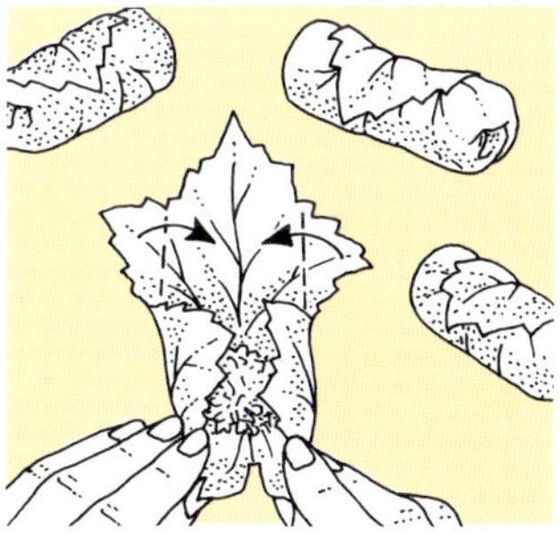

2 *Roulez la feuille de vigne, en commençant par la tige. Placez-les dans une poêle, les jointures sur le fond, bien serrées les unes contre les autres et couvrez.*

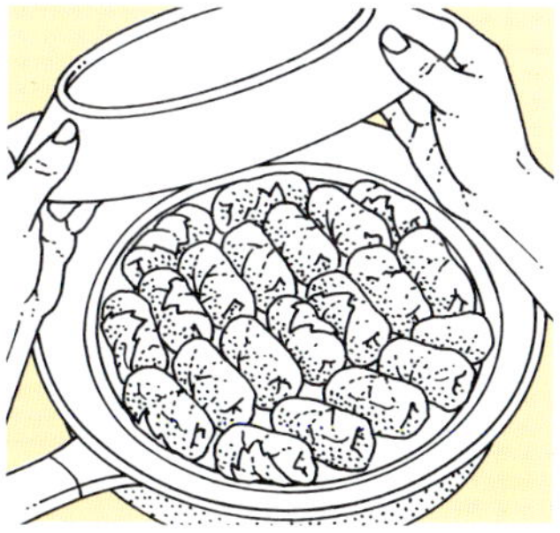

3 *Recouvrez d'eau et arrosez avec le jus de 1/2 citron et 4 cuillères à soupe d'huile d'olive. Tassez les feuilles à l'aide d'une assiette retournée, couvrez et laissez mijoter 1 heure. Laissez refroidir dans la poêle puis servez.*

SALADE CHAUDE ET FROIDE *(40)*

Cette salade est idéale pour un déjeuner d'été ; j'aime la servir accompagnée de poisson fumé ou de poulet froid. Le contraste entre les ingrédients froids et chauds, crus et cuits donne une touche originale à ce plat délicieux. Les champignons parfumés conviennent particulièrement bien. POUR 4 PERSONNES

250 g de jeunes haricots verts, épluchés
125 g de champignons parfumés, émincés
1 petite salade de Trévise
2 petits cœurs de laitue
7 cuillères à soupe d'huile d'olive vierge
2 grosses gousses d'ail, hachées fin
8-10 feuilles de basilic
25 g de pignons
2 cuillères à soupe de vinaigre de xérès
sel et poivre gris

Faites cuire les haricots à l'eau ou à la vapeur, jusqu'à ce qu'ils soient tendres mais encore croquants. Égouttez-les dans une passoire et réservez avec les champignons. Séparez les feuilles des salades et disposez-les joliment au fond et sur les bords d'un saladier.

Juste avant de passer à table, versez 3 cuillères à soupe d'huile d'olive dans une grande poêle à feu moyen et faites-y revenir l'ail pendant 30 secondes jusqu'à ce qu'il ait ramolli.

Ajoutez les haricots verts puis les champignons et faites revenir pendant 2 ou 3 minutes. Salez et poivrez puis versez ce mélange, avec le jus de cuisson, sur les feuilles de salade. Ajoutez le basilic dans le mélange tiède.

Remettez la poêle vide sur le feu et faites dorer les pignons pendant 1 minute, puis ajoutez-les à la salade. Versez le reste d'huile d'olive et le vinaigre sur la salade. Servez aussitôt.

COURGETTES GRILLÉES AU FROMAGE ET AUX NOIX *(40)*

Parmi toutes les variétés de fromage, le fromage de chèvre est l'un de ceux qui fondent le mieux. Les courgettes grillées ont un léger goût fumé qui se marie très bien avec le fromage. Vous pouvez servir ce plat en entrée chaude ou dans le cadre d'un dîner léger ; dans ce cas, prévoyez en accompagnement du pain de seigle. À l'apéritif aussi, vous pouvez proposer de petites courgettes grillées. POUR 4 PERSONNES

750 g de courgettes de taille moyenne, nettoyées et coupées en deux dans le sens de la longueur
huile d'olive vierge
175 g de fromage de chèvre, en tranches
2 cuillères à café d'origan séché
25 g de cerneaux de noix, hachées fin
sel et poivre gris

Préchauffez le gril à la température maximum. Faites cuire les courgettes à l'eau ou à la vapeur (voir page 52) pendant 3 ou 4 minutes seulement. Puis égouttez-les soigneusement et placez-les dans une jatte. Arrosez-les d'huile d'olive, salez-les et mélangez soigneusement.

Disposez les courgettes dans le four, la peau vers le haut et passez-les au gril, jusqu'à ce que la peau noircisse par endroits.

Déposez ensuite les courgettes dans un grand plat à gratin, les parties coupées vers le haut et disposez des tranches de fromage par-dessus. Parsemez d'origan séché, assaisonnez, puis saupoudrez de noix hachées.

Remettez le plat au four pour faire fondre le fromage 1 minute ou 2 ; veillez à ce qu'il ne brûle pas.

Juste avant de servir, arrosez d'un filet d'huile d'olive.

AUBERGINES ET GOMBOS À LA MENTHE ET AUX PIGNONS *(49)*

Cette recette me rappelle mon enfance au Moyen-Orient, où j'ai découvert la saveur et la consistance unique des aubergines et des gombos, que nous appelions également « doigts de dame ». Ce plat, facile à réussir, se déguste froid ou chaud. On peut le servir pour accompagner des rôtis ou des volailles, ou seul, avec une salade verte et du pain frais pour « saucer » le jus. Il n'est nullement nécessaire de faire dégorger les aubergines. Certaines personnes n'apprécient guère les gombos, certainement souvent parce que ceux qu'ils ont mangés étaient de grosse taille et trop cuits. Mais beaucoup changent d'avis lorsque je leur fais goûter de jeunes gombos à peine cuits. POUR 4 PERSONNES

800 g d'aubergines
vinaigre de vin blanc
30 cl d'eau
3 cuillères à soupe de purée de tomates
4 cuillères à soupe de jus de citron
4 cuillères à soupe d'huile d'olive
400 g de tomates pelées, en conserve
2 cuillères à café de coriandre moulue
1 cuillère à café de paprika
2 cuillères à café de miel
3 grosses gousses d'ail, hachées fin
1 poignée de menthe, hachée
25 g de pignons
2-4 pincées de piment de Cayenne
250 g de petits gombos frais entiers, nettoyés (voir page 49)
sel

Coupez les aubergines en rondelles de 1 cm d'épaisseur puis recoupez-les en deux. Arrosez-les de vinaigre et réservez. Versez l'eau dans une grande casserole à fond épais puis ajoutez la purée de tomates, le jus de citron, l'huile d'olive, les tomates hachées, les épices et le miel. Portez à ébullition, en remuant afin de faire fondre le miel. Mélangez tous les ingrédients soigneusement.

Rincez les aubergines, essuyez-les et plongez-les dans le liquide bouillant, avec l'ail et la menthe hachée. Couvrez la casserole, baissez le feu et laissez mijoter aussi doucement que possible pendant 30 minutes, en remuant une fois ou deux, jusqu'à ce que les aubergines soient bien molles.

Pendant ce temps, faites chauffer une poêle à feu moyen. Faites-y dorer les pignons puis réservez-les sur une assiette, jusqu'au moment de servir.

Lorsque les aubergines sont tendres, ôtez la casserole du feu et parfumez le jus, à votre goût, avec du piment de Cayenne et du sel. Remettez sur le feu et portez à nouveau à ébullition, puis ajoutez les gombos, couvrez et laissez frémir pendant 5 à 10 minutes, jusqu'à ce que les gombos soient bien tendres, mais n'aient pas perdu leur couleur. Ils doivent rester vert vif.

Placez la préparation dans un plat de service et parsemez de pignons ; mélangez légèrement et servez.

GRATIN DE FENOUIL ET DE POMMES DE TERRE *(57)*

Ce gratin s'inspire de la célèbre recette du gratin dauphinois qui consiste à faire cuire au four des pommes de terre avec du lait, du fromage, de la crème fraîche et une pointe d'ail. Le fenouil cuit est délicieux accompagné de ces ingrédients. Ce gratin cuit plus rapidement que le gratin dauphinois car on mélange les ingrédients au lieu de les disposer en couches. Dans cette recette, le fromage est un élément déterminant. Il est préférable de choisir des pommes de terre nouvelles. Vous pouvez faire infuser un peu de safran dans la crème pour donner une note originale à ce plat. Pour cela, placez quelques filaments de safran dans la crème, faites chauffer jusqu'à frémissement et laissez refroidir avant de l'utiliser. *POUR 6 PERSONNES*

1 kg de pommes de terre nouvelles, grattées ou épluchées, puis coupées en rondelles de 2,5 mm d'épaisseur
1 gros bulbe de fenouil, nettoyé et coupé en quatre, puis émincé
100 g de beurre coupé en petits morceaux et un petit morceau
1 grosse gousse d'ail
150 g de gruyère, coupé en petits morceaux
30 cl de crème liquide
1 cuillère à soupe de parmesan râpé
sel et poivre gris

Faites cuire les pommes de terre et le fenouil à l'eau ou à la vapeur, pendant environ 10 minutes, en deux fois si votre récipient n'est pas assez grand pour contenir l'ensemble. Égouttez et placez-les dans une jatte. Ajoutez 75 g de beurre et remuez soigneusement avec une cuillère en bois. Réduisez l'ail en purée et ajoutez-le avec le gruyère, du sel et du poivre, dans la jatte.

Placez ce mélange dans un plat à gratin et lissez la surface. Versez doucement la crème par-dessus. Parsemez le dessus avec quelques noix de beurre et le parmesan râpé. Placez le plat dans le haut du four préchauffé à 180 °C, Th. 4 pendant 40 à 50 minutes, jusqu'à ce que le gratin soit bien doré.

ÉPINARDS À LA PURÉE DE PATATES DOUCES ET DE NAVETS *(53)*

Cette recette délicieuse fascinera tous vos amis. Elle constitue une excellente façon de servir plusieurs légumes ensemble. Vous pouvez en faire un plat complet en disposant entre les lanières de poivron des filets d'anchois ou des sardines fraîches préalablement cuites dans un peu d'huile d'olive. *POUR 4-6 PERSONNES*

1 kg-1,2 kg de patates douces, épluchées et hachées gros
600-750 g de navets, épluchés et hachés gros
1 gros poivron rouge, vidé, coupé en deux dans la longueur et épépiné (page 49)
50 g de beurre
1/2 noix de muscade râpée
500 g d'épinards, lavés, débarrassés de leurs grosses tiges (voir page 45), feuilles hachées gros
2-3 cuillères à soupe d'huile d'olive vierge
sel et poivre gris

Faites cuire ensemble à la vapeur ou à l'eau les patates douces et les navets jusqu'à ce qu'ils soient bien tendres (voir page 52).

Afin de peler les poivrons, coupez-les en deux et placez-les sur une grille, la peau vers le haut afin de les faire griller jusqu'à ce qu'ils noircissent (voir page 55). Retirez-les du gril, enveloppez-les dans un linge ou dans un sac en papier en attendant qu'ils refroidissent.

Pendant ce temps, réduisez en purée dans le robot ménager les patates douces, les navets et le morceau de beurre. Incorporez la muscade fraîchement râpée ainsi que le sel et le poivre gris.

Disposez la purée de patates douces et de navets dans un plat allant au four, et lissez la surface en faisant remonter un peu de purée sur le bord, à la manière d'un fond de tarte. Recouvrez cette préparation avec du papier d'aluminium et enfournez-la, à la température minimale, pendant que vous pelez les poivrons.

Retirez la peau brûlée des poivrons avec les doigts, puis découpez la chair en longues lanières à l'aide d'un couteau aiguisé. Enveloppez ces bandes dans du papier d'aluminium et réservez-les au chaud, au four.

Juste avant de passer à table, faites cuire les épinards, à l'eau ou à la vapeur jusqu'à ce qu'ils soient tendres (voir page 52), puis égouttez-les et pressez-les pour éliminer le plus d'eau possible.

Sortez le plat du four et disposez les épinards au centre de la purée de légumes. Salez et poivrez. Retirez les poivrons du four et disposez-les en étoile sur les épinards. Vous pouvez rajouter des filets d'anchois si vous le souhaitez. Arrosez enfin le tout d'un filet d'huile d'olive et servez aussitôt.

SALADE DE CAROTTES AUX ORANGES ET À LA CIBOULE *(40)*

À l'origine, j'avais préparé cette salade pour ma fille qui est végétarienne, mais elle a rencontré un vif succès auprès des autres membres de la famille. Accompagnée de canard ou de porc rôti, elle est délicieuse. *POUR 4-6 PERSONNES*

400-500 g de carottes, râpées gros
1 cuillère à soupe d'eau de fleur d'oranger
1 cuillère à soupe de sucre en poudre
1/2 cuillère à café de sel
1/2 cuillère à café de piment de Cayenne
4 cuillères à soupe de jus de citron
2 petites oranges, épluchées, débarrassées de leurs filaments blancs puis coupées en fines rondelles
1 botte de ciboule, nettoyée et émincée
1 poignée de persil plat, haché gros

Mettez les carottes râpées dans un saladier. Mélangez dans un bol l'eau de fleur d'oranger, le sucre, le sel, le piment de Cayenne et le jus de citron. Versez cette sauce sur les carottes. Disposez les rondelles d'orange sur les carottes pour décorer puis parsemez de ciboule et de persil plat.

TOURTE AUX ŒUFS, AU FENOUIL ET À LA TOMATE *(40)*

Comme le couvercle en pâte feuilletée cuit très rapidement, les œufs pochés, le fenouil et les tomates conservent, comme par magie, tout leur moelleux. Servez ce plat, que les végétariens apprécient beaucoup, avec un légume vert, épinards, choux de Bruxelles ou chou par exemple. *POUR 6 PERSONNES*

6 gros œufs
50 g de beurre
2 cuillères à soupe d'huile d'olive
4 gros bulbes de fenouil, nettoyés et émincés
3 grosses gousses d'ail, hachées
1 bonne cuillère à café de paprika
400 g de tomates en boîte, hachées
2-3 brins d'estragon ou feuilles de menthe, hachés gros
250 g de pâte feuilletée, décongelée si nécessaire
1 jaune d'œuf
sel et poivre gris

Faites pocher les œufs pendant environ 2 minutes (voir page 69) jusqu'à ce qu'ils soient encore mollets. Déposez-les délicatement dans une jatte d'eau froide, afin qu'ils arrêtent de cuire aussitôt.

Faites fondre la moitié du beurre et l'huile d'olive dans une grande casserole à fond épais, à feu doux. Ajoutez les morceaux de fenouil et faites-les cuire pendant 10 minutes, en remuant fréquemment, jusqu'à ce qu'ils soient bien tendres. Ajoutez les gousses d'ail et le paprika puis faites cuire, en remuant, pendant encore 1 minute. Ajoutez les tomates hachées avec leur liquide et portez à ébullition pendant 1 minute ou 2, en remuant. Ajoutez le reste du beurre.

Retirez la casserole du feu et laissez refroidir la préparation. Salez et poivrez puis ajoutez les feuilles de menthe ou d'estragon hachés.

Versez la moitié du mélange au fenouil et à la tomate dans un plat rond ou rectangulaire allant au four. Retirez les œufs délicatement de la jatte à l'aide d'une écumoire, laissez-les s'égoutter quelques instants puis disposez-les sur le dessus du mélange. Ajoutez le reste de la préparation au fenouil et à la tomate sur les œufs.

Abaissez la pâte sur un plan de travail légèrement fariné, à la taille du plat. Humectez les bords du plat puis posez la pâte sur les légumes. Recoupez les bords et utilisez ces chutes après les avoir étalées pour confectionner des décorations (voir page 245). Pratiquez 2 petites entailles dans la pâte pour laisser la vapeur s'échapper en cours de cuisson. Réfrigérez pendant au moins 30 minutes.

Pour dorer la pâte, mélangez 1/2 cuillère à café de sel avec le jaune d'œuf et badigeonnez-en la pâte sans oublier les décorations. Faites cuire au four préchauffé à 220 °C, Th. 7 pendant 20 à 30 minutes, jusqu'à ce que la pâte ait bien monté et qu'elle soit joliment dorée. Servez aussitôt.

PURÉE D'ÉPINARDS ET DE PETITS POIS AU CHOU ET AU PARMESAN *(40)*

Le contraste de la purée à la consistance onctueuse et des légumes verts croquants est toujours apprécié. Vous pouvez servir ce plat avec des pommes de terres nouvelles. *POUR 6-8 PERSONNES*

500 g d'épinards, lavés et débarrassés des tiges les plus grosses
250 g de petits pois surgelés
125 g de beurre, coupé en morceaux
750 g de chou vert, haché
50-75 g de parmesan, râpé gros
sel et poivre gris

Faites cuire les épinards à la vapeur ou à l'eau jusqu'à ce qu'ils soient bien tendres. Ajoutez les petits pois puis faites cuire pendant 4 à 5 minutes. Égouttez soigneusement dans une passoire, en tassant les épinards afin d'en extraire le plus d'eau possible. Mettez les légumes dans un robot ménager et mixez avec le beurre en une purée onctueuse. Salez et poivrez. Versez ce mélange dans un plat allant au four, couvrez d'aluminium et tenez au chaud au four.

Juste avant de servir, coupez le chou en lanières très fines (voir page 45) et faites-le cuire à l'eau ou à la vapeur pendant 3 à 6 minutes, jusqu'à ce qu'il soit encore vert vif et bien croquant. Égouttez le chou, disposez-le sur la purée et parsemez de parmesan et de poivre fraîchement moulu.

POIREAUX BRAISÉS *(59)*

Lorsque les poireaux sont préparés de cette façon, on ressent d'autant mieux leur goût sucré. Celui-ci est accentué, dans cette recette, par le jus sirupeux des tomates, le vinaigre et l'huile d'olive. Servez ces légumes en accompagnement de viandes, de volailles ou de gibier rôtis. *POUR 4 PERSONNES*

500 g de poireaux, nettoyés (gardez le plus de vert possible), et coupés en deux dans le sens de la longueur, si nécessaire
4 cuillères à soupe d'huile d'olive
2 cuillères à soupe de vinaigre de vin vieux
2 cuillères à café de graines de fenouil ou d'aneth
2 grosses tomates, pelées (voir page 48)
sel et poivre gris

Disposez les moitiés de poireaux dans une cocotte allant au feu, avec suffisamment de soin pour pouvoir les présenter à table tels quels. Ajoutez l'huile d'olive, le vinaigre, les graines de fenouil ou d'aneth, du sel et du poivre.

Hachez les tomates et déposez-les avec leur jus sur les poireaux ; ne mélangez pas. Salez et poivrez. Couvrez et faites cuire à feu très doux pendant environ 30 minutes, jusqu'à ce que les poireaux soient très moelleux. Ils ne doivent pas se défaire.

Retirez le couvercle, augmentez la puissance du feu et laissez bouillir jusqu'à ce que le jus soit épais et sirupeux. Servez dans le plat de cuisson.

POMMES DE TERRE SAUTÉES AU GINGEMBRE ET AUX ÉPICES *(40)*

Choisissez des pommes de terre à la chair bien dense. Vous pouvez, si vous le désirez, faire sauter les pommes de terre à l'avance (il est possible de les conserver au chaud pendant plusieurs heures sans qu'elles ne s'abîment) mais n'ajoutez le persil et le sel qu'au dernier moment.

POUR 4 PERSONNES

1 kg de pommes de terre, grattées épluchées, coupées en morceaux de 2,5 cm
3 cuillères à soupe d'huile d'olive ou d'arachide
25 g de beurre
2-3 gousses d'ail, hachées fin
1 morceau de gingembre frais de 5 cm, épluché et haché
3 cuillères à café de cumin en poudre
4 cuillères à café de graines de carvi
1 botte de persil, haché
sel et poivre gris

Préparez les pommes de terre à l'eau ou à la vapeur, jusqu'à ce qu'elles soient tout juste cuites. Égouttez et réservez.

Faites chauffer l'huile et le beurre dans une grande poêle ou un grand wok à feu moyen. Ajoutez l'ail et le gingembre et remuez pendant 1 minute. Ajoutez le cumin et le carvi et remuez pendant 1 minute. Déposez les pommes de terre dans la poêle et faites-les cuire, en remuant de temps en temps, à feu moyen, pendant 8 minutes jusqu'à ce qu'elles soient dorées. Poivrez. Avant de servir, salez et ajoutez le persil haché. Servez dans un plat chauffé.

GNOCCHI AUX POIREAUX ET CÉLERI-RAVE *(40)*

Accompagné d'une salade de tomates (voir page 51), cette recette est un plat principal excellent, qui remplacera agréablement un poisson ou une viande.

POUR 4 PERSONNES

60 cl de lait
1/4 de noix de muscade, râpée
3-4 pincées de piment de Cayenne
125 g de semoule
100 g de fromage, râpé
25 g de beurre, et un peu pour garnir
1 gros œuf, légèrement battu
parmesan râpé
sel

POUR LA GARNITURE

50 g de beurre
2 cuillères à soupe d'huile d'olive
400 g de céleri-rave, épluché et coupé en dés
750 g de poireaux, nettoyés et coupés en rondelles de 2,5 cm
2 cuillères à café de graines de carvi
sel et poivre

Beurrez un moule rectangulaire de 23 cm × 30 cm. Préparez la pâte à gnocchi au moins 2 heures à l'avance. Versez le lait dans une casserole avec la muscade puis épicez avec le piment de Cayenne et le sel. Ajoutez la semoule. Portez le lait à ébullition, puis laissez mijoter pendant 3 ou 4 minutes, en remuant jusqu'à ce que la préparation soit épaisse. Retirez du feu et ajoutez le fromage, le beurre et l'œuf. Remettez sur le feu, et faites cuire à feu doux 1 minute tout en remuant. Étalez la semoule dans le plat beurré. Laissez complètement refroidir puis réfrigérez pendant au moins 30 minutes.

Pendant ce temps, préparez la garniture. Faites fondre le beurre avec l'huile d'olive dans une grande poêle à feu vif. Ajoutez le céleri-rave et remuez pendant 2 ou 3 minutes, pour le faire légèrement dorer. Ajoutez les poireaux et les graines de carvi, puis faites cuire à feu doux, en remuant, jusqu'à ce que les poireaux soient bien tendres. Salez et poivrez. Placez ce mélange dans une cocotte.

Préchauffez le gril à sa température maximum. Découpez la pâte en rectangles de 5 cm × 2,5 cm ou en cercles.

Disposez-les sur les légumes, en les faisant se chevaucher puis parsemez de beurre avant de saupoudrer de parmesan râpé. Faites dorer au gril.

ARTICHAUTS SAUCE MYSTÈRE *(47)*

Les artichauts sont particulièrement appétissants lorsqu'ils ont été préparés à l'avance et qu'on les a débarrassés au préalable de leur foin et de leurs petites feuilles centrales. Cette recette constitue une excellente entrée que vous pourrez préparer à l'avance. Demandez à vos amis d'essayer de deviner la composition de cette sauce délicate. Vous remarquerez que l'eau que l'on boit en mangeant un artichaut prend un goût très agréable.

POUR 8 PERSONNES

8 gros artichauts
4 cuillères à soupe de jus de citron et un peu pour la cuisson des artichauts
1 kg de potiron, débarrassé des graines et de la peau et haché gros
1 cuillère à soupe de sucre en poudre
7 cl d'huile d'olive vierge
200 g de fromage blanc
sel, piment de Cayenne

Cassez la queue des artichauts et découpez l'extrémité des feuilles à l'aide de ciseaux (voir page 47). Faites-les cuire dans de l'eau frémissante légèrement salée et additionnée d'un peu de jus de citron pendant 40 à 45 minutes, jusqu'à ce que les feuilles à la base se détachent quand on tire dessus. Égouttez les artichauts et laissez-les refroidir en les posant à l'envers dans une passoire. Tirez les feuilles violettes du milieu afin de dégager le foin. À l'aide d'une petite cuillère, retirez celui-ci. Rincez les artichauts et égouttez-les la tête en bas.

Pour préparer la sauce, faites cuire le potiron à l'eau ou à la vapeur. Laissez refroidir sous l'eau froide et égouttez. Mettez la chair dans un robot ménager avec le jus de citron et le sucre puis mixez jusqu'à ce que vous obteniez une purée lisse ; versez ensuite l'huile d'olive sans arrêter le moteur. Incorporez le fromage blanc au dernier moment puis salez et ajoutez le piment. Versez dans une jatte et laissez refroidir.

Pour servir, placez les artichauts sur des assiettes individuelles, garnissez-les de sauce et ajoutez un peu de piment de Cayenne.

Les Œufs

Lorsqu'en cuisine, nous parlons d'œufs, ce sont toujours les œufs de poule qui nous viennent à l'esprit ; or, il en est d'autres tout aussi délicieux. Les œufs de cane, légèrement bleutés et au goût très particulier, sont très prisés de certains gourmets, notamment en Extrême-Orient où ils sont très appréciés. Je n'ai jamais eu l'occasion de goûter un œuf d'oie, mais l'on dit que ce type d'œuf est délectable, avec une saveur plus douce que celle de l'œuf de cane. Les œufs d'oie et de cane permettent de confectionner de merveilleuses génoises.

L'un des meilleurs œufs que j'aie eu l'occasion de déguster était un œuf de faisane, mais j'aimerais pouvoir goûter un œuf de pigeonne qui, paraît-il, n'a pas son pareil en matière de goût. Après les œufs de poule, ce sont les œufs de caille que l'on trouve le plus facilement. Bien que l'on ait souvent tendance à servir les œufs de caille durs, on peut également les faire pocher pour agrémenter une salade ou une soupe claire, à l'orientale. Les œufs de caille frits permettent en outre de préparer de superbes canapés.

Si vous avez le choix entre des œufs de poules élevées en plein air ou des œufs de volaille de batterie, n'hésitez pas à payer quelques francs supplémentaires pour acheter les premiers. Les œufs de ferme, dont les poules peuvent courir en toute liberté et se nourrir à leur guise, sont indéniablement plus savoureux.

Les œufs provenant de poules élevées chez soi surpassent en qualité toutes les autres variétés ; je m'en délectais régulièrement moi-même jusqu'à ce qu'une nuit, un renard entre dans mon poulailler. Les blancs ressemblent littéralement à de la crème fouettée. Mes œufs étaient très foncés, avec des taches brunes sur toute la coquille ; la couleur de la coquille n'apporte aucune indication sur la saveur de l'œuf. En revanche, un jaune très soutenu signifie que la poule a mangé beaucoup de verdure. Quelles que soient les théories concernant les œufs et la fréquence à laquelle on peut en manger, il s'agit incontestablement d'un aliment très nourrissant. Il n'y a rien d'étonnant à cela lorsque l'on songe que l'œuf est destiné à nourrir le poussin pendant son développement dans la coquille. Les œufs sont riches en protéines ainsi qu'en fer et en calcium et en vitamines A, B et D.

Hormis les qualités nutritives des œufs, il faut également noter la grande variété de préparations culinaires auxquelles ils se prêtent. Pour ne citer que quelques exemples, pensez à des plats aussi différents que des œufs brouillés, un soufflé, des œufs cocotte ou des œufs à la neige. La garniture des crêpes et des omelettes variant à l'infini, vous ne serez jamais à court d'idée pourvu que vous ayez des œufs dans votre réfrigérateur. Quant aux œufs durs, ne font-ils pas toujours partie d'un bon pique-nique, quelle que soit la saison ?

Les œufs sont en outre l'ingrédient indispensable de bon nombre de recettes. Il est important de se souvenir que les blancs d'œufs allègent et donnent du corps à une préparation, tandis que les jaunes épaississent et enrichissent un plat. Les œufs entiers battus permettent de lier une farce, des boulettes ou une purée. Les œufs sont aussi à la base de nombreuses recettes de desserts. Vous les trouverez dans des chapitres séparés.

Sans les œufs, le soufflé n'existerait pas. Ce plat fait l'effet d'un feu d'artifice : lorsqu'il arrive sur la table, il ne manque jamais de susciter l'admiration, l'excitation et la joie des convives. Un bon soufflé au fromage (voir page 76) illustre à la perfection les qualités de l'œuf : la couleur dorée, la riche saveur du jaune et la consistance miraculeusement mousseuse du blanc qui fond dans la bouche.

Dans le sens des aiguilles d'une montre, en partant du haut à gauche : Roulade aux anchois (page 78), une variante de la pâte à soufflé classique, servie ici avec une salade composée ; Saucisses surprise (page 78) préparées avec des saucisses maison ; Galette de riz farcie (page 79) avec une garniture orientale ; Œufs mollets sur un curry de légumes (page 79), agréablement parfumé avec de l'aneth ; œufs brouillés et crémeux, présentés ici avec du saumon fumé et des brins d'aneth. L'aneth compte parmi les herbes qui se marient le mieux avec les œufs.

CUISSON À L'EAU

« Il ne sait même pas faire cuire un œuf ! » dit-on de ceux qui sont incapables de la moindre préparation culinaire. Pourtant, je connais bien des cordons bleus qui n'obtiennent jamais un œuf à la coque cuit à point. La cuisson à l'eau et le pochage sont assez simples, mais exigent toutefois un peu d'entraînement si l'on veut être sûr du résultat. Utilisez toujours des œufs très frais.

Les œufs à la coque, cuits juste assez pour que le blanc soit opaque et le jaune bien coulant, se servent bien sûr dans leur coquille, accompagnés des traditionnelles « mouillettes » de pain. Les œufs mollets, légèrement plus cuits, présentent un blanc plus ferme et un jaune à moitié durci. Tout comme les œufs pochés, ils entrent dans la préparation de recettes relativement élaborées. Les œufs durs, comme leur nom l'indique, ont un jaune et un blanc fermes. Ne prolongez pas la cuisson outre mesure toutefois, car le blanc deviendrait caoutchouteux et le jaune se désagrégerait. Ils sont parfaits en pique-nique et agrémentent les salades composées. Un œuf doit toujours cuire dans une eau frémissante et non bouillante. Il vous sera plus facile d'obtenir le degré de cuisson souhaité si vous utilisez la méthode à l'eau chaude, car vous pourrez ainsi chronométrer le temps de cuisson de façon exacte. Les œufs durs, en revanche, gagnent à être mis directement dans l'eau froide — ils sont moins caoutchouteux. Si possible, sortez les œufs du réfrigérateur un peu à l'avance ; ils cuiront ainsi plus vite et vous éviterez qu'ils se fendent.

CONSERVATION ET HYGIÈNE

Conservez les œufs dans un endroit frais. Achetez-les les plus frais possible et consommez-les dans les trois semaines qui suivent la date d'emballage. Assurez-vous que vos mains, les ustensiles utilisés et le plan de travail sont propres et jetez tout œuf craquelé. Évitez de préparer trop à l'avance les plats à base d'œufs et, en tout état de cause, réfrigérez-les si vous devez attendre avant de les servir.

CUISSON DANS LA COQUILLE

Méthode à l'eau chaude : *c'est la meilleure pour les œufs à la coque. Déposez l'œuf dans une casserole d'eau bouillante salée, baissez le feu et laissez mijoter. Chronométrez le temps de cuisson à partir du moment où l'eau se remet à bouillir.*

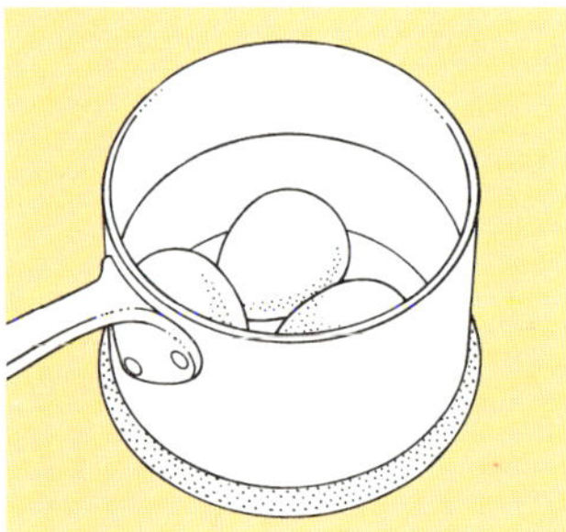

Méthode à l'eau froide : *les coquilles auront moins tendance à se fendre. Placez les œufs dans une casserole et recouvrez-les d'eau froide. Faites chauffer et commencez à chronométrer dès que l'eau commence à frémir (voir ci-contre).*

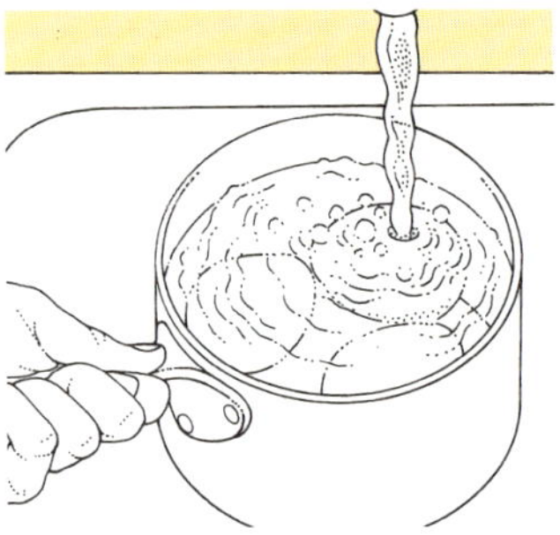

Choisissez la méthode à l'eau froide pour faire cuire les œufs durs. Chronométrez soigneusement (voir ci-contre) et passez les œufs sous l'eau froide dès qu'ils sont cuits afin d'empêcher la formation d'un cercle vert autour du jaune.

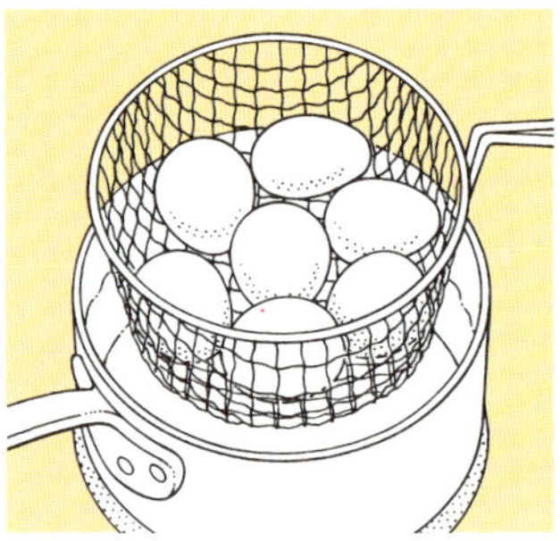

Pour faire cuire plusieurs œufs à la fois, utilisez un panier métallique ; plongez-le dans l'eau, et soulevez-le lorsque les œufs sont cuits. N'oubliez pas que plus le nombre d'œufs est important, plus l'eau met du temps à bouillir.

L'œuf à la coque doit garder un jaune liquide.

ÉCALER LES ŒUFS

Pour faciliter cette opération, plongez-les dans de l'eau froide dès qu'ils sont cuits et laissez-les refroidir. Craquelez l'ensemble de la coquille en la cognant délicatement sur le plan de travail et écalez l'œuf sous l'eau froide ; la membrane entre le blanc et la coquille se détachera plus facilement.

Conservez l'œuf écalé dans un bol d'eau froide ou dans un sac en plastique au réfrigérateur, jusqu'au moment de l'utiliser. Le blanc des œufs durs tenus au frais s'abîme moins vite. Essuyez l'œuf avec du papier absorbant avant de l'utiliser.

TEMPS DE CUISSON (en minutes)

Sortez les œufs à l'avance. S'ils se fendillent dans la casserole, ajoutez 1 ou 2 cuillères à soupe de vinaigre qui « resoudera » la coquille.

Méthode à l'eau chaude (à partir de la reprise de l'ébullition)

Calibre de l'œuf	*Coque*	*Mollet*	*Dur*
plus de 65 g	3 1/2	5-6	12
55-65 g	3	4-5	10
Œufs de caille	2	3	5

Méthode à l'eau froide (à partir de la première ébullition)

Calibre de l'œuf	*Coque*	*Mollet*	*Dur*
plus de 65 g	3	4	10
55-65 g	2	3	8

ŒUFS POCHÉS

Utilisez une grande sauteuse, car plus la quantité d'eau bouillante est importante, moins la température s'abaisse lorsqu'on ajoute les œufs. Ajoutez un peu de vinaigre à l'eau pour empêcher les blancs de s'étaler. Laissez cuire les œufs jusqu'à ce que les blancs soient tout juste fermes, car les jaunes doivent rester liquides — ce que vous pourrez voir en touchant les œufs avec les doigts.

Pour garder les œufs pochés au chaud, placez-les dans l'eau chaude. Si vous souhaitez les utiliser froids, plongez-les dans l'eau froide, afin que les blancs restent souples.

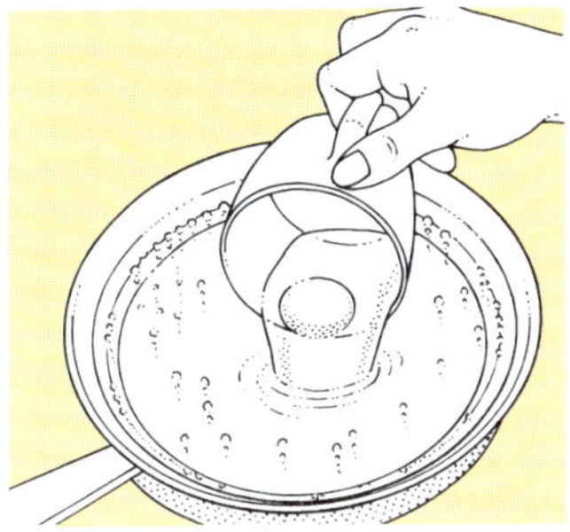

1 *Portez à ébullition une grande sauteuse d'eau additionnée de 2 ou 3 cuillères à soupe de vinaigre. J'utilise souvent un vinaigre parfumé qui donne aux œufs une petite note très agréable. Cassez l'œuf dans une tasse et faites-le glisser dans l'eau.*

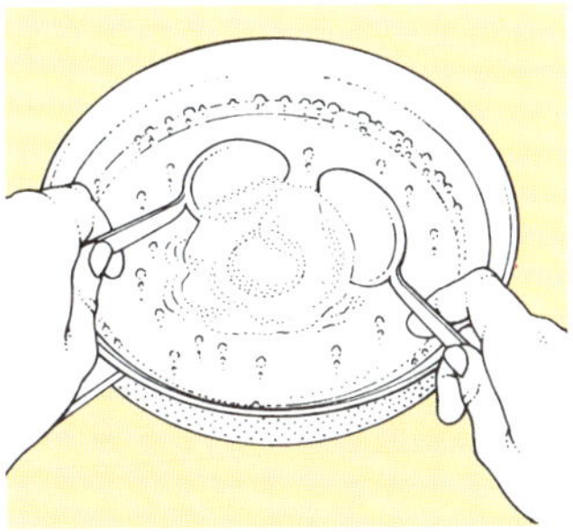

2 *Rassemblez le blanc à l'aide de deux cuillères à soupe, s'il a tendance à trop s'étaler. Baissez le feu, couvrez et laissez cuire de 3 à 5 minutes.*

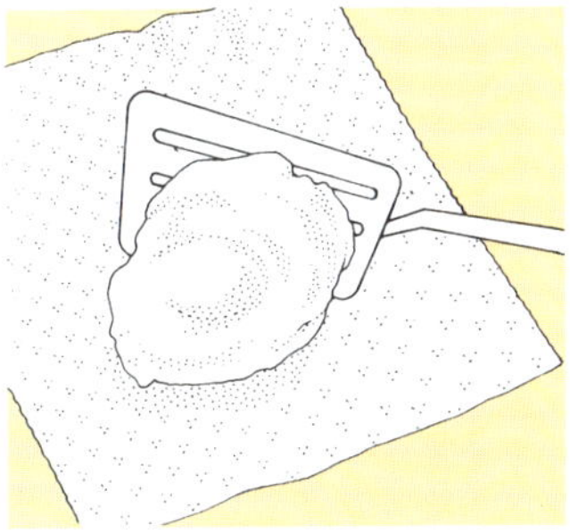

3 *Sortez l'œuf à l'aide d'une écumoire. Égouttez-le sur du papier absorbant et servez, ou gardez-le dans de l'eau froide ou tiède jusqu'au moment de servir.*

LES BONNES ASSOCIATIONS

• Les œufs se marient parfaitement bien avec les épinards, comme en atteste la délicieuse recette des œufs Florentine : les œufs pochés sont servis sur un lit d'épinards cuits puis nappés d'une sauce au fromage (voir page 196).

• Les œufs mollets et les œufs pochés se dégustent chauds ou froids, avec un vaste choix de sauces et d'accompagnements : Sauce hollandaise (page 200), purée de piments jaunes grillés et pelés (voir page 49), crème fraîche, Sauce Béchamel (page 196) relevée avec du fromage et de la muscade râpée, estragon haché, anchois coupés menu puis aillés, ou encore purée d'épinards égouttés agrémentée de graines de fenouil.

• Les œufs mollets, les œufs pochés ou les œufs durs coupés en rondelles peuvent se servir froids, avec une mayonnaise maison (voir page 202), dressés sur un lit de salade. Vous pouvez parfumer la mayonnaise avec des épices ou un peu d'épinards finement hachés. Pour confectionner des œufs farcis, faites cuire des œufs durs, coupez-les en deux ; mélangez le jaune avec des herbes hachées et des anchois, de la mayonnaise bien relevée, de la ciboule hachée, du sel et du poivre, puis garnissez les blancs évidés avec cette préparation.

• En entrée, j'adore les œufs en gelée. Il suffit de déposer un œuf mollet dans un ramequin, de le recouvrir de gelée parfumée avec un peu de vin ou de xérès, d'ajouter quelques herbes aromatiques et de laisser le tout prendre au réfrigérateur (voir page 33).

• Lorsque vous faites mijoter un plat très épicé, placez dans la sauce des œufs crus dans leur coquille. Pendant la cuisson, les œufs absorberont les saveurs des ingrédients qui mijotent et deviendront très crémeux. Avant de servir, écalez les œufs et remettez-les dans le plat.

• Les œufs cuits dans du thé apportent une note très originale à une salade composée. Faites cuire des œufs pendant 3 à 4 minutes dans de l'eau aromatisée avec des feuilles de thé parfumé et des épices diverses, puis retirez les œufs en réservant le liquide. Fendillez les coquilles et refaites cuire les œufs dans le thé pendant 10 minutes. Une fois écalés, les œufs présenteront un motif marbré et une saveur épicée très étonnante.

• Pour préparer des œufs au curry, nappez des œufs pochés d'une sauce crémeuse ; faites bouillir quelques instants de la crème fraîche avec de la pâte de curry doux ou du curcuma et d'autres épices indiennes, puis ajoutez 1 cuillère à soupe de yaourt et des feuilles de coriandre ou de persil plat hachées.

LE POCHEUR

Beurrez les soucoupes, placez-les au-dessus d'un peu d'eau bouillante puis cassez les œufs. Couvrez et faites cuire à feu doux, jusqu'à ce que les blancs soient pris et les jaunes encore coulants. Vous pouvez aussi poser des emporte-pièce métalliques beurrés dans une poêle d'eau frémissante. Cassez un œuf dans chaque moule puis couvrez la poêle. Sortez les œufs cuits à l'aide d'une pelle à poisson.

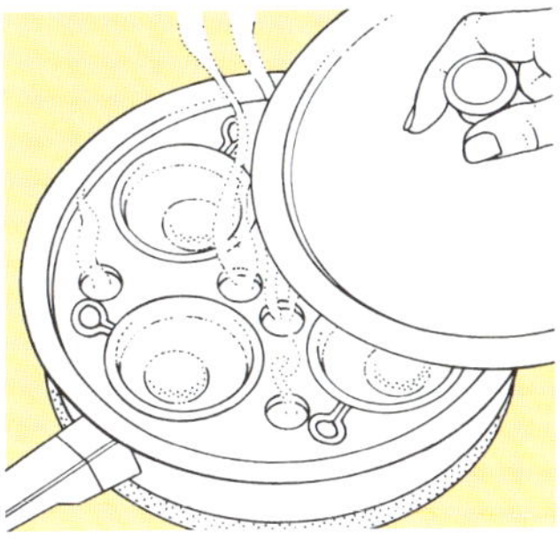

Ce délicat Œuf poché sur son coussin vert (page 78), relevé par une sauce aux épinards et poivrons verts, constitue une entrée idéale ou un plat léger et raffiné.

CUISSON À LA POÊLE ET AU FOUR

Ces deux méthodes de cuisson exigent l'utilisation de matières grasses. Le choix du corps gras déterminera le goût final du plat. Rien ne remplace une bonne huile d'olive vierge ; toutefois vous pouvez, dans un souci d'économie, la couper avec de l'huile d'arachide ou de tournesol. L'huile d'olive mélangée avec du beurre est non seulement délicieuse, mais cette association brûle moins rapidement que le beurre seul. Le lard gras ajoute un goût très agréable aux œufs, tout comme la graisse d'oie ou de canard. Utilisez du beurre pour cuire les œufs brouillés et les œufs au four. Pour ces derniers, vous pouvez aussi ajouter quelques gouttes d'une bonne huile — de l'huile de noix ou d'olive dans lesquelles vous aurez fait mariner du fromage ou des épices.

Les œufs au plat peuvent être plus ou moins cuits. Le blanc est parfois croustillant, dentelé et doré sur le bord. Si vous ajoutez beaucoup de matières grasses, il se forme des bulles, ce qui donne un résultat onctueux irrésistible. On peut les servir de façon classique, le jaune vers le haut, ou les retourner au dernier moment pour saisir le jaune, afin qu'il ne soit plus coulant qu'à l'intérieur.

Les œufs cuits à la poêle permettent, en un temps record, de préparer un délicieux petit plat. Les poêles à fond épais, faites dans un métal conduisant bien la chaleur, sont celles qui conviennent le mieux. Les poêles en fonte ou en cuivre recouvert d'acier inoxydable sont particulièrement recommandées. Les poêles antiadhésives ne sont pas suffisamment lourdes et s'abîment rapidement. Une bonne poêle présente des bords peu hauts, évasés, afin que l'œuf puisse glisser facilement. Une poêle neuve doit être huilée (voir page 19), puis essuyée après chaque utilisation, plutôt que lavée à l'eau et au détergent.

ŒUFS AU PLAT

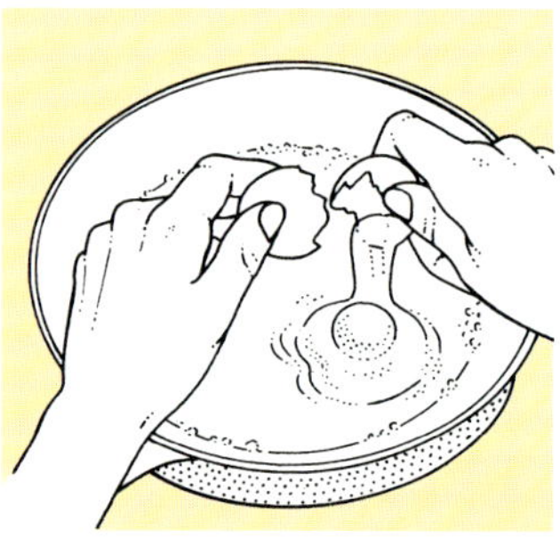

1 *Faites chauffer un peu d'huile ou de matière grasse dans une poêle à fond épais, à feu moyen, sans laisser fumer. Cassez l'œuf directement dans la poêle.*

2 *Arrosez l'œuf avec un peu d'huile, en penchant la poêle si nécessaire, jusqu'à ce que le dessus commence à prendre.*

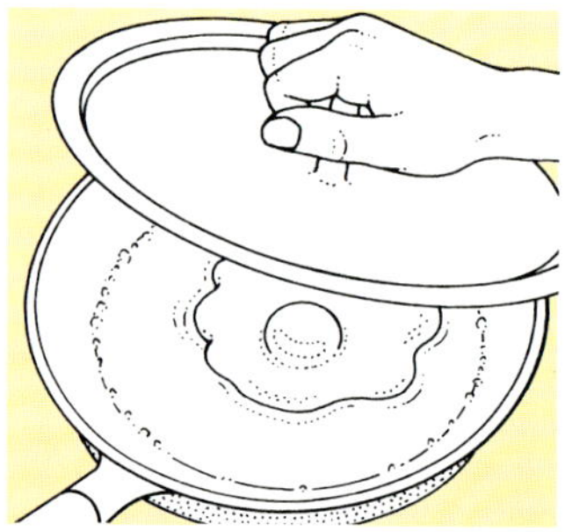

3 *Couvrez et faites cuire pendant 1 minute jusqu'à ce que le blanc soit pris et le jaune encore coulant. Faites glisser l'œuf en vous aidant d'une pelle à poisson et servez.*

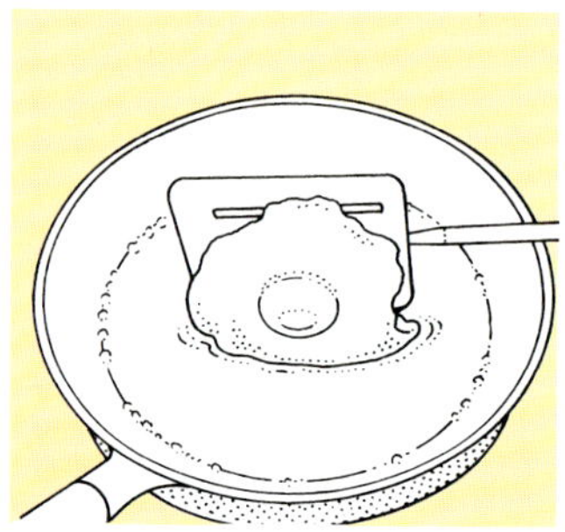

4 *Si vous souhaitez retourner l'œuf, utilisez une pelle à poisson et faites-le cuire rapidement de l'autre côté. Servez aussitôt.*

Œuf au plat cuit dans de la graisse chaude.

LES ŒUFS AU PLAT, BROUILLÉS OU CUITS AU FOUR

- **Les œufs au plat** sont délicieux servis sur des ingrédients très parfumés, comme une Ratatouille (page 59) ou une purée de navets et de céleri parfumée à la muscade (voir page 53). Lorsque vous couperez l'œuf, le jaune viendra se mêler à la garniture. Les œufs au plat se marient très bien avec des patates douces en purée ou sautées avec des rondelles d'oignons.
- Agrémentez des œufs au plat tout simples en les parfumant avec un peu de sauce soja, d'herbes hachées (essayez l'origan) ou de sel épicé.
- **Les œufs brouillés** composent un plat très raffiné si on y ajoute un peu de poisson fumé. Le saumon fumé, garni d'un peu d'aneth frais, se marie à la perfection (ne l'ajoutez qu'au dernier moment, afin qu'il ne durcisse pas).
- Des truffes émincées ou quelques feuilles d'oseille hachées sautées dans un peu de beurre sont également exquises.
- Pour obtenir une note extrême-orientale, ajoutez un peu de lait de coco dans les œufs pendant que vous les faites cuire.
- Relevez la préparation avec une ou deux pincées de piment et ajoutez des feuilles de coriandre fraîchement hachées au moment de servir.
- **Les œufs cuits au four** offrent les variantes infinies du traditionnel œuf cocotte nature. Par exemple, placez dans un plat de la viande hachée et de l'oignon émincé cuits, formez des puits puis cassez-y les œufs. Nappez de fromage ou de crème et passez au four jusqu'à ce que les œufs soient pris.
- Donnez une touche italienne à vos œufs cocotte : déposez un jaune d'œuf dans un ramequin beurré, salez, poivrez et ajoutez un peu d'origan, puis recouvrez avec le blanc battu en neige et du parmesan râpé avant d'enfourner le plat.
- On peut également faire cuire des œufs à l'intérieur de gros légumes, par exemple dans une pomme de terre cuite au four (voir page 56) : évidez la chair, réduisez-la en purée avec de la crème et des épices puis regarnissez la peau. Formez un rebord et un puits, afin que l'œuf puisse être cassé à l'intérieur, puis parsemez de fromage râpé.

ŒUFS BROUILLÉS

Vos œufs brouillés seront plus onctueux si vous les faites cuire au bain-marie. Toutefois, vous obtiendrez de bons résultats en utilisant une poêle à fond épais.

Commencez par fouetter les œufs jusqu'à ce qu'ils soient mousseux, puis salez et poivrez. Ajoutez, si vous le souhaitez, un peu d'herbes hachées, du persil, de l'estragon ou de la ciboulette. Prévoyez entre 2 et 3 œufs par personne. Faites-les cuire à feu très doux pendant au moins 5 minutes.

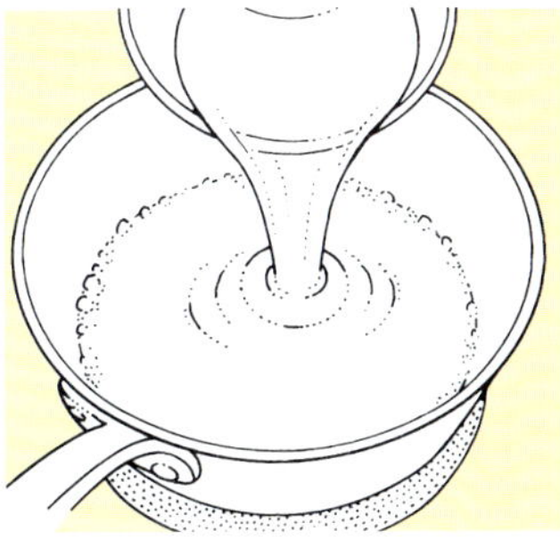

1 *Faites fondre environ 1 cuillère à café de beurre par œuf, dans une poêle. Lorsqu'il cesse de mousser, baissez le feu et ajoutez les œufs battus. Remuez avec une cuillère en bois.*

2 *Faites cuire à feu très doux, en ramenant délicatement les œufs cuits au milieu de la poêle. (Si vous aimez les œufs « baveux », remuez le moins possible.)*

3 *Retirez la poêle du feu avant que les œufs ne soient complètement cuits et remuez sans cesse jusqu'à ce qu'ils épaississent. Servez aussitôt.*

ŒUFS CUITS AU FOUR

Les œufs cuits au four évoquent pour la plupart d'entre nous les délicieux œufs cocotte : beurrez des ramequins, cassez un œuf dans chacun d'eux, salez et poivrez puis parsemez de beurre ou de crème fraîche et faites-les cuire au four, au bain-marie, dans un plat rempli d'eau chaude.

Mais vous pouvez également faire cuire des œufs dans un petit plat à gratin. Ils ressembleront alors à des œufs sur le plat (ci-dessous). Pour en relever le goût, disposez au fond du plat un peu de ratatouille, ou ajoutez du lard, des champignons ou des tomates.

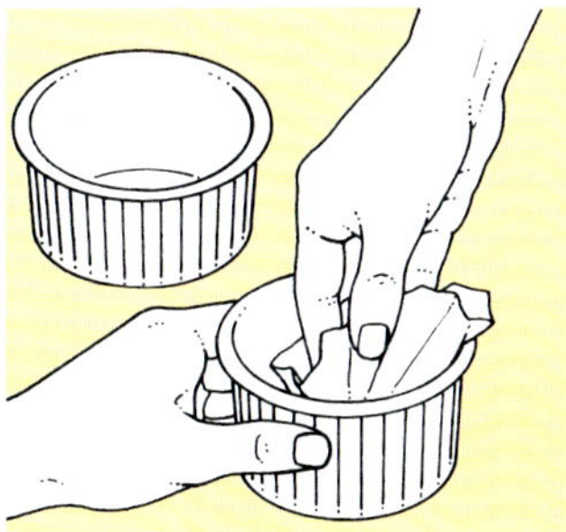

1 *Œufs cocotte : beurrez généreusement à l'aide d'un petit morceau de papier sulfurisé des ramequins ou des petits moules individuels. Cette opération sera plus facile si le beurre est à température ambiante. Préchauffez le four à 180 °C, Th. 4.*

2 *Cassez 1 ou 2 œufs dans chaque ramequin. Salez et poivrez, puis garnissez de beurre ou de crème. Si vous ne mettez pas de crème, salez et poivrez sous l'œuf, afin de ne pas tacher le jaune. Vous pouvez aussi ajouter d'autres arômes, tels que fines herbes hachées ou anchois coupés menu.*

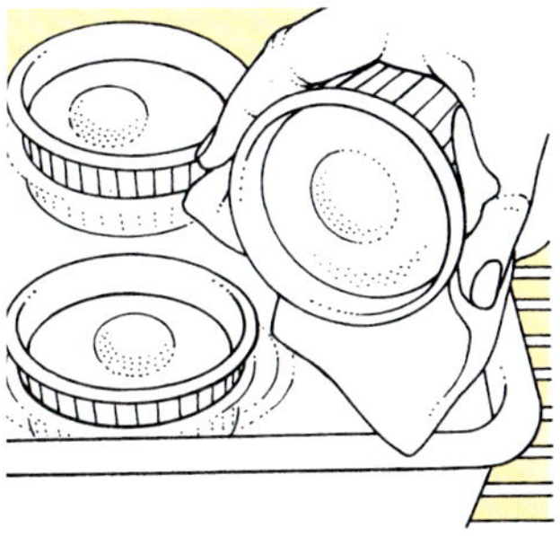

3 *Placez les ramequins dans un plat à rôtir rempli à mi-hauteur d'eau bouillante. Faites cuire de 6 à 8 minutes, jusqu'à ce que les blancs soient tout juste pris et les jaunes encore coulants. Pour vérifier le degré de cuisson, penchez le ramequin : le blanc doit tout juste tenir.*

Un peu de crème fraîche et de ciboulette hachée donnent de l'onctuosité à ce plat tout simple.

ŒUFS CUITS DANS UN PLAT
Faites fondre environ 15 g de beurre dans un plat à gratin de taille moyenne, au four préchauffé à 200 °C, Th. 6. Ajoutez 2 œufs et arrosez-les de beurre. Salez, poivrez puis recouvrez d'un peu de crème avant de passer le tout au four pendant 5 à 6 minutes, jusqu'à ce que les blancs soient cuits.

Si vous souhaitez inclure des ingrédients cuits qui demandent une cuisson longue, il est préférable de les faire cuire séparément, soit dans le plat à gratin, soit dans un autre récipient. Cassez ensuite les œufs sur cette garniture. Prévoyez un temps de cuisson plus long pour les œufs.

OMELETTES

Il existe au moins trois types d'omelette : l'omelette classique, typiquement française, légère et crémeuse. Elle cuit très rapidement et peut être servie telle quelle, ou repliée sur une garniture, à base par exemple de fromage, de champignons ou d'herbes aromatiques. L'omelette soufflée est beaucoup plus légère qu'une omelette classique car les blancs d'œufs sont battus séparément puis incorporés aux jaunes avant la cuisson. Salée ou sucrée, elle se prête à de très nombreuses recettes.

Les omelettes classiques ou soufflées doivent être dégustées dès qu'elles sont cuites. Sinon, elles perdent leurs qualités de fraîcheur et de légèreté.

Les omelettes « plates » sont encore plus variées. Dans ce type d'omelette, les œufs ne constituent qu'un liant pour affermir une farce. Ces omelettes constituent à elles seules de véritables plats complets. Elles doivent faire l'objet d'une cuisson très lente et se servent tièdes ou froides. Elles sont idéales en pique-nique. Il suffit de les couper en parts avant de les emporter. La *frittata* italienne est un exemple d'omelette plate. Elle fait environ 2 à 3 cm d'épaisseur et se déguste telle quelle ou mélangée avec des légumes. La *tortilla* espagnole est plus épaisse et nourrissante ; elle est souvent garnie de dés de pommes de terre cuite et d'oignon frit. L'*eggah* arabe ressemble à un gâteau farci de légumes, de nouilles, de viande et d'épices.

Une poêle à omelette ne doit pas dépasser 23 cm de large, car la cuisson des œufs ne se ferait pas correctement. Cette taille est idéale pour une omelette de quatre ou cinq œufs. Prévoyez deux ou trois œufs par personne. La poêle doit être en fonte, avec des bords évasés permettant de faire glisser l'omelette dans le plat de service.

PRÉPARER UNE POÊLE À OMELETTE

Il est indispensable de préparer une poêle à omelette, avant la première utilisation, afin qu'elle n'attache pas : badigeonnez le fond de la poêle avec un peu d'huile et de gros sel et faites-la chauffer jusqu'à ce que l'huile soit chaude, puis essuyez-la avec du papier absorbant (voir page 19). Après chaque utilisation, essuyez la poêle sans la laver et, si vous le pouvez, réservez-la à la cuisson des omelettes et des œufs sur le plat ou brouillés.

OMELETTE CLASSIQUE

Servez votre omelette dès qu'elle est cuite. Faites-la glisser délicatement dans un plat chaud. Vous pouvez ajouter un peu de gruyère râpé juste avant de la replier.

1 *Faites chauffer 15 g de beurre pour 2 œufs dans une poêle, jusqu'à ce qu'il mousse. Ajoutez les œufs assaisonnés et remuez avec une fourchette pendant 8 à 10 secondes.*

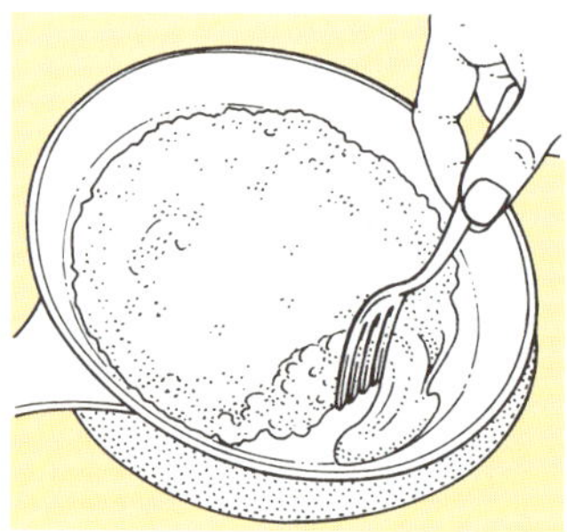

2 *Ramenez rapidement les œufs pris vers le centre, afin de laisser couler les œufs encore liquides contre le fond de la poêle. Continuez jusqu'à ce que l'omelette soit homogène.*

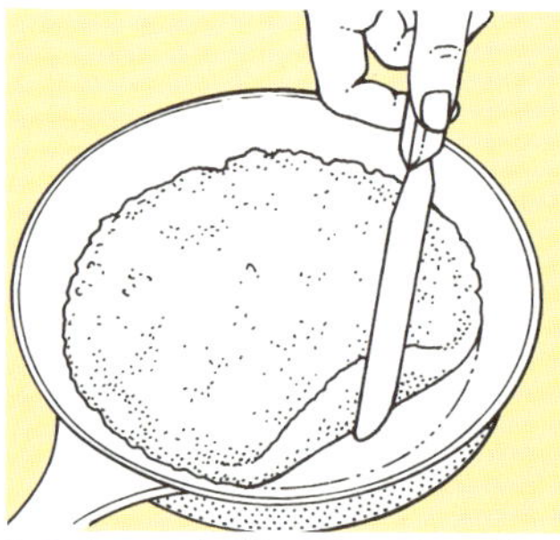

3 *Laissez cuire l'omelette, jusqu'à ce que le fond soit doré et le dessus presque cuit ; vérifiez avec une spatule. Si vous devez ajouter une garniture, étalez-la sur une moitié de l'omelette.*

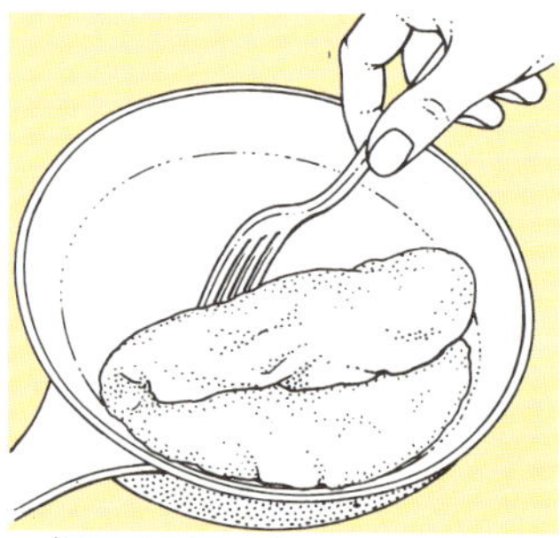

4 *À l'aide d'une fourchette ou d'une spatule, roulez ou repliez l'omelette en penchant la poêle si nécessaire. Faites glisser l'omelette sur un plat chaud et servez aussitôt.*

OMELETTE SOUFFLÉE

On l'obtient en incorporant les blancs d'œufs montés en neige aux jaunes battus. Prévoyez 2 ou 3 œufs par omelette.

Séparez les œufs. Battez les jaunes avec un peu de poivre, jusqu'à ce qu'ils soient épais. Dans une autre jatte, montez les blancs en neige avec du sel, jusqu'à ce qu'ils soient bien fermes. Incorporez-les aux jaunes, à l'aide d'une grande cuillère.

Faites chauffer la poêle à omelette, puis ajoutez 15 g de beurre pour 2 ou 3 œufs. Lorsqu'il ne mousse plus, versez les œufs. Faites cuire à feu doux, sans remuer, pendant environ 3 minutes, jusqu'à ce que le dessous de l'omelette soit bien doré et le dessus presque cuit. Vérifiez le degré de cuisson en soulevant l'omelette à l'aide d'une spatule.

Repliez l'omelette en penchant la poêle et faites-la glisser dans un plat chaud. Si vous aimez les omelettes très cuites, passez-la rapidement sous un gril, puis servez aussitôt. Vous pouvez ajouter une garniture salée ou sucrée juste avant de replier l'omelette.

OMELETTE PLATE

Ce type d'omelette est souvent abondamment garni. On peut préparer une garniture à cet effet, ou au contraire utiliser des restes : pommes de terre coupées en rondelles, petits pois, chou-fleur, épinards et jambon se marieront bien aux œufs.

Pour préparer la garniture, commencez par faire revenir les pommes de terre avec la moitié de l'huile dans une grande poêle à fond épais, jusqu'à ce qu'elles soient bien dorées. Faites frire les oignons et le poivron dans le reste d'huile pendant 5 à 7 minutes puis laissez-les refroidir légèrement. Battez les œufs avec le parmesan râpé, les oignons, le poivron, les herbes, du sel et du poivre. Pour 3 personnes.

400 g de pommes de terre cuites, épluchées et coupées en dés
4 cuillères à soupe d'huile d'olive
2 oignons rouges, émincés fin
1 poivron rouge ou vert, évidé, épépiné et émincé (voir page 49)
6 œufs battus
25 g de parmesan râpé
1 cuillère à soupe de persil (ou de marjolaine), fraîchement haché
25 g de beurre
sel et poivre gris du moulin

GARNITURES POUR OMELETTES

• Les garnitures classiques, comme les champignons ou le fromage, sont irrésistibles, mais il en est d'autres tout aussi délicieuses et plus originales. J'aime ajouter des oignons que j'ai fait sauter au préalable dans de l'huile d'olive, ou de fines lanières de jambon de Parme, de salami ou de jambon blanc.

• Pour donner de la couleur à une omelette, pensez aux oignons rouges émincés et revenus dans du beurre ou aux petits bouquets de brocoli blanchis.

• Le fromage blanc mélangé à des fines herbes, les tomates pelées et hachées agrémentées de basilic frais ou les fines lamelles de cabillaud poché sont autant de délicieuses idées pour garnir une omelette.

• Essayez aussi le potiron écrasé avec du beurre, du parmesan râpé, des graines de carvi et du poivre gris.

• Pour donner un goût méditerranéen à votre omelette, essayez l'une des garnitures suivantes : ratatouille, aubergines finement hachées et sautées dans du beurre, parfumées avec des graines de cumin, courgettes râpées salées et poivrées, sautées dans du beurre pendant 30 secondes avec 1 cuillère à soupe de pignons, languettes de poulet cuit à l'estragon, œufs durs agrémentés de coriandre ou d'aneth frais, épinards cuits et bien égouttés parfumés avec un peu d'huile d'olive.

• Un peu d'oseille fraîche hachée ou d'épices entières bien choisies ajoutées au mélange d'œufs crus permet d'obtenir une excellente omelette. Les graines de carvi, de fenouil et d'aneth se marient aussi très bien avec les œufs.

• La garniture traditionnelle d'une bonne omelette soufflée sucrée reste la confiture tiède ; mais si vous souhaitez servir l'omelette en plat salé, essayez de l'accompagner d'un bol de sauce tomate fraîche (page 206) parfumée avec du basilic, du persil ou de la marjolaine.

• Si vous voulez donner une note italienne à vos omelettes « plates », ajoutez quelques dés d'aubergines cuites, de feta, des languettes d'olives noires et de l'origan séché.

• Des pommes de terre cuites mélangées avec des épinards bien égouttés, de l'ail écrasé, de la pâte de curry et de la menthe fraîche hachée permettent de confectionner une omelette teintée d'exotisme.

• À mon avis, la meilleure *tortilla* espagnole qui puisse exister est garnie de pommes de terre et d'oignons, avec peut-être un morceau de chorizo coupé menu. Ce type d'omelette peut être emporté très facilement en pique-nique, au bord de la plage par exemple. Les *tortillas* peuvent également contenir du lard, des poivrons, des tomates, des épinards, des petits pois et du poulet.

• L'*eggah* moyen-oriental est cuit à feu doux, dans une poêle couverte. Les garnitures se composent souvent d'un seul type de légume, par exemple des aubergines, des fèves, des courgettes, des poireaux, des épinards ou encore de la viande épicée. Faites cuire la garniture dans la poêle, une viande ou du poulet aux épices accompagné par exemple de pommes de terre ou de nouilles, et mélangez-la avec les œufs dans la poêle. Les épices les plus adaptées sont la coriandre, le carvi, la cardamome et le paprika. N'hésitez pas à ajouter des herbes fraîches, de la menthe, du persil ou des feuilles de coriandre.

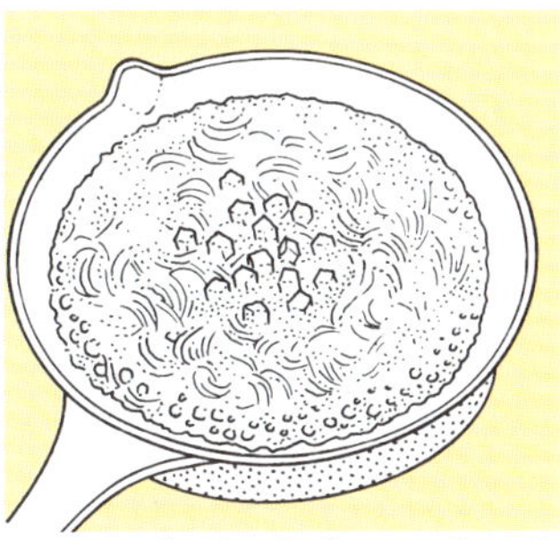

1 *Faites fondre le beurre dans la poêle. Lorsqu'il arrête de mousser, ajoutez la préparation en la remuant légèrement. Baissez le feu et éparpillez les pommes de terre sur les œufs.*

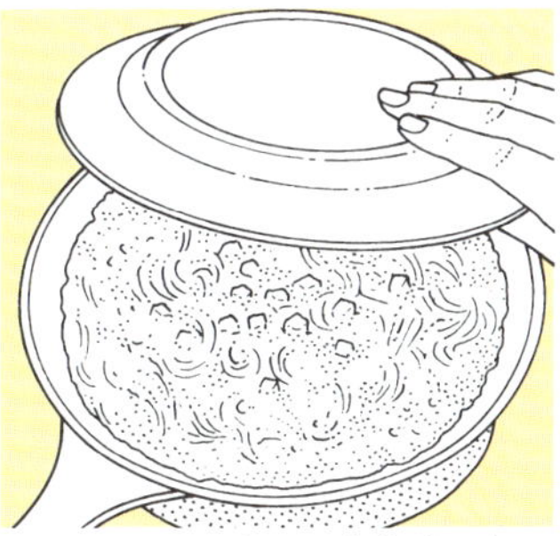

2 *Faites cuire les œufs à feu doux pendant 10 à 15 minutes. Lorsqu'ils sont presque cuits, couvrez la poêle avec une grande assiette et retournez l'omelette sur celle-ci.*

3 *Remettez l'omelette dans la poêle et faites cuire l'autre côté. Si elle attachait au fond, faites cuire le dessus en la passant sous un gril très chaud.*

4 *Retirez du feu. Coupez l'omelette en parts et servez-la tiède ou froide, avec une salade. Cette omelette est idéale en pique-nique.*

PÂTES À CRÊPES ET À BEIGNETS

Ce sont les œufs qui apportent la richesse, le goût et la légèreté à une pâte à crêpes. Le beurre fondu enrichit la pâte, l'eau l'allège.

Pour obtenir des beignets de légumes très croustillants, mélangez de la farine avec de l'eau et un peu d'huile et incorporez un blanc d'œuf battu en neige ferme. Si vous souhaitez que la pâte enrobe davantage les ingrédients, mélangez le jaune d'œuf avec de l'eau ou du lait. Un peu de bière parfume délicatement une pâte à crêpes ou à beignets et donne un résultat plus aéré et croustillant.

Il est beaucoup plus facile de préparer la pâte dans un robot ménager que de la fouetter à la main. Attention toutefois à ne pas battre vos ingrédients plus longtemps que nécessaire — ce qui arrive vite avec un robot ménager. Le gluten de la farine aurait tendance à faire durcir la pâte cuite. Pour préparer les crêpes, on recommande souvent d'utiliser du beurre clarifié ou du beurre concentré, afin qu'il ne brûle pas. Mais on peut également avoir recours à la margarine ou à un mélange d'huile et de beurre. Les crêpes se congèlent très facilement ; il suffit de les empiler, en veillant à les séparer par une feuille de papier sulfurisé.

LA POÊLE IDÉALE

La crêpière présente des bords évasés et peu hauts. Le meilleur matériau reste la fonte, à condition que la poêle soit suffisamment légère pour qu'on puisse la manipuler facilement. Une poêle à crêpes neuve doit être préparée de la même façon qu'une poêle à omelette (voir page 72). Les puristes utilisent un rozel, petit râteau de bois plein, pour étaler la pâte, mais cet ustensible n'est pas indispensable. Pour retourner les crêpes, vous pouvez vous aider d'une spatule.

CRÊPES

Pour obtenir des crêpes très fines, faites chauffer la poêle au préalable et utilisez une pâte qui fasse le « ruban ». La farine ordinaire de froment est employée pour préparer des crêpes classiques, tandis que la farine de sarrasin, ou blé noir, permet de confectionner des galettes. Pour 15 crêpes de 18 à 20 cm.

125 g de farine
1 pincée de sel
1 œuf
30 cl de lait, ou d'eau et de lait mélangés
beurre ou huile pour la poêle

1 *Tamisez la farine et le sel dans une grande jatte. Ménagez un puits au centre et cassez-y l'œuf. À l'aide d'un fouet ou d'une cuillère en bois, battez l'œuf, en ramenant peu à peu la farine dans le mélange liquide, tout en ajoutant l'eau et/ou le lait.*

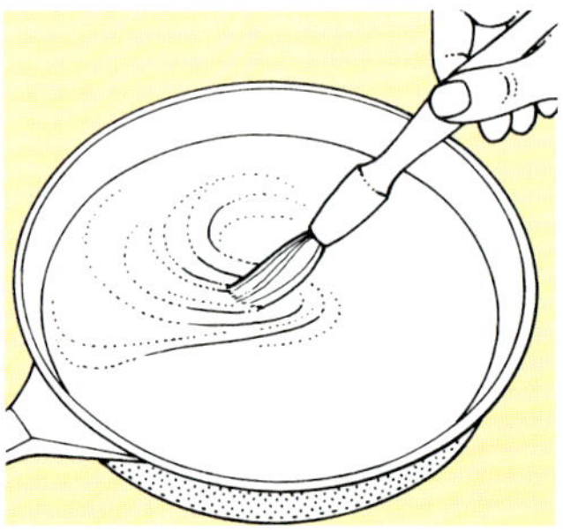

2 *Lorsque la pâte est lisse, faites chauffer la poêle, sans la laisser fumer. Beurrez-la ou graissez-la avec un mélange de beurre et d'huile, à l'aide d'un pinceau ou de papier absorbant.*

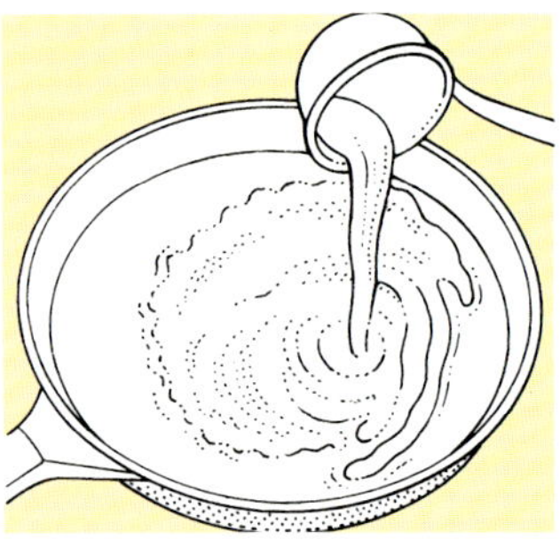

3 *En tenant la poêle d'une main, versez une louche de pâte dans le beurre chaud et penchez la poêle afin que la pâte recouvre uniformément le fond. Faites cuire la crêpe jusqu'à ce que de petits trous se forment à la surface.*

4 *Détachez la crêpe à l'aide d'une spatule et retournez-la. Faites dorer l'autre côté. Faites glisser la crêpe hors de la poêle. Couvrez-la d'un linge pour la garder au chaud. Graissez la poêle de nouveau si nécessaire et répétez l'opération jusqu'à ce que vous n'ayez plus de pâte.*

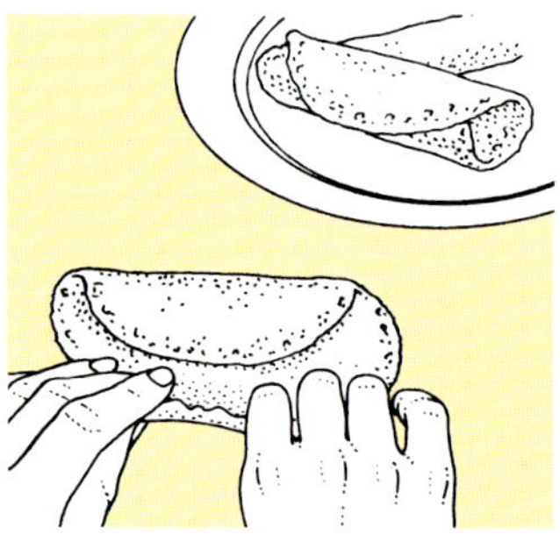

5 *Pour servir, saupoudrez les crêpes de sucre et de jus de citron, par exemple. Vous pouvez aussi les garnir à votre goût et les replier. Si vous les préparez à l'avance, placez-les sur une assiette au-dessus d'un bain-marie ou dans un four tiède.*

YORKSHIRE PUDDING

Cette spécialité britannique est délicieuse avec les viandes ou les volailles rôties. Il s'agit d'une pâte proche de la pâte à crêpes que l'on fait cuire dans de petits moules. Pour 6 puddings.

125 g de farine
1/2 cuillère à café de sel
1 ou 2 œufs
30 cl de lait et d'eau mélangés
huile ou saindoux

Procédez comme pour une pâte à crêpes. Laissez-la reposer pendant 30 minutes, les puddings seront plus légers. Versez un peu d'huile au fond de six moules à baba et enfournez-les au four préchauffé à 220 °C, Th. 7, jusqu'à ce qu'ils commencent tout juste à fumer. Remplissez les moules aux trois quarts de leur hauteur et faites cuire pendant 20 à 25 minutes.

PANNEQUETS ET PANCAKES

La pâte est plus épaisse que la pâte à crêpes classique. Traditionnellement, on fait cuire ces petites crêpes sur une plaque, mais une poêle à fond épais convient également. On peut les parfumer avec du miel, un zeste de citron râpé, des épices, de la pomme râpée ou des raisins secs. Pour environ 20 crêpes.

250 g de farine
1 pincée de sel
1/2 cuillère à café de bicarbonate de soude
1 cuillère à café de crème de tartre
1 ou 2 œufs
30 cl de lait
1 cuillère à soupe de sucre en poudre
huile pour la poêle

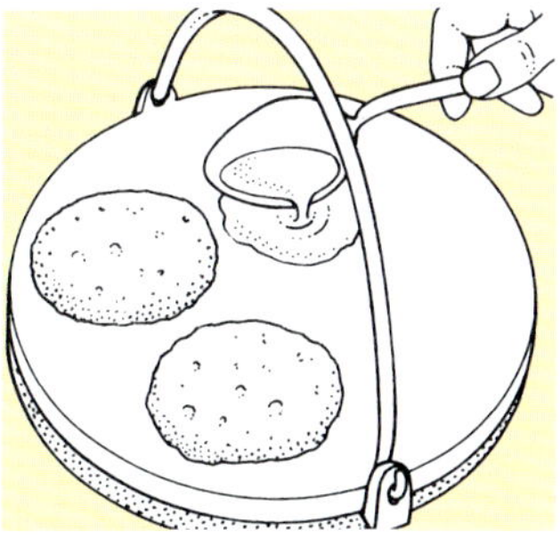

1 *Procédez comme pour une pâte à crêpes classique. Faites chauffer la poêle, sans la laisser fumer. Graissez-la légèrement. Déposez 2 ou 3 cuillères à soupe de pâte en même temps.*

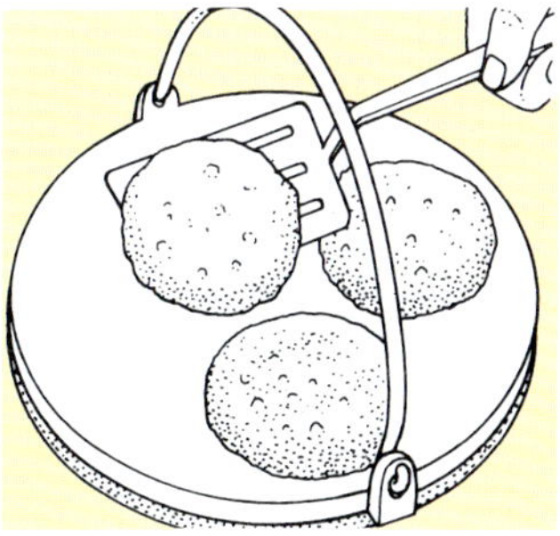

2 *Faites cuire jusqu'à ce que de petits trous se forment à la surface. Retournez les crêpes et faites cuire l'autre côté pendant environ 1 minute. Posez-les sur une grille et répétez l'opération.*

QUELQUES IDÉES DE GARNITURE

- Mes garnitures salées préférées associent des légumes cuits, tels que des épinards ou des brocoli, et du fromage blanc ou frais. Les poireaux hachés sautés au beurre avec du poivre, parsemés au dernier moment de ciboulette hachée, sont également délicieux.
- Essayez aussi les tomates pelées et hachées cuites dans du beurre et mélangées avec des cubes de lard frit.
- Un bulbe de fenouil haché cuit dans du beurre, mélangé avec des feuilles de fenouil et du parmesan râpé donne d'excellents résultats.
- Faites revenir des oignons avec 1 cuillère à café de sucre, salez et poivrez.
- Faites frire des champignons parfumés chinois hachés avec des noix, de l'ail et du gingembre hachés et ajoutez un peu de coriandre ou de cardamome moulue.
- Parmi les garnitures au poisson, le haddock émietté rencontre toujours un vif succès ; vous pouvez le servir en sauce blanche avec des herbes hachées ou du cresson ; des morceaux de saumon fumé ou des anchois hachés mélangés à du fromage frais, puis parfumés avec un peu d'aneth, sont également très appréciés.
- Essayez les mélanges de fruits de mer, tels que moules fraîches, crevettes et coquilles Saint-Jacques, ou du jambon dans une sauce au fromage (voir page 196).
- Les crêpes fourrées peuvent être nappées de sauce. La Sauce Béchamel (page 196) peut être enrichie de crème, de fromage râpé, de purée de poivrons, de coulis de tomates et de paprika, d'épinards hachés et d'herbes aromatiques.
- Une sauce toute simple composée de crème fraîche, salée, poivrée et maintenue à ébullition pendant 2 ou 3 minutes, parfumée avec des herbes, forme une association exquise avec les crêpes.
- Le fromage frais salé et poivré, le yaourt bulgare permettent d'obtenir de délicieuses sauces ; ne laissez pas bouillir ces ingrédients.
- Pour une version italienne, mélangez du gorgonzola émietté avec des languettes de jambon de Parme.

GAUFRES

Pour obtenir environ 10 gaufres, préparez une pâte à crêpes (voir page précédente) avec : 250 g de farine avec poudre levante, 2 jaunes d'œufs, 30 cl de lait, 1 cuillère à soupe de sucre vanillé (voir page 235), 50 g de beurre fondu. Incorporez rapidement 2 blancs d'œufs montés en neige ferme à l'aide d'une grande cuillère afin d'obtenir une pâte crémeuse.

Graissez le moule à gaufre et faites-le chauffer. Retournez-le au bout d'un moment, afin que les deux côtés soient bien chauds. Si vous utilisez un moule électrique, suivez les conseils du fabricant. Les moules classiques en aluminium chauffent plus rapidement que les modèles en fonte. Versez la pâte dans le moule et faites cuire pendant 1 minute 30 ou 2 minutes, en le retournant une fois. Si le moule ne s'ouvre pas facilement, prolongez la cuisson pendant 30 secondes ou 1 minute.

Les crêpes peuvent être fourrées avec une garniture salée ou sucrée. Ici, elles sont pliées en quatre autour d'un mélange de champignons, de lard, de tomates et de basilic frais.

SOUFFLÉS

La splendeur éphémère d'un soufflé doré et monté à point est absolument incomparable. Ce spectacle quasi miraculeux résulte de l'augmentation, sous l'action de la chaleur, du volume d'air contenu dans les blancs d'œufs montés en neige. C'est pourquoi il est essentiel d'incorporer les blancs très délicatement, afin de conserver le plus grand volume possible. N'ouvrez pas la porte du four avant la fin de la cuisson, sous peine de voir le soufflé s'effondrer sous vos yeux !

Les soufflés se servent en entrée ou en dessert selon qu'ils sont salés ou sucrés. Les ingrédients qui les composent doivent être bien relevés car le mélange à base d'œufs adoucit toujours le goût. La consistance de l'ingrédient principal doit faire l'objet d'une attention toute particulière — la sauce de base ne doit être ni trop liquide ni trop épaisse. Veillez à ce que le volume de base ne représente pas plus de la moitié du volume des blancs d'œufs battus et prévoyez quatre blancs d'œufs pour trois jaunes. On ajoute parfois de la gélatine dans les blancs d'œufs battus pour les soufflés froids (voir page 229).

Les soufflés ne peuvent pas attendre, mais il est possible de préparer la base à l'avance ; il suffit ensuite de monter les blancs en neige pour les incorporer au mélange au dernier moment, lorque les convives sont arrivés. On peut également incorporer les blancs d'œufs et conserver le soufflé au réfrigérateur, mais le résultat sera moins spectaculaire après cuisson.

Les roulades, préparées avec une base de soufflé, sont cuites dans de grands moules rectangulaires, avant d'être roulées sur une farce. Elles se dégustent chaudes ou froides.

SOUFFLÉ AU FROMAGE

Utilisez un moule à soufflé de 1,2 litre. Pour 2 personnes en plat principal, 3 ou 4 personnes en entrée.

25 g de beurre
3 cuillères à soupe de farine
1/2 cuillère à café de curry ou de muscade râpée
1 pincée de piment de Cayenne
20 cl de lait
50 g de fromage râpé
25 g de parmesan râpé
4 œufs, blancs et jaunes séparés
1-2 blancs d'œufs supplémentaires
sel et poivre gris

1 *Préparez la sauce de base : faites fondre le beurre dans une casserole de taille moyenne, puis ajoutez la farine et le curry ou la muscade et le piment de Cayenne. Faites cuire pendant 1 minute, en remuant constamment jusqu'à ce que le roux soit bien sablonneux.*

2 *Ajoutez progressivement le lait, en remuant jusqu'à ce que la sauce épaississe, puis laissez mijoter pendant 2 minutes. Retirez du feu, incorporez les fromages (réservez-en 1 cuillère à soupe), puis ajoutez les jaunes d'œufs battus. Salez et poivrez.*

3 *Battez tous les blancs d'œufs en neige ferme. Allégez la sauce en y incorporant une cuillère à soupe de blancs battus. Il sera ainsi plus facile d'ajouter le reste des blancs battus.*

Peu de plats suscitent autant l'admiration qu'un soufflé réussi. Si vous aimez que le soufflé sorte du moule, ajoutez deux blancs d'œufs battus.

4 *À l'aide d'une cuillère en métal, incorporez le reste des blancs battus, en un mouvement circulaire. Beurrez le moule et tapissez les bords de chapelure, afin que la préparation « accroche » mieux au bord du moule en montant.*

5 *Versez la préparation dans le moule préparé et saupoudrez avec le reste de fromage. Faites cuire au four préchauffé à 190 °C, Th. 5, pendant 20 à 25 minutes, jusqu'à ce que le soufflé soit bien monté et doré. Il doit trembler légèrement lorsqu'on le secoue. Servez aussitôt.*

ROULADE

La recette du soufflé au fromage peut être adaptée pour se transformer en une délicieuse roulade. Contrairement au soufflé, la roulade peut être préparée à l'avance et réfrigérée. On la sert à température ambiante. Si vous procédez ainsi, couvrez la pâte encore chaude avec un papier sulfurisé et roulez-la. Avant de servir, déroulez la pâte, jetez le papier, garnissez puis roulez à nouveau.

Faites cuire la roulade dans un moule rectangulaire de 35 cm × 27 cm. Pour 4 à 6 personnes.

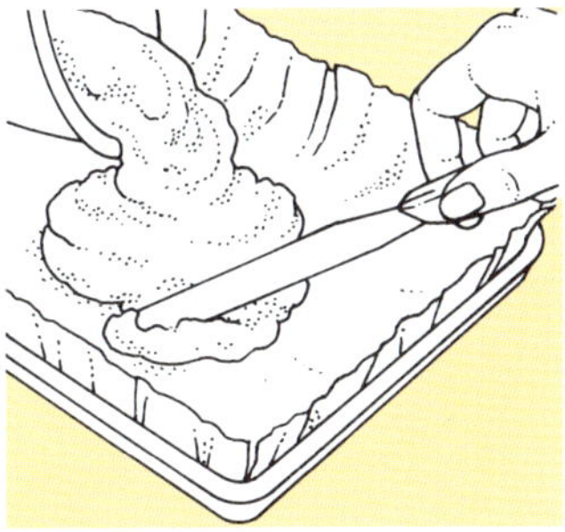

1 *Découpez un rectangle de papier sulfurisé légèrement plus grand que le moule, puis entaillez les coins diagonalement. Beurrez le moule et placez le papier au fond, en repliant les coins. Beurrez le papier. Étalez la préparation dans le moule.*

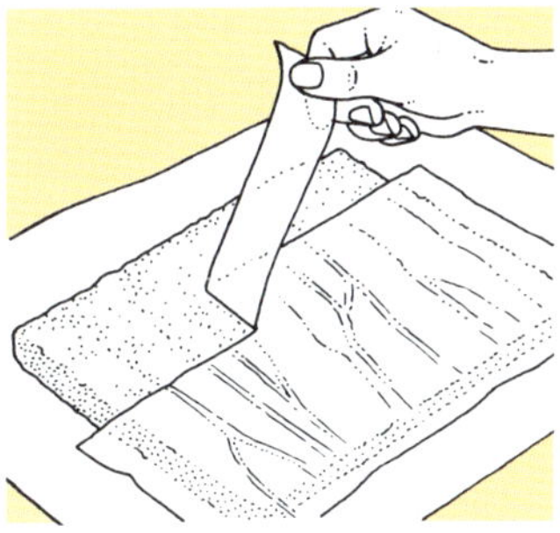

2 *Faites cuire au four préchauffé à 190 °C, Th. 5, pendant 15 à 17 minutes, jusqu'à ce que la pâte soit ferme. Démoulez sur une grande plaque à pâtisserie recouverte d'un morceau de papier sulfurisé. Décollez le papier qui tapissait le moule et jetez-le.*

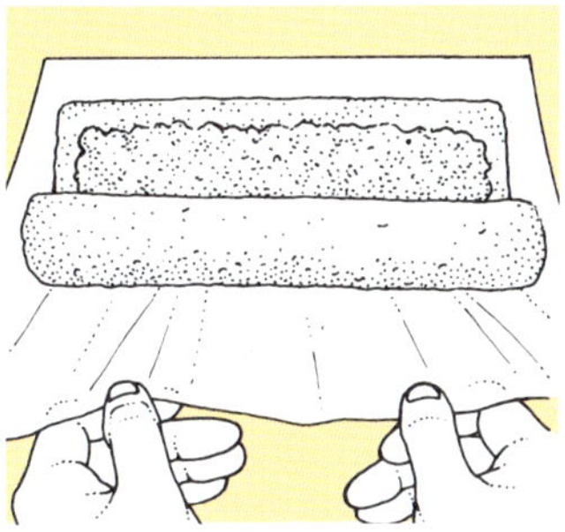

3 *Égalisez les longs côtés à l'aide d'un couteau. Couvrez avec un linge et laissez légèrement refroidir. Étalez la farce de votre choix. Repliez un bord de la roulade puis roulez la pâte en maintenant fermement le papier en dessous. Servez la roulade sur un plat, découpée en tranches.*

GARNITURES ET FARCES

• Ajoutez de la moutarde en grains, de la ciboulette hachée et du piment de Cayenne dans la base d'un soufflé au fromage avant d'incorporer les blancs en neige.
• Les légumes-racine réduits en purée et assaisonnés avec des épices indiennes font d'excellents soufflés.
• Le poisson fumé haché ou les fruits de mer, tels que la chair de crabe ou les moules sont délicieux dans des soufflés. Ajoutez-les aux jaunes d'œufs.
• Les poivrons rouges ébouillantés avec quelques gousses d'ail puis réduits en purée permettent de confectionner un soufflé aussi savoureux que coloré. Ajoutez ce mélange aux jaunes d'œufs et à la farine, parfumez avec un peu de paprika et de piment de Cayenne.
• Les sauces d'accompagnement apportent une touche finale pleine de raffinement : par exemple, faites chauffer à feu doux un peu de crème fraîche avec un morceau de fromage à l'ail, ou parfumez une purée de légumes avec de la crème, une Sauce Béchamel (page 196) avec du curry ou préparez une bonne Sauce hollandaise (page 200).
• Nappez le fond du moule d'un peu de sauce tomate fraîche avant de verser la préparation à soufflé.
• Préparez une roulade très raffinée en remplaçant le beurre, la farine et les jaunes d'œufs par une purée de légumes (voir page 53). Garnissez-la avec une sauce Béchamel aux champignons ou du fromage à l'ail et aux fines herbes et servez avec une sauce tomate fraîche (voir page 206).
• Les fromages frais ou blancs et les fromages de chèvre font d'excellentes garnitures pour les roulades.

QUELQUES CONSEILS

La moindre trace de graisse dans le cul-de-poule empêchera les blancs de monter correctement. Veillez donc à le laver soigneusement à l'eau chaude avec une goutte de détergent ou avec un peu de vinaigre. Essuyez-le bien. Une fois montés, les blancs d'œufs doivent former de petites pointes molles. Si vous les battez trop, ils se dessécheront et ne s'incorporeront pas correctement à la sauce.

Vous pouvez préparer des soufflés au fromage dans des ramequins individuels : placez-les sur une plaque à pâtisserie et faites-les cuire pendant 12 minutes. Si vous comptez congeler les soufflés crus dans leurs ramequins, comptez un blanc d'œuf supplémentaire. Laissez-les décongeler pendant 1 heure puis faites-les cuire en suivant la recette.

MONTER LES BLANCS EN NEIGE

C'est grâce à l'air contenu dans les blancs d'œufs fouettés que le soufflé peut monter. Le couteau d'un robot ménager ne permet pas d'insuffler suffisamment d'air dans les blancs ; en revanche, un fouet électrique ou les pales à mayonnaise d'un robot sont très efficaces. Toutefois, la meilleure façon d'obtenir des blancs parfaitement montés reste la méthode manuelle, avec un fouet en métal et un cul-de-poule en cuivre. Soulevez le fouet en de larges mouvements circulaires, afin de laisser pénétrer le maximum d'air. Ajoutez une pincée de sel pour obtenir des blancs plus stables ; en effet, le sel empêche l'air de s'échapper de la préparation mousseuse.

Les blancs d'œufs doivent être battus jusqu'à ce que des pointes se forment lorsque vous soulevez le fouet. Un cul-de-poule en cuivre vous facilitera la tâche.

SAUCISSES SURPRISE *(66)*

Plutôt que d'acheter des saucisses dans le commerce, préparez-les vous-même avec de la viande de porc hachée et des poivrons rouges et jaunes.

POUR 4 PERSONNES

500 g de viande de porc hachée
2 poivrons (1 rouge, 1 jaune), de taille moyenne, vidés, épépinés et hachés fin (voir page 49)
1 gousse d'ail, hachée fin
2 cuillères à café de coriandre hachée
1 cuillère à café de graines de carvi
1 œuf
huile d'olive
sel et poivre gris

POUR LA PÂTE

15 cl de lait
15 cl de bière
125 g de farine
1/2 cuillère à café de sel
2 gros œufs
poivre gris

Mettez la viande dans une jatte. Ajoutez les poivrons, l'ail, la coriandre et les graines de carvi, puis salez et poivrez abondamment. Mélangez soigneusement. Battez l'œuf puis incorporez-le à la préparation.

Mouillez-vous les mains et formez des saucisses avec la préparation. Aspergez-les d'huile d'olive. Versez 2 cuillères à soupe d'huile au fond d'un plat puis disposez les saucisses en une seule couche. Placez le moule à mi-hauteur, dans le four préchauffé à 220 °C, Th. 7, pendant 12 à 15 minutes, en retournant les saucisses dès qu'elles commencent à dorer.

Pendant ce temps, préparez la pâte : mélangez le lait et la bière. Placez la farine et le sel tamisés dans le bol de votre robot ménager puis ajoutez les œufs et la moitié du liquide. Mixez et versez progressivement le reste du liquide. Poivrez. Lorsque les saucisses sont prêtes, nappez-les de pâte liquide et faites cuire pendant 40 à 45 minutes, jusqu'à ce qu'elle soit dorée et gonflée.

ROULADE AUX ANCHOIS *(66)*

Servez cette roulade aux anchois et au fromage en entrée chaude ou accompagnée d'une salade composée, pour un déjeuner léger. Vous pouvez préparer la roulade et la garnir à l'avance, puis la faire réchauffer au dernier moment. Faites cuire la pâte dans un moule rectangulaire de 35 cm × 27 cm.

POUR 6 PERSONNES

beurre
parmesan râpé
50 g de chapelure
175 g de fromage râpé
4 gros œufs, blancs et jaunes séparés
15 cl de crème fraîche
3 pincées de piment de Cayenne
2 cuillères à soupe d'eau chaude
sel

POUR LA GARNITURE

250 g de fromage frais
4 œufs durs de taille moyenne, hachés
2 boîtes d'anchois de 50 g
1 grosse poignée de persil haché
2 cuillères à soupe d'origan, fraîchement haché, ou 2 cuillères à café d'origan séché
poivre gris
huile d'olive

Beurrez le moule. Tapissez-le de papier sulfurisé (voir page 77) et parsemez celui-ci de parmesan râpé.

Mélangez la chapelure et le fromage, puis ajoutez les jaunes d'œufs et la crème. Mélangez soigneusement et relevez avec du piment de Cayenne et du sel. Ajoutez de l'eau tiède.

Placez les blancs d'œufs dans une grande jatte. Salez-les et battez-les jusqu'à ce qu'ils forment des pointes, puis incorporez-les progressivement, à l'aide d'une cuillère, dans la pâte à base d'œufs et de fromage. Versez cette pâte dans le moule préparé et faites cuire à mi-hauteur du four préchauffé à 200 °C, Th. 6, pendant 10 à 15 minutes, jusqu'à ce que la pâte soit gonflée et bien dorée. Sortez le moule du four et laissez légèrement refroidir — puis couvrez la roulade avec un linge et réservez.

Pendant ce temps, préparez la garniture. Dans une jatte, travaillez à la cuillère en bois le fromage frais, puis incorporez les œufs hachés. Versez l'huile des anchois dans la préparation. Hachez finement les anchois puis mélangez-les soigneusement avec les herbes. Poivrez généreusement mais ne salez pas, les anchois le sont suffisamment.

Lorsque la roulade est froide, décollez les bords avec un couteau. Saupoudrez de parmesan une grande feuille de papier sulfurisé et démoulez la roulade dessus. À l'aide d'une spatule, étalez la farce sur la base de la roulade, jusqu'à environ 1 cm des bords, puis roulez le tout, en maintenant fermement le papier en dessous. En vous aidant du papier, faites glisser la roulade sur une plaque à pâtisserie. Badigeonnez d'huile d'olive et parsemez de parmesan.

Peu de temps avant de passer à table, mettez la roulade dans le four préchauffé à 190 °C, Th. 5, pendant 20 minutes. Pour servir, coupez-la en tranches épaisses à l'aide d'un couteau aiguisé.

ŒUFS POCHÉS SUR UN COUSSIN VERT *(69)*

Le « coussin vert » de cette recette se compose d'une délicate purée d'épinards et de poivrons, relevée avec une pointe de piment frais.

POUR 6 PERSONNES

5 cuillères à soupe d'huile d'olive vierge
1 gros poivron vert, vidé, épépiné et haché fin (voir page 49)
1 petit piment vert, débarrassé de sa tige, vidé et haché fin (voir page 49)
500 g d'épinards, équeutés et lavés
1 gousse d'ail, écrasée
1 cuillère à café de sucre en poudre
1 cuillère à soupe de vinaigre
6 gros œufs
400 g de fromage blanc
sel
6 brins de persil plat, de coriandre, de fenouil ou d'aneth, pour garnir

Mettez 2 cuillères à soupe d'huile d'olive dans une poêle à fond épais, à feu moyen. Faites revenir le poivron vert et le piment à feu moyen, en remuant souvent, jusqu'à ce qu'ils soient bien tendres, mais non dorés. Réservez sur le bord de la poêle.

Faites cuire à la vapeur ou à l'eau les épinards, jusqu'à ce qu'ils soient tendres, puis pressez les feuilles, afin d'exprimer le plus d'humidité possible. Mettez-les dans un robot ménager avec l'ail, le mélange poivron-piment et son huile de cuisson, ainsi que le sucre et mixez en une purée fine. Ajoutez le vinaigre et le reste d'huile d'olive. Salez et laissez refroidir.

Pendant ce temps, faites pocher les œufs pendant environ 3 minutes (voir page 69) — les jaunes doivent être opaques mais encore mous au centre. (Faites-les cuire un par un, pour bien surveiller leur cuisson.) Plongez-les dans un bol d'eau froide, pour arrêter immédiatement la cuisson.

Environ 1 heure avant de passer à table, égouttez les œufs et essuyez-les délicatement avec du papier absorbant. Versez la purée sur des assiettes individuelles et garnissez de fromage blanc. Disposez un œuf poché au centre et garnissez avec les herbes aromatiques.

ŒUFS MOLLETS SUR UN CURRY DE LÉGUMES *(66)*

Les œufs se marient très bien avec les épices, tout comme le navet, le légume principal de cette recette. L'aneth n'est pas typiquement indien, mais je trouve qu'il ajoute une note très originale.

POUR 4 PERSONNES

6-8 gousses de cardamome
1 cuillère à café de graines de cumin
2 cuillères à café de graines de coriandre
75 g de beurre
2 oignons rouges, hachés fin
500 g de navets, coupés en dés
1 piment vert, vidé et épépiné, haché fin (voir page 49)
2 grosses gousses d'ail, hachées fin
500 g de tomates, pelées et hachées gros (voir page 48)
2 cuillères à café de sucre en poudre
1 poignée d'aneth frais, haché
4 gros œufs
sel

Dans un moulin à café, ou à l'aide d'un pilon et d'un mortier, réduisez en poudre la cardamome et les graines de cumin et de coriandre. Faites fondre le beurre à feu moyen dans une grande casserole à fond épais. Placez-y les oignons et remuez pendant quelques minutes, puis ajoutez les navets, les épices moulues, le piment et l'ail, et remuez pendant 1 ou 2 minutes.

Ajoutez les tomates et le sucre, puis couvrez et laissez mijoter à feu doux pendant 15 à 20 minutes, jusqu'à ce que les navets soient tendres. Découvrez, augmentez le feu. Sans cesser de remuer, laissez bouillir pendant quelques minutes, jusqu'à ce que la préparation soit très épaisse. Retirez du feu et salez.

Juste avant de passer à table, faites réchauffer le curry de légumes à feu moyen, jusqu'à ce qu'il arrive tout juste à ébullition. Ajoutez la moitié de l'aneth haché. Cassez les œufs sur les légumes, en les espaçant régulièrement, puis couvrez et faites cuire pendant environ 5 minutes, jusqu'à ce que les blancs soient pris et les jaunes encore coulants. Parsemez avec le reste d'aneth et servez aussitôt.

GALETTES DE RIZ FARCIES *(66)*

En remplaçant la farine de froment par de la farine de riz, on obtient de délicieuses crêpes au goût typiquement oriental. Servez ces galettes avec un légume vert croquant, des brocoli par exemple.

POUR 6 PERSONNES

150 g de farine de riz
25 g de farine de froment
1 cuillère à café de sel
3 pincées de piment de Cayenne
1 gros œuf battu
45 cl de lait
huile d'arachide
POUR LA GARNITURE
50 g de beurre
2 gousses d'ail, hachées
1 morceau de 2,5 cm de gingembre frais, épluché et haché
75 g de noix de coco, coupée en dés
25 cl de lait
piment de Cayenne
125 g de petits pois surgelés
6 œufs durs, hachés fin
1 poignée de feuilles de coriandre
3-4 cuillères à soupe de yaourt nature
sel

Mélangez les farines, le sel et le piment dans une jatte. Ajoutez l'œuf battu et un peu de lait. Versez le reste de lait, tout en remuant, jusqu'à ce que vous obteniez une pâte lisse.

Versez un peu d'huile d'arachide dans une poêle de 20 cm, et nappez-en le fond. Faites chauffer la poêle à feu vif jusqu'à ce que l'huile commence à fumer, puis baissez légèrement le feu. Versez un peu de pâte dans la poêle (remuez la pâte avant chaque crêpe, car la farine de riz a tendance à tomber au fond) ; penchez la poêle afin de bien répartir la pâte. Faites cuire jusqu'à ce que de petits trous commencent à apparaître à la surface ; soulevez la crêpe à l'aide d'une spatule et retournez-la. Faites cuire l'autre côté jusqu'à ce qu'il soit légèrement doré. Répétez l'opération en empilant les crêpes cuites les unes sur les autres, sous un linge. Rajoutez un peu d'huile lorsque c'est nécessaire et réglez la température si les crêpes cuisent trop rapidement.

Pour préparer la garniture, faites fondre la moitié du beurre dans une poêle à feu doux. Ajoutez l'ail, le gingembre et remuez pendant 1 minute, puis ajoutez la noix de coco et le lait. Laissez cuire jusqu'à ce que la noix de coco soit tendre. Retirez du feu et relevez la préparation avec un peu de piment de Cayenne et de sel. Faites bouillir les petits pois pendant 2 à 3 minutes. Mettez-les dans une jatte avec les œufs durs hachés, ajoutez la préparation à la noix de coco et remuez. Goûtez et rectifiez l'assaisonnement si nécessaire. Réservez quelques feuilles de coriandre pour garnir. Hachez le reste grossièrement et incorporez-le à la préparation.

Beurrez un grand plat allant au four. Disposez les crêpes sur le plan de travail et déposez un peu de farce au centre. Roulez les galettes autour de la farce et disposez-les dans le plat. Parsemez le reste de beurre et recouvrez d'aluminium.

Environ 30 minutes avant de passer à table, placez le plat au four préchauffé à 190 °C, Th. 5, pendant 25 minutes. Juste avant de servir, nappez les galettes de yaourt et garnissez de feuilles de coriandre.

PÂTES ET PIZZAS

On pense que les pâtes furent inventées en Chine et introduites en Europe par Marco Polo, mais certains historiens chinois affirment qu'elles furent importées en Chine par des Européens. Quoi qu'il en soit, les pâtes sont appréciées depuis des siècles. Des documents de la Grèce Antique en témoignent. Aujourd'hui, le pays des pâtes est indiscutablement l'Italie, bien que d'autres pays aient adopté cet aliment toujours très populaire : nouilles chinoises, *udon* japonaises, *pierogi* polonaises, *spätzel* allemandes et même *tel'meni* sibériennes rencontrent toujours un vif succès.

Les pâtes se prêtent à une multitude de préparations. Elles se marient à merveille avec de nombreux parfums, épices et arômes. C'est à la fois le plat des pauvres et des princes : cet aliment nourrissant et bon marché peut en effet se transformer en plat très raffiné selon les ingrédients choisis pour l'accommoder.

Tout aussi variés, les *gnocchi* italiens sont délicieux nature, avec un peu de beurre et de fromage, ou agrémentés de sauces plus élaborées.

Je ne connais personne qui n'aime pas les pâtes; mais les Italiens leur vouent un véritable culte. Les différents noms qu'ils leur ont donné en sont un témoignage amusant : on dénombre environ 300 appellations différentes pour une centaine de formes de pâtes. Par exemple, le mot *macaroni* proviendrait des trois termes *ma, che, carini* !, ce qui veut dire approximativement « que ces petites choses sont jolies ». Les *amorini* signifient littéralement « petits amours », les *tira baci* « accroche-cœurs » et les *zitti* « silencieux ». Certains noms sont désormais très courants, même dans notre pays : *tortellini, tagliatelle, fettucini, ravioli*, etc.

Les pâtes industrielles ont en outre l'avantage de se conserver longtemps dans un placard de la cuisine et permettent de préparer un bon petit plat en un clin d'œil : un peu d'huile d'olive ou de beurre et quelques épices ou herbes aromatiques bien choisies suffisent à transformer de simples spaghetti en un plat complet nourrissant. Ajoutez une poignée d'herbes fraîches, quelques anchois et un peu de parmesan râpé, et vous pourrez retenir des amis à dîner en leur proposant un bon repas. N'oubliez pas que les pâtes froides sont également délicieuses. Pouvoir préparer un plat de pâtes au pied levé est très commode pour un repas informel, mais si vous recevez des amis à dîner, vous pouvez vous lancer dans la préparation, plus élaborée, de pâtes farcies cuites au four. Ces plats, comme par exemple les lasagne ou les cannelloni, peuvent être préparés à l'avance et réchauffés au dernier moment, ce qui vous permettra de profiter de vos amis pendant l'apéritif. Une simple salade verte suffit généralement à compléter le repas.

Bien que pizzerias et restaurants italiens proposent souvent des plats bon marché appréciés de tous, il est agréable de préparer ses propres pâtes. Le temps et les quelques efforts que cela suppose seront largement récompensés par le résultat final. Même avec des ingrédients de base simples et peu coûteux, vous pourrez obtenir un plat délicieux et raffiné. Il n'y a pas de règle pour associer les ingrédients : n'hésitez pas à laisser libre cours à votre imagination pour créer des plats originaux.

Les tomates figurent souvent dans les recettes de pâtes ou de pizzas. Mais il existe une foule de sauces associant d'autres ingrédients.

Depuis quelques années, à l'instar des pâtes, les pizzas ont traversé les frontières pour figurer au menu de nombreux foyers non italiens. Les pizzerias fleurissent dans le monde entier. J'ai eu tout récemment la surprise de trouver une pizzeria dans une région rurale reculée du cœur de l'Inde. En fait, plusieurs types de pain indien se rapprochent de la pâte à pizza; ils sont d'ailleurs souvent garnis avec de la viande, des oignons et des herbes. En Égypte et au Moyen-Orient, certaines variétés de pain que l'on recouvre d'œufs entiers, d'épices et parfois de viande, ressemblent étrangement à des pizzas. C'est pourquoi les combinaisons d'épices moyen-orientales et indiennes se marient particulièrement bien avec les pâtes et les pizzas.

Dans le sens des aiguilles d'une montre, à partir du haut à gauche : Cannelloni au crabe et au saumon (page 92), préparés à base de lasagne vertes; Papillons aux boulettes de viande (page 91); Spaghetti aux noix, au persil et au gorgonzola (page 91), pour élever de simples spaghetti au rang de plat de fête; Gratin de pâtes (page 91), cachant sous une sauce au fromage épinards et tagliatelle; Tagliatelle verdi aux calmars et à la sauce verte (page 93); Pâtes au saumon et au haddock (page 90) associant de délicats morceaux de saumon pochés au poisson fumé; Pizza aux pois chiches et aux poireaux (page 92), servie avec une salade verte. Au centre : Pâtes aux navets et au chorizo (page 93), garnies de lanières de poivron jaune.

LES PÂTES

Les pâtes se composent tout simplement de farine et d'eau, qu'on enrichit parfois d'œufs et d'ingrédients aromatiques. Les pâtes industrielles italiennes et françaises sont faites à partir de semoule de blé dur et éventuellement d'œufs. Bien que les pâtes fraîches présentent un goût et une délicatesse incomparables, les pâtes industrielles ne leur sont pas inférieures ; elles sont surtout très différentes. Des pâtes de bonne qualité présentent une consistance veloutée mais ferme que n'ont pas les pâtes fraîches. Ces dernières, en revanche, n'ont pas leur pareil lorsque l'on souhaite servir des pâtes colorées ou parfumées.

Pour préparer des pâtes maison, la meilleure farine est la farine de blé, à haute teneur en gluten. On ajoute presque toujours des œufs. Il est possible de fabriquer ou d'acheter des pâtes complètes. Mais, à mon avis, la farine complète ne fait qu'alourdir la pâte alors que la légèreté devrait compter parmi ses caractéristiques principales. De plus, le goût de ce type de farine est très prononcé.

Faites cuire vos pâtes *al dente*, c'est-à-dire le temps nécessaire pour qu'elles restent légèrement fermes sous la dent. Une cuisson prolongée les rend molles et collantes. Le temps de cuisson varie selon le type de pâtes, leur forme et la qualité de l'eau. C'est pourquoi il est indispensable de goûter les pâtes deux ou trois fois en cours de cuisson. Les pâtes fraîches cuisent très rapidement — elles sont prêtes dès que l'eau se remet à bouillir, au bout de 2 ou 3 minutes. Les pâtes fraîches farcies demandent de 5 à 7 minutes.

CONFECTIONNER DES PÂTES FRAÎCHES

La fabrication des pâtes fraîches demande du temps mais le résultat vous récompensera de vos efforts. Avec des ingrédients simples et bon marché, vous obtiendrez des pâtes délicieuses et très nourrissantes. Vous pouvez pétrir les ingrédients à la main ou les travailler dans un robot ménager jusqu'à ce que la pâte forme une boule qui se décolle des bords du bol.

De même, vous pouvez couper les pâtes à la main selon la forme voulue ou utiliser un appareil (voir page suivante). Pour 6 personnes en entrée ou 4 en plat principal.

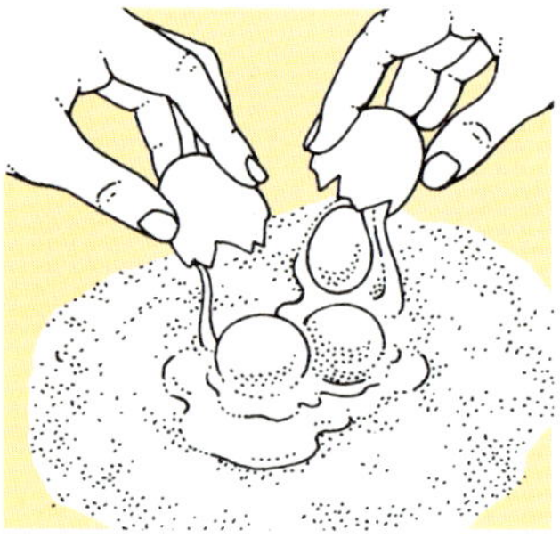

1 *Tamisez 300 g de farine et 1 cuillère à café de sel sur un plan de travail propre. Ménagez un puits au centre et cassez-y 3 œufs. Ajoutez 2 cuillères à café d'huile d'olive (facultatif) pour assouplir la pâte.*

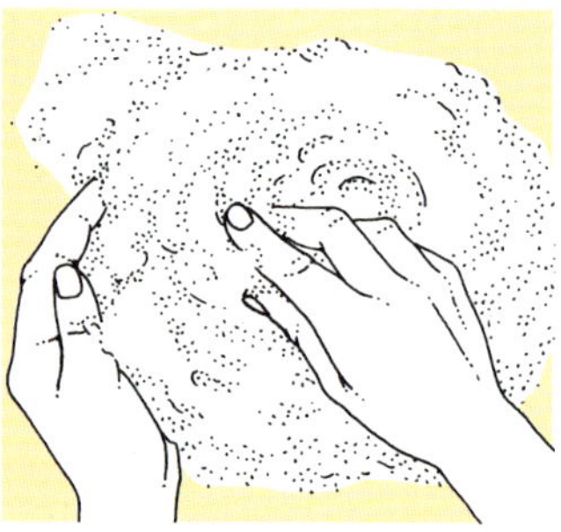

2 *Du bout des doigts ou avec une fourchette, mélangez les œufs et l'huile, puis la farine et les œufs, en ramenant peu à peu la farine vers le centre. Si la pâte paraît trop humide et collante, rajoutez un peu de farine.*

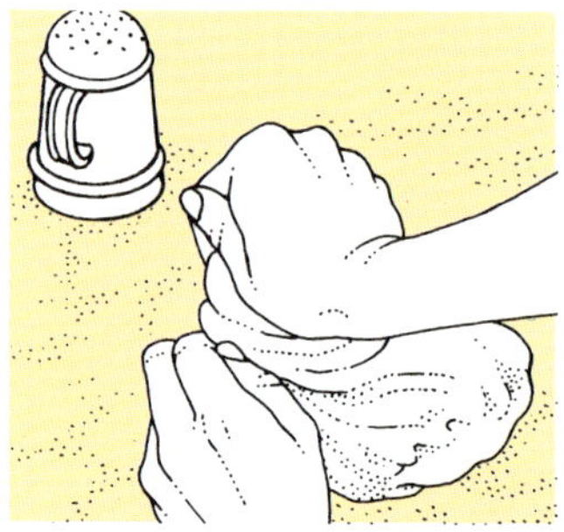

3 *Remplissez un poudreur de farine et travaillez la pâte pendant 5 à 10 minutes, en saupoudrant de farine dès que cela est nécessaire. Placez la pâte dans un sac en plastique ou enveloppez-la dans de l'aluminium et laissez-la reposer à température ambiante pendant 1 heure environ.*

4 *Divisez alors la pâte en trois portions et travaillez-les séparément, en couvrant d'un linge celles que vous n'utilisez pas. Farinez légèrement un plan de travail et étalez une portion en une abaisse de 2 mm d'épaisseur. Repliez-la quatre fois, tournez l'abaisse d'un quart de tour et roulez à nouveau. Recommencez l'opération quatre fois, jusqu'à ce que la pâte soit lisse et ne colle plus.*

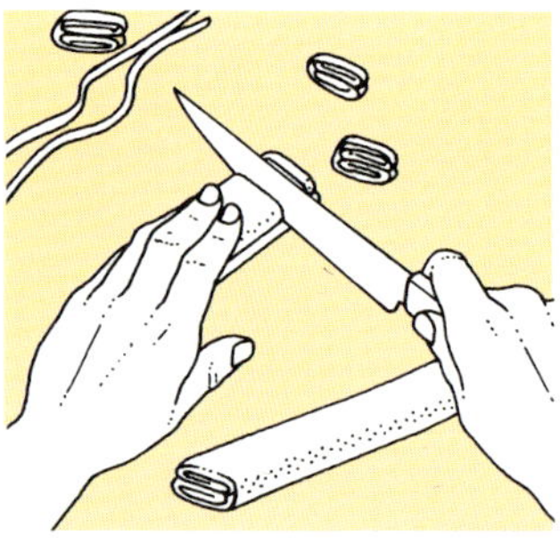

Pour former des nouilles, *farinez légèrement la pâte et roulez deux côtés pour former un long rouleau légèrement aplati. Découpez de fines rondelles à l'aide d'un couteau aiguisé. Déroulez les rondelles et faites-les sécher sur un linge, sur le dossier d'une chaise, de 30 minutes à 2 heures selon la chaleur de la pièce. Parsemez-les de farine, pour éviter qu'elles ne se collent entre elles.*

Pour faire cuire les pâtes, *portez une grande casserole d'eau salée à ébullition, ajoutez 1 cuillère à soupe d'huile, puis mettez-y les pâtes, en remuant, afin qu'elles ne collent pas. Faites-les cuire* al dente. *Égouttez-les et rincez-les à l'eau froide. Remettez-les dans la casserole, encore mouillées, et faites-les réchauffer avec la sauce de votre choix, ou avec un peu d'huile ou de beurre.*

LES PÂTES DE COULEUR

Certains ingrédients permettent de colorer les pâtes maison tout en en relevant le goût. Les épinards finement hachés donnent des pâtes vertes ; la purée de tomates colore en rouge orangé ; la betterave cuite et râpée donne, selon la quantité utilisée, des pâtes roses ou rouges. Le safran associé à des jaunes d'œufs supplémentaires permet d'obtenir un beau jaune doré. Pour des pâtes noires, ajoutez de l'encre de calmars. Les herbes hachées, les épices moulues ou un peu d'huile d'olive ou de pâte d'olive rehausseront le goût. Tous ces ingrédients sont intégrés en même temps que les œufs. Prévoyez davantage de farine pour le pétrissage.

LES MACHINES À PÂTES

Si vous préparez souvent des pâtes, une machine peut vous rendre service. Les modèles manuels sont d'un prix raisonnable, faciles à trouver et très robustes. Le coup de main s'acquiert en peu de temps; il s'agit de bien tenir l'extrémité de la pâte tout en actionnant la manivelle de l'autre main.

Préparez la pâte (étapes 1 à 3, page précédente). Étalez un linge propre sur le plan de travail et glissez des morceaux de pâte de la taille d'un œuf entre les rouleaux de la machine. Placez le reste de la pâte sous un linge, dans un sac en plastique ou dans de l'aluminium, afin d'éviter qu'elle ne se dessèche.

La machine fonctionne grâce à un système de rouleaux. La pâte est introduite d'un côté et ressort, en une couche mince, de l'autre côté. Répétez cette opération plusieurs fois de suite, en resserrant progressivement l'espace entre les rouleaux (il existe généralement six positions).

Laissez reposer la pâte avant de la découper : elle collera moins et se découpera plus facilement. Laissez reposer les pâtes avant de les faire cuire. Pour préparer des lasagne ou des cannelloni, découpez la pâte en rectangles de la taille voulue et laissez-les reposer avant de les utiliser.

Les Pâtes au poulet et à l'estragon (page 90) sont préparées ici avec des tagliatelle vertes et nature.

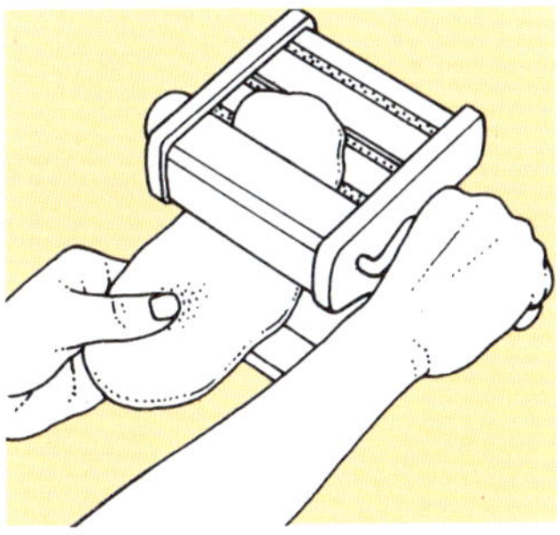

1 *Réglez la machine au plus grand écartement, introduisez un petit morceau de pâte, et maintenez la bande à mesure qu'elle ressort. Pliez la bande en deux et repassez-la dans la machine. Répétez l'opération quatre fois. Si la pâte se casse ou paraît collante, farinez-la.*

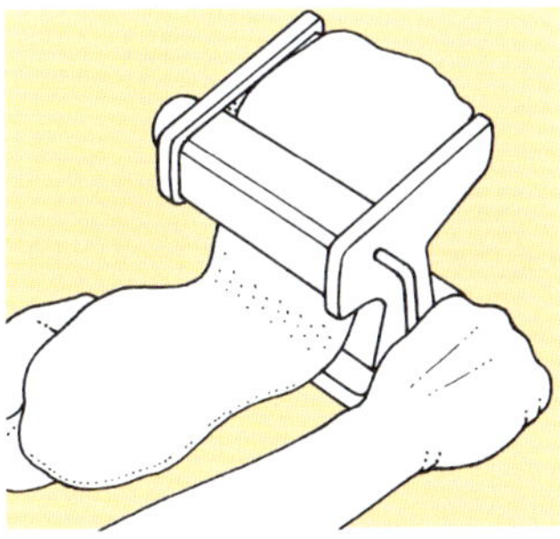

2 *Diminuez l'écartement et repassez la pâte entre les rouleaux quatre fois encore. Resserrez la machine et recommencez. Pour des pâtes d'épaisseur normale, arrêtez-vous à cette étape; si vous souhaitez des pâtes plus fines, répétez l'opération.*

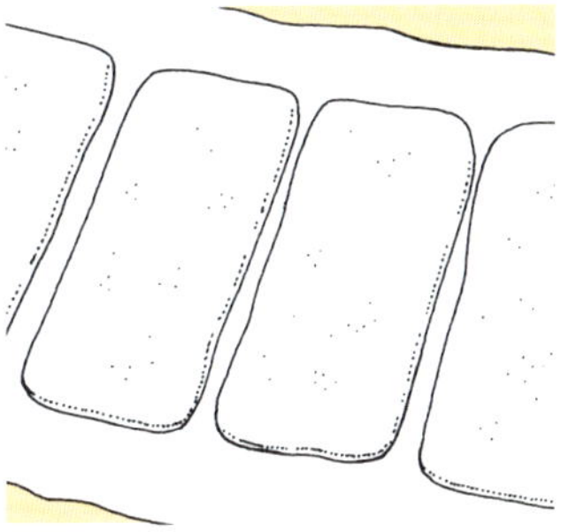

3 *Disposez les bandes de pâte sur un linge sec, en veillant à ce qu'elles ne se touchent pas. Laissez-les reposer pendant environ 1 heure, à température ambiante, afin qu'elles se coupent facilement.*

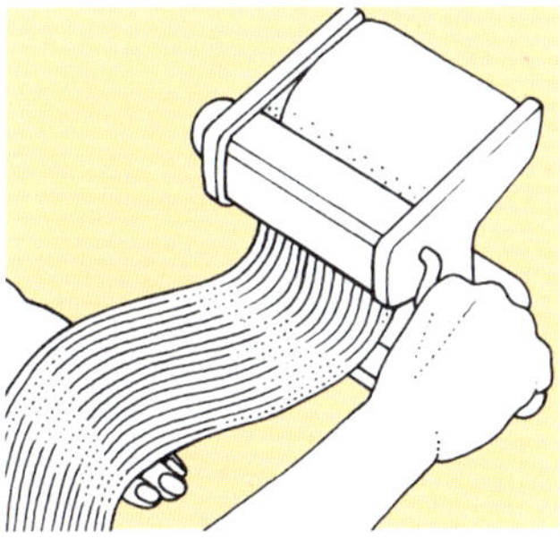

4 *Pour découper les bandes en spaghetti ou en nouilles, installez la pièce nécessaire sur la machine et procédez comme précédemment, en tournant la manivelle d'une main et en tenant les pâtes de l'autre.*

QUELQUES SAUCES SIMPLES

- Un morceau de beurre fondu, du poivre fraîchement moulu et des herbes fraîchement hachées font une sauce d'une délicieuse simplicité.
- Essayez également de petits morceaux de légumes frais sautés, tels que champignons, échalotes et courgettes, garnis de jambon ou de poisson, liés avec de la crème fraîche.
- Des noix, des amandes ou des pignons hachés et sautés dans de l'huile d'olive additionnée d'ail et de persil haché apportent une note croquante très agréable à un plat de pâtes.
- Faites revenir des poivrons dans de l'huile et du beurre, réduisez-les en purée et nappez-en vos pâtes.
- Pour obtenir une sauce légère et peu calorique, mélangez des poivrons bouillis et réduits en purée avec du fromage blanc.
- Ajoutez à un plat de pâtes des crevettes bouquet, du beurre, du sel, du poivre et beaucoup d'aneth haché.
- Mélangez du thon en boîte, des coques, des moules, de la chair de crabe ou des anchois avec de la crème et des herbes.
- Des moules fraîches, des encornets et des coquilles Saint-Jacques cuits pendant 1 ou 2 minutes puis mélangés avec de la crème et un peu d'eau de cuisson des pâtes permettent d'obtenir une sauce excellente en un clin d'œil.
- Essayez des dés de mozzarella ou du roquefort émietté mélangés à de la crème fraîche, de la purée de tomate ou un mélange de beurre et d'huile. Remuez jusqu'à ce que le fromage commence à fondre.
- Pour obtenir une sauce d'inspiration indienne, parfumez de la crème fraîche avec du curry, du jus de citron et de la coriandre ou de la menthe fraîche.
- La sauce tomate reste le grand classique. Pour la préparer rapidement, utilisez des tomates hachées (voir page 89) et ajoutez, juste avant de servir, des lamelles de basilic frais; ou préparez une sauce tomate fraîche (voir page 206) sans la faire réduire trop longtemps. Ajoutez du basilic ou de l'estragon frais.

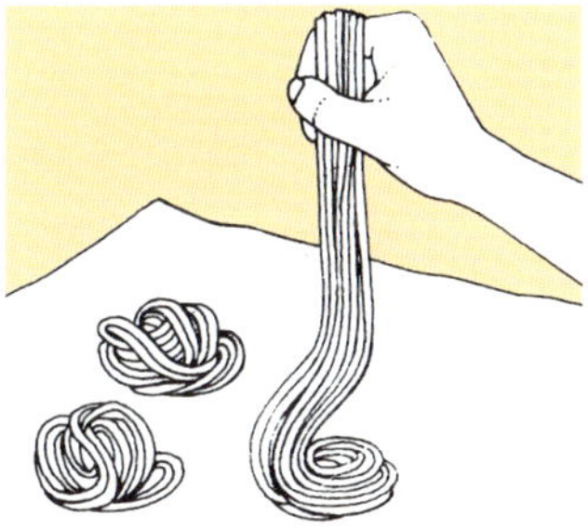

5 *Faites sécher les pâtes sur le dossier d'une chaise, de 30 minutes à 2 heures. Pour former des nids de pâtes, tenez-les verticalement et enroulez-les sur un linge. Prévoyez trois ou quatre nids par personne. Faites cuire les pâtes* al dente, *dans une casserole d'eau bouillante.*

LASAGNE ET PÂTES FARCIES

Les lasagne et les plats à base de pâtes farcies, qu'il s'agisse de cannelloni, de ravioli ou de tortellini, offrent un vaste choix de garnitures et de préparations.

La pâte destinée à fabriquer des ravioli ou autres pâtes à farcir doit être suffisamment humide pour se souder facilement. Les pâtes aux épinards restent généralement bien humides, mais si vous préférez utiliser des pâtes nature, il vous suffira d'ajouter un peu d'huile à la pâte. Étalez la pâte en une couche assez fine pour que les ravioli par exemple ne soient pas trop lourds, mais assez épaisse pour que les pâtes ne se déchirent pas sous le poids de la farce. Pour cette dernière raison, veillez à ne pas farcir les pâtes de façon excessive. Une fois farcies, les pâtes doivent sécher sur un linge, bien espacées, pendant 1 heure environ. Retournez-les une fois, afin qu'elles sèchent uniformément.

Les cannelloni industriels qui n'exigent pas de cuisson préalable rendent de grands services, même si leur préparation peut paraître assez délicate. S'ils doivent être ébouillantés, veillez à ne pas prolonger cette précuisson afin que la pâte ne se déchire pas par la suite.

Les cannelloni sont en fait plus faciles à préparer à partir de pâtes fraîches. Découpez la pâte en rectangles, comme pour des lasagne ; enroulez les rectangles autour d'un peu de farce, puis disposez-les côte à côte dans un plat rectangulaire, sur une seule épaisseur. Ainsi, ils cuiront dans la sauce et ne risqueront pas de se dessécher. Nappez de sauce et faites cuire au four.

Les petites pâtes farcies se prêtent à mille et une préparations. Les garnitures sont infinies et peuvent être associées à des pâtes de couleur (voir page 82).

LASAGNE TRADITIONNELLES

Les *lasagne al forno* alternent des rectangles de pâte, des couches de Sauce ragù, ou Sauce bolognaise (page 213), de la Sauce Béchamel (page 196) et du parmesan fraîchement râpé. Les *lasagne verdi* se préparent avec des feuilles de lasagne aux épinards. Les lasagne préparées à partir de pâtes maison sont irrésistibles, mais vous gagnerez beaucoup de temps en utilisant des pâtes à lasagne industrielles sans précuisson. Si vous optez pour cette solution, commencez par faire tremper les pâtes dans une jatte d'eau chaude, afin de les ramollir légèrement. Il est aussi possible d'acheter des pâtes à lasagne fraîches, ce qui simplifie encore plus la préparation. Lorsque vous préparez les lasagne, n'utilisez pas plus de 4 épaisseurs de pâte ; vous risqueriez d'obtenir un plat trop sec.

Pour 6 à 8 personnes, prévoyez de 8 à 10 pâtes à lasagne ; de 90 cl à 1,2 litre de sauce Béchamel, de 90 cl à 1,2 litre de sauce bolognaise ainsi que du parmesan râpé. Les quantités exactes dépendent bien sûr de la taille de votre moule à gratin.

1 *Si les pâtes exigent une cuisson préalable, faites-les cuire* al dente *dans une grande casserole d'eau bouillante salée additionnée de quelques gouttes d'huile. Sortez-les de l'eau bouillante à l'aide d'une écumoire et égouttez-les sur un torchon, en les espaçant.*

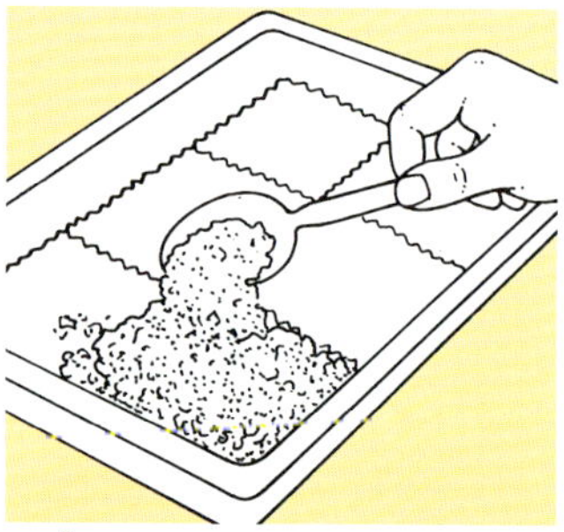

2 *Étalez une fine couche de sauce bolognaise au fond d'un moule beurré. Recouvrez d'une couche de pâte, étalez une couche de sauce bolognaise, une couche de béchamel et du parmesan râpé. Ajoutez une deuxième couche de pâte et répétez l'opération, en finissant par la pâte.*

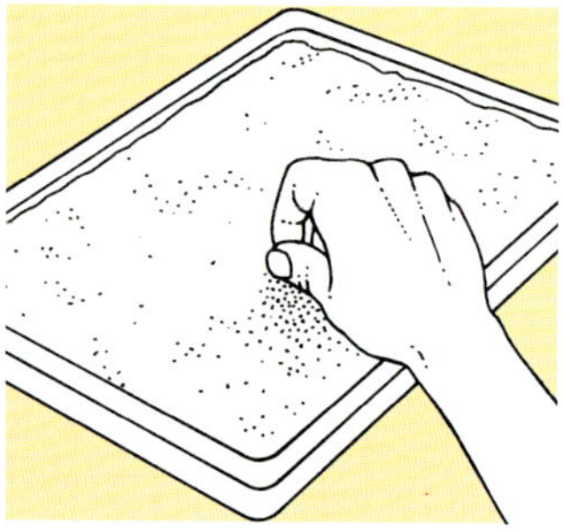

3 *Nappez d'une épaisse couche de béchamel parsemée de parmesan râpé. Faites cuire au four préchauffé à 180 °C, Th. 4 pendant environ 45 minutes, jusqu'à ce que le dessus soit bien doré.*

Les classiques lasagne al forno, *moelleuses à souhait.*

PÂTES FARCIES

Outre les ravioli et les tortellini, il existe une multitude d'autres petites pâtes farcies. Celles qu'on prépare soi-même ont un moelleux incomparable et la farce peut varier à l'infini. Les agnolotti comptent parmi les pâtes farcies les plus simples à préparer. Il suffit de découper des cercles de pâte et de déposer un peu de farce sur une moitié, avant de replier le cercle en deux. On obtient alors une demi-lune dont on humecte les bords, afin qu'ils se soudent correctement.

Faites cuire les pâtes dans une grande quantité d'eau bouillante salée additionnée d'un peu d'huile, pendant 5 à 7 minutes environ, jusqu'à ce qu'elles soient *al dente*. Les pâtes industrielles exigent un peu plus de cuisson. Servez-les accompagnées d'une sauce, ou avec du beurre.

RAVIOLI

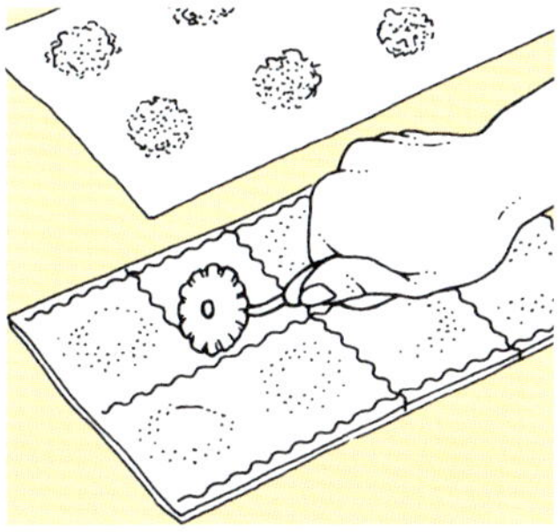

Déposez de petits tas de farce sur un rectangle de pâte, en les espaçant d'environ 5 cm. Humectez la pâte entre les tas de farce et déposez une deuxième feuille de pâte par-dessus. Pressez du bout des doigts, afin de sceller les bords des futurs ravioli. Découpez en carrés, à l'aide d'une roulette à pâtisserie. Laissez-les sécher pendant 1 heure.

Si vous utilisez un moule à ravioli, disposez un rectangle de pâte sur le moule, en tassant la pâte dans les creux. Disposez une petite quantité de farce dans chaque creux et recouvrez avec une deuxième épaisseur de pâte. Passez un rouleau à pâtisserie par-dessus, pour découper les ravioli. Faites cuire, al dente, dans de l'eau bouillante salée, de 5 à 7 minutes.

TORTELLINI

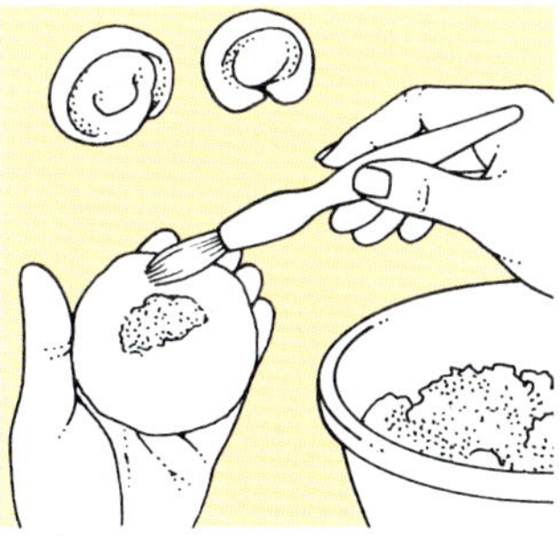

1 *Étalez la pâte en une abaisse de 2 à 3 mm. Découpez des cercles de pâte, d'environ 6 cm de diamètre, à l'aide d'une roulette à pâtisserie. Déposez environ 1 cuillère à café de farce sur une moitié de pâte et humectez le bord avec un peu d'eau.*

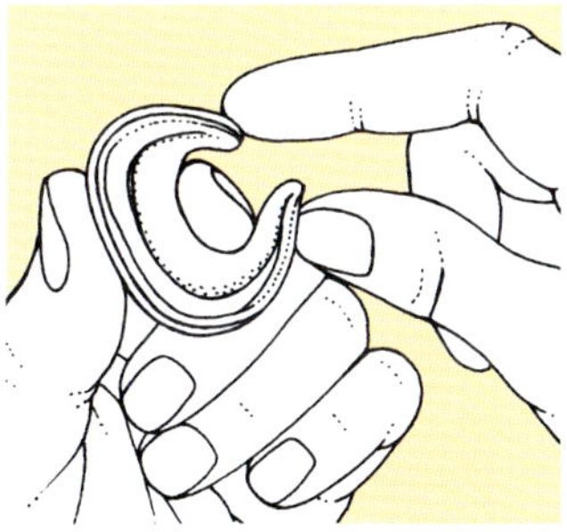

2 *Repliez chaque cercle en deux, sur la farce, et pressez les bords fermement. Recourbez soigneusement chaque demi-cercle autour de votre index. Soudez les deux extrémités pointues ensemble. Faites cuire les tortellini de la même façon que les ravioli (voir ci-dessus).*

Ces Cannelloni à la dinde et au fenouil (page 90) sont nappés d'une délicieuse béchamel parfumée au fromage. Utilisez des pâtes à lasagne industrielles sans précuisson.

GARNITURES ET FARCES

- Des lasagne aux légumes constituent un plat tout indiqué pour un végétarien. Utilisez des légumes cuits, et remplacez la béchamel par une sauce au yaourt épaissie avec de la Maïzena, afin que le mélange ne tourne pas en chauffant.
- Vous pouvez émietter un peu de ricotta ou de fromage frais sur une sauce au yaourt.
- Faites revenir dans du beurre du fenouil, des aubergines, des poireaux, des épinards, du potiron et des tomates fraîches et remplacez la sauce bolognaise des lasagne classiques par cette préparation. Parfumez la béchamel avec un peu de fromage.
- Faites griller des noix hachées ou des pignons (voir la sauce au pistou page 207) et ajoutez-les à la sauce des lasagne. Parsemez les lasagne de noix et de pignons non grillés avant d'enfourner le plat.
- Les champignons chinois, qui conservent bien leur forme, sont parfaits pour parfumer une sauce.
- Le poisson fumé se marie très bien avec une béchamel au fromage, tout comme d'ailleurs les moules ou d'autres fruits de mer.
- Pour préparer des lasagne légères au poulet, mélangez de petits morceaux de poulet à une béchamel, parfumez avec de l'estragon haché et intercalez des couches de sauce entre les pâtes.
- Pour renouveler la traditionnelle sauce bolognaise, remplacez le bœuf haché par de la viande de porc, de veau, de poulet ou de dinde.
- Mélangez du jambon ou du salami haché avec du fromage frais ou de la ricotta.
- Le haddock ou le cabillaud mélangé avec du fromage frais, de l'aneth ou du fenouil, est délicieux dans des ravioli.
- Les tortellini farcis aux épinards et à la ricotta sont exquis. La ricotta se marie bien également avec le poireau, le chou ou le brocoli.
- Les épinards constituent à eux seuls une excellente garniture. Servez les pâtes farcies avec une sauce à la crème ou à la tomate. Parfumez avec de la muscade râpée.
- Le potiron écrasé avec du beurre et de la muscade est délicieux en garniture de petites pâtes. Essayez aussi des navets écrasés relevés avec de la coriandre fraîche.
- Faites revenir quelques oignons et du lard, mélangez-les avec de la ricotta, salez et poivrez et parfumez avec de la muscade râpée.
- L'une de mes farces préférées se compose de fromage de chèvre et de noix hachées.
- Juste avant de servir, parsemez vos pâtes de lard cuit émietté.
- La ricotta parfumée avec des feuilles de basilic ou un peu de sauce au pistou (voir page 207) donne une excellente farce.

NOUILLES ET GNOCCHI

On déguste des nouilles de formes et de tailles diverses dans le monde entier, mais elles sont particulièrement populaires en Asie. La plupart sont fabriquées avec de la farine de blé, avec ou sans œufs, mais il existe certaines recettes à base de farine de riz, de sarrasin et même de légumes : le soja, les haricots mungo, les pois chiches, les pommes de terre, les patates douces et même les algues.

Les nouilles asiatiques peuvent être plus ou moins fines. On les fait généralement cuire comme des nouilles européennes. Les nouilles à base de riz ou de soja doivent être mises à tremper avant d'être utilisées. Les vermicelles peuvent être frits directement dans la friteuse. Ils gonflent en d'étonnants enchevêtrements, délicieux avec une salade ou des légumes sautés.

Les gnocchi, aux mille variantes, sont vraiment irrésistibles. On les prépare à partir de pommes de terre et de farine, de semoule et de fromage (*gnocchi alla romana*), et même de ricotta et d'épinards. La légèreté compte parmi les caractéristiques principales des gnocchi ; c'est pourquoi dans les recettes comportant des pommes de terre, il convient d'utiliser des pommes de terre bien sèches et d'ajouter le moins de farine possible. Évitez d'incorporer trop d'œufs, car vous devrez prévoir davantage de farine. Les œufs lient la préparation, mais ils risquent également de la rendre caoutchouteuse.

Des herbes fraîchement hachées ajoutées à la préparation donnent aux gnocchi une ravissante couleur verte et une agréable saveur. Les gnocchi colorés avec de la patate douce sont rouge orangé. Servez les gnocchi très chauds, avec beaucoup de beurre et de parmesan.

NOUILLES À L'ORIENTALE

L'un des plats chinois les plus simples à préparer consiste à faire revenir dans une poêle quelques nouilles, des petits légumes hachés et des languettes de viande, de poisson ou de fruits de mer.

Le secret de la réussite de ce plat réside dans la préparation des ingrédients. Ayez-les à portée de main au moment où vous commencez la cuisson. Lavez, épluchez et coupez les légumes en fines rondelles, en veillant à ce que les morceaux soient réguliers. Découpez la viande ou le poisson en fines languettes.

Assurez-vous que l'huile de votre poêle ou de votre wok est très chaude et remuez les ingrédients pendant toute la cuisson. Utilisez de préférence de l'huile de tournesol ou de l'huile d'arachide.

Commencez par plonger les nouilles dans une grande casserole d'eau bouillante pendant environ 3 minutes, jusqu'à ce qu'elles soient tendres, puis égouttez-les et rincez-les à l'eau froide. Si vous faites cuire les nouilles à l'avance, conservez-les ensuite dans un sac en plastique, au réfrigérateur. Pour 4 personnes, prévoyez environ 500 g de légumes hachés et 250 g de nouilles précuites.

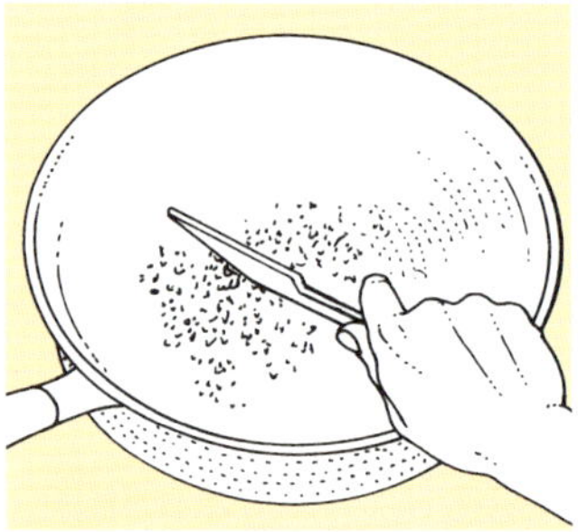

1 *Faites chauffer 3 cuillères à soupe d'huile de tournesol ou d'arachide dans un wok ou une poêle, à feu moyen. Ajoutez 2 gousses d'ail finement hachées et faites-les légèrement dorer, puis ajoutez 2 cuillères à café de cinq-épices.*

2 *Ajoutez les légumes préparés et faites revenir le tout pendant 2 à 5 minutes, en veillant à ne pas faire trop cuire les légumes, puis ajoutez 75 g de germes de soja et les nouilles précuites. Faites cuire pendant 2 minutes supplémentaires.*

Ce plat de Nouilles chinoises aux légumes (page 93) comprend de l'ail, du gingembre, des tomates, des courgettes, des germes de soja frais et des feuilles de coriandre hachées.

3 *Lorsque les légumes sont tendres mais encore croquants, ajoutez 1 cuillère à café de cassonade, 3 cuillères à soupe de sauce soja, une petite botte de ciboule finement hachée, et laissez sur le feu le temps que tous ces ingrédients soient chauds. Salez, poivrez et servez aussitôt. Vous pouvez ajouter un filet d'huile de sésame pour parfumer davantage le plat.*

GNOCCHI DE POMMES DE TERRE

Ces délicieuses petites pâtes, d'un type particulier, constituent une entrée originale et toujours très appréciée. Faites cuire les pommes de terre à l'autocuiseur ; ainsi elles seront très sèches et donneront un résultat léger. Écrasez les pommes de terre à la main (voir page 53) ; un robot ménager rendrait la purée beaucoup trop collante.

Pour 1 kg de pommes de terre, prévoyez environ 200 g de farine ; n'oubliez pas de saler et de poivrer. Évitez d'ajouter des œufs, car ils ont tendance à rendre la pâte caoutchouteuse. Pour 4 à 6 personnes.

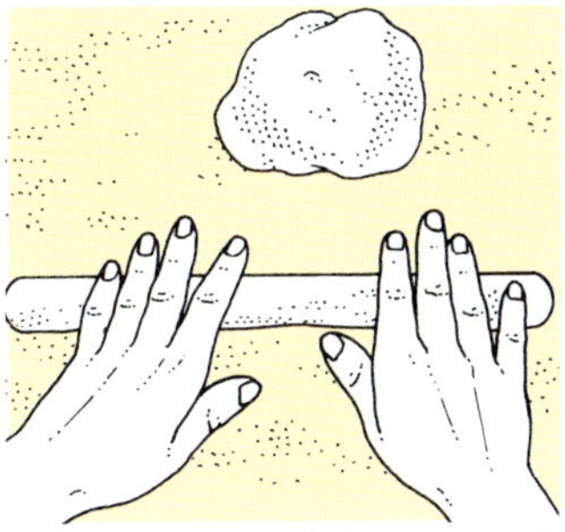

1 *Pétrissez ensemble les pommes de terre, la farine, le sel et le poivre, afin d'obtenir une pâte élastique. Séparez la pâte en trois. Saupoudrez chaque portion de farine et formez des rouleaux de 1,5 cm de diamètre.*

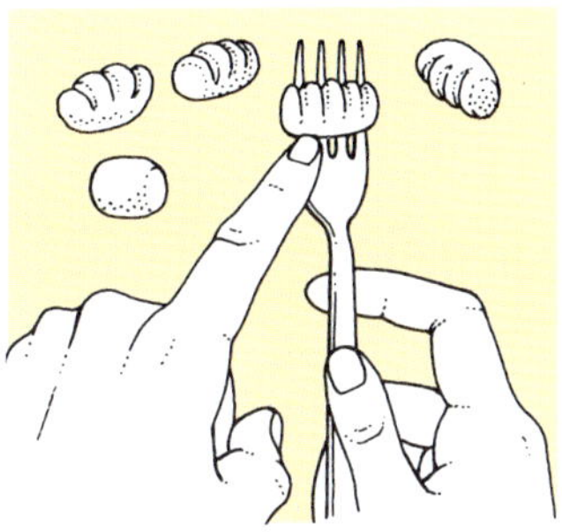

2 *Découpez les rouleaux en morceaux de 2,5 cm. Passez chaque morceau contre les dents d'une fourchette et faites-le retomber sur un plan fariné. Cette opération permet de cranter joliment les gnocchi.*

3 *Faites cuire les gnocchi dans une grande quantité d'eau bouillante salée. Ils remonteront à la surface dès qu'ils seront cuits. Sortez-les de l'eau, à l'aide d'une écumoire, égouttez-les et placez-les dans un plat à gratin beurré. Ajoutez du beurre et du parmesan, ou la sauce de votre choix.*

QUELQUES SUGGESTIONS

- Faites dorer dans de l'huile d'arachide quelques cubes de navets, un peu d'ail, des dés de gingembre et quelques feuilles de coriandre fraîche ; ajoutez-les aux nouilles au dernier moment.
- Les nouilles agrémentent un simple bouillon ou un consommé (voir page 29). Ajoutez quelques légumes finement hachés, des morceaux de viande, de poulet ou de poisson, faites cuire pendant 1 minute et servez. Vous pouvez également ajouter de la sauce soja ou du gingembre haché si vous désirez obtenir un goût chinois plus prononcé.
- Préparez un petit plat en un clin d'œil en faisant revenir des nouilles dans un peu d'huile, avec de l'ail, du gingembre et de la sauce soja.
- Un peu de coriandre fraîchement hachée et quelques gousses d'ail sautées dans un peu d'huile apportent instantanément une note orientale à un plat de nouilles.
- Vous pouvez acheter des sauces orientales toutes faites, en conserve. La sauce aux huîtres compte parmi mes préférées ; elle est d'ailleurs excellente avec les nouilles. Mais vous pouvez aussi préparer de délicieux mélanges, associant par exemple de la sauce soja, du cinq-épices, de la purée de tomates, de la cassonade, du sel et du poivre.
- Les gnocchi de pommes de terre sont délicieux avec du beurre et du fromage râpé. Vous pouvez ajouter un peu de ciboulette ou d'aneth haché.
- Les gnocchi s'accommodent aussi très bien d'une sauce tomate fraîche (voir page 206) parfumée avec quelques feuilles de basilic.
- Les sauces à la crème sont délicieuses avec les nouilles et les gnocchi. Il suffit de faire chauffer de la crème fraîche et d'ajouter du gorgonzola, du parmesan mélangé à un autre fromage, ou encore des noix hachées, du persil et de la ciboule finement émincée.
- Nappez vos gnocchi d'une jolie sauce verte composée d'une purée d'épinards, de fromage blanc et d'un peu de crème fraîche.
- Pour obtenir une sauce rosée, faites chauffer du beurre et de la crème dans de la purée de tomates. Salez et servez avec des gnocchi aux épinards.
- Pour relever les sauces qui précèdent, utilisez de la muscade râpée. Essayez d'ajouter quelques graines de carvi.
- Vous pouvez obtenir des gnocchi extrêmement légers en adaptant la recette de base : mélangez 500 g d'épinards cuits, finement hachés et revenus dans un peu de beurre, avec 175 g de ricotta, 75 g de farine, 2 jaunes d'œufs et 125 g de parmesan râpé. Salez, poivrez et ajoutez de la muscade râpée. Formez de petites boules et faites-les cuire dans de l'eau bouillante, pendant 3 à 4 minutes, comme des gnocchi de pommes de terre (voir ci-contre).

GNOCCHI DE SEMOULE AU FOUR

Les gnocchi de semoule sont très faciles à préparer. Nous vous proposons de les faire cuire avec du fromage. Préparez la pâte au moins 2 heures à l'avance, afin qu'elle puisse refroidir avant d'être découpée. Faites bouillir 60 cl de lait avec 125 g de semoule, de la muscade râpée, du sel et du poivre, sans cesser de remuer. Faites cuire à feu doux, en remuant, jusqu'à ce que la préparation soit très épaisse. Retirez du feu et ajoutez 75 g de parmesan râpé, 25 g de beurre, 1 œuf et 1 jaune battus ensemble. Remuez à feu doux pendant 1 minute. Pour 4 à 6 personnes.

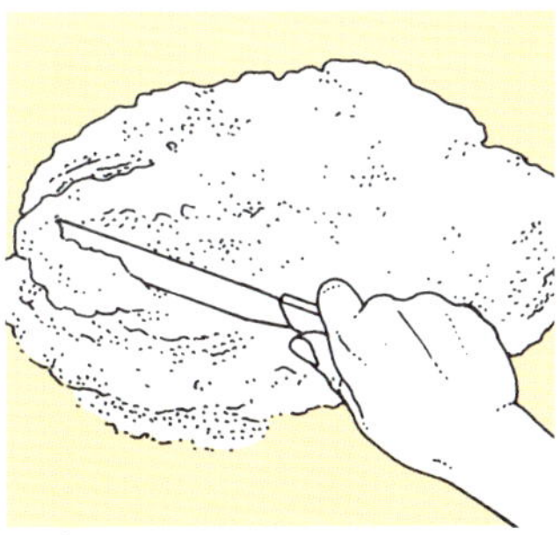

1 *À l'aide d'une spatule, étalez la préparation sur 1 cm, sur un plan de travail froid ou dans un grand plat beurré. Laissez refroidir jusqu'à ce que la semoule soit dure. Veillez à ne pas vous brûler les doigts pendant que vous l'étalez.*

2 *Découpez des cercles de 5 cm, avec un emporte-pièce, puis disposez-les en rond, dans un plat à gratin. Placez les gnocchi les moins réguliers sous les autres. Parsemez le tout de petits morceaux de beurre.*

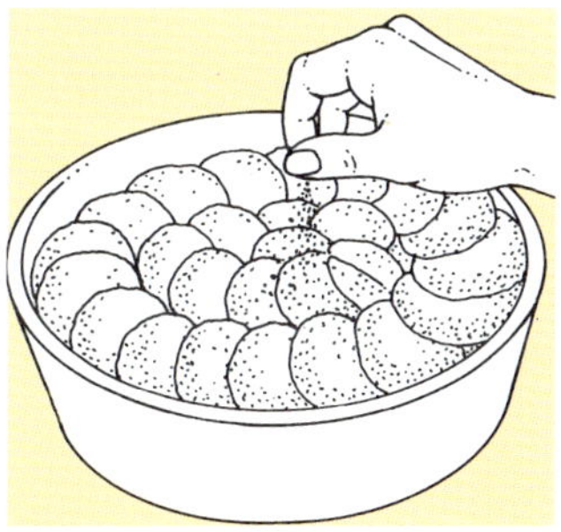

3 *Faites cuire dans le haut du four préchauffé à 220 °C, Th. 7, pendant 15 minutes, jusqu'à ce que les gnocchi soient bien dorés sur les bords. Parsemez de parmesan et servez aussitôt, dans le plat.*

PIZZAS

La véritable pizza est napolitaine, mais elle s'est expatriée avec bonheur dans le monde entier. Elle constitue certainement l'un des plats complets les plus simples à réaliser. La variété des garnitures ne connaît pas de limites. Laissez libre cours à votre imagination pour inventer votre version selon la saison ou les goûts de vos amis.

La pâte à pizza est en fait une pâte à pain. Vous pouvez, bien sûr, utiliser de la farine complète, mais je trouve qu'elle donne à la pâte un goût trop prononcé qui concurrence la saveur de la garniture. En outre, la pâte à pizza complète ne permet pas de confectionner des bases fines, croustillantes, à la napolitaine. Les pizzas qu'on trouve dans le commerce présentent d'ailleurs souvent une pâte trop épaisse. L'un des avantages de la pizza étant sa rapidité d'exécution, j'utilise toujours de la levure de boulanger lyophilisée (voir page 282).

Pour garder une base croustillante, la pizza est traditionnellement cuite dans un four à pain tapissé de briques, à une température très importante. Il ne vous sera sans doute pas possible de faire cuire votre pizza dans les mêmes conditions, mais un four classique permet d'obtenir un résultat tout à fait satisfaisant.

Pour la garniture, veillez à n'utiliser que des ingrédients d'excellente qualité. Souvenez-vous également que les aromates jouent un rôle important dans le goût final de la pizza. N'alourdissez pas exagérément la pâte en la garnissant abondamment. Par ailleurs, les ingrédients ne doivent pas être trop humides : ils risqueraient de ramollir la croûte.

Dégustez votre pizza dès qu'elle sort du four ; elle perd de ses qualités gustatives en refroidissant. Pour un pique-nique, enveloppez-la soigneusement dans du papier d'aluminium puis dans plusieurs épaisseurs de papier journal, afin qu'elle reste chaude le plus longtemps possible.

Ces appétissantes pizzas napolitaines se composent d'une base croustillante, recouverte de sauce tomate fraîche, de mozzarella, d'anchois et d'origan séché.

PIZZA NAPOLITAINE

La recette de base se prête à de très nombreuses variantes, avec des garnitures différentes. Préparez la sauce tomate express (voir page suivante) à l'avance, afin de la laisser refroidir.

Pour préparer la pâte, suivez la recette de la pâte à pain (voir page 282), en ajoutant à l'eau 2 cuillères à soupe d'huile d'olive. Lorsque la pâte a levé, divisez-la en 8 portions pour obtenir 8 pizzas de 20 cm de diamètre, ou en 2 parts pour 2 grandes pizzas. Utilisez 2 plaques à pâtisserie si nécessaire.

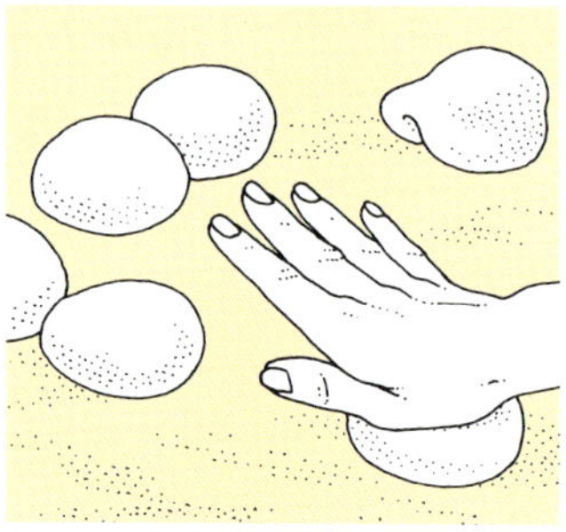

1 *Formez une boule avec chacun des morceaux de pâte et aplatissez-les avec la paume de la main, en cercles de 20 cm de diamètre et de 2,5 mm d'épaisseur. Formez un rebord plus épais, afin que la sauce ne déborde pas en cours de cuisson.*

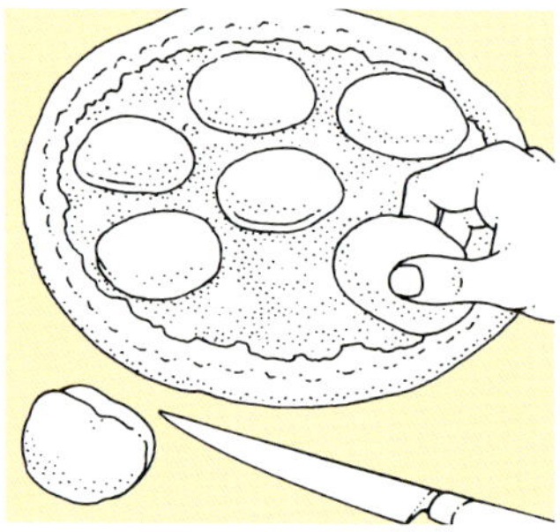

2 *Placez les fonds de pizzas sur des plaques huilées et laissez-les lever à nouveau, couverts de film alimentaire huilé ; retirez le film et garnissez de sauce tomate, de lamelles de mozzarella, d'anchois et d'origan séché.*

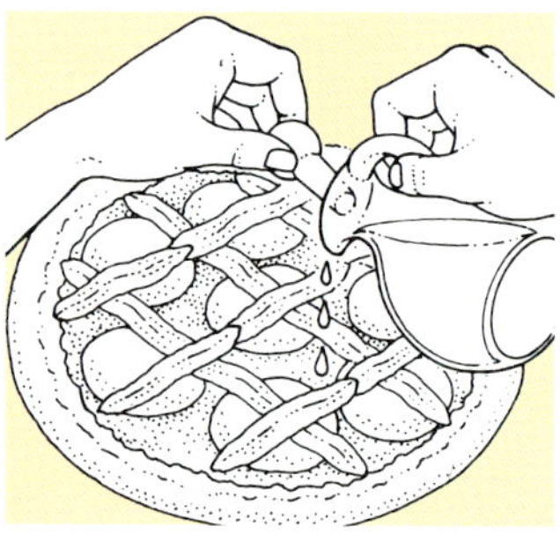

3 *Versez un filet d'huile d'olive, puis faites cuire les pizzas dans le haut du four préchauffé à 230 °C, Th. 8, pendant 10 à 15 minutes, jusqu'à ce que les bords soient dorés, en faisant pivoter les plaques à mi-cuisson. Le fromage doit être bien fondu.*

SAUCE TOMATE EXPRESS

La sauce tomate joue un rôle capital dans la garniture d'une pizza. Pour obtenir rapidement une bonne sauce, mélangez dans une casserole 2 cuillères à soupe d'huile d'olive, 1 gousse d'ail finement hachée, 1 boîte de 400 g de tomates, 2 cuillères à soupe de purée de tomates, du poivre gris et un peu de sel. Faites chauffer le mélange, jusqu'à ce qu'il commence à bouillir, en remuant constamment. Lorsque la sauce a bien réduit, laissez-la refroidir. Vous pouvez également suivre la recette de la Sauce tomate fraîche (page 206).

Cette calzone farcie avec du gorgonzola, des oignons sautés dans du beurre et du jambon de Parme, constitue un plat complet. Servez-la avec une salade verte.

PRÉPARER DES CALZONE

Les calzone sont en fait des pizzas repliées comme des chaussons. La pâte est la même que celle qu'on utilise pour les pizzas classiques.

Les calzone peuvent être fourrées avec les garnitures habituelles (voir encadré ci-contre). Veillez toutefois à ce que la garniture ne soit pas trop humide. De même, ne farcissez pas trop la calzone avant de la faire cuire, afin qu'elle ne risque pas d'éclater dans le four. Laissez lever la pâte avant de la garnir.

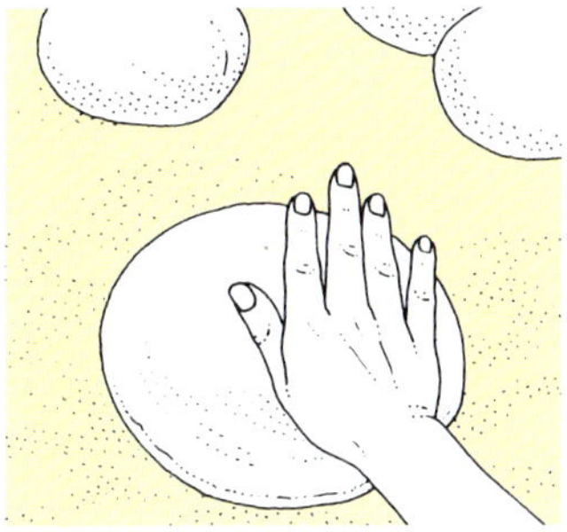

1 *Divisez la pâte levée en 8 boules. Avec la paume de la main, aplatissez chaque boule sur un plan de travail huilé, afin d'obtenir des cercles aussi réguliers que possible, d'environ 20 cm de diamètre et 2,5 mm d'épaisseur.*

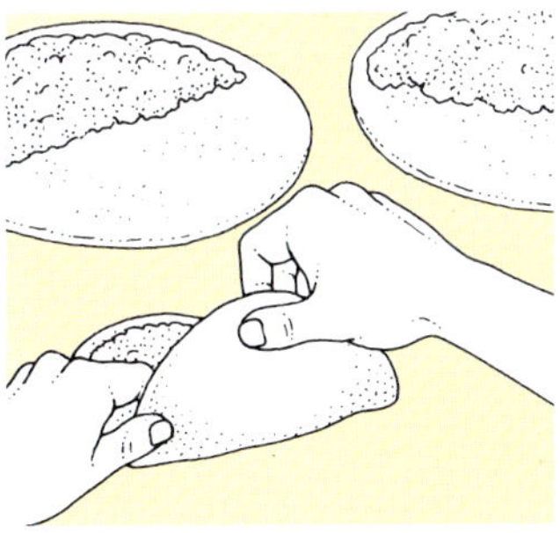

2 *Badigeonnez les cercles avec de l'huile d'olive et disposez 3 ou 4 cuillères à soupe de farce sur chaque rond de pâte. Dorez le bord de chaque cercle à l'œuf battu, puis repliez les ronds en deux, en veillant à ce que la farce ne déborde pas. Pressez les bords pour les souder.*

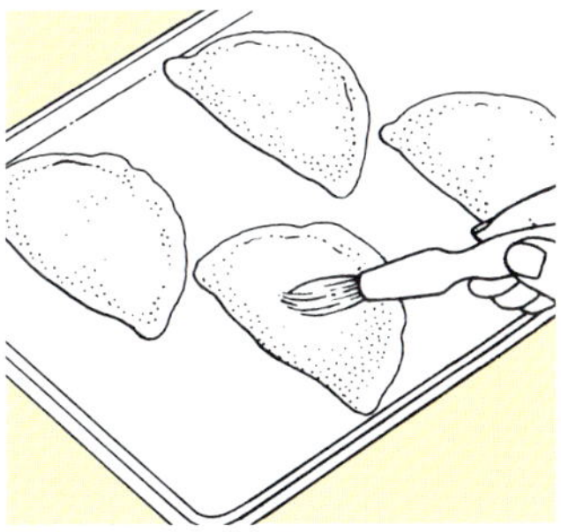

3 *Dorez la surface des chaussons à l'œuf battu. Disposez-les sur une ou deux plaques à pâtisserie huilées et faites cuire au four préchauffé à 220 °C, Th. 7, pendant 10 à 15 minutes, jusqu'à ce que la croûte soit croustillante et dorée. Servez sans attendre.*

SUGGESTIONS DE GARNITURES

- Garnissez avec de fines lamelles de mozzarella, d'emmenthal, de gruyère ou de gorgonzola.
- Le fromage de chèvre, le gorgonzola ou d'autres fromages à pâte persillée mélangés avec de la ricotta donnent une garniture moelleuse et relevée.
- Mes enfants adorent les pizzas garnies de fines rondelles d'oignons recouvertes de fromage râpé, ou encore d'épinards cuits et bien égouttés parsemés de lamelles de mozzarella.
- Des lanières de poivrons grillés et pelés (voir page 55), des tomates et des courgettes coupées en tranches sont délicieuses sur une pizza. Recouvrez le tout de fromage.
- Les oignons sautés dans du beurre, surtout les variétés rouges, le gorgonzola émietté et le jambon de Parme forment une excellente association.
- Faites revenir de fines tranches de fenouil et mélangez-les à du fromage de chèvre.
- Les noix ajoutent toujours une note originale : faites revenir de la frisée dans de l'huile d'olive avec quelques câpres et des olives noires dénoyautées, ajoutez des pignons, des noix hachées et du fromage de chèvre. Vous pouvez aussi napper la pâte de sauce au pistou (voir page 207) et la recouvrir de pignons et de parmesan.
- Coupez des champignons chinois en fines rondelles, ajoutez de l'ail haché, de la coriandre moulue et fraîche, un peu de piment et un bon filet d'huile. Ces champignons conviennent particulièrement bien car ils contiennent moins d'eau que d'autres variétés.
- Mariez de fines rondelles de pommes avec de la ricotta, de l'ananas frais avec du gorgonzola.
- Thon en boîte égoutté, ail écrasé et herbes aromatiques hachées sont également excellents. L'aneth apporte une touche d'originalité bienvenue.
- Faites cuire dans un peu de beurre des encornets coupés en rondelles et ajoutez un mélange de coques, moules, crevettes et chair de crabe. Prévoyez toujours du persil et des herbes aromatiques avec les fruits de mer.
- Coupez les saucisses sèches en fines rondelles (chorizo, salami, coppa, par exemple) et ajoutez du fromage.
- On peut faire frire dans de l'huile des mini-calzone d'environ 10 cm de diamètre. Elles sont excellentes à l'apéritif ou en pique-nique. Préparez-les en suivant la recette ci-contre.
- Si vous le pouvez, utilisez des tomates fraîches pour préparer votre sauce (voir page 206). N'oubliez pas de la faire réduire jusqu'à ce qu'elle ait la consistance souhaitée.
- On trouve parfois de la pâte de tomates séchées au soleil. Elle enrichit la saveur d'une sauce tomate. On peut tout simplement en napper la pâte avant de disposer les autres ingrédients.

PÂTES AU SAUMON ET AU HADDOCK *(80)*

Ce délicieux plat est aussi agréable à déguster qu'à regarder. Il n'est pas nécessaire d'ajouter du parmesan. *POUR 6 PERSONNES*

350 g de brocoli, nettoyés et coupés en petits bouquets
400 g de petites pâtes (coquilles)
2 cuillères à soupe d'huile d'olive
40 g de beurre
2 grosses gousses d'ail, hachées fin
1 morceau de gingembre frais de 2,5 cm, épluché et haché fin
400 g de filets de saumon, sans la peau, coupés en morceaux de 2,5 cm
350 g de filets de haddock fumé, sans la peau, coupés en morceaux de 2,5 cm
3 cuillères à soupe de crème fraîche
2 cuillères à soupe de fromage blanc
sel et poivre noir

Faites cuire les brocoli dans de l'eau bouillante salée pendant 3 à 4 minutes, puis égouttez-les et réservez-les. Faites cuire les pâtes *al dente* dans une grande quantité d'eau bouillante salée.

Pendant ce temps, mettez l'huile d'olive et le beurre dans une poêle, à feu moyen. Ajoutez l'ail et le gingembre hachés, et faites cuire pendant 2 minutes. Ajoutez le saumon et le haddock puis mélangez avec une cuillère en bois pendant 4 à 5 minutes, jusqu'à ce que le poisson soit cuit. Ajoutez les brocoli cuits, puis la crème et le fromage blanc, salez et poivrez. Retirez la poêle du feu.

Égouttez les pâtes et rincez-les à l'eau froide. Faites-les réchauffer dans la poêle rincée, puis mettez-les dans le plat de service préchauffé. Ajoutez la sauce, mélangez-la rapidement aux pâtes à l'aide d'une cuillère en bois et servez aussitôt.

CANNELLONI À LA DINDE ET AU FENOUIL *(85)*

Dans cette recette, les pâtes à lasagne sont enroulées autour d'une farce à base de dinde hachée, de fenouil et de poivron rouge. On obtient ainsi de gros cannelloni qu'on nappe d'une riche sauce au fromage. *POUR 4 PERSONNES*

3 cuillères à soupe d'huile d'olive
1 gros poivron rouge, vidé, épépiné et haché (voir page 49)
1 gros bulbe de fenouil, nettoyé et haché (voir page 46)
8 pâtes à lasagne vertes, sans précuisson
2 ou 3 gousses d'ail, hachées
1 cuillère à café de macis moulu
500 g de dinde, hachée
1 cuillère à soupe de parmesan râpé
POUR LA SAUCE
25 g de beurre
25 g de farine
60 cl de lait
125 g de fromage, râpé gros
sel et poivre noir

Huilez légèrement un plat à gratin rectangulaire. Versez l'huile d'olive dans une grande poêle, à feu moyen. Ajoutez le poivron et le fenouil hachés, remuez puis couvrez. Laissez cuire pendant 10 à 15 minutes, en remuant de temps en temps.

Pendant ce temps, placez les lasagne dans un récipient d'eau chaude additionnée de quelques gouttes d'huile. Laissez-y ramollir les pâtes pendant 8 à 12 minutes, jusqu'à ce qu'elles soient suffisamment souples pour être pliées, mais pas trop pour ne pas risquer de se déchirer. Égouttez-les séparément sur un plan de travail.

Lorsque les légumes sont tendres, ajoutez l'ail et remuez pendant 1 à 2 minutes ; augmentez le feu et incorporez le macis, puis la dinde hachée. Remuez avec une cuillère en bois, à feu vif, jusqu'à ce que la viande se soit désagrégée, et faites cuire pendant encore 5 minutes. Salez et poivrez. Placez la préparation dans une jatte et laissez légèrement refroidir.

Déposez un peu de farce au milieu de chaque pâte, puis enroulez la pâte autour de la farce. Disposez les cannelloni côte à côte, dans un plat à gratin, le joint vers le bas.

Préparez la sauce : faites fondre doucement le beurre dans une casserole. Retirez du feu et, à l'aide d'une cuillère en bois, mélangez la farine. Mouillez avec le lait, remettez sur le feu et portez à ébullition. Remuez sans cesse, jusqu'à ce que la sauce ait épaissi. Retirez la casserole du feu, ajoutez le fromage râpé et remuez jusqu'à ce qu'il soit fondu. Goûtez et rectifiez l'assaisonnement si nécessaire.

Versez progressivement la sauce sur les cannelloni, en la laissant couler dans le fond du plat. Parsemez les pâtes de parmesan. Faites cuire au milieu du four préchauffé à 190 °C, Th. 5, pendant 35 à 40 minutes, jusqu'à ce que le fromage soit légèrement doré.

PÂTES AU POULET ET À L'ESTRAGON *(83)*

L'association du poulet, de l'estragon et de la crème est toujours très appréciée. Pour donner davantage de couleurs, préparez ce plat en mélangeant des pâtes nature et des pâtes colorées, aux épinards ou à la tomate. *POUR 6 PERSONNES*

375 g de tagliatelle ou de nouilles
1 cuillère à soupe d'huile d'olive
40 g de beurre
1 oignon rouge, épluché et émincé
400 g de blancs de poulets, coupés en petits morceaux
125 g de petits champignons de Paris, coupés en deux si nécessaire
30 cl de crème fraîche
1 petite poignée d'estragon frais, haché gros
2 cuillères à café de vinaigre blanc
sel et poivre gris
parmesan râpé, pour servir

Faites cuire les pâtes *al dente* dans une grande quantité d'eau bouillante salée. Pendant ce temps, faites chauffer l'huile d'olive et le beurre dans une grande poêle, à feu moyen. Ajoutez l'oignon émincé et faites-le fondre tout en remuant, puis ajoutez le poulet et faites cuire encore 3 minutes. Ajoutez les champignons et remuez pendant 1 minute supplémentaire.

Ajoutez la crème et l'estragon haché puis portez à ébullition ; retirez du feu et versez progressivement le vinaigre ; salez et poivrez.

Lorsque les pâtes sont cuites, égouttez-les et rincez-les à l'eau froide. Faites-les réchauffer dans la casserole rincée et placez-les dans le plat de service chaud. Versez la sauce au poulet sur les pâtes, mélangez directement et servez aussitôt avec du parmesan râpé.

GRATIN DE PÂTES *(80)*

Lorsque je souhaite faire plaisir à ma famille, je propose ce délicieux gratin de pâtes. Vous pouvez le préparer à l'avance et le réchauffer au dernier moment.

POUR 6 PERSONNES

125 g de tagliatelle ou d'autres pâtes plates
500 g d'épinards, débarrassés de leur tige, lavés et égouttés
1 cuillère à soupe d'huile de tournesol
500 g de viande hachée
1 cuillère à soupe de purée de tomates
2 grosses gousses d'ail, hachées fin
8-10 feuilles de sauge, hachées fin
3-4 pincées de piment de Cayenne
40 g de beurre
2 cuillères à café de macis moulu
40 g de farine
90 cl de lait
125 g de fromage râpé
sel et poivre gris

Faites cuire les pâtes *al dente* dans une grande quantité d'eau bouillante salée. Égouttez-les et rincez-les à l'eau froide, puis réservez-les. Pendant ce temps, faites cuire les épinards dans un peu d'eau bouillante, en couvrant la casserole, pendant 1 à 2 minutes. Ils doivent être tendres. Égouttez-les très soigneusement en les passant et réservez-les.

Faites chauffer l'huile de tournesol dans une poêle, à feu vif. Ajoutez la viande hachée et faites-la dorer, puis ajoutez la purée de tomates, l'ail haché et les feuilles de sauge. Faites bouillir, en remuant, pendant 3 à 4 minutes et relevez la préparation avec du piment de Cayenne et du sel. Versez le tout dans un grand plat à gratin, lissez la surface et couvrez avec les feuilles d'épinards.

Faites fondre le beurre dans une casserole, ajoutez le macis puis, hors du feu, ajoutez la farine. Remuez jusqu'à ce que le roux soit bien lisse, puis mouillez avec le lait. Remettez sur le feu et portez à ébullition pendant 3 minutes. Retirez du feu, salez et poivrez. Versez la moitié de la sauce sur les épinards. Disposez les nouilles cuites sur la sauce et nappez-les avec le reste de sauce. Parsemez de fromage râpé et faites cuire au four préchauffé à 200 °C, Th. 6, pendant 25 à 35 minutes, jusqu'à ce que la sauce soit bien dorée.

SPAGHETTI AUX NOIX, AU PERSIL ET AU GORGONZOLA *(80)*

Cette recette illustre parfaitement la facilité avec laquelle on peut transformer de simples pâtes en un plat délicieux et raffiné. Les noix se combinent merveilleusement avec le gorgonzola, tandis que le persil apporte une petite note fraîche très agréable.

POUR 4 PERSONNES

5 cuillères à soupe d'huile d'olive
2 gousses d'ail, hachées fin
50 g de noix, pilées
2 poignées de persil frais, haché fin
2 cuillères à soupe d'eau très chaude
125 g de gorgonzola, grossièrement émietté
250-300 g de spaghetti
sel et poivre gris
parmesan râpé, pour servir

Faites chauffer à feu doux 2 cuillères à soupe d'huile d'olive. Ajoutez l'ail et remuez pendant 30 secondes, à feu doux, puis ajoutez les noix pilées et le persil haché ; faites cuire pendant 1 minute.

Ajoutez le reste d'huile et l'eau chaude, puis le gorgonzola. Remuez jusqu'à ce que le fromage commence à fondre. Salez et poivrez abondamment, puis retirez du feu, couvrez et réservez.

Faites cuire les spaghetti *al dente* dans une grande quantité d'eau bouillante salée, puis égouttez-les et rincez-les à l'eau froide. Faites-les réchauffer dans la casserole rincée puis ajoutez la sauce, en mélangeant délicatement. Transférez les pâtes dans le plat de service chaud, accompagné de parmesan râpé.

PAPILLONS AUX BOULETTES DE VIANDE *(80)*

Cette recette est très pratique pour un dîner entre amis car vous pouvez préparer les boulettes à l'avance et les faire réchauffer au dernier moment. Accompagnez les pâtes d'une simple salade verte ou, pour les gros appétits, servez à part des haricots verts ou des fèves.

POUR 3-4 PERSONNES

400 g de porc ou de veau, haché
2 cuillères à café de coriandre moulue
1 cuillère à café de graines d'aneth
8-10 feuilles de sauge, hachées
4 pincées de piment de Cayenne
3 gousses d'ail, écrasées
2 cuillères à soupe d'huile d'olive
25 g de beurre
400 g de tomates pelées en boîte, concassées
1 cuillère à soupe de purée de tomates
1 poignée de basilic frais ou de livèche, hachés fin
400 g de pâtes (papillons)
sel et poivre noir
parmesan râpé

Pilez la viande dans une jatte pour bien l'amollir. Ajoutez la coriandre moulue, les graines d'aneth, les feuilles de sauge, le piment de Cayenne, la moitié de l'ail écrasé et un peu de sel. Mélangez soigneusement avec une cuillère en bois. Mouillez-vous les mains et formez de petites boulettes.

Faites chauffer l'huile d'olive et le beurre dans une grande poêle, à feu vif. Ajoutez les boulettes et faites-les dorer doucement. Baissez le feu puis ajoutez le reste d'ail, les tomates et la purée de tomates. Salez, poivrez et laissez bouillir la sauce pendant 4 ou 5 minutes. Retirez la poêle du feu.

Peu de temps avant de passer à table, faites cuire les pâtes *al dente* dans une grande quantité d'eau bouillante salée, puis égouttez-les et rincez-les à l'eau froide. Faites-les réchauffer à feu doux dans la casserole rincée puis mettez-les dans le plat de service chaud.

Faites réchauffer les boulettes et la sauce, ajoutez le basilic ou la livèche au dernier moment. Versez la sauce et les boulettes sur les pâtes et servez aussitôt avec du parmesan râpé.

PIZZA AUX POIS CHICHES ET AUX POIREAUX *(80)*

Cette pizza est idéale pour les végétariens, du fait qu'elle ne comporte pas de viande. La pâte est préparée avec de la levure de boulanger lyophilisée que l'on mélange directement à la farine. Cela permet de gagner du temps car la pâte ne lève qu'une fois avant d'être garnie. Faites cuire la pizza sur une grande plaque ou dans un moule à tarte. À cet égard, une pizza rectangulaire est plus facile à couper et à partager qu'une ronde. Les pois chiches et la menthe apportent une note orientale très agréable à cette pizza qui, en outre, peut se déguster froide.

POUR 4-5 PERSONNES

POUR LA PÂTE
375 g de farine
1 sachet de levure lyophilisée
3 cuillères à café de sel
25 cl d'eau tiède
2 cuillères à soupe d'huile d'olive
POUR LA GARNITURE
400 g de pois chiches en boîte, égouttés
1 poignée de menthe fraîche, hachée fin
2 gousses d'ail, hachées fin
2 tomates, hachées
125 g de champignons noirs, émincés
1 cuillère à café de graines de cumin
2 cuillères à soupe de purée de tomates
2 cuillères à soupe d'huile d'olive
2 petits poireaux, nettoyés et émincés
50 g de feta
sel et poivre gris

Beurrez une grande plaque ou un moule à tarte. Versez la farine dans une jatte et ajoutez la levure et le sel. Ajoutez l'eau et l'huile d'olive, et mélangez bien avec une cuillère en bois pour obtenir une pâte que vous pétrirez sur un plan de travail. Travaillez-la avec les paumes de la main pendant 5 à 10 minutes, jusqu'à ce qu'elle soit lisse et élastique. À l'aide d'un rouleau à pâtisserie, étalez la pâte à la taille de la plaque ou du moule. Glissez-la sur la plaque et enfermez le tout dans un sac en plastique pendant 45 à 60 minutes. Laissez la pâte monter modérément dans un endroit tiède.

Pendant ce temps, préparez la garniture. Écrasez grossièrement à la fourchette les pois chiches, puis ajoutez les feuilles de menthe, l'ail écrasé, les tomates hachées, les champignons, les graines de cumin, la purée de tomates et l'huile d'olive. Salez et poivrez. Mélangez le tout avec une grande cuillère.

Lorsque la pâte est prête, badigeonnez-la d'huile d'olive. Étalez la préparation sur la pâte, en laissant une marge de 1,5 cm sur le pourtour. Garnissez de poireaux puis émiettez le fromage par-dessus. Faites cuire dans la partie supérieure du four préchauffé à 230 °C, Th. 8, pendant environ 15 minutes, jusqu'à ce que les bords soient bien dorés.

CANNELLONI AU CRABE ET AU SAUMON *(80)*

Dans cette exquise recette aux fruits de mer, des pâtes à lasagne vertes sont mises à tremper dans de l'eau tiède, farcies puis nappées avec une béchamel bien crémeuse. C'est un plat idéal pour un dîner entre amis. Accompagnez-le tout simplement d'une salade verte. Vous pouvez le préparer à l'avance et profiter ainsi pleinement de vos amis. Ce plat peut être servi en entrée; les proportions conviennent alors pour 6 personnes.

POUR 4 PERSONNES

8 pâtes à lasagne vertes (sans précuisson)
250 g de chair de crabe (fraîche ou en conserve)
750 g de filets de saumon, sans la peau, coupés en morceaux de 1 cm
3-4 cuillères à café de câpres
3-4 pincées de piment de Cayenne
1 œuf, blanc et jaune séparés
40 g de beurre
2 grosses gousses d'ail, hachées fin
40 g de farine
45 cl de lait
30 cl de crème fraîche
sel et poivre gris
parmesan râpé

Beurrez un plat à gratin suffisamment grand. Remplissez une jatte d'eau chaude, ajoutez quelques gouttes d'huile. Laissez-y ramollir les pâtes pendant 8 à 12 minutes, jusqu'à ce qu'elles soient suffisamment souples pour être pliées, mais pas trop pour ne pas risquer de se déchirer. Égouttez-les séparément sur un plan de travail pendant que vous préparez la farce.

Mettez la chair de crabe dans une jatte avec les morceaux de saumon et les câpres, assaisonnez avec le piment de Cayenne et un peu de sel, puis ajouter le blanc d'œuf tout en remuant soigneusement avec une cuillère en bois.

Déposez un peu de farce au milieu de chaque pâte, puis enroulez la pâte autour de la farce au crabe. Disposez les cannelloni côte à côte, dans un plat à gratin, le joint vers le bas.

Préparez la sauce : faites fondre doucement le beurre dans une casserole et ajoutez l'ail, faites cuire pendant 1 à 2 minutes, en remuant, puis retirez du feu. À l'aide d'une cuillère en bois, ajoutez aussitôt la farine tout en remuant, puis mouillez progressivement avec le lait. Mélangez délicatement, jusqu'à ce que la sauce ait épaissi. Ajoutez la crème fraîche. Remettez la casserole sur feu vif, sans cesser de remuer. Laissez bouillir à feu doux, en remuant, pendant 3 à 4 minutes. Retirez du feu, salez et poivrez et incorporez le jaune d'œuf.

Nappez les cannelloni de cette sauce et parsemez généreusement de parmesan râpé. Faites cuire au milieu du four préchauffé à 180 °C, Th. 4, pendant 40 minutes, jusqu'à ce que le dessus soit doré.

TAGLIATELLE VERDI AUX CALMARS ET À LA SAUCE VERTE *(80)*

Les calmars sont un ingrédient idéal lorsqu'on prépare une sauce pour des pâtes, car ils cuisent très rapidement. D'ailleurs, il convient de ne pas prolonger leur cuisson, car ils risqueraient alors de devenir caoutchouteux. Correctement cuisinés, les calmars sont aussi tendres que savoureux. Toutefois, leur préparation est réputée délicate et on hésite souvent à s'y aventurer; une fois que l'on maîtrise la technique, cette opération peut même devenir amusante.

POUR 6 PERSONNES

500-600 g de petits calmars
400 g de tagliatelle vertes
125 g d'épinards, frais, débarrassés de leurs tiges, lavés et égouttés
18 cl de crème fraîche
4 cuillères à soupe d'huile d'olive
12 cl de vin blanc sec
2 gousses d'ail, hachées fin
1 poignée d'aneth, haché gros
sel et poivre gris

Lavez et préparez les calmars (voir page 126). Réservez les tentacules et coupez le corps en rondelles. Réservez.

Faites cuire les tagliatelle *al dente* dans une grande quantité d'eau bouillante salée.

Pendant ce temps, préparez la sauce. Mettez les épinards dans un robot et mixez les feuilles aussi finement que possible; ajoutez la crème et mixez à nouveau.

Faites chauffer 3 cuillères à soupe d'huile d'olive dans une grande poêle à feu moyen, puis ajoutez le vin, les calmars, l'ail et remuez pendant 30 secondes. Versez les épinards à la crème dans la poêle, portez à ébullition et laissez cuire pendant 1 minute; salez, poivrez et retirez du feu. Tenez la sauce au chaud, en la couvrant avec du papier d'aluminium ou un couvercle.

Lorsque les tagliatelle sont cuites, égouttez-les et rincez-les à l'eau froide. Remettez-les dans la casserole rincée avec 1 cuillère à soupe d'huile d'olive, afin qu'elles ne collent pas entre elles, et faites-les réchauffer. Ajoutez les calmars et la sauce à la crème ainsi que l'aneth haché. Mélangez bien, présentez le tout dans un plat de service chaud et servez aussitôt.

NOUILLES CHINOISES AUX LÉGUMES *(86)*

Vous pouvez servir cette recette végétarienne délicieusement parfumée en plat principal. Préparez les nouilles et les légumes à l'avance, afin de n'avoir plus qu'à les faire rapidement cuire juste avant de servir. *POUR 4 PERSONNES*

250 g de nouilles chinoises
2 cuillères à soupe d'huile d'arachide, plus un peu pour enrober les nouilles
2 grosses gousses d'ail, hachées fin
1 morceau de gingembre de 2,5 cm, épluché et haché fin
2 cuillères à café de cinq-épices
500 g de petites tomates, coupées en quartiers
3-4 pincées de piment de Cayenne
400-500 g de courgettes, coupées en bâtonnets de 2,5 cm de large
175 g de germes de soja frais
2 cuillères à café de cassonade
2 cuillères à soupe de sauce soja
1 poignée de feuilles de coriandre fraîches, hachées gros

Faites cuire les nouilles dans une grande quantité d'eau bouillante salée, pendant environ 3 minutes, jusqu'à ce qu'elles soient bien tendres; égouttez-les, rincez-les à l'eau froide et réservez-les. Ajoutez un peu d'huile d'arachide pour éviter qu'elles ne collent.

Versez l'huile dans une poêle ou un wok, à feu moyen, et ajoutez l'ail, le gingembre et le cinq-épices. Mélangez pendant 1 minute, puis ajoutez les tomates, le piment de Cayenne et les courgettes. Remuez sur le feu, pendant environ 5 minutes, jusqu'à ce que les bâtonnets de courgette soient tendres mais encore croquants.

Ajoutez les nouilles cuites, les germes de soja, la cassonade et la sauce soja. Remuez pendant 1 minute, pour faire chauffer les derniers ingrédients. Ajoutez les feuilles de coriandre hachées. Présentez dans un plat de service chaud.

PÂTES AUX NAVETS ET AU CHORIZO *(80)*

Contrairement à ce que l'on croit généralement, les navets permettent de réaliser des recettes très variées. Celle-ci les associe de façon très réussie avec des poivrons grillés, du chorizo et des poireaux. Vous pouvez remplacer le chorizo par des *kabanosy*, longues saucisses polonaises fumées au bois de genévrier.

POUR 4 PERSONNES

2 gros poivrons jaunes, coupés en deux dans la longueur et épépinés (voir page 49)
250-300 g de pâtes (torsettes, nouilles ou spaghetti)
4 cuillères à soupe d'huile d'olive
250 g de chorizo, coupé en rondelles
400 g de petits poireaux, émincés
400 g de navets nouveaux, émincés
sel et poivre noir
parmesan râpé, pour servir

Placez les moitiés de poivron sous le gril, intérieur tourné vers le bas, jusqu'à ce que la peau soit brûlée par endroits. Enveloppez-les dans un linge, jusqu'à ce que vous puissiez les manipuler. Pelez-les avec les doigts, puis coupez-les en fines lanières. Réservez. Faites cuire les pâtes *al dente* dans une grande quantité d'eau bouillante salée.

Pendant ce temps, faites chauffer 2 cuillères à soupe d'huile d'olive dans une grande poêle, à feu vif. Ajoutez les rondelles de chorizo et remuez pendant 1 à 2 minutes. Ajoutez le reste d'huile d'olive et les poireaux et mélangez pendant 1 à 2 minutes, le temps qu'ils se ramollissent légèrement. Ajoutez les navets, sans cesser de remuer. Terminez en ajoutant les poivrons, puis salez et poivrez.

Égouttez et rincez les pâtes à l'eau froide. Remettez-les dans la casserole rincée et faites-les réchauffer doucement. Glissez-les dans le plat de service chaud, ajoutez la garniture, mélangez et parsemez de parmesan râpé.

PÂTÉS ET TERRINES

À l'origine, on distinguait le pâté, préparation à base de viande de porc enfermée dans une croûte en pâte, de la terrine, où la farce cuit directement dans un plat. Aujourd'hui, la distinction entre les deux formes est moins précise. Personnellement, je regroupe sous le terme de « pâtés » les mélanges lisses, qu'ils soient ou non cuits dans des plats, tandis que les terrines ont pour moi une connotation plus « rustique », en ce sens qu'elles sont formées de couches successives de viande grossièrement hachée et de graisse de porc, parfois enveloppées dans de fines tranches de lard fumé. Le lard apporte son goût propre et évite que la viande ne se dessèche en cours de cuisson. Faire cuire la terrine dans un bain-marie (voir page 216) permet également de limiter le dessèchement des ingrédients. Si vous souhaitez inclure des oignons ou d'autres légumes dans votre recette de terrine, faites-les revenir au préalable dans un peu de beurre.

Autrefois, les terrines étaient surtout un mode de conservation de la viande. Aujourd'hui, bien que le saindoux et le foie en constituent encore les principaux ingrédients, on inclut généralement d'autres produits pour décorer et parfumer les recettes. De nombreuses volailles, telles que la dinde, le poulet, le canard, le faisan et le pigeon, se prêtent à la préparation de terrines. Le gibier et le lièvre apportent un goût puissant très caractéristique. Le foie de porc et de génisse a un goût prononcé qu'on atténue en faisant tremper les abats au préalable dans du lait.

Les pâtés se servent en entrée. Les terrines peuvent constituer un repas léger si on les accompagne d'une salade verte. Une fois cuites, les terrines sont tassées à l'aide de poids; il est ainsi plus facile de couper des tranches nettes. Lors d'une soirée-buffet, disposez-les joliment sur un plat ou une assiette. Les pâtés et terrines de poissons ou de légumes sont tout à fait différents des préparations à base de viande. Généralement servis en entrée ou à l'occasion d'un buffet froid, ils peuvent être légers et diététiques : il suffit d'utiliser du fromage blanc ou du yaourt. Certains pâtés ou terrines de poissons ou de légumes ressemblent plus à des mousses épaisses qu'à de véritables pâtés.

Les terrines de poissons fumés, tels que maquereau, truite, kipper et saumon, très faciles à préparer, rencontrent toujours un vif succès. Elles peuvent également farcir des œufs durs, des tomates ou d'autres légumes. Les terrines de poisson frais, cuites au bain-marie comme des terrines à base de viande, sont très délicates. La chair du poisson est réduite en purée, puis additionnée de blanc d'œuf et souvent de crème fraîche; on obtient ainsi un résultat mousseux et aérien.

Les terrines de légumes peuvent s'élever au rang de chefs-d'œuvre artistiques, mais sont malheureusement souvent longues et difficiles à confectionner, car les légumes exigent une préparation très minutieuse. Personnellement, je préfère servir un mélange de légumes appétissants, disposés sans trop de soin, plutôt que de consacrer beaucoup de temps à la réalisation d'un plat esthétique. L'assaisonnement des pâtés et des terrines revêt une importance toute particulière. Fades ou mal épicées, ces préparations ne présentent plus d'intérêt.

Il existe de nombreuses recettes de pâtés, terrines, mousselines et mousses, très différentes les unes des autres. La nature des ingrédients utilisés ainsi que leur mode de cuisson permettent d'obtenir des résultats extrêmement variés. Il vous sera très facile d'adapter une recette de base, afin d'obtenir une préparation originale et exotique tout à fait personnelle.

Dans le sens des aiguilles d'une montre, en partant du haut : Terrine en croûte (page 105), à base de veau, de dinde, de porc et de foies de volaille, présentée sur un fond de pâte parfumé au romarin; Terrine chaude de poisson (page 105) au macis et aux baies roses, préparée avec du haddock, du carrelet et du saumon, servie avec une sauce au fromage et à l'estragon; Mousse de navets à l'ail (page 104), parfumée avec du miel et du macis et accompagnée d'une sauce toute simple à base de yaourt et de coriandre fraîche; Terrine de légumes (page 104), mélange coloré de légumes légèrement blanchis dans un aspic agréablement parfumé avec du vin; Terrine de canard, de poulet et de porc (page 104), aux pruneaux et aux pistaches, parfumée avec de la liqueur d'orange, du jus d'orange et du macis, sur un lit de laitue et de concombre.

PÂTÉS

Les pâtés à la consistance lisse peuvent être préparés à partir de foie, de poulet, de gibier, de viande marinée, de poisson ou de légumes. Les ingrédients cuisent dans des récipients en terre, au bain-marie (voir page 216), ou dans une poêle. Dans ce dernier cas, ils sont ensuite réduits en purée puis placés dans un plat avant d'être recouverts de beurre clarifié. Vous pouvez remplacer le beurre clarifié (ci-dessous) par du beurre concentré, c'est-à-dire déshydraté. Il suffit alors de le faire fondre, puis de le laisser bouillonner pendant 1 minute avant de le passer au travers d'un chinois sur le pâté.

Les pâtés qui cuisent au four gagneront en saveur si vous ajoutez à la base des herbes, de la crème ou du fromage frais.

Les recettes que je préfère sont celles dont les ingrédients de base cuisent à la poêle, car elles sont très rapides. Avant de faire revenir la viande, des foies de volaille et des cubes de blancs de poulet par exemple, faites sauter dans un peu de beurre des champignons ou des petits lardons. Réduisez ensuite le tout en purée et ajoutez un peu de crème ; pour un résultat plus léger, préférez le yaourt ou le fromage frais. En procédant de cette façon, vous pourrez rectifier plus facilement l'assaisonnement : goûtez le pâté au dernier moment et ajoutez des épices si c'est nécessaire.

PÂTÉ DE FOIES DE VOLAILLE EXPRESS

C'est l'un des pâtés les plus rapides à préparer. Il sera encore meilleur si vous prenez le temps de faire tremper les foies dans un peu de lait pendant au moins 1 heure avant de les faire cuire, afin d'en adoucir le goût. Vous pouvez ajouter d'autres ingrédients, tels que champignons, oignons, lard ou même navets hachés menu ; prenez toutefois la précaution de les faire revenir au préalable car les foies ne doivent pas cuire longtemps.

Un bon pâté de foie doit présenter une consistance moelleuse et un goût délicat. Si vous souhaitez ajouter de l'ail, faites cuire au préalable les gousses non épluchées dans une poêle ou dans une casserole d'eau, avant de les ajouter aux foies. Leur goût sera ainsi légèrement sucré et ne relèvera pas la préparation comme le feraient des gousses crues. Vous pouvez enrichir les foies cuits avec un peu de beurre et/ou de crème ; le résultat n'en sera que plus délicat. Une ou deux cuillères à soupe de cognac, de xérès ou de marsala ajoutent également une petite note parfumée très agréable.

Pour 4 personnes, prévoyez 250 g de foies de volaille. Servez ce pâté avec du pain frais bien croustillant.

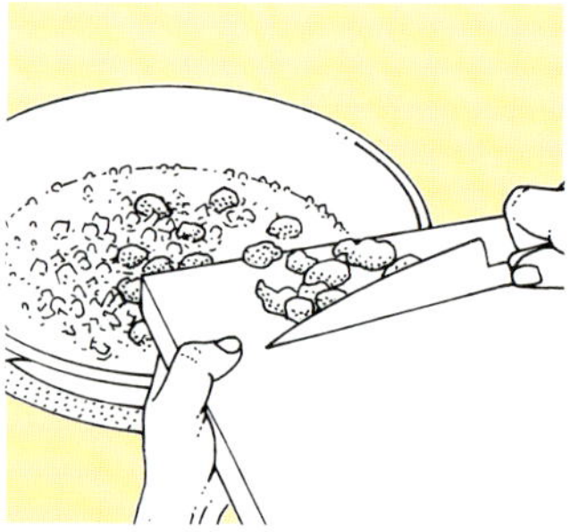

1 *Faites fondre 50 g de beurre dans une poêle, à feu doux ; ajoutez 1 cuillère à café de coriandre moulue et 1 petit oignon finement haché. Remuez puis ajoutez les foies de volaille égouttés et hachés ainsi que 1 ou 2 cuillères à soupe de cognac.*

2 *Remuez pendant environ 5 minutes, jusqu'à ce que les foies soient cuits. Versez cette préparation dans un robot ménager et ajoutez 25 g de beurre et 2 cuillères à soupe de crème fraîche. Réduisez en purée puis salez et poivrez.*

Un bon pâté de foies de volaille maison rencontre toujours un vif succès : rapide, facile et bon marché, c'est l'entrée idéale.

3 *Versez cette préparation dans un plat en terre, d'environ 1 litre de contenance, ou dans 6 petits ramequins, et lissez la surface. Faites fondre de 25 à 50 g de beurre clarifié (voir ci-contre) et versez-le délicatement sur le pâté. Réfrigérez le pâté pendant une journée, afin que les saveurs se mélangent.*

BEURRE CLARIFIÉ

Le beurre clarifié a été débarrassé des composants solides du lait ; il peut ainsi chauffer à une température plus élevée, sans brûler, et se conserve plus longtemps (environ 1 mois). C'est donc l'ingrédient idéal lorsqu'il s'agit de recouvrir un pâté. Clarifiez une quantité raisonnable de beurre à la fois ; vous le ferez fondre à mesure de vos besoins.

Faites fondre doucement le beurre dans une casserole à fond épais, puis filtrez-le au travers d'un chinois tapissé d'une mousseline. Laissez reposer puis versez le beurre dans un pot ou sur le pâté, comme dans la recette ci-contre.

PURÉE D'AUBERGINES

J'ai appris à préparer cette délicieuse mousse dans un petit restaurant turc situé au-dessus du marché couvert d'Istanbul. La peau des aubergines doit brûler, afin de donner à la chair une délicieuse saveur fumée. Cette mousse d'aubergines est délicieuse servie sur des toasts. La saveur de cette recette étant particulièrement délicate, utilisez de préférence de l'huile de tournesol plutôt que de l'huile d'olive. Les quantités indiquées conviennent pour 4 personnes.

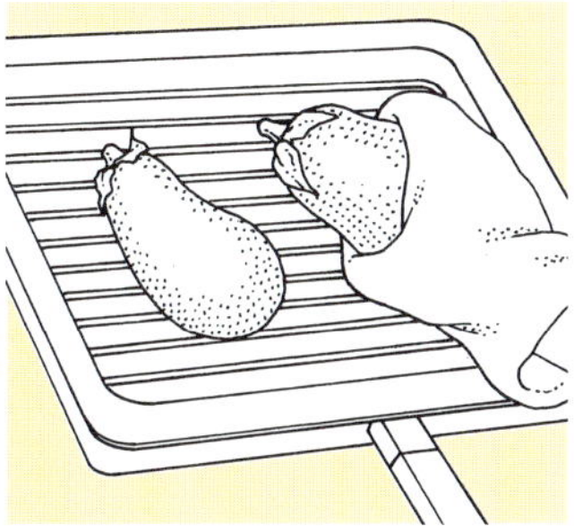

1 *Placez 2 aubergines sous le gril, à la température maximum, pendant 15 à 25 minutes, en les retournant une ou deux fois, jusqu'à ce que la peau soit brûlée. Plongez les aubergines chaudes dans de l'eau froide.*

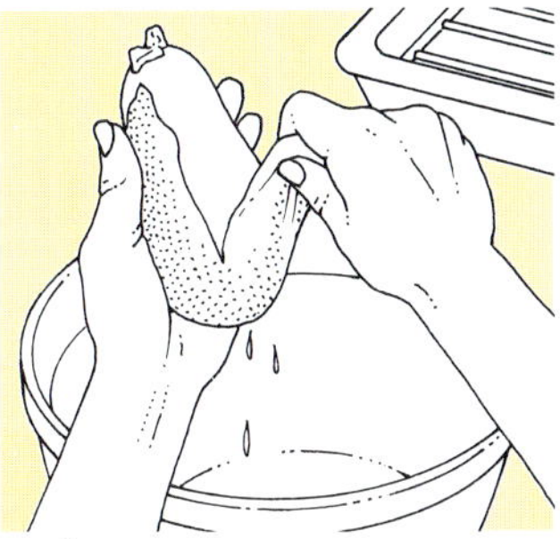

2 *Épluchez les aubergines avec les doigts. Pressez la chair contre les parois d'un tamis de nylon, en la tassant avec une cuillère en bois, pour en extraire le plus de liquide possible. Mettez la chair dans le bol d'un robot ménager. Ajoutez 1 cuillère à soupe de jus de citron.*

3 *Mixez en ajoutant peu à peu de 3 à 5 cuillères à soupe d'huile de tournesol, jusqu'à ce que la préparation soit bien lisse. Plus vous ajouterez d'huile, plus la purée sera mousseuse. Salez, poivrez et versez le tout dans un moule. Parsemez d'herbes hachées.*

La purée d'aubergines (à gauche) et la mousse de truite saumonée, faciles à préparer, sont idéales pour un dîner informel.

MOUSSE DE POISSON FUMÉ

Si vous possédez un robot ménager ou un mixeur, vous pourrez réaliser très facilement et rapidement de délicieuses mousses.

À l'occasion d'un dîner entre amis, vous pourrez servir cette mousse dans une écorce de citron ou d'orange évidée. Présentée tout simplement sur quelques feuilles de laitue et parsemée d'herbes hachées, cette entrée est toujours très appréciée. Toutes les variétés de poisson fumé (sans la peau) conviennent, notamment le maquereau, le kipper, la truite, le saumon et la truite saumonée. Vous pouvez remplacer le fromage blanc par du yaourt ou du fromage frais. Pour 6 personnes.

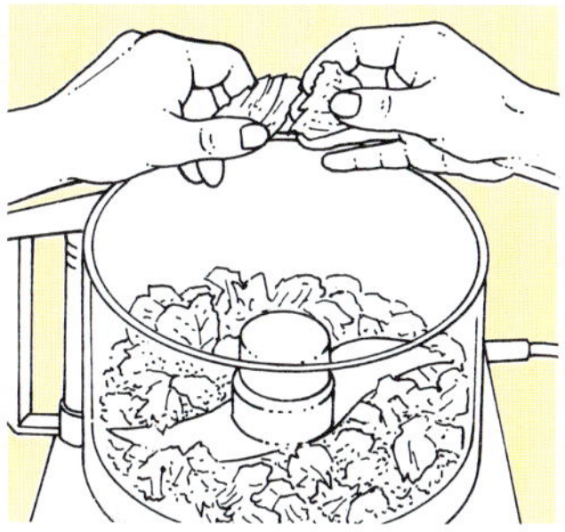

1 *Mettez 400 g de poisson fumé émietté dans un robot ménager avec 75 g de beurre, 125 g de fromage blanc, 4 cuillères à soupe de crème, 1 cuillère à café de sucre en poudre et 1 petite gousse d'ail écrasée (facultatif). Mixez pour obtenir une purée lisse.*

2 *Ajoutez progressivement 1 cuillère à soupe de jus de citron et rectifiez l'assaisonnement avec du sel et du piment de Cayenne. Ajoutez 1 cuillère à soupe d'aneth ou de fenouil haché; réservez-en quelques brins pour décorer.*

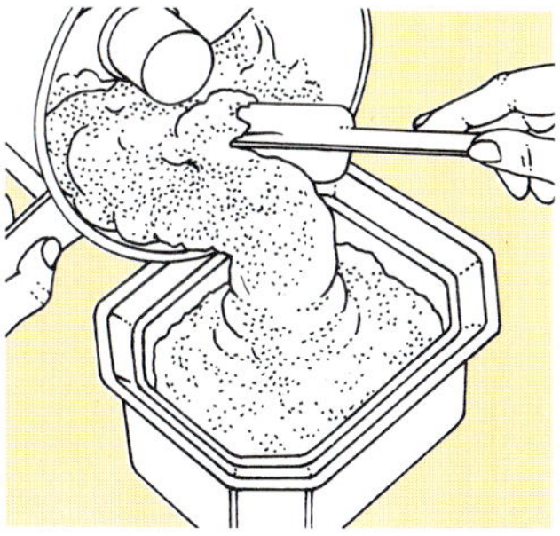

3 *Versez la préparation dans une petite terrine ou, mieux, dans une écorce de citron ou d'orange. Couvrez la terrine de papier d'aluminium et réfrigérez. Avant de servir, garnissez d'aneth ou de fenouil.*

QUELQUES CONSEILS

- Pour parfumer votre pâté de foies de volaille et apporter une touche plus personnelle, vous pouvez ajouter des oignons rouges hachés et revenus dans un peu de beurre, du fenouil ou des champignons, quelques abricots secs hachés menu, des pruneaux ou des pistaches.
- Avant de verser votre beurre clarifié sur le pâté, pensez à disposer quelques feuilles entières, de persil ou de laurier, sur la préparation. Elles transparaîtront joliment lorsque le beurre aura refroidi.
- Certaines épices moulues se marient à merveille avec les préparations à base de viande; il s'agit notamment de la coriandre, du macis, du piment de la Jamaïque et de la cannelle.
- Le zeste de citron ou d'orange haché apporte une saveur délicate qui convient à la plupart des pâtés.
- Pour obtenir un pâté de foies de volaille encore plus délicat, remplacez une partie des foies par du blanc de poulet coupé en petits morceaux et revenus dans du beurre.
- Les mousses de poisson fumé, de légumes ou de légumes secs sont particulièrement appétissantes lorsqu'on les présente dans des poivrons, des tomates ou des avocats évidés (dans ce cas vous pouvez incorporer la chair de l'avocat additionnée d'un peu de jus de citron dans la préparation).
- Pour préparer une mousse de saumon fumé express, hachez grossièrement des chutes de saumon fumé et mélangez-les avec du fromage blanc ou frais; parfumez la préparation avec de l'aneth haché, 1 ou 2 cuillères à soupe de moutarde en grains et un trait de jus de citron.

TERRINES DE VIANDE

J'adore préparer ce type de recettes, qui peuvent, avec un peu de soin, devenir de véritables petites œuvres d'art. La réalisation de ces terrines ne pose pas de problème : il suffit de disposer délicatement des morceaux de viande et de foie en les agrémentant de noix, de fruits secs ou d'olives pour obtenir, lors du démoulage, une ravissante mosaïque d'ingrédients de couleurs et de formes variées.

Dans les terrines, la viande est généralement coupée en petits morceaux ou en lamelles à la main, mais on peut en hacher une partie dans un robot ménager si l'on veut combiner des consistances différentes. Il est préférable de faire mariner la viande pendant deux ou trois jours dans un mélange à base de vin, d'huile et d'épices, afin qu'elle soit encore plus savoureuse et tendre. Lorsque la cuisson est terminée, placez un poids sur la terrine, afin qu'elle soit plus facile à couper en tranches.

Grâce à leur consistance compacte, les terrines peuvent être transportées très facilement, en pique-nique ou chez des amis, lorsque vous devez vous charger d'une partie du repas. Elles font également de délicieux en-cas pour les petits creux de la journée. En outre, les terrines sont encore meilleures deux ou trois jours après leur préparation. N'hésitez donc pas à les cuisiner à l'avance.

TERRINE À LA VIANDE

Toutes les formes de moules et de plats conviennent pour cette terrine. Toutefois, elle donne tout son effet lorsqu'on la prépare dans un moule à tarte et qu'on la démoule au moment de servir. Les tranches de lard ne sont pas indispensables, mais elles apportent du moelleux à la préparation.

On peut également faire cuire cette préparation dans une terrine et la présenter telle quelle, en garnissant le dessus avec des feuilles de laurier et des baies de genièvre. Si vous souhaitez un aspect digne des professionnels, badigeonnez la surface avec un peu de gelée de poulet refroidie (voir page 33). Pour 8 à 10 personnes.

1 *Mélangez 500 g de viande de porc à braiser hachée ou en petits dés, 250 g de foie de porc haché, 1 oignon haché, 2 gousses d'ail écrasées, 3 cuillères à soupe de cognac ou de xérès, 1/2 cuillère à café de piment de la Jamaïque moulu, 1 cuillère à café de sauge séchée, du sel et du poivre. Laissez mariner pendant au moins 8 heures, ou mieux toute une nuit.*

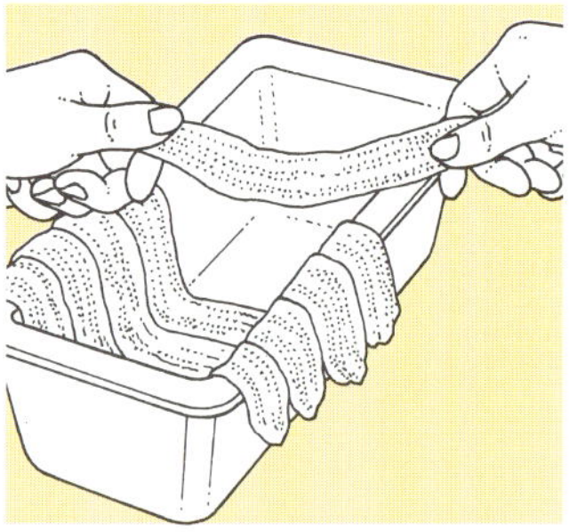

2 *Découpez 2 blancs de poulet, de canard ou de faisan en lanières puis salez et poivrez. Mélangez les morceaux et couvrez. Coupez 250 g de lard découenné en tranches fines (voir page 149) et tapissez-en le fond d'un moule beurré de 1,5 litre (moule à cake ou terrine), en laissant retomber les tranches sur les côtés.*

3 *Vérifiez l'assaisonnement : faites frire un peu de viande marinée, goûtez et ajoutez sel, poivre et épices si nécessaire. Disposez les morceaux de viande marinée et de volaille, en alternant les couches, dans le moule tapissé de lard. Rabattez les tranches de lard qui dépassent sur la viande. Couvrez avec du papier d'aluminium beurré.*

Terrines et pâtés en croûte peuvent combiner les ingrédients de votre choix.

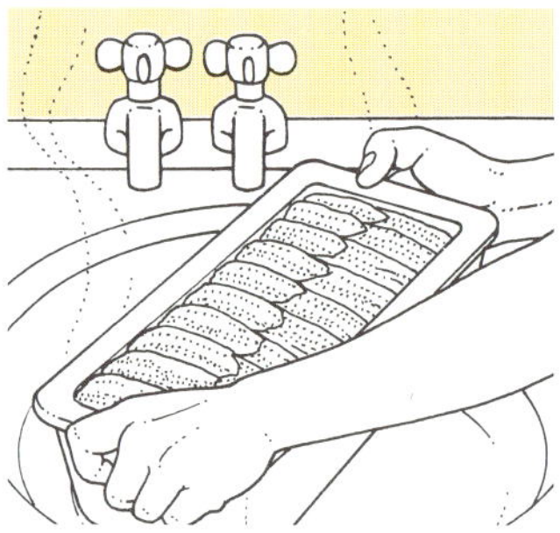

4 *Faites cuire au bain-marie (voir page 216), au four, à 180 °C, Th. 4, pendant 1 heure 30. Sortez la terrine, laissez-la refroidir et couvrez-la d'un poids. Laissez au réfrigérateur pendant environ 2 jours. Pour servir, trempez le fond du moule dans un récipient d'eau chaude, retirez l'aluminium et démoulez. Découpez en fines tranches.*

PÂTÉ EN CROÛTE

Il s'agit tout simplement d'envelopper dans une pâte brisée une préparation à base de viande (gibier, faisan, lapin ou lièvre), de noisettes et de fruits secs. Ce type de plat est toujours très apprécié, surtout lors d'une soirée-buffet. Veillez à ce que la pâte ne soit fendue à aucun endroit, afin que le jus ne puisse pas s'écouler, et percez une cheminée pour laisser la vapeur s'échapper. La pâte s'affaisse parfois à la base, mais cela n'a pas d'incidence sur le goût final. Après cuisson, vous pouvez garnir l'intérieur du pâté en croûte avec de l'aspic (voir page 33) additionné de gélatine ; versez-le par la cheminée. Ainsi, l'intérieur du pâté restera bien ferme et compact.

Cette recette convient pour 8 personnes. Prévoyez 375 g de farine, 1/2 cuillère à café de sel, 175 g de beurre et 3 ou 4 cuillères à soupe d'eau pour la pâte (voir page 246).

Commencez par préparer la marinade : mélangez 500 g de gibier, de porc ou de veau en lamelles, 250 g de jambon cru coupé en dés, 250 g de saindoux, 1 oignon haché, 2 gousses d'ail écrasées, du sel, du poivre, 1 ou 2 cuillères à soupe d'herbes aromatiques fraîches et un peu de cognac ou de xérès.

1 *Placez la viande et sa marinade dans une grande jatte en verre et laissez mariner pendant toute une nuit, en remuant lorsque cela est possible. Vérifiez l'assaisonnement : faites frire une cuillère à soupe de préparation, goûtez et rajoutez alors si cela est nécessaire du sel et du poivre.*

2 *Ajoutez des pistaches, des grains de poivre vert, des olives dénoyautées ou des abricots secs en morceaux. Étalez un peu moins de la moitié de la pâte en une abaisse ovale d'environ 5 mm d'épaisseur. Placez-la sur une plaque beurrée.*

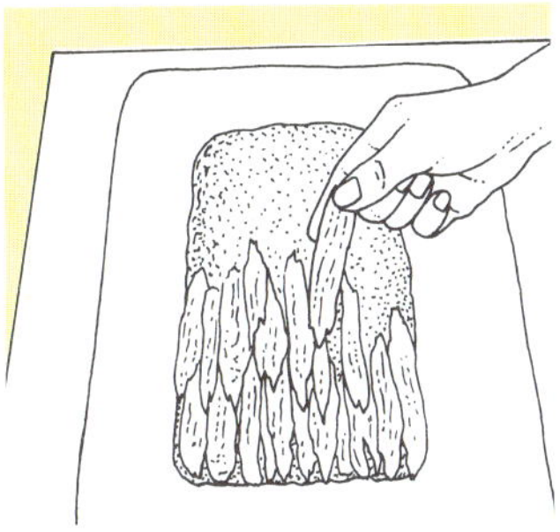

3 *Découpez en lanières 200 g de gibier ou de viande supplémentaire (par exemple du faisan, du pigeon, du lièvre ou du porc). Disposez les ingrédients marinés en une masse au centre de la pâte, en alternant les couches avec les lanières de viande. Dorez le pourtour de la pâte à l'œuf battu.*

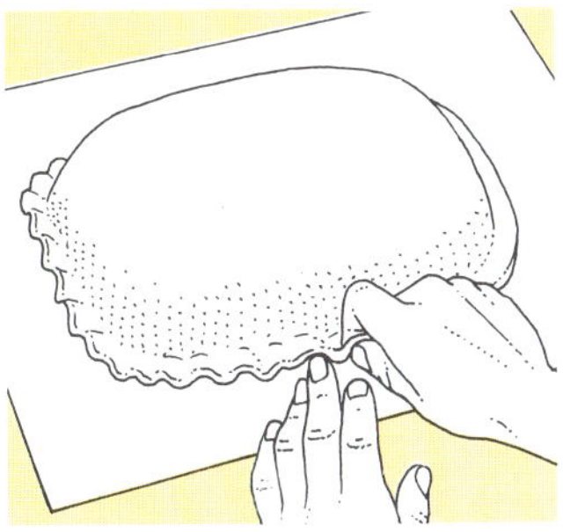

4 *Étalez le reste de pâte en une abaisse suffisamment grande pour recouvrir toute la préparation. Disposez-la par-dessus en superposant les deux épaisseurs de pâte, recoupez les bords et scellez-les avec les doigts. Ménagez deux trous dans la pâte. Roulez à nouveau les chutes pour former des éléments décoratifs (voir page 245).*

5 *Dorez la pâte à l'œuf battu, fixez les décorations et dorez le tout à nouveau. Réfrigérez pendant 20 minutes. Faites cuire le pâté pendant 15 minutes à 200 °C, Th. 6, puis baissez la température à 180 °C, Th. 4, et laissez cuire 1 heure encore. Sortez le pâté du four et laissez-le refroidir.*

6 *Préparez 30 cl d'aspic : faites dissoudre 2 cuillères à café de gélatine en poudre dans 30 cl de fond de volaille ou de porc (voir page 28). Laissez refroidir avant de verser cet aspic par les cheminées. Réfrigérez pendant au moins 1 heure avant de servir. Présentez le pâté sur un plat et découpez-le à l'aide d'un couteau-scie.*

PARFUMER ET COLORER UNE TERRINE

• Les terrines se prêtent à toutes les fantaisies. Vous pouvez par exemple associer des viandes de couleurs différentes (canard, dinde, pigeon, porc, jambon cru) en les disposant en couches successives ou selon des motifs plus compliqués. De longues lanières de viande enroulées autour de feuilles d'épinards blanchies donneront, lorsque vous couperez la terrine en tranches, un motif circulaire très décoratif.

• Vous pouvez également entrelarder la viande de morceaux de pistaches, de noix ou d'amandes, d'abricots secs, de pêches, de pruneaux, d'olives noires ou vertes farcies, de morceaux de poivrons ou encore de zestes d'orange ou de citron blanchis.

• Les terrines de porc et de volaille se marient bien avec les litchis. Au préalable, faites mariner la viande dans du xérès additionné de petits morceaux de gingembre frais. Des grains de poivre vert ou des baies roses parfument agréablement la plupart des terrines. Les baies de genièvre sont excellentes avec le lièvre.

• On peut parfumer les marinades avec de nombreux vins et alcools. Le vin, blanc ou rouge, le xérès, le vermouth, le cognac ou le porto comptent parmi ceux qu'on utilise le plus souvent. Le jus de fruits frais apporte une note parfumée très agréable. Mélangez le vin, l'alcool ou le jus de fruits avec de l'huile d'olive, des herbes aromatiques, de l'oignon, de l'ail, du gingembre ou d'autres épices, telles que clous de girofle moulus, piment de la Jamaïque, macis, coriandre et cannelle.

• Faites mariner les viandes foncées, comme le lièvre, dans une marinade à base de vin, et les viandes plus claires, comme le poulet ou la dinde, dans une marinade à base de yaourt.

• Ajoutez des foies de volaille hachés à votre terrine. La consistance finale sera beaucoup plus moelleuse.

• Ajoutez toujours une petite quantité de saindoux ou de lard gras haché à la viande principale. Celle-ci ne risquera pas de se dessécher en cours de cuisson et sa consistance sera plus agréable.

• Si vous servez la terrine en tranches, directement dans les assiettes, vous pouvez la présenter sur une purée de fruits ou de légumes : essayer de réduire en purée des tomates fraîches cuites additionnées de jus d'orange, ou des prunes cuites mixées avec du vinaigre de xérès.

MOUSSES ET MOUSSELINES

Les mousses salées froides ou chaudes ont toutes en commun leur légèreté. Dès lors que l'assaisonnement est réussi, elles constituent toujours des entrées très raffinées. La base de la préparation est une purée très lisse à base de viande ou de volaille, de poisson ou de légumes crus ou cuits. Dans les recettes de mousse chaude, ces purées sont liées avec des jaunes d'œufs puis allégées par des blancs d'œufs battus en neige ; on ajoute parfois de la crème. Les mousses chaudes sont cuites au four ou à la vapeur. Les quenelles, quant à elles, sont pochées.

Les mousses froides sont en fait des purées enrichies de mayonnaise (voir page 202) ou de béchamelle (voir page 196), et de crème fouettée. On ajoute souvent un peu de gélatine dissoute dans du bouillon ou de la gelée, de façon parcimonieuse, afin que la mousse ne devienne pas caoutchouteuse. On incorpore parfois des blancs d'œufs pour alléger davantage encore la mousse. Comme c'est le cas pour les terrines de poisson et de légumes (voir page 102), on peut parfumer la base d'une mousse avec de petits morceaux de légumes, de noix, de fruits de mer, de poisson ou simplement d'herbes aromatiques hachées.

La mousseline s'obtient en incorporant délicatement des blancs d'œufs et de la crème à une purée crue de poisson (fumé ou non), de volaille ou de viande blanche. Tous les ingrédients doivent être froids, afin que le mélange soit bien ferme. Les mousselines entrent dans la préparation de terrines, mais elles peuvent également être servies seules, après cuisson au four, dans un bain-marie. Utilisez la recette de la mousseline pour préparer les quenelles.

MOUSSES FROIDES

La mousse de concombre est une délicieuse recette que vous pourrez servir lors d'un buffet froid. Pour préparer d'autres mousses, il vous suffira de remplacer le concombre par 300 g de poisson écrasé, de carottes râpées ou de tomates hachées. Assaisonnez toujours copieusement la mousse, car le froid atténue les saveurs. La gelée est facultative, mais elle donne un fini qui ne manquera pas de ravir vos convives.

Utilisez de préférence un moule décoratif de 1,2 litre ou 8 ramequins individuels de 15 cl. Présentez la mousse sur un lit de salade croquante.

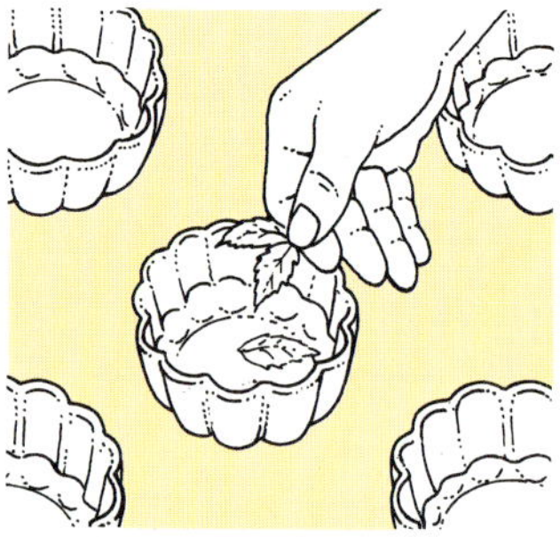

1 *Préparez 30 cl d'aspic (voir page 33) et utilisez-en la moitié pour tapisser le moule ou les ramequins. Laissez prendre au réfrigérateur, puis disposez quelques feuilles de menthe, de cerfeuil, d'aneth ou de persil sur le dessus, endroit vers le bas. Versez le reste de l'aspic et laissez prendre au réfrigérateur.*

2 *Épluchez, coupez en deux et épépinez 2 concombres. Râpez-les grossièrement puis ajoutez 2 cuillères à soupe de ciboule hachée et autant de menthe fraîche hachée. Ajoutez 150 g de fromage frais ramolli ou 150 g de fromage blanc, 2 cuillères à soupe de jus de citron. Salez et poivrez.*

3 *Faites dissoudre 1 sachet de gélatine en poudre dans 3 cuillères à soupe d'eau chaude, puis mélangez. Ajoutez ceci à la préparation principale. Fouettez 20 cl de crème fraîche et incorporez-la au mélange avant de le verser dans le moule. Laissez prendre au réfrigérateur. Décollez les bords, plongez le moule dans de l'eau chaude et démoulez.*

Mousse au concombre, servie avec des bâtonnets de carottes, des feuilles de menthe fraîche et des graines de sésame.

QUELQUES CONSEILS

• Si vous souhaitez renforcer la saveur d'une mousse, ajoutez de la purée de tomates, des olives, de l'ail, de la crème d'anchois, du curry ou encore des grains de poivre vert ou des baies roses.

• Les quenelles se servent généralement avec une sauce veloutée classique, Nantua par exemple (voir page 197), mais une béchamel parfumée au curry (voir page 196) convient tout aussi bien.

• Si vous avez de l'oseille dans votre jardin, faites réduire quelques feuilles dans un peu de beurre, hachez-les et faites réchauffer cette purée avec un peu de crème. Cette sauce, dont on peut renforcer la couleur en ajoutant quelques feuilles d'épinards, est délicieuse avec les mousses salées.

• Pour préparer rapidement une sauce froide, mélangez de la purée de légumes (voir page 53) et du fromage blanc ou du yaourt.

• Préparez une délicieuse sauce au safran : faites bouillir 30 cl de crème fraîche avec 2 gousses d'ail coupées en deux et une pincée de safran. Laissez refroidir et retirez l'ail avant de servir.

MOUSSELINES

Grâce au robot ménager, il est désormais possible de préparer de délicieuses mousselines et de succulentes terrines en un tournemain. Vous éviterez ainsi cette étape fastidieuse qui consiste à piler et battre les préparations à la main. Mais si vous souhaitez obtenir une purée extrêmement lisse, passez-la au travers d'un chinois.

La plupart des poissons à chair ferme, tels que la sole, l'églefin et le saumon, conviennent pour préparer une mousseline. Évitez les poissons gras tels que le hareng et le maquereau, trop riches, ainsi que certains fruits de mer, les coquilles Saint-Jacques notamment, pas assez fermes. Un peu de crème, des blancs d'œufs, du sel, du poivre et quelques épices, du paprika par exemple, sont les autres ingrédients nécessaires. Pour vérifier l'assaisonnement, faites pocher une petite quantité de préparation dans un peu d'eau ou de bouillon, goûtez et rectifiez si nécessaire.

Ajoutez toujours la crème dans le mélange froid pour obtenir une préparation ferme et aérée. Avant de commencer, préparez la glace pilée. Vous pouvez faire cuire vos mousselines dans de petits ramequins ou des moules beurrés, après avoir déposé dans le fond une préparation à base d'asperges, de tomates, de poivrons et de champignons légèrement cuits. Pour 6 personnes.

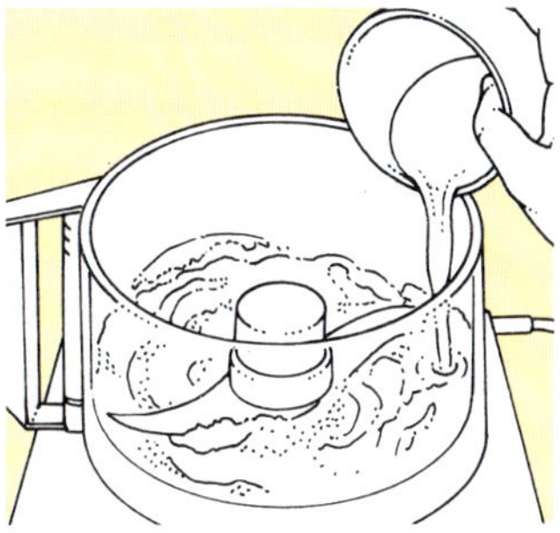

1 *Débarrassez 500 g de filets de poisson de leur peau et de leurs arêtes. Coupez-les en cubes, puis réduisez-les en purée dans un robot ménager. Ajoutez 2 blancs d'œufs, salez et poivrez copieusement. Versez la préparation mixée dans une jatte.*

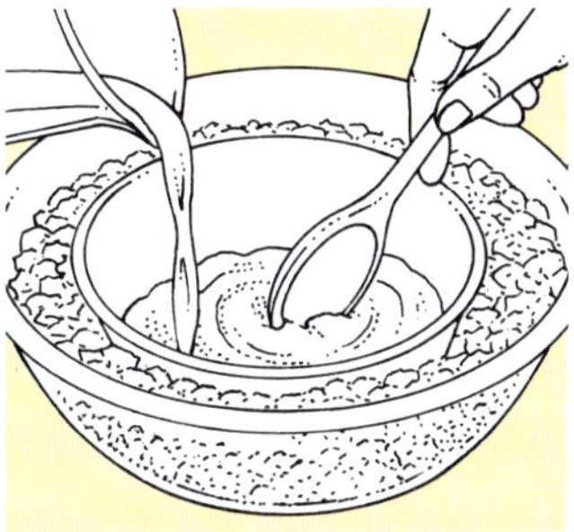

2 *Placez la jatte dans un grand saladier rempli de glace pilée, puis incorporez de 20 à 30 cl de crème liquide, selon le poisson utilisé; plus le poisson est ferme, plus il faut de crème. La préparation doit être épaisse et lisse.*

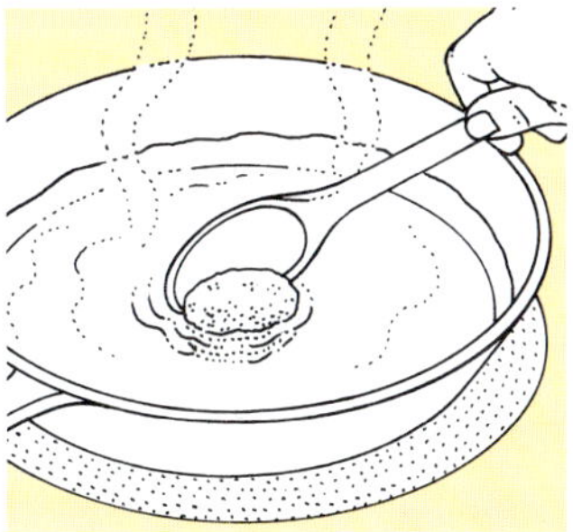

3 *Faites pocher une petite quantité dans un peu d'eau frémissante, pendant 3 minutes, et rectifiez l'assaisonnement au besoin. Versez la préparation dans un moule de 1 litre allant au four ou dans 6 ramequins de 15 cl, après avoir garni le fond de petits légumes cuits. Couvrez d'aluminium beurré.*

4 *Faites cuire au bain-marie (voir page 216), au four préchauffé à 180 °C, Th. 4, pendant 25 à 30 minutes, jusqu'à ce que le centre de la mousseline soit cuit. Décollez les bords à l'aide d'un couteau et démoulez les mousselines. Servez avec une sauce hollandaise ou une autre sauce à base de beurre (voir page 200).*

QUENELLES

La base des quenelles est la même que celle d'une mousseline classique. Une fois formées, les quenelles sont pochées à l'eau ou au fumet pendant quelques minutes. Utilisez deux cuillères à soupe pour donner une forme bien régulière à vos quenelles.

Les quenelles sont rapides à cuire et gagnent à être servies immédiatement ; c'est pourquoi nous vous conseillons de les conserver au réfrigérateur jusqu'au dernier moment. Réchauffez une bonne quantité de fumet de poisson (voir page 31) pendant que vous formez les quenelles. Faites cuire les quenelles six par six. Servez-les avec une sauce chaude au beurre (voir page 200). Pour environ 18 quenelles.

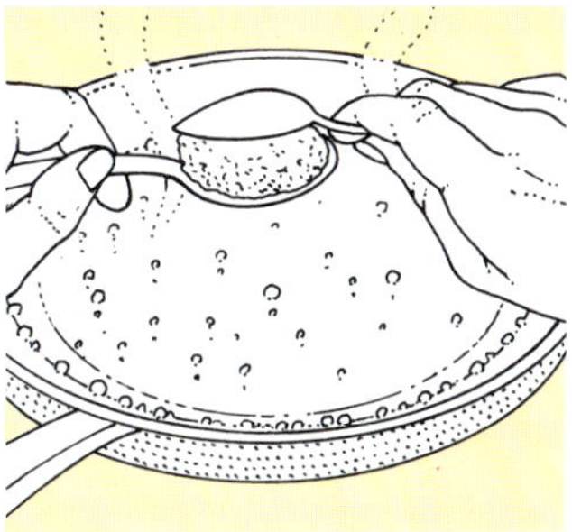

1 *Avec une première cuillère à soupe, prélevez un peu de pâte et lissez-la avec une deuxième cuillère. Travaillez au-dessus de la casserole de fumet frémissant. Faites glisser la quenelle dans la seconde cuillère en un mouvement rapide.*

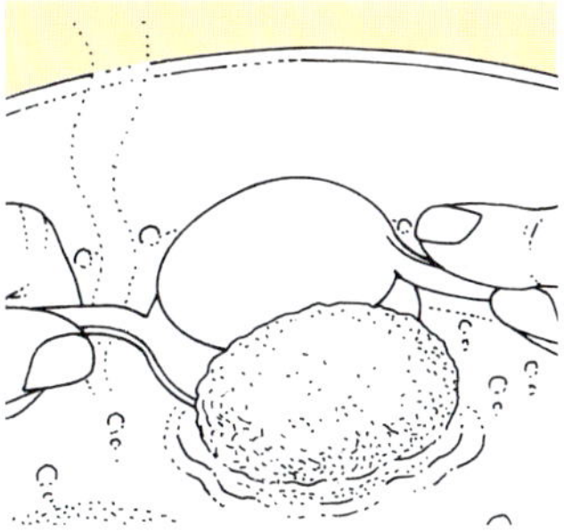

2 *Recommencez le même mouvement deux fois puis plongez la quenelle dans le fumet frémissant. Faites pocher les quenelles pendant 5 minutes, jusqu'à ce qu'elles soient fermes, en remuant la casserole pour les faire rouler. Sortez les quenelles à l'aide d'une écumoire et tenez-les au chaud.*

Ces succulentes quenelles (à gauche), servies ici avec une Sauce Nantua (page 197) peuvent être préparées avec n'importe quelle variété de poisson blanc. Les mousselines de saumon sont accompagnées d'une Sauce hollandaise (page 200) parfumée à l'aneth.

TERRINES DE POISSON ET DE LÉGUMES

Les terrines de poisson ou de légumes sont généralement servies comme entrées ; toutefois, elles peuvent tenir lieu de plat principal, à l'occasion d'un déjeuner léger en été. Contrairement aux terrines de viande qui se bonifient au bout d'un jour ou deux, les terrines de poisson et de légumes se conservent mal. Utilisez toujours des ingrédients très frais et portez une attention particulière à l'assaisonnement.

On utilise fréquemment des feuilles d'épinards pour tapisser le moule, car les tranches cernées de vert sont très appétissantes. Si vous procédez ainsi, utilisez de l'huile plutôt que du beurre pour graisser la terrine ; ainsi les feuilles brillent davantage.

Une terrine de poisson est l'entrée idéale pour ouvrir un repas à base de viande rouge. Les terrines chaudes sont véritablement irrésistibles. Elles constituent un plat léger toujours bienvenu en été. Les terrines de poisson se préparent comme des terrines de viande, avec des ingrédients crus. Toutefois, le temps de cuisson est plus court, car la chair du poisson doit conserver tout son moelleux. La plupart des terrines de poisson sont préparées à base d'une mousseline (voir page 101) dans laquelle on incorpore des morceaux de fruits de mer et de poisson, en rangs réguliers ou non selon l'effet recherché.

En revanche, les petites terrines de crevettes se préparent tout à fait différemment. Les crevettes grises sont plus difficiles à décortiquer, mais elles sont bien meilleures dans ce type de préparation que les bouquets. Ajoutez un peu de beurre clarifié (voir page 96), du macis et du piment de Cayenne. Démoulez et servez en entrée.

TERRINE DE POISSON

Vous pourrez préparer une excellente terrine de poisson, chaude ou froide, en adaptant une ou deux recettes différentes de mousseline. Le résultat est également très réussi lorsqu'on alterne soigneusement de longs bâtonnets de légumes cuits et des languettes de poisson ferme. Les variantes possibles sont infinies.

Les filets de sole, délicats et légers, permettent de réaliser des terrines très raffinées : tapissez-en le fond et les bords d'un moule beurré, la partie débarrassée de la peau vers l'intérieur, et préparez une mousseline de poisson fumé agrémentée d'herbes hachées, de pistaches et d'épices colorées, telles que curcuma ou paprika. Vous pouvez également tapisser le fond du moule avec des feuilles d'épinards blanchies et incorporer à la mousseline des herbes hachées ou 1 à 2 cuillères à soupe de xérès.

Servez les terrines chaudes avec une sauce tomate fraîche (voir page 206).

La mousseline de poisson fumé utilisée pour cette terrine est parfumée à la pistache, à la coriandre et au curcuma.

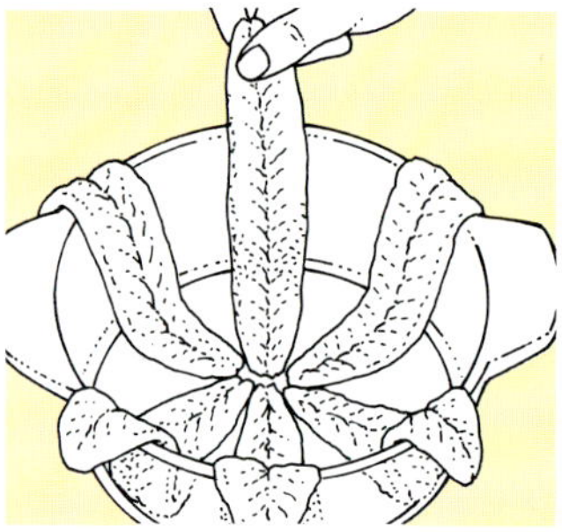

1 *Huilez légèrement un moule rond de 1,5 litre et tapissez-le avec un disque de papier sulfurisé beurré. Disposez 6 longs filets de sole ou de carrelet en étoile, en les laissant retomber sur les bords du moule. Laissez les filets se chevaucher au centre, car la chair rétrécit en cours de cuisson.*

2 *Préparez une mousseline à base de saumon fumé, en doublant les quantités de la recette page 101. Ajoutez 2 cuillères à café de curcuma, afin de colorer la préparation, puis incorporez quelques pistaches grossièrement pilées et des feuilles de coriandre finement hachées.*

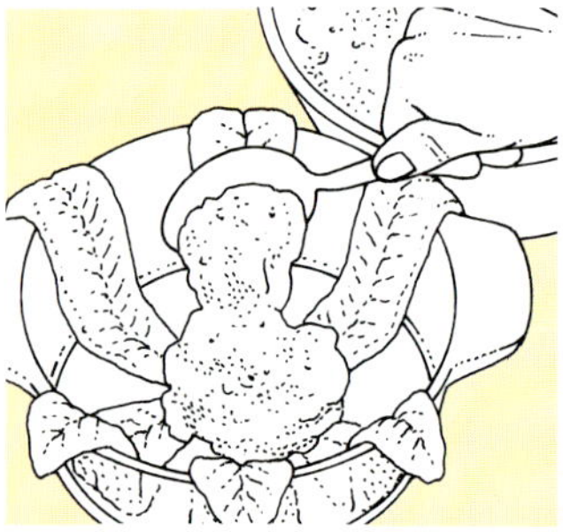

3 *Versez la mousseline dans le moule tapissé de poisson, en veillant à ce qu'elle remplisse bien tout le fond, notamment entre les filets. Tapotez délicatement le moule sur le plan de travail, pour que la mousseline remplisse les trous éventuels. Lissez la surface à la spatule et rabattez les filets sur la mousseline.*

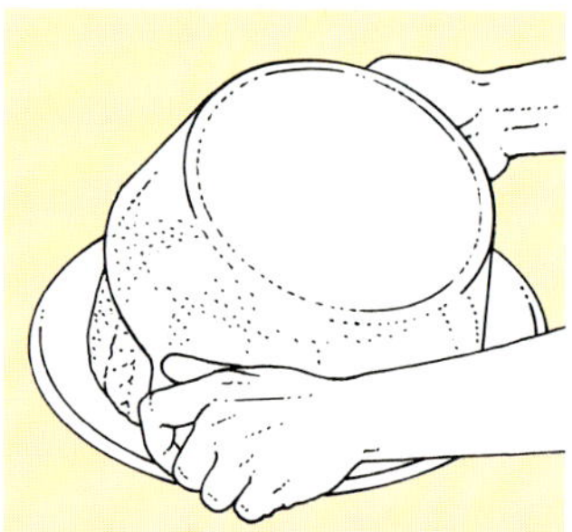

4 *Couvrez avec de l'aluminium beurré, puis faites cuire au bain-marie (voir page 216) au four préchauffé à 180 °C, Th. 4, pendant 50 minutes, jusqu'à ce que le centre de la terrine soit bien ferme. Laissez reposer quelques minutes puis démoulez sur un plat chaud. Coupez en parts et servez.*

TERRINE DE LÉGUMES

Cette recette permet d'obtenir de très jolies tranches, tout en contraste de couleurs, qui viendront égayer un buffet froid. La base se compose d'une crème salée au fromage. Choisissez des légumes aux couleurs vives tels que carottes, poireaux, poivrons rouges, haricots verts ou asperges et disposez-les délicatement en rangées ou en vrac. Si vous le souhaitez, vous pouvez tapisser le fond et les bords du moule de feuilles d'épinards préalablement blanchies pendant quelques minutes.

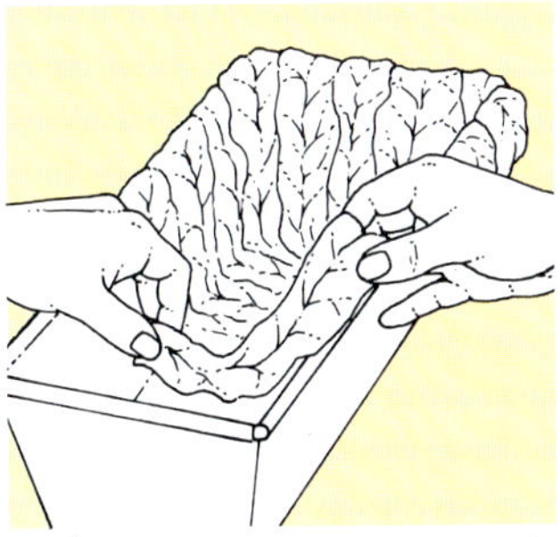

1 *Ébouillantez 250 g de grandes feuilles d'épinards. Laissez-les refroidir. Tapissez-en la base et les bords d'un moule à cake de 1 kg beurré, en bouchant tous les interstices.*

2 *Faites cuire à l'eau environ 500 g de légumes variés, jusqu'à ce qu'ils soient tendres. Commencez par ceux qui demandent la cuisson la plus longue, et ajoutez les autres à mesure. Égouttez tous les légumes.*

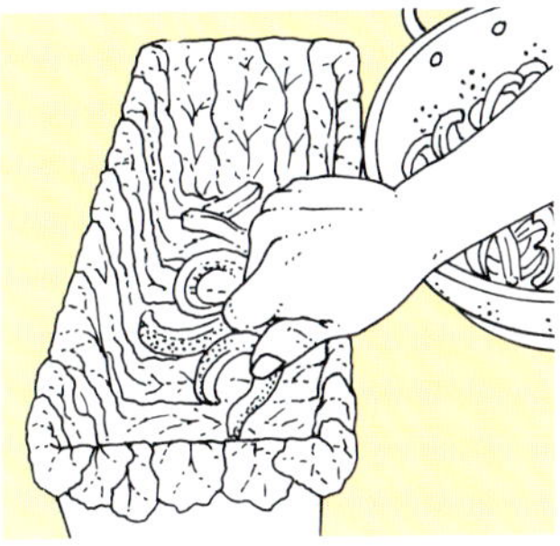

3 *Laissez refroidir les légumes et disposez-les dans le moule tapissé d'épinards. Mélangez consistances et couleurs, en salant et poivrant les couches successives.*

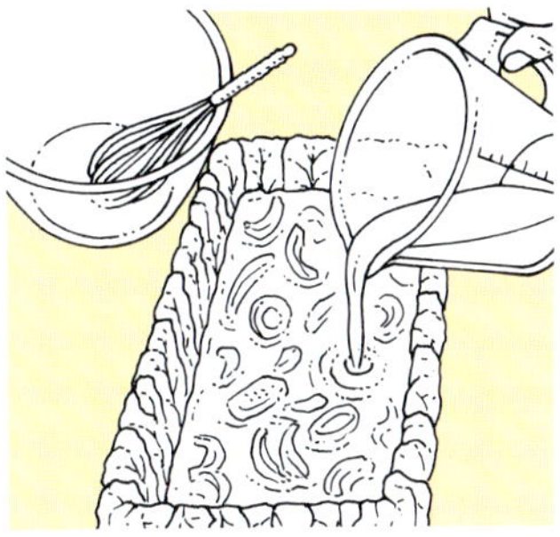

4 *Battez ensemble 1 œuf entier, 2 jaunes d'œufs et 30 cl de crème; salez, poivrez et ajoutez de la muscade râpée. Incorporez 50 g de fromage râpé et versez ce mélange sur les légumes. Repliez les feuilles d'épinards.*

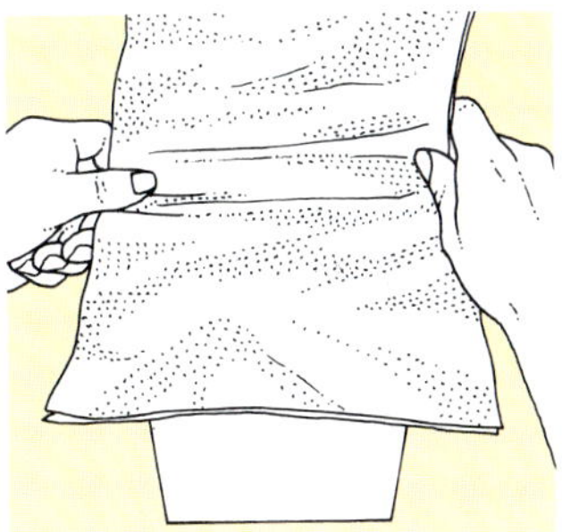

5 *Couvrez d'une double épaisseur d'aluminium beurré et faites cuire au bain-marie (voir page 216), au four à 180 °C, Th. 4, pendant 1 heure à 1 heure 15; le centre doit être cuit.*

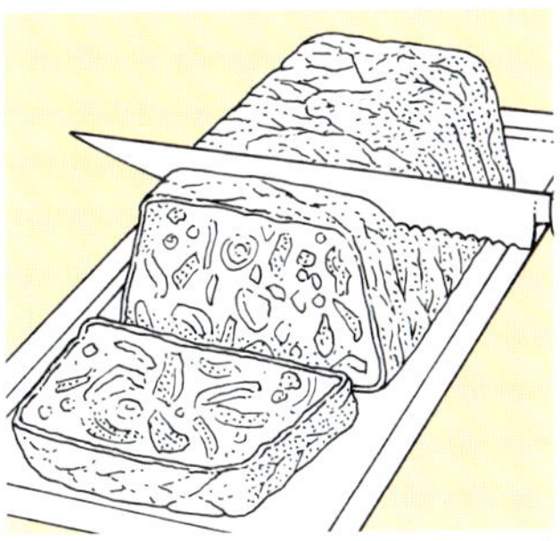

6 *Réfrigérez le moule avant de démouler la terrine sur un plat. Si la crème a débordé sur les feuilles, grattez-la délicatement. Coupez en tranches et servez.*

Le goût des différents légumes, leurs couleurs et le moelleux de la crème au fromage font de cette terrine un plat léger et rafraîchissant en été.

QUELQUES VARIANTES

- L'aspic de légumes est certainement l'un des plus jolis plats qui soient. Pour réussir un bon aspic, faites dissoudre un peu de gélatine dans du vin blanc chauffé allongé d'un peu d'eau, salé et poivré. J'ajoute parfois un peu de vinaigre de xérès. Dans un moule, disposez ensuite en couches successives des légumes cuits à la vapeur, de couleurs contrastantes. Couvrez chaque couche de gelée. Laissez chaque fois la gelée se solidifier au frais avant d'ajouter la couche de légumes suivante. Si vous êtes pressé, vous pouvez aussi mettre tous les légumes ensemble dans le moule et verser peu à peu la gelée par-dessus, jusqu'à ce que le moule soit bien rempli. Pour obtenir un effet décoratif, garnissez le fond du moule avec des herbes fraîches, qui apparaîtront lorsque l'aspic sera démoulé (voir la Terrine de légumes page 104).
- Voici une délicieuse recette de terrine d'automne : réduisez en purée du potiron avec quelques haricots beurre, relevez avec un peu de muscade et de moutarde et liez avec des œufs.
- Lorsque vous préparez une terrine de poisson, pensez à associer des espèces de teintes différentes. Le jaune orangé du poisson fumé se marie très bien avec le saumon et les crevettes ajoutent beaucoup de couleur. Le merlan, le cabillaud ou le carrelet peuvent servir de base blanche.
- Les fruits de mer, tels que moules, coquilles Saint-Jacques (avec leur corail), crevettes et homards apportent du goût et une consistance agréable aux terrines de poisson.
- Les terrines de poisson et de légumes sont délicieuses avec une sauce à base de poivrons, de tomates et de courgettes réduits en purée et assaisonnés d'huile et de vinaigre. Une sauce à base de yaourt ou de fromage blanc et de crème parfumée avec des herbes aromatiques est également succulente avec ce type de plats.
- Pour accompagner une terrine de poisson, parfumez de la crème fraîche avec un peu d'ail écrasé et de safran, portez à ébullition et laissez refroidir avant d'ajouter 1 ou 2 cuillères à café de vinaigre de xérès.
- Les timbales de légumes chaudes sont délicieuses en entrée avec une sauce. Assaisonnez bien une purée de légumes (navets, courgettes ou épinards) et liez-la avec des œufs ou des blancs d'œufs.

TERRINE DE LÉGUMES *(94)*

C'est la recette que je préfère. Pour obtenir une terrine vraiment savoureuse, il est primordial d'utiliser des ingrédients d'excellente qualité et d'une fraîcheur irréprochable. *POUR 6-8 PERSONNES*

60 cl de vin blanc
2 feuilles de laurier
1/2 cuillère à café de graines de carvi
1 grosse gousse d'ail, hachée
1 morceau de gingembre de 2,5 cm, épluché et haché fin
250 g de bouquets de brocoli, coupés en deux dans la longueur
300 g de petites courgettes, pelées et émincées
400 g de carottes nouvelles, coupées en fins bâtonnets
250 g de bouquets de chou-fleur, coupés finement dans la longueur
250 g de fèves surgelées
piment de Cayenne
1 1/2 sachet de gélatine en poudre
persil plat, pour décorer
1 gros poivron jaune, vidé, épépiné et haché fin (voir page 49)
sel

Faites bouillir le vin avec les feuilles de laurier, les graines de carvi, l'ail et le gingembre, puis couvrez et laissez mijoter pendant 25 minutes.

Pendant ce temps, faites blanchir séparément les bouquets de brocoli, les courgettes, les carottes et le chou-fleur dans de l'eau bouillante salée. Égouttez les légumes et passez-les aussitôt sous l'eau froide. Placez les fèves dans une jatte, arrosez-les d'eau bouillante et écossez-les.

Lorsque le vin parfumé est prêt, filtrez-le au travers d'un chinois, dans une jatte. Salez et relevez avec du piment. Saupoudrez de gélatine et remuez jusqu'à ce qu'elle soit complètement dissoute. Ne commencez à assembler la terrine que lorsque la gelée a presque complètement refroidi.

Versez une fine couche de gelée au fond d'un moule à cake de 1 kg. Déposez des feuilles de persil et réfrigérez jusqu'à ce que la gelée ait pris. Disposez ensuite les légumes en couches successives séparées par des fèves et des morceaux de poivron jaune. Versez peu à peu le reste de la gelée pour qu'elle coule entre les morceaux de légumes et les recouvre complètement. Réfrigérez la terrine pendant plusieurs heures jusqu'à ce qu'elle soit prise. Pour servir, plongez brièvement le moule dans une jatte d'eau chaude, puis démoulez la terrine sur un plat de service, en tapant doucement le bord du moule contre le plat. Découpez la terrine en tranches à l'aide d'un couteau-scie. Accompagnez d'une salade de laitue.

MOUSSE DE NAVETS À L'AIL *(94)*

Voici une façon de redécouvrir la douceur de l'ail cuit. *POUR 6 PERSONNES*

500 g de navets, hachés gros
1 tête d'ail, gousses séparées mais non épluchées
1 cuillère à café de paprika
1 gros œuf
1 blanc d'œuf
30 cl de crème fraîche
1 cuillère à café de miel
1 cuillère à café de macis moulu
sel et poivre gris
POUR LA SAUCE
30 cl de fromage blanc ou de yaourt
3 cuillères à café de vinaigre blanc
1 poignée de coriandre fraîche, hachée
sel
piment de Cayenne

Faites cuire les navets dans de l'eau salée avec les gousses d'ail, jusqu'à ce qu'ils soient tendres, puis égouttez-les.

Huilez généreusement un moule de 1,2 litre. Saupoudrez le fond de paprika en couvrant bien le centre. Placez un grand plat à gratin rempli à mi-hauteur d'eau bouillante dans le four préchauffé à 160 °C, Th. 3. Débarrassez les gousses d'ail de leur peau et mettez-les dans un robot ménager avec les navets, l'œuf, le blanc d'œuf, la crème, le miel et le macis. Faites tourner le moteur jusqu'à ce que vous obteniez une purée lisse, puis salez et poivrez. Versez cette préparation dans le moule préparé et posez-le dans le plat à gratin. Faites cuire de 30 à 40 minutes. La mousse doit être ferme. Sortez le moule du four et laissez-le légèrement refroidir avant de démouler la terrine sur le plat de service. Aidez-vous d'un couteau au besoin.

Préparez la sauce : mélangez le fromage blanc ou le yaourt, le vinaigre et la coriandre hachée avec du sel et du piment de Cayenne. Servez avec la mousse qui doit être dégustée à température ambiante.

TERRINE DE CANARD DE POULET ET DE PORC *(94)*

Préparez cette terrine deux jours à l'avance. Elle se conserve au réfrigérateur pendant une dizaine de jours. Servez-la avec du pain bien croustillant et une salade verte. La peau du canard apporte un goût caractéristique très agréable et permet, en outre, d'obtenir une terrine plus moelleuse. *POUR 8-10 PERSONNES*

2 magrets de canard, de 300 g environ
2 blancs de poulet, de 300 g environ
500 g de poitrine de porc, découennée et coupée en dés
2 gousses d'ail, écrasées
1 cuillère à café de macis moulu
1 cuillère à café de coriandre, hachée
zeste râpé et jus d'une orange
15 cl de cointreau ou de cognac
125 g de pruneaux, dénoyautés, coupés en quatre
50 g de pistaches décortiquées
375 g de fines tranches de bacon
grains de poivre
sel et poivre gris

Débarrassez les magrets de canard de leur peau puis coupez celle-ci en petits morceaux. Découpez le poulet et le canard en cubes de 1 cm. Mélangez ensemble la chair de volaille et la peau de canard, la poitrine de porc avec l'ail, le macis, la coriandre, le zeste et le jus d'orange, le cointreau et du poivre gris. Couvrez et réfrigérez pendant au moins 8 heures.

Placez un plat à gratin rempli à mi-hauteur d'eau au four préchauffé à 150 °C, Th. 2. Ajoutez les pruneaux, les pistaches et un peu de sel au mélange de viandes. Tapissez le fond et les bords d'une terrine ou d'un moule à soufflé avec la moitié du bacon puis versez la préparation, en la tassant soigneusement. Lissez la surface. Disposez le reste du bacon par-dessus et décorez avec quelques grains de poivre. Couvrez d'aluminium, placez le plat dans le bain-marie au four et faites cuire pendant 2 heures, jusqu'à ce que la terrine se décolle des bords du moule.

Lorsque le jus et la graisse ont commencé à refroidir, posez un poids sur l'aluminium et placez le tout au réfrigérateur. Sortez la terrine au moins 30 minutes avant de servir.

TERRINE CHAUDE DE POISSON *(94)*

J'aime servir cette terrine en plat principal, en l'accompagnant d'une sauce au fromage. J'ajoute généralement un peu de safran et une gousse d'ail écrasée en début de cuisson, afin que les saveurs aient le temps de se libérer dans la sauce. Servez avec des pommes de terre nouvelles, une salade ou des petits légumes verts. *POUR 4 PERSONNES*

400 g de filets de haddock, sans la peau, hachés gros
1 cuillère à café de macis moulu
2 œufs
2 blancs d'œufs
15 cl de crème fraîche
1 cuillère à café de feuilles d'estragon frais, haché
1 cuillère à café de baies roses
3-4 pincées de piment de Cayenne
1 filet de carrelet de 200 g environ, coupé en longues lanières
1 queue de saumon de 650 g environ, débarrassée de la peau et des arêtes, coupée en morceaux de 2 cm
sel

Réduisez le haddock en purée dans un robot. Ajoutez le macis, puis les œufs et les blancs d'œufs, un par un, en mixant soigneusement après chaque addition. Ajoutez progressivement la crème. Versez la préparation dans une jatte, ajoutez l'estragon et les baies roses, salez et relevez avec le piment de Cayenne. Couvrez et réfrigérez pendant au moins 30 minutes. Placez un plat à gratin rempli à mi-hauteur d'eau chaude dans le four préchauffé à 160 °C, Th. 3.

Beurrez généreusement une terrine de 1,2 litre et posez un morceau de papier sulfurisé beurré au fond du plat. Disposez les lanières de carrelet transversalement, en les séparant. Ajoutez les morceaux de saumon dans la préparation au haddock, mélangez délicatement et versez le tout dans la terrine. Couvrez d'un morceau d'aluminium beurré en soudant bien les bords. Percez deux petits trous sur le dessus, pour laisser la vapeur s'échapper.

Placez la terrine dans le plat au four et faites cuire pendant 1 heure à 1 heure 10, jusqu'à ce que les bords se soient légèrement décollés. Un couteau piqué au centre doit ressortir sec. Retirez l'aluminium et jetez le liquide qui s'est formé (vous pouvez l'utiliser dans votre sauce au fromage). Laissez reposer 5 minutes avant de démouler sur le plat de service chaud.

TERRINE EN CROÛTE *(94)*

La merveilleuse association de parfums et l'aspect rustique de cette terrine font de cette recette l'entrée idéale d'un déjeuner convivial entre amis. En été, vous l'accompagnerez d'une salade verte ; en hiver, elle sera encore plus appréciée si vous la présentez avec un plat de pommes de terre. Les herbes aromatiques incorporées à la pâte permettent de relever tout l'ensemble.

POUR 6-8 PERSONNES

POUR LA GARNITURE
250 g de veau à braiser, coupé en dés
200 g de porc, coupé en dés
200 g de blancs de dinde, coupés en dés
25 cl de vin blanc sec
12 cl de xérès
125 g de foies de volaille, coupés en dés
lait
125 g de saindoux
2 cuillères à café de câpres, égouttées
1 cuillère à café de baies de genièvre, écrasées, et quelques-unes entières pour garnir
2 cuillères à café de grains de poivre vert
3-4 grosses gousses d'ail, hachées fin
50 g de filets d'anchois en boîte
quelques feuilles de laurier
huile d'olive
1 sachet de gélatine en poudre
sel et poivre noir

POUR LA PÂTE
250 g de farine
1 cuillère à café de sel
1-2 brins de romarin frais, hachés fin
2 cuillères à café d'origan séché
1 cuillère à café de thym séché
150 g de beurre
5 cuillères à soupe d'eau

Mélangez dans une jatte le veau, le porc, la dinde, le vin blanc, le xérès et une bonne pincée de poivre. Couvrez et réfrigérez pendant 12 à 24 heures. À moitié de ce temps, placez les foies de volaille dans une autre jatte, couvrez de lait et réfrigérez.

Tandis que la viande marine, beurrez un moule à tourte à fond amovible de 18 cm de diamètre. Préparez la pâte : tamisez la farine et le sel et incorporez le romarin, l'origan et le thym. Faites fondre le beurre à feu doux dans une petite casserole avec l'eau. Versez-le sur la farine et remuez jusqu'à ce que vous obteniez une pâte lisse et épaisse. Abaissez la boule de pâte en un cercle. Glissez la pâte dans le moule et faites-la adhérer du bout des doigts dans le fond et sur les bords. Réfrigérez jusqu'au moment de servir.

Égouttez la viande et filtrez la marinade au travers d'un chinois, dans une petite casserole. Égouttez les foies de volaille et jetez le lait. Placez la viande et les foies dans une jatte et ajoutez le saindoux, les câpres, les baies de genièvre, les grains de poivre et l'ail. Égouttez l'huile des anchois et ajoutez-la au mélange. Salez et poivrez.

Versez la préparation sur la pâte et lissez la surface. Disposez les filets d'anchois et les feuilles de laurier, en étoile, en les enfonçant légèrement. Badigeonnez à l'huile d'olive. Placez une feuille d'aluminium sur le dessus et faites cuire au four à 160 °C, Th. 3, pendant 2 heures environ.

En fin de cuisson, faites bouillir la marinade filtrée pendant 1 minute et versez-la dans un bol, au travers d'un chinois très fin tapissé d'une mousseline. Saupoudrez de gélatine et remuez jusqu'à ce qu'elle soit dissoute. Lorsque la terrine est cuite, vous pouvez remplacer les feuilles de laurier cuites par des fraîches, plus colorées. Versez la gélatine légèrement refroidie sur la viande, afin qu'elle remplisse les espaces vides. Laissez refroidir.

Pour démouler, posez le moule sur une jatte et décolez les bords. Retirez délicatement le fond et présentez la terrine sur un plat. Servez la terrine froide, à température ambiante.

RIZ, CÉRÉALES ET LÉGUMES SECS

Le riz, les céréales et les légumes secs ont de tout temps été des aliments de base ; ils constituent aujourd'hui encore le régime principal de la moitié des habitants de la planète. Le coût élevé de la viande, un certain retour vers les valeurs traditionnelles, les produits naturels et le souci d'équilibrer leur alimentation, incitent les Occidentaux à se tourner de nouveau vers ce type d'aliments, naguère considérés comme la nourriture du pauvre. Pour les véritables végétariens, les légumes secs et les céréales fournissent les protéines, les vitamines, les minéraux et les fibres indispensables à l'organisme. Mais chacun peut profiter de leurs qualités nutritives. Lorsque vous aurez appris à en connaître les différentes facettes, il se peut que votre consommation de viande diminue d'elle-même.

Les céréales et les légumes secs se prêtent à de nombreuses recettes, des délicieux ragoûts aux purées assaisonnées d'un simple filet d'huile d'olive. On méconnaît souvent leur saveur, faute d'une préparation appropriée. Si vous n'avez jamais eu l'occasion de goûter un riz cuit à la perfection, il est normal que cet aliment ne vous inspire guère de passion. En particulier, le riz qui est servi dans les restaurants en accompagnement de plats de viande est trop souvent fade, mal cuit et indigeste. Mais un bon riz basmati, parfumé à souhait, ou un véritable risotto italien vous feront découvrir le plaisir du riz. Le mode de cuisson que je préfère est la méthode égyptienne : le riz est d'abord cuit, puis lorsque toute l'eau a été absorbée, on augmente le feu et on fait ainsi griller les grains du fond. Avant de servir, on mélange soigneusement l'ensemble pour répartir les grains grillés dans le reste du plat. Le riz brun sauvage, qui n'est pas une véritable variété de riz mais la graine d'une céréale aquatique originaire d'Amérique du Nord, permet de parfumer agréablement de nombreuses salades ou farces.

La plupart des légumes secs doivent tremper dans de l'eau froide pendant plusieurs heures, de préférence toute une nuit, afin que le temps de cuisson puisse être réduit. Un autocuiseur vous rendra de grands services : vous gagnerez du temps, mais surtout les vitamines B présentes dans ces ingrédients seront mieux préservées.

Les recettes à base de légumes secs sont innombrables : soupes, purées et ragoûts varient à l'infini. Pendant les vacances par exemple, lorsque vous devez préparer des repas pour une armée de convives affamés, pensez à ce genre de recettes, toujours très appréciées. Un ragoût peut se composer tout simplement de haricots blancs ou rouges, ou de pois chiches que l'on fait cuire à feu doux et auxquels on ajoute des légumes ; mais vous pouvez aussi, pour obtenir un plat plus nourrissant, ajouter des morceaux d'oie ou de canard, des saucisses fumées et des morceaux de lard. Dans tous les cas, les haricots doivent cuire longtemps, afin d'être délicieusement fondants et d'absorber les saveurs des autres ingrédients.

Les céréales et les légumes secs sont non seulement les premiers aliments découverts par l'homme, mais également les premiers que l'on chercha à conserver. Aujourd'hui encore, ils constituent la base d'un garde-manger bien rempli et permettent de réaliser au pied levé de délicieux plats nourrissants. L'une des qualités premières des légumes secs est leur temps de conservation : la plupart des variétés peuvent être stockées pendant plus d'un an, si l'air est suffisamment sec. Au-delà, il est encore possible de les cuisiner, mais ils mettent plus de temps à s'attendrir.

De haut en bas : ma version du célèbre Cassoulet toulousain (page 114) avec des haricots blancs, du porc, du canard, des saucisses, gratinée à point; Riz basmati croquant (page 114), parfumé avec des bâtons de cannelle; Bouchées aux lentilles (page 114) sur un lit de frisée; Salade de haricots et de poivrons grillés (page 115), parfumée à la ciboule et au persil; Riz au safran et au coco (page 115), pour accompagner un curry ou une viande grillée.

LES LÉGUMES SECS

Les légumes secs sont les graines d'un très grand nombre de haricots et de légumes à cosses, dont le goût et les caractéristiques sont très différents. Lorsque je voyage à l'étranger, j'adore rapporter dans mes bagages des variétés inconnues sous nos latitudes. L'assaisonnement des légumes secs revêt une importance toute particulière ; ils ne présentent pas beaucoup de goût en eux-mêmes, mais leur cuisson prolongée leur permet de s'imprégner des parfums des autres ingrédients. Certains légumes tels que lentilles et haricots beurre se fendent plus facilement que d'autres. Ce sont ces variétés qui se prêtent le mieux à la préparation de ragoûts, de soupes ou de purées. Les pois chiches en revanche ne se brisent jamais, quel que soit le temps de cuisson. Mais on peut néanmoins les écraser, comme dans la recette orientale de l'hoummos.

Les légumes secs permettent de confectionner de plantureux ragoûts, mais entrent également dans la préparation de certains plats plus légers, tout aussi irrésistibles. Les purées de légumes secs judicieusement épicées remplacent avantageusement le riz ou les pommes de terre en accompagnement. Froides, elles font d'excellentes sauces dans lesquelles on peut tremper de petits légumes crus. Un très grand choix de légumes secs peuvent garnir des salades. N'hésitez pas à utiliser des conserves.

TREMPAGE

La plupart des légumes secs doivent tremper avant d'être cuisinés ; la cuisson est ainsi plus rapide et ils sont plus digestes. Si vous faites cuire vos légumes dans un autocuiseur, cette opération n'est plus nécessaire ; elle permet néanmoins de limiter la formation d'écume. Vous pouvez faire tremper les légumes secs pendant 8 à 12 heures. Les légumes plus petits, tels que les petites lentilles, cuisent sans trempage préalable ; les lentilles vertes notamment peuvent cuire en 20 minutes dans un fait-tout. Les lentilles plus épaisses, blondes ou brunes, cuisent en revanche beaucoup plus rapidement si elles ont été mises à tremper pendant 1 ou 2 heures au préalable. Si vous manquez de temps, vous pourrez réduire le temps de trempage des légumes secs à 1 ou 2 heures en les recouvrant d'eau bouillante et en prévoyant une cuisson légèrement plus longue.

N'oubliez pas que les légumes secs doublent de poids en cours de cuisson. Pour 4 personnes, comptez environ 125 g de légumes secs. Les légumes cuits se conservent 4 jours au réfrigérateur ; si vous avez une grande famille, vous pourrez donc en faire cuire davantage en prévision d'un autre repas.

Recouvrez les légumes secs avec au moins 4 fois leur volume d'eau. Remuez-les un peu et laissez-les tremper (voir tableau). Égouttez-les et rincez-les sous l'eau froide. Faites-les cuire avec des épices (mais sans sel) dans de l'eau fraîche (voir ci-contre).

TEMPS DE TREMPAGE ET DE CUISSON

Considérez ces valeurs à titre indicatif ; les temps de cuisson varient en fonction de la durée de trempage et de conservation des légumes. Faites bouillir les légumes pendant 10 minutes, puis baissez le feu et laissez mijoter.

Variété	***Temps de trempage***	***Temps de cuisson après précuisson de 10 minutes***
Adzuki	Au moins 8 heures	40 minutes
Cocos roses	Au moins 8 heures	50 minutes
Dolics	Au moins 8 heures	50 minutes
Fèves	Au moins 8 heures	50 minutes
Flageolets	Au moins 8 heures	50 minutes
Haricots blancs (cocos, lingots)	Au moins 8 heures	1 heure
Haricots mungo	Au moins 8 heures	25 minutes
Haricots noirs	Au moins 8 heures	50 minutes
Haricots pinto	Au moins 8 heures	1 heure
Haricots rouges	Au moins 8 heures	1 heure
Lentilles blondes	Pas nécessaire	45 minutes
Lentilles vertes	Pas nécessaire	20 minutes
Pois cassés	Pas nécessaire	30 minutes
Pois chiches	Au moins 8 heures	1 heure
Pois entiers	Au moins 8 heures	1 heure - 1 heure 15
Soja	12 heures	1 heure 45

CUISSON

Il est important de faire bouillir certains légumes secs pendant 10 minutes, afin de détruire les toxines qu'ils pourraient contenir. Ensuite, baissez le feu et laissez frémir, afin que les légumes cuisent sans éclater. Les légumes secs qui doivent bouillir sont les suivants : les dolics, proches des haricots, dont les jeunes gousses sont également consommées comme des haricots verts, les soissons, le soja, les adzuki et les cocos roses. Mais toutes les variétés peuvent être ébouillantées.

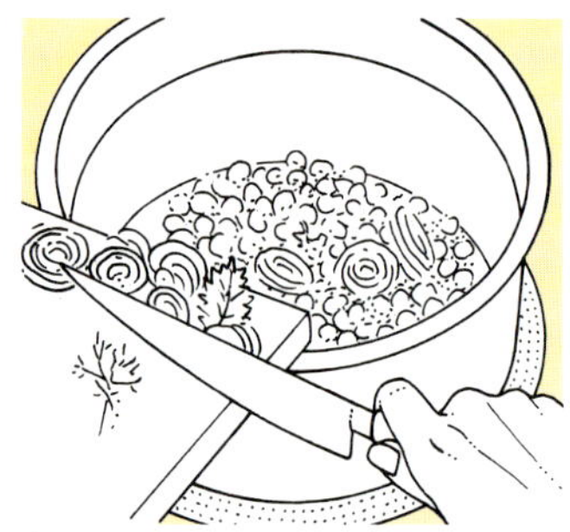

Égouttez les légumes secs, mettez-les dans une casserole et couvrez-les avec 4 fois leur volume d'eau froide. Ajoutez des herbes, des oignons émincés ou des carottes en dés. Faites bouillir pendant 10 minutes, en écumant la surface. Baissez le feu et laissez cuire doucement. Rajoutez de l'eau froide si nécessaire. Égouttez et jetez les herbes. Ajoutez de la vinaigrette si vous préparez une salade.

GRAINES ET HARICOTS GERMÉS

Observer des haricots ou des graines germer en quelques jours est toujours très amusant pour les enfants. Les germes « maison » sont très nourrissants et sont une excellente source de vitamines, particulièrement bon marché. Le processus de germination rend les légumes plus digestes et ne nécessite qu'un peu d'eau et de temps. La plupart des légumes secs peuvent germer à la maison, à l'exception des pois cassés et des lentilles fendues. Les germes peuvent garnir les sauces pour des pâtes, un riz pilaf, des hamburgers, des plats de légumes sautés à la chinoise ou des salades.

1 *Faites tremper pendant 12 heures environ 3 cuillères à soupe de légumes dans au moins 4 fois leur volume d'eau. Égouttez-les, rincez-les à l'eau froide et placez-les dans un bocal de verre. Recouvrez d'une mousseline maintenue avec un élastique. Percez quelques trous avec une brochette. Posez le pot sur le côté, sur le rebord d'une fenêtre, à l'abri du soleil direct.*

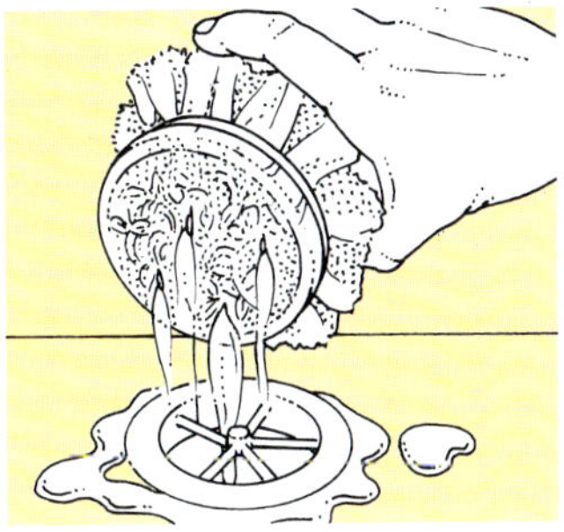

2 *Rincez à l'eau tiède matin et soir, afin d'humidifier les graines et d'éliminer les gaz. Il ne devrait pas être nécessaire de retirer le couvercle. Lorsque les légumes ont germé (au bout de 3 jours environ), rincez-les et égouttez-les à nouveau ; conservez-les dans un sac plastique au réfrigérateur et consommez dans les 2 jours. Les légumes trop vieux ne germent pas.*

QUELQUES IDÉES

- Parmi les épices qui parfument le mieux les légumes secs, on recommande le curcuma, le cumin, la coriandre, le carvi, la muscade, la cannelle et le macis. Parmi les herbes, citons l'origan, le thym, le romarin, les feuilles de coriandre, le basilic et la menthe ; l'ail, le gingembre frais et le piment conviennent également.
- Les haricots blancs, que l'on peut réduire très facilement en purée, peuvent servir de base à des soupes ou des terrines de légumes. Une simple purée de haricots blancs et de carottes mélangée à du bouillon de volaille permet d'obtenir une excellente soupe. Parfumez-la avec un peu de crème fraîche et de l'aneth ou du basilic frais.
- Les purées de lentilles, de pois chiches ou de haricots secs, très compactes, peuvent être roulées en boules puis frites. Parfumez la purée avec des oignons ou des champignons frits, de la ciboule hachée ou du persil et de l'ail. Un peu de pâte de curry parfumera aussi très agréablement votre plat. Pour obtenir un résultat encore plus croustillant, roulez les boules de préparation dans de la chapelure avant de les faire frire.
- À mon avis, la meilleure façon de cuisiner des légumes secs consiste à les préparer en ragoûts. Commencez par faire cuire les légumes secs séparément dans de l'eau non salée, jusqu'à ce qu'ils soient bien tendres, puis refaites-les cuire avec les autres ingrédients de la recette, à feu doux, autant de temps que nécessaire. Assaisonnez en fin de cuisson.
- Les cocos, lingots et soissons sont délicieux dans des ragoûts, surtout avec des lardons, des tomates, des oignons et beaucoup d'ail. Ces haricots ont tendance à se fendre plus facilement que les haricots rouges.
- Le petit goût de noisette des pois chiches se marie très bien avec du poulet, dans un plat en sauce. Parfumez en fin de cuisson avec du curcuma ou du safran, de l'ail et du fenouil et des herbes hachées, telles que coriandre ou estragon.
- Les flageolets ou les lentilles sont excellents en salade. Ajoutez aux légumes cuits des oignons rouges crus émincés, du persil et assaisonnez avec une vinaigrette (voir page 204).
- Les légumes croquants, tels que fenouil, céleri, fines rondelles de navets ébouillantées, radis et brocoli blanchis donnent de délicieuses salades lorsqu'on les associe à des haricots secs.

PURÉES ET SAUCES

Les purées de légumes secs se servent froides ou chaudes, épaisses ou presque liquides. Les purées chaudes doivent être préparées avec des légumes qui se brisent facilement, tels que lentilles, haricots blancs et pois cassés. Après avoir égoutté les légumes secs cuits, vous pouvez simplement les écraser à la fourchette, en ajoutant du beurre et des épices, ou utiliser un robot ménager. Servez la purée chaude, en accompagnement, ou froide en entrée, avec des légumes crus.

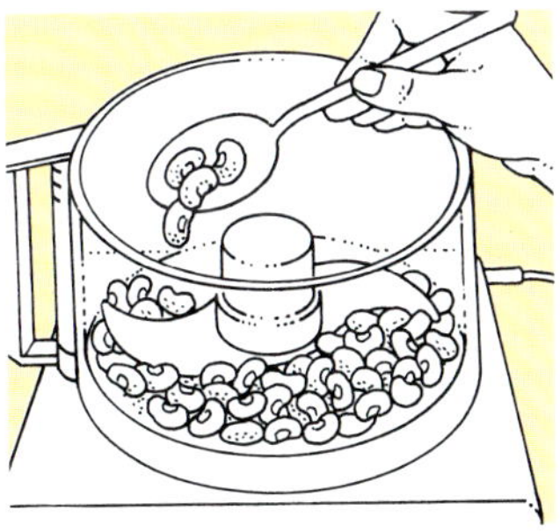

Pour obtenir une purée très lisse, utilisez un robot. Mettez les légumes cuits dans le bol, assaisonnez et réduisez le tout en une purée fine et crémeuse.

Pour obtenir une purée plus liquide, ajoutez de l'huile d'olive ou de noix, ou du yaourt nature, directement dans le robot ou avec une fourchette dans le plat de service.

De haut en bas : Purée de haricots secs gratinée (page 115), purée de lentilles chaude garnie de beurre fondu et purée de pois chiches au curcuma.

MON CASSOULET *(106)*

Il existe une vive polémique au sujet des ingrédients qui doivent impérativement figurer dans un bon cassoulet. Personnellement, j'ai tendance à penser que l'essentiel est d'obtenir un mélange équilibré de haricots et de viande; le reste n'est qu'une affaire de puriste. Et même si vous n'avez ni saucisse de Toulouse ni confit d'oie, vous pourrez néanmoins préparer un excellent cassoulet. Le gratin apporte une touche d'authenticité qui vaut la peine d'être conservée. Accompagnez d'un vin des Corbières.

POUR 8 PERSONNES

500 g de haricots blancs (cocos ou lingots), ayant trempé toute une nuit dans de l'eau froide
25 g de beurre
4 cuillères à soupe d'huile d'olive
3 gros oignons, coupés en rondelles de 5 mm
6-8 gousses d'ail, hachées
2 gros poivrons rouges, coupés en deux, épépinés et coupés en tranches de 1 cm (voir page 49)
2 gros bulbes de fenouil, nettoyés, coupés en deux puis en rondelles de 1 cm (voir page 46)
2 cuisses de canard confit, coupées en morceaux
1 kg de porc (longe, jarret), coupé en morceaux
500 g de saucisses de Toulouse, coupées en tronçons de 2,5 cm
3 grosses tomates, coupées gros
1 cuillère à soupe de romarin fraîchement haché
2 cuillères à café bien pleines de poivre vert
60 cl de bouillon de viande (voir page 28)
2 cuillères à soupe de purée de tomates
6 tranches de pain dur, réduit en miettes
3 cuillères à café d'origan séché
sel et poivre gris

Égouttez les haricots et mettez-les dans une casserole. Recouvrez d'eau froide salée, portez à ébullition pendant 10 minutes. Égouttez, couvrez de nouveau d'eau tiède et laissez mijoter pendant 1 heure. Les haricots doivent être tendres mais encore entiers. Égouttez et réservez.

Faites fondre le beurre avec 2 cuillères à soupe d'huile d'olive dans une grande poêle, à feu moyen. Ajoutez les oignons et faites-les dorer, sans cesser de remuer, puis ajoutez l'ail et remuez pendant 1 minute.

Mettez les oignons et l'ail dans une grande jatte. Ajoutez dans la poêle 1 cuillère à soupe d'huile, faites sauter les poivrons et le fenouil, puis versez-les lorsqu'ils sont tendres dans le plat d'oignons. Dans la poêle, faites dégraisser les morceaux de confit. Retirez-les. Faites rissoler les morceaux de porc dans cette graisse, jusqu'à ce qu'ils soient bien dorés. Ajoutez le porc aux légumes.

Placez les haricots dans une grande casserole et recouvrez-les avec les ingrédients du plat, le canard et la graisse de cuisson, les saucisses, les tomates, le romarin, les grains de poivre vert, le bouillon et la purée de tomates. Mélangez puis salez et poivrez. Couvrez la cocotte et faites cuire à 180 °C, Th. 4, pendant au moins 3 heures.

Mélangez la chapelure et l'origan. Remuez le cassoulet et recouvrez-le abondamment de chapelure. Versez un filet d'huile d'olive et repassez la cocotte au four, sans couvrir, pendant environ 30 minutes.

RIZ BASMATI CROQUANT *(106)*

Le riz basmati présente une saveur prononcée très agréable. Cette recette s'inspire de la méthode de cuisson égyptienne, qui consiste à faire griller les grains au fond de la casserole puis à gratter le fond afin de les mélanger avec le reste.

POUR 6 PERSONNES

250 g de riz basmati, rincé, ayant trempé dans de l'eau froide pendant 1 heure
50 g de beurre
3 bâtons de cannelle, de 2,5 cm à 5 cm de long
30-45 cl d'eau
1 cuillère à café de sel

Égouttez le riz après l'avoir fait tremper. Faites fondre le beurre dans une casserole à fond épais, ajoutez les bâtons de cannelle et le riz, puis remuez. Versez l'eau et le sel, puis portez à ébullition. Couvrez la casserole hermétiquement, baissez le feu au minimum et laissez cuire pendant 10 à 14 minutes, jusqu'à ce que le riz ait absorbé tout le liquide. Il doit être tendre mais encore croquant. Placez une serviette de table entre la casserole et le couvercle et nouez les coins ensemble sur le couvercle, afin qu'ils ne brûlent pas. Augmentez le feu de façon à faire griller le riz situé au fond, pendant environ 8 à 12 minutes. N'essayez pas de remuer le riz pour vérifier que le dessous grille, mais observez plutôt le bord à la surface : lorsqu'il commence à dorer, le riz est prêt à être dégusté. Il est rare que le riz finisse par être trop brûlé.

Retirez la casserole du feu et réservez pendant 10 minutes. Versez le riz dans un plat, en grattant bien le fond de la casserole, et passez une fourchette dans les grains, afin de bien répartir les grains grillés.

BOUCHÉES AUX LENTILLES *(106)*

Servez ce délicieux plat avec des brocoli, ou simplement une salade. Vous pouvez préparer ces bouchées longtemps à l'avance et les réchauffer au four au dernier moment.

POUR 6 PERSONNES

180 g de lentilles
45 cl de lait
1 oignon, haché fin
75 g de fromage râpé
25 g de beurre
2 cuillères à café d'origan séché
1 œuf battu
180 g de lard fumé, coupé en tranches fines
parmesan râpé
sel et poivre gris

Mettez les lentilles, le lait et l'oignon dans une casserole et portez à ébullition, puis laissez mijoter à feu doux, en remuant de temps en temps, pendant 20 minutes, jusqu'à ce que la préparation soit bien épaisse. Retirez du feu et ajoutez le fromage, le beurre, l'origan, du sel et du poivre. Ajoutez l'œuf puis laissez refroidir.

Beurrez un plat à four assez large et peu profond. Farinez-vous les mains et formez, avec la préparation, de petits boudins de 6 cm de long environ. Enveloppez chacun d'eux avec une tranche de lard, en laissant apparaître un peu de lentilles de chaque côté.

Posez les rouleaux les uns à côté des autres dans le plat et saupoudrez de parmesan. Faites cuire à 230 °C, Th. 8, pendant 20 à 30 minutes, jusqu'à ce que les rouleaux soient dorés et croustillants.

PURÉE DE HARICOTS SECS GRATINÉE *(113)*

Les haricots blancs ont une saveur fondante irrésistible, qui convient particulièrement bien à la préparation de soupes et purées. Cette recette toute simple est exquise et remplace parfaitement bien les pommes de terre ou le riz pour accompagner des rôtis ou des volailles grillées. Les haricots secs se marient très bien avec le laurier ; n'hésitez pas à ajouter une ou deux feuilles à l'eau de cuisson. *POUR 6 PERSONNES*

300 g de haricots blancs, ayant trempé pendant 8 heures au moins dans de l'eau froide
75 g de beurre
2 cuillères à soupe d'huile d'olive
1 oignon, haché fin
1 cuillère à café de sucre en poudre
2 gousses d'ail, écrasées
2 cuillères à soupe de chapelure
1 cuillère à soupe de parmesan
quelques noix de beurre
sel et poivre gris

Égouttez les haricots, placez-les dans une casserole et recouvrez-les d'eau. Portez à ébullition et laissez cuire à gros bouillons pendant 10 minutes, puis laissez mijoter pendant 1 heure à 1 heure 30, jusqu'à ce que les haricots soient bien tendres, en écumant la surface régulièrement.

Pendant ce temps, faites fondre 25 g de beurre avec l'huile d'olive dans une poêle, à feu moyen. Ajoutez l'oignon émincé et faites-le frire jusqu'à ce qu'il soit bien doré. Ajoutez le sucre en poudre, retirez du feu et réservez.

Égouttez les haricots cuits et mettez-les dans le bol d'un robot ménager avec l'ail écrasé et le reste de beurre. Réduisez en une purée fine. Salez et poivrez, puis ajoutez l'oignon avec son jus de cuisson. Versez la préparation dans un grand plat de terre ou dans un plat à gratin.

Mélangez la chapelure avec le parmesan, parsemez ce mélange sur la purée et déposez quelques noix de beurre. Faites cuire à 200 °C, Th. 6, pendant 20 à 30 minutes, jusqu'à ce que le dessus soit bien doré. Si vous avez un rôti au four à une température différente de celle qui est indiquée ci-dessus, enfournez le plat et laissez-le plus ou moins longtemps, selon la température du four, jusqu'à ce que le gratin soit bien doré.

RIZ AU SAFRAN ET AU COCO *(106)*

Cette recette présente un petit goût exotique agréable et discret. Je la sers de préférence avec du poulet ou du poisson grillé, car un ragoût pourrait noyer sa saveur délicate. *POUR 6 PERSONNES*

8-10 filaments de safran
1 cuillère à café bien pleine de sel
30 cl d'eau bouillante
40 cl de lait de coco
250 g de riz basmati, rincé, ayant trempé dans de l'eau salée pendant au moins 1 heure
40 g de beurre
1-2 piments rouges, débarrassés de leur queue, épépinés et hachés fin (voir page 49)
quelques tiges de ciboulette

Mettez le safran et le sel dans une cruche avec l'eau bouillante et remuez. Ajoutez le lait de coco et remuez jusqu'à ce qu'il soit bien dissous. Couvrez et réservez pendant 10 minutes, le temps de laisser infuser.

Égouttez le riz. Faites fondre le beurre dans une grande casserole à feu doux, ajoutez le riz et les piments et remuez soigneusement. Versez le lait de coco au safran, avec les filaments. Portez à ébullition, couvrez la casserole hermétiquement, et baissez le feu au minimum. Laissez cuire pendant 10 à 14 minutes, jusqu'à ce que le riz soit tendre mais encore ferme. Retirez la casserole du feu.

Si vous devez attendre avant de servir ce plat, placez un linge entre la casserole et le couvercle ; le riz se tiendra au chaud ainsi pendant une vingtaine de minutes. Présentez le riz dans un plat chaud et passez une fourchette pour séparer les grains. Garnissez de ciboulette hachée.

SALADE DE HARICOTS ET DE POIVRONS GRILLÉS *(106)*

Cette salade peut se préparer longtemps à l'avance. Si vous pouvez vous en procurer, remplacez les haricots rouges par des haricots noirs. Faites cuire les légumes secs avec des herbes aromatiques ainsi qu'un oignon grossièrement haché. Assaisonnez les haricots pendant qu'ils sont encore tièdes afin qu'ils s'imprègnent de vinaigrette.

POUR 6 PERSONNES

250 g de haricots rouges ou noirs, ayant trempé toute une nuit dans de l'eau froide
2 feuilles de laurier
2-3 brins de romarin
1 oignon, haché gros
3 poivrons jaunes, coupés en deux et épépinés (voir page 49)
1 botte de ciboule, hachée fin
1 poignée de persil plat, haché gros

POUR LA VINAIGRETTE

1 cuillère à soupe de vinaigre de xérès
2 cuillères à soupe de jus de citron
1 cuillère à café de graines de carvi
1 petite gousse d'ail écrasée
2 cuillères à café de miel liquide
6 cuillères à soupe d'huile d'olive vierge
sel et poivre noir

Égouttez les haricots et mettez-les dans une casserole avec les feuilles de laurier, le romarin et l'oignon. Recouvrez d'eau et portez à ébullition. Faites bouillir pendant 10 minutes, puis baissez le feu, couvrez et laissez mijoter à feu très doux pendant 40 à 60 minutes, en écumant au fur et à mesure, jusqu'à ce que les haricots soient tendres mais encore entiers.

Pendant ce temps, faites griller les moitiés de poivrons, jusqu'à ce que la peau ait noirci (voir page 55). Enveloppez-les dans un linge et réservez-les le temps qu'ils refroidissent. Mettez tous les ingrédients de la vinaigrette dans un bocal, fermez et secouez.

Lorsque les haricots sont cuits, égouttez-les, jetez les feuilles de laurier et le romarin et placez-les dans un grand récipient. Secouez à nouveau la vinaigrette et assaisonnez les légumes. Laissez refroidir.

Pendant ce temps, épluchez les poivrons grillés et coupez-les en fines lamelles. Lorsque les haricots ont suffisamment refroidi, ajoutez les poivrons, la ciboule hachée et le persil. Servez la salade tiède ou à température ambiante.

Poissons et fruits de mer

Il y a peu de temps encore, de nombreux poissonniers considéraient qu'il n'était pas nécessaire de proposer à leur clientèle de nombreuses variétés de poisson, car inlassablement, les gens se tournaient toujours vers des espèces classiques, telles que cabillaud et lieu. Aujourd'hui, il semble que cette tendance se soit inversée et que les consommateurs aient envie de cuisiner des poissons et des fruits de mer différents, provenant de mers et de rivières variées. L'intérêt accru que nous portons aujourd'hui à notre alimentation, que nous voulons saine et équilibrée, n'est certainement pas étranger à la curiosité pour de nouveaux poissons. Certaines personnes découvrent sur le tard le plaisir de déguster un bon plat de poisson digne de ce nom.

En raison des qualités esthétiques du poisson, il est toujours très agréable de passer par la poissonnerie lorsque l'on fait son marché. Il m'est toujours très difficile de résister à la tentation d'acheter quelque chose, même si je n'avais pas prévu de poisson pour les repas du jour. Le poisson est très facile à préparer et se prête à de très nombreuses préparations. Il peut être très raffiné, poché ou servi avec une sauce au beurre par exemple, ou au contraire plus rustique, dans le cadre d'un gratin de poisson, plus nourrissant. Pour les personnes qui ne raffolent pas du poisson, certaines espèces bien charnues, telles que le thon, la lotte ou le veau de mer (une variété de requin) sont préférables.

Pour choisir un poisson bien frais, il convient de respecter certains critères : celui-ci doit être brillant, avec des branchies roses tirant sur le rouge, l'œil luisant et globuleux et non pas enfoncé ou trouble. La chair doit être ferme et élastique ; si vous le pouvez, appuyez sur le corps avec votre doigt : s'il ne laisse pas d'empreinte, vous pouvez être sûr de la fraîcheur de la pièce. Le poisson doit avoir une bonne odeur marine, en aucun cas désagréable ou violente, exception faite pour la raie, qui se caractérise par une odeur d'ammoniaque plus ou moins marquée. Certains considèrent que quelques espèces d'eau douce gagnent en goût lorsqu'on les laisse reposer pendant deux jours après les avoir achetées.

Lorsque vous prenez des filets, vérifiez qu'ils sont très clairs et qu'ils ne présentent aucune tache. Si possible, demandez à votre poissonnier qu'il lève les filets devant vos yeux, ou procédez à cette opération vous-même. Un filet de poisson s'abîme plus vite qu'un poisson entier.

Les méthodes de cuisson influent énormément sur la saveur du poisson. L'idée de cuisiner du poisson rebute de nombreuses personnes, découragées par des recettes trop compliquées. Pour gagner de la confiance en soi, la meilleure façon de procéder consiste, à mon avis, à faire cuire un poisson entier en papillote, c'est-à-dire au four, enveloppé dans une feuille d'aluminium avec du beurre, du jus de citron et des épices. De cette façon, le poisson cuit lentement, sans se dessécher, dans son propre jus. C'est la méthode que je préfère. Lorsque vous serez plus sûr de vous, vous pourrez essayer de pocher votre poisson ou votre filet. Le plus important est de réussir à maintenir une température suffisamment basse pour que la chair cuise doucement. Le poisson frit est plus difficile à réussir, mais le résultat est délicieux et cela vaut la peine d'essayer cette technique.

Un poisson trop cuit est immangeable : la consistance et la saveur se dégradent. Les temps de cuisson varient d'une espèce à l'autre et selon la méthode de cuisson utilisée. Mais la règle d'or en matière de cuisson du poisson reste la même : ne le faites pas trop cuire. Pour savoir si un poisson est cuit, soulevez délicatement la chair à l'aide d'un couteau : elle doit être opaque et s'émietter facilement. Pour ce qui concerne des filets de poisson, on reconnaît que la chair est cuite lorsqu'elle se couvre d'une substance blanchâtre.

Dans le sens des aiguilles d'une montre, en partant du haut, à droite : Gratin de poisson doré (page 141) composé d'une agréable purée de pommes de terre et de patates douces ; Coquilles Saint-Jacques aux tomates et à l'avocat (page 138) qui constituent une excellente salade d'été ; Éventail de l'Empereur (page 141), aile de raie pochée servie avec une sauce acidulée aux agrumes et au gingembre ; Filets de saumon farcis (page 140) dont les superbes couleurs raviront vos amis ; Plateau de fruits de mer composé d'un mélange d'huîtres fraîches, de moules et de crevettes servies sur de la glace pilée. Au centre : Rougets grillés et parfumés avec un peu d'huile d'olive et d'herbes aromatiques.

PRÉPARATION DES POISSONS RONDS

Dans la famille des poissons ronds, figurent le cabillaud, l'églefin, le maquereau et le hareng ainsi que certains poissons méditerranéens comme le rouget. Outre la très grande variété d'espèces, les poissons offrent une très grande diversité de goûts et de consistances.

Les poissons ronds, comme le maquereau, à la chair brune, sont aussi différents des poissons à chair blanche que la viande de bœuf l'est du poulet. La chair est plus riche, son goût plus prononcé s'accommode mieux des assaisonnements et des épices relevées ainsi que des sauces au goût puissant. Tous les poissons sont riches en protéines, en minéraux et en vitamines; les poissons gras contiennent en plus de l'huile, excellente pour la santé.

De nombreux poissons ronds de grosse taille sont vendus en tranches. Lorsque cela est possible, achetez un poisson entier et demandez à votre poissonnier de l'écailler, de le nettoyer et de le couper devant vous. Sinon, préparez-le vous-même chez vous. En ce qui concerne les poissons de petite taille, demandez au poissonnier de les nettoyer, en laissant toutefois la tête et la queue. Même si votre poissonnier peut réaliser ces opérations pour vous, il est parfois utile de savoir vider ou nettoyer un poisson soi-même.

ÉCAILLER, NETTOYER ET VIDER

La plupart des poissons doivent être écaillés, afin que les écailles ne tombent pas pendant la cuisson, ce qui rendrait la chair immangeable. Sachez qu'écailler un poisson est une opération très salissante et qu'il est préférable de travailler dans l'évier, sous le robinet, avec un filtre au niveau de la bonde.

Certains poissons doivent en outre être débarrassés des nageoires, de la queue et de la tête. Tous les poissons, à l'exception des espèces que l'on réserve pour la friture, doivent être vidés. Vous pouvez procéder en ouvrant le ventre et en retirant les parties internes, ou en les tirant délicatement par les ouïes.

1 *Coupez les nageoires. Maintenez le poisson par la queue, après avoir plongé vos mains dans du gros sel, et raclez la peau de la queue vers la tête avec un couteau de cuisine ou un écailleur. Rincez abondamment à l'eau froide. Attention, certaines écailles sont coupantes.*

2 *Coupez la tête si vous le souhaitez, juste derrière les branchies. Vous pouvez la conserver pour confectionner un fumet (voir page 31); si vous le souhaitez, vous pouvez également la mettre au congélateur avec les arêtes, en attendant de l'utiliser.*

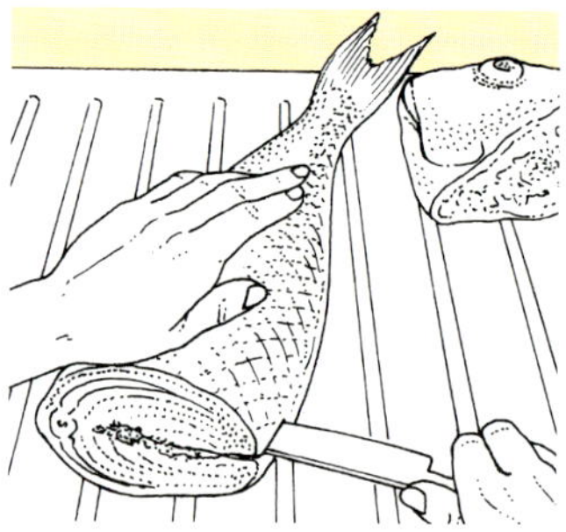

3 *Pour vider le poisson par le ventre, pratiquez une entaille sous la queue puis débarrassez le poisson des parties internes. Lavez-le soigneusement et à l'aide d'une cuillère ou de vos doigts, grattez le sang foncé qui se fixe le long de l'arête centrale et qui pourrait rendre le poisson amer.*

CHOISIR ET PRÉPARER LE POISSON

- Le poisson est la denrée périssable par excellence. Il doit être parfaitement frais si l'on veut en tirer parti au maximum. Un étal joliment présenté suggère que le poissonnier apporte un grand soin à sa marchandise. Il s'agit certainement d'un commerçant qui aime son métier.
- Le poisson très frais se reconnaît à sa peau brillante et humide et à sa chair ferme. Les yeux sont très luisants et globuleux. Les branchies sont rouge sang ou roses. Un poisson frais doit être ferme lorsqu'on le soulève.
- Les filets de poisson blanc doivent être transparents, ceux de poisson fumé, brillants, d'une belle couleur vive et d'un arôme fumé à la fois frais et subtil.
- Après avoir acheté votre poisson, rincez-le, essuyez-le, enveloppez-le sans serrer avec du film transparent et réfrigérez-le. Le poisson frais doit être cuit dans les 24 heures suivant l'achat.
- Les arrivages de poisson sont influencés par un certain nombre de facteurs. Plutôt que d'acheter du poisson frais de qualité douteuse, choisissez du poisson surgelé. Celui-ci est congelé quelques heures à peine après avoir été pêché et peut donc parfois être plus «frais» que du poisson acheté chez le poissonnier. Le poisson surgelé doit être très dur, enveloppé dans un emballage intact, sans cristaux de glace visibles.
- Les petits filets de poisson surgelés peuvent être cuits alors qu'ils sont encore congelés, mais les pièces plus grosses et les poissons entiers sont meilleurs si on les fait décongeler avant de commencer à les cuisiner (voir page 313).
- Faites décongeler le poisson rapidement à température ambiante et faites-le cuire aussitôt, ou laissez-le décongeler toute une nuit au réfrigérateur. Ne faites jamais décongeler du poisson dans de l'eau froide.
- Lorsque vous faites décongeler du poisson au réfrigérateur, posez-le dans une assiette creuse, afin que le jus ne s'écoule pas sur d'autres aliments. Si vous faites décongeler du poisson au four à micro-ondes, veillez à ce que les bords ne commencent pas à cuire avant que le centre ne soit décongelé.
- Alors que vous pouvez congeler du poisson frais, il ne faut jamais recongeler du poisson surgelé, à moins de l'avoir fait complètement cuire au préalable.

VIDER UN POISSON PAR LES OUÏES

Lorsque vous recevez chez vous et désirez régaler vos invités avec un poisson entier intact, il est nécessaire de le vider par les ouïes. Cette technique, très utile, est également pratiquée lorsque l'on souhaite couper le poisson en tranches ou en darnes.

L'opération se déroule de la façon suivante : glissez un doigt dans les ouïes du poisson, saisissez les entrailles et retirez-les en une fois. Rincez abondamment le poisson sous le robinet, à l'eau froide. Essuyez-le soigneusement à l'aide de papier absorbant que vous glisserez à l'intérieur du poisson.

LEVER LES FILETS

Il est plus facile de lever les filets d'un poisson rond avant de débarrasser celui-ci de sa peau. Les deux filets de chaque poisson peuvent alors être dépouillés (voir ci-contre) et enrobés de chapelure avant d'être frits ou coupés en morceaux pour être incorporés dans des recettes.

Pensez à bien retirer les petites arêtes pointues situées près des branchies. Commencez par couper la tête.

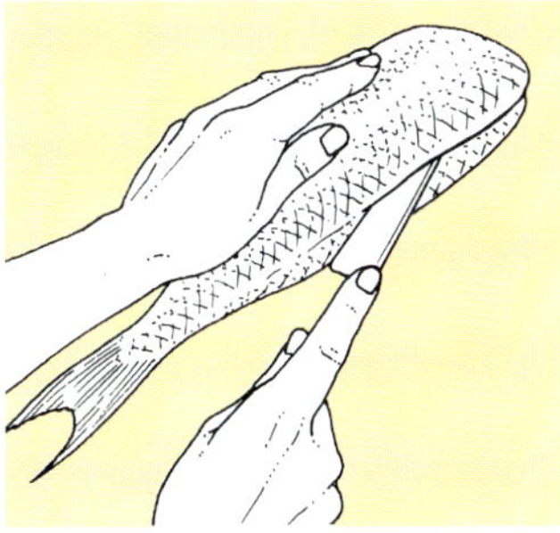

1 *Un couteau à filets de sole n'est pas indispensable mais sa lame très souple rend cette opération plus facile. Placez le poisson la queue vers vous. Entaillez-le sur toute la longueur, le long de l'arête centrale, en tenant le couteau aussi proche de l'arête que possible.*

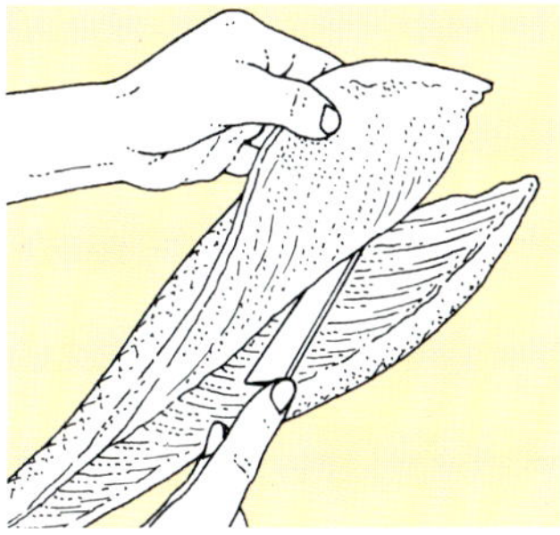

2 *À l'aide d'un mouvement de scie souple, commencez par le côté de la tête et, par petits coups saccadés, dégagez la chair délicatement des premières arêtes fines. Tenez le filet dégagé d'une main, et de l'autre grattez avec le couteau contre l'arête, le plus rapidement possible. Cette technique s'acquiert très rapidement.*

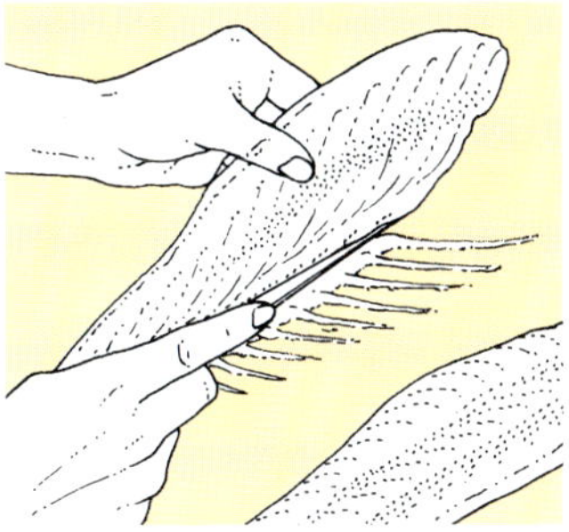

3 *Retournez le poisson et levez l'autre filet en procédant de la même façon. Vérifiez qu'il ne reste pas d'arête sur les filets (utilisez une pince à épiler pour attraper celles qui seraient restées). Retirez la peau si vous le souhaitez (voir ci-contre). Réservez les arêtes pour préparer un fumet (voir page 31). Vous pouvez les conserver dans un sac en plastique avec la tête et congeler le tout.*

DÉPOUILLER LES FILETS

Les poissons ronds ou plats (voir page 120) sont traités de la même façon. Cette technique, comme celle qui consiste à lever les filets, s'acquiert avec la pratique.

Posez les filets, la peau contre une planche de bois, la queue vers vous. Plongez vos mains dans du gros sel pour que le poisson ne vous glisse pas entre les mains, ou saisissez-le avec un torchon.

Glissez la lame d'un couteau bien large sous la peau au niveau de la queue pour la retrousser légèrement.

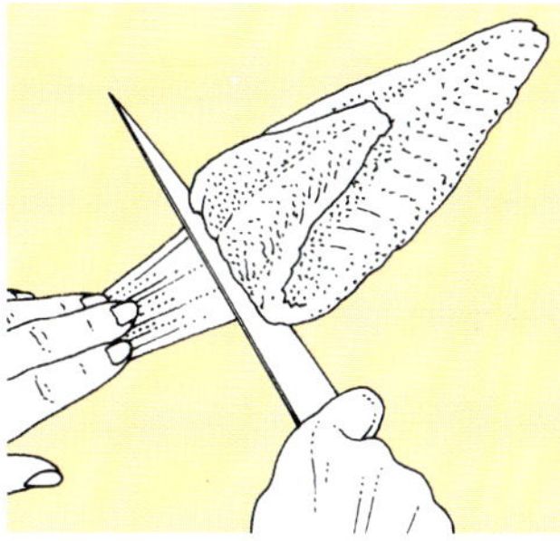

Tirez la peau d'un coup sec et avec le couteau pratiquement parallèle à la chair, pratiquez un mouvement de scie le long du filet.

Ce Maquereau grillé farci (page 140) est tout simplement garni d'amandes hachées et d'estragon frais.

POISSONS FARCIS : PRÉPARATION

Un poisson rond farci est un plat à la fois délicieux et superbe à regarder. On peut dégager l'arête centrale par l'arrière (en laissant les filets attachés au niveau du ventre) ou, comme c'est souvent le cas, en ouvrant le ventre (voir ci-contre). Vous pouvez laisser la tête ou la couper, au choix.

Utilisez cette technique pour enlever l'arête des maquereaux, des harengs, des haddocks, des merlans et des truites. Rincez le poisson à l'eau froide sous le robinet, en veillant à bien retirer le sang foncé collé au niveau de l'arête, qui peut donner un goût amer à la chair.

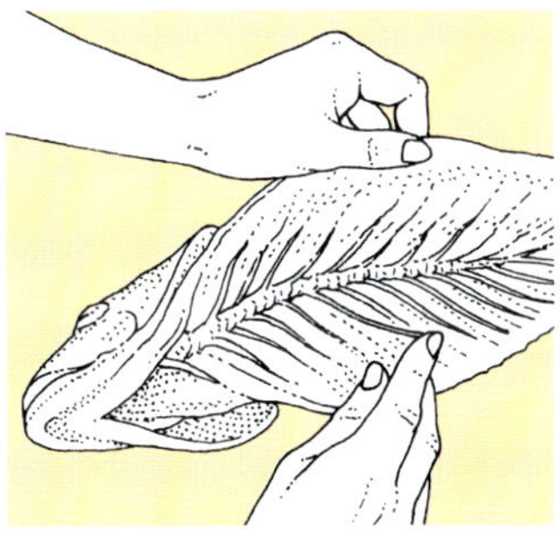

1 *Si vous n'avez pas coupé la tête, retirez les ouïes et les nageoires. Si le poisson n'a pas été vidé, coupez-le le long du ventre jusqu'à la queue et ouvrez-le en deux. Rincez-le à l'eau froide. Dégagez les arêtes de la chair, avec les doigts.*

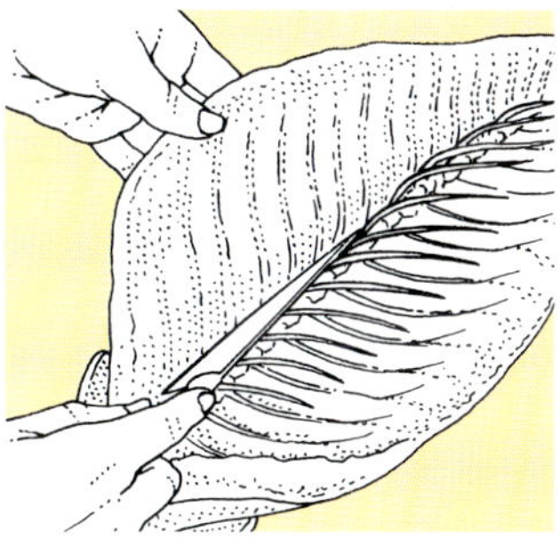

2 *Passez la lame d'un couteau le long de l'arête, en la dégageant délicatement de la chair ; veillez à ce que toutes les arêtes soient retirées. Par endroits, il est plus facile de passez un doigt plutôt que la lame d'un couteau.*

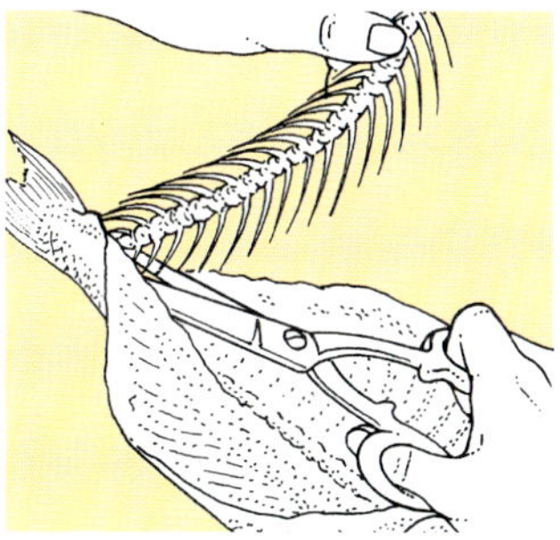

3 *Coupez l'arête de chaque côté à l'aide d'une paire de ciseaux. Soulevez-la et gardez-la pour confectionner un fumet (voir page 31), sauf s'il s'agit d'un poisson gras, comme le maquereau, dont le goût est trop prononcé. De plus, le fumet serait trop gras.*

PRÉPARATION DES POISSONS PLATS

Parmi les poissons plats figurent le carrelet, la sole, le flétan, le turbot et la barbue. Tous nagent sur le côté, ou plus exactement reposent sur le flanc au fond de la mer, les deux yeux du même côté, à l'affût de proies. Les raies, bien qu'ayant les mêmes caractéristiques, appartiennent toutefois à la famille des poissons cartilagineux, comme les requins.

La plupart des poissons plats sont vendus entiers ou en filets, à l'exception des grosses pièces, comme certains turbots ou flétans, qui sont découpés en tranches ou darnes.

Les poissons plats se prêtent à une multitude de préparations. On peut les faire frire délicatement dans du beurre ou les faire sauter avec des herbes aromatiques, du gingembre ou des épices douces, les napper d'une sauce et les faire cuire au four ou les enrober d'une pâte à frire avant de les plonger dans de l'huile bouillante. Les filets peuvent être enroulés puis farcis avant d'être pochés et nappés d'une délicate sauce préparée avec le liquide de cuisson (voir page 130). Les poissons plats entiers peuvent également être frits, grillés ou cuits au four.

La sole et le turbot sont les poissons plats les plus prisés et les plus onéreux. Leurs saveur et consistance, inégalables, ne devront pas être masquées par une préparation culinaire. Bien qu'il existe un vaste choix de recettes de sole, certaines comprenant des sauces élaborées et riches, je préfère servir ce poisson avec un petit peu de beurre aromatisé ou une sauce crémeuse très légère, ou grillé tout simplement. C'est d'ailleurs l'un des poissons les plus faciles à préparer : l'arête centrale se détache aisément. Le turbot, plus grand, est moins facile à faire griller. Sa chair est ferme, moelleuse et d'une belle couleur blanche. Vous pouvez acheter des filets ou des darnes et les faire griller ou les faire pocher.

LEVER LES FILETS D'UN POISSON PLAT

Si vous ne savez pas comment préparer un poisson, vous éprouverez peut-être un peu de réticence à acheter un poisson plat entier, avec la tête et la peau. Mais le prix au kilo étant bien moindre que lorsqu'il s'agit de filets préparés, vous serez certainement tenté de préparer votre poisson chez vous. Vous pouvez couper le poisson en quatre filets, deux de chaque côté (voir ci-contre) ou préférer dégager deux beaux grands filets (voir page suivante).

Les poissons plats présentent un côté clair et un côté foncé, qui leur permettent de se camoufler lorsqu'ils croisent un de leurs prédateurs. Lorsque vous levez les filets d'un poisson plat, il est plus facile de détacher la chair de l'arête et de retirer la peau ensuite. La technique pour lever les filets des poissons plats est la même que pour les poissons ronds (voir page 119).

Le couteau à filets de sole n'est pas indispensable mais sa lame très souple facilite le travail.

Enrobez un filet de carrelet avec de la pâte à frire et plongez-le dans de l'huile très chaude : vous obtiendrez une délicieuse tranche croquante à l'extérieur et moelleuse à l'intérieur.

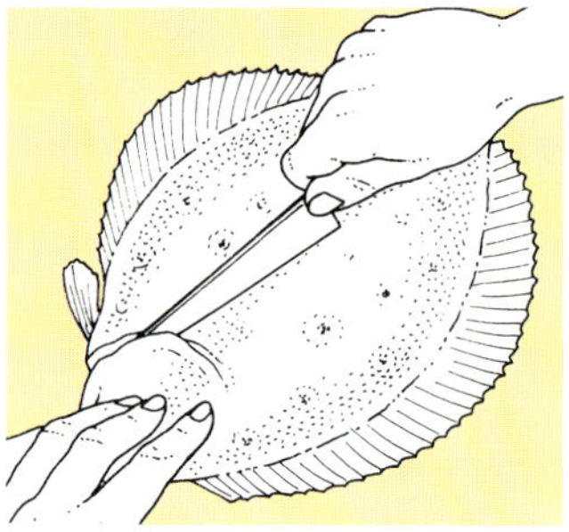

1 *Placez le poisson sur le plan de travail, la tête orientée vers vous. Découpez la tête, en formant avec la lame un demi-cercle, juste derrière les branchies; vous retirerez par la même occasion toutes les parties internes du poisson. Conservez la tête pour un fumet (voir page 31).*

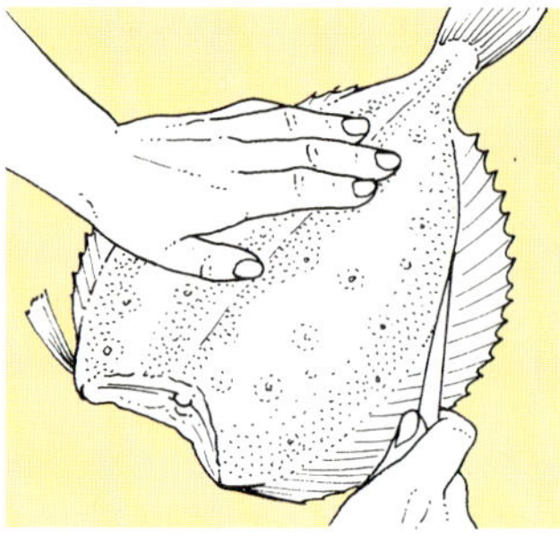

2 *Maintenez le poisson fermement et découpez le long des nageoires dorsales et ventrales, afin d'obtenir un bord bien net. Il n'est pas nécessaire de couper complètement les nageoires. Incisez la chair au niveau de l'arête centrale, de la tête jusqu'à la queue.*

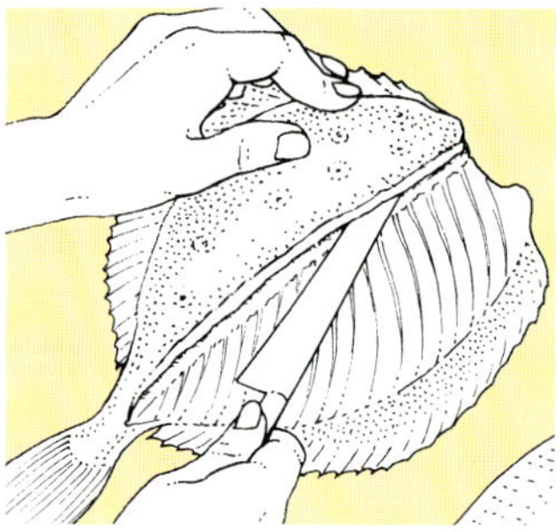

3 *Faites glisser le couteau sous la chair, le long des « côtes ». Détachez le filet de l'arête, en un mouvement de scie, en gardant le couteau le plus à plat possible et en veillant à laisser la chair intacte. Soulevez-le, retirez-le, puis répétez cette opération de l'autre côté, pour lever le deuxième filet.*

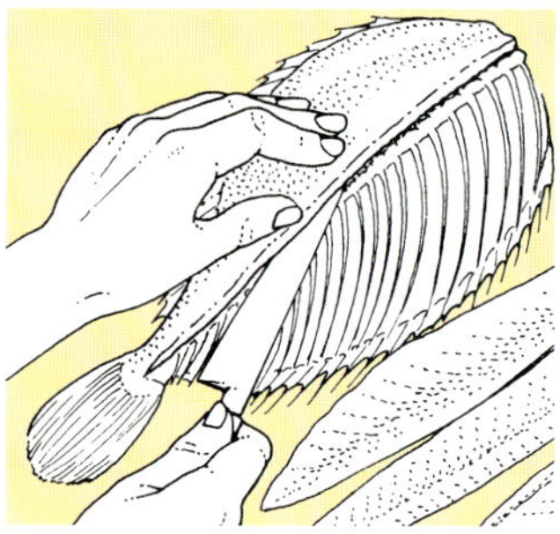

4 *Retournez le poisson et procédez à nouveau comme aux étapes 2 et 3, afin d'obtenir 4 filets au total. Si vous le souhaitez, vous pouvez retirer la peau claire et la peau foncée, ou si vous manquez de temps, seulement la peau foncée supérieure (voir page 119). Conservez l'arête centrale pour un fumet (voir page 31).*

LEVER DEUX FILETS

Si vous souhaitez servir des portions plus importantes, gardez les filets inférieur et supérieur entiers. Cette technique est légèrement plus délicate à réussir que la précédente (voir page ci-contre).

Découpez la tête, derrière les ouïes, puis jetez-la. Incisez au niveau de la queue et découpez le long des nageoires dorsales. Faites glisser le couteau contre l'arête, entre les « côtes » et la chair. Détachez le filet, en un mouvement de scie, en maintenant le couteau bien à plat.

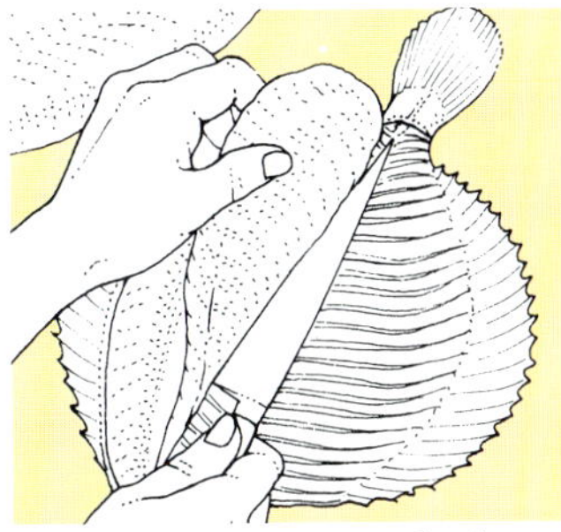

Reposez le couteau contre l'arête, au milieu, et procédez de la même façon de l'autre côté, afin d'obtenir un filet entier, en veillant à laisser la chair intacte. Retournez le poisson pour lever l'autre filet.

DÉPOUILLER UN POISSON PLAT

Cette technique exige beaucoup de force, mais le résultat en vaut la peine. Vous pourrez ainsi préparer de somptueux poissons farcis (voir ci-dessous). Vous pouvez ne retirer que la peau foncée du dessus et faire frire le poisson à la poêle (voir page 128). Le côté avec la peau sera bien croustillant.

Cette méthode se prête très bien à la préparation de petits poissons plats, comme le carrelet ou la sole. Pour les gros poissons, tels que le turbot ou le flétan, l'opération sera plus difficile.

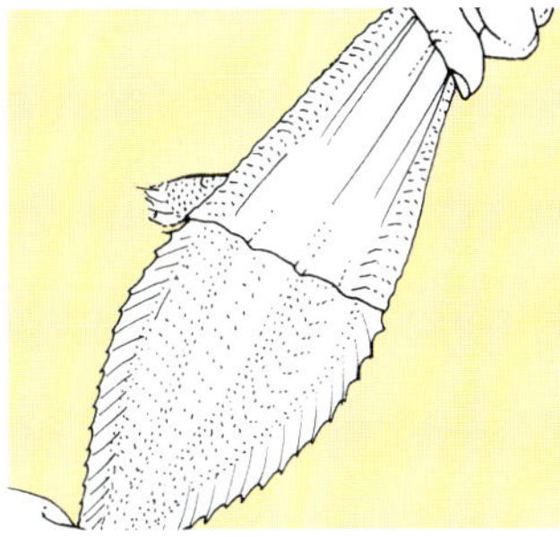

Incisez la peau au niveau de la queue. Maintenez la queue fermement avec un torchon ou après avoir plongé vos doigts dans du gros sel. De l'autre main, tenez la peau et tirez d'un coup sec vers la tête.

POISSONS FARCIS : PRÉPARATION

Les grands poissons tels que la sole et le carrelet peuvent être débarrassés partiellement de leur peau et de leur arête centrale avant d'être farcis. Ils sont ensuite cuits au four ou enrobés de chapelure et frits (voir page 128).

Retirez la tête et les branchies (voir page ci-contre). Coupez les nageoires et retirez la peau foncée (voir ci-dessus).

Préparez la farce : pour 4 soles, coupez 2 carottes, 2 poireaux et 1 bulbe de fenouil en bâtonnets, puis faites-les sauter dans 75 g de beurre pendant 2 minutes avec 2 cuillères à café de gingembre fraîchement râpé. Ajoutez 3 cuillères à soupe de xérès sec et faites cuire le tout pendant 2 minutes. Salez et poivrez.

De nombreux ingrédients peuvent être utilisés pour farcir un poisson entier. Ici, les petits légumes sautés parfumés au gingembre apportent une note fraîche et exotique à ce poisson.

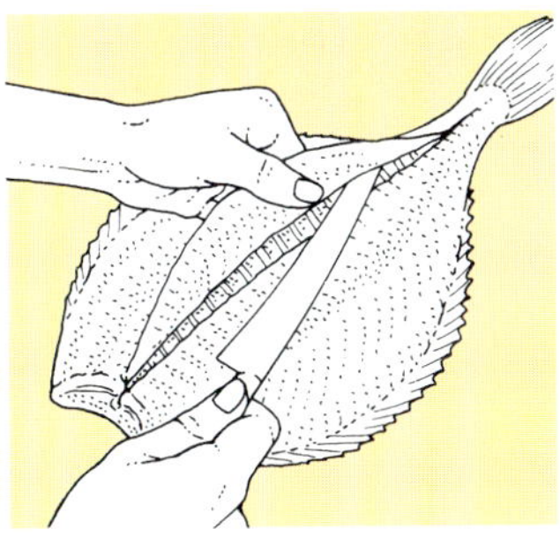

1 *Incisez le long d'un côté de l'arête, sur la face sans peau du poisson, en commençant à 1 cm de la tête. Détachez la chair, en un mouvement de scie, en maintenant le couteau contre les arêtes. Ne retirez pas les filets. Procédez de même de l'autre côté de l'arête.*

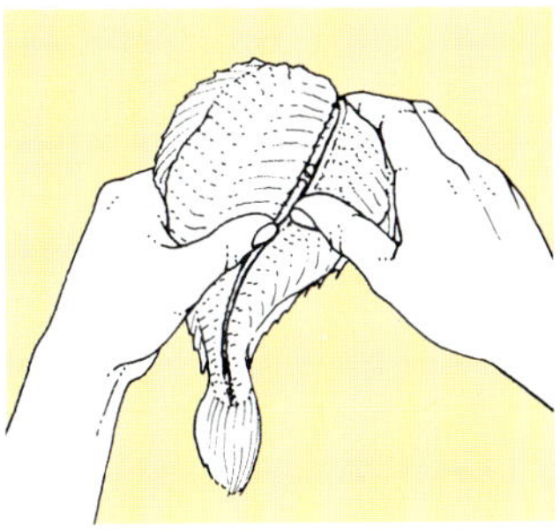

2 *Pour retirer l'arête centrale, faites glisser le couteau, à partir de la tête, entre la chair et les arêtes, afin de bien dégager la chair. Repliez le poisson en deux ou trois endroits différents pour casser l'arête ; vous pourrez ainsi la retirer plus facilement.*

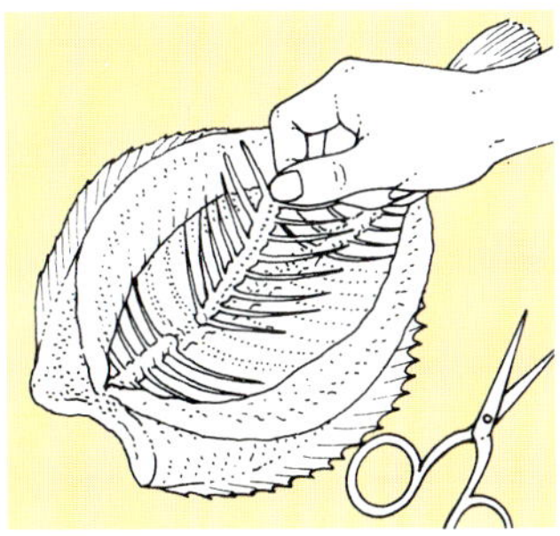

3 *À l'aide de ciseaux, faites une entaille dans la chair tout autour des arêtes et en travers de la queue et de la tête. Avec les doigts, tirez délicatement sur l'arête pour la détacher. Vérifiez très attentivement qu'il ne reste pas d'arêtes incrustées dans la chair.*

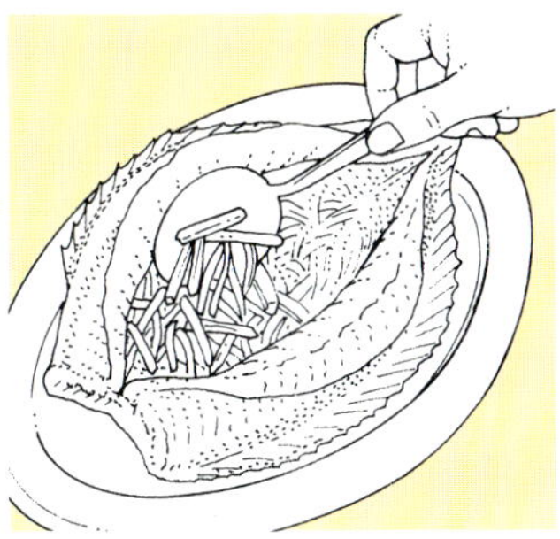

4 *Répartissez la farce entre les poissons. Disposez les poissons dans un plat à gratin, recouvrez d'aluminium et faites cuire à 180 °C, Th. 4, pendant 20 minutes. Mélangez le jus de cuisson avec un peu de crème et versez cette sauce sur la farce.*

LES MOLLUSQUES

La fraîcheur est la qualité principale à laquelle il faut veiller lorsque l'on achète des fruits de mer. Ceci est particulièrement vrai lorsqu'il s'agit de mollusques, cette famille comprenant les moules, les coquilles Saint-Jacques, les huîtres, les clams et les coques. Pour s'assurer de leur fraîcheur, il convient de vérifier que les coquilles sont bien fermées, ou qu'elles se referment dès qu'on les tapote légèrement. Jetez toutes celles qui sont ouvertes ou fendues.

Les coquilles Saint-Jacques sont souvent vendues sans leur coquille, mais si vous en trouvez avec leur coquille, vous pourrez utiliser ces dernières au moment de servir, une fois les noix cuisinées. Certains cuisiniers n'utilisent pas le corail des coquilles Saint-Jacques. Cette pratique reste pour moi un grand mystère, car je trouve que le corail apporte un riche contraste, en saveur et en consistance, avec la noix, blanche et plus délicate.

Pour certaines personnes, il n'y a rien de meilleur que les huîtres. Il existe diverses recettes d'huîtres chaudes, mais c'est assurément crues qu'elles sont le plus étonnantes. Elles figurent au menu des repas de fêtes, en fin d'année notamment, à une époque où elles sont exquises.

Les clams sont également très agréables à déguster et sont très faciles à préparer. Les coques sont le plus souvent vendues fraîches dans leur coquille ; il convient de les préparer comme des moules, c'est-à-dire en les lavant très soigneusement afin d'éliminer tout le sable.

MOULES MARINIÈRE

Les moules sont des mollusques très bon marché. Leur goût puissant se prête bien à cette préparation. Il est primordial de jeter celles qui ne sont pas fermées ou qui ne se referment pas avant la cuisson ainsi que celles qui sont restées fermées après la cuisson. Faites cuire les moules à la vapeur, jusqu'à ce que les coquilles s'ouvrent.

Prévoyez 500 g de moules par personne ; les coquilles sont volumineuses par rapport à la chair du mollusque. En outre, il y en a toujours une certaine proportions qu'il convient d'éliminer.

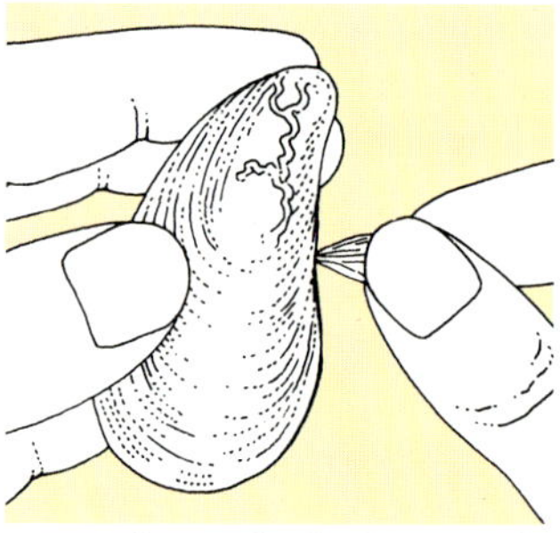

1 *Jetez les moules fendues ou celles qui restent ouvertes après tapotement. Lavez les moules à l'eau froide, afin d'éliminer tout le sable. Grattez la bernache et arrachez la barbe située à la base de la coquille. Grattez soigneusement les coquilles.*

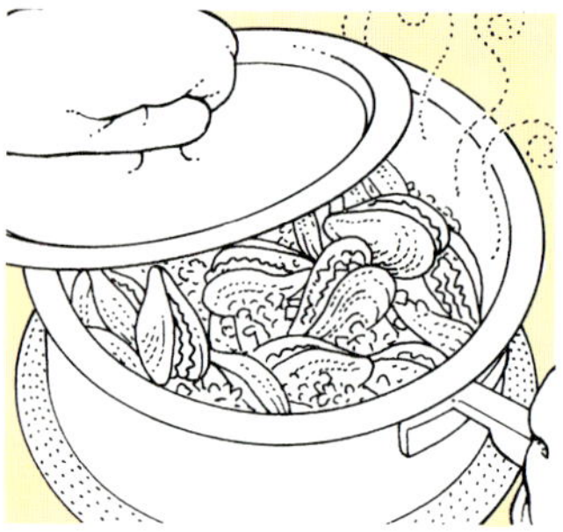

2 *Mettez 2 échalotes hachées, du persil, une feuille de laurier, du thym dans une grande casserole avec 30 cl de vin blanc, du poivre et les moules. Couvrez et secouez à feu vif, jusqu'à ce que les coquilles s'ouvrent ; il faut compter 5 minutes.*

3 *À l'aide d'une grande cuillère, placez les moules dans une grande passoire, au-dessus d'un récipient. Jetez celles qui restent fermées. Mettez les autres dans un plat de service préalablement chauffé et tenez-les au chaud.*

4 *Filtrez le liquide de cuisson dans une casserole et faites réduire d'un tiers, à feu vif. Incorporez 50 g de beurre, une pleine poignée de persil haché et un peu de poivre. Versez sur les moules et servez aussitôt. Prévoyez du pain croustillant, indispensable pour « saucer » le jus.*

QUELQUES IDÉES

- Pour une version de moules marinière plus riche, faites réduire le liquide, comme à l'étape 4, puis ajoutez de la crème fraîche et un peu de jus de citron. La sauce sera en outre plus épaisse.
- Vous pouvez également ajouter de l'ail haché au moment où vous faites cuire les moules pour les faire s'ouvrir.
- Une tomate pelée et hachée ajoutée au vin blanc donnera une agréable couleur à la sauce.
- Les moules ajoutées à des pâtes sont excellentes. On peut faire réduire le jus de cuisson avec un peu de crème, pour confectionner une excellente sauce de liaison.
- Les moules farcies ne sont pas vraiment farcies, mais sont recouvertes d'une préparation, qui peut se composer de beurre d'escargot, de fromage, de chapelure ou d'épinards hachés et de parmesan.
- Les coquilles Saint-Jacques, au goût délicat, gagnent à être servies le plus simplement possible. Elles cuisent très rapidement, et peuvent même être dégustées crues, en entrée, accompagnées d'une vinaigrette bien assaisonnée, ou marinées.
- Essayez de faire pocher des coquilles Saint-Jacques dans une crème additionnée d'aneth frais, et régalez-vous.
- Faites sauter rapidement de fines tranches de coquilles Saint-Jacques avec des morceaux de gingembre frais et un légume vert, des champignons émincés ou tout simplement une poignée d'herbes aromatiques hachées.
- Les coques peuvent remplacer les clams dans des soupes épaisses à base de fruits de mer.
- Les clams et les coques, associés éventuellement à d'autres fruits de mer, sont excellents avec des pâtes.
- Ajoutez des clams ou des coques à une bonne soupe de poisson, au dernier moment afin qu'ils ne cuisent pas trop.
- De nombreuses herbes fraîches peuvent être utilisées pour parfumer des fruits de mer. Vous pouvez notamment remplacer le persil par du fenouil ou mélanger les deux. Les graines de coriandre ou de fenouil apportent une touche délicate très agréable.

LES COQUILLES SAINT-JACQUES

Les coquilles Saint-Jacques fraîches sont meilleures que les surgelées, mais ces dernières sont très utiles tout au long de l'année.

Les coquilles Saint-Jacques se composent d'une noix de chair blanche et d'un corail rouge orangé. Les coquilles Saint-Jacques peuvent être pochées, cuites au four, frites, cuites à la vapeur, ou encore grillées, recouvertes de lard fumé. Veillez à ne pas trop faire cuire les coquilles Saint-Jacques, afin que la noix ne durcisse pas. Ajoutez le corail en fin de cuisson. Les noix sont cuites lorsqu'elles deviennent opaques, tout en restant légèrement transparentes au centre.

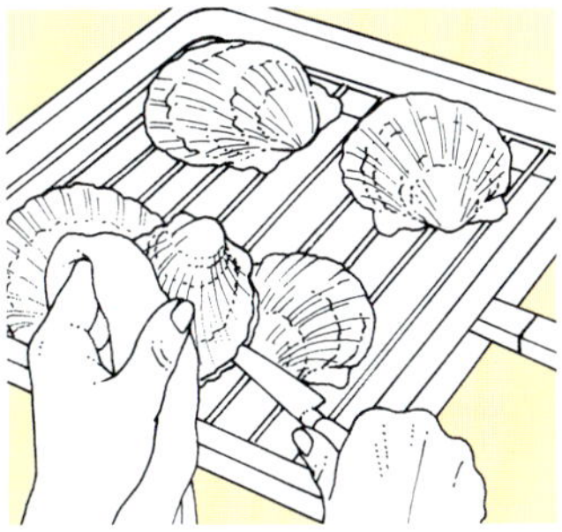

1 *Pour ouvrir les coquilles Saint-Jacques, placez-les sous un gril ou dans un four chaud. Dès que les coquilles s'ouvrent, introduisez un couteau pointu entre les deux valves et sectionnez le muscle interne qui les maintient collées l'une contre l'autre. Séparez les deux valves.*

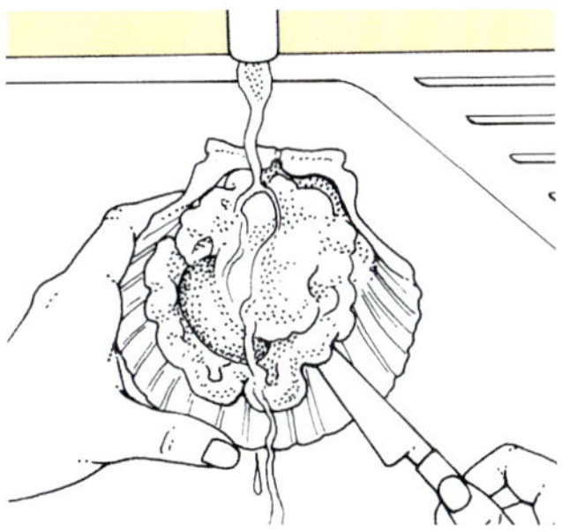

2 *Rincez la valve inférieure à l'eau froide et raclez la membrane. Jetez-la, ainsi que le petit intestin noir, puis détachez la noix et le corail; les coquilles Saint-Jacques sont alors prêtes à être cuisinées. Lavez les coquilles creuses si vous souhaitez les utiliser pour le service.*

Les huîtres servies sur de la glace pilée, accompagnées de rondelles de citron, constituent l'entrée idéale d'un repas raffiné.

OUVRIR LES HUÎTRES

Bien que les « mois en r » (de septembre à avril) soient plus propices à la dégustation des huîtres, on arrive aujourd'hui à trouver des coquillages de bonne qualité tout au long de l'année, y compris en été. N'achetez que des huîtres parfaitement fermées que vous pourrez conserver, au réfrigérateur, pendant deux jours. Ne les ouvrez qu'au dernier moment.

Les huîtres se dégustent crues et vivantes. On les présente généralement sur de la glace pilée, avec citron, ou vinaigre à l'échalote, beurre frais et pain de seigle. Pour les amateurs, vous pouvez prévoir une douzaine d'huîtres par personne. Les huîtres cuites sont servies dans leur coquille : on les fait généralement griller, après les avoir recouvertes avec un peu de chapelure. Passez-les au gril ou au four à 220 °C, Th. 7, pendant 2 à 3 minutes, jusqu'à ce que le bord se replie.

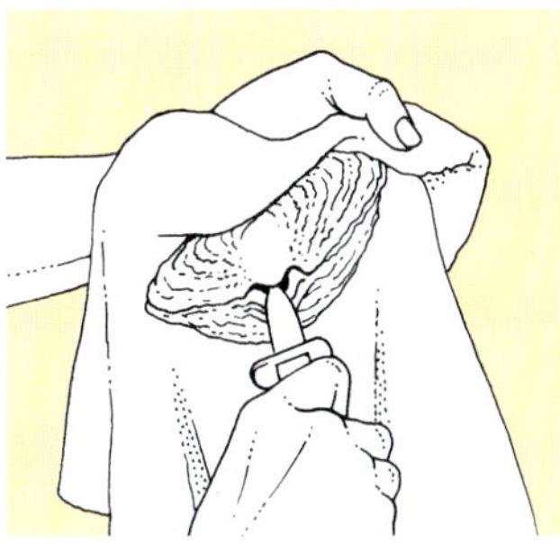

1 *Maintenez l'huître dans le creux de la main, protégée d'un torchon, le côté plat sur le dessus. Faites glisser la lame d'un couteau dans la charnière et séparez les deux valves.*

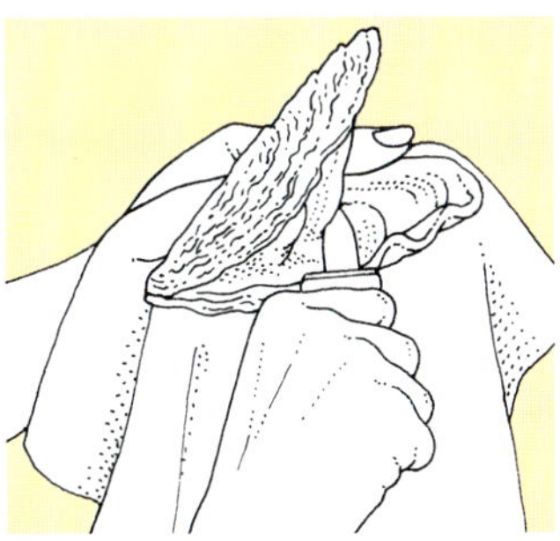

2 *En tenant toujours fermement la coquille, coupez le muscle et soulevez la valve supérieure, en veillant à ne pas renverser le jus.*

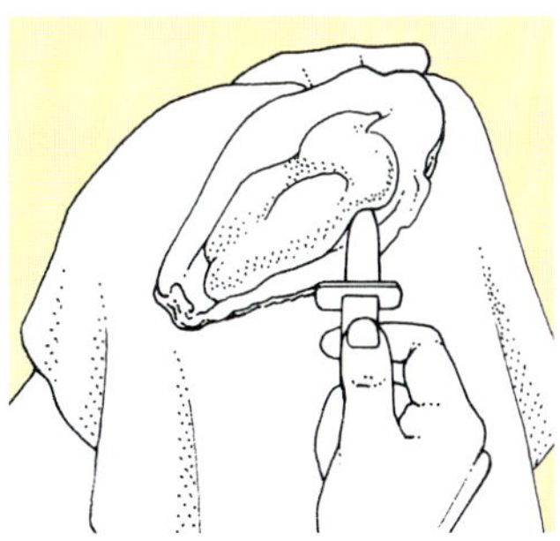

3 *Vous pouvez détacher l'huître de la coquille, et la retourner, mais on préfère généralement laisser aux invités le soin de le faire.*

PRÉPARATION DES CLAMS

Les clams présentent des tailles et des caractéristiques très diverses qui appellent des modes de préparations différents. Les plus gros sont préparés de la même façon que les moules ou les huîtres.

Les petits clams peuvent être ouverts à la vapeur, exactement comme les moules, puis cuisinés avec de la sauce tomate pour accompagner des pâtes. Les clams de plus grosse taille se dégustent crus, comme des huîtres, mais peuvent aussi être grillés au barbecue. Ils sont délicieux dans des soupes ou des salades.

Pour ouvrir des petits clams, posez-les dans un panier métallique au-dessus d'une casserole d'eau chaude. Couvrez et laissez cuire jusqu'à ce que les coquilles s'ouvrent, soit pendant 2 minutes environ. Jetez ceux qui restent fermés. Vous pouvez remplacer l'eau par du vin et ajouter des herbes ou du citron.

LES CRUSTACÉS

Le homard, le crabe, les crevettes, les écrevisses et les langoustines rassemblés dans la famille des crustacés, présentent un petit goût sucré très agréable. Certaines variétés sont assez onéreuses. Mais si vous les choisissez, les cuisinez et les servez avec soin, vous profiterez au maximum des qualités qui font de ces crustacés des plats de fête très appréciés.

Il est extrêmement important de choisir des fruits de mer parfaitement frais, car ils ont tendance à se détériorer très rapidement. Les crustacés doivent présenter une bonne odeur de marée et leur chair doit être très moelleuse à l'intérieur, et non molle, ce qui témoignerait d'un manque de fraîcheur. Si vous achetez des crevettes cuites, il est préférable qu'elles soient vendues dans leur carapace. Vous pourrez d'ailleurs vous en servir pour confectionner un excellent fumet de poisson (voir page 31) ou une sauce Nantua (voir page 197). N'hésitez pas à acheter des crevettes crues et à les cuisiner vous-même : le goût et la consistance sont incomparables. Les petites crevettes sont grises lorsqu'elles sont crues mais elles rosissent en cours de cuisson.

Lorsque vous choisissez du homard ou du crabe, attachez-vous au poids plutôt qu'à la taille du crustacé ; il arrive en effet que la chair à l'intérieur soit beaucoup moins volumineuse que la carapace. Lorsque l'on secoue un crabe, on ne doit pas entendre de bruit d'eau. Les homards et les crabes mâles sont plus gros que les femelles, mais ces dernières contiennent parfois des œufs ou du corail qui parfument la chair à merveille.

Parmi tous les fruits de mer, c'est le crabe que je préfère. Son prix relativement modique constitue un avantage non négligeable. Un repas entre amis composé de crabes que chacun décortique lentement se déroule souvent dans la détente et la bonne humeur. Accompagnée d'un peu de jus de citron ou d'une mayonnaise maison, la chair de crabe devient un véritable régal.

PRÉPARATION DU CRABE

Achetez des crabes entiers et préparez-les vous-même. Choisissez-les bien lourds, signe qu'ils sont pleins de chair. Le crabe farci est un plat froid très raffiné, surtout si on présente soigneusement la chair blanche et la chair brune, chacune d'elles ayant un goût et une consistance particuliers. La chair blanche est délicate et légèrement sucrée; la brune, plus riche et crémeuse, est excellente dans les recettes de terrines ou de sauces. On prévoit un crabe de 500 g par personne pour un plat principal, ou pour deux personnes s'il s'agit d'une entrée.

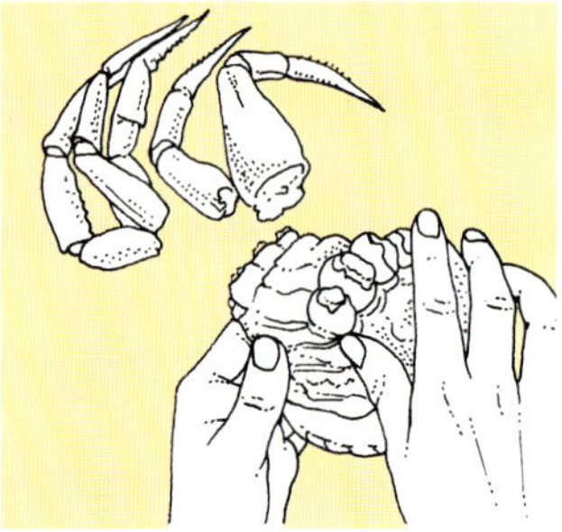

1 *Pour préparer un crabe cuit, posez-le sur le dos et détachez les pinces puis les pattes. Jetez les petites pinces. Tenez le crabe, la partie inférieure orientée vers le haut et tournez la queue jusqu'à ce qu'elle se détache. Jetez-la.*

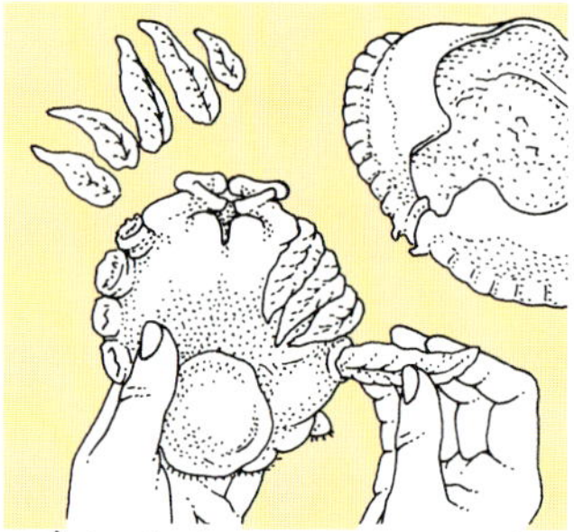

2 *À l'aide d'un petit marteau, brisez la carapace autour du corps. Dégagez la chair centrale. Jetez les parties grises qui ressemblent à des tentacules ainsi que la poche abdominale spongieuse, juste derrière la bouche du crabe.*

3 *Coupez la partie centrale en deux à l'aide d'un gros couteau. Videz le crabe de sa chair blanche à l'aide d'une brochette pour les parties peu accessibles, avec une petite cuillère pour les autres. Séparez la chair blanche de la chair brune.*

4 *Brisez la coque des pinces et des pattes à l'aide d'un marteau et extrayez la chair en vous aidant d'une brochette. Mélangez la chair brune avec un peu de mayonnaise, de sel et de poivre, et la chair blanche avec du jus de citron frais. Présentez-les séparément.*

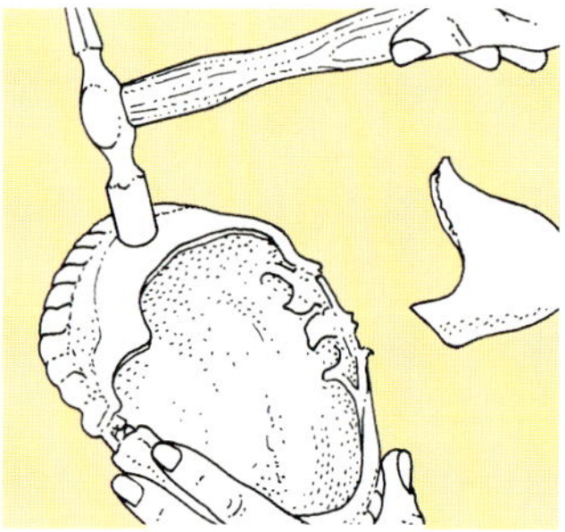

Vous souhaitez peut-être utiliser la carapace pour présenter le crabe avec les chairs claires et foncées. Tapotez la carapace à l'aide d'un petit marteau ou d'un rouleau à pâtisserie, afin d'élargir l'ouverture. Lavez-la soigneusement à l'eau savonneuse, rincez puis essuyez.

LES CREVETTES

Le plaisir de déguster des crevettes fraîches passe, à mon avis, par le travail préalable de décorticage.

Chez le poissonnier, vous aurez le choix entre plusieurs tailles de crevettes, depuis la petite crevette grise, jusqu'aux gros bouquets, voire les gambas. On peut consommer les crevettes cuites, telles quelles ou incorporées à des plats du type paella ou risotto.

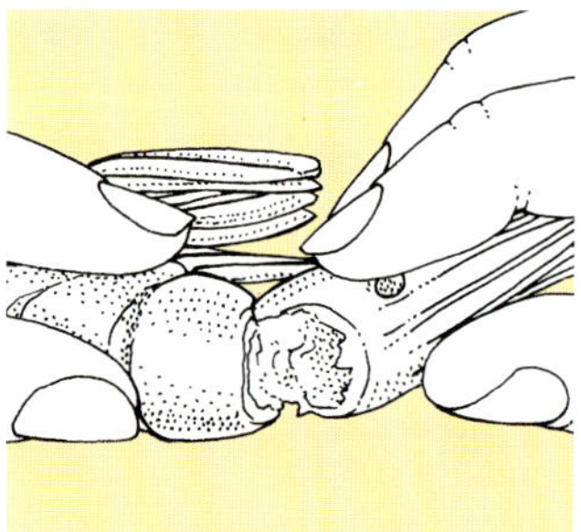

Pour décortiquer des crevettes entières, détachez la tête du corps et jetez-la. Tirez sur les pattes puis dégagez la chair de la carapace; vous pouvez laisser la queue. Il faut débarrasser les grosses crevettes de la veine intestinale noirâtre. Parfois, celle-ci est très visible et peut être retirée à l'aide d'un couteau, d'autres fois, il faut aller la chercher à l'intérieur de la chair que l'on doit alors inciser légèrement.

PRÉPARATION DU HOMARD

Le homard se déguste de préférence entre avril et octobre. On trouve alors assez facilement des homards cuits. Avant d'en acheter un, assurez-vous que les deux pinces sont bien fixées au corps et que l'animal pèse bien lourd par rapport à sa taille. S'il est trop léger, c'est que la chair s'est desséchée et que le homard n'est pas parfaitement frais. On prévoit généralement un homard de 1,2 kg pour 2 personnes. Servez-le avec de la mayonnaise fraîche (voir page 202) et une salade.

Pour découper la carapace, vous aurez besoin d'un couteau de cuisine très solide ou de cisailles.

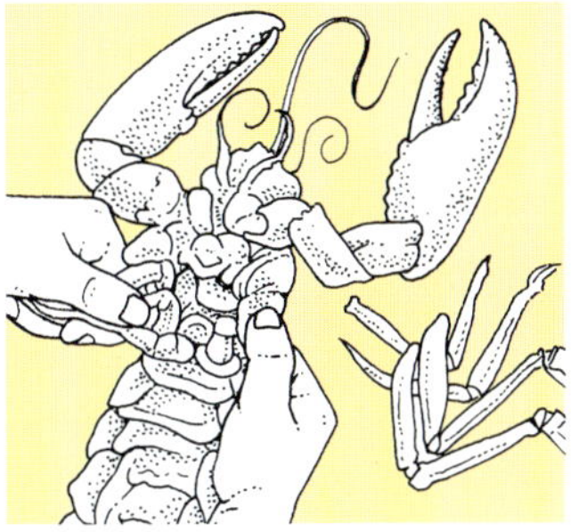

1 *Posez le homard cuit sur le dos puis détachez les pinces et les pattes. Vous pouvez conserver l'antenne pour décorer. Les pattes peuvent être jetées car elles ne contiennent pas beaucoup de chair, mais les pinces doivent être conservées.*

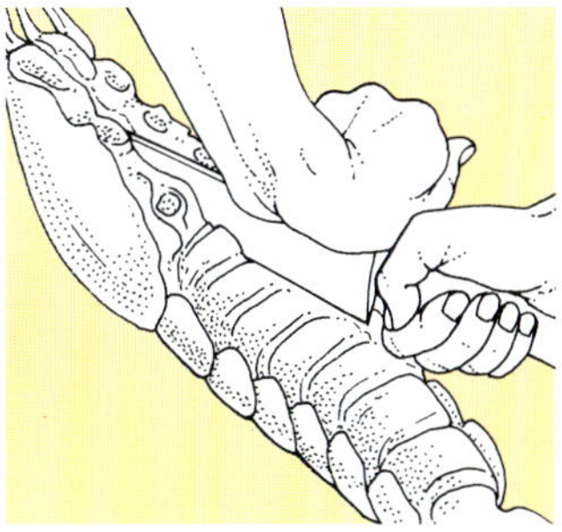

2 *Coupez le homard au milieu, en étirant la queue à plat et en appuyant très fort sur le couteau. Si cette opération vous est difficile, munissez-vous d'un torchon replié sur la lame du couteau.*

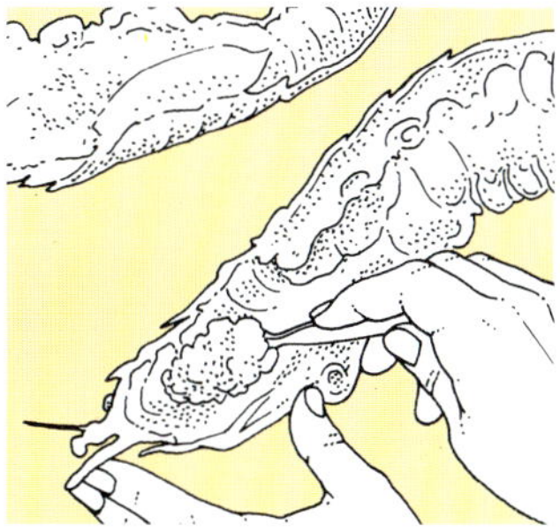

3 *Dégagez le petit sac de l'estomac, vers la tête, et l'intestin foncé situé le long de la queue. Débarrassez le homard des branchies grisâtres et des petits morceaux de carapace ayant pu se détacher. Le foie verdâtre et le corail sont comestibles.*

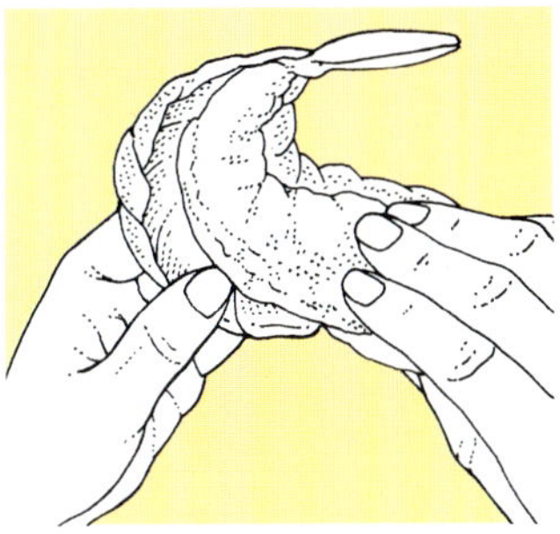

4 *Dégagez la chair située dans la queue des deux moitiés. Lavez la carapace à l'eau savonneuse bien chaude, si vous souhaitez l'utiliser pour présenter le homard. Rincez et essuyez. Disposez sur des feuilles de salade.*

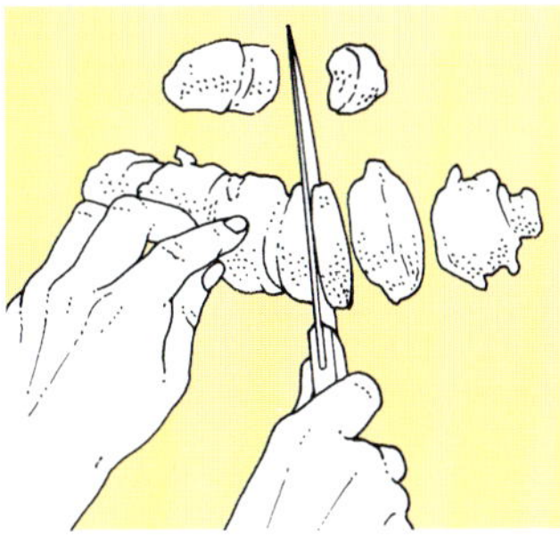

5 *Découpez la chair de la queue en rondelles. Utilisez le corail crémeux en garniture. Le foie peut être haché puis ajouté à la sauce d'accompagnement.*

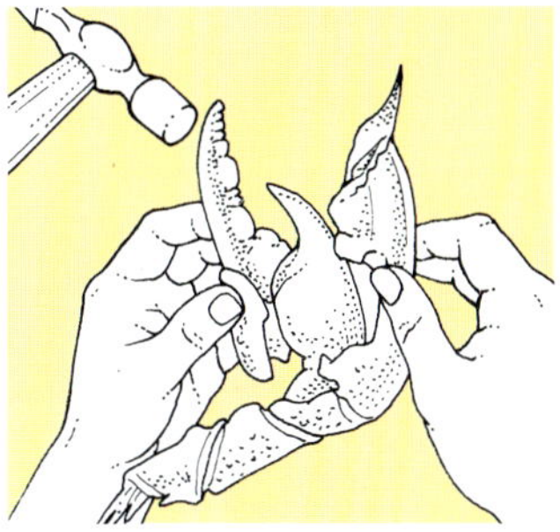

6 *Cassez les pinces et dégagez délicatement la chair. Coupez-la en morceaux, et mélangez-la à la chair de la queue. Déposez ce mélange dans les carapaces préparées à cet effet et garnissez de rondelles de citron. Ajoutez l'antenne, si vous le souhaitez.*

Cette délicieuse Tarte aux fruits de mer (page 139) servie avec une simple salade verte constitue une excellente entrée, voire un plat pour un repas léger.

QUELQUES IDÉES

• L'une des façons les plus faciles de servir du crabe, des crevettes ou du homard consiste à les incorporer à une salade. Joliment disposée sur des feuilles de salade et assaisonnée avec une bonne vinaigrette, la chair de ces crustacés peut être bien mise en valeur.

• Les herbes aromatiques se mariant le mieux avec les fruits de mer sont l'aneth, le fenouil et la coriandre.

• La chair de crabe, brune et blanche, permet de confectionner des sandwichs délicieux. Mélangez avec des feuilles de coriandre.

• J'ajoute toujours un peu de chair de crabe à mes gratins de poisson ou mes sauces à base de fruits de mer.

• Si vous souhaitez ajouter des crevettes à une timbale de poissons, ne le faites qu'au dernier moment. Elles durciraient en cuisant trop longtemps.

• Les crevettes, langoustines et gambas simplement grillées dans leur carapace sont exquises. Servez-les ainsi avec du beurre aillé, ou décortiquées et parfumées à l'ail et aux fines herbes puis revenues dans du beurre et arrosées de citron.

• Il existe de nombreuses recettes élaborées pour servir le homard. À mon avis, seule la mayonnaise ou le beurre fondu, selon que vous servez le homard chaud ou froid, permettent de profiter pleinement de la saveur de la chair. Vous pouvez toutefois ajouter un peu d'aneth à votre mayonnaise.

POULPES ET CALMARS

Les calmars sont des fruits de mer à la fois courants et bon marché. En outre, leur préparation est bien plus simple qu'on croit. Lorsque mes enfants étaient plus jeunes, leur repas préféré se composait de calmars et de frites. Ils avaient découvert ce plat en Espagne où ils avaient pu observer avec fascination les poulpes en train d'être battus contre les rochers, afin d'être attendris.

Les jeunes calmars peuvent être très tendres, si on ne les fait cuire ni trop lontemps ni trop vivement. Les rondelles ont besoin d'une ou deux minutes de cuisson, juste le temps qu'elles s'opacifient légèrement.

Mes enfants n'ont jamais eu de mal à me convaincre de leur préparer des calmars, car c'est un fruit de mer que j'adore cuisiner. Sa consistance, son petit goût sucré et net, le fait qu'il se prête à de nombreuses préparations, sont pour moi des qualités très importantes. Les calmars sont plus faciles à préparer et à cuisiner que la plupart des poissons et fruits de mer. Si vous achetez des calmars avec leur sac d'encre (qui leur permet de se défendre lorsqu'ils sont attaqués), conservez celui-ci soigneusement, afin de l'utiliser pour préparer une sauce d'accompagnement.

Le poulpe présente une chair assez dure, qui doit être attendrie avant d'être préparée. Généralement, le poissonnier se charge de cette opération. Cuit à l'étouffée avec des légumes, tels que fenouil, tomates et beaucoup d'ail, le poulpe s'avère délicieux et particulièrement juteux. Je parsème souvent le plat de persil haché, juste avant de servir.

PRÉPARATION DES CALMARS

Ne vous affolez surtout pas à la vue des calmars crus qu'il vous faudra préparer. Le retrait de la plume interne est une opération assez originale qui ne présente aucune difficulté. Il n'est pas plus difficile de préparer des calmars qu'un poisson. De plus, c'est moins salissant et plus amusant à apprêter.

Une fois que vos calmars sont préparés, il est important de ne pas les faire trop cuire, afin de ne pas détériorer leur consistance moelleuse. Si vous les faites frire, le temps de cuisson doit être diminué d'autant.

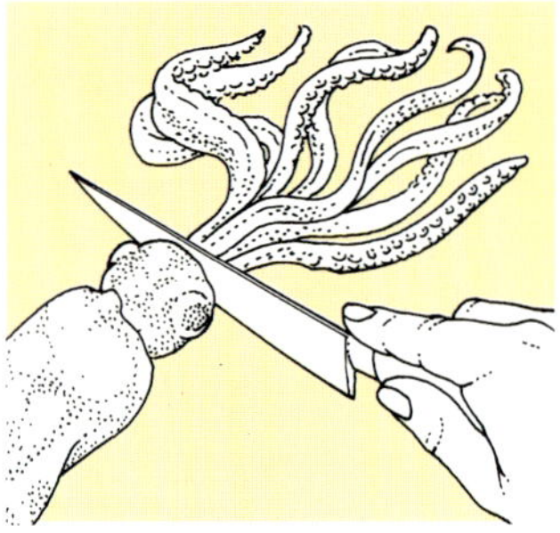

1 *Rincez soigneusement le calmar. Coupez les tentacules, et jetez l'orifice ressemblant à un bec, situé au milieu des tentacules, juste sous les yeux. Réservez les tentacules qui peuvent être cuits avec le corps ou hachés et mélangés à une farce.*

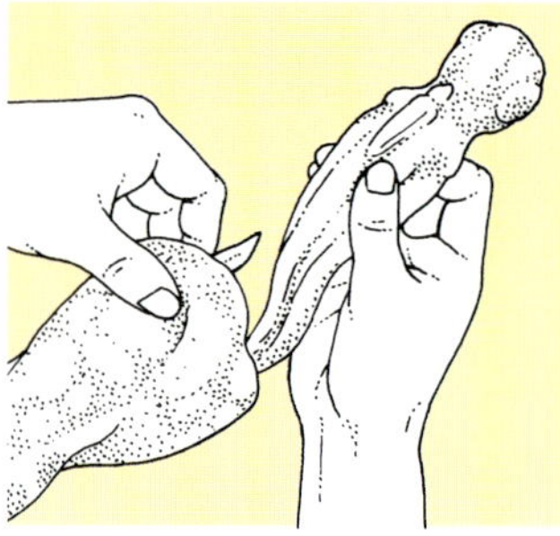

2 *Tenez le corps du calmar d'une main et tirez la tête de l'autre. Vous dégagerez également les parties internes rattachées à la tête. Jetez la tête et les entrailles mais conservez le sac d'encre si vous souhaitez l'utiliser dans la recette. On l'emploie fréquemment dans des recettes de pâtes.*

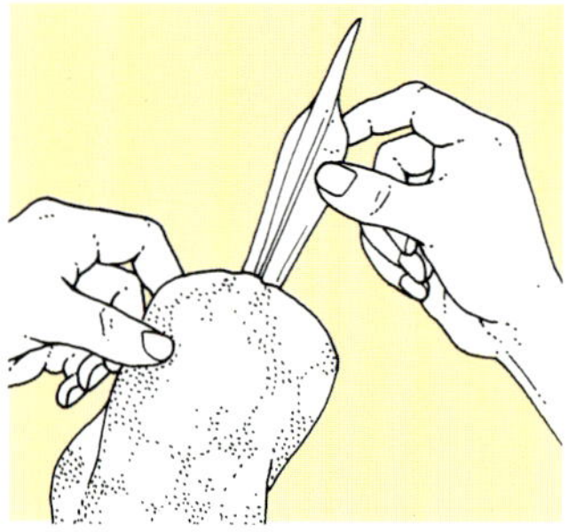

3 *Dégagez la plume transparente de sa poche, dans le corps du calmar, et vérifiez avec les doigts qu'il ne reste pas de cartilages dans la chair.*

QUELQUES SUGGESTIONS

• J'aime faire sauter les calmars à la poêle, en raison notamment de la rapidité de cuisson. Essayez de faire revenir des morceaux de calmars avec du poivron rouge, des brocoli, des mange-tout, de la ciboule et de la coriandre hachée.

• Les calmars apportent à une timbale de fruits de mer une note exotique très agréable. N'ajoutez les rondelles de calmar qu'au dernier moment, le temps qu'elles blanchissent et qu'elles s'opacifient légèrement.

• Les calmars se marient à merveille avec les pâtes. Pendant que vous faires cuire celles-ci, faites revenir des rondelles de calmars avec de l'ail haché dans un mélange d'huile d'olive vierge et de beurre, ajoutez du persil et incorporez cette sauce aux pâtes.

• Si vous souhaitez faire cuire au barbecue de gros calmars, faites-les mariner au préalable dans de l'huile d'olive, du jus de citron et des herbes aromatiques pendant une heure environ. Faites-les griller rapidement à feu vif.

• On peut faire cuire de fines tranches de poulpe dans un peu d'eau ou de bouillon frémissant; le poulpe rosira et pourra être assaisonné avec de l'huile d'olive, du jus de citron, de l'ail et du persil.

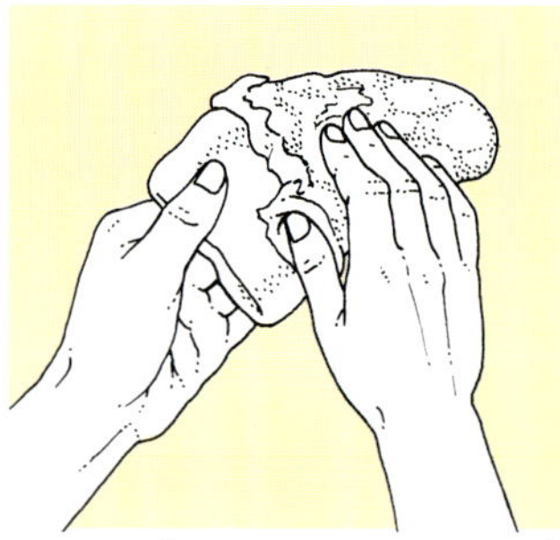

4 *Lavez le corps soigneusement, à l'intérieur et à l'extérieur, sous le robinet d'eau froide, en éliminant toute trace d'entrailles. Retirez en frottant la petite peau violacée externe. Essuyez avec du papier absorbant.*

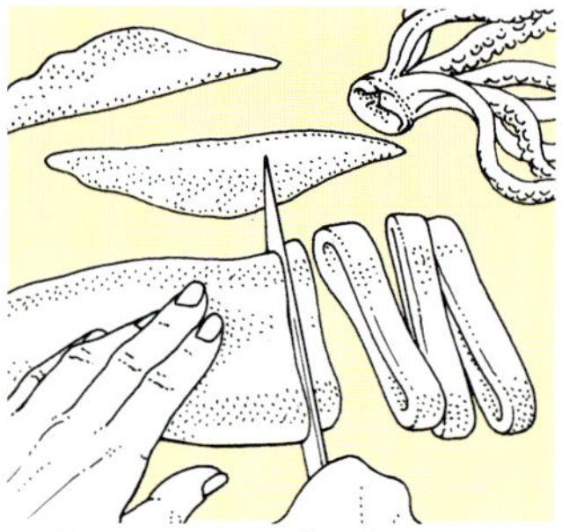

5 *Coupez ou arrachez les nageoires et taillez-les en lanières. Ciselez le corps en anneaux assez fins ou conservez-le tel quel, si vous souhaitez farcir les calmars. Divisez les tentacules en deux ou trois morceaux, si les calmars sont suffisamment gros, pour les utiliser dans la farce.*

CALMAR FARCI

Vous pouvez farcir des calmars de toutes tailles ; s'il s'agit de gros calmars, il faudra les couper en rondelles, une fois farcis, et les disposer joliment sur un plat de service, entourés de sauce. S'il s'agit de petits calmars, il faudra en prévoir un par personne. Essayez de farcir de très petits calmars et de les faire pocher dans une sauce. Dans ce cas, prévoyez plusieurs calmars par personne. Si vous le souhaitez, ajoutez le sac d'encre à la sauce dans laquelle vous faites cuire les calmars, afin de la colorer et de l'enrichir.

Lavez et préparez les calmars (page ci-contre), en laissant le corps entier. Hachez les nageoires et les tentacules et incorporez-les à la farce.

Pour préparer de la farce pour 4 calmars de taille moyenne, versez 3 cuillères à soupe d'huile d'olive dans une poêle, à feu moyen. Ajoutez 2 grosses gousses d'ail hachées menu, un morceau de gingembre de 2,5 cm haché, les nageoires et les tentacules. Laissez cuire pendant 1 minute. Ajoutez 50 g d'anchois hachés finement, 250 g d'épinards blanchis et hachés, 2 cuillères à soupe de chapelure puis retirez du feu. Salez et poivrez.

Ce Calmar farci de poireaux et d'épinards (page 139) est servi sur une superbe sauce rouge vif.

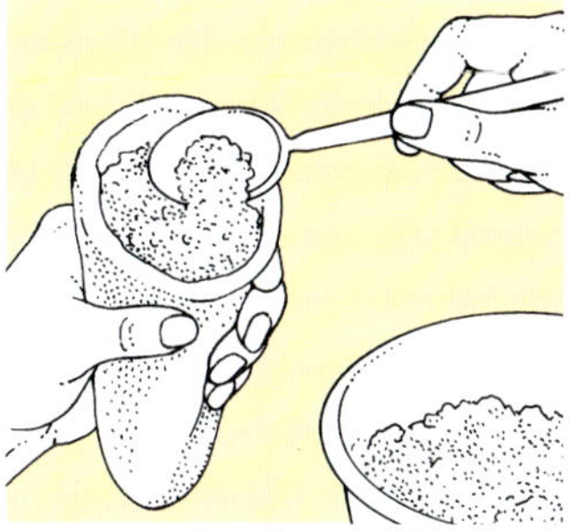

1 *Farcissez les calmars : déposez une cuillère de farce dans chacun d'eux, en veillant à ne pas trop les remplir, afin qu'ils n'éclatent pas en cours de cuisson. Pour farcir de petits calmars, vous préférerez peut-être introduire la farce au moyen d'une poche à douille, sans embout, ou d'une seringue en plastique.*

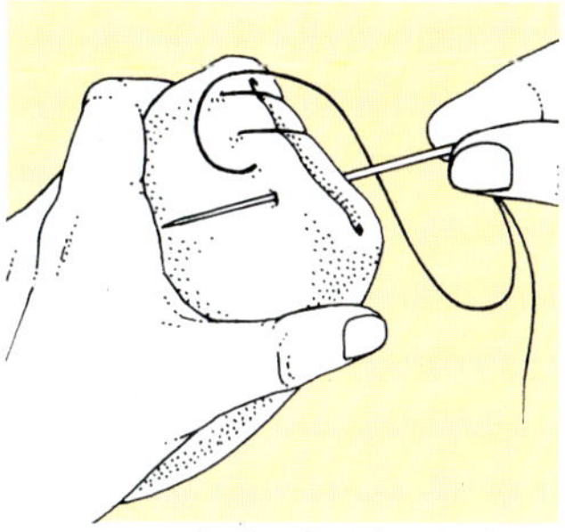

2 *Recousez les bords, à l'aide d'une aiguille à trousser et d'un morceau de ficelle de cuisine, ou refermez avec une pique de bois. Mettez 2 cuillères à soupe d'huile d'olive et 25 g de beurre dans une cocotte, à feu moyen. Ajoutez 2 gousses d'ail hachées et 1 petit poivron rouge épépiné et haché. Remuez pendant 1 minute.*

3 *Ajoutez 400 g de tomates pelées et hachées, 1 cuillère à soupe de concentré de tomates, 4 cuillères à soupe de jus d'orange frais, du sel et du poivre. Ajoutez les calmars farcis, couvrez et laissez mijoter à feu doux, pendant 35 à 45 minutes. Disposez les calmars dans un plat de service. Parfumez la sauce avec du persil et servez-la avec les calmars.*

PRÉPARATION DES POULPES

La plupart des poulpes vendus en poissonnerie ont été préalablement attendris et nettoyés. Certaines variétés peuvent durcir en cours de cuisson ; essayez donc de vous procurer des poulpes avec une petite tête et de longs tentacules : ce sont les plus tendres. Si le poulpe n'est pas nettoyé, il faudra le vider, retirez les yeux, le bec et la peau et l'attendrir avant de le faire cuire (voir ci-contre).

Les poulpes peuvent être frits, farcis et cuits à l'étouffée ou grillés au barbecue. Frits dans de l'huile d'olive, les petits poulpes sont un véritable régal.

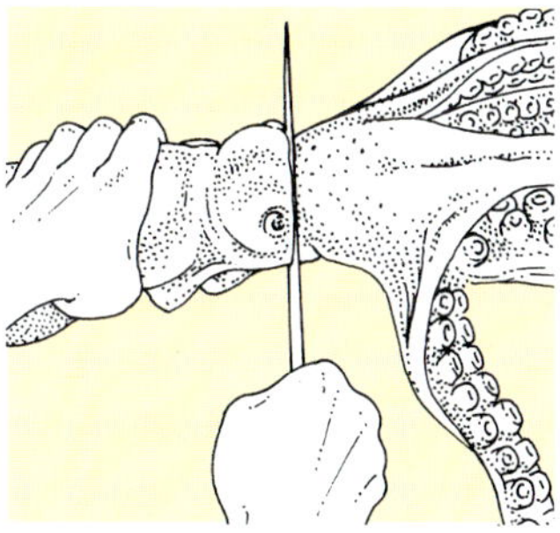

1 *Séparez les tentacules du corps, à l'aide d'un grand couteau et jetez le contenu du corps, y compris les parties internes et le sac d'encre, à moins que vous n'utilisiez celui-ci pour préparer une sauce.*

2 *Retournez le corps et coupez les yeux et le bec. Lavez la tête et les tentacules sous l'eau froide puis ébouillantez-les dans une casserole, pendant 5 à 10 minutes.*

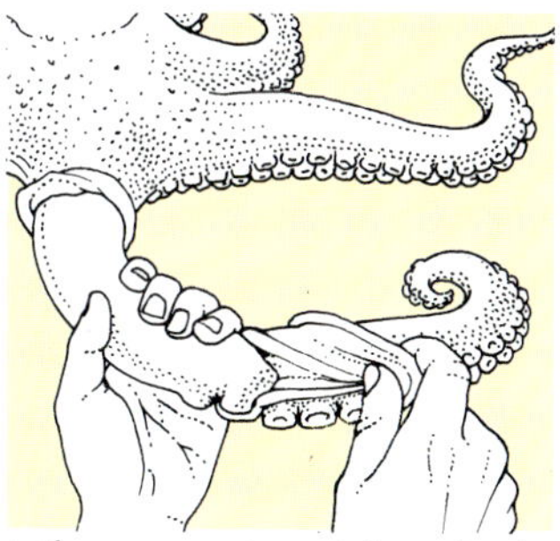

3 *Égouttez et rincez à l'eau froide, puis décollez la peau externe et la membrane située sous la peau. Attendrissez le poulpe en le battant contre l'évier ou contre une planche 40 fois de suite. Le poulpe est prêt à être cuisiné.*

POISSONS ET FRUITS DE MER FRITS

Le poisson frit, réalisé avec soin, peut être délicieux. Pour faire cuire de petits poissons ou des filets, la friture à la poêle ou en sauteuse est idéale. La cuisson en friteuse, dans de l'huile chaude, de poissons enrobés de chapelure, de farine ou de pâte à frire, permet de conserver tout son moelleux à la chair, tout en apportant une délicieuse petite note croustillante.

La pâte à frire permet de protéger la chair du poisson en cours de cuisson. La température de l'huile revêt une importance toute particulière : si l'huile n'est pas assez chaude, l'enrobage ne tiendra pas correctement, si elle l'est trop, la garniture externe brûlera avant que le poisson n'ait eu le temps de cuire à l'intérieur. Refaites chauffer l'huile avant de faire cuire de nouveaux morceaux.

Pour faire sauter ou faire revenir du poisson à la chinoise, choisissez des variétés fermes, telles que lotte, thon, requin et crevettes, qui pourront être remuées sans s'abîmer.

Surveillez constamment la température du feu, et ajustez la puissance lorsque cela est nécessaire.

FRITURE À LA POÊLE

Utilisez de l'huile végétale, du beurre concentré de cuisine ou du beurre clarifié (voir page 96). Ces ingrédients ne contiennent pas de sédiments qui ont tendance à brûler, contrairement au beurre ordinaire; ce dernier doit toujours être mélangé à de l'huile.

Choisissez n'importe quel filet de poisson, de préférence débarrassé de sa peau, ou du poisson coupé en morceaux ou taillé en « goujonnettes ». Un enrobage à base de chapelure donne d'excellents résultats. Préparez trois assiettes, l'une avec de la farine, la deuxième avec de l'œuf battu et la troisième avec de la chapelure séchée.

1 *Plongez le poisson dans la farine, dans l'œuf, puis dans la chapelure. Une fois le poisson enrobé, secouez-le pour éliminer l'excédent. Réfrigérez pendant 10 à 20 minutes.*

2 *Faites chauffer de l'huile dans une poêle puis faites cuire le poisson en une seule couche. Lorsque le premier côté est bien doré, retournez-le. Égouttez sur du papier absorbant.*

CUISSON EN FRITURE

Le poisson enrobé de pâte à frire et plongé dans un bain d'huile est à la fois moelleux à souhait et croustillant. Le choix de l'huile est très important : en effet, son goût influe sur la qualité finale du plat. Il faut utiliser une huile pouvant atteindre la température désirée sans que sa saveur soit altérée. Les huiles végétales de tournesol ou d'arachide conviennent le mieux.

Pour faire cuire du poisson en friteuse, la température de l'huile doit se situer entre 180 °C et 190 °C (un cube de pain doit y dorer en 30 secondes).

Pour préparer une pâte à frire pour 4 filets, mélangez 1 œuf avec 30 cl de lait ou d'eau et 125 g de farine, jusqu'à obtenir un mélange bien lisse. La pâte préparée avec du lait est plus épaisse que celle à base d'eau.

1 *Préparez la pâte et versez-la dans un récipient profond. Plongez-y chaque morceau de poisson et laissez l'excédent s'écouler lentement. Essayez de faire cuire le poisson dès qu'il est enrobé de pâte, si cela est nécessaire.*

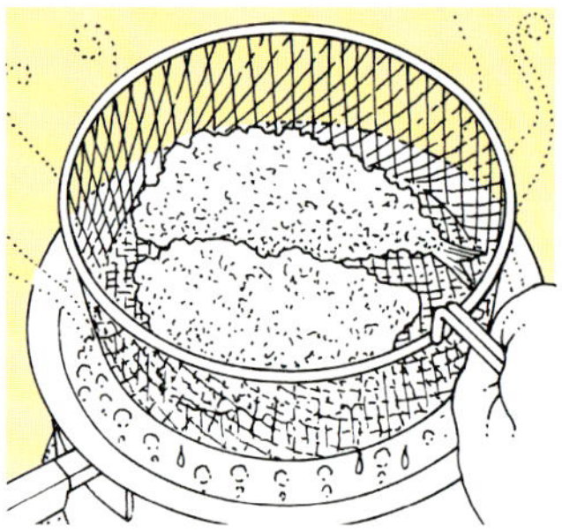

2 *Remplissez la friteuse au tiers avec de l'huile. Faites chauffer. Mesurez la température à l'aide d'un thermomètre de cuisine ou en plongeant un cube de pain (celui-ci doit dorer en 30 secondes). Posez le poisson dans le panier métallique puis plongez-le délicatement dans l'huile chaude. Faites dorer, jusqu'à ce que l'enrobage soit bien croustillant. Égouttez le poisson sur du papier absorbant et tenez-le au chaud, au four tiède, jusqu'à ce que tous les morceaux soient cuits.*

Ces Croquettes de saumon (page 138), tout à fait légères, ne contiennent que de la chair de poisson liée avec une béchamel.

TEMPURA DE CREVETTES

Les tempuras comptent certainement parmi les plats japonais les plus appréciés des Occidentaux — ces tendres morceaux de poisson et de fruits de mer, ou encore de légumes, recouverts d'une pâte à frire et plongés dans de l'huile pendant quelques secondes sont un régal.

Le secret de la réussite de ce plat consiste à préparer la pâte juste au moment de l'utiliser et à ne pas la battre du tout. Elle doit être mélangée avec une fourchette ou mieux avec des baguettes. Il est normal qu'il reste quelques grumeaux. Pour préparer la pâte, utilisez 1 œuf battu, 75 g de farine, 25 g de Maïzena tamisée et 10 cl d'eau.

1 *Préparez des crevettes crues (voir page 124). Pratiquez de petites entailles sur le dessous, afin qu'elles ne se recourbent pas en cuisant. Rincez-les et essuyez-les. Juste avant de les faire frire, plongez les crevettes dans la pâte, en les maintenant par la queue, puis égouttez-les.*

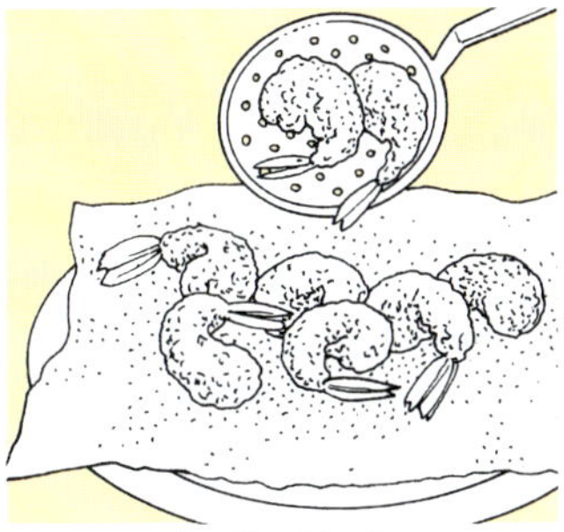

2 *Faites chauffer l'huile à 180 °C, un dé de pain doit y dorer en 30 secondes. Faites frire les crevettes, jusqu'à ce que la surface soit bien dorée et croustillante. Égouttez sur du papier absorbant et tenez au chaud, jusqu'au moment de servir.*

Tempura de crevettes servi avec une sauce à l'orientale (page 207).

CROQUETTES DE POISSON

J'adore les croquettes de poisson lorsqu'elles sont préparées avec beaucoup de poisson et peu de pommes de terre. Tous les filets de poisson blanc conviennent, ainsi que le maquereau, le haddock ou le cabillaud, ou un mélange de poissons ordinaire et fumé.

Pour 6 personnes, écrasez 500 g de pommes de terre cuites, ajoutez 25 g de beurre et réservez. Faires cuire 500 g de filets de poisson dans 15 cl de lait, dans une casserole couverte, pendant 5 minutes. Filtrez le lait sur les pommes de terre et mélangez soigneusement. Ajoutez le poisson émietté et 2 cuillères à soupe de ciboulette fraîche, 1 œuf battu, du sel et du poivre. Mélangez et réfrigérez.

1 *Couvrez vos mains de farine et former des boulettes de la taille d'une petite orange. Aplatissez les boulettes et dorez-les à l'œuf battu, puis recouvrez-les avec 50 g de chapelure.*

2 *Réfrigérez au moins 30 minutes, puis faites-les cuire à la poêle dans de l'huile végétale, en les retournant. Égouttez sur du papier absorbant. Servez avec une sauce tomate fraîche (voir page 206).*

PARFUMER LES FRITURES

- La farine servant à enrober le poisson peut être assaisonnée avec des herbes et des épices.
- Ajoutez du paprika ou du piment de Cayenne à la farine.
- Les flocons d'avoine sont délicieux pour enrober le hareng ou le maquereau, tout comme les noix pilées, la Maïzena, la farine de riz ou la semoule. On obtient ainsi une consistance très croustillante.
- La pâte à frire de base peut être améliorée de mille et une façons : pour l'alléger, incorporez un blanc d'œuf battu.
- La bière peut remplacer l'eau ou le lait, parfois même les œufs d'une pâte à frire. Celle-ci gagnera en légèreté et présentera une petite note amère originale, qui mettra en valeur la saveur du poisson.
- Votre pâte à frire peut être agrémentée de certaines épices entières telles que graines de fenouil, d'aneth ou de carvi.
- Colorez et parfumez une pâte à frire toute simple en ajoutant du paprika ou du curcuma ou d'autres épices moulues.
- Les croquettes de poisson recouvertes de chapelure fraîche sont délicieuses.
- La préparation de base des croquettes de poisson peut être l'occasion pour vous de laisser libre cours à votre imagination. La morue salée écrasée (voir page 137) notamment est excellente.
- Parfumez vos croquettes de poisson avec du safran, des câpres, de l'ail écrasé, du zeste de citron ou des épices telles que cardamome, coriandre, cumin ou curcuma, ou encore avec des herbes fraîches.
- Les croquettes de poisson composées de poisson et d'une béchamel délicatement parfumée avec du safran (voir page 196) sont suffisamment raffinées pour être servies lors d'un repas entre amis.
- Des œufs durs hachés, des anchois ou des tomates bien fermes parfument une préparation pour des croquettes de poisson.
- J'ajoute parfois des huiles parfumées, telles que de l'huile de noix, à l'huile ordinaire pour faire frire mon poisson.
- La graisse d'oie parfume agréablement le poisson frit.

CUISSON À LA VAPEUR ET À L'EAU

Lorsque l'on fait pocher du poisson, il est important que la cuisson se fasse doucement et régulièrement. Le poisson est alors cuit à point, de façon très uniforme et reste bien moelleux. L'eau de cuisson doit être chaude, mais jamais bouillante ; si le poisson est remué par les bouillons du liquide, la chair risque de s'émietter, la saveur de se perdre et la portion de se réduire. Le liquide peut éventuellement frémir, mais ne doit jamais bouillir.

Si vous souhaitez pocher de gros poissons, il vous faudra un récipient de cuisson suffisamment long pour les contenir. La poissonnière (voir page 19) est l'ustensile le mieux adapté. Si vous souhaitez déguster votre poisson froid, commencez à le faire cuire dans de l'eau froide et faites chauffer jusqu'à ce que le liquide commence à frémir. Au bout de 5 à 10 minutes, retirez-le du feu et laissez-le complètement refroidir dans le liquide. Si vous devez consommer le poisson chaud, faites cuire le poisson et laissez-le reposer dans l'eau chaude pendant 15 à 20 minutes, puis vérifiez le degré de cuisson en enfonçant une aiguille dans la chair. Celle-ci doit être tendre mais encore ferme.

La cuisson à la vapeur est le mode de cuisson diététique par excellence. Il existe de nombreux modèles d'ustensiles destinés à la cuisson à la vapeur ; vous n'aurez donc que l'embarras du choix.

Ce délicieux filet de Cabillaud nappé d'une sauce aux crevettes et à l'aneth (page 141) constitue un plat raffiné pour vos repas de fête.

POISSON POCHÉ

Les filets ou les darnes cuisent au court-bouillon (voir page 30). Le court-bouillon peut ensuite servir à préparer une délicieuse sauce ; il suffit de le filtrer, de le faire réduire et d'incorporer des petits morceaux de beurre pour l'enrichir.

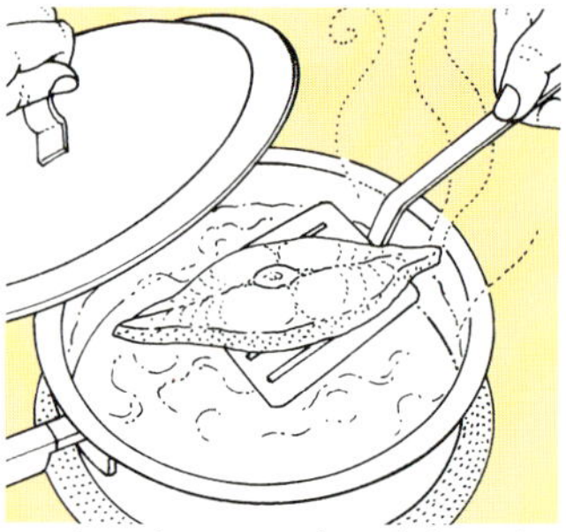

1 *Placez le poisson dans de l'eau frémissante, dans une sauteuse suffisamment grande pour que les morceaux ne soient pas superposés. Couvrez et laissez cuire pendant 10 à 20 minutes, selon l'épaisseur du poisson.*

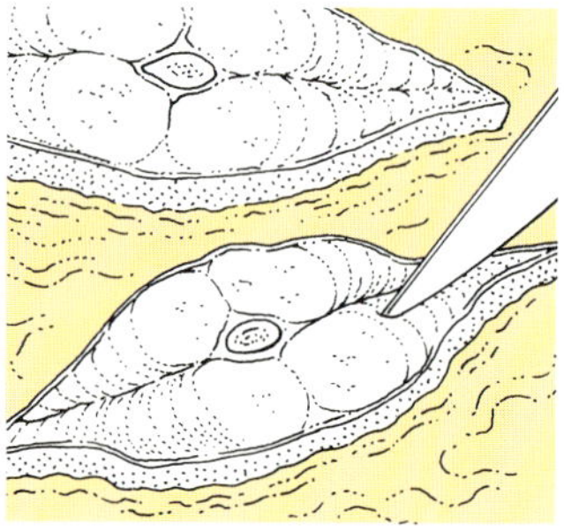

2 *Lorsqu'il est cuit, le poisson est opaque et la chair s'émiette facilement. Égouttez sur du papier absorbant. Tenez au chaud, dans un récipient fermé, au four, pendant que vous préparez la sauce avec le liquide de cuisson.*

DES IDÉES DE PRÉSENTATION

Les filets de poisson (voir page 119) peuvent être roulés ou repliés avant d'être pochés ou cuits à la vapeur. Pour une présentation plus soignée, placez le côté débarrassé de la peau vers l'intérieur.

Farcissez le filet avec une garniture colorée : votre poisson sera ainsi plus savoureux et esthétique. Ce n'est pas indispensable, mais une garniture, même très simple, peut compenser la perte de saveur qui se produit lorsque la chair cuit sans les arêtes.

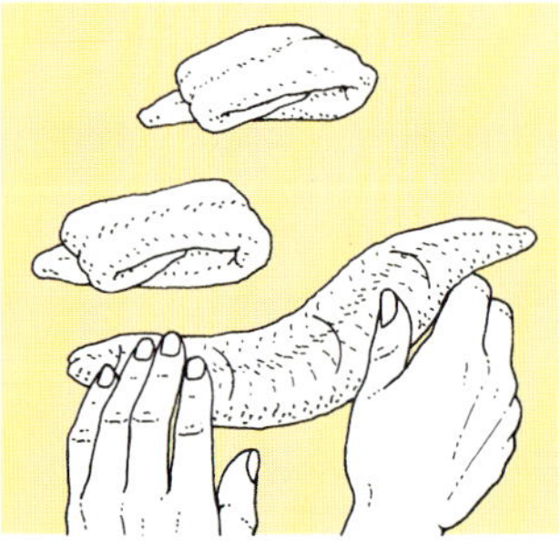

Vous pouvez simplement replier les filets en deux, la partie la plus mince rentrée à l'intérieur. Entaillez légèrement le côté débarrassé de sa peau, afin que le filet conserve bien sa forme en cours de cuisson.

Pour former un turban, coupez les filets en deux et roulez-les depuis la partie la plus large. Fixez avec une pique de bois ou faites cuire les filets en les serrant les uns contre les autres.

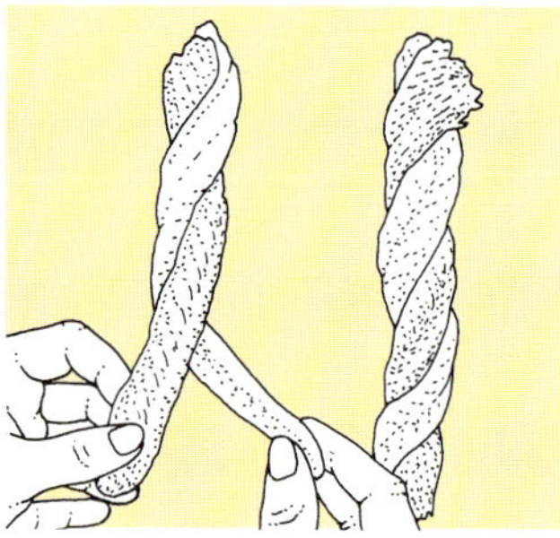

Enroulez l'un autour de l'autre deux filets de poisson de couleur différente, par exemple du saumon et de la limande-sole. Fixez-les ensemble à l'aide d'une pique de bois, avant de les faire cuire.

CUISSON À LA VAPEUR

La cuisson à la vapeur est un mode de préparation très adapté au poisson, à condition de parfumer celui-ci en cours de cuisson. Ainsi, pour éviter que votre poisson ne soit trop fade, disposez-le sur des couches d'herbes aromatiques et de légumes et parsemez-le d'épices bien choisies. On peut faire mariner le poisson avant de le faire cuire.

Si vous le souhaitez, préparez une sauce à partir du liquide de cuisson. Épaississez-le en le faisant réduire. Vous pouvez également parfumer votre poisson en ajoutant des épices, des herbes, du jus de citron ou de la sauce soja. Le poisson cuit à la vapeur est délicieux froid, dans des salades.

La cuisson à la vapeur est recommandée pour les fruits de mer fragiles tels que les coquilles Saint-Jacques dont les noix restent bien tendres. Placez les noix et leur corail dans un panier posé au-dessus d'une casserole d'eau bouillante, couvrez et laissez cuire pendant 2 à 3 minutes, jusqu'à ce que la chair soit opaque, tout en restant ferme.

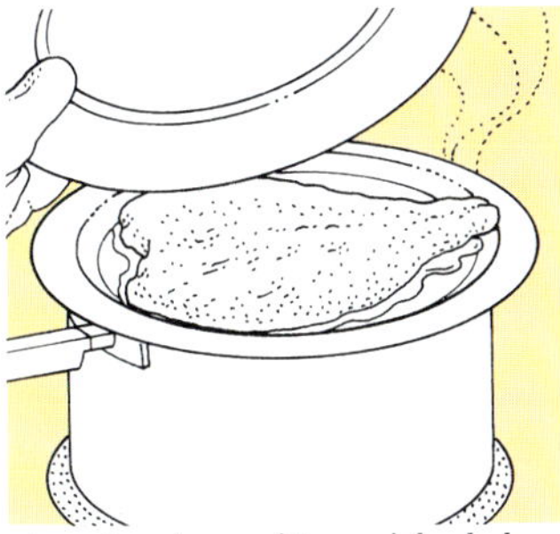

Avec 2 assiettes résistant à la chaleur, vous pouvez faire cuire, très délicatement, de fins filets de poisson : disposez-les dans une assiette beurrée sur une couche d'herbes. Recouvrez-les avec une autre assiette retournée. Disposez le tout au-dessus d'une casserole d'eau bouillante et laissez cuire pendant 5 à 10 minutes, jusqu'à ce que la chair s'émiette facilement.

POUR AGRÉMENTER VOTRE POISSON

- Pour les personnes au régime, le poisson cuit à la vapeur avec du gingembre frais et servi avec de la sauce et des germes de soja permet d'obtenir un bon plat diététique, tout à fait satisfaisant.
- Une bonne façon de préparer des sauces d'accompagnement pour du poisson poché consiste à faire réduire le liquide de cuisson, et à ajouter du beurre ou de la farine et des œufs, pour l'épaissir.
- Vous pouvez également ajouter de la crème fraîche au liquide de cuisson réduit ou si vous souhaitez une sauce plus légère, un peu de yaourt. Ne faites pas bouillir la préparation, car le yaourt pourrait tourner.
- Un mélange à base de yaourt et de fromage blanc permet d'obtenir une sauce plus épaisse.
- Du poisson blanc ordinaire parfumé lors de la cuisson au court-bouillon (voir page 30) est excellent dans des croquettes de poisson. Vous pouvez conserver le court-bouillon pour préparer une soupe ou le faire réduire et le congeler dans des bacs à glaçons, afin d'avoir toujours sous la main une base concentrée pour préparer des soupes ou des sauces.
- Le poisson poché froid se sert accompagné d'une mayonnaise que l'on peut parfumer avec des herbes aromatiques, telles qu'aneth, fenouil et estragon, ou encore en ajoutant un peu de purée d'épinards hachés pour la colorer délicatement, de la purée ou du concentré de tomates, de la pâte de curry ou même du chutney à la mangue.
- Si vous n'avez pas le temps de préparer vous-même la mayonnaise, achetez-en un pot et améliorez-la en ajoutant de la crème fouettée.
- Pour du poisson poché ou cuit à la vapeur, la sauce tomate convient parfaitement. Essayez également de réduire en purée des poivrons ou d'autres légumes. Vous pourrez ensuite y ajouter le poisson cuit à la vapeur et saupoudrer le dessus d'herbes aromatiques.

POISSON EN COCOTTE

Tous les ingrédients, à l'exception du poisson et de l'estragon, sont cuits à l'avance. Ainsi la chair du poisson reste savoureuse.

Pour 4 personnes, il vous faudra 500 g de pommes de terre épluchées et hachées, 3 gousses d'ail coupées en rondelles, 2 feuilles de laurier, 5 tomates pelées et coupées en petits morceaux, 1 poivron jaune coupé en anneaux, 4 cuillères à soupe de jus de citron, 15 cl de cidre, 4 cuillères à soupe d'huile d'olive, 500-600 g de filets de poisson blanc, coupés en gros morceaux, 1 cuillère à soupe d'estragon frais haché, du sel et du poivre.

1 *Mélangez les pommes de terre, l'ail, le laurier, les tomates et le poivron dans une grande cocotte. Salez et poivrez puis arrosez de jus de citron, de cidre et d'huile d'olive. Couvrez et laissez cuire pendant 30 minutes, jusqu'à ce que les pommes de terre soient cuites.*

2 *Ajoutez délicatement le poisson avec l'estragon, couvrez et faites-le cuire pendant 5 à 10 minutes, à feu doux, jusqu'à ce que le poisson soit tout juste opaque. Servez aussitôt dans des assiettes creuses.*

Pour préparer une délicieuse fricassée de poisson, réunissez des filets de lotte, des légumes, du cidre, de l'estragon et des feuilles de laurier.

CUISSON AU FOUR ET AU GRIL

Si vous n'avez pas l'habitude de cuisiner du poisson, la méthode la plus simple consiste à le faire cuire au four. Le poisson peut être enveloppé dans du papier sulfurisé ou d'aluminium ou posé dans un plat à gratin et nappé de sauce ou de bouillon. Les gros poissons sont cuits à une température moyenne et les petites pièces à four chaud. Le temps de cuisson de ces derniers étant très court, la chair n'a pas le temps de se dessécher.

Les darnes ou les morceaux de poisson charnus, comme le thon ou le veau de mer (une variété de requin), peuvent être cuisinés à feu doux, dans une cocotte ou à la poêle, entourés de légumes ; vous obtiendrez ainsi un plat complet et très parfumé. Les poissons entiers peuvent être garnis de nombreuses farces ou d'un bouquet d'herbes aromatiques.

La cuisson au gril, mieux qu'aucun autre mode de cuisson, permet de mettre en valeur la saveur du poisson. Que la flamme provienne du dessus ou du dessous (barbecue), le résultat est toujours excellent. Certaines espèces de poisson se prêtent particulièrement bien à la cuisson au gril ; il s'agit des poissons gras tels que le maquereau ou le hareng, ou des grosses pièces comme le saumon ou le loup de mer. Les gambas cuites dans leur caparace et parfumées avec de l'huile aillée sont toujours très appréciées.

Tous les poissons, qu'il s'agisse de filets ou de poissons entiers, doivent être arrosés en cours de cuisson, afin qu'ils conservent tout leur moelleux. Pour cela, utilisez le jus de cuisson ou une marinade préparée à l'avance (surtout s'il s'agit d'un barbecue).

CUISSON AU FOUR EN COCOTTE

Le poisson cuit dans une cocotte peut être accompagné d'une multitude de petits légumes. Vous pouvez également faire cuire votre poisson avec juste un peu de vin ou d'huile d'olive.

Ce mode de cuisson est idéal pour les poissons entiers farcis (voir pages 119 et 121) ou les darnes. On recouvrira d'aluminium les tranches de poisson de taille moyenne pour en conserver l'humidité. Les gros poissons n'ont pas besoin d'être couverts.

Disposez des tomates pelées et coupées en rondelles, ainsi que des champignons et des oignons émincés dans un plat beurré, puis assaisonnez. Frottez le poisson avec du beurre puis disposez-le sur les légumes.

Ajoutez 18 cl de vin blanc et 3 ou 4 cuillères à soupe d'huile d'olive; salez et poivrez. Couvrez le plat avec du papier aluminium et laissez cuire à 180 °C, Th. 4, pendant 30 à 40 minutes, s'il s'agit d'un poisson de taille moyenne. Le poisson est cuit lorsque la chair est opaque et s'émiette facilement avec la pointe d'un couteau.

PAPILLOTES EN ALUMINIUM

Après avoir préparé le poisson, posez la papillote en aluminium sur une plaque à pâtisserie et faites cuire les darnes pendant 15 minutes à 150 °C, Th. 2, ou jusqu'à ce que le poisson soit ferme au toucher. Les poissons entiers cuisent 12 minutes par livre pour les pièces entre 1 kg et 2,5 kg et 8 minutes par livre pour les pièces de 2,5 kg et plus. Une fois que le poisson est cuit, laissez-le dans l'aluminium pendant quelques minutes avant de le servir avec le jus de cuisson.

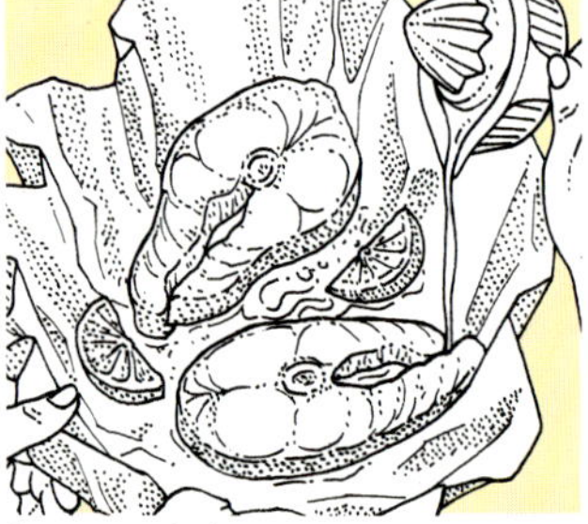

Beurrez généreusement un morceau d'aluminium. Parsemez le poisson de noix de beurre, d'herbes et de rondelles de citron. Relevez les bords de l'aluminium, ajoutez le jus d'un citron et refermez la papillote.

PAPILLOTES EN PAPIER

Les darnes ou les gros filets de poisson se prêtent très bien à la cuisson en papillotes de papier ou d'aluminium. Ils sont accompagnés de beurre, de brins d'herbes aromatiques, de petits légumes coupés menu ou d'amandes effilées et de vin ou de xérès.

En cuisant, le poisson produit un délicieux jus parfumé. Les papillotes sont ouvertes à table, par chaque convive, qui découvre à ce moment les formidables arômes qui se dégagent du poisson.

Enveloppez les ingrédients dans un rectangle de papier sulfurisé. Superposez largement les deux extrémités et repliez plusieurs fois les côtés vers l'intérieur. Vous pouvez aussi essayer cette autre présentation.

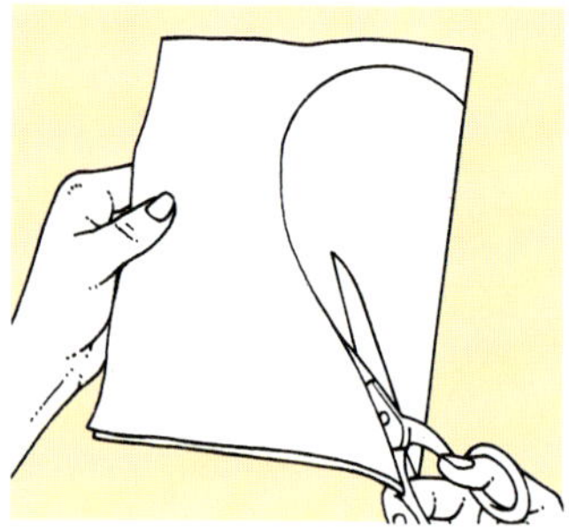

1 *Pliez un carré de papier sulfurisé en deux et découpez un demi-cœur. En dépliant, vous devez obtenir un cœur suffisamment grand pour contenir le poisson et sa garniture. Badigeonnez délicatement le papier de beurre fondu. (Pour découper plusieurs cœurs à la fois, repliez plusieurs feuilles ensemble.)*

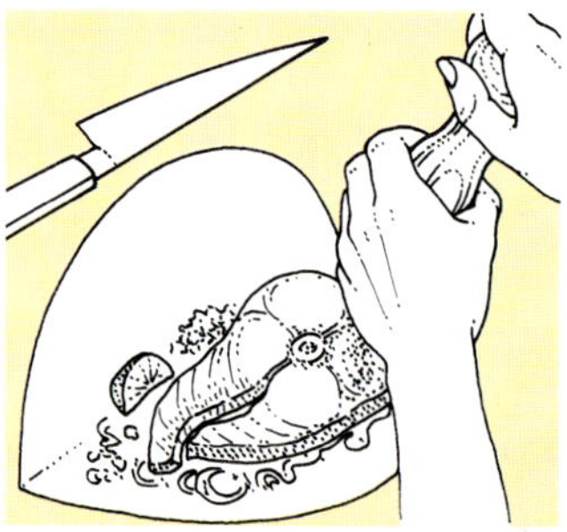

2 *Disposez le poisson sur un côté du papier et ajoutez les légumes, les amandes et/ou les herbes aromatiques. Salez et poivrez. Pour parfumer davantage votre papillote, vous pouvez ajouter 1 cuillère à soupe de vin blanc ou de vermouth au choix.*

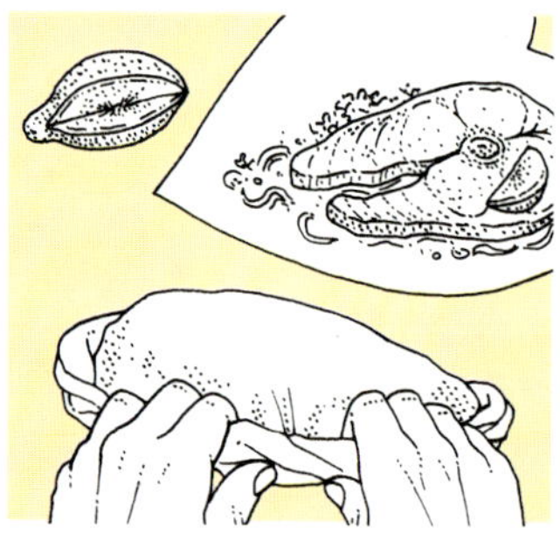

3 *Repliez le papier et roulez les bords pour éviter que le jus ne s'écoule. Disposez la papillote sur une plaque et faites cuire au four à 190 °C, Th. 5, pendant 20 minutes, jusqu'à ce que le poisson soit cuit. Vérifiez la cuisson, en appuyant sur le poisson au travers du papier; il doit être tout juste ferme.*

POUR PARFUMER VOTRE POISSON

- On peut aisément modifier la saveur d'un poisson cuit au four en variant les ingrédients. L'association des tomates, au goût légèrement sucré, et du jus de citron, plus acide, est excellente. On peut également ajouter un peu d'huile d'olive parfumée.
- J'aime ajouter un peu d'ail haché et de gingembre frais à mon poisson cuit au four.
- On peut badigeonner l'extérieur d'un poisson d'épices moulues ou de pâte de curry, ou encore pratiquer de petites entailles dans la peau du poisson et y introduire des herbes ou des épices. Dans ce cas, enveloppez le poisson et laissez-le reposer quelques heures, afin que la chair en soit bien imprégnée.
- Le poisson grillé et très épicé accompagné de beurre à la coriandre est exquis.
- Les gros poissons robustes peuvent être farcis avant d'être grillés. Faites revenir dans du beurre des légumes hachés, comme des oignons, des poireaux, des poivrons, des aubergines et des champignons, laissez refroidir et introduisez-les à l'intérieur du poisson, avant de le faire cuire.
- Les noisettes hachées ou les olives noires accompagnées d'anchois parfument très bien une farce pour poisson grillé.
- Si vous farcissez un maquereau ou un hareng, ajoutez des abricots séchés hachés : vous obtiendrez un petit goût aigre-doux très agréable.
- Des abricots frais ou des groseilles à maquereau ajoutés à des papillotes parfument très agréablement le liquide dans lequel baigne le poisson.

LES CREVETTES-PAPILLONS

Cette façon de couper les grosses crevettes permet de présenter les gambas grillées au barbecue par exemple de manière très élégante. La crevette est ouverte à plat, afin de révéler la chair gris clair qui blanchit en cours de cuisson.

Pour que les crevettes restent bien à plat pendant la cuisson, enfilez-les sur deux longues brochettes de bois mouillé, l'une enfoncée près de la tête des crevettes disposées les unes à côté des autres, la deuxième au niveau de leur queue. Vous pouvez également enrober les crevettes-papillons de chapelure et les faire frire à la poêle (voir page 128), de façon à ce qu'elles se recourbent légèrement.

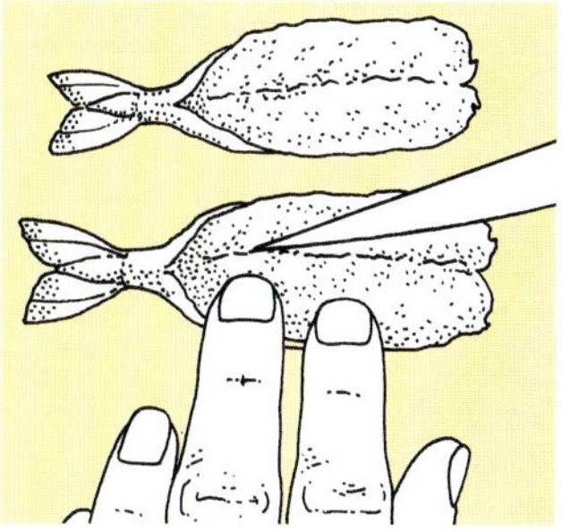

Pour former une crevette-papillon, retirez la tête et la carapace (voir page 124). Découpez le long du corps, de la tête à la queue, en laissant cette dernière intacte. Veillez à ne pas couper complètement la crevette en deux. Aplatissez et avec la pointe d'un couteau, retirez l'intestin noirâtre qui se trouve le long du dos de la crevette.

POISSON GRILLÉ

Un poisson trop grillé perd de son moelleux. La grille doit être très chaude afin que le poisson cuise rapidement, que le centre soit tendre et la peau bien croustillante.

Pour faire griller des filets de poisson, commencez par faire cuire la face sans la peau. Les darnes et les filets épais se prêtent le mieux à une cuisson au gril. Si vous devez faire cuire un gros poisson, il est préférable de pratiquer des entailles dans la peau, espacées de 2,5 à 5 cm afin que la chaleur pénètre bien dans la chair.

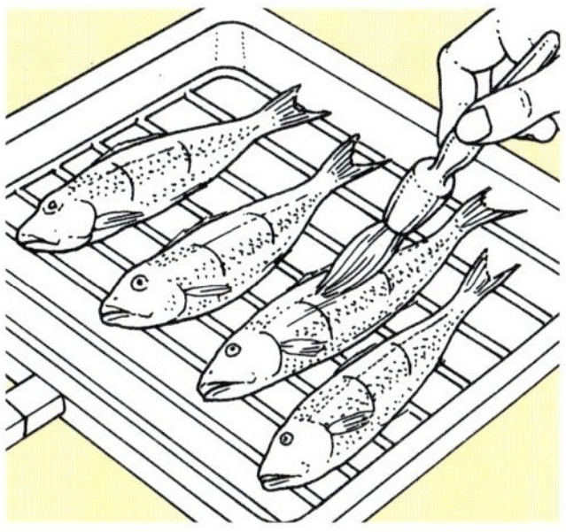

Pour faire griller du poisson, huilez la grille puis le poisson afin qu'il reste bien moelleux à l'intérieur et croquant à l'extérieur. Retournez le poisson à mi-cuisson et huilez-le à nouveau.

POISSON AU BARBECUE

Choisissez des espèces à la chair très riche et dense comme le maquereau, les sardines, le veau de mer (variété de requin), le thon, le saumon, la lotte et le bar.

Pour les gros poissons, on peut laisser les écailles sur la peau, et les retirer en une seule fois lorsque le poisson est cuit. On peut aussi envelopper le poisson dans du papier journal mouillé. Lorsque le poisson est cuit, la peau se décolle avec le papier. Pour les brochettes de poisson blanc, enroulez un morceau de lard autour de chaque cube, afin qu'il ne s'émiette pas.

Utilisez une grille à poisson pour retourner facilement un poisson entier sur le barbecue. Huilez la grille puis déposez-y le poisson, après l'avoir parfumé d'herbes aromatiques. Mettez la grille sur le barbecue et retournez-la à mi-cuisson.

Ce superbe Mulet aux épices (page 140) est très facile à préparer.

Pour préparer les brochettes, coupez le poisson en cubes de 3 à 5 cm, et faites mariner au moins 30 minutes, dans du jus de citron avec huile, sel et poivre. Faites les brochettes et mettez-les à cuire sur une grille huilée, en les retournant.

SAUMON ET TRUITE SAUMONÉE

Depuis quelques années, le saumon rivalise avec le homard lorsqu'il s'agit de présenter un plat raffiné lors d'une grande occasion. Or depuis peu, les élevages de saumon s'étant développés, ce poisson est bien souvent moins cher que d'autres espèces. Il est excellent tout au long de l'année.

Entre février et août, on trouve parfois du saumon sauvage : sa chair, plus claire, est délicate et succulente. Il convient de faire cuire ce type de poisson le plus simplement possible afin de ne pas en masquer la saveur exceptionnelle.

La truite saumonée recouvre plusieurs familles de truites brunes, qui à l'instar des saumons, quittent les rivières pour se diriger vers la mer. Leur chair est rose, moins orangée toutefois que celle du saumon, en raison de leur alimentation qui se compose de crustacés. Je trouve que la chair de la truite saumonée est encore plus lisse et moelleuse que celle du saumon, tout en étant moins grasse. La truite saumonée est plus petite ; son ventre est plus arrondi et sa queue plus épaisse.

Le saumon et la truite saumonée se font cuire de la même façon : entiers ou en filets, chauds ou froids, ces deux poissons sont délicieux pochés, cuits au four ou grillés (surtout s'ils sont coupés en darnes). Lors de la préparation, il est important de veiller à ce que le poisson ne cuise pas trop longtemps. La chair est cuite lorsqu'elle blanchit sur les bords, tout en restant assez foncée près de l'arête centrale.

PRÉPARATION D'UN SAUMON ENTIER

Si vous souhaitez servir votre saumon froid, je crois que la meilleure méthode pour le faire cuire sans qu'il perde de son moelleux est le pochage. Le liquide peut être un court-bouillon bien parfumé (voir page 30) ou tout simplement de l'eau salée. Le saumon présente en effet une saveur telle qu'il n'est pas toujours nécessaire de la rehausser.

En raison de la richesse de ce poisson, ne prévoyez que des portions individuelles de 125 à 175 g. Lorsque vous calculez le poids du saumon que vous allez acheter, n'oubliez pas que la tête, la queue, les arêtes et les entrailles totalisent environ 500 g.

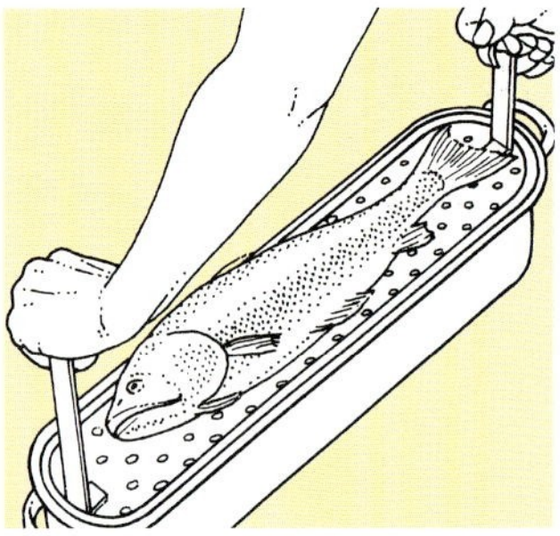

1 *Placez le saumon dans une poissonnière et recouvrez-le de liquide. Couvrez et portez à ébullition. Laissez cuire 1 minute pour un poisson de 2,5 kg ou moins, et 2 minutes pour un poids supérieur. Pour le servir chaud, laissez-le reposer dans le liquide pendant 45 minutes, et toute la nuit si vous le voulez froid.*

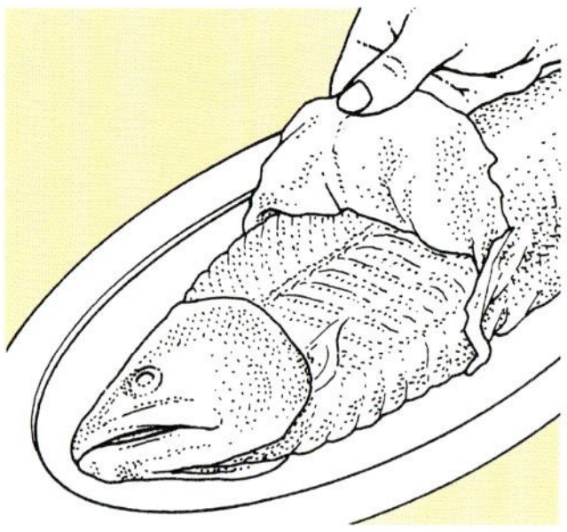

2 *Sortez le saumon de la poissonnière. Pratiquez des entailles autour de la tête et des branchies puis autour de la queue. « Pelez » délicatement le poisson en formant de grandes bandes. Grattez les taches brunâtres dans la chair, à l'aide d'un couteau aiguisé, en touchant le moins possible à la chair rosée.*

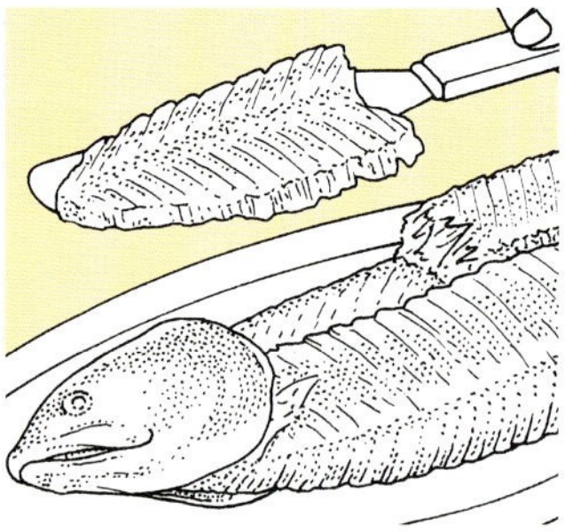

3 *Pour couper le saumon : découpez-le le long de l'arête, puis glissez délicatement une lame de couteau sous la chair, afin de la détacher de l'arête. À l'aide d'une pelle à poisson, soulevez des portions individuelles. Lorsque l'un des côtés du saumon a été découpé, jetez l'arête. Retournez-le et procédez de même.*

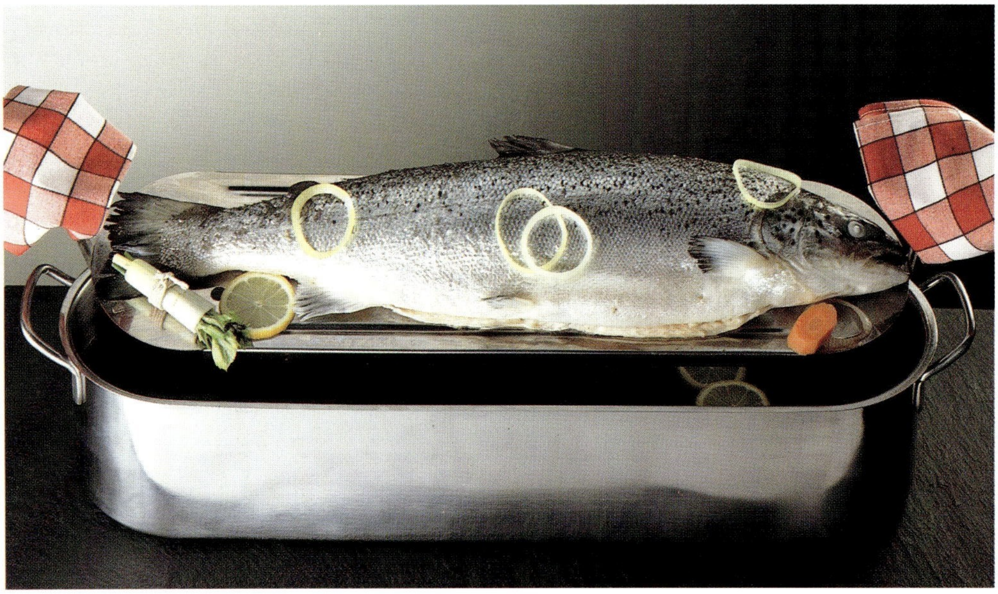

Ce saumon poché est prêt à être servi. Il a cuit et refroidi dans la poissonnière.

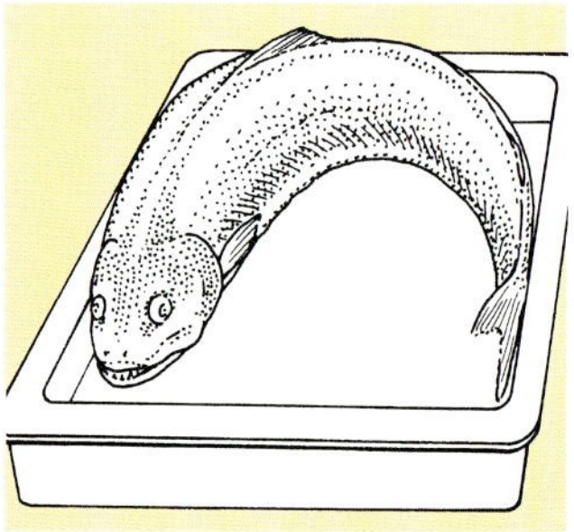

Si vous ne possédez pas de poissonnière (voir page 18), utilisez un grand plat. Repliez légèrement le poisson et arrosez-le de liquide. Couvrez avec du papier aluminium et faites cuire comme à l'étape 1 (voir ci-dessus). Servez le saumon chaud avec un peu de citron et le saumon froid sur des feuilles de laitue hachées.

SAUMON CUIT AU FOUR

On peut faire cuire au four un saumon ou une truite saumonée vidés et enveloppés dans une feuille d'aluminium beurrée (voir page 132). Si vous souhaitez servir votre saumon chaud, beurrez-le très généreusement, afin que le beurre se mêle harmonieusement au parfum du saumon et arrosez-le de jus de citron. Si vous préférez servir le poisson froid, badigeonnez le papier aluminium d'huile d'olive. En effet, le beurre refroidi peut donner un goût légèrement écœurant.

Laissez le poisson dans l'aluminium pendant 10 minutes avant de le servir. Si vous prévoyez de manger le poisson froid, il sera plus facile de retirer la peau pendant qu'il est encore chaud.

SAUMON FROID MARINÉ

Alors que le saumon mariné à la scandinave commence à rivaliser avec le saumon fumé et que les restaurants japonais se développent çà et là, proposant à leurs clients des plats à base de poisson cru, les Français découvrent peu à peu les délices de ce type de préparation. Pour faire mariner du saumon, plongez le poisson, quelques heures avant de le servir, dans un mélange d'huile d'olive ou de noix et de jus de citron, de vin ou d'un autre type d'alcool. Salez et poivrez.

Le saumon que l'on souhaite faire mariner de cette façon doit être extrêmement frais. Servez-le en filets, débarrassé de sa peau et coupé en petits morceaux, avec une salade. On peut aussi le servir avec de la sauce de soja ou de la poudre de raifort japonais (wasabi) mélangé avec un peu de liquide, afin d'obtenir une sauce, ou présenter le saumon cru avec des pommes de terre nouvelles tièdes et des épinards.

GRAVLAX

Cette recette scandinave, très facile à élaborer, constitue une excellente façon de préparer du saumon cru. Avec une queue de saumon, d'environ 1 kg, coupée en deux morceaux, vous pourrez régaler un grand nombre de convives. Servez avec du pain complet et une mayonnaise parfumée à l'aneth (voir page 202). Le saumon doit être présenté en filets, mais avec sa peau intacte.

1 *Mélangez 1/2 cuillère à soupe de sucre en poudre, 1/2 cuillère à soupe de sel et 1 cuillère à café de grains de poivre écrasés. Frottez-en la chair des deux morceaux et disposez un morceau dans un plat, avec la peau orientée vers le bas. Recouvrez la chair avec de l'aneth frais haché et placez-y le deuxième morceau de poisson, la peau vers le haut. Saupoudrez le plat d'aneth haché.*

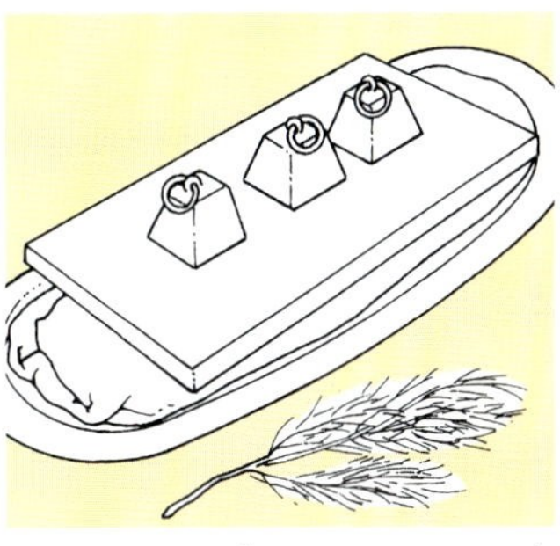

2 *Recouvrez le saumon avec du papier sulfurisé et enveloppez-le soigneusement. Posez des poids pardessus pour l'aplatir et réfrigérez pendant 2 ou 3 jours. Retournez le poisson et arrosez-le avec son jus, deux fois par jour. Tranchez le poisson très finement, comme du saumon fumé (voir ci-contre) ou en tranches plus épaisses, selon la tradition scandinave, que je préfère.*

QUELQUES IDÉES

- Une bonne mayonnaise maison (voir page 202) est l'accompagnement classique du saumon froid ; vous pouvez la modifier au gré de votre inspiration, en ajoutant des herbes, de l'ail écrasé, des épices et autres parfums. Les herbes qui se marient le mieux avec le poisson sont l'aneth, le fenouil, l'estragon, le basilic, le cerfeuil et le cresson blanchi et haché. Une purée d'épinards cuits et bien égouttés associée à de l'oseille donne une jolie couleur verte à une mayonnaise.
- Un yaourt crémeux additionné de crème fraîche fouettée et de l'un des ingrédients ci-dessus donne une excellente sauce d'accompagnement pour le saumon froid.
- Vous pouvez bien sûr servir d'autres sauces que la mayonnaise. Des tomates pelées et hachées cuites avec de l'huile d'olive, de l'ail et un peu de xérès ou de vinaigre, servies froides, sont délicieuses avec le saumon froid.
- Si vous souhaitez préparer une sauce verte bien riche, mélangez des épinards blanchis et hachés avec de l'oseille et de l'huile d'olive vierge.
- Voici une excellente sauce, très simple à préparer, délicieuse avec le saumon poché : mélangez de l'avocat réduit en purée avec du jus de citron, un peu d'huile, du sel et du poivre.
- Le tartare de saumon se prépare comme le steak tartare : mélangez de petits morceaux de saumon cru avec un jaune d'œuf, de l'huile d'olive, des câpres et des herbes aromatiques. Ajoutez, si vous le souhaitez, quelques oignons émincés.
- Les beurres parfumés sont excellents sur du saumon chaud. Essayez le beurre parfumé avec du persil frais ou d'autres herbes, des anchois pilés, un zeste et du jus de citron, de l'ail écrasé ou de la moutarde.
- Faites revenir quelques gousses d'ail entières dans du beurre, puis réduisez-les en purée. Ajoutez de la crème, faites chauffer puis salez et poivrez. Servez avec du saumon.
- La sauce hollandaise (voir page 200) compte parmi mes sauces préférées. On peut la parfumer de la même façon que la mayonnaise.
- Le saumon fumé peut être utilisé pour tapisser le fond de terrines de poisson ou de légumes, pour envelopper des poissons entiers ou encore pour farcir des fruits de mer.
- Pour confectionner un dîner simple mais raffiné, brouillez des œufs avec des petits morceaux de saumon fumé incorporés au dernier moment. L'aneth et la ciboulette sont excellents avec les œufs.
- Les pâtes au saumon fumé et à la crème constituent un plat divin.

TRANCHER DU SAUMON FUMÉ

Certes, le saumon fumé est fort cher, mais il n'est pas nécessaire d'en servir de grosses portions. Le saumon fumé de bonne qualité se reconnaît à sa chair huileuse, légèrement sucrée et d'une belle couleur de pêche rosée. On peut se procurer du saumon fumé en tranches mais, si vous êtes nombreux, il peut être plus économique de le trancher vous-même. Accompagnez de citron et de toasts beurrés.

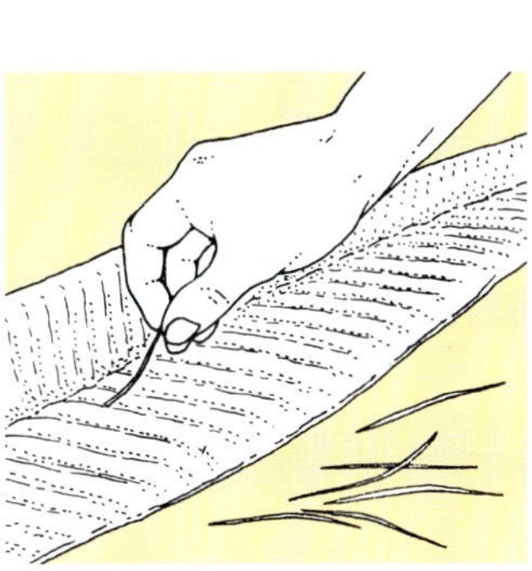

1 *Pour trancher vous-même un saumon fumé, posez-le bien à plat sur une planche, la peau orientée vers le bas. Vérifiez qu'il ne reste pas d'arêtes dans la chair et retirez-les, si nécessaire, à l'aide d'une pince à épiler ou de vos doigts.*

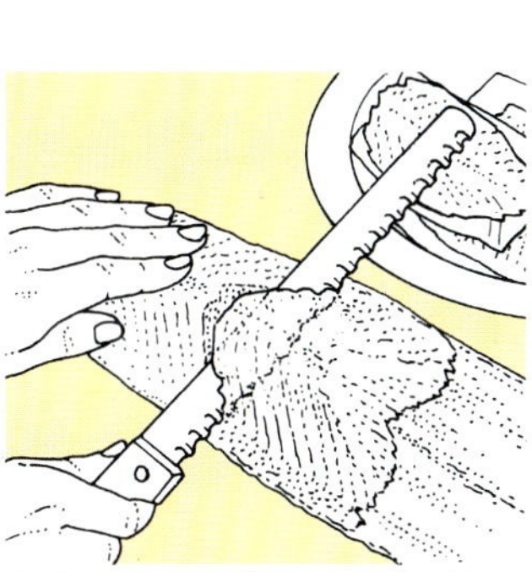

2 *Avec un grand couteau-scie, découpez de très fines tranches, en commençant par la queue. Votre main libre tiendra la partie entière du saumon. Disposez chaque tranche sur du papier sulfurisé, et reconstituez le saumon, en laissant le papier.*

POISSON FUMÉ, SÉCHÉ ET SALÉ

Le fumage, le salage et le séchage du poisson constituent les plus vieilles techniques de conservation qui soient. Celles-ci sont encore utilisées aujourd'hui, en raison de la saveur qu'elles apportent aux aliments. Le fumage conserve le poisson pendant une durée assez limitée, mais le goût très agréable qu'il imprime à la chair a certainement été reconnu il y a fort longtemps. Le poisson peut être fumé à chaud, ce qui cuit légèrement la chair, ou à froid, ce qui laisse la chair complètement crue : c'est le cas du saumon fumé (qui est en outre salé avant d'être fumé). Parmi les poissons fumés à chaud, on compte le maquereau, la truite et l'anguille. Un bon poisson fumé a une chair claire et moelleuse.

Le kipper et le haddock sont tous deux plongés dans de la saumure avant d'être fumés. Ils sont ensuite séchés et légèrement fumés à froid. Le hareng saur et le bouffi sont salés puis fumés. Le hareng saur n'est que très légèrement fumé à froid, tandis que le bouffi est fumé jusqu'à la couleur jaune paille.

La qualité du bois utilisé pour le fumage à froid ainsi que la durée de l'opération (qui peut aller de 2 jours à 3 semaines) jouent un rôle dans le goût final. Le cabillaud et l'églefin sont généralement fumés à froid ; on trouve parfois du maquereau fumé à froid. Parmi les autres espèces qui se prêtent au fumage, on peut noter le flétan, le thon, les moules et la lotte. Le cabillaud et l'églefin ne sont pas fumés selon les authentiques méthodes : ces poissons sont colorés, salés et parfumés avec un arôme artificiel. Leur goût ne rivalise pas avec celui d'un véritable poisson fumé, mais ils permettent de confectionner croquettes ou gratins.

Il existe différents types de poissons salés ; certains sont salés puis séchés, d'autres plongés dans de la saumure ou dans du sel seulement, qui peu à peu se transforme en saumure. Les anchois par exemple sont souvent salés et mis à tremper dans de la saumure. Certaines espèces sont simplement séchées au soleil ou sous des abris. Les Espagnols et les Portugais vouent un véritable culte à la morue séchée.

PRÉPARATION DES KIPPERS

Ces poissons constituent une excellente idée de repas léger. Il s'agit de harengs salés que l'on fume ensuite à froid. Il est nécessaire de les faire cuire avant de les déguster. Il existe des kippers entiers ou présentés en filets. Ces derniers présentent encore parfois des arêtes. Choisissez des filets charnus, fermes et brillants.

Il existe trois méthodes pour préparer les kippers. Ils peuvent être grillés, cuits dans une cruche ou au four à micro-ondes. Pour faire cuire des kippers aux micro-ondes, placez-les sur une assiette légèrement beurrée. Recouvrez le poisson d'un film alimentaire percé, puis faites cuire à la puissance maximale pendant 3 à 5 minutes. Laissez reposer pendant 3 minutes et servez.

Quelle que soit la méthode choisie, on reconnaît que le poisson est cuit lorsque la chair s'émiette facilement. Arrosez-le d'un filet de citron, poivrez-le et servez avec du pain bis et du beurre.

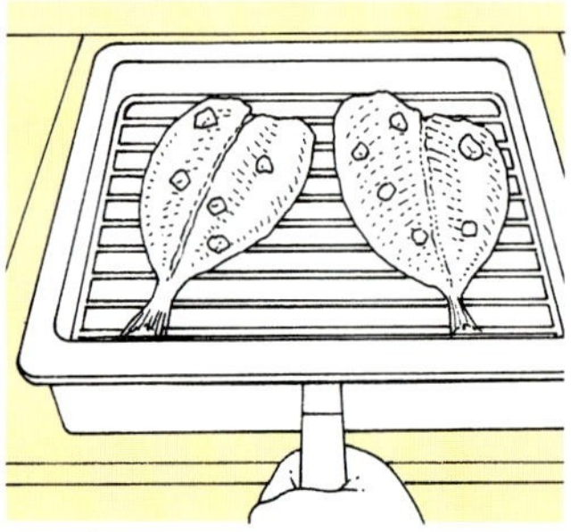

Pour faire griller des kippers, placez-les sur une grille, la chair orientée vers le haut. Parsemez de beurre et faites cuire pendant 5 minutes, jusqu'à ce que la chair s'émiette.

Ou bien remplissez une grande cruche d'eau bouillante. Plongez-y les kippers et laissez reposer pendant 5 à 10 minutes, jusqu'à ce qu'ils soient tendres. Égouttez-les et servez.

QUELQUES UTILISATIONS

• Du poisson fumé coupé en fines tranches ou émietté mélangé avec des légumes crus permet de confectionner d'excellentes salades. Assaisonnez avec une vinaigrette moutardée et aillée (voir page 204).

• Tous les types de poissons fumés peuvent être utilisés pour confectionner des terrines ou des pâtés (voir page 97) ; le kipper et le maquereau fumé sont toutefois les plus courants ; on peut ajouter un peu de beurre, de crème, de fromage frais. Si vous possédez un robot ménager, vous pourrez confectionner ce type de recette en quelques minutes ; à la main, il ne vous faudra guère plus de temps. Assaisonnez avec des herbes, des épices et même une goutte d'anisette si vous en aimez le goût.

• Farcissez de tarama des légumes évidés, par exemple de petites tomates, des œufs durs sans leur jaune, et même des petits choux.

• En entrée, essayez le tarama dans de fines tranches de saumon fumé.

• Le haddock est délicieux cuit dans du lait. On peut ensuite en faire une soupe ou le servir avec des œufs pochés et des épinards ou encore l'incorporer à une préparation à croquettes.

• Les anchois en conserve, préservés dans de la saumure, sont ceux que l'on rencontre le plus fréquemment. Ils sont excellents dans un plat de pâtes, ajoutés à une pizza, dans une farce pour de l'agneau ou du poulet, pour parfumer du beurre ou de nombreuses autres recettes.

• Voici une délicieuse idée de salade de pommes de terre : servez les pommes de terre tièdes avec un mélange composé d'anchois finement écrasés, d'huile d'olive, d'ail écrasé, de vinaigre et de poivre. Laissez les pommes de terre refroidir en absorbant la saveur des ingrédients.

• La morue séchée et trempée peut être cuite comme le cabillaud frais. La morue se marie très bien avec le goût puissant de l'ail et des olives mélangés à des tomates.

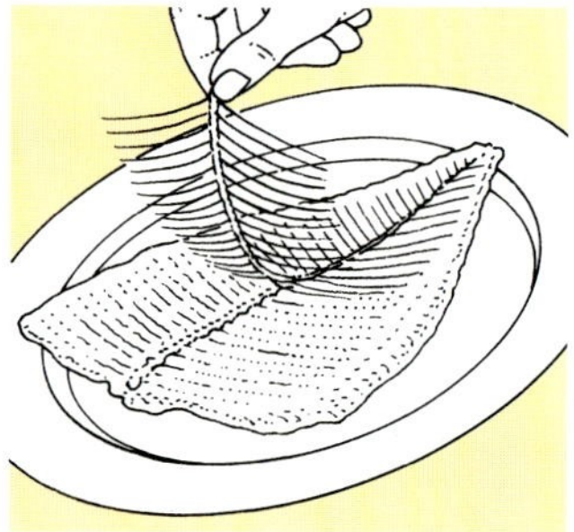

Pour retirer les arêtes d'un kipper entier cuit, posez-le sur un plat, la chair orientée vers le haut. Tirez délicatement sur l'arête et jetez-la. Même si vous avez acheté des filets de kipper débarrassés de leurs arêtes, il peut toujours en rester quelques-unes enfoncées dans la chair : retirez-les à l'aide d'un couteau et jetez-les.

LE TARAMA

Les œufs de cabillaud fumés peuvent être dégustés tels quels ou découpés en fines tranches sur des toasts beurrés. Toutefois leur goût puissant et salé les destine particulièrement bien à la préparation du tarama. Cette spécialité grecque se prépare traditionnellement avec des œufs de mulet, mais on utilise souvent des œufs de cabillaud.

Le tarama maison est bien meilleur que celui que l'on trouve dans certaines tavernes pseudo-grecques ou au rayon frais des supermarchés. Essayez d'acheter des œufs de cabillaud sans colorant. Votre tarama sera ainsi d'une belle couleur rose clair. Si vous ne possédez pas de robot ménager, utilisez un pilon et un mortier pour réunir en une pâte épaisse les œufs, l'huile et le jus de citron. Le robot ménager vous permettra toutefois de préparer votre tarama en quelques minutes. Pour 4 personnes, il faut prévoir 250 g d'œufs de cabillaud fumés.

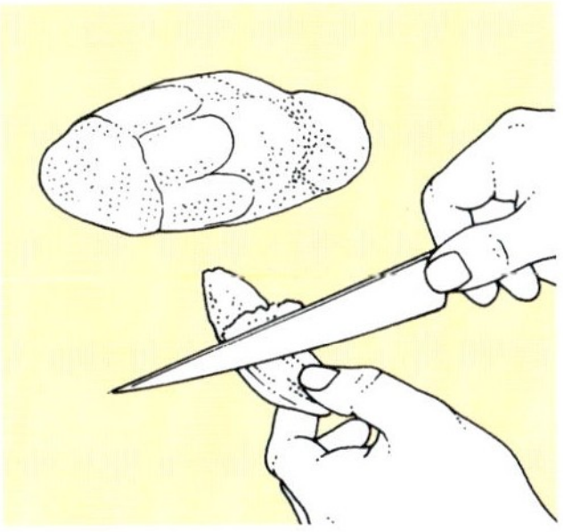

1 *Versez un peu de lait sur 125 g de pain dur débarrassé de sa croûte et laissez reposer jusqu'à ce que le lait soit absorbé. Versez de l'eau bouillante sur les œufs de cabillaud et laissez reposer pendant 1 minute, puis égouttez-les. Découpez des morceaux d'œufs et dégagez la peau, puis hachez menu.*

2 *Placez les œufs, le pain trempé et 1 ou 2 gousses d'ail écrasées dans le robot ménager et faites tourner la lame en ajoutant 15 à 25 cl d'huile d'olive et 4 à 8 cuillères à soupe de jus de citron. Poivrez abondamment. Présentez le tarama dans un petit ramequin et servez avec du pain pitta (voir page 292) ou des toasts.*

Ces Pâtes au haddock (page 138) constituent un excellent plat familial qui met en valeur le goût très particulier de ce poisson fumé. Le basilic frais peut être remplacé par d'autres types d'herbes aromatiques.

LA MORUE SALÉE

La morue salée est un plat typique de l'Europe méridionale, notamment des côtes de la Méditerranée et de l'Atlantique. Elle exige un peu de préparation, devant tremper pendant au moins 24 heures avant la cuisson.

Choisissez un poisson de couleur grise ou beige, légèrement saupoudré de sel, et si vous le pouvez, n'en prenez que la partie centrale.

L'une des façons les plus simples de servir la morue salée est de l'accompagner de pommes de terre cuites à l'eau et d'une bonne mayonnaise très aillée.

La brandade de morue, mélange de morue, d'ail, d'huile d'olive et de crème fraîche est excellente.

1 *À l'aide d'une paire de ciseaux très solides, découpez la morue en morceaux, afin qu'ils tiennent tous dans un grand plat. Recouvrez d'eau froide et laissez tremper pendant 1 ou 2 jours, en changeant l'eau toutes les 8 heures environ. Cette opération est indispensable pour que le poisson conserve sa consistance ferme tout en perdant son goût très salé.*

2 *Égouttez les morceaux de poisson et placez-les dans une grande casserole pleine d'eau. Ajoutez un bouquet garni et des grains de poivre entiers. Portez doucement à ébullition, couvrez la casserole et laissez mijoter pendant 10 à 20 minutes, selon l'épaisseur du poisson, jusqu'à ce que la chair soit tendre.*

3 *Retirez la morue du liquide de cuisson avec une écumoire. Laissez refroidir. Retirez la peau et émiettez la chair en gros morceaux. Servez avec une sauce ou de la purée ou utilisez la morue préparée pour faire des croquettes ou de la brandade en ajoutant de l'ail et de l'huile d'olive. Vous pouvez également ajouter les morceaux de morue à un gratin de poisson.*

Les numéros de pages entre parenthèses renvoient aux illustrations.

PÂTES AU HADDOCK *(137)*

Pour ce plat, choisissez un type de pâtes qui retienne bien la sauce. Le haddock, avec son petit goût fumé, se mélange à la perfection avec cette sauce crémeuse.

POUR 4 PERSONNES

400 g de pâtes (torsettes)
50 g de beurre
400 g de filets de haddock, sans la peau et coupés en morceaux
2 cuillères à café de paprika
1 cuillère à soupe de concentré de tomates
50 cl de crème fraîche
2 bottes de ciboule, nettoyées et hachées fin (y compris la partie verte)
3-4 cuillères à soupe de jus de citron
piment de Cayenne
sel
basilic pour garnir
parmesan râpé, pour servir (facultatif)

Faites cuire les pâtes *al dente* dans une grande quantité d'eau bouillante (voir page 82).

Pendant ce temps, faites fondre le beurre dans une grande poêle à feu moyen. Ajoutez le poisson et remuez délicatement pendant 3 minutes, jusqu'à ce que le poisson soit opaque, puis incorporez le paprika et le concentré de tomates. Incorporez la crème et portez à ébullition. Ajoutez la ciboule hachée et laissez bouillir pendant 1 minute. Retirez du feu et ajoutez progressivement le jus de citron. Relevez la sauce avec du piment de Cayenne et du sel.

Lorsque les pâtes sont cuites, placez-les dans un plat préalablement chauffé et ajoutez la sauce au haddock et à la crème. Garnissez de basilic frais et servez aussitôt, avec ou sans parmesan râpé.

COQUILLES SAINT-JACQUES AUX TOMATES ET À L'AVOCAT *(116)*

Pour cette entrée, choisissez de petites coquilles Saint-Jacques. Elles sont tendres et n'ont pas besoin d'être cuites. Elles seront bien meilleures marinées et mangées froides ou ajoutées au dernier moment dans une soupe ou une sauce.

Dans ce plat, les coquilles Saint-Jacques marinent dans du jus de citron puis sont servies avec de l'aneth frais haché, du basilic et une vinaigrette citronnée. Elles sont accompagnées d'avocats et de tomates coupés en rondelles. Si vous ne pouvez pas trouver de petites coquilles, utilisez-en des grosses et coupez-les en trois avant de les mettre à mariner.

POUR 4 PERSONNES

500 g de petites coquilles Saint-Jacques, décongelées si nécessaire
12 cl de jus de citron, fraîchement pressé, et un peu pour les avocats
huile d'olive vierge
1 bouquet d'aneth frais, haché fin
2 gros avocats
400 g de tomates, pelées, coupées en fines rondelles
8-10 feuilles de basilic, découpées en morceaux
sel et poivre gris
aneth frais, haché, pour garnir (facultatif)

Placez les coquilles Saint-Jacques dans une jatte et arrosez-les de jus de citron, jusqu'à ce qu'elles en soient complètement recouvertes. Poivrez. Couvrez la jatte et laissez reposer au réfrigérateur pendant 30 minutes, ou plus si nécessaire.

Versez la marinade dans une cruche et ajoutez l'huile d'olive, le sel et le poivre. Fouettez pour bien mélanger les ingrédients. Incorporez l'aneth haché aux coquilles Saint-Jacques.

Peu avant de consommer le plat, coupez les avocats en deux, retirez les noyaux. Prélevez la pulpe délicatement et détaillez des demi-tranches. Arrrosez-les aussitôt de jus de citron, pour éviter qu'elles ne noircissent.

Disposez les tranches d'avocats et de tomates, en alternance, en les faisant se chevaucher légèrement. Placez les coquilles Saint-Jacques sur le côté. Décorez avec du basilic et arrosez l'ensemble de vinaigrette. Garnissez si vous le désirez avec de l'aneth frais et servez aussitôt.

CROQUETTES DE SAUMON *(128)*

Ces croquettes très légères et crémeuses, ne contiennent absolument pas de purée de pommes de terre et ne sont liées qu'avec un peu de béchamel. Elles peuvent être servies à l'occasion d'un dîner entre amis, en entrée ou même en plat principal, accompagnées d'une salade verte. Faites la préparation à l'avance, car elle doit refroidir avant que vous ne formiez les croquettes. Un mélange de saumon et de haddock est également délicieux.

POUR 4-6 PERSONNES

75 g de beurre
2 gousses d'ail, hachées fin
75 g de farine tamisée
30 cl de lait
500 g de saumon, légèrement poché (voir page 130)
3-4 pincées de piment de Cayenne
1 botte de cresson, hachée fin
5 cuillères à soupe de chapelure fraîche
huile d'arachide
sel

Faites fondre le beurre dans une casserole et ajoutez l'ail haché. Retirez du feu et ajoutez la farine tamisée. Mouillez progressivement avec le lait. Remettez la casserole sur le feu et portez à ébullition, sans cesser de remuer avec une cuillère en bois. Laissez cuire à petits bouillons, en remuant, pendant 4 minutes, jusqu'à ce que la sauce soit très épaisse. La farine sera ainsi parfaitement cuite et ne donnera pas un goût désagréable aux croquettes.

Retirez la casserole du feu et émiettez-y le saumon poché. Salez et parfumez avec du piment de Cayenne et incorporez le cresson haché. Versez le mélange dans un plat à gratin et laissez-le refroidir. Recouvrez de film alimentaire et réfrigérez pendant au moins 1 heure.

Mettez la chapelure dans un bol et farinez-vous les mains. Prélevez de petites quantités de préparation froide et formez de petites boulettes, de la taille d'une balle de ping-pong. Roulez-les dans la chapelure, une par une, et réservez-les, pendant que vous enrobez les autres.

Faites chauffer de l'huile d'arachide dans une poêle à feu vif et faites-y revenir les boulettes très rapidement afin de les dorer. Sortez-les à l'aide d'une écumoire et égouttez-les sur du papier absorbant. Disposez les boulettes sur un plat et tenez au chaud à four doux, jusqu'au moment de servir.

CALMARS AUX POIREAUX ET AUX ÉPINARDS *(127)*

Dans cette délicieuse recettte, le calmar, une fois cuit, est découpé en tranches puis disposé sur une sauce riche et rouge. Conservez les nageoires et les tentacules et hachez-les fin avant de les ajouter à la farce. *POUR 4 PERSONNES*

1 cuillère à soupe d'huile d'olive
15 g de beurre
400 g de poireaux, nettoyés et coupés en rondelles de 1 cm
1 morceau de 5 cm de gingembre frais, épluché et haché
1 grosse gousse d'ail, hachée
1 gros calmar de 750 g, lavé et préparé pour être farci (voir page 126)
150 g d'épinards frais, débarrassés de leur tige, lavés, égouttés et hachés
50 g de noix de pécan, hachées
1 petit œuf, légèrement battu
sel et poivre gris
POUR LA SAUCE
1 gros poivron rouge, coupé en deux, épépiné et vidé (voir page 49)
25 g de beurre
1 gousse d'ail, hachée fin
400 g de tomates, pelées et hachées gros (voir page 48)
2 cuillères à café de sucre en poudre
sel et poivre gris

Faites chauffer l'huile d'olive et le beurre dans une grande poêle à feu moyen. Ajoutez les poireaux et remuez de temps en temps, jusqu'à ce qu'ils soient ramollis, sans toutefois être dorés. Ajoutez le gingembre et l'ail, les nageoires et les tentacules hachés du calmar, et les épinards légèrement humides. Remuez sur le feu, jusqu'à ce que les épinards commencent à se faner. Réduisez s'il y a trop de liquide, en augmentant le feu. Retirez la poêle et ajoutez les noix de pécan, le sel et le poivre. Placez le tout dans une jatte et laissez refroidir la farce, puis incorporez l'œuf.

Tenez le calmar fermement dans la main et garnissez-le de farce. Refermez le calmar (voir page 127) avec une aiguille ou des brochettes, afin que la farce ne déborde pas.

Arrosez le calmar farci avec un peu d'huile, posez-le dans un plat à rôtir et recouvrez-le d'aluminium. Faites cuire à 160 °C, Th. 3, pendant 1 heure à 1 heure 15.

Pendant ce temps, préparez la sauce. Hachez très fin le poivron dans un robot ménager. Faites chauffer le beurre dans une grande casserole à feu moyen, puis ajoutez l'ail haché, le poivron rouge et son jus, les tomates hachées et le sucre en poudre. Couvrez la casserole et faites cuire, en remuant de temps en temps, à feu doux, pendant 20 à 25 minutes, jusqu'à ce que vous obteniez une sauce épaisse. Retirez du feu et laissez reposer.

Lorsque le calmar est cuit, placez-le délicatement sur une planche et versez progressivement le jus de cuisson dans la sauce à base de tomates et de poivron. Portez celle-ci à ébullition, laissez bouillir pendant 1 minute ou 2, puis salez et poivrez. Versez-la dans un plat chaud. Avec un couteau très aiguisé, découpez le calmar farci en tranches transversales de 1 à 1,5 cm. À l'aide d'une spatule, disposez les rondelles sur un plat, en les faisant se chevaucher, sur la sauce. Si nécessaire, recouvrez d'aluminium et tenez au chaud à four moyen.

TARTE AUX FRUITS DE MER *(125)*

Essayez de vous procurer de petites coquilles Saint-Jacques, très tendres, et moins onéreuses que les plus grosses. Pour préparer 8 tartes individuelles, plutôt qu'une grosse, utilisez 8 moules à tartelettes de 10 cm de diamètre et augmentez légèrement les quantités de coquilles Saint-Jacques, de chair de crabe et de crevettes. Faites cuire la pâte à blanc pendant 15 à 20 minutes.
POUR 6-8 PERSONNES

POUR LA PÂTE
250 g de farine
1/2 cuillère à café de sel
25 g de semoule
150 g de beurre froid, coupé en dés
1 œuf
1 cuillère à soupe d'eau froide
POUR LA GARNITURE
250 g de coquilles Saint-Jacques, coupées en tranches, le corail coupé en deux, s'il est gros
250 g de chair de crabe
100 g de crevettes, décortiquées
1 piment rouge, épépiné et haché fin (voir page 49)
1 gousse d'ail, écrasée
1 cuillère à soupe d'estragon, haché gros
1 cuillère à café de macis moulu
30 cl de crème fraîche
1 œuf, légèrement battu
2 cuillères à soupe de jus de citron
1 cuillère à café de paprika
sel et poivre gris
rondelles de citron et estragon pour servir

Préparez la pâte : tamisez la farine et le sel dans une jatte. Ajoutez la semoule, puis incorporez le beurre du bout des doigts, jusqu'à ce que la préparation devienne grumeleuse. Battez l'œuf avec l'eau et incorporez ce mélange dans la farine et la semoule, en vous aidant d'un couteau, jusqu'à ce que la pâte commence à s'homogénéiser.

Formez une boule de pâte et étalez-la sur un plan légèrement fariné, en une abaisse permettant de foncer un moule à fond amovible de 24 à 28 cm. Passez un rouleau à pâtisserie sur les bords, afin de découper l'excédent de pâte.

Mettez la pâte au froid pendant au moins 30 minutes. Sortez le moule du réfrigérateur et tapissez la pâte de papier sulfurisé puis déposez-y des haricots secs (voir page 245). Faites cuire la pâte à blanc à 200 °C, Th. 6, pendant 20 à 25 minutes, jusqu'à ce qu'elle soit bien dorée. Retirez le papier et les haricots et laissez la pâte refroidir dans le moule, sur une grille.

Pour préparer la garniture, placez les coquilles finement tranchées et leur corail dans une jatte, avec la chair de crabe et les crevettes décortiquées. Ajoutez le piment haché, l'ail écrasé, l'estragon haché et le macis moulu. Dans une autre jatte, fouettez la crème jusqu'à ce qu'elle commence à épaissir, puis ajoutez l'œuf légèrement battu, le jus de citron, le sel et le poivre. Continuez de battre, jusqu'à ce que la préparation soit bien épaisse, puis incorporez-la au mélange de fruits de mer.

Versez la garniture sur la pâte froide, et parsemez avec un peu de paprika.

Faites cuire la tarte au milieu du four préchauffé, à 190 °C, Th. 5, pendant 15 à 20 minutes, jusqu'à ce que la garniture soit légèrement dorée. Retirez la tarte du four et laissez-la légèrement refroidir, puis démoulez-la sur un plat de service.

Garnissez la tarte avec des rondelles de citron et quelques brins d'estragon frais. Servez-la tiède ou à température ambiante, mais jamais froide.

MAQUEREAU GRILLÉ FARCI *(119)*

Je rêverais d'attraper un beau bar bien ventru, mais je n'ai jamais réussi à ferrer autre chose que du maquereau. Ce poisson, lorsqu'il est très frais, peut être succulent. Sa consistance, dense mais moelleuse, est très bien mise en valeur par une cuisson au gril ou au barbecue. La peau noircie ajoute une petite note fumée très agréable. C'est une de mes amies qui m'a transmis cette recette.

POUR 4 PERSONNES

75 g d'amandes, émondées et hachées
quelques brins d'estragon frais
2 gousses d'ail, hachées fin
2 cuillères à soupe de chapelure
1 petit œuf, légèrement battu
4 maquereaux, vidés par les branchies et débarrassés de leur tête (voir page 118)
sel et poivre gris
quartiers de citron vert et brins d'estragon, pour garnir

Faites griller les amandes dans une poêle à feu vif. Mettez-les dans une jatte. Arrachez les feuilles de l'estragon de la branche, hachez-les et mélangez-les avec les amandes et un peu d'ail. Ajoutez la chapelure, l'œuf, le sel et le poivre.

Préchauffez le gril à la température maximum. À l'aide d'un couteau aiguisé, ménagez 3 ou 4 entailles transversales sur le côté de chaque poisson. Introduisez de la farce dans la cavité des poissons et disposez sur une grille. Faites cuire pendant 5 minutes, jusqu'à ce que la chair du poisson soit bien opaque. Garnissez et servez aussitôt.

FILETS DE SAUMON FARCIS *(116)*

Ces filets farcis seront très appréciés lors d'un dîner entre amis. Le mélange des couleurs, jaune, rose et vert, est très réussi. Les filets de saumon sont farcis avec des crevettes (pour une grande occasion, vous pouvez utiliser du homard), de l'aneth et de la coriandre. Ils sont ensuite cuits dans une sauce crémeuse jaune qui accommode à merveille des pommes de terre nouvelles ou des mange-tout.

POUR 4 PERSONNES

2 morceaux de queue de saumon, d'environ 650-750 g chacun, avant que les filets soient levés et la peau retirée
1 bouquet d'aneth frais, haché
1 poignée de feuilles de coriandre, hachées
175 g de crevettes, cuites et décortiquées
poivre gris

POUR LA SAUCE

20 cl de vin blanc
quelques filaments de safran
2 poivrons jaunes, de taille moyenne, coupés en deux, épépinés et vidés (voir page 49)
30 cl de crème fraîche
4 cuillères à soupe de vinaigre de xérès
sel et poivre gris

Étalez les filets de saumon et poivrez-les généreusement. Posez, en les enfonçant légèrement, les feuilles de coriandre et d'aneth sur l'un des morceaux de saumon. Disposez les crevettes au centre de chaque morceau. Roulez les filets dans la longueur, afin d'enfermer les crevettes. Maintenez les filets fermés, grâce à des brochettes ou des piques de bois. Réservez pendant que vous préparez la sauce.

Dans une petite casserole, faites chauffer 6 cuillères à soupe de vin blanc avec les filaments de safran, jusqu'à ce que le liquide commence à bouillir. Réservez afin que le safran infuse. Préchauffez le gril. Posez les moitiés de poivron, la peau vers le haut, sous le gril, jusqu'à ce qu'elles commencent à noircir (voir page 55). Enveloppez-les dans une serviette jusqu'à ce que les poivrons soient suffisamment refroidis pour être manipulés, puis détachez délicatement la peau avec les doigts. Passez la chair dans un robot avec le reste de vin blanc et réduisez en une purée lisse (passez la purée au chinois, si vous trouvez qu'elle n'est pas suffisamment lisse).

Mettez cette purée dans une cocotte allant au four, suffisamment grande pour contenir les filets roulés côte à côte. Incorporez la crème et le vin au safran. Placez les filets roulés sur la sauce et couvrez.

Peu de temps avant de passer à table, mettez la cocotte sur la cuisinière, à feu vif. Portez la sauce à ébullition puis baissez le feu et faites pocher les filets pendant 6 à 8 minutes à feu très doux. Le saumon ne doit pas cuire trop longtemps, et doit rester rose foncé au centre, lorsque l'on plante la pointe d'un couteau. Soulevez les filets à l'aide d'une pelle à poisson et disposez-les délicatement sur un plat de service.

Ajoutez le vinaigre à la sauce, salez et poivrez, puis portez à nouveau à ébullition. Remuez pendant 1 minute, puis filtrez au travers d'un chinois avant de napper les filets. Servez aussitôt.

MULET AUX ÉPICES *(133)*

Le mulet est un poisson peu onéreux qui se prête très bien à la cuisson au four ou au gril, surtout si on le parfume au préalable avec des épices judicieusement choisies. Je trouve cette recette très commode lorsque le temps manque, mais si vous le pouvez, je vous recommande néanmoins de préparer le poisson dès le matin, afin que les épices pénètrent bien dans la chair. Demandez au poissonnier de vous vider le poisson par le ventre, de vous laisser la tête et de vous écailler la peau. Vous pouvez également réaliser vous-même ces opérations (voir page 118).

POUR 4 PERSONNES

1 mulet, d'environ 1,8 kg
2 cuillères à soupe de yaourt nature
2 cuillères à café de paprika
1 cuillère à café de cannelle moulue
1/2 cuillère à café de piment de Cayenne
1 grosse gousse d'ail, écrasée
1 cuillère à soupe d'huile d'olive
sel
persil plat, feuilles de laurier et quartiers de citron, pour garnir

Mettez le yaourt dans un bol et ajoutez le paprika, la cannelle, le piment de Cayenne, l'ail, l'huile d'olive et un peu de sel. Pratiquez des entailles diagonales tous les 2,5 cm, de chaque côté du poisson. Frottez la peau et l'intérieur du poisson avec le mélange aux épices et réfrigérez pendant au moins 30 minutes avant de le faire cuire.

Préchauffez le gril. Faites cuire le poisson pendant 6 à 8 minutes, de chaque côté, jusqu'à ce que la peau commence à noircir par endroits. Garnissez et servez.

CABILLAUD À LA SAUCE AUX CREVETTES ET À L'ANETH *(130)*

Le cabillaud est souvent considéré comme un poisson peu raffiné, destiné aux repas de tous les jours. Cuite soigneusement, sa chair s'émiette, donnant lieu à de succulents morceaux, tendres et moelleux. Dans cette recette, les filets sont pochés dans du vin blanc et du fumet de crevettes, qui servent ensuite de base à une délicieuse sauce crémeuse. Servez avec des pommes de terre nouvelles et des légumes verts.

POUR 4 PERSONNES

400 g de crevettes, dans leur carapace
3 grosses gousses d'ail, coupées en rondelles
2 cuillères à café de paprika
30 cl de vin blanc
30 cl d'eau
4 gros morceaux de filets de cabillaud, d'environ 250 g chacun
25 cl de crème
2 cuillères à café de vinaigre
1 cuillère à soupe d'aneth, haché gros
sel et poivre

Décortiquez les crevettes, en mettant les carapaces et les têtes dans une casserole et la chair dans une jatte. Ajoutez l'ail et le paprika aux têtes puis le vin blanc et l'eau. Couvrez la casserole et portez à ébullition, puis baissez le feu et laissez mijoter pendant 20 minutes. Filtrez le liquide dans une grande casserole dans laquelle les filets tiendront côte à côte, en une seule couche.

Déposez les filets dans le bouillon. Couvrez la casserole et faites cuire à feu doux, en laissant frémir pendant 8 à 10 minutes, jusqu'à ce que le poisson devienne opaque. À l'aide d'une écumoire, soulevez les filets et posez-les sur un plat de service que vous aurez chauffé au préalable. Retirez la peau si cela est nécessaire. Gardez le plat bien couvert, au four, le temps de préparer la sauce.

Faites réduire le liquide de cuisson, à feu vif, pendant 3 minutes. Ajoutez la crème et laissez bouillir pendant 1 minute, le temps qu'elle épaississe. Retirez du feu. Ajoutez le vinaigre, salez et poivrez, si nécessaire, puis ajoutez les crevettes et l'aneth haché. Nappez les filets de sauce et servez aussitôt.

L'ÉVENTAIL DE L'EMPEREUR *(116)*

La sauce claire, parfumée à l'orange et au citron, le gingembre frais et la coriandre ne sont pas sans rappeler les saveurs de l'Extrême-Orient.

POUR 4 PERSONNES

1 orange
60 cl de fond de volaille ou de fumet de poisson (voir pages 28-31)
4 cuillères à soupe de jus de citron
1 morceau de 2,5 cm de gingembre frais, épluché et coupé en fines rondelles
4 ailes de raie
2 cuillères à café bien pleines d'arrow-root
1 cuillère à soupe d'eau
150 g de petits champignons, émincés
1 bonne poignée de feuilles de coriandre fraîche, hachées fin
sel et piment de Cayenne (facultatif)
quartiers d'orange, zeste d'orange et feuilles de coriandre (facultatif)

Prélevez un peu d'écorce de l'orange, puis pressez-la. Versez le fond de volaille et les jus de citron et d'orange dans une grande poêle munie d'un couvercle, avec le gingembre et le zeste. Faites chauffer le liquide et plongez-y 2 ailes de raie. Couvrez, portez à ébullition et faites pocher pendant 5 à 6 minutes, jusqu'à ce que la chair soit tout juste opaque. Retirez les ailes de raie du liquide de cuisson et disposez-les dans un plat de service, comme un éventail. Recouvrez d'aluminium et tenez-les au chaud au four, pendant que vous faites cuire les autres ailes.

Portez le liquide à ébullition pendant 5 minutes. Filtrez au travers d'un chinois, dans une casserole. Délayez l'arrow-root dans un peu d'eau, jusqu'à ce que le mélange soit lisse, puis incorporez-le au liquide filtré. Portez à ébullition, en remuant sans cesse, puis laissez frémir pendant 3 minutes, sans cesser de remuer. Assaisonnez. Ajoutez les champignons et laissez cuire pendant 1 minute encore. Ajoutez la coriandre. Versez sur les ailes de raie, garnissez et servez.

GRATIN DE POISSON DORÉ *(116)*

Ce gratin de poisson est toujours très apprécié par ma famille. Sa couleur très vive est due à la présence de patates douces. Si vous le souhaitez, vous pouvez ajouter quelques moules fraîches à la préparation de poisson. Servez avec une salade verte.

POUR 4-5 PERSONNES

500 g de grosses patates douces, épluchées
400 g de pommes de terre, épluchées
100 g de beurre
2-3 pincées de piment de Cayenne
750-800 g de filets de haddock ou de cabillaud, débarrassés de leur peau
2 cuillères à soupe rases de Maïzena
2-3 cuillères à soupe d'eau
60 cl de lait
15 cl de crème fraîche
400 g de petites tomates, pelées et coupées en quatre (voir page 48)
1 cuillère à café rase de moutarde de Dijon
2 cuillères à soupe d'aneth frais, haché
moules (facultatif)
sel et poivre

Faites cuire, à l'eau ou à la vapeur, les pommes de terre et les patates douces, jusqu'à ce qu'elles soient bien tendres. Il faut compter environ 20 minutes. Écrasez les pommes de terre avec 50 g de beurre, puis salez et épicez avec le piment de Cayenne.

Pendant que les pommes de terre et les patates douces cuisent, faites cuire les filets de poisson (voir page 131), pendant environ 5 minutes. Réservez le mélange de pommes de terre et de patates douces et le poisson.

Préchauffez le four à la température maximum et placez un plat à gratin dans le bas du four, pour le tenir au chaud. Délayez la Maïzena avec l'eau dans un bol et remuez, jusqu'à ce que le mélange soit bien lisse. Versez dans une casserole et incorporez progressivement le lait et la crème. Portez à ébullition, sans cesser de remuer, puis laissez bouillir, pendant environ 3 minutes.

Ajoutez les tomates et laissez bouillir pendant encore 1 minute. Ajoutez la moutarde, puis le sel et le poivre. Finalement, ajoutez le poisson et l'aneth haché (et les moules, si vous le souhaitez). Retirez aussitôt du feu et versez cette préparation dans un plat à gratin préalablement chauffé.

À l'aide d'une spatule, étalez la purée sur le poisson. Parsemez avec les 50 g de beurre restant, et passez le gratin sous le gril pendant 5 à 10 minutes, jusqu'à ce que la surface soit, à certains endroits, légèrement grillée.

VIANDES ET GIBIER

Bien que je puisse tout à fait me passer de viande pendant un temps, je m'imagine mal devenir végétarienne. La viande permet d'élargir le champ de recettes que l'on peut servir lors d'un repas. Que serait le déjeuner dominical sans l'incontournable rôti ou le savoureux gigot, dont l'appétissante odeur parfume la maison entière ? L'hiver, rien ne remplace un réconfortant ragoût de viande mijoté avec des petits légumes, et un filet de bœuf tendre et goûteux enveloppé dans une pâte légère rencontre toujours un vif succès. La viande permet également de préparer des barbecues inoubliables : la convivialité est toujours au rendez-vous lorsqu'on fait cuire en plein air un agneau parfumé avec du romarin. Les parfums dégagés par la viande grillée et les herbes brûlant sur les cendres mettent l'eau à la bouche, autant qu'un plat de viande préparé par un grand cuisinier. Le jus de viande joue un rôle prépondérant dans la saveur du plat. C'est pourquoi il est important de ne pas trop faire cuire la viande grillée ou rôtie, afin qu'elle ne se dessèche pas. Dans les ragoûts, c'est précisément ce jus qui apporte toute sa saveur au plat.

Les morceaux les moins chers sont souvent les plus moelleux. Avec un peu de soin et de patience, ils peuvent donner d'excellents résultats. La viande hachée est rarement considérée comme un mets de gourmand, sans doute parce qu'on la présente trop souvent sous une forme peu appétissante. Pourtant, si elle est correctement assaisonnée avec des herbes aromatiques et des épices avant d'être cuite, elle permet de préparer de nombreux plats. Un bon hachis Parmentier est généralement très apprécié à l'occasion d'un dîner informel entre amis. Les lasagne, la moussaka, les légumes farcis et les boulettes de viande sont autant de façons de cuisiner la viande hachée.

Les viandes les plus couramment consommées sont le bœuf, l'agneau et le porc. La viande de porc est probablement la plus prisée chez nous avec le gigot d'agneau, servi traditionnellement lors du déjeuner pascal. La viande de porc étant moins grasse qu'auparavant, elle présente une nette tendance au dessèchement. Il est donc préférable de la faire cuire avec une sauce. La viande de chèvre est couramment servie dans les pays méditerranéens ; le chevreau est une viande aussi tendre que savoureuse. Le chevreuil et le lièvre sont classés dans la catégorie du gibier, bien qu'il ne s'agisse pas toujours d'animaux sauvages. Le chevreuil d'élevage est parfois si tendre que l'on peut le faire comme du bœuf, et le servir saignant.

Les viandes persillées, c'est-à-dire marbrées de filaments de graisse, sont plus tendres et savoureuses que les viandes maigres. C'est pourquoi elles se prêtent davantage à une cuisson au barbecue ou au four, tandis que les morceaux moins tendres gagnent à mijoter dans un ragoût. Mais la consistance et la saveur de la viande dépendent avant tout du temps de maturation. Toutes les viandes, à l'exception de la viande de veau, doivent être suspendues dans un endroit frais et aéré pendant un certain laps de temps avant d'être débitées. N'hésitez pas à interroger votre boucher sur la provenance de sa viande et la façon dont elle a été traitée.

La viande n'est pas autre chose que du muscle. Plus le muscle travaille, plus la viande durcit ; toutefois, les morceaux fermes sont parfois les plus savoureux, surtout chez un animal assez vieux. On peut ainsi préparer de délicieux ragoûts avec des morceaux de viande qui cuisent pendant de longues heures dans un jus parfumé.

Il ne faut pas oublier les abats, que certains adorent et d'autres détestent. Personnellement je les aime pour la diversité de leurs goûts. Mais, une fois encore, la cuisson est la clé de la réussite des recettes à base d'abats.

Dans le sens des aiguilles d'une montre, à partir du haut : la saveur riche et puissante du Civet de lièvre aux coings (page 171) est adoucie par la sauce aux poivrons et aux tomates ; les ingrédients aromatiques utilisés dans le Rôti de veau aux pruneaux et au gingembre (page 168) gardent la viande moelleuse et tendre ; les Côtes de porc au roquefort, accompagnées de poires au four (page 170) sont servies avec du chou cuit à la vapeur ; les tranches de Filet d'agneau grillé à la sauce au yaourt (page 170), accompagnées d'une mousseline de carottes et d'épinards, sont aussi délicieuses que faciles à préparer ; la petite touche résolument orientale du Filet de porc aux fruits (page 169) est soulignée par les nouilles chinoises.

LE BŒUF ET LE VEAU

La viande de bœuf est consommée plus rapidement après l'abattage qu'autrefois. En effet, la maturation de la viande est de plus en plus courte en raison du coût de stockage des quartiers de viande. Toutefois, certains bouchers, soucieux d'offrir à leur clientèle des produits d'excellente qualité, redécouvrent les vertus de cette technique, qui laisse le temps à la viande d'atteindre une maturation idéale. Un bon morceau de bœuf se reconnaît à sa couleur rouge foncé.

Le bœuf se prête à de très nombreuses préparations, des plus économiques aux plus onéreuses. Les morceaux délicats tels que le filet ou l'aloyau sont certes très chers, mais chaque gramme de viande achetée est utilisé. En outre, leur simplicité de préparation rend service lorsqu'il faut préparer un repas raffiné en peu de temps. La présence de fins filaments de graisse est un indice de qualité. Certains morceaux bon marché, tels que la poitrine, sont savoureux mais très gras ; choisissez, si possible, des morceaux plus maigres, et faites-les cuire très longtemps, à feu doux, en écumant la graisse en surface. On peut préparer de délicieux pot-au-feu avec des morceaux de bœuf bon marché, pourvu que la cuisson se fasse à feu doux pendant au moins 3 heures.

La viande de veau provient impérativement d'animaux de moins de cinq mois. Mais seuls les veaux très jeunes, élevés exclusivement au pis, offrent une chair d'un goût et d'une tendreté exceptionnels. Elle doit être rose pâle, tendre, avec une graisse blanc satiné. Peu grasse, cette viande ne se prête pas très bien à la cuisson au gril ou à four vif. Mais un rôti de veau qui mijote à feu doux produit un jus d'une saveur inégalable ; les os gélatineux permettent en outre de confectionner de délicieux fonds de cuisson.

FICELER DE LA VIANDE

On ficelle la viande non seulement pour lui donner une apparence plus nette, mais également pour assurer une cuisson uniforme et un découpage facile. Les rôtis désossés, farcis ou non, doivent évidemment être ficelés ; mais il est souvent commode de ficeler des rôtis se composant d'une pièce de viande, tel que le gîte à la noix, afin qu'ils conservent une belle forme.

Les bouchers utilisent ce nœud car il permet de maîtriser le degré de serrage souhaité. Pour faire cuire une pièce de viande désossée ou un rôti farci, nouez la ficelle ainsi, à intervalles réguliers.

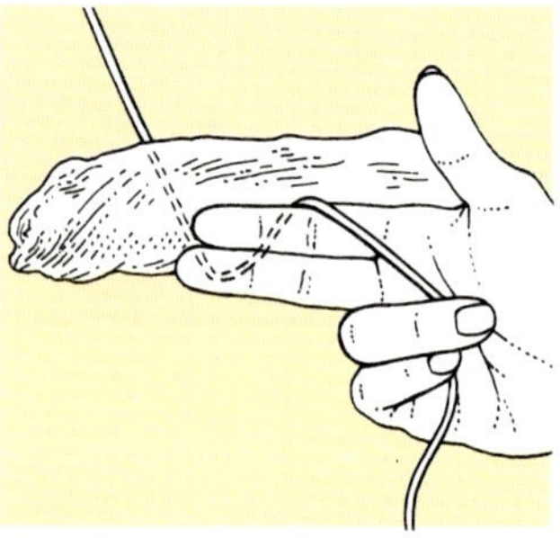

1 *Passez un morceau de ficelle sous la viande, l'extrémité dirigée vers vous. Tendez l'index et le majeur sous la ficelle et repliez l'annulaire et l'auriculaire. Maintenez la ficelle avec les doigts repliés.*

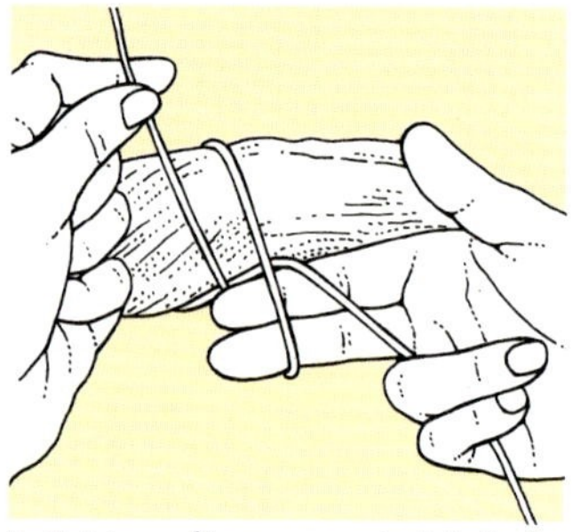

2 *Saisissez l'autre extrémité de la ficelle et passez-la autour de vos doigts tendus, parallèlement au premier morceau de ficelle. Réglez la tension avec la main gauche.*

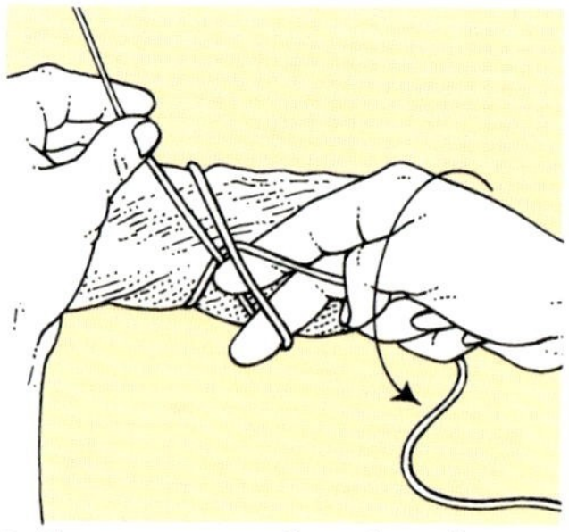

3 *En conservant la même disposition des doigts, tournez votre poignet droit vers le bas ; le dos de votre main doit être orienté vers le haut. Tenez la longue extrémité de la main gauche. Écartez légèrement le majeur et l'index.*

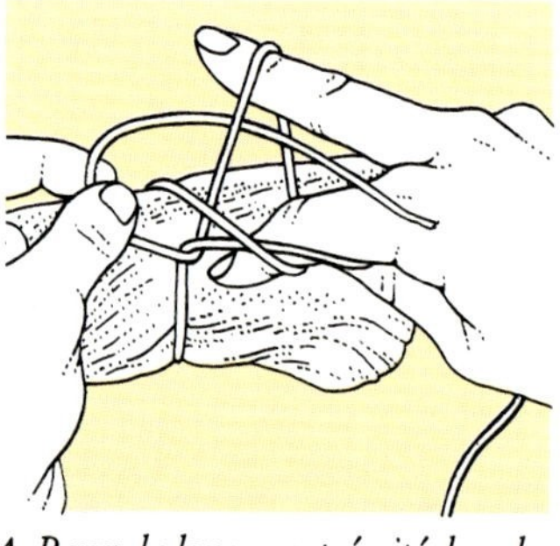

4 *Passez la longue extrémité dans la boucle formée par le majeur et l'index. Dégagez délicatement les doigts de la boucle et tirez sur le nœud, en relevant la main gauche (qui pince toujours la ficelle) pour refermer la boucle et bien serrer la ficelle sur la viande.*

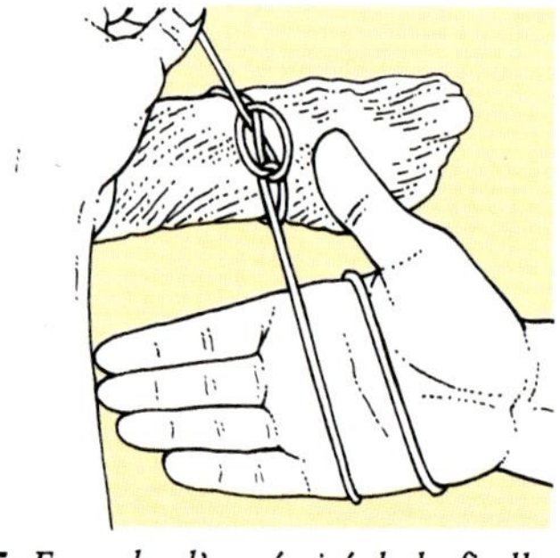

5 *Enroulez l'extrémité de la ficelle autour de la paume de la main droite puis serrez vers vous et vers le bas. Finissez par un nœud simple et coupez la ficelle avec une paire de ciseaux ou un couteau aiguisé.*

QUELQUES CONSEILS

- La réfrigération empêche la prolifération des bactéries qui peuvent provoquer des intoxications alimentaires, tandis que la cuisson les détruit. Votre réfrigérateur doit être réglé à une température inférieure ou égale à 5 °C ; ainsi la viande se conservera dans les meilleures conditions.
- Réfrigérez la viande dès votre retour du marché. La viande conditionnée dans des barquettes recouvertes de film alimentaire peut être conservée telle quelle. Dans les autres cas, emballez la viande dans de l'aluminium avant de la placer dans une assiette creuse, afin que le jus ne risque pas de s'écouler.
- Exigez toujours de votre boucher qu'il hache la viande devant vous. Préférez le hachage assez gros car une viande écrasée en pulpe devient insipide.
- Nettoyez toujours soigneusement votre planche après avoir découpé de la viande.
- Lavez toujours les ustensiles et vos mains après avoir manipulé de la viande crue.
- Faites décongeler la viande lentement et complètement avant de la faire cuire. Déballez-la, disposez-la sur une assiette, couvrez-la d'un morceau de papier d'aluminium et mettez-la au réfrigérateur. Ainsi, votre viande ne se dessèchera pas.

POITRINE DE VEAU FARCIE

Une poitrine de veau désossée et farcie est un plat économique, idéal pour un dîner familial.

Les ingrédients qui peuvent entrer dans la composition de la farce sont illimités : chapelure, riz, herbes, épices, fruits secs hachés, noix, champignons, etc. Pour un morceau de viande de 1,2 kg avant désossage, prévoyez 250 g de farce. Vous pouvez lier la farce avec un œuf, si vous le souhaitez.

Retirez les nerfs, la graisse et la peau épaisse. Déposez la poitrine sur une planche, le côté de la peau vers le bas.

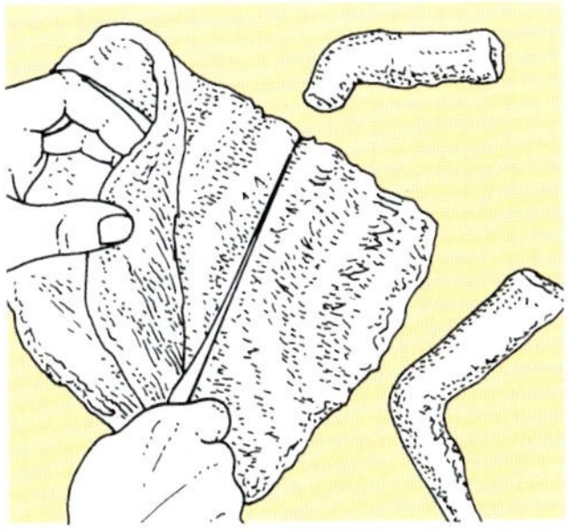

1 *Dégagez la viande recouvrant les os. Retirez les os coudés un par un, en repliant au fur et à mesure la viande vers l'arrière, jusqu'à ce que tous les os soient dégagés. Ne coupez pas complètement le morceau en deux. Ouvrez la pièce et aplatissez-la.*

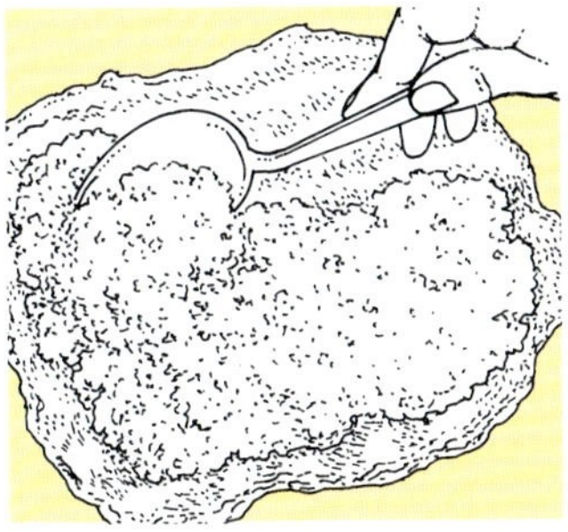

2 *Étalez la farce sur la viande. Ne déposez pas trop de farce, car la viande serait difficile à rouler.*

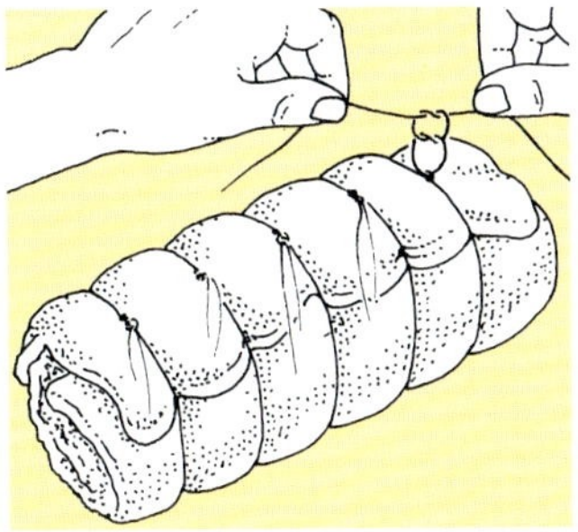

3 *Roulez la viande et ficelez le rôti avec 4 ou 6 nœuds de boucher (voir page précédente). Pesez et faites cuire la poitrine de veau farcie en vous aidant du tableau page 157.*

OLIVETTES DE BŒUF

Pour ce plat très apprécié de tous, la viande doit être découpée en fines tranches, afin d'être roulée autour d'une farce. Pour 6 personnes, prévoyez de 850 g à 1 kg de bœuf à braiser, découpé en 12 tranches fines et larges, de la purée de tomates, une poignée de feuilles de sauge fraîches finement hachées, 3 gousses d'ail hachées, 50 g d'anchois en boîte, égouttés et coupés en lamelles, 8 cl de vin rouge, 1 cuillère à soupe bien pleine de Maïzena, 15 cl de crème fraîche, du sel et du poivre.

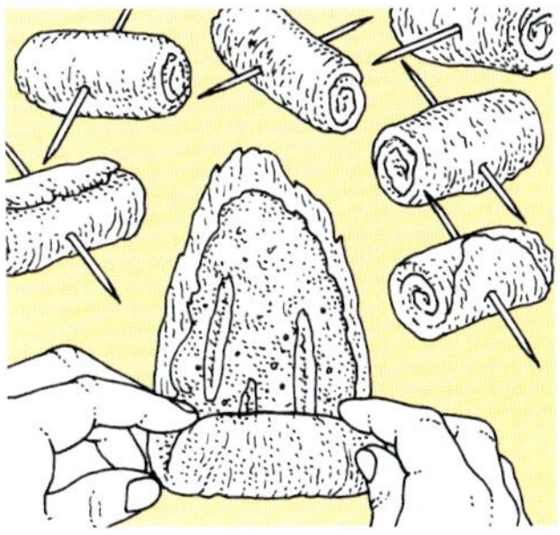

1 *Disposez les tranches de viande entre 2 morceaux de papier sulfurisé et aplatissez-les à l'aide d'un rouleau à pâtisserie, jusqu'à ce qu'elles soient très fines. Badigeonnez-les de purée de tomates, puis parsemez-les d'un peu de sauge hachée, d'ail et d'anchois. Poivrez généreusement. Roulez chaque tranche et fixez-la avec une pique de bois pour cocktail. Disposez les olivettes dans une cocotte, arrosez de vin et ajoutez assez d'eau pour immerger les olivettes aux trois quarts.*

2 *Portez à ébullition, puis couvrez et faites cuire au four préchauffé à 150 °C, Th. 2, pendant 1 heure 45 à 2 heures 30, jusqu'à ce que la viande soit bien tendre. Retirez les olivettes à l'aide d'une écumoire et tenez au chaud à four doux. Délayez la Maïzena dans un peu d'eau, jusqu'à ce que le mélange soit bien lisse puis ajoutez le jus de cuisson. Portez à ébullition pendant 3 minutes, en remuant. Salez, poivrez, nappez les olivettes de sauce et garnissez de crème fraîche.*

PRINCIPAUX MORCEAUX DE BŒUF

Prévoyez entre 250 et 375 g de viande avec os et entre 125 et 175 g de viande désossée par personne.

Méthode de cuisson	***Morceaux***
RÔTIS	Filet, faux-filet, carré de côtes désossé, rumsteck
RAGOÛTS, POT-AU-FEU	Poitrine, bavette, hampe, paleron, macreuse, gîte à la noix, flanchet, queue
GRILLADES, BARBECUES, FONDUES	Filet, faux-filet, rumsteck, onglet, entrecôte, tranche grasse

PRINCIPAUX MORCEAUX DE VEAU

Comptez 250 g de viande avec os par personne et 175 g de viande désossée.

Méthode de cuisson	***Morceaux***
RÔTIS	Épaule, longe, filet, noix, quasi, sous-noix, noix pâtissière
RAGOÛTS, BLANQUETTES	Collier, épaule, flanchet, jarret, poitrine, tendron
GRILLADES, BARBECUES	Côtes, longe, filet, noix, sous-noix, noix pâtissière

Ces olivettes de bœuf sont farcies avec une préparation épicée à base d'anchois et d'ail, puis garnies de crème fraîche.

L'AGNEAU

Enfant, lorsque je vivais au Moyen-Orient, l'agneau était la seule viande que nous mangions. C'est sans doute pourquoi j'adore la cuisiner à l'orientale, avec de la coriandre, du cumin, du yaourt, de la menthe et même des fruits secs.

La viande d'agneau provient d'un animal de moins d'un an; une chair rose pâle indique qu'il s'agit d'un jeune agneau. Elle fonce avec l'âge de l'animal. En règle générale, plus l'agneau est jeune, plus la viande est tendre, mais moins elle a de goût. L'agneau le plus prisé est l'agneau de moins de six mois : la chair est ferme, la graisse d'un blanc crémeux, et surtout pas jaunâtre. Une couleur légèrement bleutée au niveau des articulations ou des côtes indique qu'il s'agit d'un jeune agneau. Avec l'âge de la bête, le goût de la chair se renforce. Le mouton (de plus d'un an) présente un goût marqué que certains n'aiment pas. Faites-le mijoter doucement, afin de l'attendrir. De nos jours, le bon mouton est une denrée rare; si vous avez la chance de pouvoir vous en procurer, n'hésitez pas. À mon avis, l'agneau gagne à être servi alors qu'il est encore rosé. Un gigot d'agneau perd de ses qualités gustatives si on le fait trop cuire; en revanche, une grosse épaule bien aillée et rôtie à feu doux s'avérera excellente. Si vous ne vous sentez pas capable de désosser une épaule, demandez à votre boucher de le faire. Une épaule désossée perd de sa saveur; c'est pourquoi on préfère souvent la farcir.

Le carré d'agneau, comprenant les côtelettes, peut être présenté en couronne ou en trains de côtelettes. Servies ainsi, les côtelettes d'agneau conviennent très bien pour un repas raffiné et élégant. La viande doit être à peine cuite, et le centre garni avec une farce à base de légumes, de noisettes et d'herbes. Les bas morceaux de l'agneau et du mouton font de délicieux ragoûts et de réconfortants plats en sauce. Ils s'accommodent à la perfection de préparations à base de fruits.

DÉSOSSER ET FARCIR UNE ÉPAULE D'AGNEAU

Une épaule d'agneau comprend deux os — l'omoplate et l'os de la jambe (le « manche »). La méthode présentée ici consiste à retirer l'omoplate afin de la remplacer par de la farce. Vous pouvez également désosser complètement votre pièce de viande et rouler la viande autour d'une farce. Si vous prévoyez de procéder ainsi, vous aurez toutefois certainement intérêt à acheter une épaule désossée.

Pour farcir une épaule désossée de 1,6 kg, prévoyez environ 250 g de farce. Si vous n'avez retiré que l'omoplate, comptez 300 g de farce.

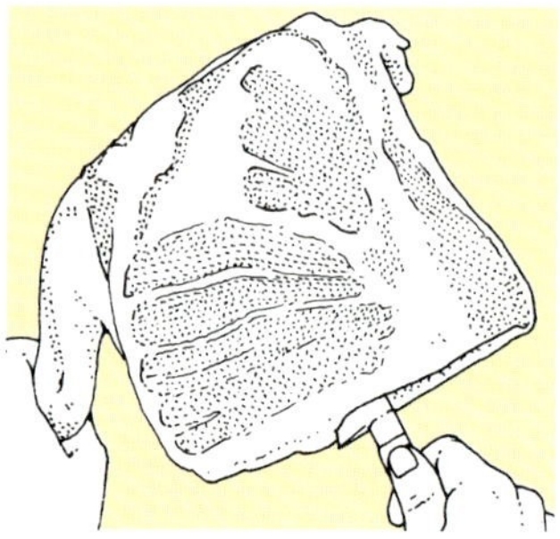

1 *Placez l'épaule sur une planche, l'intérieur vers vous et l'os à gauche. Tenez l'os fermement de la main gauche et plantez un couteau aiguisé horizontalement dans la partie basse de l'épaule, afin que la lame s'appuie contre l'omoplate.*

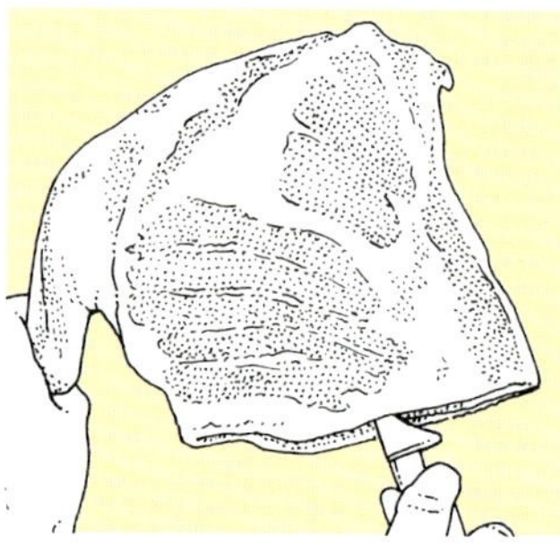

2 *En maintenant la pièce par l'os, glissez le couteau vers la gauche, en détachant l'os de la chair, puis vers la droite. Ne découpez pas la viande jusqu'aux côtés. Soulevez la partie supérieure et dégagez les morceaux encore attachés à l'os.*

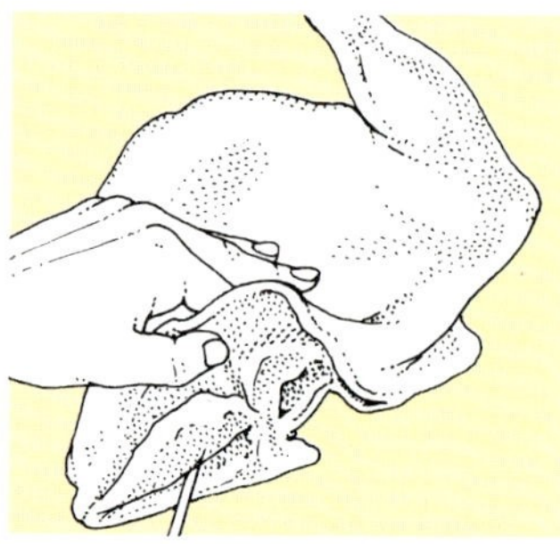

3 *Retournez la pièce de viande. Introduisez le couteau, comme à l'étape 1, et dégagez la chair de l'os, vers la droite puis vers la gauche, en faisant glisser le couteau autour de l'os. Veillez à ne pas couper le morceau en deux, sur les côtés.*

Épaule d'agneau farcie aux épinards dans sa chemise de pâte croustillante (page 168).

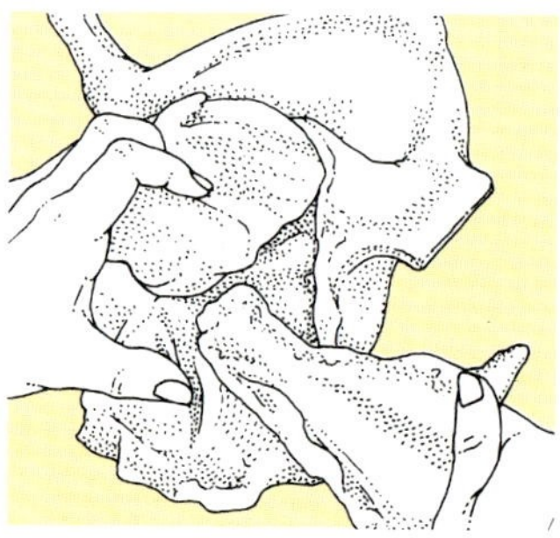

4 *Retournez à nouveau la pièce. Repoussez la viande vers l'arrière, des deux mains, puis dégagez l'omoplate en la tournant pour la détacher de l'articulation. Coupez les tendons pour libérer l'os.*

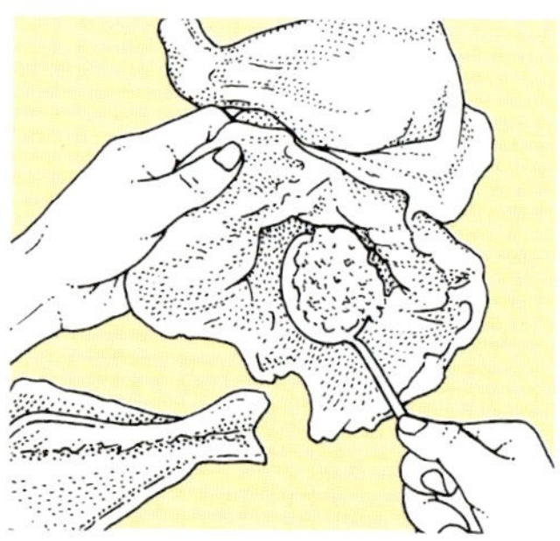

5 *Farcissez la poche ainsi formée. Recousez les bords à l'aide d'une aiguille à trousser et de ficelle à rôti. Pesez la pièce de viande farcie et faites-la cuire selon les temps indiqués page 159.*

PRÉPARER UN CARRÉ D'AGNEAU

Ce morceau est toujours très apprécié des cuisiniers, car les côtelettes qui le composent sont tendres et savoureuses, et très faciles à découper. En outre, il peut être présenté d'une façon très esthétique qui ne manque jamais de produire son effet, en couronne ou en trains de côtelettes.

Le carré comprend l'ensemble des côtelettes premières et secondes. La viande savoureuse et fondante à souhait est attachée à des os, suffisamment présentables pour être servis à table. Il suffit de les dénuder en les grattant, afin d'éliminer toute trace de chair. Chaque carré d'agneau comprend entre six et sept côtelettes. L'os de l'échine doit être entaillé ou scié à l'endroit où les vertèbres rejoignent les côtelettes, afin de faciliter le découpage (voir étape 1 ci-dessous).

Si vous souhaitez préparer une couronne, veillez à retirer la couche de graisse, surtout si elle est très épaisse, avant de disposer les côtes en rond et de les faire cuire. Les couronnes et les trains de côtelettes peuvent être cuits après avoir été farcis — entre les deux carrés pour le train de côtelettes, et au centre pour la couronne. Mais vous pouvez également faire cuire la viande telle quelle, et la garnir en fin de cuisson avec un mélange de légumes et de riz pilaf bien relevé (voir page 109).

N'hésitez pas à laisser libre cours à votre imagination lorsque vous préparez une couronne de côtelettes farcie. Ici, on a fait fondre poivrons, céleri et oignons dans du beurre avec du curcuma, avant d'ajouter de la chapelure et de lier le tout à l'œuf battu.

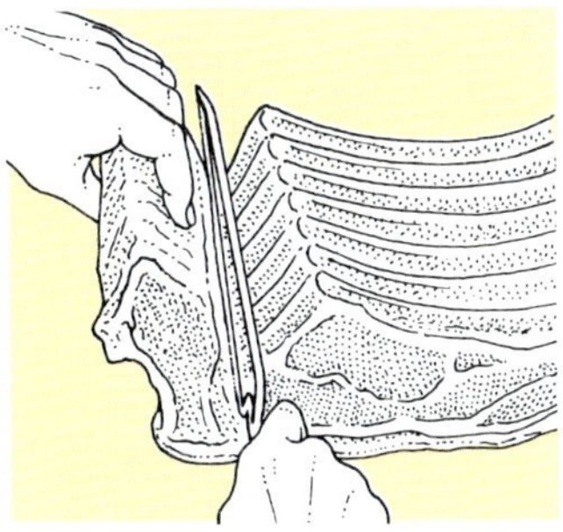

1 *Pour entailler l'échine, utilisez une petite scie ou un hachoir à viande. Coupez le long de l'os, sans entamer la viande, et dégagez-le. Si nécessaire, détachez-le complètement. Coupez la peau, en laissant la graisse.*

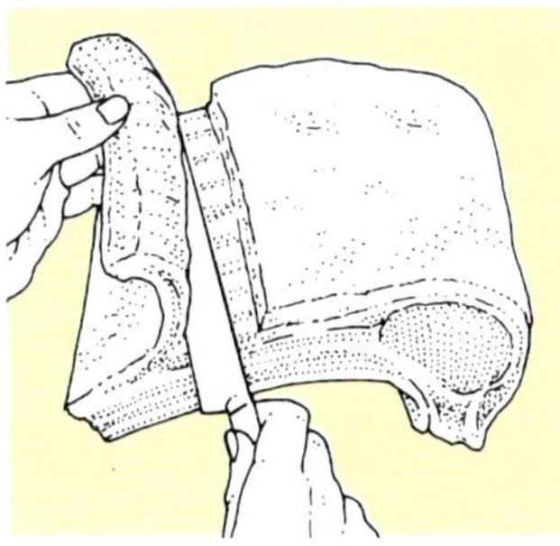

2 *Pour présenter le carré en train ou couronne, retirez la couche de gras qui recouvre l'extrémité des manches, sur environ 7 cm.*

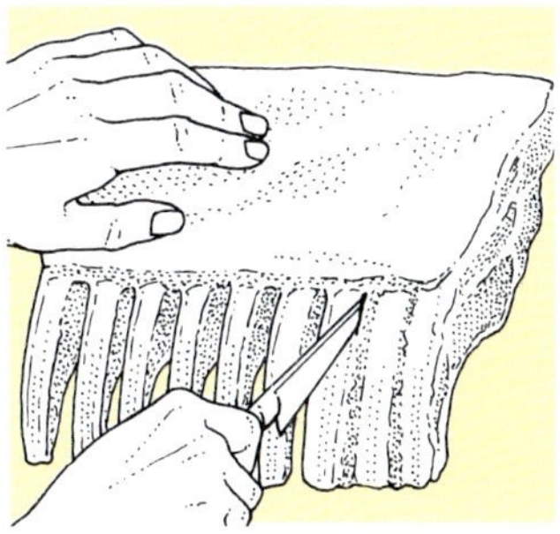

3 *À l'aide d'un petit couteau aiguisé, grattez les os et dégagez les espaces qui les séparent jusqu'à ce que vous obteniez des os parfaitement propres.*

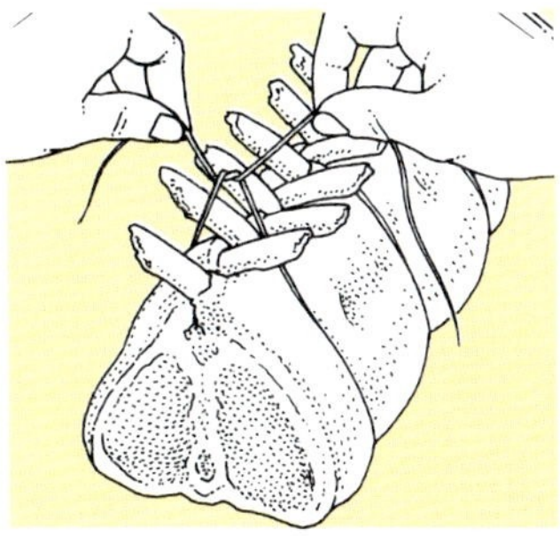

Pour préparer un train de côtes, *choisissez 2 carrés de même taille. Retirez l'échine et suivez les étapes 1 à 3. Emboîtez les deux carrés l'un dans l'autre, en entrecroisant les manches des côtelettes. Ficelez le tout. Entaillez la couche de gras et faites rôtir (voir page 159).*

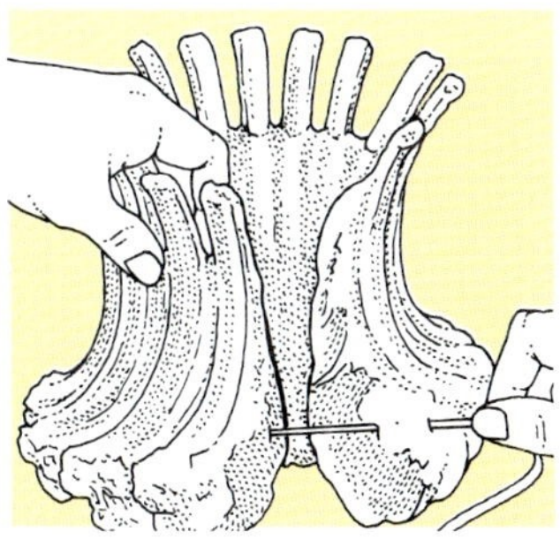

Pour confectionner une couronne, *choisissez 2 carrés d'agneau de même taille. Retirez l'échine et suivez les étapes 1 à 3. Courbez les carrés, les os orientés vers l'extérieur, en entaillant légèrement la chair entre les côtelettes. Ficelez les deux extrémités et faites rôtir (voir page 159).*

PRINCIPAUX MORCEAUX D'AGNEAU

Comptez de 250 à 375 g de viande avec os et de 175 à 250 g de viande désossée par personne.

Méthode de cuisson	***Morceaux***
RÔTIS	Côtelettes, épaule, gigot, selle, filet, baron
RAGOÛTS	Collier, épaule, haut de côtelettes, poitrine
GRILLADES, BARBECUES	Épaule (désossée), selle, côtelettes

LE PORC

Le porc est l'animal d'élevage dont on tire le plus de produits dérivés. Dans le porc, tout est comestible, y compris la peau. Le saucisson, les saucisses, le lard, etc., sont tous préparés à partir de viande de porc cuisinée de diverses façons.

Les porcs d'abattage étant de plus en plus maigres, il est important de cuisiner la viande de façon à en préserver le moelleux. Les ragoûts, les plats en sauce ou les rôtis cuits dans leur jus sont les modes de préparation qui conviennent le mieux. Lorsque vous faites cuire au four ou griller de la viande de porc, n'oubliez pas de l'arroser fréquemment, avec du cidre ou de la bière, par exemple. Ne la faites pas cuire à feu trop vif; il vaut mieux qu'elle mijote lentement et longtemps.

Le jambon est la cuisse de porc préparée pour être conservée. On apprête l'épaule de porc de la même façon, mais sa saveur est moins fine. Le jambonneau, jarret de porc braisé et poché comme le jambon, est utilisé dans les choucroutes et potées. Certains jambons crus, tels que le jambon de Parme ou de Bayonne, constituent de véritables mets de fête.

L'odeur du lard en train de griller compte parmi les plus appétissantes qui soient. Le lard provient de la graisse souscutanée du porc. On le met à tremper dans de l'eau salée, puis, selon les cas, il est fumé ou non. On trouve aujourd'hui dans le commerce du lard entier, en fines tranches ou en lardons déjà découpés.

Les saucisses, en particulier les variétés très épicées, contenant beaucoup de viande, sont véritablement délectables. Sous cette forme, la viande de porc est vraiment mise en valeur : un simple plat de saucisses cuisinées avec du chou et servies avec de la purée de pommes de terre bien beurrée peut devenir un mets de choix.

DÉSOSSER ET ROULER UN FILET DE PORC

Le filet de porc est un délicieux morceau de viande, idéal pour un repas entre amis. On peut le faire cuire désossé ou non, et avec ou sans couenne. Il est difficile de faire rôtir les côtés et le dessous d'un rôti de porc roulé de manière à ce que la couenne devienne croustillante. C'est pourquoi on la retire souvent avant la cuisson. Un rôti désossé est beaucoup plus facile à découper.

Si vous souhaitez un rôti très épais, achetez un carré de porc. Vous pourrez ainsi enrouler la partie de viande dégagée de l'os autour du rôti et le farcir plus facilement.

Pour farcir un rôti désossé de 1 kg, prévoyez environ 250 g de farce ou 125 g de beurre parfumé à l'ail et aux fines herbes.

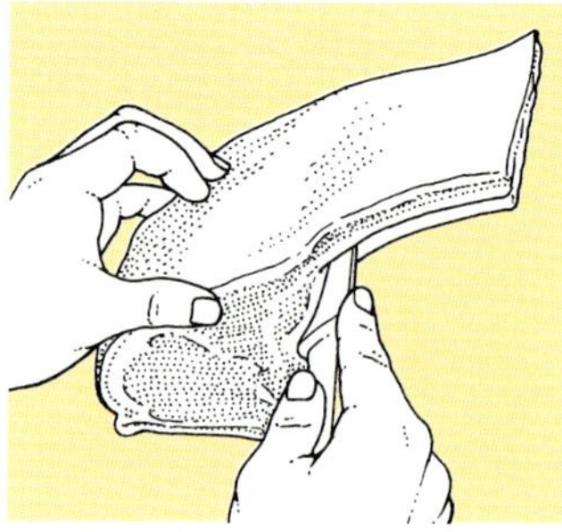

1 *Retirez la couenne, si vous ne voulez pas que le rôti présente une croûte croquante. Placez le morceau de viande sur le plan de travail, os orientés vers le haut. Glissez un couteau entre la viande et les os.*

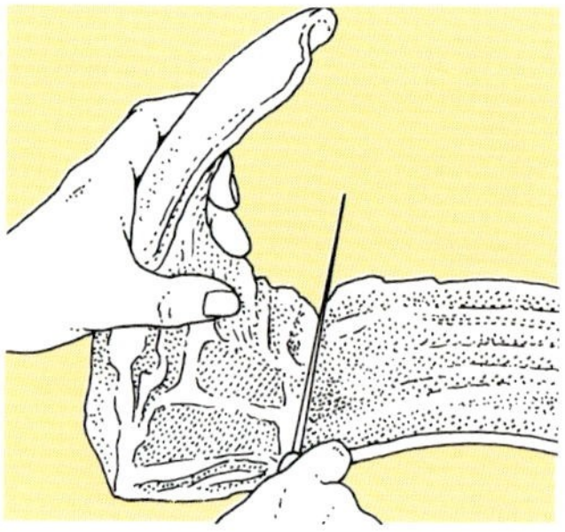

2 *Tenez fermement la pièce d'une main et découpez la viande le long des os, jusqu'à ce que vous rencontriez l'os de l'échine. Essayez de détacher le maximum de viande. Pour cela, tenez la lame du couteau le plus près possible des os.*

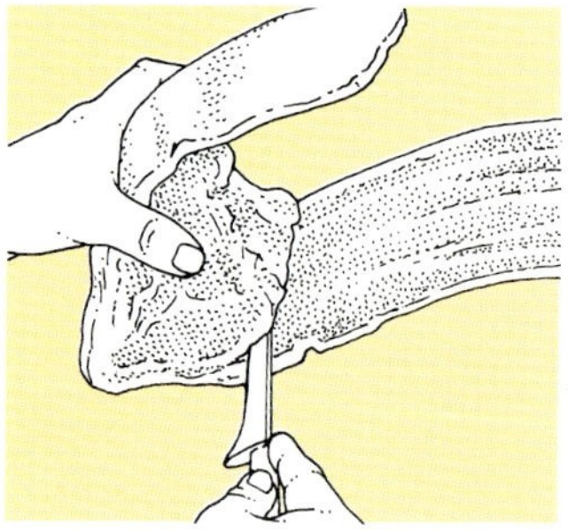

3 *Retournez la lame du couteau à angle droit et détachez l'os de l'échine. Il viendra en un seul morceau avec les os des côtes. Vous pourrez le conserver pour préparer un bouillon (voir page 28) ou le mettre à côté du rôti dans le plat de cuisson pour parfumer le jus.*

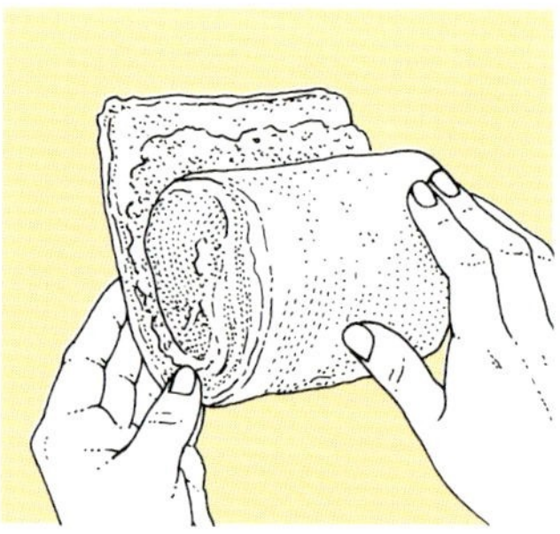

4 *Étalez de la farce ou du beurre parfumé sur la viande, puis roulez-la. Ficelez le rôti (voir page 144). Entaillez le gras et enfoncez de petits morceaux d'ail dans la chair avant de faire cuire (voir page 159).*

PRINCIPAUX MORCEAUX DE PORC

Prévoyez environ 350 g de viande avec os ou 175 g de viande désossée par personne.

Méthode de cuisson	***Morceaux***
RÔTIS	Travers, filet, pointe de filet, palette, carré de côtes, échine, jambonneau
RAGOÛTS, POTÉES	Jambonneau, palette, échine, collier, travers, jarret, côtes, plat de côtes
GRILLADES, BARBECUE	Travers, filet, grillades, tranches de filet ou de jambon, côtes, échine
CHOUCROUTE	Jambonneau, palette fumée, poitrine fumée, saucisses de Strasbourg

CHOISIR LA VIANDE

La chair doit être rose, ferme et sans trace d'humidité. Les viandes blanchâtres ou mouillées proviennent généralement d'un animal d'élevage industriel. Le filet mignon est un morceau de choix; carré de côtes et filet sont savoureux, mais un peu secs; l'échine, plus grasse, est aussi plus moelleuse; entre filet et échine, la pointe de filet est souvent très appréciée.

LARD ET JAMBON FRAIS

Le lard gras, dont on fait le saindoux et les bardes, est utilisé en charcuterie ou comme graisse de cuisson. Le lard maigre, quant à lui, est constitué par la poitrine ; on le vend fumé ou non.

On trouve parfois, dans certaines charcuteries, du jambon cru et des tranches de lard salé. Ces dernières proviennent du quartier arrière du porc, tandis que les fines tranches de lard, servant par exemple à préparer des lardons, sont prélevées près de l'épaule. Celles-ci, joliment roulées, sont délicieuses pour accompagner une dinde rôtie.

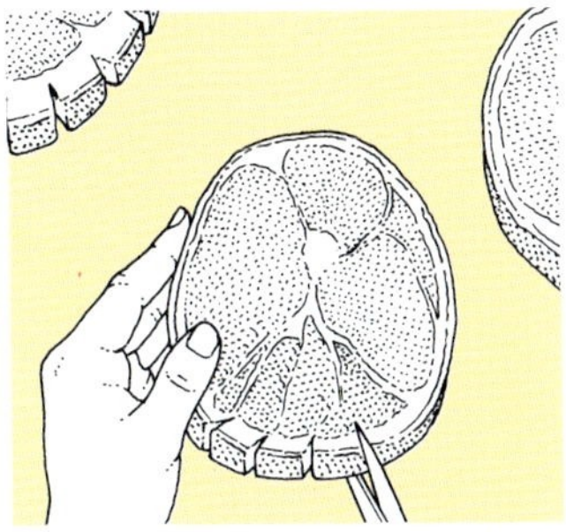

En raison de leur forme arrondie, les tranches de jambon cru ont souvent tendance à se recroqueviller. Pour éviter cela, entaillez-les avec des ciseaux, tous les 2 ou 3 cm. Si elles sont très grosses, vous pouvez les couper en deux avant de les faire cuire.

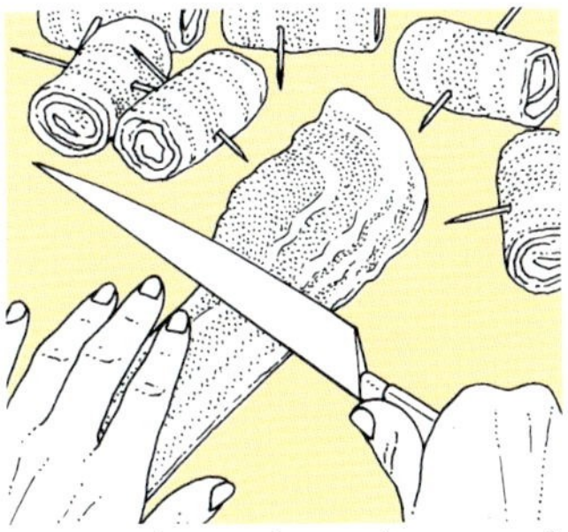

Pour préparer des rouleaux ou de fines tranches de lard, pour tapisser des terrines par exemple, retirez la couenne, puis ôtez tous les morceaux d'os. Passez le dos d'un couteau sur la tranche, en la maintenant à l'une des extrémités. Cela permet d'étirer la tranche et de former des rouleaux plus réguliers. Piquez-les avec des piques en bois pour cocktails.

FILET MIGNON

Pour préparer en quelques minutes un délicieux rôti, entaillez le milieu du filet mignon et aplatissez-le légèrement. Étalez une farce ou un mélange d'herbes hachées, de noix, d'épinards ou une pâte à l'ail, puis roulez et ficelez la tranche. Pesez-la et faites-la cuire selon les indications de la page 159, en l'arrosant d'un peu d'huile ou de beurre. Pour un filet de 350 g environ, prévoyez 4 cuillères à soupe de farce ou 2 cuillères à soupe de pâte à l'ail.

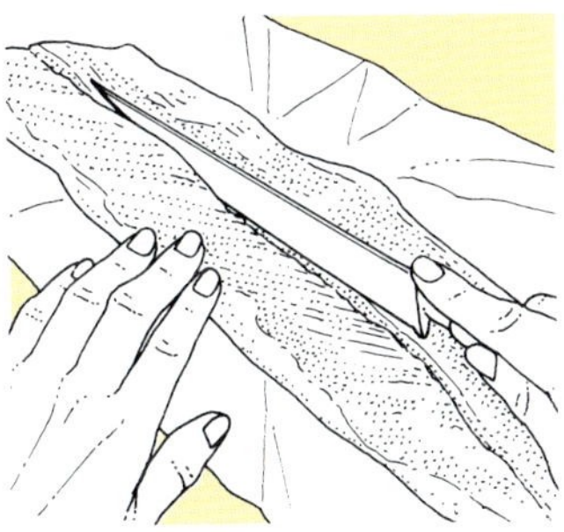

1 *Placez le filet mignon sur une feuille de papier sulfurisé mouillée. Entaillez la viande au centre, d'un bout à l'autre, sans la couper complètement. Ouvrez le morceau et couvrez avec une deuxième feuille de papier.*

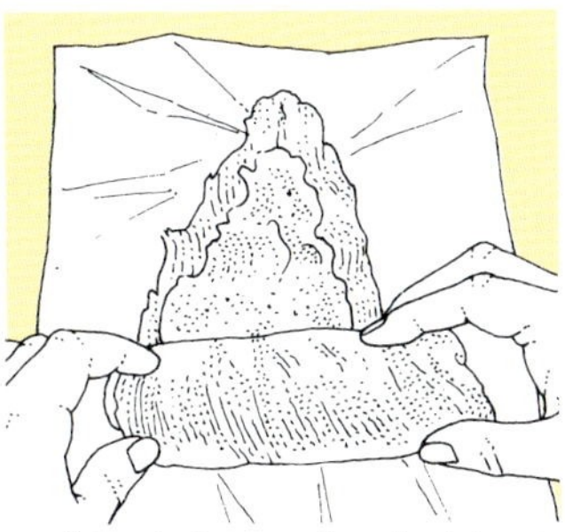

2 *À l'aide d'un rouleau à pâtisserie, aplatissez la tranche. Découvrez, étalez la farce ou la pâte sur la viande et roulez-la en rôti. Ficelez à intervalles réguliers, puis pesez et faites rôtir selon le tableau de la page 159.*

Ce Rôti de porc aux pommes de terre et aux épices (page 169) est une excellente façon de renouveler une recette traditionnelle. En cuisant, les pommes de terre s'imprègnent de jus de viande tandis que la tomate et l'oignon parfument délicatement la sauce.

SAUCISSES ET BOUDINS

Variétés	*Ingrédients*	*Cuisson*
BOUDIN BLANC	Viande blanche, gras, crème, lait, œuf, farine, épices	Poêle, four, papillotes
BOUDIN NOIR	Sang de porc, saindoux, oignons, épices	Poêle, four
CERVELAS DE LYON	Viande de porc, pistaches ou truffes	Pochage
CHIPOLATA	Chair de porc, lard	Poêle, gril
CHORIZO	Viande de porc et bœuf, piment rouge, ail	Poêle
CRÉPINETTE	Chair à saucisse, persil, crépine	Poêle, four
FIGATELLI	Foie, maigre et gras de porc, ail, laurier, vin blanc	Poêle
DE FRANCFORT	Viande de porc, bœuf ou veau	Pochage
MERGUEZ	Viande de bœuf ou mouton, poivron rouge, piment	Poêle
DE MORTEAU	Viande de porc	Pochage
DE TOULOUSE	Chair maigre de porc, lard gras, poivre, sel, sucre	Poêle, gril
VIENNOISE	Viande de porc et veau	Pochage

LES ABATS

Par « abats » on entend le cœur, le foie, les rognons, les ris, mais aussi la cervelle, la langue, les pieds et la tête d'un animal. Bien que certaines personnes ne les apprécient pas outre mesure, ne les négligez pas pour autant, car outre leur prix peu élevé, les abats présentent des qualités nutritives très importantes. Ils sont notamment très riches en fer, élément indispensable à l'organisme dans la fabrication du sang. Par ailleurs, ce sont des ingrédients commodes : les pieds de cochon ou de mouton, par exemple, sont très pratiques pour faire prendre de la gelée.

Le foie d'agneau et les rognons comptent parmi les abats les plus appréciés. Tous deux doivent faire l'objet d'une cuisson rapide et délicate, afin de conserver leur finesse et leur tendreté. Le foie de veau est beaucoup plus onéreux que le foie de génisse, mais on le trouve généralement plus goûteux et délicat. Les abats d'agneau ou de veau exigent toujours une cuisson très rapide, tandis que ceux de porc ou de bœuf, au goût plus prononcé, gagnent à mijoter plus longtemps.

LA PRÉPARATION DES ABATS

Utilisez toujours un couteau très aiguisé car l'enveloppe des abats est souvent glissante. Les abats sont des viandes très maigres. Toute la graisse est visible et peut être facilement enlevée. Certains morceaux contiennent des nerfs et des membranes qui devront être retirés. Il est vrai que les abats exigent une préparation plus délicate et plus longue que d'autres morceaux de viande, mais ils se prêtent à une telle variété de recettes que vous ne regretterez pas le surcroît de travail.

ROGNONS

Les rognons doivent présenter une odeur agréable et une couleur uniforme. Ils sont parfois vendus avec le gras, qui sert d'enveloppe protectrice. Cette graisse se retire très facilement avec les doigts. Vous pouvez la jeter ou l'utiliser dans certaines recettes. Les rognons des jeunes animaux sont plus délicats. Ceux de bœuf et de veau comportent plusieurs lobes, tandis que ceux de mouton et de porc n'ont qu'un lobe en forme de haricot. On les fait griller, sauter ou braiser.

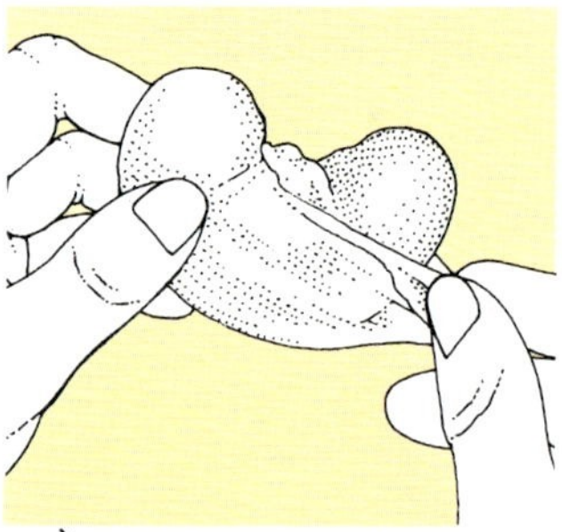

1 *À l'aide de la pointe d'un couteau, entaillez la fine membrane entourant le rognon et détachez-la délicatement, sans abîmer la chair. Jetez la membrane.*

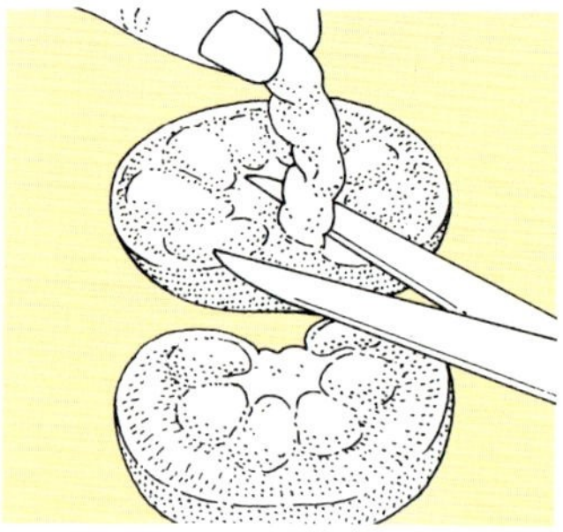

2 *Coupez le rognon en deux, dans la longueur, puis coupez les parties nerveuses. Vous pouvez également laisser le rognon entier et le découper en lamelles.*

Les rognons complètent à la perfection le goût délicat de la viande de veau : Fricadelles de veau et de rognons à la tomate (page 168), servies ici avec des brocoli et des tagliatelle fraîches.

UTILISATIONS

- Les rognons comptent parmi mes plats préférés. Sautés à la poêle, ils sont délicieux. Servez-les avec le jus de cuisson déglacé (versez un peu d'eau dans la poêle et faites dissoudre le jus avec une cuillère en bois). Vous pouvez ajouter un peu de vin ou de cognac, quelques épices (de la cannelle moulue, par exemple), de la crème fraîche et des herbes aromatiques.
- J'utilise souvent les rognons d'agneau pour farcir une épaule d'agneau que je sers légèrement rosée. Ainsi, les rognons restent bien moelleux et ajoutent une note très savoureuse. C'est cette technique qui est utilisée dans la recette de la Selle de chevreuil aux épinards et aux rognons (page 171).
- Laissez tremper, dans du lait, du foie et des rognons de porc ou de bœuf et faites-les cuire au four, à feu doux, avec des tomates, de l'ail et un peu de xérès, pendant environ 2 heures, jusqu'à ce qu'ils soient bien tendres.
- Préparez des sauces quasi instantanément en ajoutant, en fin de cuisson du xérès, du marsala ou du jus d'orange à la poêle chaude. Retirez le foie et laissez bouillir le liquide, avant de le verser sur la viande.
- Pour atténuer le goût un peu fort des rognons, faites-les cuire quelques minutes dans du lait, égouttez-les et faites-les sauter rapidement à la poêle.

FOIE

Le foie le plus prisé est le foie de veau, à la fois tendre et succulent. Le foie d'agneau présente également un goût délicat mais, une fois cuit, sa consistance est moins tendre.

Le foie vendu dans le commerce est généralement préparé. Passez les doigts sur la tranche pour vous assurer qu'il ne reste pas de nerfs. Les tranches très claires ont souvent un goût plus délicat. Les foies de veau, d'agneau et de génisse sont excellents sautés à la poêle.

Le foie de porc est délicieux lorsqu'on le fait braiser dans une sauce. Le foie de bœuf se prête davantage à une cuisson lente, à feu doux. Tous deux présentent un goût assez prononcé et gagnent à tremper dans du lait pendant environ 30 minutes.

Le foie de veau et le foie d'agneau peuvent être coupés en fines tranches puis cuits à la poêle. Achetez une tranche de foie assez épaisse, retirez les nerfs avec un couteau aiguisé et coupez de fines tranches, légèrement dans la diagonale, en tenant fermement le morceau de la main gauche. Ces tranches doivent être régulières afin de cuire uniformément.

Ce foie de veau grillé est servi avec le jus de cuisson additionné de xérès, de jus d'orange et de persil.

RIS

Il s'agit du thymus du veau ou de l'agneau, glande située dans la partie inférieure du cou. Les ris ne sont pas très faciles à préparer, mais leur goût est incomparable et leur consistance délicate. Une fois préparés, ils peuvent être sautés à la poêle ou passés dans de l'œuf battu et de la chapelure puis frits dans un bain d'huile. Vous pouvez également les faire braiser dans un peu de bouillon parfumé avec des oignons, des carottes, du céleri, du xérès et des herbes. Faites-les cuire à 200 °C, Th. 6, pendant environ 45 minutes.

Curry de ris de veau : faites revenir les ris de veau avec des oignons dans du beurre parfumé au curry, à feu doux, en remuant fréquemment. Ajoutez de la crème fraîche, des feuilles de coriandre fraîche et laissez bouillir pendant 1 minute.

1 *Pour faciliter la préparation, faites tremper les ris de veau dans de l'eau froide salée de 30 minutes à 4 heures, afin de retirer toute trace de sang. Changez l'eau dès qu'elle devient très rosée. Placez les ris dans une casserole d'eau froide, portez à ébullition et laissez bouillir pendant 2 minutes.*

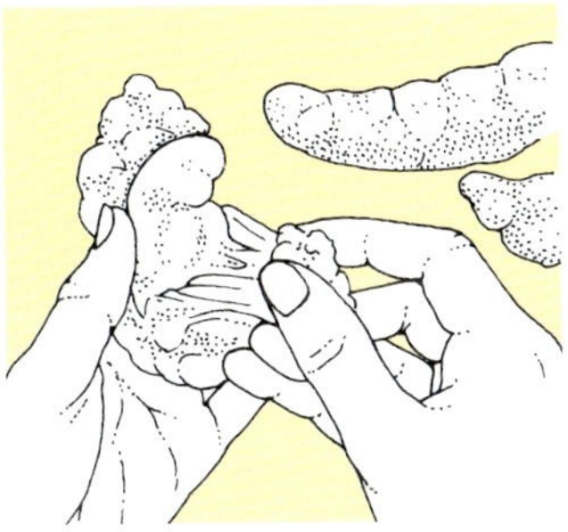

2 *Égouttez les ris et rincez-les. Retirez la fine membrane et la mince couche de graisse. Si vous aimez les ris de veau ou d'agneau plus fermes, placez-les sous un poids pendant 30 minutes, puis coupez-les en fines tranches.*

CŒUR

Le cœur est un muscle qui travaille pendant toute la durée de vie de l'animal ; c'est pourquoi ce type d'abats a tendance à être ferme. Avant de procéder à la cuisson, retirez les nerfs et les tendons apparents. C'est un organe très maigre qui conservera néanmoins tout son moelleux si vous le faites cuire dans une sauce.

Les petits cœurs d'agneau sont les meilleurs. Bien que très tendres, ils ont besoin de cuire longtemps, à feu très doux. On peut les farcir avec des rognons hachés, de la chapelure et des épinards hachés, ou encore avec de la sauge et des oignons. Le cœur de veau, très tendre, est excellent rôti, braisé ou cuit à l'étouffé. Le cœur de bœuf doit être coupé en tranches puis cuisiné avec des ingrédients au goût puissant, tels que vin rouge, oignons et ail. On peut épaissir la sauce obtenue avec une purée de navets. Le cœur de bœuf est également délicieux avec des légumes et du bouillon.

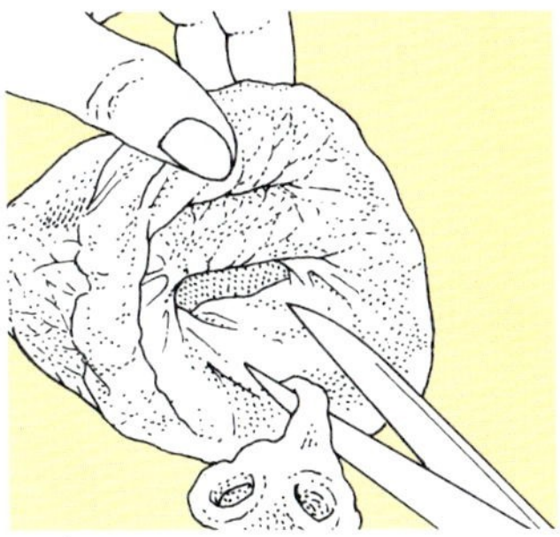

1 *À l'aide de ciseaux, détachez tous les nerfs et les tendons. Lavez l'intérieur du cœur et essuyez-le avec du papier absorbant. Faites-le tremper dans de l'eau légèrement salée pendant 1 heure avant de le faire cuire puis égouttez-le bien.*

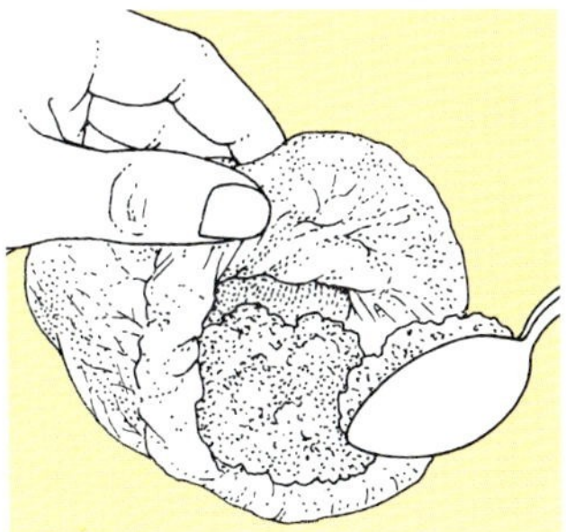

2 *Si vous souhaitez le faire cuire entier, vous pouvez préparer une farce et en remplir la cavité. Refermez avec de la ficelle de cuisine. Faites dorer le cœur farci dans de l'huile chaude avant de le faire braiser à feu doux.*

LA VIANDE HACHÉE

Trop souvent aujourd'hui, la viande hachée évoque une masse grise, granuleuse et dépourvue de goût, accompagnée d'une sauce épaisse et farineuse. Or, bien cuite, elle peut être aussi succulente qu'un bon steak. La viande hachée est, à mon avis, l'un des ingrédients qui mettent le mieux en valeur les talents de créativité du cuisinier, car elle peut prendre toutes les formes et se combine merveilleusement avec toutes sortes de préparations. L'assaisonnement est primordial : préférez les sauces bien relevées et assaisonnez bien la viande avec du sel, du poivre, des épices et des herbes avant de la faire cuire. Ce sont ces ingrédients qui feront toute la différence dans le plat final.

La viande hachée se sert de mille et une façons, du réconfortant hachis Parmentier au steak tartare judicieusement épicé. La moussaka permet également d'exploiter les qualités de la viande hachée : ce plat d'origine grecque se compose de viande d'agneau hachée, d'aubergines en rondelles et d'une béchamel épaisse. Quant aux boulettes de viande, préparez-les selon votre goût avec de la viande d'agneau, de porc ou de veau, et parfumez la préparation avec des épices et des ingrédients aromatiques.

La viande hachée peut farcir des légumes, des crêpes, des rôtis désossés ou garnir des tourtes. Elle permet de confectionner la Sauce bolognaise (page 213), inégalable pour accompagner des spaghetti. Les pains de viande peuvent combiner deux types de viande différents. Les possibilités sont infinies et les recettes sont souvent très rapides à préparer.

HACHER DE LA VIANDE

Il peut être très utile de hacher vous-même votre viande, en particulier si vous souhaitez préparer un plat à base de viande autre que du bœuf, que l'on ne trouve généralement pas sous la forme hachée, comme par exemple de l'agneau ou du porc. Lorsque vous hachez vous-même votre viande, vous savez en outre précisément quel morceau vous utilisez. Hachez toujours la viande au dernier moment, car une fois hachée, elle a tendance à se détériorer rapidement.

On peut hacher la viande dans un hachoir (manuel ou électrique), dans un robot ménager ou à la main, en utilisant deux grands couteaux très aiguisés. Chaque méthode donne une consistance différente. La viande hachée dans un hachoir est broyée et ressort sous la forme de longs fils de viande ; la viande hachée dans un robot est pulvérisée et, de l'avis de certains, plus tendre, tandis que la viande hachée avec des couteaux est plus ferme.

Une fois hachée, la viande doit être salée et poivrée puis parfumée avec des herbes aromatiques, de l'ail et de l'oignon. Toutefois, ne masquez pas le goût de la viande avec des épices trop fortes.

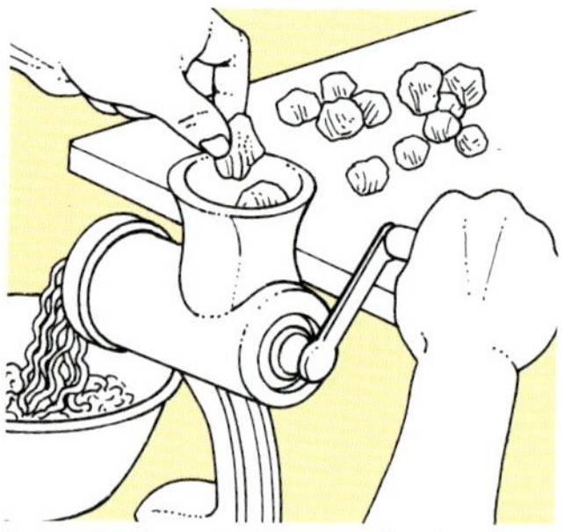

Pour hacher de la viande dans un hachoir, commencez par la couper en petits morceaux. Introduisez petit à petit les morceaux dans le hachoir. Si vous utilisez un robot ménager, mettez la viande dans le bol et vérifiez le résultat toutes les 5 secondes.

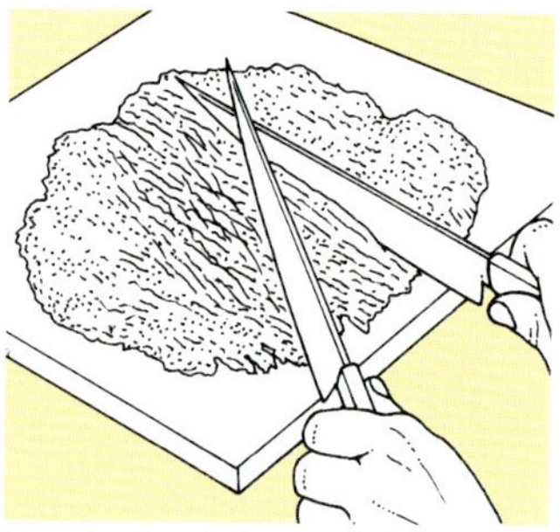

Pour hacher de la viande à la main, disposez une tranche fine sur une planche de bois et donnez des coups de couteau, jusqu'à ce que la viande soit bien hachée. Utilisez des couteaux lourds bien aiguisés.

QUELQUES SUGGESTIONS

- Pour parfumer de la viande hachée, ajoutez de la cardamome, de la cannelle, du paprika, du piment de la Jamaïque et des graines de carvi.
- Les herbes et le poivron rouge hachés ainsi que la purée de tomates apportent du goût et de la couleur à la viande hachée. Quelques cuillerées de pâte de curry ou de Sauce au pistou (page 207) la parfument agréablement.
- Les noix pilées et le parmesan râpé additionnés d'ail coupé menu permettent de confectionner une délicieuse préparation pour aromatiser de la viande de porc hachée.
- Un pain de viande bien assaisonné peut être délicieux : j'aime associer la viande de porc et de veau et relever ma préparation avec de l'ail, de la purée de tomates, des câpres hachées, du romarin frais et un peu de fromage râpé.
- On peut agrémenter un hachis Parmentier de nombreuses façons : en ajoutant des herbes, des épices, ou même en remplaçant la couche de purée de pommes de terre par une purée d'un autre type de légumes (céleri ou navets). Terminez avec une couche de fromage râpé pour un résultat bien doré.
- Garnissez des boulettes de viande avec une farce surprise : un cube de fromage qui fondra de façon succulente dans la viande ; des noix, des fruits secs, de l'aneth ou de la moutarde en grains se marient bien avec les boulettes de porc.
- Farcissez des tomates, des courgettes ou des pommes de terre avec un mélange de viandes hachées : porc et veau ou blancs de volaille.

Tous les hamburgers ne sont pas mauvais, diététiquement parlant ! Lorsqu'ils sont préparés chez soi, avec de la bonne viande hachée, une sauce au roquefort et des crudités de qualité, ils constituent un en-cas complet pour les amoureux des fast-foods.

BOULETTES DE VIANDE

Très rapides à préparer, elles sont répandues dans le monde entier. En Inde, par exemple, les koftas sont des boulettes de viande très relevées que l'on enfile sur des brochettes. Bien que les boulettes soient souvent préparées avec de l'agneau ou du mouton, surtout lorsqu'elles sont abondamment épicées, la viande de porc ou de bœuf convient également très bien. Utilisez toujours de la viande d'excellente qualité et hachez-la très finement. Les boulettes peuvent être rondes, ovales ou légèrement aplaties. Elles doivent toujours être de petite taille.

Pour préparer de 8 à 14 boulettes, prévoyez de 600 à 750 g de viande d'agneau hachée, 2 cuillères à café de cumin en poudre, 3 cuillères à café de coriandre moulue, 2 gousses d'ail épluchées et hachées, 1 poignée de feuilles de menthe fraîche hachées, du sel et du poivre. Servez avec du yaourt nature mélangé avec du concombre et de la menthe hachés.

1 *Placez la viande d'agneau hachée dans une jatte, ajoutez les épices moulues, l'ail haché et la menthe. Salez et poivrez généreusement. Mélangez soigneusement avec les doigts ou à l'aide d'une cuillère en bois, jusqu'à ce que la préparation soit bien homogène.*

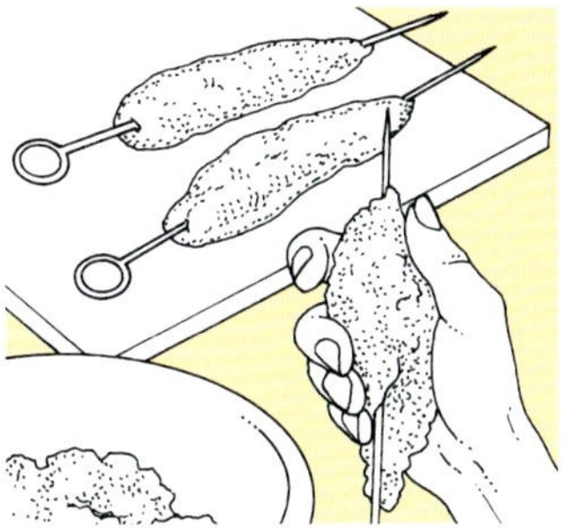

2 *Mouillez-vous les mains et formez de petites boulettes. Enfilez-les, si vous le souhaitez, sur une brochette. Arrosez-les d'huile et faites-les griller, ou faites-les frire à la poêle, à feu moyen, pendant 8 à 12 minutes, en les retournant pour qu'elles dorent de tous les côtés.*

Ces Boulettes aux épinards et aux champignons (page 170) sont idéales pour un dîner entre amis. Nappez-les de crème fraîche juste avant de servir et parsemez le tout de paprika.

HAMBURGERS MAISON

Les hamburgers sont des plats extrêmement simples à préparer chez soi. N'ajoutez ni œuf ni farine à la viande. Contrairement aux boulettes de viande qui gagnent à être parfumées avec des épices et des herbes aromatiques, les hamburgers sont meilleurs lorsqu'on les assaisonne uniquement avec du sel, du poivre et éventuellement avec quelques câpres et oignons hachés. Vous pouvez ajouter quelques grains de poivre concassés, des graines de coriandre moulues ou une cuillère de purée de tomates, si vous aimez la viande plus relevée. Utilisez toujours de la viande de qualité supérieure, assez maigre, et hachez-la grossièrement.

Les ingrédients qui accompagnent la viande dans un hamburger sont laissés à votre libre appréciation. Toutefois, les ingrédients traditionnels rencontrent toujours un vif succès : rondelles de tomate, laitue déchiquetée, cornichons, sauce, fromage fondant sur la viande chaude, fines tranches de lard fumé grillées, tranches d'avocat, mayonnaise, etc.

Si vous pouvez faire cuire la viande hachée sur un barbecue, ou au-dessus d'un feu de bois, votre hamburger sera d'autant plus parfumé. Maintenez un feu suffisamment chaud pour que le steak haché soit bien grillé à l'extérieur, tout en restant saignant à l'intérieur. Rien n'est plus mauvais qu'un hamburger gris et sec d'avoir été trop cuit.

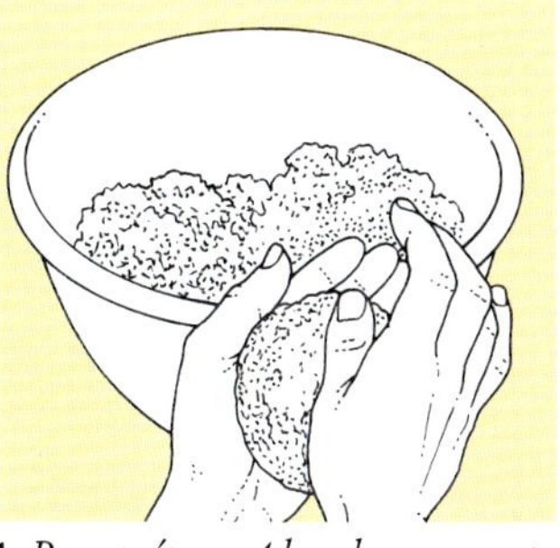

1 *Pour préparer 4 hamburgers, mettez 750 g de viande de bœuf grossièrement hachée dans une jatte et ajoutez du sel, du poivre et, si vous le souhaitez, des oignons et des câpres finement hachés. Mouillez-vous les mains et formez 4 boulettes. Aplatissez-les en steaks hachés d'environ 2,5 cm d'épaisseur. Si vous le pouvez, réfrigérez-les pendant 30 minutes.*

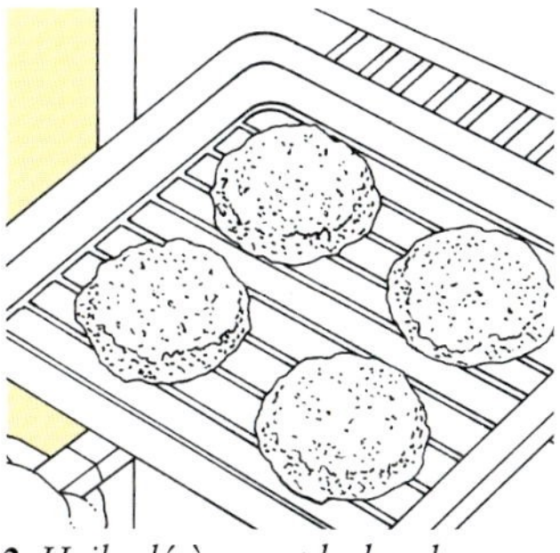

2 *Huilez légèrement les hamburgers. Disposez-les sur une grille et faites-les cuire sous le gril du four, ou encore sur un barbecue, 3 minutes de chaque côté si vous les aimez saignants, et 5 minutes si vous préférez la viande plus cuite. Faites légèrement griller les petits pains puis glissez chaque steak haché dedans en ajoutant les ingrédients de votre choix.*

LE GIBIER

Outre les oiseaux, le chevreuil, le lièvre et le lapin de garenne comptent parmi les pièces de gibier les plus appréciées. Leur prix souvent raisonnable et l'enthousiasme qu'elles provoquent chez les convives les destinent tout naturellement à être servies lors des repas de fête. Beaucoup d'animaux-gibier proviennent aujourd'hui d'élevage; leur chair est délicieusement tendre, même si l'intensité de goût manque parfois. Le chevreuil est en outre la viande rouge la plus maigre qui soit.

Tous les gibiers doivent subir une maturation, afin que la viande s'attendrisse. Au bout de quelques jours, les glucides contenus dans la chair provoquent une réaction chimique qui a pour effet d'attendrir la viande et d'en renforcer la saveur. Ce sont les jeunes chevreuils qui exigent le temps de maturation le moins long. Les autres pièces de gibier présentent un goût très prononcé et une chair parfois dure; il est préférable de les faire mariner pendant au moins 24 heures. Certaines recettes préconisent jusqu'à 4 jours de macération. Les meilleurs chevreuils sont âgés de 18 à 24 mois. Qu'il soit rôti, grillé ou frit, le gibier ne doit jamais cuire trop longtemps. En effet, une cuisson prolongée l'affadirait et le dessécherait. La chair doit rester rose et juteuse à l'intérieur.

Le lapin ne demande pas de maturation; son goût est délicat et sa consistance tendre à souhait. On peut le préparer de la même façon que le poulet, ou l'accommoder selon des recettes spécifiques. On le fait parfois mariner avant de le faire cuire en utilisant des ingrédients au goût très prononcé, qu'il affadit légèrement. Il a tendance à se dessécher, aussi est-il préférable de le préparer avec des ingrédients humides, voire liquides.

Le lièvre en revanche présente une chair beaucoup plus foncée et doit être suspendu pour arriver à maturation. Lors de cette opération, le sang est prélevé puis conservé afin d'épaissir la sauce dans laquelle l'animal cuira. La saveur très puissante du lièvre doit être soutenue par un assaisonnement adéquat ou une sauce aigre-douce.

PRÉPARER UN RÔTI DE CHEVREUIL

Les chevreuils d'élevage ont une chair plus tendre et un goût moins prononcé. Certaines personnes sont de fervents défenseurs du gibier sauvage, tandis que d'autres préféreront ce type de gibier. Les parties les plus recherchées sont le cuissot, la longe et la selle. Tous ces morceaux doivent être servis saignants et juteux.

La graisse du chevreuil présente un goût très prononcé; si vous le souhaitez retirez-la avant de faire cuire la viande. En revanche, en raison de l'absence de filaments graisseux dans la chair, mieux vaut barder la pièce de chevreuil (voir page 156) et l'arroser fréquemment en cours de cuisson. On peut la badigonner d'huile avant de l'enfourner.

La saveur très puissante du chevreuil se marie à la perfection avec des marinades bien assaisonnées. Elles permettent en outre de préserver tendreté et moelleux pendant la cuisson.

Selle de chevreuil aux épinards et aux rognons (page 171), servie avec une sauce à la moutarde et à la crème.

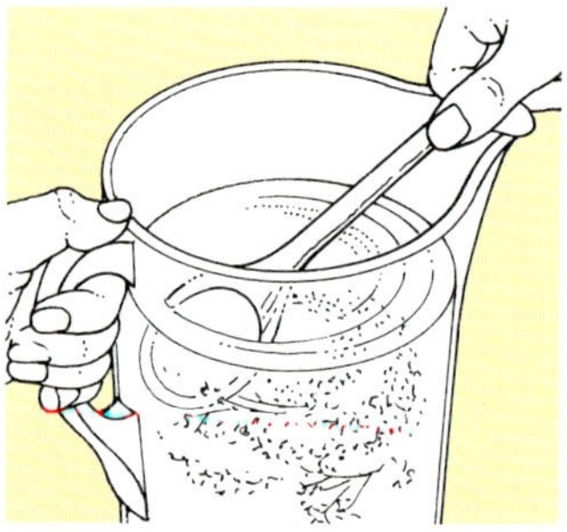

1 *Préparez la marinade dans un pichet : mélangez 30 cl de vin rouge, 15 cl d'huile d'olive, 2 ou 3 gousses d'ail écrasées, 2 cuillères à soupe de baies de genièvre écrasées et quelques brins d'herbes aromatiques. Cette quantité est suffisante pour un rôti de 1,5 kg.*

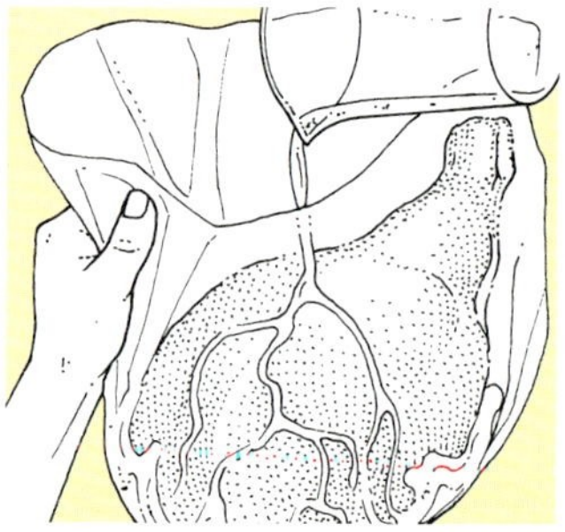

2 *Parez la viande, ici un cuissot, en retirant toute trace de graisse, de membranes et de tendons. Mettez la viande dans un grand sac en plastique. Arrosez de marinade, puis refermez le sac hermétiquement.*

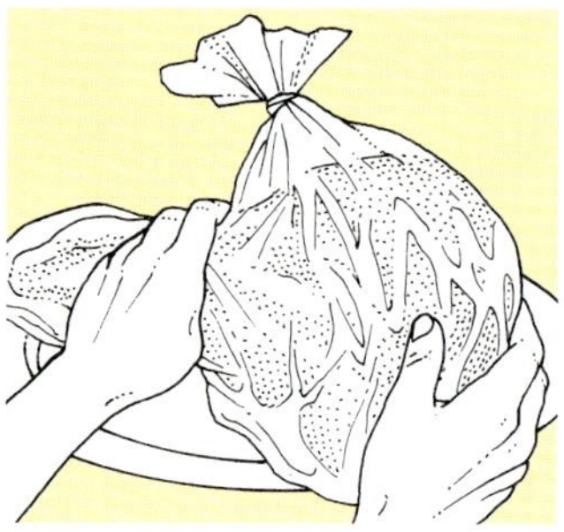

3 *Enduisez la viande de marinade en la frottant soigneusement. Disposez-la sur un grand plat et réfrigérez pendant 4 ou 5 jours, en la retournant toutes les 8 heures. La viande pourra ainsi s'imprégner des parfums de la marinade.*

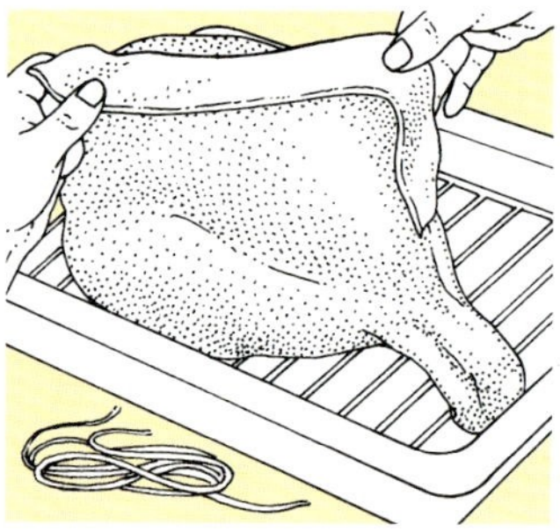

4 *Pour faire rôtir la viande, sortez-la de la marinade et disposez-la sur une grille, au-dessus d'un plat. Bardez le rôti (voir page 156) ou badigeonnez-le d'huile. Pesez-le et faites-le cuire selon les indications du tableau de la page suivante.*

PRINCIPAUX MORCEAUX DE CHEVREUIL

Prévoyez 250 g de viande avec os et 175 g de viande désossée par personne. Commencez par faire rôtir la viande au four préchauffé à 230 °C, Th. 8, pendant 10 minutes, puis baissez à la température indiquée ci-dessous :

Méthode de cuisson	*Température*	*Temps de cuisson*
Rôti avec os		
Cuissot, selle	180 °C, Th. 4	Saignant : 12 minutes par 500 g + 12 minutes si nécessaire À point : 15 minutes par 500 g + 15 minutes si nécessaire Bien cuit : 20 minutes par 500 g + 20 minutes si nécessaire
Rôti désossé, roulé		
Épaule	180 °C, Th. 4	À point : 20 minutes par 500 g + 20 minutes si nécessaire Bien cuit : 25 minutes par 500 g + 25 minutes si nécessaire
En cocotte		
Épaule, désossée et coupée en dés	Feu moyen	1 heure 30 à 2 heures
Grillades, poêle		
Longe, côtelettes, noix de cuissot	Feu moyen	20 à 30 minutes

PRINCIPAUX MORCEAUX DE LAPIN ET LIÈVRE

Un lapin dépouillé et vidé de 1,7 kg convient pour 4 personnes ; un lièvre de 2 kg convient pour 6 personnes.

Méthode de cuisson	*Température*	*Temps de cuisson*
Rôti		
Râble	180 °C, Th. 4	35 à 40 minutes jusqu'à 1 kg ; 40 à 50 minutes jusqu'à 2 kg
En cocotte		
Tous les morceaux, y compris le râble	Feu moyen	1 heure à 2 heures selon l'âge de l'animal

ACCOMMODER LE GIBIER

• Pour préparer rapidement une excellente marinade, mélangez un peu d'huile d'olive avec du jus de citron, du poivre, de l'ail et quelques herbes (mais pas de sel qui fait sortir le jus de la chair), un peu de vinaigre de xérès la parfumera agréablement.

• Les marinades sont plus ou moins liquides ; certaines ressemblent davantage à une pâte épicée : mélangez bien quelques épices et herbes aromatiques, ajoutez un peu de jus de citron, du vin rouge ou du vinaigre de fruits et de l'huile. Badigeonnez la viande et laissez-la s'imprégner des saveurs avant de la faire cuire.

• On peut faire mariner le gibier pendant plusieurs heures, voire plusieurs jours, dans des préparations très liquides, à base par exemple d'huile, de jus de citron, d'épices, et de vin. La viande s'attendrira et gagnera en goût.

• D'autres marinades liquides peuvent être préparées à la manière d'un bouillon, en faisant cuire des légumes, tels que des carottes, des oignons et du céleri dans un mélange d'huile et de vin assaisonné. Laissez refroidir cette préparation avant de l'utiliser.

• Le goût puissant du lièvre est mis en valeur par une marinade légèrement sucrée et aillée. Faites cuire l'animal avec des ingrédients légèrement acidulés comme par exemple des abricots secs, des oignons, des poivrons jaunes et des baies de genièvre. Le gibier en général se marie merveilleusement avec les fruits : poires, groseilles, oranges ou airelles, mais aussi pruneaux et fruits secs.

• Les recettes de lapin à la moutarde et à la crème sont toujours très réussies. Faites revenir les morceaux de lapin avec des échalotes entières et des oignons, de la moutarde en grains, des grains de poivre vert et un verre de cidre. Lorsque le lapin est cuit, ajoutez de la crème fraîche et laissez bouillir pendant quelques instants.

DÉCOUPER UN LAPIN

Le lapin et le lièvre sont généralement découpés avant d'être cuits, afin que le service se fasse plus facilement. En outre, la vue d'un lapin entier cuit n'est pas toujours très appétissante. Le râble, partie inférieure du dos du lapin, très tendre, peut être rôti, mais on préfère souvent préparer le lapin ou le lièvre en sauté, en civet ou en ragoût, comme c'est le cas dans la recette illustrée ci-dessous.

Cette méthode de découpe permet d'obtenir 7 morceaux.

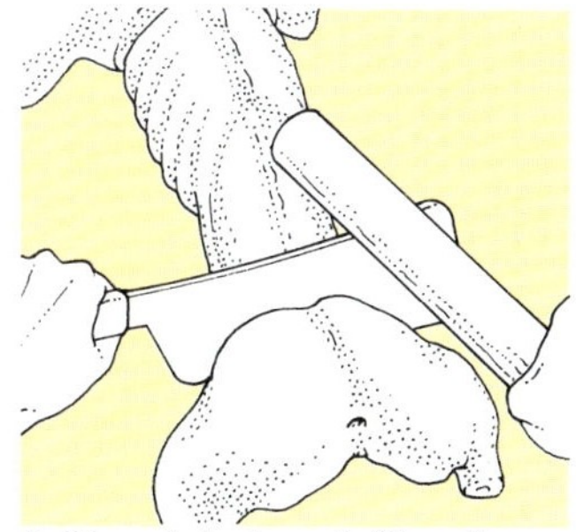

1 *Placez le lapin ou le lièvre le ventre contre la planche. À l'aide d'un rouleau à pâtisserie et d'un hachoir à viande, découpez les pattes arrière, puis les pattes avant ; laissez le dos entier.*

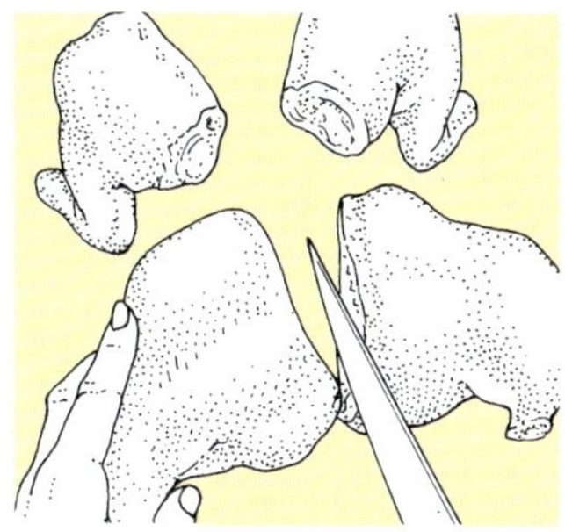

2 *Séparez les pattes l'une de l'autre, afin d'obtenir deux morceaux. Chez les gros animaux, on coupe parfois les pattes en plusieurs morceaux.*

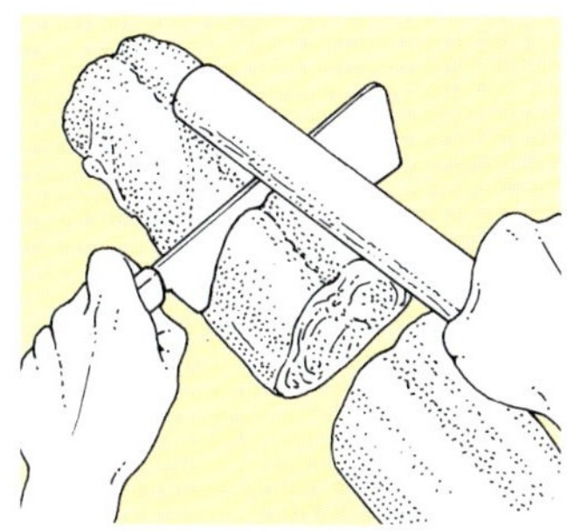

3 *Coupez le râble en trois morceaux, ou davantage si l'animal est très gros, en vous aidant d'un hachoir et d'un rouleau à pâtisserie, afin que la lame coupe les os.*

L'association du lapin et de la moutarde est mise en valeur par les graines de carvi : Lapin à la moutarde et au potiron (page 171).

RÔTIS DE BŒUF ET DE VEAU

La cuisson au four est tout à fait adaptée aux grosses pièces de viande qui dégagent en cours de rôtissage un parfum très appétissant. Mais on traite trop souvent les rôtis comme un plat commode à cuisiner, n'exigeant qu'un minimum de travail : à peine sortis du réfrigérateur, on les enfourne, souvent sans aucun ingrédient aromatique, puis on les laisse dans le four pendant une durée donnée, sans y porter d'attention particulière. Cette façon de procéder ne fait que cuire la viande, mais en aucun cas ne peut mettre en valeur toutes ses qualités gustatives.

Sortez la viande du réfrigérateur au moins 2 heures avant de l'enfourner. Votre four et la viande elle-même ont leurs caractéristiques propres ; aussi, ne vous en tenez pas aux seules indications données dans les tableaux de cuisson. Vérifiez la cuisson de la viande très régulièrement, afin d'adapter, si besoin est, la température et la chaleur du four. Je commence toujours la cuisson d'un rôti dans la partie la plus chaude du four, pendant environ 10 minutes, puis je baisse la température jusqu'à la fin de la cuisson, deux fois de suite au besoin.

Pour obtenir un rôti brillant et juteux, veillez à l'arroser régulièrement. Laissez la viande reposer dans le four éteint, porte ouverte, pendant 15 à 20 minutes avant de la découper. La viande attendrie présentera une consistance plus agréable, et sera en outre plus facile à découper.

FAUX-FILET

Un rôti dans le faux-filet doit présenter une chair rosée, plus ou moins foncée, sous une couche plus dorée. Si certains de vos convives préfèrent la viande moins saignante, il vous sera toujours possible de leur proposer des tranches près de l'entame. Parfumez vos rôtis en piquant des gousses d'ail émincées ou des brins d'herbes dans la chair. Généralement, ces seuls ingrédients suffisent pour un rôti ou une côte de bœuf. Un filet d'huile d'olive et un tour de moulin de poivre peuvent toutefois parfumer l'épaisseur de gras qui, une fois grillée, fait le délice de bien des gourmands.

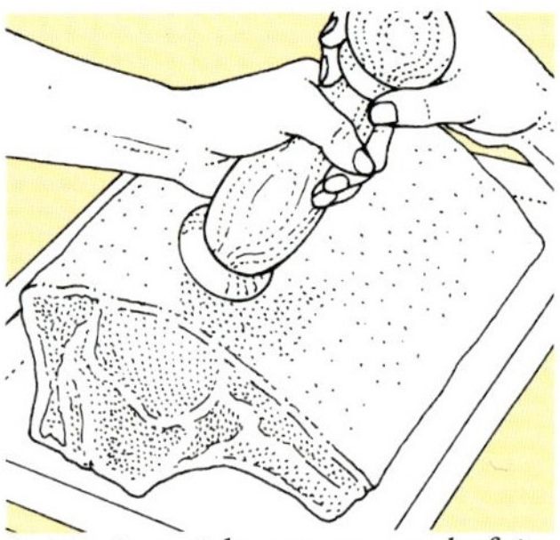

1 *Environ 2 heures avant de faire cuire votre rôti, badigeonnez l'extérieur du faux-filet avec de l'huile d'olive ou du beurre ramolli, puis poivrez selon votre goût. Déposez le rôti dans un plat allant au four et recouvrez-le. Réservez-le dans un endroit frais, mais pas au réfrigérateur, jusqu'au moment de le faire cuire.*

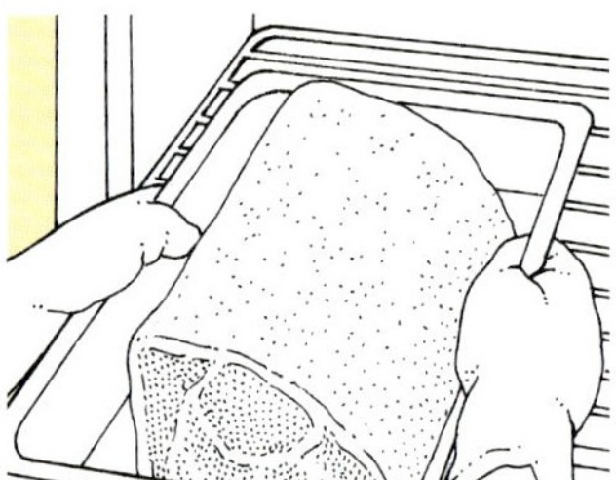

2 *Calculez le temps de cuisson selon le poids du rôti et préchauffez le four (voir tableau page suivante). Souvenez-vous qu'à poids égal, les rôtis plus étroits et longs cuisent plus rapidement que les pièces de viande plus épaisses. Poivrez la viande et frottez-la avec du gros sel. Enfournez le plat.*

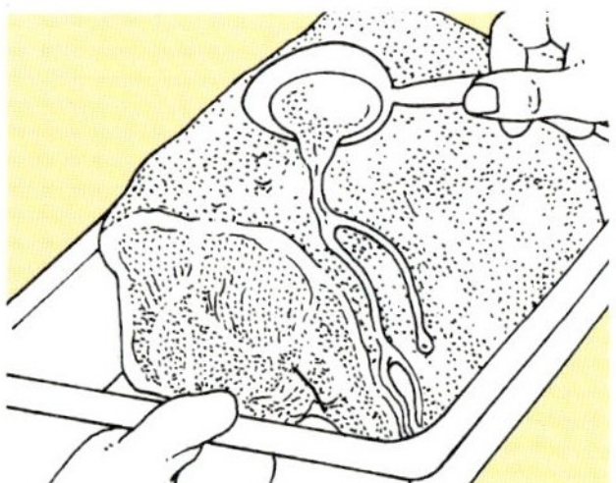

3 *Pendant la cuisson, arrosez la viande avec le jus qui s'est écoulé dans le plat. Retirez la viande du four et mettez-la dans un plat de service chaud, puis placez le tout dans le four éteint pendant que vous préparez, le cas échéant, la sauce d'accompagnement. Au bout de 10 minutes, récupérez le jus de viande dans le plat et ajoutez-le à la sauce.*

BARDER UN RÔTI MAIGRE

Barder un rôti consiste à le recouvrir de bandes de lard gras ou de fines tranches de lard fumé. (Larder une viande signifie introduire, à l'aide d'une aiguille à larder, de petits morceaux de lard dans la chair.) Le gras, en fondant, arrose la viande pendant qu'elle cuit, la préservant du dessèchement. Cette technique est recommandée pour la viande de chevreuil ou le gibier à plumes. Le lard est utilisé en raison de son goût assez neutre et de sa consistance malléable. Assaisonnez le rôti avant de le barder.

Bardez le rôti et ficelez-le à intervalles réguliers, à l'aide de ficelle de cuisine. Pesez la pièce de viande préparée et faites-la cuire en l'arrosant normalement. Jetez le lard avant de servir, si vous le souhaitez.

QUELQUES IDÉES

- La saveur et la tendreté d'un bon rosbif ou d'une côte de bœuf sont telles qu'il n'est pas nécessaire de prévoir des accompagnements ou un assaisonnement compliqués. Les morceaux maigres, tels que le gîte à la noix, peuvent être parfumés avec un peu d'ail écrasé, des grains de poivre vert, des câpres ou de la moutarde en grains, avant d'être cuits à la cocotte (voir page 160).
- On peut badigeonner de la moutarde en grains et de l'huile d'olive sur un rôti avant de le faire cuire au four.
- Une sauce au raifort additionnée de crème battue, une sauce béarnaise ou, plus simplement, du yaourt nature parfumé avec des câpres finement hachées et du poivre gris, accompagnent bien les rôtis.
- Voici une sauce d'accompagnement très simple à réussir : déglacez le plat de cuisson avec un peu d'eau tiède, ajoutez de la crème fraîche, du sel, du poivre vert écrasé et faites chauffer le tout.
- Les rôtis de veau étant toujours désossés, ils sont tout indiqués lorsque l'on veut préparer une viande farcie. Parmi les garnitures possibles, essayez des herbes fraîches, telles que la marjolaine, la sauge, le thym ou le romarin additionnées de chapelure, de morceaux de beurre, de champignons, d'oignons, de poivrons et d'aubergines sautés. Liez ces ingrédients avec de l'œuf ou du fromage blanc.
- Les rôtis de veau donnent un jus de cuisson très délicat ; ajoutez un peu de vin blanc, de xérès ou de cidre, laissez bouillir quelques instants puis ajoutez un peu de crème fraîche. Laissez bouillir pendant 1 minute, afin d'obtenir une sauce onctueuse.

VIANDE EN BRIOCHE

Pour envelopper la viande, vous pouvez utiliser une pâte à brioche (voir page 290) sans sucre ou une pâte à pâté : mélangez 500 g de farine, 2 pincées de sel, 125 g de beurre, 2 œufs et 50 cl d'eau. Roulez la pâte en boule et réservez-la au frais pendant 2 heures. Servez ce rôti de bœuf en croûte avec une Sauce béarnaise (page 200) ou de la sauce au raifort.

Pour 1 rôti de 1 kg, suffisant pour 6 à 8 personnes, mélangez 2 cuillères à café de poivre vert écrasé, 1 cuillère à soupe de persil fraîchement haché et 175 g de pâté de foie.

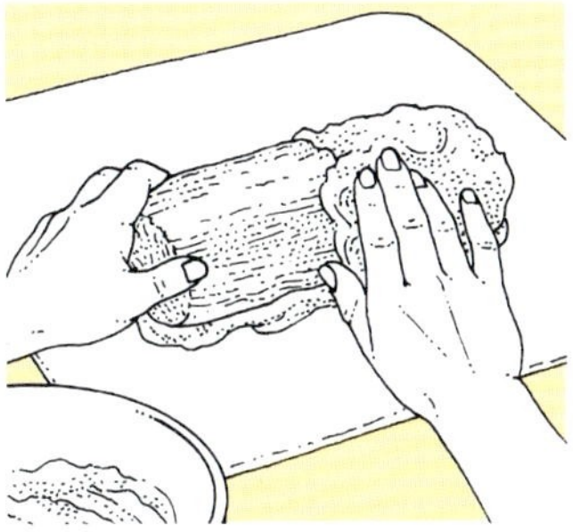

1 *Sur un plan de travail légèrement fariné, étalez 500 g de pâte en une fine abaisse rectangulaire, suffisamment grande pour envelopper le rôti. Badigeonnez environ un tiers du mélange à base de pâté au milieu de l'abaisse de pâte, posez le rôti par-dessus, puis nappez la viande avec le reste de la préparation.*

Un filet de bœuf tendre et goûteux enveloppé dans une pâte à brioche dorée est un plaisir pour les yeux autant que pour le palais.

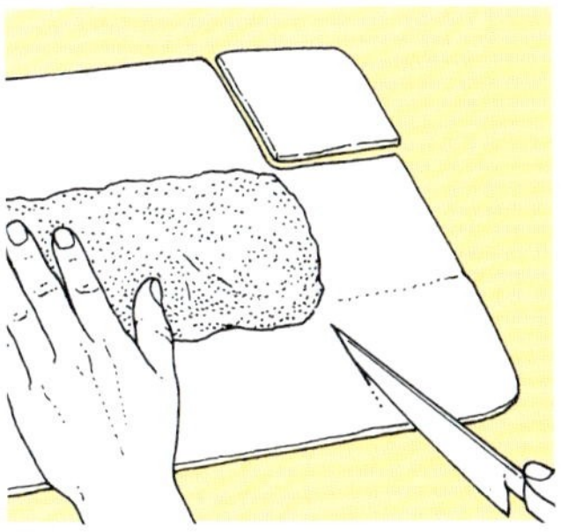

2 *Coupez les coins et les longs côtés du rectangle, de façon à ce que ceux-ci se rejoignent sur le rôti, sans qu'il y ait d'excédent de pâte. Humectez les bords avec de l'eau et scellez-les ensemble. Découpez des décorations dans les chutes de pâte (voir page 245). Posez le rôti, le joint vers le bas, sur une plaque à pâtisserie.*

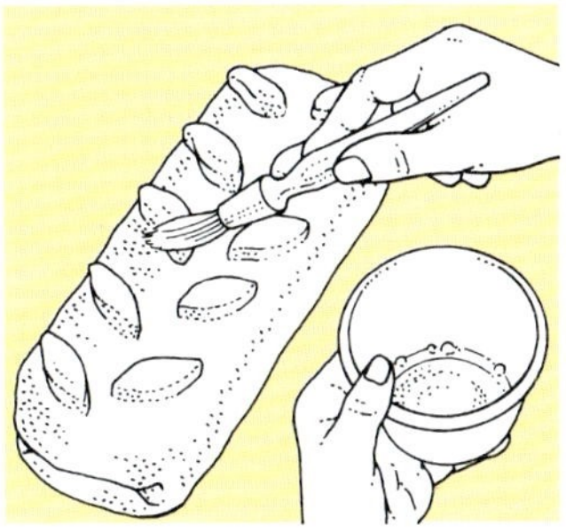

3 *Fixez les décorations sur la pâte avec de l'eau, à l'aide d'un pinceau à pâtisserie. Percez deux trous, afin que la vapeur puisse s'échapper. Réfrigérez pendant au moins 30 minutes. Badigeonnez d'œuf battu. Faites cuire à 220 °C, Th. 7, pendant 45 minutes (pour de la viande saignante). Laissez reposer 10 minutes avant de découper.*

SAUCE EXPRESS

Environ 30 minutes avant la fin de la cuisson du rôti, ajoutez un verre d'eau tiède ou de bouillon (voir page 28) dans le plat. Pendant le temps de repos du rôti (sur le plat de service chaud), faites bouillir le jus dans le plat de cuisson, en le laissant réduire ou au contraire en rajoutant du bouillon ou de l'eau si nécessaire. Ajoutez un peu de crème fraîche et laissez-la bouillir quelques instants, jusqu'à ce que la sauce ait bien réduit.

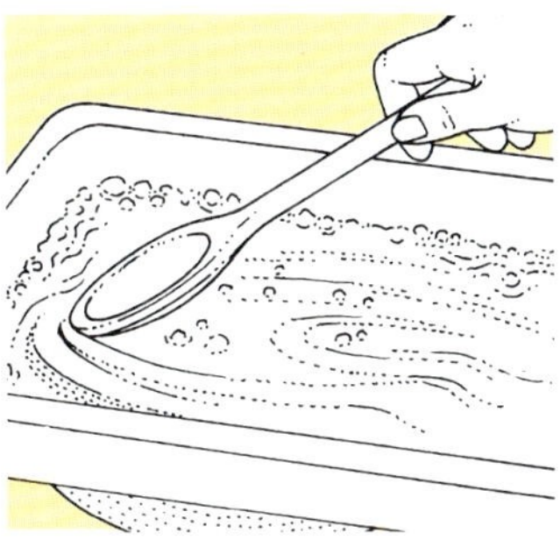

Placez le plat de cuisson sur le feu et laissez bouillir, en grattant bien le fond. Ajoutez du liquide si nécessaire et assaisonnez.

TABLEAU DE CUISSON

Bœuf

Les valeurs données dans ce tableau sont indicatives. Les rôtis longs et fins exigent un temps de cuisson plus court. Vérifiez la cuisson de la viande aux trois quarts du temps prévu ; il ne sera peut-être pas nécessaire de poursuivre jusqu'au bout. Il existe des thermomètres à viande (les sondes) qui permettent de connaître le degré de cuisson d'un rôti (voir page 159) : saignant, 60 °C ; cuit à point, 70 °C ; bien cuit, 80 °C. Les rôtis farcis exigent un temps de cuisson légèrement supérieur (entre 5 à 10 minutes supplémentaires par 500 g). Commencez la cuisson au four préchauffé à 230 °C, Th. 8 pendant 10 minutes, puis baissez à la température indiquée ci-dessous :

Morceau	*Température*	*Temps de cuisson (pour 500 g)*
Avec os		
Train de côtes (côtes à l'os, basses côtes)	180 °C, Th. 4	Saignant : 10 minutes + 10 minutes si nécessaire À point : 12 minutes + 12 minutes si nécessaire Bien cuit : 20 minutes + 20 minutes si nécessaire
Désossé		
Aloyau, filet, faux-filet, rumsteck	180 °C, Th. 4	Saignant : 12 minutes + 12 minutes si nécessaire À point : 15 minutes + 15 minutes si nécessaire Bien cuit : 20 minutes + 20 minutes si nécessaire

Veau

La température indiquée par le thermomètre à viande doit être de 70 °C pour de la viande à point et 80 °C pour de la viande bien cuite (voir page 159). Les rôtis farcis exigent entre 5 et 10 minutes supplémentaires par 500 g. Commencez la cuisson au four préchauffé à 230 °C, Th. 8, pendant 10 minutes, puis baissez à la température indiquée ci-dessous :

Morceau	*Température*	*Temps de cuisson (pour 500 g)*
Rôti désossé : filet, longe, noix, quasi	180 °C, Th. 4	À point : 20 minutes + 20 minutes si nécessaire Bien cuit : 25 minutes + 25 minutes si nécessaire

RÔTIS D'AGNEAU ET DE PORC

L'agneau se prépare de deux façons, tout aussi délicieuses l'une que l'autre : on le laisse suffisamment longtemps au four pour qu'il devienne tendre à souhait, mais foncé et croustillant à l'extérieur, ou bien, on le fait rôtir à feu plus vif, pendant une période assez courte, afin que la chair reste rosée au centre et très juteuse. La seconde méthode est celle qui convient le mieux à un gigot ou à un carré. En revanche, l'épaule se prête aux deux modes de cuisson. C'est un morceau difficile à découper lorsqu'on conserve l'os, aussi je vous conseille de la préparer en rôti, après l'avoir désossée, roulée et éventuellement farcie. L'agneau se marie très bien avec l'ail et la menthe fraîche.

Le porc est une viande très dense, assez bon marché. Les porcs étant de nos jours assez maigres, il est important de veiller à ce que la viande ne se dessèche pas trop en cours de cuisson, surtout si celle-ci doit être prolongée. Les rôtis de porc farcis rencontrent toujours un vif succès. Vous pouvez utiliser les mêmes farces et assaisonnement que pour les rôtis de veau (voir page 156).

Pour obtenir un rôti bien croustillant, arrosez-le souvent en cours de cuisson.

GIGOT D'AGNEAU

Ce morceau de choix présente un goût si délicat qu'il serait dommage de le faire cuire trop longtemps. La chair doit rester bien rosée. Préparez le gigot au moins 2 heures avant de le passer au four, afin que la viande absorbe toutes les saveurs de la préparation suivante : mélangez 2 gousses d'ail écrasées avec du thym et de l'origan frais, du poivre gris et un peu de jus de citron. Pratiquez de fines entailles dans la viande pour introduire un peu de préparation. Arrosez le rôti avec un peu de jus de citron allongé d'huile d'olive, et laissez reposer à température ambiante.

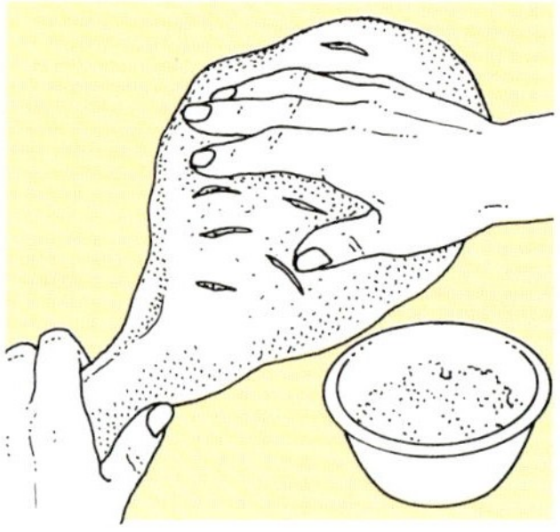

1 *Juste avant de faire rôtir la viande, badigeonnez-la d'huile d'olive puis frottez l'extérieur avec un peu de gros sel. Pesez-le et calculez le temps de cuisson selon le tableau de la page suivante. Placez le gigot dans un plat à four et arrosez-le fréquemment.*

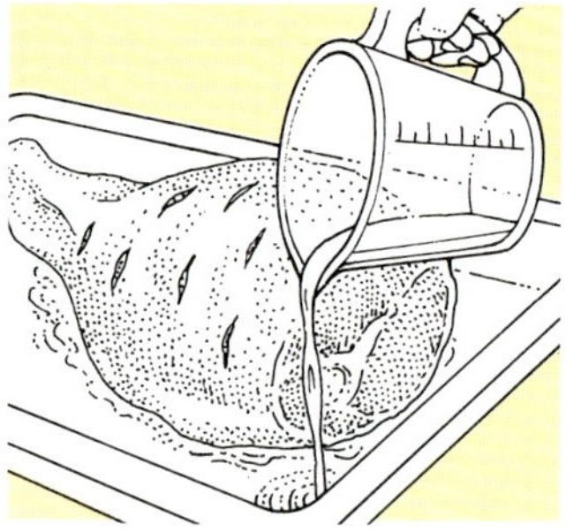

2 *Environ 20 minutes avant la fin de la cuisson, ajoutez 8 cl de vin blanc sec. Lorsque le gigot est cuit, laissez-le reposer sur un plat chaud pendant 10 minutes. Pendant ce temps, préparez une sauce d'accompagnement avec le jus de cuisson (voir page 157).*

FARCES ET ACCOMPAGNEMENTS

- Pour farcir une épaule d'agneau de 1,2 kg désossée, mélangez une bonne poignée d'épinards blanchis et hachés avec 2 gousses d'ail hachées, 50 g d'anchois en boîte, 2 cuillères à café d'origan séché, 50 g de noix hachées et 1 œuf battu. Poivrez selon votre goût.
- Essayez de farcir votre épaule d'agneau avec un mélange de crabe et de chapelure.
- Renouvelez les traditionnelles marinades à base d'huile d'olive et de vin en ajoutant un peu de sauce soja, de moutarde ou de pâte de curry peu épicée.
- Le yaourt constitue une excellente marinade à lui tout seul car il attendrit la viande. Vous pouvez le mélanger avec de la menthe et du cumin hachés ou avec de la purée de tomates, de l'ail écrasé et de la coriandre moulue.
- Évitez les farces trop riches pour l'agneau ; quelques brins d'herbes aromatiques et quelques gousses d'ail suffisent à le parfumer.
- L'agneau se marie très bien avec le thym et le romarin, ainsi qu'avec l'origan séché.
- Un mélange de menthe et de cumin apporte une petite touche orientale à une farce destinée à parfumer de l'agneau.
- Roulez une pièce d'agneau désossée autour de rognons d'agneau coupés en deux et faites-la rôtir. Les rognons resteront rosés et rehausseront la saveur de l'agneau.
- Badigeonnez les rôtis de porc avec une marinade épaisse à base de yaourt ou de moutarde. Un ingrédient sucré, comme du jus d'orange, est excellent dans ce type de préparation. Ajoutez de la bière dans le plat et arrosez fréquemment la viande avec le jus de cuisson.
- La sauge et les baies de genièvre sont les compléments classiques de la viande de porc.
- Étalez quelques branches d'épinards finement hachées sur une pièce de porc désossée, puis salez-la et poivrez-la avant de la rouler et de la faire cuire. La farce renforce le moelleux de la chair.
- Pour préparer facilement une sauce à la crème, faites réduire le jus de cuisson, jusqu'à ce qu'il devienne presque collant, ajoutez un peu de crème fraîche et faites bouillir la sauce obtenue. Un peu de xérès ou de vinaigre de vin vieux ajouté en fin de préparation en renforce agréablement le goût. La purée de tomates doit être ajoutée en fin de cuisson.
- Des herbes fraîches hachées ajoutées à de la sauce, au moment de la présenter à table, apportent une touche décorative très raffinée.

ÉPAULE D'AGNEAU

Une épaule désossée est un morceau très commode à farcir. Vous pouvez désosser l'épaule vous-même (voir page 146) ou demander à votre boucher de le faire pour vous. Pour 6 personnes, prévoyez une épaule de 1,2 kg désossée et farcie.

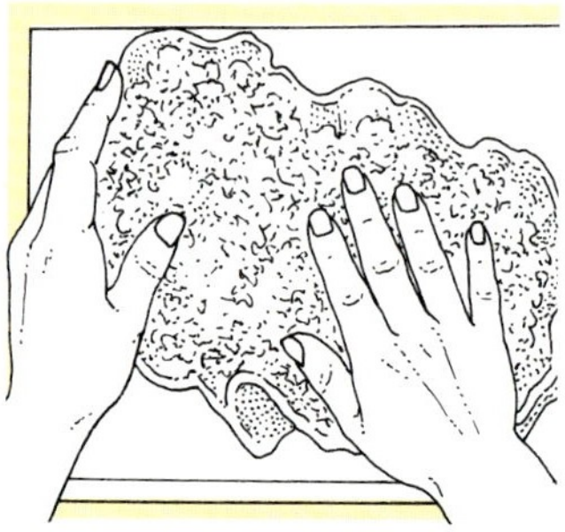

1 *Préparez une farce (voir encadré). Ouvrez la viande, et étalez la farce régulièrement sur l'intérieur, en veillant à bien remplir les poches.*

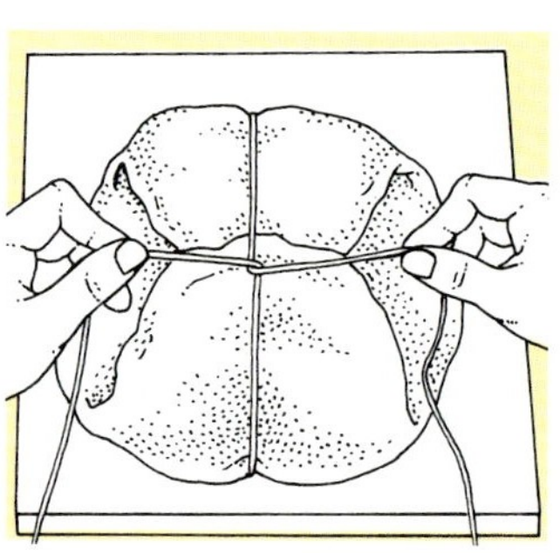

2 *Roulez la viande et ficelez-la. Arrosez le rôti avec de l'huile d'olive et frottez-le avec du gros sel. Pesez le rôti et calculez le temps de cuisson selon le tableau de la page suivante. Placez l'épaule dans un plat à rôtir, le joint vers le bas.*

CARRÉ DE PORC RÔTI

Il est recommandé de bien faire cuire la viande de porc — c'est-à-dire jusqu'à ce qu'elle ne soit plus du tout rosée à l'intérieur, tout en restant néanmoins tendre et juteuse. Un thermomètre à viande permet de déterminer avec précision le degré de cuisson de la viande.

L'échine et la palette sont les meilleurs morceaux à rôtir ; ils peuvent être désossés ou non. Si vous faites cuire votre carré de porc avec les os, demandez à votre boucher de fendre les vertèbres afin que la viande soit plus facile à découper.

Préchauffez toujours votre four (voir tableau ci-contre). Vous serez ainsi sûr d'obtenir une peau croustillante à souhait.

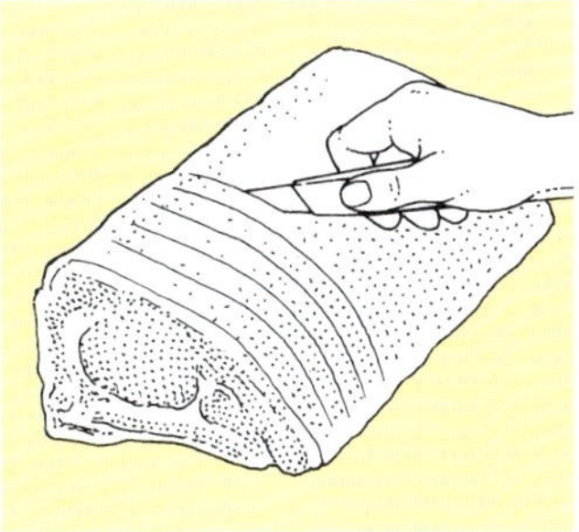

1 *Pour obtenir un rôti bien croustillant à l'extérieur, entaillez le gras, sans toutefois atteindre la viande, avec un couteau très aiguisé. Les entailles doivent être espacées d'environ 1 cm les unes des autres. Cette opération préliminaire vous permettra de découper plus facilement le rôti.*

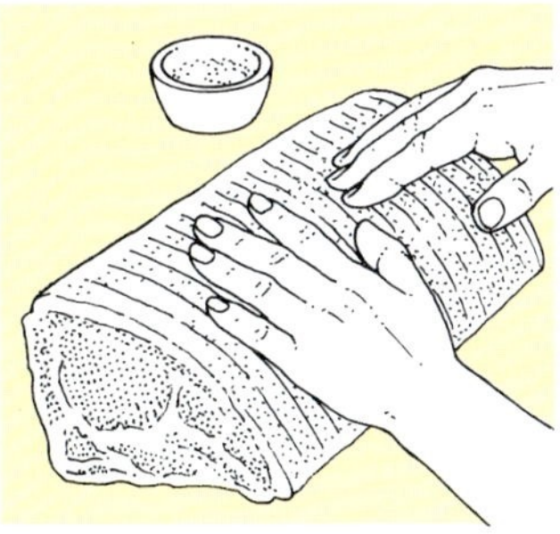

2 *Essuyez la couenne avec un linge humide et propre puis salez généreusement en frottant pour que le sel pénètre dans le rôti.*

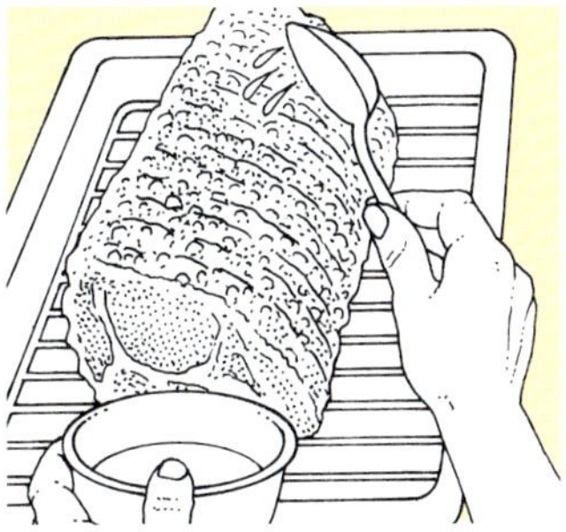

3 *Disposez le rôti sur une grille, dans un plat. En cours de cuisson, arrosez-le généreusement d'eau trois ou quatre fois.*

THERMOMÈTRE À VIANDE

Le thermomètre à viande (ou sonde) est un instrument qui permet de déterminer avec précision le degré de cuisson d'un rôti. Il se compose d'une pointe en métal reliée à un cadran.

Les viandes ne cuisent pas toutes à la même température. Plantez le thermomètre dans la partie la plus charnue de la viande. Pendant que le rôti est en train de cuire, surveillez l'aiguille, jusqu'à ce qu'elle atteigne la température désirée (voir tableau ci-contre et page 157). Vous pouvez aussi n'introduire le thermomètre qu'en fin de cuisson, afin de connaître la température interne de la pièce de viande.

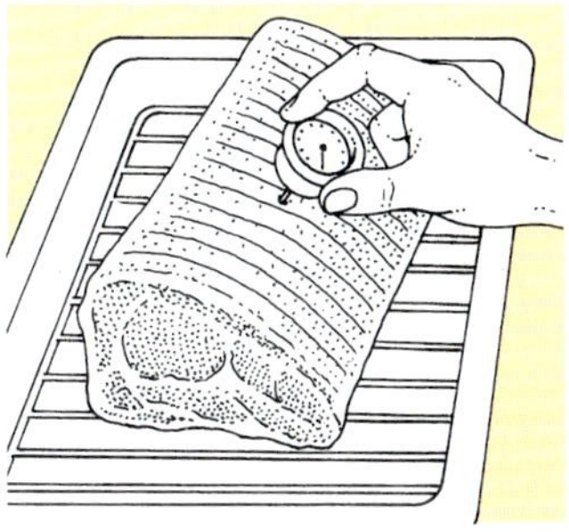

Lorsque vous plantez le thermomètre dans le rôti, veillez à ce qu'il ne touche pas l'os, car cela fausserait la mesure (l'os est plus chaud que la viande). Ensuite, ne le bougez plus, afin que le jus de viande ne s'écoule pas par le trou formé. Choisissez un thermomètre présentant la lame la plus fine possible.

Rondelles de pommes revenues dans du beurre et sauge fraîche accompagnent merveilleusement les rôtis de porc.

TABLEAU DE CUISSON

Agneau

À poids égal, les rôtis plus étroits et plus longs cuisent plus rapidement ; c'est pourquoi il est préférable de vérifier le degré de cuisson aux trois quarts du temps indiqué. Si vous utilisez un thermomètre, la température interne doit être de 60 °C pour une viande saignante, 70 °C pour une viande à point et 80 °C pour une viande bien cuite. Les rôtis farcis exigent de 5 à 10 minutes supplémentaires par 500 g. Commencez la cuisson au four préchauffé à 230 °C, Th. 8, pendant 10 minutes, puis baissez à la température indiquée :

Morceau	*Température*	*Temps de cuisson (pour 500 g)*
Rôti avec os		
Carré, épaule, gigot, selle, baron	180 °C, Th. 4	Rosé : 15 minutes + 15 minutes si nécessaire Bien cuit : 20 minutes + 20 minutes si nécessaire
Rôti désossé		
Épaule, gigot	180 °C, Th. 4	Rosé : 25 minutes + 25 minutes si nécessaire Bien cuit : 30 minutes + 30 minutes si nécessaire

Porc

La température interne indiquée sur le thermomètre doit être de 80 °C. Les rôtis farcis exigent de 5 à 10 minutes de cuisson supplémentaire par 500 g. Commencez la cuisson au four préchauffé à 230 °C Th. 8, pendant 10 minutes, puis baissez à la température indiquée :

Morceau	*Température*	*Temps de cuisson (pour 500 g)*
Rôti avec os		
Palette, carré, échine, épaule	180 °C, Th. 4	25 minutes + 25 minutes si nécessaire
Rôti désossé		
Palette, carré, épaule	180 °C, Th. 4	30 minutes + 30 minutes si nécessaire

LA CUISSON EN COCOTTE

Ce sont souvent les morceaux de viande les plus économiques qui présentent le meilleur goût ; le braisage et la cuisson en cocotte sont des méthodes de cuisson lente qui non seulement font ressortir tous les parfums de la viande, mais aussi l'attendrissent de façon étonnante. Les légumes et les autres ingrédients qui cuisent dans la cocotte rehaussent davantage encore la saveur du plat final.

Le braisage et la cuisson en cocotte sont similaires : dans les deux cas, la viande cuit dans une petite quantité de liquide, avec des légumes hachés. En règle générale, les pièces de viande entières sont braisées, tandis que les ragoûts s'appliquent plutôt aux viandes coupées en morceaux. Dans le cas des ragoûts, la sauce est généralement épaissie en fin de cuisson. Les viandes à braiser sont souvent lardées, parfois mises à mariner avant cuisson. Le braisage est également utilisé pour les légumes et certains poissons à chair ferme.

Il est souvent nécessaire de faire rissoler la viande avant de la faire cuire ; cette opération concentre les sucs dans la pièce de viande et agit sur la couleur de la sauce finale. Les légumes ne présentent d'ailleurs pas la même saveur s'ils ont été ou non sautés au préalable dans un peu de beurre. La marinade, qui permet d'attendrir tout en la parfumant une pièce de viande, n'est pas indispensable, à moins que votre viande ne soit particulièrement ferme. Si vous ajoutez des ingrédients parfumés, comme du vin ou des épices, la viande absorbera toutes leurs saveurs en cours de cuisson.

BŒUF BRAISÉ

Le bœuf exige un temps de cuisson légèrement supérieur à celui d'autres viandes pour devenir parfaitement moelleux, ce qui a pour effet de rehausser la saveur du plat final. Ajoutez quelques gousses d'ail, qui une fois cuites, deviendront délicieusement sucrées et fondantes. Les oignons sont également des ingrédients tout indiqués dans un ragoût, en raison de leur consistance fondante. Mais vous pouvez également ajouter du céleri ou d'autres légumes. Pour 4 ou 5 personnes.

25 g de farine
1 kg de bœuf à braiser, coupé en gros morceaux
3 cuillères à soupe de saindoux
2 gros oignons, hachés gros
4 gousses d'ail, hachées gros
30 cl de bouillon (voir page 28) ou de vin rouge
400 g de tomates en boîte, concassées
3 cuillères à café de moutarde en grains
persil, fraîchement haché
sel et poivre

1 *Mettez la farine, du sel et du poivre dans un sac en plastique, ajoutez la viande et secouez pour en recouvrir tous les morceaux. Faites fondre le saindoux dans une cocotte à feu vif. Ajoutez la viande.*

2 *Faites dorer la viande sur tous les côtés. Retirez-la et réservez. Ajoutez les oignons hachés, avec un peu de saindoux si nécessaire. Remuez jusqu'à ce que les oignons soient transparents et légèrement dorés. Ajoutez ensuite l'ail. Versez ce qui reste de farine au fond du sac et faites cuire 3 minutes, puis remettez la viande dans la cocotte.*

3 *Ajoutez peu à peu le bouillon ou le vin, les tomates et la moutarde. Continuez de remuer, jusqu'à ce que la sauce commence à bouillir et à épaissir, puis salez et poivrez. Couvrez et faites cuire à feu doux pendant au moins 3 heures. Avant de servir, parsemez de persil haché.*

Peu de plats sont aussi réconfortants l'hiver qu'un bon ragoût de viande accompagné de petits légumes, de jeunes navets par exemple. Pour être moelleuse, la viande doit cuire longtemps à feu doux.

RÔTI DE PORC EN COCOTTE

La palette, l'épaule et le filet sont d'excellents morceaux à faire braiser. La viande est délicieusement tendre et savoureuse et la sauce qui l'accompagne très parfumée. Si vous le souhaitez, vous pouvez désosser la viande avant de la faire cuire. Préparez de petits légumes hachés et joignez-les à la viande.

1 *Retirez toute la couenne visible et ficelez la viande en un rôti bien régulier (voir page 144). Piquez de petits morceaux d'ail, à intervalles réguliers, si vous le souhaitez. Dans une grande cocotte, faites dorer la viande dans un peu d'huile, en la retournant fréquemment. Retirez le rôti de la cocotte et réservez-le, puis faites revenir un choix de petits légumes hachés. Remettez la viande dans la cocotte, sur les légumes.*

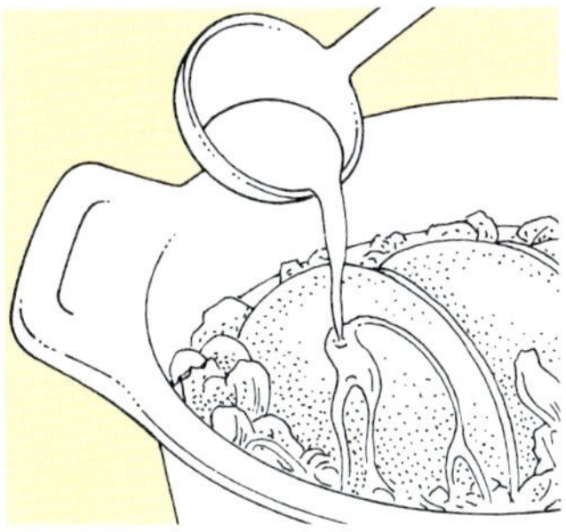

2 *Ajoutez de l'eau ou du bouillon chaud, afin de recouvrir à moitié la viande, puis portez à ébullition. Salez, couvrez et faites cuire à feu doux pendant 45 à 50 minutes par 500 g. Lorsque la viande est cuite, retirez les légumes puis filtrez le jus de cuisson dans une petite casserole et ajoutez un peu de Maïzena, afin d'épaissir le mélange (voir page 199).*

QUELQUES CONSEILS

- Un ingrédient légèrement sucré est toujours très apprécié dans un ragoût. Les navets épluchés et hachés apportent une note très agréable ; en outre, ils ont tendance à épaissir la sauce, à mesure qu'ils ramollissent et se brisent. Dans la cuisine moyenne-orientale ou nord-africaine, les fruits secs, tels que les pruneaux ou les abricots secs, accompagnent souvent l'agneau ; ils sont également excellents avec le porc et le veau.
- Des zestes d'orange et un peu de jus d'orange parfumeront délicatement un ragoût de bœuf. Ajoutez également à votre recette un ou deux clous de girofle et quelques baies de genièvre écrasées.
- Le goût de l'agneau, du veau et du porc est rehaussé par le cumin, la coriandre, la cardamome et le paprika, tandis que le bœuf s'accommode davantage des clous de girofle et du piment de la Jamaïque. La cannelle se marie avec toutes les viandes.
- Si vous ne souhaitez pas épaissir une sauce avec de la farine, vous pouvez néanmoins enrichir votre préparation avec quelques oignons hachés menu, des légumes-racine ou même du poivron rouge qui colorera joliment la sauce. En cuisant, ils parfumeront la sauce tout en l'épaississant.
- Parmi les liquides que l'on peut ajouter à des ragoûts ou des viandes en sauce, certains mélanges sont particulièrement réussis tels que ceux à base de bouillon et de vin, de bière (blonde et brune), de marsala, de xérès, de jus d'agrumes et même de cognac flambé ; chaque ingrédient peut varier dans les proportions en fonction du résultat recherché.
- Les légumes qui ne se prêtent pas à une cuisson prolongée peuvent être ajoutés 20 ou 30 minutes avant la fin de la cuisson de la viande ; ainsi ils ne perdront pas leur croquant et leur saveur. Hormis les légumes et les fruits frais ou secs, certains ingrédients permettent de relever un plat en sauce : olives noires, noix, marrons en conserve, champignons séchés, citrons confits ou tout simplement zeste d'orange râpé.

CURRY D'AGNEAU

Idéalement, les épices doivent être moulues au dernier moment. Mais si le temps vous manque, vous pouvez utiliser un mélange en poudre ou de la pâte de curry. Je vous conseille néanmoins d'ajouter un peu de gingembre et d'ail frais, et de décorer votre plat avec des feuilles de coriandre fraîches. Ces trois ingrédients apporteront une petite note vraiment exotique à ce plat braisé très simple à préparer. Pour 4 ou 5 personnes.

2 cuillères à soupe d'huile
25 g de beurre
1 gros oignon, réduit en purée
2-3 cuillères à café de pâte de curry
3 grosses gousses d'ail, hachées
1 morceau de gingembre de 5 cm, épluché et haché fin
1 kg de collier d'agneau, en cubes
1 cuillère à soupe de purée de tomates dans 30 cl d'eau
le jus d'un citron
feuilles de coriandre fraîches
sel

1 *Faites chauffer l'huile et le beurre dans une cocotte, à feu vif. Faites cuire l'oignon, en remuant, jusqu'à ce qu'il commence à dorer. Ajoutez la pâte de curry, l'ail et le gingembre ainsi que les morceaux de viande. Faites cuire pendant quelques minutes, en remuant les cubes de viande jusqu'à ce qu'ils soient bien dorés.*

2 *Ajoutez la purée de tomates et le jus de citron, puis salez et portez à ébullition. Couvrez et faites cuire à feu doux pendant 1 heure 30 à 2 heures, jusqu'à ce que la viande soit bien tendre ; remuez une ou deux fois en cours de cuisson. Ajoutez les feuilles de coriandre et accompagnez de riz basmati.*

Les feuilles de coriandre apportent toujours une touche d'exotisme. Ce curry est accompagné de riz basmati et de poppadums indiens.

CUISSON À LA POÊLE OU AU GRIL

Seuls les morceaux d'excellente qualité peuvent être cuits sur le gril. En effet, l'intensité de la chaleur, associée au temps de cuisson très court, a tendance à durcir la viande. Il est à cet égard préférable de faire mariner au préalable les viandes maigres, telles que veau et porc. N'hésitez pas à arroser les morceaux de viande en cours de cuisson ; c'est le meilleur moyen pour qu'ils restent bien moelleux. Sortez-les du réfrigérateur à l'avance.

La viande de bonne qualité soigneusement grillée est délicieuse — saisie à l'extérieur et moelleuse à l'intérieur. La cuisson sur le barbecue, au-dessus d'un feu de charbon de bois ou de bois, parfume la viande de façon incomparable.

La cuisson à la poêle offre des ressources multiples : on peut faire cuire la viande de plusieurs façons, en association ou non avec d'autres ingrédients. Pour rester bien tendre, la viande doit cuire à feu vif, rapidement, et rester rosée à l'intérieur, ou au contraire, mijoter beaucoup plus longtemps. Entre ces deux extrêmes, elle ne ferait que durcir, sans avoir le temps de s'attendrir à nouveau.

La technique qui consiste à faire sauter ou revenir de la viande dans un peu d'huile ou de beurre est un mode de cuisson très rapide, qui donne d'excellents résultats avec des petits morceaux réguliers. Si vous le pouvez, faites mariner la viande à l'avance et ajoutez quelques petits légumes émincés.

Pour des pièces de viande plus grosses, utilisez de préférence une sauteuse contenant de l'huile ou du beurre. Vous pouvez également faire cuire des côtes, des côtelettes ou des steaks sans graisse, afin que tout le gras contenu dans la viande fonde pendant la cuisson. Cette méthode est bien sûr destinée tout particulièrement aux personnes soucieuses de leur ligne.

CÔTES GRILLÉES

Ne choisissez que des côtes d'excellente qualité, côtelettes ou côtes premières de préférence, car la viande a tendance à durcir sous l'effet de la chaleur. Badigeonnez-les d'huile avant la cuisson, ou si vous préférez une méthode de cuisson moins grasse, faites mariner la viande et arrosez-la avec la marinade en cours de cuisson. Préchauffez toujours le gril afin que la viande soit saisie. Utilisez une pince ou des cuillères en bois pour retourner la viande ; ainsi vous ne risquerez pas de percer la chair, et de faire s'écouler le jus.

Pour savoir si une côte est cuite, appuyez dessus avec la lame d'un couteau. Si la viande paraît élastique, c'est qu'elle est encore rosée à l'intérieur. Si au contraire elle est ferme, l'intérieur est bien cuit. Veillez à ne pas faire trop cuire ce type de viande. Les côtelettes d'agneau ou de mouton, en particulier, sont meilleures lorsque la viande est encore rosée. Servez côtes et côtelettes avec une noix de beurre parfumé à l'ail ou aux fines herbes.

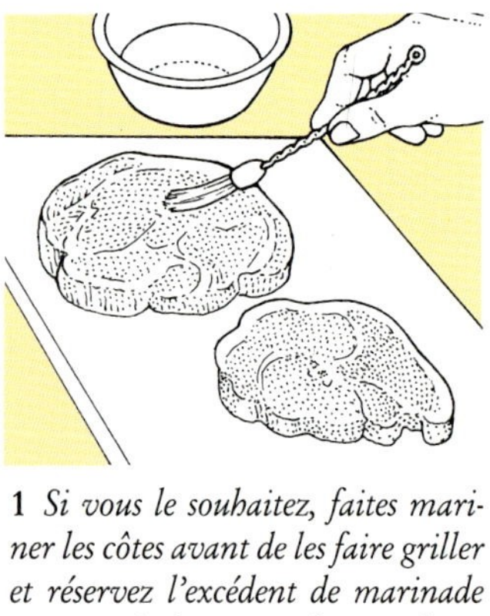

1 *Si vous le souhaitez, faites mariner les côtes avant de les faire griller et réservez l'excédent de marinade pour en badigeonner la viande en cours de cuisson. Préchauffez le gril à la puissance maximum. Badigeonnez la viande avec de l'huile ou du beurre fondu. Poivrez et parfumez avec quelques épices. Entaillez le pourtour des côtes de porc tous les 2 ou 3 cm, afin que la viande ne se recourbe pas pendant la cuisson.*

2 *Placez les côtes sur une grille légèrement beurrée et saisissez la viande des deux côtés. Baissez la puissance du gril et continuez de faire cuire les côtes jusqu'au degré de cuisson souhaité, en les retournant une fois en cours de cuisson. Badigeonnez la viande de marinade. Vérifiez le degré de cuisson en appuyant sur la viande avec un couteau. Rectifiez l'assaisonnement et servez.*

ESCALOPES DE VEAU

Les escalopes sont de fines tranches de viande coupée perpendiculairement aux fibres, dans le filet ou dans la noix. Pour préparer des escalopes panées, passez-les dans de l'œuf battu et de la chapelure avant de les faire cuire. Vous pouvez aussi les faire cuire, sans chapelure, dans un peu de beurre, les arroser de jus de citron et parsemer d'herbes aromatiques. Ajoutez un peu de crème en fin de cuisson pour obtenir une sauce veloutée.

Ne prolongez pas la cuisson afin qu'elles ne se dessèchent pas trop. Vous pouvez également couper les escalopes en fines languettes et les cuisiner à feu vif.

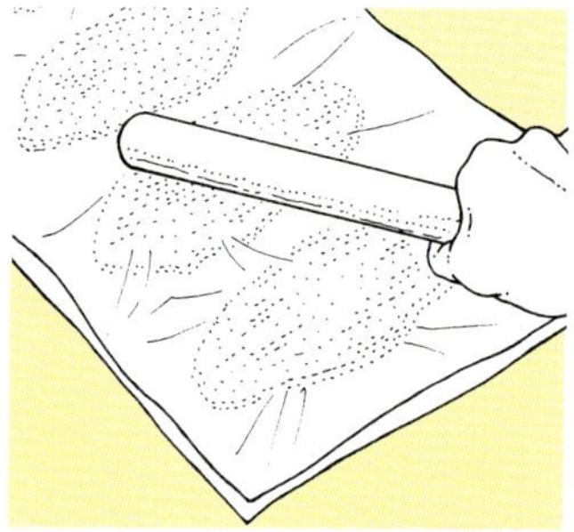

1 *Disposez les escalopes en les espaçant soigneusement sur une feuille de papier sulfurisé mouillé et recouvrez-les avec une deuxième épaisseur de papier mouillé. À l'aide d'un rouleau à pâtisserie, aplatissez les escalopes. Décollez et jetez les feuilles de papier.*

2 *Les escalopes peuvent être cuites avec ou sans chapelure. Si vous le souhaitez, trempez les escalopes dans un bol de jaune d'œuf battu, puis dans un autre, rempli de chapelure. Si vous les panez, réfrigérez les escalopes pendant au moins 15 minutes avant de les faire cuire.*

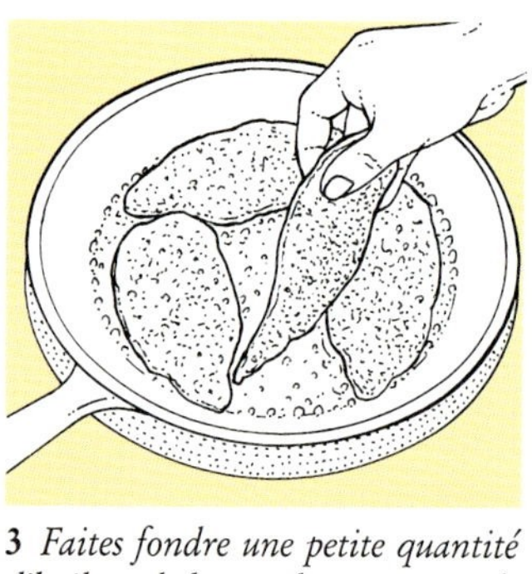

3 *Faites fondre une petite quantité d'huile et de beurre dans une grande poêle. Ajoutez les escalopes en une seule couche et faites-les cuire de chaque côté pendant 2 à 4 minutes. Servez aussitôt, après les avoir salées, poivrées et arrosées de jus de citron.*

STEAKS

Le bœuf est le type de viande qui convient le mieux à la découpe en steaks. Le filet de bœuf et l'entrecôte sont particulièrement tendres et goûteux. Le rumsteck est moins tendre mais plus savoureux. La bavette ou la hampe ont également d'ardents défenseurs ; bien que plus fermes, ces morceaux sont juteux et maigres.

Avec un peu d'expérience, vous saurez reconnaître le degré de cuisson souhaité, en appuyant délicatement sur le steak. Vous éviterez ainsi d'inciser la viande et de laisser le jus s'écouler. Une viande bleue, ou très saignante, est simplement dorée sur l'extérieur ; elle est très molle. Une viande saignante est élastique et des gouttelettes de sang ou de jus apparaissent à la surface. À point, la viande est assez ferme et assez peu élastique ; du jus rosé s'écoule. Bien cuite, la viande est ferme au toucher.

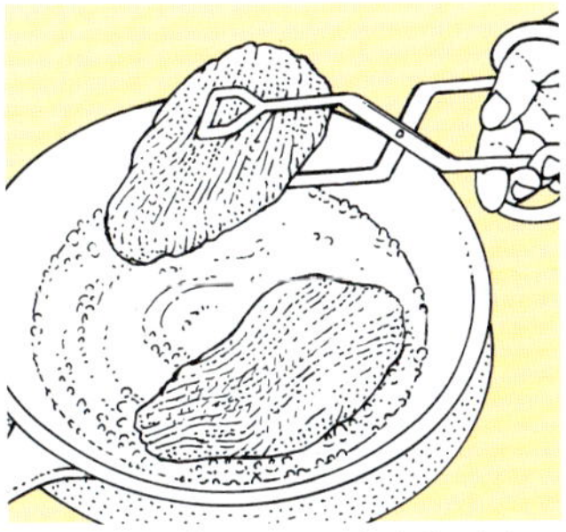

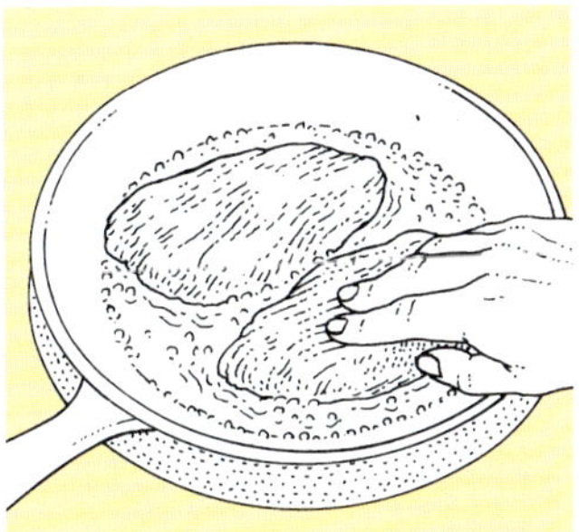

1 *Préchauffez une poêle à fond épais jusqu'à ce qu'elle soit très chaude. Ajoutez un peu d'huile d'olive et de beurre. Posez les steaks dans la poêle et faites-les cuire de 1 à 4 minutes de chaque côté, en les retournant une fois avec une pince.*

2 *Vérifiez le degré de cuisson (voir ci-dessus). Vous pouvez ajouter un peu de vin ou de bouillon au jus de cuisson, mélanger, saler, poivrer et ajouter un peu de beurre si vous le souhaitez. Servez aussitôt.*

QUELQUES SUGGESTIONS

- Les marinades permettent de modifier le goût des viandes grillées. Elles peuvent se composer d'un simple mélange d'huile d'olive et de jus de citron additionné d'un peu de poivre. Vous pouvez aussi les parfumer avec des herbes, des épices, de l'ail écrasé, des baies de genièvre, des câpres, des grains de poivre vert et du gingembre frais.
- Pour une marinade, utilisez à votre goût du jus de citron, de citron vert, d'orange ou d'ananas, de la sauce soja, du vin, du xérès, du madère ou d'autres alcools.
- Les marinades plus épaisses, idéales pour les viandes grillées, peuvent être préparées avec du yaourt nature. Elles ressemblent alors à une pâte que l'on frotte sur la viande et qui permet de l'attendrir. Incorporez des épices telles que du cumin, de la coriandre, de la cannelle ainsi que du jus de citron et de l'ail haché. Lorsqu'il s'agit d'une marinade destinée à du porc ou de l'agneau, vous pouvez ajouter un peu de menthe, de thym et de romarin. Laissez reposer la viande pendant plusieurs heures.
- Préparez une sauce épaisse à base de poivrons rouges ; faites-les griller, débarrassez-les de leur peau et réduisez-les en purée. Faites réchauffer la purée obtenue et parfumez-la avec du beurre, du jus de citron et des herbes aromatiques. Salez et poivrez abondamment.
- Les brochettes grillées sont très appréciées. Utilisez toujours des morceaux de bœuf, d'agneau, de porc ou de veau de bonne qualité. Si vous faites mariner les brochettes, vous pouvez utiliser des morceaux un peu fermes. Pour préparer des brochettes d'agneau, découpez de petits médaillons de viande dans le filet. Faites-les mariner pendant au moins 2 heures dans un mélange de yaourt ou d'huile d'olive parfumé avec de l'ail écrasé, du gingembre râpé, du jus de citron, du cumin en poudre, du sel et du poivre, en les retournant.

Cet appétissant steak dans le filet est saisi à l'extérieur mais rosé à l'intérieur. Il est servi avec des frites maison (voir page 43), une salade et des tomates grillées.

TRAVERS DE PORC

Les travers de porc sont les extrémités des côtes. On utilise généralement des travers de porc pour préparer la recette qui suit, mais vous pouvez les remplacer par des hauts de côtelettes d'agneau, tout aussi délicieux.

L'un des secrets de ce plat, et des travers en général, consiste à faire cuire la viande longtemps et à feu doux, au point que la chair se détache des os très facilement. En fin de cuisson, la viande cuite est passée sous un gril chaud, afin de caraméliser à l'extérieur.

Les Chinois considèrent que plus la viande est près de l'os, meilleure elle est. Cette méthode de cuisson illustre à la perfection cette idée. La sauce aigre-douce qui l'accompagne joue un rôle prépondérant dans cette recette ; elle est presque aussi importante que la viande elle-même.

Faites mariner la viande toute une nuit dans une sauce préparée avec les ingrédients suivants : sauce soja, xérès, vinaigre, sucre ou miel, ail haché, gingembre, cinq-épices. Transférez la viande et sa marinade dans un plat allant au four et faites cuire à 160 °C, Th. 3, pendant environ 1 heure. Augmentez la puissance du four jusqu'à 200 °C, Th. 6, et faites rôtir, à découvert, pendant 30 minutes, en retirant l'excédent de graisse. Vous pouvez également faire cuire la viande sur un barbecue ou un gril préchauffé, en badigeonnant la viande avec le reste de marinade, afin qu'elle puisse caraméliser.

LA CUISSON À L'EAU

La viande cuite à l'eau (ou dans un autre liquide) peut être pochée ou bouillie. Toutefois, c'est certainement le pochage qui convient le mieux à la viande. Une cuisson à feu doux est en effet préférable si l'on veut éviter que la chair ne durcisse trop. Pour cela, placez votre viande dans le liquide froid, portez à ébullition puis baissez le feu aussitôt pour laisser mijoter le plus doucement possible. Une viande cuite de cette façon, simplement servie avec une sauce au pistou par exemple, constitue une expérience gustative étonnante.

Utilisez de préférence la poitrine de bœuf et la tranche grasse, le collier et le jarret de veau, la poitrine et le collier d'agneau, le jambon, le jambonneau et le petit salé ainsi que la tête et les pieds. La viande doit être assez grasse, surtout s'il s'agit de jambon ou d'autres morceaux salés, car le salage apporte aux parties grasses un goût très agréable.

Les viandes salées se consomment chaudes ou froides. Si vous prévoyez de préparer un petit salé ou du bœuf froid, enveloppez-le dans du papier d'aluminium après l'avoir fait pocher, pendant qu'il est encore chaud, et réfrigérez-le toute une nuit, sous des poids. La viande ainsi pressée est plus facile à découper. N'utilisez pas le liquide de cuisson pour préparer un bouillon car il serait trop salé.

BŒUF SALÉ

Ce plat n'a pas son pareil pour réconforter une famille affamée en hiver. Certains bouchers proposent du bœuf déjà salé. Il s'agit généralement de tranche grasse ou de poitrine de bœuf roulée. Ces morceaux sont vendus ficelés, de façon compacte, afin qu'ils puissent être cuits dans une grande casserole.

On trouve également du porc et du bœuf demi-sel, qui réduisent considérablement les temps de trempage. En règle générale, il faut prévoir 24 heures de trempage pour les viandes salées de façon traditionnelle, avec des renouvellements d'eau réguliers. Bien que le liquide de cuisson soit trop salé pour entrer dans la préparation de bouillons, vous pouvez en mélanger une partie avec du bouillon non salé pour confectionner par exemple une soupe aux pois et au jambon.

Vous pouvez, comme nos voisins britanniques, décider de servir le bœuf salé avec des boulettes de pâte pochées dans le liquide de cuisson. Dans ce cas, préparez la pâte au dernier moment et faites pocher les boulettes à feu très doux afin qu'elles ne se brisent pas.

1 *Égouttez la viande, placez-la dans une grande casserole avec des carottes émincées, un oignon, du céleri, des feuilles de sauge, des grains de poivre et des clous de girofle. Couvrez d'eau froide.*

2 *Portez doucement à ébullition, en écumant la surface régulièrement, puis baissez le feu, et laissez mijoter à couvert pendant 25 minutes par 500 g ou pendant 1 heure 30 pour les morceaux de moins de 750 g. Lorsque la viande est cuite, retirez-la et réservez-la au chaud.*

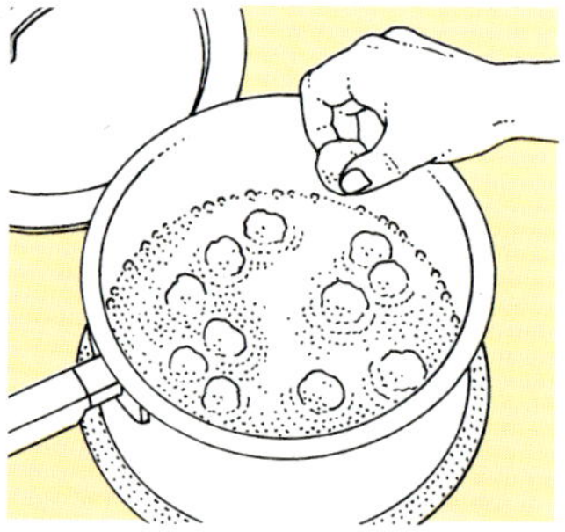

Pour préparer les boulettes, mélangez deux parts de farine avec poudre levante, une part de saindoux, du sel, du poivre et un peu d'eau, pour bien lier la pâte. Formez de petites boulettes. Plongez-les délicatement dans l'eau de cuisson du bœuf, couvrez et faites cuire à feu doux, pendant 15 à 20 minutes. Si vous voyez que les boulettes se désagrègent, baissez le feu aussitôt.

La moutarde est le seul accompagnement nécessaire à un bon plat de bœuf salé et de boulettes de pâte.

LANGUE DE BŒUF EN GELÉE

Cette recette utilise de la langue de bœuf, mais la langue de veau est aussi appréciée. Une fois cuite, la langue est tassée sous des poids pour faciliter le découpage. Avant de la faire cuire, faites-la tremper pendant 12 à 24 heures dans de l'eau froide, en changeant l'eau deux ou trois fois. La langue de bœuf chaude est également délicieuse, surtout lorsqu'on l'accompagne d'une sauce relevée, comme par exemple une sauce piquante.

Une langue de bœuf de 2 kg convient pour 8 personnes si on la sert chaude, pour davantage si on la sert froide.

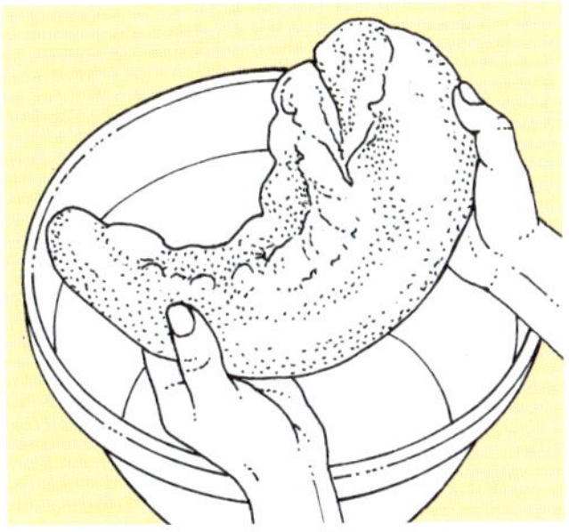

1 *Faites mijoter la langue dans une grande casserole d'eau pendant environ 3 heures, jusqu'à ce qu'elle soit bien tendre ; ajoutez un peu d'eau bouillante si nécessaire, afin que la viande soit toujours couverte. Vérifiez le degré de cuisson à l'aide d'une brochette. Égouttez, en réservant 50 cl de liquide, et plongez la langue dans une jatte d'eau froide.*

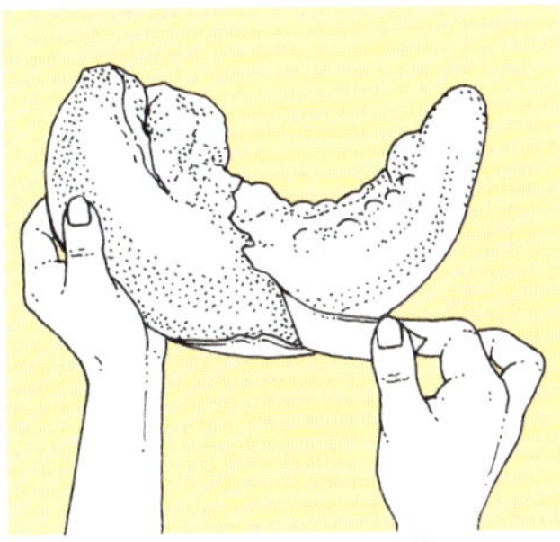

2 *Lorsque la langue est suffisamment refroidie, sortez-la de l'eau. À l'aide d'un petit couteau aiguisé, incisez la peau sur la partie inférieure et décollez le reste délicatement avec les doigts.*

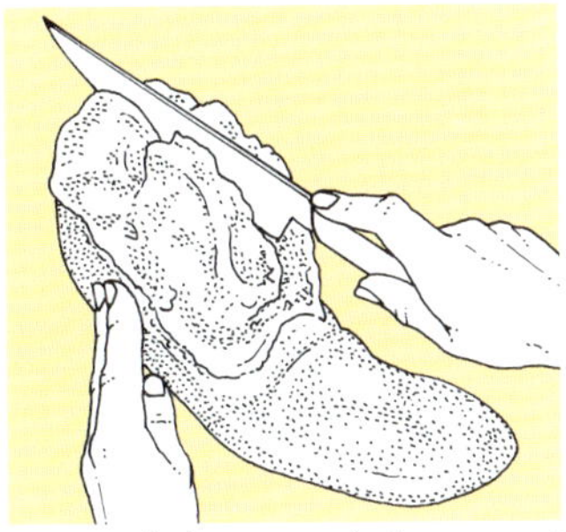

3 *Posez la langue sur le dessus, extrémité vers vous. Découpez-la en deux dans la longueur. Ôtez les petites membranes ou les tendons visibles. Si vous la servez chaude, coupez-la en tranches et arrosez-la avec un peu de liquide de cuisson.*

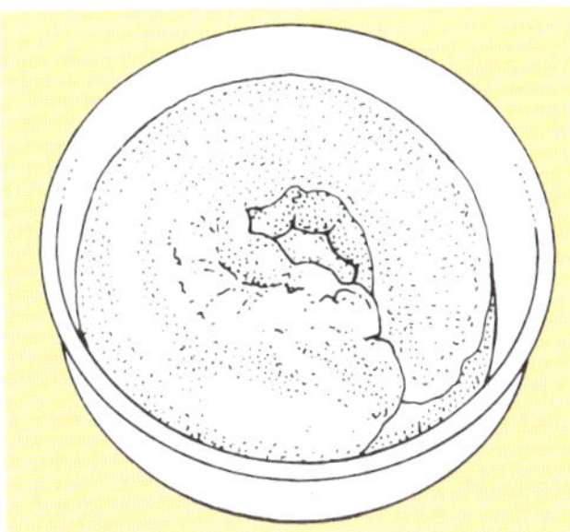

4 *Tapissez un moule à gâteau rond de 18 cm à fond amovible de papier d'aluminium. Placez-y une moitié de langue, partie entaillée contre le fond du moule ; placez l'autre moitié au-dessus, partie entaillée vers le haut. Faites chauffer un peu de liquide réservé et incorporez un sachet de gélatine.*

5 *Lorsqu'elle est dissoute, ajoutez le reste du liquide réservé et versez le tout sur la langue. Posez une assiette sur le moule et placez des poids pardessus. Laissez refroidir, puis réfrigérez toute une nuit. Démoulez après avoir plongé le fond du moule dans de l'eau chaude. Découpez en tranches fines.*

QUELQUES CONSEILS

• La poitrine salée compte parmi les viandes qui, selon moi, se prêtent le mieux à la cuisson à l'eau. Le gras est aussi délicieux que la viande elle-même. Avant de faire cuire la viande, incisez-la et glissez dans les fentes quelques grains de poivre vert ainsi que des poivrons jaunes finement hachés. Ces ingrédients aromatiques apparaîtront lorsque vous couperez la viande devant les convives, apportant ainsi une note savoureuse et esthétique au plat.

• Le collier peut se déguster froid : faites-le tremper, puis retirez la peau et frottez l'extérieur avec un mélange de cassonade et d'épices. Enveloppez le morceau de viande parfumé dans du papier d'aluminium et faites-le cuire à 180 °C, Th. 4, pendant environ 35 minutes par 500 g.

• Pour faire pocher des viandes salées, utilisez de l'eau ou du bouillon non salé. Ajoutez au liquide des épices entières, telles que macis, clous de girofle, piment de la Jamaïque, laurier, bâtons de cannelle. Les baies de genièvre ainsi que de petits morceaux de gingembre frais ou de piment sont également excellents.

• Parmi les sauces qui accompagnent bien les viandes pochées, figure la sauce verte aux épinards hachés, à l'oseille et au persil, additionnée d'un peu de vinaigre et éventuellement de quelques anchois hachés ; un simple mélange de crème fraîche et de câpres hachées ou de grains de poivre vert que l'on fait bouillir rapidement convient également.

• Vous pouvez aussi préparer une béchamel crémeuse (voir page 196) et y ajouter des anchois hachés et du persil.

• Pour préparer une sauce rapide, réduisez en purée des poivrons ayant cuit avec la viande.

• Si vous aimez les sauces aigres-douces, faites revenir par exemple des abricots et des zestes d'orange dans du jus d'orange et du sucre, puis ajoutez un peu de vinaigre en fin de préparation.

• Avant de verser la gelée autour de la langue, ajoutez au liquide quelques herbes aromatiques, par exemple du persil.

CUISSON DU JAMBON

Cette méthode s'applique au jambon, au jambonneau mais également au collier et au jarret. On peut aussi faire pocher le jambon jusqu'à ce qu'il soit presque cuit, puis le débarrasser de la couenne avant de le badigeonner d'une marinade sucrée et le repasser au four pour qu'il caramélise. Demandez conseil à votre boucher quant à la meilleure façon de procéder ; on prévoit généralement 20 minutes par 500 g. Faites-le tremper au préalable 6 heures au moins.

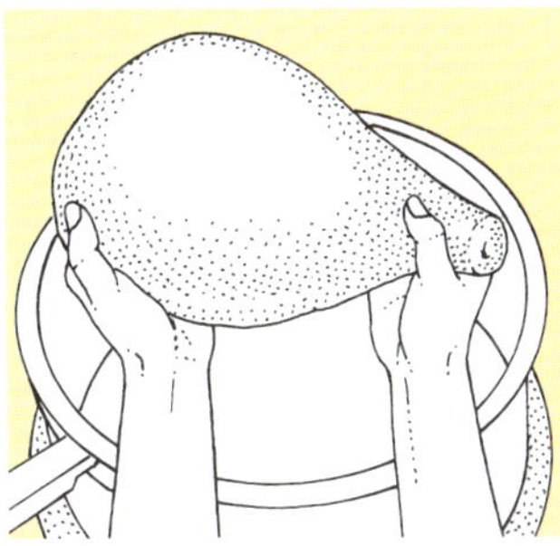

Égouttez le jambon et jetez l'eau. Placez le jambon dans une grande casserole et couvrez-le d'eau parfumée (voir encadré). Portez l'eau à ébullition, puis couvrez et baissez le feu, jusqu'à ce que le liquide frémisse lentement. Lorsque le jambon a cuit pendant le temps préconisé, éteignez le feu et laissez-le tiédir dans l'eau.

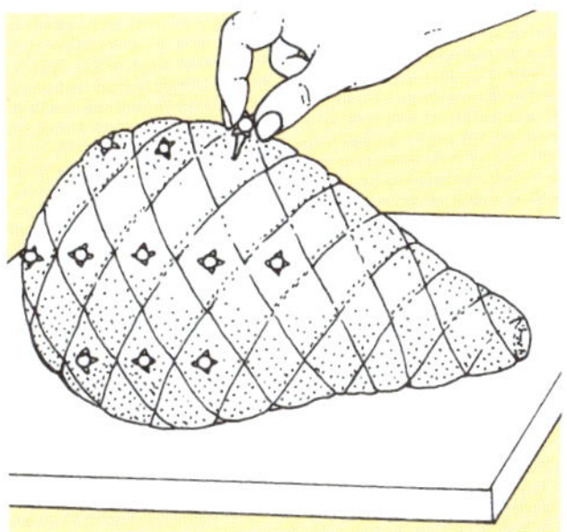

Si vous souhaitez passer le jambon au four, écourtez la cuisson d'un quart et retirez la peau. Entaillez le gras en un motif régulier de losanges et piquez des clous de girofle au centre de chaque losange. Saupoudrez de cassonade et frottez-la contre le jambon. Faites cuire à 180 °C, Th. 4, pendant le temps restant jusqu'à ce que le jambon soit bien caramélisé.

DÉCOUPER LA VIANDE

Pour découper correctement une pièce de viande, il est indispensable de posséder un bon couteau, adapté au type de rôti que l'on souhaite découper. Les couteaux à découper la viande doivent être assez souples, avec une extrémité très pointue, afin de pouvoir dégager la viande de l'os (voir page 16).

Pour découper un rôti dans les meilleures conditions, laissez-le reposer au préalable dans un endroit tiède, comme par exemple le four éteint, pendant 15 minutes après la fin de la cuisson. Pendant ce temps, le jus, qui a tendance à se concentrer dans la chair pendant la cuisson, s'écoule à nouveau dans toutes les fibres de la viande ; ainsi le bord des tranches ne sera pas desséché, comme c'est le cas parfois. La viande aura en outre tendance à s'attendrir, ce qui facilite indéniablement le travail de découpe.

La viande doit toujours être découpée perpendiculairement aux fibres. La direction de la lame ne doit pas dévier à mi-chemin, sous peine d'obtenir des tranches irrégulières et peu présentables. Si la viande vous paraît un peu dure, essayez de la découper le plus finement possible.

Une viande mal découpée peut gâcher le goût, la consistance et l'apparence du plat. Si vous n'êtes pas expert dans cet art, découpez votre viande à la cuisine, et non à table devant vos convives, afin de ne pas être impressionné par le regard soutenu d'une tablée affamée. En outre, il est plus facile de découper de la viande sur un plan de travail surélevé.

N'oubliez pas de recueillir le jus qui s'écoule pendant la découpe ; vous pourrez l'ajouter à la sauce d'accompagnement ou le servir, seul, dans une saucière. Si vous avez cuisiné une belle pièce de viande que vous hésitez à découper, faites appel aux bonnes volontés. Mieux vaut en effet ne pas risquer de gâcher le rôti que vous aurez préparé avec soin et patience. Ce sera l'occasion pour quelqu'un de faire montre de ses talents.

GROSSES PIÈCES DE BŒUF

Pour découper les pièces de viande comprenant notamment les os des côtes, la technique consiste à dégager la viande de l'os en un seul morceau ; on détaille ensuite de fines tranches perpendiculairement aux fibres.

Pour ce type de viande, il est primordial de disposer d'un bon couteau ; ainsi la viande sera proprement débitée et ne risquera pas de se déchirer. Aiguisez vos couteaux avec un fusil (voir page 16) et gardez ce dernier à portée de main.

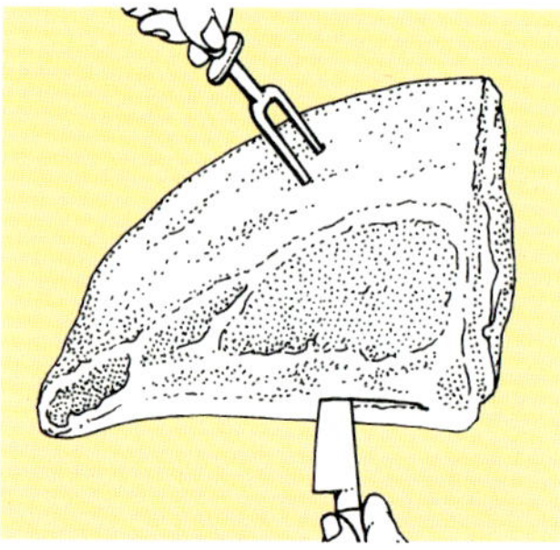

1 *Pour découper un train de côtes à l'os, posez la pièce de bœuf, le gras orienté vers le haut et la partie longue des os contre la planche. Faites glisser le couteau entre la chair et les os et dégagez délicatement la viande.*

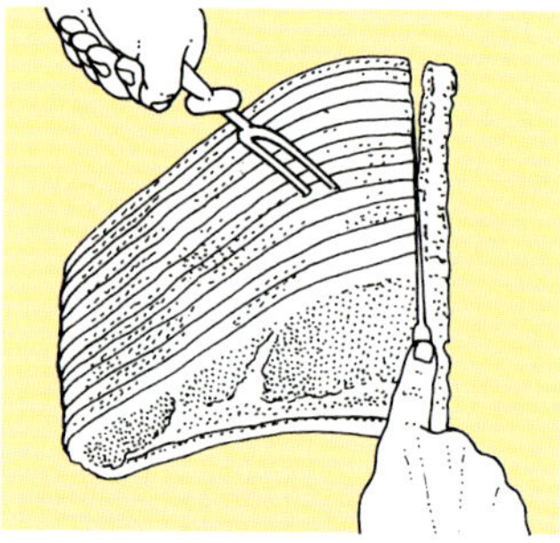

2 *Découpez la viande en tranches régulières et détachez-les au niveau de l'os de l'échine. Ne découpez les tranches qu'au fur et à mesure des besoins. Arrosez-les de jus avant de servir.*

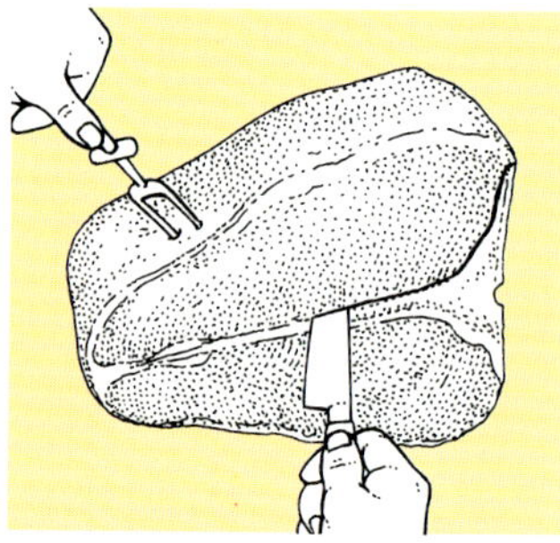

Pour découper un morceau d'aloyau à l'os, faites glisser un couteau entre l'os et la viande et détaillez le morceau obtenu en fines tranches. Retournez la pièce de viande et procédez de même pour l'autre partie.

RÔTI DÉSOSSÉ

Pour découper un petit rôti désossé, il est conseillé de poser la viande verticalement et de le découper en tranches horizontalement. Il vous faudra couper les morceaux de ficelle à mesure que vous débiterez le rôti. Si le rôti est bardé, retirez le lard avant de procéder à la découpe.

Pour les gros rôtis, qu'il ne serait pas commode de poser verticalement, disposez la viande lardée contre la planche et découpez-la en tranches fines, en maintenant le reste de la viande avec une fourchette à découper.

Posez le rôti verticalement sur une planche. Maintenez-le avec une fourchette à découper et détaillez-le en tranches régulières perpendiculairement aux fibres, à l'aide d'un couteau aiguisé.

POUR ACCOMPAGNER UN RÔTI

- Incorporez du raifort râpé dans de la crème fouettée, ou du concombre et des câpres dans un mélange de crème fraîche et de yaourt.
- Ajoutez au jus de cuisson d'un rôti de veau une boîte de tomates pelées hachées, un peu de crème fraîche, et laissez bouillir quelques minutes.
- Servez votre rôti avec une sauce à l'oignon : faites cuire des oignons émincés dans du lait avec du sel, du poivre et de la muscade. Égouttez-les et hachez-les. Faites fondre un peu de beurre, ajoutez autant de farine et mélangez bien. Mouillez avec le lait des oignons, laissez bouillir, ajoutez les oignons et faites cuire à feu doux de 5 à 10 minutes.
- Parfumez un gigot d'agneau avec de la moutarde en grains ou une moutarde aromatisée.
- Pour préparer rapidement une excellente sauce, faites réduire le jus de cuisson jusqu'à ce qu'il devienne presque collant puis ajoutez un peu de crème fraîche et faites bouillir cette préparation, pendant que la viande est en train de reposer. Salez, poivrez et parfumez avec un peu de vinaigre de vin vieux ou de vinaigre de xérès. Ajoutez quelques herbes finement hachées en fin de cuisson.

GIGOT D'AGNEAU

Avant de procéder à la découpe d'un gigot, observez l'implantation de l'os dans la chair. L'os est situé au centre de la pièce de viande, avec toutefois un côté du gigot plus charnu que l'autre (la noix). Commencez la découpe par la noix, puis retournez le gigot pour découper l'autre côté. Maintenez l'os à l'aide d'une serviette, afin que le gigot ne glisse pas pendant que vous le découpez. Si l'os est trop court, plantez une fourchette à découper pour maintenir la viande en place.

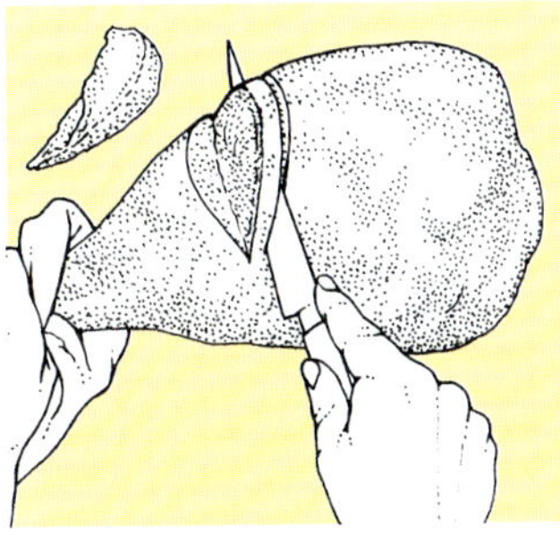

1 *Placez le gigot sur une planche, noix vers le haut. Entaillez un morceau au milieu de la viande, jusqu'à l'os. Dégagez une tranche puis continuez de découper les tranches à partir de cet endroit.*

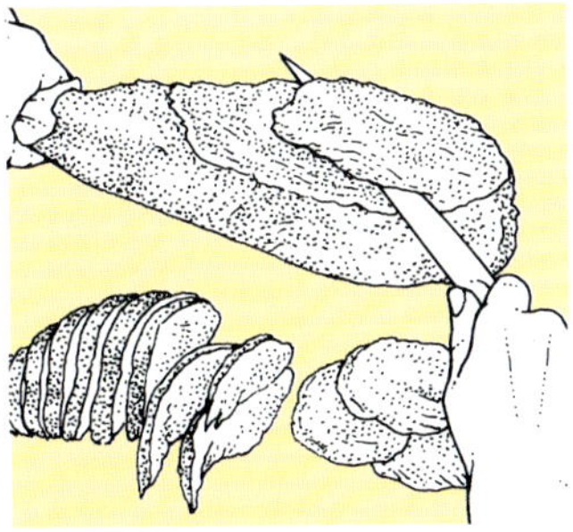

2 *Retournez le gigot et tenez le manche. Découpez la viande en longues tranches fines, selon un axe oblique, jusqu'à ce que vous atteigniez l'os.*

Voici quelques sauces et condiments que vous pourrez servir avec un rôti. Reportez-vous à l'encadré vert et, pour plus de précision, aux sections Sauces et Conserves de cet ouvrage.

ÉPAULE D'AGNEAU

L'épaule d'agneau est un morceau succulent, en raison notamment de la consistance tendre et de la saveur exquise de sa chair. Mais c'est une pièce difficile à découper, entre autres à cause de la présence de l'omoplate. À cet égard, il est plus aisé de dégager l'os de la chair avant de faire cuire l'épaule (voir page 146) et de le retirer après la cuisson, avant la découpe. L'étape 3 illustre la découpe d'une épaule avec l'os.

L'épaule étant un morceau que l'on fait bien cuire, veillez à ce que les morceaux ne se brisent pas en lambeaux.

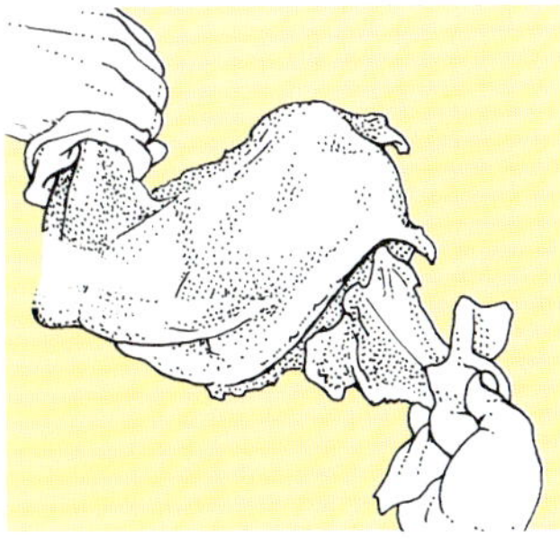

1 *Tenez l'os avec une serviette et, de l'autre main, tordez l'omoplate afin de la dégager de son articulation. Découpez la viande perpendiculairement aux fibres en tranches fines, en commençant par le côté de l'omoplate.*

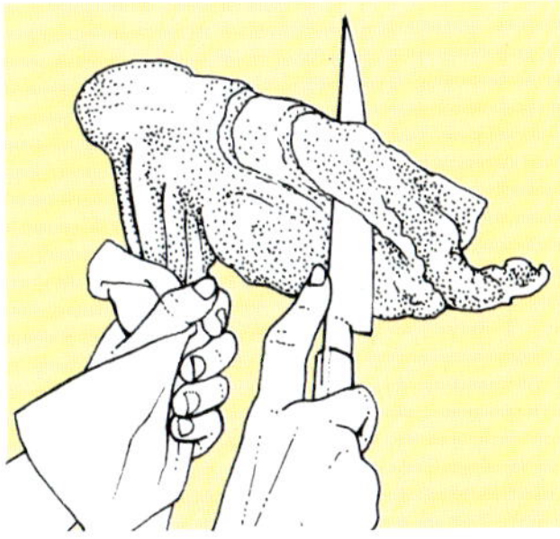

2 *Retournez l'épaule, et tout en maintenant l'os, découpez des tranches en biais, dans la partie inférieure de la pièce de viande. Continuez de découper l'épaule, jusqu'à ce que vous atteigniez l'os du manche.*

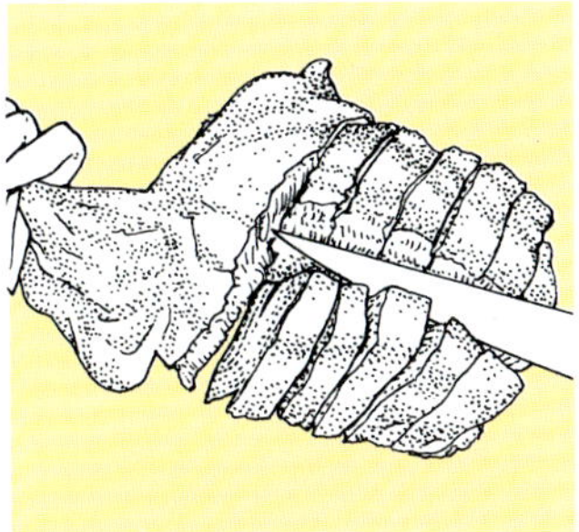

Si l'omoplate est présente, commencez par découper en tranches la partie centrale, charnue, de la viande, perpendiculairement à l'os. Coupez les tranches en deux et faites gllisser le couteau sous les demi-tranches le long de l'omoplate afin de dégager les morceaux de viande. Retournez l'épaule et découpez la partie inférieure en de longues tranches obliques.

JAMBON

Dans un buffet ou lors d'un repas dominical, un jambon entier est toujours très apprécié des convives. L'un des avantages de cette pièce de viande tient à ce qu'il est aussi bon chaud que froid, ce qui signifie en outre que l'on peut le préparer à l'avance.

Le jambon se sert en tranches fines. Il est indispensable d'utiliser un long couteau très aiguisé, à lame souple. Vous travaillerez aussi avec plus de facilité.

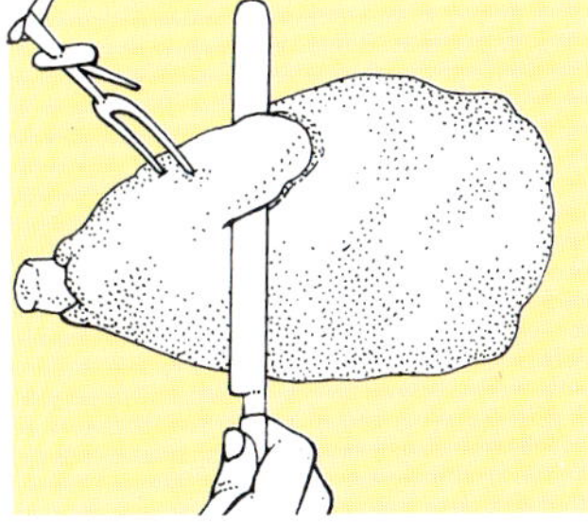

Prélevez une petite tranche dans la partie charnue du jambon. Découpez ensuite des tranches fines les unes après les autres, en biais, jusqu'à ce que vous atteigniez l'os.

RÔTI DE VEAU AUX PRUNEAUX ET AU GINGEMBRE *(142)*

Le rôti de veau dégage un jus de cuisson d'une saveur incomparable ; toutefois, la viande est parfois un peu fade. C'est pourquoi cette recette utilise des ingrédients aromatiques qui relèvent le plat. Le jus de cuisson déglacé avec du jus de pommes et de la crème donne une sauce veloutée et crémeuse.

POUR 8 PERSONNES

3 grosses gousses d'ail, hachées fin
1 morceau de gingembre frais de 5 cm, épluché et haché fin
75 g de pruneaux, dénoyautés, coupés en trois ou quatre
50 g de pistaches décortiquées
1 rôti de veau, désossé, d'environ 2 kg (quasi, noix ou longe)
huile d'olive
250 g de tomates, pelées et concassées (voir page 48)
30 cl de jus de pommes non sucré
15 cl de crème fraîche
sel et poivre gris

Dans une petite jatte, mélangez l'ail avec le gingembre, les pruneaux et les pistaches. Ouvrez le rôti après avoir retiré la ficelle s'il y a lieu. Étalez la farce sur la viande, roulez-la à nouveau et ficelez-la (voir page 144). Si vous ne souhaitez pas ouvrir le rôti, glissez de petits morceaux d'ail et de gingembre entre les épaisseurs de viande. Enfoncez dans la chair les morceaux de pruneaux et de pistaches, aussi profondément que possible. Frottez l'ensemble du rôti avec de l'huile d'olive et poivrez-le généreusement.

Mettez les tomates au fond d'un plat à four et posez le rôti de veau par-dessus. Faites cuire la viande au four préchauffé à 160 °C, Th. 3, pendant 2 heures 30 à 3 heures, en l'arrosant de temps en temps avec le jus. Environ 15 minutes avant la fin de la cuisson, versez le jus de pommes dans le plat. Lorsque la viande est cuite, éteignez le four, posez le rôti sur une planche à découper et laissez-le reposer dans le four, porte entrouverte, pendant que vous préparez la sauce.

Ajoutez la crème au jus de cuisson, portez à ébullition en remuant. Sans cesser de remuer, faites bouillir la sauce pendant 2 minutes. Salez et poivrez et versez la sauce dans une saucière. Découpez le rôti en tranches régulières et servez avec la sauce.

FRICADELLES DE VEAU ET DE ROGNONS À LA TOMATE *(150)*

Si vous le pouvez, utilisez des rognons de veau ; à défaut, les rognons d'agneau conviennent également et apportent une saveur plus riche et une consistance plus moelleuse. Servez les fricadelles avec des pâtes aux épinards et nature ainsi qu'avec un légume vert, des brocoli par exemple.

POUR 4 PERSONNES

POUR LA SAUCE
3 cuillères à soupe d'huile d'olive vierge
50 g de beurre
500 g de tomates, pelées et hachées gros (voir page 48)
2 grosses gousses d'ail, hachées fin
1 cuillère à soupe de purée de tomates
sel et poivre gris
POUR LES FRICADELLES
750 g de veau haché
2 rognons de veau, ou d'agneau, parés et hachés (voir page 150)
une bonne poignée d'aneth frais, haché, ou 1 cuillère à soupe d'aneth séché
2 cuillères à café de coriandre moulue
farine
huile d'arachide
sel et poivre gris
aneth frais, pour garnir (facultatif)

Commencez par préparer la sauce : faites chauffer l'huile d'olive et le beurre dans une casserole à feu moyen, ajoutez les tomates et l'ail, puis salez et poivrez. Couvrez la casserole, baissez le feu et faites cuire à feu doux pendant 20 minutes, jusqu'à ce que les tomates soient bien tendres. Ajoutez la purée de tomates et rectifiez l'assaisonnement si nécessaire. Retirez la casserole du feu et laissez reposer pendant que vous préparez les fricadelles.

Placez le veau haché dans une jatte avec les rognons et l'aneth, la coriandre, du sel et du poivre. Mélangez soigneusement avec une cuillère en bois. Versez un peu de farine dans une autre jatte.

Formez de petites boulettes rondes, de la taille d'une balle de ping-pong. Plongez-les à mesure dans la jatte de farine, afin de les enrober complètement — elles garderont ainsi leur forme en cours de cuisson. Faites chauffer un peu d'huile dans une grande poêle à fond épais, à feu très vif. Mettez-y les fricadelles et faites-les cuire pendant 4 à 5 minutes de chaque côté, en les retournant délicatement avec une pelle à poisson.

Pendant ce temps, faites réchauffer la sauce tomate. Disposez soigneusement les fricadelles dans le plat de service chaud, nappez-les de sauce tomate et servez, après avoir garni le plat d'aneth.

ÉPAULE D'AGNEAU FARCIE EN CROÛTE *(146)*

Voici une recette qui ne manquera pas d'impressionner vos convives. Vous pouvez la préparer à l'avance, la veille si vous le souhaitez, et la faire cuire au dernier moment. L'épaule étant désossée, le service est assez facile, surtout si vous utilisez un couteau bien aiguisé.

POUR 8-10 PERSONNES

1 épaule d'agneau, désossée, de 1,2 kg à 1,5 kg
4 cuillères à soupe de jus de citron
250 g d'épinards, débarrassés de leur tige, lavés et égouttés
125 g de champignons, hachés fin
2 grosses gousses d'ail, hachées fin
50 g de noix décortiquées, hachées fin
75 g de fromage, râpé gros
500 g de pâte feuilletée, décongelée si nécessaire
1 œuf battu
sel et poivre gris
POUR LA SAUCE
3 cuillères à soupe de cognac
30 cl de crème fraîche
sel et poivre gris

Si l'épaule a été ficelée, détachez la ficelle et posez la viande à plat. Arrosez-la de jus de citron. Pour préparer la farce, placez les feuilles d'épinards dans le bol d'un robot ménager et hachez-les finement. Mettez-les dans une jatte et ajoutez les champignons, l'ail, les noix et le fromage râpé. Salez et poivrez, puis mélangez avec une cuillère en bois.

Étalez la farce sur la viande, en remplissant bien les poches éventuelles. Roulez l'épaule afin d'enfermer la farce, en la tassant avec les doigts, afin qu'elle ne sorte pas du rôti ainsi reformé. Fixez le tout avec de la ficelle en essayant d'obtenir une forme aussi régulière que possible et placez l'épaule dans un plat. Frottez toute la surface avec du sel.

Faites cuire la viande au four préchauffé à 180 °C, Th. 4 pendant 1 heure à 1 heure 30, en fonction de la taille de votre rôti et du degré de cuisson souhaité. Arrosez-le régulièrement avec le jus de cuisson. Retirez la viande du four et laissez-la refroidir dans le plat.

Lorsque la viande est complètement froide, retirez la graisse solidifiée. Remettez en place la farce qui aurait pu s'échapper et retirez délicatement la ficelle. Versez le jus de cuisson dans un bol et réservez-le au réfrigérateur.

Sur un plan de travail légèrement fariné, étalez la pâte en une abaisse suffisamment grande pour envelopper complètement le rôti. Coupez la pâte en excédent dans les angles (voir page 157). Rabattez la pâte sur l'épaule et humectez les bords, afin de bien les sceller. Conservez les chutes de pâte pour réaliser les motifs décoratifs.

Placez le rôti, le joint vers le bas, dans un plat beurré. Étalez les chutes de pâte et confectionnez des formes, à l'aide d'un couteau pointu (voir page 245). Fixez-les avec de l'eau. Percez deux trous dans la pâte, afin que la vapeur puisse s'échapper. Réfrigérez la viande en croûte pendant au moins 30 minutes avant de la faire cuire.

Badigeonnez la pâte avec l'œuf battu et faites cuire au four préchauffé à 200 °C, Th. 6, pendant 30 minutes environ, jusqu'à ce que l'extérieur soit bien doré. Laissez le rôti dans le four éteint, porte entrouverte, pendant que vous préparez la sauce.

Portez le jus de cuisson réservé à ébullition dans une casserole avec le cognac et la crème et laissez bouillir pendant 1 ou 2 minutes. Salez et poivrez et versez la sauce dans une saucière. Réservez au chaud pendant que vous découpez la viande en tranches régulières.

RÔTI DE PORC AUX POMMES DE TERRE ET AUX ÉPICES *(149)*

Ce plat excessivement simple à préparer est un véritable délice. Le goût du porc imprègne les pommes de terre qui cuisent sous la viande, dans un mélange d'huile d'olive, d'ail, de cumin et de macis. L'oignon et la tomate permettent d'enrichir la sauce. Pour les gros appétits, accompagnez ce plat d'un légume vert ou de chou, par exemple.

POUR 6 PERSONNES

750 g-1 kg de pommes de terre nouvelles à chair ferme, grattées mais non pelées
4 grosses gousses d'ail, hachées fin
3 cuillères à café de graines de cumin
environ 6 fibres de macis
1 gros oignon, haché gros
250-350 g de tomates, hachées fin
2 feuilles de laurier
3 cuillères à soupe d'huile d'olive vierge
1 cuillère à soupe de vinaigre de vin
1 rôti de porc dans le filet, de 1 kg à 1,2 kg environ
sel et poivre gris

Coupez les pommes de terre en grosses rondelles de 1 cm d'épaisseur et disposez-les au fond d'une grande cocotte. Ajoutez les trois quarts de l'ail, 2 cuillères à café de graines de cumin, le macis, l'oignon et les tomates, le laurier, l'huile d'olive et le vinaigre, puis mélangez le tout très soigneusement. Salez et poivrez généreusement.

Placez l'ail restant dans un bol avec le reste de cumin et poivrez abondamment. Frottez le rôti avec cette préparation, puis placez-le sur les pommes de terre. Couvrez et faites cuire le tout à mi-hauteur dans le four préchauffé à 180 °C, Th. 4, pendant 1 heure 45 à 2 heures.

Pour servir, sortez le rôti et posez-le sur une planche. Découpez-le en fines tranches à l'aide d'un couteau aiguisé. Servez les pommes de terre dans la cocotte.

FILET DE PORC AUX FRUITS *(142)*

Réservez cette recette pour un dîner entre amis un jour où vous manquez de temps pour préparer le repas. Ce plat présente un caractère chinois qui ravira vos convives amateurs d'exotisme. Servez avec des nouilles chinoises ou du riz.

POUR 3-4 PERSONNES

400-500 g de filet de porc, coupé en lamelles de 1 cm
3 cuillères à soupe d'huile de tournesol ou d'arachide
3 pommes Granny Smith, lavées, avec leur peau
1 morceau de gingembre frais de 2,5 cm, épluché et coupé en lamelles
2 grosses gousses d'ail, hachées fin
75 g d'abricots secs, coupés en deux dans la longueur
1 laitue romaine, coupée en fins lambeaux
4-5 pincées de piment de Cayenne
sel
sauce soja

Placez les lamelles de porc sur une seule épaisseur entre deux feuilles de papier sulfurisé. Aplatissez-les à l'aide d'un rouleau à pâtisserie. Faites chauffer 1 cuillère à soupe d'huile dans une grande poêle ou un wok. Faites cuire la viande à feu vif, jusqu'à ce qu'elle soit légèrement dorée des deux côtés. À l'aide d'une écumoire, transférez-la dans un plat et tenez-la au chaud à four tiède.

Coupez les pommes en deux, évidez-les, puis détaillez-les en quartiers très fins. Versez une autre cuillère à soupe d'huile dans la poêle à feu vif. Ajoutez le gingembre et l'ail et remuez pendant 1 minute, puis ajoutez les tranches de pommes et remuez pendant 5 minutes supplémentaires, jusqu'à ce que les pommes soient dorées. Ajoutez les abricots et versez cette préparation sur la viande, dans le four.

Versez le reste d'huile dans la poêle et ajoutez la salade. Faites cuire à feu vif pendant 30 secondes, jusqu'à ce que les feuilles soient très tendres. Ajoutez-les à la préparation à base de porc. Relevez avec du piment de Cayenne et du sel, et présentez le tout dans un plat de service. Parsemez de sauce soja et servez aussitôt.

FILET D'AGNEAU GRILLÉ À LA SAUCE AU YAOURT *(142)*

Pensez au filet d'agneau lorsque vous souhaitez servir de l'agneau en tranches, désossé. Ce morceau est particulièrement succulent lorsqu'on le fait mariner avant de le griller. La viande s'imprègne des arômes tout en restant rosée à l'intérieur. Les purées de légumes sont idéales pour accompagner ce plat.
POUR 4 PERSONNES

2 cuillères à soupe d'huile d'olive
4 cuillères à soupe de jus de citron
3 gousses d'ail, écrasées
3 cuillères à café de cumin en poudre
1 cuillère à soupe de purée de tomates
poivre gris
750-850 g de filet d'agneau
feuilles de menthe, pour garnir
POUR LA SAUCE
1 cuillère à café pleine de graines de coriandre
2 cuillères à café de graines de sésame
1 poignée de feuilles de menthe fraîche, hachées fin
8 cuillères à soupe de yaourt
sel et poivre gris

Au moins 4 heures à l'avance, préparez la marinade. Mettez l'huile d'olive, le jus de citron, l'ail écrasé, le cumin et la purée de tomates dans une jatte et mélangez le tout. Poivrez généreusement. Disposez la viande dans un plat allant au four et badigeonnez-la de marinade. Couvrez le plat et laissez-le dans un endroit frais, mais pas au réfrigérateur si possible, pendant au moins 4 heures, voire toute une nuit.

Avant de faire cuire l'agneau, préparez la sauce au yaourt. Placez une poêle bien sèche à feu vif, et faites-y griller les graines de coriandre et de sésame, pendant 1 ou 2 minutes. Mettez les graines dans une jatte. Ajoutez la menthe et le yaourt. Mélangez, salez et poivrez et versez dans un bol.

Pour faire cuire la viande, préchauffez le gril sur la position maximum. Faites griller la viande pendant environ 10 minutes, jusqu'à ce qu'elle soit dorée, en la retournant une fois ou deux et en l'arrosant de marinade. Lorsque la viande est cuite, sortez-la du four, mais laissez-la sur la grille pendant quelques minutes avant de la découper en tranches de 1 cm d'épaisseur. Pour servir, disposez les tranches d'agneau sur le plat de service chaud, garnissez avec les feuilles de menthe et servez avec la sauce au yaourt.

BOULETTES AUX ÉPINARDS ET AUX CHAMPIGNONS *(153)*

Ces boulettes savoureuses pleines de bonnes choses forment un plat complet. Vous pouvez néanmoins les accompagner de pommes de terre nouvelles ou de nouilles au beurre.
POUR 4 PERSONNES

500 g de viande d'agneau ou de bœuf, hachée
1 morceau de gingembre de 2,5 cm à 5 cm, épluché et haché fin
2 cuillères à café de graines de cumin
1 cuillère à soupe de purée de tomates
1-2 cuillères à soupe d'huile d'arachide
50 g de beurre
1 oignon, émincé
500 g d'épinards, débarrassés de leur tige, lavés et hachés gros
175 g de champignons, émincés
4 grosses gousses d'ail, coupées dans la longueur
4 cuillères à soupe de yaourt ou de crème fraîche
sel et poivre gris
piment de Cayenne, pour garnir

Mettez la viande dans une jatte puis salez et poivrez. Ajoutez le gingembre, les graines de cumin et la purée de tomates, et mélangez avec une cuillère en bois. Mouillez-vous les mains et formez des boulettes de préparation, de la taille d'une noix.

Mettez l'huile dans une grande poêle, à feu vif. Lorsque l'huile est chaude, ajoutez les boulettes et faites-les dorer délicatement. Retirez la poêle du feu et réservez.

Faites fondre le beurre dans une grande cocotte, à feu moyen. Ajoutez l'oignon émincé et faites-le cuire, jusqu'à ce qu'il soit transparent. Ajoutez les épinards hachés, couvrez la cocotte et faites cuire pendant quelques minutes, en ouvrant la cocotte et en remuant de temps en temps. Ajoutez les champignons émincés et l'ail, puis salez et poivrez.

À l'aide d'une écumoire, prenez les boulettes dans la poêle et disposez-les sur le mélange aux épinards et aux champignons. Couvrez à nouveau la cocotte et continuez de faire cuire à feu doux pendant 15 minutes. Retirez le couvercle de la casserole, augmentez la chaleur et laissez bouillir pendant 5 à 8 minutes, jusqu'à ce que le jus ait réduit de moitié. Juste avant de servir, nappez de yaourt ou de crème fraîche et parsemez avec un peu de piment de Cayenne.

CÔTES DE PORC AU ROQUEFORT ET POIRES AU FOUR *(142)*

Le porc, comme les oignons, se marie très bien avec un ingrédient sucré. Les poires de cette recette et le gingembre ajoutent une note acidulée et relevée très agréable, tandis que le roquefort parfume toute la sauce.
POUR 4 PERSONNES

4 côtes de porc, bien charnues
125 g de roquefort
huile d'olive
3 oignons, hachés gros
2 gousses d'ail, hachées fin
1 morceau de gingembre de 5 cm, épluché et haché fin
2 belles poires à chair ferme
sucre en poudre (facultatif)
sel et poivre gris
persil haché, pour garnir

À l'aide d'un couteau aiguisé, ouvrez la chair de chaque côte de porc pour former une poche. Émiettez le fromage dans une jatte et poivrez abondamment. Farcissez chaque côte et badigeonnez-les d'huile. Réservez.

Faites chauffer environ 1 cuillère à soupe d'huile dans une cocotte allant sur le feu, à feu moyen, puis ajoutez les oignons et remuez jusqu'à ce qu'ils soient transparents. Ajoutez l'ail et le gingembre et remuez pendant 1 minute. Salez. Disposez les côtes de porc farcies par-dessus.

Faites cuire dans la cocotte, sans couvrir, à mi-hauteur du four préchauffé à 160 °C, Th. 3, pendant 1 heure à 1 heure 15. Pendant ce temps, pelez les poires, puis coupez-les en deux et évidez-les délicatement. Environ 30 minutes avant la fin de la cuisson, disposez une demi-poire sur chaque côte de porc, arrosez d'un filet d'huile et sucrez légèrement, si vous le souhaitez, avant de saler et poivrer. Décorez avec un peu de persil.

CIVET DE LIÈVRE AUX COINGS *(142)*

Ce civet de lièvre préparé dans une sauce tomate aux poivrons rouges se déguste avec des pommes de terre, des pâtes ou du riz, ainsi qu'une salade ou un légume vert. Les coings apportent une note originale à la recette, mais peuvent être facilement remplacés par des poires bien fermes, si vous avez du mal à vous en procurer. *POUR 6 PERSONNES*

2 poivrons rouges, vidés, épépinés et hachés gros (voir page 49)
500 g de tomates, hachées gros
1 gros oignon, haché
1 cuillère à soupe de sucre en poudre (facultatif)
60 cl de vin rouge
2 cuillères à soupe de vinaigre de xérès
2 cuillères à soupe d'huile d'arachide
1 lièvre de 1,5 kg à 1,7 kg, coupé en morceaux (voir page 155)
3 grosses gousses d'ail, épluchées et hachées fin
1/2 cuillère à café de clous de girofle moulus
1 cuillère à café de macis moulu
1 noix de muscade, râpée
500 g de coings, lavés mais non épluchés
1 poignée de persil fraîchement haché
sel et poivre gris

Mettez les poivrons, les tomates et l'oignon dans une grande casserole avec le sucre, le vin, le vinaigre de xérès, puis salez et poivrez. Mettez la casserole à feu vif et portez à ébullition, puis couvrez la casserole et laissez mijoter à feu moyen, pendant 30 minutes. Retirez la casserole du feu et réservez.

Faites chauffer l'huile dans une grande poêle à feu vif et faites revenir les morceaux de lièvre jusqu'à ce qu'ils soient bien dorés. Retirez-les de la poêle à l'aide d'une écumoire et placez-les dans une grande cocotte. Parsemez le lièvre avec l'ail haché et les autres épices.

Versez le contenu de la casserole dans le bol d'un robot ménager et actionnez le moteur, jusqu'à ce que vous obteniez une préparation lisse. Passez la purée obtenue au travers d'un chinois, goûtez et rectifiez l'assaisonnement avec du sel et du poivre si nécessaire. Versez ce mélange sur le lièvre. Couvrez la cocotte et faites cuire à mi-hauteur du four préchauffé à 240 °C, Th. 9, pendant 15 minutes, puis baissez la température à 160 °C, Th. 3, pendant 1 heure 30, jusqu'à ce que la viande soit bien tendre.

Coupez les coings en quatre, évidez-les et placez-les dans la cocotte, en les mélangeant soigneusement. Couvrez la cocotte et poursuivez la cuisson pendant 30 minutes, jusqu'à ce que les coings soient bien tendres. Parsemez le plat de persil haché juste avant de servir.

SELLE DE CHEVREUIL AUX ÉPINARDS ET AUX ROGNONS *(154)*

Une selle de chevreuil constitue un plat de choix surtout si, comme c'est le cas dans cette recette, elle est farcie avec une garniture moelleuse et relevée.
POUR 6-8 PERSONNES

1 selle de chevreuil de 1,7 kg à 2 kg, désossée
4 cuillères à soupe de jus de citron
huile d'olive
500 g d'épinards, débarrassés de leur tige et lavés
2 cuillères à café de grains de poivre vert en conserve, égouttés et écrasés
2 cuillères à café de moutarde en grains
4-5 rognons d'agneau, débarrassés de leur enveloppe (voir page 150)
lard gras, pour barder
1 cuillère à soupe de vinaigre de xérès ou de vin vieux
2 cuillères à café de moutarde de Dijon
30 cl de crème fraîche
sel et poivre noir

Posez le chevreuil, la peau vers le bas, dans un plat à rôtir. Arrosez la chair de jus de citron et d'huile d'olive et poivrez généreusement. Couvrez et laissez reposer pendant plusieurs heures, ou mieux pendant toute une nuit.

Faites cuire les épinards à l'eau ou à la vapeur, jusqu'à ce que les feuilles soient bien tendres. Rincez à l'eau froide et égouttez-les soigneusement, en exprimant autant de liquide que possible. Laissez refroidir.

Mettez les grains de poivre dans un bol avec la moutarde en grains. Ajoutez les épinards et étalez cette farce à l'intérieur de la pièce de viande. Placez ensuite les rognons au centre et refermez la selle en repliant les bords. Si les épinards ont tendance à sortir du rôti, remettez-les en place en tassant soigneusement. Retournez la viande et arrosez-la d'un filet d'huile d'olive. Salez et couvrez la partie supérieure de lard gras. Ficelez la pièce de viande à intervalles réguliers (voir page 144). Enfournez la viande au four préchauffé à 220 °C, Th. 7, et faites cuire pendant 45 à 60 minutes.

Pendant ce temps, mettez le vinaigre ou le vin et la moutarde de Dijon dans un bol et ajoutez la crème. Salez et poivrez. Lorsque la viande est cuite, posez-la sur le plat de service chaud. Dégraissez le jus de cuisson et ajoutez, dans le plat de cuisson, la crème à la moutarde. Faites chauffer à feu vif jusqu'à ce que la sauce commence à bouillir. Maintenez à ébullition pendant 1 minute, en remuant, et versez dans une saucière.

LAPIN À LA MOUTARDE ET AU POTIRON *(155)*

La chair savoureuse et légère du lapin se marie très bien aux ingrédients de cette recette. Le potiron, en cuisant, forme une sauce orange clair que viennent relever la moutarde et le poivre vert.
POUR 4 PERSONNES

1 cuillère à soupe d'huile d'olive
2 cuillères à café de graines de carvi
1 lapin de 1 kg, coupé en morceaux (voir page 155)
4 gousses d'ail, hachées gros
125 g de beurre, coupé en morceaux
1 kg de potiron, épluché, épépiné et concassé en petits morceaux
2 cuillères à café de poivre vert en conserve, égoutté et écrasé grossièrement
4 cuillères à café de moutarde de Dijon
15 cl de vin blanc ou de cidre
15 cl de crème fraîche
sel
persil plat, pour garnir

Faites chauffer l'huile d'olive dans une grande cocotte à feu moyen. Ajoutez les graines de carvi et remuez pendant 1 minute, puis ajoutez les morceaux de lapin et faites-les revenir de tous les côtés. Ajoutez l'ail haché et remuez pendant 30 secondes. Retirez du feu et ajoutez le beurre, puis, lorsqu'il a fondu, ajoutez le potiron, les grains de poivre vert, la moutarde, le vin blanc ou le cidre et un peu de sel. Mélangez avec une cuillère en bois.

Couvrez hermétiquement la cocotte et faites cuire à mi-hauteur du four préchauffé à 180 °C, Th. 4, pendant 1 heure 15. Remuez avec une cuillère en bois pour briser les morceaux de potiron puis refermez la cocotte et laissez cuire pendant encore 20 à 30 minutes.

Juste avant de servir, nappez de crème fraîche, mélangez délicatement et garnissez avec le persil.

Volaille et gibier à plumes

La volaille, terme générique désignant le poulet, la dinde, la pintade, le canard et l'oie, permet de préparer des plats variés appréciés de tous. Le poulet et la dinde comptent en outre parmi les viandes les plus économiques. Mais on peut les accommoder de manière raffinée de façon à préparer des plats de fête, parfois très originaux. Le poulet est délicieux lorsqu'il est accompagné de sauces relevées et épicées, surtout s'il s'agit d'un poulet congelé, qui manque souvent de saveur. Les volailles élevées en plein air, qu'il s'agisse de poulets ou de dindes, présentent un goût incomparable, en raison notamment de leur alimentation variée, ce qui les destine à des recettes simples et peu élaborées.

Les volailles les plus courantes sont à la fois bon marché et pauvres en graisses (à l'exception du canard et de l'oie). Le poulet et la dinde, toujours très appréciés des petits comme des grands, sont un plat familial par excellence. Ceci n'est toutefois pas une raison pour proposer toujours l'éternel poulet rôti ; il existe en effet un vaste choix de préparations faciles et rapides, toutes aussi délicieuses. Les escalopes de poulet, par exemple, se prêtent à une multitude de préparations. On peut les faire griller, rôtir, cuire à la vapeur, ou mieux encore, les couper en aiguillettes pour les préparer à la poêle, à l'orientale. Elles peuvent aussi être aplaties puis enroulées autour d'une farce. Les coquelets ont la taille idéale pour être servis en portions individuelles.

Les poulets à la chair jaune ont été nourris au maïs, mais cela ne signifie pas pour autant qu'ils aient été élevés en plein air. Leur saveur est généralement agréable et leur consistance plus moelleuse en raison de la couche de graisse située sous la peau généralement plus épaisse.

Le canard et le caneton sont plus coûteux que le poulet et la dinde car ils possèdent moins de chair sur les blancs. La proportion des os par rapport à la chair est plus importante que chez d'autres volailles. Ils offrent néanmoins des qualités de goût et de consistance très supérieures. Une oie rôtie farcie aux noix et accompagnée d'une sauce aux fruits est un plat de fête impossible à réaliser avec un simple poulet. Le canard de Barbarie présente une épaisseur de graisse sous la peau peu importante ; sa chair plus foncée offre un goût très prononcé. Le petit colvert, ou canard sauvage, se caractérise par une saveur encore plus marquée, qu'on aime trouver chez le gibier.

Les filets ou les magrets de canard se dégustent rosés, tandis que les cuisses gagnent à être légèrement plus cuites. C'est la raison pour laquelle la cuisson du canard n'est pas chose aisée. Les magrets de canard sont aujourd'hui vendus séparément, ce qui permet de les cuire juste le temps nécessaire, sous un gril chaud, afin d'obtenir une viande rosée et juteuse. Les cailles font partie de la famille du gibier à plumes, mais sont si courantes qu'on les considère presque comme de la volaille. Leur goût et leur consistance font de ces petits oiseaux un mets de choix.

Le gibier à plumes n'est plus une denrée réservée aux seuls chasseurs. Même si les bouchers ne conservent pas suffisamment longtemps le gibier à plumes pour que la chair présente un net goût faisandé, il est toujours très agréable de déguster ce type de viande qui sort de l'ordinaire. Les pigeons sont particulièrement délicieux lorsqu'on les fait cuire en ragoût. Rôtis, ils ont en effet tendance à être plus fermes. De la même façon, le faisan, qui peut être parfois un peu sec, gagne à être cuit en ragoût ou accompagné d'une sauce. Les perdrix se caractérisent par un goût et une consistance délicats et produisent un jus succulent, surtout lorsqu'on veille à ne pas les faire cuire trop longtemps. Tous les gibiers sont délicieux accompagnés de préparations fruitées (airelles, fruits rouges, raisins) et d'épices.

Dans le sens des aiguilles d'une montre, à partir du haut à gauche : Canard fruité (page 193) accompagné d'une sauce au miel et aux abricots; Poulet aux amandes et au lait de coco (page 190) servi avec du riz safrané; Coquelets à la coriandre et au citron vert (page 191) cuisinés avec du fromage frais et de fines tranches de lard et servis avec une sauce préparée avec le jus de cuisson; Poulet au poivron jaune et à la sauce à l'aneth (page 190); Feuilleté de canard à la sauce aux poireaux (page 193) servi avec des pommes de terre; Coq de bruyère sauce mystère (page 192) servi avec de jeunes carottes.

PRÉPARATION

Lorsque vous choisissez une volaille, veillez à ce que sa forme soit bien arrondie et compacte, ses blancs bien charnus, sa peau lisse et sans marque et ses pattes souples au niveau des articulations. Les poulets, les dindes, les pintades, les canards et les oies ne doivent pas sentir. Lorsque la volaille est trop vieille, il se dégage une odeur nauséabonde, que l'on sent même à travers l'emballage plastique la recouvrant. En arrivant chez vous, déballez aussitôt votre volaille et posez-la sur une assiette en la recouvrant de papier sulfurisé ; ainsi l'air pourra circuler facilement. Ne conservez pas votre volaille plus de trois jours. Si la volaille vous a été vendue avec les abats, conservez-les pour les utiliser (dans un bouillon par exemple, voir page 29) ou pour les congeler.

Il est inutile de nettoyer les morceaux de volaille. Il n'est pas indispensable non plus de trousser une volaille. Cependant, si vous préférez que votre volaille conserve une forme bien régulière en cours de cuisson, il est préférable de le faire. Bien que certaines volailles se prêtent particulièrement bien à certains modes de cuisson, il ne faut pas oublier le grand choix de préparations possibles. Les volailles et le gibier à plumes peuvent être rôtis, cuits dans un liquide ou à la vapeur, préparés en ragoût ou en sauce, cuits au barbecue, grillés ou traités en friture.

Le canard est toujours très apprécié rôti ou grillé, car ces deux modes de cuisson permettent d'obtenir une peau croustillante, mais il est tout aussi délicieux en ragoût. Il convient alors de le servir avec un féculent, qui absorbera sa délicieuse graisse.

L'oie rôtie est un plat de fête que l'on réserve aux grandes occasions. J'aime la farcir avec des fruits. On fait souvent rôtir la dinde alors que ce mode de cuisson ne la met pas toujours en valeur. Elle est en effet bien meilleure, coupée en morceaux et préparée en ragoût ou en sauteuse, à la chinoise. Le gibier à plumes est généralement rôti, mais peut être succulent sous d'autres formes.

TROUSSER UN POULET

Les volailles que l'on achète en général dans le commerce sont déjà troussées ; il est donc inutile de retirer l'élastique ou la ficelle, à moins que vous ne vouliez les farcir (voir page 176). Une volaille troussée conserve sa forme ; ainsi cuit-elle uniformément. Elle est aussi plus facile à découper et garde son jus. Une méthode simple consiste à tirer les pattes et à les ficeler ensemble. Veillez à ce que la peau du cou soit bien tendue sous le volatile et à ce que les ailes soient rentrées sous le ventre.

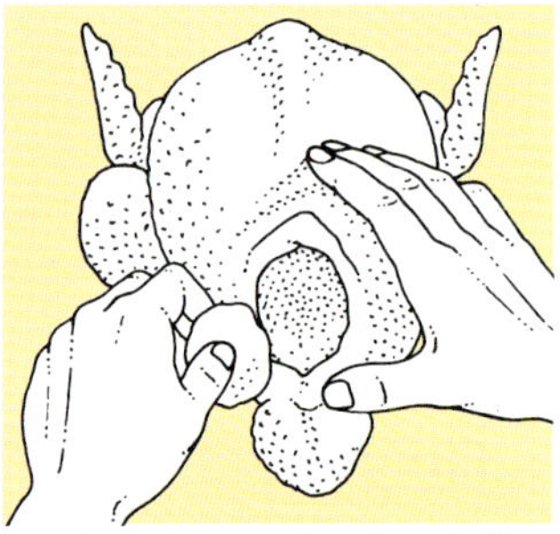

1 *Placez la main dans la volaille et retirez le morceau de graisse situé à l'ouverture, en tirant. Essuyez l'intérieur et l'extérieur avec du papier absorbant.*

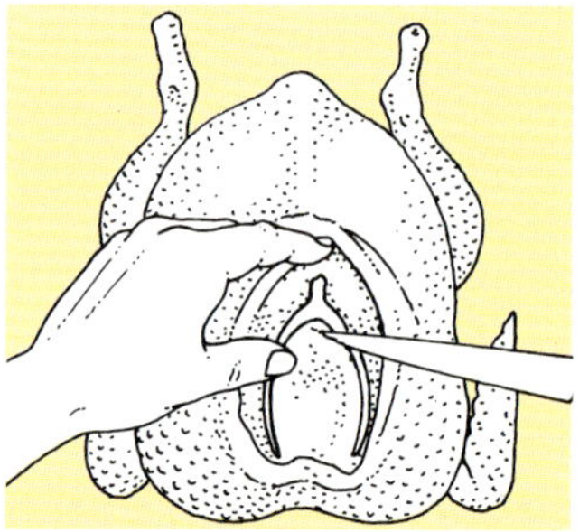

2 *Rabattez vers l'arrière la peau du cou. Enlevez la fourchette, à l'aide d'un petit couteau, en incisant la chair le long de l'os. Puis farcissez le poulet si vous le souhaitez.*

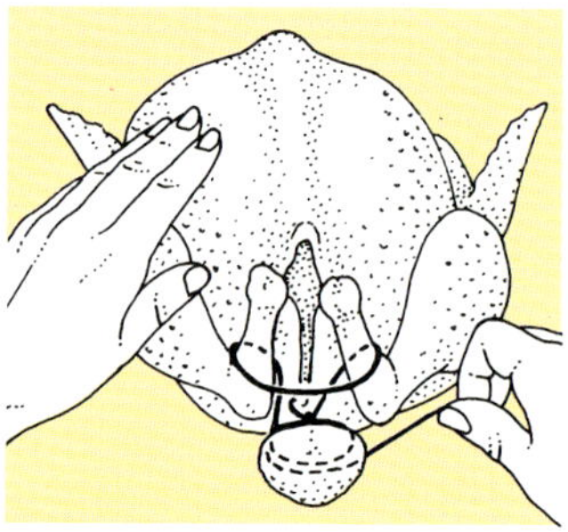

3 *Passez du fil à brider (un bon mètre) sous le croupion. Croisez-le puis passez-le autour des pilons. Tendez afin de ramener les pilons sur le croupion. Cette opération empêchera la farce de s'échapper et maintiendra la volaille.*

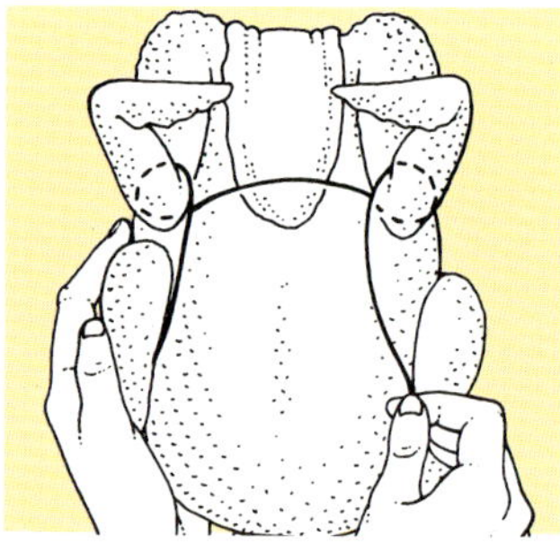

4 *Retournez la volaille. Passez le fil à brider autour d'une aile, puis de l'autre, après avoir rabattu la peau du cou sur le corps. Tendez le fil à brider et revenez l'attacher autour du croupion.*

Les morceaux de poulet se prêtent à une multitude de préparations. Ici le Poulet aux aromates (page 191) est accompagné d'une purée composée de pommes, oignons, endives, et boulghour.

COUPER UN POULET

Découper un poulet en morceaux est une opération assez facile, à condition d'avoir un couteau bien aiguisé. Les cisailles à volaille sont fort pratiques mais non indispensables. Prévoyez un certain temps lorsque vous vous lancez la première fois dans ce travail.

Si vous découpez vous-même un poulet entier, vous obtiendrez différents morceaux que vous pourrez cuisiner de nombreuses façons. Outre ceux-ci, vous pourrez utiliser les délicieux morceaux de viande situés de part et d'autre de la colonne vertébrale que l'on appelle les « sot-l'y-laisse ».

Cette méthode permet d'obtenir 8 morceaux.

CONSEILS ET PRÉCAUTIONS

- On n'insistera jamais assez sur les précautions à prendre lorsqu'on manipule de la volaille. Les aliments contiennent des bactéries, qui peuvent provoquer des intoxications alimentaires si on les laisse se développer à température ambiante ou si elles ne sont pas détruites au cours de la cuisson.
- Achetez vos volailles bien enveloppées. Vérifiez la date limite de consommation et ne choisissez jamais un emballage abîmé ou troué.
- Placez la volaille au réfrigérateur ou au congélateur le plus rapidement possible. Ne conservez pas vos volailles plus de trois jours au réfrigérateur.
- Décongelez les volailles surgelées avant de les cuire. Vérifiez l'avancement de la décongélation en introduisant une main à l'intérieur. Si vous sentez de la glace, attendez encore.
- Si vous souhaitez que votre volaille préalablement congelée soit bien tendre, faites-la décongeler le plus lentement possible, par exemple au réfrigérateur, sur une assiette.
- Ne plongez pas une volaille dans de l'eau chaude pour la faire décongeler.
- Ne congelez pas une volaille qui a été préalablement congelée, même si vous l'avez fait cuire entre temps.
- Après avoir manipulé de la volaille crue, lavez-vous soigneusement les mains et nettoyez les ustensiles. Grattez la planche à découper en bois dans de l'eau savonneuse afin de réduire les risques de contamination.
- Veillez à ce que les viandes cuites ne soient jamais en contact avec les volailles crues.
- Faites toujours cuire les volailles très soigneusement. Certaines bactéries dangereuses, telles que la salmonelle, se développent dans un environnement tiède. C'est pourquoi les aliments à moitié cuits constituent un excellent terrain pour les microbes. La salmonelle se développe peu à des températures inférieures à 10 °C et est détruite dès qu'on atteint la température de 160 °C, pendant 2 minutes. À cette température, le jus de la volaille est devenu clair. S'il vous paraît encore trop rosé, poursuivez la cuisson.
- Lorsque vous faites cuire une volaille crue dans de l'eau, commencez par faire bouillir celle-ci 30 secondes, afin de détruire les bactéries.

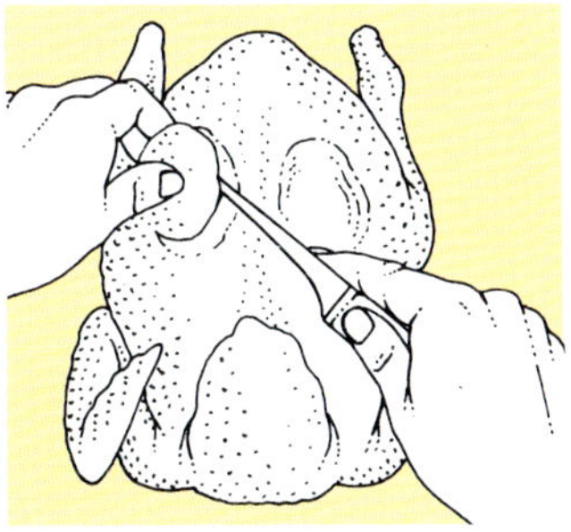

1 *Posez le poulet sur le ventre. Dégagez les sot-l'y-laisse situés de part et d'autre de la colonne vertébrale en vous aidant de la pointe d'un couteau aiguisé, sans toutefois les détacher de la peau qui les recouvre.*

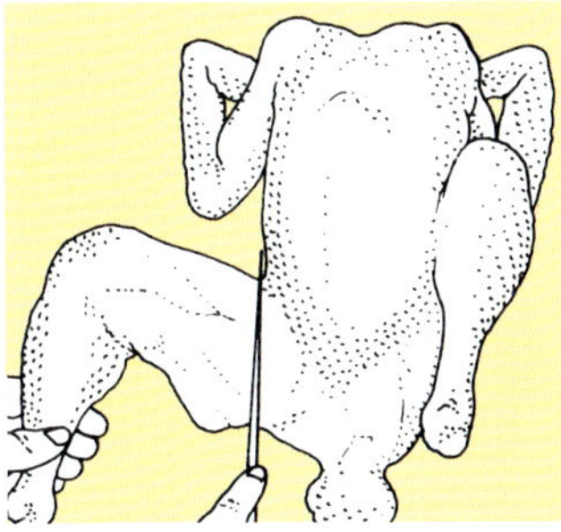

2 *Retournez le poulet sur le dos. Découpez les pattes au travers de la peau, là où les cuisses rejoignent la carcasse. Tirez sur les membres pour couper la chair à l'articulation. Dégagez la cuisse en prenant le sot-l'y-laisse.*

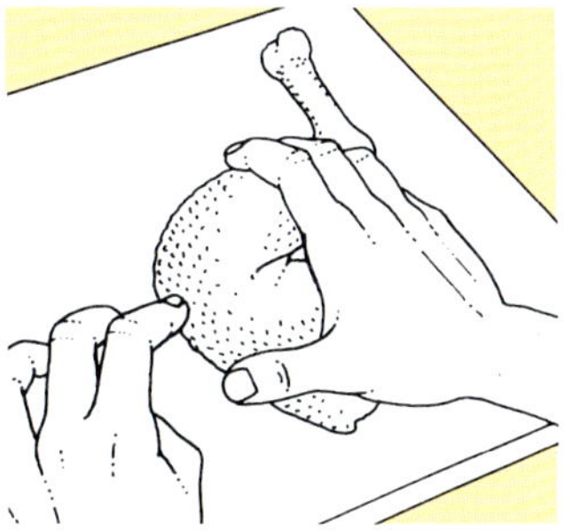

3 *Repérez l'articulation entre le haut de cuisse et le pilon puis coupez à cet endroit. Découpez l'extrémité des pattes et jetez-les ou conservez-les pour préparer un bouillon (voir page 29).*

COUPER UN CANARD

Le canard se découpe différemment, en raison de sa forme, mais aussi parce qu'il possède plus d'os et moins de chair que le poulet.

Il est assez facile de dégager les filets. Retirez la colonne vertébrale comme si vous souhaitiez couper le canard en morceaux, puis découpez la patte et la cuisse. Découpez le long des os situés sous les blancs et dégagez la chair avec la pointe d'un couteau.

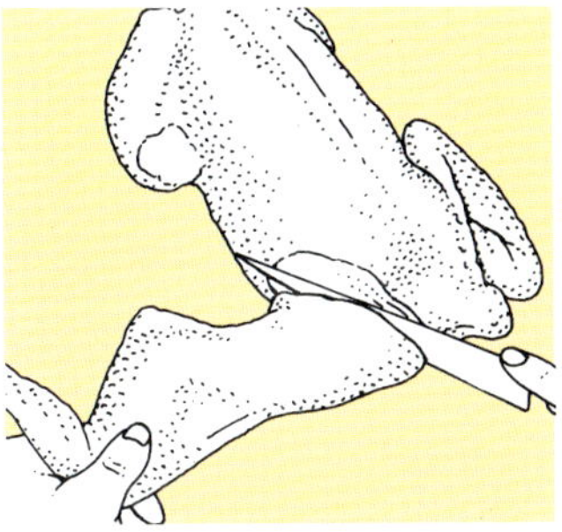

4 *Retournez la volaille sur le ventre. Découpez l'aile au niveau de l'articulation. Tranchez en diagonale de façon à découper un peu de blanc avec chacune des ailes, afin que les morceaux soient plus copieux. Découpez l'extrémité et jetez-la ou utilisez-la dans un bouillon.*

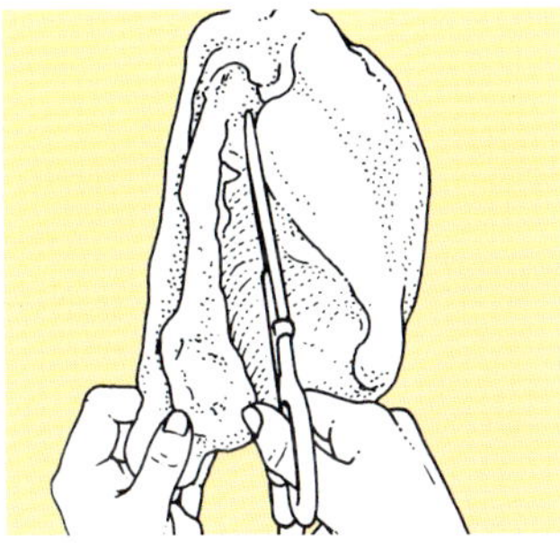

5 *À l'aide de cisailles à volaille, coupez la carcasse en deux, en dégageant les os des blancs. Réservez la carcasse, afin de l'utiliser dans le bouillon.*

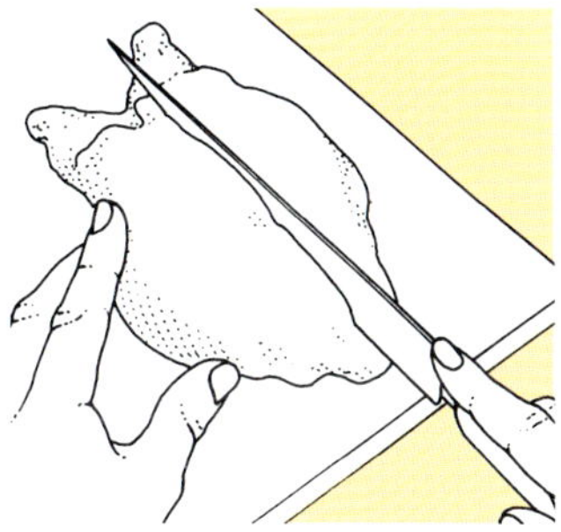

6 *Découpez les blancs en deux et retirez l'os si vous le souhaitez, afin d'obtenir deux portions. Gardez les os pour le bouillon.*

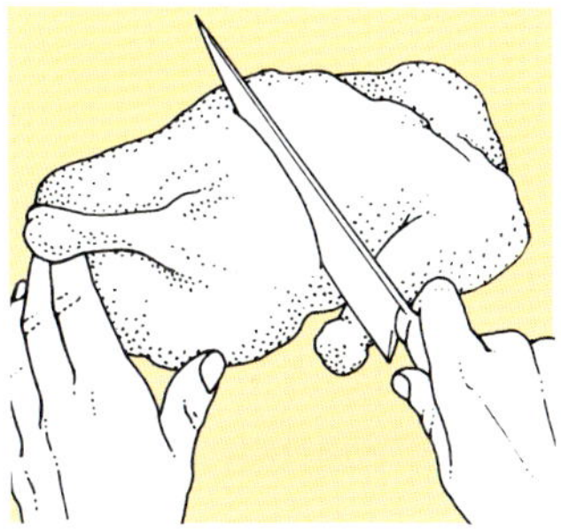

Pour couper un canard en quatre, coupez et jetez la colonne vertébrale ou utilisez-la pour un bouillon (voir page 29). Retournez le canard : les aiguillettes sont situées vers le haut. Coupez-le en deux, au milieu, puis coupez chaque morceau en deux, afin d'obtenir quatre portions ; n'oubliez pas que les morceaux comportant les ailes sont plus gros.

DÉSOSSER ET FARCIR

J'adore les plats farcis, que ce soit les légumes, le poisson ou la viande. À une certaine époque, il était fort facile de trouver des poulets désossés que je farcissais à mon goût, avant de les ficeler et de les faire rôtir. Aujourd'hui, il est très facile de se procurer des morceaux de poulet désossés, mais beaucoup moins aisé de trouver un boucher qui accepte de vous désosser une volaille entière.

Un poulet débarrassé de ses os, que l'on fait rôtir, afin de le déguster chaud, ou que l'on fait pocher pour le manger froid, en galantine, est si bon qu'il vaut la peine d'apprendre à désosser une volaille.

Il existe deux méthodes pour désosser une volaille : soit en ouvrant le poulet, et en tirant sur les os (ce qui est indiscutablement la technique la plus simple) soit en dégageant la carcasse en un seul bloc. Cette méthode est plus difficile, mais convient particulièrement bien aux grosses volailles, aux canards notamment.

Vous pouvez essayer d'utiliser pour la farce des ingrédients de couleurs différentes en les disposant de manière à produire un joli effet lorsque vous servirez votre volaille. Les saveurs de la farce rehaussent celles de la volaille, parfois un peu fade. Parmi les ingrédients aux couleurs vives, on peut utiliser des poivrons jaunes, des olives vertes et noires, des feuilles d'épinards, des pistaches, des fruits secs... Pour une galantine, vous pourrez ajouter un peu de viande hachée. Les farces ne sont pas toujours des préparations solides. Ainsi le poulet à la Kiev est-il farci avec un beurre parfumé.

DÉSOSSER ET FARCIR UN POULET

Une volaille désossée peut être accompagnée de divers types de farces. Elle cuit en outre extrêmement facilement de manière uniforme.

Désosser un poulet peut sembler difficile, mais avec un peu d'entraînement, vous saurez rapidement vous y prendre comme un vrai professionnel. Un couteau à manche court et à lame pointue et fine, une paire de cisailles à volaille et quelques notions d'anatomie — afin de pouvoir repérer l'emplacement des os — vous faciliteront l'opération. Essayez de ne pas entailler la peau; ainsi vous ne risquerez pas que la farce s'échappe en cours de cuisson.

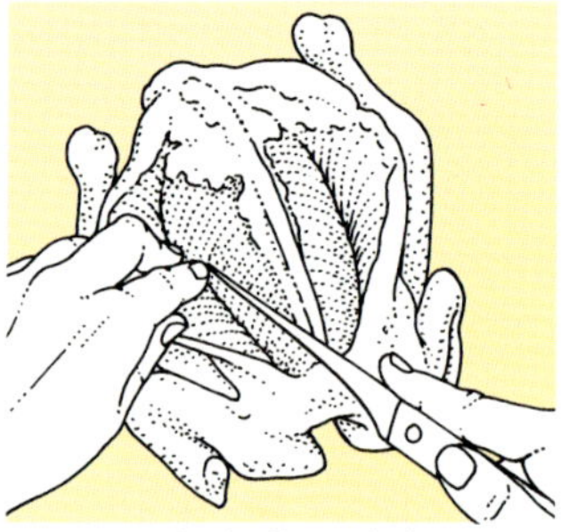

1 *Retirez la ficelle ou l'élastique et posez le poulet sur le ventre. Incisez le long de la colonne vertébrale en partant du cou. Glissez la lame sous la peau et détachez la chair de l'os par un mouvement de va-et-vient. Continuez en dégageant la viande de l'autre main.*

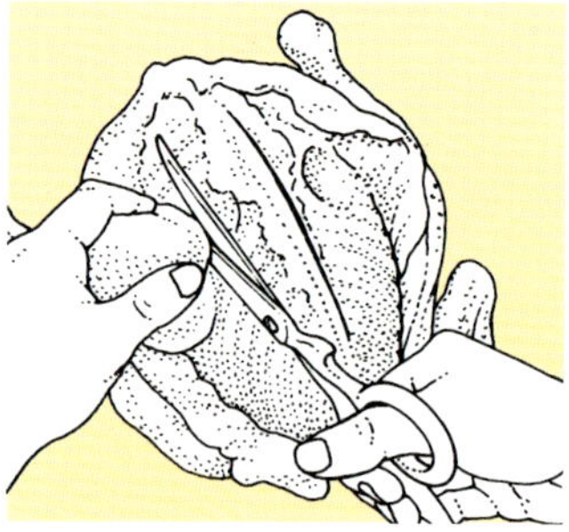

2 *Continuez jusqu'aux cuisses et aux ailes. Coupez au niveau de la jointure, à l'aide de cisailles à volaille, pour détacher le reste de la chair : par moments, on y arrive mieux avec les doigts.*

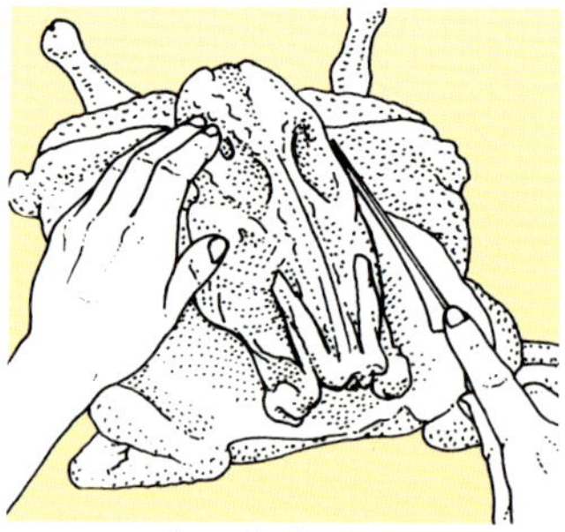

3 *Laissez la volaille dans la même position. Dégagez la chair le long des côtes de la même manière. Veillez à ne pas entamer la peau, au niveau des blancs, là où elle est très fine. On peut alors dégager la carcasse en bloc et la conserver pour faire un bouillon (voir page 29).*

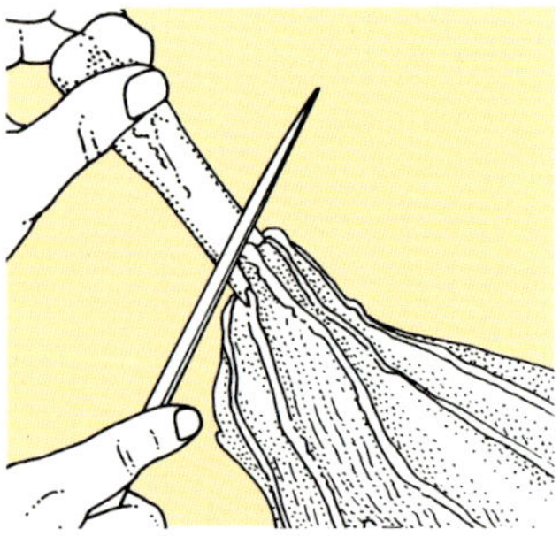

4 *Coupez la partie inférieure des pattes et gardez-les pour un bouillon. Retirez les os des pattes par torsion en dégageant délicatement à l'aide d'un couteau la chair des pilons et des cuisses. Coupez les tendons, dégagez les os et retirez-les.*

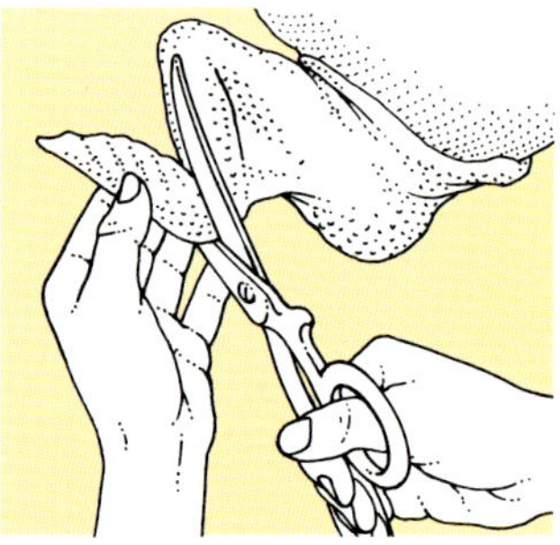

5 *Coupez l'extrémité des ailes. Pour retirer l'os de l'aile, maintenez-la au niveau de la jointure et détachez délicatement la chair. Faites un mouvement de torsion pour dégager l'os. Ôtez-le. Posez le poulet sur le dos et ramenez cuisses et ailes sous le corps.*

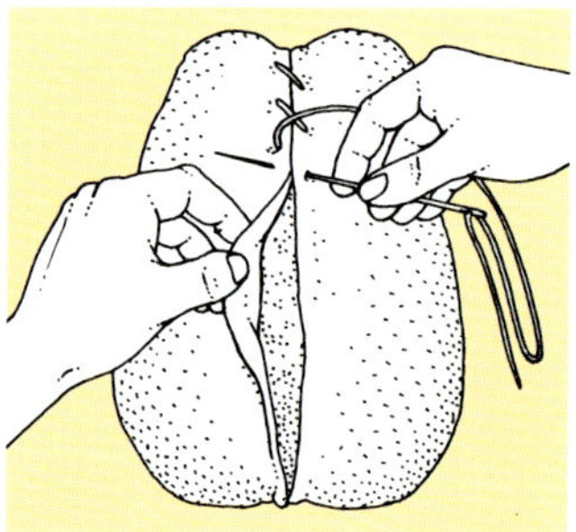

6 *Déposez la farce au milieu et rabattez la chair par-dessus en veillant à ce que les deux bords ne se chevauchent pas trop. Fermez avec du fil à brider, à l'aide d'une aiguille à trousser. Pesez le poulet farci et faites-le rôtir comme un poulet normal (voir page 178), 25 minutes pour 500 g + 25 minutes au besoin.*

DÉSOSSER UNE PATTE DE POULET

Il est facile de désosser une patte de poulet (cuisse et pilon) pour la farcir puis la rôtir, ou l'enrober de chapelure et la faire frire.

Dégagez la chair depuis le haut de la cuisse, jusqu'à l'os. Ne coupez pas la peau. Écartez la chair à mesure que vous la détachez. Découpez au niveau de la jointure et jetez l'os de la cuisse. Farcissez seulement la cuisse et laissez le pilon tel quel, avec l'os. Recousez l'extrémité.

DÉSOSSER UN CANARD

Le canard a une carcasse assez importante. C'est pourquoi, il peut être intéressant de le désosser et de le farcir. Cela facilitera le découpage et rendra en outre la préparation plus copieuse.

En retirant la carcasse d'un seul bloc, vous garderez les os des cuisses et des ailes, ainsi le canard farci conservera-t-il une forme de volaille.

Un bon couteau à désosser est indispensable, ainsi que des cisailles à volaille. Veillez à ne pas entailler la peau, afin que la farce et le jus ne s'écoulent pas pendant la cuisson, ce qui risquerait de dessécher la chair de la volaille.

Ce canard désossé a été farci avec une préparation à base de poivrons jaunes, d'oignons, de noix, d'épinards et d'abricots. Très facile à découper, il ravira vos convives.

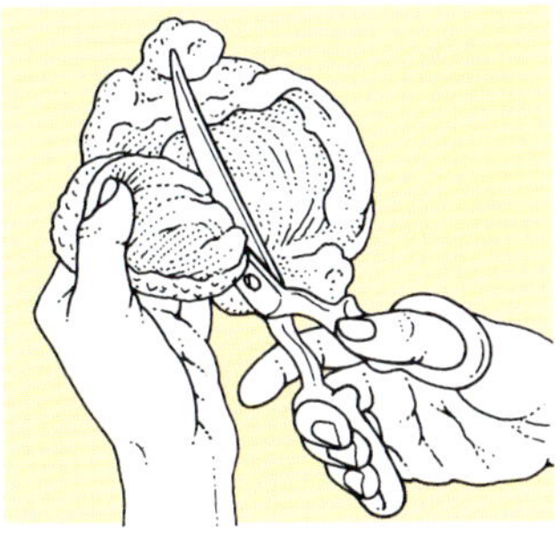

1 *Retirez la ficelle entourant le canard puis coupez l'extrémité des ailes et des pattes. Rincez le canard, à l'intérieur et à l'extérieur et essuyez-le avec du papier absorbant. Posez le canard verticalement, en le faisant reposer sur le cou. Coupez le croupion.*

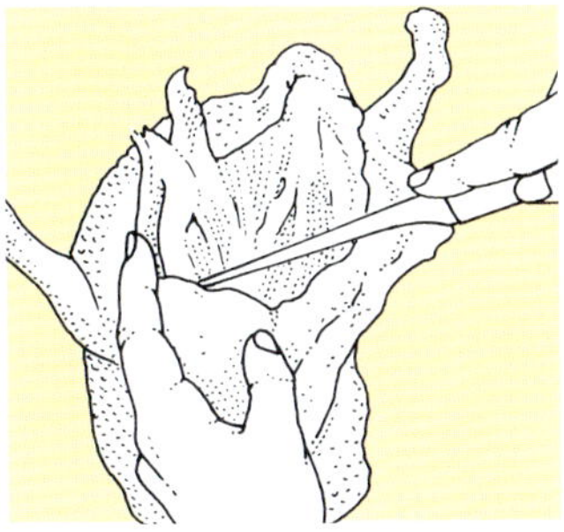

2 *En continuant de maintenir le canard verticalement, raclez délicatement la chair, en passant la lame du couteau contre les os, et en tirant la viande vers le bas d'une main, à mesure que vous la détachez des os de l'autre main.*

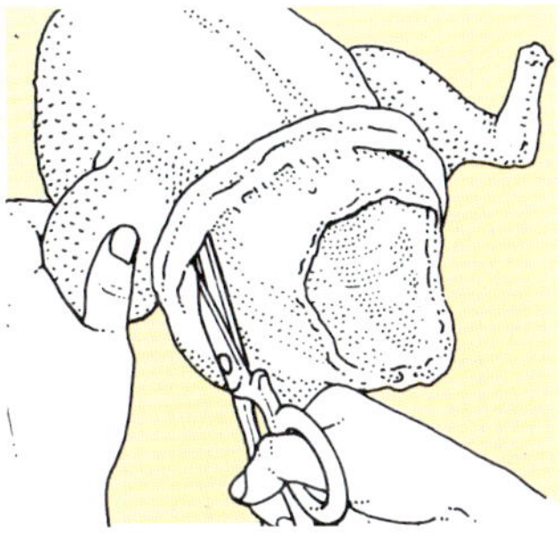

3 *Lorsque vous arrivez au niveau des pattes, coupez à la jointure, par l'intérieur, à l'aide de cisailles à volaille. Laissez les ailes et les pattes telles quelles ; cela permet à la volaille de conserver une forme régulière.*

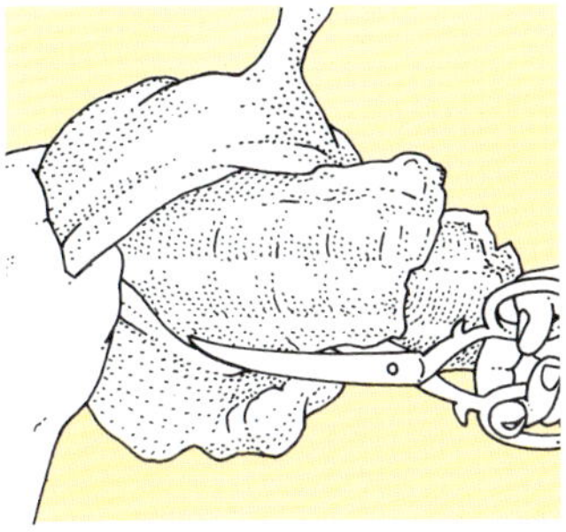

4 *À l'aide des cisailles, coupez la cage thoracique puis tirez sur la carcasse pour la dégager. Vous pouvez l'utiliser dans un bouillon (voir page 29). Préparez la volaille et farcissez-la. À l'aide d'une aiguille à trousser, ficelez l'extrémité, au niveau du cou, pour obtenir une forme régulière.*

FARCIR ET SERVIR LES VOLAILLES DÉSOSSÉES

- L'une des farces se mariant le mieux aux volailles se compose d'un mélange d'herbes fraîches, telles qu'estragon, aneth ou coriandre additionnées de gingembre haché fin, d'ail, de zestes de citron et d'un peu de beurre ramolli ou d'huile d'olive. Utilisez cette farce pour garnir des cuisses, des blancs ou des volailles entières.
- Aplatissez la viande des pattes ou des ailes désossées ou des blancs de volaille et enroulez-la autour d'un peu de farce. Pour cela, ouvrez le morceau de viande le plus possible et avec un rouleau à pâtisserie, un maillet ou un gros couteau plat. La farce pourra être composée d'ingrédients en morceaux ou hachés.
- Les ingrédients les meilleurs pour farcir les volailles sont les poivrons grillés et pelés (voir page 55) puis coupés en morceaux, les oignons sautés, les champignons hachés, les pignons de pin, les pistaches et les noix, le riz sauvage cuit, la carotte râpée, le fromage râpé, le zeste d'agrume râpé, les tomates hachées, les abricots secs ou les pruneaux coupés en morceaux et les épinards hachés.
- Une purée de légumes tubercules (voir page 53), de navets ou de céleri permet de lier des ingrédients moins homogènes. Le fromage frais, surtout s'il est parfumé à l'ail et aux fines herbes ou au roquefort, est délicieux utilisé comme farce.
- Les ingrédients permettant de relever une farce sont très nombreux : purée de tomates, pâte de tomates séchées au soleil, tapenade, anchois finement hachés.
- Les pattes et les ailes désossées peuvent être farcies puis enrobées de pâte. On peut décorer le dessus avec des motifs faits avec les rognures de pâte et dorer le couvercle à l'œuf battu. Faites cuire au four préchauffé à 220 °C, Th. 7, les 20 premières minutes, puis baissez à 160 °C, Th. 3, pendant encore 20 minutes. Soigneusement décorés et dorés, ces petits feuilletés sont parfaits pour un repas entre amis, car on peut les préparer à l'avance et les conserver au réfrigérateur avant de les cuire. On peut même les tenir au chaud à four doux, un certain temps.
- Rehaussez la saveur de vos volailles désossées et farcies en les enroulant de fines tranches de lard.

RÔTISSAGE

Quoi de meilleur qu'un bon poulet rôti ! Le rôtissage compte parmi les modes de cuisson les plus simples ; il permet d'obtenir d'excellents résultats. Même si le poulet (et dans une moindre mesure les autres volailles) rôti est un plat fort courant, s'il est bien préparé, il ajoute toujours une note de fête très agréable à un repas.

Lorsque le rôtissage est réussi, c'est le mode de cuisson qui met le mieux en valeur les volailles telles que le poulet, la dinde, la pintade, le canard, l'oie et la plupart des gibiers à plumes. On considère que le poulet, la dinde et la pintade sont cuits lorsque toute la chair est devenue blanche, sans toutefois être sèche. Pour des volailles de petite taille, il convient de veiller à ce que le feu soit assez vif. Il existe plusieurs façons d'empêcher la chair de dessécher : un peu d'huile ou de beurre, étalé sur le dessus ou badigeonné sous la peau, ou quelques tranches de lard posées sur les blancs.

Les grosses volailles doivent être arrosées fréquemment en cours de cuisson. La chair du canard et de l'oie étant grasse, il est inutile d'ajouter de la matière grasse pour éviter le dessèchement.

Le gibier doit rôtir à une température très élevée mais il faut veiller à ce qu'il ne cuise pas trop longtemps. Sa chair doit rester juteuse et légèrement rosée au centre.

FAIRE RÔTIR UN POULET OU UNE DINDE

Il faut surveiller le temps de cuisson et arroser fréquemment la volaille en cours de cuisson, si l'on souhaite que les cuisses ne se dessèchent pas avant que les blancs ne soient cuits. On recommande parfois de découper les pattes des grosses volailles et de les faire cuire séparément. Placez le poulet ou la dinde sur une grille au-dessus d'un plat à four, si vous désirez recueillir le jus écoulé au fond. Vous pourrez vous en servir pour arroser la viande.

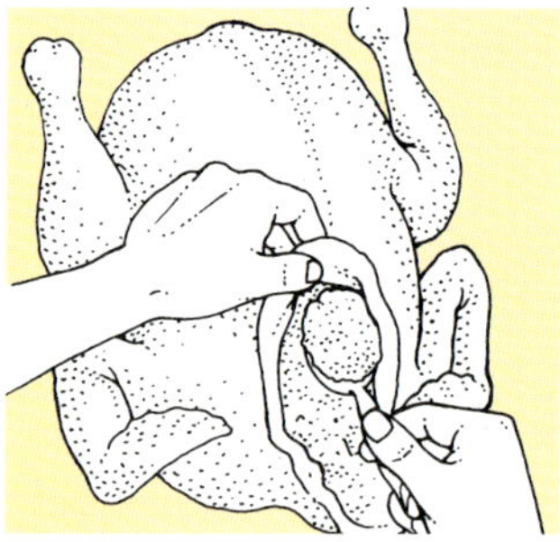

1 *Si vous désirez farcir votre poulet, introduisez la farce dans la poitrine, en soulevant la peau du cou, puis troussez-le. Pesez le poulet farci et calculez le temps de cuisson (voir page 179).*

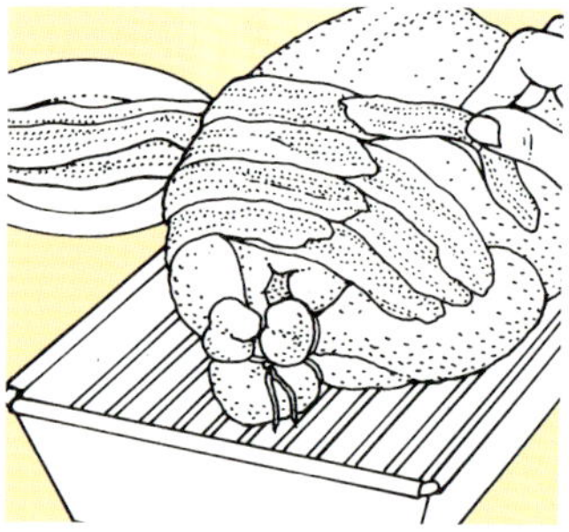

2 *Pour que les blancs conservent tout leur moelleux, recouvrez-le de fines tranches de lard ou soulevez la peau des blancs, et avec les doigts, badigeonnez la chair avec du beurre ou du fromage frais (voir page ci-contre).*

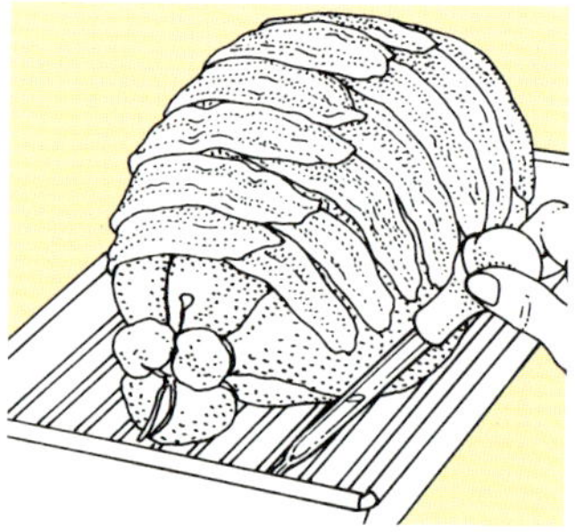

3 *Badigeonnez les pattes avec de l'huile ou du beurre. Arrosez la volaille deux ou trois fois en cours de cuisson avec son jus. Retirez les tranches de lard environ 20 minutes avant la fin de la cuisson, afin que le poulet prenne une jolie couleur dorée.*

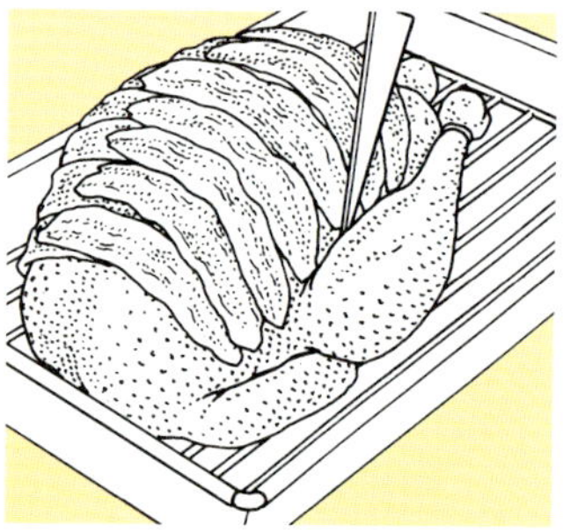

4 *Vérifiez la cuisson du poulet en piquant dans le gras de la cuisse. Si le jus est clair, la volaille est à point. S'il est encore légèrement rosé, faites cuire à nouveau le poulet quelques minutes.*

Ces faisans rôtis à l'indienne (page 192) sont accompagnés de gambas et d'une sauce au curry. Avant cuisson, on enduit la peau d'une marinade épicée.

FAIRE RÔTIR UN CANARD OU UNE OIE

Ces volailles étant très grasses, inutile de les badigeonner d'huile ou de beurre. En revanche, il est important de les arroser régulièrement en cours de cuisson. Pour obtenir une peau dorée et croustillante, vous pouvez badigeonner la volaille avec un mélange de miel et de sucre, environ 30 minutes avant la fin de la cuisson.

Deux demi-oranges placées à l'intérieur d'un canard parfument délicieusement le jus de cuisson, que vous pourrez transformer juste avant de servir en une sauce onctueuse.

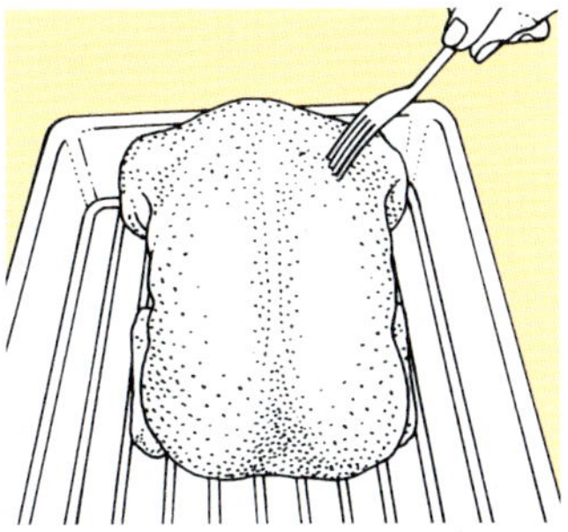

Placez la volaille sur une grille, dans un plat, et piquez la peau avec une fourchette pour que la graisse s'écoule et que la peau soit bien dorée. Conservez la graisse pour faire cuire des pommes de terre (voir page 57).

TABLEAU DE CUISSON

Les temps de cuisson sont donnés à titre indicatif. Durant la cuisson, ajoutez régulièrement de l'eau dans la lèchefrite. Pour vérifier le degré de cuisson, piquez la volaille dans le gras de la cuisse. Le jus qui s'écoule doit être très clair. Si vous utilisez un thermomètre à viande, celui-ci doit indiquer 70 °C. Le jus des canards peut rester légèrement rosé. Prévoyez 10 minutes supplémentaires de cuisson si votre volaille est farcie. Une fois cuite, la volaille doit reposer pendant 10 à 15 minutes ; elle sera plus facile à découper.

Volaille	*Température*	*Temps de cuisson*
Poulet	190 °C, Th. 5	20 minutes pour 500 g + 20 minutes si nécessaire
Coquelet	190 °C, Th. 5	40-45 minutes de cuisson totale, selon la taille
Canard	200 °C, Th. 6	20 minutes pour 500 g pour de la chair très rosée, 25 minutes pour de la chair tout juste rosée
Oie	180 °C, Th. 4	20 minutes pour 500 g + 20 minutes si nécessaire
Faisan	200 °C, Th. 6	50 minutes de cuisson totale
Pintade	200 °C, Th. 6	20 minutes pour 500 g + 25 minutes si nécessaire
Canard sauvage	200 °C, Th. 6	1 heure de cuisson totale
Coq de bruyère	220 °C, Th. 7	35 minutes de cuisson totale
Caille	220 °C, Th. 7	30 minutes de cuisson totale
Perdrix	220 °C, Th. 7	40 minutes de cuisson totale
Dinde		
3,6 kg - 4,5 kg	160 °C, Th. 3	3 heures 30 - 3 heures 45
5 kg - 5,4 kg		3 heures 45 - 4 heures
5,4 kg - 6,3 kg		4 heures - 4 heures 15
6,3 kg - 7,2 kg		4 heures 15 - 4 heures 30
7,2 kg - 8,1 kg		4 heures 30 - 4 heures 45
8,1 kg - 9 kg		4 heures 45 - 5 heures

QUELQUES CONSEILS

• Pour parfumer du beurre qui servira à badigeonner la chair de la volaille, pensez aux herbes aromatiques, comme l'estragon, l'ail ou le gingembre écrasés ou hachés fin ou encore au poivre de Sichuan additionné de cinq-épices. Un peu de curry et des feuilles de coriandre fraîches apportent une note exotique à votre recette.
• Pour proposer un plat plus élaboré, utilisez de la sauce au pistou, des anchois finement hachés avec de l'ail, de la roquette finement hachée ou du cresson additionné de cannelle, des zestes de citron ou d'orange râpés fin, de la pâte de tomates et du basilic ou encore quelques rondelles de truffe.
• Avant de faire cuire une pintade ou du gibier, je rajoute souvent à l'intérieur un peu de fromage à l'ail et aux fines herbes. En fin de cuisson, je mélange cette farce avec le jus de cuisson, je rajoute un peu de xérès et je sers cette sauce délicieuse à part.
• Les farces relèvent la saveur des volailles, tout en leur apportant une note de fête très agréable. Une farce réussie se compose d'un mélange harmonieux de saveurs et de consistances. On peut utiliser de l'œuf pour lier des ingrédients secs.
• Les canards et les oies sont délicieux lorsqu'ils sont accompagnés de fruits. Essayez de mélanger des pommes avec des abricots secs ou des pruneaux ou encore des prunes, avec des noix, des noisettes, des noix de pécan, des amandes ou des pistaches.
• Les pistaches sont délicieuses dans les farces préparées à base de viande de veau et de porc hachés.
• De la chapelure parfumée avec du zeste et du jus de citron ainsi que des herbes aromatiques constituent une excellente farce.
• Les chips sont toujours très appréciées des enfants, pour accompagner un poulet rôti. Si vous ne vous sentez pas le courage de les préparer vous-même (voir page 43), choisissez une bonne marque et faites-les chauffer à feu doux, dans le four.
• La purée est excellente arrosée du jus de cuisson d'une volaille rôtie. Avant de mélanger le lait aux pommes de terre cuites, faites-y infuser quelques filaments de safran (voir page 53).

POUR UNE VOLAILLE MOELLEUSE

Enduisez la chair, sous la peau, de beurre ; vous éviterez ainsi aux blancs de se dessécher tout en rehaussant la saveur de la volaille. On peut également badigeonner la peau avec de l'huile d'olive ou du beurre et parsemer un peu de gros sel, afin que la peau soit bien croustillante et dorée lorsqu'elle est cuite. Pour éviter que la chair d'une volaille ne se dessèche, recouvrez-la d'une grande feuille d'aluminium beurré.

Vous pouvez aussi envelopper votre poulet dans une grande mousseline préalablement plongée dans du beurre, que vous retirerez environ 30 minutes avant la fin de la cuisson, afin de permettre à la peau de bien dorer.

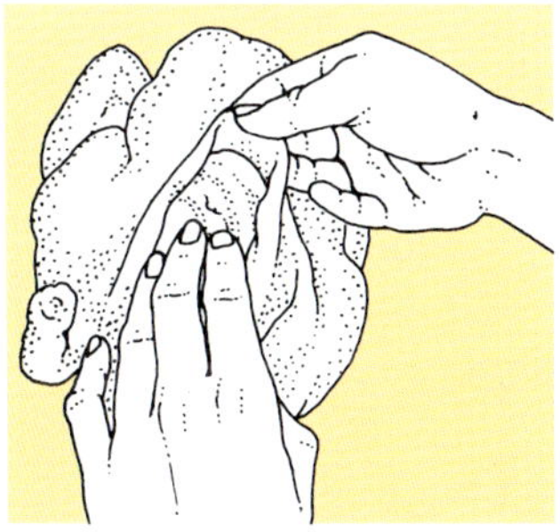

Décollez délicatement la peau de la chair et étalez un peu de beurre parfumé, à température ambiante. Veillez à ne pas déchirer la peau. Puis badigeonnez la peau avec de l'huile d'olive ou avec un peu de beurre. La volaille est prête à être rôtie.

FRITURES ET PLATS SAUTÉS

Depuis que je possède une magnifique poêle en cuivre, je fais souvent cuire les aliments à la mode orientale. Ses bords étant assez hauts, je peux faire sauter ou frire les aliments. Ces deux modes de cuisson sont, à mon avis, ceux qui mettent le plus en valeur les morceaux de volaille, sans les dessécher. Il est beaucoup plus facile de maîtriser la température de l'huile lorsque l'on utilise du gaz, car il est possible de modifier la puissance du feu instantanément. Si vous cuisinez sur des plaques électriques et que la température est trop élevée, retirez le récipient de la plaque quelques secondes, pour qu'elle refroidisse. Lorsque l'on fait frire des aliments, il est primordial de surveiller et d'ajuster la température tout au long de la cuisson.

Si vous utilisez une friteuse, la température de l'huile doit être élevée et relativement exacte — entre 180 °C et 195 °C. Seule l'huile, végétale de préférence, convient pour le bain de friture. L'odeur de l'huile en train de chauffer est parfois gênante. Choisissez de l'huile d'arachide qui ne présente pratiquement aucun arôme. On enrobe généralement les morceaux de volaille d'un mélange de chapelure et d'œuf avant de les plonger dans l'huile. Les morceaux ne doivent pas être trop gros, car sinon ils brûleraient à l'extérieur avant de cuire à l'extérieur. La température du bain d'huile baissera dès que vous plongerez les aliments ; vous devrez donc modifier la puissance du feu afin qu'un morceau de poulet de taille moyenne cuise en 7 à 10 minutes.

Le canard et l'oie sont si gras qu'il convient de les faire cuire dans une poêle sèche et de retirer la graisse au fur et à mesure qu'elle s'écoule dans la poêle. Il est très facile de faire sauter de petites aiguillettes de canard ou d'oie.

POULET FRIT

Le poulet frit, enrobé d'une couche croustillante et dorée, est un plat très apprécié de tous. Les jeunes volailles se prêtent particulièrement bien à ce mode de cuisson. La cuisson en friteuse s'applique surtout à des morceaux de volaille recouverts de chapelure, tandis que la friture à la poêle ou en sauteuse convient davantage à des morceaux recouverts de farine. Vous pourrez remplacer la chapelure par de la polenta.

Il est très important de faire frire la volaille à la bonne température. Si elle est trop élevée, l'aliment sera brûlé avant que l'intérieur ne soit cuit. Si elle est trop basse, l'aliment sera gras et l'enrobage ne sera pas croustillant.

Coupez votre poulet en huit morceaux (voir page 175) et retirez la peau si vous le souhaitez, afin de diminuer la quantité de graisse.

Ces pilons appétissants ont été, avant d'être frits, plongés dans de la farine parfumée au paprika. Cette épice, ou une autre, rehausse le goût et la couleur de l'aliment frit.

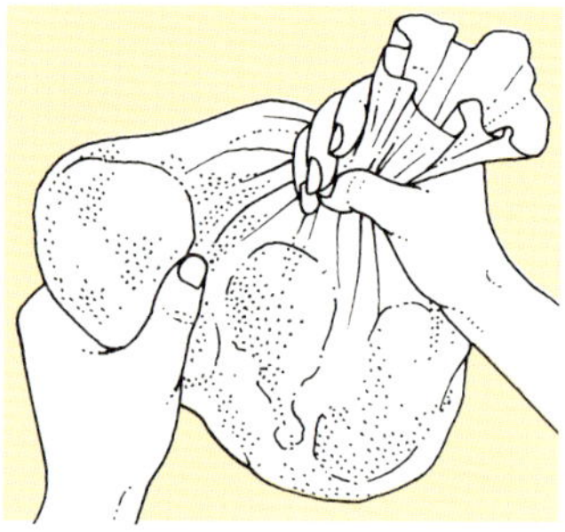

1 *Avant de faire frire les morceaux de poulet, placez-les dans un sac en plastique rempli de farine, sel et poivre puis secouez. Retirez l'excédent de farine. Préparez un bol contenant un œuf battu et une autre de chapelure.*

2 *Plongez les morceaux farinés dans l'œuf, puis dans la chapelure. Si vous désirez un poulet très croustillant, répétez l'opération. Disposez les morceaux sur une assiette et réfrigérez 1 heure. Ainsi l'enrobage adhèrera-t-il mieux à la chair.*

3 *Remplissez à moitié une friteuse d'huile. Faites chauffer à 190 °C — un dé de pain doit dorer en 30 secondes. Plongez 3 ou 4 morceaux dans l'huile et faites-les cuire de 7 à 10 minutes, selon la taille. Égouttez sur du papier absorbant. Répétez l'opération avec les autres morceaux, après avoir fait réchauffer l'huile.*

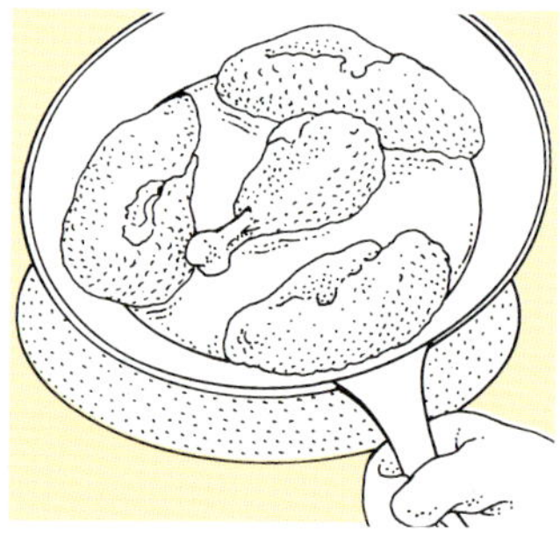

Pour faire frire des morceaux de poulet à la poêle, farinez-les, salez et poivrez. Retirez l'excédent. Faites chauffer de 4 à 6 cuillères à soupe d'huile dans une poêle jusqu'à ce qu'elle commence juste à fumer. Ajoutez les morceaux en remuant, afin qu'ils n'attachent pas. Faites chauffer à feu moyen de 12 à 15 minutes, en les retournant une fois.

CUISSON EN SAUTEUSE

Il est recommandé, pour faire sauter la viande et les légumes, d'utiliser un wok, ustensile de forme conique à fond bombé. Il peut toutefois être remplacé par une poêle ou une sauteuse à fond épais.

En raison de sa chair maigre et tendre, le poulet est la viande idéale pour ce type de cuisson. Les filets de canard coupés en très fines languettes sont aussi délicieux préparés ainsi surtout si vous retirez la peau grasse et que vous procédez à une cuisson rapide, de façon à ce que la chair reste juteuse et rosée.

Les ingrédients doivent être coupés en très fines languettes ou lamelles ou en dés, de même taille. Vous pouvez ajouter au plat certains ingrédients entiers, comme des mange-tout ou des courgettes.

En fin de cuisson, certains ajoutent un peu de liquide et de Maïzena au jus afin d'obtenir une sauce plus épaisse. Personnellement, je trouve que le jus de cuisson, rallongé éventuellement avec un peu d'eau, est suffisant. Les quantités pour les plats sautés n'ont pas besoin d'être rigoureusement exactes. À titre indicatif, il faut prévoir pour 4 personnes environ 500 g de poulet désossé et 2 cuillères à soupe d'huile pour 500 g d'ingrédients utilisés.

Le canard, coupé en fines languettes et cuit en sauteuse, est excellent accompagné de champignons chinois, de poivron jaune, de gingembre frais et d'ail. Vous pouvez ajouter quelques morceaux de ciboule finement hachés, au dernier moment.

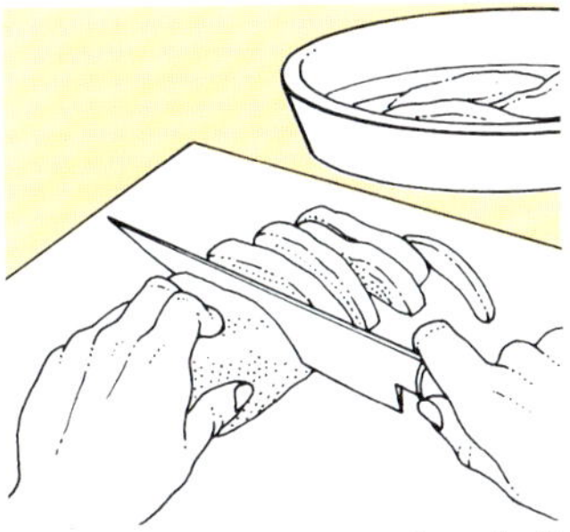

1 *Découpez les blancs de volaille sans leur peau en fines tranches et faites-les mariner (voir page 182). Découpez les légumes en morceaux de même taille, laissez les plus petits entiers. Préparez l'assaisonnement : épluchez et hachez l'ail et le gingembre, hachez les herbes et réduisez les épices en poudre.*

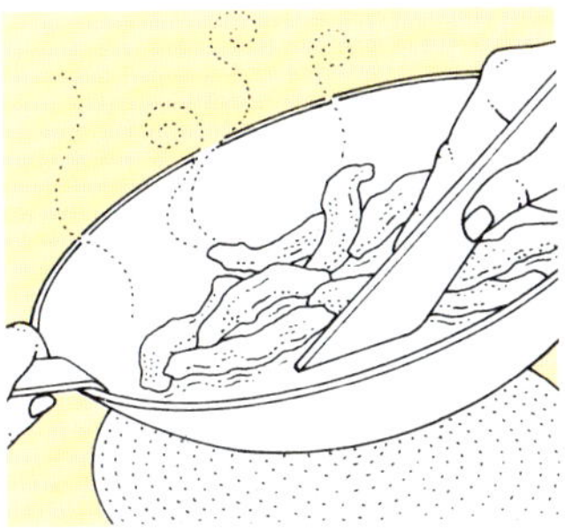

2 *Faites chauffer l'huile dans une grande poêle ou un wok à feu vif. Ajoutez les morceaux de volaille marinés et égouttés (réservez la marinade) et faites cuire 3 ou 4 minutes, en remuant constamment. Ajoutez les épices ou les herbes. Mélangez pendant 1 minute.*

3 *Ajoutez d'abord les légumes qui cuisent le plus longuement ; ajoutez les autres toutes les 30 secondes. Faites cuire, en remuant les ingrédients pendant quelques minutes, jusqu'à ce que les légumes soient encore légèrement croquants. Secouez la sauteuse de temps en temps.*

4 *Ajoutez la marinade et un peu de sauce soja, de xérès, de jus de citron ou de bouillon. Si vous souhaitez obtenir une sauce onctueuse, délayez 1 cuillère à café de Maïzena avec 1 ou 2 cuillères à café d'eau et remuez. Faites bouillir le jus, en remuant 1 minute, jusqu'à ce que la sauce ait épaissi. Ajoutez la ciboule hachée ou des herbes. Servez aussitôt.*

TIRER LE MEILLEUR PARTI DES FRITURES

• Lorsque vous préparez un enrobage à base d'œuf et de chapelure, parfumez la chapelure. Vous pouvez également la préparer avec de la mie de pain. Ajoutez du sel, du poivre, des herbes séchées, comme de l'origan, des épices moulues, comme de la coriandre, de la cannelle ou des graines de carvi ou de cumin entières.

• Du parmesan fraîchement râpé et du paprika, mélangés à la chapelure, donnent à l'enrobage une couleur rouge très esthétique.

• Pour obtenir un résultat encore plus croustillant, enrobez vos ingrédients avec des noix hachées, de la polenta, du riz concassé et des céréales.

• Un peu de semoule ajoutée au mélange classique de jaune d'œuf et de chapelure enrobera à merveille vos morceaux de volaille.

• La dinde et le poulet désossés, coupés en cubes, sont excellents cuits dans une friteuse. Recouvrez-les au préalable de pâte à beignets et plongez-les dans l'huile chaude. Vous pouvez aussi les découper en fines languettes et les faire cuire dans une sauteuse. Dans ce cas, il est inutile de les enrober au préalable. Si vous le souhaitez, vous pouvez toutefois les laisser mariner quelques heures avant de les faire cuire (voir page 181).

• Vous pouvez utiliser un robot ménager pour hacher des morceaux de poulet ou de dinde débarrassés de la peau. Roulez alors la chair en boules que vous ferez cuire dans une sauteuse. Les blancs de poulet et de dinde ayant tendance à être un peu fades et secs, il est important de les assaisonner correctement et de les faire cuire avec des ingrédients tels les épinards, les courgettes, les tomates, les herbes hachées, le zeste râpé d'un citron ou du fromage râpé. Vous pouvez aussi farcir vos boulettes de volaille en enfonçant au milieu de chacune d'entre elles un cube de fromage. Celui-ci fond pendant la cuisson et se liquéfie à l'intérieur de la boulette. Le résultat est délicieux. Essayez des cubes de mozzarella, de bleu ou de chèvre.

• Lorsque vous faites cuire des ingrédients à la poêle ou à la sauteuse, le type d'huile ou de beurre que vous utilisez est très important. N'hésitez pas à choisir des ingrédients parfumés et de qualité comme de l'huile d'olive vierge, du beurre extra-fin ou de l'huile de noix ou de noisettes. Pour les plats orientaux, l'huile de sésame est excellente.

• Conservez la graisse de canard que vous récupérez en fin de cuisson. Vous l'utiliserez pour faire cuire des pommes de terre (voir page 57).

GRILLADES ET BARBECUES

Parfois, l'on préfère le goût nature d'une bonne volaille grillée. Mais la chair, avec ce mode de préparation, a tendance à se dessécher en cours de cuisson. C'est pourquoi les marinades jouent un rôle important pour préparer ce type de plat. La marinade permet de conserver le moelleux et la saveur de la chair, en les renforçant parfois, tout en l'attendrissant. Les marinades à base de yaourt modifient considérablement la consistance de la viande, comme on peut s'en rendre compte dans les plats indiens, de type tandoori. Les marinades peuvent être préparées avec de l'huile et du jus de citron ou du vin, si vous préférez les saveurs plus prononcées.

Les blancs de poulet entiers sont trop fades et maigres pour griller convenablement — le résultat est généralement très décevant. En revanche, coupés en petits morceaux, marinés et enfilés sur des brochettes avec d'autres ingrédients, comme par exemple des légumes, ils deviennent excellents.

Les morceaux de poulet, de canard et de pintade grillent très bien. Les cailles et les coquelets sont si tendres qu'il est inutile de les faire mariner au préalable. Il suffit de les aplatir légèrement pour qu'ils présentent une forme régulière et cuisent uniformément.

Rien ne remplace la saveur et la bonne odeur d'une viande ou d'une volaille en train de griller sur le barbecue, surtout si vous utilisez du bois parfumé, comme du bois de pommier par exemple. Le charbon de bois est également très satisfaisant. Mais l'odeur d'une volaille en train de griller dans une cuisine est tout aussi agréable.

MARINADES POUR VOLAILLE

Pour faire mariner de la volaille, l'on peut préparer un mélange à base de jus de citron, d'huile, de jus de fruits, de vin et d'autres alcools, que l'on parfume avec des épices, ou préférer une marinade au yaourt délicieusement parfumée et épicée.

On peut également frotter la volaille avec une marinade plus sèche, composée d'épices et d'herbes. Il convient de mettre les morceaux marinés dans un plat non métallique et de les réfrigérer, 1 heure au moins, en les arrosant de marinade de temps en temps.

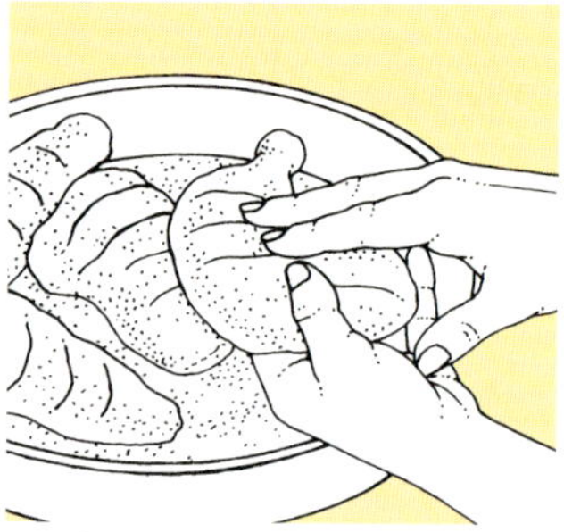

Appliquez les marinades au yaourt sur la peau afin que la chair s'en imprègne bien. Pratiquez de profondes entailles dans les morceaux pour que la marinade pénètre davantage. Placez les morceaux dans un plat non métallique, arrosez-les fréquemment, couvrez et réfrigérez.

BLANCS DE VOLAILLE GRILLÉS

Lorsque l'on fait griller des blancs de volaille, il est important de surveiller la température du feu, afin que l'extérieur ne commence pas à dorer trop rapidement, avant que le centre du morceau ne soit cuit. Mes enfants et mon mari adorent les filets de canard grillés. Ils sont simples et rapides à préparer. Découpés dans la longueur en fines tranches juteuses et rosées, ils me valent toujours de vives félicitations.

Lorsque je fais des filets de canard ou de pigeon, je prépare généralement une marinade légèrement sucrée, à base par exemple d'huile d'olive, de jus d'orange, de vinaigre de xérès ou de vin vieux, d'ail finement haché et d'herbes fraîches, telles qu'estragon, aneth et origan. Poivrez et salez abondamment. Disposez les morceaux de volaille dans un plat et versez la marinade par-dessus. Arrosez-les de marinade de temps en temps.

Avant de faire griller les blancs, badigeonnez la peau avec du miel ou du sucre en poudre et du sel, afin que la peau se colore et devienne bien croustillante. J'aime que l'extérieur soit bien grillé, parfois même un peu brûlé à certains endroits ; cela apporte une note fumée très agréable.

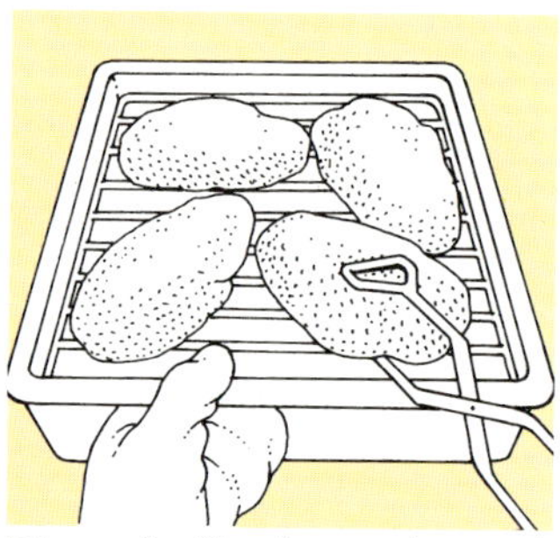

Disposez les filets de canard marinés sous le gril chaud de 3 à 5 minutes, jusqu'à ce que la peau soit bien foncée, puis retournez-les et répétez l'opération. La chair sera rosée et juteuse à l'intérieur.

Avant de faire griller des coquelets entiers, aplatissez-les pour une cuisson uniforme.

BROCHETTES

Les brochettes de volaille sont toujours fort appréciées. Colorées grâce aux légumes intercalés entre les morceaux de viande, elles sont amusantes à préparer et délicieuses à déguster. Vous pouvez faire mariner les cubes de viande débarrassés de la peau, avant de les embrocher.

Les brochettes grillées sont généralement accompagnées d'une sauce. Les Indonésiens servent une sauce épicée à base de beurre de cacahuètes, tandis que les Japonais préfèrent une préparation à base de sauce soja. En Inde, on sert les brochettes avec une sauce au yaourt parfumé avec de la coriandre fraîche.

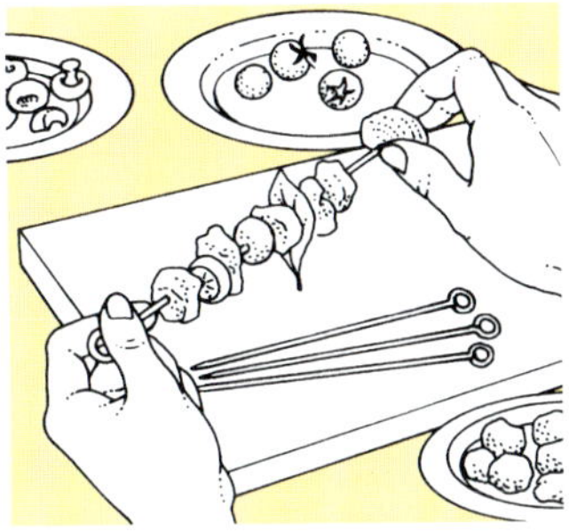

Brochettes colorées *Enfilez sur les brochettes des cubes de viande de 5 cm marinés et intercalez-les avec des légumes de la même taille. Badigeonnez avec de l'huile et faites cuire sous un gril ou au barbecue, en les retournant une fois ou deux et en les arrosant avec le reste de marinade.*

On peut également enfiler sur de petites ***brochettes en bois*** *(préalablement mouillées afin qu'elles ne brûlent pas) de minces tranches de volaille de 1 cm de large débarrassées de la peau et bien sûr des os. Faites-les mariner avant de les piquer en accordéon.*

Pour préparer ces brochettes, on a utilisé des morceaux de poulet marinés, des poivrons rouges et jaunes, des petits champignons de Paris, des rondelles de courgettes et des herbes fraîches.

QUELQUES CONSEILS

- L'une des choses que l'on oublie souvent lorsque l'on décide de préparer un barbecue concerne le temps de préparation du feu. Il faut d'abord l'allumer puis attendre que les flammes aient disparu et que des braises bien chaudes apparaissent. Cette opération demande environ une demi-heure. On peut faire précuire des volailles entières ou de gros morceaux avant de les poser sur le barbecue. Cela permet de gagner du temps tout en donnant à la volaille un petit goût fumé très agréable. Toutefois, la viande sera moins savoureuse que si elle avait été cuite complètement au barbecue.
- Si vous souhaitez faire cuire une volaille entière ou de gros morceaux sur le barbecue, vous pourrez fabriquer un couvercle en papier d'aluminium (certains barbecues sophistiqués en possèdent un), qui maintiendra la température à l'intérieur, afin que la volaille cuise encore plus uniformément et que son goût fumé ressorte davantage encore.
- Lorsque vous faites cuire des aliments au barbecue, au-dessus d'un feu de bois, n'oubliez pas que certains bois dégagent en brûlant une odeur plus agréable que d'autres, ainsi le bois d'arbres fruitiers ou de genévrier. Si vous utilisez du charbon de bois, ajoutez des herbes aromatiques, comme du romarin, du laurier ou du thym.
- Les marinades vous permettent de varier les plats cuisinés sur le barbecue. Les marinades à base d'huile d'olive, de sésame ou d'un autre type, contiennent en général du jus de citron, du vin, du xérès, des vinaigres parfumés ou des jus de fruits.
- Ajoutez de l'ail haché et du gingembre frais, des épices de tout type, des herbes, de la purée de tomates, des grains de poivre exotique dans vos marinades.
- Le yaourt parfumé avec des herbes, des épices ou de la pâte de curry parfume à merveille la viande, tout en l'attendrissant, si vous la laissez macérer suffisamment longtemps.
- Des graines de sésame ajoutées à une marinade donnent du croquant et du goût aux viandes et volailles.

VOLAILLES ENTIÈRES

Les volailles de petite taille, telles que les coquelets, les cailles et les pintades, se prêtent particulièrement bien à la cuisson au gril ou au barbecue. Il faut les ouvrir à plat puis enfoncer deux brochettes, en métal ou en bois, en croix, afin qu'elles conservent leur forme.

Faites cuire la volaille en la badigeonnant tout simplement d'huile et d'épices ou en la faisant mariner avec des épices et des herbes, qui laisseront leurs traces sur la peau de la volaille. Faites-les cuire de 5 à 10 minutes de chaque côté selon la taille, en les arrosant en cours de cuisson. Si vous le souhaitez, arrosez de jus de citron fraîchement pressé avant de servir.

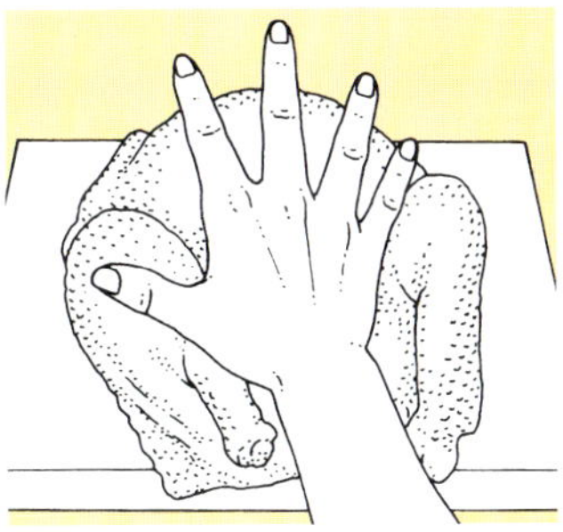

1 *À l'aide d'un grand couteau bien aiguisé ou de cisailles, découpez le dos en deux et ouvrez la volaille. Appuyez dessus avec la paume de la main pour l'aplatir.*

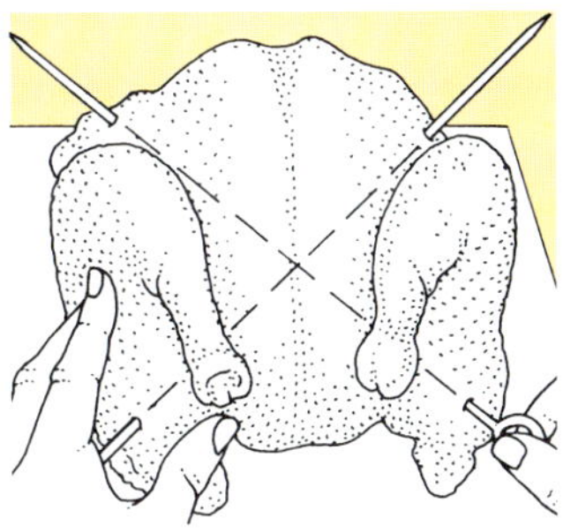

2 *Enfoncez de longues brochettes en métal ou en bois diagonalement, afin de maintenir la volaille dans la bonne position. On peut embrocher les cailles deux par deux.*

CUISSON EN COCOTTE

La cuisson dans une cocotte permet d'obtenir de délicieux plats en sauce ou ragoûts. Ce mode de cuisson exige très peu d'attention. Grâce à une cuisson à feu doux, longue et lente, la viande devient tendre à souhait et absorbe les parfums des ingrédients et des arômes contenus dans la recette. La cuisson en cocotte est particulièrement bien adaptée aux volailles et gibiers un peu vieux, qui ont tendance à être plus durs et secs. Le pigeon, le faisan et le colvert, ainsi que le poulet, se prêtent fort bien à ce type de cuisson.

Les ragoûts sont généralement préparés à partir de morceaux plus ou moins gros de volaille désossée, dans une cocotte couverte. Le liquide de cuisson est abondant et souvent épaissi par l'addition de certains ingrédients. Les légumes sont ajoutés en cours de cuisson.

Les ragoûts et les plats en sauce cuisent, selon les cas, dans le four ou sur le feu. Les plats braisés à base de volaille cuisent dans des cocottes mais on ne leur ajoute qu'une faible quantité de liquide. Dans ce type de préparation, les légumes parfument la viande et vice versa.

Si vous faites dorer la volaille avant de la faire cuire, vous obtiendrez un plat plus esthétique et plus goûteux. Mais si vous disposez de peu de temps, cette opération n'est pas indispensable. Après avoir fait revenir les morceaux, il faut ajouter le liquide dans lequel vont cuire les ingrédients : vin, bouillon, marinade, jus de fruits et même crème.

Le paramètre le plus important dans ces modes de préparation est la puissance du feu, qui doit être réglée à son minimum ; le liquide doit à peine frémir. Une température trop élevée ferait durcir la viande ; de plus, les arômes se mêlent davantage sans les turbulences provoquées par l'ébullition. Les légumes doivent être ajoutés à différents moments, selon leur temps de cuisson. Les légumes verts tels que les brocoli ou les mange-tout doivent être ajoutés au dernier moment ; ainsi ils gardent leur belle couleur verte.

Cailles aux poires (page 192). Les cailles se prêtent parfaitement bien à la cuisson à la cocotte, car elle évite que la chair délicate ne se dessèche.

PIGEON À LA COCOTTE

Voici une technique parfaite pour faire cuire les pigeons. On peut adapter cette recette à d'autres types de volailles et divers légumes. Coupez en quatre dans la longueur 2 bulbes de fenouil, hachez menu 3 gousses d'ail et un morceau de 5 cm de gingembre frais et hachez 500 g de tomates (voir page 48). Préparez 4 pigeons, 3 zestes d'orange, 1 cuillère à café de macis moulu, 1 cuillère à soupe de farine, 15 cl de bouillon et le jus d'une orange. Pour 4 personnes.

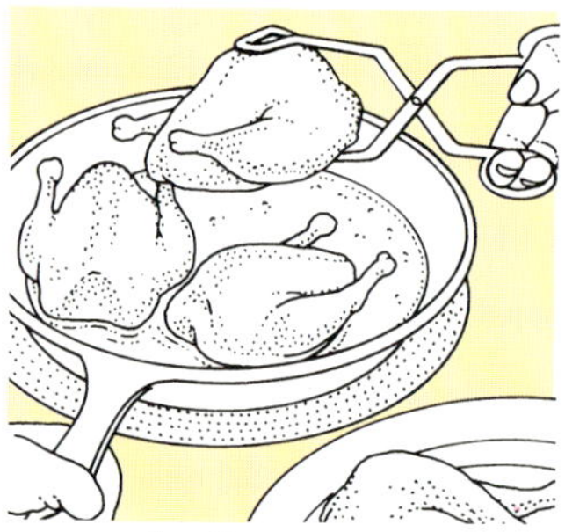

1 *Faites chauffer une petite quantité d'huile d'olive et de beurre dans une sauteuse à fond épais. Faites dorer 4 pigeons entiers ou coupés en deux. Retirez-les de la sauteuse et réservez.*

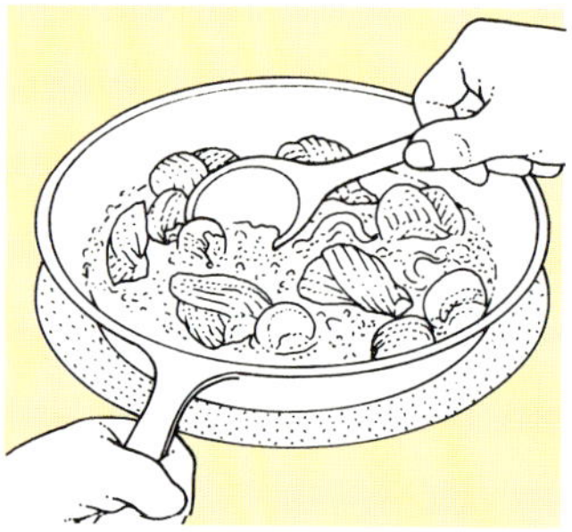

2 *Faites frire le fenouil jusqu'à ce qu'il soit bien doré et ajoutez l'ail et le gingembre. Laissez cuire 1 minute. Transférez le tout dans une cocotte avec les tomates, le zeste d'orange et le macis. Ajoutez le reste des ingrédients puis assaisonnez. Remettez sur le feu.*

3 *Portez à ébullition, en remuant jusqu'à ce que la sauce ait épaissi. Ajoutez les pigeons par-dessus, couvrez et faites cuire au four préchauffé à 150 °C, Th. 2, 2 heures 30 à 3 heures, jusqu'à ce que les pigeons soient tendres.*

FAISAN EN COCOTTE

Voici une façon délicieuse de faire cuire des volailles un peu vieilles ou certains gibiers à plumes. Vous ajouterez quelques légumes qui apporteront du goût à votre plat. Le liquide de cuisson réduit progressivement et se transforme en une délicieuse sauce très parfumée. Avant de mettre le plat à cuire, préparez 2 oignons émincés, 2 cuillères à café de sucre en poudre, 1 cuillère à café de baies de genièvre, 2 cuillères à café de coriandre moulue et 500 g de jeunes carottes épluchées. Un faisan convient pour 2 ou 3 personnes.

On peut utiliser d'autres volailles ou gibiers ainsi que des légumes différents. Les navets avec du miel et des tomates pelées et hachées sont également excellents.

Le coq de bruyère cuisiné en cocotte avec de petits oignons et des tranches de potiron constitue un plat d'automne très original.

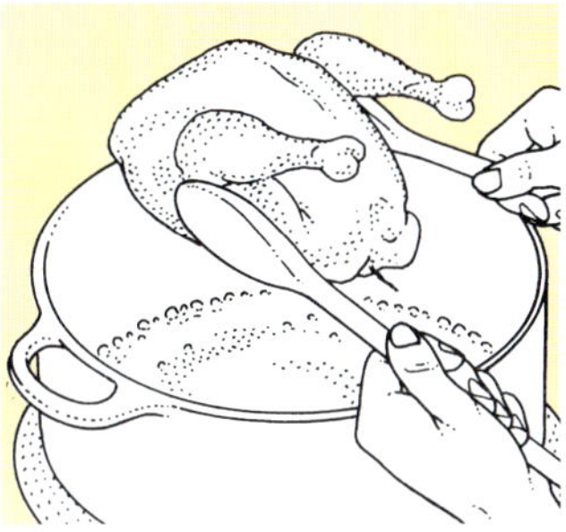

1 *Faites chauffer 2 cuillères à soupe d'huile d'olive et 25 g de beurre dans une cocotte à feu vif. Faites dorer le faisan de tous les côtés. Retirez-le avec précaution en veillant à ce que la peau reste intacte.*

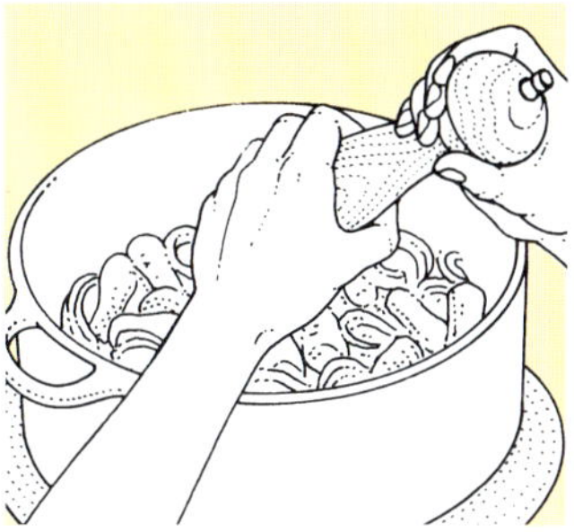

2 *Ajoutez les oignons émincés et faites-les dorer. Ajoutez le sucre en poudre, les baies de genièvre, la coriandre moulue et les carottes. Salez et poivrez.*

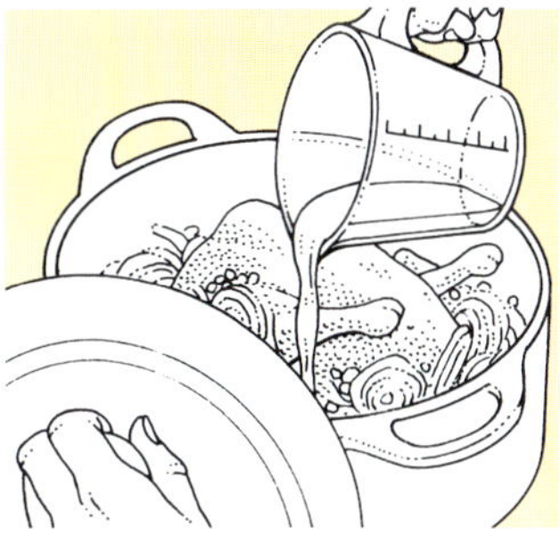

3 *Ajoutez 8 cl de vermouth ou de vin blanc, couvrez et faites cuire au four préchauffé à 160 °C, Th. 3, 2 ou 3 heures, jusqu'à ce que la chair soit tendre. Transférez dans un plat de service tiède.*

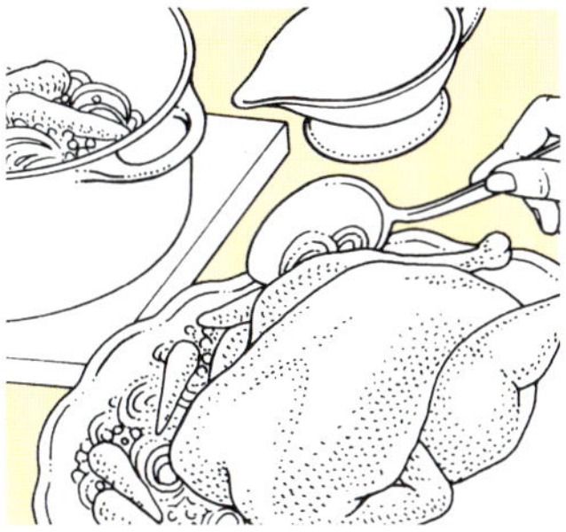

4 *Retirez les légumes et disposez-les autour du faisan. Pour préparer une sauce, ajoutez 15 cl de crème au jus et portez à ébullition, en remuant.*

PARFUMER LES RAGOÛTS ET PLATS EN SAUCE

- Les herbes fraîches doivent toujours être ajoutées aux ragoûts en fin de cuisson. Si vous avez inclus un bouquet garni en début de cuisson, retirez-le avant de présenter le plat à table et remplacez-le par des herbes fraîches.
- Les saveurs sucrées mettent en valeur les ingrédients salés. C'est pourquoi les carottes, les navets et les patates douces sont tellement bonnes avec le gibier à plumes.
- Les fruits, tels que les poires, les pommes et les prunes, accompagnent fort bien le faisan. Ne les ajoutez qu'à mi-cuisson, afin qu'ils ne ramollissent pas trop.
- Les fruits secs, les abricots et les pruneaux notamment, sont délicieux dans les plats de gibier en sauce.
- La cannelle ajoute une note originale au poulet.
- Le gibier est délicieux cuisiné avec des clous de girofle entiers et des graines de carvi. La coriandre est succulente avec de nombreuses volailles. N'hésitez pas à essayer des épices originales, comme le cinq-épices par exemple.
- La sauce soja mais aussi le vin, les alcools, les liqueurs, les jus d'agrumes et d'autres fruits, le jus et la purée de tomate et les bouillons de légumes ou de viande peuvent être utilisés en tant que liquide de cuisson dans les ragoûts et les plats en sauce.
- De la crème fraîche ajoutée en fin de cuisson ou utilisée dès le début d'une recette de plat en sauce apporte toujours une note raffinée très agréable. Vous pourrez la remplacer par du yaourt ou du fromage blanc. Ne faites pas bouillir la sauce après avoir ajouté le yaourt car elle risquerait de tourner.
- Outre les oignons qui, une fois revenus dans du beurre, sont délicieux dans des ragoûts, les légumes qui se prêtent le mieux à ce type de recettes sont : les poireaux, le fenouil, les aubergines, les navets et bien sûr, les carottes et les tomates.
- Les courgettes peuvent cuire à feu doux, mais je préfère les ajouter en fin de cuisson, afin qu'elles restent croquantes.
- Choisissez des champignons de taille moyenne, qui réduiront moins que les petits champignons de Paris. Les champignons chinois séchés donnent également d'excellents résultats.

CUISSON À L'EAU ET À LA VAPEUR

La cuisson à l'eau et à la vapeur sont des méthodes simples et diététiques. Elles permettent de conserver le moelleux, la tendreté et la saveur des volailles et des gibiers à plumes. Ces deux méthodes présentent l'avantage de ne pas utiliser de matières grasses. En faisant pocher une volaille ou un gibier un peu vieux, vous éviterez que sa chair ne soit trop dure.

Faire pocher un aliment ne signifie pas le faire bouillir. Même si le liquide bout avant que l'on y plonge la volaille, il ne doit ensuite que frémir. En effet, une volaille bouillie durcit très vite alors qu'une cuisson lente et délicate permet d'obtenir une chair bien tendre. Le gibier à plumes, souvent un peu sec, se prête très bien à cette méthode de cuisson, surtout si l'on ajoute des épices entières et des jus de fruits.

Il est très important que l'animal soit complètement immergé dans le liquide. Cependant, les parfums ne doivent pas se noyer dans un liquide trop abondant ; c'est pourquoi mieux vaut choisir une cocotte contenant juste la volaille et les légumes. Les volailles et le gibier à plumes cuits de cette façon sont bien sûr délicieux en plat principal, mais on peut aussi s'en servir pour garnir des tourtes, salades, sandwichs ou autres plats à base de volaille froide. Une fois que la volaille est cuite, dégustez le bouillon tel quel ou utilisez-le pour préparer une soupe ou une sauce.

La cuisson à la vapeur est un mode de préparation plus lent que la cuisson à l'eau, mais parfait pour faire cuire des blancs ou d'autres morceaux de volaille désossés. Pour ce mode de cuisson, utilisez n'importe quel panier ou chinois métallique posé au-dessus d'une casserole d'eau bouillante, tant que ce dispositif peut être couvert. Si vous ne possédez ni cuiseur-vapeur ni panier métallique, vous pourrez utiliser deux assiettes résistant à la chaleur, suffisamment grandes pour être posées sur la casserole. Disposez de petites tranches de volaille dans la première assiette et fermez avec la deuxième assiette retournée. Laissez cuire environ 5 minutes, jusqu'à ce que la viande soit bien cuite.

FAIRE POCHER UN POULET ENTIER

On peut faire pocher non seulement des volailles entières, mais également des morceaux qui seront ainsi plus tendres que si on avait utilisé une autre méthode de cuisson. Les Rouleaux de poulet farcis (page 190) sont préparés avec des blancs de poulet entourant une préparation à base de fromage blanc et de câpres.

Faites cuire le poulet pendant 20 à 25 minutes pour 500 g (selon la taille et l'âge de la volaille) avec des légumes hachés gros et d'autres ingrédients aromatiques tels qu'herbes et épices. Minutez à partir du moment où l'eau commence à bouillir. Parmi les meilleurs légumes que l'on puisse ajouter au liquide de cuisson, on peut signaler les oignons, les carottes, les poireaux et le céleri hachés.

Vérifiez le degré de cuisson de la volaille comme si vous l'aviez fait rôtir (voir page 178) ; si le jus qui s'écoule est clair, la chair est cuite. Si vous prévoyez de couper le poulet en dés, vous pourrez inciser la chair au niveau de la cuisse, afin de vérifier précisément l'état de la chair à l'intérieur.

Si vous désirez déguster le poulet froid, laissez-le refroidir dans le liquide, sa chair sera d'autant plus moelleuse. Ceci n'est possible que si le temps n'est pas trop chaud. En été, il est préférable de faire refroidir le poulet le plus rapidement possible et de le réfrigérer aussitôt.

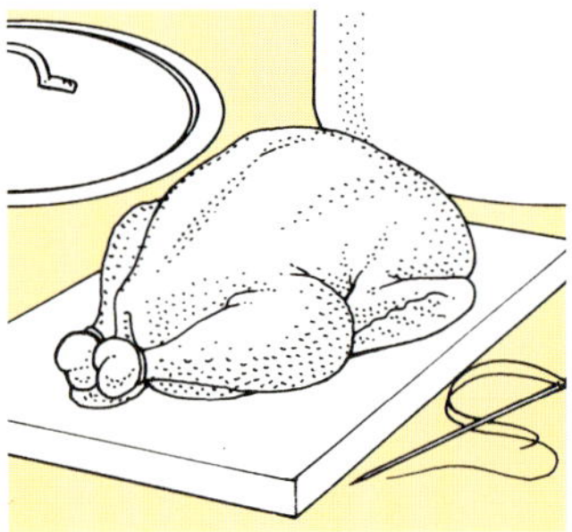

1 *Troussez le poulet (voir page 174) avec de la ficelle de cuisine, si vous le désirez, de façon à ce qu'il conserve sa forme. Placez-le dans une casserole remplie d'eau. Ajoutez les légumes hachés gros et assaisonnez.*

2 *Parsemez quelques herbes et épices fraîches puis portez à ébullition. Écumez la surface régulièrement, puis couvrez partiellement, baissez le feu et laissez mijoter jusqu'à ce que le poulet soit cuit et que le jus qui s'écoule lorsque l'on perce la chair avec un couteau soit bien clair.*

CUISSON À LA VAPEUR

La cuisson à la vapeur est idéale pour faire cuire de tendres morceaux de volaille, surtout si on les a fait mariner au préalable dans une sauce chinoise ou japonaise.

Vous pouvez utiliser un cuiseur-vapeur classique, le panier d'un autocuiseur ou mieux, des petits paniers en bambou, typiquement orientaux, que l'on pose dans le wok.

Les morceaux qui se prêtent le mieux à la cuisson à la vapeur sont les blancs des grosses volailles ou de petites pièces entières telles que cailles ou coquelets. On peut attendrir des volailles plus vieilles en les faisant cuire à la vapeur ; puis essuyez-les, frottez-les avec des ingrédients aromatiques et faites-les rôtir.

Cuisson à la vapeur, à la mode orientale, dans des paniers en bambou : on a utilisé entre autres dans cette recette de l'anis étoilé, de la ciboule hachée fin et des feuilles de coriandre qui décorent agréablement le plat. La cuisson à la vapeur rehausse le goût de la volaille tout en préservant tout son moelleux.

1 *Faites macérer 10 minutes des blancs de poulet dans de la sauce soja additionnée de xérès sec et de quelques gouttes d'huile de sésame. Entaillez les blancs de chaque côté, afin que la cuisson soit uniforme. Disposez-les dans un panier.*

2 *Remplissez à moitié d'eau le récipient et portez à ébullition à feu vif. Ajoutez quelques herbes fraîches ou d'autres ingrédients aromatiques pour rehausser le goût de la volaille cuite.*

3 *Disposez le panier au-dessus de l'eau bouillante, en veillant à ce que l'eau ne déborde pas. Parsemez la volaille de rondelles de ciboule, de gingembre ou d'autres épices hachées. Couvrez et faites cuire à la vapeur 10 minutes, jusqu'à ce que le jus qui s'écoule soit bien clair.*

Certains paniers métalliques réglables permettent de ne pas perdre le jus dans lequel la volaille a macéré. Pour cela, placez une petite assiette au fond de ce panier et posez le tout au-dessus d'une casserole d'eau bouillante.

QUELQUES CONSEILS

• Si vous souhaitez que la chair du poulet conserve sa couleur blanche, frottez-la avec du jus de citron avant de la faire pocher dans de l'eau additionnée de jus de citron ou de vinaigre d'alcool.

• Vous pouvez ajouter au liquide de cuisson des épices entières de tous types, des feuilles de laurier, du romarin, de l'estragon, du thym, de l'ail haché gros, des zestes de citron et d'orange, des grains de poivre entiers, des gousses de tamarinier, du safran et si vous aimez les saveurs relevées, 1 ou 2 piments oiseaux.

• Vous pouvez faire pocher le poulet dans du thé, de l'Earl Grey par exemple, qui donne un goût et une couleur originaux.

• Vous pouvez ajouter à l'eau de cuisson du vin, du xérès, du pastis et des jus de fruits.

• Voici quelques ingrédients qui coloreront le liquide de cuisson et la volaille : les tomates donnent une couleur rouge orangé que vous pouvez renforcer en rajoutant 2 ou 3 cuillères à café de paprika et un peu de purée de tomates. Le safran donne une couleur jaune. Le curcuma produit le même effet tout en étant moins cher.

• Si vous avez des soucis dans votre jardin, vous pourrez en ajouter quelques-uns dans le liquide de cuisson qu'ils coloreront sans toutefois apporter de goût particulier.

• Si vous souhaitez obtenir un liquide vert, enveloppez des feuilles d'épinards dans une grande mousseline et plongez ce petit sac dans le liquide. Un jus vert s'écoulera dès que les feuilles commenceront à cuire. Les épinards ne doivent pas rester dans l'eau pendant plus d'une heure, afin de ne pas perdre leur belle couleur verte.

• S'il reste peu de liquide en fin de cuisson, vous pouvez le faire réduire après l'avoir filtré au travers d'un chinois, afin de préparer une excellente sauce. Pour cela, ajoutez un peu de crème à la sauce réduite et faites bouillir 1 ou 2 minutes. Ajoutez au dernier moment quelques herbes aromatiques hachées.

• Non seulement vous pouvez faire mariner la volaille avant de la faire cuire, mais vous pouvez également parfumer le liquide en ajoutant des oignons, du gingembre frais, des carottes ou du céleri. Vous pourrez ensuite utiliser l'eau pour préparer une sauce, comme dans le cas du liquide de pochage (voir page ci-contre), bien qu'elle soit moins parfumée. Vous pourrez également disposer la volaille sur un lit de feuilles de livèche ou de menthe.

DÉCOUPER LA VOLAILLE

L'un de mes plus vieux souvenirs est celui de mon père en train d'aiguiser son couteau à découper. Grand amateur de jazz, mon père effectuait cette opération sur un rythme entraînant, le couteau et le fusil se transformant de façon étonnante en percussions. Le résultat était excellent pour la lame du couteau qui se trouvait aiguisée à la perfection.

Avant d'être découpée, la volaille, une fois sortie du four, doit reposer de 10 à 15 minutes dans un endroit tiède. Cela permet à la chair de se resserrer, ce qui rend la découpe en tranches fines plus facile. N'oubliez pas de prévoir ce temps de repos avant de commencer à faire cuire la volaille surtout si vous avez programmé votre repas à une certaine heure (voir page 179). N'oubliez pas non plus qu'il est essentiel que votre couteau soit bien aiguisé. Une lame émoussée compliquera votre tâche et mettra vos nerfs à rude épreuve. Les tranches doivent être aussi fines que possible afin de pouvoir être présentées avec goût sur le plat de service. Découpez les ailes et les pattes le plus soigneusement possible.

Certaines personnes n'aiment guère découper les viandes ou les volailles. Si vous êtes aux fourneaux, vous aurez tant de choses à surveiller et à préparer au dernier moment (présenter les légumes, finir la sauce), qu'il est préférable que vous demandiez à l'un de vos convives de vous aider en découpant la volaille.

DÉCOUPER DE LA DINDE OU DU POULET

Découper une volaille ne présente aucune difficulté particulière, si l'on possède l'ustensile indispensable : un couteau bien aiguisé (voir page 16). Découpez votre viande perpendiculairement aux fibres : ainsi vous raccourcirez leur longueur, ce qui rendra la viande plus tendre. Ceci implique que vous possédiez quelques notions d'anatomie et une idée de la structure des fibres de la chair. Essayez de présenter des morceaux de blancs et de chair brune ; vos convives seront heureux de pouvoir choisir.

Ne soyez pas tenté de découper votre volaille trop à l'avance, au risque de voir s'écouler du bon jus. Il vaut mieux présenter des tranches bien juteuses que de prendre quelques minutes d'avance.

La dinde et le poulet se découpent de la même façon, tandis que le canard et l'oie nécessitent une autre technique en raison de leur squelette différent (voir page ci-contre).

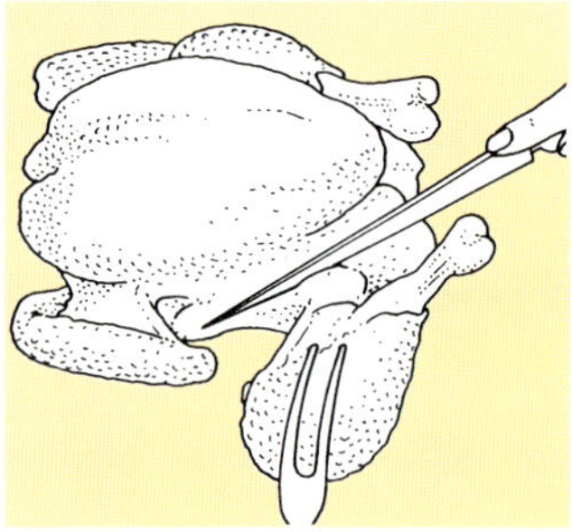

1 *Avant de commencer à découper la volaille, retirez les ficelles ayant servi à trousser l'animal. Découpez d'abord d'un côté puis de l'autre. Coupez la peau entre la cuisse et le corps du poulet, repérez l'articulation et détachez la cuisse, en coupant la chair à cet endroit. Il n'est pas nécessaire de couper d'os.*

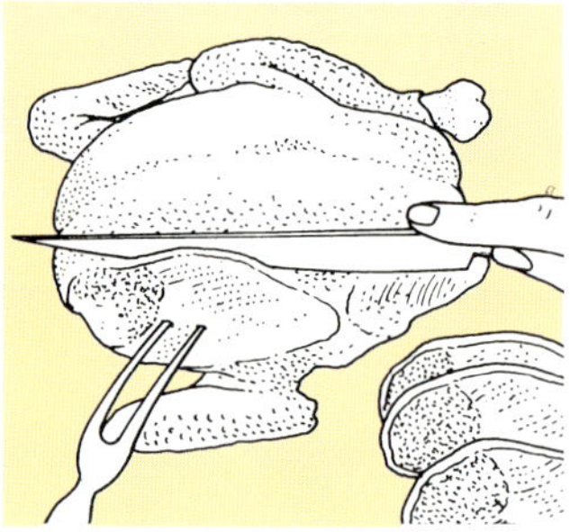

2 *Découpez les blancs en fines tranches, avec la farce, si votre volaille est garnie. Découpez suffisamment de chair pour servir une personne. S'il s'agit d'une grosse dinde, vous pouvez gagner du temps en découpant les blancs en tranches avant de servir, et en les remettant soigneusement en place, avant d'apporter la dinde à table.*

Si votre dinde est grosse, présentez-la en tranches sur un plat. Arrangez les morceaux en jouant sur leurs différentes couleurs. Et pour ajouter une touche de finition, décorez avec quelques airelles fraîches, des figues et des feuilles de coriandre.

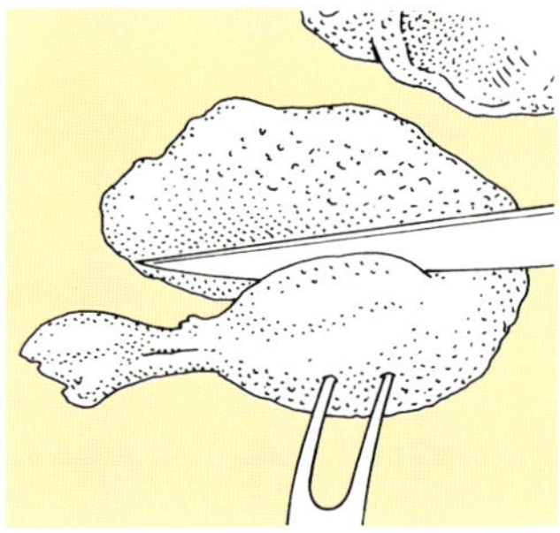

3 *Séparez le haut de cuisse du pilon, en découpant au niveau de l'articulation. S'il s'agit d'une petite volaille, servez la cuisse en un seul morceau. Coupez l'extrémité de l'os du pilon, peu esthétique.*

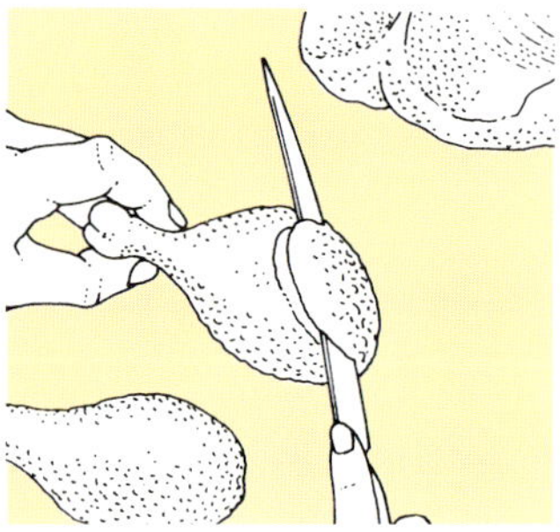

4 *On peut détailler les pilons des grosses volailles. Découpez le long du pilon une belle tranche. Puis faites pivoter le pilon, pour couper trois autres tranches. Retirez l'extrémité de l'aile et servez-la seulement si vous craignez de ne pas avoir suffisamment de viande à servir.*

DÉCOUPER UN CANARD OU UNE OIE

On peut facilement couper les canards de petite taille en quatre, mais certains préfèrent détailler de fines tranches dans le filet, selon la technique présentée ci-dessous. Les canards et les oies de grosse taille sont toujours découpés de cette façon. N'oubliez pas que ces deux types de volaille contiennent moins de chair que le poulet.

Pour découper un canard désossé et farci, retirez la ficelle ayant servi à le trousser. Découpez de fines aiguillettes dans la longueur. Si la farce est colorée, votre plat sera du plus bel effet.

L'oie rôtie est une volaille que l'on réserve généralement aux grandes occasions.

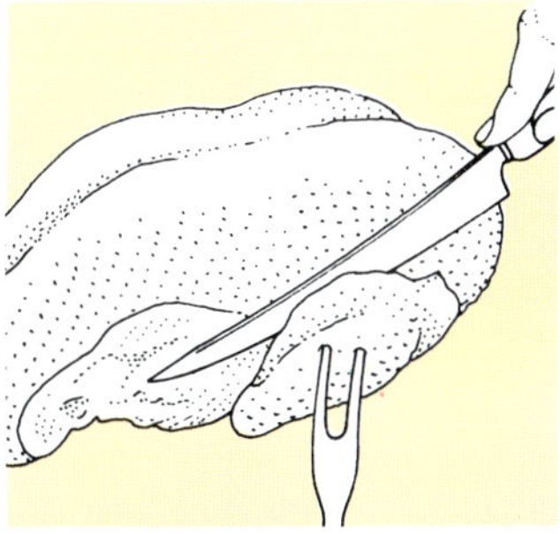

1 *Un couteau à lame longue et flexible est indispensable pour découper correctement un canard ou une oie. Découpez d'abord les cuisses et les ailes au niveau des articulations. Réservez les cuisses pour les découper plus tard. En général, on ne sert pas les ailes.*

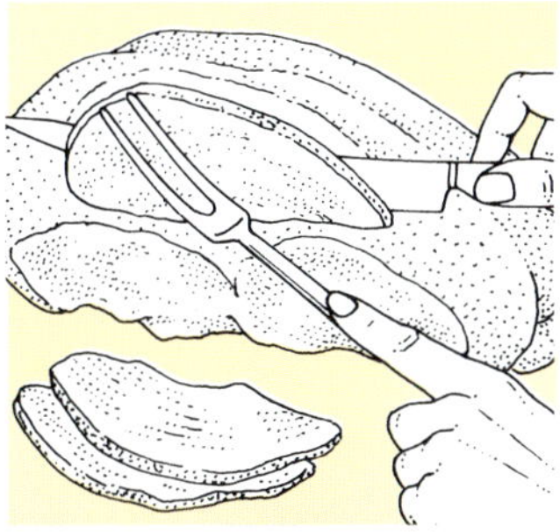

2 *Découpez la viande en de fines et longues tranches, en vous rapprochant progressivement de la carcasse. Soulevez délicatement chaque aiguillette en la prenant entre le couteau et la fourchette à découper.*

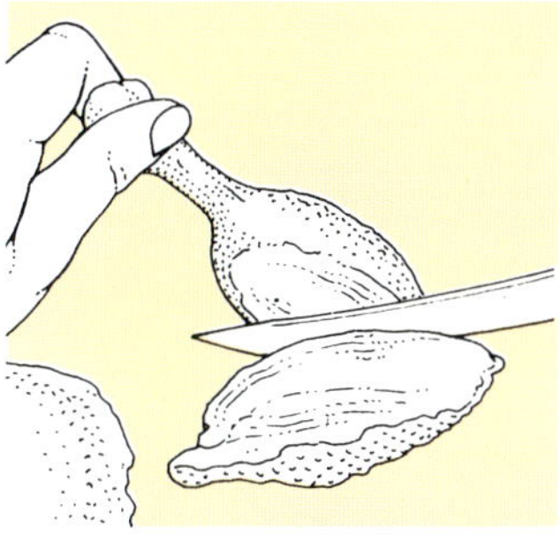

3 *Les gros pilons de canard ou d'oie peuvent être recoupés en tranches, comme ceux des grosses dindes ou des gros poulets (voir page ci-contre). Découpez la patte en deux morceaux, au niveau de la jointure. Détaillez le pilon et le haut de cuisse en plusieurs morceaux.*

PETITES VOLAILLES

Le faisan se découpe comme un petit poulet. Certaines volailles étant suffisamment petites pour constituer deux portions, on les coupe tout simplement en deux. Il s'agit notamment des pintades, des perdrix et des coquelets. Découpez-les avant de les servir à table avec un couteau long mais rigide. Les cailles sont présentées entières. On prévoit en effet deux ou trois cailles par personne. Certains gibiers à plumes, même jeunes, pouvant se montrer coriaces, dressez votre table avec de bons couteaux.

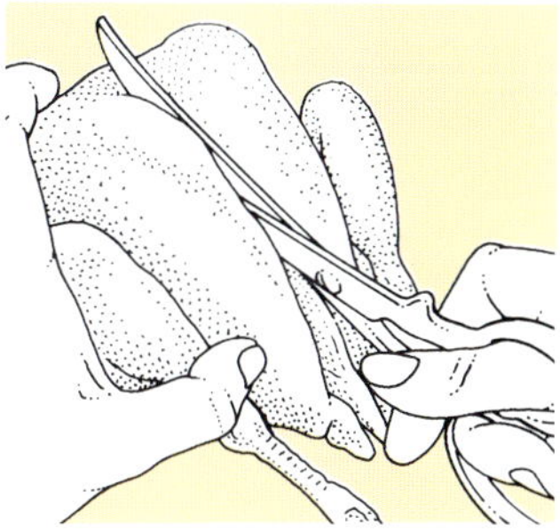

Coupez tout simplement la volaille en deux, dans la longueur, à l'aide de cisailles à volaille. Servez en présentant les deux moitiés, la peau dorée sur le dessus.

POUR PRÉSENTER JOLIMENT VOLAILLE ET GIBIER À PLUMES

- Certaines pièces sont légèrement trop grosses pour une seule personne. Proposez-les, coupées en deux, décorées d'herbes aromatiques et nappées d'une sauce à la crème.
- Présentez vos pigeons sur un joli plat de service nappés d'un glaçage au miel additionné d'un peu de vinaigre de vin vieux. Ce glaçage peut également être utilisé sur un coq de bruyère.
- Si vous présentez une assiette de viande froide, garnissez avec de la verdure. Disposez les tranches sur un lit de salade : feuilles de chêne, frisée ou cresson. Si vous en avez dans votre jardin, garnissez le bord du plat avec des feuilles de livèche.
- N'hésitez pas à utiliser des herbes aromatiques : parsemez aneth, fenouil ou persil haché sur les tranches de viande froide.
- Pour assaisonner une assiette de viande froide, préparez une sauce composée de jus de citron, de vinaigre de xérès ou de vin vieux, d'huile d'olive vierge et d'herbes aromatiques. Cette sauce versée sur la viande l'empêchera de se dessécher.
- Une autre façon de présenter du poulet ou de la dinde consiste à disposer sur le bord du plat de très fines tranches de viande et de feuilles de salade et à mélanger le reste de la volaille coupée en dés avec du yaourt ou de la mayonnaise. Une fois ce mélange parfumé avec des herbes et des épices, on le présente au centre du plat.
- Pour ajouter une note exotique à de la volaille froide, mélangez de la pâte de curry additionnée de yaourt et parfumée avec des feuilles de coriandre fraîche.

 Les numéros de pages entre parenthèses renvoient aux illustrations

POULET AUX AMANDES ET AU LAIT DE COCO *(172)*

Bien que cette recette puisse évoquer l'Inde, on ne la servirait sûrement pas dans un restaurant indien. En effet, les amandes sont abondamment utilisées dans les recettes du sud du pays, alors que le lait de coco est un ingrédient plus septentrional. Ma recette associe les deux. Elle est rapide et commode à réaliser, car on peut la préparer à l'avance et ne la faire réchauffer qu'au dernier moment. Servez-la accompagnée de riz safrané ou de riz basmati croquant (voir page 114).

POUR 6 PERSONNES

75 g de noix de coco en poudre
50 cl d'eau bouillante
1 cuillère à soupe d'huile de tournesol
25 g de beurre
2 oignons, hachés fin
1 cuillère à café de cardamome moulue
1 cuillère à café de coriandre moulue
1 cuillère à café de cumin en poudre
1 morceau de 2,5 cm de gingembre, épluché et haché fin
1 grosse gousse d'ail, hachée fin
75 g de poudre d'amande
3-5 pincées de piment en poudre
6 cuisses de poulet, désossées et débarrassées de la peau
1 poignée de feuilles de coriandre, hachées gros
sel

Mettez la noix de coco en poudre dans une jatte, arrosez-la d'eau bouillante et laissez reposer au moins 30 minutes.

Faites chauffer l'huile et le beurre dans une cocotte à feu vif. Ajoutez les oignons hachés et faites-les dorer, en les remuant de temps en temps. Ajoutez les épices moulues, ainsi que le gingembre et l'ail hachés. Remuez puis ajoutez la poudre d'amande. Mélangez le tout jusqu'à ce que le mélange forme une purée liquide. Retirez la casserole du feu.

Filtrez le lait de coco obtenu au travers d'un chinois. Pressez la noix de coco, afin de recueillir le maximum de liquide. Jetez le résidu de noix de coco. Ajoutez le lait de coco dans la cocotte et parfumez avec le piment et du sel.

Ajoutez les morceaux de poulet. Portez la sauce à ébullition, couvrez et laissez mijoter à feu très doux pendant environ 1 heure. Retirez du feu et ajoutez, pour décorer, des feuilles de coriandre hachées juste avant de servir.

POULET AU POIVRON JAUNE ET À LA SAUCE À L'ANETH *(172)*

J'ai improvisé cette recette pour une de mes amies qui suivait un régime. La sauce est si crémeuse que ce plat n'a pas l'austérité d'un plat basses calories.

POUR 4 PERSONNES

2 poivrons jaunes, épépinés et hachés gros (voir page 49)
3-4 grosses gousses d'ail, coupées en deux
15 cl d'eau
4 blancs de poulet, émincés
1 poignée d'aneth, haché
3 cuillères à soupe de yaourt grec
3-4 pincées de piment de Cayenne
sel
aneth frais pour garnir

Mettez les poivrons hachés et l'ail dans une casserole avec l'eau puis salez. Portez à ébullition, couvrez et laissez mijoter à feu doux pendant environ 20 minutes, jusqu'à ce que les poivrons soient bien ramollis. Retirez du feu.

Mettez les poivrons, l'ail et l'eau dans un robot et réduisez le tout en une purée homogène. Si vous souhaitez que votre purée soit encore plus lisse, vous pouvez la filtrer au travers d'un chinois, mais cela n'est pas nécessaire.

Faites chauffer un plat allant au four. Pendant ce temps-là, faites cuire les morceaux de poulet à la vapeur pendant 5 minutes, jusqu'à ce que la chair soit bien cuite. Disposez les morceaux dans le plat chaud, couvrez d'aluminium et tenez au chaud.

Mettez la purée de poivrons dans une casserole et faites-la chauffer doucement. Ajoutez l'aneth haché et le yaourt, puis retirez la sauce du feu, elle ne doit pas avoir bouilli. Parfumez avec le piment de Cayenne et salez. Versez la sauce sur le poulet et garnissez avec de l'aneth. Servez aussitôt.

ROULEAUX DE POULET FARCIS *(186)*

Pour cette recette, enroulez des blancs de poulet autour d'une farce composée de zeste de citron, de fromage blanc et de câpres. Après les avoir farcis, vous mettrez les filets à pocher au four puis vous les servirez avec une sauce délicate et transparente préparée avec le jus de cuisson. Servez-les accompagnés de pommes de terre nouvelles, de nouilles au beurre ou de haricots verts.

POUR 4 PERSONNES

zeste râpé fin de 2 citrons
3 cuillères à café de câpres, hachées fin
1 cuillère à soupe de fromage blanc
1 cuillère à café de sucre en poudre
4 beaux blancs de poulet
4 cuillères à soupe de jus de citron filtré
15 cl de vin blanc
2 cuillères à café de Maïzena
1 cuillère à café de miel « toutes fleurs »
1 bonne poignée de persil, haché fin
sel et poivre gris

Préparez d'abord la farce. Mettez le zeste de citron râpé, les câpres hachées, le fromage blanc et le sucre en poudre dans une jatte et mélangez soigneusement. Salez et poivrez.

Coupez les blancs de poulet en deux dans l'épaisseur et disposez-les sur une feuille de papier sulfurisé mouillée puis battez-les avec un rouleau à pâtisserie, jusqu'à ce que les morceaux soient fins et bien aplatis.

Disposez un peu de farce sur chaque rouleau puis roulez-les délicatement ; veillez à ne pas trop serrer.

Disposez les rouleaux de poulet farcis, la jointure vers le bas, dans un plat allant au four, suffisamment grand pour qu'ils tiennent côte à côte sur une seule épaisseur. S'ils sont bien serrés les uns contre les autres, ils ne bougeront pas durant la cuisson. Versez le jus de citron et le vin par-dessus.

Couvrez le plat avec de l'aluminium et laissez mariner les rouleaux pendant au moins 1 heure avant de les faire cuire. Si vous avez suffisamment de temps, faites-les mariner plus longtemps, au réfrigérateur, mais n'oubliez pas de les sortir au moins 30 minutes avant de les mettre à cuire.

Faites cuire les rouleaux, couverts d'aluminium, dans un four préchauffé à 190 °C, Th. 5, pendant 35 à 40 minutes, jusqu'à ce que la chair soit bien blanche et tendre. Vérifiez le degré de cuisson à l'aide de la pointe d'un couteau. Si le jus qui s'écoule est rosé, remettez au four. Versez délicatement le jus dans une casserole et laissez le plat au chaud pendant que vous préparez la sauce.

Délayez la Maïzena dans un peu d'eau puis versez-la dans le jus de cuisson. Portez à ébullition, en remuant, pendant environ 5 minutes, jusqu'à ce que la sauce commence à bouillir et à épaissir. Incorporez le miel, salez et poivrez. Ajoutez le persil haché et retirez du feu.

Versez le jus qui s'est écoulé des rouleaux de poulet pendant que vous prépariez la sauce, dans la casserole, et remuez le tout avant d'en napper les rouleaux.

POULET AUX AROMATES *(174)*

Vous ferez cuire, pour préparer cette recette, les morceaux de poulet sur une purée composée de pommes, d'oignon, d'ail et d'endives, mélangés à du boulghour. Le plat fort agréable vous étonnera tant par sa consistance originale que par sa saveur étonnante. Le jus du poulet parfume la purée davantage encore. Servez ce plat accompagné de légumes verts, des brocoli par exemple ainsi que de pommes de terre sautées ou de pâtes fraîches. *POUR 6 PERSONNES*

75 g de boulghour
huile d'olive vierge
1 gros oignon, haché fin
5-6 piments de la Jamaïque
3 grosses gousses d'ail, hachées gros
1 morceau de gingembre frais de 2,5 cm, épluché et haché gros
4 belles pommes avec leur peau, vidées et émincées
4 endives, coupées en rondelles
6 morceaux de poulet (blancs, pilons ou cuisses)
3 cuillères à soupe de yaourt nature
1 gousse d'ail, hachée fin
25 g de pignons de pin ou d'amandes effilées
sel et poivre gris

Mettez le boulghour dans une jatte, recouvrez-le d'eau et laissez-le tremper pendant au moins 10 minutes.

Pendant ce temps, mettez 2 cuillères à soupe d'huile d'olive dans une grande poêle, à feu moyen. Ajoutez l'oignon et remuez pendant 1 ou 2 minutes, puis ajoutez le piment de la Jamaïque, l'ail, le gingembre, les pommes et les endives. Faites cuire, en remuant fréquemment, pendant 10 à 20 minutes, jusqu'à ce que les pommes et l'oignon soient ramollis mais non dorés. Poivrez et salez.

Versez ce mélange dans un robot, après avoir retiré le maximum de piments de la Jamaïque. Réduisez en une purée lisse puis rectifiez l'assaisonnement à nouveau. La purée doit être très relevée car elle s'affadira lorsque vous la mélangerez au boulghour.

Égouttez le boulghour, en le pressant bien, afin d'extraire le plus d'humidité possible puis ajoutez-le à la purée. Versez ce mélange dans une cocotte allant au feu puis lissez le mélange.

Frottez chaque morceau de poulet avec un peu d'huile, salez et poivrez.

Disposez les morceaux de poulet sur la purée puis couvrez le plat et faites cuire au centre du four préchauffé à 190 °C, Th. 5, pendant 1 heure. Retirez la cocotte du four et augmentez la température à 240 °C, Th. 9.

Mettez le yaourt dans une jatte et ajoutez l'ail. À l'aide d'un pinceau à pâtisserie, appliquez ce mélange sur les morceaux de poulet. Parsemez quelques pignons de pin ou amandes par-dessus.

Remettez la cocotte non couverte dans le haut du four et faites dorer les morceaux de poulet pendant 10 à 20 minutes.

Sortez le plat du four et servez aussitôt, directement dans la cocotte ou sur des assiettes individuelles.

COQUELETS À LA CORIANDRE ET AU CITRON VERT *(172)*

Un coquelet par personne représente une portion très copieuse, mais la moitié d'un est parfois à peine suffisante. C'est pourquoi il me semble préférable d'en prévoir un par personne. La chair ayant tendance à se dessécher, vous glisserez sous la peau de l'animal du fromage et du lard. *POUR 4 PERSONNES*

75 g de fromage frais
1 cuillère à soupe de jus de citron
1 bonne poignée de feuilles de coriandre
1 morceau de gingembre de 5 cm, épluché et haché fin
zeste et jus de 2 citrons verts
4 coquelets
12-16 fines tranches de lard fumé
30 cl de crème fraîche épaisse
sel et poivre gris

Mettez le fromage frais dans une jatte avec le jus de citron et travaillez ce mélange avec une cuillère en bois. Réservez 2 cuillères à soupe de feuilles de coriandre et hachez fin le reste. Ajoutez au fromage frais les feuilles de coriandre hachées, le gingembre et le zeste de citron vert.

Insérez les doigts entre la chair et la peau des coquelets au niveau du cou et faites-les glisser délicatement dessous pour décoller la peau adhérant aux blancs. Découpez une entaille dans la partie interne de la patte de chaque volaille et passez un doigt afin de décoller la peau de la chair des cuisses. Du bout des doigts, appliquez la préparation à base de fromage sur la chair puis appuyez sur la peau, afin de répartir la pâte uniformément. Placez les tranches de lard sur les blancs et les cuisses, en recoupant les tranches trop longues. Faites cuire au four préchauffé à 190 °C, Th. 5, pendant 40 à 45 minutes. Transférez les coquelets sur un plat de service préalablement chauffé ou dans des assiettes individuelles.

Ajoutez le jus de citron vert au jus de cuisson, puis faites chauffer ce mélange à feu vif. Portez à ébullition en remuant pendant 1 minute. Ajoutez la crème et faites bouillir à nouveau, en remuant, pendant 2 à 3 minutes, jusqu'à ce que la sauce épaississe légèrement. Retirez du feu et ajoutez les feuilles de coriandre réservées ; salez et poivrez à votre goût.

Versez la sauce dans une saucière ou, si vous servez les coquelets directement dans les assiettes, nappez-les de sauce avant de servir.

COQ DE BRUYÈRE SAUCE MYSTÈRE *(172)*

Le petit coq de bruyère est une volaille à la chair délicate très raffinée qu'il faut veiller à ne pas faire trop cuire : la chair doit rester rosée et très juteuse. La sauce foncée de cette recette délicieuse intriguera vos hôtes qui auront du mal à deviner de quoi elle est composée. Vous pourrez servir ce plat accompagné de petites pommes de terre nouvelles et de mange-tout ou de brocoli.

POUR 4 PERSONNES

1 petit navet, épluché et émincé
4-5 gousses d'ail, hachées gros
250 g de champignons (avec les pieds), hachés gros
30 cl de jus d'orange fraîchement pressé
4 cuillères à soupe de sauce soja
4 petits coqs de bruyère
50 g de beurre
1 cuillère à soupe de feuilles d'estragon fraîches
sel et poivre gris

Mettez le navet, l'ail et les champignons dans une casserole avec le jus d'orange, la sauce soja et le poivre. Portez à ébullition à feu vif, puis couvrez et laissez mijoter à feu doux pendant 45 minutes, jusqu'à ce que le mélange ait foncé et que les légumes aient ramolli. Réduisez le mélange en purée dans un robot ménager, afin d'obtenir une sauce assez épaisse. Rectifiez l'assaisonnement et réservez le temps de faire cuire les volailles.

Essuyez les coqs, salez et poivrez-les puis déposez une bonne noix de beurre à l'intérieur de chacun d'eux. Mettez le reste du beurre dans le fond d'un plat et ajoutez les volatiles, les blancs vers le bas. Faites cuire dans un four préchauffé à 220 °C, Th. 7, pendant 25 minutes, en les arrosant de temps en temps. Retournez-les 10 minutes avant la fin de la cuisson. Retirez les coqs du plat (en veillant à ce que le jus s'écoule dans le plat) et disposez-les sur un plat préchauffé pendant que vous finissez de préparer la sauce.

Versez la sauce dans le plat de cuisson, avec le jus, faites chauffer à feu moyen, et portez la sauce à ébullition, en remuant constamment. Ajoutez l'estragon, laissez bouillir et présentez la sauce dans une saucière ou arrosez les coqs avant de les servir.

CAILLES AUX POIRES *(184)*

En automne, à l'époque où mon verger regorge de poires un peu trop fermes pour qu'on puisse les manger telles quelles, je prépare souvent cette recette. Les poires apportent une touche originale et leur goût se marie fort bien à celui des cailles. Ces délicats petits oiseaux sont plus charnus que ce que l'on croit parfois. Ne vous étonnez pas de la quantité d'ail utilisé — lorsqu'on le fait cuire longtemps, il devient tendre et doux.

POUR 4 PERSONNES

1 cuillère à soupe d'huile d'olive
25 g de beurre
8 cailles
1 petit poivron rouge, épépiné et émincé (voir page 49)
1 gros fenouil, nettoyé et émincé (voir page 46)
1 cuillère à café de graines de fenouil
6-8 gousses d'ail
4 poires bien fermes, épluchées, coupées en quatre et vidées
400 g de tomates pelées en boîte
sel et poivre gris

Faites chauffer dans une cocotte à feu vif l'huile d'olive et le beurre. Ajoutez les cailles, en plusieurs fois si nécessaire, et retournez-les jusqu'à ce qu'elles soient bien dorées de tous les côtés. Retirez les oiseaux et réservez-les sur une assiette. Baissez le feu, puis ajoutez le poivron émincé et le fenouil pour les faire cuire. Remuez jusqu'à ce qu'ils soient bien ramollis. Ajoutez alors les graines de fenouil et les gousses d'ail entières. Laissez cuire 1 ou 2 minutes supplémentaires et retirez du feu.

Disposez les morceaux de poires sur les légumes, puis salez et poivrez. Placez les cailles par-dessus, en deux couches si cela est nécessaire, et recouvrez-les de tomates hachées. Salez et poivrez. Couvrez la cocotte et faites cuire dans un four préchauffé à 190 °C, Th. 5, pendant 1 heure à 1 heure 15.

Servez sur un plat de service ou présentez les cailles directement dans la cocotte.

FAISANS RÔTIS À L'INDIENNE *(178)*

L'une des meilleures façons pour qu'un faisan rôti ne se dessèche pas en cours de cuisson consiste à le laisser mariner toute une nuit. La préparation épicée de cette recette se marie très bien avec ce gibier à plumes. Servez ce plat accompagné de riz safrané et d'une salade verte.

POUR 6 PERSONNES

2 faisans prêts à cuire
2 grosses gousses d'ail, hachées fin
3 cuillères à soupe d'huile d'arachide
2 cuillères à soupe de concentré de tomates
1 cuillère à soupe de vinaigre de vin
2 cuillères à café de cumin en poudre
3 cuillères à café de coriandre moulue
1 cuillère à café de cardamome moulue
1/2 cuillère à café de clous de girofle en poudre
1/2 cuillère à café de piment de Cayenne
4 cuillères à soupe de jus de citron
jus d'une orange

POUR LA SAUCE

50 g de beurre
2 cuillères à café de cumin en poudre
2 cuillères à café de cardamone moulue
2 cuillères à café de coriandre moulue
250 g de champignons, émincés
4 tomates, pelées et hachées fin
2 grosses gousses d'ail
1 morceau de 5 cm de gingembre frais, épluché et haché fin
1 cuillère à soupe de purée de tomates bien pleine
30 cl d'eau bouillante
50 g de noix de coco en poudre
piment de Cayenne
1 poignée de feuilles de coriandre fraîches, hachées
sel

À l'aide d'un petit couteau, découpez trois entailles dans la peau de chaque faisan, au niveau des blancs, et une dans chaque cuisse. Mettez l'ail haché dans une jatte avec l'huile d'arachide, le concentré de tomates, le vinaigre, les épices moulues et le piment de Cayenne. Mélangez soigneusement et badigeonnez la préparation sur et sous la peau des volatiles. Placez les faisans dans un plat à rôtir, couvrez d'aluminium et laissez à température ambiante pendant toute une nuit, ou au moins plusieurs heures.

Versez le jus de citron et d'orange dans le plat, couvrez à nouveau d'aluminium et faites rôtir au centre du four préchauffé à 160 °C, Th. 3 pendant 1 heure 30, en arrosant régulièrement avec le jus. Retirez l'aluminium et laissez cuire sans couvrir, pendant 30 minutes supplémentaires, jusqu'à ce que les faisans soient dorés à point.

Pendant ce temps, préparez la sauce. Faites fondre le beurre dans une grande casserole à feu moyen. Incorporez les épices moulues et remuez, puis ajoutez les champignons émincés , les tomates hachées, l'ail et le gingembre, puis remuez jusqu'à ce que les champignons soient bien ramollis et les tomates réduites en purée. Délayez la purée de tomates avec de l'eau puis ajoutez-la au mélange champignons/tomates.

Couvrez la casserole et laissez mijoter pendant 20 à 30 minutes, puis ajoutez la noix de coco. Remuez jusqu'à ce qu'elle soit bien incorporée à la sauce et que celle-ci ait épaissi. Relevez avec du piment de Cayenne et salez, puis retirez du feu.

Placez les faisans cuits sur une planche. Versez le jus de cuisson dans la casserole de sauce, remuez et faites réchauffer le tout. Rectifiez l'assaisonnement puis ajoutez les feuilles de coriandre hachées. Versez la sauce dans une saucière et servez-la avec les faisans découpés.

FEUILLETÉS DE CANARD À LA SAUCE AUX POIREAUX *(172)*

Longtemps, on ne servit les magrets de canard qu'en confits. Depuis plusieurs années, on les propose grillés et servis saignants ou rosés. Outre leur goût savoureux, ils représentent un luxe très agréable pour la cuisinière ; en effet, avec ces morceaux de choix, nul besoin de se battre avec des os et une carcasse pour apprécier la saveur de la chair du canard. Cette recette est assez différente de celles que l'on propose traditionnellement, mais elle est tout aussi délicieuse. Si vous le souhaitez, n'utilisez pas la peau pour enrouler les filets mais le résultat sera moins savoureux. POUR 4 PERSONNES

4 magrets de canard
1 poignée de feuilles de menthe fraîches, hachées
5-6 brins d'estragon, hachés
1 morceau de gingembre de 5 cm, épluché et haché fin
1 cuillère à soupe de marmelade d'orange
250 g de pâte feuilletée, décongelée si nécessaire
2-3 longs poireaux, nettoyés et émincés
jus d'une orange, filtré
4 cuillères à soupe de jus de citron, filtré
4 cuillères à café de sucre en poudre
25 cl de crème fraîche
1 jaune d'œuf battu
sel et poivre

Retirez la peau des magrets et si vous souhaitez la conserver, piquez-la avec une fourchette. Réservez. Sur un grand plan de travail, étalez 2 grandes feuilles de papier sulfurisé mouillées. Disposez les magrets dessus, en les espaçant légèrement. Mouillez deux autres feuilles de papier et recouvrez-en les magrets. Battez-les violemment avec un rouleau à pâtisserie jusqu'à ce que les filets soient bien aplatis. Répétez cette opération avec les peaux, afin qu'elles aient la même taille que les magrets.

Mettez les herbes, le gingembre et la marmelade dans une jatte et mélangez le tout soigneusement. Salez et poivrez. Étalez ce mélange sur chaque filet puis roulez-les délicatement. Enroulez un morceau de peau autour de chacun d'eux.

Découpez la pâte en quatre morceaux de taille identique et étalez-les en des abaisses suffisamment grandes pour contenir les rouleaux. Enveloppez les rouleaux dans la pâte, en coupant l'excédent et en humectant les bords pour bien les sceller.

Étalez les chutes et découpez dedans des motifs décoratifs, comme des feuilles (voir page 245). Percez un petit trou dans chaque petit feuilleté, pour que la vapeur puisse s'échapper pendant la cuisson. Réfrigérez les feuilletés. Retirez-les du réfrigérateur 30 minutes environ avant le moment de passer à table.

Pendant ce temps, préparez la sauce. Mettez les poireaux dans une casserole avec les jus d'orange et de citron et le sucre. Couvrez et laissez bouillir à feu doux, pendant 15 à 20 minutes, jusqu'à ce que les poireaux soient tendres. Puis versez-les avec le jus dans un robot ménager et réduisez en purée. Ajoutez la crème fraîche et mixez encore pendant quelques secondes. Salez et poivrez. Réservez dans une casserole.

Badigeonnez les feuilletés avec du jaune d'œuf et faites cuire au four préchauffé à 220 °C, Th. 7, pendant 20 à 25 minutes, jusqu'à ce que la pâte soit bien dorée. Faites réchauffer la sauce, laissez-la bouillir 2 ou 3 minutes avant la fin de la cuisson des feuilletés. Servez aussitôt.

CANARD FRUITÉ *(172)*

Dans cette recette, d'inspiration marocaine, l'on a mélangé de la viande avec des épices et des fruits. Le résultat est délicieux. Ce plat est extrêmement simple à préparer et est idéal à servir à l'occasion d'un repas entre amis. Servez-le accompagné de riz basmati croquant (voir page 114) et d'une salade verte.

POUR 4 PERSONNES

4 morceaux de canard ou 1 gros canard, coupé en quatre (voir page 175)
huile de tournesol
75 g d'abricots secs
2 grosses gousses d'ail, hachées fin
3 cuillères à café de paprika
2 cuillères à café de cannelle
piment de Cayenne
15 cl de jus de pomme
2 cuillères à soupe de miel
15 cl d'eau tiède
4 cuillères à soupe de jus de citron
50 g d'amandes entières
1 bonne poignée de feuilles de menthe, hachées gros
sel

Piquez la peau des morceaux de canard avec une fourchette. Faites chauffer un peu d'huile dans une grande poêle pour faire rissoler les morceaux de canard à feu vif, en les retournant. Placez les morceaux dans une grande casserole et ajoutez les abricots, l'ail, les épices, du jus de pomme, le miel dilué dans l'eau, le jus de citron et les amandes. Portez le liquide à ébullition, puis couvrez et laissez mijoter pendant 45 minutes, jusqu'à ce que le canard soit bien tendre, mais encore rosé.

À l'aide d'une écumoire, retirez les morceaux de canard, les abricots et les amandes et disposez-les sur un plat, en plaçant les amandes sur le dessus. Tenez le plat au chaud dans le four, pour préparer la sauce.

Portez à ébullition le jus de cuisson, jusqu'à ce qu'il ait bien réduit et qu'il soit assez épais. Salez et rajoutez du piment de Cayenne.

Juste avant de servir, faites réchauffer la sauce, ajoutez les feuilles de menthe hachées et nappez les morceaux de canard de sauce.

SAUCES ET ASSAISONNEMENTS

Les sauces constituent à elles seules un univers culinaire et le domaine réservé de spécialistes : les sauciers. Ce sont peut-être aussi les recettes qui impressionnent le plus les novices. La première sauce Béchamel que j'ai préparée m'a cependant ouvert des horizons insoupçonnés quant à la créativité dont on peut faire preuve en matière de cuisine. C'est, à mon avis, une sauce qu'on devrait apprendre le plus tôt possible, dès que l'on commence à s'intéresser à la cuisine. Les sauces comme celle-ci, à base de farine, sont parfois négligées, alors qu'elles permettent de réaliser de délicieuses recettes. Elles se prêtent à de nombreuses variantes et accompagnent les plats les plus divers. Lorsque vous les aurez maîtrisées, vous n'hésiterez plus à vous lancer dans la confection de préparations plus élaborées, les sauces émulsionnées par exemple. Une bonne sauce peut transformer des ingrédients banals, voire des restes, en un plat succulent. Ayez confiance en vous, car il n'est pas une sauce qui ne soit pas à votre portée.

Certaines personnes s'inquiètent certainement à la simple lecture des noms compliqués de certaines sauces, qui semblent aller de pair avec un tour de main de professionnel. Or, en lisant ce chapitre, vous constaterez qu'il existe quatre techniques de base à partir desquelles on élabore toutes les sauces. Leurs noms se rapportent en fait davantage à une combinaison d'ingrédients qu'à des modes de préparation différents.

La consistance et la saveur d'une sauce revêtent une importante toute particulière, aussi est-il important de surveiller en permanence la cuisson. Qu'elles soient veloutées, mousseuses, épaisses, crémeuses ou liquides et transparentes, les sauces doivent présenter une consistance très agréable. N'oubliez pas de goûter votre sauce en cours de cuisson ; vous pourrez apporter des modifications au fur et à mesure. Ne vous affolez pas si des grumeaux apparaissent : vous pourrez les éliminer en passant la sauce au travers d'un chinois ; une sauce trop épaisse peut être allongée avec un peu de crème ; une préparation trop liquide pourra être réduite à gros bouillons.

Le rôle d'une sauce est de mettre en valeur et de compléter la saveur des ingrédients qu'elle accompagne, de façon très subtile ou au contraire plus contrastée. L'assaisonnement de la sauce doit faire l'objet d'un très grand soin. Ne perdez pas de vue l'utilisation à laquelle vous destinez la sauce. Il est rare que l'on n'ait pas à rectifier l'assaisonnement au dernier moment. N'hésitez pas à ajouter des épices plusieurs fois en cours de cuisson. Si vous devez faire réduire la sauce, n'oubliez pas que les parfums des ingrédients s'intensifieront légèrement.

Bien qu'une sauce doive présenter une saveur plus intense qu'une soupe ou un ragoût, elle doit toujours former un équilibre harmonieux avec le plat. Évitez les ingrédients au goût trop prononcé qui pourraient masquer le parfum des aliments avec lesquels la sauce doit être dégustée. Sachez en outre que la saveur d'une sauce gagne en intensité lorsqu'elle refroidit. La réussite finale dépend également du choix des ingrédients de base. Ceux-ci doivent être à la fois d'excellente qualité et de première fraîcheur. Si une bonne sauce peut rehausser le goût d'un plat banal, rien ne pourra sauver une mauvaise sauce. Si vous n'êtes pas sûr de vous, commencez par suivre à la lettre les recettes. Lorsque vous vous sentirez suffisamment à l'aise, vous pourrez apporter la petite note personnelle qui fera toute la différence, en donnant au plat une saveur inoubliable.

Dans le sens des aiguilles d'une montre, à partir du haut à gauche : Sauce aux prunes et à la menthe (page 212), parfumée avec du jus d'orange fraîchement pressé, à servir avec le porc, le canard, le jambon ou le gibier; Sauce au pain (page 212), préparée à base de pain complet parfumé avec des clous de girofle et de la cannelle râpée; Sauce veloutée rouge (page 213), combinant des tomates, des poivrons et des grains de poivre vert, excellente avec des légumes, de la viande, de la volaille ou des pâtes; Sauce aux kumquats et à l'aneth (page 212), au jus de pomme et vinaigre de framboises; Sauce indienne aux champignons (page 212), à base de champignons, d'épices et de crème; Sauce bolognaise (page 213), accompagnement traditionnel des spaghetti. Au centre : Sauce à la noix de coco (page 213), délicieuse avec les fruits exotiques.

SAUCES BLANCHES DE BASE

Elles constituent une base neutre que l'on peut enrichir selon les besoins. Les deux sauces les plus courantes sont préparées à base d'un roux (mélange de beurre et de farine) ; la béchamel comprend en outre du lait, tandis que la sauce blanche se fait avec du bouillon. Il est important de faire correctement cuire le roux, afin que la sauce finale n'ait pas un goût de farine. Pour éviter la formation de grumeaux, jetez la farine en pluie, afin d'obtenir un roux assez homogène dans lequel vous pourrez incorporer plus facilement du liquide. Il est plus prudent d'ajouter du lait froid au roux chaud, hors du feu. Mais on peut également mouiller le roux avec du lait chaud, en utilisant un fouet. Remuez sans cesse la sauce tandis que vous ajoutez le liquide. Si la sauce présente des grumeaux, essayez de les éliminer en fouettant énergiquement ou en mixant votre sauce dans un robot ménager.

Ces sauces peuvent être préparées à l'avance, pour être réchauffées au dernier moment. Pour éviter qu'une peau ne se forme à la surface de la sauce, versez un peu de beurre fondu puis fouettez la préparation pendant que vous la faites réchauffer. Elle se conservera au réfrigérateur deux ou trois jours.

SAUCE BLANCHE

Les quantités de farine et de matière grasse varient en fonction de la consistance souhaitée. Pour obtenir 30 cl de sauce liquide, utilisez 15 g de beurre et autant de farine ; pour une sauce plus épaisse, 20 g de chaque ingrédient seront nécessaires ; pour une sauce très épaisse (pour un soufflé par exemple), prévoyez 25 g de farine et autant de beurre.

1 *Faites fondre le beurre dans une casserole à fond épais. Ajoutez la farine en pluie et laissez cuire 2 minutes, en fouettant constamment, jusqu'à ce que le roux soit bien doré.*

2 *Hors du feu, incorporez peu à peu 30 cl de bouillon. Remettez sur le feu et fouettez jusqu'à ce que la sauce épaississe, puis laissez mijoter pendant 2 ou 3 minutes, en remuant. Salez et poivrez.*

Si vous êtes pressé, mettez tous les ingrédients dans une casserole. Mélangez bien. Portez à ébullition, en remuant constamment avec une cuillère en bois, jusqu'à ce que la sauce épaississe. Laissez mijoter pendant 2 minutes ; salez et poivrez.

***Sauce au persil** : préparez une sauce blanche avec 20 g de beurre et 20 g de farine. Ajoutez un gros bouquet de persil haché. Laissez mijoter à feu doux pendant 1 ou 2 minutes, puis salez et poivrez. Servez avec des viandes cuites à l'eau, des blancs de poulet cuits à la vapeur, du poisson ou des légumes.*

SAUCE BÉCHAMEL

La sauce Béchamel se prépare comme une sauce blanche classique, avec pour variante l'utilisation de lait, parfumé ou non avec des épices ou des herbes. Les consistances peuvent être aussi variées que celles de la sauce blanche (voir ci-contre). La béchamel est utilisée dans les gratins de pâtes, comme les lasagne (voir page 84). La sauce doit mijoter doucement pour réduire et épaissir progressivement.

On peut incorporer de nombreux ingrédients à une béchamel. La béchamel au fromage (ci-dessous) se marie très bien avec le poisson, les œufs et les légumes. Pour environ 30 cl de sauce.

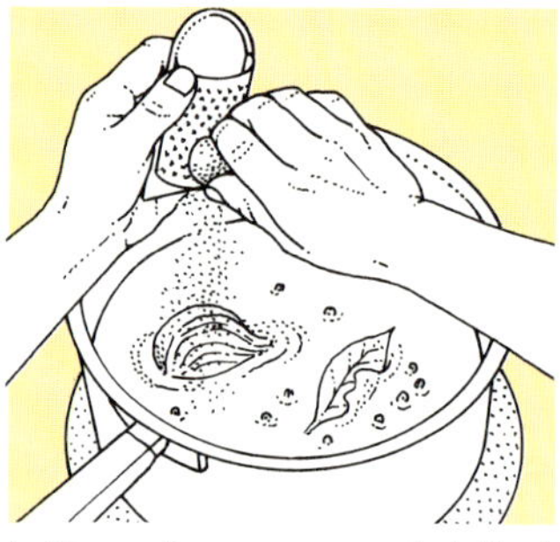

1 *Mettez dans une casserole à fond épais 30 cl de lait avec 1/2 oignon, 8 à 10 grains de poivre, 1 feuille de laurier et 1 pincée de muscade râpée. Portez le lait à ébullition, puis retirez la casserole du feu, couvrez et réservez pendant 10 à 12 minutes, afin que le lait s'imprègne bien des saveurs. Vous pouvez aussi utiliser du lait nature.*

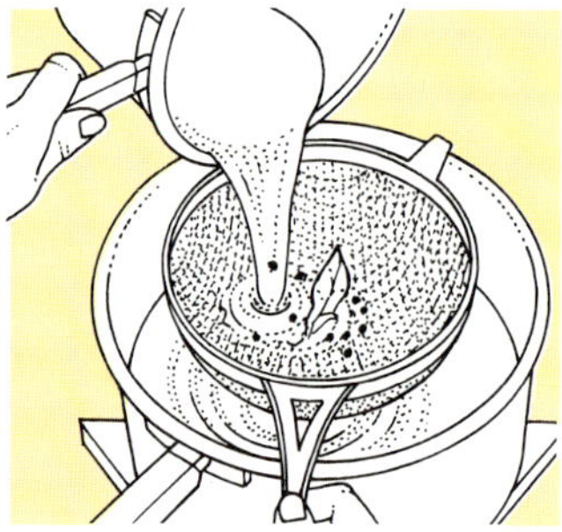

2 *Pendant ce temps, dans une autre casserole, préparez un roux (voir ci-contre), puis retirez-le du feu. Filtrez le lait sur le roux, en fouettant aussitôt. Jetez les ingrédients aromatiques. Remettez la casserole sur le feu et portez à ébullition, en fouettant constamment, jusqu'à ce que la sauce épaississe, puis laissez mijoter pendant 2 ou 3 minutes, sans cesser de battre. Salez et poivrez selon votre goût.*

***Béchamel au fromage** : préparez une béchamel assez liquide ; retirez la casserole du feu. Ajoutez 125 g de parmesan ou d'emmenthal et 1 cuillère à café de moutarde. Remuez la sauce jusqu'à ce que le fromage soit bien fondu. Ne remettez pas la casserole sur le feu. Parfumez la sauce, si vous le souhaitez, avec de la muscade râpée ou des graines de cumin et de carvi.*

SAUCE VELOUTÉE

Un bon bouillon parfumé est l'élément le plus important pour réussir une sauce veloutée. Il n'est généralement pas nécessaire de préparer un bouillon spécifiquement pour la sauce. On utilise souvent le liquide de cuisson de l'ingrédient avec lequel on sert la sauce, du poisson, du poulet ou du veau par exemple. Pour obtenir la consistance veloutée, on écume la surface de la sauce très régulièrement en cours de cuisson.

La variante aux champignons et à la crème (ci-dessous) est souvent utilisée pour préparer un ragoût de poulet ; quant à la sauce aux fruits de mer (ci-dessous), elle est idéale pour accompagner du crabe, des langoustes ou des crevettes pochés.

Pour préparer 30 cl de sauce, portez à ébullition 40 cl de fumet de poisson ou de fond de volaille ou de veau (voir pages 28-31) ou encore de liquide de cuisson des fruits de mer. Écumez la surface. Pendant ce temps, préparez un roux (voir page ci-contre) avec 20 g de beurre et autant de farine. Faites cuire 2 minutes, jusqu'à ce qu'il soit bien doré et sablonneux. Retirez du feu et laissez refroidir.

La sauce Nantua est l'une des nombreuses variantes de la sauce veloutée de base. Elle est parfumée avec les carapaces des crustacés avec lesquels on la sert.

1 *Mouillez progressivement le roux légèrement refroidi avec les trois quarts du liquide bouillant. Remettez la casserole sur le feu et portez à ébullition, en fouettant constamment, jusqu'à ce que la sauce soit bien épaisse.*

2 *Baissez le feu et laissez mijoter pendant au moins 15 minutes, afin que le goût de la sauce soit bien concentré ; remuez de temps en temps. Écumez à l'aide d'une grande écumoire, jusqu'à ce que la surface du liquide soit bien claire.*

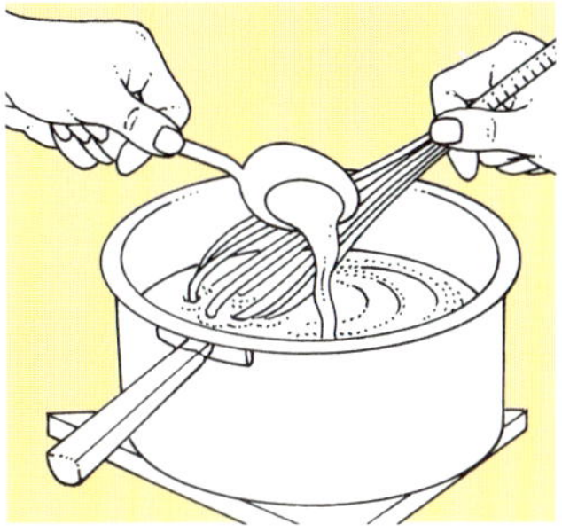

3 *Utilisez la sauce telle quelle, ou filtrez-la dans un chinois. Incorporez, tout en fouettant, 1 ou 2 cuillères à soupe de crème ou de beurre et rectifiez l'assaisonnement. Au besoin, rallongez la sauce avec le bouillon restant.*

PARFUMER LES SAUCES BLANCHES

- Transformez en un tournemain une sauce blanche en ajoutant des épices au beurre du roux, et en arrosant la sauce en fin de cuisson avec un peu de jus de citron ou de vin.
- Pour accompagner du poulet, parfumez votre sauce blanche avec de l'estragon frais et de la crème. Si vous faites rôtir le poulet, incorporez le jus de cuisson de la volaille à la sauce blanche, juste avant de servir.
- Si vous la servez avec du choufleur, des brocoli ou de jeunes carottes, parfumez la sauce blanche avec de la muscade râpée et ajoutez des graines de carvi ou d'aneth.
- Une sauce blanche enrichie de persil et de crème fraîche se marie bien avec des betteraves chaudes.
- Pour préparer une sauce à l'ail, ajoutez 1 ou 2 gousses d'ail hachées au beurre du roux, avant de verser la farine, puis mélangez pendant 2 ou 3 minutes à feu doux.
- Pour confectionner rapidement une sauce au curry, parfumez une sauce blanche avec un peu de jus de citron et de curry. Nappez de cette sauce des morceaux de poulet et faites-les réchauffer dans une casserole avant de les servir dans un plat. Ajoutez de la coriandre fraîche, juste avant de servir, pour donner de la couleur au plat.
- Vous pouvez parfumer une sauce veloutée de la même façon qu'une sauce blanche, mais la saveur des ingrédients ajoutés sera plus prononcée. Certains permettent d'obtenir des préparations exquises : le beurre de fruits de mer, les œufs de cabillaud fumés, la chair de crabe ou de langouste hachée ou les crevettes, par exemple.

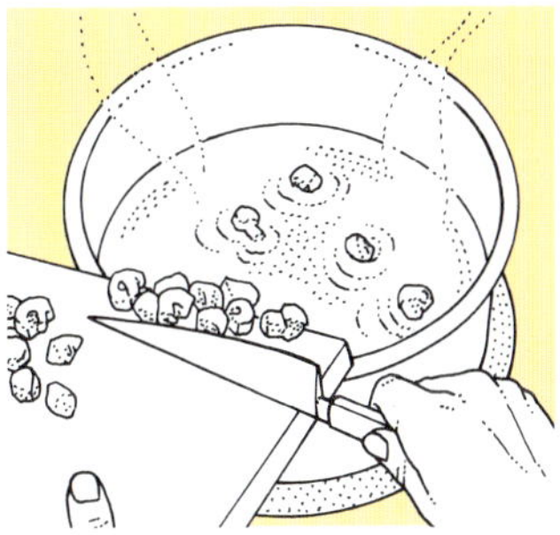

Sauce aux champignons et à la crème *(sauce suprême) : préparez une sauce veloutée (voir ci-dessus) avec du bouillon de volaille (voir page 29). Lorsque le bouillon a été incorporé au roux, ajoutez 125 g de champignons hachés. Suivez les étapes 1 et 2, filtrez la sauce au travers d'un chinois, comme à l'étape 3, puis ajoutez 5 cl de crème fraîche. Salez et poivrez et arrosez d'un filet de jus de citron.*

Sauce aux écrevisses *(sauce Nantua) : conservez le liquide de cuisson ainsi que les carapaces des écrevisses. Préparez un roux et incorporez 40 cl de liquide bouillant, comme à l'étape 1. Ajoutez les carapaces et laissez mijoter 15 minutes. Filtrez la sauce dans une casserole propre. Remettez sur le feu et, si vous souhaitez une sauce plus riche, ajoutez 1 ou 2 cuillères à soupe de beurre froid.*

SAUCES BRUNES ET ÉPAISSISSANTS

Les sauces brunes à base de farine se préparent de la même façon que les sauces veloutées (voir page 197), mais elles font appel à un roux brun ainsi qu'à un bouillon plus foncé (voir page 28). Elles accompagnent les viandes sautées ou rôties ainsi que le gibier.

La sauce espagnole, ainsi nommée à cause de sa couleur, est une variante préparée avec de la tomate. Elle est assez longue à confectionner mais particulièrement riche et savoureuse. On remplace parfois le fond brun par du fumet de poisson (voir page 30).

Les sauces brunes peuvent varier à l'infini, comme les sauces blanches, par l'addition d'ingrédients complémentaires : vin, truffes, poivre, crème fraîche ou gelée de groseilles, par exemple. La cuisine moderne s'accommode de sauces brunes plus rapides à préparer avec du jus de viande grillée, de volaille ou de gibier.

SAUCE BRUNE CLASSIQUE

Un bon bouillon est l'ingrédient essentiel. Portez 1 litre de fond de veau ou de bœuf (voir page 28) à ébullition et faites réduire. Cette recette permet de préparer environ 60 cl de sauce. Vous pourrez en congeler une partie.

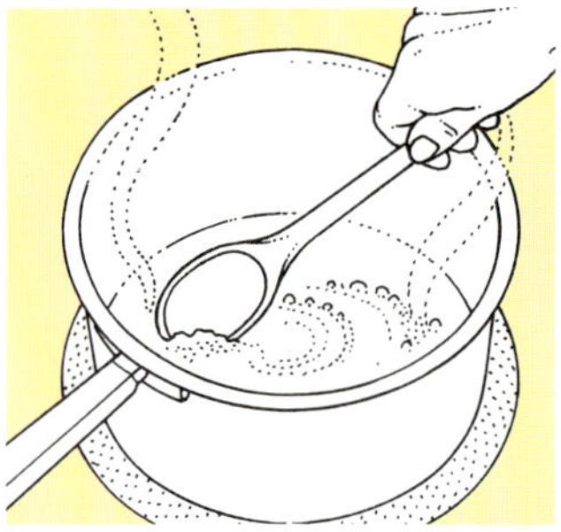

1 *Faites fondre 25 g de beurre dans une casserole à fond épais et ajoutez 25 g de farine. Faites cuire le roux pendant 3 ou 4 minutes à feu moyen, jusqu'à ce qu'il soit bien foncé; remuez constamment afin qu'il ne brûle pas.*

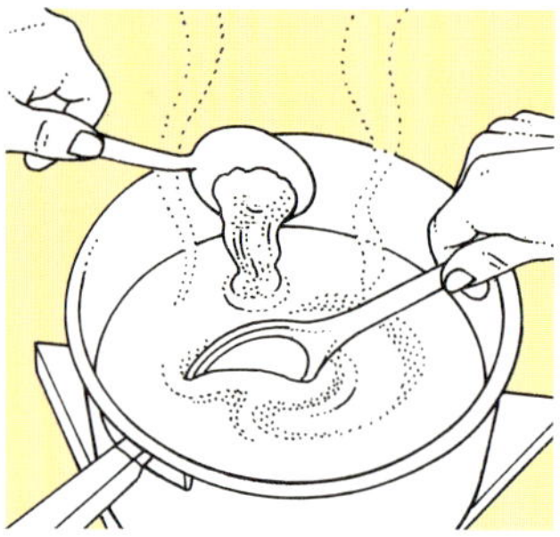

2 *Hors du feu, incorporez le bouillon réduit chaud et 1 1/2 cuillère à soupe de purée de tomates. Remettez la casserole sur le feu et portez à ébullition. Laissez mijoter de 20 à 30 minutes, sans couvrir, en écumant la surface. Salez et poivrez.*

La sauce brune tire sa couleur profonde et sa riche saveur du roux brun et du fond réduit qui la composent.

SAUCE ESPAGNOLE

Pour préparer 1,2 litre de sauce espagnole, préparez 2,5 litres de fond brun avec des ingrédients très parfumés et des os gélatineux (voir page 28). On ne sert généralement pas cette sauce telle quelle; elle sert de base à d'autres préparations culinaires (voir encadré vert).

Cette sauce étant assez longue à préparer, je vous conseille d'en prévoir une grande quantité et de congeler ce que vous n'utilisez pas sur le moment. Vous pouvez la congeler par blocs de 30 cl et la faire réchauffer sans décongélation préalable, en remuant de temps en temps. Laissez ensuite bouillir pendant 2 minutes.

1 *Portez à ébullition 2,5 litres de fond de volaille ou de bœuf (voir page 28). Faites-le réduire de moitié, en écumant régulièrement la surface. Dans une autre casserole, faites chauffer 8 cl d'huile végétale. Ajoutez 125 g de lard coupé en dés et faites cuire pendant 2 minutes. Ajoutez 2 oignons et 2 carottes coupés en dés et laissez mijoter le tout jusqu'à ce que les légumes soient tendres.*

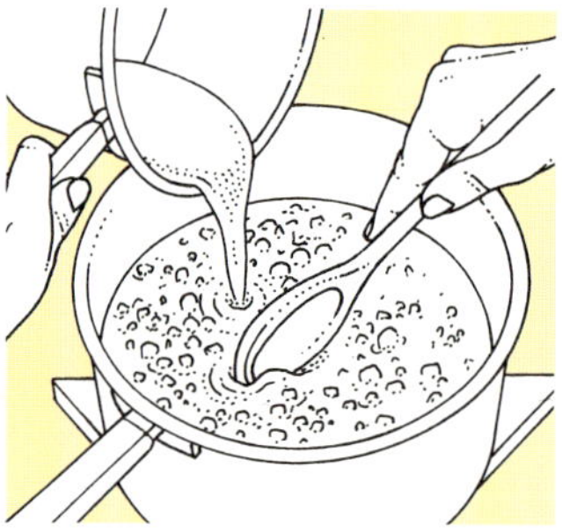

2 *Mélangez 50 g de farine et autant de beurre. Laissez cuire pendant 4 à 5 minutes, en remuant fréquemment, jusqu'à ce que le roux commence à brunir; veillez à ne pas le laisser brûler. Retirez la casserole du feu. Ajoutez la sauce au lard et les trois quarts du fond de volaille réduit. Remettez sur le feu et portez à ébullition, en remuant constamment, jusqu'à ce que la sauce épaississe.*

3 *Ajoutez 1 bouquet garni (voir page 10), 2 petites tomates coupées en deux, 2 cuillères à soupe de purée de tomates et laissez mijoter pendant 2 ou 3 heures, sans couvrir, en écumant la surface fréquemment. Faites réchauffer le reste du fond et ajoutez-le petit à petit au contenu de la casserole, à mesure que la sauce réduit. Filtrez la sauce. Ajoutez de 25 à 40 g de beurre froid et rectifiez l'assaisonnement.*

ÉPAISSISSANTS EXPRESS

Il arrive que l'on ait besoin d'épaissir une sauce au dernier moment. Certaines techniques classiques ne présentent aucune difficulté. Le beurre manié (quantités égales de farine et de beurre pétries en une pâte) ajouté en fin de cuisson à une sauce permet de l'enrichir tout en l'épaississant. En fondant, le beurre répartit la farine dans le liquide. La Maïzena, l'arrow-root ou la fécule de pomme de terre cuisent plus rapidement que la farine et permettent d'épaissir une préparation sans en prolonger exagérément la cuisson. Les jaunes d'œufs et la crème sont également des ingrédients auxquels on a souvent recours pour épaissir une sauce.

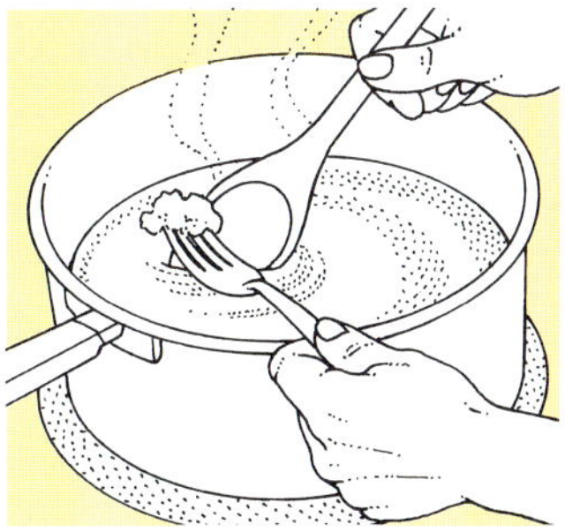

Beurre manié : *pétrissez environ 20 g de farine et autant de beurre avec une fourchette. Portez 30 cl de sauce à ébullition, puis faites-y tomber de petites noix de beurre manié, tout en remuant, jusqu'à ce que la sauce épaississe. Le beurre manié se conserve au réfrigérateur pendant plusieurs semaines.*

Pour épaissir et enrichir une sauce en un tournemain, incorporez un peu de beurre manié.

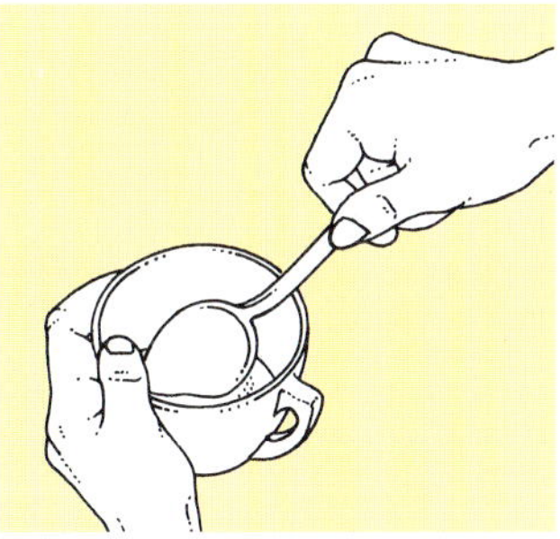

Maïzena, arrow-root ou fécule de pomme de terre : *portez 30 cl de sauce à ébullition. Mélangez 2 cuillères à café de l'ingrédient choisi à 1 ou 2 cuillères à soupe d'eau ou de bouillon froid, puis versez ce mélange dans la sauce, en fouettant.*

Pour enrichir et épaissir 30 cl de sauce veloutée, mélangez 1 jaune d'œuf et 1 ou 2 cuillères à soupe de crème dans une tasse, puis ajoutez un peu de sauce chaude. Incorporez ce mélange dans la sauce, en fouettant, et faites épaissir à feu doux. Ne laissez pas bouillir.

SAUCE POUR RÔTI

Le jus de viande peut être servi tel quel, mais certaines personnes aiment l'épaissir légèrement, afin d'obtenir une sauce plus riche. Vous pouvez utiliser la recette de la page 157 ou celle-ci, plus traditionnelle. La farine doit cuire suffisamment (jusqu'à ce que le roux soit bien foncé), afin que la sauce ne présente pas un goût de farine.

Lorsque la viande est rôtie, conservez 2 cuillères à soupe de graisse dans le plat et faites-le chauffer à feu moyen.

Ajoutez 2 cuillères à soupe de farine. Remuez pendant 4 minutes. Ajoutez 50 cl d'eau ou de bouillon chaud, en grattant le fond du plat. Faites épaissir sur le feu puis salez et poivrez.

PARFUMER LES SAUCES BRUNES

- Pour accompagner du canard, du porc ou du gibier, parfumez votre sauce brune avec des prunes, des abricots hachés et sautés dans un peu de beurre ou des zestes d'orange.
- Pour obtenir une sauce piquante, faites revenir 1 petit oignon émincé dans le beurre du roux ; à mi-cuisson, ajoutez de 2 à 4 pincées de piment de Cayenne et 2 cuillères à café de paprika. Ajoutez ensuite 5 cl de vinaigre de vin au bouillon et mouillez le roux avec ce mélange.
- Une sauce brune épicée se marie bien avec le gibier à plumes, le poulet ou la dinde. Ajoutez un peu de pâte de curry, 1 oignon finement haché et 2 gousses d'ail écrasées au roux ; faites cuire à feu doux pendant au moins 5 minutes avant de verser le bouillon chaud. Juste avant de servir, incorporez une poignée de feuilles de coriandre fraîche. Vous pouvez également parfumer votre préparation avec des épices indiennes fraîchement moulues, telles que cardamome et coriandre.
- Parfumez votre roux avec du gingembre finement haché et de l'ail. Pour enrichir et épaissir une sauce, ajoutez 25 g de noix de coco en poudre en fin de cuisson.
- Pour préparer une sauce chasseur, faites fondre 2 ou 3 échalotes et 125 g de champignons émincés dans 15 g de beurre. Ajoutez 20 cl de vin blanc sec et faites réduire de moitié. Ajoutez 25 cl de sauce brune ou de sauce espagnole et 2 cuillères à soupe de purée de tomates. Laissez mijoter pendant 15 minutes. Ajoutez 2 cuillères à soupe de beurre manié et 1 cuillère à soupe de persil. Servez avec de la viande ou du gibier rôtis.
- Ajoutez des câpres hachées à une sauce brune en fin de cuisson.
- Faites réduire un bouillon de viande, de volaille ou de gibier jusqu'à obtention d'une sauce sirupeuse et épaisse ; elle ajoutera une note raffinée à une sauce brune. Pour obtenir une sauce encore plus riche, incorporez en fouettant de 15 à 25 g de beurre froid coupé en dés.
- Pour colorer une sauce brune, ajoutez, juste avant de servir, une poignée d'herbes fraîches : aneth, estragon, basilic, ciboulette ou persil plat. L'oseille hachée perd sa couleur vive dès qu'on la plonge dans la sauce, mais donne toutefois une agréable saveur à la préparation.

SAUCES ÉMULSIONNÉES CHAUDES

La sauce hollandaise, la béarnaise et les sauces au beurre sont mes préférées. Ce sont des sauces que l'on obtient en fouettant deux ingrédients (ou davantage) en une émulsion. Toutes ces sauces sont à la fois légères et riches et présentent de nombreuses variantes, comme par exemple la sauce maltaise, une version aromatisée à l'orange de la hollandaise. Ces recettes ont la réputation d'être difficiles à réussir, car les jaunes d'œufs peuvent, en cuisant trop rapidement, compromettre l'aspect final de la préparation. Pour éviter ce problème, vous pouvez utiliser un robot ménager.

Les jaunes d'œufs et le beurre doivent chauffer longtemps et à feu doux. Ne mettez pas la casserole sur un feu trop vif, car le mélange risquerait alors de tourner. Pour obtenir une chaleur douce et homogène, utilisez un bain-marie ou posez une jatte résistant à la chaleur au-dessus d'une casserole d'eau bouillante (voir ci-dessous et page 18).

Chaque œuf absorbe environ 50 g de beurre. Le beurre clarifié (voir page 96) permet de réduire les risques de voir la sauce tourner. Le beurre ramolli est plus facile à utiliser. Commencez par ajouter de petits dés puis, dès que la sauce commence à épaissir, ajoutez de plus gros morceaux, jusqu'à ce que la préparation soit lisse et crémeuse.

SAUCE HOLLANDAISE

Si la sauce commence à tourner, retirez la casserole du feu et incorporez aussitôt un glaçon, tout en fouettant. On parvient souvent ainsi à rattraper la sauce. Sinon, recommencez avec 2 nouveaux jaunes d'œufs et incorporez délicatement la sauce tournée, jusqu'à ce qu'une nouvelle émulsion se forme. Il est préférable de préparer la sauce hollandaise au dernier moment. Vous pouvez toutefois la conserver pendant environ 30 minutes au bain-marie, en la remuant fréquemment. Servez-la avec les œufs pochés, le poisson et les légumes. Pour 30 cl de sauce.

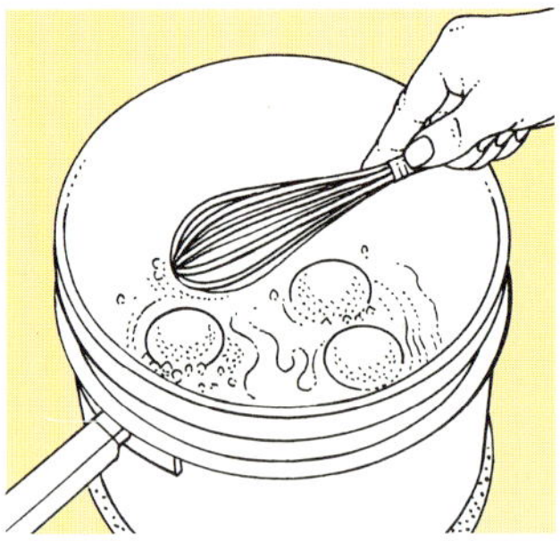

1 *Fouettez 3 jaunes d'œufs avec 1 cuillère à soupe d'eau, 1 cuillère à soupe de vinaigre et 1 cuillère à soupe de jus de citron, dans une casserole au bain-marie, jusqu'à ce que le mélange ait la consistance d'une pommade.*

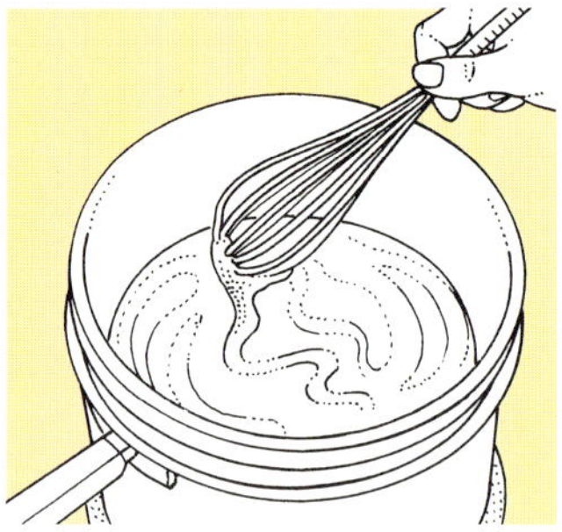

2 *À feu très doux, continuez de fouetter le mélange, jusqu'à ce que le fouet laisse une traînée à la surface. Cette opération prend environ 3 minutes. Veillez à ce que le dessous de la jatte ou de la casserole ne touche pas l'eau bouillante, les jaunes risqueraient de cuire trop vite.*

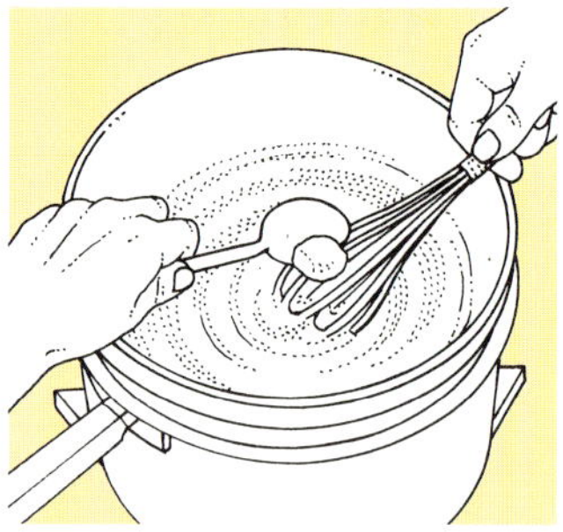

3 *Retirez du feu et ajoutez 175 g de beurre ramolli, coupé en petits morceaux. Ajoutez les morceaux un à un tout d'abord, puis par quatre ou cinq dès que la sauce est suffisamment épaisse. Salez, poivrez et ajoutez du jus de citron si vous le souhaitez.*

SAUCE BÉARNAISE

La sauce béarnaise se prépare comme la sauce hollandaise ; elle est plus épaisse et présente une saveur plus prononcée et concentrée, car elle est réduite davantage. Servez la béarnaise avec de l'agneau ou du bœuf rôtis ou avec des poissons tels que le saumon ou la lotte.

Pour 30 cl de sauce, faites bouillir 3 cuillères à soupe de vinaigre et autant de vin blanc, 10 grains de poivre écrasés, 2-3 échalotes hachées, 1 cuillère à soupe d'estragon fraîchement haché, du sel et du poivre, jusqu'à ce qu'il ne reste plus que 2 cuillères à soupe de préparation. Filtrez, laissez refroidir et placez dans une jatte ou une petite casserole, au bain-marie.

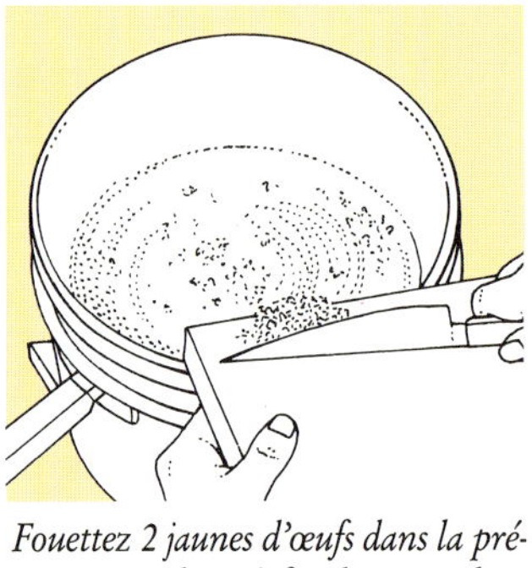

Fouettez 2 jaunes d'œufs dans la préparation réduite, à feu doux, pendant 3 minutes, jusqu'à ce que le fouet laisse une trace dans la sauce. Retirez du feu et incorporez, tout en fouettant, 125 g de beurre ramolli, petit à petit, jusqu'à ce que la sauce soit épaisse. Incorporez 1 cuillère à soupe d'estragon frais.

PARFUMER UNE SAUCE ÉMULSIONNÉE

- La sauce maltaise (version de la hollandaise) se marie très bien avec les brocoli, les asperges ou le chou-fleur : incorporez un peu de zeste d'orange dans les jaunes d'œufs, ajoutez le vinaigre, le jus de citron et 3 ou 4 cuillères à soupe de jus d'orange (mais pas d'eau). Rajoutez un peu de beurre si nécessaire, pour épaissir la sauce.
- Faites réduire 15 cl de fumet de poisson jusqu'à ce qu'il ne reste plus que 2 cuillères à soupe de liquide et utilisez-le à la place du jus de citron dans la sauce hollandaise. Cette préparation, la mousseline, est délicieuse avec du poisson simplement poché.
- Parfumez la sauce hollandaise en ajoutant des herbes fraîchement hachées juste avant de servir. L'aneth, l'estragon et le basilic sont tout à fait excellents.
- Pour accompagner les plats d'œufs, de poisson ou de pommes de terre, ajoutez à une sauce hollandaise 2 ou 3 cuillères à soupe de fruits de mer réduits en purée, des œufs de hareng cuits et mixés ou des poivrons rouges ou jaunes grillés, débarrassés de leur peau et réduits en purée.
- Ces idées sont valables pour la sauce béarnaise.
- Sauce choron : colorez une sauce béarnaise avec un peu de purée de tomates très concentrée (préparée si possible avec des tomates fraîches) et remplacez l'estragon de la recette de base par du basilic haché. Cette variante est excellente avec le poulet rôti.
- Sauce foyot : ajoutez du jus de viande à la béarnaise juste avant de servir.

MÉTHODES RAPIDES

Les robots ménagers comme les fours à micro-ondes sont très utiles pour préparer des sauces hollandaise et béarnaise. Bien qu'ils permettent d'obtenir sans risque une sauce réussie, la consistance et la saveur finales ne seront pas aussi veloutées et crémeuses que dans les recettes classiques (les œufs ne cuisent pas aussi bien et le beurre est fondu et non pas ramolli). Mais il n'y a pas de raison de se priver de ces outils modernes, surtout s'ils permettent de se lancer dans des préparations qu'on n'essaierait pas autrement.

Cette version de la sauce hollandaise, comme la recette traditionnelle, se transforme en une préparation mousseuse à souhait pourvu qu'on y incorpore 2 ou 3 blancs d'œufs battus. La béarnaise peut être préparée de la même façon, avec les ingrédients de la page précédente.

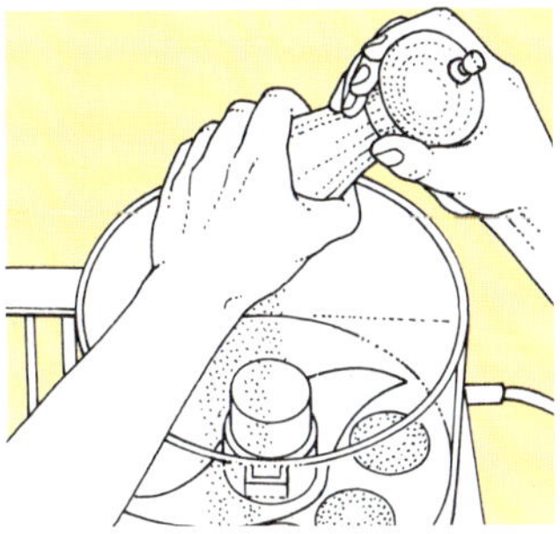

1 *Pour réaliser une sauce hollandaise dans un robot ménager, préparez les ingrédients de la recette classique. Faites fondre le beurre dans une casserole, en remuant afin qu'il ne risque pas de brûler, puis réservez-le. Mettez les jaunes d'œufs, du sel et du poivre dans le robot et mixez pendant 15 secondes, jusqu'à ce que les jaunes soient crémeux et légers.*

2 *Dans une autre casserole, faites chauffer l'eau, le vinaigre et le jus de citron. Versez-les dans le bol du robot et actionnez le moteur. Ajoutez le beurre fondu en filet jusqu'à ce que la préparation s'émulsionne et forme une sauce crémeuse. Rectifiez l'assaisonnement si nécessaire.*

Sauce hollandaise au four à micro-ondes : *coupez 125 g de beurre en petits morceaux et faites-les ramollir dans le four en position décongélation (30 %) pendant 1 minute 30. Retirez du four. Dans une jatte, battez 2 jaunes d'œufs avec 1 cuillère à soupe de jus de citron, 1 cuillère à café de moutarde, du sel et du poivre. Faites chauffer sur la position maximum (100 %) pendant 40 secondes. Sortez du four et remuez. Incorporez le beurre ramolli, jusqu'à ce que la sauce soit crémeuse.*

BEURRE BLANC

Cette sauce est l'accompagnement idéal du poisson, des légumes et des œufs. Il s'agit en fait d'une béarnaise sans œuf. Préparez-la de préférence au dernier moment, en utilisant du beurre salé. En ajoutant de la crème on obtient un beurre nantais.

Lorsque vous ajoutez le beurre à l'étape 2, assurez-vous de fouetter la préparation énergiquement, afin qu'il s'incorpore à la sauce avant de commencer à fondre. Si la sauce tourne, vous ne pourrez pas la rattraper, contrairement à d'autres sauces émulsionnées. Il ne vous restera plus hélas qu'à recommencer ! Pour 30 cl de sauce.

1 *Faites bouillir dans une grande casserole 2 ou 3 échalotes finement hachées avec 3 cuillères à soupe de vin blanc et autant de vinaigre ; laissez réduire ce mélange jusqu'à ce que vous obteniez 2 cuillères à soupe de liquide sirupeux et épais. Ajoutez 1 cuillère à soupe de crème fraîche et faites réduire à nouveau. (Cette étape peut être faite à l'avance.) La crème permet de stabiliser la sauce, avant l'addition du beurre.*

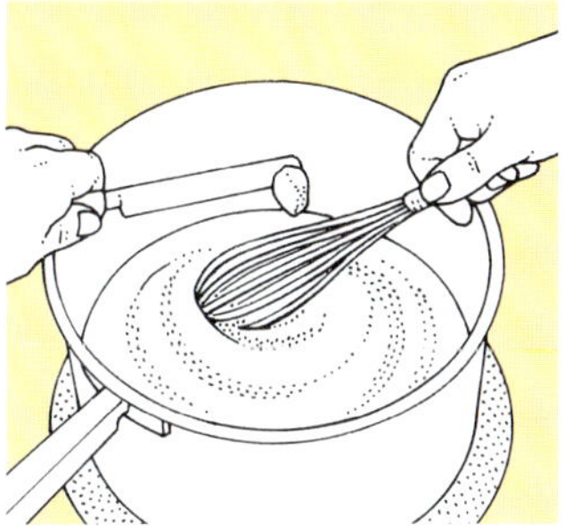

2 *Hors du feu, ajoutez en une fois 300 g de beurre froid coupé en dés. Augmentez le feu et portez à ébullition, en fouettant constamment et vigoureusement, jusqu'à ce que l'émulsion soit stabilisée. Vous pouvez ensuite filtrer les échalotes ou servir la sauce telle quelle. Salez, poivrez et servez aussitôt.*

La sauce hollandaise est l'accompagnement traditionnel du saumon poché à l'aneth.

SAUCES ÉMULSIONNÉES FROIDES

La mayonnaise est la sauce émulsionnée froide la plus connue. Pour être réussie, elle doit présenter une consistance épaisse et crémeuse.

Sortez les ingrédients à l'avance, afin qu'ils soient à température ambiante. Si la mayonnaise tourne, vous pouvez essayer de la rattraper en incorporant peu à peu un jaune d'œuf, de la moutarde ou du vinaigre. Ne versez pas l'huile trop rapidement.

La préparation de la mayonnaise à la main est assez facile, mais dans un robot ménager, cela devient un jeu d'enfant. Monter une mayonnaise à la main est très satisfaisant, mais plutôt que d'avoir recours à une mayonnaise en pot, mieux vaut utiliser un robot ou un batteur qui donne d'excellents résultats en quelques minutes.

La saveur de la mayonnaise, comme celle des assaisonnements de salade en général, dépend de l'huile utilisée. N'hésitez donc pas à choisir une huile de qualité, parfumée ou non. Dans le Midi, on utilise l'huile d'olive dans la plupart des sauces, mais certaines personnes trouvent que son goût est trop prononcé et préfèrent la mélanger avec un autre type d'huile, de l'huile de tournesol par exemple. Vous pouvez également parfumer votre sauce en utilisant du vinaigre parfumé. Pour la mayonnaise à la tomate, je vous conseille d'utiliser du vinaigre de vin vieux, légèrement sucré et épais.

MAYONNAISE CLASSIQUE

Préparez votre mayonnaise avec un fouet manuel ou électrique. Mélangez la moutarde avec les jaunes d'œufs, le jus de citron et l'assaisonnement ; la mayonnaise prendra mieux tout en se parfumant agréablement. La proportion d'huile par rapport au nombre de jaunes d'œufs peut varier mais on prévoit généralement 1 jaune d'œuf pour 15 cl d'huile ; n'ajoutez pas l'huile trop rapidement ou en trop grande quantité, car la mayonnaise risquerait de retomber.

Si malgré tout la mayonnaise tourne, ne désespérez pas. Mettez un nouveau jaune d'œuf battu dans une jatte avec une pincée de sel et incorporez la mayonnaise ratée, tout en fouettant, jusqu'à ce que le mélange commence à prendre. Vous pouvez également verser la mayonnaise tournée dans un peu de moutarde, de jus de citron ou de vinaigre, en veillant toutefois à ce que le goût n'en soit pas trop affecté.

La mayonnaise se conserve au réfrigérateur pendant 2 ou 3 jours, mais laissez-la tiédir à température ambiante avant de la mélanger. La mayonnaise est l'accompagnement traditionnel du poisson froid, de la volaille, des œufs durs et des crudités. Il existe de nombreuses variantes, plus ou moins parfumées et relevées. Pour 30 cl de mayonnaise.

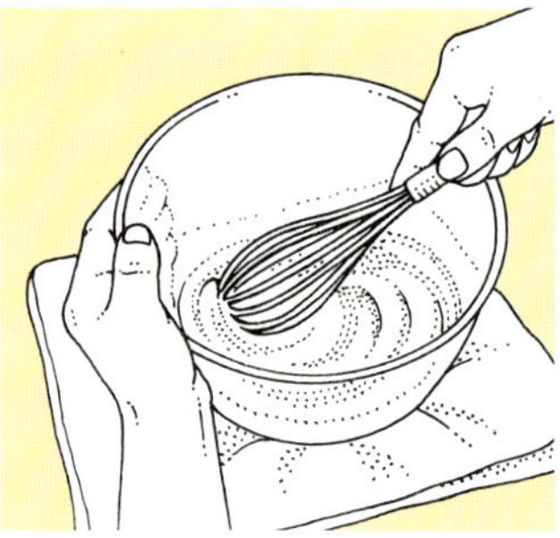

1 *Posez la jatte sur un torchon, pour éviter qu'elle ne bouge pendant que vous travaillez. Fouettez 2 jaunes d'œufs avec un peu de sel, de poivre gris, 1 1/2 cuillère à soupe de jus de citron ou de vin blanc et 2 ou 3 cuillères à café de moutarde, jusqu'à ce que le mélange soit bien homogène. Cette opération vous prendra environ 1 minute.*

2 *Ajoutez progressivement 30 cl d'huile, en fin filet, en fouettant constamment. Vous pouvez vous aider d'une petite cuillère ; ainsi vous ne risquerez pas de verser de grosses quantités d'huile à la fois. Lorsque la sauce commence à épaissir, vous pouvez ajouter l'huile en un filet plus épais, jusqu'à ce que la mayonnaise ait la consistance désirée.*

MAYONNAISE AU ROBOT

Un robot ménager vous permettra de gagner du temps ; en outre, la mayonnaise risquera moins de retomber en cours de préparation. Préparez les ingrédients de la mayonnaise classique (voir ci-contre), en utilisant 1 œuf seulement. Lorsque vous avez ajouté 30 cl d'huile, arrêtez le moteur et vérifiez la consistance. Si la mayonnaise est trop liquide, rajoutez de l'huile ; si elle est trop épaisse, ajoutez 1 ou 2 cuillères à soupe de jus de citron, de crème liquide ou de yaourt. Pour 30 cl de mayonnaise.

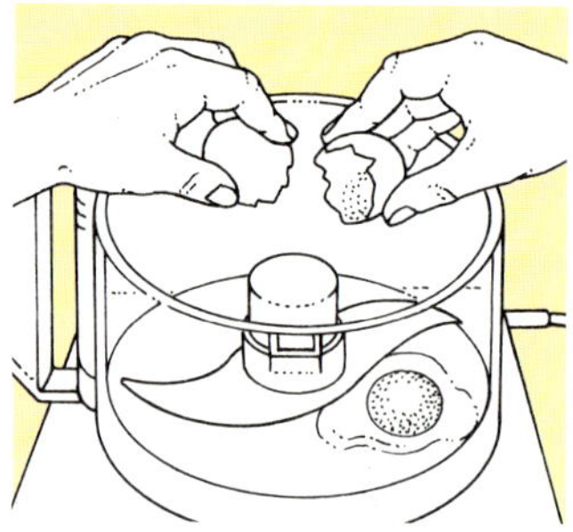

Dans un robot ménager, mixez ensemble pendant 15 secondes l'œuf entier, du sel, du poivre gris, le jus de citron et la moutarde. Sans arrêter le moteur, ajoutez l'huile goutte à goutte, puis en un mince filet. Rectifiez l'assaisonnement.

AÏOLI

L'aïoli est une mayonnaise à l'ail que l'on utilise pour accompagner le poisson poché, les viandes et les légumes cuits à l'eau du plat du même nom. Cette sauce est également délicieuse avec des poissons ou des fruits de mer pochés et froids, une salade, des œufs durs et de la viande froide.

Si vous êtes pressé, ajoutez 3 à 5 gousses d'ail écrasées à la mayonnaise de base (voir ci-contre). Vous pouvez aussi préparer l'aïoli dans un robot ménager (voir ci-dessus). Ajoutez l'ail à l'œuf. Il est essentiel d'utiliser de l'huile d'olive d'excellente qualité, très fruitée. Pour 30 cl d'aïoli.

Préparation de l'aïoli à la main : *écrasez de 3 à 5 gousses d'ail dans une jatte avec 2 jaunes d'œufs et une pincée de sel, puis battez le tout. Ajoutez 30 cl d'huile, goutte à goutte, à l'aide d'une cuillère à café tout d'abord, puis en un mince filet ensuite, comme pour une mayonnaise. L'aïoli doit être épais et brillant.*

SAUCE TARTARE

La sauce tartare mérite qu'on la prépare chez soi, tant son goût est différent de celle que l'on peut acheter en pot dans le commerce. Elle est délicieuse avec le poisson, froid ou chaud, la volaille, les légumes et les œufs. Préparez une mayonnaise en remplaçant le jaune d'œuf frais par du jaune d'œuf dur. Incorporez de l'huile parfumée.

Si vous manquez de temps, ajoutez à une mayonnaise classique des cornichons, des câpres et des herbes aromatiques.

La sauce tartare se conserve pendant 2 ou 3 jours, couverte, au réfrigérateur. Pour 30 cl de sauce tartare.

Écrasez 3 jaunes d'œufs durs avec 1 cuillère à soupe de moutarde, salez et poivrez. Incorporez progressivement 30 cl d'huile de tournesol, comme pour de la mayonnaise, jusqu'à ce que la sauce prenne. Ajoutez 1 ou 2 cuillères à soupe de jus de citron, 2 cuillères à soupe de cornichons, autant de câpres et d'estragon haché ou de ciboulette.

Mayonnaise maison, présentée à côté d'une variante à l'estragon et d'un bol de rouille (voir encadré ci-dessous), délicieuse avec les soupes de poisson et la bouillabaisse.

MAYONNAISE POUR SALADE

Bien que la mayonnaise soit le plus souvent servie avec du poisson, de la volaille ou des légumes, elle peut également être allongée afin d'accompagner des salades de légumes crus ou cuits. Pour cela, ajoutez un peu de jus de citron, de vinaigre, de yaourt, de crème battue ou de lait.

Si vous souhaitez obtenir une mayonnaise liquide, qui se tienne toutefois correctement, pour enrober par exemple des morceaux de volaille, vous pouvez ajouter de la gélatine. Faites dissoudre un sachet de gélatine dans 3 ou 4 cuillères à soupe d'eau chaude, de vin ou de bouillon. Laissez refroidir à température ambiante, puis incorporez le mélange dans 30 cl de mayonnaise. Décorez les morceaux enrobés avec des herbes fraîches puis réfrigérez avant de servir.

MAYONNAISE SANS ŒUF

En utilisant comme base une purée de légumes très légère, on peut préparer une sauce qui ressemble à une mayonnaise, sans œuf. Ce type de sauce est excellent avec le poisson et la viande froide ou grillée. On peut également utiliser de la chair ou des œufs de poisson mixés ; la préparation obtenue accompagne merveilleusement les plats d'œufs et les salades composées.

Pour ce type de sauce, vous pouvez utiliser des aubergines (voir page 97), ou des purées de légumes-racine. La quantité d'huile dont vous aurez besoin dépend du type de légumes utilisé pour la base. L'huile d'olive convient bien pour les purées relevées ; pour les autres, préférez des huiles plus neutres, comme par exemple l'huile de tournesol ou de pépins de raisin. Pour environ 45 à 60 cl de préparation.

PARFUMER UNE MAYONNAISE

- Les ingrédients qu'on peut ajouter sont multiples : anchois finement hachés, ail écrasé, purée de tomates aromatisée avec du basilic, câpres hachées, aneth frais et moutarde en grains, grains de poivre vert ou baies roses écrasés, ail rôti dans sa peau puis réduit en purée, jus de gingembre frais (pressé au travers d'un chinois) mélangé à de la coriandre fraîche et d'autres herbes fraîches telles que estragon, aneth, ou cerfeuil.
- Colorez votre mayonnaise avec des épinards hachés, blanchis et égouttés (l'oseille se marie très bien avec les épinards) ou du cresson blanchi et haché. Si vous possédez un robot ménager, réduisez les feuilles en purée, afin d'obtenir une préparation bien lisse.
- Pour préparer de la rouille, cette délicieuse mayonnaise épicée qui accompagne si bien les soupes de poisson et la bouillabaisse, pilez un piment frais et plusieurs gousses d'ail à l'aide d'un mortier et d'un pilon, et montez la sauce comme une mayonnaise (voir page ci-contre). Utilisez de l'huile d'olive et remplacez le vinaigre ou la moutarde par de la purée de tomates.

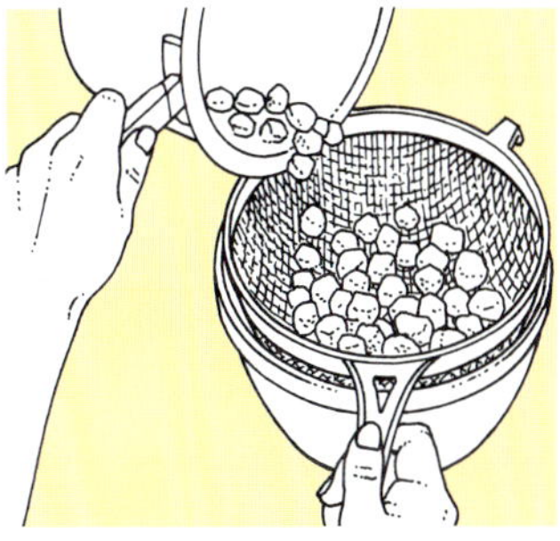

1 ***Mayonnaise aux poivrons** : épépinez et hachez grossièrement 400 g de poivrons jaunes (voir page 49). Mettez-les dans une casserole et recouvrez-les à peine d'eau. Portez à ébullition, puis laissez mijoter pendant 10 minutes, jusqu'à ce que les poivrons soient bien tendres. Égouttez-les, jetez l'eau et laissez-les refroidir.*

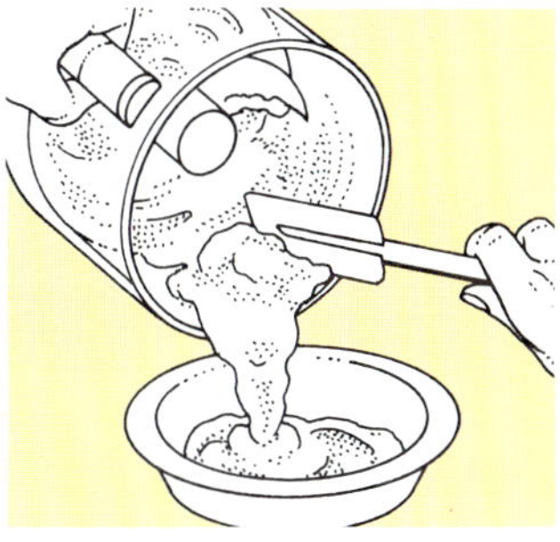

2 *Mettez les poivrons dans un robot ménager avec 1 cuillère à soupe de vinaigre et 1 ou 2 cuillères à café de moutarde. Mixez les ingrédients. Sans arrêter le moteur, ajoutez de 7 à 9 cuillères à soupe d'huile de tournesol ou de pépins de raisin, goutte à goutte, jusqu'à ce que le mélange soit bien épais. Salez, poivrez et réservez au frais.*

VINAIGRETTES

Rien ne remplace une bonne vinaigrette maison, surtout avec les salades composées que l'on peut désormais préparer en toute saison. Les variétés de salades vertes, pour ne citer qu'elles, sont très nombreuses sur nos marchés.

La vinaigrette classique contient principalement de l'huile, c'est pourquoi le choix de cet ingrédient est primordial. Il en existe de toutes sortes, parfumées ou non, qui peuvent être combinées pour offrir des saveurs très différentes. C'est avant tout la composition de la salade qui doit guider votre choix. L'huile d'olive par exemple est l'accompagnement idéal pour une salade de tomates à la mozzarella ; les huiles de noix se marient à merveille avec des salades composées comprenant des noix, des champignons et des feuilles légèrement amères, tandis que l'huile de tournesol convient à toutes les salades.

La proportion idéale pour une bonne vinaigrette est 3 parts d'huile pour 1 de vinaigre. Lorsque vous assaisonnez une salade verte, veillez à ce que les feuilles soient bien essorées afin que la sauce se répartisse bien.

Pour plus de commodité, il est toujours possible de préparer la vinaigrette à l'avance. Toutefois, elle sera bien meilleure si vous ne mélangez les ingrédients qu'au dernier moment. La méthode la plus rapide consiste à verser les ingrédients dans un bocal avec un couvercle et d'agiter énergiquement le tout. Attendez le dernier moment pour verser la vinaigrette, afin d'éviter que les feuilles de salade ne flétrissent ; vous pouvez toutefois les arroser d'huile d'olive à l'avance, tourner la salade et la parfumer de vinaigre et de jus de citron au dernier moment.

VINAIGRETTE

Quelques feuilles de salade verte bien assaisonnées se suffisent à elles-mêmes. Les opinions concernant la proportion de vinaigre que l'on doit prévoir varient selon les goûts. Personnellement, je préfère rajouter un peu d'huile par rapport à la proportion classique de 3 cuillères pour 1 de vinaigre. J'utilise le plus souvent de l'huile d'olive, dont le goût fruité se marie à la perfection avec les salades. On peut bien sûr faire varier la qualité du vinaigre ou de l'huile afin d'obtenir de nouvelles saveurs. Le vinaigre de xérès, légèrement sucré et doux, ainsi que le vinaigre de vin vieux méritent d'être essayés.

Si vous aimez que votre vinaigrette soit bien lisse et légèrement émulsionnée, vous pouvez utiliser de la moutarde ordinaire. La moutarde en grains offre quant à elle une délicatesse de goût très agréable dans ce type de sauce. Il vaut mieux mélanger le sel au vinaigre (car le sel ne se dissout pas dans l'huile), puis ajouter la moutarde et incorporer l'huile progressivement. Toutefois, si vous manquez de temps, vous pouvez verser tous les ingrédients dans un bocal, le fermer et agiter le tout vigoureusement, comme ci-dessous. Pour 30 cl de sauce.

1 *Mettez 2 cuillères à soupe de vinaigre et 2 cuillères à café de moutarde dans un bocal. Salez et poivrez. Fermez-le et agitez-le énergiquement. Si vous souhaitez conserver votre vinaigrette au réfrigérateur, choisissez un bocal avec un couvercle en plastique, qui ne risquera pas d'être abîmé par le vinaigre.*

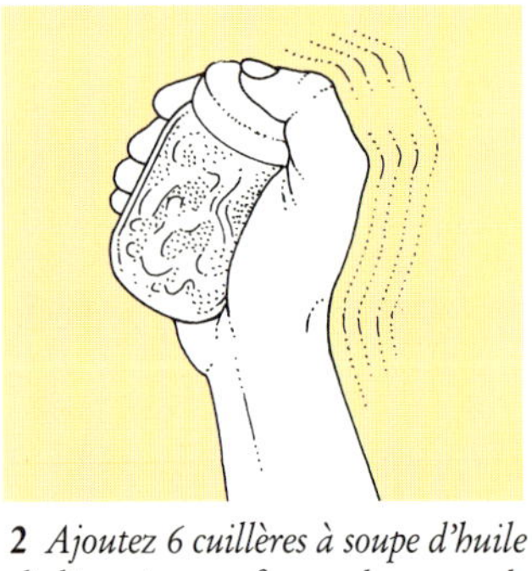

2 *Ajoutez 6 cuillères à soupe d'huile d'olive vierge, refermez le couvercle et agitez vigoureusement, jusqu'à ce que la vinaigrette soit légèrement émulsionnée. Conservez, en couvrant, au réfrigérateur. Sortez la sauce du réfrigérateur au moins 30 minutes avant de l'utiliser, puis secouez-la avant de la verser sur la salade.*

VINAIGRETTE : VARIANTES

Les variantes que l'on peut préparer à partir d'une vinaigrette sont très nombreuses. Voici les plus courantes, auxquelles vous pouvez bien sûr ajouter les ingrédients de votre choix.

Un fort goût d'ail n'est pas souhaitable dans une vinaigrette, mais utilisé avec parcimonie, cet ingrédient est délicieux dans une sauce de salade.

Ajoutez toujours quelques herbes aromatiques fraîches hachées à votre sauce de salade. Si vous les aimez, la moutarde en grains et la sauce soja au vinaigre apporteront une saveur délicate inattendue.

Une petite gousse d'ail écrasée suffit généralement à parfumer une vinaigrette, à moins que vous ne souhaitiez un goût plus prononcé. Agitez le bocal de vinaigrette avant d'ajouter l'ail. Si vous n'aimez pas sentir les petits morceaux d'ail sous la dent, laissez reposer la vinaigrette pour qu'elle s'imprègne du goût de l'ail, puis filtrez-la avant de l'utiliser.

Ajoutez 2 cuillères à soupe d'herbes fraîches aromatiques, telles qu'aneth, fenouil, cerfeuil, menthe ou estragon. Ces ingrédients parfument agréablement une vinaigrette destinée à des salades de poulet, de viande ou de poisson.

***Vinaigrette au miel** : ajoutez 1 cuillère à café de miel clair et 2 ou 3 cuillères à café de moutarde de Dijon au vinaigre ; mélangez soigneusement avant d'ajouter l'huile.*

SAUCE AU YAOURT

Le yaourt est un ingrédient qui parfume très agréablement les sauces de salade. Vous pouvez l'utiliser seul, assaisonné et parfumé avec des feuilles de menthe hachées, ou le combiner avec une vinaigrette contenant très peu d'huile, ou de la crème fraîche. Pour obtenir une sauce mousseuse, ajoutez de la crème fouettée.

Vous pouvez utiliser du yaourt maigre, du yaourt entier, ou encore du fromage blanc. Pour 30 cl.

La vinaigrette classique est l'accompagnement idéal pour une salade de tomates parfumée avec du basilic haché et des olives noires.

Filtrez le jus de 2 petits citrons dans une jatte et ajoutez 30 cl de yaourt nature, en mélangeant avec une cuillère en bois. Salez, poivrez et ajoutez des herbes finement hachées, de la menthe par exemple. Une sauce au yaourt préparée ainsi est délicieuse avec de la viande froide ou pour assaisonner une salade de pommes de terre.

SAUCES AU FROMAGE

Les sauces au fromage présentent un goût très prononcé qui relève bien les salades de légumes verts. La romaine, la laitue, la trévise et les épinards se marient particulièrement bien avec le goût du fromage.

Les sauces au fromage les plus courantes sont préparées à base de roquefort, de gorgonzola ou d'un autre type de fromage à pâte persillée.

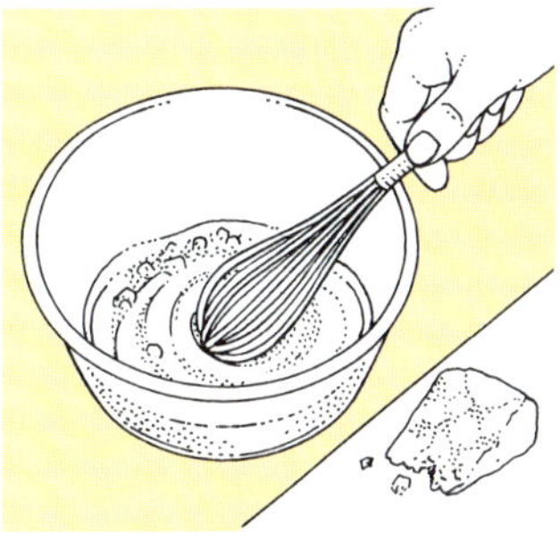

Sauce au roquefort : *écrasez ou émiettez 50 g de roquefort ou de gorgonzola dans un bol, puis incorporez du fromage blanc ou des petits-suisses. Ajoutez de la crème fraîche, salez et poivrez. Servez avec une salade d'épinards ou de chou rouge.*

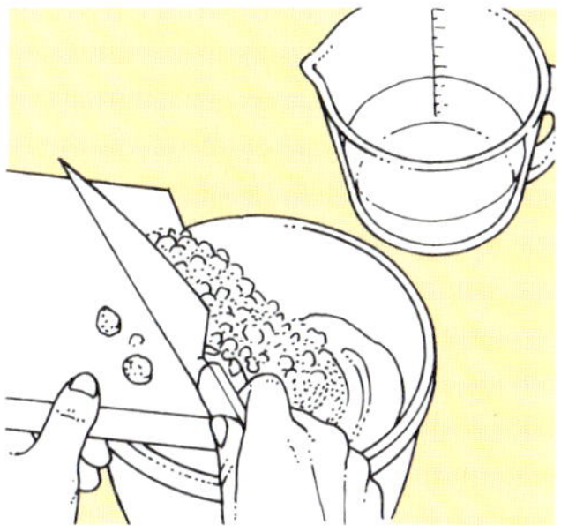

Sauce au fromage frais : *battez 75 g de fromage frais, jusqu'à ce qu'il soit bien crémeux. Ajoutez 2 ciboules finement hachées et 2 cuillères à soupe de persil haché, puis assaisonnez. Utilisez cette sauce pour parfumer une salade de thon et d'œufs.*

PARFUMER LES SALADES

• La grande variété d'huiles et de vinaigres que l'on trouve dans le commerce permet de parfumer toutes les salades ; pour accompagner des légumes cuits et les salades composées comprenant des ingrédients croquants, préférez le goût riche et puissant de l'huile d'olive. Pour les salades vertes, à la saveur plus délicate, mélangez de l'huile d'olive avec de l'huile de pépins de raisin ou de l'huile de tournesol.

• Le parfum de l'huile de noix est assez fort ; pour l'adoucir, mélangez-la avec une huile au goût plus neutre. Cette association est excellente avec une salade verte, surtout lorsqu'on la garnit avec un peu de fromage de chèvre, avec une salade d'endives ou une frisée aux noix.

• Le vinaigre de vin classique convient à toutes les vinaigrettes. Mais si vous voulez ajouter une note parfumée différente, vous pouvez utiliser du vinaigre de framboises, dont la saveur se marie à la perfection avec les salades légèrement sucrées.

• Le sucre, en petite quantité, met en valeur la saveur des autres ingrédients utilisés dans une recette. Vous pouvez le remplacer par un peu de miel liquide (voir la vinaigrette au miel) ou de cassonade.

• Pour relever une vinaigrette, ajoutez des grains de poivre vert, des baies roses ou même un petit piment rouge frais haché.

• Pour accompagner une salade chinoise composée de chou chinois et de germes de soja, utilisez du vinaigre de xérès, ajoutez de l'ail et du gingembre haché, de la sauce soja et un mélange d'huile de tournesol et d'huile de sésame.

• Outre la sauce au yaourt, on peut utiliser de la crème fraîche ou du fromage blanc pour assaisonner une salade de pommes de terre ou d'autres légumes cuits. N'hésitez pas à ajouter des ingrédients aromatiques, tels que raifort râpé, anchois, cornichons, oignons ou câpres hachées ou encore pâte de curry et coriandre fraîche hachée. Ces sauces sont également délicieuses pour remplacer la mayonnaise avec la volaille et le poisson froids.

SAUCES AUX FRUITS ET AUX LÉGUMES

Les sauces salées aux fruits et aux légumes se préparent généralement à partir d'une purée que l'on fait réduire. Utilisées en petites quantités, elles ressemblent généralement davantage à un condiment qu'à une véritable sauce.

Les tomates permettent de confectionner de très nombreuses sauces. Une sauce tomate fraîche par exemple peut accompagner un soufflé, un gratin, du poisson frit ou des terrines de légumes, ainsi que toutes les variétés de pâtes. Les sauces mexicaines (les salsas) et les sauces barbecue américaines sont également préparées avec des tomates. Toutefois, presque tous les légumes peuvent être apprêtés de la même façon : il suffit de les faire mariner dans du beurre ou de l'huile, du yaourt, du fromage blanc ou de la crème ; on utilise ces sauces telles quelles ou comme base pour d'autres recettes de sauces, de soupes ou de soufflés. Les herbes aromatiques sont également l'ingrédient principal de délicieuses préparations. C'est le cas, par exemple, du basilic pour la sauce au pistou.

Les purées de fruits permettent aussi de confectionner de savoureuses sauces qui accompagnent traditionnellement certains plats. C'est le cas de la compote de pommes pour le boudin et les côtes de porc, de la sauce aux canneberges pour le poulet ou la dinde et de la sauce aux cerises pour le gibier ou le porc.

Les fruits et les légumes utilisés dans ces recettes ne sont pas toujours réduits en purée. D'ailleurs, les morceaux de fruits donnent une consistance croquante très agréable. Ajoutez une poignée d'herbes aromatiques en fin de cuisson, afin de rehausser le goût et d'apporter une note colorée très esthétique.

SAUCE TOMATE FRAÎCHE

La sauce tomate fraîche compte parmi les sauces les plus pratiques et les plus faciles à préparer. La recette que je vous propose est toujours très réussie. Elle peut être utilisée comme base pour d'autres préparations, ou accompagner de nombreuses viandes, volailles, des légumes ou des pâtes. Si vous ne disposez pas de suffisamment de temps pour préparer cette sauce, reportez-vous à la page 89 et confectionnez la recette rapide avec des tomates en boîte.

Pour préparer une sauce tomate, choisissez des fruits sains, très rouges et bien mûrs. Pendant la pleine saison des tomates, vous pourrez préparer une grande quantité de sauce tomate et la congeler dans des récipients. Ajoutez 25 ou 50 g de beurre en fin de cuisson afin d'obtenir une sauce plus riche. Si les tomates manquent de goût, ajoutez 1 cuillère à soupe de concentré de tomates.

Vous pouvez ajouter un peu de jambon ou de lard haché et remplacer le vin rouge par du blanc. La couleur finale n'en sera pas affectée. Juste avant de servir, parfumez votre sauce avec du basilic finement haché. Pour environ 1,2 litre.

1 *Faites fondre 50 g de beurre avec 4 cuillères à soupe d'huile d'olive dans une grande casserole. Ajoutez 3 ou 4 grosses gousses d'ail finement hachées, 1 kg de tomates pelées et hachées (voir page 48), 15 cl de vin rouge, 2 cuillères à café de sucre en poudre et un peu de sel.*

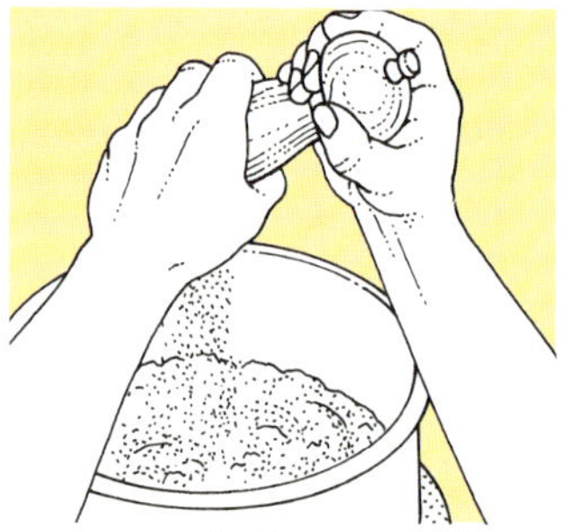

2 *Portez à ébullition, puis laissez mijoter à feu doux, en remuant fréquemment, pendant 20 à 30 minutes, jusqu'à ce que les tomates soient bien ramollies et que la sauce ait épaissi. Salez et poivrez. Moulinez la sauce si vous le désirez.*

SAUCE ACIDULÉE (SAUCE CUMBERLAND)

Cette sauce, très liquide, se compose de gelée de groseille, de zestes de citron ou d'orange et de porto. On la sert généralement à température ambiante, avec le gibier, mais elle est tout aussi délicieuse avec le jambon chaud, l'agneau, le bœuf et la langue. Elle se conserve quelques jours au réfrigérateur.

Pour préparer 30 cl de sauce, prévoyez 250 g de gelée de groseille (voir page 301) et du porto rouge, qui donnera sa belle couleur à la sauce.

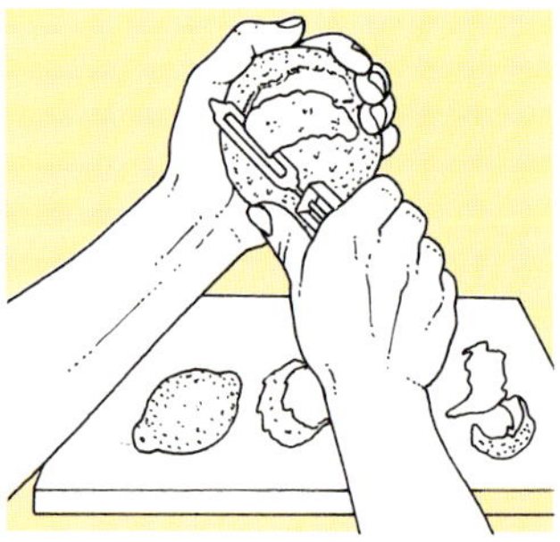

1 *Prélevez le zeste d'une orange ou d'une demi-orange et d'un demi-citron. Coupez-le en fines languettes. Plongez-les dans 15 cl d'eau et faites-les bouillir pendant 2 ou 3 minutes. Égouttez-les et laissez-les refroidir sous l'eau froide.*

2 *Faites fondre la gelée de groseille dans une petite casserole. Ajoutez le jus d'une orange. Incorporez 2 pincées de cannelle ou de gingembre, 1 cuillère à café de moutarde, 1 échalote finement hachée et 5 à 8 cl de porto.*

3 *Laissez mijoter pendant 3 ou 4 minutes. Filtrez. Ajoutez les zestes et réservez jusqu'à ce que la sauce soit bien épaisse. Pour une sauce claire, laissez mijoter les zestes dans la préparation et filtrez le tout.*

SAUCE À L'OIGNON

Cette sauce est l'accompagnement traditionnel de l'agneau, de la volaille, du lapin et du gibier. Choisissez des oignons bien fermes. Leur pelure doit être bien sèche et cassante. Pour les éplucher facilement, placez-les une dizaine de minutes au congélateur, ou épluchez-les au-dessus d'un évier en laissant couler un filet d'eau. Vous éviterez ainsi de pleurer car cette opération neutralise l'action de la substance lacrymogène qu'ils contiennent.

Faites cuire 2 gros oignons hachés dans 30 cl de lait. Égouttez-les et mouillez un roux blanc (voir page 196) avec le lait. Portez à ébullition, ajoutez les oignons et laissez cuire 8 minutes à feu doux.

SAUCES AUX FRUITS

Les sauces salées à base de fruits accompagnent traditionnellement le gibier, mais elles sont également excellentes avec le porc et le canard.

Réduisez en compote les fruits avec un peu de sucre, jusqu'à ce que le mélange soit épais, et ajoutez du vinaigre ou du jus de citron, afin d'apporter une petite note acide qui contrebalancera la saveur de la viande. La compote de pommes est meilleure si elle n'est pas trop fine. Vous pouvez ajouter 1 cuillère à soupe bien pleine de yaourt avant que la compote ne soit complètement froide. Pour 4-6 personnes.

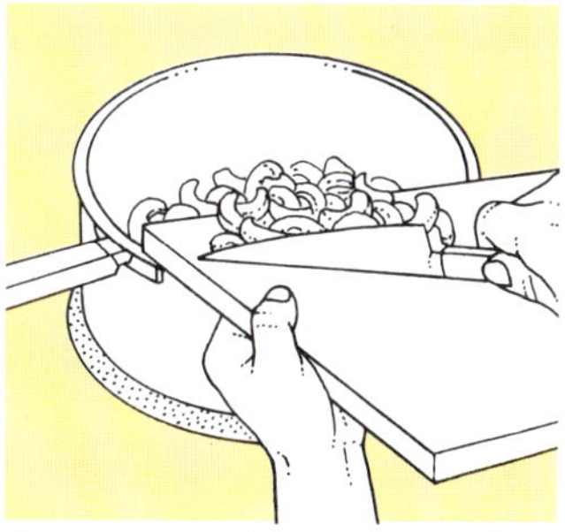

Mettez 500 g de pommes, pelées et émincées, à cuire dans une poêle, avec 25 g de sucre et 2 cuillères à soupe de jus de citron. Faites cuire, en remuant, jusqu'à ce que les pommes soient fondantes. Laissez refroidir hors du feu.

QUELQUES IDÉES

• Préparez des sauces de légumes avec des poivrons rouges ou jaunes, des épinards, du cresson, des navets, des carottes, des poireaux, des courgettes, du fenouil ou des aubergines. Faites cuire les légumes à l'eau, au gril ou à la poêle, puis réduisez-les en purée et parfumez-les avec de la crème, du yaourt ou du bouillon.

• Si vous souhaitez obtenir une sauce très fine, passez la purée obtenue au travers d'un chinois.

• Les sauces à base de fruits sont excellentes avec le porc, le jambon, le canard ou le gibier. Faites cuire des prunes, des grappes de cassis, des abricots, des groseilles à maquereau ou des kumquats avec un peu de sucre et d'eau ou de jus d'orange. Ajoutez du vinaigre, du jus de citron ou du vin, du cidre ou du vinaigre de framboises.

• Pour préparer une sauce à l'orientale, faites bouillir pendant 1 ou 2 minutes 2 cuillères à soupe de jus de citron, 12 cl de sauce de soja, 1 cuillère à soupe de vinaigre de cidre, 2 cuillères à soupe de sucre en poudre, un morceau de gingembre de 2,5 cm râpé et 2 gousses d'ail finement hachées. Laissez refroidir, puis filtrez et incorporez 2 ou 3 cuillères à soupe d'oignons émincés. Servez cette sauce pour accompagner du Tempura de crevettes (page 129).

La sauce au pistou, délicieuse avec les pâtes, se prépare avec du basilic, de l'huile et des pignons grillés.

SAUCE AU PISTOU

En Ligurie, en Italie, région dont la sauce au pistou est originaire, les champs de basilic s'étendent à perte de vue. L'odeur du basilic coupé est extrêmement agréable. Vous pouvez recréer ce parfum chez vous en préparant une sauce au pistou, surtout si vous écrasez les feuilles dans un mortier à l'aide d'un pilon. Si vous ne disposez pas de suffisamment de temps, vous pouvez néanmoins mixer tous les ingrédients dans un robot, en ajoutant le fromage en dernier lieu. Conservez la sauce au réfrigérateur, dans des bocaux hermétiques, ou congelez-la. Si vous n'avez pas assez de basilic, utilisez du persil. Pour environ 30 cl.

1 *Faites griller 25 g de pignons dans un four chaud ou faites-les dorer dans une poêle sèche, pendant 1 ou 2 minutes. Mettez dans un mortier environ 50 g de feuilles de basilic fraîches, 2 gousses d'ail hachées gros, les pignons et une bonne pincée de sel. Pilez la préparation jusqu'à obtention d'une pâte.*

2 *Incorporez 15 cl d'huile d'olive, goutte à goutte dans un premier temps, puis en un mince filet dès que la sauce commence à prendre (voir préparation de la mayonnaise page 202). Incorporez 4 cuillères à soupe de parmesan fraîchement râpé et 2 cuillères à soupe de pecorino râpé ou 6 cuillères à soupe de parmesan si vous ne trouvez pas de pecorino.*

SAUCES SUCRÉES ET SIROPS

Les sauces aux fruits sont généralement préparées à partir de purée de fruits, de confiture ou de gelée. Elles peuvent être crues ou cuites et sont généralement plus liquides que les sauces aux fruits salées (voir page 207), car on les sert souvent avec des entremets, des gâteaux ou des tartes. Les purées de fruits peuvent être sucrées ou non et sont parfois parfumées avec du jus de citron ou une liqueur. Ces deux ingrédients mettent en valeur la saveur du fruit principal tout en empêchant la sauce de noircir.

La sauce la plus utilisée pour accompagner les desserts est la sauce au chocolat, délicieuse avec de la glace mais également avec des fruits pochés, les poires notamment. La vanille, le café et le cognac, ainsi que les liqueurs à base d'oranges, d'amandes et de cerises, sont parfois incorporées pour rehausser le goût final. La cannelle forme également une bonne association avec le chocolat.

Il existe un autre type de sauce : celle qu'on prépare à partir de sirop de sucre. Pour confectionner un sirop, on fait cuire du sucre dans de l'eau, jusqu'à un stade déterminé que l'on mesure sur un pèse-sirop (voir page 23). Le sirop de sucre peut ensuite être parfumé avec de la vanille, de la cannelle, du gingembre, de la menthe et de nombreuses liqueurs.

COULIS

Les coulis sont des purées de fruits que l'on peut préparer en quelques minutes dans un robot ménager. Les fruits charnus et parfumés sont les plus adaptés à ce type de préparation, en raison notamment de leur couleur vive : fraises, framboises, mûres, cassis, myrtilles, kiwis et mangues permettent de confectionner de délicieuses purées extrêmement colorées. Servez-les avec des fruits pochés, des glaces ou des entremets. La quantité obtenue varie selon le type de fruits.

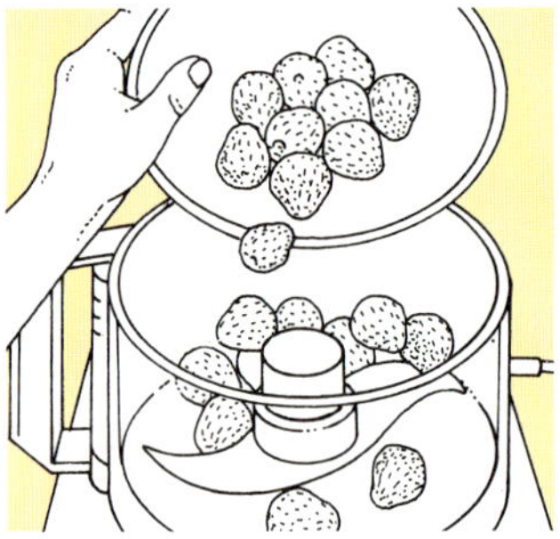

Pour préparer un coulis de fraises, réduisez en une purée lisse des fruits préparés dans un robot ménager avec un peu de jus d'orange et d'eau. Vous pouvez sucrer les fruits avant de les mixer.

COULIS DE FRAMBOISES

Le coulis le plus courant et le plus apprécié est le coulis de framboises. Il intervient notamment dans la préparation de la pêche Melba, dessert conçu par Escoffier en l'honneur de la chanteuse d'opéra Nelly Melba alors qu'il était chef au Savoy Hotel de Londres. La recette a évolué mais aujourd'hui encore les pêches pochées sont nappées de coulis de framboises.

Lorsque les framboises fraîches ne sont pas de saison, utilisez des fruits surgelés. Pour 30 cl environ.

Réduisez en purée 300 g de framboises avec un peu de jus de citron, d'eau et de sucre glace tamisé. Filtrez au travers d'un chinois et incorporez 2 cuillères à soupe de liqueur de framboises.

SIROP DE SUCRE

C'est l'élément indispensable de nombreuses recettes sucrées, qu'il s'agisse de faire tremper des fruits, d'imbiber un baba, de préparer des sorbets ou des sauces. La technique est simple mais exige un peu d'entraînement pour être parfaitement maîtrisée.

Il est primordial de bien faire dissoudre le sucre dans l'eau, avant de faire bouillir le sirop ; sinon le mélange risquerait de se cristalliser autour des cristaux de sucre non dissous. Pour éviter cela, il convient également d'utiliser une casserole à fond épais, de préférence en cuivre ou en inox, afin que la chaleur soit homogène ; passez un pinceau trempé dans de l'eau froide sur les bords de la casserole pendant que le sucre se dissout.

On mesure les sirops en terme de densité ; à chaque usage correspond une densité. On utilise les sirops légers préparés avec 500 g de sucre et 1 litre d'eau pour napper une salade de fruits, faire pocher des fruits, imbiber un baba au rhum ou un savarin. Un sirop de densité plus importante, préparé avec 500 g de sucre et 50 cl d'eau, permet de confire des fruits. Un sirop très dense, préparé avec 500 g de sucre et 45 cl d'eau, peut être utilisé pour la fabrication des glaces et sorbets.

Si vous souhaitez garder un sirop de sucre pendant une ou deux semaines au réfrigérateur, ajoutez 1 cuillère à café de glucose liquide (vendu dans les pharmacies) dans le sirop refroidi. Cela évite qu'il se cristallise.

1 *Mettez le sucre et l'eau froide dans une grande casserole à fond épais et faites chauffer à feu doux, pour faire dissoudre le sucre, en remuant de temps en temps avec une cuillère en bois. Passez de temps à autre un pinceau mouillé sur le bord interne de la casserole, afin de supprimer les cristaux de sucre. L'eau ne doit pas commencer à bouillir avant que tout le sucre soit bien fondu.*

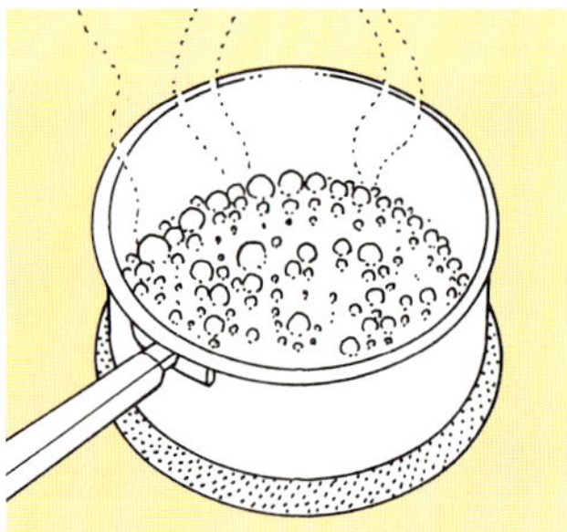

2 *Augmentez la chaleur et portez à ébullition, sans remuer. Faites bouillir pendant environ 2 minutes, jusqu'à ce que le sirop soit bien clair. Retirez la casserole du feu et laissez refroidir. À ce stade, vous pouvez parfumer votre sirop avec du jus de citron ou d'orange. Utilisez-le ou réfrigérez-le dans un bocal, en ajoutant 1 cuillère à café de glucose liquide.*

CRÈME BLANCHE SUCRÉE

Voici une sauce sucrée à laquelle on peut ajouter de nombreux ingrédients aromatiques — zeste râpé de citron, de citron vert ou d'orange, cognac, xérès, extrait d'amandes ou de vanille, etc.

Pour confectionner une version économique au chocolat, ajoutez 1 cuillère à soupe de cacao à la Maïzena avant de commencer la cuisson, puis ajoutez quelques morceaux de chocolat noir.

Vous pouvez préparer cette sauce à l'avance et ne la réchauffer à feu doux qu'au moment de servir. Pour environ 30 cl de sauce.

Délayez 1 cuillère à soupe de Maïzena dans un peu de lait prélevé dans 30 cl. Portez le reste à ébullition avec 1 cuillère à soupe de sucre vanillé (voir page 235). Versez le lait chaud sur la Maïzena, en battant, puis faites épaissir sur le feu, en remuant.

La Sauce chaude au chocolat (page 213) fait de cette simple poire pochée dans un sirop léger un divin régal.

SAUCE AU CHOCOLAT

Très simple à préparer, cette délicieuse sauce au chocolat est excellente sur de la glace maison, notamment de la glace à la vanille, au café, au chocolat ou à la fraise (voir page 235). C'est l'accompagnement traditionnel des bananes ou des poires pochées, coupées en morceaux et parsemées de noix pilées. Elle se conserve au réfrigérateur pendant une semaine, mais durcit légèrement. Avant de la servir, faites-la réchauffer dans une casserole, sans la laisser bouillir. Pour environ 45 cl de sauce (4-6 personnes).

1 Faites fondre 50 g de beurre dans une petite casserole avec 50 g de chocolat cassé en morceaux. Remuez, jusqu'à ce que vous obteniez une sauce lisse, puis ajoutez 2 cuillères à soupe de cacao. Incorporez 125 g de cassonade.

2 Ajoutez progressivement 20 cl de lait concentré, 1 cuillère à café d'extrait de vanille et 1 pincée de sel. Faites bouillir pendant 1 minute, puis laissez refroidir légèrement. Servez cette sauce tiède avec de la glace, des fraises ou un entremets.

BEURRE D'AMANDES

Ce beurre se prépare comme les beurres composés salés. Avant toute chose, commencez par travailler le beurre à la spatule pour en faire une pommade bien lisse. Les amandes sont pilées au mortier ou réduites en poudre au mixeur avant d'être incorporées au beurre. Cette recette convient aussi pour d'autres fruits secs, en particulier les noix.

Ce beurre entre dans la préparation de gâteaux et de petits fours. Conservez-le au réfrigérateur. Pour environ 400 g de beurre.

QUELQUES IDÉES

• Essayez la sauce caramel au beurre pour napper une glace ou des fruits : dans une casserole, mettez 20 cl de crème liquide, 6 cuillères à soupe de sucre et 6 cuillères à soupe de sirop de sucre. Mélangez et ajoutez 50 g de beurre. Laissez bouillir jusqu'à obtention d'un caramel liquide. Ajoutez un peu de sucre vanillé et le reste de beurre.

• Des noisettes pilées et grillées parfument délicieusement une sauce au chocolat, un caramel classique ou au beurre. Ajoutez-les juste avant de servir.

• Pour préparer une sauce à l'orange, sucrez 30 cl de jus d'orange fraîchement pressé et le jus d'un citron avec un peu de miel ou de sucre. Ajoutez 1 cuillère à café d'arrow-root délayée dans une cuillère à soupe d'eau. Portez à ébullition dans une casserole en remuant jusqu'à ce que la sauce épaississe. Servez avec des entremets, en l'enrichissant éventuellement de crème.

• Les fruits rouges ou les salades de fruits, surtout celles dans lesquelles on inclut des fraises, se marient bien avec le sirop d'orange : faites dissoudre 175 g de sucre en poudre dans le jus filtré de 3 oranges et 1 citron, puis portez à ébullition et laissez bouillir pendant 3 minutes. Laissez refroidir avant de verser ce sirop sur les fruits.

• Le yaourt et le fromage blanc sont très commodes pour préparer rapidement une sauce : ajoutez un peu de café fort et du chocolat râpé, et dégustez cette sauce moka instantanée. D'autres ingrédients aromatiques, comme les noix grillées, les compotes de fruits, le caramel, le jus d'orange concentré ou les zestes d'agrumes râpés sont également tout désignés.

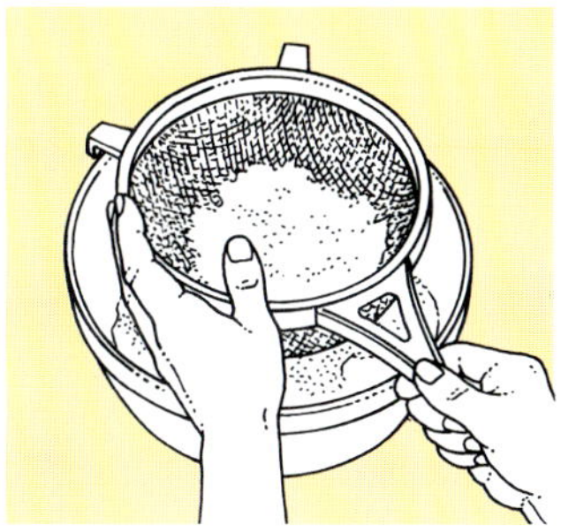

Mouillez 125 g d'amandes en poudre avec une cuillère à soupe d'eau. Ajoutez 250 g de beurre et passez le tout au tamis. Si vous réfrigérez le beurre, sortez-le du réfrigérateur au moins 1 heure avant de l'utiliser.

CRÈMES ET SAUCES À LA CRÈME

La crème anglaise est une excellente sauce sucrée qui sert en outre de base à la préparation de nombreux desserts et entremets. Bien que l'on puisse l'aromatiser avec un très grand nombre de parfums, tels qu'orange, café ou chocolat, la véritable gousse de vanille qui infuse dans le lait est difficile à égaler. La crème pâtissière est une variante plus épaisse de la crème anglaise. Elle garnit les tartes aux fruits, les gâteaux, les éclairs et les profiteroles.

Le sabayon est une riche mousseline, si raffinée qu'elle peut être servie seule. Il s'agit d'une sauce émulsionnée composée de jaunes d'œufs battus, de sucre et d'une liqueur, généralement du marsala, que l'on fait cuire à feu doux, à la manière d'une sauce hollandaise. On peut également en napper des fruits frais, rouges de préférence, et passer le tout au gril, pour dorer légèrement la surface.

La crème chantilly, crème fraîche battue, sucrée et vanillée, peut être utilisée pour agrémenter une coupe de fruits ou de glace, ou pour fourrer des pâtisseries, des choux par exemple. On la parfume comme la crème pâtissière ou la crème anglaise (voir page suivante).

CRÈME ANGLAISE CLASSIQUE

Cette crème est un véritable délice. Dans la recette traditionnelle, longue à préparer, on bat le lait et les œufs au-dessus d'un bain-marie ; on obtient néanmoins de bons résultats en versant le lait très chaud, en cascade, sur les œufs. Il convient ensuite de faire cuire la crème à la puissance minimum. De cette façon, vous ne risquerez pas de la faire tourner.

Pour que la gousse de vanille parfume au mieux la crème, coupez-la en deux. Les graines, qui intensifient le parfum de vanille, se répandront ainsi dans le lait. Placez la gousse dans une casserole et ajoutez 50 cl de lait. Portez à ébullition et retirez du feu. Réservez, en couvrant, pendant 15 à 20 minutes, pour que le lait soit bien parfumé. La crème anglaise est excellente avec des salades de fruits, des entremets et des tartes. Pour environ 60 cl.

1 *Battez 4 jaunes d'œufs et 125 g de sucre dans une jatte. Si vous le souhaitez, ajoutez 2 cuillères à café de Maïzena ou d'arrow-root.*

2 *Faites réchauffer le lait parfumé à la vanille. Ajoutez progressivement le lait très chaud (mais non bouillant) dans la jatte, d'une certaine hauteur, et remuez bien jusqu'à ce que le mélange soit homogène. Filtrez le tout au travers d'un chinois, dans une casserole. Vous éliminerez ainsi les germes d'œufs.*

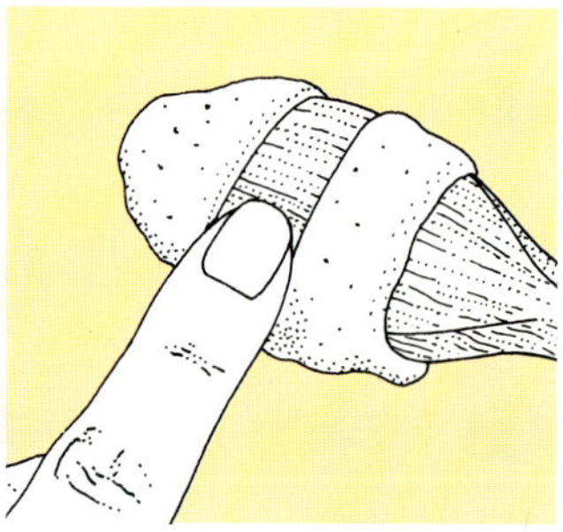

3 *Laissez cuire la crème en remuant, à la température minimum, jusqu'à ce qu'elle épaississe et qu'elle fasse le ruban : si vous passez votre doigt sur la cuillère nappée de crème, il doit laisser une trace. Versez aussitôt la crème dans une jatte pour la laisser refroidir. Servez-la tiède ou recouvrez-la d'un film alimentaire pour éviter qu'une peau se forme à la surface. La crème se conserve 2 jours au réfrigérateur.*

Une tourte aux pommes nappée de crème anglaise est un dessert raffiné digne d'un repas de fête.

CRÈME PÂTISSIÈRE

Plus épaisse qu'une crème anglaise, la crème pâtissière permet de fourrer les éclairs et les choux (voir page 255) et de garnir les fonds de tarte aux fruits.

Elle doit être remuée énergiquement, afin de ne pas former de grumeaux. Si votre crème n'est pas parfaitement lisse, attendez qu'elle refroidisse pour la battre soigneusement, ou mixez-la dans un robot ménager. Vous pouvez la parfumer de la même façon que la crème anglaise. Elle se conserve 2 jours au réfrigérateur, soigneusement couverte. Battez-la avant de l'utiliser. Pour environ 30 cl.

1 *Mélangez dans une casserole 3 jaunes d'œufs avec 50 g de sucre en poudre, 1/2 cuillère à café d'extrait de vanille, 25 g de farine et autant de Maïzena. Mouillez progressivement avec 45 cl de lait bouillant, en remuant constamment à mesure que vous versez le mélange.*

2 *Portez doucement à ébullition, en remuant constamment, jusqu'à épaississement. Les grumeaux, nombreux en début de cuisson, disparaissent à mesure que la sauce cuit. Laissez bouillir pendant 1 minute.*

3 *Retirez la casserole du feu. Laissez refroidir, en remuant de temps en temps, afin d'éviter qu'une peau ne se forme. Vous pouvez parfumer votre crème avec du cognac, du xérès ou du rhum.*

PARFUMER LA CRÈME ANGLAISE ET LES SAUCES À LA CRÈME

- Il est tout à fait possible de parfumer la crème anglaise avec un autre parfum que la vanille. Vous pouvez faire infuser un zeste d'orange, de citron ou de citron vert dans le lait, à la place de la gousse de vanille ; ou ajouter 2 ou 3 cuillères à café de café instantané dans le lait chaud parfumé à la vanille ; ou encore râper 75 g de chocolat dans le lait vanillé et remuer jusqu'à ce que le chocolat soit fondu.
- Pour obtenir une sauce au miel, sucrez le lait en remplaçant le sucre par 2 cuillères à soupe de miel parfumé, et remuez jusqu'à ce qu'il soit bien fondu.
- En fin de cuisson, parfumez une crème anglaise avec un alcool, par exemple du rhum, du cognac, du kirsch ou une liqueur à l'orange.
- Un peu de cardamome moulue rehausse la saveur de la crème à l'orange, tandis que la cannelle et la muscade moulues sont délicieuses avec une crème à la vanille.
- D'autres ingrédients peuvent être ajoutés à la crème, tels que des noix grillées, des macarons écrasés ou des pruneaux finement hachés, des abricots ou du gingembre confit coupés en petits morceaux.
- Pour préparer une crème anglaise encore plus onctueuse, incorporez 2 blancs d'œufs en neige juste avant de servir.
- Si comme moi, vous adorez le goût acidulé de l'orange ou du citron, vous pouvez préparer une sauce selon la recette de la crème anglaise de base, en supprimant la vanille et en remplaçant le lait par du jus d'orange et de citron. Cette sauce est particulièrement délicieuse avec les entremets (voir page 218), les tourtes aux fruits (voir page 221) ou les tartes tièdes (voir page 220).
- Un peu de chocolat râpé grossièrement permet de parfumer instantanément une crème chantilly.

CRÈME CHANTILLY

Il s'agit tout simplement d'une crème fouettée sucrée et parfumée. Tous les ingrédients doivent être froids au moment de l'utilisation. Battez la crème avec un peu de lait, puis incorporez du sucre vanillé (voir page 235), en comptant 2 cuillères à dessert de sucre pour 30 cl de crème. Si vous utilisez de la crème épaisse, vous pouvez incorporez 1 blanc d'œuf en neige. Réservez au réfrigérateur.

SABAYON

Le sabayon est une sauce onctueuse dont on nappe certains entremets aux fruits. Il est généralement délicieux servi tiède, sur une génoise fraîche. En Italie, on le parfume avec du marsala et on le sucre davantage.

Pour réaliser la recette classique, prévoyez 1 cuillère à soupe de sucre en poudre et 1 cuillère à soupe de marsala par jaune d'œuf. Si vous souhaitez l'enrichir, à l'italienne, rajoutez 25 g de sucre par jaune d'œuf. On la parfume parfois au citron ou à la vanille. Pour environ 30 cl.

1 *Mettez 4 jaunes d'œufs et 4 cuillères à soupe de sucre en poudre dans une jatte résistant à la chaleur et fouettez jusqu'à ce que le mélange commence à mousser, à l'aide d'un mixeur électrique si possible. Ajoutez le marsala. Raclez les bords du récipient avec une spatule en caoutchouc.*

2 *Posez la jatte sur une casserole d'eau frémissante et continuez de fouetter jusqu'à ce que la préparation ait épaissi. Veillez à ce que le fond de la jatte ne touche pas l'eau bouillante. Soulevez le récipient, afin de vérifier le niveau d'eau dans la casserole.*

3 *La sauce est prête lorsqu'elle fait le ruban. Laissez-la légèrement refroidir et servez-la à l'italienne, dans des verres glacés au sucre, ou réservez-la pour napper un gâteau ou un entremets.*

SAUCE AUX PRUNES ET À LA MENTHE *(194)*

Le goût acidulé des prunes se marie très bien avec la viande de porc ou de canard, le jambon ou le gibier. Comme les abricots, les prunes cuites présentent un goût plus marqué que les fruits crus. Cette sauce se sert froide ou chaude.

POUR 4-6 PERSONNES

175 g d'échalotes, épluchées, mais laissées entières
500 g de prunes rouges, dénoyautées et coupées en deux
30 cl de jus d'orange fraîchement pressé
50 g de sucre en poudre
1 cuillère à soupe de vinaigre de xérès
sel et poivre gris
1 poignée de menthe fraîche, hachée fin

Mettez les échalotes et les prunes dans une casserole avec le jus d'orange et le sucre en poudre. Portez à ébullition, puis couvrez et laissez mijoter doucement pendant environ 30 minutes, jusqu'à ce que les échalotes soient bien tendres et les prunes cuites. Les différentes variétés de prunes étant plus ou moins juteuses, il se peut que vous ayez besoin de découvrir la casserole pour faire réduire la préparation. Ajoutez le vinaigre, puis salez et poivrez. Juste avant de servir, ajoutez la menthe hachée.

SAUCE AU PAIN *(194)*

Cette sauce préparée avec du pain, des oignons et une bonne pointe de clous de girofle et de muscade, doit cuire à feu très doux sur la cuisinière, ou dans un plat couvert à four doux. Personnellement, je préfère utiliser du pain complet, plus savoureux. Certaines variétés de pain absorbant davantage de liquide que d'autres, rectifiez l'épaisseur de la sauce en fin de cuisson, en rajoutant un peu de lait ou au contraire de pain émietté.

POUR 6-8 PERSONNES

1 oignon, haché fin
125-150 g de pain complet, avec la croûte, coupé en morceaux
50 g de beurre
6-8 clous de girofle
60 cl de lait
30 cl de crème, et un peu plus pour garnir (facultatif)
1/4 de noix de muscade, râpée
sel et poivre

Mettez l'oignon dans une casserole à fond épais avec les morceaux de pain et de beurre. Enveloppez les clous de girofle dans une mousseline et mettez-les dans la casserole. Ajoutez le lait et la crème fraîche. Salez et poivrez puis mélangez bien le tout. Couvrez la casserole et réglez le feu à la température minimum, en remuant de temps en temps pour séparer les morceaux de pain et éviter qu'ils ne collent au fond de la casserole. Laissez cuire pendant 1 heure à 1 heure 30, jusqu'à ce que la sauce soit bien épaisse.

Retirez la mousseline, ajoutez la muscade râpée, puis salez et poivrez. Si vous le souhaitez, ajoutez un peu de crème fraîche et de muscade râpée.

Vous pouvez aussi faire cuire la sauce au four. Suivez la recette mais placez les ingrédients dans une cocotte, couvrez et faites cuire pendant 2 heures à 2 heures 30 à 120 °C, Th. 1.

SAUCE AUX KUMQUATS ET À L'ANETH *(194)*

J'ai eu l'occasion de visiter un verger de kumquats ; ces arbustes aux fruits orange vif donnaient l'impression que l'on se promenait dans un monde miniature. Les kumquats présentent un goût piquant et acidulé très agréable. Ils se mangent avec la peau. Cette sauce est délicieuse avec du canard rôti ou grillé.

POUR 4 PERSONNES

250 g de kumquats, frais, coupés en deux et épépinés
30 cl de jus de pomme, non sucré
1 cuillère à soupe de sucre en poudre
2 cuillères à café de vinaigre de framboises
2 cuillères à café d'arrow-root
environ 1 cuillère à soupe d'aneth fraîchement haché
sel
2-4 pincées de piment de Cayenne

Mettez les kumquats dans une casserole avec le jus de pomme puis portez à ébullition. Laissez mijoter à feu doux pendant environ 20 minutes, jusqu'à ce que les fruits soient très mous. Ajoutez le sucre en poudre, retirez du feu et ajoutez le vinaigre de framboises.

Versez 1 cuillère à soupe d'eau dans une tasse et délayez l'arrow-root. Ajoutez ce mélange dans la casserole puis remettez le tout sur le feu. Portez à ébullition, en remuant, puis laissez mijoter à petits bouillons, sans cesser de remuer, pendant environ 2 minutes, jusqu'à ce que la sauce soit transparente et épaisse. Ajoutez l'aneth haché et retirez la casserole du feu. Salez et parfumez avec du piment de Cayenne. Servez la sauce tiède.

SAUCE INDIENNE AUX CHAMPIGNONS *(194)*

Les champignons de Paris gagnent à être relevés avec des épices. Cette sauce transformera un simple plat d'agneau ou de poulet rôti ou grillé en un mets de choix. Elle est assez piquante, malgré la crème, et accompagne également très bien les plats de pâtes. Elle peut aussi servir de base à un curry d'œufs : pour cela, coupez en fines rondelles des œufs durs et mélangez-les à la sauce.

POUR 4 PERSONNES

50 g de beurre
1 cuillère à soupe d'huile de tournesol ou d'arachide
2 cuillères à café de coriandre moulue
1 cuillère à café de cumin en poudre
1 cuillère à café de cannelle moulue
1 morceau de 5 cm de gingembre frais, épluché et haché fin
3 grosses gousses d'ail, hachées fin
180 g de champignons, hachés très fin
2 cuillères à soupe de purée de tomates
12 cl d'eau
4 cuillères à soupe de jus de citron filtré
30 cl de crème fraîche
sel
2-4 pincées de piment de Cayenne
1 poignée de coriandre fraîche ou de feuilles de menthe, hachées gros

Faites fondre le beurre et l'huile dans une casserole à fond épais, à feu moyen, puis ajoutez la coriandre, le cumin et la cannelle, ainsi que le gingembre et l'ail. Faites cuire pendant 1 ou 2 minutes, avant d'ajouter les champignons. Remuez, jusqu'à ce qu'ils commencent à ramollir, puis ajoutez la purée de tomates, l'eau et le jus de citron.

Mélangez bien et portez à ébullition, puis baissez le feu et laissez mijoter à feu doux, à couvert, en remuant de temps en temps, pendant 15 à 20 minutes. Portez à nouveau à ébullition si la sauce est trop liquide et laissez bouillir pendant quelques minutes encore pour la faire réduire légèrement ; ajoutez ensuite la crème.

Remuez et faites bouillir le mélange pendant 2 minutes, puis retirez la casserole du feu. Ajoutez le sel et le piment de Cayenne, puis incorporez les feuilles de coriandre ou de menthe hachées juste avant de servir.

Si vous souhaitez préparer la sauce à l'avance, n'ajoutez les herbes qu'au dernier moment, après l'avoir fait réchauffer.

SAUCE VELOUTÉE ROUGE *(194)*

Les poivrons se prêtent très bien à la préparation de sauces, leur couleur variant selon la variété utilisée. C'est le poivron rouge que je préfère. Cette couleur vive et éclatante est mise en valeur par le vert des herbes fraîches, du persil plat par exemple, qu'on ajoute au dernier moment. Cette sauce est excellente avec la viande, la volaille, les légumes et les pâtes. Elle convient particulièrement à l'agneau ou au poulet.

POUR 4 PERSONNES

2 cuillères à soupe d'huile d'olive
1 cuillère à soupe de jus de citron
4 cuillères à soupe d'eau
1 cuillère à soupe de purée de tomates
1 gros poivron rouge, coupé en deux, épépiné et émincé (voir page 49)
1 gros oignon, émincé
3-4 gousses d'ail, hachées fin
2 cuillères à café de poivre vert en conserve, égoutté et écrasé
sel
1-3 pincées de piment de Cayenne

Mettez l'huile d'olive, le jus de citron, l'eau et la purée de tomates dans une casserole à fond épais, puis ajoutez le poivron, l'oignon et l'ail ; salez légèrement. Couvrez la casserole et portez à ébullition, puis baissez le feu et laissez mijoter pendant 15 à 20 minutes, en remuant de temps en temps, jusqu'à ce que tous les ingrédients soient tendres.

Versez le contenu de la casserole dans le bol d'un robot et mixez jusqu'à ce que vous obteniez une purée lisse ; versez la préparation dans la casserole. Ajoutez le poivre vert écrasé et portez la sauce à ébullition. Retirez du feu, ajoutez du sel et le piment de Cayenne et servez dans une saucière.

SAUCE BOLOGNAISE *(194)*

Cette célèbre sauce est servie avec de nombreuses pâtes, y compris les lasagne (voir page 84). Pour qu'elle soit bien relevée, riche et crémeuse, il convient de la faire cuire suffisamment longtemps. Elle se conserve au réfrigérateur pendant 4 jours et se congèle très bien. Juste avant de servir, vous pouvez ajouter un peu de crème. La sauce ragù est encore plus riche et contient davantage de viande.

POUR 4 PERSONNES

50 g de beurre
2 cuillères à soupe d'huile d'olive
1 oignon, émincé
1 côte de céleri, hachée fin
1 carotte, hachée fin
400 g de viande hachée
3 grosses gousses d'ail, hachées fin
25 cl de vin rouge
30 cl de bouillon de bœuf
400 g de tomates en boîte, concassées
1 cuillère à café d'origan séché
2 feuilles de laurier
1/4 de noix de muscade, râpée
1 cuillère à soupe bien pleine de concentré de tomates, dissous dans 8 cl d'eau
1 poignée de persil, haché fin
sel et poivre

Faites fondre le beurre et l'huile d'olive dans une casserole à fond épais, à feu moyen. Ajoutez l'oignon, le céleri et la carotte et remuez jusqu'à ce que les légumes commencent à brunir, puis ajoutez la viande hachée et l'ail. Remuez jusqu'à ce que la viande soit bien cuite et décomposée en grains.

Ajoutez le vin, augmentez le feu et laissez bouillir, en remuant fréquemment, pendant quelques minutes, jusqu'à ce que le vin ait réduit. Ajoutez le bouillon et laissez bouillir quelques minutes en remuant sans cesse.

Ajoutez les tomates, l'origan, les feuilles de laurier, la muscade et le concentré de tomates. Salez et poivrez.

Remuez et portez à ébullition, puis couvrez la casserole et laissez mijoter à feu doux, pendant au moins 2 heures, en remuant de temps en temps et en ajoutant un peu d'eau, si la sauce vous paraît trop épaisse. Retirez la casserole du feu, rectifiez l'assaisonnement. Ajoutez le persil au dernier moment, juste avant de servir.

SAUCE À LA NOIX DE COCO *(194)*

Cette délicieuse sauce à la noix de coco est un merveilleux accompagnement pour des salades de fruits, surtout si elles se composent de fruits exotiques, tels que mangues, litchis ou fruits de la passion. Vous pouvez remplacer la crème de coco par du lait de coco ou de la pulpe de fruit frais.

POUR 6 PERSONNES

50 g de crème de noix de coco
8 cl de lait
1/2 cuillère à café de sel
2 cuillères à soupe de sucre roux en poudre
30 cl de crème

Mettez la noix de coco dans une casserole avec le lait et faites-la fondre à feu moyen. Ajoutez le sel et le sucre en poudre et remuez jusqu'à ce que la sauce soit dissoute, sans laisser bouillir. Retirez du feu et ajoutez la crème puis versez la sauce dans une saucière et réfrigérez avant de servir.

SAUCE CHAUDE AU CHOCOLAT *(209)*

Rien ne vaut la sauce au chocolat pour accompagner fruits en chemise ou glace à la vanille. À mon goût, elle doit se composer exclusivement de chocolat et de crème. La cannelle permet de mettre en valeur toute la richesse du cacao. Veillez à ce que l'eau du bain-marie ne se mette pas à bouillir. Si la sauce chauffe trop et commence à épaissir, versez un peu d'eau chaude et remuez énergiquement.

POUR 4-6 PERSONNES

175 g de chocolat à cuire en morceaux
2 cuillères à café d'extrait de vanille
8 cl de crème
1 cuillère à café de cannelle en poudre

Faites fondre le chocolat dans une casserole au bain-marie. Ajoutez l'extrait de vanille, la crème fraîche et la cannelle puis remuez jusqu'à ce que vous obteniez une sauce lisse et onctueuse. Servez aussitôt.

ENTREMETS ET DESSERTS

Je dois avouer que ce chapitre est mon préféré. J'ai toujours adoré les entremets, aussi bien la préparation que la dégustation. Et puis, c'est tellement beau à regarder ! Bien que très gourmande, je n'aime guère les desserts trop sucrés. Je préfère lorsqu'ils ont une légère touche acide, un goût de citron par exemple, pour contrebalancer le goût sucré des autres ingrédients.

Mes amis me disent toujours qu'ils reconnaissent mes entremets à leur association de saveurs acides et douces. La recette du soufflé chaud au citron et aux fruits de la passion (voir page 238) en est un bon exemple. Le chocolat est également pour moi un ingrédient de base ; les gâteaux moelleux au chocolat servis avec de la crème fraîche ou un coulis de fruits comptent parmi mes desserts préférés. J'aime cuisiner le chocolat avec du citron ; par exemple, une tarte au citron recouverte d'une couche au chocolat est tout à fait exquise.

Les fruits que j'utilise volontiers sont ceux qui présentent une note acidulée très nette. C'est le cas notamment des fruits de la passion et des cassis. Mais les abricots cuits délicatement avec quelques fleurs de sureau donnent des résultats divins.

La crème doit, à mon avis, être utilisée judicieusement ; présente en trop grande quantité, elle peut rendre un dessert écœurant. C'est pourquoi, j'aime mélanger la crème avec un peu de yaourt ou de fromage blanc. Pour les personnes soucieuses de leur ligne, le fromage blanc à 0 % de matières grasses offre une excellente façon de préparer des desserts allégés.

La préparation d'un entremets exige du doigté. C'est tout un art qui semble parfois relever de la magie. Certains entremets sont légers à souhait, comme les soufflés, ou mousseux, comme les bavarois. Certains desserts se consomment chauds : le gâteau renversé aux fruits ou les délicieux entremets cuits à la vapeur. Ils sont parfois riches et sobres : c'est le cas de la mousse au chocolat noir et de la glace à la vanille maison. Les sorbets délicatements parfumés, les gelées acidulées et rafraîchissantes constituent d'excellentes façons de terminer un repas sur une note légère. Le dernier plat d'un bon dîner doit faire l'objet de tous les soins.

Les entremets doivent être en harmonie avec la saison et le climat du moment ainsi qu'avec le reste du repas. Une viande en sauce nourrissante sera suivie d'un dessert juteux et fruité (un sorbet par exemple). Un poisson à la chair dense comme le saumon devra être associé, au cours d'un repas, avec un dessert rafraîchissant. Proposez par exemple une salade de fruits frais ou de fruits rouges, en été.

Un entremets peut être assimilé à une véritable création artistique. Mais il ne faut pas oublier qu'il suffit de très peu de choses pour agrémenter et décorer un dessert : des petits bouts de noix, du chocolat râpé, du sucre en grains ou des pétales de fleurs apportent une note de finition très soignée. Ce type de décorations peut très bien remplacer la crème chantilly, parfois un peu lourde à la fin d'un repas.

Dans le sens des aiguilles d'une montre, en partant du haut à gauche : Entremets aux coings (page 240), recouvert d'une couche de caramel ; le Cœur au chocolat et aux framboises (page 241) associe des fruits frais à du fromage blanc onctueux ; l'Entremets de la Saint-Jean (page 238) est toujours très apprécié de tous. Les Timbales aux fruits de la passion et à l'orange (page 239) sont accompagnés d'une sauce crémeuse. La Tourte aux bananes et aux noix de pécan (page 241) est servie avec un coulis d'orange et de canneberges ; Mystères aux abricots (page 239) ; Crème brûlée individuelle (page 240).

ENTREMETS AUX ŒUFS ET AU LAIT

Les entremets au lait évoquent chez de nombreuses personnes les desserts de cantine ou d'hôpital. Mais, lorsqu'ils sont bien cuisinés, ils peuvent être vraiment délicieux. Les entremets à base de lait se préparent principalement avec du riz (entier, concassé, sous forme de farine, blanc ou complet), de la semoule ou du tapioca.

Le meilleur gâteau que j'aie eu l'occasion de manger est celui que préparait ma grand-mère; elle utilisait du riz complet et de la cassonade et faisait cuire ses ingrédients à feu doux, afin d'obtenir un entremets crémeux, au petit goût de noisette et de caramel inoubliable. Mais il existe d'autres façons de parfumer des entremets. On peut par exemple confectionner un gâteau de riz plus léger en faisant cuire du riz dans une casserole, et en remuant fréquemment les ingrédients. Cet entremets, moins riche, ne présente pas de peau dorée. Il est excellent froid. Vous pouvez ajouter de la crème et des ingrédients aromatiques, tels que de la cannelle et, bien sûr, arrêter la cuisson du riz dès que vous le jugez cuit à votre goût. Avant de le retirer du feu, n'hésitez pas à ajouter de la crème fouettée ou du yaourt si vous le souhaitez.

Les entremets à base d'œufs sont généralement riches et dorés. Leur délicate consistance est irrésistible. On les prépare à partir d'une crème anglaise (enrichie d'un ou deux jaunes d'œufs supplémentaires), que l'on fait cuire dans des ramequins ou des moules. Dans le cas de la crème caramel, on démoule l'entremets lorsqu'il a refroidi. La crème anglaise enrichie sert également à préparer de délicieux puddings.

GÂTEAU DE RIZ AU FOUR

Un bon gâteau de riz doit être riche et crémeux, en aucun cas il ne doit ressembler à une bouillie de riz compacte.

J'utilise toujours de la cassonade agrémentée de zeste de citron, pour apporter une petite note acidulée.

Le gâteau de riz étant un dessert nourrissant, ce n'est pas la peine d'utiliser du lait écrémé ou demi-écrémé pour l'alléger. Le résultat sera bien meilleur avec du lait entier.

Pour un gâteau de riz de 4 personnes, il vous faut 50 g de riz à grains ronds et 60 cl de lait.

1 *Rincez le riz et mettez-le dans un plat beurré de 1 litre allant au four. Ajoutez 2 cuillères à soupe de cassonade, le zeste finement râpé d'un petit citron, une pincée de sel et 60 cl de lait.*

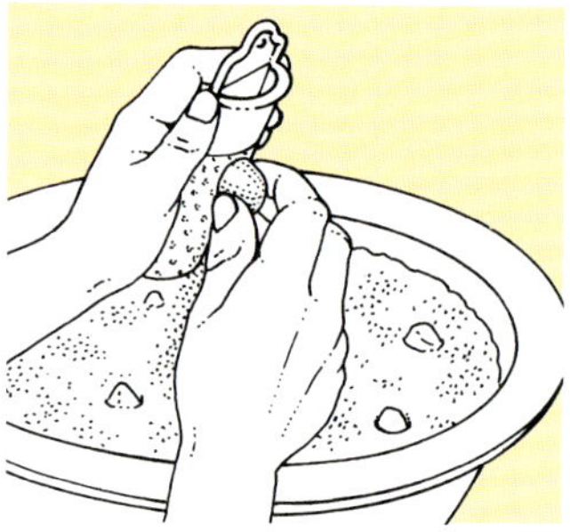

2 *Parsemez la surface de noix de beurre et parfumez avec de la muscade râpée. Faites cuire, sans couvrir, au four préchauffé à 150 °C, Th. 2, pendant 1 heure à 1 heure 30; remuez une fois au bout de 30 minutes.*

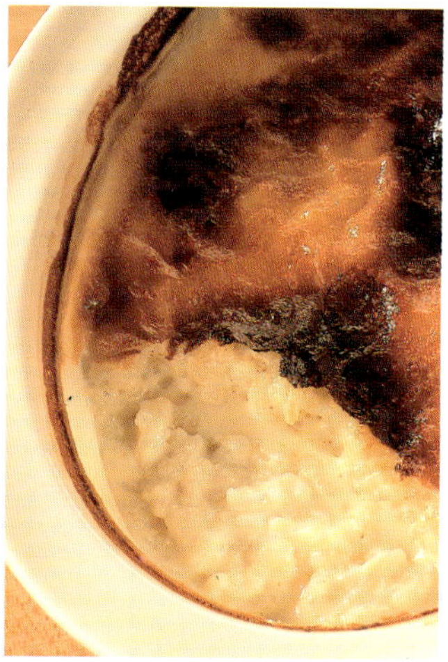

Gâteau de riz doré à point.

PUDDING CLASSIQUE

Ce pudding, réalisé avec du pain et du beurre, présente une croûte dorée très appétissante. La base liante est crémeuse, les fruits sont gonflés. La recette ne comporte qu'une petite quantité de pain.

Pour 4 personnes, prévoyez de 4 à 6 tranches de pain de mie beurrées, coupées en triangles, environ 50 g de raisins secs et 2 cuillères à soupe de fruits confits.

Pour préparer la crème, fouettez ensemble 2 œufs et 1 jaune supplémentaire avec 40 g de sucre en poudre, puis incorporez 30 cl de lait avec 15 cl de crème. Réservez.

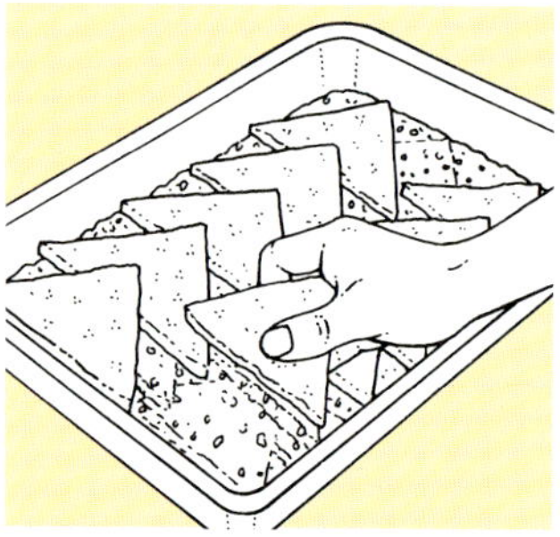

1 *Disposez le pain, le côté beurré orienté vers le haut, en couches régulières, dans un plat allant au four, en parsemant de raisins secs et de fruits confits entre chaque couche. Terminez avec une couche de pain. Vous pouvez aussi remplacer les fruits par de la marmelade.*

2 *Filtrez la crème sur le pain et laissez tremper pendant 30 à 60 minutes. Faites cuire, sans couvrir, au bain-marie (voir ci-contre), au centre du four préchauffé à 150 °C, Th. 2, pendant 1 heure à 1 heure 15, jusqu'à ce que le pudding soit bien doré.*

LE BAIN-MARIE

La technique du bain-marie utilisé au four consiste à poser le moule dans un plat à four rempli d'eau, afin que le contenu du moule ne cuise pas trop vite. La vapeur qui s'échappe de l'eau permet de conserver tout leur moelleux aux aliments. Si vous souhaitez faire cuire des crèmes ou des entremets aux œufs de cette façon, placez le plat contenant l'eau au four au moment où vous le faites préchauffer; ainsi l'eau sera chaude quand vous mettrez votre moule dedans. L'eau doit arriver à mi-hauteur.

FLAN

Voici une délicieuse recette familiale dont la crème caramel est une variante. Utilisez une gousse de vanille fendue en deux que vous ferez infuser dans le lait. La véritable vanille apporte une saveur inégalable. Toutefois, si vous ne pouvez pas vous en procurer, vous pouvez la remplacer par 2 cuillères à café d'extrait de vanille. On peut préparer cette recette avec 3 ou 4 œufs, mais je préfère ma version, plus riche, avec 3 œufs entiers plus 2 jaunes, 60 cl de lait et 75 g de sucre en poudre. Ces quantités conviennent pour 6 personnes.

1 *Versez le lait dans une casserole avec le sucre, la vanille, et un petit morceau de zeste de citron. Portez à ébullition, puis couvrez et retirez du feu. Réservez 10 minutes, pour que les parfums se mêlent les uns aux autres.*

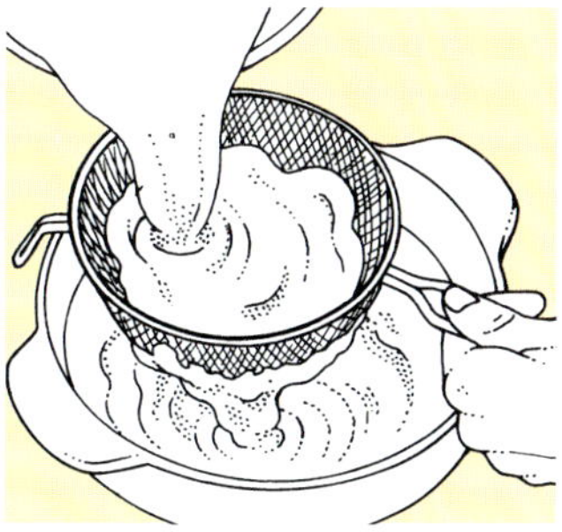

2 *Fouettez les œufs entiers et les jaunes ensemble, puis versez le lait par-dessus, sans cesser de battre. Filtrez la crème au-dessus d'un plat de 1 litre de contenance allant au four.*

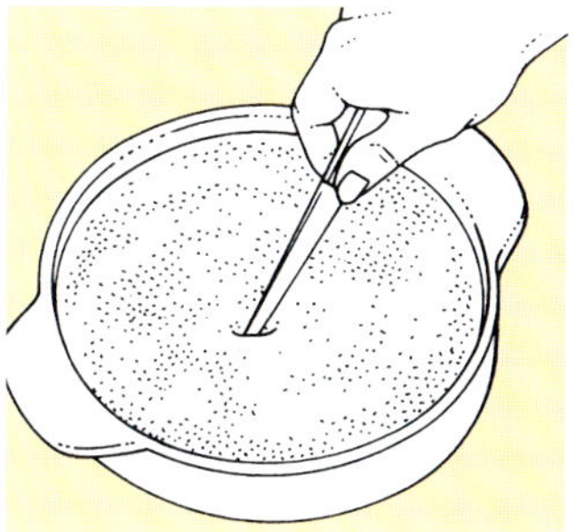

3 *Placez le plat au bain-marie (voir page ci-contre) au centre du four préchauffé à 160 °C, Th. 3, et faites cuire pendant environ 1 heure, jusqu'à ce que la crème soit ferme (la pointe d'un couteau introduite au centre doit ressortir propre).*

POUR PARFUMER VOS ENTREMETS

- Les entremets peuvent être délicatement parfumés avec de la muscade, de la cannelle, du macis moulu, ainsi qu'avec 1 ou 2 gousses de cardamome écrasées et plongées dans le lait.
- Si vous souhaitez apporter une note d'exotisme à vos entremets, vous pouvez parfumer le lait avec du lait de coco et accentuer la saveur de votre préparation avec de la cardamome.
- Le riz complet peut également être utilisé pour confectionner un délicieux entremets. Son petit goût de noisette et sa consistance différente seront très appréciés. Veillez à le faire cuire doucement, plus longtemps, avec un quart de lait supplémentaire afin qu'il ne devienne pas trop compact.
- J'ai confectionné un jour un délicieux pudding, en remplaçant les tranches de pain par du panettone italien, ce gâteau brioché à base de fruits confits.
- Pour obtenir un entremets d'une belle couleur jaune d'or et présentant une saveur très originale, ajoutez un peu de safran au lait.
- On peut remplacer l'eau de la recette de crème caramel par du jus d'orange. Votre caramel sera d'autant plus parfumé. Vous pouvez aromatiser votre lait avec de la vanille en poudre.
- Vous pouvez faire cuire la crème caramel ou les flans dans des ramequins individuels. Mettez-les au bain-marie pendant 30 à 40 minutes.

CRÈME CARAMEL

1 *Mélangez 125 g de sucre avec 15 cl d'eau dans une petite casserole à feu doux, jusqu'à ce que le sucre soit dissous. Passez un pinceau mouillé sur les bords de la casserole pour retirer toute trace de sucre.*

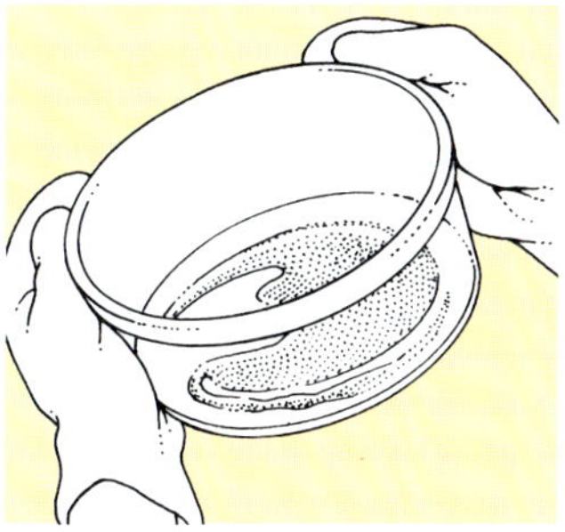

2 *Portez à ébullition, sans remuer. Lorsque l'ensemble est bien doré, penchez la casserole, afin d'unifier la couleur. Versez le caramel dans un moule à soufflé de 1 litre, en recouvrant bien le fond.*

3 *Préparez la crème aux œufs (voir ci-dessus). Filtrez-la dans le moule et faites cuire au bain-marie. Laissez refroidir, puis démoulez la crème sur un plat de service.*

La Crème à la noix de coco (page 241) est excellente pour clore un repas épicé, surtout si elle est accompagnée, comme ici, de fruits exotiques.

ENTREMETS CUITS À LA VAPEUR

Ce type de recettes, très courant dans les pays anglo-saxons, est peu connu en France. Traditionnellement, on faisait cuire les entremets en les enveloppant dans une mousseline et en les faisant bouillir dans une bassine à confiture ; de nos jours, on préfère souvent les faire cuire doucement pendant plusieurs heures dans un récipient posé sur une casserole remplie à moitié d'eau.

La pâte de l'entremets est assez simple à préparer. Si vous possédez un autocuiseur ou un four à micro-ondes, votre entremets cuira rapidement. Sachez que vous pouvez le faire cuire à l'avance, le laisser dans le récipient, et ne le faire réchauffer qu'au dernier moment, avant de servir.

Vous pouvez préparer un entremets sucré à la vapeur avec une pâte du type de celle qu'on utilise dans la recette de l'entremets en chemise (voir page 257). Garnissez l'intérieur de pommes ou d'autres fruits. Dans ce type de recette, je préfère utiliser du beurre plutôt que de la graisse de rognon, comme la recette traditionnelle l'exige.

Un bon entremets doit être à la fois moelleux et fondant ; ce sont ses deux qualités principales. Ceux dont le fond est garni d'une sauce sont particulièrement délicieux. Tous les entremets cuits à la vapeur doivent être accompagnés de crème fraîche ou de crème anglaise.

RECETTE DE BASE

Utilisez une grande casserole ou une bassine à confiture et disposez une chevrette au fond, ou une soucoupe ou encore un emporte-pièce métallique, afin que le moule ne soit pas en contact direct avec le fond de la casserole. Remplissez celle-ci à moitié d'eau et commencez à la faire bouillir pendant que vous préparez l'entremets. Tout au long de la cuisson, il est important de surveiller le niveau d'eau et d'en ajouter si nécessaire. Pour 6 personnes, il vous faudra un moule de 1,2 litre.

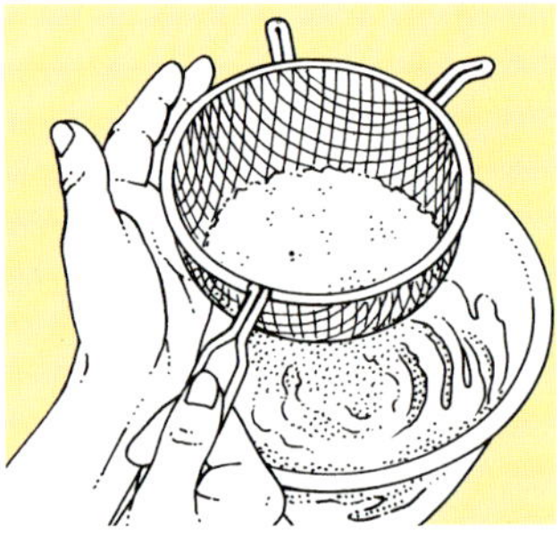

1 *Dans une grande jatte, battez ensemble 125 g de beurre et 125 g de sucre en poudre, jusqu'à ce que cela mousse, incorporez le zeste râpé d'un citron. Ajoutez 3 œufs battus, tout en fouettant. Tamisez au-dessus de cette préparation 75 g de farine et 1 cuillère à café de levure. Avec une grande cuillère en métal, incorporez délicatement 75 g de mie de pain en morceaux. Ajoutez suffisamment de lait pour obtenir une pâte assez épaisse.*

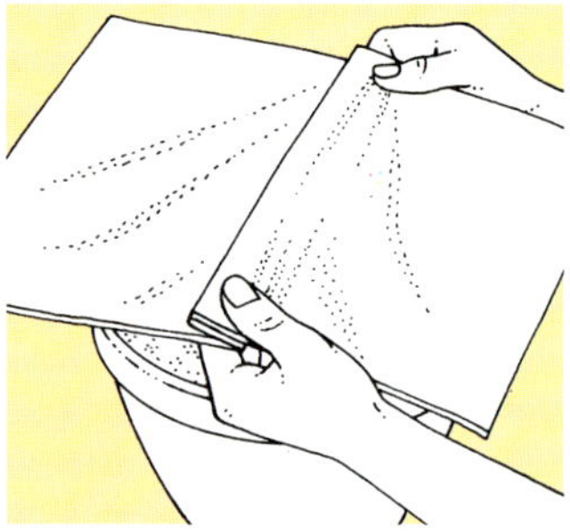

2 *Tapissez le fond du moule avec un morceau de papier sulfurisé beurré coupé à la taille voulue. Beurrez les bords du moule très généreusement. Versez la pâte dans le moule. Recouvrez avec une feuille de papier sulfurisé beurrée, puis ajoutez une seconde feuille. Pliez les deux feuilles ensemble au milieu. Recouvrez avec une feuille d'aluminium plus grande que le moule. Repliez sur les bords puis ficelez-la avec le papier sulfurisé autour du rebord.*

3 *Tirez les 4 coins du papier d'aluminium ensemble et rabattez-les de façon à former une poignée qui permettra de soulever le pudding de la casserole. Faites cuire à la vapeur, dans la casserole couverte, pendant environ 2 heures. Soulevez délicatement le pudding, retirez l'aluminium et le papier sulfurisé et laissez-le refroidir. Démoulez sur un plat de service et servez avec de la crème fraîche ou anglaise.*

Entremets cuit à la vapeur, prêt à être démoulé.

QUELQUES SUGGESTIONS

- Remplacez la farine par de la chapelure ou de la mie de pain pour alléger la pâte.
- Pour napper votre entremets d'une délicieuse sauce, au moment du démoulage, versez 3 cuillères à soupe de confiture ou de miel au fond du moule, avant d'y déposer la pâte.
- Mélangez du zeste de citron râpé, le jus du citron avec du miel et versez ce mélange dans le fond du moule.
- Ajoutez à la recette de base un peu de pâte au citron (*lemon curd* page 302), ou de marmelade d'orange avant de faire cuire l'entremets.
- Certaines épices, comme la cannelle et la muscade, se marient très bien avec les entremets.
- Ajoutez de fines lamelles de zeste d'orange, des cerises coupées en deux et des raisins secs, ou encore des amandes effilées. Pressez ces ingrédients contre le bord beurré du moule puis versez la pâte par-dessus.
- On peut faire cuire la pâte dans des ramequins, afin d'obtenir des entremets individuels. Recouvrez-les d'aluminium beurré et disposez-les dans un autocuiseur ou sur une grille dans une grande cocotte. Faites cuire de 30 à 40 minutes, avant de démouler.
- Dans le Christmas pudding, on peut bien sûr remplacer la graisse de rognon par du beurre ; cependant, le pudding déjà très riche, ne gagne pas à être confectionné avec ce type de matière grasse.
- Si vous avez ajouté des jaunes d'œufs à la recette de l'entremets de base, utilisez les blancs qui restent pour confectionner une crème anglaise plus légère (voir encadré page 211).

ROULÉ À LA CONFITURE

Il est difficile de cuire de façon de façon traditionnelle cet entremets, à cause de la taille des casseroles d'aujourd'hui. Pour cette raison, vous le ferez cuire au bain-marie dans le four. Vous devrez utiliser un plat équipé d'une grille. Pour 4 à 6 personnes, utilisez 250 g de farine avec poudre levante, 125 g de beurre (ou de végétaline) coupé en petits morceaux, environ 15 cl de lait ou de bière brune et de la confiture pour la garniture. On peut également ajouter pour garnir un petit peu de pomme râpée.

1 *Mélangez la farine et le beurre avec 1 cuillère à soupe de sucre en poudre et 1 cuillère à café d'épices mélangées (facultatif) ; ajoutez le lait jusqu'à ce que la pâte soit ferme. Pétrissez puis étalez la pâte en une abaisse rectangulaire de 1 cm d'épaisseur.*

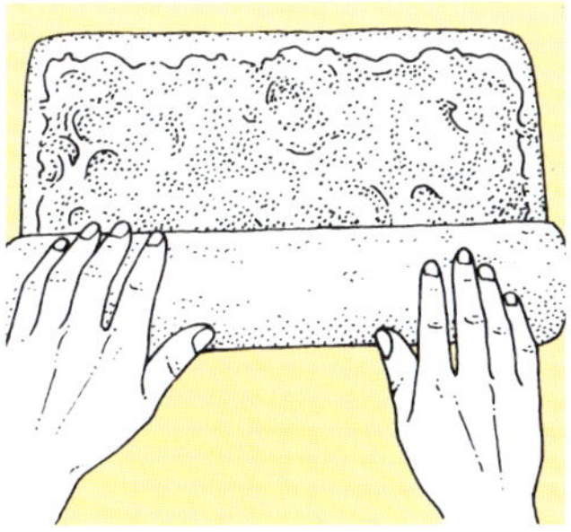

2 *Étalez la garniture de votre choix sur la pâte et parsemez de pomme râpée, si vous le souhaitez. Roulez le tout sans trop serrer et posez ce rouleau sur une feuille de papier sulfurisé. Repliez les extrémités sous le corps de l'entremets.*

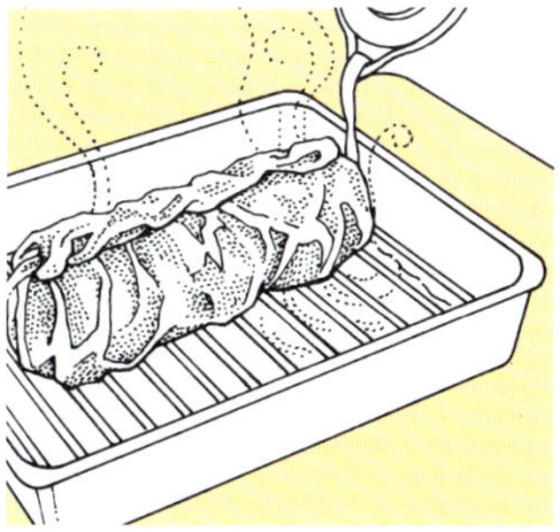

3 *Posez le dessert sur la grille, dans le plat. Versez de l'eau, jusqu'à la base de l'entremets, couvrez le plat d'aluminium et faites cuire au four préchauffé à 180 °C, Th. 4, pendant 1 heure. Retirez l'aluminium et servez chaud.*

CHRISTMAS PUDDING

J'ai modifié plusieurs fois cette recette afin d'obtenir un pudding à la fois riche et foncé, mais aussi léger. Pour obtenir la forme traditionnelle, je le fais cuire dans le panier de mon Rice-cooker. Mais vous pouvez utiliser un moule ou une jatte de forme sphérique allant au four. Cette recette permet de confectionner 2 puddings dans des plats de 1,2 litre de contenance. Vous pouvez préparer ce dessert 3 mois à l'avance ou seulement une semaine avant de le déguster. Le jour de Noël, il vous suffira de le faire cuire une heure avant de le démouler.

Ce Christmas pudding décoré de feuilles de houx donnera un petit air britannique original à votre dîner de Noël.

75 g de cerises confites, hachées gros
175 g de pruneaux, dénoyautés, hachés gros
175 g de fruits confits
175 g de raisins secs
175 g de raisins de Smyrne
175 g de raisins de Corinthe
75 g de noix de pécan ou de noix pilées
250 g de chapelure
250 g de végétaline, coupée en morceaux
6 œufs battus
15 cl de bière brune
3-4 cuillères à soupe de cognac, de rhum ou de whisky

1 *Mélangez les fruits confits et secs, la chapelure et la végétaline dans une jatte. Ajoutez les œufs, la bière et assez d'alcool pour que la pâte soit coulante. Laissez reposer quelques heures.*

2 *Tapissez les deux moitiés du panier du Rice-cooker de papier d'aluminium beurré, en le faisant retomber sur les bords. Remplissez les deux moitiés et refermez-les. Placez le panier sur un trépied, dans une grande casserole remplie d'eau chaude, celle-ci arrivant à mi-hauteur de la partie inférieure du moule.*

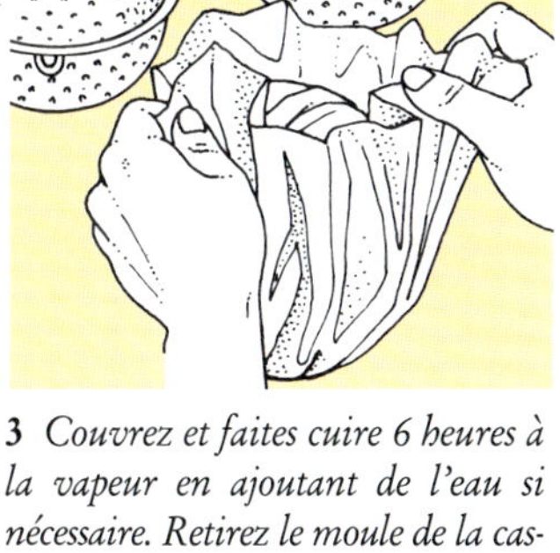

3 *Couvrez et faites cuire 6 heures à la vapeur en ajoutant de l'eau si nécessaire. Retirez le moule de la casserole et laissez refroidir. Lorsque le pudding est froid, démoulez-le, puis recouvrez-le à nouveau avec une feuille de papier sulfurisé et une feuille d'aluminium. Tenez au frais.*

TARTES ET TOURTES

Les tartes et les tourtes sont à mon avis toujours agréables pour terminer un repas. Qu'il s'agisse de la traditionnelle tarte aux pommes, à base de fruits finement émincés posés sur une pâte feuilletée ou brisée ou d'une version plus nourrissante, recouverte d'un couvercle en pâte, je me réjouis d'avance de savourer l'un de ces délicieux desserts.

Les tartes se prêtent à de nombreuses recettes et variantes. N'hésitez pas à laisser libre cours à votre imagination, au gré des saisons et des étals de votre marché pour associer de façon originale de nombreux ingrédients. En règle générale, il est préférable de faire cuire la garniture d'une tourte aux fruits à l'avance puis de la laisser refroidir. La préparation doit être le moins liquide possible, afin que la pâte ne soit pas trop molle. Pour cela, vous pouvez la faire réduire, ce qui fera ressortir le goût des fruits choisis.

Vous pourrez décorer les tourtes, c'est-à-dire les tartes recouvertes d'une épaisseur de pâte, de décorations tantôt humoristiques, tantôt esthétiques. Utilisez les chutes de pâte pour former des motifs, des feuilles par exemple ou les lettres d'un message (voir page 245).

Les tartes et les tartes « renversées », dont la plus connue est sans conteste la célèbre tarte Tatin, sont souvent accompagnées de crème fraîche, de crème anglaise, et parfois de sauce au chocolat ou de caramel. On les déguste plutôt tièdes et pour cette raison, elles sont toujours très appréciées en hiver.

TARTE

La tarte à la mélasse est une recette à la fois originale et facile à réussir. Il est parfois difficile de se procurer de la mélasse, mais vous pourrez la remplacer par du sirop de sucre. J'aime ajouter du jus et du zeste de citron, qui atténuent le goût jugé parfois trop sucré du sirop et relèvent la préparation. On peut également remplacer une partie du sirop par du miel liquide.

Pour 6 personnes, utilisez un moule à tarte de 24 cm à fond amovible si possible. Accompagnez la tarte de crème épaisse.

1 *Préparez la pâte brisée : mélangez 250 g de farine avec 175 g de beurre et liez ces ingrédients avec 1 jaune d'œuf battu, le jus et le zeste d'un citron (pour remplacer l'eau utilisée dans la recette page 246). Foncez le moule, recoupez les bords et piquez le fond avec une fourchette.*

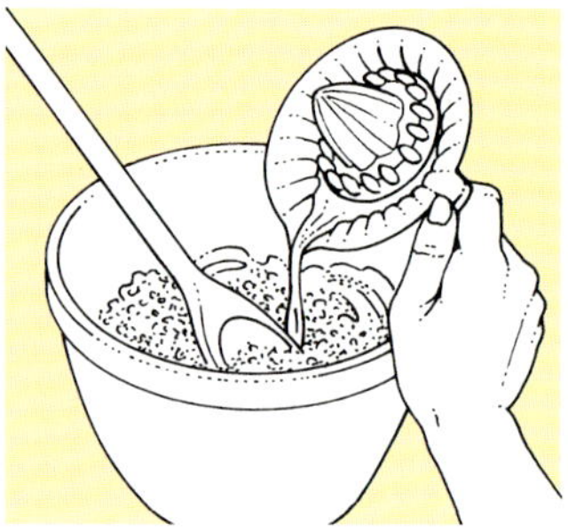

2 *Dans une jatte, mélangez ensemble 5 cuillères à soupe bien pleines de mélasse, le jus et le zeste râpé fin d'un citron et 125 g de chapelure, jusqu'à ce que la préparation soit bien lisse. Placez cette garniture dans le fond de tarte et étalez-la à l'aide d'un couteau.*

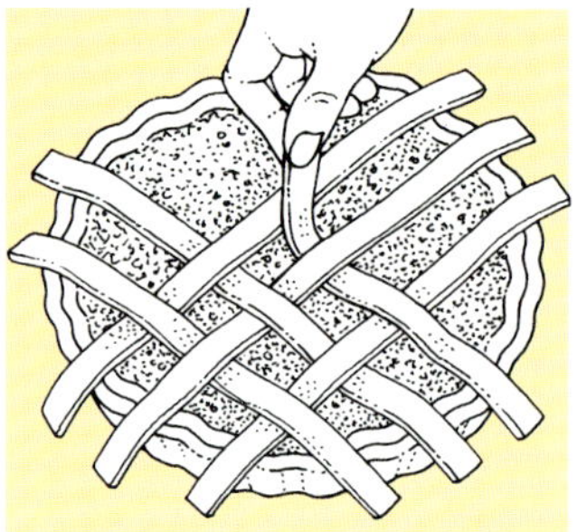

3 *Utilisez les chutes de pâte pour confectionner des bandelettes de 1 cm de large. Disposez-les en croisillons sur la tarte en soudant les extrémités au bord. Badigeonnez la pâte avec du lait, au moyen d'un pinceau. Faites cuire 25 à 30 minutes dans un four préchauffé à 200 °C, Th. 6.*

TOURTE AUX FRUITS

La pâte doit être abaissée sur une épaisseur un peu plus importante que pour une tarte classique. Pour un plat de 1,2 litre de contenance, vous aurez besoin de 300 g de farine, 200 g de beurre, 1 cuillère à café de sel, 2-3 cuillères à soupe d'eau froide (voir page 246). La cheminée placée au milieu de la pâte facilite l'évacuation de la vapeur. Pour la garniture, utilisez environ 1 kg de fruits crus ou en compote, du sucre et des épices.

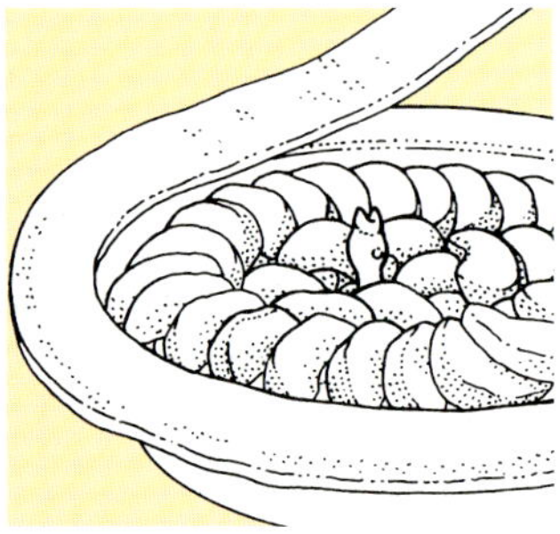

1 *Disposez les fruits dans le plat beurré. Étalez un huitième de la pâte en une bande de la largeur du rebord du plat, suffisamment longue pour pouvoir faire le tour du plat. Posez cette bande sur le rebord du plat et soudez les extrémités avec les doigts.*

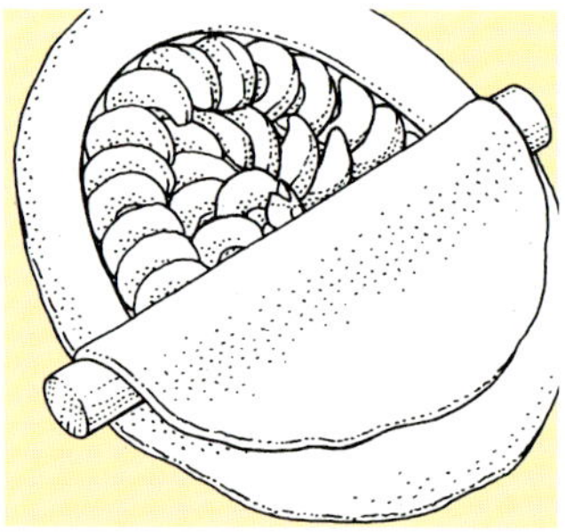

2 *Étalez le reste de pâte afin de recouvrir les fruits. Humectez la bande de pâte du bord et posez l'abaisse ronde par-dessus, à l'aide du rouleau à pâtisserie. Ménagez un trou au centre. Soudez les bords à la bande. Réfrigérez 20 minutes.*

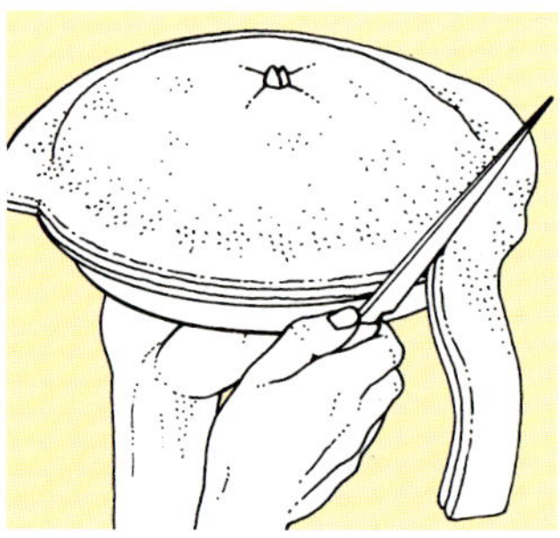

3 *Recoupez les bords et dorez la pâte à l'œuf battu additionné d'un peu d'eau ou au lait. Faites cuire à 200 °C, Th. 6, 20 à 30 minutes, jusqu'à ce que la pâte soit bien dorée. Si la garniture n'est pas cuite, poursuivez la cuisson à 160 °C, Th. 3, 20 minutes supplémentaires.*

TARTE SURPRISE

Cette tarte est recouverte d'une épaisseur de pâte. On la fait cuire dans un moule à bord peu élevé, parfois même dans une assiette résistant à la chaleur. Pour 4 à 6 personnes, dans un moule de 22 cm de diamètre, utilisez 375 g de farine, 3 cuillères à soupe de sucre en poudre et 250 g de beurre. Faites une pâte selon la technique présentée page 244, puis incorporez le sucre et pour lier, ajoutez un œuf battu et un peu d'eau fraîche. L'œuf enrichit délicieusement la pâte.

La garniture ne doit pas être trop liquide. Vous pouvez faire cuire les fruits à l'avance et les sucrer à votre goût. Les groseilles à maquereau, les abricots et les cassis sont d'excellentes garnitures, idéales pour cette recette. Prévoyez environ 500 g de garniture.

1 *Étalez un peu moins de la moitié de la pâte dans le moule ou l'assiette. Ajoutez la garniture. Abaissez le reste de pâte, humectez les bords et soudez-les à la pâte du dessous. Décorez à l'aide d'une fourchette. Réfrigérez.*

2 *Faites deux trous dans la pâte, afin que la vapeur puisse s'échapper. Badigeonnez un peu de lait sur la pâte et enfournez le moule au four préchauffé à 200 °C, Th. 6, 45 à 60 minutes. Si la pâte dore trop rapidement, recouvrez-la d'aluminium au bout de 30 minutes de cuisson.*

GÂTEAU RENVERSÉ AUX FRUITS

Pour un moule de 20 à 24 cm, pour 6 ou 8 personnes environ, il vous faut environ 500 g de fruits. Les pêches, les poires et les pommes conviennent particulièrement bien à ce type de recette. Préparez la pâte avec 175 g de farine, 1 cuillère à café de levure, 175 g de beurre, 3 œufs et un peu de lait (voir page 264). Étalez généreusement 50 g de beurre au fond du moule et parsemez régulièrement 50 g de sucre en poudre. Ce type de dessert est excellent tiède.

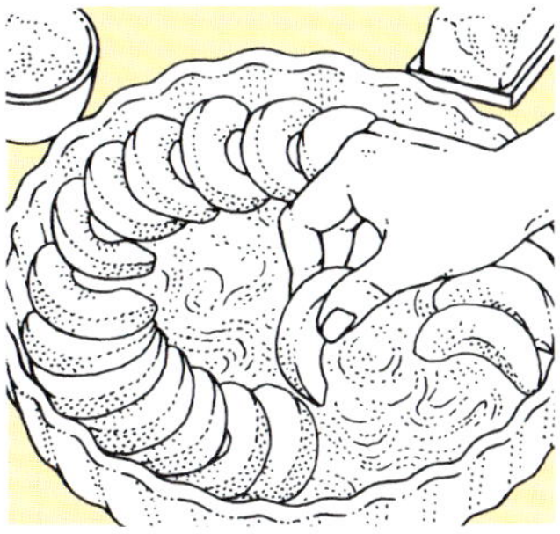

1 *Préparez et coupez les fruits en fines tranches, puis disposez-les soigneusement au fond du plat. Versez la pâte par-dessus.*

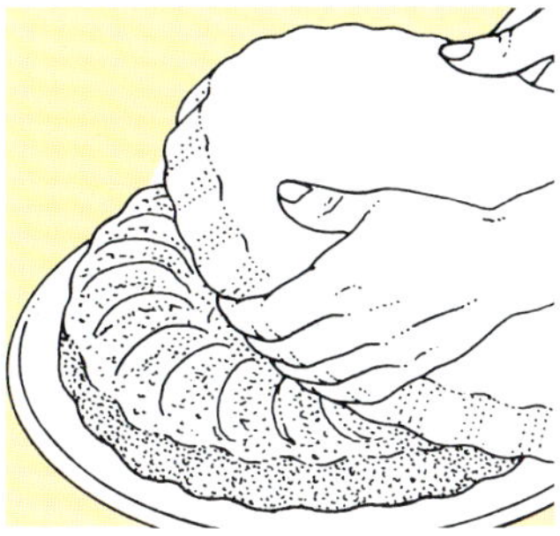

2 *Faites cuire au four préchauffé à 180 °C, Th. 4 pendant 50 minutes, jusqu'à ce que la pâte soit bien montée. Démoulez sur un plat de service.*

QUELQUES CONSEILS

- Pour les tartes aux pommes, je choisis des pommes à couteau, plutôt que des pommes à cuire, car elles conservent mieux leur forme et ont un goût plus agréable. Il m'arrive de faire revenir les pommes dans un peu de beurre avant d'en garnir mon fond de tarte. Parfois, je rajoute un peu de sucre et de jus de citron, afin d'obtenir un délicieux caramel.
- Les prunes et les baies rendent beaucoup de jus en cuisant. Faites-les cuire avant de garnir une tarte jusqu'à ce que vous obteniez un mélange épais et sirupeux.
- Certaines épices se marient bien avec des tartes aux fruits. Les pommes et les poires sont excellentes avec de la cannelle, des clous de girofle ou de la muscade.
- En été, la menthe fraîchement hachée est délicieuse avec les tartes garnies de fruits rouges.
- Vous pouvez réaliser une Linzertorte, délicieuse pâtisserie autrichienne, sur le modèle de la tarte à la mélasse : remplacez la pâte brisée par de la pâte sablée et la mélasse par de la confiture de framboises. Un nappage à l'abricot donne une finition soignée.
- Pour égayer le goût d'un gâteau renversé aux fruits, ajoutez un peu de cassonade ou de miel et remplacez une partie de la farine par des noisettes ou des amandes en poudre.
- Les tartes renversées se préparent comme les gâteaux renversés. Il suffit de remplacer la préparation à gâteau par de la pâte brisée ou feuilletée. Ces tartes, très esthétiques, sont délicieuses, avec leur base en fruits caramélisés. Badigeonnez la pâte avec de l'eau et du sucre en poudre, juste avant de la faire cuire. Dès que la pâte est cuite, baissez la température du four à 160 °C, Th. 3, pendant les 30 dernières minutes, afin que les fruits terminent de cuire doucement.
- Pour des gâteaux ou des tartes renversées aux pommes, utilisez des fruits non pelés pour ajouter une note colorée.

Cette Tarte caramélisée à l'orange (page 238) est cuite « à l'envers ». Les oranges, le miel, le beurre et la cannelle forment un délicieux caramel.

SALADES DE FRUITS FRAIS ET SECS

Les fruits sont aussi agréables à regarder qu'à déguster. Grâce aux techniques modernes de conservation et de réfrigération rapide, on peut trouver des fruits provenant du monde entier dans la plupart des magasins d'alimentation, durant toute l'année. Toutefois, les fruits de saison présentent toujours un charme et une saveur inégalables.

Choisissez avec soin les fruits que vous achetez. Les couleurs doivent être vives et brillantes ; la peau doit être bien tendue mais la chair légèrement molle sous la pression des doigts. Une odeur agréable doit être perceptible. Disposez soigneusement les fruits que vous désirez faire mûrir à température ambiante, sur une surface sèche, séparés les uns des autres.

Les fruits secs délicieux en purée, comme les pruneaux ou les abricots, sont très différents des fruits frais. Cuits avec un peu d'eau, de cassonade et de jus de citron, ils constituent un délicieux entremets, que vous pourrez accompagner de crème anglaise ou de crème fraîche. Vous pourrez aussi les utiliser pour confectionner des crèmes, des compotes, des sauces ou des glaces. On accompagne certains plats salés de purée de fruits secs.

Les salades de fruits peuvent se composer de fruits secs, de fruits frais, ou encore d'un mélange des deux. Si vous faites une salade de fruits, choisissez les fruits en fonction de leur couleur, de leur consistance et bien sûr de leur goût. J'aime arroser mes salades de fruits avec un sirop de jus de fruits à base de jus d'orange ou de citron, plutôt que de les saupoudrer simplement de sucre en poudre. Les fruits rouges sont délicieux dans une salade de fruits alors que les pommes sont meilleures à croquer ou à faire cuire.

PRÉPARER DES FRUITS FRAIS

Lavez les fruits à l'eau froide, à l'exception des fruits rouges qui s'abîment rapidement une fois qu'ils ont été au contact de l'eau.

De nombreux fruits, tels que les pommes, les poires, les coings et les pêches noircissent dès qu'ils sont en contact avec l'air. Pour éviter ceci, frottez les parties coupées avec du jus de citron ou faites tremper les morceaux dans un bol d'eau additionné de jus de citron ou de sirop léger (voir page 208).

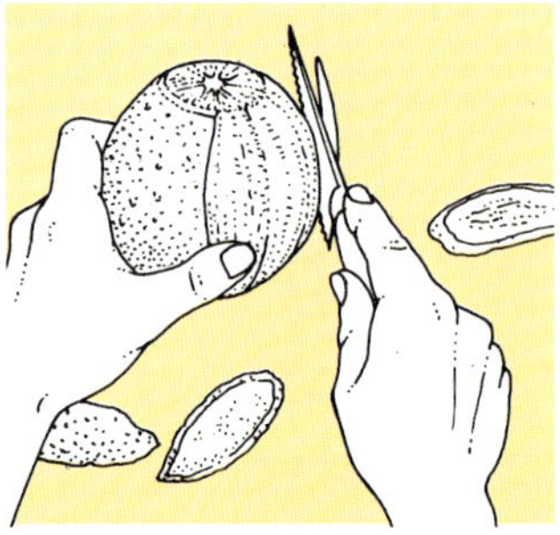

Pour éplucher une orange, *la méthode la plus facile consiste à couper la partie inférieure et supérieure du fruit, puis à découper la peau et les membranes en bandes verticales, à l'aide d'un petit couteau-scie. Retirez soigneusement les filaments qui restent.*

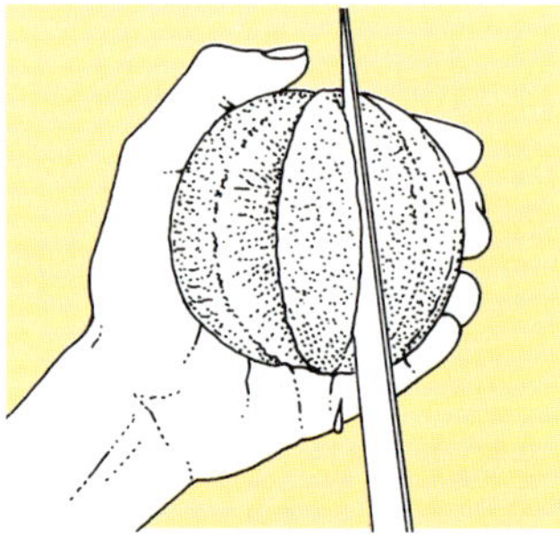

Pour couper une orange en quartiers, *tranchez entre la membrane et la chair, au-dessus d'une assiette pour récupérer le jus qui s'écoule. Répétez l'opération de l'autre côté et détachez le quartier. Procédez de même pour les autres quartiers.*

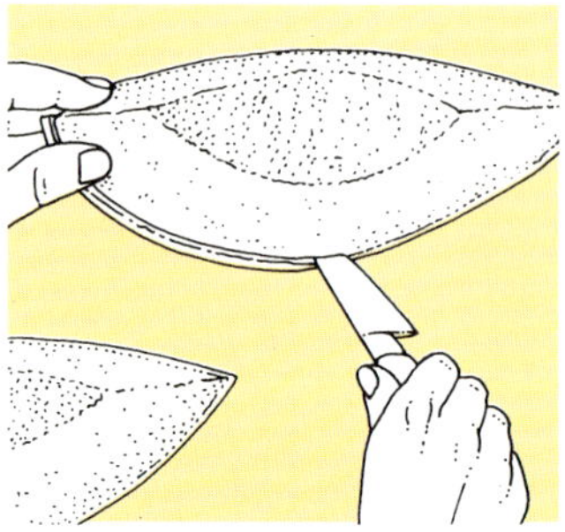

Pour préparer un melon, *coupez le fruit en deux dans la longueur et retirez les graines. Coupez chaque moitié en tranches allongées. Détachez la chair de la peau, puis coupez-la en morceaux. Vous pouvez également utiliser une cuillère parisienne.*

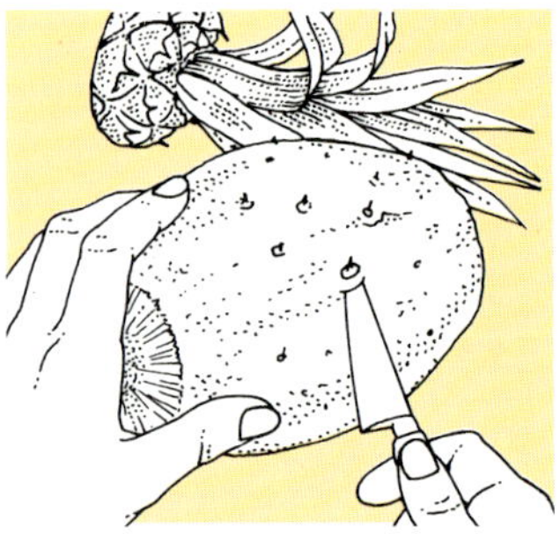

Pour éplucher un ananas, *découpez la touffe puis placez l'ananas bien droit sur une planche à découper et coupez la peau en bandes verticalement. Retirez les « yeux » avec la pointe d'un couteau. Découpez en tranches ou en morceaux, en retirant le cœur central.*

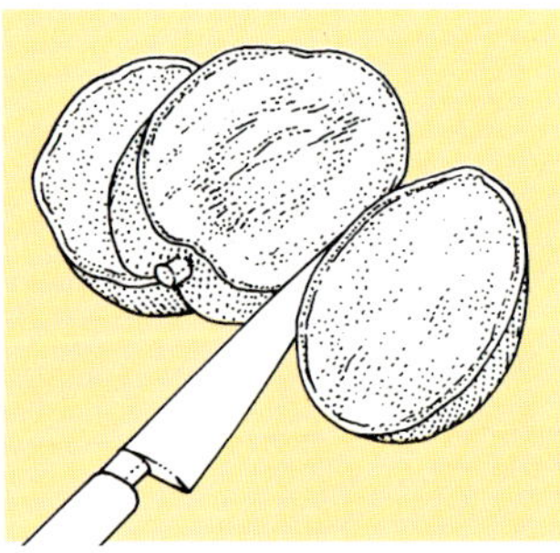

Pour préparer une mangue : 1 *Coupez la mangue horizontalement le plus près possible du noyau, de chaque côté. Épluchez la partie centrale entourant le noyau aussi proprement que possible. Coupez la chair en morceaux ou en cubes, selon l'usage souhaité.*

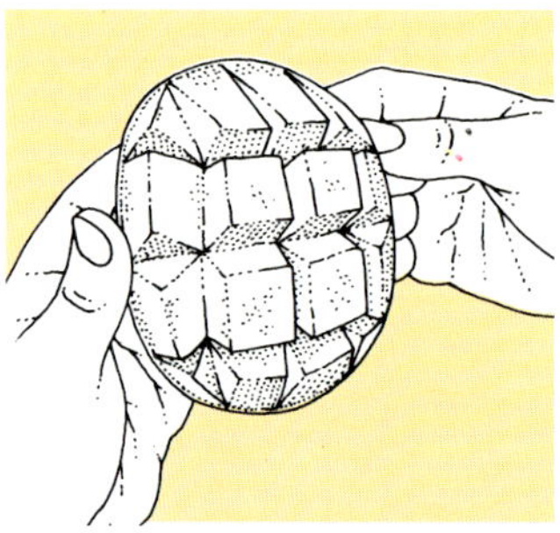

2 *Découpez chacune des moitiés restantes en formant des carrés réguliers. Coupez la chair jusqu'à ce que vous atteigniez la peau, sans toutefois la percer. Puis retournez la chair vers l'extérieur, de façon à faire ressortir les cubes de mangue. Détachez-les de la peau à l'aide d'un couteau pointu.*

Pour dénoyauter un fruit, *coupez le fruit au niveau du sillon, jusqu'au noyau, à l'aide d'un couteau aiguisé. Puis donnez un coup sec pour détacher le noyau de la chair. Si la chair colle encore au noyau, aidez-vous d'une petite cuillère.*

SALADE DE FRUITS FRAIS

Certaines salades de fruits que l'on propose peuvent dégoûter pour de longues années de ce dessert. Ce sont souvent de tristes associations de fruits, comprenant les inévitables cerises au sirop. Il est, à mon avis, très important de penser au résultat final, en termes notamment de saveurs mais aussi de couleurs. Pour « assaisonner » une salade de fruits, vous pouvez l'arroser de jus d'orange fraîchement pressé additionné d'un peu de jus de citron filtré et mélangé avec un trait de liqueur (voir page 209). Prévoyez environ 30 cl de sirop pour 1 kg de fruits. À moins que vous ne souhaitiez faire macérer les fruits dans du vin ou de l'alcool à l'avance, il est préférable de préparer la salade de fruits au dernier moment.

Cette salade de fruits colorée se compose de nectarines, de framboises et de myrtilles. Le sirop à base de jus d'orange frais rend les fruits plus brillants.

1 *Lavez et essuyez les fruits fermes que vous n'éplucherez pas. Équeutez les fruits qui doivent l'être et coupez en tranches ou en morceaux les plus gros fruits. Les pommes et les poires noircissant presque aussitôt, il est préférable de les préparer au dernier moment.*

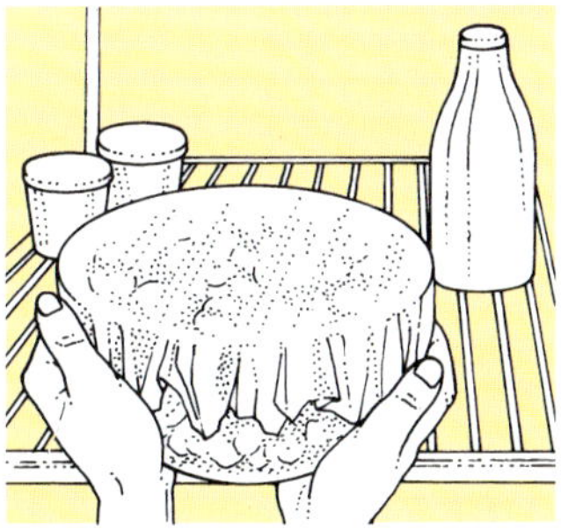

2 *Mélangez délicatement les fruits ensemble et arrosez-le de jus de citron ou de liqueur, et d'un peu de sucre si vous ne prévoyez pas d'ajouter du sirop. Couvrez la jatte avec du film alimentaire et réfrigérez.*

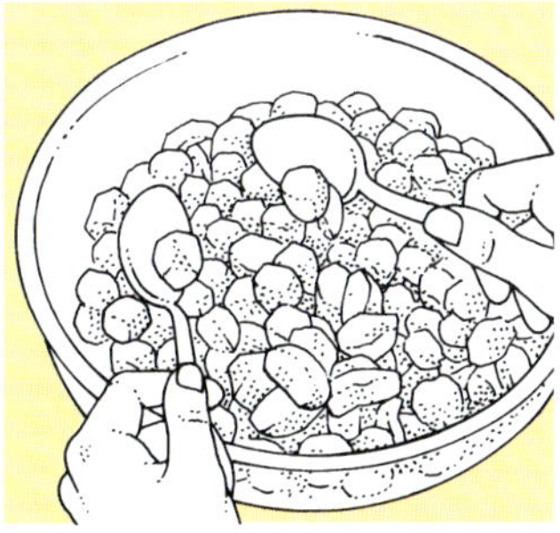

3 *Préparez le sirop d'orange (voir encadré page 209) et réfrigérez-le. Peu de temps avant de servir, versez le sirop sur les fruits et remuez délicatement le tout. Servez la salade de fruits dans une jolie coupe en verre si possible, qui laissera voir les fruits colorés.*

SALADE DE FRUITS SECS

Ce dessert est composé de fruits secs légèrement cuits ensemble. Faites tremper les fruits si nécessaire, jusqu'à ce qu'ils aient ramolli. Placez-les avec le liquide dans une casserole et faites cuire 20 à 30 minutes jusqu'à ce qu'ils soient mous et aient gonflé. Filtrez le jus et faites-le réduire dans une casserole. Mettez les fruits dans une coupe, arrosez-les de jus réduit et réfrigérez avant de servir.

QUELQUES CONSEILS

- Si vous servez une corbeille de fruits frais, veillez à ce que tous les fruits aient été soigneusement lavés au préalable ; veillez en outre à les présenter de façon soignée.
- Mélangez les pêches ou les nectarines avec les groseilles, le melon et les fraises avec du jus d'orange ou des quartiers d'oranges et les groseilles avec les framboises.
- Les pruneaux et les abricots secs sont délicieux ensemble, au sein d'une salade de fruits secs.
- Les fruits rouges mélangés sont exquis simplement arrosés de jus de citron et parsemés de sucre en poudre. Réfrigérez-les avant de servir.
- Choisissez de préférence des oranges sanguines pour confectionner le sirop qui arrosera vos fruits.
- On utilise souvent le vin ou les liqueurs aux fruits pour faire macérer les fruits destinés à une salade de fruits. Vous pourrez ensuite faire réduire le liquide de macération afin d'obtenir un sirop léger.
- Mélangez de la crème fouettée avec du yaourt à boire nature ou de la crème fraîche pour accompagner votre salade de fruits.
- Un coulis de fruits rouges, de framboises ou de cassis par exemple (voir page 208), est délicieux pour accompagner une salade de fruits.
- Pour une salade de mangues, arroser la chair du fruit avec du jus de citron et préparez une sauce à la noix de coco : mélangez du lait de coco avec de la crème liquide, ajoutez une pincée de sel et un peu de sucre puis réfrigérez.
- Ajoutez à votre salade d'agrumes des zestes caramélisés et un sirop de miel liquide.
- Ma salade de fruits préférée se compose exclusivement de fruits rouges : framboises et groseilles fraîches mélangées à des cassis ayant trempé dans un peu de sucre, afin de leur faire rendre un peu de jus.
- Garnissez vos salades de fruits, avec des morceaux de noix, de la menthe fraîche, de la noix de coco râpée et des raisins secs ayant macéré.

ENTREMETS ET GELÉES AUX FRUITS

On peut faire cuire les fruits pochés dans une casserole, ou au four dans un plat couvert. Les fruits, que l'on fait cuire à feu vif, en remuant fréquemment en cours de cuisson, se transforment en compote. Les fruits pochés, cuits dans un sirop parfumé, cuisent plus doucement, et conservent ainsi leur forme d'origine. On peut également faire revenir des fruits dans du beurre et les déguster tièdes ; le jus caramélise et le beurre enrichit la saveur du fruit.

On peut préparer de délicieuses crèmes aux fruits en mélangeant des fruits réduits en compote avec de la crème fouettée. Vous pourrez remplacer la crème fraîche par du yaourt ou du fromage blanc à 0 % de matières grasses. On peut également mélanger de la crème anglaise avec les fruits. Un simple filet de crème liquide versé sur des fruits en compote suffit à égayer un dessert jugé parfois un peu triste.

Les terrines de fruits sont très jolies à servir. Rafraîchissantes et délicieuses, ces préparations vous vaudront les félicitations de vos convives.

FRUITS EN COMPOTE

Les compotes de fruits peuvent être servies plus ou moins cuites, et être dégustées telles quelles ou avec de la crème fraîche ou du yaourt. On peut également les utiliser pour garnir un fond de tarte cuit, ou napper d'autres fruits. En mélangeant une compote de fruits avec de la crème fouettée, vous pourrez proposer un excellent dessert prêt en un clin d'œil.

Les fruits durs, comme les poires peu mûres, ont besoin d'une certaine quantité de liquide. La plupart des fruits mûrs contiennent suffisamment d'eau pour former avec le sucre un délicieux sirop. Vous pouvez ajouter un filet de citron et remplacer le sucre par du miel liquide. Les abricots secs sont délicieux en compote. Faites-les tremper puis cuire dans du jus d'orange et de citron sucré. Le liquide doit recouvrir à moitié les abricots.

Mettez les fruits à cuire dans une casserole avec du sucre et un peu de liquide si nécessaire. Faites chauffer tout en remuant, jusqu'à ce que le sucre soit dissous ; puis couvrez et laissez mijoter, jusqu'à ce que les fruits soient bien tendres.

PRÉPARER UNE COMPOTE LISSE

Si vous souhaitez obtenir une compote lisse et homogène, mixez les fruits cuits dans un robot, puis passez le mélange obtenu au travers d'un chinois, en tassant les fruits. Si vous utilisez un seul de ces deux ustensiles, le résultat sera moins lisse.

Crème aux fruits : *fouettez de la crème fraîche jusqu'à ce qu'elle soit bien ferme, puis incorporez la même quantité de compote de fruits. Réfrigérez jusqu'au moment de servir, afin que la crème soit bien froide.*

FRUITS POCHÉS

Les fruits pochés sont cuits dans un sirop léger (voir page 208), à feu doux, afin qu'ils ne soient pas réduits en compote. Ils se dégustent froids ou chauds, avec ou sans le sirop. Les fruits fermes, tels que les poires, les pommes ou les prunes gardent ainsi leur forme. Si les fruits sont juteux, utilisez un sirop plus concentré, afin de retarder le moment où ils commenceront à s'affaisser. Un peu de jus de citron ajouté en fin de cuisson contrebalancera le goût sucré du sirop.

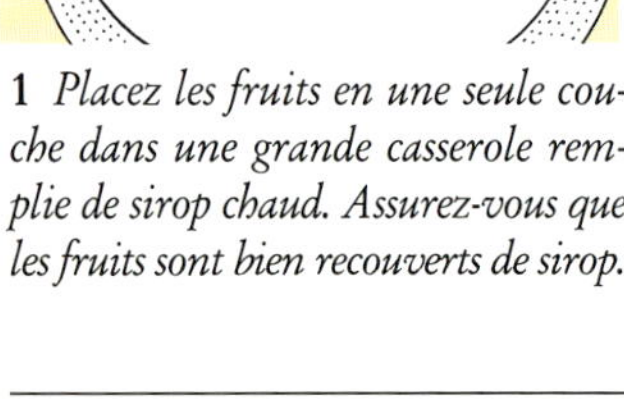

1 *Placez les fruits en une seule couche dans une grande casserole remplie de sirop chaud. Assurez-vous que les fruits sont bien recouverts de sirop.*

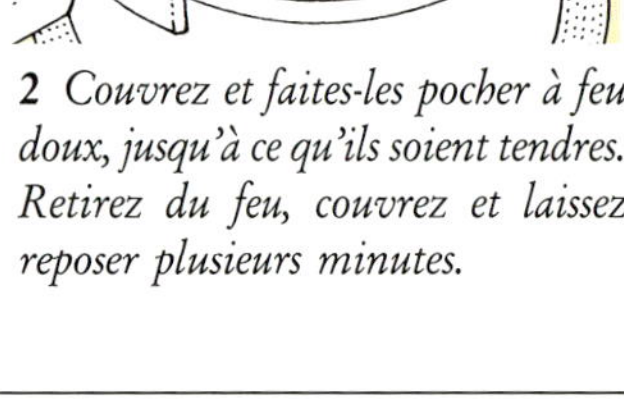

2 *Couvrez et faites-les pocher à feu doux, jusqu'à ce qu'ils soient tendres. Retirez du feu, couvrez et laissez reposer plusieurs minutes.*

QUELQUES CONSEILS

- Les crèmes aux fruits sont, à mon goût, encore meilleures lorsque leur consistance n'est pas parfaitement lisse ; c'est pourquoi, je préfère souvent utiliser une compote de fruits cuits mais non mixés. Les compotes de fruits très lisses se prêtent davantage à la préparation de sorbets et de glaces, ou de coulis (voir page 208).
- Si pour préparer votre crème aux fruits, vous utilisez des fruits très colorés, vous obtiendrez très facilement un effet marbré en incorporant les fruits à la crème très rapidement.
- Les groseilles à maquereau et les abricots cuits avec des fleurs de sureau permettent d'obtenir d'exquises crèmes aux fruits. Vous pourrez aussi ajouter quelques gouttes de muscat à la compote avant de l'incorporer à la crème.
- Décorez les crèmes aux fruits avec de la menthe fraîche, des feuilles ou des brins de fenouil et d'aneth, des copeaux de chocolat ou des noix pilées.
- Les sirops utilisés pour pocher les fruits peuvent être parfumés avec du jus de fruit ou du vin, ou des épices entières, comme le macis, la cannelle, des grains de poivre et des clous de girofle.
- Une simple compote de fruits peut être parfumée avec une liqueur ; ne l'ajoutez qu'en fin de cuisson.
- Lorsque vous préparez des gelées de fruits, vous pouvez ajouter un peu de vin ou de jus de citron au jus de fruit utilisé.
- L'ananas et le kiwi frais contiennent une enzyme qui empêche la gélatine de prendre correctement. Si vous souhaitez utiliser du jus d'ananas frais dans une gelée, il faudra le faire bouillir au préalable 3 minutes.

GELÉE DE FRUITS

Les gelées de fruits se préparent généralement avec de la gélatine en poudre. Chaque sachet contient l'équivalent de 3 cuillères à café ou 1 cuillère à soupe de gélatine et permet de faire prendre 60 cl de liquide environ, sauf par temps très chaud, où il en faudra un peu plus. Vous devrez également en prévoir davantage si votre moule est très haut ou présente une forme complexe. Les végétariens qui préfèrent ne pas utiliser de gélatine peuvent faire prendre leurs préparations avec de l'agar-agar. Une gelée préparée avec 60 cl de liquide convient pour 4 à 6 personnes.

1 *Mettez 30 cl de jus de fruit frais dans une casserole avec 50 g de sucre et faites chauffer doucement pour faire dissoudre le sucre. Ajoutez 1 sachet de gélatine en poudre et remuez pour bien la dissoudre. Ne laissez pas la préparation bouillir, la gélatine prendrait moins bien.*

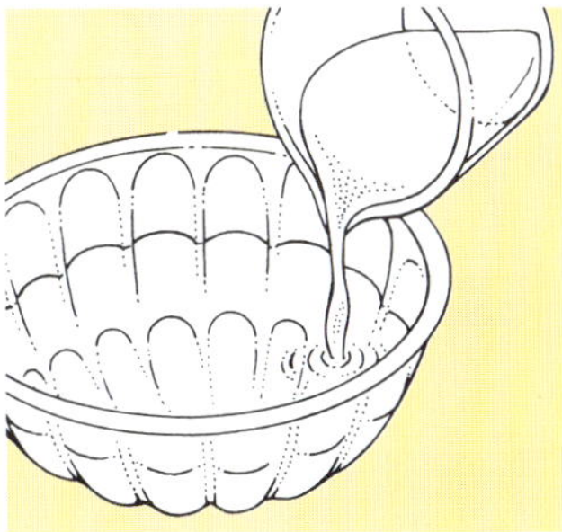

2 *Versez le liquide chaud dans un verre mesureur contenant 30 cl de jus de fruit froid et remuez soigneusement avant de verser cette préparation dans un moule. Laissez complètement refroidir, puis réfrigérez plusieurs heures, jusqu'à ce que la gelée ait pris.*

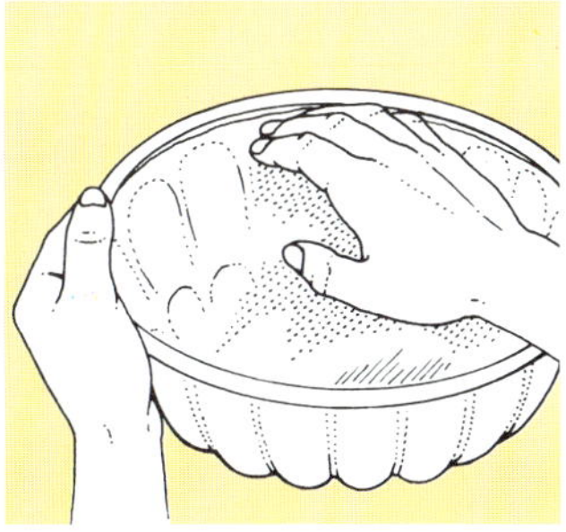

3 *Pour démouler, décollez délicatement les bords du bout des doigts. Plongez le fond du moule dans de l'eau chaude 1 ou 2 secondes. Placez un plat mouillé par-dessus, puis retournez l'ensemble. Secouez énergiquement la gelée jusqu'à ce qu'elle se démoule.*

TERRINE DE FRUITS

Ces terrines brillantes sont très faciles à confectionner, surtout lorsque l'on choisit de présenter les fruits en vrac. Si vous souhaitez obtenir des couches successives de fruits, il faudra attendre que chacune d'elle soit prise, avant d'ajouter la suivante. Mélangez la gelée avec un peu de vin blanc pour colorer.

Pour 6 à 8 personnes, utilisez 60 cl de jus de fruit, comme du jus d'orange sucré avec 2 cuillères à soupe de miel liquide, et divers fruits, tels que les quartiers de 6 oranges, des groseilles et environ 500 g de framboises.

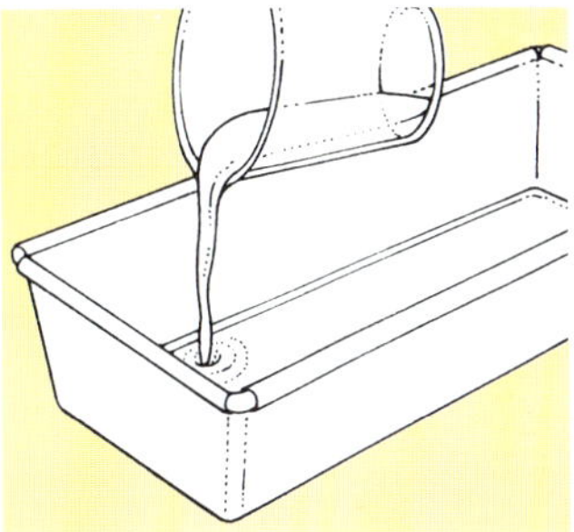

1 *Préparez 60 cl de gelée de fruit avec 1 sachet de gélatine en poudre (voir ci-dessus). Versez-en une petite quantité dans un moule à cake de 1 kg ou dans un moule à savarin et réfrigérez pendant 15 minutes.*

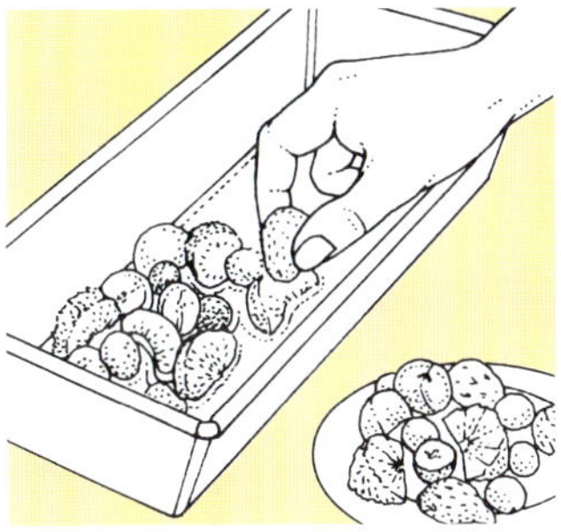

2 *Ajoutez les fruits préparés en couches mélangées, en tassant les fruits dans la gelée. Versez le reste de gelée en un mince filet, jusqu'à ce que le moule soit plein. Tapotez légèrement la base du moule, afin que la gelée remplisse tous les interstices laissés entre les fruits.*

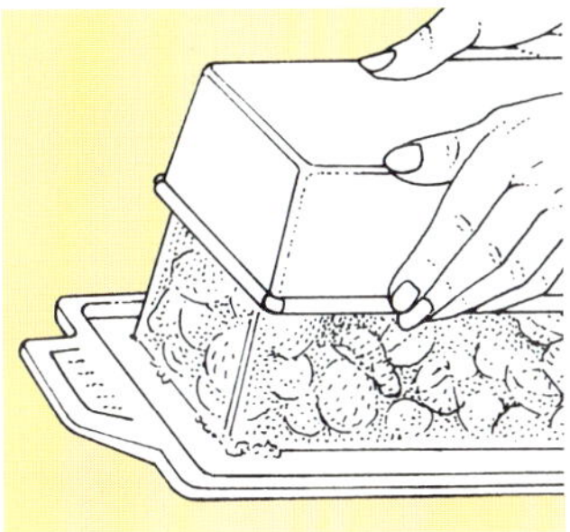

3 *Réfrigérez jusqu'à ce que la gelée soit prise. Décollez le tour de la préparation avec le bout des doigts. Plongez le moule dans un récipient d'eau chaude 1 ou 2 secondes, puis démoulez. Vous pouvez ainsi présenter la gelée comme vous le souhaitez.*

Cette superbe terrine aux fruits comprend des rondelles d'oranges, des grains de raisin et des fraises. On a ajouté, pour teinter la gelée, du vin blanc et de la liqueur de framboises. Vous pouvez servir avec de la crème ou du coulis de fruits.

MERINGUES

L'apparence délicate, fragile et raffinée de la meringue fait de ce dessert un mets toujours très apprécié. Les meringues ordinaires, cuites à feu très doux, jusqu'à ce que les bords commencent à dorer, m'évoquent mon enfance.

Les meringues peuvent être utilisées pour garnir tartes, flans et entremets ou pour métamorphoser une simple compote (voir page 224) en un délicieux dessert. Dans les gâteaux « renversés », on peut remplacer la pâte brisée ou feuilletée ou la pâte à gâteau par de la meringue. La meringue-garniture cuit, à feu vif, plus rapidement que les meringues individuelles; ainsi reste-t-elle mousseuse à l'intérieur. Vous pourrez parsemer les pointes de meringue de sucre avant de les mettre à dorer au dernier moment.

À l'instar de nombreuses techniques culinaires apparemment délicates à réussir, la préparation des meringues est en fait assez simple. Il existe trois méthodes différentes : la meringue suisse qui est la plus facile à confectionner, la meringue sur le feu qui est moins légère mais aussi moins cassante que la meringue suisse, et la meringue italienne qui donne les résultats les plus stables, et est idéale pour préparer de la glace.

MERINGUE SUISSE

La meringue suisse sert à confectionner des coquilles sèches, des fonds de vacherins ou à garnir les tartes. Utilisez un fouet métallique et une jatte en cuivre; ces ustensiles vous permettront d'obtenir des blancs d'œufs plus volumineux, à la consistance plus fine (voir page 77) qu'un fouet électrique. Veillez à ne pas fouetter les blancs trop longtemps afin que la meringue ne « suinte » pas en cours de cuisson.

Deux blancs d'œufs permettent de confectionner de 12 à 16 petites meringues ou de garnir une tarte de 20 cm de diamètre.

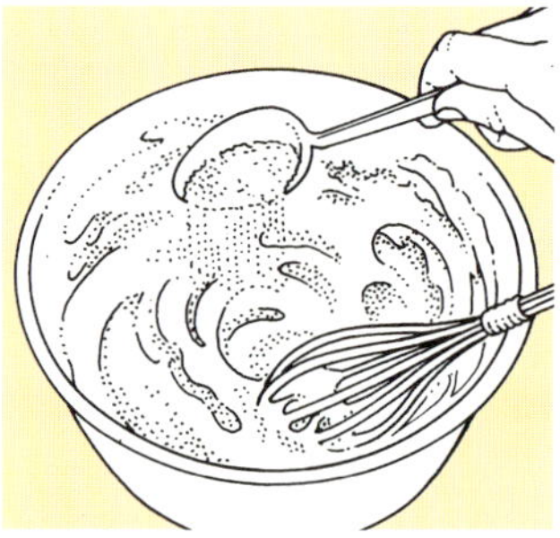

1 *Dans une jatte parfaitement propre, fouettez en neige ferme 2 blancs d'œufs. Incorporez 2 cuillères à soupe de sucre en poudre ou de sucre vanillé (voir page 235), et continuez de fouetter jusqu'à ce que la meringue soit lisse et brillante. À l'aide d'une grande cuillère en métal, incorporez 75 g de sucre supplémentaire.*

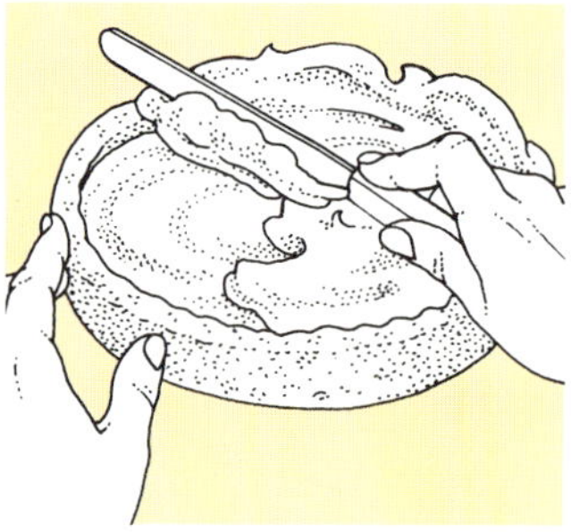

2 *Pour garnir une tarte, étalez uniformément la meringue sur la tarte cuite et refroidie. Puis formez des petits pics, à l'aide d'une spatule en métal. Faites cuire au four préchauffé à 160 °C, Th. 3, pendant 20 minutes, jusqu'à ce que la meringue soit légèrement dorée. Servez tiède à température ambiante.*

MERINGUE SUR LE FEU

Cette recette est la plus courante. Elle sert à confectionner des petits fours, à réaliser de véritables paniers à garnir ou à décorer entremets et tartes. Quoique plus difficile à réussir, elle a l'avantage de pouvoir être conservée au réfrigérateur pendant une semaine.

Mettez 2 blancs d'œufs et 125 g de sucre glace dans une jatte supportant la chaleur, au-dessus d'une casserole d'eau frémissante, et fouettez jusqu'à ce que les blancs soient bien montés. Retirez du feu et continuez de battre 10 à 15 minutes, jusqu'à ce que l'appareil obtenu soit froid. Ces proportions permettent de garnir une grande tarte.

Ce somptueux Gâteau meringué aux framboises et chocolat (page 240) se compose de deux meringues circulaires parsemées de noisettes grillées réunies par une garniture à base de crème, de chocolat et de framboises. Pour décorer, on a saupoudré le gâteau de cacao en poudre et de sucre glace.

MERINGUE ITALIENNE

La meringue italienne est idéale pour décorer tartes, flans et entremets ou pour réaliser des petits fours, à l'aide d'une poche à douille. Pour la préparer, il convient de verser du sucre cuit sur les blancs d'œufs battus en neige qui, sous l'effet de la chaleur, commencent partiellement à cuire. La meringue est alors plus stable que la meringue suisse.

Cette meringue, rarement utilisée seule, conserve sa forme plusieurs heures avant d'être cuite ; c'est pourquoi on l'utilise pour confectionner des formes particulières, ou des coquilles et des disques que l'on garnit ensuite. La meringue italienne entre dans la composition de certaines crèmes glacées.

Pour préparer le sirop de sucre (voir page 208), utilisez 250 g de sucre en poudre et 12 cl d'eau.

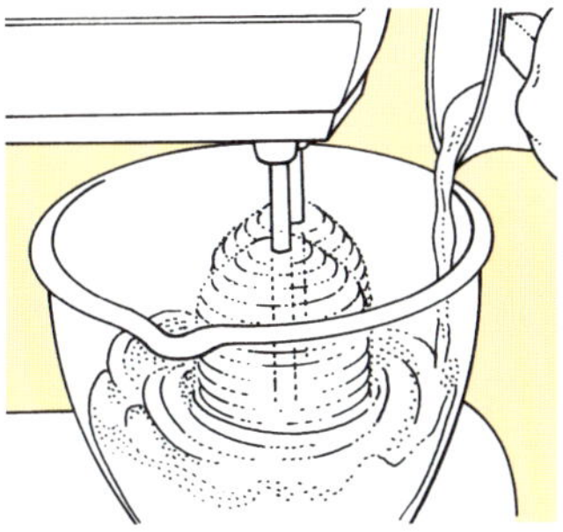

Dans une jatte propre, battez 3 blancs d'œufs en neige avec 1/2 cuillère à café de sel, jusqu'à ce qu'ils soient fermes et brillants. Pour plus de facilité, utilisez un batteur électrique mais jamais un robot ménager. Versez le sirop de sucre bouillant en filet sur les blancs d'œufs tout en mélangeant jusqu'à ce que le mélange soit lisse, ferme et brillant. Laissez refroidir. Ces proportions conviennent pour 2 disques de 23 cm.

À l'aide d'une poche à douille, formez des meringues de formes variées. Espacez-les pour qu'elles puissent gonfler.

FORMES ET PARFUMS

- Utilisez de la meringue suisse pour confectionner de petites meringues individuelles, mais préférez la recette de la meringue cuite ou de la meringue italienne pour préparer des coquilles à garnir ou des disques.
- Placez entre deux meringues individuelles de la crème au beurre.
- Vous pouvez varier à l'infini une garniture en meringue : ajoutez par exemple des noix pilées, de la noix de coco en poudre, du zeste de citron ou du chocolat râpé.
- Incorporez à la meringue des petits morceaux de chocolat ou du cacao en poudre. Vous pouvez aussi saupoudrer la meringue de chocolat. Celui-ci en cuisant fondra dans la meringue.
- Préparez des meringues au chocolat : ajoutez du cacao en poudre à la meringue et parsemez un peu de chocolat râpé en fin de cuisson. Ces meringues vous vaudront de nombreux compliments.
- Rajoutez un peu de sucre sur la meringue pour lui faire prendre couleur. Vous pouvez aussi, pour décorer, saupoudrer de cassonade ou de grains de café au sucre.
- Si vous souhaitez garnir de meringue une tarte aux pommes, n'hésitez pas à la parfumer d'un mélange d'épices ou de cannelle. Vous pouvez également incorporer des raisins secs et des fruits confits.
- Ne garnissez une coquille en meringue qu'au dernier moment. Si vous le pouvez, étalez une couche de crème sur le fond en meringue, avant d'ajouter les fruits ; ainsi le jus des fruits ne ramollira-t-il la meringue.
- Les œufs à la neige se préparent en faisant pocher dans de l'eau chaude des blancs d'œufs moulés à la cuillère. Déposez ces meringues cuites sur de la crème anglaise que vous préparerez avec les jaunes d'œufs non utilisés (voir page 210).
- Préparez une meringue en ajoutant à la recette de base des noix pilées. Confectionnez de petites meringues individuelles et réunissez-les deux par deux, en plaçant entre elles de la crème préparée avec les jaunes (voir page 210).
- Placez entre deux disques de meringue des fruits rouges et de la crème fouettée ou du *lemon curd* (voir page 302). Le dessert est aussi beau à regarder que bon à manger.
- On peut utiliser de la meringue afin d'agrémenter la consistance d'un dessert. Par exemple, émiettez un peu de meringue sur de la glace avant de la faire prendre au congélateur.

FAIRE CUIRE LA MERINGUE

Avant de faire cuire la meringue, recouvrez une plaque à pâtisserie de papier sulfurisé beurré, puis réglez le four à la température minimum, à 110 °C, Th. 1, et laissez-les 2 heures 30 à 3 heures, jusqu'à ce que la meringue commence à se dessécher et se décolle facilement du papier. Si elle colle encore au papier, remettez à cuire. Faites refroidir sur une grille métallique.

Pour préparer des meringues individuelles, prélevez une petite quantité de blancs d'œufs entre deux cuillères et déposez-la sur la plaque beurrée.

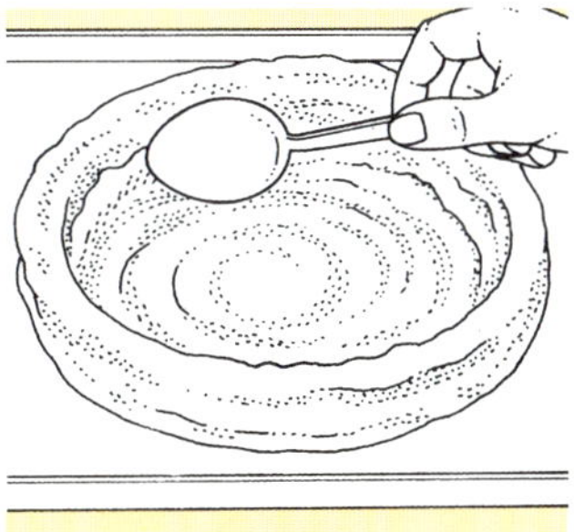

Pour confectionner un fond en meringue, déposez une bonne quantité de meringue italienne sur la plaque. Étalez-la et à l'aide du dos d'une cuillère, formez un rebord sur le pourtour du cercle.

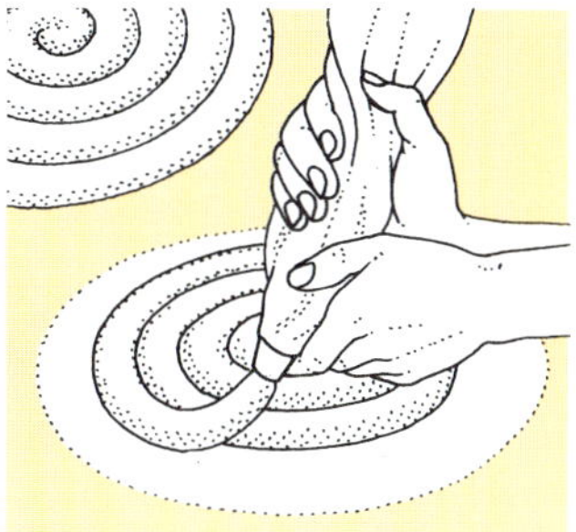

Pour former un disque de meringue, déposez un cercle en papier sur une plaque. Utilisez une poche à douille munie d'un embout ordinaire pour enrouler la meringue sur elle-même à mesure qu'elle sort de l'embout.

SOUFFLÉS SUCRÉS ET MOUSSES

Les recettes de soufflés sont très variées : vous pouvez préparer de délicieux soufflés avec une purée de fruits, du chocolat fondu ou du jus de citron, d'orange ou d'autres fruits au goût prononcé mélangés avec un appareil au lait, comme pour les soufflés salés (voir page 76).

La base des soufflés sucrés chauds étant composée de blancs d'œufs, au goût légèrement fade, il est important de prévoir des arômes très prononcés.

Il en va de même pour les mousses ou les soufflés froids, qui contiennent eux aussi une quantité importante de crème et de blancs d'œufs. Les abricots cuits et réduits en compote sont excellents pour préparer une base de soufflé. Des cassis légèrement cuits donnent également d'excellents résultats, tout comme les groseilles à maquereau, que personnellement j'adore.

Les soufflés froids ne se préparent pas comme les soufflés chauds. Ils sont composés d'une mousse à base de blancs d'œufs battus en neige et de gélatine. Ils doivent leur nom à leur apparence. L'appareil est versé dans un moule à bords hauts rehaussé d'une bande de papier. Lorsque l'on retire le papier, la mousse qui dépasse du moule simule le gonflement d'un soufflé sortant du four.

Les mousses sucrées peuvent être parfumées avec des fruits, des jus de fruits, de la liqueur ou du chocolat. Elles sont plus riches que les soufflés froids car elles contiennent davantage de jaunes que de blancs et leur consistance est plus veloutée.

SOUFFLÉ SUCRÉ CHAUD

Ce Soufflé aux fruits de la passion et au citron (page 238) est présenté ici dans des ramequins individuels. Le dessus doré à point, parsemé de points noirs — les pépins des fruits — est, juste avant d'être servi, légèrement saupoudré de sucre glace.

Les soufflés sucrés se préparent comme les soufflés salés (voir page 76), l'appareil de base étant une sauce blanche sucrée liée avec des jaunes d'œufs que l'on parfume avant d'incorporer les blancs. La consistance doit être celle d'une crème anglaise assez épaisse. Toutefois, elle doit être suffisamment légère pour que les blancs d'œufs ne s'affaissent pas au moment où vous les ajoutez. Si vous utilisez une purée de fruits ou une base aromatique relativement liquide, utilisez moins de lait que dans la recette de base. L'appareil peut être préparé à l'avance.

Le soufflé au Grand Marnier est un grand classique de la gastronomie française. Pour 3 ou 4 personnes, préparez une sauce blanche avec 50 g de beurre, 40 g de farine, 2 cuillères à café de zeste d'orange râpé et 20 cl de lait (voir page 196). Ajoutez 3 ou 4 cuillères à soupe de Grand Marnier dans la sauce, puis incorporez 4 jaunes d'œufs. Battez 5 blancs d'œufs en neige ferme et incorporez-les à la préparation. Versez celle-ci dans un moule de 1,5 litre dont vous aurez parsemé les bords et le fond au préalable d'amandes moulues et de sucre. Faites cuire au four préchauffé à 190 °C, Th. 5, pendant 25 minutes, jusqu'à ce que le soufflé soit bien monté mais encore tremblant. Parsemez la surface avec un peu de sucre glace et servez aussitôt.

QUELQUES IDÉES

• Les fruits exotiques, comme les mangues ou les fruits de la passion, additionnés de jus de citron et réduits en purée, sont délicieux préparés en soufflés (voir page 238 Soufflé aux fruits de la passion et au citron).

• De tous les fruits rouges, ce sont les fraises et les framboises qui se prêtent le mieux à la confection de soufflés chauds. Écrasez-les ou réduisez-les en purée puis passez-les au chinois avant de les arroser de jus de citron. Les groseilles se marient délicieusement bien avec les framboises. Mélangez les deux variétés de fruits avec du sucre en poudre dans une casserole, jusqu'à ce que le sucre commence à se dissoudre et le jus à s'écouler. Puis réduisez les fruits en purée et passez-les au chinois avant de les incorporer dans une base de soufflé ou une mousse.

• Dans les soufflés ou les mousses au chocolat, faites fondre le chocolat à cuire dans un peu de café fort.

• Ajoutez un peu de liqueur, de rhum ou de cognac à la purée de fruits pour enrichir l'arôme de votre soufflé. La compote de pommes avec du jus de citron et du calvados est excellente comme base de soufflé froid. Le soufflé à l'orange, parfumé avec des zestes caramélisés, peut être parfumé avec du curaçao, tout comme la mousse au chocolat, traditionnellement aromatisée de cognac ou de rhum.

• Décorez votre soufflé froid au citron (voir page ci-contre) avec des copeaux de chocolat (voir page 231), une bordure de violettes au sucre ou, plus joli encore, une rangée de pétales de roses ou de violettes fraîches.

• Vous pouvez préparer votre soufflé au citron dans une coupe en chocolat (voir page 231), plutôt que dans un moule.

• Préparez des noisettes caramélisées pour décorer vos soufflés : humidifiez les noisettes hachées ou entières puis roulez-les dans un peu de sucre en poudre et faites-les griller 1 ou 2 minutes dans une poêle chaude et sèche jusqu'à ce qu'elles soient bien caramélisées. Faites-les refroidir sur du papier sulfurisé et séparez-les avant que le caramel n'ait complètement pris.

MOUSSE AU CHOCOLAT

Le chocolat est sans aucun doute le parfum le plus populaire pour les desserts ; et une mousse au chocolat rencontre toujours un vif succès. Servez-la bien froide, dans des ramequins individuels ou dans des coupelles.

On peut la servir avec de la crème chantilly, ou selon mon habitude, avec un mélange de yaourt et de crème que je dépose sur chaque mousse individuelle. Pour les décorer, je rajoute un peu de zeste d'orange et du chocolat râpé.

Pour 4 à 6 personnes, utilisez 175 g de chocolat et 4 œufs.

1 *Cassez le chocolat dans une jatte supportant la chaleur et ajoutez 2 cuillères à soupe de café fort. Mettez la jatte au-dessus d'une casserole d'eau frémissante et remuez avec une cuillère en bois, jusqu'à ce que le chocolat soit bien fondu.*

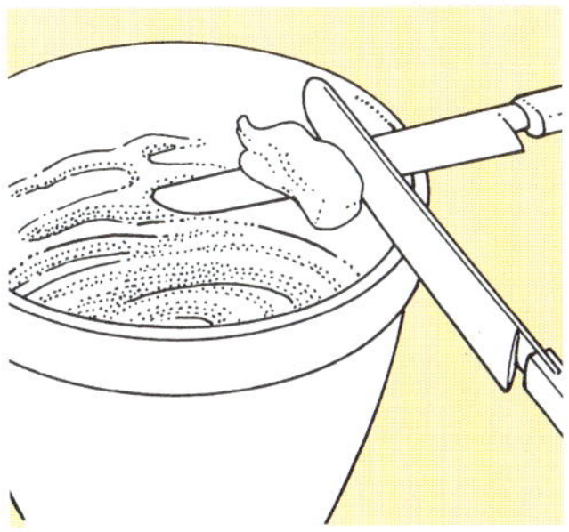

2 *Retirez la jatte de la casserole et ajoutez 4 jaunes d'œufs, puis 1 cuillère à soupe de beurre ramolli et 1/2 cuillère à soupe de rhum ou de cognac. Battez les blancs d'œufs avec un peu de sel, jusqu'à ce qu'ils soient bien fermes.*

3 *Incorporez les blancs d'œufs dans la préparation au chocolat à l'aide d'une grande cuillère en métal. Versez la mousse dans de petits ramequins ou dans des coupelles et réfrigérez-les pendant au moins 4 heures.*

SOUFFLÉ AU CITRON

Ce soufflé léger et rafraîchissant fait toujours beaucoup d'effet, à cause notamment de son aspect gonflé qui ressemble à celui d'un soufflé chaud parfaitement monté. Cette recette fut mon premier dessert réussi ; aujourd'hui encore je le trouve aussi agréable à préparer qu'à déguster. Si comme moi, vous aimez les goûts très acides, vous pouvez remplacer l'eau pour faire dissoudre la gélatine par du jus de citron. Pour 4 à 6 personnes, utilisez 4 gros œufs, 125 g de sucre en poudre, le zeste finement râpé et le jus de 3 citrons ainsi que 15 cl de crème fraîche. Beurrez un moule à soufflé de 1 litre de contenance.

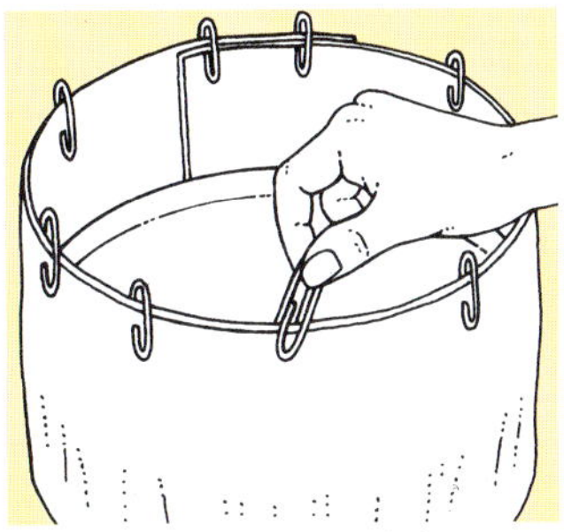

1 *Découpez une bande d'aluminium ou de papier sulfurisé, pliez-la en deux dans le sens de la longueur. Sa largeur aura deux fois la hauteur du moule, sa longueur sera supérieure à la circonférence du moule. Entourez le moule de cette bande huilée en la faisant dépasser. Fixez le papier en place à l'aide de trombones ou d'un élastique.*

La mousse au chocolat est toujours un dessert très apprécié. Vous pourrez la servir dans des coupelles et la décorer de crème et de zestes d'orange confits.

2 *Posez une jatte résistant à la chaleur au-dessus d'une casserole d'eau chaude. Ajoutez les jaunes d'œufs et le sucre et mélangez soigneusement. Ajoutez le zeste et le jus de citron puis battez énergiquement jusqu'à ce que le mélange soit clair et assez épais.*

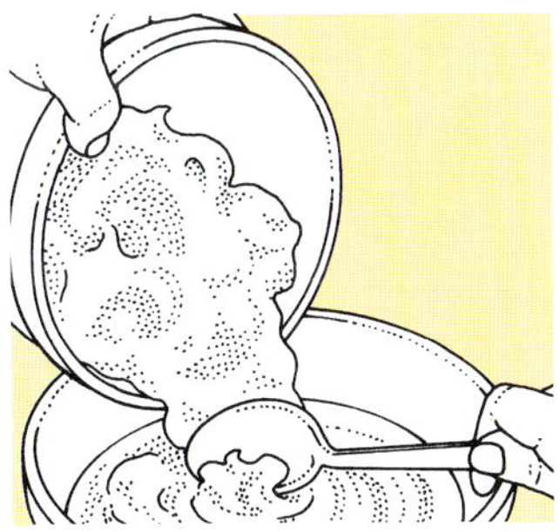

3 *Faites dissoudre 1 sachet de gélatine en poudre dans 3 cuillères à soupe d'eau chaude. Incorporez-la dans le mélange aux œufs. Fouettez la crème jusqu'à ce qu'elle soit bien ferme, puis incorporez-la au mélange.*

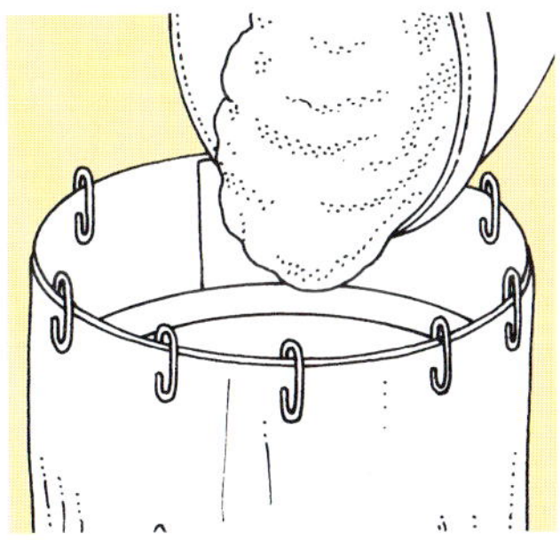

4 *Battez les blancs d'œufs jusqu'à ce qu'ils soient assez fermes, puis incorporez-les à la préparation au citron à l'aide d'une grande cuillère en métal. Versez ce mélange dans le moule préparé et lissez soigneusement la surface à l'aide d'une spatule.*

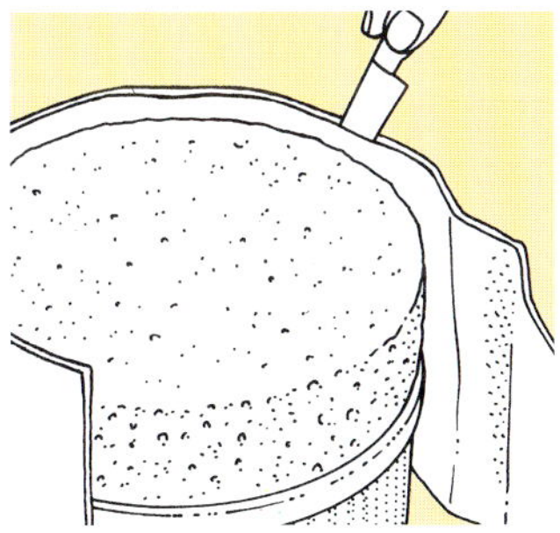

5 *Réfrigérez pendant au moins 4 heures. Lorsque le soufflé est pris, retirez les trombones et glissez une spatule plongée dans de l'eau chaude entre les deux épaisseurs de papier. Décollez le papier du soufflé. Nappez de crème et servez.*

LE CHOCOLAT

Le chocolat permet de réaliser les meilleurs desserts qui soient. Qu'on le consomme chaud ou froid, il est apprécié de tous, à condition toutefois que vous choisissiez un chocolat de qualité, à forte teneur en cacao. Pour la cuisine, le chocolat noir à cuire est le seul qui convienne. Sa teneur en cacao doit être au moins de 50 %. Il est conseillé de réserver le chocolat au lait aux décorations, car son goût n'est pas assez puissant et sa proportion de sucre est trop grande pour servir de base à des desserts au chocolat.

Le chocolat en poudre est en fait la partie brune des fèves de cacao, une fois que l'on a extrait le beurre de cacao. Les gâteaux au chocolat, très riches en cacao, peuvent être préparés avec du chocolat à cuire additionné d'une ou deux cuillères à soupe de cacao en poudre, qui remplace alors une partie de la farine utilisée dans la recette. On peut même remplacer en totalité la farine d'une recette par du cacao. Le soufflé au chocolat est le seul soufflé qui ne contienne pas de farine. En cuisine, le cacao en poudre ajouté à du chocolat à cuire intensifie la couleur et la saveur du plat. Toutefois, il est préférable de ne pas l'utiliser dans un glaçage au chocolat, car sa consistance deviendrait grumeleuse.

Le chocolat blanc n'a du chocolat que sa consistance. Il est fabriqué avec du beurre de cacao, du lait et du sucre. On peut néanmoins s'en servir pour préparer une mousse froide, que l'on fait prendre avec de la gélatine, et que l'on accompagne d'une sauce au chocolat noir. Le chocolat blanc est difficile à faire fondre.

FAIRE FONDRE DU CHOCOLAT

Faire fondre du chocolat peut être une opération délicate, même pour un cuisinier averti. La teneur en beurre de cacao variant d'un chocolat à un autre, il est toujours très difficile de déterminer le temps de cuisson nécessaire. Il suffit que la cuisson ait été légèrement trop longue ou que la flamme ait été trop intense pour transformer une sauce onctueuse en une pâte dure et sèche. Dans ce cas, il n'est pas évident de rattraper la situation. Vous pouvez essayer d'ajouter du beurre, du lait, de la crème ou de l'eau et de battre le tout énergiquement.

Cassez le chocolat en morceaux. Mettez les morceaux dans une jatte parfaitement sèche supportant la chaleur et posez-la sur une casserole remplie aux deux tiers d'eau chaude, mais non bouillante. Ne laissez pas la jatte toucher l'eau, le chocolat risquerait de perdre son onctuosité. Faites fondre, sans couvrir, pendant 6 à 12 minutes, en remuant régulièrement jusqu'à ce que le chocolat soit complètement ramolli.

Faites fondre le chocolat très doucement, en surveillant continuellement.

QUELQUES SUGGESTIONS

- Certains ingrédients se marient particulièrement bien avec le chocolat, car ils mettent sa saveur en valeur ; le café noir et la cannelle comptent parmi ceux-là. La cardamome moulue est également délicieuse avec le chocolat, tout comme la vanille (sous forme de gousse si possible ou de sucre vanillé).
- Certains gâteaux au chocolat (notamment celui de la page 273) sont excellents avec une garniture aux fruits rouges (surtout à base de framboises) ou de *lemon curd* (voir page 302).
- L'été, égayez une coupe de fruits rouges avec de la sauce au chocolat servie dans une saucière (préparez-la en faisant fondre du chocolat noir avec un peu d'eau puis en ajoutant un peu de crème fraîche). Vous pouvez également en verser une petite quantité dans chaque assiette et disposer les fruits rouges par-dessus.
- Des copeaux de chocolat ou du chocolat râpé peuvent être incorporés à de la glace. Préparez par exemple une bombe à la vanille ou au citron (voir page 237) et garnissez le centre de chocolat râpé. Tassez soigneusement puis recouvrez de glace. Lorsque vous servirez la bombe à table, le chocolat râpé s'échappera du centre de la glace.
- Hachez du chocolat en petits morceaux et ajoutez-en dans une préparation pour entremets ou un gâteau à l'orange ou au citron ; il fondra en cours de cuisson pour se mêler de façon très agréable au gâteau.
- Parsemez de chocolat râpé vos gâteaux dès leur sortie du four. Il fondra en un motif irrégulier très esthétique.
- Pour présenter au mieux vos gâteaux et entremets, faites un glaçage au chocolat. Avant qu'il ne soit complètement pris, vous pouvez le décorer avec des copeaux de chocolat (voir page ci-contre).
- Pour napper un gâteau, faites fondre 125 g de chocolat avec de 15 à 25 g de beurre, et laissez sur le feu jusqu'à ce que vous obteniez la consistance voulue. Si vous préférez une sauce moins riche, remplacez le beurre par 2 cuillères à soupe de crème fraîche ou de yaourt nature.
- Pour fourrer une génoise, préparez une délicieuse garniture au chocolat : faites fondre du chocolat et ajoutez-le au beurre avec un peu de sucre glace ; incorporez ensuite quelques noisettes grillées.
- Préparez une sauce au chocolat, en faisant fondre du chocolat avec de l'eau, et servez-la avec un soufflé au citron à la place de la crème.
- Si vous préparez une glace avec de la meringue italienne (voir page 227), versez un mince filet de chocolat en différents endroits avant de la congeler. Vous obtiendrez ainsi de délicieux fils de chocolat durs dans de la glace moelleuse.
- Garnissez votre gateau au fromage blanc (voir page 233) d'une fine couche de chocolat fondu.

Voir aussi GÂTEAUX AU CHOCOLAT page 272

DÉCORATIONS EN CHOCOLAT

Les décorations en chocolat sont étonnamment faciles à confectionner et peuvent transformer un simple gâteau en un dessert digne d'un pâtissier. Un chocolat noir de bonne qualité donnera d'excellents résultats.

N'hésitez pas à faire fondre les restes de chocolat pour les utiliser dans une sauce ou une garniture.

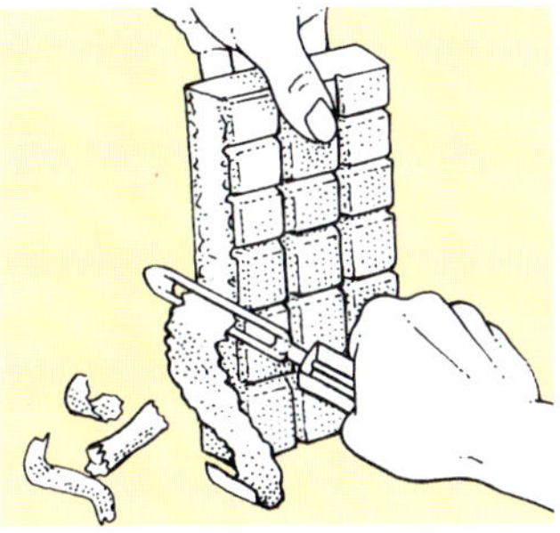

***Pour préparer des copeaux** de chocolat, raclez le bord de la tablette préalablement réfrigérée à l'aide d'un épluche-légumes.*

***Pour râper du chocolat,** grattez délicatement une tablette de chocolat froide avec une râpe.*

***Pour enrober des fruits** (fraises, cerises, raisin...), laissez les tiges sur les fruits, lavez-les et essuyez-les. Plongez-les à mi-hauteur dans une jatte de chocolat fondu et laissez prendre sur du papier sulfurisé.*

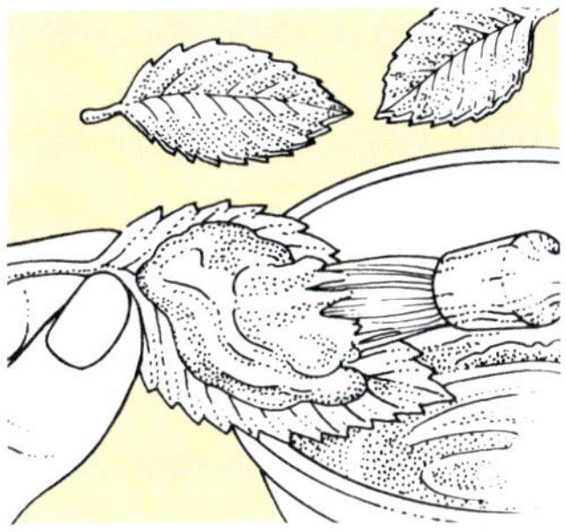

***Pour enrober des feuilles,** badigeonnez du chocolat fondu sur la face brillante d'une feuille (de rosier ou de houx) propre, à l'aide d'un pinceau. Laissez sécher sur du papier sulfurisé, puis retirez délicatement la feuille par la queue.*

***Pour confectionner des caraques** en chocolat, étalez une mince couche de chocolat fondu sur un plan de travail lisse et laissez prendre. Avec une spatule inclinée à 45°, raclez le chocolat pour former un rouleau.*

***Pour faire des formes,** déposez une couche de chocolat fondu de 5 mm sur du papier sulfurisé. Laissez sécher mais non durcir. Décollez la couche de chocolat et retirez délicatement le papier. À l'aide d'un emporte-pièce ou d'un couteau, découpez des formes diverses.*

Cette coupe en chocolat aux bords irréguliers, garnie de fraises fraîches, constitue un dessert somptueux.

CONFECTIONNER UNE COUPE

Cette coupe en chocolat me permet de présenter de façon très originale des soufflés froids ou des mousses aux fruits, des glaces aux fruits ou à la liqueur, ainsi que des fruits rouges nappés de crème. Il m'est même arrivé de garnir cette coupe avec de la gelée de fruits (voir page 225) — il convient de la faire refroidir avant de la verser dans la coupe.

En fonction de la forme que vous souhaitez donner à la coupe, utilisez une jatte ou un moule. Pour enrober un récipient de taille moyenne, prévoyez 200 g de chocolat noir.

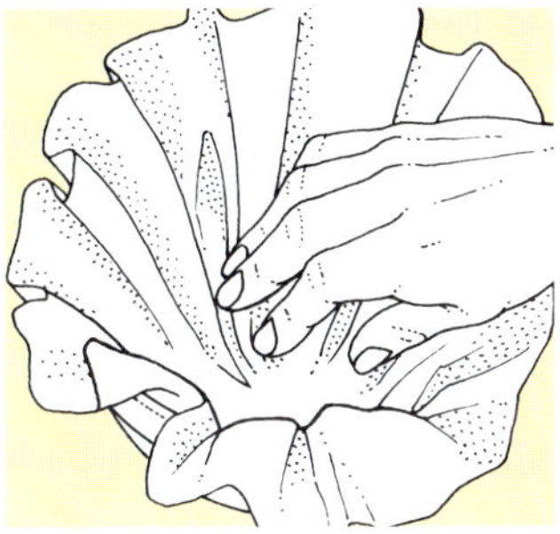

1 *Tapissez un plat avec du papier sulfurisé, en faisant dépasser les bords du papier. Faites chauffer le chocolat avec 1 1/2 cuillère à soupe d'eau au bain-marie jusqu'à ce que le chocolat soit fondu. Ajoutez 25 g de beurre et remuez jusqu'à ce que le mélange soit bien lisse.*

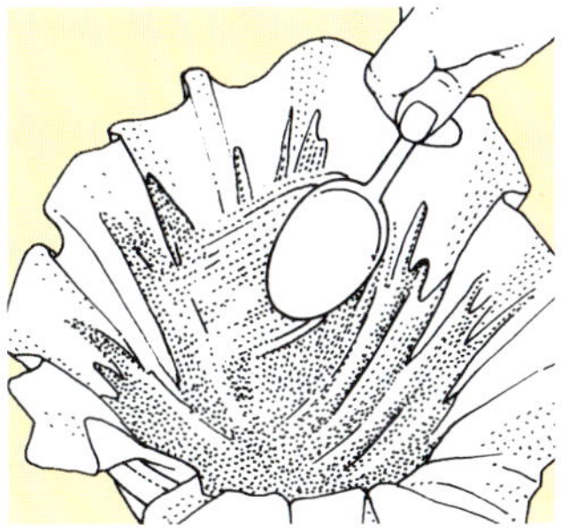

2 *Versez le chocolat dans le plat en enduisant, avec le dos d'une cuillère ou d'une spatule, tout le papier sulfurisé, jusqu'au bord, afin que la coupe en chocolat présente des bords irréguliers. Réfrigérez jusqu'à ce que le chocolat soit ferme. Tirez doucement le papier pour décoller la coupe en chocolat puis enlevez délicatement le papier.*

GÂTEAUX AU FROMAGE BLANC

Pour achever un repas, j'aime servir un gâteau au fromage blanc, ce célèbre dessert que les Américains dégustent à toute heure, chez eux, au coin d'une rue, dans le premier fast-food.

Appelé aussi cheesecake aux États-Unis, vatroutchka en Russie, Kaeskueche en Alsace, ce gâteau a l'apparence d'une tarte : il ne gonfle pas comme un gâteau et est beaucoup plus crémeux. De plus, sa base est constituée de biscuits écrasés, de pâte brisée, de génoise ou de biscottes, auxquels on peut ajouter des raisins secs ou des morceaux de noix.

J'ai toujours été étonnée par le fait que la garniture n'a pas le goût du fromage. Préparés avec de la crème, du fromage blanc ou du fromage frais que l'on mélange parfois avec des yaourts ou des petits suisses, ces gâteaux contiennent aussi du sucre et des œufs. On ajoute souvent à la garniture un arôme pour relever son goût. Le citron me semble particulièrement bien adapté à cette recette. Mais, il existe bien d'autres possibilités. Vous pourrez aussi parfumer votre gâteau avec du citron vert, de la mandarine, de la fleur d'oranger ou de la cannelle. Certains préfèreront le garnir d'un coulis de fruits, de gingembre ou de chocolat.

Ce dessert est servi trop rarement à mon goût. Certains l'accusent d'être lourd. Essayez l'une des recettes proposées et vous serez surpris par sa légèreté. Les gâteaux crus à base de gélatine sont généralement moins riches que ceux que l'on cuit au four. En outre, si vous suivez un régime, vous pourrez le confectionner avec du fromage blanc maigre à 20 % ou 0 % de matières grasses.

LE FOND

Les gâteaux au fromage blanc se font cuire sur une base en biscuits écrasés et tassés ou sur de la pâte à tarte. Il est essentiel d'obtenir une base qui ne soit ni épaisse ni lourde. Je préfère un fond croustillant, préparé avec des biscuits. On peut varier considérablement la consistance et le goût de celui-ci en changeant de type de gâteaux secs : petit beurre, biscuits au gingembre, sablés ou un mélange de plusieurs variétés au choix. On peut également le parfumer avec des noix pilées. Il est préférable d'utiliser un moule démontable (voir page 21).

Pour les cheesecakes non cuits, faites cuire la base à blanc (voir page 245) pendant 10 minutes à 180 °C, Th. 4, puis faites-la refroidir sur une grille en métal avant de la garnir. Vous pouvez aussi réfrigérer la base et attendre qu'elle soit bien ferme avant de la garnir.

Il est également possible de préparer les gâteaux au fromage blanc classiques avec une pâte à tarte comme la pâte sucrée (voir page 248) ou la pâte au beurre chaud (page 249). Réfrigérez la pâte avant de l'utiliser.

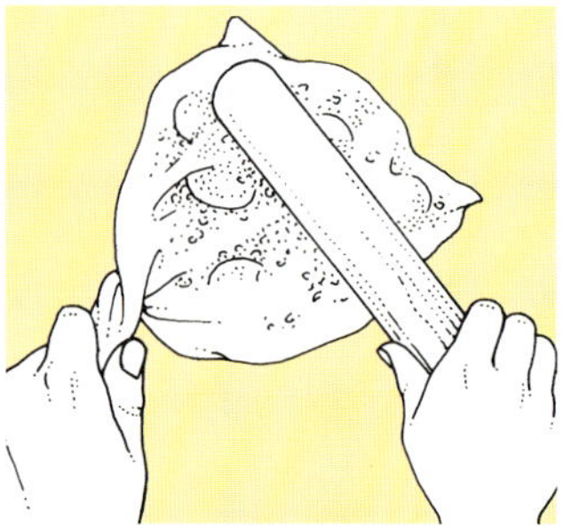

Pour préparer une base en biscuits, *mélangez 175 g de gâteaux secs écrasés dans un sac en plastique avec 50 g de cassonade et 75 g de beurre fondu. Tassez les miettes au fond (et si vous le souhaitez sur les bords) d'un moule démontable de 24 cm. Faites réfrigérer avant de garnir.*

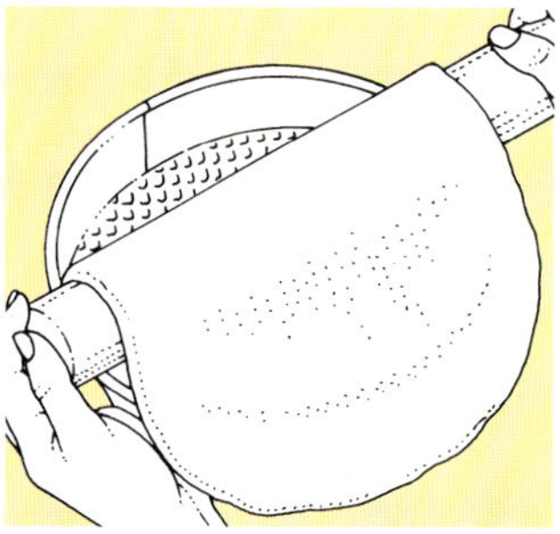

Pour préparer une base en pâte, *foncez un moule de 24 cm avec de la pâte à tarte. Réfrigérez la pâte pendant 20 minutes avant de la garnir et de faire cuire le gâteau.*

PARFUMS ET ARÔMES

- Bien qu'il soit dans la nature d'un gâteau au fromage blanc d'être riche et crémeux, vous pouvez diminuer l'apport calorique en employant du fromage blanc à 0 % de matières grasses. Toutefois, plus les ingrédients utilisés sont riches et crémeux, plus la consistance du gâteau sera lisse.
- Afin de rendre votre gâteau plus crémeux, n'utilisez que les jaunes d'œufs pour la garniture.
- Parfumez votre gâteau au fromage blanc avec du chocolat : ajoutez du cacao en poudre à la pâte de base si votre gâteau est cuit, du chocolat fondu si votre gâteau est cru. Glacez votre gâteau avec un mélange de chocolat fondu et de crème fraîche.
- Vous pouvez incorporer une compote de fruits frais à la pâte avant de faire cuire votre gâteau au fromage blanc. Le résultat sera d'une fraîcheur inégalable.
- Les gâteaux au fromage préparés avec du sucre vanillé (voir page 235) sont particulièrement succulents.
- Remplacez le sucre ou une partie par de la cassonade ou du miel.
- Les groseilles à maquereau et le muscat se marient très bien, surtout dans un gâteau au fromage blanc : incorporez 2 cuillères à soupe de fleurs de sureau à la préparation avant de la faire cuire. Nappez le gâteau de groseilles à maquereau cuites avec des fleurs de sureau et réduites en compote.
- Pour accentuer l'arôme du citron de votre gâteau au fromage blanc cru, faites dissoudre la gélatine dans du jus de citron chaud, à la place de l'eau. Pour garnir le gâteau, nappez-le d'un peu de gélatine dissoute dans du jus de citron sucré et laissez-le prendre.
- N'hésitez pas à ajouter à vos recettes des épices entières ou moulues. Vous pourrez ajouter de la muscade ou de la cannelle à la base en biscuits ou à la pâte à tarte.
- J'adore parfumer le fond de mes gâteaux au fromage blanc, qu'ils soient à base de biscuits écrasés ou de pâte à tarte, avec des zestes de citron ou d'orange râpés.
- Pour napper votre gâteau au fromage blanc, tamisez délicatement du sucre glace sur le gâteau ou disposez avec soin un mélange de fruits. Les variantes sont infinies.
- Pour glacer le gâteau, j'utilise souvent de la confiture d'abricots, de la gelée de groseille ou de la marmelade fondue et filtrée, selon les fruits utilisés pour la garniture.
- Pour décorer, disposez sur le gâteau des tranches de fruits crus en jouant sur les motifs avant de réfrigérer. Vous pouvez également faire réduire en une compote épaisse des abricots, des cassis ou des prunes.
- Remplacez votre garniture de fruits frais par des noisettes caramélisées (voir encadré page 228), que vous disposerez sur le gâteau avant qu'elles ne durcissent.

GÂTEAU AU FROMAGE BLANC CUIT

Il existe plusieurs recettes de gâteaux au fromage blanc cuits. Celle que je préfère s'inspire d'une recette américaine. Pour 6 à 8 personnes, préparez une base en biscuits écrasés dans un moule de 24 cm de diamètre et réfrigérez-la avant de la garnir.

Vous pouvez utiliser tous les types de fromage blanc ou de fromage frais. La saveur du gâteau sera moins crémeuse et riche si vous utilisez du fromage allégé, mais le résultat sera toutefois très agréable. Le fromage frais en faisselle doit être passé avant d'être utilisé. La ricotta à demi écrémée est délicieuse dans un gâteau au fromage blanc. Il existe une variante de la recette présentée ici : pour la préparer, utilisez les mêmes quantités de fromage frais, de sucre et d'œufs mais omettez la crème et incorporez une poignée de raisins secs avant de faire cuire au four comme ci-dessous.

Une fois la cuisson terminée, retirez le moule du four mais ne démoulez le gâteau que lorsqu'il est bien froid. Parsemez le dessus de sucre glace tamisé juste avant de servir. Plus vous tiendrez le tamis haut, plus le sucre sera bien répandu.

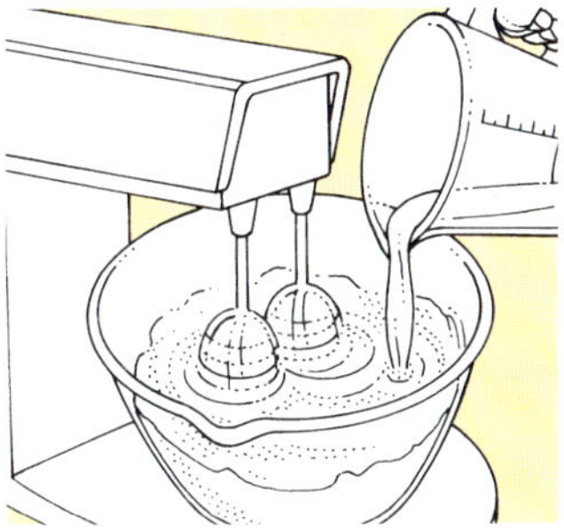

1 *Dans une grande jatte, battez ensemble 250 g de fromage blanc et autant de fromage frais et de sucre jusqu'à ce que le mélange obtenu soit mou et homogène ; incorporez ensuite 15 cl de crème fraîche et 4 jaunes d'œufs battus.*

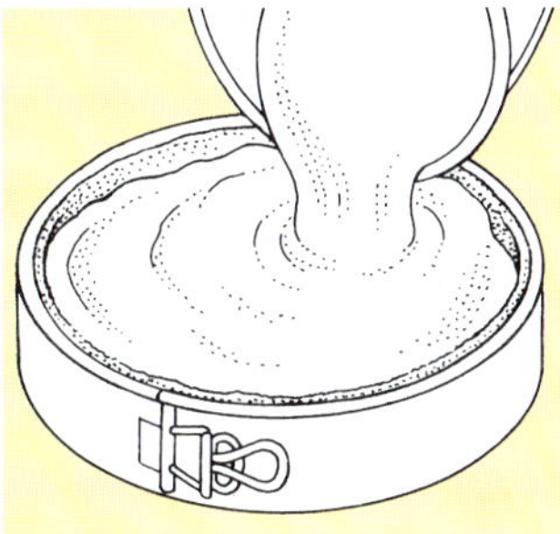

2 *Battez 2 blancs d'œufs en neige avec 1/2 cuillère à café de sel, puis incorporez-les dès qu'ils sont bien fermes, à la préparation au fromage. Versez le mélange dans le moule préparé (ici une base en biscuits).*

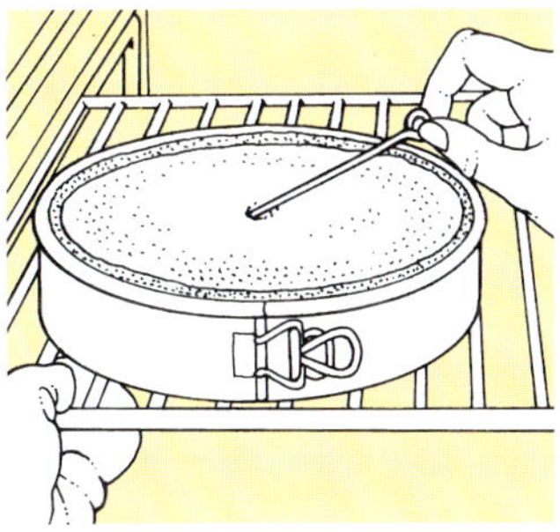

3 *Faites cuire dans un four préchauffé à 160 °C, Th. 3, 1 heure environ, jusqu'à ce que le gâteau soit tout juste ferme, le dessus doré et qu'une brochette enfoncée dans le centre ressorte propre. Arrêtez le feu et laissez le gâteau dans le four, avec la porte entrouverte pendant 30 minutes. Laissez-le complètement refroidir sur une grille, puis démoulez-le délicatement sur un plat de service.*

La base de ce gâteau au fromage blanc doré à point a été préparée avec des biscuits écrasés.

GÂTEAU AU FROMAGE BLANC CRU

Ce gâteau au fromage est très différent de celui que l'on doit cuire. Il contient de la gélatine et se déguste bien froid, comme une mousse, dont le goût, à certains égards, est proche. Utilisez un moule démontable de 20 cm de diamètre et tapissez le fond d'une épaisseur de biscuits écrasés (voir page ci-contre).

L'été est, à mon avis, la meilleure saison pour déguster ce gâteau. Pour le rendre plus rafraîchissant encore, je le parfume abondamment de citron, le garnis de fruits rouges et le nappe parfois d'un glaçage ou le saupoudre de sucre glace. On peut aussi bien utiliser du fromage frais que du fromage blanc.

1 *Battez ensemble 375 g de fromage frais avec 175 g de sucre en poudre, puis incorporez le zeste râpé et le jus d'un citron, ainsi que 2 jaunes d'œufs. Ajoutez un sachet de gélatine en poudre dissoute dans 4 cuillères à soupe d'eau chaude ou de jus de citron chauffé au préalable.*

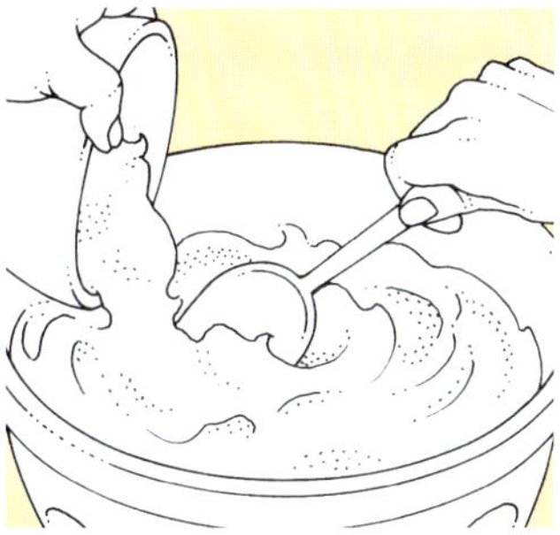

2 *Dans des jattes séparées fouettez 15 cl de crème et 2 blancs d'œufs jusqu'à ce qu'ils soient bien montés. Incorporez la crème dans la préparation au fromage puis les blancs en neige.*

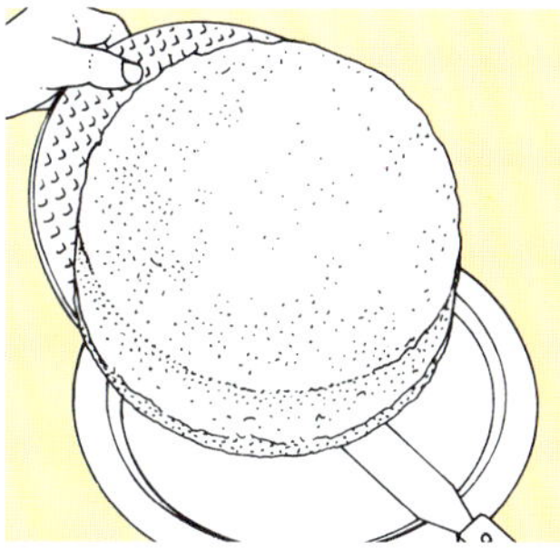

3 *Versez cette préparation dans le moule préparé et réfrigérez pendant plusieurs heures, ou mieux toute une nuit. Démoulez le gâteau délicatement et présentez-le sur un plat de service. Décorez de fruits frais.*

SORBETS ET GLACES

La saveur de la glace maison ne peut être égalée par aucun produit industriel, même de qualité. J'ai souvent remarqué que les glaces et sorbets étaient fort appréciés à la fin d'un repas ; en outre, ils sont très faciles à réaliser.

On peut confectionner de délicieuses préparations glacées sans sorbetière. Les glaces du type « parfait » (celles que je prépare le plus fréquemment) peuvent être très lisses et onctueuses sans qu'il soit nécessaire de les battre en cours de congélation. On peut battre les autres types de glaces sans difficulté avec un robot ménager ou un batteur électrique puissant.

Les sorbets et les glaces à l'eau sont indiscutablement les entremets les plus rafraîchissants qui soient, au point qu'on les servait souvent autrefois au milieu de certains repas raffinés, pour marquer une pause dans l'enchaînement de plats gastronomiques riches. Les sorbets se composent d'un jus ou d'une purée de fruits, d'un vin ou d'un alcool. Lorsque le sorbet est pris, on peut l'enrichir avec du blanc d'œuf battu ou de la meringue italienne. Les granités doivent leur nom à leur texture grenue ; c'est une préparation prise en partie, faite d'un sirop de fruit ou d'alcool.

N'oubliez jamais, lorsque vous préparez une glace ou un sorbet, que les saveurs s'atténuent lors de la congélation. Pour cette raison, les préparations de base doivent être très parfumées. En outre, il faut savoir que le sucre et l'alcool ralentissent le processus de congélation ; c'est pourquoi les glaces très sucrées ou alcoolisées sont toujours assez molles. En revanche, les glaces préparées avec des ingrédients liquides, telles que coulis et jus de fruits prennent plus rapidement, mais ont tendance à se cristalliser.

SORBET AUX FRUITS

À cause de leur goût très prononcé, les cassis sont délicieux dans les sorbets. Vous pourrez dans cette recette utiliser d'autres fruits. Si vous choisissez des fraises ou des framboises, inutile de les faire cuire, il faut juste les écraser.

Pour 6 personnes, il vous faut 250 g de sucre, 30 cl d'eau, 500 g de cassis et 2 blancs d'œufs. Faites cuire les fruits dans une casserole à feu moyen avec un peu de sucre en poudre, jusqu'à ce que le jus commence à s'écouler, puis réduisez-les en compote.

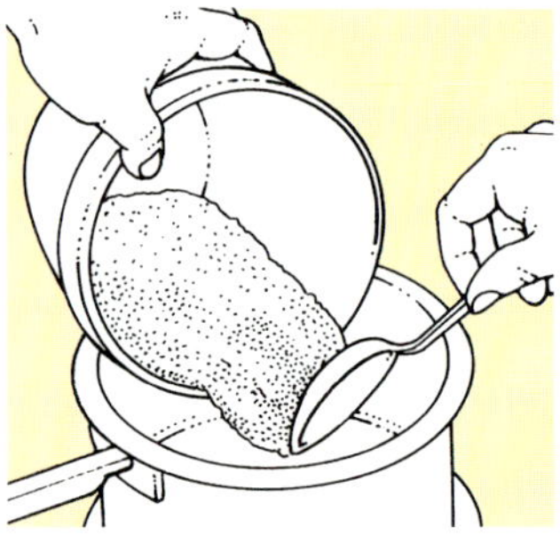

1 *Faites dissoudre le sucre dans l'eau dans une petite casserole à feu doux puis augmentez la chaleur et faites bouillir le mélange 3 ou 4 minutes, sans remuer. Ajoutez la purée de fruits dans le sirop et laissez refroidir.*

2 *Étalez la préparation refroidie dans un récipient peu profond et congelez-la pendant 1 à 2 heures, jusqu'à ce que le sorbet soit congelé par endroits. Battez les blancs d'œufs en neige ferme.*

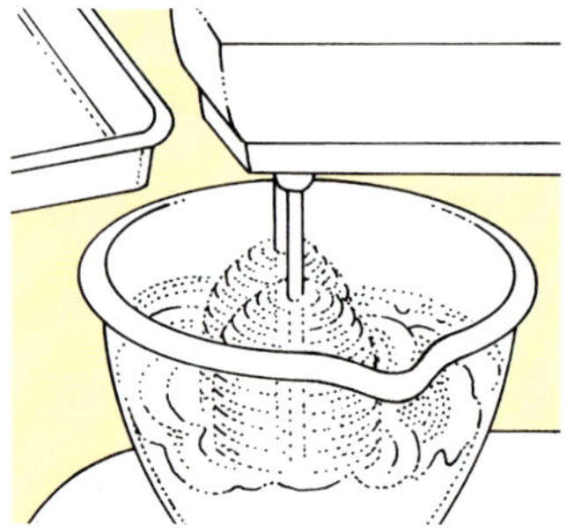

3 *Dans une jatte, battez le sorbet à moitié congelé puis incorporez délicatement les blancs d'œufs. Recongelez le tout. Sortez le sorbet du congélateur pour le mettre au réfrigérateur environ 15 minutes avant de servir.*

GRANITÉS

Les granités, originaires d'Italie, sont délicieux pour achever un bon repas. Les granités sont faciles à préparer : ils sont faits exclusivement de sucre, d'eau et de substances aromatiques. Pour 6 personnes, il faut 250 g de sucre en poudre, 60 cl d'eau et 60 cl de jus de fruit fraîchement pressé.

Commencez par faire dissoudre le sucre dans l'eau à feu doux puis augmentez le feu et faites bouillir à gros bouillons pendant 5 minutes sans remuer. Retirez du feu et réservez.

Ajoutez le jus de fruit, puis versez le tout dans un plat et faites prendre au congélateur. Lorsque le granité est légèrement congelé, remuez bien la préparation avec une fourchette puis remettez au congélateur. Lorsque le granité est ferme mais pas complètement dur, servez-le dans des verres à sorbet ou des coupes.

Les sorbets aux fruits sont des desserts très rafraîchissants. De haut en bas : sorbets à la mangue, au citron et à l'orange.

PARFAITS

La meringue italienne permet de réaliser de délicieuses glaces du type « parfait » qu'il est inutile de battre en cours de congélation. À moins que vous n'ayez utilisé beaucoup de compote de fruits, qui augmente la proportion d'eau, la glace sera suffisamment molle pour la déguster aussitôt sortie du congélateur. Si la glace vous semble trop dure, faites-la ramollir au réfrigérateur 15 à 30 minutes avant de la servir. Répartissez-la en boules dans des coupes.

Pour 6 à 8 personnes, il vous faudra 2 blancs d'œufs, une pincée de sel, 175 g de sucre en poudre, 6 cuillères à soupe d'eau et 30 cl de crème fouettée, ainsi qu'un ingrédient aromatique, comme 125 à 175 g de chocolat fondu, 3 à 4 cuillères à soupe de compote de fruits, ou 2 à 5 cuillères à soupe de liqueur. Les quantités varient selon la consistance de l'ingrédient. Pour un parfait au caramel, remplacez le sucre par de la cassonade.

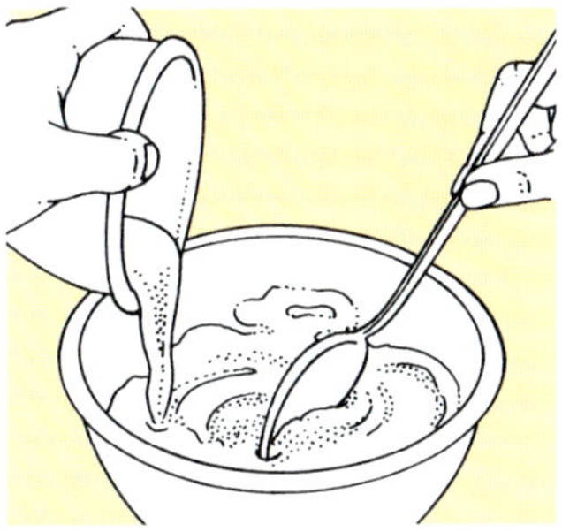

1 *Préparez de la meringue italienne avec des blancs d'œufs, du sel, du sucre et de l'eau (voir page 227). Continuez de battre pendant environ 2 minutes, jusqu'à ce que le mélange soit froid et épais. Incorporez le parfum de votre choix.*

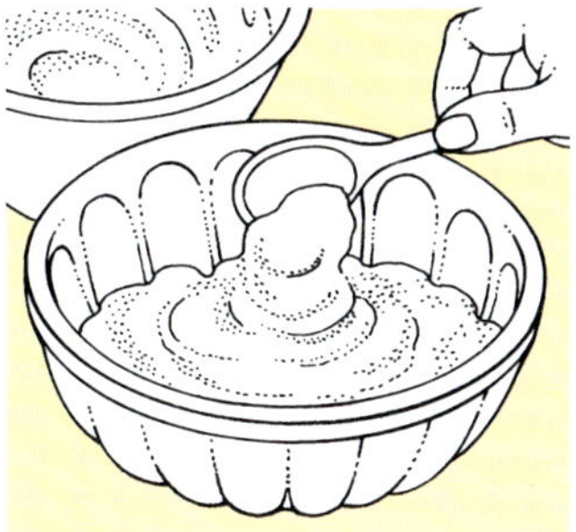

2 *Fouettez la crème jusqu'à ce qu'elle soit épaisse mais pas trop ferme, puis incorporez-la aux blancs d'œufs. Versez cette préparation dans un moule et congelez-la pendant plusieurs heures, voire toute une nuit si vous le pouvez.*

La Glace menthe chocolat (page 239) est parfumée avec de l'alcool de menthe et de petits morceaux de chocolat à la menthe.

QUELQUES CONSEILS

- Les glaces et les sorbets peuvent être parfumés avec toutes sortes d'arômes. N'hésitez pas à innover et à mélanger des parfums inattendus.
- Offrez un sorbet original à la tomate et au basilic en entrée ou au milieu d'un repas pour aider à digérer des plats copieux et riches.
- Le melon peut être utilisé pour préparer de délicieux sorbets. Mariez-le avec un peu de jus de citron.
- Avant d'ajouter des épices entières à votre glace, faites-les griller 1 minute dans une poêle chaude et sèche, afin de faire ressortir tout leur arôme.
- La tarte aux pommes est délicieuse avec une glace au miel; choisissez un miel d'excellente qualité. Vous pourrez aussi la servir avec un sorbet à la pomme et au calvados.
- Servez vos glaces avec une sauce ou un coulis, froids ou tièdes. La sauce chaude au chocolat (voir page 213), au caramel ou les coulis de fruits se marient particulièrement bien avec la glace à la vanille et autres glaces crémeuses.
- Servez vos glaces avec de petits gâteaux secs ou biscuits. Les biscuits express (voir page 277) sont très commodes à préparer — il suffit de préparer à l'avance la pâte et de la garder au congélateur pour couper selon vos besoins de petits cercles de pâte et les faire cuire rapidement.
- Pour préparer du sucre vanillé, mettez dans votre bocal de sucre en poudre une gousse de vanille. Le sucre absorbera l'arôme et pourra remplacer le sucre ordinaire dans toutes vos recettes de dessert.

GLACE À LA VANILLE

La véritable glace à la vanille se prépare à l'aide d'une crème anglaise lisse et onctueuse et d'une gousse de vanille. Seuls ces ingrédients permettent d'obtenir un goût de vanille digne de ce nom.

Les gousses de vanille, minces et allongées, parfument de façon inégalable les ingrédients dans lesquels on les plonge. Fendez la gousse en deux, ainsi tout l'arôme se libérera-t-il. Pour 6 personnes, il vous faudra 30 cl de crème fraîche, 1 gousse de vanille, 4 jaunes d'œufs, 125 g de sucre vanillé et 30 cl de crème fouettée.

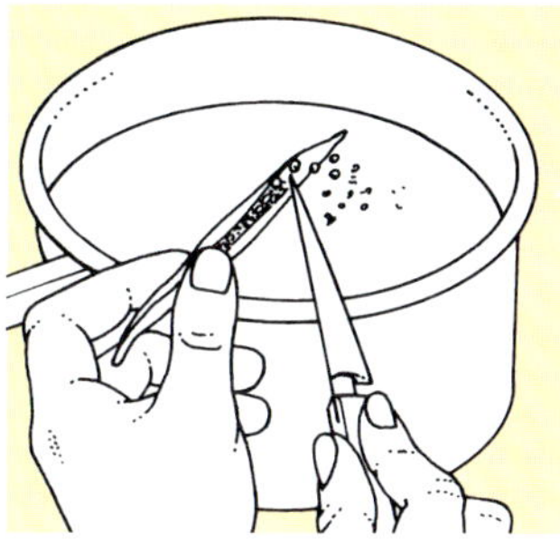

1 *Mettez la crème fraîche dans une casserole. Ajoutez la gousse de vanille fendue en deux. Faites légèrement frémir la crème, puis retirez-la du feu, couvrez et laissez infuser pendant 30 minutes. Retirez la gousse de vanille.*

2 *Battez les jaunes d'œufs et le sucre en poudre, jusqu'à ce que le mélange soit clair. Réchauffez la crème vanillée. Au moment où elle va bouillir, ajoutez-la progressivement dans les œufs, sans cesser de remuer. Mettez la jatte au-dessus d'une casserole d'eau frémissante et remuez jusqu'à ce que la crème épaississe. Laissez refroidir, en remuant fréquemment.*

3 *Fouettez la crème. Quand elle est épaisse, incorporez-la à la crème anglaise. Versez dans un plat puis congelez 3 ou 4 heures. Retirez la glace du congélateur et battez-la, de préférence au robot ménager, puis remettez-la au congélateur. Recommencez au moins une fois, 1 heure plus tard. Mettez la glace 10 minutes au réfrigérateur avant de servir.*

ENTREMETS GLACÉS

Certains entremets glacés sont encore plus spectaculaires que ceux que l'on présente froids. Ces entremets, contrairement aux glaces, n'ont pas besoin d'être battus en cours de préparation. En outre, on peut les servir aussitôt sortis du congélateur. Les entremets glacés comprennent les mousses, les soufflés froids ainsi que certains gâteaux à la crème ou à la meringue et les charlottes.

Les bombes glacées, garnies traditionnellement de deux compositions différentes, ou les fruits givrés, sont autant de façons spectaculaires de servir des desserts qui vous vaudront les compliments de vos invités.

Les Britanniques possèdent même à leur répertoire culinaire une recette de Christmas pudding glacé : il s'agit d'un mélange de crème de marrons parfumée avec des fruits trempés au préalable dans du cognac ou du rhum, des noix et des épices. On apprête ce gâteau dans une jatte à fond arrondi, comme le pudding classique ; une fois démoulé, il est de coutume de le garnir d'une feuille de houx.

Les soufflés glacés se préparent de la même façon que les soufflés froids (voir page 229). Le moule est entouré d'une bande de papier ou d'aluminium qui dépasse du rebord, afin de laisser apparaître en fin de préparation un bord qui semble s'être élevé du moule.

CHARLOTTE GLACÉE AU CHOCOLAT

La charlotte au chocolat se sert froide ou glacée, mais je trouve que c'est sous cette dernière forme qu'elle est la plus spectaculaire. On peut préparer ce dessert à l'avance, ainsi n'hésiterez-vous pas à le servir à l'occasion d'un dîner raffiné entre amis, surtout qu'il est facile à faire. La charlotte glacée se sert en tranches épaisses et s'accompagne de crème fraîche. Pour démouler la charlotte, il convient de frotter l'extérieur du moule avec un linge chaud, et de faire glisser une spatule chaude entre les biscuits et le moule. Démoulez sur un plat de service, en secouant énergiquement le moule.

Les quantités indiquées dans la recette conviennent pour 6 personnes. Il vous faut entre 25 et 30 boudoirs, 75 g de sucre en poudre, 6 cuillères à soupe de cognac ou de rhum, 2 cuillères à soupe d'eau, 125 g de chocolat, 1 cuillère à soupe de crème, 1 sachet de gélatine en poudre, 3 gros œufs, 25 g de sucre en poudre et 18 cl de crème fraîche. Prévoyez du chocolat en plus pour décorer la charlotte.

La charlotte glacée au chocolat est une délicieuse mousse au chocolat entourée de boudoirs imbibés d'alcool. On peut la décorer avec du chocolat râpé.

1 *Disposez les boudoirs dans un plat peu profond. Faites dissoudre le sucre dans le cognac ou le rhum et l'eau à feu doux, puis mettez à bouillir 1 ou 2 secondes. Versez ce sirop sur les boudoirs. Laissez reposer 30 minutes environ jusqu'à ce que tout le sirop soit absorbé ; retournez chaque boudoir au moins une fois.*

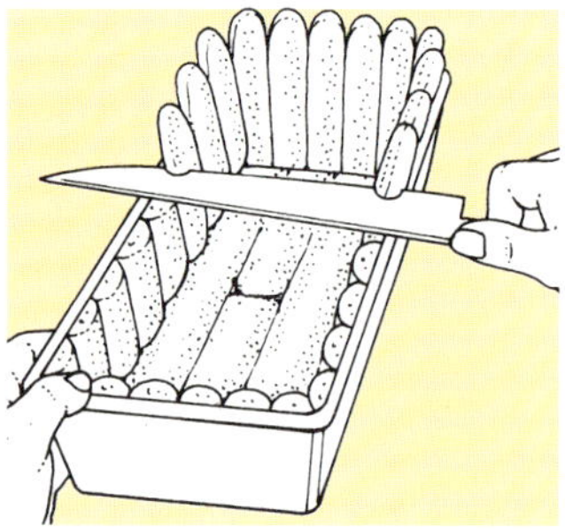

2 *Tapissez la base d'un moule à cake de 1 litre avec un morceau de papier sulfurisé de la taille du moule. Recouvrez le fond et les bords de boudoirs imbibés en les coupant à la taille du moule. Utilisez les chutes de boudoirs pour remplir les interstices.*

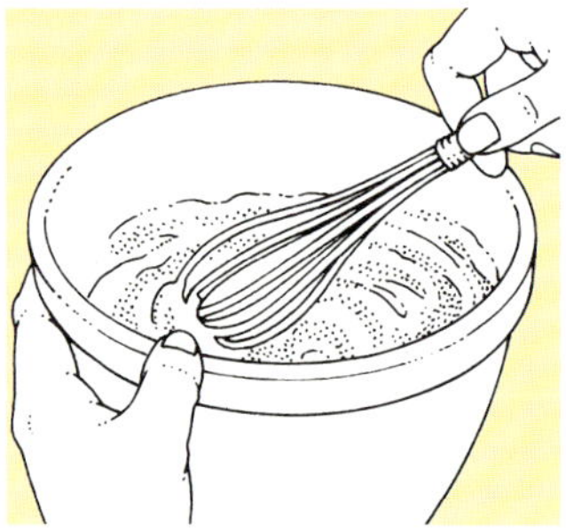

3 *Faites fondre le chocolat et la crème dans une jatte au bain-marie. Faites dissoudre la gélatine dans environ 3 cuillères à soupe d'eau chaude, puis incorporez-la au chocolat fondu. Laissez reposer pendant quelques instants. Battez les jaunes d'œufs avec le sucre en poudre, jusqu'à ce que le mélange soit clair et épais, puis incorporez-le au chocolat légèrement refroidi.*

4 *Fouettez la crème jusqu'à ce qu'elle soit bien épaisse. Battez, dans une autre jatte, les blancs. Incorporez la crème dans la préparation au chocolat, puis les blancs d'œufs. Versez ce mélange dans le moule préparé, lissez la surface avec un couteau et congelez plusieurs heures. Démoulez sur un plat de service.*

BOMBE GLACÉE

Les bombes glacées classiques sont garnies de deux compositions différentes de glaces et de sorbets. Vous pourrez remplacer une partie de la glace par une compote de fruits. La couche extérieure est toujours composée de glace bien dure, afin de maintenir l'appareil à bombe.

Utilisez de préférence un moule en métal avec couvercle. La plupart des moules à bombe présentent une forme de dôme mais on trouve parfois des formes plus carrées. Une jatte à fond arrondi, supportant le froid, convient également.

Pour 4 à 6 personnes, il vous faut un moule de 1 litre, une demi-portion de sorbet à la fraise (voir page 234) et 20 cl de cassis réduits en une compote épaisse (voir page 224).

Pour chemiser la bombe, utilisez 200 g de sucre en poudre, 12 cl d'eau, 4 jaunes d'œufs, le zeste râpé et le jus de 2 petites oranges, 30 cl de crème fraîche et 1 cuillère à café d'extrait de vanille. Faites dissoudre le sucre dans de l'eau à feu doux, puis augmentez le feu et faites bouillir 1 minute. Retirez du feu. Battez les jaunes d'œufs, puis sans cesser de battre, ajoutez-les sur le sirop chaud mais non bouillant. Ajoutez le zeste et le jus d'orange. Continuez de battre jusqu'à ce que la préparation soit froide. Réfrigérez. Fouettez légèrement la crème et incorporez-la à la préparation. Ajoutez l'extrait de vanille et tout autre arôme de votre choix. Congelez jusqu'à ce que la glace soit bien prise, en battant deux ou trois fois toutes les heures.

On peut varier le parfum des bombes glacées à l'infini. N'hésitez pas à les fourrer d'ingrédients inattendus qui apparaîtront au moment où vous servirez vos convives. Cette bombe se compose d'une couche externe de glace à l'orange et d'un cœur de sorbet à la fraise. Au centre, elle est garnie de cassis frais légèrement cuits. Pour décorer, utilisez des fruits confits, des violettes ou de la crème chantilly.

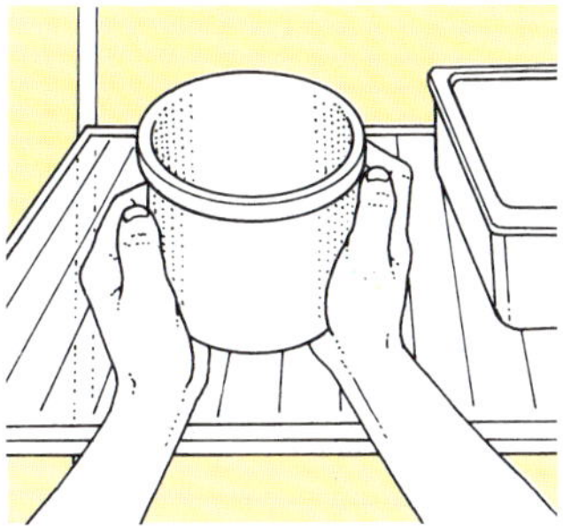

1 *Mettez le moule à bombe glacée vide dans le congélateur pendant 2 heures. Faites ramollir la préparation pour la chemise, jusqu'à ce qu'elle s'étale facilement. Veillez à ne pas vous « brûler » les doigts, lorsque vous retirez le moule du congélateur.*

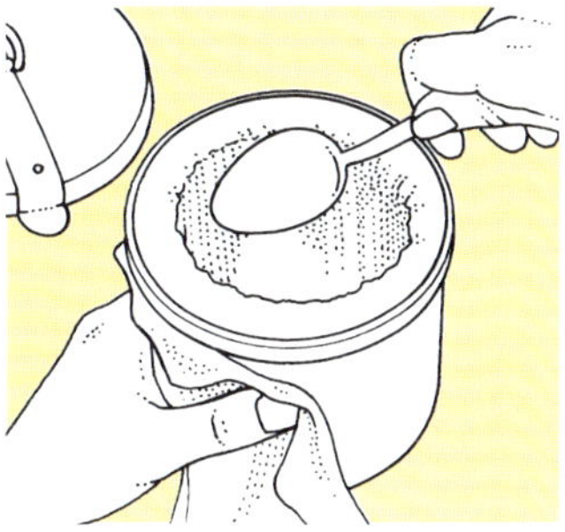

2 *Avec le dos d'une cuillère, tapissez le moule d'une couche régulière de préparation, sur une épaisseur d'environ 2,5 cm. Couvrez le moule et remettez-le au congélateur pendant 2 ou 3 heures, jusqu'à ce que la préparation soit à nouveau bien ferme.*

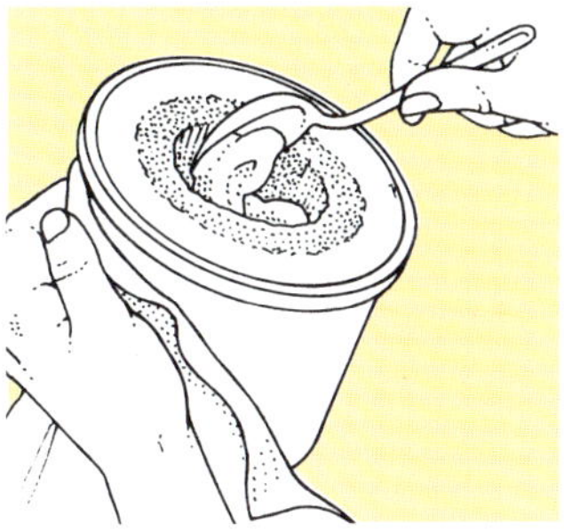

3 *Retirez le moule du congélateur et garnissez l'intérieur de sorbet à la fraise, en veillant à laisser un trou au milieu. Congelez pendant 1 heure. Garnissez le centre avec la compote épaisse de cassis, puis couvrez et congelez pendant 8 heures.*

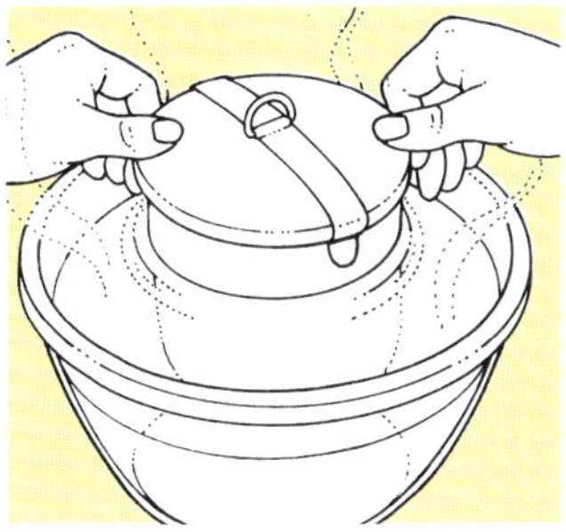

4 *Pour démouler, plongez rapidement le moule dans de l'eau chaude, puis ouvrez-le et démoulez la bombe sur un plat, en tenant le moule des deux mains. Faites ramollir la bombe pendant 30 minutes au réfrigérateur avant de la servir.*

QUELQUES IDÉES

- Si vous aimez l'association menthe-chocolat, vous pouvez garnir le centre d'une bombe au chocolat de glace à la menthe ; ou ajouter en couches régulières de petits morceaux de chocolat fourré à la menthe.
- Parmi les associations les plus réussies, on peut noter la glace au chocolat et le sorbet au citron, la glace à l'abricot et aux groseilles à maquereau ainsi que la glace à la framboise et le sorbet au cassis.
- Avant d'ajouter des fruits au centre d'une bombe glacée, faites-les cuire avec du sucre jusqu'à ce qu'ils aient la consistance de la confiture, ou imbibez-les de liqueur ou de sirop léger (voir page 208) ; ainsi ils auront moins tendance à se transformer en glaçons aux fruits.
- Si vous souhaitez fourrer une bombe avec des fruits secs, faites-les tremper dans un peu de xérès, de cognac ou de liqueur.
- Proposez cet entremets délicieux : remplissez un moule à bombe avec du sorbet au citron, démoulez-le et placez-le de nouveau au congélateur. Au moment de servir, nappez-le d'une délicieuse sauce chaude au chocolat (voir page 213).
- Faites tremper les boudoirs que vous utilisez, pour confectionner un entremets, dans de la liqueur ou du sirop de fruit avant de les utiliser. Vous pouvez remplacer les boudoirs par de petites meringues.
- Ajoutez de la meringue dans la préparation pour glace, avant de la congeler. Vous pourrez remplacer la meringue par des biscuits écrasés, comme des macarons ou des sablés aux amandes.
- Préparez une riche mousse au chocolat avec de la gélatine, congelez-la et couvrez-la de morceaux de zeste d'orange que vous aurez fait ramollir dans de l'eau bouillante puis cuire dans un sirop de sucre additionné de jus d'orange (voir page 208). Le sirop doit avoir suffisamment réduit pour donner une apparence confite au zeste.
- Lorsque vous préparez une omelette norvégienne, essayez d'incorporer des noisettes pilées à la meringue ou du chocolat râpé qui commencera à fondre lorsque vous passerez l'omelette au four.

SOUFFLÉ AUX FRUITS DE LA PASSION ET AU CITRON *(228)*

Ce soufflé n'est pas préparé avec un roux à base de farine, mais avec du *lemon curd* (voir page 302). Vous pouvez préparer la base à l'avance, ainsi vous suffira-t-il de battre les blancs en neige au dernier moment et de les incorporer peu de temps avant de mettre le soufflé au four. Plutôt que de confectionner un grand soufflé, vous pouvez répartir la préparation dans des ramequins individuels de 15 cl. Dans ce cas, le temps de cuisson sera plus court, ne faites cuire les soufflés que pendant 12 à 15 minutes. Ce soufflé est délicieux accompagné d'un coulis de framboises ou de cassis.

POUR 6-8 PERSONNES

4 fruits de la passion
15 cl de jus de citron
5 gros œufs
125 g de sucre en poudre
zeste râpé de 2 citrons
1/2 cuillère à café de sel
sucre glace pour décorer

Coupez les fruits de la passion en deux. Videz deux fruits de la passion de leur pulpe et de leurs graines et versez-les dans un pichet avec le jus de citron. Filtrez le jus des deux autres fruits de la passion et ajoutez-le au contenu du pichet. Jetez les graines. Mélangez bien soigneusement avec une fourchette.

Séparez les blancs d'œufs des jaunes. Mettez les jaunes d'œufs dans une jatte résistant à la chaleur. Ajoutez le sucre, puis progressivement le jus de citron et de fruits de la passion. Posez la jatte au-dessus d'une casserole d'eau frémissante et remuez avec une cuillère en bois, jusqu'à ce que le mélange soit bien épais. Retirez la jatte du feu, ajoutez le zeste de citron et laissez refroidir.

Pendant ce temps, beurrez un moule à soufflé de 1 litre de contenance ou un autre récipient profond allant au four. Mettez les blancs d'œufs dans une grande jatte, salez-les et battez-les jusqu'à ce qu'ils soient bien fermes. À l'aide d'une grande cuillère en métal, incorporez les blancs dans la préparation au citron et aux fruits de la passion.

Versez le mélange dans le moule à soufflé préparé et faites cuire au four préchauffé à 150 °C, Th. 2, pendant 50 à 60 minutes, jusqu'à ce que le dessus du soufflé soit bien doré. Saupoudrez le soufflé de sucre glace tamisé. Servez aussitôt car les soufflés chauds retombent très vite et perdent leur aspect « gonflé ».

TARTE CARAMÉLISÉE À L'ORANGE *(221)*

C'est au retour d'un superbe voyage au Maroc où le parfum des orangers et la saveur de leurs fruits juteux avait marqué ma mémoire que j'ai eu envie de réaliser cette tarte à l'orange parfumée avec de la cannelle et du miel. Servez-la accompagnée de crème, de fromage blanc ou de yaourt. POUR 6-8 PERSONNES

175 g de farine
75 g de sucre en poudre
1/2 cuillère à café de sel
75 g de beurre, tout juste fondu
1 œuf battu
POUR LA GARNITURE
40 g de beurre
4 cuillères à soupe de miel
2 cuillères à soupe de cannelle moulue
5-6 petites oranges sans pépins

Préparez la pâte : tamisez la farine, le sucre en poudre et le sel dans une jatte. Ajoutez le beurre fondu à l'aide d'une cuillère en bois, puis mélangez soigneusement tout en ajoutant l'œuf battu. La pâte doit être bien lisse. Formez une boule de pâte, couvrez de film alimentaire et réfrigérez pendant 1 heure au moins.

Pour préparer la garniture, faites fondre à feu doux le beurre et le miel dans une casserole, puis incorporez la cannelle. Versez le mélange dans un moule à tarte de 24 cm de diamètre. Découpez les oranges non épluchées en rondelles, aussi finement que possible. Disposez les rondelles d'oranges en couches régulières au fond du plat, sur le miel et le beurre, puis terminez par une couche d'oranges se chevauchant en un motif circulaire.

Étalez la pâte sur un plan de travail fariné en une abaisse légèrement plus grande que le moule. Enroulez la pâte autour du rouleau à pâtisserie, puis foncez le moule. Si la pâte se casse, rapiécez-la, cela ne se verra pas. Rabattez les bords de la pâte qui dépasse dans le moule et percez deux ou trois trous.

Faites cuire la tarte au centre du four préchauffé à 200 °C, Th. 6, pendant 25 minutes, puis baissez le feu à 160 °C, Th. 3, pendant 1 heure 45 à 2 heures. La pâte doit être légèrement dorée. Retirez la tarte du four et laissez-la reposer pendant 5 à 10 minutes avant de la démouler sur un plat.

ENTREMETS DE LA SAINT-JEAN *(214)*

Cet entremets extrêmement simple à préparer est également très joli à présenter. Au moment de le démouler, vous devez voir apparaître un dôme très foncé. Conservez toujours un peu de jus afin de recouvrir l'entremets au cas où le pain apparaîtrait au dernier moment. Vous pourrez utiliser la variété de fruits rouges juteux que vous préférez. Personnellement, j'aime que ce dessert soit garni de framboises et de cassis. Accompagnez d'un coulis de fruits et de crème fraîche. POUR 6 PERSONNES

500 g de cassis
250 g de groseilles
15 cl de jus d'orange frais
4 cuillères à soupe de jus de citron
175 g de sucre en poudre
500 g de framboises
1 petite miche de pain de la veille
fruits frais pour décorer

À l'aide d'une fourchette, égrappez les cassis et les groseilles. Mettez les jus d'orange et de citron avec le sucre dans une casserole et faites dissoudre le sucre à feu moyen. Portez à ébullition, puis ajoutez les cassis et les groseilles. Couvrez et faites cuire à feu doux pendant 8 à 10 minutes, jusqu'à ce que les fruits soient mous et que du jus s'écoule abondamment. Ajoutez les framboises et retirez du feu.

Coupez dans le pain un cercle de la taille du fond d'un moule de 1,2 litre de contenance. Découpez le reste du pain en fines tranches. Retirez la croûte. Tapissez le fond du plat avec le cercle et faites se chevaucher des tranches de pain pour former des bords. Remplissez le moule avec la préparation aux fruits, en réservant le jus, puis recouvrez avec des tranches de pain. Placez une assiette sur le pain et posez-y des poids pour bien tasser. Réfrigérez plusieurs heures ou toute une nuit.

Pour servir, démoulez l'entremets, arrosez-le de jus et décorez-le avec des fruits.

TIMBALES AUX FRUITS DE LA PASSION ET À L'ORANGE *(214)*

Vos amis apprécieront ces délicieux petits desserts aux amandes. Choisissez des fruits de la passion bien mûrs, leur peau doit être frippée.

POUR 6 PERSONNES

125 g de beurre ramolli
150 g de cassonade
zeste râpé fin de 2 oranges
4 fruits de la passion
125 g d'amandes en poudre
3 gros œufs, légèrement battus
sucre glace pour saupoudrer
POUR LA SAUCE
6 fruits de la passion
jus de 2 oranges
2 cuillères à soupe de sucre en poudre
15 cl de crème fraîche

Commencez par beurrer 6 petits moules individuels et déposez au fond de chacun d'eux un petit rond de papier sulfurisé de la taille du moule.

Dans une jatte, battez le beurre et la cassonade, jusqu'à ce que le mélange soit mousseux, puis incorporez le zeste d'orange râpé. Coupez les fruits de la passion en deux et évidez-en deux de leur pulpe. Ajoutez-les au beurre et au sucre, puis filtrez le jus des autres moitiés au-dessus de la jatte ; jetez les graines. Fouettez la préparation pour disperser les graines et séparer la chair, puis ajoutez les amandes en poudre et les œufs battus.

Versez la préparation dans des moules individuels et faites-les cuire au centre du four à 190 °C, Th. 5, pendant 25 à 35 minutes, jusqu'à ce que la lame d'un couteau enfoncée au centre de l'entremets ressorte propre. Laissez les entremets refroidir dans leur moule pendant au moins 10 minutes, puis glissez un couteau sur les bords pour les décoller. Démoulez-les sur une grille et retirez les ronds de papier. Laissez refroidir.

Pour préparer la sauce, coupez les 6 fruits de la passion en deux et évidez-les de leur pulpe. Passez-la au tamis en nylon posé au-dessus d'une jatte, à l'aide d'une cuillère en bois, afin d'extraire le maximum de jus. Jetez les graines. Filtrez le jus d'orange au travers d'un chinois et ajoutez le sucre en poudre. Remuez jusqu'à ce que le sucre soit complètement dissous. Ajoutez la crème fraîche et réfrigérez la sauce jusqu'au moment de l'utiliser.

Pour servir, versez un peu de sauce sur 6 assiettes à dessert, posez les entremets par-dessus et saupoudrez-les de sucre glace tamisé.

GLACE MENTHE-CHOCOLAT *(235)*

Si vous avez un petit faible pour l'association menthe-chocolat, vous apprécierez sans aucun doute cette recette.

POUR 6-8 PERSONNES

175 g de sucre en poudre
1/2 cuillère à café de sel
4 gros œufs
30 cl de crème fraîche
1/2 cuillère à café d'alcool de menthe
150 g de fines feuilles de chocolat à la menthe, coupées en petits morceaux
feuilles de menthe pour décorer

Mettez le sucre en poudre, le sel et les jaunes d'œufs dans une jatte et incorporez progressivement la crème, jusqu'à ce que le mélange soit bien homogène. Ajoutez l'alcool de menthe puis placez la jatte au-dessus d'une casserole d'eau frémissante, en remuant avec une cuillère en bois pendant 10 à 15 minutes, jusqu'à ce que la préparation soit bien épaisse. Versez le tout dans une jatte plus grande et laissez refroidir.

Battez les blancs d'œufs en neige ferme, puis incorporez-les à la préparation froide, à l'aide d'une cuillère en métal. Ajoutez les morceaux de chocolat à la menthe.

Mettez la préparation dans un plat de service résistant au froid et congelez pendant plusieurs heures. Trente minutes avant de servir, décorez de quelques feuilles de menthe et faites ramollir la glace au réfrigérateur.

MYSTÈRE AUX ABRICOTS *(214)*

Cet entremets porte bien son nom. Cette recette est, à mon avis, l'une des meilleures de celles qui datent de l'époque de nos grand-mères. J'aime utiliser, en saison, des abricots frais, qui remplacent avantageusement la confiture. À la fin de l'été, vous pourrez aussi utiliser des cassis qui sont excellents. Servez cet entremets tiède ou très frais, avec de la crème fraîche.

POUR 6 PERSONNES

75 g de chapelure
30 cl de lait
30 cl de crème fraîche
zeste râpé fin d'un citron
50 g de beurre
3 gros œufs
150 g de sucre en poudre
500 g d'abricots frais, coupés en deux et dénoyautés
75 g de cassonade
4 cuillères à soupe de jus de citron
1 pincée de sel

Beurrez un plat allant au four de 1,5 à 1,8 litre de contenance et parsemez-le de chapelure. Versez le lait et la crème dans une casserole avec le zeste de citron et le beurre et faites chauffer jusqu'à ce que le mélange soit tiède. Dans une jatte, battez les jaunes d'œufs avec 75 g de sucre, puis mouillez progressivement avec le lait et la crème. Versez cette préparation dans le plat, sur la chapelure et faites cuire au centre du four préchauffé à 180 °C, Th. 4, pendant 25 minutes, ou jusqu'à ce que le centre soit presque ferme.

Pendant ce temps, mettez les moitiés d'abricots dans la casserole avec la cassonade et le jus de citron et faites dissoudre le sucre à feu doux. Couvrez la casserole et laissez mijoter pendant 10 à 15 minutes, jusqu'à ce que les fruits soient réduits en une compote grossière. Si les fruits ont rendu beaucoup de jus, retirez le couvercle et laissez bouillir afin de faire réduire le liquide. Retirez du feu et réservez.

Lorsque la préparation à la crème et à la chapelure est prête, retirez le moule du four et garnissez-le avec cette compote d'abricots. Battez les blancs d'œufs en neige avec le sel, puis incorporez les 75 g de sucre restants. Enduisez les abricots de meringue et repassez le tout au four pendant 15 minutes, le temps que le dessus commence à dorer.

ENTREMETS AUX COINGS *(214)*

Cet entremets léger et crémeux est idéal pour achever un repas dominical copieux. Si vos coings sont très durs, il est préférable de les faire pocher pendant 5 minutes avant de les disposer dans le plat. *POUR 8 PERSONNES*

750 g-1 kg de coings bien mûrs ou de poires fermes
jus de citron ou vinaigre
75 g de cassonade
400 g de fromage frais
zeste râpé d'un gros citron
250 g de sucre en poudre
45 cl de crème fraîche
6 gros œufs
1 cuillère à café d'extrait de vanille
1/2 cuillère à café de sel

Pelez et évidez les coings et coupez-les en fines tranches directement dans une jatte contenant un peu d'eau citronnée ou vinaigrée. Égouttez les tranches de coings et disposez-les au fond d'un plat résistant à la chaleur de 2,5 litres de contenance. Parsemez de cassonade.

Battez le fromage frais avec le zeste de citron râpé et 175 g de sucre. Ajoutez progressivement la crème, les jaunes d'œufs et l'extrait de vanille. Battez les blancs en neige avec le sel puis incorporez-les à la préparation précédente. Déposez ce mélange crémeux sur les fruits.

Faites cuire au centre du four préchauffé à 180 °C, Th. 4, pendant 35 à 40 minutes, jusqu'à ce que l'entremets soit bien doré. Retirez du feu et laissez reposer pendant environ 5 minutes.

Pendant ce temps, faites préchauffer le gril. Parsemez de sucre le dessus de l'entremets et faites-le caraméliser. Surveillez cette opération très attentivement, afin que le caramel ne brûle pas. Servez chaud ou froid.

GÂTEAU MERINGUÉ AUX FRAMBOISES ET CHOCOLAT *(226)*

Ce gâteau estival est très agréable à servir quand on reçoit des amis, car on peut le préparer 3 heures à l'avance.
POUR 6-8 PERSONNES

4 gros blancs d'œufs
1 pincée de sel
175 g de sucre en poudre
1 cuillère à café d'extrait de vanille
1 cuillère à café de vinaigre
25 g de Maïzena
25 g de noisettes, grillées et hachées
POUR LA GARNITURE
75 g de chocolat à cuire, cassé en morceaux
1 cuillère à soupe d'eau
4 gros jaunes d'œufs
8 cl de lait
2 cuillères à soupe de sucre en poudre
400 g de framboises
15 cl de crème fraîche
cacao en poudre
sucre en poudre

Tapissez le fond de 2 moules à manqué de 18 cm de diamètre avec des ronds de papier sulfurisé coupés à la taille du moule. Battez les blancs en neige avec le sel, puis incorporez progressivement la moitié du sucre. Ajoutez le reste du sucre, l'extrait de vanille, le vinaigre, la Maïzena et les noisettes hachées, à l'aide d'une grande cuillère en métal. Répartissez la préparation dans les 2 moules et faites cuire au four préchauffé à 140 °C, Th. 1, pendant environ 1 heure 30, jusqu'à ce que le centre soit bien ferme au toucher. Disposez un linge sur une grille et démoulez les meringues. Retirez le papier sulfurisé.

Pendant que les meringues cuisent, préparez la garniture. Mettez le chocolat dans une petite casserole avec l'eau et faites fondre à feu très doux. Remuez jusqu'à ce que la préparation soit bien lisse puis réservez. Mettez les jaunes d'œufs, le lait et le sucre dans une jatte au bain-marie. Remuez jusqu'à ce que la préparation ait épaissi. Ajoutez le chocolat fondu, puis transvasez le mélange dans une jatte pour qu'il refroidisse.

Lorsque la garniture et les meringues sont complètement froides, disposez une meringue sur un plat de service et étalez une épaisseur de chocolat. Recouvrez-la de framboises, conservez-en quelques-unes pour décorer. Fouettez la crème et étalez-la sur les framboises, puis recouvrez le tout avec la deuxième meringue. Réfrigérez jusqu'au moment de servir. Tamisez un peu de cacao en poudre sur le dessus et décorez avec les framboises réservées. Sucrez légèrement l'ensemble, au travers d'un tamis.

CRÈME BRÛLÉE *(214)*

La crème brûlée est un dessert auquel il est difficile de résister : la crème lisse et onctueuse est recouverte d'une épaisseur de caramel qui croustille sous la dent. On la prépare généralement dans des ramequins. *POUR 6 PERSONNES*

60 cl de crème fraîche
1 gousse de vanille
5 jaunes d'œufs
125 g de sucre en poudre

Mettez la crème dans une casserole avec la gousse de vanille et faites-la chauffer jusqu'à ce qu'elle commence tout juste à frémir. Retirez du feu, couvrez et laissez infuser pendant 10 minutes. Retirez la vanille.

Battez les jaunes d'œufs dans une jatte avec 50 g de sucre, jusqu'à ce que le mélange soit clair. Ajoutez progressivement la crème chaude, sans cesser de battre, jusqu'à ce que le mélange soit homogène. Versez cette crème dans 6 ramequins. Posez-les dans un plat rempli à moitié d'eau chaude et faites cuire les crèmes au centre du four préchauffé à 150 °C, Th. 2, pendant 1 heure, jusqu'à ce qu'elles soient prises. Ne les laissez pas dorer.

Pendant ce temps, faites chauffer un gril. Saupoudrez le reste du sucre sur les crèmes et passez-les au gril pendant 2 ou 3 minutes, jusqu'à ce qu'elles soient bien dorées. Laissez refroidir et réfrigérez avant de servir.

TOURTE AUX BANANES ET AUX NOIX DE PÉCAN *(214)*

Cet entremets hivernal appartient à cette catégorie de desserts que l'on déguste en poussant des soupirs de bonheur. Le coulis aux airelles et à l'orange contrebalance à merveille la richesse de la tarte. Il est possible de préparer la tarte à l'avance et de la garder au réfrigérateur, vous la glacerez au moment de servir.

POUR 6-8 PERSONNES

POUR LE COULIS
175 g d'airelles fraîches
30 cl de jus d'orange
4 cuillères à soupe de jus de citron
125 g de sucre en poudre
POUR LA TARTE
250 g de pâte feuilletée surgelée, décongelée
250 g de fromage frais
75 g de cassonade
1 gros œuf, légèrement battu
3-4 bananes fermes (selon la taille)
zeste râpé fin et jus d'un citron
75 g de noix de pécan, coupées en deux
lait et sucre en poudre pour le glaçage

Commencez par préparer le coulis d'airelles et d'orange. Mettez les airelles dans une casserole avec le jus d'orange et de citron, puis portez à ébullition, couvrez et laissez mijoter pendant 10 à 12 minutes, jusqu'à ce que les airelles se soient ouvertes.

Ajoutez le sucre en poudre et remuez jusqu'à ce qu'il soit complètement dissous. Mixez le mélange dans un robot ménager, jusqu'à ce qu'il soit bien lisse. Si vous souhaitez que votre coulis soit encore plus lisse, vous pouvez le passer au travers d'un chinois. Versez-le dans une saucière et réfrigérez.

Beurrez généreusement un moule à tarte de 20 à 24 cm. Divisez la pâte en deux pour former 2 carrés. Sur un plan légèrement fariné, étalez 2 cercles, le premier de la taille du moule, le deuxième légèrement plus grand. Piquez le fond avec une fourchette et tapissez le plat avec le plus grand cercle.

Mettez le fromage frais et la cassonade dans une jatte et fouettez jusqu'à ce que le mélange soit bien mousseux. Incorporez le jaune d'œuf battu tout en fouettant. Écrasez les bananes avec le jus de citron et ajoutez-les aussitôt dans la préparation au fromage, avec les noix de pécan et le zeste de citron.

Versez le mélange dans le moule et recouvrez-le avec le deuxième cercle de pâte. Découpez l'excédent de pâte proprement, humectez les bords avec de l'eau et pincez les bords. Étalez les chutes de pâte pour découper des motifs décoratifs et humectez-les sur l'une des faces. Badigeonnez le dessus avec du lait et saupoudrez de sucre en poudre. Faites cuire au centre du four préchauffé à 200 °C, Th. 6 pendant 30 à 35 minutes, jusqu'à ce que la pâte soit bien dorée. Servez la tourte chaude ou froide avec le coulis froid.

CŒUR AU CHOCOLAT ET AUX FRAMBOISES *(214)*

Pour donner une petite note de fête à cet entremets, par ailleurs très simple à préparer, utilisez un moule en forme de cœur. Si vous utilisez un moule métallique recouvert d'un revêtement antiadhésif, il convient de le tapisser de papier alimentaire avant d'ajouter les ingrédients de l'entremets.

POUR 6 PERSONNES

150 g de chocolat noir, cassé en morceaux
5 cuillères à soupe d'eau
500 g de fromage frais
50-75 g de sucre glace tamisé
1 sachet de gélatine en poudre
125 g de framboises
cacao pour décorer

Huilez légèrement un moule en forme de cœur de 1 litre de contenance. Mettez le chocolat et 2 cuillères à soupe d'eau dans une jatte résistant à la chaleur au-dessus d'une casserole d'eau frémissante. Faites fondre le chocolat et remuez jusqu'à ce qu'il soit bien lisse. Laissez légèrement refroidir.

Mettez le fromage frais dans une jatte et incorporez le sucre glace tout en remuant. Saupoudrez la gélatine dans 3 cuillères d'eau très chaude et remuez jusqu'à ce qu'elle soit dissoute. Ajoutez-la au fromage frais tout en fouettant. Incorporez le chocolat sans trop mélanger, pour laisser des filets de blanc dans le chocolat.

Mettez les framboises dans le fond du moule et recouvrez-les de mélange au chocolat et au fromage. Tapez le fond du moule sur le plan de travail pour homogénéiser l'appareil. Réfrigérez pendant au moins 1 heure.

Pour démouler, décollez les bords de l'entremets avec le bout des doigts, puis renversez-le sur une assiette. Parsemez la surface de cacao en poudre.

CRÈME À LA NOIX DE COCO *(217)*

Cet entremets est délicieux après un repas épicé. Vous pourrez l'accompagner de fruits exotiques. À mon avis, cette crème est meilleure servie à température ambiante plutôt que très froide.

POUR 6 PERSONNES

30 cl de crème
30 cl de lait
50 g de noix de coco
1 cuillère à café de sel
3 gros œufs
2 jaunes d'œufs
75 g de sucre en poudre
50 g de noix de cajou non salées, hachées

Placez un plat rempli aux trois quarts d'eau sur la plaque centrale du four préchauffé à 160 °C, Th. 3. Mettez la crème, le lait et la noix de coco dans une casserole et remuez à feu doux, jusqu'à ce que le mélange soit fondu. Salez et retirez du feu. Mettez les œufs, les jaunes d'œufs et le sucre dans une jatte. Fouettez puis incorporez petit à petit la crème à la noix de coco.

Parsemez les noix de cajou hachées au fond d'un moule à soufflé de 1,2 litre. Versez la préparation par-dessus et posez le moule dans le plat rempli d'eau. Faites cuire pendant 1 heure à 1 heure 15, jusqu'à ce que la crème soit légèrement ferme. Retirez du four et laissez refroidir avant de servir.

PÂTES DE CUISINE ET DE PÂTISSERIE

Les pâtes qu'on prépare chez soi sont de véritables délices, à la fois riches, légers et fondants. Pourtant, de nombreuses personnes hésitent à se lancer, comme si seuls de grands chefs étaient capables de produire des préparations aussi variées en termes de goût et de consistance. Il est vrai que certaines pâtes sont difficiles à confectionner, mais la plupart des recettes sont à la portée de tous.

J'adore faire mes propres expériences, essayer de nouvelles combinaisons et des saveurs nouvelles. Il y a peu de temps encore, je me croyais incapable de préparer une bonne pâte à tarte, jusqu'au jour où l'on me conseilla d'ajouter davantage de matières grasses, moins d'eau, et de travailler la pâte le moins longtemps possible. Le résultat fut délicieux et m'incita à essayer de nouvelles recettes. Dès que vous maîtriserez une technique, vous pourrez l'utiliser pour confectionner une infinité de recettes.

On distingue les pâtes sèches (brisée, sablée ou feuilletée) et les pâtes levées (comme la pâte à choux). La pâte brisée peut être sucrée ou non. La pâte feuilletée, composée d'une succession d'épaisseurs de pâte, est exquise mais exige un certain tour de main, que l'on acquiert avec un peu de pratique. La pâte sablée, riche et friable, est réservée à la pâtisserie fine. La pâte à strudel est particulièrement difficile à réussir. La pâte à choux se prépare de façon tout à fait différente ; la cuisson de la farine et l'addition d'œufs entiers battus permettent à la préparation de gonfler en cours de cuisson. Bien que très spectaculaire, la pâte à choux est facile à préparer. Il existe d'autres types de pâtes, chacun ayant une utilisation spécifique. C'est le cas de la pâte à pâtés en croûte ou de celles qui enveloppent certains entremets.

Pour réussir une pâte, il est important d'utiliser des ingrédients de bonne qualité, dans des proportions exactes. Lorsque vous aurez acquis un peu d'expérience, vous pourrez vous permettre de les modifier légèrement selon votre goût. La farine, les matières grasses et les œufs sont les ingrédients principaux qui entrent dans la composition d'une pâte. Leurs qualités peuvent varier du meilleur au pire, aussi est-il important de choisir ces produits avec attention. La farine fluide ou tamisée est celle que l'on recommande pour la pâte, car elle contient moins de gluten, mais il m'arrive d'utiliser de la farine plus riche en gluten et d'obtenir d'excellents résultats. On peut également remplacer une partie de la farine classique par de la farine complète, des noix ou des noisettes pilées. Je n'ai, quant à moi, jamais goûté de pâte réussie préparée uniquement avec de la farine complète.

Le sucre — glace ou en poudre — est ajouté à certaines pâtes, mais on peut également parfumer les préparations avec de la vanille, des zestes de citron ou d'orange, ainsi que des épices et des herbes aromatiques. La pâte est un ingrédient de base dont on a très souvent besoin ; c'est pourquoi il faudrait toujours en avoir au congélateur. La pâte que l'on achète dans le commerce, au rayon frais ou surgelé, rend de grands services lorsque l'on manque de temps, surtout s'il s'agit de pâte feuilletée.

Les pâtes sucrées et salées prennent une infinité de formes. Dans le sens des aiguilles d'une montre, à partir du haut : Tarte aux fraises et au citron vert (page 258), à la saveur acidulée ; Tarte aux pommes et aux pignons dans sa délicate chemise de pâte (page 258) ; Tartelette à l'oignon, à l'ail et au safran (page 259), servie ici avec une salade mélangée ; Tourte au gibier (page 256) ; Méli-mélo de viande en croûte (page 259) avec sa garniture de petits légumes.

TECHNIQUES DE BASE

Une pâte doit toujours être travaillée le moins longtemps possible. Incorporez les ingrédients froids très rapidement, car si vous la pétrissez trop longtemps, la pâte rétrécira en cours de cuisson et durcira en refroidissant. Il vaut mieux réfrigérer avant de garnir le moule, car ainsi le beurre durcit et empêche la pâte de rétrécir. Avant de la réfrigérer, abaissez la pâte en un disque régulier et enveloppez-la soigneusement, afin que les bords ne se dessèchent pas avant que le centre ne soit suffisamment froid. Si la pâte est trop ferme pour être étalée convenablement, laissez-la réchauffer légèrement à température ambiante.

La pâte se conservera pendant 2 ou 3 jours. Vous pouvez l'étaler et en garnir le moule avant de la placer au réfrigérateur. Conservez les fonds de tarte cuits dans une boîte hermétique. Si vous ne les utilisez pas aussitôt, il est préférable de les congeler dans leur moule. La pâte ne se congèle pas plus de 3 mois. Le moment venu, vous pourrez faire cuire directement la pâte encore congelée.

Une fois étalée, la pâte peut foncer un moule à tarte plus ou moins profond ou des moules à tartelettes. Les bords peuvent être décorés à l'aide d'une fourchette, avec les doigts ou encore avec des chutes retravaillées (voir page suivante). J'aime adapter les formes ou les motifs de pâte au plat : par exemple des feuilles pour décorer une tourte aux poires ou un message sur un gâteau d'anniversaire.

PRÉPARER LA PÂTE

La plupart des pâtes associent du beurre froid, de la farine et de l'eau. Mélangez les ingrédients secs dans une grande jatte, ajoutez le beurre en petits morceaux, en le frottant du bout des doigts, jusqu'à ce que le mélange soit grumeleux. Vous pouvez aussi utiliser deux couteaux pour couper le beurre (voir page 246). Ajoutez l'eau froide (ou l'œuf battu si vous souhaitez une pâte plus riche) à l'aide d'une fourchette jusqu'à ce que la pâte se tienne. Réunissez-la rapidement en une boule et aplatissez-la en un disque régulier. Enveloppez-le dans du film alimentaire et réfrigérez pendant au moins 30 minutes.

Pour incorporer le beurre, prenez entre les doigts de petites quantités de farine et de beurre et frottez-les du bout des doigts, au-dessus de la jatte, en laissant les miettes retomber. Continuez cette opération jusqu'à ce tout le beurre soit incorporé et que le mélange soit grumeleux; ajoutez ensuite l'eau et mélangez pour obtenir une pâte lisse.

ÉTALER LA PÂTE

Laissez ramollir la pâte jusqu'à ce qu'elle soit facile à travailler (ainsi les bords n'auront pas tendance à se craqueler). Farinez le plan de travail et le rouleau à pâtisserie. Aplatissez la boule de pâte à la forme voulue avant de l'étaler.

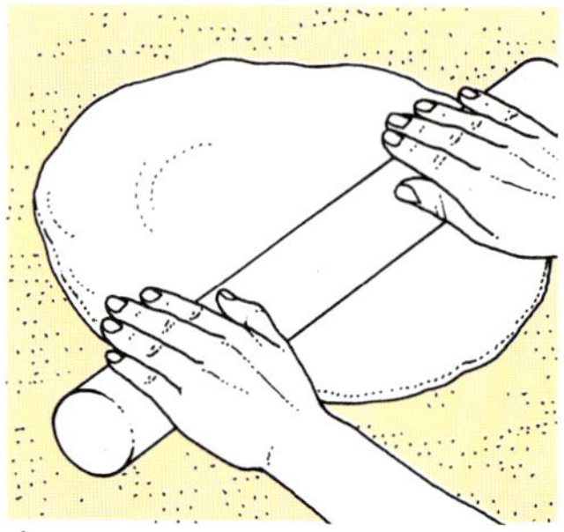

Étalez la boule de pâte en commençant par le centre, en tournant l'abaisse d'un quart de tour à chaque fois. Poussez sur les bords, afin de garder une forme régulière.

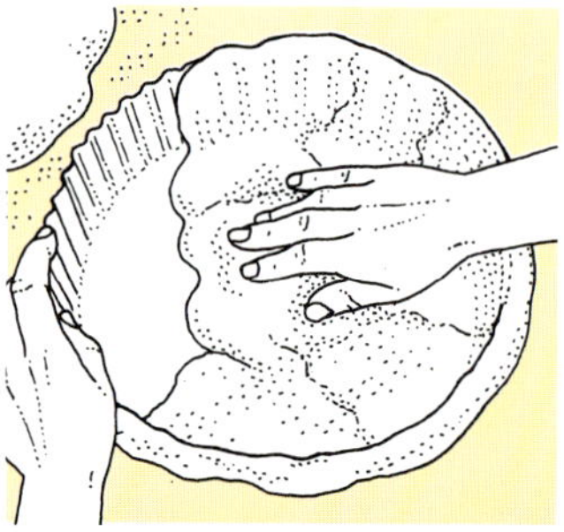

Les pâtes riches et sucrées collent parfois au rouleau. Si c'est le cas, étalez la pâte avec les doigts. Les irrégularités disparaîtront en cours de cuisson.

FONCER UN MOULE

Il est généralement inutile de beurrer un moule à tarte, car le beurre contenu dans la pâte suffit à l'empêcher de coller. L'épaisseur de pâte dépend du type de moule utilisé. Pour la plupart des tartes, une épaisseur de 2,5 mm est suffisante; les tourtes ou les tartes comportant une garniture riche et épaisse peuvent nécessiter une abaisse plus épaisse.

Nous vous indiquons ici comment foncer un moule à fond amovible et bords cannelés, mais la technique est la même pour des moules ordinaires.

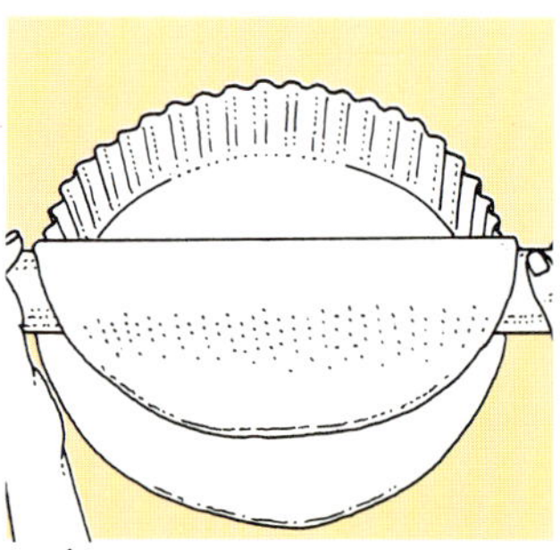

1 *Étalez la pâte en un cercle plus large de 5 cm que le moule. Repliez une moitié de pâte sur le rouleau et posez l'autre sur la moitié du moule. Déroulez la pâte, en veillant à ne pas l'étirer.*

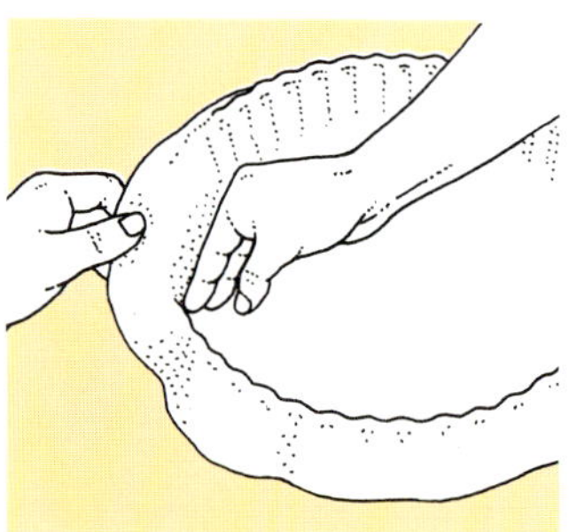

2 *Soulevez le bord de la pâte d'une main, tout en tassant de l'autre la pâte contre le moule. Si vous utilisez un moule haut, tassez bien la pâte afin qu'elle ne rétrécisse pas en cours de cuisson.*

3 *Faites rouler le rouleau à pâtisserie sur le rebord du moule et coupez l'excédent de pâte avec un couteau. Si vous avez le temps, réfrigérez le moule préparé avant de faire cuire la pâte, à blanc ou garnie.*

BORDS DÉCORATIFS

Un bord soigneusement cannelé ou décoré à l'aide d'une fourchette suffit à égayer une tarte aux fruits tout en lui donnant un fini digne des pâtissiers professionnels.

Lorsque vous avez terminé de préparer votre pâte, étalez les chutes et utilisez un emporte-pièce ou un couteau pour découper des formes décoratives, telles que feuilles, cœurs ou animaux. Vous pouvez également former des lettres afin d'inscrire un prénom sur un gâteau d'anniversaire, par exemple.

Pour fixer les décorations sur la pâte, humectez la face inférieure et appliquez-les là où vous le souhaitez. Vous pouvez également dorer la pâte à l'œuf battu, ajouter les formes et les dorer avant d'enfourner.

Les bords décoratifs donnent un fini de professionnel à une simple tarte. La tourte à rebord cannelé a également été décorée de motifs découpés dans des chutes de pâte. Les rainures imprimées avec une fourchette sont d'une élégante simplicité.

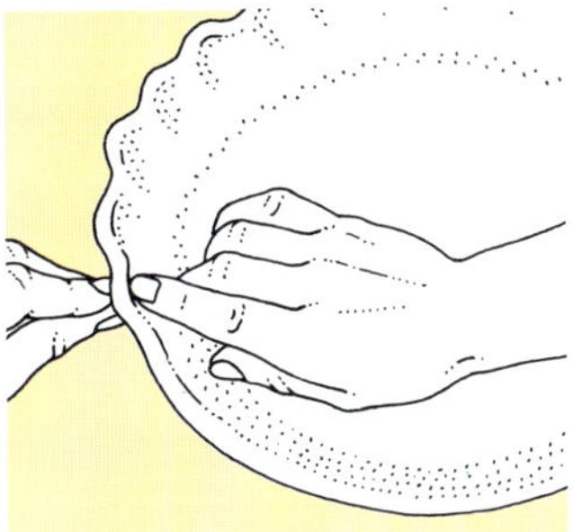

Formez un bord cannelé en plaçant un index sur le bord interne du moule pendant, que de l'autre main, vous pincez, à l'aide du pouce et de l'index, la pâte à intervalles réguliers.

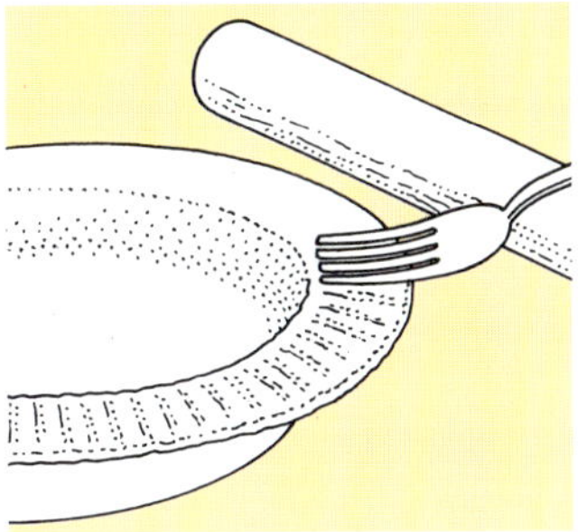

Appuyez délicatement une fourchette sur le rebord, à intervalles réguliers. Vous pouvez aussi cranter le bord à l'aide d'une spatule à lame arrondie.

À l'aide d'un couteau aiguisé, ou d'un emporte-pièce, formez des formes avec les chutes de pâte étalées. Utilisez la pointe d'un couteau pour marquer les nervures des feuilles.

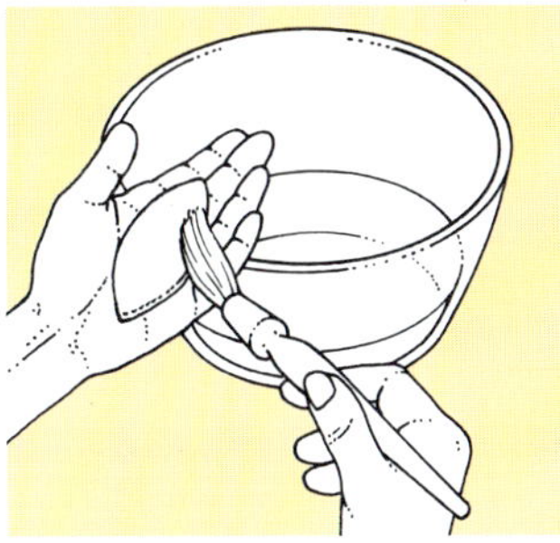

Humectez la partie inférieure des formes, puis posez-les sur la pâte. Dorez la pâte à l'œuf battu avant de la faire cuire au four.

GLAÇAGES ET FINITIONS

Un glaçage léger donne de la couleur à la pâte et l'empêche de se détremper au contact d'une garniture trop liquide. La préparation que l'on utilise le plus fréquemment se compose d'un œuf entier battu avec une pincée de sel. Il suffit d'en badigeonner la pâte avant de l'enfourner. Un jaune d'œuf battu avec 2 cuillères à café d'eau donne un aspect moins brillant mais une couleur plus soutenue. Le lait et la crème fraîche liquide conviennent également très bien.

Appliquez le glaçage avant d'entailler ou de piquer la pâte, afin qu'elle ne s'imprègne pas du liquide. On peut également utiliser de l'œuf battu pour fixer les formes décoratives.

CUISSON À BLANC

Cette technique permet de faire cuire complètement ou partiellement un fond de tarte avant de le garnir. Si la garniture n'exige pas de cuisson, la pâte doit être cuite au préalable. Sinon, ne faites cuire la pâte que partiellement. Faites cuire à 220 °C, Th. 7, pendant 10 minutes, puis baissez à 190 °C, Th. 5 et faites cuire 5 minutes. Les temps de cuisson dépendent de l'épaisseur de pâte. Retirez le papier et les haricots. Si la pâte doit être complètement cuite, poursuivez la cuisson pendant 8 à 10 minutes.

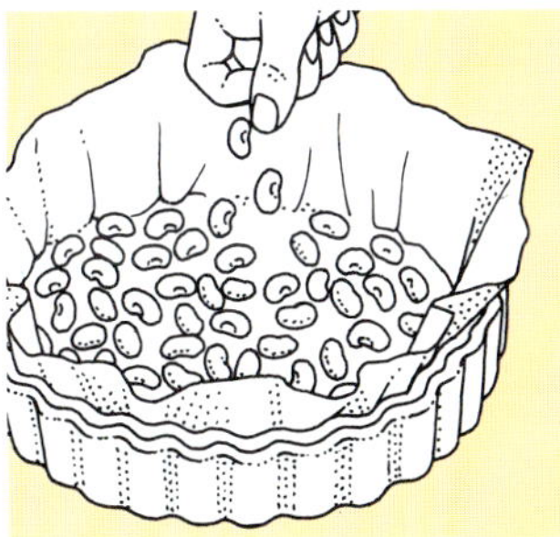

Piquez le fond de tarte avec une fourchette, tapissez-le d'un morceau de papier sulfurisé plus grand de 5 cm que le diamètre de la tarte. Garnissez-le de haricots secs ou de riz, y compris contre les bords.

LA PÂTE BRISÉE

La pâte brisée est très couramment utilisée dans la cuisine de tous les jours. Elle est à la base de nombreuses tartes aux fruits, des tourtes salées et des quiches. Elle peut être parfumée avec des herbes ou des épices, choisies en fonction de la garniture. On la prépare généralement avec du beurre, mais la margarine, le saindoux ou l'huile végétale conviennent aussi. Plus la pâte comporte de matières grasses, plus elle est savoureuse, mais moins elle est facile à travailler. Si vous éprouvez des difficultés pour abaisser une pâte riche, étalez-la du bout des doigts, en pinçant les trous qui apparaissent, pour les refermer. La pâte préparée au robot est plus facile à abaisser.

Les possibilités de garniture de la pâte brisée sont infinies, ou presque. Les fruits de tout type permettent de réaliser de délicieux desserts. La viande, le poisson ou les légumes peuvent être liés dans une sauce à base d'œufs et cuits dans un fond de tarte, comme une quiche. Enfin, la pâte brisée peut envelopper des pâtés ou d'autres garnitures « en croûte ».

Avec 250 g de farine, on peut confectionner un fond de tarte de 20 cm environ ou 6 petites tartelettes de 10 cm. Avec 300 g de farine, vous obtiendrez suffisamment de pâte pour préparer une tourte de 20 cm ou recouvrir un plat de 1,2 litre de contenance. Lorsque le moule est recouvert de pâte, réfrigérez-le pendant 30 minutes avant de le faire cuire. La pâte brisée peut cuire à blanc (voir page 245) avant d'être garnie, surtout si les ingrédients de la garniture sont un peu liquides.

PÂTE BRISÉE

Les quantités de la recette de base peuvent varier pour s'adapter à un moule ou un récipient particulier. On prévoit généralement deux mesures de farine pour une mesure de matières grasses, mais si vous désirez que la pâte s'émiette davantage, ajoutez un peu de matières grasses et diminuez la quantité d'eau. Un mélange de beurre et de matières grasses végétales donne une pâte très légère.

Veillez à travailler la pâte le moins possible ; utilisez des ingrédients bien froids et mélangez-les rapidement. Ne vous inquiétez pas si la pâte n'est pas parfaitement homogène : en cherchant à obtenir un résultat très lisse, vous risqueriez de voir la pâte durcir en cours de cuisson. N'utilisez pas trop d'eau, qui elle aussi pourrait faire durcir la pâte. Les pâtes assez riches n'ont pratiquement pas besoin d'eau. Elles seront savoureuses et friables une fois cuites.

Pour foncer un moule de 22 cm, il vous faut 250 g de farine, 1/2 cuillère à café de sel, 125 g de beurre froid coupé en dés et 2 ou 3 cuillères à soupe d'eau bien froide. Pour une tarte, il est préférable d'utiliser un moule à fond amovible mais les moules en porcelaine à feu, plus esthétiques, donnent également de bons résultats.

PÂTE BRISÉE : VARIANTES

Lorsqu'on prépare une pâte brisée avec de la margarine ou de l'huile végétale, la technique est légèrement différente. Mettez la margarine ou l'huile et l'eau avec un tiers de la farine dans une jatte et mélangez ces ingrédients à l'aide d'une fourchette ; incorporez ensuite le reste de farine et pétrissez légèrement le tout, afin d'obtenir une pâte molle.

Vous pouvez également préparer de la pâte brisée dans un robot ménager, plutôt qu'à la main. Mais il faut veiller à ne pas trop mixer la pâte ; arrêtez l'appareil dès qu'elle se rassemble en se détachant des bords. Roulez-la en boule à la main.

Pour préparer une pâte enrichie au fromage frais, mettez 75 g de fromage frais, 75 g de beurre, 250 g de farine et 2 cuillères à soupe de sucre dans un robot ménager et mixez jusqu'à ce que les ingrédients forment une boule homogène. Cette pâte est difficile à abaisser au rouleau et il vous sera sûrement plus facile de l'étaler avec les doigts, directement dans le moule.

En remplaçant l'eau de la recette de base par de la crème fraîche, on obtient une pâte encore plus moelleuse, idéale pour envelopper de la viande.

On ajoute aussi souvent 1 œuf battu et 20 g de sucre.

1 *Avant de commencer, placez un bol d'eau au réfrigérateur. Mélangez la farine et le sel dans une grande jatte. Ajoutez le beurre froid coupé en dés et coupez-le à l'aide de deux couteaux, jusqu'à ce que le mélange devienne bien grumeleux. Vous pouvez également frotter les ingrédients du bout des doigts (voir page 244).*

2 *Ménagez un puits au centre de la farine et ajoutez 2 cuillères à soupe d'eau très froide ; mélangez rapidement avec la lame d'un couteau. La consistance est bonne lorsqu'un peu de pâte prise entre le pouce et l'index colle légèrement ; si elle est trop sèche, ajoutez petit à petit un peu d'eau froide. N'en versez pas trop car la pâte ne doit pas devenir trop compacte.*

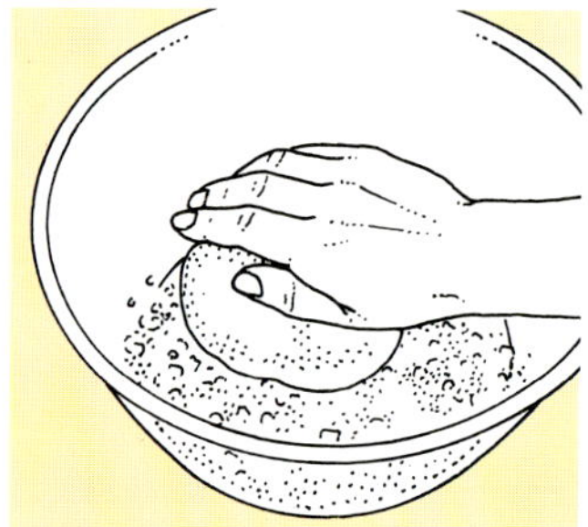

3 *Rassemblez la pâte en une boule, en ramassant les miettes collées sur le bord de la jatte. Pétrissez la boule d'une main, afin de ne pas trop la travailler.*

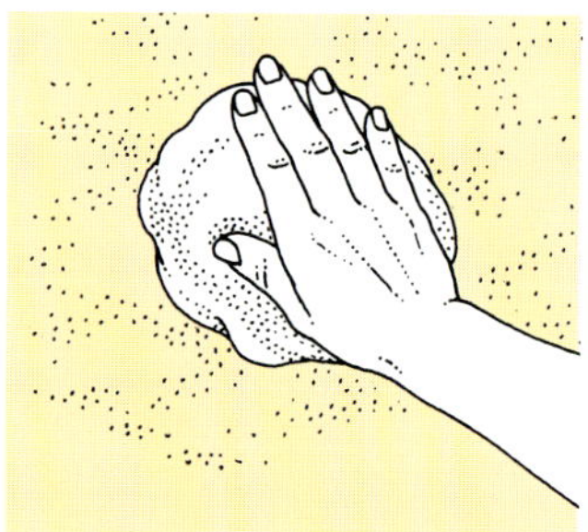

4 *Aplatissez-la sur un plan de travail fariné en un disque régulier. Enveloppez-la dans un film alimentaire et réfrigérez pendant au moins 30 minutes. Laissez-la à température ambiante quelques minutes, puis étalez-la.*

QUICHES ET TOURTES SALÉES

Les quiches et tourtes salées sont toujours très appréciées. Chaleureuses et conviviales, elles sont très commodes pour le dîner. Ces recettes comportent généralement une base d'œufs dans laquelle on incorpore du poisson cuit et émietté, des légumes blanchis, du fromage et d'autres ingrédients aromatiques.

Préparez une pâte brisée (voir page précédente) en utilisant 250 g de farine et 125 g de beurre. Étalez-la dans un moule de 22 cm en porcelaine, ou métallique avec un fond amovible, et faites cuire la pâte à blanc (voir page 245) pendant 15 minutes, jusqu'à ce qu'elle soit partiellement cuite. Retirez le papier et les haricots. Préparez la base de la garniture en battant 4 œufs avec 30 cl de lait et 30 cl de crème. Pour 6 personnes.

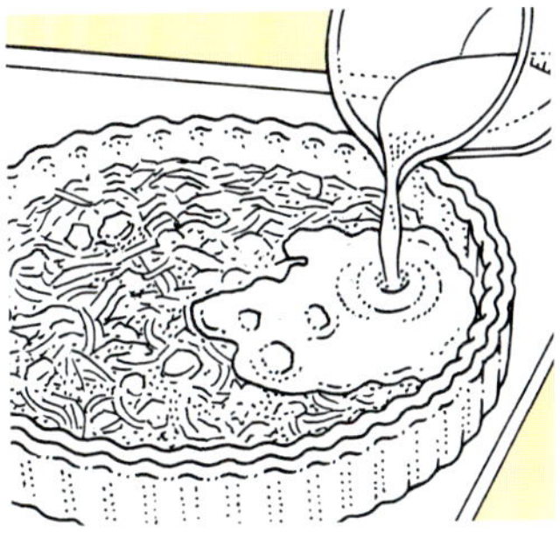

1 *Parsemez 125 g de jambon coupé en dés et 125 g de fromage râpé, ou un autre type de garniture, au fond du moule préparé. Disposez le moule sur une plaque à pâtisserie et versez la préparation aux œufs sur les ingrédients de garniture.*

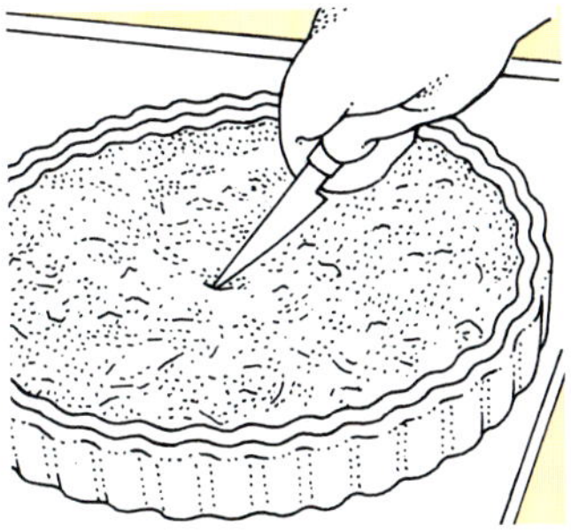

2 *Faites cuire à 160 °C, Th. 3, pendant 45 minutes, jusqu'à ce que la garniture soit bien cuite. Servez la tarte dans son moule, après l'avoir laissée refroidir légèrement.*

PARFUMER UNE PÂTE BRISÉE

- Pour une tourte ou une tarte salée, incorporez à la farine du fromage râpé au goût prononcé. Le parmesan donne d'excellents résultats. De la mimolette râpée ajoute une belle couleur à la pâte, tandis que le roquefort permet d'obtenir un effet marbré. Incorporez toujours le fromage à la farine avant d'ajouter le beurre.
- La pâte peut être parfumée avec des herbes aromatiques séchées, notamment de l'origan, de l'estragon, du thym ou de l'aneth. Le romarin ou l'estragon frais et haché ainsi que les feuilles de laurier écrasées sont excellents.
- Vous pouvez préparer des pâtes parfumées avec des épices. Le curcuma donne à la pâte une belle couleur jaune vif, tandis que le curry apporte une petite saveur exotique très agréable.
- Le cumin, entier ou moulu, mélangé à de la menthe séchée, confère à la recette un caractère moyen-oriental très original. La pâte parfumée au cumin se marie très bien avec la viande d'agneau.
- Pour préparer une pâte au safran, faites chauffer un peu de lait aromatisé avec une bonne pincée de filaments de safran et laissez refroidir. Utilisez ce mélange à la place de l'eau dans la préparation de la pâte.
- Les épices entières telles que les graines de carvi ou de fenouil parfument délicieusement bien la pâte qu'on destine aux tartes au fromage, aux légumes ou au poisson.
- Un zeste de citron râpé et de la cardamome moulue donnent également d'excellents résultats.
- On peut ajouter un peu de purée de tomates à de la pâte parfumée au fromage et aux herbes. Elle liera les ingrédients et remplacera avantageusement l'eau de la recette.
- Pour obtenir une pâte à l'ail, ajoutez un peu d'ail haché et mélangez-le soigneusement dans la farine — le gingembre frais s'incorpore de la même façon.
- Un peu de piment fraîchement haché apporte une note relevée inattendue.

TARTELETTES SALÉES

Les tartelettes salées peuvent présenter des formes et des tailles diverses. Elles sont idéales pour un apéritif copieux ou en entrée. Faites cuire les fonds de tartelettes à blanc (voir page 245) avant de les garnir avec les ingrédients de votre choix. Laissez-les refroidir sur une grille.

Les quantités indiquées page précédente permettent de confectionner entre 18 et 20 barquettes. Les fonds de tartelettes cuits se conservent dans une boîte hermétique pendant 2 ou 3 jours. Ils se congèlent également très bien.

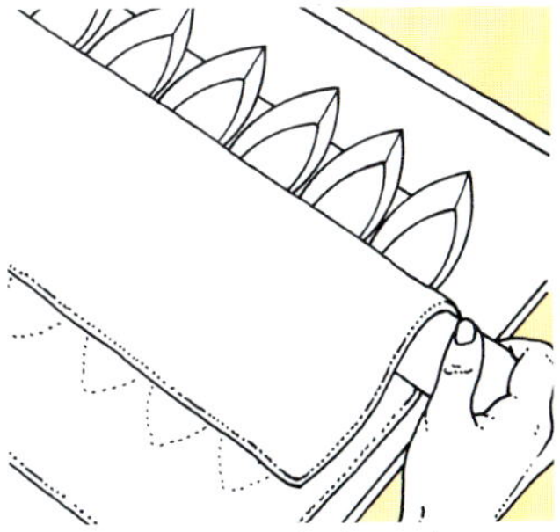

1 *Disposez les moules à tartelettes sur une tôle à pâtisserie, en rangs réguliers. Étalez la pâte en un rectangle de 2 à 3 mm d'épaisseur (voir page 244), puis glissez-la sur les moules en vous aidant du rouleau.*

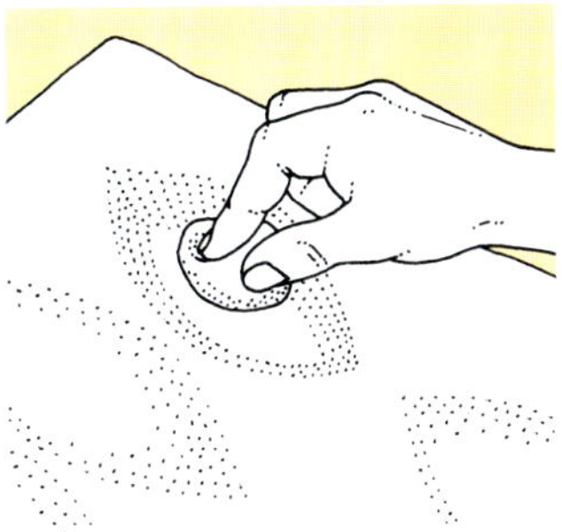

2 *À l'aide d'un petit morceau de pâte, tassez soigneusement la pâte dans chaque moule, en appuyant délicatement la pâte contre les bords et le fond. Le petit tampon de pâte évite que des traces de doigts n'apparaissent après la cuisson.*

3 *Passez le rouleau sur les moules pour couper l'excédent de pâte. Piquez le fond de chaque tartelette avec une fourchette. Faites-les cuire à blanc (voir page 245), pendant 8 à 10 minutes. Retirez le papier et les haricots et poursuivez la cuisson pendant 6 à 8 minutes.*

Les fonds de tartelettes peuvent être garnis de mille et une façons pour servir d'entrée ou d'en-cas. Ici ils contiennent des rondelles d'oignons frits, de la purée de poivron et du yaourt à la ciboule et aux noix.

LES PÂTES SUCRÉES

Ces pâtes, plus riches que la pâte brisée, sont également plus croustillantes. Elles conviennent particulièrement bien à la préparation de tartelettes garnies de crème et de fruits. Une simple tarte aux pommes prend une saveur nouvelle dès lors qu'on la prépare avec une pâte sablée. La pâte au beurre chaud et la pâte au chocolat (voir page suivante) sont extrêmement simples à confectionner. Le résultat est toujours délicieux.

Vous éprouverez peut-être des difficultés à abaisser ce type de pâte. Si c'est le cas, je vous conseille d'étaler la pâte dans le moule ou le plat avec vos doigts. Une fois cuite, la pâte ne présentera plus d'irrégularités.

Si vous utilisez de la pâte sucrée (voir ci-dessous) pour préparer une tarte aux fruits ou à la crème, vous pouvez la parfumer avec des noix ou des noisettes pilées. Pour cela, remplacez la moitié de la farine par des noisettes, des noix, des amandes ou des noix de pécan, et supprimez la moitié des jaunes d'œufs. Les noix pilées ne contenant pas de gluten (contrairement à la farine), cette pâte ne sera pas facile à manipuler. N'essayez pas de l'étaler, mais aplatissez-la délicatement du bout des doigts. On peut parfumer la pâte sucrée en remplaçant l'extrait de vanille par du kirsch ou toute autre liqueur.

PÂTE SUCRÉE

Cette délicieuse pâte, qui contient du sucre et des œufs, est aussi croustillante qu'un biscuit. Contrairement à d'autres recettes, il est important ici d'utiliser du beurre à température ambiante. Pour enrichir cette pâte, vous pouvez également remplacer la moitié de la farine par des noix pilées. Dans ce cas, n'utilisez que 2 jaunes d'œufs. N'hésitez pas à utiliser des noisettes, des noix de pécan ou des amandes. Travaillez rapidement la pâte et réservez-la au frais avant de l'étaler.

Pour foncer une tarte de 22 cm, utilisez 200 g de farine, 1/2 cuillère à café de sel, 100 g de beurre ramolli, 50 g de sucre en poudre, 4 jaunes d'œufs et 1/2 cuillère à café d'extrait de vanille.

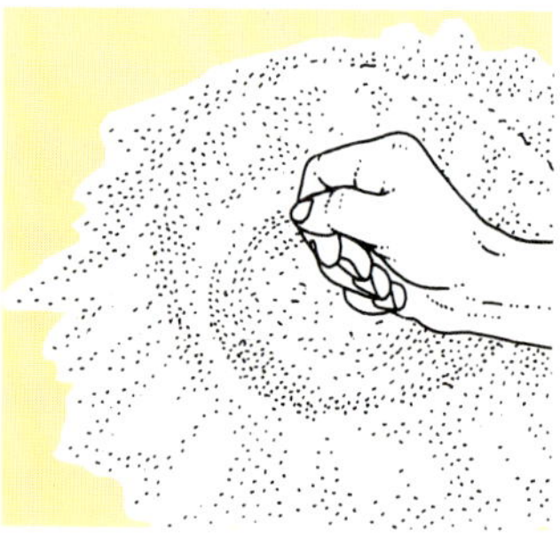

1 *Tamisez la farine et le sel sur un plan de travail. Ménagez un puits au centre, avec votre poing.*

2 *Ajoutez le beurre, le sucre, les jaunes d'œufs et l'extrait de vanille. Mélangez les ingrédients du bout des doigts.*

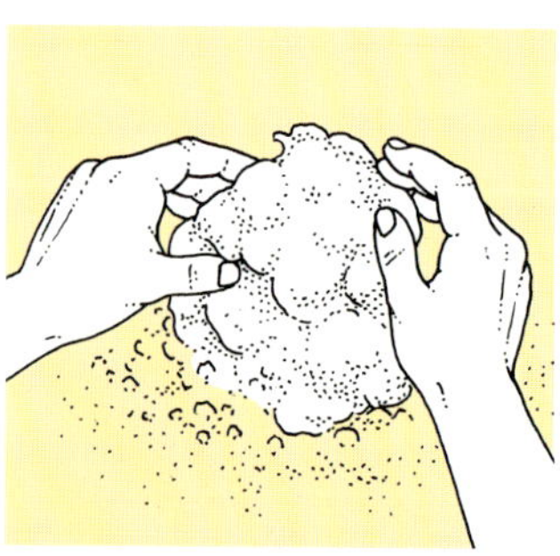

3 *Tandis que la préparation se lie petit à petit, incorporez bien la farine et formez une boule.*

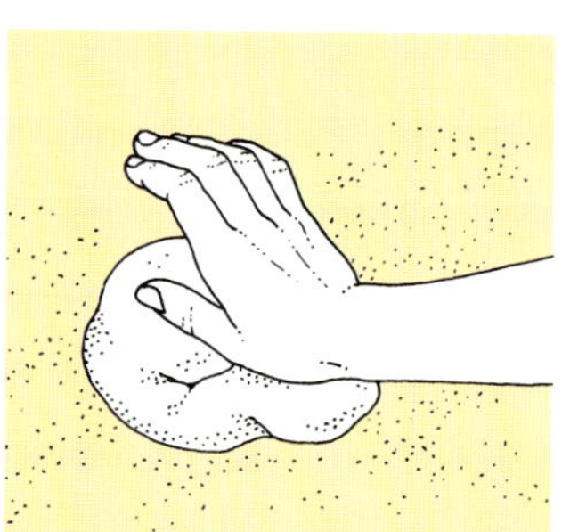

4 *Pétrissez la farine, avec la paume de la main, jusqu'à ce qu'elle soit assez lisse. Enveloppez la boule de pâte dans du film alimentaire et réfrigérez 30 minutes au moins.*

PÂTE SABLÉE

La pâte sablée permet, entre autres, de confectionner de délicieuses tartelettes à la confiture. Étalez la pâte en une abaisse de 2 à 3 mm d'épaisseur et découpez les fonds de pâte à l'aide d'un emporte-pièce. Pétrissez les chutes de pâte et roulez la pâte à nouveau pour découper des motifs, si vous le souhaitez.

Pour la pâte, mélangez 250 g de farine, 1 pincée de sel et 125 g de beurre ramolli. Formez un puits et cassez-y 1 œuf, puis ajoutez 125 g de sucre semoule. Incorporez rapidement tous les ingrédients, roulez en boule et réfrigérez 1 heure au moins. Faites cuire à 375 °C, Th. 5, pendant 10 à 12 minutes, jusqu'à ce que la confiture commence à bouillonner. Pour environ 25 tartelettes.

1 *Étalez la pâte et découpez autant de ronds que possible ; roulez les chutes pour découper d'autres ronds ou des motifs.*

2 *Disposez les ronds dans les moules et tassez-les bien sur les bords et le fond. Réfrigérez pendant au moins 30 minutes.*

3 *Déposez environ 1 cuillère à soupe de confiture sur chaque fond, pas plus, car la confiture déborderait en cuisant.*

4 *Laissez refroidir après cuisson pendant 5 minutes. Puis, à l'aide d'une spatule, retirez chaque tartelette et disposez-les sur une grille.*

PÂTE SUCRÉE AU BEURRE CHAUD

C'est la recette la plus facile qui soit ; elle permet d'obtenir une pâte croustillante, à la manière d'un biscuit ; elle est idéale en fond pour contenir une garniture. Il n'est pas nécessaire de la recouvrir de haricots lorsque l'on veut la faire cuire à blanc. Il est préférable de réfrigérer la pâte avant de la faire cuire, mais cette opération n'est pas indispensable car la pâte rétrécit peu en cours de cuisson. Si vous le souhaitez, vous pouvez la parfumer avec du jus de citron ou d'orange filtré, et inclure du zeste râpé, pour en rehausser la saveur.

1 *Pour foncer un moule de 22 cm, tamisez 175 g de farine, 1/2 cuillère à café de sel et 2 cuillères à soupe de sucre glace dans une jatte. Mélangez les ingrédients. Formez un puits.*

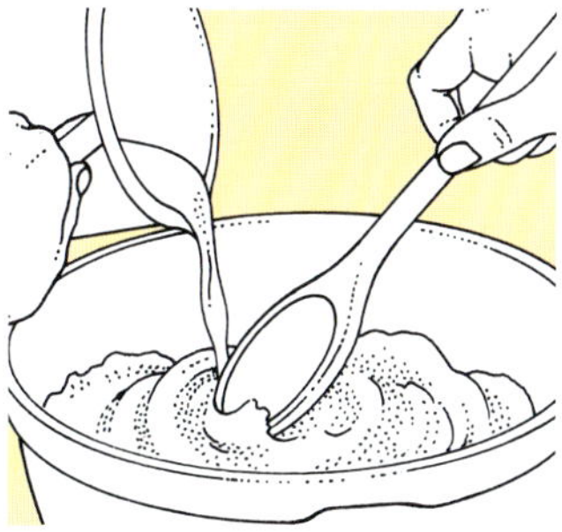

2 *Faites fondre 125 g de beurre avec 1 cuillère à soupe d'eau dans une casserole, puis versez-le progressivement dans le puits. Mélangez à l'aide d'une cuillère en bois, jusqu'à ce que vous obteniez une pâte homogène.*

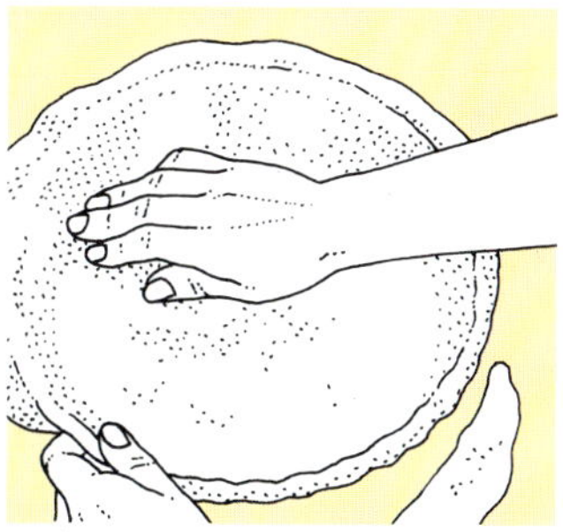

3 *Étalez la pâte dans le moule du bout des doigts. Pincez les fissures afin qu'elles disparaissent en cours de cuisson. Réfrigérez pendant au moins 30 minutes avant de faire cuire. Pour une cuisson à blanc (voir page 245), piquez la base avec une fourchette.*

PARFUMER LES PÂTES SUCRÉES

- Il peut paraître curieux d'ajouter des herbes aromatiques à une pâte sucrée, mais je vous conseille néanmoins d'essayer de parfumer la farine avec quelques brins de romarin ou des feuilles de menthe fraîche.
- Un zeste de citron, d'orange ou de citron vert finement râpé est délicieux dans une pâte sablée destinée à des tartes aux fruits.
- Pour parfumer la pâte d'une tarte aux pommes, ajoutez un peu de zeste d'orange râpé, de la cardamome, de la cannelle ou de la muscade râpée.
- Remplacez le sucre de la recette par du miel : pour cela, faites fondre 2 cuillères à soupe de miel avec le beurre, comme dans la recette de pâte au beurre chaud (voir ci-dessus), en supprimant l'eau.
- Outre la méthode présentée ci-contre pour parfumer la pâte avec du chocolat, vous pouvez également parfumer une pâte sucrée en ajoutant 25 g de cacao en poudre à la farine, ou un peu de chocolat râpé grossièrement. Le résultat sera moins homogène mais tout aussi délicieux. Ajoutez des zestes d'orange râpés pour une pâte encore plus raffinée.
- Pour obtenir un léger goût de moka, utilisez du café très fort pour lier la pâte ou ajoutez un peu de café moulu à la farine.

PÂTE AU CHOCOLAT

Cette recette est une variante de la pâte sucrée au beurre chaud. Très simple à réaliser, elle donne une base croustillante et chocolatée qui se marie particulièrement bien avec des cassis, des framboises ou d'autres fuits rouges ou exotiques frais. Vous pouvez recouvrir les fruits d'un nappage léger ou les parsemer de sucre glace.

Cette pâte est souvent utilisée pour former des coupes à glace ou à sorbet comestible en forme de tulipe. Garnissez-les juste avant de servir.

1 *Pour foncer un moule à tarte de 22 cm, tamisez 125 g de farine, ajoutez 50 g de cacao en poudre, 75 g de sucre glace et 1/2 cuillère à café de sel. Mélangez bien les ingrédients. Formez un puits.*

2 *Faites fondre 75 g de beurre avec 1 cuillère à soupe d'eau dans une casserole, puis versez-le dans le puits, en remuant. Pétrissez rapidement la pâte pour obtenir un mélange homogène.*

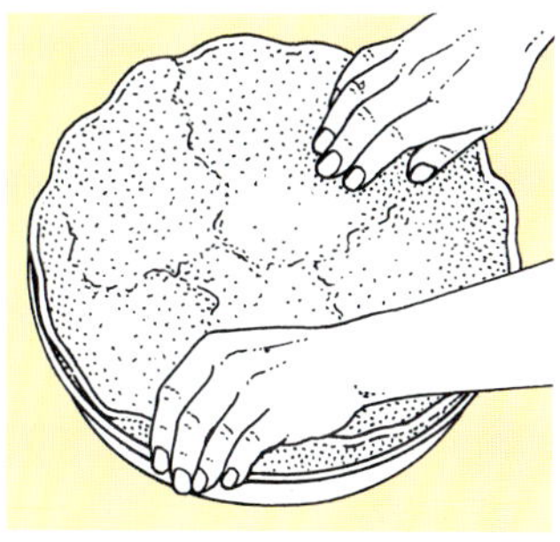

3 *Aplatissez la pâte tiède dans le moule, du bout des doigts, en tapissant le fond et les bords le plus régulièrement possible. Réfrigérez pendant au moins 30 minutes avant de faire cuire. Pour une cuisson à blanc (voir page 245), piquez le fond avec une fourchette. Il n'est pas nécessaire de le garnir de haricots.*

Cette somptueuse Tartelette aux myrtilles (page 258) présente un fond en pâte au chocolat. La pâte est cuite à blanc, puis garnie de crème et de fruits, et nappée de gelée de mûres sauvages.

LA PÂTE FEUILLETÉE

La pâte feuilletée classique est extrêmement légère ; elle constitue la base idéale de nombreuses garnitures salées, qu'il s'agisse de poisson, de poulet, de fruits de mer, de jambon ou de légumes. Elle permet en outre de préparer de somptueux desserts. Les différentes « feuilles » de pâte gonflent dans le four sous l'effet de la chaleur qui fait fondre le beurre et transforme l'eau en vapeur.

La pâte feuilletée que l'on trouve dans le commerce n'est certes pas aussi succulente que celle qu'on prépare chez soi, mais elle est souvent d'assez bonne qualité pour rendre service lorsqu'on manque de temps. La recette que j'ai choisie ici est à la fois plus simple et plus rapide que la pâte feuilletée classique.

Quelle que soit la recette de pâte feuilletée que vous utilisiez, préchauffez le four à 220 °C, Th. 7, et faites cuire la pâte pendant 8 à 10 minutes, afin qu'elle commence à monter dès le début de la cuisson ; baissez ensuite la température à 190 °C, Th. 5, pendant le reste du temps de cuisson. Une plaque à pâtisserie mouillée ou un plat rempli d'eau chaude placé dans le four favorise la levée de la pâte grâce à la vapeur ainsi dégagée.

PÂTE FEUILLETÉE

Cette recette est plus facile et rapide à préparer que la pâte feuilletée classique. Tamisez 250 g de farine dans une jatte et ajoutez 1 cuillère à café de sel. Incorporez du bout des doigts 50 g de beurre froid coupé en dés, jusqu'à ce que la préparation soit grumeleuse. Ménagez un puits au centre et versez-y 15 cl d'eau froide, en mélangeant les ingrédients avec la lame d'un couteau, afin de former une pâte molle mais non collante. Formez une boule, enveloppez-la dans du film alimentaire et réfrigérez pendant 15 minutes. Sur un plan de travail légèrement fariné, étalez la pâte en un rectangle régulier d'environ 15 cm × 45 cm. Disposez régulièrement le reste du beurre sur la pâte.

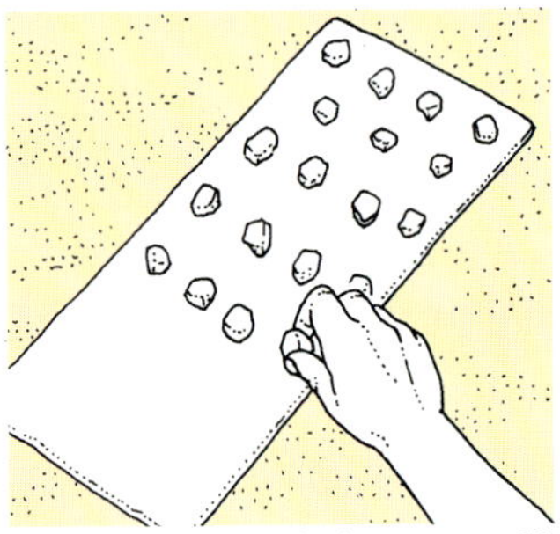

1 *Coupez 125 g de beurre supplémentaire en petits morceaux et disposez-les régulièrement sur les deux tiers de la pâte.*

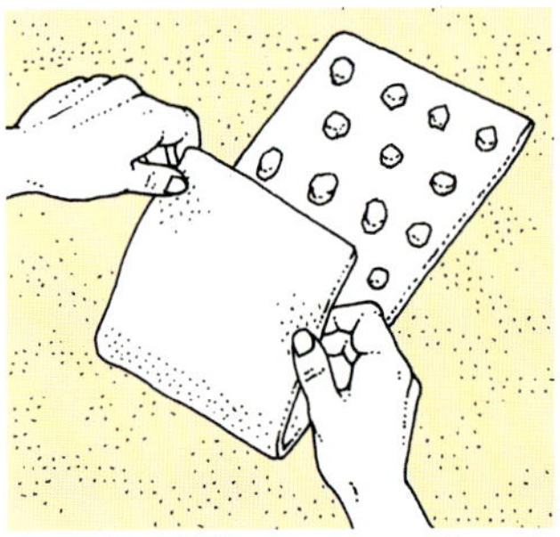

2 *Repliez le tiers restant sur la moitié de la pâte beurrée. Repliez le tiers supérieur par-dessus.*

3 *Le beurre doit être complètement enfermé dans la pâte. Écrasez les côtés de la pâte pour y enfermer de l'air. Enveloppez la pâte et réfrigérez-la pendant 20 minutes. Placez la pâte sur un plan de travail fariné.*

4 *En essayant de garder des bords réguliers, étalez la pâte en un rectangle et répétez les étapes 2 et 3 quatre fois de suite, en tournant l'abaisse d'un quart de tour à chaque fois. Enveloppez la pâte et réfrigérez pendant 20 minutes.*

PRÉPARER DES FEUILLETÉS

Les feuilletés se présentent sous la forme de petits bâtonnets que l'on sert, chauds ou froids, à l'apéritif, garnis avec les préparations les plus diverses : fromage, fruits de mer, jambon, etc.

Les vol-au-vent, ces croûtes rondes de pâte feuilletée que l'on garnit après cuisson, peuvent également être préparés avec la recette ci-contre.

Les quantités indiquées permettent de confectionner 8 feuilletés en forme de losange de 10 cm de long.

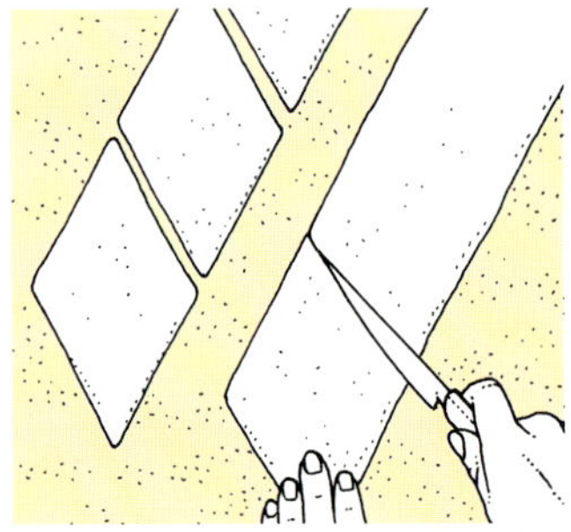

1 *Pour préparer des losanges, étalez la pâte feuilletée en une fine abaisse de 5 mm d'épaisseur. Découpez des bandes de 10 cm de large, puis recoupez-les en diagonale.*

2 *Placez les losanges sur des plaques à pâtisserie mouillées. Entaillez l'intérieur de chaque losange, sur la moitié de l'épaisseur, à 1,5 cm du bord, pour former le couvercle.*

3 *Dorez la pâte à l'œuf (voir page 245) et décorez les bords. Cela favorise la levée de la pâte. Piquez les couvercles, afin qu'ils ne gonflent pas trop. Faites cuire à 200 °C, Th. 6, pendant 10 minutes, jusqu'à ce que la pâte soit bien dorée et montée.*

4 *Lorsque les feuilletés seront cuits, vous pourrez découper délicatement les couvercles formés pendant la cuisson. Les feuilletés se conservent 24 heures dans une boîte hermétique. Garnissez-les juste avant de les servir.*

QUELQUES IDÉES

- Parfumez votre pâte feuilletée en incorporant à la farine des épices moulues, des herbes séchées ou même des amandes ou des noisettes grillées et moulues. Ajoutez ces ingrédients avant de lier la pâte avec de l'eau.
- Il m'arrive de confectionner de la pâte au fromage pour préparer des allumettes au fromage, qui lèvent de façon aussi spectaculaire que si elles étaient réalisées en pâte feuilletée : mélangez 125 g de farine de froment ou de farine complète, 2 cuillères à café de levure, 1/2 cuillère à café de piment de Cayenne et 175 g de fromage râpé. Incorporez 125 g de beurre coupé en petits morceaux puis ajoutez 2 jaunes d'œufs et remuez bien afin d'obtenir une pâte homogène. Formez une boule et réfrigérez. Étalez la pâte en une abaisse assez épaisse et coupez-la en bandes fines. Faites cuire dans la partie supérieure du four à 220 °C, Th. 7, pendant environ 10 minutes.
- La pâte feuilletée que l'on achète dans le commerce est excellente pour envelopper de la viande, du poisson ou du poulet. Les saveurs des ingrédients de la farce imprègnent la pâte, qui est souvent plus compacte que de la pâte faite maison. Toutefois, on trouve aujourd'hui facilement de la pâte feuilletée fraîche, presque aussi bonne que celle qu'on prépare chez soi.
- Vous pouvez glacer la pâte d'une tourte sucrée de caramel, en la badigeonnant avec un épais sirop de sucre (voir page 208). Sinon, dorez-la à l'œuf battu.

Fourrée aux pommes et à la confiture de fruits rouges, cette jalousie est un dessert léger et savoureux.

JALOUSIE

Ce savoureux dessert doit son nom à son aspect ajouré qui évoque la jalousie d'une fenêtre. Utilisez 2 paquets de pâte feuilletée surgelée de 400 g et 500 g de pommes à cuire épluchées. Cette recette, généralement confectionnée avec des pommes et de la confiture de fruits rouges, peut également être fourrée de fromage blanc ou frais et de poires ou d'abricots.

Faites décongeler la pâte et étalez-en la moitié en une abaisse rectangulaire de 20 cm × 40 cm. Placez-la sur un linge humide. Étalez de la confiture jusqu'à 2,5 cm des bords. Couvrez la confiture de rondelles de pommes disposées régulièrement. Humectez les bords avec un peu d'eau.

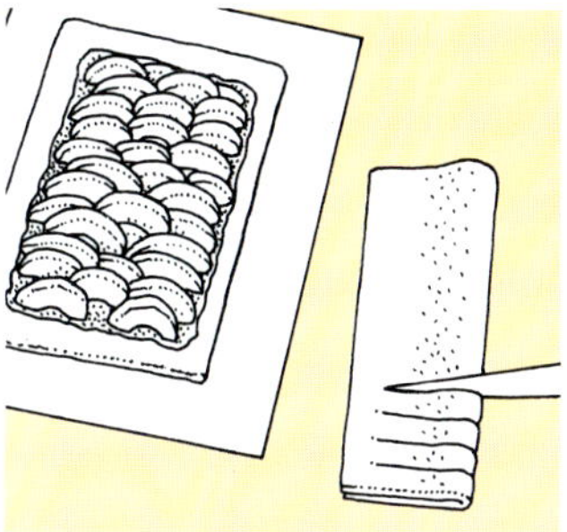

1 Étalez la deuxième moitié de pâte en un rectangle de 23 cm × 43 cm. Farinez-le légèrement et repliez-le en deux. Entaillez régulièrement la pâte en vous arrêtant à 2,5 cm environ du bord. Dépliez la pâte et faites-la glisser sur la pâte garnie de pommes. Découpez l'excédent de pâte.

2 Scellez les bords de la jalousie en appuyant fermement avec les doigts, puis régularisez les côtés en poussant la pâte contre votre index avec la lame du couteau. Dorez la pâte à l'œuf battu (voir page 245) et faites cuire le gâteau à 200 °C, Th. 6, pendant 30 à 35 minutes, jusqu'à ce que la pâte soit dorée.

FEUILLETÉ À LA VIANDE

Ce feuilleté, très simple à réaliser (surtout si vous utilisez une pâte toute prête), est toujours très apprécié. Le secret de sa réussite tient dans la qualité de la garniture : chair à saucisse que vous pouvez parfumer à votre goût, saucisson de Lyon ou farce à base de viande hachée bien relevée.

Prévoyez 250 g de pâte et autant de garniture. Préparez 2 grands feuilletés ou 12 feuilletés individuels, à servir à l'apéritif.

1 Étalez la pâte sur un plan fariné en un rectangle de 30 cm × 15 cm. Parsemez-la de moutarde en grains, d'herbes finement hachées, d'ail écrasé ou même de roquefort émietté, si vous le souhaitez.

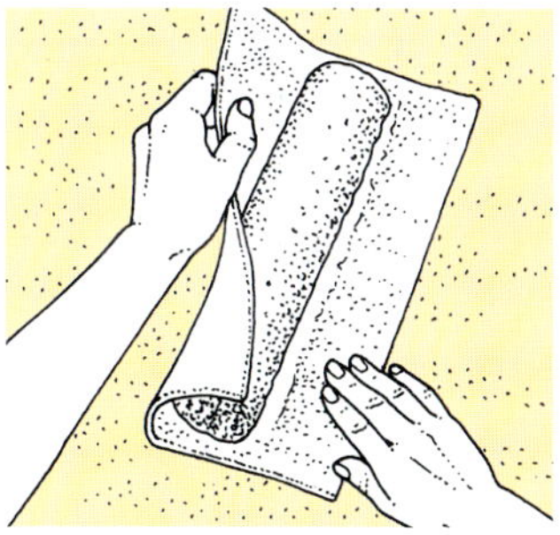

2 Roulez la garniture en un long boudin, de la même taille que la pâte feuilletée, et parsemez-le légèrement de farine. Enveloppez-le dans la pâte et refermez les bords en les soudant à l'œuf battu.

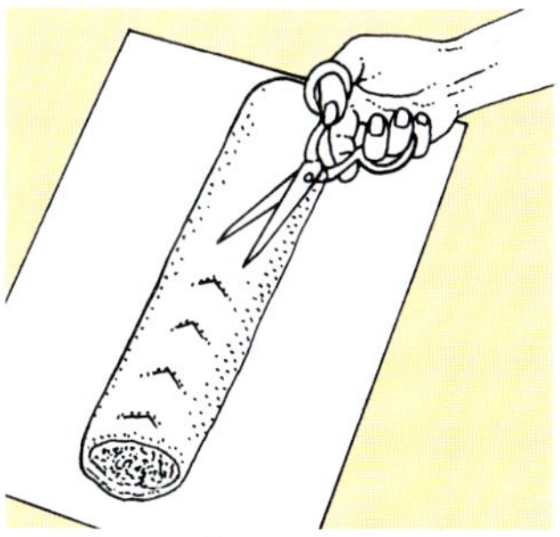

3 Pratiquez des petites entailles dans le feuilleté. Dorez à l'œuf battu (voir page 245) et faites cuire à 200 °C, Th. 6, pendant 20 minutes, jusqu'à ce que la pâte commence à dorer.

PÂTE FILLO ET PÂTE À STRUDEL

Le terme « fillo » signifie en grec « feuille ». La pâte fillo se rapproche, par son nom et ses caractéristiques, de notre pâte feuilletée. Elle se prépare à partir de farine, d'eau, de sel et d'huile. La pâte obtenue est ensuite étirée afin que le gluten se développe suffisamment dans la farine, jusqu'à ce que l'abaisse soit si fine qu'elle en devienne pratiquement transparente. Rien ne vous empêche d'essayer de préparer de la pâte fillo chez vous, mais les difficultés que vous rencontrerez ainsi que le temps que cette préparation vous demandera, m'incitent à vous conseiller d'acheter de la pâte toute faite. Il est possible de s'en procurer dans les magasins orientaux. La pâte fillo en paquet se conserve pendant un mois au réfrigérateur. Elle s'accommode aussi bien de garnitures salées que sucrées.

UTILISER DE LA PÂTE FILLO

La pâte fillo se travaille très bien. Si vous utilisez de la pâte surgelée, n'oubliez pas de la faire décongeler au réfrigérateur, afin d'éviter les risques de condensation. Ainsi, les feuilles de pâte ne colleront pas les unes aux autres. Gardez la pâte que vous n'utilisez pas dans un linge humide, afin qu'elle ne se dessèche pas. Il est préférable d'utiliser du beurre clarifié (voir page 96) pour badigeonner les feuilles, mais selon la farce choisie, vous pourrez également utiliser de l'huile d'olive ou de la graisse de canard ou d'oie. N'enduisez les feuilles de pâte que très légèrement. Découpez la pâte avec un couteau aiguisé ; vous éviterez ainsi d'écraser les bords. Faites cuire la pâte jusqu'à ce qu'elle soit bien dorée. En enduisant la pâte d'huile ou de graisse avant de la faire cuire, vous diminuerez les risques de la voir se craqueler. Toutefois, cette pâte est si fine qu'elle finit toujours par se fendiller.

Deux recettes à base de pâte fillo : bouchées à la feta et aux épinards et coupes à la ratatouille (voir page 59).

METTRE EN FORME LA PÂTE FILLO

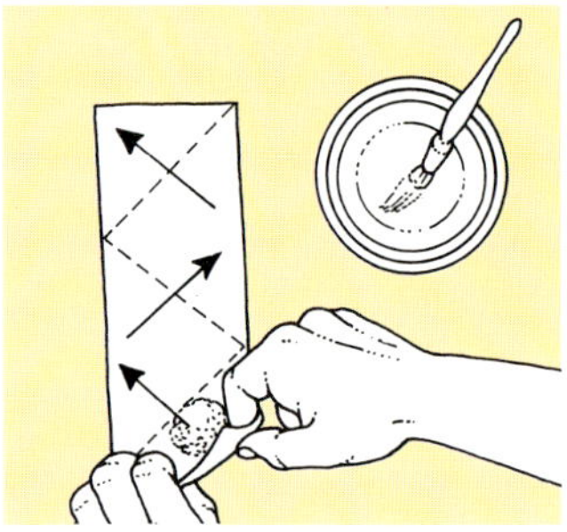

1 *Pour préparer des bouchées farcies, coupez 1 feuille de pâte fillo en bandes de 7 cm × 25 cm. Badigeonnez une bande de beurre fondu et gardez le reste dans un linge humide. Déposez 1 cuillère à soupe de farce (épinards hachés et feta émiettée, par exemple) dans le coin en bas à droite. Repliez le bord inférieur jusqu'au long côté gauche, afin de former un triangle garni de farce.*

2 *Repliez ce triangle vers la droite en superposant les bords, puis vers la gauche. Vous arriverez ainsi en haut de la feuille. Repliez les bords qui dépassent. Badigeonnez avec du beurre fondu et déposez les bouchées farcies sur une plaque à pâtisserie beurrée. Recommencez cette opération avec les autres bandes. Faites cuire à 190 °C, Th. 5, pendant 12 à 15 minutes.*

1 *Pour garnir de petits ramequins avec de la pâte fillo, commencez par beurrer 4 ramequins ou moules à tartelettes. Utilisez les feuilles de pâte une par une. Coupez chacune d'elles en quatre. Travaillez avec les quatre morceaux à la fois (couvrez le reste de pâte en attendant). Beurrez la pâte. Placez un morceau dans un ramequin et disposez un autre quart en quinconce sur le premier, et continuez ainsi avec les deux autres quarts de feuille.*

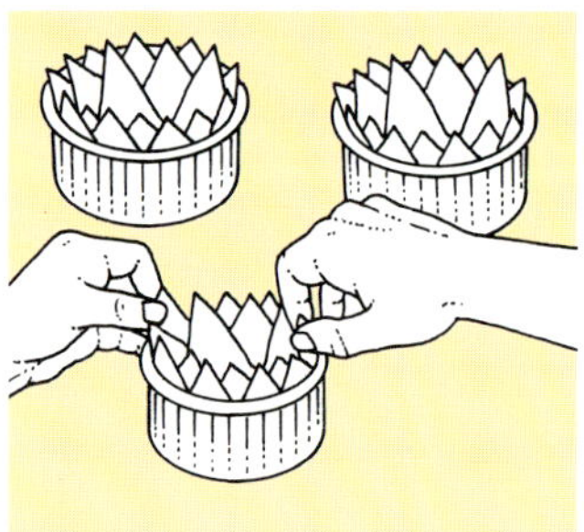

2 *Du bout des doigts, corrigez la disposition. Faites de même avec les autres ramequins. Disposez-les sur une tôle et faites cuire à 190 °C, Th. 5, pendant 5 minutes, jusqu'à ce que la pâte soit bien croustillante. Retirez les coupelles de pâte cuite et garnissez-les de farce salée, chaude ou froide, telle que ratatouille, fromage frais parfumé ou tarama.*

STRUDEL AUX POMMES

Ce gâteau roulé fourré aux pommes et aux raisins secs est, semble-t-il, une recette d'origine hongroise. Mais aujourd'hui, le strudel aux pommes évoque davantage l'Autriche. On peut le préparer à l'avance (il se congèle très bien) et le réchauffer au dernier moment.

Sa réussite exige une pâte d'une très grande finesse, difficile à préparer et à manipuler. Vous trouverez la recette dans l'encadré vert, mais je vous conseille d'utiliser de la pâte fillo, qui vous permettra d'obtenir un résultat léger et croustillant. Déballez-la et gardez-la dans un linge humide jusqu'au dernier moment.

Dans une grande jatte, mélangez 3 pommes à cuire épluchées, vidées et coupées en dés avec 75 g de sucre, 75 g de noix pilées, 75 g de raisins secs, 1 cuillère à café de cannelle moulue, 1/2 cuillère à café de muscade râpée et 1 cuillère à soupe de jus de citron. Réservez la garniture pendant que vous préparez la pâte.

Prévoyez 4 feuilles de pâte fillo, 75 g de chapelure et 125 g de beurre fondu.

1 *Découvrez la pâte et disposez une première feuille sur une plaque beurrée; laissez le reste de pâte sous le linge humide. Badigeonnez avec du beurre fondu et parsemez le tiers de la chapelure.*

2 *Recommencez l'opération avec les autres feuilles, en les badigeonnant de beurre fondu et en les parsemant de chapelure. Ne mettez pas de chapelure sur la feuille supérieure.*

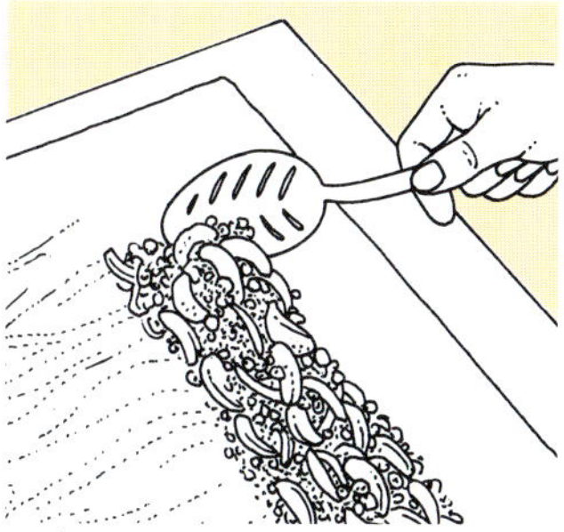

3 *Égouttez le mélange aux pommes. Disposez la farce le long d'un des petits côtés de la pâte, à environ 5 cm du bord.*

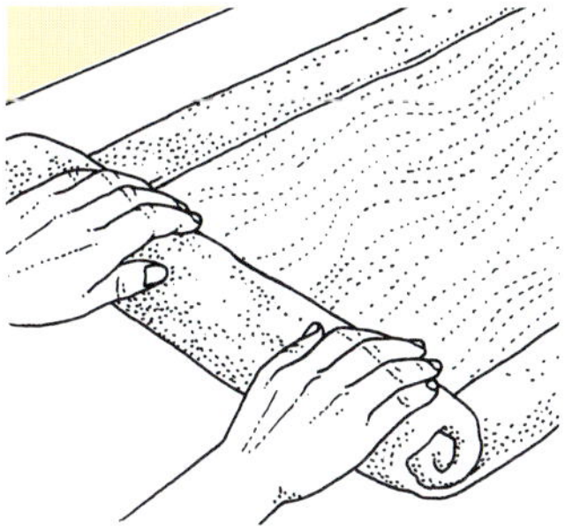

4 *Rabattez les longs côtés vers l'intérieur, puis repliez le petit côté en enfermant bien la farce. Roulez le strudel comme un biscuit roulé (voir page 267), en veillant à ce que les longs côtés ne glissent pas à mesure que vous roulez la pâte.*

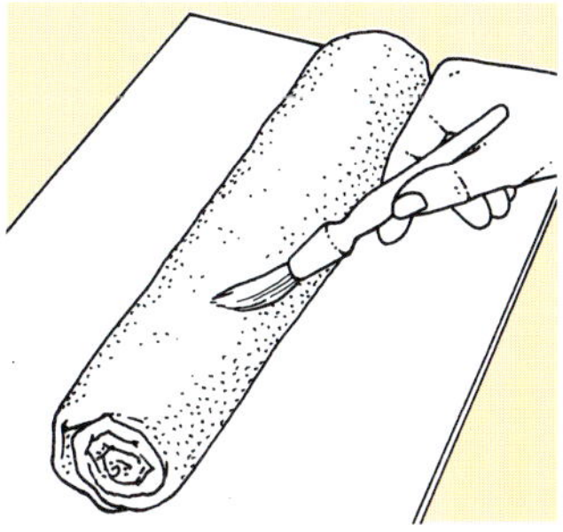

5 *Retournez le strudel, jointure vers le bas. Badigeonnez-le de beurre fondu. Faites cuire à 190 °C, Th. 5, pendant environ 30 minutes, jusqu'à ce que la pâte soit bien dorée. Piquez les pommes pour vous assurer qu'elles sont cuites.*

6 *Sortez le strudel du four et badigeonnez-le de beurre fondu avant de le présenter sur un plat de service. Laissez-le légèrement refroidir et parsemez-le de sucre glace juste avant de servir, tiède ou à température ambiante.*

QUELQUES SUGGESTIONS

• Préparez des coupes de pâte fillo et garnissez-les, puis pincez les bords afin d'obtenir de petites bourses, avant de les faire cuire. Voici quelques propositions de garniture : feta parfumée avec des fines herbes, des épices, des anchois, de la ciboule, des épinards, du thon, des champignons émincés, de fines tranches de lard émietté ou du jambon en dés, du parmesan râpé, de la sauce au pistou, de la pâte de curry ou des carottes râpées crues; poisson cuit ou fumé, fruits de mer (le crabe est délicieux) cuits et aromatisés; préparations de légumes variés (ratatouille par exemple).

• Pâte à strudel : dans une jatte, mélangez 250 g de farine, 80 g de beurre ramolli, 2 œufs et 15 cl d'eau. Travaillez la pâte à la fourchette jusqu'à ce qu'elle soit légère et aérée. Couvrez-la d'un torchon et laissez-la reposer 1 heure. Étalez la pâte sur un torchon fariné avec vos doigts, badigeonnez-la de beurre fondu et étirez-la de nouveau. Recommencez l'opération jusqu'à obtention d'une pâte fine. Coupez les bords pour avoir un rectangle net. Parsemez de chapelure et reprenez la recette ci-dessus à l'étape 3.

• Tapissez une jatte en forme de dôme avec plusieurs feuilles de pâte fillo, badigeonnez-les avec du beurre fondu, puis garnissez-les avec un riz pilaf bien beurré et garni de poulet ou de poisson, par exemple. Recouvrez le riz de pâte fillo et faites cuire à 190 °C, Th. 5, pendant 45 minutes, puis démoulez sur une assiette allant au four. Faites dorer au four pendant 10 à 15 minutes.

Ce strudel aux pommes est réalisé avec des feuilles de pâte fillo fourrées avec une garniture aux pommes et aux raisins.

LA PÂTE À CHOUX

La pâte à choux est une pâte merveilleuse, légère, aérienne et quasiment magique : d'une sauce blonde et épaisse naissent miraculeusement de petits choux croustillants et gonflés. Contrairement à ce que l'on croit bien souvent, c'est l'une des recettes de pâte les plus faciles à réussir dès lors que l'on respecte certaines règles essentielles.

La pâte à choux prend des formes multiples. Elle est en outre très commode d'utilisation : crue, elle se conserve pendant une journée au réfrigérateur — il suffit de déposer de petits tas de pâte à l'aide d'une cuillère ou d'une poche à douille sur une plaque à pâtisserie humide, côte à côte ou en un grand cercle pour un saint-honoré par exemple.

Vous pouvez préparer de tout petits choux, délicieux à l'apéritif. Servez-les chauds avec une garniture à la volaille ou au poisson, ou froids, fourrés au tarama ou au fromage frais. Il est aussi possible de parfumer la pâte avec des épices, du curry par exemple, et de faire frire de petits choux. Parsemez-les de parmesan râpé avant de servir.

Les éclairs au chocolat sont traditionnellement fourrés avec une crème pâtissière, mais aussi avec de la crème chantilly. Les profiteroles peuvent aussi être garnies de crème ou de glace à la vanille. Pour changer, nappez-les d'une sauce au caramel plutôt que de chocolat chaud.

PRÉPARER LA PÂTE À CHOUX

La préparation de la pâte à choux se fait en deux étapes ; la première, qui consiste à mélanger les ingrédients dans une casserole, et la deuxième, la cuisson proprement dite, qui fait gonfler les choux au four. En raison de cette double cuisson, il est important de ne pas incorporer les œufs trop tôt ; ce sont eux qui donnent à la pâte sa délicate légèreté et s'ils cuisent dans la casserole, ils n'augmenteront pas suffisamment de volume lors de la cuisson au four.

Veillez également à ne pas laisser la préparation eau/beurre bouillir avant que le beurre ne soit complètement fondu (étape 2). Même si cela vous paraît délicat au premier abord, n'hésitez pas à ajouter la farine en une seule fois. Votre pâte retrouvera très vite son onctuosité, si vous la battez énergiquement. Si vous aimez les choux très croustillants, remplacez la farine ordinaire par de la farine à pain ou de la Maïzena ; n'utilisez jamais de farine avec poudre levante.

N'oubliez pas d'espacer suffisamment les tas de pâte, pour que les choux puissent gonfler facilement, sans coller les uns aux autres. Comme pour la pâte feuilletée, il est recommandé d'humecter la plaque à pâtisserie ou de poser un récipient d'eau dans le four. La vapeur qui se dégagera pendant la cuisson favorisera la montée de la pâte.

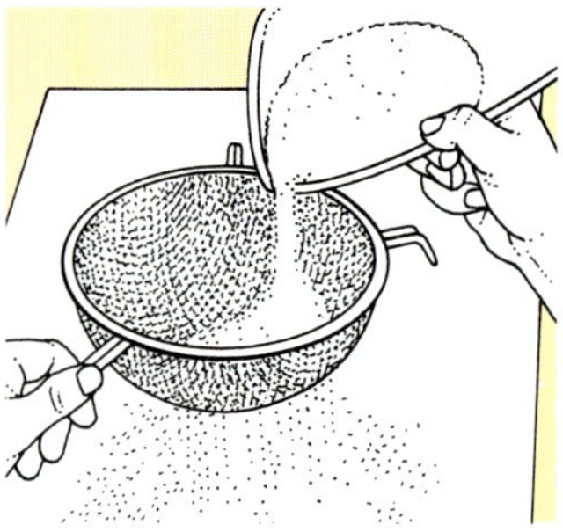

1 *Tamisez 100 g de farine avec une pincée de sel au centre d'un morceau de papier sulfurisé. Placez-le de préférence près de la cuisinière, afin de pouvoir ajouter facilement la farine à la préparation lorsque le moment sera venu. Mettez 75 g de beurre coupé en morceaux dans une casserole de taille moyenne et ajoutez 20 cl d'eau froide.*

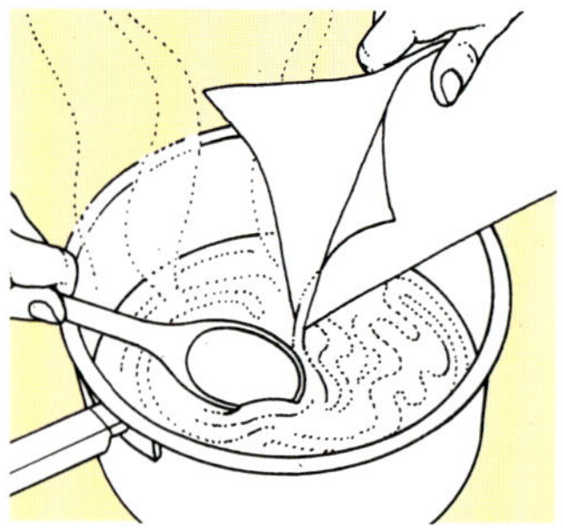

2 *Faites fondre le beurre sans remuer et portez doucement à ébullition. Dès que le beurre commence à bouillir, ajoutez la farine en une seule fois, en repliant le papier (voir illustration). Battez la farine dans le beurre très énergiquement avec une cuillère en bois.*

3 *Il est normal que la pâte ne soit pas du tout homogène dans un premier temps, mais elle se transformera vite en un mélange lisse et brillant, qui se décollera des bords de la casserole. Laissez refroidir pendant 10 à 15 minutes. Pendant ce temps, battez 3 œufs à la fourchette dans un récipient avec bec verseur.*

4 *Lorsque la pâte a refroidi, ajoutez l'œuf battu, petit à petit, en battant avec une cuillère en bois après chaque ajout, jusqu'à ce que le mélange soit homogène ; peut-être n'aurez-vous pas besoin d'ajouter tout l'œuf battu. La pâte est prête lorsqu'elle tombe de la cuillère en une pâte ferme mais souple.*

PARFUMER LA PÂTE À CHOUX

- Les petits choux que l'on sert à l'apéritif peuvent être garnis de mille et une façons : avec de la mayonnaise ou du fromage blanc garni d'herbes fraîches, de saumon fumé haché, de roquefort émietté, de concentré de tomate et de basilic frais, de thon haché et d'ail frais, et bien d'autres ingrédients encore. Le tarama peut également être utilisé, ainsi que de la purée de poivrons rouges, ou l'association typiquement italienne de ricotta et d'épinards.
- Les profiteroles sont également nappées d'une sauce au chocolat chaude, mais elles sont également délicieuses avec de la sauce au caramel, ou même avec des coulis de fruits frais (voir page 208).
- Outre la traditionnelle glace à la vanille, on peut garnir les profiteroles de crème chantilly ou de crème pâtissière. Vous pouvez également parfumer la crème chantilly avec un peu de chocolat fondu ou de la purée de fruits et servir avec un Sabayon (page 211) aromatisé avec un sirop du même fruit. Les profiteroles classiques (fourrées à la glace) sont délicieuse avec une sauce chaude au chocolat (page 209).
- Pour préparer des pets-de-nonne, il suffit de faire frire de petits tas de pâte à choux et de les saupoudrer de sucre vanillé (voir page 235) au moment de servir.

CHOUX ET ÉCLAIRS

La façon dont vous déposerez la pâte crue sur la plaque à pâtisserie déterminera la forme des choux cuits. Placez la pâte à choux dans une poche à douille dotée d'un embout simple d'environ 1 cm de diamètre. Pour remplir la poche à douille, posez la poche dans un pichet et repliez le tissu sur les bords du pichet. Remplissez la poche à douille à l'aide d'une cuillère, et tordez l'extrémité du tissu pour le refermer.

Les choux sont meilleurs lorsqu'ils sont bien croustillants. C'est pourquoi, lorsqu'ils sont cuits, il convient de les percer afin que la vapeur puisse s'échapper aussitôt, ou des les ouvrir si vous comptez les fourrer. Remettez les choux au four quelques instants pour les faire sécher légèrement.

Une fois cuits, les choux peuvent être garnis avec des farces salées ou des préparations sucrées. Les éclairs peuvent être garnis de crème chantilly ou de crème pâtissière (voir page 211) avant d'être nappés d'un glaçage ou de sauce au chocolat (voir page 230). On peut aussi plus simplement les recouvrir de chocolat fondu additionné de crème ou de beurre et laisser durcir cette préparation. L'été, quelques framboises ajoutées à la crème apportent une note fraîche des plus agréables; les noisettes grillées et hachées donnent également un résultat délicieux.

Deux recettes parmi tant d'autres à base de pâte à choux : des éclairs fourrés de crème chantilly avec un glaçage au chocolat et des choux à la crème nappés de coulis de framboises (voir page 208).

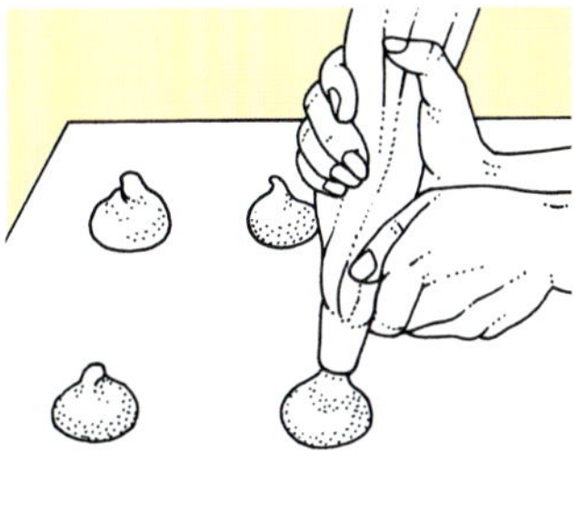

1 *Pour confectionner des petits choux ou des profiteroles, beurrez légèrement 1 ou 2 plaques à pâtisserie et arrosez-les d'eau. Remplissez une poche à douille de pâte à choux et formez de 18 à 20 petites noix, en les espaçant, pour qu'elles puissent gonfler sans se toucher.*

2 *Si vous ne possédez pas de poche à douille, formez les choux à l'aide de 2 cuillères à café, en veillant également à les espacer suffisamment. Faites cuire à 200 °C, Th. 6, jusqu'à ce que les choux soient dorés et croustillants à l'extérieur.*

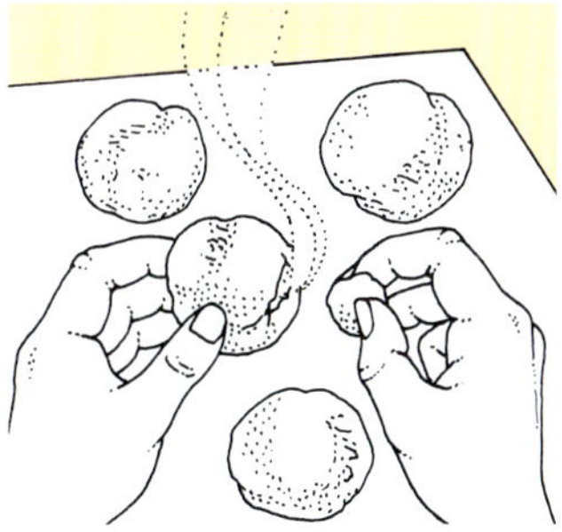

3 *Sortez les plaques à pâtisserie du four et ouvrez les choux. Grattez la pâte qui pourrait rester à l'intérieur des choux et faites-les sécher, en les remettant dans le four éteint pendant quelques instants. Transférez-les sur une grille et laissez-les refroidir, jusqu'au moment de les garnir.*

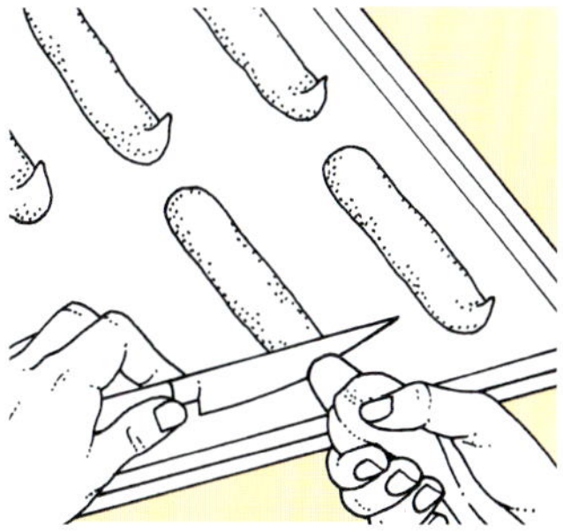

Pour préparer des éclairs, *déposez environ 18 tronçons de pâte de 7 cm chacun sur une plaque beurrée et mouillée. Coupez la pâte à l'aide d'un couteau mouillé. Faites cuire les éclairs comme les choux et laissez-les refroidir sur une grille avant de les garnir et de les glacer.*

GOUGÈRE

Les préparations à base de pâte à choux ne sont pas toujours sucrées. La gougère, par exemple, se prépare avec de la pâte à choux parfumée avec du fromage râpé. La pâte gonfle davantage encore que la pâte à choux nature, et produit un résultat très spectaculaire. On peut déposer la pâte dans un plat ovale, en suivant le bord du plat, afin de garnir le centre, ou la poser en cercle, sur une tôle à pâtisserie. La recette bourguignonne ne comprend pas de garniture, mais lorsque la gougère est cuite, vous pouvez la fendre en deux horizontalement et la garnir avec la farce de votre choix.

Préparez une pâte à choux (voir recette page précédente) et incorporez 75 g de gruyère râpé ou coupé en très petits dés. Salez et poivrez. Pour la garniture, mélangez par exemple 250 g de filets de haddock émietté ou de champignons émincés avec 30 cl de Sauce Béchamel (page 196), parfumée avec des oignons et des carottes sautés, 1 cuillère à café de pâte de curry et du persil haché. Vous pouvez également utiliser des restes de volaille, de viande ou de légumes finement hachés, ainsi que du lard cuit et émietté.

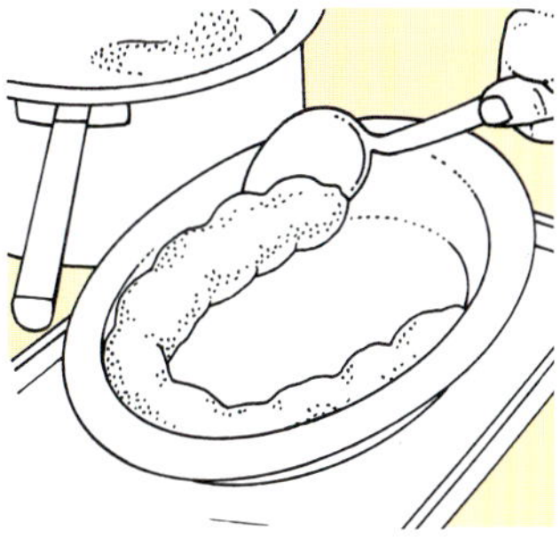

1 *Beurrez un plat ovale allant au four, d'environ 22 cm de long. Placez le plat sur une plaque et déposez la pâte à choux au fromage sur le bord du plat.*

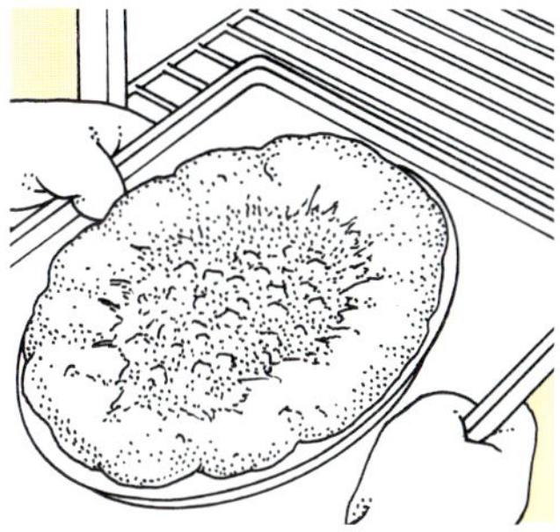

2 *Disposez la garniture au centre, parsemez de fromage râpé et faites cuire à 200 °C, Th. 6, pendant 35 à 40 minutes, jusqu'à ce que la gougère soit bien cuite et dorée. Servez aussitôt.*

POUR CHANGER...

Je vous propose ici deux recettes, qui vous permettront de renouveler de façon originale les plats à base de pâte : l'une salée, la tourte au gibier, l'autre sucrée, l'entremets en chemise. La tourte au gibier cuit au four, tandis que l'entremets cuit à la vapeur pendant 3 ou 4 heures.

La tourte au gibier (illustrée page 242) est très spectaculaire. Bien que très simple à réaliser, elle demande néanmoins une préparation assez longue. Le moule est tapissé avec la pâte tiède avant d'être garni de préparation à la viande. L'épaisseur de pâte permet une cuisson lente qui conserve à la viande tout son moelleux ; elle est pour ainsi dire « protégée » de la chaleur du four. La tourte cuite reste donc tendre, juteuse et succulente.

Il va de soi que la garniture peut varier au gré de votre fantaisie. Une fois cuites, les tourtes de ce type se conservent au réfrigérateur pendant environ une semaine, mais la pâte n'est plus aussi croustillante après un jour ou deux. Elles se congèlent, mais doivent décongeler lentement à température ambiante (prévoyer un jour entier s'il s'agit d'une grande tourte).

TOURTE AU GIBIER

Pour cette recette, il vous faudra un moule circulaire à bord épais de 18 à 20 cm s'ouvrant sur le côté ou un moule à pâté en croûte de 10 cm × 25 cm environ, si vous en possédez un.

Pour la garniture, prévoyez 750 g de faisan, de perdrix, de pigeon, de chevreuil ou de lièvre, ou un mélange de votre choix. Désossez la viande et retirez la peau. Conservez les os pour préparer un bouillon (voir page 29) que vous ajouterez ensuite à la tourte. Coupez les grands morceaux de chair en longues bandes et faites-les mariner pendant au moins 6 heures dans 15 cl de porto ou de cognac. Mixez dans un robot ménager le reste de la viande avec 400 g de viande de porc coupée en dés, 50 g de lard et 1 oignon coupé en quatre. Ajoutez 1 cuillère à café de piment de la Jamaïque, 1 cuillère à café de thym séché, 1 1/2 cuillère à café de sel et de poivre. Incorporez 175 g de lard frais coupé en morceaux, rectifiez l'assaisonnement et réservez.

Pour préparer la pâte, tamisez 500 g de farine avec 1 1/2 cuillère à café de sel dans une jatte et ménagez un puits au centre. Mettez 175 g de saindoux (ou de beurre) dans 25 cl d'eau et portez à ébullition. Versez ce mélange dans le puits et remuez rapidement, jusqu'à ce que vous obteniez une pâte lisse, en rajoutant un peu d'eau si nécessaire. Laissez refroidir suffisamment pour pouvoir manipuler la pâte, puis pétrissez-la.

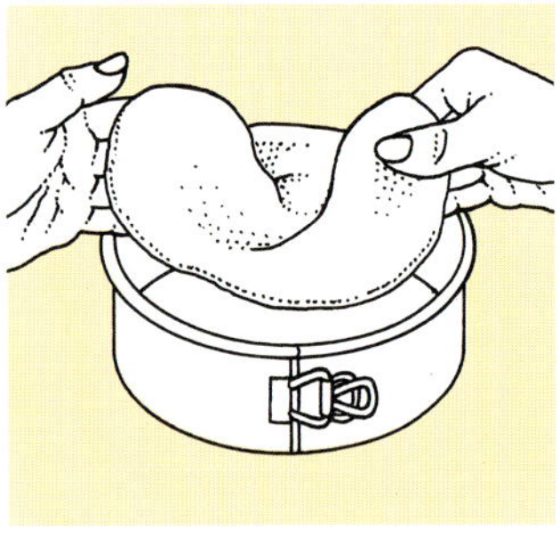

1 *Pendant que la pâte est encore tiède, étalez-en les trois quarts en un cercle assez grand pour couvrir largement le fond et les rebords du moule. Gardez le reste de pâte au chaud sous un linge. Repliez la pâte en deux et glissez-la dans le moule beurré. Dépliez la pâte et tassez-la délicatement dans le moule. Recoupez la pâte afin qu'elle ne dépasse que d'un centimètre sur les bords.*

2 *Égouttez la viande et incorporez la marinade à la garniture réservée. Étalez un quart de garniture dans le moule préparé et recouvrez avec un tiers de viande. Recommencez l'opération en tassant soigneusement chaque couche. Disposez la dernière couche de viande sans aller jusqu'au bord du moule.*

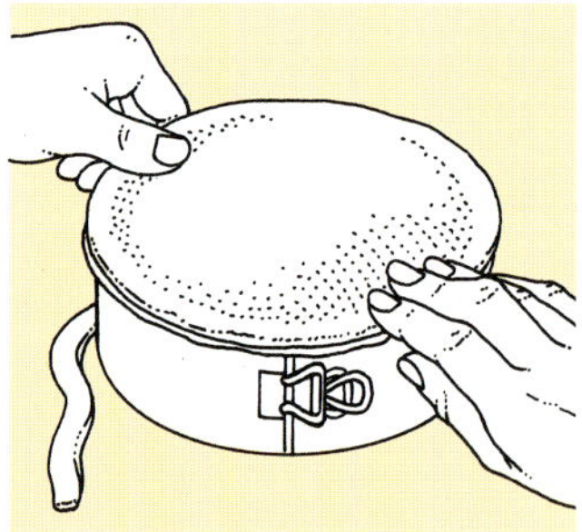

3 *Repliez la pâte sur la garniture. Étalez le reste de pâte en une abaisse de 5 mm d'épaisseur de même diamètre que le moule. Recoupez le couvercle, afin qu'il coïncide avec les bords repliés. Placez le couvercle sur la garniture et soudez les bords. Dorez le dessus à l'œuf battu (voir page 245).*

4 *Pratiquez un trou au centre, afin que la vapeur puisse s'échapper en cours de cuisson, et introduisez un morceau d'aluminium roulé dans cet orifice pour éviter que le trou ne se referme. Roulez à nouveau les chutes de pâte et fabriquez des formes décoratives pour garnir la tourte (voir page 245). Fixez ces décorations en appuyant légèrement dessus.*

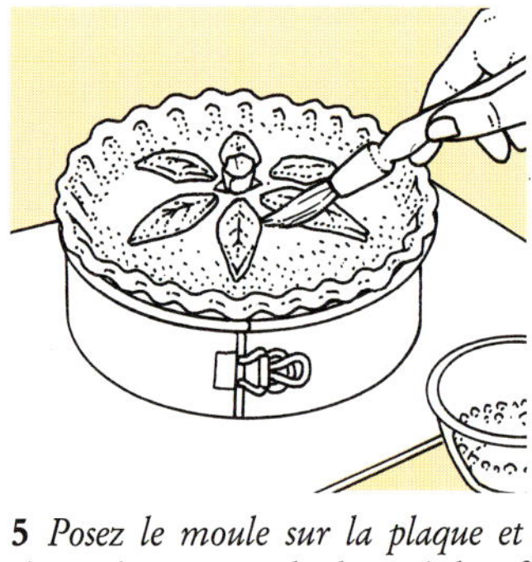

5 *Posez le moule sur la plaque et dorez de nouveau le dessus à l'œuf battu. Faites cuire à 200 °C, Th. 6, pendant 15 minutes, puis à 160 °C, Th. 3, pendant 1 heure 15, jusqu'à ce qu'une brochette enfoncée au centre ressorte bien chaude. Si vous utilisez un thermomètre à viande, il devra indiquer 75 °C. Couvrez la tourte d'aluminium si elle dore trop.*

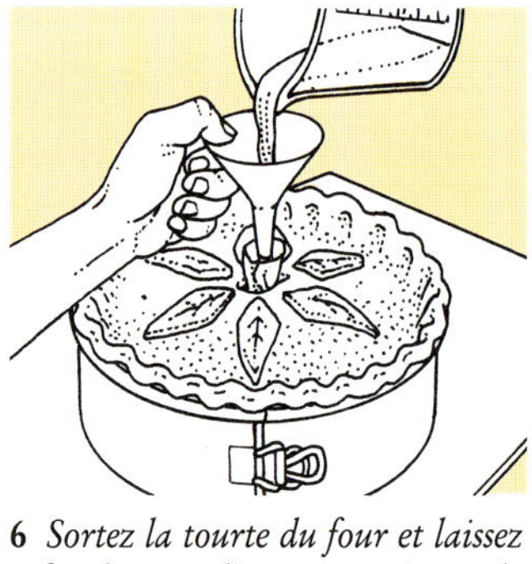

6 *Sortez la tourte du four et laissez refroidir complètement. Préparez la gelée : faites dissoudre 1 sachet de gélatine dans 25 cl de bouillon de gibier (voir page 29). Introduisez un petit entonnoir dans le trou et versez lentement autant de gelée que vous pouvez, environ 15 cl. Laissez refroidir pendant plusieurs heures ; la gelée prendra tout autour des morceaux de viande.*

ENTREMETS EN CHEMISE

Aussi curieux que cela puisse paraître, la pâte utilisée dans cette recette peut être garnie avec de la viande. Préparez cette pâte avec du saindoux, ou si vous préférez avec un mélange de beurre et de saindoux. Le dessert est enveloppé dans de l'aluminium puis cuit à l'eau pendant plusieurs heures. Ce mode de cuisson donne à l'entremets un moelleux incomparable.

Contrairement à la recette traditionnelle, cet entremets comporte de la chapelure qui, à mon avis, lui donne de la légèreté. Mais, si vous le souhaitez, vous pouvez supprimer la chapelure et la remplacer par un volume égal de farine.

Ne vous inquiétez pas si l'entremets a tendance à « fuir » en cours de cuisson. Cela signifie seulement que la garniture est un peu trop liquide ; la saveur finale du dessert n'en sera pas modifiée.

Pour la garniture, utilisez 175 g de beurre coupé en dés, 175 g de cassonade et 1 gros citron ou 2 petits. Beurrez généreusement une jatte de 1,2 litre supportant la chaleur et tapissez-la avec du papier sulfurisé. Pour 4 à 6 personnes.

La délicate saveur du citron et du beurre se marie bien à la pâte dans cet Entremets en chemise.

1 *Tamisez 175 g de farine avec poudre levante, 1 cuillère à café de levure et 1/2 cuillère à café de sel dans une jatte. Incorporez 50 g de chapelure et 125 g de saindoux ou un mélange de beurre et de saindoux. Ménagez un puits au centre et versez-y 15 cl d'eau froide mélangée à du lait. Mélangez bien afin d'obtenir une pâte souple et élastique.*

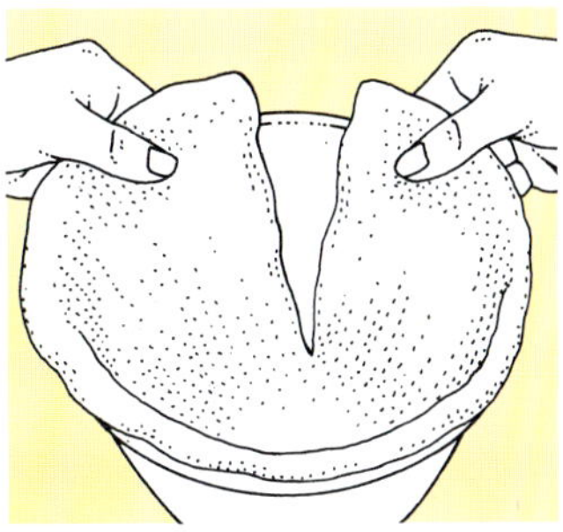

2 *Saupoudrez de farine et formez une boule de pâte. Étalez-la en une abaisse ronde de 5 mm d'épaisseur. Découpez un quart de pâte pour former le couvercle ; réservez-la en la recouvrant. Avec les trois quarts de pâte restant, formez un cône et tapissez-en la jatte propre, en appuyant bien sur le fond et les bords. Ne recoupez pas les bords qui dépassent du moule.*

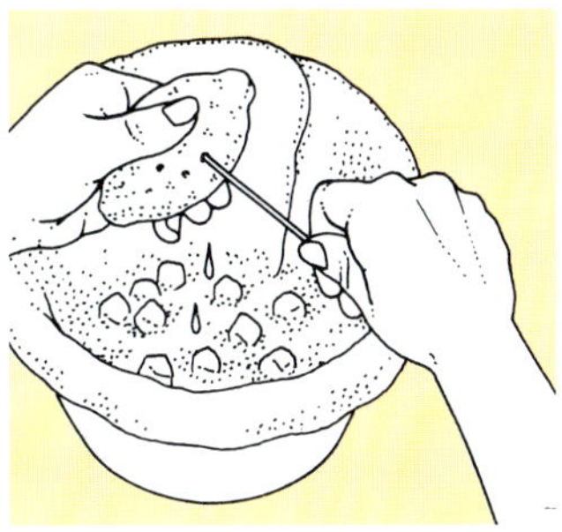

3 *Versez la moitié du beurre et de la cassonade dans la jatte. Percez le citron en plusieurs endroits avec une brochette et posez-le au centre. Couvrez avec le reste de beurre et de cassonade, en en rajoutant éventuellement si cela est nécessaire. Repliez la pâte sur la garniture.*

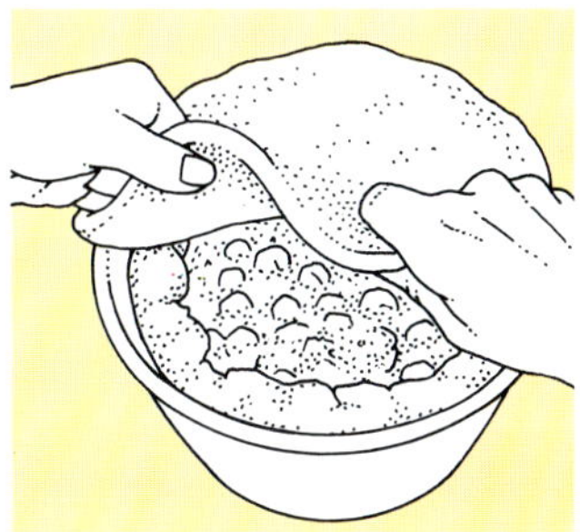

4 *Roulez le quart de pâte réservé en une abaisse ronde. Humectez les bords de la jatte et disposez ce couvercle par-dessus. Beurrez une feuille de papier sulfurisé et posez-la sur la pâte. Posez une seconde feuille par-dessus. Faites des plis au milieu pour que le papier puisse bouger en cours de cuisson.*

QUELQUES SUGGESTIONS

- La pâte de la tourte peut être parfumée comme les autres types de pâte, notamment avec des épices et des herbes aromatiques. Vous pouvez également ajouter un peu d'ail écrasé dans l'eau et le saindoux au moment où vous les faites chauffer.
- Les graines de sésame ajoutées à la farine donnent une consistance agréable et parfument la pâte de façon succulente. Remplacez l'eau par du lait si vous souhaitez obtenir une pâte plus riche, et n'hésitez pas à remplacer le saindoux par du beurre si vous souhaitez un plat plus raffiné. Un bon bouillon bien parfumé remplace avantageusement l'eau dans la recette.
- Si vous utilisez pour l'entremets de la farine complète avec poudre levante, ajoutez toujours de la chapelure et de la levure, afin d'alléger la préparation.
- Si vous désirez faire de l'entremets une entrée salée, ajoutez du fromage râpé ou de l'oignon haché à la pâte. Les saveurs se mêleront délicieusement bien avec la garniture.
- Une préparation à base de poulet, d'ail et de gingembre est tout particulièrement recommandée pour garnir la coque de pâte.

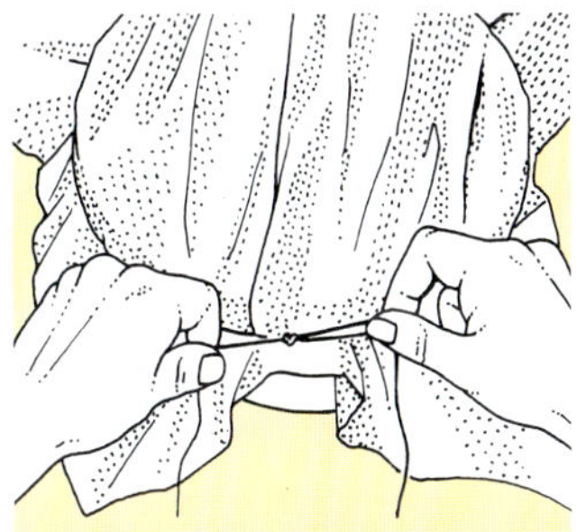

5 *Couvrez avec une feuille d'aluminium plus grande que le diamètre du moule et repliez-la autour du moule. Faites également des plis pour qu'elle puisse se dilater en cours de cuisson et ficelez-la. Ramenez les quatre coins et tordez-les ensemble afin de former une poignée qui vous permettra de sortir la jatte sans vous brûler (voir page 218).*

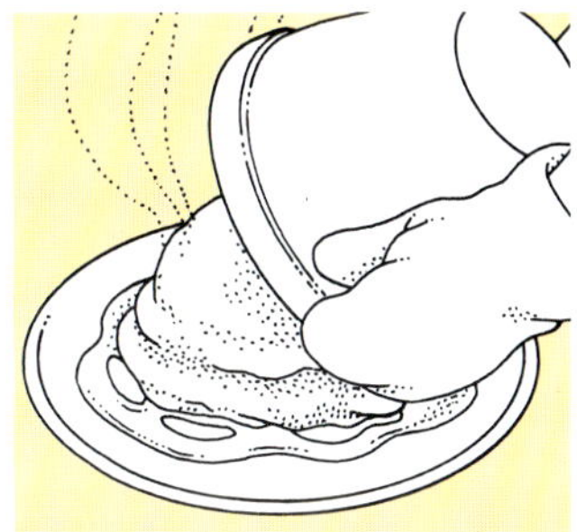

6 *Placez un trépied en métal dans une grande casserole et remplissez-la d'eau, afin que le niveau arrive à mi-hauteur de la jatte. Portez à ébullition et posez la jatte. Couvrez la casserole et laissez mijoter pendant 3 ou 4 heures, en rajoutant de l'eau bouillante si nécessaire. Découvrez la jatte et démoulez le dessert sur un plat creux, afin que le jus ne coule pas. Servez avec de la crème.*

TARTE AUX POMMES ET AUX PIGNONS *(242)*

Servez cette tarte avec de la crème, du yaourt et du fromage blanc.

POUR 6-8 PERSONNES

125 g de beurre
1 kg de pommes à cuire, épluchées, vidées, coupées en tranches épaisses
50-75 g de pignons
3 cuillères à café de cannelle en poudre
125 g de cassonade
le zeste finement râpé et le jus de 1 citron
375 g de pâte fillo, décongelée si nécessaire
sucre glace

Faites fondre 50 g de beurre dans une grande poêle à feu vif. Faites revenir les pommes et remuez-les dans le beurre, jusqu'à ce qu'elles soient bien tendres. Ajoutez les pignons, remuez et laissez cuire pendant 1 minute. Ajoutez la cannelle et, au bout de 1 minute, la cassonade, le zeste et le jus de citron. Remuez jusqu'à ce que le jus soit complètement évaporé. Retirez du feu.

Faites fondre le reste de beurre et badigeonnez-en légèrement une grande plaque à pâtisserie. Disposez 2 feuilles de pâte, en les faisant se chevaucher. Passez un peu de beurre fondu sur la pâte puis étalez 2 autres feuilles, orientées différemment. Répétez l'opération 3 ou 4 fois. Déposez la garniture sur le dessus, en cercle. Repliez les pointes de pâte fillo sur la farce. Beurrez 2 autres feuilles de pâte et disposez-les sur les pommes. Recouvrez avec 2 autres feuilles orientées différemment. Recommencez avec le reste des feuilles, en les badigeonnant soigneusement avant de les poser sur les précédentes. Tassez doucement les feuilles de pâte sur les pommes et affermissez les bords en pinçant la pâte avec les doigts.

Faites cuire à 200 °C, Th. 6, pendant 35 à 45 minutes, jusqu'à ce que le dessus soit bien doré. Pour servir, parsemez de sucre glace.

TARTE AUX FRAISES ET AU CITRON VERT *(242)*

Cette appétissante tarte, dans laquelle des fraises et des rondelles de citron vert viennent garnir une crème légère, semble sortie tout droit d'une pâtisserie.

POUR 8 PERSONNES

3 citrons verts, non traités, coupés en rondelles
325 g de sucre en poudre
200-250 g de fromage frais ou de fromage blanc
4 cuillères à soupe de crème
le zeste râpé et le jus de 1 citron
2 gros œufs battus
250 g de fraises fraîches, coupées en deux
POUR LA PÂTE
125 g de beurre
250 g de farine
1/2 cuillère à café de sel
50 g de sucre en poudre
2 gros jaunes d'œufs

Préparez la pâte : faites fondre le beurre puis réservez. Tamisez la farine, le sel et le sucre dans une jatte. Ajoutez les jaunes d'œufs et mélangez soigneusement, puis versez le beurre fondu et mélangez jusqu'à ce que la pâte commence à former une boule. Réfrigérez pendant 1 heure avant de l'étaler. Si elle est trop dure pour être étalée correctement, laissez-la se ramollir à température ambiante. Étalez la pâte et foncez un moule de 22 cm à fond amovible, en vous aidant de vos doigts pour la mettre en place. Réfrigérez jusqu'au moment de la garnir.

Mettez les rondelles de citron vert dans une petite casserole et couvrez-les tout juste d'eau. Laissez mijoter, en couvrant, pendant 20 minutes. Recueillez 15 cl de liquide et filtrez-le, puis égouttez les rondelles. Versez le liquide mesuré dans la casserole avec 75 g de sucre. Faites dissoudre le sucre, puis laissez mijoter pendant 2 minutes, jusqu'à ce que le mélange ait épaissi. Ajoutez les rondelles de citron vert et laissez mijoter, pendant environ 5 minutes. Laissez refroidir.

Mettez le fromage frais dans une jatte et ajoutez la crème et le reste de sucre. Ajoutez le jus de citron, puis les œufs battus. Mélangez et ajoutez le zeste de citron. Versez ce mélange dans le fond de tarte réfrigéré.

Faites chauffer une plaque à pâtisserie au four à 180 °C, Th. 4. Placez la tarte sur la plaque chaude et faites cuire pendant 25 à 35 minutes, jusqu'à ce que le bord soit doré. Retirez la tarte du four et laissez refroidir. Égouttez les rondelles de citron en conservant le sirop. Disposez les fraises et les rondelles de citron vert sur la tarte puis arrosez le tout de sirop. Ne mettez pas la tarte au réfrigérateur.

TARTE AUX MYRTILLES *(249)*

Cette jolie tarte peut être préparée avec d'autres fruits. Elle est particulièrement délicieuse avec des framboises.

POUR 6 PERSONNES

25 cl de crème
1 cuillère à soupe bien pleine de yaourt
250-375 g de myrtilles, fraîches
3 cuillères à soupe de gelée de mûres
1 cuillère à soupe de jus de citron
POUR LA PÂTE AU CHOCOLAT
125 g de farine
25 g de cacao en poudre
50 g de sucre glace
1/2 cuillère à café de sel
75 g de beurre

Pour préparer la pâte, tamisez la farine, le cacao, le sucre glace et le sel dans une jatte puis mélangez le tout. Faites fondre le beurre et versez-le progressivement dans la farine, en remuant afin d'obtenir une pâte homogène. Disposez-la dans un moule à fond amovible de 15 cm de diamètre en remontant sur 4 cm sur les bords. Le bord de la pâte peut ne pas être régulier. Réfrigérez pendant 20 à 30 minutes.

Placez une feuille de papier sulfurisé sur la pâte en la laissant largement dépasser du moule. Garnissez de haricots secs et faites cuire à blanc (voir page 245) au four préchauffé à 200 °C, Th. 6, pendant 25 minutes. Retirez les haricots et le papier sulfurisé et remettez le moule au four pendant 5 minutes. Laissez légèrement refroidir puis démoulez délicatement (voir page 20). À l'aide d'une spatule, transférez le fond de pâte sur un plat de service. Laissez refroidir.

Deux heures avant de servir (mais pas davantage), fouettez la crème jusqu'à ce qu'elle soit bien ferme puis incorporez le yaourt. Déposez ce mélange dans le fond de tarte et lissez la surface. Disposez les myrtilles par-dessus. Faites fondre la gelée avec le jus de citron, jusqu'à ce que vous obteniez un mélange lisse, puis faites bouillir pendant 2 à 3 minutes. Retirez du feu, laissez légèrement refroidir et arrosez les myrtilles de ce nappage. Laissez à température ambiante dans un endroit frais (mais pas au réfrigérateur), jusqu'au moment de servir.

TARTE À L'OIGNON, À L'AIL ET AU SAFRAN *(242)*

Les tartes salées ont toujours beaucoup de succès. Dans cette recette, la délicate saveur de l'ail cuit et des oignons revenus dans le beurre et l'huile est mise en valeur par une crème aux œufs parfumée au safran. Ne vous alarmez pas devant la quantité d'ail ; lorsqu'il est cuit, il est doux et presque sucré. Si vous souhaitez préparer des tartelettes individuelles, utilisez des moules à tartelettes de 10 cm de diamètre. *POUR 4-6 PERSONNES*

25 cl de crème
10 filaments de safran
8-10 gousses d'ail, non épluchées
750 g d'oignons, émincés
2 cuillères à soupe d'huile d'olive
25 g de beurre
1 cuillère à café bien pleine de sucre en poudre
1 gros œuf
2 jaunes d'œufs
sel et poivre

POUR LA PÂTE

175 g de farine
1 cuillère à café de sel
1/2 cuillère à café de piment de Cayenne
125 g de beurre
1 cuillère à soupe d'eau

Préparez la pâte : tamisez la farine, le sel et le piment de Cayenne dans une jatte. Faites fondre le beurre dans l'eau, puis versez-le sur la farine, en mélangeant jusqu'à ce que vous obteniez une pâte tiède. Étalez la pâte sur le fond et les bords d'un moule de 22 cm à fond amovible. Réfrigérez pendant au moins 30 minutes. Pendant ce temps, faites chauffer la crème et le safran, jusqu'à ce qu'ils commencent tout juste à bouillir, puis remuez et réservez, en remuant de temps en temps pour laisser infuser le safran dans la crème.

Mettez les gousses d'ail dans une petite casserole d'eau, portez à ébullition, puis laissez mijoter pendant 10 à 15 minutes. Égouttez et réservez. Faites revenir les oignons dans l'huile d'olive et le beurre, dans une poêle à feu moyen, jusqu'à ce qu'ils soient tendres sans être dorés. Réservez-les dans une jatte avec l'huile et le beurre de la poêle. Dégagez les gousses d'ail de leur peau, coupez-les en deux dans la longueur et ajoutez dans la jatte avec le sucre. Battez la crème et le safran avec l'œuf entier et les jaunes. Ajoutez les oignons et l'ail. Salez et poivrez puis remuez.

Piquez le fond de tarte avec une fourchette. Faites cuire à 220 °C, Th. 7, pendant 10 minutes, puis baissez le feu à 180 °C, Th. 4. Versez le mélange aux oignons et à l'ail sur le fond de tarte et faites cuire de 25 à 30 minutes, jusqu'à ce que le centre de la garniture soit tout juste ferme. Servez tiède.

MÉLI-MÉLO DE VIANDE EN CROÛTE *(242)*

Ce type de préparation, nourrissant et riche, manque parfois de légèreté. Cette recette se compose d'une pâte fine, enrichie de beurre et d'épices, et d'une garniture qui a été précuite afin de réduire le temps de cuisson. Utilisez des rognons d'agneau, de porc ou mieux, des rognons de veau. Vous pouvez commencer la veille, si vous le souhaitez.

POUR 6 PERSONNES

25 g de farine
1 kg de bœuf à braiser maigre, coupé en cubes de 2,5 cm
75 g de beurre
1 gros oignon, émincé
250 g de champignons, coupés en deux
2 cuillères à café de baies de genièvre, écrasées
2 feuilles de laurier
4 ou 5 clous de girofle
15 cl de bière
15 cl de jus d'orange, fraîchement pressé
2 cuillères à soupe de purée de tomates
6 rognons d'agneau préparés (voir page 150), coupés en quatre, ou 3 rognons de porc hachés
sel et poivre gris

POUR LA PÂTE

175 g de farine avec poudre levante
2 cuillères à café de macis, haché
1/2 noix de muscade, râpée
1 cuillère à café de graines de carvi
125 g de chapelure
75 g de saindoux
75 g de beurre, congelé
1 œuf

Salez et poivrez la farine et recouvrez-en les cubes de bœuf. Faites fondre 50 g de beurre dans une grande poêle et faites revenir l'oignon jusqu'à ce qu'il soit doré. Transférez-le dans une cocotte allant au four. Faites cuire les champignons dans la poêle pendant quelques minutes, puis ajoutez-les au contenu de la cocotte. Faites fondre le reste du beurre dans la poêle et faites revenir les cubes de viande. Ajoutez-les dans la cocotte avec les baies de genièvre, les feuilles de laurier, le clous de girofle et la farine restante. Ajoutez la bière, le jus d'orange et la purée de tomates.

Couvrez et faites cuire au four préchauffé à 240 °C, Th. 9, pendant 15 à 20 minutes, jusqu'à ce que la préparation commence à frémir ; baissez la température à 150 °C, Th. 2. Faites cuire pendant 1 heure environ, puis ajoutez les rognons et remettez au four pendant 30 minutes, jusqu'à ce que la viande soit tendre. Rectifiez l'assaisonnement et retirez les feuilles de laurier. Laissez refroidir.

Pour la pâte, beurrez généreusement une jatte de 1,8 litre. Mélangez la farine, le macis, la muscade, le carvi, la chapelure et le saindoux coupé en morceaux. Râpez le beurre congelé dans la préparation, et mélangez-le délicatement du bout des doigts. Battez l'œuf dans une tasse et ajoutez suffisamment d'eau pour obtenir 18 cl. Versez progressivement le liquide dans la préparation, jusqu'à ce que vous obteniez une pâte élastique. Formez une boule.

Étalez la pâte en une fine abaisse ronde sur un plan fariné et découpez un quart de la pâte (qui formera le couvercle) ; réservez ce quart et recouvrez-le d'un linge. Donnez au reste de pâte une forme conique et posez-la dans la jatte, en appuyant sur le fond et les bords pour qu'elle épouse bien la forme du récipient. Ne recoupez pas les bords qui dépassent. Ajoutez la garniture puis rabattez la pâte sur elle. Roulez à nouveau le triangle réservé en une abaisse ronde. Humectez les bords rabattus et posez ce couvercle par-dessus, en pinçant la pâte pour bien la sceller.

Enveloppez la jatte dans du papier sulfurisé et de l'aluminium comme pour la recette de l'entremets en chemise (voir page 257). Mettez la jatte dans une casserole et ajoutez suffisamment d'eau pour que le niveau arrive à mi-hauteur de la jatte. Couvrez et laissez mijoter pendant 2 heures, en rajoutant de l'eau bouillante si nécessaire. Retirez la jatte de la casserole et servez aussitôt, enveloppé dans un torchon.

GÂTEAUX ET BISCUITS

Faire de la pâtisserie représente, pour la plupart d'entre nous, un moment de détente. En effet, préparer un gâteau ou des biscuits n'est jamais une obligation, c'est au contraire un véritable plaisir ; le plaisir de mélanger la pâte, le plaisir de voir le gâteau se métamorphoser dans le four et enfin l'intense plaisir de déguster votre œuvre avec des amis ou en famille. De nombreuses personnes pensent qu'elles sont incapables de préparer un gâteau, souvent parce qu'elles ont été marquées par une mauvaise expérience qui leur a fait abandonner toute idée de réussite en matière de pâtisserie, parfois parce qu'elles n'ont même jamais osé essayer une recette de gâteau. Mais il suffit souvent d'un gâteau réussi pour que l'on découvre le plaisir de faire de la pâtisserie.

À l'instar du pain, pour une même recette, on n'obtient jamais exactement le même gâteau. Un grand nombre de paramètres entrent en jeu : le type de farine utilisé, le modèle du four et la température de la pièce. Le plaisir de la pâtisserie passe également par ces incertitudes. Le gâteau que vous servirez doit être une création ; n'hésitez donc pas à vous écarter de la recette, si vous le jugez nécessaire. Il existe quelques règles qui vous permettront d'éviter les catastrophes. De nombreux gâteaux sont extrêmement faciles à préparer et vos hôtes les apprécieront, notamment à cause de leur caractère unique et de la saveur des ingrédients frais utilisés.

Vous ne devrez jamais oublier, lorsque vous ferez cuire un gâteau, que la porte du four doit impérativement rester fermée durant les trois premiers quarts de la cuisson. Si vous laissez l'air froid entrer dans le four, le gâteau s'effondrera car il n'aura pas eu le temps de se raffermir au centre.

Les gâteaux sont très différents selon la technique que l'on utilise. Certaines pâtes à biscuits, qui permettent de réaliser de délicieux gâteaux moelleux se préparent en battant en crème le beurre et le sucre avant d'ajouter les œufs. En règle générale, les gâteaux contenant beaucoup de beurre se préparent selon cette méthode, tandis que pour préparer des pâtes moins riches, on incorpore souvent le beurre directement à la farine. La première génoise que j'ai réussie m'a donné l'impression d'avoir réalisé un véritable tour de magie. On obtient ce gâteau, pauvre en graisses, en mélangeant au bain-marie les œufs avec le sucre, avant d'incorporer la farine. La pâte gonfle de façon tout à fait étonnante en cuisant, donnant un gâteau d'une légèreté infinie. On peut ensuite la fourrer avec de la crème, des fruits frais ou de la confiture. La génoise doit être dégustée aussitôt.

Vous pouvez utiliser l'une ou l'autre méthode pour confectionner un cake. Si celui-ci est très riche, battez le mélange en crème ; sinon, incorporez le beurre directement dans la farine. On peut garnir la pâte à cake avec de très nombreux fruits ou seulement quelques cerises confites. Certains cakes sont si riches en fruits qu'ils finissent par former une sorte de bloc de fruits liés par une pâte ; ce type de gâteau, quoique très onéreux à préparer, est exquis. On peut ajouter dans les cakes tous les types de fruits secs et confits que l'on souhaite : n'hésitez pas à faire preuve de créativité dans le choix des ingrédients.

Pour décorer rapidement un gâteau, il suffit de le saupoudrer délicatement de sucre glace ou de sucre en poudre. Mais si le cœur vous en dit, vous pouvez également préparer un véritable glaçage, qui donnera à votre gâteau une touche de finition très élégante.

Les biscuits faits maison rencontrent toujours un vif succès. Ils se préparent en quelques minutes et cuisent très rapidement. Préparez-en à l'avance, pour les offrir à vos enfants pour leur goûter. Vous pourrez les conserver dans une boîte métallique pendant plusieurs jours.

Dans le sens des aiguilles d'une montre, à partir du haut à gauche : superbe Gâteau fourré aux myrtilles, glacé et décoré de fleurs en sucre (page 279); Gâteau exotique au chocolat fourré avec une préparation à base de fromage frais (page 279); Pavés au chocolat décorés de noisettes pilées qui enrichissent le goût et ajoutent une note de croquant (page 278); Pain d'épices garni de petits morceaux de gingembre confit (page 269); Boules de neige recouvertes de sucre glace et parfumées avec des noix de pécan (page 278); Gâteau à l'orange et aux fraises garni de crème (page 278).

TECHNIQUES DE BASE

Il est toujours fort agréable de se faire complimenter sur ses talents de pâtissière ou de pâtissier. Pour cela, il vous faudra connaître un certain nombre de règles de base qui vous permettront de réussir infailliblement vos gâteaux.

La chaleur produit un effet particulier sur les liquides, la farine, les œufs, la graisse et le sucre, et provoque des réactions entre tous ces ingrédients. Si la chaleur est trop basse, le gâteau ne cuira pas suffisamment au centre ; la pâte sera collante et très lourde à digérer. Si la température est trop élevée, une croûte se formera rapidement, ce qui aura pour effet de faire monter la pâte crue, et provoquera des craquellements à la surface du gâteau. Toutefois, certains gâteaux ont besoin d'une température importante pour gonfler correctement.

Dans l'idéal, les ingrédients doivent être à température ambiante. Ceci est particulièrement important pour les œufs, qui ont tendance à se figer lorsqu'ils sont trop froids, et pour le beurre qui est difficile à mélanger lorsqu'il sort du réfrigérateur. Les gâteaux se préparent, en général, avec de la farine de froment. Pour les gâteaux riches, il vous faudra prévoir de la levure. Les recettes de cakes et de gâteaux à base de blancs d'œufs battus n'en ont pas besoin : l'air est incorporé mécaniquement lorsque l'on bat les ingrédients.

Le sucre semoule et la cassonade se mélangent facilement avec du beurre. Vous pouvez aussi utiliser du sucre cristallisé mais celui-ci donne au gâteau un aspect moins lisse (au niveau de la surface notamment). Le beurre ajoute non seulement du goût au gâteau, mais aussi de la couleur. Vous pourrez cependant le remplacer par de la margarine. Les gâteaux contenant peu de matières grasses doivent être dégustés très frais, tandis que les recettes riches s'améliorent de jour en jour.

PRÉPARER UN MOULE

L'une des clefs de la réussite en pâtisserie consiste à préparer son moule avant de commencer à réunir les ingrédients. Les moules de bonne qualité, avec un revêtement antiadhésif, n'ont pas besoin de préparation particulière, à moins que vous ne les utilisiez pour faire cuire des cakes riches. Dans ce cas, vous tapisserez le moule avec deux feuilles de papier sulfurisé, afin de protéger le fond pendant la très longue cuisson.

Si vous craignez de ne pas pouvoir démouler votre gâteau, posez un disque de papier sulfurisé beurré au fond du moule. Certains papiers pour pâtisserie n'ont pas besoin d'être beurrés.

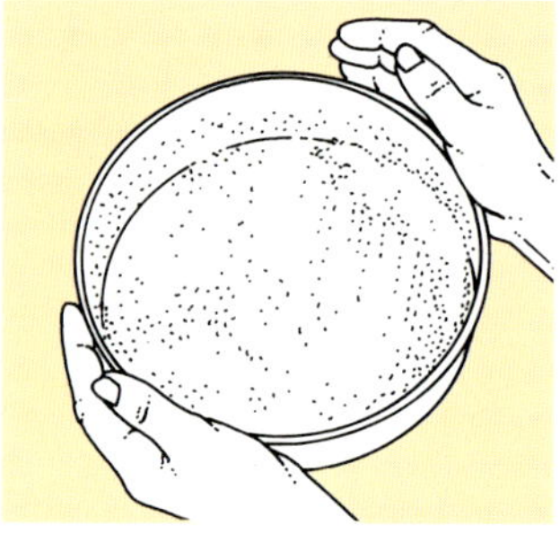

Les moules destinés à cuire les pâtes à gâteaux fouettées sont beurrés ou huilés puis tapissés d'un disque de papier sulfurisé, beurré également. Farinez ensuite le fond du moule puis retirez l'excédent en tapotant le moule. Les moules destinés à cuire les pâtes à gâteaux travaillées en crème sont juste beurrés ou huilés.

***Pour tapisser un moule à cake** avec du papier sulfurisé, découpez dans du papier la forme du moule, à la bonne taille. Beurrez le moule, posez le papier au fond du moule puis beurrez le papier. Pour les bords, utilisez une grande feuille de papier et procédez comme pour le moule rectangulaire (voir ci-dessous).*

***Pour tapisser un moule carré profond,** découpez un carré de la taille du moule, puis, pour les côtés, coupez deux bandes, légèrement supérieures à la longueur de deux côtés et plus hautes de 2,5 cm que le moule. Beurrez le moule, posez le papier, en veillant à bien le plier dans les coins. Beurrez le papier.*

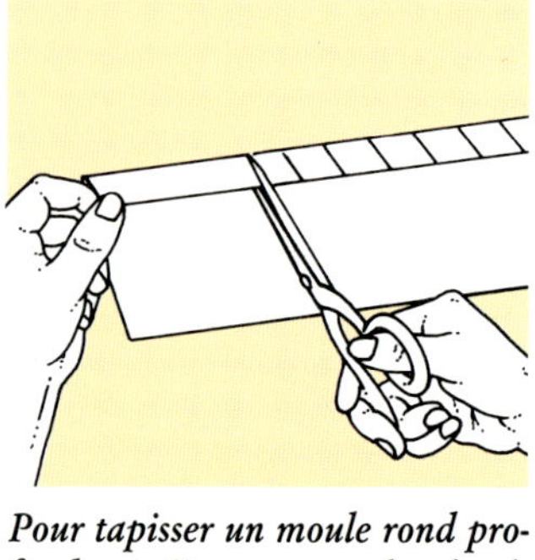

***Pour tapisser un moule rond profond :** 1 Coupez une bande de papier un peu plus longue que la circonférence du moule et plus haute de 5 cm. Repliez un bord sur 1,5 cm, puis, le long de ce bord, pratiquez de petites entailles, espacées de 2,5 cm, jusqu'au pli.*

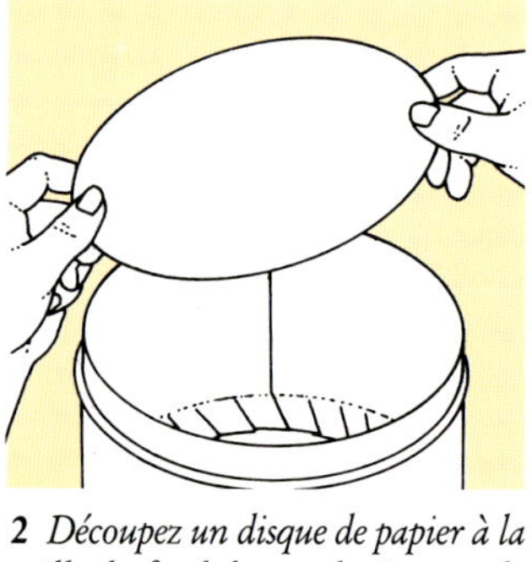

2 Découpez un disque de papier à la taille du fond du moule. Beurrez la base et les bords, posez la longue bande, en repliant le bord découpé sur le fond. Posez le disque par-dessus et beurrez légèrement le papier. Ne farinez pas.

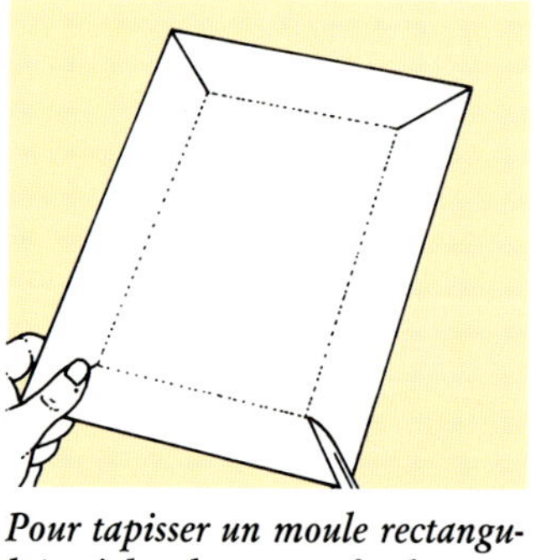

Pour tapisser un moule rectangulaire à bords peu profonds :
1 Découpez une feuille de papier sulfurisé, afin de recouvrir le fond et les bords. Tracez le fond puis pliez le papier le long des lignes. Coupez les diagonales de chaque coin, jusqu'à la ligne tracée.

2 Beurrez le moule, posez le papier, en faisant se chevaucher les bords coupés. Fixez les coins avec des trombones, puis beurrez légèrement le papier sulfurisé.

PRÉPARER UNE PLAQUE À PÂTISSERIE

Les plaques à pâtisserie sur lesquelles on fait cuire des biscuits doivent être très rigides, plates et présenter un bord peu élevé, afin de pouvoir faire glisser facilement les biscuits cuits sur la grille sur laquelle ils vont refroidir. Si la plaque est trop fine, la chaleur du four la fera se gondoler. Il est recommandé d'acheter une bonne plaque à pâtisserie, de couleur foncée, qui vous permettra de préparer de délicieux biscuits croustillants (voir page 20).

Il est très commode de posséder plusieurs plaques à pâtisserie, afin de pouvoir espacer les biscuits sans craindre de manquer de place.

Beurrez légèrement la plaque à l'aide d'un pinceau imbibé d'huile avant de poser dessus la pâte à biscuits. Les pâtes riches en graisses — les pâtes à sablés au beurre notamment — peuvent cuire sur des plaques non beurrées. Après la cuisson, essuyez-les avec un peu de papier absorbant.

Pour vérifier le degré de cuisson d'un cake, introduisez une brochette de métal au centre. Si la brochette ressort propre, le gâteau est cuit.

LA CUISSON DES GÂTEAUX

Un gâteau ne peut être réussi sans une bonne cuisson, qui n'est possible qu'avec un four de qualité. La plupart des modèles d'aujourd'hui sont satisfaisants, mais ils sont très différents les uns des autres et on ne peut donner les temps de cuisson qu'à titre indicatif. Vérifiez toujours la cuisson de votre gâteau quelques minutes avant la fin du temps indiqué dans la recette. La température du four étant essentielle en pâtisserie, il peut être commode d'utiliser un thermomètre à four. N'oubliez pas de lire le mode d'emploi de votre four, afin d'en connaître toutes les caractéristiques.

Il est préférable de ne pas ouvrir la porte du four durant la cuisson, surtout pour les pâtes légères. Si vous devez absolument vérifier le degré de cuisson, entrouvrez la porte du four légèrement, et jetez un coup d'œil très rapide.

Lorsque le temps de cuisson est écoulé, vérifiez que le gâteau est bien cuit, et laissez-le refroidir dans son moule — ou sur la plaque, s'il s'agit de biscuits — pendant quelques minutes avant de le démouler et de le transférer sur une grille pour qu'il refroidisse complètement. Laissez refroidir les biscuits fourrés 5 à 10 minutes dans leur moule, les cakes 30 à 60 minutes ; les biscuits 1 à 2 minutes.

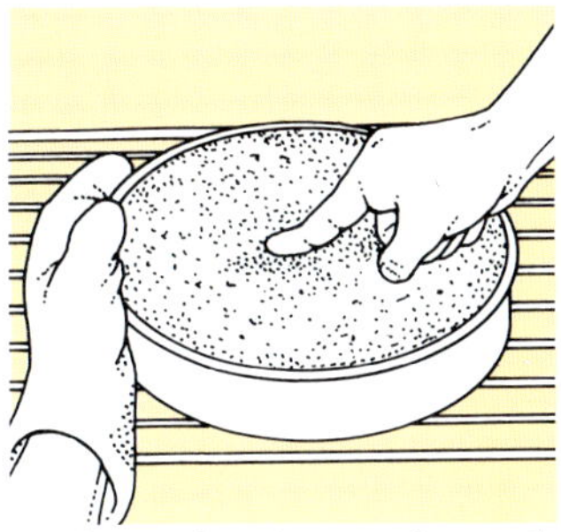

Un biscuit fourré est cuit lorsque le dessus est suffisamment ferme. Observez les bords du gâteau. S'ils ont commencé à se décoller du moule, c'est que le gâteau est cuit. S'il ne l'est pas, repassez-le au four pendant quelques minutes.

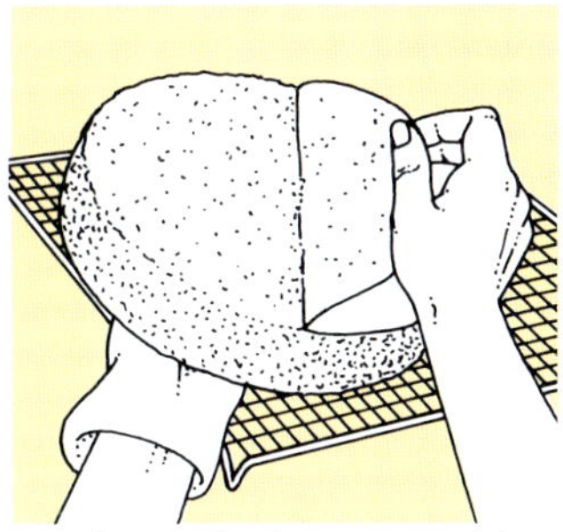

Une fois que le gâteau a reposé dans son moule, démoulez-le dans votre main et décollez la feuille de papier sulfurisé aussitôt, afin que la pâte ne se détrempe pas. Retournez-le sur une grille, afin qu'il refroidisse complètement. Garnissez-le lorsqu'il est froid.

POUR RÉUSSIR LA CUISSON D'UN GÂTEAU

- Faites toujours préchauffer votre four avant de faire cuire un gâteau ; si vous le pouvez, utilisez un thermomètre à four pour connaître la température exacte.
- Veillez à peser les ingrédients avec précision : en pâtisserie, les proportions sont très importantes pour réussir une recette.
- Veillez à utiliser des œufs à température ambiante, afin qu'ils s'incorporent plus facilement au mélange. Le résultat sera d'autant plus léger et croustillant.
- Si vous souhaitez obtenir une saveur très riche, préférez du beurre. Pour les gâteaux de tous les jours, vous pouvez utiliser de la margarine, surtout si vous devez la travailler en crème ou la battre.
- Les matières grasses solides se travaillent plus facilement lorsqu'elles sont à température ambiante. Si vous n'avez pas sorti votre beurre du réfrigérateur à l'avance, passez-le au four à micro-ondes sur la position décongélation pendant quelques secondes.
- Pour éviter que votre jatte ne tourne sur elle-même lorsque vous battez les ingrédients, posez-la sur un torchon mouillé plié.
- Lorsque vous ajoutez des œufs à un mélange de sucre et de beurre, veillez à ce qu'ils ne se figent pas, car cela pourrait éliminer l'air contenu dans la pâte. Si la préparation tourne effectivement, ajoutez 1 cuillère à soupe de farine et battez à nouveau.
- Si vous devez ajouter des ingrédients secs, farine, épices, levure en une seule fois, tamisez-les ensemble sur une feuille de papier sulfurisé. S'ils doivent être ajoutés progressivement, tamisez-les dans une jatte.
- Mélangez vos ingrédients avec une cuillère en bois mais incorporez-les les uns aux autres avec une grande cuillère en métal, afin d'écraser le moins d'air possible.
- Badigeonnez les moules ou le papier sulfurisé avec de l'huile ou du beurre fondu. Essuyez l'excédent d'huile avec du papier absorbant ou un linge propre humide. Cela contribuera au bon entretien de votre moule, et votre pâte risquera moins d'attacher au fond.

PÂTES À BISCUITS 1

Les pâtes à biscuits ont une saveur inégalable, notamment à cause des ingrédients frais utilisés. On les prépare avec du beurre exclusivement ; ainsi le résultat est-il moelleux et savoureux. Toutefois, on peut préparer ces gâteaux avec de la margarine au tournesol. Dans ce cas, il convient d'utiliser la recette avec le robot ménager (voir page ci-contre).

La pâte est allégée par de la levure chimique ou des blancs d'œufs battus en neige. Il existe différentes variantes pour préparer la pâte. Les biscuits les plus souvent confectionnés sont la génoise, le biscuit de Savoie, le gâteau roulé. Ce type de pâte permet de réaliser des gâteaux très variés pour toutes les occasions : du gâteau de famille au gâteau de fête.

Ces gâteaux servent de base à de nombreuses recettes. On peut les fourrer avec de la crème fouettée, des fruits, de la confiture, les napper, les glacer et les décorer de mille et une façons.

La clef de la réussite tient en deux mots : légèreté et richesse de goût. Commencez par fouetter le sucre et le beurre avec une cuillère en bois ou un batteur électrique. Grâce à cette opération, le mélange deviendra léger, mousseux et lisse.

La pâte de ce type de gâteau doit former un ruban lorsque vous la laissez tomber de la cuillère dans la jatte. Si la pâte vous paraît trop épaisse, n'hésitez pas à rajouter un peu de liquide, qui, à l'instar des autres ingrédients, devra être à température ambiante. Quel que soit le liquide choisi (lait, jus de fruits ou liqueur forte comme du rhum ou du cognac), il importe de l'incorporer très progressivement.

GÂTEAU FOURRÉ

Le mélange matières grasses, sucre, farine et œufs a toujours permis d'obtenir d'excellents desserts. À mesure que vous travaillez en crème le sucre et le beurre, de l'air est incorporé à la pâte. Certains chefs réalisent cette opération à la main, car, disent-ils, la chaleur de la peau aide le sucre à se dissoudre correctement. Toutefois, un batteur électrique ou une cuillère en bois conviennent également. Si vous utilisez une cuillère en bois, posez votre jatte sur un linge mouillé plié, afin que celle-ci ne se mette pas à tourner sur elle-même.

Lorsque vous aurez incorporé les œufs, ajoutez délicatement la farine et la levure. Vous mouillerez ensuite la préparation avec un liquide, généralement du lait ou de l'eau. On peut faire cuire cette pâte en un gâteau épais que l'on découpera une fois qu'il sera cuit, ou mettre à cuire la pâte dans deux moules afin d'obtenir des gâteaux moins épais que l'on pourra superposer.

Vous pourrez garnir votre gâteau avec de la confiture ou de la gelée et le saupoudrer de sucre glace. Mais si vous avez un peu plus de temps, préparez une garniture avec de la crème chantilly et du fromage blanc mélangé à des fruits écrasés. Si vous souhaitez préparer un gâteau au chocolat, remplacez 25 g de farine par autant de cacao en poudre. Pour 4 à 6 personnes.

Ce gâteau fourré à la confiture de framboises est délicieux comme dessert ou à l'heure du thé.

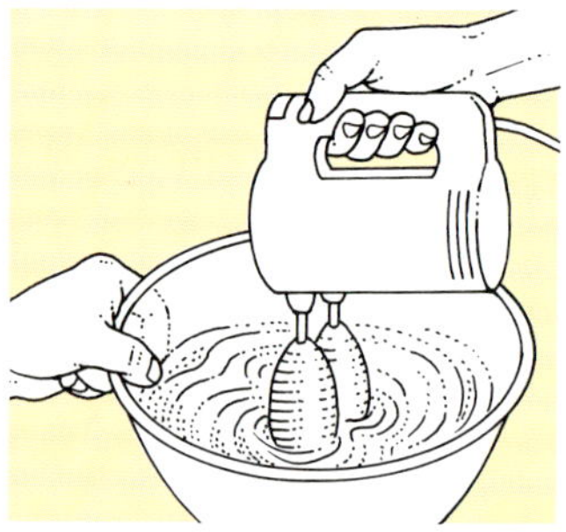

1 *Beurrez légèrement deux moules de 18 cm de diamètre. Préchauffez le four à 180 °C, Th. 4. Battez ensemble 125 g de beurre ramolli et autant de sucre vanillé (voir page 235), jusqu'à ce que vous obteniez un mélange clair et mousseux. Continuez de battre jusqu'à ce que tout le sucre soit dissous. Vous pouvez utiliser un batteur électrique.*

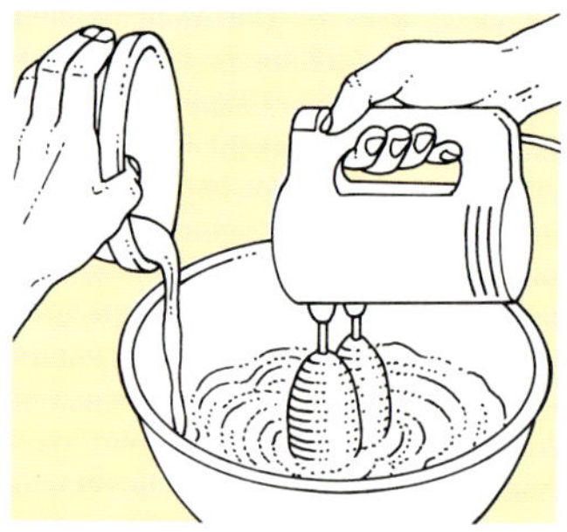

2 *Lorsque le sucre est dissous, le mélange doit être très lisse et homogène. Battez légèrement 2 œufs et ajoutez-en la moitié à la préparation. Battez soigneusement jusqu'à ce que les ingrédients soient bien mélangés, puis ajoutez le reste d'œuf ; ajoutez 1 cuillère à soupe de farine si vous avez l'impression que le mélange commence à tourner.*

3 *Tamisez 125 g de farine avec poudre levante et 1/2 cuillère à café de levure puis incorporez-les à la préparation à l'œuf à l'aide d'une grande cuillère en métal ; ajoutez 2 cuillères à soupe d'eau. Versez la pâte dans les moules et faites cuire les gâteaux pendant 20 à 25 minutes. Vérifiez le degré de cuisson (voir page 263).*

4 *Laissez refroidir pendant 5 minutes dans les moules et démoulez-les sur une grille. Lorsque les gâteaux sont froids, étalez 2 ou 3 cuillères à soupe de confiture sur l'un et posez l'autre gâteau dessus. Saupoudrez de sucre glace ou de sucre semoule tamisé.*

GÂTEAU AU ROBOT MÉNAGER

Il est possible de confectionner une excellente pâte pour gâteau fourré en versant tous les ingrédients dans un robot ménager. Pour que cette technique réussisse, il est essentiel que le beurre soit très mou. Vous pouvez le remplacer par de la margarine, mais évitez d'employer du beurre allégé qui contient trop d'eau. L'opération initiale, qui permet généralement d'incorporer de l'air, étant omise, il est nécessaire d'ajouter un peu de levure. La pâte cuite présente davantage de trous que dans le gâteau préparé selon la méthode classique.

Vous pourrez utiliser cette pâte pour confectionner un gâteau fourré ou pour préparer un gâteau renversé (voir page 221).

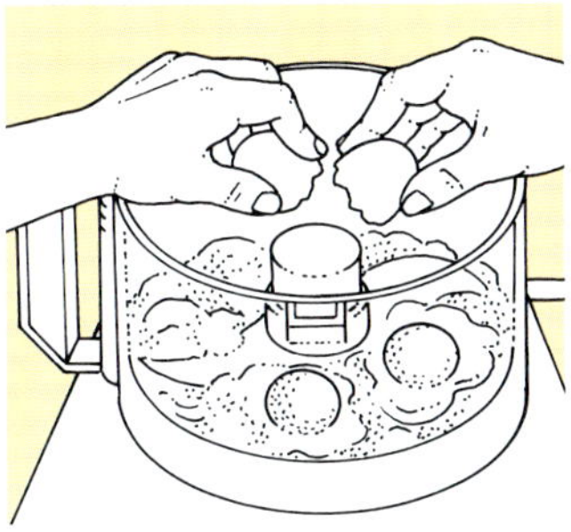

Dans un robot ménager réunissez 125 g de beurre ramolli (ou de margarine) et autant de sucre en poudre, de farine tamisée avec 1 cuillère à café de levure, 2 œufs et 1 ou 2 cuillères à soupe d'eau. Mixez pendant au moins 1 minute puis versez cette pâte dans deux moules de 18 cm de diamètre beurrés. Faites cuire comme dans la recette traditionnelle.

QUELQUES VARIANTES

- Vous pouvez préparer une pâte pour gâteau de Savoie que vous proposerez fourré avec de la crème fouettée, de la confiture ou des fruits.

Battez 6 jaunes d'œufs avec 300 g de sucre semoule jusqu'à ce que le mélange forme un ruban. Ajoutez quelques gouttes d'extrait de vanille. Sans cesser de remuer, versez 90 g de farine et 90 g de Maïzena préalablement tamisées. Incorporez les 6 blancs d'œufs battus en neige ferme. Versez dans un moule et faites cuire au four préchauffé à 180 °C, Th. 4, 1 heure.

- Le gâteau de Savoie diffère de la génoise par le fait que les œufs sont battus entiers, alors que dans cette dernière, les jaunes et les blancs sont battus séparément.
- Pour donner à votre gâteau un vrai goût de vanille, fendez une gousse en deux et ajoutez-la au mélange beurre/sucre au moment de le travailler en crème.
- N'hésitez pas à utiliser de la cassonade, à la place du sucre semoule ; votre gâteau n'en sera que plus parfumé.
- Je parfume souvent mes pâtes à biscuits avec des graines de carvi ou de cumin entières, des noisettes pilées ou des feuilles de romarin ou de lavande fraîchement hachées.
- Fourrez vos petits gâteaux en plaçant un morceau de chocolat, un morceau de fruit ou une cuillère de confiture au centre de la pâte, avant de les faire cuire.
- Vous pouvez garnir votre biscuit avec une crème au beurre au citron (voir page 274), du fromage frais sucré additionné de framboises, de myrtilles ou de cassis, du fromage blanc sucré avec du sucre glace et arrosé d'un filet de jus de citron ; on peut aussi ajouter du zeste d'agrumes râpé, de la confiture enrichie de fruits frais ou du *lemon curd* (voir page 302).
- Pour garnir un gâteau, vous pouvez le glacer (voir page 274) puis le décorer avec des fleurs fraîches, des noix pilées, des noisettes caramélisées (voir page 228) ou des décorations en sucre.
- Si vous aimez le goût du citron, vous pouvez percer votre gâteau cuit de petits trous, à l'aide d'une brochette, et l'arroser d'un sirop de sucre parfumé au jus de citron (voir page 208). Le gâteau s'imprégnera du goût du citron tout en refroidissant.
- Vous pouvez ajouter une note alcoolisée à votre dessert en l'arrosant d'un sirop parfumé au cognac ou au rhum.
- Faites cuire votre gâteau dans un moule à cake. Ajoutez des myrtilles ou des cassis, des cerises confites ou d'autres fruits secs ou confits.

Un choix de petits gâteaux individuels. Glacez-les et décorez-les selon votre inspiration.

PETITS GÂTEAUX INDIVIDUELS

Utilisez la recette classique ou celle au robot ménager pour préparer de délicieux petits gâteaux individuels. Ceux-ci sont très commodes pour un goûter d'anniversaire, car vous pouvez les décorer de diverses façons. Parfumez-les en ajoutant 2 cuillères à café de zeste de citron ou d'orange râpé ou 1 cuillère à soupe d'eau de fleur d'oranger ou de rose, à la place de l'eau.

Faites refroidir les gâteaux dans leurs barquettes, sur une grille. Garnissez-les de crème au beurre (voir page 274), de glaçage ou de sucre glace.

Disposez 18 caissettes de papier sur une plaque à pâtisserie. Préchauffez le four à 190 °C, Th. 5. Remplissez les caissettes aux trois quarts avec la pâte de gâteau fourré. Faites cuire pendant 15 à 17 minutes, puis amusez-vous à les décorer.

Vous pouvez couper le haut de chaque gâteau, pour le fourrer avec 1 cuillère à café de crème au beurre et de la confiture. Coupez le dessus du gâteau en deux et placez-le de façon à former des ailes. Parsemez de sucre glace ou de cacao en poudre.

Gâteaux au coco : répartissez la pâte entre 8 et 10 moules à darioles. Faites-les cuire sur une tôle pendant 18 à 20 minutes. Laissez-les refroidir dans les moules puis sur la grille. Badigeonnez de confiture fondue puis roulez-les dans 75 g de noix de coco.

PÂTES À BISCUITS 2

Certaines pâtes à biscuits sont fouettées, ce qui leur donne une texture légère. La pâte, délicatement parfumée, gonfle sous le seul effet de l'air incorporé au moment où l'on bat les œufs au bain-marie. Pour cette raison, il est extrêmement important d'utiliser des œufs bien frais, afin de pouvoir bien les faire monter. De même, la farine doit impérativement être tamisée au préalable, afin qu'elle puisse être incorporée aux œufs sans risquer de briser les bulles d'air.

Si vous le souhaitez, remplacez 25 g de farine par autant de Maïzena, à la consistance plus fine ; votre gâteau sera encore plus léger.

Ces gâteaux ne contiennent pas de matières grasses ; c'est pourquoi ils se dessèchent rapidement ; il est nécessaire de les déguster le jour même de leur préparation, à moins que vous ne les congeliez. Si vous souhaitez conserver votre gâteau, vous pouvez ajouter un peu de beurre fondu. Toutefois, la recette sans beurre est plus facile à réussir.

Bien que ce type de gâteau soit extrêmement délicat et léger, sa pâte, une fois cuite, est très souple et résistante. C'est pourquoi on l'utilise souvent pour confectionner de délicieux roulés fourrés.

GÉNOISE FOUETTÉE

Cette recette est extrêmement simple à réaliser, surtout si vous utilisez un batteur électrique.

Pour ce type de gâteau, utilisez de la farine ordinaire. Si vous employiez de la farine avec poudre levante, le gâteau risquerait de trop gonfler et de retomber. Vous pouvez ajouter au moment d'incorporer la farine 1 cuillère à soupe d'eau de fleur d'oranger ou d'eau de rose, si vous en aimez l'arôme.

Préchauffez le four à 160 °C, Th. 3. Badigeonnez un moule à manqué de 20 cm de diamètre avec de l'huile ou du beurre fondu puis farinez le fond et les bords, en tapotant le moule, pour retirer l'excédent de farine (voir page 262).

1 *Battez 3 œufs avec 125 g de sucre vanillé (voir page 235) dans une jatte résistant à la chaleur, au-dessus d'une casserole d'eau chaude. Utilisez un batteur électrique ou mécanique. Le mélange doit blanchir et former un ruban lorsque vous soulevez les pales du fouet. Le fond de la jatte ne doit pas être en contact avec l'eau chaude.*

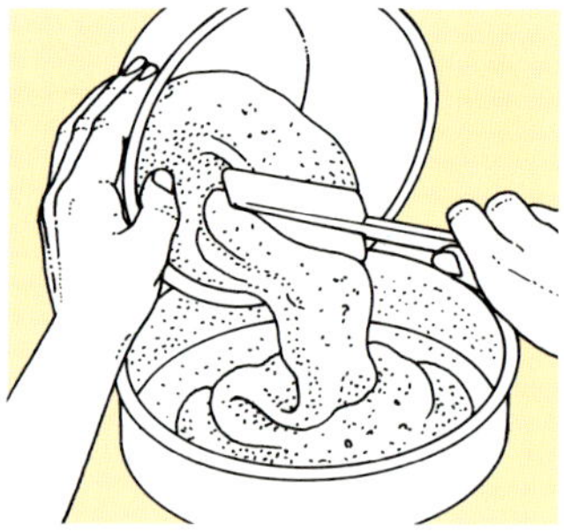

2 *Retirez la jatte du bain-marie et continuez à battre pendant encore 2 minutes. Incorporez 125 g de farine, le plus délicatement possible, à l'aide d'une cuillère en métal. Versez la préparation dans un moule préparé et faites cuire pendant 45 minutes, jusqu'à ce que le dessus soit bien doré.*

3 *Laissez le gâteau refroidir dans son moule pendant 5 minutes, puis démoulez-le et posez-le, le fond contre la grille, pour qu'il refroidisse complètement. Coupez-le en deux horizontalement puis fourrez-le avec de la confiture ou de la crème chantilly et des fruits frais écrasés. Saupoudrez de sucre glace tamisé, juste avant de servir.*

Ce délicieux dessert se compose d'un fond en pâte à génoise et de fruits coupés en tranches régulières. Vous pouvez l'enrichir en déposant les fruits sur une couche de crème pâtissière ou de crème chantilly.

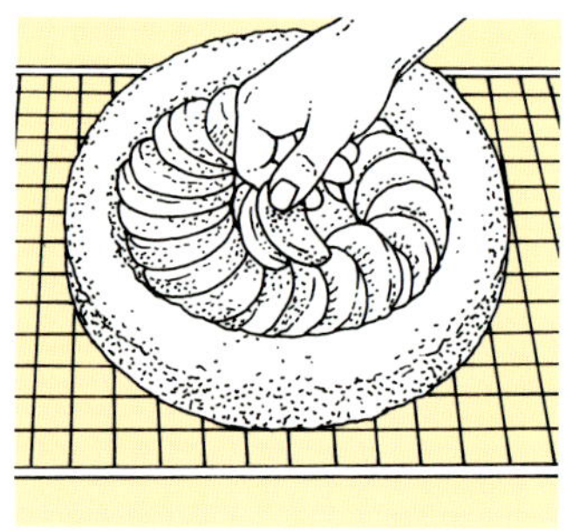

Utilisez cette pâte pour confectionner une génoise aux fruits. Beurrez et farinez un moule de 20 cm de diamètre. Préparez la pâte comme ci-dessus. Faites cuire pendant 25 à 30 minutes puis laissez refroidir sur une grille. Quand le gâteau est froid, vous pouvez imbiber la pâte avec du rhum avant de garnir avec des fruits frais. Nappez avec de la gelée réchauffée.

BISCUIT ROULÉ

Pour préparer ce gâteau, préparez la pâte selon la formule de la page précédente, puis étalez-la uniformément sur une plaque à pâtisserie tapissée de papier sulfurisé beurré. Préchauffez le four à 220 °C, Th. 7. Lorsque le gâteau est cuit et qu'il a refroidi, vous pourrez le garnir avec de la confiture, des fruits frais ou du chocolat. N'hésitez pas à faire preuve d'imagination.

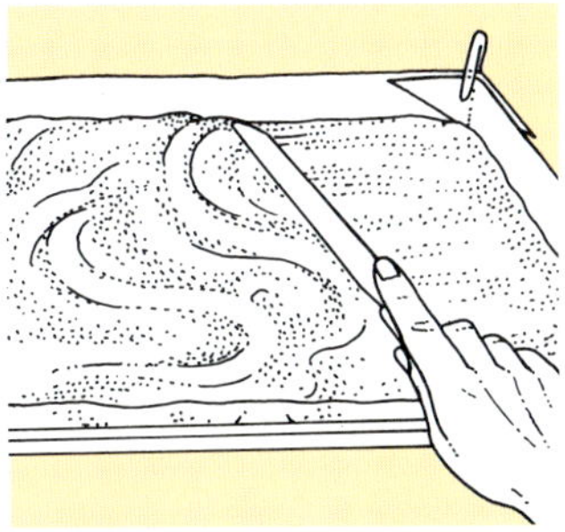

1 *Préparez la pâte à génoise, mais utilisez de la farine avec poudre levante. Versez la pâte dans le moule préparé et étalez à l'aide d'une spatule. Faites cuire pendant 8 à 10 minutes, jusqu'à ce que la pâte soit ferme.*

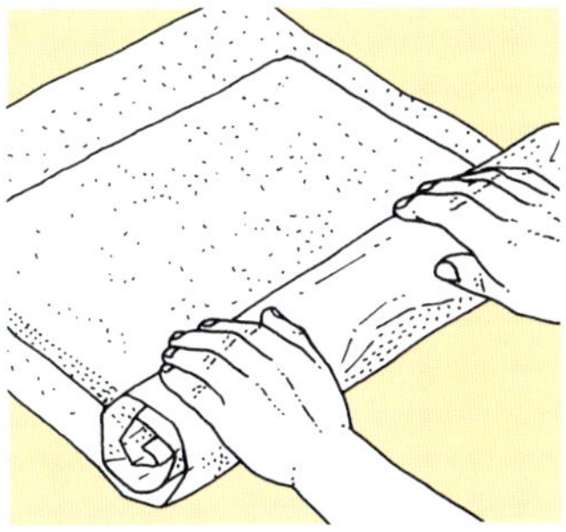

2 *Saupoudrez de sucre une grande feuille de papier sulfurisé. Démoulez le gâteau dessus, puis ôtez le papier qui tapissait le moule. Recoupez les bords du gâteau. Roulez avec le papier et laissez refroidir.*

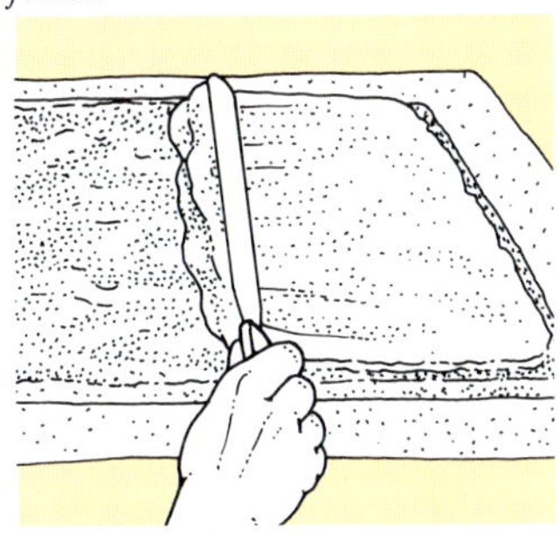

3 *Déroulez le gâteau et étalez environ 2 cuillères à soupe de confiture, jusqu'à 2,5 cm des bords, puis 125 g de crème au beurre (voir page 274).*

4 *Roulez à nouveau le gâteau, sans le papier sucré. Parsemez de sucre glace tamisé. Servez le roulé en tranches épaisses.*

Ce roulé au chocolat fourré de crème chantilly se prépare en remplaçant, dans la recette de base, 25 g de farine par la même quantité de cacao.

POUR PARFUMER

- Ces gâteaux ont un goût si délicat qu'il est inutile de le masquer en ajoutant des ingrédients trop aromatiques. J'aime rajouter un peu d'eau de fleur d'oranger, de rose ou de violette et fourrer le gâteau avec une simple crème fouettée. Je le saupoudre généralement de sucre glace tamisé. Les fleurs en sucre peuvent apporter une petite touche décorative très discrète.
- On peut parfumer la pâte avec du zeste de citron, de citron vert ou d'orange râpé. Dans ce cas, je vous recommande de fourrer votre gâteau avec du *lemon curd* (voir page 302) mélangé avec de la crème chantilly.
- Ces gâteaux à pâte fouettée sont très agréables l'été, surtout lorsqu'on les fourre avec des fruits frais de saison. Les framboises et la crème sont une association toujours très appréciée, tout comme les fraises et le *lemon curd*. On peut également parfumer de la crème chantilly avec un peu de jus d'orange et de zeste d'orange râpé.
- Les pêches et les nectarines épluchées, coupées en tranches et arrosées de jus de citron pour éviter qu'elles ne noircissent, sont délicieuses avec des groseilles et de la crème fouettée.

BISCUITS LONGS

Ces délicieux petits gâteaux tout en longueur remplaceront avantageusement les traditionnels boudoirs, qui entrent dans la composition de charlottes et de diplomates. Ils accompagnent aussi fort bien les sorbets ou compotes de fruits. Vous pourrez aussi les assembler deux par deux, avec un peu de crème au beurre (voir page 274), ou plonger les extrémités dans du chocolat fondu.

Utilisez la recette de la pâte à génoise (voir page ci-contre) pour confectionner entre 18 et 20 biscuits. Vous pourrez congeler les gâteaux dans une boîte en plastique, ou les conserver dans une boîte hermétique. Faites préchauffer le four à 200 °C, Th. 6. Beurrez légèrement 2 plaques à pâtisserie (voir page 263).

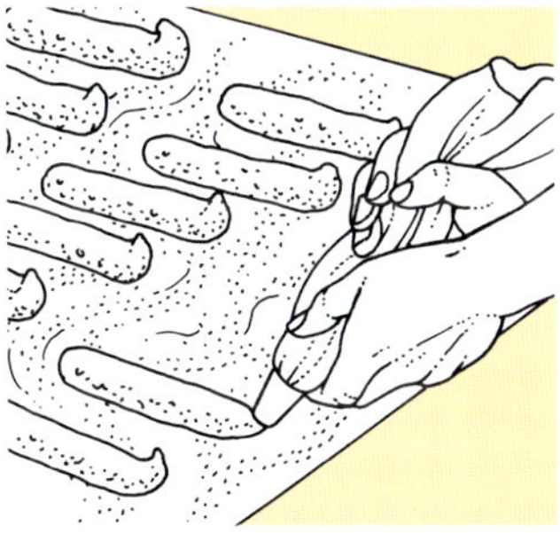

1 *Garnissez une poche à douille munie d'un embout de 1,5 cm avec la pâte : disposez la poche dans un pichet avant de la remplir (voir page 24). Déposez des tronçons de pâte de 7 cm sur la plaque préparée, de manière qu'ils ne se touchent pas. Utilisez un couteau mouillé pour couper les tronçons.*

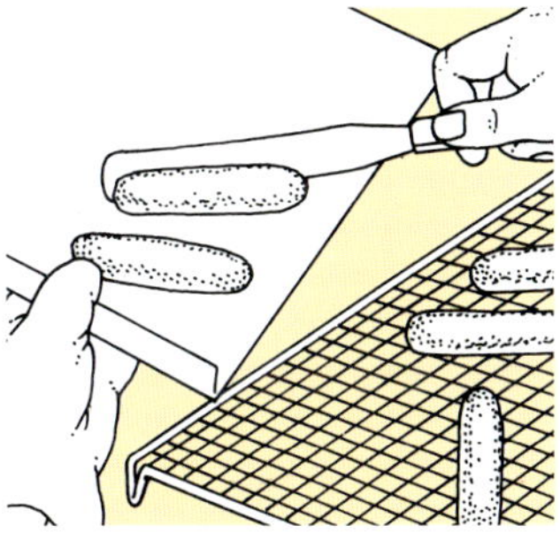

2 *Faites cuire pendant 5 à 7 minutes, en interchangeant la position des plaques dans le four, afin que les gâteaux cuisent uniformément. Laissez refroidir pendant 2 minutes, puis posez les gâteaux sur une grille, en vous aidant d'une spatule. Une fois qu'ils sont froids, vous pouvez les conserver dans une boîte hermétique.*

GÂTEAUX AUX FRUITS SECS

Après une longue marche ou bien l'hiver à l'heure du thé, rien n'est aussi agréable à déguster qu'un bon cake maison. Les recettes de cake varient à l'infini : certains de ces gâteaux sont très denses, pleins de fruits confits, de noix et d'alcool, d'autres au contraire sont légers et ne contiennent que quelques fruits confits, raisins secs ou noisettes. Les deux types de gâteau ont leur charme.

Le pain d'épices, gâteau de pâte levée, très sucré et riche, se prépare, en général, avec du miel, de la farine de froment, de la farine complète et de nombreux parfums : grains d'anis, cannelle, girofle, zeste de citron ou d'orange râpé, eau de fleur d'oranger, gingembre.

Les cakes riches en beurre et œufs utilisent la méthode des pâtes battues. Il est très important de battre le mélange œufs-sucre, jusqu'à ce que le sucre soit complètement dissous. Pendant la cuisson, la préparation se dessèche, mais ne gonfle pas. La présence de fruits confits et de raisins secs dans la pâte permet de conserver ce gâteau plusieurs jours ; il est recommandé de l'envelopper avant de le couper en tranches.

Il existe d'autres recettes de cake, moins lourdes que la recette présentée page ci-contre, que l'on peut servir facilement en fin de repas ou au goûter. Ces cakes sont plus légers parce qu'ils contiennent moins de beurre. Celui-ci est incorporé dans la farine du bout des doigts. Ces gâteaux sont également moins riches en œufs. Ils cuisent beaucoup plus rapidement que les cakes lourds, qui doivent faire l'objet d'une cuisson lente et douce.

PRÉPARER LES FRUITS SECS

La plupart des fruits secs que l'on trouve aujourd'hui dans le commerce sont prêts à l'emploi. Toutefois si vous désirez les laver, veillez à bien les faire sécher sur du papier absorbant. Mélangez-les avec un peu de farine, dans un tamis. Ainsi, les fruits ne tomberont-ils pas au fond du gâteau pendant la cuisson et se répartiront-ils uniformément dans la pâte.

Dans mes cakes, j'aime inclure de gros fruits secs, hachés, tels que pruneaux, dattes et abricots. Comme ils sont souvent assez collants, je les roule au préalable dans de la farine.

Avant de les incorporer au cake, hachez les fruits, puis rincez-les dans de l'eau tiède avant de les sécher parfaitement. Mélangez-les avec un peu de farine et secouez-les dans un tamis, ajoutez-les au reste des fruits et noisettes.

Ce cake a été recouvert de noisettes hachées. Celles-ci ajoutent un goût délicieux à ce dessert.

CAKE LÉGER

Ce cake est idéal pour un dessert de tous les jours. Contrairement au véritable cake fort riche (voir page ci-contre), cette version est très légère, à cause de la présence de levure. J'aime le servir après l'avoir décoré de noix, de noisettes ou de fruits confits, afin de bien faire ressortir qu'il s'agit quand même d'un cake. Vous pouvez remplacer les fruits secs par des fruits frais : pommes, bananes, poires.

Faites préchauffer le four à 180 °C, Th. 4. Beurrez et tapissez un moule carré de 20 cm de côté ou un moule rond de 24 cm de diamètre (voir page 262).

1 *Dans une jatte, tamisez 500 g de farine avec 2 cuillères à café de levure et 2 cuillères à café d'épices mélangées. Ajoutez 250 g de beurre, du bout des doigts, jusqu'à ce que la préparation soit grumeleuse. Ajoutez 125 g de cassonade et autant de sucre en poudre puis mélangez.*

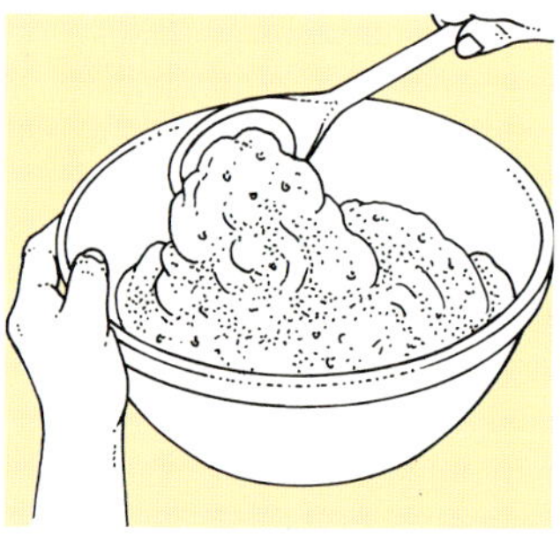

2 *Battez 2 œufs avec 6 cuillères à soupe de lait et le zeste râpé d'un citron. Ajoutez-les à la pâte, tout en battant avec une cuillère en bois, jusqu'à ce que vous obteniez une pâte lisse et épaisse. Si la pâte vous paraît trop sèche, rajoutez un peu de lait et battez à nouveau le mélange. Incorporez 500 g de fruits secs à l'aide d'une cuillère en métal.*

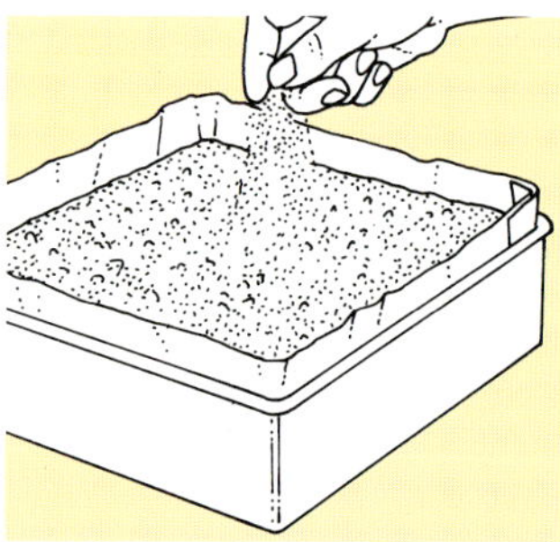

3 *Versez ce mélange dans le moule et lissez la surface. Parsemez de noix hachées et faites cuire 1 heure ; baissez la température à 160 °C, Th. 3, et poursuivez la cuisson pendant 1 heure. Vérifiez le degré de cuisson à l'aide d'une brochette (voir page 263). Laissez refroidir dans le moule 1 heure, puis démoulez sur une grille et laissez refroidir.*

CAKE ROYAL

Ce cake très riche est exquis à l'heure du thé. Il est si nourrissant que vous pourrez prévoir un dîner léger ou même le servir en goûter dinatoire gourmand. Sa préparation est assez longue et les ingrédients utilisés relativement coûteux. Lorsqu'il aura refroidi, vous envelopperez votre gâteau dans du papier sulfurisé beurré et de l'aluminium ; ainsi vous pourrez le conserver plusieurs semaines.

Préparez un moule rond de 24 cm de diamètre ou un moule à cake de 20 cm (voir page 262). Faites préchauffer le four à 140 °C, Th. 1.

400 g de beurre ramolli
375 g de cassonade
6 œufs
500 g de farine tamisée avec 1 cuillère à café d'épices mélangées
2 cuillères à soupe de mélasse chaude
5 cuillères à soupe de bière brune ou de lait
400 g de raisins de Corinthe
400 g de raisins de Smyrne
250 g de raisins secs
250 g de pruneaux, dénoyautés hachés
125 g de cerises confites, coupées en quatre
125 g de fruits confits, hachés
125 g d'amandes mondées ou de noix, pilées
zeste d'un citron
3-5 cuillères à soupe de cognac ou de rhum

PARFUMS ET GARNITURES

• Les abricots secs, au goût légèrement acidulé, sont délicieux dans un cake avec des amandes grossièrement hachées et du gingembre confit.
• Les gros raisins secs sont délicieux avec les dattes et les noix, les cerises confites avec les raisins secs et les fruits confits avec les pistaches.
• Pour préparer un cake typiquement américain, divisez par deux les quantités de farine, d'œufs, de beurre et de cassonade de la recette ci-contre et omettez le lait et la mélasse. En revanche, doublez les quantités de fruits secs et confits, en mélangeant les variétés (cerises, ananas et poires par exemple). Faites cuire dans un moule à savarin beurré de 24 cm à 160 °C, Th. 3, pendant environ 1 heure 30 ; vérifiez le degré de cuisson (voir page 263).
• Dans les recettes de cake, vous pouvez remplacer le lait par du jus de fruit.
• Les épices entrent souvent dans la composition des pâtes à cakes. J'aime utiliser des mélanges d'épices fraîches que j'ai moi-même préparés avec des clous de girofle, du macis, de la muscade, de la cannelle, de la cardamome moulus.
• Remplacez une partie de la farine par des amandes réduites en poudre.
• La pâte d'amandes (voir page 275) et le glaçage royal (voir page 275) peuvent être utilisés pour garnir un cake. Cependant, si vous le préférez, nappez tout simplement votre gâteau avec un peu de confiture fondue.
• Si vous aimez servir des pâtisseries richement décorées, voici une idée pour donner à votre cake un air de fête : nappez la surface avec de la gelée de groseille fondue puis parsemez des boules de sucre argentées et décorez avec des feuilles d'angélique confite et des morceaux de cerises confites coupées en petits morceaux, afin d'imiter des baies rouges.
• Vous pouvez décorer un cake, en toute simplicité, avec des noix hachées ou des grains de café au sucre ou encore de la cassonade, que l'on saupoudre en fin de cuisson.

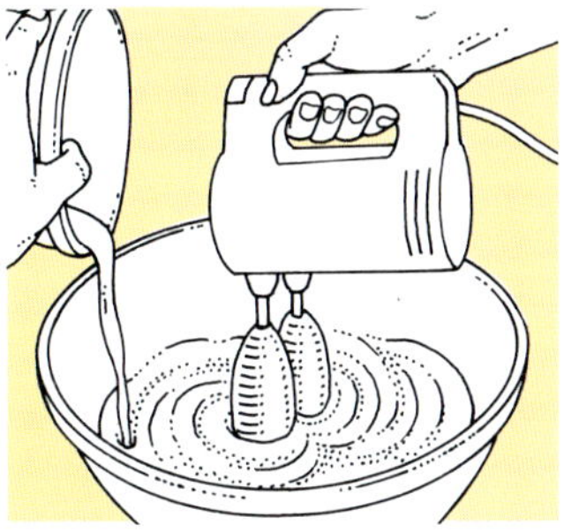

1 *Travaillez en crème le beurre et la cassonade, jusqu'à ce que le mélange soit clair et mousseux. Incorporez progressivement les œufs battus, ajoutez 1 cuillère à soupe de farine si le mélange commence à se figer. Incorporez le reste de farine, à l'aide d'une cuillère en métal.*

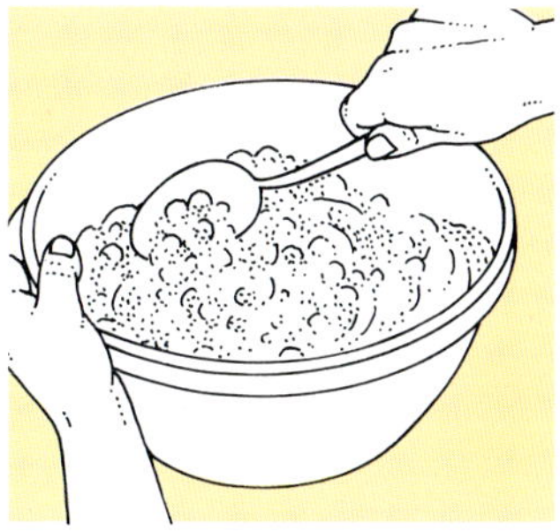

2 *Ajoutez le reste des ingrédients, à l'exception de l'alcool. Le mélange doit être épais mais pas trop sec. Versez ce mélange dans le moule et lissez la surface. Faites un petit trou au centre, afin que le gâteau gonfle régulièrement.*

3 *Faites cuire au centre du four 6 heures à 6 heures 30. Vérifiez le degré de cuisson et laissez le cake refroidir dans son moule 1 heure. Piquez le dessus avec une brochette et arrosez-le de cognac ou de rhum. Démoulez-le, décollez le papier et laissez le cake refroidir sur une grille.*

PAIN D'ÉPICES

Si ce pain d'épices est si léger, c'est grâce au bicarbonate de soude qu'il contient. J'aime que le pain d'épices soit très parfumé ; c'est pourquoi j'ajoute généralement du gingembre confit. On peut aussi incorporer des raisins secs, des noix, des zestes de citron ou d'orange. On peut aussi remplacer la mélasse par du miel à l'arôme plus riche. Le pain d'épices se conserve fort bien, il suffit de l'envelopper dans du papier puis de le mettre dans une boîte.

Préparez un moule rectangulaire de 25 cm × 18 cm (voir page 262) et préchauffez le four à 180 °C, Th. 4.

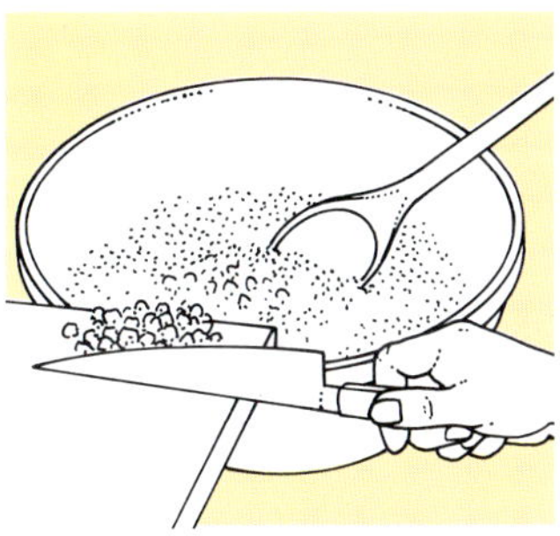

1 *Tamisez 125 g de farine avec 2 cuillères à café de bicarbonate de soude, 2 cuillères à café de gingembre moulu et 1 cuillère à café d'épices mélangées. Ajoutez 75 g de gingembre confit coupé en petits dés. Ajoutez 125 g de farine complète.*

2 *À l'aide d'une cuillère plongée dans de l'eau chaude, versez 4 cuillères à soupe de mélasse ou de miel et la même quantité de sirop de sucre dans une casserole. Faites fondre ces ingrédients à feu doux. Ajoutez 50 g de cassonade. Versez le tout dans une jatte et mélangez bien.*

3 *Ajoutez un œuf battu et 15 cl de lait. Versez le mélange dans un moule et faites cuire environ 45 minutes, vérifiez la cuisson. Laissez refroidir quelques minutes, puis démoulez le gâteau et décollez le papier. Laissez refroidir puis coupez le pain d'épices en carrés.*

GÂTEAUX AUX FRUITS, AUX LÉGUMES ET AUX NOIX

L'idée d'inclure des légumes dans un gâteau vous semblera peut-être étrange. Mais avant de porter un jugement sur ce type de recette, je vous conseille de goûter le gâteau à la carotte. Vous pourrez aussi préparer de succulents gâteaux avec des courgettes râpées ou du potiron haché menu. Le gâteau au potiron est l'un de mes préférés, en raison notamment de sa couleur et de son petit goût délicatement sucré.

La farine n'est pas un ingrédient indispensable dans ces gâteaux; mais il faudra toutefois la remplacer par un ingrédient qui soutiendra les œufs et le beurre. Les noix moulues donnent un goût très agréable à la pâte. Vous pouvez utiliser des amandes en poudre mais il est préférable que vous les mouliez vous-même au dernier moment. Vous pourrez aussi réduire en poudre des noix, des noix de pécan ou des noisettes. J'aime moudre des amandes non mondées. La petite peau brune donne un aspect moucheté à la pâte que je trouve très esthétique. La consistance de la pâte dépendra de la finesse de votre poudre. Si vous préférez un gâteau qui croustille sous la dent, n'écrasez pas trop les morceaux de noisettes ou de noix.

Les fruits, tels que les pommes et les poires apportent du moelleux aux gâteaux. Si vous choisissez des fruits très sucrés, diminuez la proportion de sucre dans la pâte.

GÂTEAU À LA CAROTTE

Il est, à mon avis, impossible de résister à ce gâteau. Moelleux et succulent, il se déguste tel quel, ou peut-être avec une fine couche de sucre glace. Mais certains gourmands aiment le fourrer et le recouvrir de crème chantilly ou de fromage blanc légèrement sucré. Dans cette recette, vous pourrez remplacer les carottes par des navets râpés; dans ce cas, remplacez la cannelle par du macis et des graines de carvi entières.

Le gâteau à la carotte se conserve fort bien dans une boîte hermétique, enveloppé dans du papier d'aluminium. On peut donc le préparer plusieurs jours à l'avance. Vous pouvez ajouter à la pâte des noix pilées qui apportent une note croquante des plus agréables.

Préchauffez votre four à 180 °C, Th. 4. Préparez un moule de 20 cm beurré en tapissant le fond avec un disque de papier sulfurisé (voir page 262). Si le dessus du gâteau commence à dorer un peu trop rapidement, alors que l'intérieur n'est pas complètement cuit, recouvrez-le d'une feuille d'aluminium pour le protéger et poursuivez la cuisson. Pour 6-8 personnes.

1 *Battez 175 g de sucre en poudre avec 2 cuillères à soupe de miel et 25 cl d'huile de tournesol, jusqu'à ce que le mélange soit homogène. Incorporez 3 gros œufs, un par un, en battant, jusqu'à ce que le mélange soit mousseux et clair.*

2 *Incorporez progressivement 175 g de farine complète avec poudre levante et ajoutez 2 cuillères à café de cannelle moulue, 1/2 cuillère à café de sel, 300 g de carottes râpées et 150 g de noix de pécan ou de noix hachées. Remuez.*

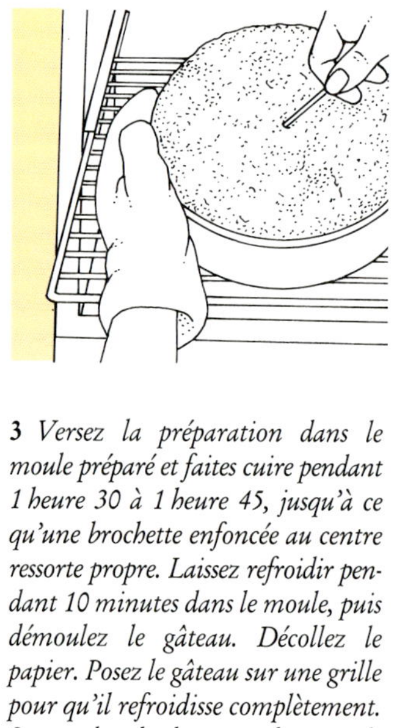

3 *Versez la préparation dans le moule préparé et faites cuire pendant 1 heure 30 à 1 heure 45, jusqu'à ce qu'une brochette enfoncée au centre ressorte propre. Laissez refroidir pendant 10 minutes dans le moule, puis démoulez le gâteau. Décollez le papier. Posez le gâteau sur une grille pour qu'il refroidisse complètement. Saupoudrez-le de sucre glace ou de fine cassonade au moment de servir. Vous pouvez le garnir ou l'accompagner de glace.*

QUELQUES SUGGESTIONS

- Les gâteaux à la carotte peuvent être soit moelleux et légèrement compacts comme dans la recette ci-dessus, soit plus légers et aérés. Pour cela, incorporez de 75 à 125 g de carottes finement râpées dans la recette de base des gâteaux à pâte fouettée (voir page 266) après avoir ajouté la farine et des épices.
- Une délicieuse façon de garnir un gâteau à l'orange consiste à faire mijoter à petits bouillons des carottes grossièrement râpées dans un sirop épais citronné (voir page 208) et à étaler ce mélange sur le gâteau refroidi.
- Parmi les épices se mariant le mieux aux gâteaux à base de légumes, on peut citer la cannelle, le macis, la muscade, la cardamome, la coriandre, les clous de girofle et le piment de la Jamaïque.
- Le zeste de citron ou d'orange finement râpé est délicieux dans les gâteaux aux légumes.
- Lorsque l'on réduit en poudre des noix, des amandes ou des noix de pécan dans un robot ménager, il se dégage une riche huile, qui parfume de façon caractéristique les pâtes à gâteaux. Elle peut remplacer de manière fort agréable la farine dans le gâteau aux amandes (voir page ci-contre) ou dans un gâteau au chocolat. Si vous désirez une consistance très fine, achetez des amandes déjà réduites en poudre.
- Ajoutez des fruits confits ou du zeste d'orange râpé dans le gâteau aux amandes. Vous pouvez également inclure des raisins de Smyrne, des abricots séchés et hachés, des cerises confites coupées en deux ou des myrtilles fraîches.
- Pour confectionner un gâteau à l'orange : faites bouillir une orange non épluchée, jusqu'à ce qu'elle soit bien molle et coupez-la en deux; retirez les pépins. Réduisez en purée la chair et la peau dans un robot ménager et mélangez cette purée avec la préparation aux amandes (voir page ci-contre) réalisée avec 40 g de farine et 75 g d'amandes moulues.
- Pour obtenir un gâteau parfumé à l'orange, vous pouvez aussi ajouter 2 cuillères à soupe de marmelade d'orange à la pâte du gâteau aux amandes.
- Pour réaliser un délicieux gâteau renversé aux poires avec de la pâte pour gâteau aux amandes, versez une couche de miel au fond d'un moule de 18 cm de diamètre généreusement beurré. Disposez de fines tranches de poires en cercle, en les faisant se chevaucher, arrosez de jus de citron et versez la pâte à gâteau dans le moule. Faites cuire au four préchauffé à 180 °C, Th. 4, pendant 45 à 50 minutes. Laissez reposer pendant 10 minutes dans le moule puis démoulez-le sur un plat. Servez ce gâteau tiède ou à température ambiante.

GÂTEAU AUX POMMES

Les recettes de gâteaux aux pommes sont très nombreuses. Dans cette recette, l'acidité du fruit est agréablement contrebalancée par le goût du caramel. Les fruits peuvent être épluchés et hachés menu ou cuits avant d'être incorporés à la pâte.

Dans cette recette, le gâteau est recouvert d'une garniture croustillante, qui se marie à la perfection avec la consistance moelleuse du gâteau. Nous vous conseillons de servir le gâteau tiède, accompagné de crème fraîche ou de crème chantilly. Cette recette se prête à de nombreuses variantes : essayez-la avec des poires fraîches ou des abricots dénoyautés et hachés ou encore des prunes. Si vous aimez le goût des épices mélangées, vous pouvez ajouter un peu de cannelle ou de muscade moulue aux fruits.

Préchauffez le four à 170 °C, Th. 3. Beurrez et tapissez le fond d'un moule amovible de 20 cm de diamètre avec un disque de papier sulfurisé (voir page 262). Beurrez légèrement le papier.

1 *Battez 125 g de beurre ramolli avec 150 g de cassonade, jusqu'à ce que le mélange soit mousseux, puis ajoutez 2 œufs, sans cesser de battre. Ajoutez 250 g de farine tamisée avec 3 cuillères à café de levure, 2 cuillères à soupe de jus d'orange, 2 cuillères à café de zeste d'orange râpé et un peu d'extrait de vanille.*

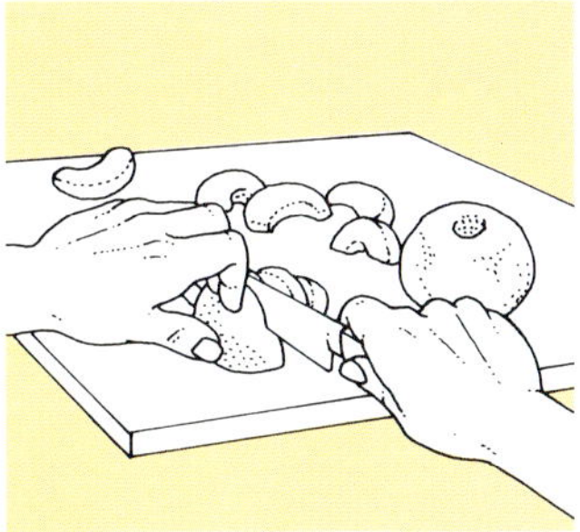

2 *Préparez 500 g de pommes Granny Smith : épluchez-les, videz-les puis coupez-les en morceaux. Ajoutez-les à la pâte et versez le tout dans le moule préparé. Lissez la surface avec une spatule. Tapotez délicatement le moule sur le plan de travail, afin que la pâte se répartisse uniformément dans le moule.*

3 *Incorporez 25 g de beurre dans 50 g de farine, jusqu'à ce que le mélange devienne grumeleux. Ajoutez 2 cuillères à soupe de cassonade, 1 pincée de cannelle moulue et 1 cuillère à soupe de noisettes hachées. Parsemez le gâteau de ce mélange. Faites cuire pendant 1 heure à 1 heure 15, jusqu'à ce qu'une brochette introduite au centre ressorte propre. Démoulez le gâteau puis décollez le papier. Laissez refroidir le gâteau sur une grille.*

GÂTEAU AUX AMANDES

Les gâteaux préparés avec des amandes moulues et sans farine, présentent un goût très riche et restent très moelleux après la cuisson. Vous pouvez remplacer une partie de la farine par des amandes moulues pour enrichir la texture de vos gâteaux aux fruits. Les gâteaux au chocolat, quant à eux, sont délicieux lorsqu'on remplace la farine par des noisettes en poudre, et avec du chocolat fondu.

N'hésitez pas à utiliser des noix ou des noisettes ou d'autres noix plus exotiques, à la place des amandes. Ce gâteau est suffisamment parfumé et moelleux pour être servi sans accompagnement ; mais si vous le souhaitez, vous pouvez le proposer avec de la glace ou le garnir de crème fouettée ou de fruits frais. Pour 6 personnes.

Préchauffez le four à 180 °C, Th. 4. Préparez un moule amovible de 18 cm de diamètre, en le tapissant de papier sulfurisé (voir page 262).

1 *Battez 125 g de beurre ramolli et 150 g de sucre roux en poudre, jusqu'à ce que le mélange soit léger et aéré, puis incorporez, tout en battant, le zeste finement râpé d'un citron et 1/2 cuillère à café de sel. Ajoutez 3 gros œufs battus un par un, en alternant avec 75 g d'amandes moulues. Battez soigneusement après chaque addition.*

2 *Versez la pâte dans le plat préparé. Saupoudrez le dessus du gâteau avec de la cassonade. Faites cuire de 45 à 50 minutes jusqu'à ce qu'une brochette introduite au centre ressorte propre. Laissez refroidir 10 minutes dans le moule avant de démouler. Enlevez le papier. Posez le gâteau sur une grille pour qu'il refroidisse.*

Ces trois gâteaux sont délicieux pour le thé : le gâteau aux pommes est accompagné de crème fraîche, le gâteau aux amandes est parsemé de cassonade et le gâteau à la carotte est saupoudré de sucre glace.

GÂTEAUX AU CHOCOLAT

Parmi tous les desserts, le gâteau au chocolat est sans doute celui que je préfère. Et je pense que de nombreuses personnes partagent cette passion.

La consistance du chocolat est telle qu'il permet de confectionner un gâteau sans farine — le résultat est moelleux, délicat et succulent. Les recettes de gâteaux au chocolat sont extrêmement nombreuses, depuis la simple génoise parfumée avec du cacao, jusqu'au célèbre gâteau autrichien très riche, le *Sachertorte*. La base de ces gâteaux et le plus souvent un biscuit, une génoise ou un meringue. Je choisis toujours un chocolat à forte teneur en cacao (au moins 50 %) auquel je rajoute du cacao en poudre non sucré pour corser l'arôme. Vous pouvez aussi, afin d'intensifier la saveur, ajouter un peu de café fort, et remplacer le sucre en poudre par de la cassonade.

Les gâteaux au chocolat conviennent pour toutes les occasions, qu'il s'agisse d'un repas raffiné ou d'un anniversaire d'enfants. Ils sont excellents accompagnés de crème fouettée ou de fruits frais ou en compote. Le gâteau au chocolat est délicieux à la pause café du matin, ou même au petit déjeuner.

LE SACHERTORTE

Malgré son apparence, ce gâteau, originaire de Vienne, est très simple à confectionner. Il en existe de très nombreuses versions, mais toutes sont fourrées ou recouvertes de confiture d'abricots puis glacées au chocolat. J'aime décorer le gâteau avec quelques feuilles en chocolat, mais lorsqu'il s'agit d'un gâteau d'anniversaire, je trace le prénom de la personne avec du chocolat, à l'aide d'une poche à douille. Une fois glacé, le gâteau peut se conserver un jour ou deux.

Préchauffez le four à 160 °C, Th. 3. Beurrez et tapissez un moule amovible de 24 cm de diamètre.

1 *Faites fondre 150 g de chocolat (voir page 230) et laissez-le refroidir. Travaillez en crème 125 g de beurre ramolli avec 125 g de sucre en poudre puis ajoutez le chocolat, ainsi que 4 jaunes d'œufs. Ajoutez 75 g de farine avec poudre levante, tamisée avec 2 cuillères à soupe de cacao en poudre. Remuez délicatement.*

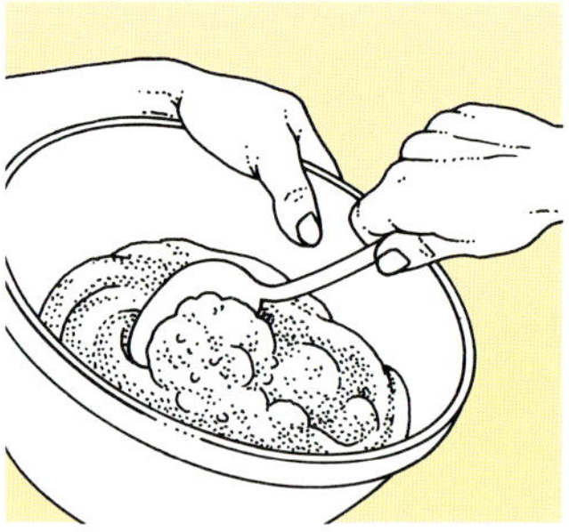

2 *Ajoutez 1 cuillère à soupe de rhum, 1 cuillère à café d'extrait d'amandes et 1 cuillère à soupe d'eau. Incorporez 4 blancs d'œufs montés en neige. Versez la pâte obtenue dans le moule et faites cuire environ 50 minutes jusqu'à ce que la pâte soit bien gonflée et sèche.*

3 *Laissez refroidir le gâteau dans son moule pendant 10 minutes, puis démoulez-le et décollez le papier. Placez le gâteau, le fond contre la grille. Lorsque le gâteau est froid, faites fondre et filtrez 3 cuillères à soupe de confiture d'abricots et badigeonnez le dessus et les côtés du gâteau, à l'aide d'un pinceau.*

Ces trois superbes gâteaux au chocolat mettront l'eau à la bouche de plus d'un gourmand : le gâteau au chocolat et au caramel est garni de noix ; le sachertorte est décoré d'une élégante feuille en chocolat et le moelleux au chocolat fourré à la crème fouettée est garni de copeaux de chocolat.

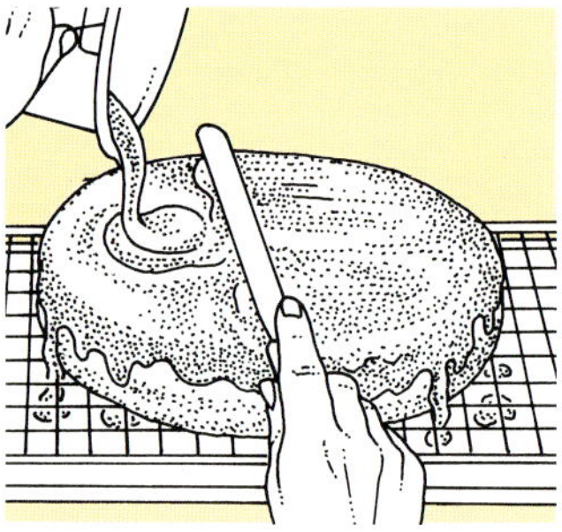

4 *Pendant ce temps, faites dissoudre 75 g de sucre dans 5 cuillères à soupe d'eau bouillante, puis ajoutez 125 g de chocolat cassé en petits morceaux, en remuant avec une cuillère en bois, jusqu'à ce que le mélange soit lisse. Faites bouillir pendant 1 à 2 minutes, puis après avoir remué, garnissez-en le gâteau, en étalant la préparation avec une spatule. Laissez refroidir. Fabriquez des feuilles en chocolat (voir page 231) et disposez-les sur le dessus du gâteau.*

Voir aussi LE CHOCOLAT page 230, DÉCORATIONS ET GLAÇAGES page 274

MOELLEUX AU CHOCOLAT

Il est déjà difficile pour un gourmand de résister au plaisir de déguster un bon gâteau, mais lorsque l'ingrédient de base est du chocolat, il ne peut que céder à sa gourmandise. Le secret de la réussite d'un gâteau au chocolat réside dans la faible quantité de farine utilisée et l'importante proportion de chocolat. Le gâteau au chocolat ne doit jamais être un dessert lourd.

Préchauffez le four à 180 °C, Th. 4. Préparez deux moules de 20 cm, en les beurrant et en disposant au fond un disque de papier sulfurisé beurré (voir page 262).

Lorsque les gâteaux sont cuits, laissez-les dans leur moule, afin qu'ils puissent refroidir complètement, puis passez la lame d'un couteau entre le gâteau et le moule et démoulez-les. Retirez le papier et posez les deux gâteaux, l'un sur l'autre, après avoir enduit le gâteau inférieur de crème fouettée ou de fromage frais. Étalez de la crème fouettée sur le dessus du gâteau et recouvrez-la de copeaux de chocolat (voir page 231).

Si vous êtes un inconditionnel du chocolat, n'hésitez pas à napper votre gâteau fourré à la crème d'une couche de glaçage au chocolat. Pour cela, faites fondre du chocolat et ajoutez un peu de beurre ou de crème. En été, garnissez le gâteau avec des fruits rouges frais, par exemple des framboises, des groseilles, des fraises ou avec des pêches, des abricots et de la crème fouettée. Parsemez de sucre glace.

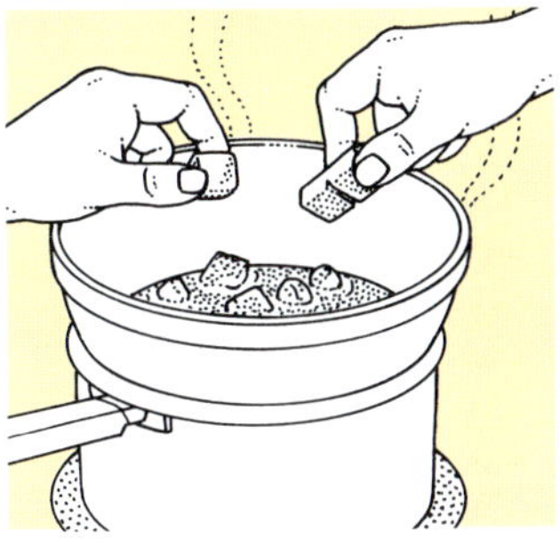

1 *Cassez en petits morceaux 250 g de chocolat à cuire, mettez-le dans une jatte, au-dessus d'une casserole d'eau frémissante en remuant. Lorsque tout le chocolat est fondu, ôtez la jatte de la casserole et laissez refroidir.*

2 *Mettez les jaunes de 5 gros œufs dans une grande jatte, avec 175 g de cassonade et fouettez soigneusement avec un batteur électrique ou une cuillère en bois, jusqu'à ce que la préparation soit lisse et épaisse.*

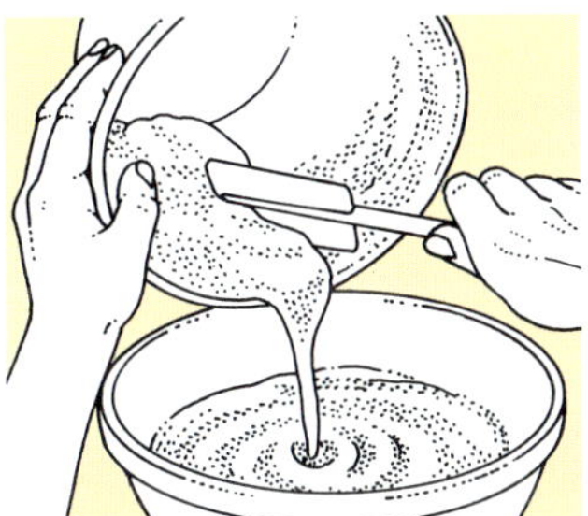

3 *Versez le chocolat dans la préparation et battez, puis ajoutez 2 cuillères à soupe d'eau chaude. Tamisez ensemble 1 cuillère à soupe de cacao en poudre et 25 g de farine puis ajoutez-les à la préparation au chocolat. Dans une autre jatte, montez les blancs d'œufs en neige avec 1/2 cuillère à café de sel, jusqu'à ce qu'ils soient bien fermes.*

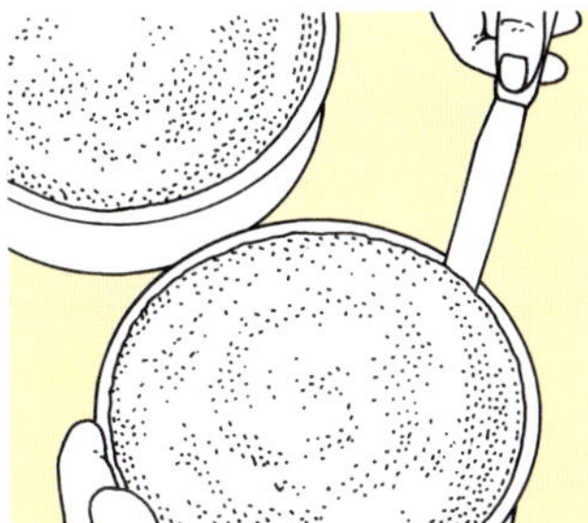

4 *Incorporez les blancs délicatement dans le mélange au chocolat. Versez la pâte dans les deux moules préparés et faites cuire de 15 à 20 minutes. Laissez complètement refroidir dans les moules, puis décollez les bords avec la lame d'un couteau, avant de les démouler sur un plat de service. Ôtez le papier puis servez.*

QUELQUES IDÉES

- De nombreux ingrédients aromatiques se marient très bien avec le chocolat, mais certains conviennent plus particulièrement ; c'est notamment le cas de l'orange, du citron, du café et du cognac, de la menthe, de la cannelle ou de la cardamome.
- Fourrez et garnissez vos gâteaux au chocolat avec un glaçage au citron (voir page 274). Vous pouvez aussi glacer le dessus avec ce même glaçage et fourrer l'intérieur avec du *lemon curd* (voir page 302).
- La marmelade est délicieuse pour fourrer ou pour parfumer la pâte d'un gâteau au chocolat.
- Si vous souhaitez superposer deux gâteaux au chocolat, pour les fourrer, il est préférable d'utiliser des ingrédients légèrement acides, afin de contrebalancer la richesse du chocolat : la crème fouettée additionnée de yaourt ou la crème fraîche donnent de bons résultats.
- Pour décorer de façon esthétique un gâteau au chocolat, vous pouvez le garnir de copeaux de chocolat et parsemer le tout de sucre glace tamisé.
- Afin d'intensifier le goût du chocolat dans un gâteau, ajoutez un peu de café fort à la pâte. Vous pourrez aussi, en plus du chocolat fondu, remplacer 25 g de farine par autant de cacao.

GÂTEAU AU CHOCOLAT ET AU CARAMEL

Les Américains préparent souvent leurs gâteaux au chocolat avec de l'huile, afin d'obtenir une pâte plus légère.

Pendant que le gâteau refroidit, vous préparerez le glaçage. Pour cela, tamisez 300 g de sucre glace et 25 g de cacao en poudre dans une jatte. Faites fondre 125 g de beurre avec 4 cuillères à soupe d'eau, puis ajoutez ce mélange dans le sucre glace. Lorsqu'il est sec, ce glaçage se craquelle. C'est pourquoi il vaut mieux glacer le gâteau sur le plat de service recouvert de papier sulfurisé.

Préchauffez le four à 160 °C, Th. 3. Beurrez et tapissez un moule carré de 25 cm de côté avec du papier sulfurisé (voir page 262).

1 *Faites fondre 125 g de chocolat avec 125 g de cassonade dans 30 cl de lait, puis ajoutez 15 cl d'huile de tournesol et 1 cuillère à café d'extrait de vanille. Remuez jusqu'à ce que la préparation soit bien homogène. Tamisez dans une grande jatte 350 g de farine, 2 cuillères à soupe de cacao en poudre, 1 cuillère à café de bicarbonate de soude et 1 pincée de sel.*

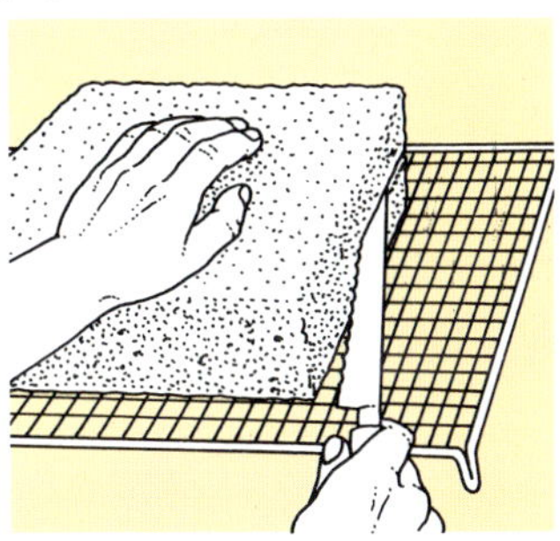

2 *Battez, avec les ingrédients liquides, 250 g de sucre en poudre et 4 œufs. Versez la pâte dans le moule et faites cuire 1 heure environ. Vérifiez la cuisson. Laissez refroidir 5 minutes, puis démoulez et retirez le papier. Laissez refroidir le gâteau coupé en deux sur une grille.*

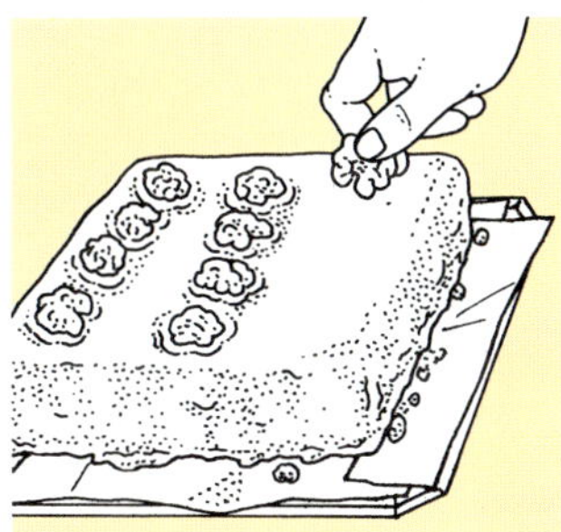

3 *Pendant ce temps, préparez le glaçage (voir ci-dessus). Utilisez-en un petit peu pour assembler les 2 gâteaux et étalez le reste sur le dessus et les côtés. Décorez avec 12 cerneaux de noix et laissez prendre le chocolat. Coupez en 12 parts et servez.*

DÉCORATIONS ET GLAÇAGES

Les décorations proposées dans ces pages permettent de transformer un gâteau tout simple en un somptueux dessert, parfois digne des plus grands pâtissiers. Il suffit parfois d'un peu de sucre glace parsemé sur un gâteau pour lui donner un air de fête.

Lorsqu'il s'agit de décorer un gâteau, il est souvent préférable de jouer la carte de la simplicité. La décoration des gâteaux ne fait appel à aucune technique particulière. Il suffit de faire preuve d'imagination et surtout, de savoir s'arrêter à temps, avant que le gâteau ne devienne trop chargé. Avant de commencer à décorer votre gâteau, pensez aux couleurs que vous souhaitez inclure. Généralement, une ou deux couleurs principales suffisent à donner un résultat élégant. Si vous utilisiez davantage de tons, votre gâteau deviendrait vite bariolé et serait moins spectaculaire. Certaines associations de couleurs sont toujours très réussies : une simple rose rouge sur un gâteau au chocolat noir, des boules de sucre argentées sur un gâteau blanc, ou des fleurs en sucre roses sur un glaçage vert pâle sont du plus bel effet.

CRÈME AU BEURRE

Cette crème est excellente pour fourrer un gâteau, pour le recouvrir complètement ou, tout simplement, pour le garnir partiellement. Elle se compose de beurre ramolli et de sucre glace tamisé, additionnés d'ingrédients aromatiques — comme de la vanille, des amandes, des feuilles de menthe, du jus et du zeste de citron — et de colorants alimentaires. Vous pouvez la préparer au robot ménager.

Les quantités proposées permettent de fourrer et de recouvrir un gâteau de 20 à 24 cm ou 18 à 24 petits gâteaux.

1 *Travaillez 125 g de beurre ramolli jusqu'à ce qu'il soit léger et aéré. Réservez. Tamisez 250 g de sucre glace et ajoutez-le au beurre, en battant le mélange avec une cuillère en bois. Raclez les bords de la jatte avec une spatule en caoutchouc.*

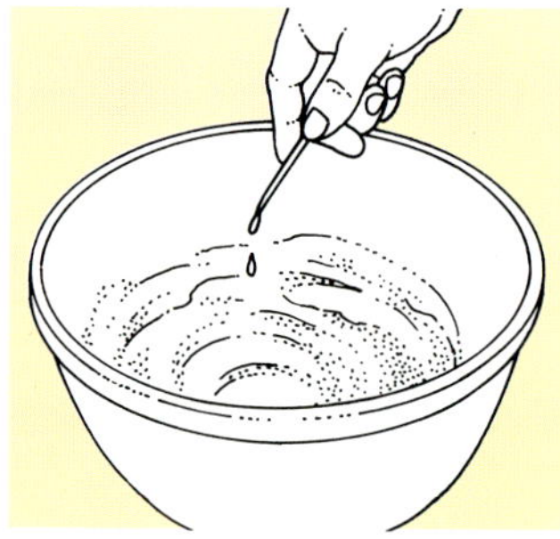

2 *Ajoutez quelques gouttes d'arôme ou d'extrait ainsi qu'un colorant si vous le souhaitez. Si le glaçage vous semble trop dur, ajoutez un liquide : 1 cuillère à soupe de lait, d'eau ou de jus de fruits, afin de l'alléger.*

3 *Étalez le glaçage avec une spatule sur le gâteau. Faites glisser le bout de la lame de la spatule sur la crème, afin de former un motif décoratif. Vous pouvez aussi former des rosettes de crème avec une poche à douille avant que le glaçage ne durcisse.*

GLAÇAGE À L'EAU

Il s'agit du glaçage le plus simple qui soit ; il est, en effet, uniquement composé de sucre glace et d'eau tiède. Ce glaçage est si sucré que, pour le rendre un peu acide, je remplace l'eau par du jus de citron. La consistance idéale est obtenue lorsque le glaçage forme un ruban et qu'il ne coule pas le long du gâteau.

Tamisez 175 g de sucre glace dans une grande jatte posée sur un linge humide. À l'aide d'une cuillère en bois, ajoutez 1 cuillère à soupe d'eau tiède ou de jus de citron filtré. Puis rajoutez de l'eau ou du jus, jusqu'à ce que vous obteniez la consistance d'un sirop.

Ces quantités permettent de glacer le dessus et les côtés d'un gâteau de 20 cm ou 18 petits gâteaux individuels.

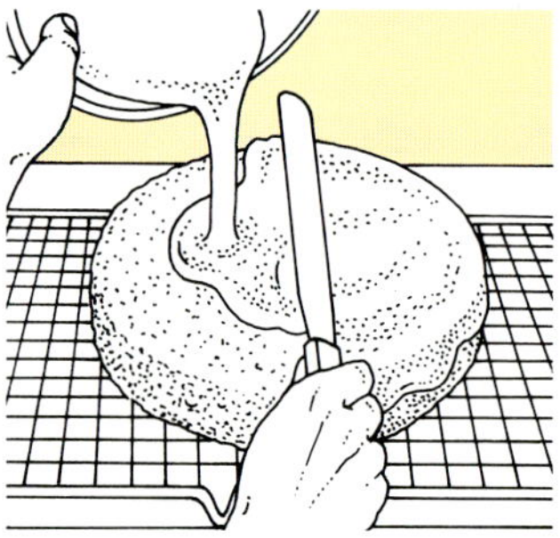

Versez le glaçage, en un filet régulier, sur le gâteau refroidi posé sur une grille placée au-dessus d'une feuille de papier sulfurisé. Étalez soigneusement le glaçage avec une spatule, en tapotant délicatement le gâteau, afin qu'aucune bulle d'air ne se forme. Ne bougez pas le gâteau avant que le glaçage ne soit pris (environ 4 heures). Placez les décorations avant que le glaçage ne durcisse.

QUELQUES IDÉES

- Il m'arrive de glacer mes gâteaux directement sur le plat de service. De cette façon, le glaçage ne risque pas de se fendiller lorsque l'on transfère le gâteau de la grille sur le plat. Protégez le plat en posant de petits morceaux de papier sulfurisé sous le gâteau, que vous retirerez au moment de servir le dessert (voir page 273).
- Les décorations, telles que les feuilles fraîches de menthe, les grains de café en sucre ou les boules argentées peuvent être apposées sur le gâteau préalablement recouvert d'une couche de gelée tiédie.
- Pour un effet très décoratif, pensez aux fruits confits ou glacés. Taillez-les en lamelles, losanges ou demi-lunes.
- L'angélique naturellement colorée, coupée en deux et ramollie dans de l'eau tiède, peut être découpée en forme de feuilles de houx, afin de décorer des desserts de fin d'année.
- Avant que le glaçage ne prenne, ajoutez une note romantique à votre gâteau en le décorant avec des petites fleurs et des feuilles badigeonnées de blancs d'œufs.
- Pour décorer une génoise fourrée, on peut tout simplement la saupoudrer de sucre en poudre.
- Un gâteau au chocolat glacé avec du chocolat fondu peut être garni de copeaux de chocolat (voir page 231) puis parsemé de sucre glace tamisé. L'effet obtenu est très esthétique.
- Si vous préparez un glaçage royal, n'hésitez pas à plonger les bords de feuilles de houx dans le glaçage pour décorer le gâteau. L'effet produit est très joli, surtout au moment des fêtes.

UTILISER LA PÂTE D'AMANDES

La pâte d'amandes, composée d'amandes, de sucre et de blancs d'œufs, peut être utilisée pour couvrir des gâteaux. Réunissez les ingrédients, pétrissez la pâte et roulez-la à la taille et à la forme du gâteau. Il est préférable d'opérer par petites quantités. Badigeonnez le dessus du gâteau avec de la confiture d'abricots fondue et filtrée, afin que la pâte d'amandes adhère correctement. Vous pourrez la recouvrir d'un glaçage, ou la badigeonner de blanc d'œuf.

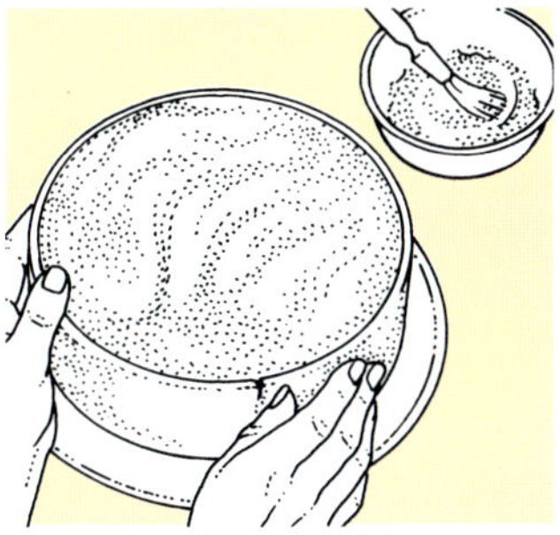

1 *Pour un gâteau rond de 24 cm ou un gâteau carré de 20 cm, badigeonnez le dessus et les côtés avec 4 cuillères à soupe de confiture d'abricots fondue. Pétrissez 500 g de pâte d'amandes. Étalez-en les deux tiers pour recouvrir les bords puis réunissez les extrémités en les pinçant.*

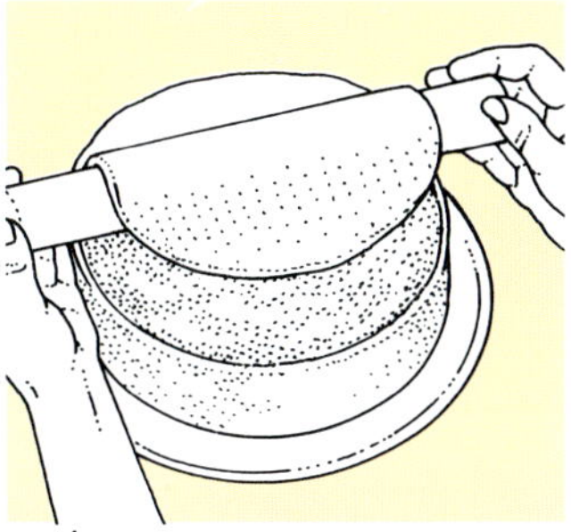

2 *Étalez le reste de pâte d'amandes afin d'obtenir une abaisse de la taille du gâteau (utilisez le moule comme patron). Soulevez la pâte à l'aide du rouleau à pâtisserie et posez-la sur le gâteau. Pincez les bords, pour les sceller. Glacez aussitôt le gâteau si vous le désirez.*

GLAÇAGE ROYAL

Ce glaçage typiquement britannique sert à garnir des cakes aux fruits très riches. Traditionnellement, il recouvre une couche de pâte d'amandes. Ce glaçage a une consistance idéale pour obtenir des motifs décoratifs : des rosettes, un nom (dans ce cas, le glaçage doit être plus consistant : augmentez la quantité de sucre glace). Vous pourrez y ajouter du jus de citron filtré qui enrichira le goût du glaçage, mais le durcira légèrement. Pour un gâteau rond de 24 cm ou un gâteau carré de 20 cm.

1 *Tamisez 500 g de sucre glace dans une jatte. Réservez. Battez légèrement 2 blancs d'œufs puis ajoutez le sucre, cuillerée par cuillerée. Ajoutez 2 cuillères à soupe de jus de citron filtré en remuant doucement jusqu'à ce que le mélange soit brillant et aéré (environ 15 minutes). Couvrez d'un film alimentaire transparent et conservez au frais.*

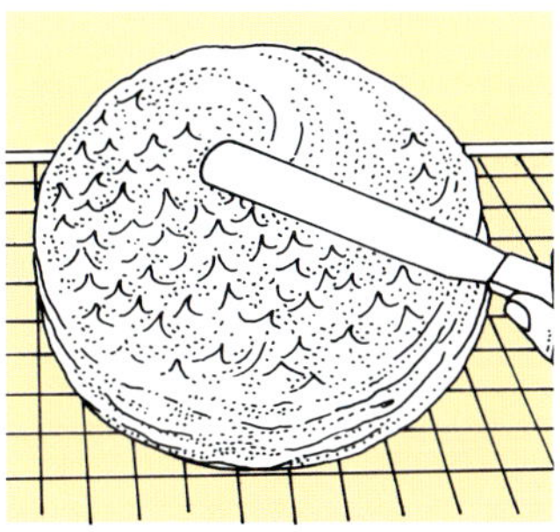

2 *Garnissez le gâteau de pâte d'amandes (voir ci-dessus). Étalez du glaçage sur les bords et lissez la surface. Déposez le reste du glaçage sur le dessus et formez de petites pointes avec le couteau, plongé régulièrement dans l'eau chaude si nécessaire. Posez les décorations sur le glaçage avant que celui-ci ne prenne.*

Ce superbe cake (voir page 269) est recouvert d'une couche de pâte d'amandes, avant d'être décoré de glaçage royal. Celui-ci a été étalé avec une spatule puis travaillé pour former de petites pointes.

IDÉES DE DÉCORATIONS SIMPLES

Les décorations les plus simples sont souvent les plus réussies. Parmi les finitions que l'on peut apporter à un gâteau, n'oubliez pas le sucre glace tamisé qui permet de transformer l'apparence d'un gâteau en quelques secondes.

J'aime garnir mes pâtisseries de fleurs fraîches ; certaines sont même comestibles. Il m'arrive également de glacer un gâteau de crème au beurre et de déposer des petites boules de sucre argentées dans chaque pointe formée avec la lame d'un couteau. Les violettes en sucre ou les petites boules imitant le mimosa ajoutent une note romantique.

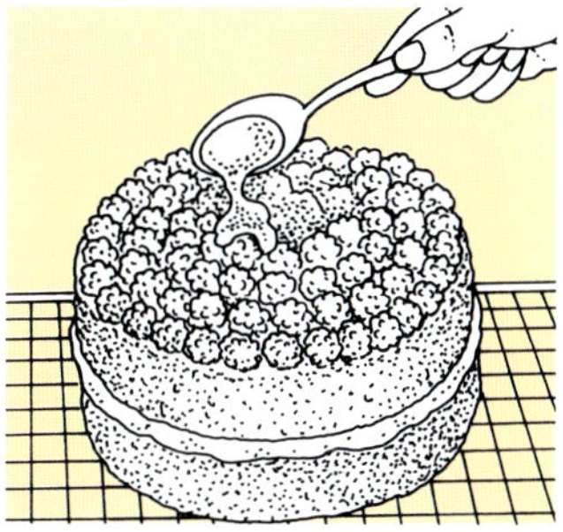

Disposez les framboises, les grains de raisin épépinés ou les fraises coupées en deux sur le dessus du gâteau. Pour napper le gâteau, faites fondre en remuant 4 cuillères à soupe de gelée de groseille avec 1 cuillère à soupe de jus de citron filtré.

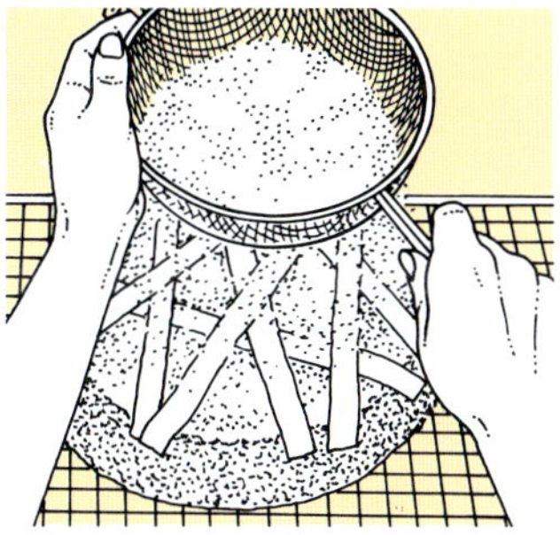

Découpez des bandes de papier, qui serviront de caches. Disposez-les, selon le motif de votre choix, et tamisez du sucre glace sur le gâteau. Retirez les bandes une à une, afin de conserver les contours du motif bien nets.

Pour faire des fleurs et des pétales décoratifs, badigeonnez-les de blancs d'œufs puis roulez-les dans du sucre en poudre. Posez-les sur une plaque à pâtisserie, dans un placard, pendant 1 heure ou 2, jusqu'à ce qu'ils soient complètement secs.

BISCUITS ET SABLÉS

Des biscuits faits maison ont rarement le temps de devenir « secs », tant on les mange rapidement. Certaines recettes permettent de confectionner de délicieux petits gâteaux presque instantanément. Vos enfants pourront vous aider à préparer la plupart de ces biscuits.

L'extrême fraîcheur des biscuits faits maison les rend tout à fait irrésistibles. Le terme biscuit, soit « cuit deux fois », fait référence à l'ancienne pratique qui les rendait plus fermes et plus secs, mais leur assurait une longue conservation. De nos jours, on ne pratique plus la double cuisson, pourtant certains sont aussi croustillants que s'ils avaient été cuits deux fois. Les *cookies* américains sont préparés avec une pâte plus molle. Ils ressemblent plus à de petits gâteaux qu'à des biscuits secs bien croustillants.

Même si la cuisson des biscuits varie selon les fours, il est important, et ce quel que soit votre appareil, de faire pivoter la plaque à pâtisserie au moins une fois pendant la cuisson. C'est la seule façon de s'assurer que les gâteaux cuisent uniformément. Les biscuits peuvent brûler très rapidement, surveillez-les donc très attentivement, surtout en fin de cuisson. Il est préférable d'utiliser du vrai beurre pour la réalisation de vos biscuits.

SABLÉS

Ces petits gâteaux secs et friables ont une riche saveur de beurre. Leur consistance croustillante très agréable peut être accentuée en utilisant de la semoule ou de la farine de riz. On étale la pâte avec les doigts, et pour lui donner sa forme définitive, on en découpe le contour à l'aide d'un moule rond.

Préchauffez le four à 160 °C, Th. 3. Travaillez 250 g de beurre ramolli en crème avec 125 g de sucre en poudre. Tamisez 250 g de farine, puis mélangez-la avec 125 g de semoule ou de farine de riz. Ajoutez-les au mélange beurre/sucre et travaillez la pâte du bout des doigts jusqu'à ce qu'elle soit collante. Ne la pétrissez pas trop longtemps.

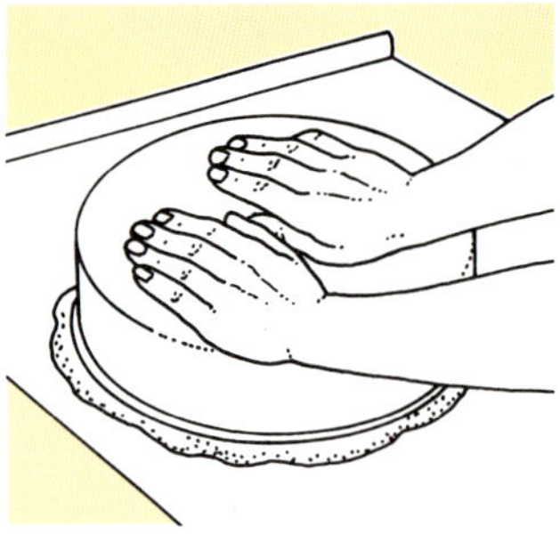

Divisez la pâte en deux et abaissez chaque morceau sur une plaque à pâtisserie. Coupez la pâte à l'aide d'un moule de 20 cm de diamètre. Prédécoupez 8 parts. Piquez la pâte avec une fourchette et faites cuire de 30 à 40 minutes, jusqu'à ce que les sablés soient dorés. Laissez refroidir 5 minutes. Coupez les parts et laissez refroidir sur une grille.

QUELQUES IDÉES

- Les biscuits glacés font la joie des enfants. Il vous suffit de napper vos biscuits de glaçage (voir page 274). Vous pourrez colorer vos biscuits et même varier les couleurs en utilisant divers colorants alimentaires. Une assiette de cœurs rouges et d'étoiles blanches permettra d'égayer le buffet du prochain goûter d'anniversaire de votre enfant.
- Les enfants apprécieront d'autant plus vos biscuits glacés si vous les décorez avec du vermicelle multicolore.
- Avant de faire cuire votre fournée de biscuits, rayez-les légèrement avec une brochette ou une fourchette. Vos biscuits seront ainsi décorés de façon très discrète.
- Si vous préparez des biscuits express (voir page ci-contre), partagez la pâte en deux masses égales et parfumez l'une au citron ou à la vanille et l'autre au chocolat. Abaissez chaque pâte sur 5 mm d'épaisseur en deux rectangles que vous déposerez l'un sur l'autre. Roulez les deux pâtes ensemble pour former un cylindre régulier. Enveloppez et congelez comme il est indiqué dans la recette. Lorsque vous couperez la pâte pour la faire cuire, vous obtiendrez de délicieux biscuits bicolores.
- Dorez vos biscuits à l'œuf avant de les faire cuire afin de leur donner une belle couleur ambrée.
- Vous pouvez recouvrir vos biscuits de sucre glace et les repasser au four très rapidement, pour les faire caraméliser légèrement.

BISCUITS FONDANTS

Ces petits gâteaux fondants à souhait rencontrent toujours un vif succès auprès des enfants et des adultes à l'heure du thé. Vous pouvez varier les goûts en ajoutant des ingrédients aromatiques divers.

Remplacez par exemple 25 g de farine par 25 g de cacao en poudre et ajoutez quelques pépites de chocolat, ou incorporez à la pâte des noisettes pilées, de l'extrait de vanille, de la cannelle, des raisins secs, du gingembre confit avec 1 cuillère à café de gingembre moulu.

Ces gâteaux gagnent à être dégustés le jour de leur fabrication, ce qui, en général, ne pose pas de problèmes. Ils sont délicieux aussi pour accompagner des salades de fruits ou des entremets. Pour environ 24 biscuits.

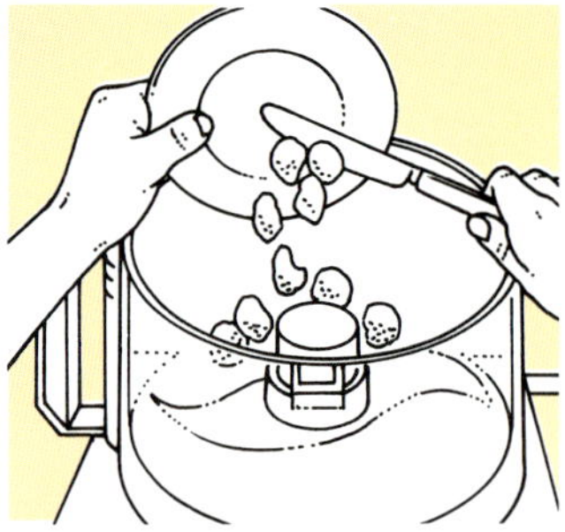

1 *Préchauffez le four à 190 °C, Th. 5. Mettez 175 g de beurre ramolli dans le robot ménager et ajoutez 50 g de sucre glace et 1/2 cuillère à café de sel. Vous pouvez incorporer, si vous le souhaitez, des ingrédients aromatiques. Mixez en une pâte homogène, sans toutefois travailler la préparation trop longtemps, car la pâte risquerait de durcir.*

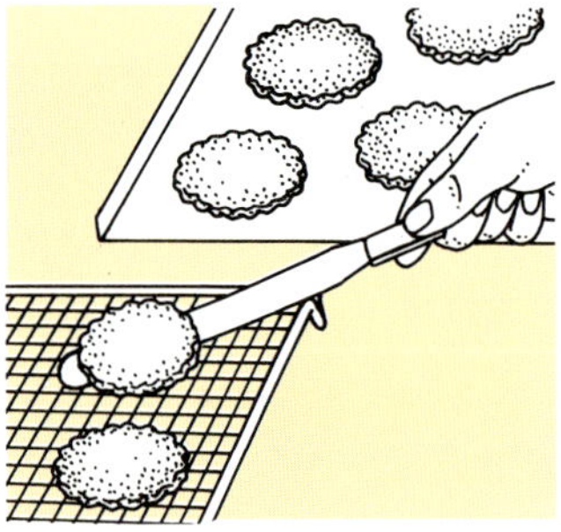

2 *Farinez-vous les mains, ramassez la pâte en boule, puis abaissez-la sur un plan fariné, jusqu'à ce qu'elle fasse environ 5 mm d'épaisseur. Découpez des ronds de pâte à l'aide d'un emporte-pièce rond ou avec le bord d'un verre. Roulez les chutes et étalez la pâte à nouveau.*

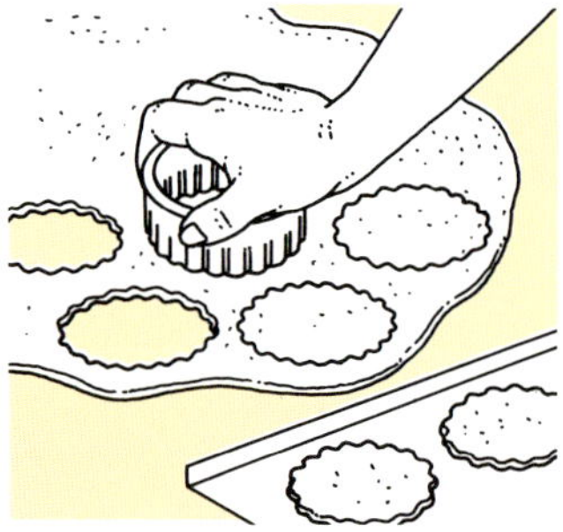

3 *Disposez les ronds sur une plaque non beurrée et faites cuire pendant 8 à 10 minutes, jusqu'à ce que les gâteaux soient clairs et dorés. Laissez-les refroidir sur une plaque pendant 1 ou 2 minutes, puis transférez-les sur une grille pour qu'ils refroidissent complètement. Conservez les biscuits dans une boîte hermétique.*

BISCUITS EXPRESS

Ces biscuits sont aussi faciles à faire qu'ils sont bons à manger. Préparez une pâte à biscuits bien riche et formez un long boudin. Enveloppez-le et conservez-le au réfrigérateur ou dans le freezer de votre réfrigérateur. Ainsi, à tout moment, et en quelques minutes, pourrez-vous fabriquer de délicieux biscuits légers et croustillants, excellents pour accompagner une glace, un entremets ou une compote.

La richesse de la pâte facilite le découpage du rouleau en biscuits. Vous pouvez détailler le nombre de biscuits que vous désirez dans le rouleau congelé et remettre le reste au congélateur, pour l'utiliser plus tard. Variez le goût des biscuits en ajoutant à la farine des arômes, avant de la mélanger avec le beurre et les œufs.

Essayez de parfumer votre pâte avec du zeste de citron ou d'orange râpé, des noisettes pilées, du cacao en poudre (pour obtenir des biscuits au chocolat), des fruits confits hachés, de la noix de coco en poudre et des épices moulues ou entières. Pour environ 60 biscuits.

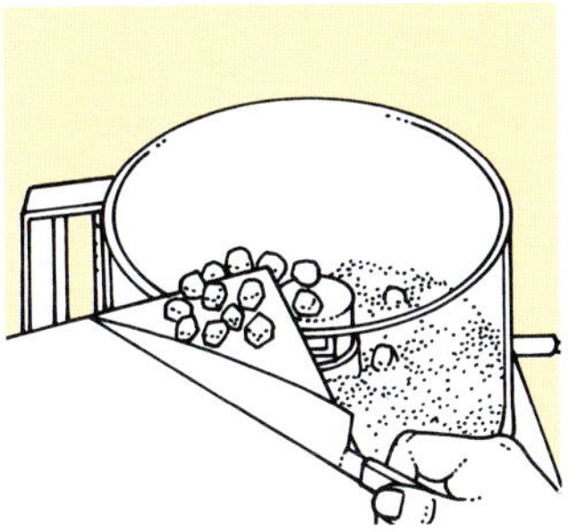

1 *Tamisez 200 g de farine avec 2 cuillères à café de levure et 1 bonne pincée de sel. Mettez 150 g de beurre bien froid coupé en dés dans un robot ménager et ajoutez 200 g de sucre roux en poudre, 1 œuf battu, 1 cuillère à café d'extrait de vanille et les ingrédients tamisés. Mixez jusqu'à obtention d'une pâte homogène.*

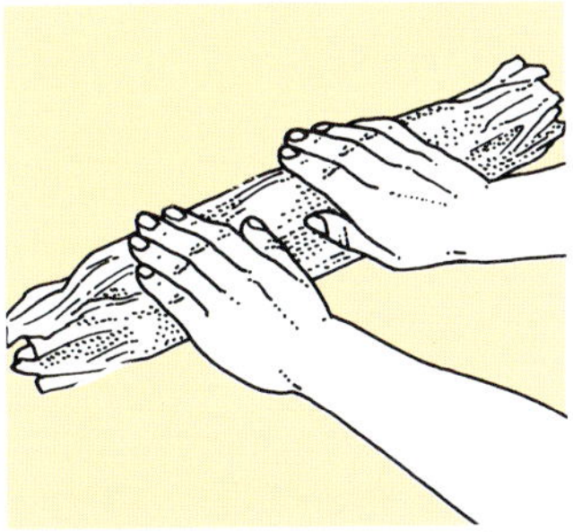

2 *Posez la pâte sur du film alimentaire ou du papier d'aluminium et formez un rouleau de 30 à 35 cm de long. Enveloppez le rouleau avec le papier et continuez de travailler la pâte pour obtenir une forme bien régulière. Congelez la pâte pendant au moins 30 minutes. Préchauffez le four à 200 °C, Th. 6.*

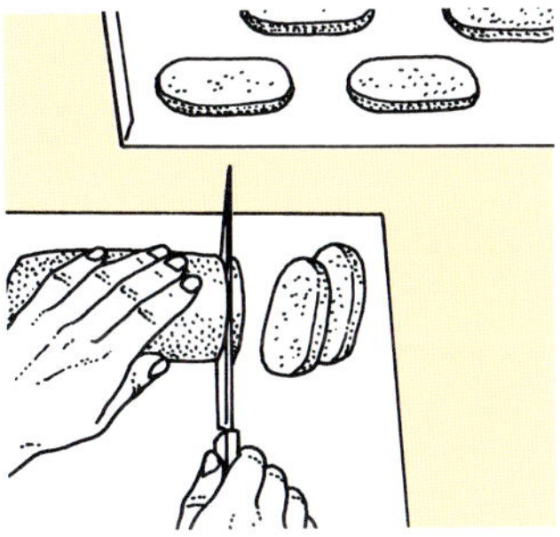

3 *Déballez la pâte et posez-la sur une planche. Laissez-la reposer quelques minutes avant de la débiter. Découpez autant de biscuits que vous le souhaitez, à l'aide d'un couteau-scie. Enveloppez le reste de pâte et remettez-la au congélateur. Disposez les biscuits sur la plaque, en les espaçant de 1 à 2 cm et faites cuire pendant 7 à 9 minutes, jusqu'à ce qu'ils soient bien dorés. Laissez-les refroidir sur une grille.*

COOKIES

Contrairement à la plupart des recettes proposées, on n'étale pas la pâte des cookies au préalable. Il suffit de déposer de petits tas de pâte sur une plaque beurrée et d'aplatir chaque biscuit avec une fourchette. La recette proposée est fort riche, ce qui donne immanquablement d'excellents résultats.

Parfumez la pâte de base avec 50 g de noisettes hachées, de pépites de chocolat, de raisins secs, de zeste de citron ou d'orange râpé ou encore de cerises confites hachées. Préchauffez le four à 190 °C, Th. 5. Beurrez légèrement 2 plaques à pâtisserie. Pour 25 à 30 cookies.

1 *Travaillez 75 g de beurre ou de margarine avec 75 g de sucre en poudre, puis ajoutez 1 jaune d'œuf mélangé avec 125 g de farine ordinaire, 1 cuillère à café d'extrait de vanille et 4 cuillères à soupe de lait ou de jus d'orange. Ajoutez les pépites de chocolat ou d'autres arômes.*

2 *Déposez entre 25 et 30 petits tas de pâte sur les plaques à pâtisserie. Aplatissez-les avec une fourchette, et décorez en formant des croisillons. Plongez la fourchette dans l'eau froide, afin d'éviter qu'elle ne colle à la pâte.*

3 *Faites cuire pendant environ 20 minutes, en intervertissant les plaques à mi-cuisson. Les cookies doivent être dorés. Sortez-les du four et laissez-les reposer 2 minutes avant de les transférer sur une grille. Conservez-les dans une boîte hermétique.*

De gauche à droite : biscuits express au chocolat, biscuits fondants ; cookies aux pépites de chocolat et sablés.

Les numéros de pages entre parenthèses renvoient aux illustrations.

CAKE ROYAL AUX FRUITS ET AUX NOIX *(263)*

Ce cake, typiquement anglais, se compose d'un délicieux mélange de fruits et de noix et se conserve plusieurs mois — lorsqu'on arrive à le tenir suffisamment à l'écart des gourmands ! J'ai l'habitude d'en préparer plusieurs au début de l'été, afin de pouvoir les emporter en pique-nique. *POUR 8-10 PERSONNES*

zeste râpé gros et jus de 2 grosses oranges
rhum brun ou eau
175 g de beurre
175 g de cassonade
175 g de pruneaux, hachés
50 g de gingembre confit, haché
50 g de cerises confites, hachées
125 g de raisins secs
125 g de raisins de Corinthe
75 g de cerneaux de noix
250 g de farine complète
1 cuillère à café de bicarbonate de soude
1/2 cuillère à café de clous de girofle en poudre (facultatif)
2 gros œufs

Versez le jus d'orange dans un verre mesureur, rajoutez suffisamment de rhum ou d'eau pour obtenir 30 cl de liquide et versez le tout dans une casserole avec le beurre et la cassonade. Faites fondre le beurre et la cassonade dans le liquide à feu doux, puis ajoutez les fruits secs ou confits. Portez à ébullition, couvrez et laissez mijoter pendant 10 à 15 minutes, puis retirez la casserole du feu et laissez refroidir.

Pendant ce temps, faites préchauffer le four à 180 °C, Th. 4. Beurrez un moule rond de 18 cm ou un moule carré de 15 cm et tapissez le fond avec du papier sulfurisé (voir page 262). Parsemez-le de farine.

Lorsque la préparation aux fruits a refroidi, ajoutez la farine, le bicarbonate de soude et les clous de girofle moulus. Ajoutez-les au mélange de la casserole, puis incorporez les œufs légèrement battus dans le mélange à base de fruits et de farine. Versez la pâte dans le moule et faites cuire pendant 1 heure 15, ou jusqu'à ce que la lame d'un couteau enfoncé dans le centre du gâteau ressorte propre (voir page 263).

Laissez le gâteau refroidir dans le moule pendant environ 10 minutes, puis décollez les bords à l'aide d'une spatule. Démoulez le cake, décollez le papier, puis posez-le sur une grille pour le faire complètement refroidir. Si vous le pouvez, conservez-le dans une boîte hermétique pendant quelques jours, avant de le déguster.

GÂTEAU À L'ORANGE ET AUX FRAISES *(260)*

Les gâteaux préparés avec de l'huile, plutôt que du beurre, sont rapides à préparer et présentent une consistance particulièrement lisse et légère. Ce gâteau est délicieux pour le thé ou le dessert. *POUR 8 PERSONNES*

150 g de farine
25 g de Maïzena
2 cuillères à café de levure
1/2 cuillère à café de sel
150 g de sucre glace
8 cl d'huile de tournesol
10 cl de jus d'orange, fraîchement pressé
2 gros œufs, blancs et jaunes séparés
zeste râpé fin d'une orange, et quelques zestes pour décorer
4 cuillères à soupe de fromage blanc
50 g de sucre en poudre
250 à 400 g de petites fraises, coupées en deux et équeutées

Préchauffez le four à 190 °C, Th. 5. Beurrez deux moules de 18 cm de diamètre et tapissez chacun d'eux avec un disque de papier sulfurisé (voir page 262). Tamisez la farine, la Maïzena, la levure, le sel et le sucre glace dans une grande jatte. Mettez l'huile dans une autre jatte, filtrez le jus d'orange et ajoutez-le avec les jaunes d'œufs. Battez légèrement le mélange à base d'huile, puis ajoutez-le aux ingrédients secs tamisés, tout en battant, jusqu'à ce que vous obteniez une pâte lisse. Ajoutez le zeste d'orange râpé. Battez les blancs d'œufs en neige, puis incorporez-les à la préparation.

Versez la pâte dans le moule. Faites cuire de 25 à 30 minutes, jusqu'à ce que les gâteaux aient bien monté. Laissez-les reposer dans leur moule pendant 5 minutes, puis décollez les bords et démoulez-les. Décollez le papier et posez-les sur une grille.

Lorsque les gâteaux sont froids, et peu de temps avant de passer à table, disposez un gâteau sur un plat de service. Mélangez le fromage blanc avec le sucre en poudre. Ajoutez les fraises, réservez-en quelques-unes pour décorer. Étalez ce mélange sur le gâteau puis recouvrez-le avec le deuxième. Décorez avec les fraises que vous avez mis de côté et les zestes d'orange, puis saupoudrez de sucre en poudre.

BOULES DE NEIGE *(260)*

Ces délicieuses petites boules, au léger goût de sablé très agréable, sont délicieuses à tout moment de la journée, mais surtout au moment du thé. *POUR 16-18 BOULES DE NEIGE*

125 g de beurre ramolli
50 g de sucre glace
1 cuillère à café d'extrait de vanille
150 g de noix de pécan, moulues
200 g de farine
1/2 cuillère à café de sel
sucre glace

Préchauffez le four à 140 °C, Th. 1. Beurrez une plaque à pâtisserie. Travaillez le beurre jusqu'à ce qu'il soit bien mou puis incorporez le sucre, et battez le mélange jusqu'à ce qu'il soit bien aéré. Ajoutez l'extrait de vanille, puis les noix de pécan. Tamisez la farine et le sel et remuez jusqu'à ce que le mélange soit bien homogène.

Formez des boules de la taille d'une grosse bille. Disposez-les sur la plaque à pâtisserie et faites cuire pendant 35 à 40 minutes. Sortez-les du four et laissez reposer pendant 1 à 2 minutes. Tamisez du sucre glace dans une jatte et plongez chaque boule dedans. Manipulez-les délicatement car la pâte risque de s'effriter. Laissez refroidir sur une grille.

PAVÉS AU CHOCOLAT *(260)*

Ces délicieux petits gâteaux ressemblent aux *brownies* américains. Ils sont délicieux pour accompagner de la glace à la vanille — ou tout simplement lorsqu'on les déguste tels quels. *POUR ENVIRON 15 PAVÉS*

125 g de beurre
25 g de chocolat à cuire, cassé en morceaux
1 cuillère à café de café soluble
1 cuillère à café d'extrait de vanille
75 g de cassonade
1 œuf battu
25 g de farine
1/2 cuillère à café de sel
50 g de noisettes débarrassées de leur peau, grillées et concassées

Préchauffez le four à 190 °C, Th. 5. Beurrez un moule de 25 cm × 30 cm. Faites fondre le beurre et le chocolat, à feu très doux, tout en remuant. Ajoutez le café soluble et remuez pour le dissoudre. Retirez du feu et ajoutez l'extrait de vanille et la cassonade, puis l'œuf battu. Tamisez la farine et le sel et ajoutez-les à la préparation.

Versez la pâte dans le moule et lissez la surface. Parsemez la surface de noisettes concassées. Faites cuire pendant 12 à 15 minutes, en faisant pivoter le moule à mi-cuisson. La pâte doit être ferme mais encore moelleuse, car les pavés auront tendance à devenir plus croustillants en refroidissant.

Découpez le gâteau en pavés rectangulaires ou carrés. Laissez-les refroidir pendant 1 à 2 minutes, puis transférez-les sur une grille, afin qu'ils refroidissent complètement.

GÂTEAU EXOTIQUE AU CHOCOLAT *(260)*

Je qualifie ce gâteau d'exotique, à cause de sa garniture à la noix de coco. L'association de chocolat, de fromage blanc et de noix de coco est tout à fait irrésistible.

POUR 8 PERSONNES

175 g de chocolat cassé en morceaux
5 gros œufs, blancs et jaunes séparés
175 g de sucre en poudre
2 cuillères à soupe de cacao en poudre
2 cuillères à café de cannelle en poudre
4 cuillères à soupe d'eau tiède
1/2 cuillère à café de sel
sucre glace

POUR LA GARNITURE

50 g de noix de coco en poudre
12 cl de lait
1/4 de cuillère à café de sel
75 g de sucre glace tamisé
250 g de fromage blanc

Préchauffez le four à 180 °C, Th. 4. Beurrez deux moules de 20 cm de diamètre. Tapissez le fond avec un disque de papier sulfurisé (voir page 262) et saupoudrez de farine. Faites fondre le chocolat dans une jatte au bain-marie, en remuant de temps en temps. Retirez du feu.

Mettez les jaunes d'œufs dans une grande jatte avec le sucre en poudre, et battez le mélange jusqu'à ce qu'il soit clair et épais. Mettez le cacao et la cannelle dans une petite jatte puis versez progressivement l'eau tiède. Ajoutez le chocolat fondu puis battez ce mélange avec les jaunes d'œufs. Salez les blancs d'œufs et battez-les en neige ferme. Incorporez les blancs d'œufs dans la préparation au chocolat.

Répartissez la pâte dans les deux moules et faites cuire pendant 25 à 30 minutes, jusqu'à ce que les gâteaux soient bien cuits — il est normal que le dessus se craquèle légèrement. Laissez les gâteaux refroidir dans leur moule — ils auront tendance à s'affaisser légèrement.

Pendant ce temps, préparez la garniture. Mélangez la noix de coco avec le lait et le sel puis faites chauffer, à feu doux, sans laisser bouillir. Retirez du feu. Battez le sucre glace dans le fromage blanc puis ajoutez la crème à la noix de coco et laissez refroidir le tout.

Lorsque les gâteaux sont refroidis, décollez les bords, démoulez-les et retirez le papier. Posez un gâteau, le fond contre la grille et étalez la crème sur le dessus. Recouvrez avec le deuxième gâteau, le côté craquelé vers le haut. Tamisez du sucre glace sur le dessus et conservez ce gâteau fourré au réfrigérateur, jusqu'au moment de le servir.

GÂTEAU FOURRÉ AUX MYRTILLES *(260)*

Servez ce superbe gâteau pour une grande occasion. Si vous le souhaitez, garnissez le glaçage de fleurs en sucre ou de fleurs fraîches, des violettes par exemple. Préparez le gâteau la veille, afin que le glaçage ait bien le temps de prendre.

POUR 8 PERSONNES

40 g de farine avec poudre levante
15 g de Maïzena
150 g de sucre vanillé (voir page 235) ou de sucre en poudre
4 gros blancs d'œufs
1 cuillère à soupe d'eau froide
1/2 cuillère à café de bicarbonate de soude
1/4 de cuillère à café de sel

POUR LA GARNITURE

5 gros jaunes d'œufs (prenez ceux du gâteau et du glaçage)
75 g de sucre en poudre
zeste râpé de 2 citrons
12 cl de jus de citron
250 g de myrtilles ou d'autres fruits rouges

POUR LE GLAÇAGE

1 gros blanc d'œuf
2 1/2 cuillères à café de jus de citron
250-300 g de sucre glace tamisé

Préchauffez le four à 140 °C, Th. 1. Tapissez le fond de deux moules de 20 cm de diamètre avec des ronds de papier sulfurisé (voir page 262).

Commencez par préparer les gâteaux. Tamisez la farine et la Maïzena ensemble plusieurs fois de suite, afin que le mélange obtenu soit très fin. Tamisez le sucre vanillé et ajoutez-en 1 cuillère à soupe dans la farine. Versez les blancs d'œufs dans une jatte avec l'eau, le bicarbonate de soude et le sel, puis fouettez le mélange avec un batteur électrique, jusqu'à ce que les blancs soient bien fermes. À l'aide d'une cuillère à soupe en métal, incorporez le reste de sucre, cuillerée par cuillerée. Ajoutez la farine, petit à petit, en la tamisant directement sur les blancs d'œufs.

Versez la pâte dans les moules et faites cuire dans le bas du four pendant environ 1 heure 15, jusqu'à ce que les gâteaux soient bien montés et cuits.

Pendant ce temps, préparez la garniture au citron : mettez les jaunes d'œufs dans une jatte au bain-marie. Ajoutez le sucre, le zeste et le jus de citron puis faites cuire ce mélange jusqu'à ce qu'il forme un ruban. Laissez refroidir.

Laissez les gâteaux refroidir dans leur moule, puis décollez les bords à l'aide d'une spatule. Démoulez-les et retirez le papier, puis laissez-les complètement refroidir.

Posez un gâteau sur un plat de service. Mélangez les myrtilles avec la pâte au citron complètement refroidie et étalez-la sur le gâteau. Recouvrez-la avec le deuxième gâteau.

Pour préparer le glaçage, battez le blanc d'œuf jusqu'à ce qu'il soit bien ferme, ajoutez 2 cuillères à café de jus de citron et ajoutez progressivement le sucre glace. Ajoutez le reste de jus de citron. Le glaçage doit présenter une consistance épaisse, facile à étaler. S'il ne vous paraît pas suffisamment épais, vous pouvez ajouter un peu de sucre glace. Étalez le glaçage sur le dessus et les bords du gâteau. Décorez et laissez le tout sécher dans un endroit frais et aéré pendant plusieurs heures, voire une nuit entière, afin que le glaçage soit complètement pris.

PAINS ET PÂTES LEVÉES

Rien n'est plus appétissant que l'odeur du pain en train de cuire. Préparer son propre pain apporte une satisfaction hors du commun. Une fois que vous maîtriserez les techniques de base de la boulangerie, vous n'hésiterez plus à confectionner votre pain dès que vous aurez une minute de libre, et à essayer de nouvelles recettes, parfois plus ambitieuses.

Lorsque l'on fait cuire son pain soi-même, on peut mélanger différents types de farines et jouer avec d'autres ingrédients tels que graines et épices. En outre, une même recette, élaborée dans des conditions identiques, ne produira pas, d'une fois sur l'autre, le même résultat. La préparation du pain conserve un petit côté aléatoire très amusant. Parmi les paramètres auxquels il faut se plier, on peut citer le climat et le four, avant même de parler de farine. Le pain complet que j'ai l'habitude de préparer à la maison n'a pas du tout le même goût lorsque je le fais cuire en vacances. Peut-être sommes-nous plus disposés à goûter les plaisirs d'un bon pain lorsque nous sommes en vacances. Toujours est-il que ce pain d'été paraît meilleur que celui que nous mangeons pendant l'année. Le seul inconvénient du pain préparé chez soi est qu'il ne se conserve pas très longtemps, à l'exception toutefois du pain complet préparé avec de l'huile ou des matières grasses supplémentaires.

Lorsque l'on prépare son pain, on peut laisser libre cours à son imagination pour donner à la pâte la forme que l'on souhaite. Si vous voulez transformer votre four en « four à pain », vous pouvez tapisser la grille ou la plaque du four, avant d'allumer votre four, avec des tuiles brutes. La chaleur emmagasinée dans les tuiles aidera la pâte à gonfler, jusqu'à la formation de la croûte. Pour rendre votre pain plus croustillant et le faire lever davantage, vous pouvez poser un récipient d'eau dans le four, qui augmentera l'humidité de l'air. Vous pouvez également vaporiser votre pain avec de l'eau, plusieurs fois en cours de cuisson.

Le pain est un aliment dont on peut difficilement se passer à table. Il est certes délicieux, mais également excellent pour la santé, car particulièrement riche en hydrates de carbone, en vitamines, du groupe B notamment, en fer, en calcium et en fibres. Le pain préparé avec de la farine complète est plus riche en fibres que le pain blanc, fabriqué avec des farines plus raffinées.

Lorsque l'on pense à la fabrication du pain, on imagine généralement qu'il s'agit de mélanger de l'eau et de la farine, d'ajouter de la levure et de faire cuire la pâte obtenue au four. Bien que la fabrication du pain comporte le plus souvent cet enchaînement d'opérations, certaines recettes font appel à de la levure chimique, alors que d'autres n'ont pas besoin d'agents levants. Il s'agit de préparations se situant à la limite de la boulangerie et de la pâtisserie. Certains petits pains, délicieux à l'heure du thé, nécessitent de la levure chimique ou du bicarbonate de soude. D'autres pains, dans certaines régions du monde, ne comportent pas de levure : le « pain » indien (chapati) notamment, n'est pas levé mais légèrement boursouflé.

Dans tous les pays du monde ou presque, il existe des recettes de pain bien particulières, préparées avec les céréales les plus courantes de la région. Dans la plupart des pays d'Europe, c'est le blé que l'on utilise le plus fréquemment. En Europe centrale, en Scandinavie et en Russie, le pain est souvent préparé avec de la farine de seigle tandis que les tortillas d'Amérique latine se composent de farine de maïs.

Le pain peut être cuit selon des formes et des tailles très variées. La pâte de base peut être enrichie de mille et une façons, au point de se transformer en viennoiseries ou en brioches. La fougasse aux olives, le *Stollen* et le pain de seigle allemand ainsi que les pains indiens sont autant d'exemples illustrant la variété des recettes de pain du monde entier.

Dans le sens des aiguilles d'une montre, en partant du haut à droite : la Fougasse aux olives noires (page 296) se prépare en un tournemain grâce à l'utilisation de levure rapide; Pain aux abricots et aux raisins (page 296); le Pain au fromage et à la tomate (page 297) réunit la saveur prononcée du fromage et celle de la tomate; Petits pains à la ciboule et au fromage (page 296); la Brioche classique (page 290), irremplaçable pour le petit déjeuner dominical; Pain aux pruneaux et au citron (page 297); Pain aux graines (page 297).

TECHNIQUES DE BASE

Le pain se compose généralement d'un mélange de liquide, de levure et de farine. La pâte obtenue est pétrie, puis réservée pour lui laisser le temps de lever. On donne à la pâte la forme souhaitée avant de la laisser à nouveau lever. Alors seulement on peut enfourner le pain. L'art de la boulangerie n'est pas très complexe mais il faut bien respecter les proportions et les temps indiqués dans les recettes.

Le sucre, le sel, les matières grasses et le liquide sont également très importants. Le sucre est indispensable pour que la levure agisse. La levure fraîche de boulanger utilise seulement le sucre contenu naturellement dans la farine, mais la levure rapide doit être mélangée avec un peu de sucre en poudre pour favoriser la fermentation. Le sel est indispensable car il fait ressortir la saveur du pain et renforce l'action du gluten, tout en empêchant la levure de gonfler trop rapidement. Le beurre, la margarine, le saindoux ou l'huile enrichissent le pain : il est ainsi plus moelleux et se conserve plus longtemps. La quantité de liquide (eau, lait, ou un mélange des deux) varie en fonction du pouvoir d'absorption de la farine. Il doit être tiède (38 °C environ). Trop chaud, il risque de tuer la levure.

LA LEVURE

Il existe trois types de levures de boulangerie différentes, chacune d'elles étant utilisée d'une façon particulière. Les recettes de ce chapitre ne font appel qu'à de la levure sèche, mais voici quelques conseils qui valent pour toutes les levures.

La levure fraîche ressemble, par sa consistance et sa couleur, à de la levure séchée ; elle se présente sous une forme compacte et doit être émiettée. On la mélange avec un liquide tiède (autour de 38 °C) puis on l'incorpore à la farine ; parfois on la mélange directement à la farine, sans la faire dissoudre au préalable.

La levure séchée traditionnelle est vendue en sachets. Vous devrez la reconstituer avant de l'utiliser, en la mélangeant avec un peu de sucre : versez la levure dans du liquide tiède sucré, puis laissez-la dans un endroit tiède pendant environ 15 minutes, jusqu'à ce que le mélange commence à mousser. Si la levure ne mousse pas, c'est qu'elle est trop vieille ou que l'eau est trop chaude.

La levure rapide est d'utilisation extrêmement simple. Elle se présente sous la forme de fins granulés, que l'on ajoute directement à la farine (sans avoir à la mélanger à du liquide). Cette levure contient généralement de la vitamine C qui augmente son effet. La pâte n'a généralement besoin de lever qu'une seule fois.

Une cuillère à soupe de levure séchée (ou un sachet) correspond à 30 g de levure fraîche.

RECETTE DE BASE

La farine la plus adaptée à la fabrication du pain est la farine dite de force ou farine corsée obtenue avec du blé de force. Toutes les farines contiennent une substance collante et élastique appelée gluten, qui retient le gaz carbonique produit par la levure. Le gluten, en se durcissant, constitue la structure du pain. Il existe plusieurs types de farines corsées : la farine de froment, débarrassée du son et du germe de blé ; la farine complète, qui contient tout le grain de blé ; et d'autres farines brunes, plus ou moins raffinées et maltées.

Une fois que les ingrédients ont été mélangés, il convient de pétrir la pâte, afin de renforcer l'action du gluten. Cette opération n'est pas aussi difficile qu'on le craint parfois. Il suffit de placer la pâte sur un plan fariné, de la replier vers vous et de la repousser vers l'avant, en l'aplatissant avec la paume de la main. Faites-la pivoter d'un quart de tour et continuez de la pétrir pendant 10 minutes, jusqu'à ce que la pâte soit lisse et élastique. Elle est prête lorsque la marque des doigts de la main reste imprimée dans la pâte.

Pour préparer un pain de 1 kg, il vous faut 750 g de farine, 2 cuillères à café de sel, une pincée de sucre, 15 g de beurre, 1 sachet de levure rapide et environ 45 cl d'eau tiède.

1 *Mettez la farine, le sel et le sucre dans une grande jatte et ajoutez le beurre. Versez la levure dans ce mélange. Faites un puits au centre et versez l'eau tiède, en tournant avec une cuillère, jusqu'à ce que toute l'eau soit absorbée. Ajoutez un peu d'eau si nécessaire. Mélangez avec la cuillère ou vos doigts, jusqu'à ce que la pâte se décolle des bords de la jatte. Mettez la pâte sur un plan fariné, afin de la pétrir.*

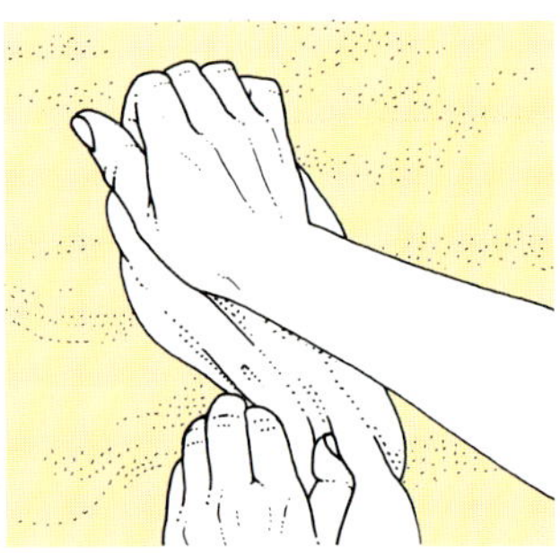

2 *Pétrissez 10 minutes, jusqu'à ce qu'elle soit élastique ; ajoutez de la farine si nécessaire. Formez une boule, mettez-la dans une jatte. Enfermez-la dans un sac en plastique et repliez sous le récipient avec beaucoup d'air. La pâte lèvera dans un endroit tiède en 1 ou 2 heures ; elle doit doubler de volume. Pétrissez la pâte 2 ou 3 minutes.*

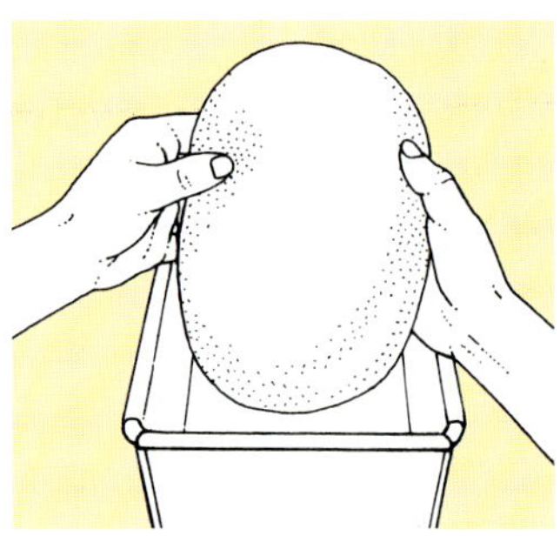

3 *Formez une boule aplatie de la longueur d'un gros pain et trois fois plus large. Repliez-la en trois, lissez le dessus puis posez la pâte dans un moule beurré. Couvrez le moule et laisser lever le pain dans un endroit tiède, jusqu'à ce que la pâte arrive juste au-dessus du moule.*

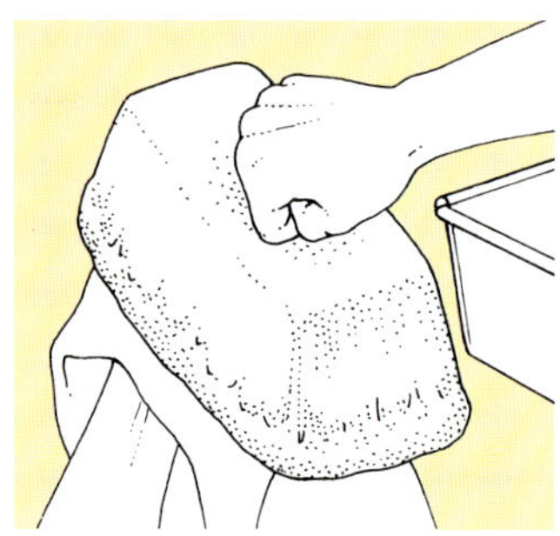

4 *Faites cuire à 230 °C, Th. 8, pendant 30 à 40 minutes, jusqu'à ce que le pain soit bien levé et doré. Lorsqu'il est cuit, le pain doit « sonner creux », lorsqu'on le tapote avec les doigts. Laissez refroidir sur une grille. S'il ne vous paraît pas complètement cuit, remettez-le au four pendant quelques minutes, sans le remettre dans le moule.*

PAIN AU BICARBONATE DE SOUDE

Le pain au bicarbonate de soude est délicieux mais ne se conserve pas ; dégustez-le le jour même. L'élaboration ne comporte pas de levure de boulanger. Elle utilise les réactions chimiques du bicarbonate de soude et de la crème de tartre mélangés à du babeurre. Pour préparer un gros pain, il vous faut 500 g de farine de froment ou de farine complète, ou un mélange des deux, 2 cuillères à café de bicarbonate de soude, 2 cuillères à café de crème de tartre, 1 cuillère à café de sel, 50 g de beurre ou de margarine ou de saindoux et environ 30 cl de babeurre.

1 *Tamisez les ingrédients secs ensemble deux fois de suite. Incorporez la matière grasse en mélangeant du bout des doigts. Ajoutez le babeurre en mélangeant. Vous obtiendrez une pâte souple. Pétrissez en une boule de 18 cm et posez sur une tôle farinée.*

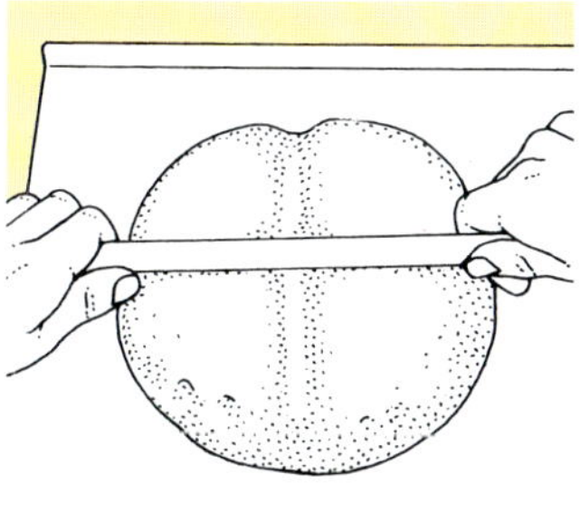

2 *À l'aide du manche fariné d'une cuillère en bois, marquez le dessus du pain d'une croix. Faites cuire aussitôt à 200 °C, Th. 7, pendant environ 30 minutes, jusqu'à ce que le pain « sonne creux » (voir page précédente). Laissez-le refroidir sur une grille.*

QUELQUES IDÉES

- Lorsque l'on prépare soi-même son pain, on peut le décorer à sa guise. Vous pouvez tout simplement ménager des entailles à la surface du pain ; une fois le pain cuit, vous verrez apparaître de jolis motifs (losanges, bandes, étoiles, etc.). Vous pouvez aussi parsemer les entailles de graines de pavot ou de sésame.
- On peut agrémenter la pâte de toutes sortes de graines, comme les graines de potiron, les graines de tournesol ou les grains de blé entiers que l'on fera ramollir au préalable dans de l'eau.
- Le pain a une superbe couleur brillante lorsqu'on le badigeonne, lors de la deuxième levée, d'œuf battu ou d'œuf mélangé à du lait ou à de l'eau. On peut également le dorer juste avant de l'enfourner, mais dans ce cas, il convient de procéder délicatement, afin de ne pas faire dégonfler le pain.
- Le pain complet peut être doré de la même façon, avec du lait et de l'eau.
- Le blé concassé, les graines de sésame et le son donnent au pain une consistance croustillante très agréable et un goût délicat. Les graines de carvi ou de cumin entières apportent une note très originale au pain, qui saura très bien accompagner le fromage.
- Il ne faudrait jamais jeter le moindre morceau de pain. On peut en faire de la chapelure, en mixant des restes dans un robot ménager. La chapelure est utilisée dans de nombreuses recettes de pâtisserie ou en friture. Si vous souhaitez obtenir de la chapelure plus dorée, faites griller le pain puis mettez-le dans un sac en plastique, écrasez à l'aide d'un rouleau à pâtisserie. Vous pouvez aussi le mixer dans un robot ménager.
- Les tranches de pain de mie rassis sont utilisées pour confectionner de délicieux desserts (voir page 216), tel l'Entremets de la Saint-Jean (voir page 238), ou encore pour préparer de petits croûtons frits, délicieux dans certaines soupes ou salades (page 35).
- Les restes de pain sont excellents pour faire du pain perdu. Trempez les tranches de pain dur dans de l'œuf battu avec du lait et du sucre et faites-les frire dans du beurre, avant de les saupoudrer de cannelle et de cassonade.

Voici un choix appétissant de pains aux formes diverses, fabriqués avec la même pâte de base.

FAÇONNER LA PÂTE

Lorsque l'on fait cuire le pain sur une tôle à pâtisserie, plutôt que dans un moule, on peut donner à la pâte la forme de son choix. Façonnez votre pâte avant la deuxième levée, sauf si vous utilisez de la levure rapide, auquel cas il convient de former le pain après la seule levée.

Beurrez la plaque avant d'y poser la pâte, afin que celle-ci ne colle pas. Vérifiez que le pain est cuit en tapant sur la surface (voir page précédente) et en le laissant refroidir sur une grille.

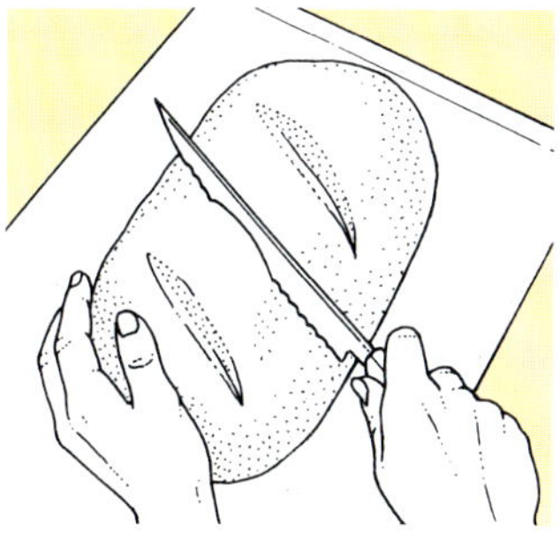

Pour préparer un pain classique, aplatissez la pâte en une forme ovale et roulez-la (voir page 267), en rentrant les bords dessous. Posez le pain sur une plaque beurrée et ménagez trois entailles sur le dessus. Réservez pour laisser lever la pâte.

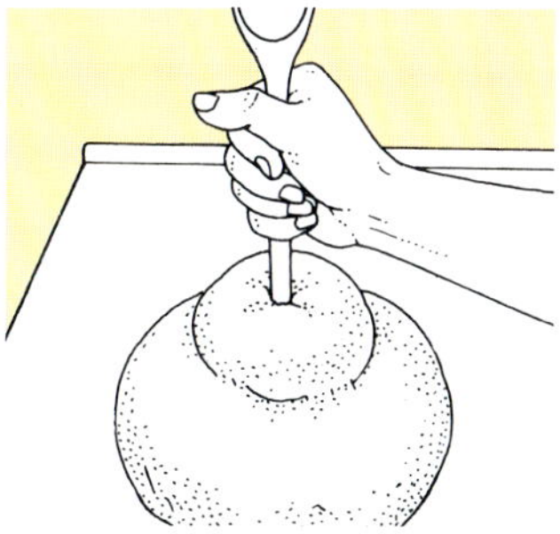

Voici une idée pour modeler votre pain : prélevez un tiers de pâte et formez deux boules. Posez la petite boule sur la grosse et posez le tout sur la plaque beurrée. Enfoncez le manche fariné d'une cuillère au travers des deux boules.

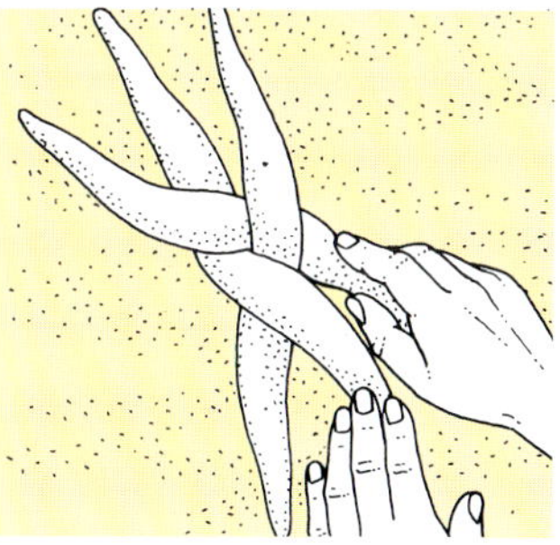

Pour former une tresse, roulez la pâte en trois tronçons de 30 cm. Posez-les côte à côte et tressez-les, en partant du centre des tronçons. Pincez les extrémités et repliez-les sous la tresse obtenue. Posez sur une plaque puis laissez la pâte lever.

PAINS SALÉS

Les pains salés sont très amusants à préparer, et offrent l'occasion de laisser libre cours à son imagination. Ils se composent, soit de farine au goût riche, soit d'une pâte classique que l'on aromatise en incorporant d'autres ingrédients. Le pain préparé avec de la farine de seigle est toujours très apprécié. Ce type de farine ne comprenant pas de gluten, le pain est très dense et peut être un peu lourd. C'est pourquoi j'aime mélanger la farine de seigle avec de la farine corsée. Parmi les autres farines entrant dans la composition de certains pains spéciaux, on peut citer la farine d'orge, qui présente également une faible teneur en gluten, la farine de maïs, qui donne au pain une belle couleur dorée et la farine de malt, à la saveur de noisette.

De nombreux ingrédients peuvent être ajoutés à la pâte de base, afin de parfumer le pain : du fromage, de l'ail, des noix, des graines, des herbes, et même des courgettes râpées, du potiron réduit en purée, des tomates séchées au soleil, des pignons de pin, des anchois et des olives dénoyautées. La plupart des pains parfumés avec des ingrédients salés sont meilleurs le jour suivant leur cuisson. On laisse ainsi aux saveurs le temps de se mêler les unes aux autres et la mie est plus facile à trancher. Tous les pains présentés dans ce chapitre sont délicieux avec du beurre, et peuvent accompagner agréablement une soupe, du fromage, du poisson fumé ou de la charcuterie.

PAIN DE SEIGLE

Cette préparation utilise de la farine de seigle, au goût plus prononcé que la farine ordinaire. Ce pain de seigle présente une consistance plus légère que d'autres, car la pâte contient également de la farine de force, à haute teneur en gluten. Vous pouvez varier la recette en ajoutant les graines de votre choix (voir ci-dessous).

Pour préparer 2 pains arrondis, il vous faut 250 g de farine de seigle, 375 g de farine de force, 15 g de sel, 1 sachet de levure rapide, 15 cl d'eau tiède, 15 cl de lait tiède et 1 cuillère à soupe de mélasse.

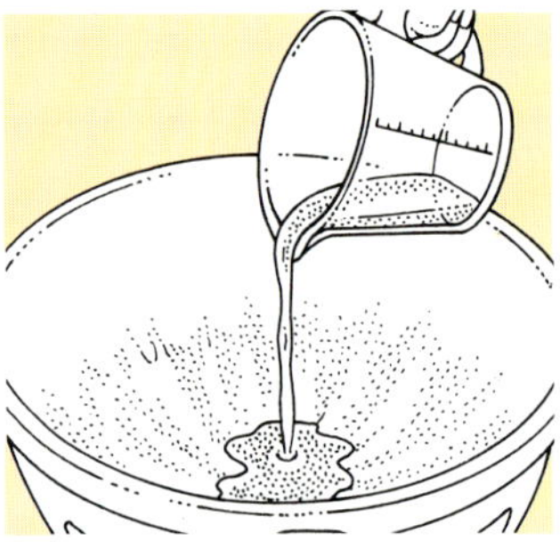

1 *Mélangez les farines avec le sel et la levure dans une grande jatte, et d'un autre côté l'eau, le lait et la mélasse. Ajoutez le liquide à la farine et mélangez jusqu'à ce que vous obteniez une pâte ferme; ajoutez de la farine si nécessaire. Pétrissez la pâte 10 minutes, jusqu'à ce qu'elle soit élastique.*

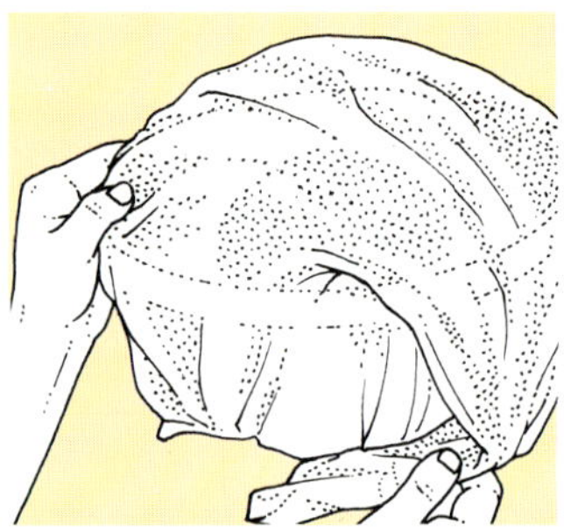

2 *Formez une boule de pâte, et mettez-la dans la jatte. Enfermez dans un sac en plastique, en repliant le sac sous le récipient. Laissez la pâte lever, jusqu'à ce qu'elle ait doublé de volume. Pétrissez encore 2 ou 3 minutes et formez 2 boules. Disposez-les sur une plaque beurrée, en les espaçant soigneusement.*

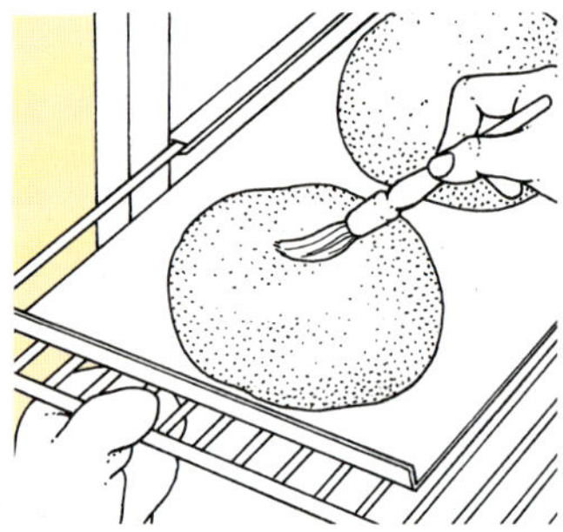

3 *Couvrez et laissez la pâte lever jusqu'à ce qu'elle ait doublé de volume. Faites cuire à 230 °C, Th. 8, pendant 15 minutes. Badigeonnez les pains avec de l'eau, baissez la température du four à 190 °C, Th. 5, et faites cuire 30 à 35 minutes supplémentaires. Laissez refroidir sur une grille.*

POUR PARFUMER SON PAIN

- L'une de mes recettes de pain préférées est le pain aux oignons et au fromage. Ajoutez du gruyère ou du parmesan râpé et des oignons émincés à la farine avant d'ajouter le liquide. J'utilise environ 175 g de fromage râpé pour 750 g de farine et 1 ou 2 oignons, des rouges de préférence, car ils donnent à la pâte une couleur plus vive. Si vous avez du temps, faites revenir les oignons, afin de les adoucir et de les ramollir légèrement.
- Le pain au fromage est délicieux agrémenté d'origan séché ou de petits morceaux de lard frit.
- La moutarde en grains parfume agréablement le pain au fromage. Les anchois hachés et l'ail écrasé apportent une note très originale.
- On peut ajouter de nombreux légumes à la pâte à pain de base; essayez d'inclure des carottes, des navets, du potiron ou du célerirave râpés. Les épices sont également excellentes dans la pâte à pain (coriandre, cardamome et muscade notamment).
- La betterave rouge râpée donne à la pâte une étonnante couleur. Vous pouvez ajouter des épinards crus hachés, qui rehaussent davantage encore le goût et la couleur de votre pain.
- Le fenouil haché menu associé à du parmesan râpé est délicieux dans du pain. Ajoutez quelques graines de fenouil pour compléter la recette.
- Le potiron haché et la muscade râpée ou la cannelle moulue est un mélange délicieux à incorporer dans la pâte. Le poivron jaune haché ou la purée de tomates mélangés à de l'huile d'olive et du basilic donnent également d'excellents résultats.
- L'huile d'olive parfume agréablement la plupart des pains salés. La sauce au pistou ajoutée à la pâte à pain permet d'obtenir une mie parfumée tout à fait originale. Vous pouvez également badigeonner tout simplement vos pains avec un peu d'huile d'olive salée avant de les faire cuire.
- Les olives dénoyautées, hachées, et les noix permettent de parfumer une pâte à pain en un tournemain. Essayez d'en ajouter dans la recette du pain farci à l'huile d'olive (voir page ci-contre).

PAIN AUX GRAINES

Pour varier la consistance de votre pain de seigle, vous pouvez agrémenter la pâte de graines de carvi, de cumin ou d'aneth. Ajoutez-en de 2 à 4 cuillères à café à la farine, dans la recette de base (voir ci-dessus).

Préparez votre pain normalement, puis, au moment de la deuxième levée, badigeonnez la surface de lait et ajoutez quelques graines si vous le souhaitez. Faites cuire à 230 °C, Th. 8, pendant 15 minutes, puis à 190 °C, Th. 5, pendant 30 à 35 minutes encore. Laissez refroidir sur une grille.

PAIN AUX LÉGUMES ET AU FROMAGE

Idéale pour le pique-nique ou lorsque vous souhaitez servir un pain très parfumé, cette recette est préparée avec de la levure chimique. La pâte n'a pas besoin d'être pétrie, et se prépare donc très rapidement. Ce pain est délicieux coupé en tranches et tartiné de fromage frais.

Avant de mélanger les ingrédients, beurrez un moule de 1 litre avec de l'huile de tournesol. Découpez un morceau de papier sulfurisé à la taille du fond du moule et huilez-le. Tamisez ensemble 150 g de farine complète et 150 g de farine ordinaire.

1 *Ajoutez à la farine 2 1/2 cuillères à café de levure chimique, 1 cuillère à café de sel, 1 cuillère à café de cumin et 1 cuillère à café de coriandre. Râpez grossièrement environ 125 g de courgettes et 125 g de carottes dans la jatte.*

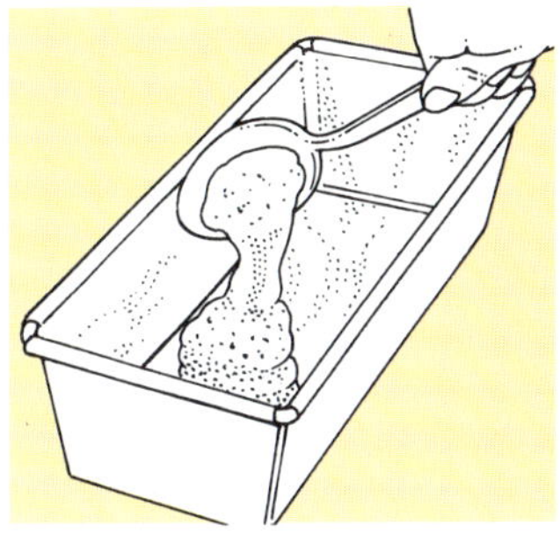

2 *Ajoutez 100 g de fromage râpé, 1 cuillère à café de graines de fenouil, 15 cl d'huile de tournesol, 2 œufs battus et environ 4 cuillères à soupe de lait, en tournant jusqu'à ce que tous les ingrédients soient bien mélangés. Versez la pâte dans le moule.*

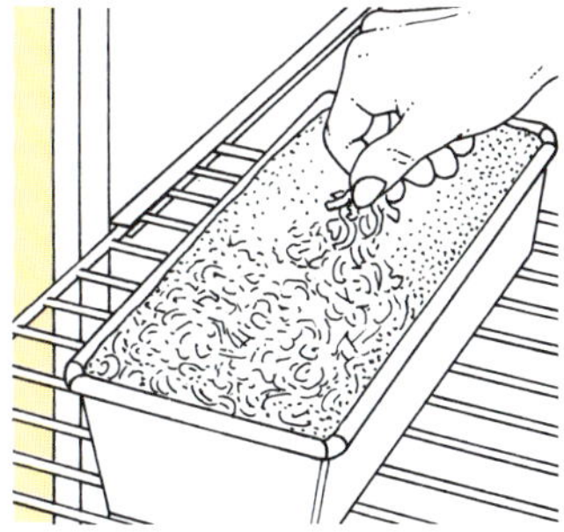

3 *Faites cuire à 180 °C, Th. 4, 40 à 45 minutes. Au bout de 25 minutes, parsemez le dessus de fromage râpé. Poursuivez la cuisson jusqu'à ce que la pâte à l'intérieur soit cuite (vérifiez avec une brochette). Laissez refroidir sur une grille.*

PAIN FARCI À L'HUILE D'OLIVE

Les Italiens savent préparer de délicieux pains à l'huile d'olive, avec des ingrédients qui apportent une note originale à la préparation : par exemple des olives hachées, des tomates séchées au soleil, des herbes fraîches ou séchées, des morceaux de salami ou du fromage râpé.

Ce pain aux olives est excellent lorsqu'il est très frais, mais il se conserve néanmoins 1 jour ou 2.

Pour préparer 2 pains, mélangez ensemble dans une grande jatte 750 g de farine de force, 1 cuillère à café de sel, 2 cuillères à café d'origan séché et 1 sachet de levure rapide.

Choix de pains spéciaux : Pain au fromage et aux légumes (à gauche), pain de seigle (au centre) et pain à l'huile d'olive fourré aux olives et aux tomates, à l'italienne.

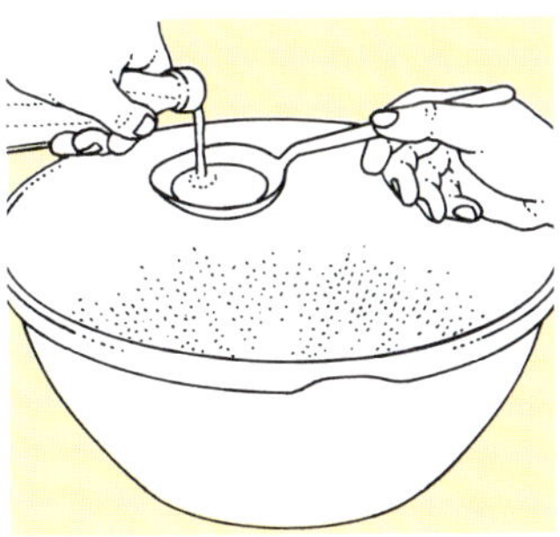

1 *Faites un puits au centre et versez 5 cuillères à soupe d'huile d'olive vierge et 45 cl d'eau tiède. Mélangez les ingrédients en une pâte ferme, en ajoutant de l'eau si nécessaire. Placez la pâte sur un plan fariné et pétrissez-la 5 minutes, jusqu'à ce qu'elle soit bien lisse.*

2 *Formez une boule de pâte. Versez 3 cuillères à soupe d'huile d'olive dans la jatte, puis roulez la boule dedans. Enfermez le tout dans un grand sac en plastique et repliez sous le récipient. Laissez reposer jusqu'à ce que la pâte ait doublé de volume.*

3 *Pétrissez la pâte pendant 2 ou 3 minutes. Divisez-la en deux et pétrissez à nouveau pendant 1 minute. Roulez chaque moitié en un rectangle de 30 × 20 cm. Parsemez la pâte avec les ingrédients de votre choix et roulez chaque morceau de pâte sur lui-même.*

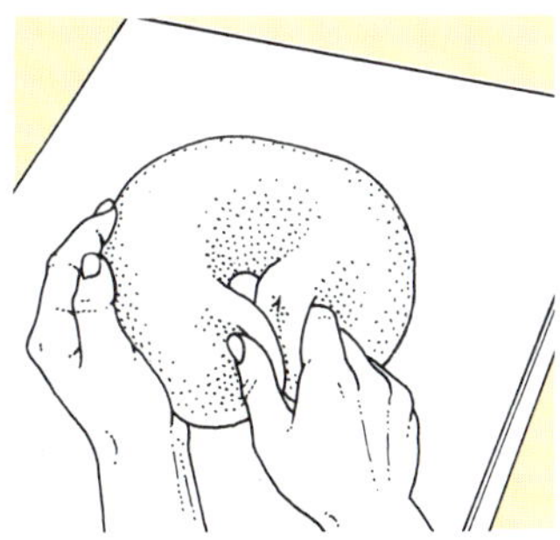

4 *Posez les pains sur des plaques beurrées. Formez une couronne ou laissez-les tels quels. Couvrez et laissez lever. Badigeonnez avec de l'huile et faites cuire à 200 °C, Th. 6, 35 à 40 minutes, jusqu'à ce que la croûte soit bien dorée. Laissez refroidir sur une grille.*

PAINS SUCRÉS

L'addition d'ingrédients sucrés dans une pâte à pain classique est appréciée dans le monde entier. Dans certains pays, il s'agit même de spécialités locales ; c'est le cas du *Stollen* allemand, du pain aux fruits de certaines régions anglaises et du *bireweck* alsacien entre autres. Certaines recettes sont spécifiquement préparées à un moment donné de l'année, comme par exemple Noël ou Pâques.

Les petits pains sucrés, du type des pains individuels proposés à la page suivante, se préparent à partir d'un mélange de farine et de levure. Cela permet à la levure de se développer correctement avant que les autres ingrédients, plus riches, soient ajoutés. Les ingrédients secs peuvent être ajoutés à la farine avant l'addition de la levure. Cependant, si vous souhaitez en incorporer une grande quantité, mieux vaut attendre que la pâte ait levé une première fois, autrement ces ingrédients risquent de compromettre l'action de la levure.

PAIN AUX RAISINS

Cette recette de base peut être parfumée avec d'autres ingrédients : vous pouvez par exemple ajouter 2 cuillères à café d'épices moulues aux ingrédients secs ou remplacer les raisins par d'autres fruits secs, des abricots hachés par exemple.

Pour préparer un pain, il vous faut 500 g de farine de force, 50 g de sucre en poudre, 1 cuillère à café de sel, 25 g de beurre, 150 g de raisins de Corinthe, 1 sachet de levure rapide, 30 cl de lait tiède additionné d'eau, un mélange à base d'un peu d'œuf et de lait pour dorer.

1 *Mélangez la farine, le sucre et le sel. Ajoutez le beurre en l'incorporant du bout des doigts. Pétrissez la pâte jusqu'à ce qu'elle soit lisse, puis mettez-la dans une jatte. Couvrez d'un sac en plastique et laissez doubler de volume. Pétrissez encore pendant 2 à 3 minutes.*

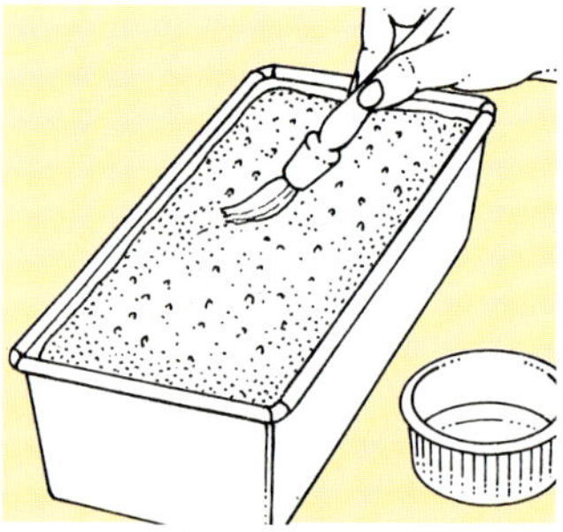

2 *Donnez-lui la forme du moule à cake préparé (voir page 282). Badigeonnez d'œuf et de lait. Couvrez et laissez la pâte lever jusqu'à ce qu'elle atteigne les bords du moule. Faites cuire à 220 °C, Th. 7, 30 minutes. Démoulez et laissez refroidir sur une grille.*

Des tranches de pain aux raisins et de pain rapide au chocolat servies avec des petits pains à croisillons et du Stollen allemand illustrent la variété des recettes de pain sucré.

QUELQUES IDÉES

- Vous pouvez parfumer votre pain aux raisins avec des abricots, des pêches ou des mandarines confites hachées.
- Parmi les ingrédients qui parfument le mieux du pain sucré, on peut citer : les canneberges entières crues associées à du zeste d'orange râpé, les pruneaux dénoyautés, le zeste d'agrumes confit, les abricots ou les pêches séchés et hachés, les raisins de Smyrne imbibés de cognac, les noix, les noix de pécan, les noisettes ou les amandes grossièrement pilées ou les dattes, l'angélique confite, l'ananas cristallisé ou encore les myrtilles fraîches.
- J'aime inclure dans mes recettes de pain sucré certaines épices, notamment la coriandre moulue, la cardamome, la cannelle, le cumin, les clous de girofle, le gingembre, la muscade et le safran. Faites infuser les épices dans du liquide chaud avant de les ajouter à la farine.
- J'aime remplacer le sucre dans ces recettes par du miel. Il m'arrive parfois d'utiliser de la mélasse : celle-ci donne au pain une couleur et une saveur bien particulières, plus prononcées.
- Le zeste d'orange râpé rehausse le goût du pain rapide au chocolat (voir ci-contre), tout comme la cannelle moulue, épice qui se marie si bien avec le chocolat.
- Le miel liquide permet de dorer la surface du pain. Vous pouvez l'utiliser pour remplacer le mélange lait-œuf ou lait-sucre. Badigeonnez le pain à sa sortie du four.
- Vous pouvez saupoudrer votre pain avec du sucre en grains. Il n'en sera que plus croquant. Ajoutez quelques graines de sésame sur le pain doré à l'œuf ou au miel.

STOLLEN

Ce pain allemand est traditionnellement servi au moment de Noël. Il en existe de nombreuses variantes, dont une délicieuse, à base de pâte d'amandes.

Pour préparer 1 pain, il vous faut 1 1/2 cuillère à café de levure séchée et une pincée de sucre en poudre, 6 cuillères à soupe de lait tiède, 250 g de farine de force, 75 g de beurre, 1/4 de cuillère à café de sel, 25 g de sucre en poudre, 150 g de fruits confits, 25 g de cerises confites coupées en quatre, 25 g d'amandes mondées hachées, 1/2 œuf battu et un peu de sucre glace.

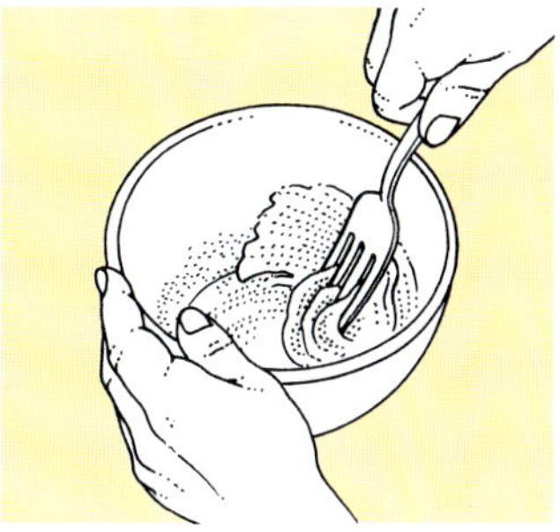

1 *Mélangez la levure, la pincée de sucre, le lait et 50 g de farine. Laissez reposer jusqu'à ce que cela mousse. Ajoutez 50 g de beurre et le sel au reste des ingrédients (sucre glace excepté), puis incorporez la préparation à base de levure et l'œuf.*

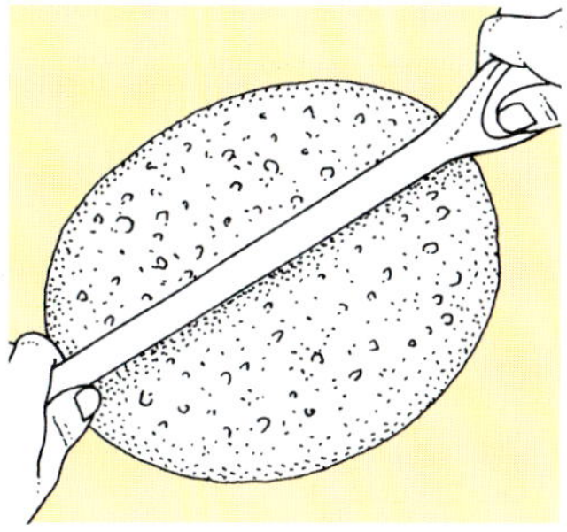

2 *Mélangez et pétrissez 10 minutes. Couvrez et laissez gonfler, jusqu'à ce que la pâte ait doublé de volume. Pétrissez encore 2 ou 3 minutes, puis étalez la pâte en une abaisse ovale de 25 cm × 20 cm, avec le reste du beurre. Ménagez un sillon au centre.*

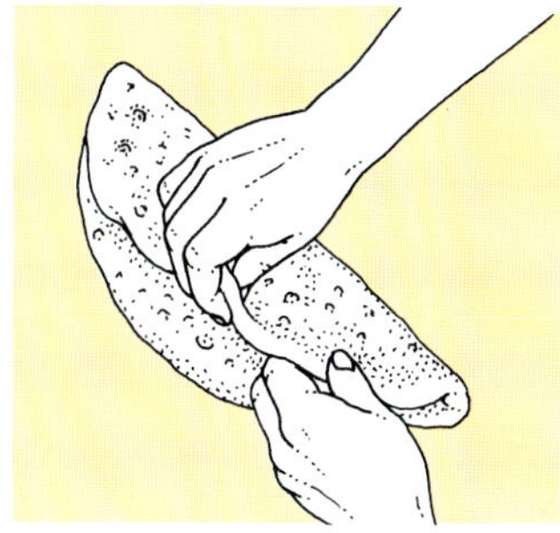

3 *Pliez la pâte en deux. Posez-la sur une plaque beurrée, couvrez et laissez-la lever, jusqu'à ce qu'elle ait doublé de volume. Faites cuire à 200 °C, Th. 6, pendant 30 minutes. Laissez refroidir sur une grille puis parsemez de sucre glace.*

PETITS PAINS À CROISILLONS

Ces petits pains individuels sont traditionnellement servis le Vendredi saint, la croix symbolisant la crucifixion.

Pour préparer 12 petits pains individuels, il vous faut 1 cuillère à soupe de levure séchée et 1 cuillère à café de sucre en poudre, 20 cl de lait tiède, 500 g de farine de force, 1 cuillère à café de sel, 50 g de beurre, 50 g de sucre en poudre, 3 cuillères à café d'épices mélangées, 125 g de raisins de Corinthe, 1 œuf légèrement battu et un peu de sirop ou de miel liquide.

1 *Mélangez la levure, la cuillère à café de sucre, le lait et 125 g de farine. Laissez reposer dans un endroit tiède 15 minutes. Mélangez à part le reste des ingrédients à l'exception du sirop (ou miel) puis ajoutez la préparation à base de levure.*

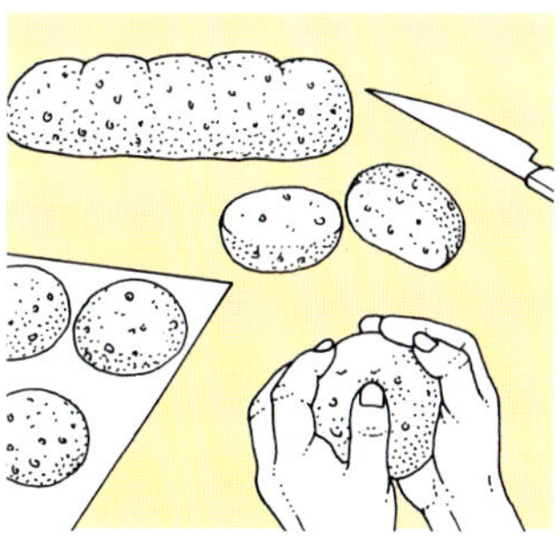

2 *Pétrissez puis remettez la pâte dans la jatte, jusqu'à ce qu'elle ait doublé de volume. Pétrissez encore 2 ou 3 minutes. Faites 12 boules, que vous poserez sur une plaque beurrée. Couvrez et laissez la pâte doubler de volume.*

3 *Avec le côté émoussé de la lame d'un couteau, marquez le dessus de chaque pain d'une croix. Faites cuire à 190 °C, Th. 5, pendant 15 à 20 minutes. Badigeonnez avec un peu de sirop tiède. Laissez refroidir sur une grille.*

PAIN RAPIDE AU CHOCOLAT

Ce pain est délicieux pour le petit déjeuner ou le thé. Servez-le avec du beurre et du miel ou de la confiture de framboises ou d'abricots. L'association de chocolat fondu et de cacao donne une saveur très riche à ce pain sucré. Il se découpe parfaitement bien ; il est encore meilleur grillé.

Tamisez 625 g de farine à pain, 50 g de cacao en poudre, une pincée de sel et 3 cuillères à soupe de cassonade dans une grande jatte et ajoutez 1 sachet + 1 cuillère à café de levure rapide. Faites fondre 75 g de chocolat dans 5 cl de lait, remuez et laissez tiédir.

Pendant ce temps, mettez à chauffer 25 cl de lait. Faites ramollir 150 g de beurre et battez 2 œufs ensemble. Réservez tous ces ingrédients pendant que le chocolat refroidit. Beurrez légèrement deux moules à cake de 0,5 litre.

Ménagez un puits au centre de la farine tamisée. Versez le chocolat fondu, le lait tiède, le beurre ramolli, les œufs battus et mélangez le tout soigneusement.

1 *Ajoutez un peu de lait si nécessaire, et pétrissez, jusqu'à ce que la pâte soit élastique. Enfermez la jatte dans un grand plastique, jusqu'à ce que la pâte ait doublé de volume. Pétrissez 2 à 3 minutes et formez 2 pains allongés.*

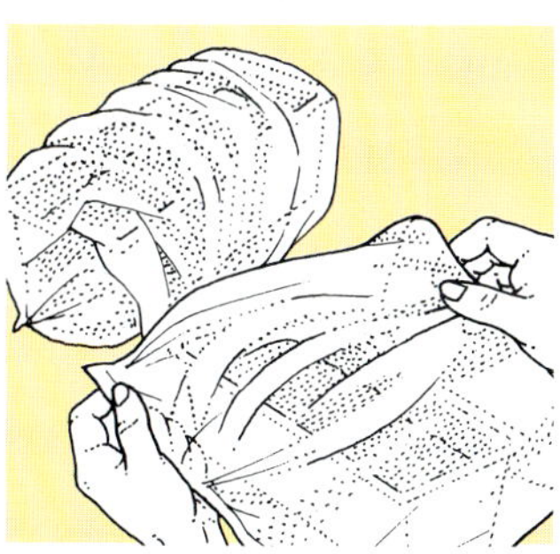

2 *Placez-les dans les moules, couvrez de plastique et laissez reposer. Quand la pâte atteint le dessus des moules, découvrez, badigeonnez de blanc d'œuf et faites cuire à 200 °C, Th. 6, 30 à 35 minutes. Laissez refroidir sur une grille.*

LES VIENNOISERIES

Une simple pâte à pain, garnie de beurre puis repliée plusieurs fois avant d'être cuite, permet d'obtenir de délicieuses pâtisseries. La pâte lève non seulement sous l'effet de la levure, mais également grâce à l'humidité du beurre qui se transforme en vapeur et sépare les couches en délicieux feuilletage.

Les croissants appartiennent à ce chapitre de l'art culinaire. Vous allez être étonné de la facilité avec laquelle on peut les confectionner. Les pains au chocolat se préparent avec la même pâte de base.

On peut également utiliser cette recette pour élaborer d'excellents croissants farcis de fromage et de jambon servis en hors-d'œuvre chauds, ou encore à la confiture, pour le petit déjeuner ou l'heure du thé.

Les viennoiseries peuvent prendre des formes très variées, elles sont farcies d'ingrédients les plus divers, sucrés ou salés. Il peut s'agir d'un peu de fromage râpé, de jambon ou d'une poignée de raisins secs, ou d'une garniture plus riche, telle que de la pâte d'amandes, de la compote ou du fromage frais, par exemple.

CROISSANTS

Les croissants sont assez longs à préparer, mais cela vaut la peine de s'y essayer. Utilisez du beurre et uniquement du beurre. Les croissants à la margarine ne sont pas aussi bons.

Un bon croissant se reconnaît à sa consistance légère et à son feuilletage régulier.

Pour préparer 12 croissants, il vous faut 1 cuillère à soupe de levure séchée et 1 cuillère à café de sucre en poudre, 25 cl d'eau tiède, 500 g de farine de force, 1 cuillère à café de sel, 1 œuf battu, 250 g de beurre fondu et un peu de jaune d'œuf pour dorer.

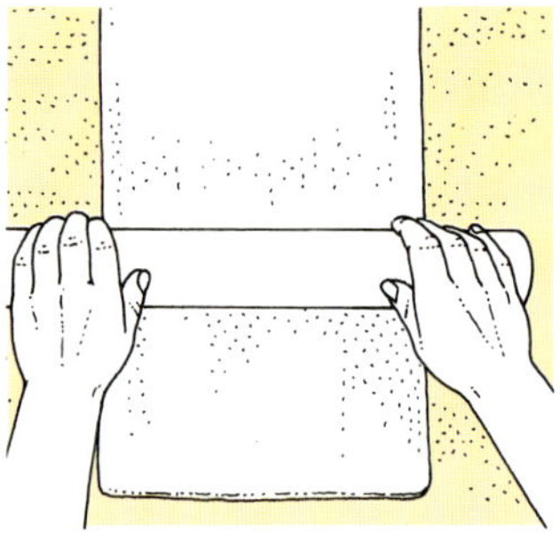

1 *Délayez la levure et le sucre dans l'eau tiède (voir page 282). Mettez la farine et le sel dans une jatte. Ajoutez la levure liquide et l'œuf battu, puis formez une pâte lisse. Pétrissez la pâte. Étalez-la en une abaisse de 50 cm × 20 cm, en veillant à garder des bords réguliers. Répartissez le beurre ramolli en 3 parties.*

2 *Utilisez un tiers de beurre pour garnir les deux tiers de la pâte, en veillant à laisser une bordure intacte. Rabattez le tiers de pâte non beurrée et repliez l'autre bord par-dessus. Scellez les bords avec un rouleau à pâtisserie, puis faites pivoter la pâte d'un quart de tour. Étalez la pâte en une abaisse ovale régulière.*

3 *Répétez l'étape 2 avec la deuxième portion de beurre. Étalez la pâte. Parsemez-la avec le reste du beurre et repliez-la en trois fois. Couvrez d'un linge et réfrigérez pendant 30 minutes. Roulez à nouveau la pâte, trois fois de suite, en la tournant d'un quart de tour à chaque fois, sans ajouter de beurre. Couvrez et réfrigérez pendant 30 minutes.*

DES IDÉES POUR GARNIR

- Les croissants et autres viennoiseries peuvent être parfumés avec des épices comme de la cardamome moulue, de la cannelle et du piment de la Jamaïque, ajoutées à de la farine.
- On peut réaliser de nombreuses garnitures, très différentes, pour fourrer des viennoiseries. On compte parmi celles-ci la célèbre pâte d'amandes par exemple. Pour l'élaborer, travaillez 15 g de beurre avec 40 g de sucre en poudre. Ajoutez 40 g d'amandes en poudre et suffisamment de blanc d'œuf pour lier le tout.
- Pour préparer du beurre à la cannelle, délicieux dans des viennoiseries, travaillez en crème 50 g de beurre avec 50 g de sucre et 1 cuillère à café de cannelle (vous pouvez remplacer celle-ci par de la cardamome moulue). Un peu de zeste d'orange apportera une note rafraîchissante fort agréable.
- J'aime le goût intense des abricots séchés, cuits dans un peu de jus de citron et de sucre. Les abricots frais cuits avec juste un peu de sucre en poudre sont également délicieux. Au printemps, on peut ajouter des fleurs de sureau aux fruits. Vous pouvez également préparer cette recette avec des groseilles à maquereau.
- Le fromage frais, sucré et épicé, est également délicieux pour garnir des viennoiseries.

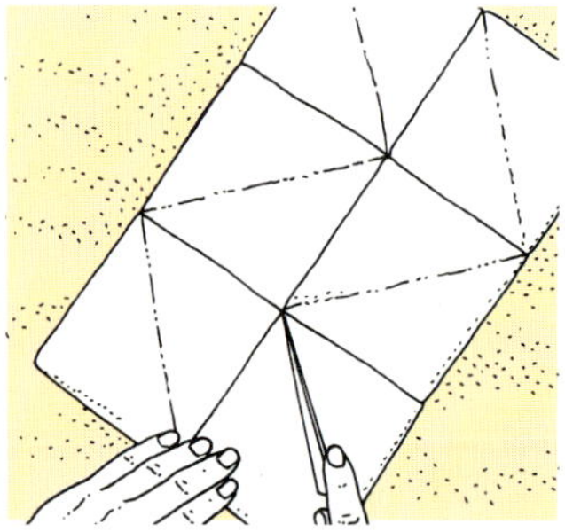

4 *Étalez la pâte en un rectangle de 50 cm × 30 cm sur un plan fariné, en essayant de garder les bords les plus réguliers possible. Grâce à un couteau aiguisé, recoupez les bords très proprement, puis divisez la pâte en deux, dans la longueur. Taillez chaque bande de pâte en 3 carrés que vous couperez dans la diagonale, afin d'obtenir 12 triangles.*

5 *Roulez chaque triangle de la base vers le sommet. Si vous souhaitez fourrer vos croissants, il faut ajouter la farce avant de les rouler. Repliez les pointes pour former des croissants. Posez-les sur des tôles non beurrées, couvrez et laissez-les gonfler pendant environ 30 minutes. Badigeonnez d'œuf battu. Faites cuire à 220 °C, Th. 7, environ 15 minutes. Laissez refroidir sur une grille.*

AUTRES VIENNOISERIES

Les viennoiseries peuvent se présenter sous différentes formes. Pour préparer 25 pièces, il vous faut 1 cuillère à soupe de levure séchée et une pincée de sucre en poudre, 15 cl de lait tiède, 500 g de farine, 1 cuillère à café de sel, 300 g de beurre ramolli, 25 g de sucre en poudre, 2 œufs battus (plus 1 pour dorer), un choix de garniture (voir page précédente), du glaçage (voir page 274), des amandes effilées, de la gelée de groseilles et des cerises confites.

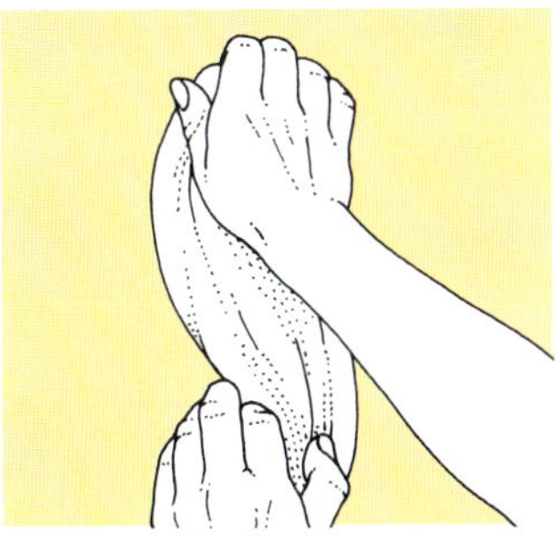

1 *Préparez la levure en la mélangeant avec le sucre et le lait tiède (voir page 282). Mettez la farine et le sel dans une jatte et incorporez 25 g de beurre, du bout des doigts. Ajoutez le sucre puis la levure et les 2 œufs. Mélangez puis pétrissez.*

2 *Roulez la pâte en boule, couvrez et réfrigérez pendant 10 minutes. Aplatissez le reste de beurre entre 2 feuilles de papier sulfurisé de 18 cm × 12 cm. Étalez la pâte en une abaisse rectangulaire de 40 cm × 20 cm.*

3 *Mettez le beurre au milieu de la pâte et repliez celle-ci par-dessus. Collez les bords ensemble. Faites pivoter la pâte d'un demi-tour, puis roulez-la en un rectangle de 40 cm × 20 cm. Repliez les deux bords l'un sur l'autre.*

4 *Couvrez la pâte et laissez reposer pendant 10 minutes. Tournez et répétez l'opération, puis laissez reposer 30 minutes. Étalez en une abaisse de 5 mm, et façonnez la pâte selon votre inspiration. Ajoutez les garnitures.*

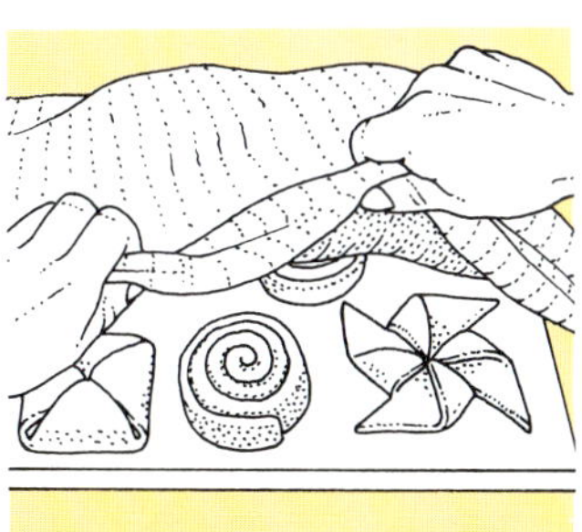

5 *Posez les pâtisseries sur des plaques de four. Couvrez et laissez reposer pendant 30 minutes. Badigeonnez d'œuf battu. Faites cuire à 220 °C, Th. 7, pendant 7 à 15 minutes.*

6 *Disposez sur une plaque et glacez. Parsemez d'amandes effilées pendant que c'est encore chaud. Déposez un peu de gelée de groseilles ou une cerise au centre. Laissez refroidir.*

Croissants au beurre (en haut) et un choix de viennoiseries aux formes diverses, glacées et décorées avec beaucoup de fantaisie : roulés, étoiles et chaussons sont farcis (voir encadré vert) avant d'être cuits.

GARNIR LES VIENNOISERIES

La pâte d'amandes est une garniture qui parfume très agréablement les viennoiseries. J'aime également farcir mes pâtisseries avec de la pâte de noisettes, que je confectionne en remplaçant les amandes par des noisettes. La pâte de citron (voir *lemon curd* page 302) est également délicieuse avec ce type de pâtisseries.

Préparez la pâte (étapes 1-4) et donnez-lui la forme que vous souhaitez. Une fois les viennoiseries garnies, décorez-les (étapes 5-6).

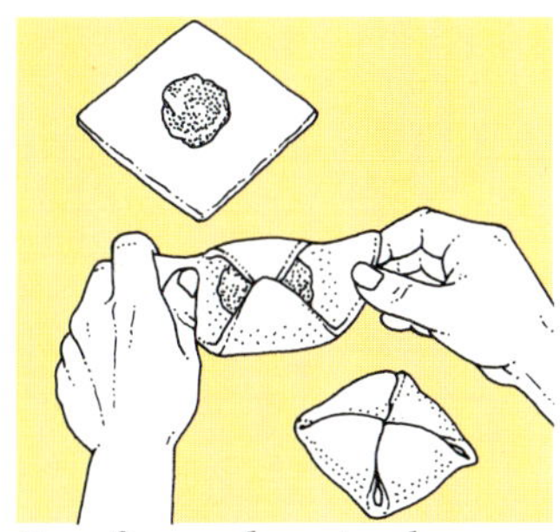

Pour former de petits chaussons, *découpez des carrés de 7 cm. Déposez un peu de garniture au centre et repliez les coins, en fixant les extrémités avec de l'œuf battu.*

Pour préparer des roulés, *découpez un rectangle de pâte de 25 cm × 10 cm. Étalez un peu de garniture au milieu et roulez-le. Coupez le rouleau obtenu en tranches de 2,5 cm et déposez chaque section à plat, sur la plaque.*

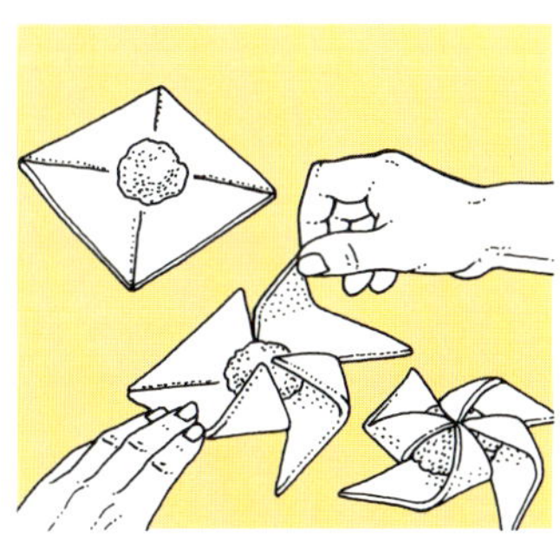

Pour former des étoiles, *découpez des carrés de 7 cm, puis les diagonales, à partir de chaque coin, jusqu'à 1 cm du centre. Garnissez de farce et repliez les coins vers le centre, en le fixant avec de l'œuf battu.*

BRIOCHES ET SAVARINS

En ajoutant du beurre et des œufs à de la pâte levée, on obtient de délicieuses préparations, très proches de la pâtisserie. Le beurre ramollit la pâte, tandis que les œufs l'allègent et la rendent plus moelleuse. Ces gâteaux fondent dans la bouche et sont absolument irrésistibles.

La pâte à brioche est la plus riche de toutes les pâtes. Il existe des tailles et des formes différentes, depuis la petite brioche individuelle classique, jusqu'à la grande couronne. On peut la servir nature ou la garnir avec une farce sucrée ou salée (saucisse par exemple). Parmi les autres recettes utilisant une pâte de ce type, on peut citer le kouglof, pâtisserie typiquement alsacienne, garnie de raisins secs.

Le savarin se prépare avec une pâte à brioche qui contient plus d'ingrédients liquides que la recette de base. On le fait cuire dans un moule en forme de couronne, le célèbre moule à savarin, puis on l'arrose de sirop de sucre. Il m'arrive de remplacer le sirop par du miel fondu additionné de jus de citron et de confiture ou parfois même de whisky. Garnissez le centre de fruits ou de crème chantilly.

BRIOCHE TRADITIONNELLE

La brioche n'a pas son pareil pour donner un petit air de fête aux petits déjeuners du dimanche. Mais elle est également délicieuse pour le goûter ou pour le thé, surtout accompagnée de confiture. La brioche cuit traditionnellement dans des moules à bords cannelés et peu évasés (voir page 20), qui lui donnent sa forme caractéristique.

Il vous faut environ 1 1/2 cuillère à café de levure séchée et une pincée de sucre en poudre, 2 cuillères à soupe de lait tiède, 250 g de farine de force, 1 cuillère à soupe de sucre en poudre, une pincée de sel, 2 œufs battus, 75 g de beurre ramolli et un peu d'œuf battu, pour dorer. Cette recette permet de confectionner une grosse brioche ou 12 brioches individuelles. On peut aussi la faire cuire dans un moule à cake (voir encadré ci-contre).

Pour obtenir une brioche parfumée au safran, faites infuser quelques filaments de safran dans du lait bouillant ; laissez refroidir légèrement le lait avant d'y ajouter de la levure et du sucre.

Une bonne façon de parfumer une brioche consiste à ajouter à la pâte des fruits secs hachés, tels que pruneaux ou abricots au moment où vous ajoutez les œufs et incorporez le beurre à l'étape 1.

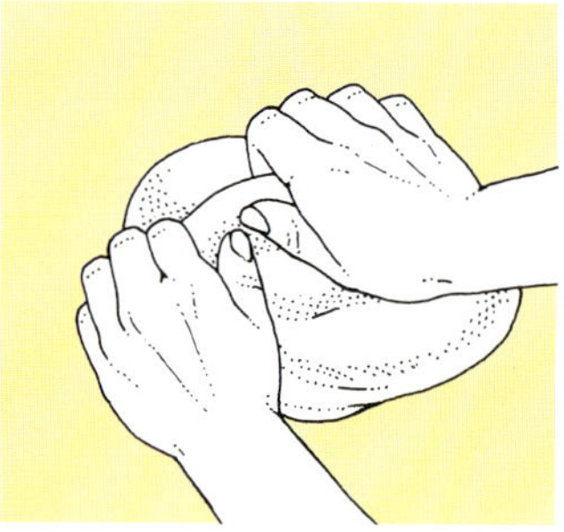

1 *Délayez la levure et le sucre dans le lait tiède (voir page 282). Mettez la farine, le sucre et le sel dans une jatte et ajoutez la levure liquide. Incorporez progressivement les œufs battus. Ajoutez le beurre ramolli avec les doigts et pétrissez jusqu'à ce que la pâte soit bien lisse, en ajoutant de la farine si nécessaire. Continuez de pétrir pendant 5 minutes.*

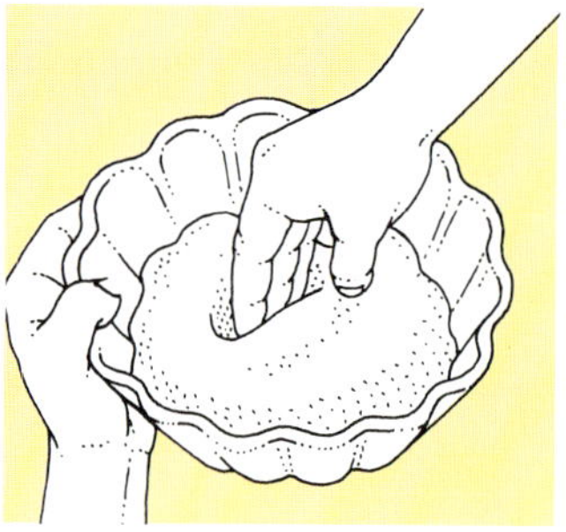

2 *Remettez la pâte dans la jatte, couvrez-la avec un grand sac en plastique et laissez-la reposer, jusqu'à ce qu'elle ait doublé de volume. Pétrissez encore pendant 2 à 3 minutes. Prélevez un quart de pâte et roulez le reste en boule. Placez la pâte dans un moule beurré de 1,2 litre. Enfoncez trois doigts dans la pâte jusqu'au fond du moule, afin de former une petite fente.*

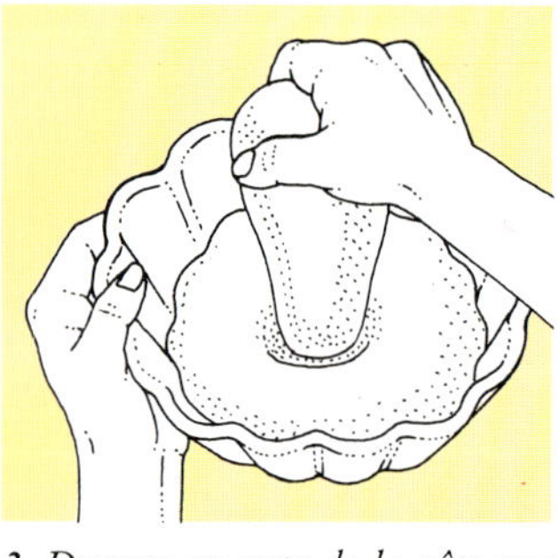

3 *Donnez au reste de la pâte une forme de cône. Si nécessaire, agrandissez le trou dans la brioche afin qu'il soit suffisamment grand pour tenir le cône. Aplatissez l'extrémité du cône, afin de former la boule, caractéristique de la forme de la brioche.*

4 *Couvrez le moule avec un grand sac en plastique et laissez la brioche lever, jusqu'à ce que la pâte atteigne le bord supérieur du moule. Badigeonnez avec de l'œuf battu, en évitant d'enduire la jointure de la tête de la brioche. Faites cuire à 220 °C, Th. 7, 15 à 20 minutes. Démoulez et servez la brioche tiède ou froide, découpée en parts verticales.*

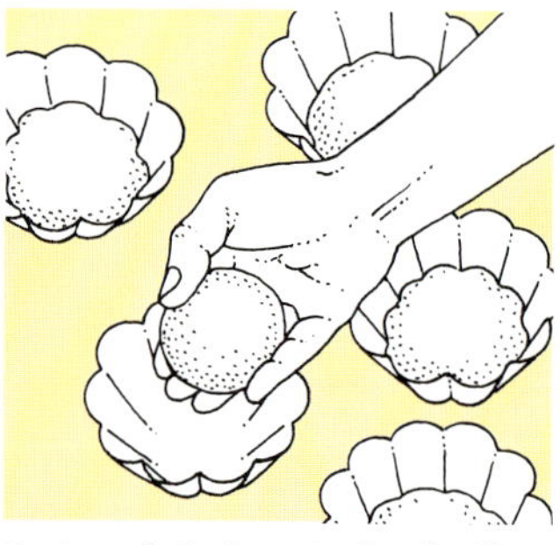

Petites brioches individuelles :
1 *Répétez l'étape 1 (voir ci-dessus). Mettez la pâte pétrie dans la jatte, recouvrez-la avec le sac en plastique et laissez la pâte gonfler. Pétrissez à nouveau pendant 2 ou 3 minutes et répartissez en 12 portions. Prélevez les trois quarts de chaque portion pour former la base des brioches et posez-les dans des moules individuels beurrés.*

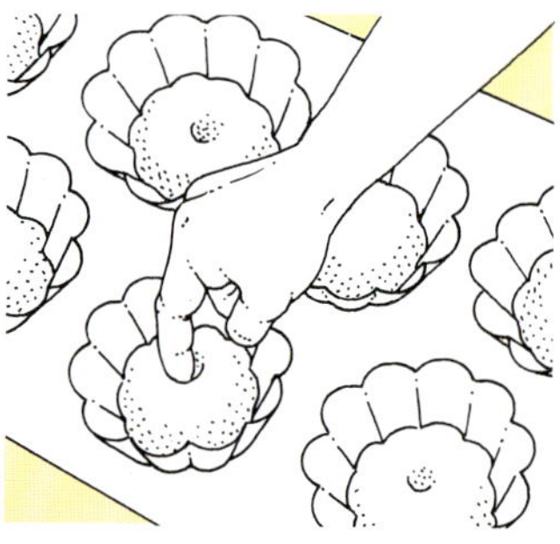

2 *Avec votre index, faites un trou au centre de chaque brioche. Utilisez les restes de pâte pour former de petites boules, que vous poserez dans les brioches. Tassez-les délicatement. Suivez l'étape 4 de la recette mais ne faites cuire les brioches que pendant 10 minutes. Démoulez et servez tiède, ou laissez complètement refroidir sur une grille.*

SAVARIN

Ce gâteau à pâte levée parfumé au rhum se sert froid, garni de fruits, de crème pâtissière ou chantilly. Les quantités indiquées conviennent également pour 16 babas au rhum individuels.

Il vous faut 1 cuillère à soupe de levure séchée et 1 cuillère à café de sucre en poudre, 6 cuillères à soupe de lait tiède, 250 g de farine de force, 1/2 cuillère à café de sel, 2 cuillères à soupe de sucre en poudre, 4 œufs battus, 125 g de beurre ramolli, 125 g de sucre en poudre, 30 cl d'eau, 2 cuillères à soupe de jus de citron et de rhum et 4 cuillères à soupe de confiture d'abricots.

Savarin aux fruits et babas au rhum frais aux fruits rouges. Les fruits de la garniture varient au fil des saisons. De même, on peut utiliser différentes liqueurs et jus pour arroser le gâteau. Accompagnez de crème fraîche, si vous le souhaitez.

1 *Mélangez la levure avec le sucre, le lait tiède et 50 g de farine dans une grande jatte et laissez reposer dans un endroit tiède pendant 15 minutes, jusqu'à ce que le mélange soit mousseux. Ajoutez le reste de farine, le sel, le sucre en poudre, les œufs battus et le beurre. Battez avec une cuillère en bois pendant 3 ou 4 minutes, jusqu'à ce que la pâte soit homogène.*

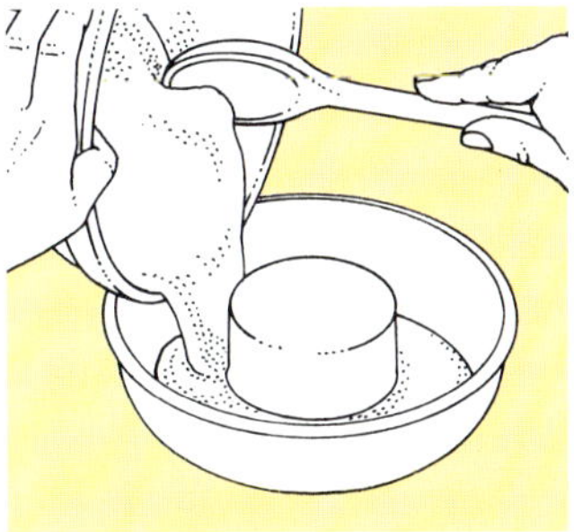

2 *Versez la pâte dans un moule à savarin de 1,5 litre. Enveloppez le moule dans un sac en plastique, en repliant les bords dessous, et laissez reposer, jusqu'à ce que la pâte arrive aux deux tiers des bords du moule. Faites cuire à 200 °C, Th. 6, pendant 30 minutes, jusqu'à ce que la pâte soit bien dorée.*

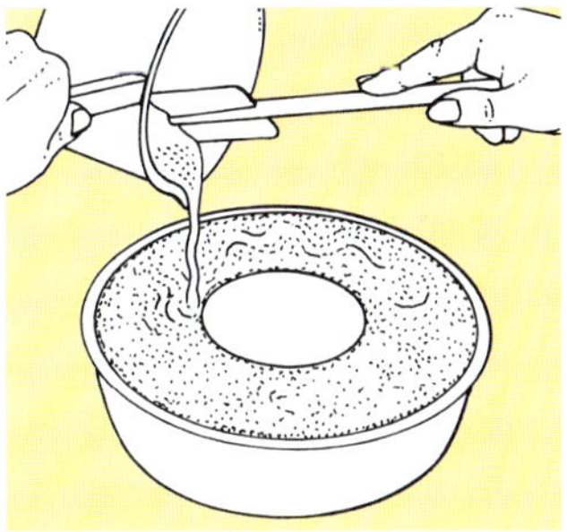

3 *Laissez refroidir pendant 5 minutes et démoulez le gâteau. Reposez-le ensuite dans le moule, afin d'ajouter le sirop. Mettez le sucre, l'eau et le jus de citron dans une casserole. Faites bouillir le liquide jusqu'à ce qu'il ait réduit de moitié. Retirez du feu et ajoutez le rhum. Versez le sirop sur le savarin et laissez-le bien s'imbiber.*

4 *Démoulez le savarin et laissez-le refroidir sur une grille. Pendant ce temps, faites fondre la confiture d'abricots à feu doux, dans une petite casserole. Posez le savarin froid sur un plat et badigeonnez-le de confiture fondue. Garnissez le centre avec des fruits frais et accompagnez de crème.*

QUELQUES IDÉES

• On peut faire cuire la pâte à brioche dans des moules à cake. La brioche cuite est alors plus facile à couper en tranches régulières. Elle peut vous être utile pour confectionner de délicieux sandwichs. On peut parfumer la brioche, avant de la faire cuire, avec de petits morceaux de canard, de porc, de jambon ou de pâté, relevés avec un peu de sauce soja et de ciboule hachée.

• La brioche se marie très bien avec des garnitures à base de fromage frais ou de fromage de chèvre mélangé avec des fines herbes, des noix hachées, du poisson fumé ou des crevettes fraîches.

• Si vous souhaitez obtenir une brioche à la consistance plus ferme, ajoutez 25 g de farine. Vous pourrez l'utiliser pour confectionner des brioches farcies de viande hachée épicée, de saucisson ou de saumon que vous aurez cuit au préalable. Étalez la pâte et enfermez la garniture, en fermant les bords avec un peu d'eau. Entaillez le dessus en forme de croix, à l'aide d'un couteau, et badigeonnez à l'œuf. Faites cuire à 220 °C, Th. 7, pendant 15 à 20 minutes, jusqu'à ce que la pâte soit bien dorée.

• J'aime varier le sirop que je verse sur mes savarins et mes babas en remplaçant le jus de citron par du jus d'orange. Il m'arrive de remplacer le rhum par du kirsch. C'est absolument délicieux.

• On peut napper les fruits au centre du baba avec du sirop ou les faire macérer pendant 1 heure dans un mélange de kirsch et de sucre en poudre.

• Les savarins peuvent être également garnis de crème pâtissière (voir page 211), de crème fraîche, de fromage blanc ou de crème chantilly.

• Nappez votre savarin avec de la confiture d'abricots fondue, et garnissez le gâteau avec des cerises, de l'angélique confite et des amandes mondées.

Pour des petits babas au rhum *individuels, suivez l'étape 1 de la recette puis ajoutez 125 g de raisins de Corinthe. Versez la pâte dans des moules à baba de 16 cm × 8 cm et posez-les sur une grille. Couvrez de plastique et laissez lever la pâte dans un endroit tiède. Faites cuire à 200 °C, Th. 6, pendant 15 à 20 minutes. Suivez les étapes 3 et 4.*

PAINS EXOTIQUES

Ces pains exotiques partagent une même caractéristique : celle d'être extrêmement plats. Les recettes que nous vous proposons vous permettront de confectionner des *chapatis*, sorte de « pain » indien à base de farine complète, et des *parathas* préparées avec le même type de pâte de base, mais parfumée avec du beurre clarifié indien ou plus simplement du beurre fondu ; le pain obtenu est plus riche, mais également plus feuilleté.

Contrairement à ce que l'on pourrait croire, la pâte de la *pita* comprend de la levure. La poche obtenue lors de la cuisson constitue un récipient idéal pour de nombreux et délicieux ingrédients. Afin qu'elle soit plus parfumée, il m'arrive d'ajouter à la pâte, au moment où je la pétris, des fines herbes hachées ou des olives coupées fin. C'est sous l'action de la forte chaleur du four que la pâte lève pour donner ces délicieuses petites poches. En cours de cuisson, l'humidité contenue dans la pâte se transforme en vapeur, ce qui crée une poche d'air. Les pains sans levure peuvent être confectionnés avec de la farine pauvre en gluten (par exemple de la farine de maïs, d'orge, de seigle ou de sarrasin, ou des flocons d'avoine), contrairement aux pâtes contenant de la levure, qui a besoin du gluten pour agir.

Tous ces pains exotiques sont rapides à préparer et doivent être dégustés très rapidement, car ils ne se conservent pas aussi longtemps que les pains à pâte levée.

PITA

La pita est très commode lors d'un pique-nique où lorsque l'on souhaite manger sur le pouce. Une fois ouverte, elle peut être garnie à votre guise. Contrairement à d'autres types de pain qu'on laisse lever avant de leur donner une forme, la pita est moulée à la forme voulue avant de lever. En cours de cuisson, elle lève davantage encore, en formant la poche.

Pour 12 pitas, il vous faut 1/2 cuillère à café de sucre en poudre, 2 cuillères à café de sel, 750-875 g de farine de force, 1 sachet de levure rapide et 50 cl d'eau tiède. Si vous souhaitez obtenir une pâte plus parfumée, vous pouvez remplacer un tiers de la farine par de la farine complète.

1 *Dans une grande jatte, mélangez le sucre, le sel, 750 g de farine et la levure. Ajoutez l'eau et, à l'aide d'une cuillère en bois, mélangez soigneusement. Pétrissez la pâte avec les doigts, en ajoutant le reste de la farine si nécessaire, jusqu'à ce que vous obteniez une pâte lisse, qui ne colle pas aux doigts.*

2 *Pétrissez pendant au moins 5 minutes sur un plan de travail fariné, jusqu'à ce que la pâte soit élastique. Divisez la pâte en 12 portions. Roulez-les en boule, puis recouvrez-les d'un linge humide. Aplatissez chaque boule en un ovale de 20 à 25 cm de long. Retournez et aplatissez légèrement à l'aide d'un rouleau à pâtisserie.*

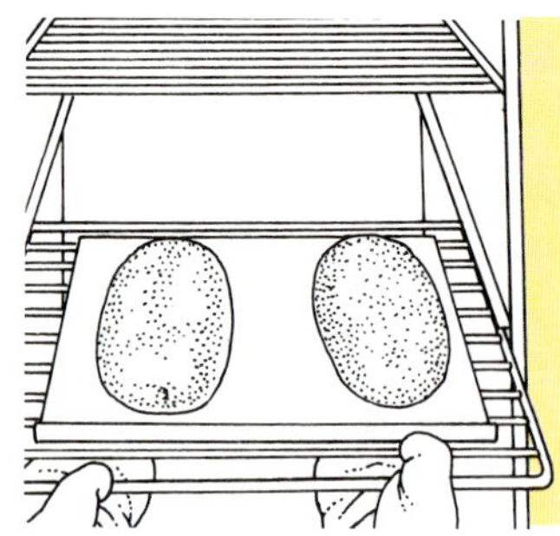

3 *Posez les boules aplaties, au fur et à mesure qu'elles sont prêtes, sur un plan fariné recouvert d'un linge humide. Laissez lever pendant 30 à 45 minutes. Placez 2 pitas sur une plaque préchauffée, non beurrée, et faites cuire à 240 °C, Th. 9, pendant 3 minutes 30, jusqu'à ce que les pitas soient gonflées et dorées à la base.*

QUELQUES IDÉES DE GARNITURES

• À mon goût, la meilleure garniture pour la pita se compose d'agneau haché et aillé frit. La pita est délicieuse farcie de salade mélangée avec de la menthe fraîche et du fromage frais ; le poulet ou l'agneau froid mélangé avec du yaourt est également délicieux, surtout lorsqu'on le parfume avec du cumin et de la menthe fraîche ; le thon mélangé avec du curry doux, le yaourt additionné de ciboule hachée, le fenouil et le poivron haché mélangés avec des gousses d'ail coupées en deux ou de l'aubergine frite dans de l'huile d'olive et parfumée à la coriandre sont autant de farces délicieuses.

• Badigeonnez les pitas avec de l'huile d'olive, avant de les faire cuire et parsemez-les d'amandes hachées, de cerneaux de noix, de pistaches ou de graines de sésame.

• Voici une délicieuse recette préparée avec de la pita. Elle se consomme chaude. Creusez un petit trou dans la pâte, badigeonnez-la d'huile d'olive mélangée avec 1 cuillère à café de paprika. Cassez un œuf au milieu, dans le petit trou. Salez, poivrez et parfumez avec de l'origan séché avant de mettre la pâte au four.

• En Inde, les chapatis accompagnent le repas, et servent à « saucer » le jus des plats. Mais vous pouvez toutefois les parfumer avec des épices entières. Les parathas, plus riches, sont plus fréquemment parfumées d'ingrédients aromatiques. Essayez d'inclure des oignons frits ou des morceaux d'ail, des morceaux d'amandes mondées ou de pistaches ou de la coriandre fraîche hachée et des épices entières.

• Préparez un délicieux plat léger avec de la pâte à paratha enrichie : ajoutez des oignons, des épices et de la coriandre fraîche, ainsi que des œufs durs hachés, et des épinards hachés bien égouttés.

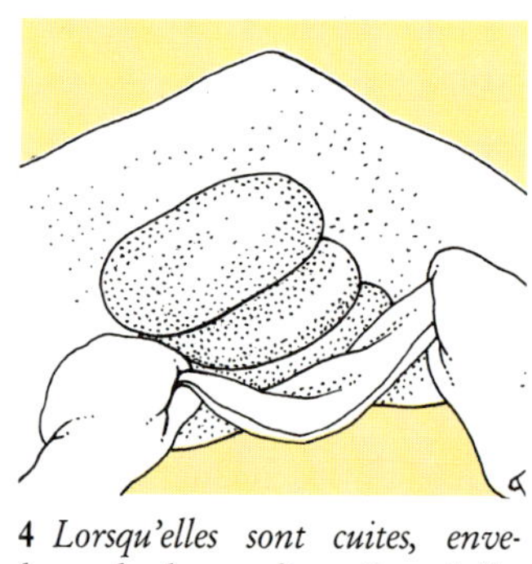

4 *Lorsqu'elles sont cuites, enveloppez-les dans un linge. Quand elles auront suffisamment refroidi, placez-les sur une grille. Faites cuire les autres pitas deux par deux. Servez tiède ou conservez dans un sac en plastique, au réfrigérateur, une semaine au maximum. La pita se congèle pendant 6 semaines.*

CHAPATIS

Les chapatis sont un type de « pain » plat qui accompagne tous les repas en Inde. On les fait traditionnellement cuire sur une *tava*, plaque ronde et concave en fonte, mais vous pouvez également utiliser une poêle ou un gril. Pour préparer 8 chapatis, il vous faut 250 g de farine complète, 15-20 cl d'eau et un peu de *ghee* (beurre clarifié indien), ou de beurre clarifié fondu (voir page 96).

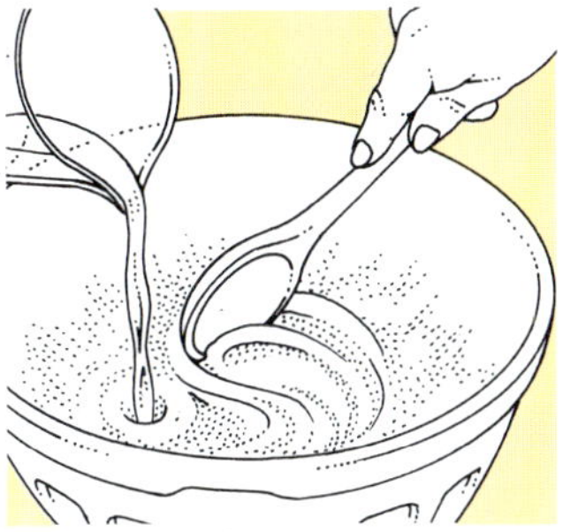

1 *Mettez la farine dans une jatte. Ajoutez lentement l'eau, afin d'obtenir une pâte molle. Pétrissez 5 minutes. Remettez-la dans la jatte, couvrez avec un linge humide et laissez reposer 30 minutes.*

2 *Faites chauffer une poêle lourde, sèche, à feu doux, jusqu'à ce qu'elle soit très chaude. Pendant ce temps, divisez la pâte en 8 portions. Farinez-vous les mains et formez 8 boules régulières.*

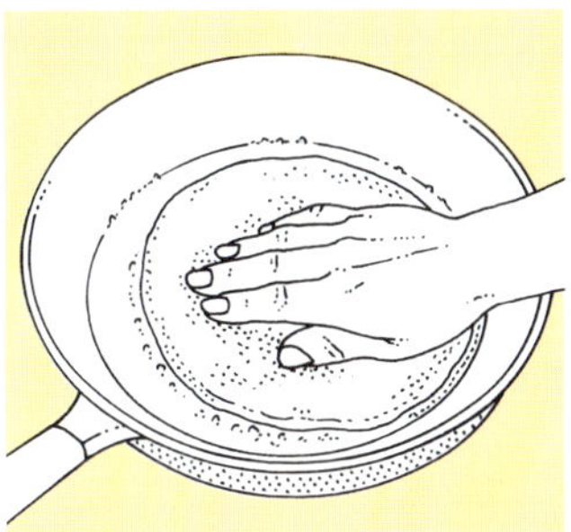

3 *Faites cuire un chapati à la fois. Mettez une boule de pâte sur un plan fariné et enrobez-la de farine. Roulez-la en un cercle de 12 cm de diamètre. Faites cuire le chapati dans la poêle chaude à feu doux.*

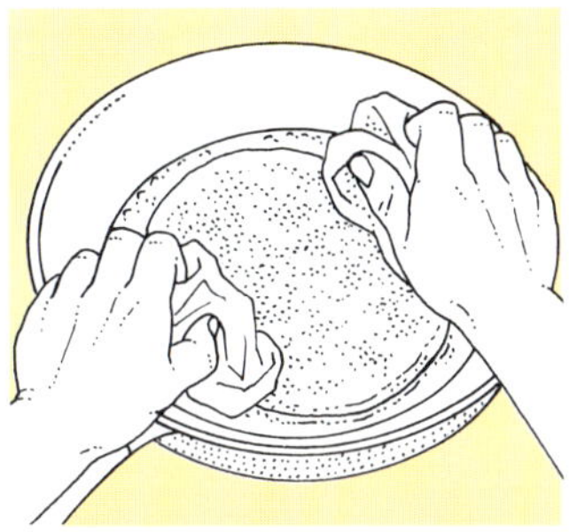

4 *Dès que de petits points bruns apparaissent, retourner le chapati. Retournez à nouveau, et en vous protégeant les mains avec du papier absorbant, appuyez sur les bords, afin que le chapati se boursoufle.*

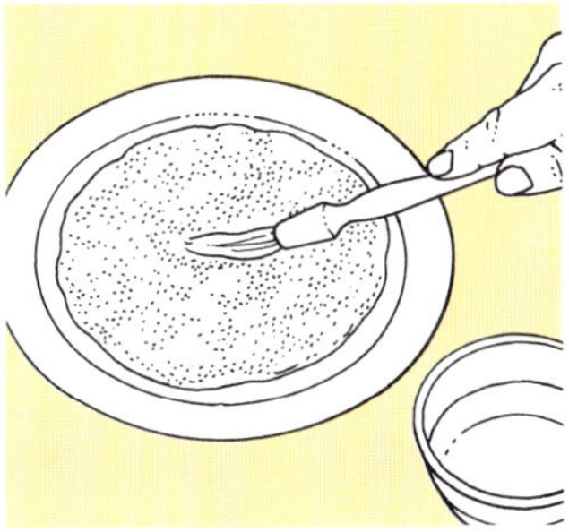

5 *Retirez le chapati de la poêle à l'aide d'une spatule et enduisez-le de beurre fondu. Servez les chapatis aussitôt ou tenez-les au chaud, enveloppés dans de l'aluminium, pendant que vous faites cuire le reste de pâte (étapes 3 et 4).*

PARATHAS

Tout comme les chapatis, les parathas sont de petits « pains » plats servis en Inde. Elles ressemblent aux chapatis avec la différence que la pâte est préparée, roulée puis enduite de beurre, avant d'être à nouveau roulée et moulée selon diverses formes (ronds, triangles ou carrés). Vous pouvez remplacer le beurre fondu ou clarifié par du beurre concentré utilisé par les professionnels. Suivez pour commencer les étapes 1 et 2 de la recette des chapatis ci-contre, puis continuez selon les indications suivantes. Pour 8 parathas :

1 *Sur un plan fariné, étalez un morceau de pâte en un cercle de 10 cm de diamètre. Badigeonnez avec un peu de beurre fondu ou clarifié. Repliez la pâte en deux, badigeonnez avec du beurre clarifié ou fondu puis repliez à nouveau, en deux, afin de former un triangle.*

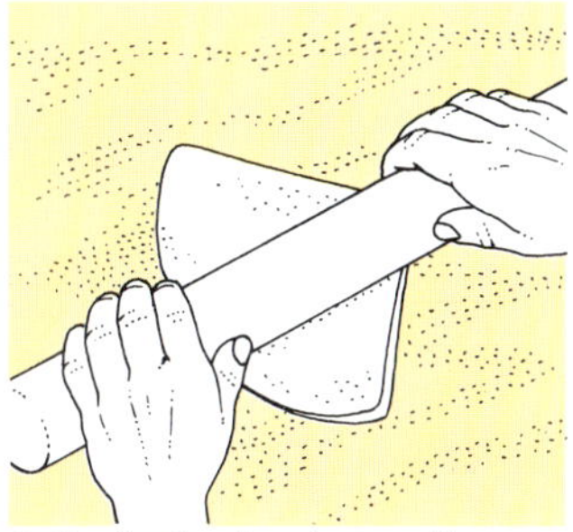

2 *Roulez le triangle, jusqu'à ce que le côté mesure 15 cm. Couvrez avec un linge humide, pendant que vous roulez le reste des triangles. Passez chaque triangle dans une poêle chaude et dès que des points bruns apparaissent, retournez-le. Badigeonnez-le de beurre fondu et faites cuire le deuxième côté.*

3 *Retournez-le et badigeonnez-le à nouveau avec du beurre clarifié. Avec une spatule, appuyez sur la paratha et faites-la glisser dans la poêle, afin qu'elle cuise uniformément. Retirez-la de la poêle et badigeonnez-la de beurre clarifié une dernière fois. Servez aussitôt ou tenez au chaud dans de l'aluminium. Faites cuire les autres parathas de la même façon (étapes 2 et 3).*

Chapatis indiens (à gauche) et parathas sont les deux types de « pains » les plus courants en Inde. Ils sont naturellement délicieux pour accompagner des curries.

PETITS PAINS BRIOCHÉS

Ces recettes ne comprennent pas de levure. Elles sont rapides à mettre en œuvre et constituent une délicieuse façon de commencer la journée. Ces petits pains sont meilleurs lorsque l'on peut les préparer la veille ; on peut ainsi les trancher facilement. Enveloppés dans de l'aluminium, ils se conservent pendant une semaine.

Les scones, en revanche, sont meilleurs lorsqu'ils sont parfaitement frais, car ils durcissent très rapidement. Je vous conseille de les déguster à leur sortie du four. Comme ils sont très rapides à préparer, il est donc préférable de les confectionner au dernier moment.

Les recettes de ce chapitre sont préparées avec de la farine avec poudre levante ou de la farine ordinaire additionnée de bicarbonate de soude. Ce dernier, dilué dans un liquide, produit sous l'effet de la chaleur du gaz carbonique, qui fait lever la pâte. La crème de tartre est parfois mélangée avec le bicarbonate, car la production de gaz s'en trouve renforcée. La crème de tartre permet en outre d'éliminer le goût désagréable que laisse le bicarbonate dans la pâte cuite.

La levure chimique est tout simplement un mélange de bicarbonate et de crème de tartre. Elle contient également un peu de féculent, généralement de la Maïzena, qui l'aide à rester sèche pendant la conservation.

Si vous le souhaitez, vous pouvez acidifier le lait en ajoutant un peu de jus de citron dans la pâte.

SCONES TRADITIONNELS

Cette recette utilise de la farine avec poudre levante et de la levure supplémentaire pour faire lever la pâte, mais on peut également utiliser d'autres agents levants. Comptez 1 cuillère à café de levure ou 1 cuillère à café de crème de tartre mélangée avec 1/2 cuillère à café de bicarbonate de soude pour 250 g de farine. Afin que les scones soient légers, préparez la pâte le plus rapidement possible et manipulez-la le moins possible.

Pour 10 à 12 scones, il vous faut 250 g de farine avec poudre levante, 1/2 cuillère à café de sel, 1 cuillère à café de levure, 40 g de sucre en poudre, 40 g de beurre ou de margarine et 15 cl de babeurre, de lait ou de yaourt.

1 *Préchauffez le four à 230 °C, Th. 8, et enfournez une plaque à pâtisserie. Tamisez dans une jatte la farine avec le sel, la levure et le sucre. Ajoutez le beurre du bout des doigts, jusqu'à ce que le mélange soit bien grumeleux. Faites un puits au centre, versez le babeurre, le lait ou le yaourt et mélangez jusqu'à ce que vous obteniez une pâte élastique.*

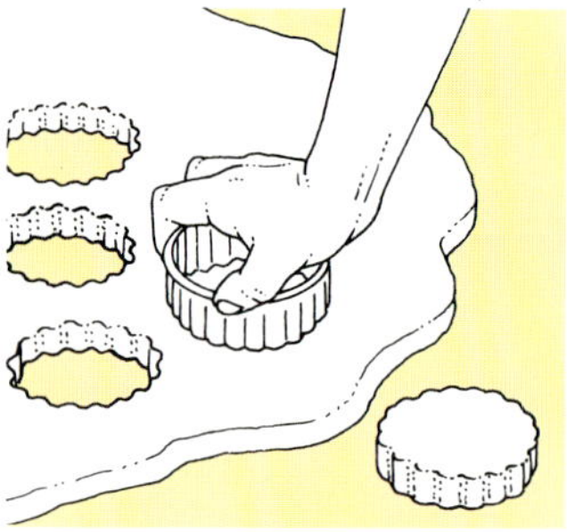

2 *Posez la pâte sur un plan fariné et pétrissez-la très brièvement, pour lisser le dessus. Retournez la pâte et étalez-la en une abaisse de 1,5 cm d'épaisseur. À l'aide d'un emporte-pièce de 5 cm, découpez de 10 à 12 scones.*

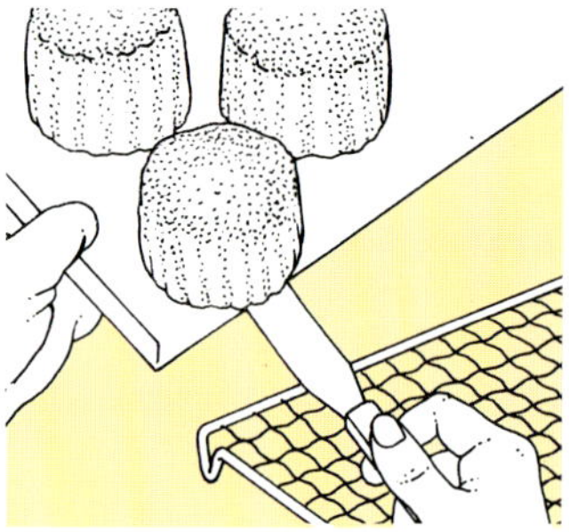

3 *Posez les scones sur la plaque préchauffée et saupoudrez le dessus avec un peu de farine. Faites cuire pendant 8 à 10 minutes, jusqu'à ce que les scones soient cuits. Laissez-les refroidir sur une grille pendant 15 minutes. Servez-les avec du beurre et de la confiture.*

Traditionnellement, les scones se servent avec de la confiture de framboises et de la crème fouettée.

Pour parfumer les scones avec des fruits, ajoutez 50 g de raisins de Corinthe ou de Smyrne et des fruits confits, à la farine et au beurre, à l'étape 1, avant de mouiller avec le lait. Suivez les étapes 2 et 3. Ces scones peuvent se servir avec du beurre, de la confiture, et de la crème fouettée.

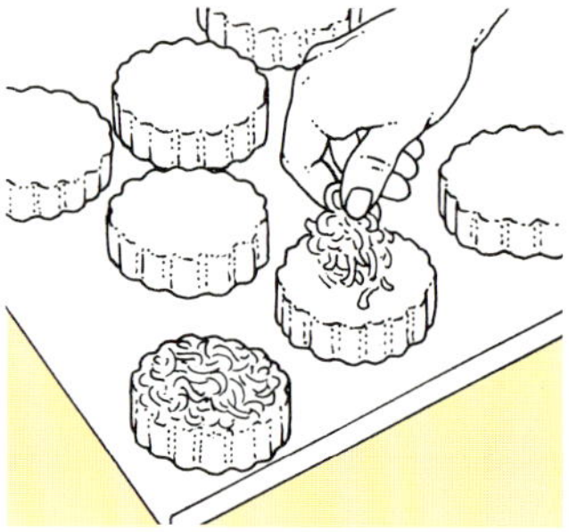

Pour préparer des scones au fromage, ajoutez 175 à 250 g de fromage râpé et 1 à 2 cuillères à café de moutarde, et omettez le sucre. Suivez l'étape 2 puis faites cuire les scones après les avoir parsemés de fromage râpé.

PAIN AU MALT

Cette recette illustre l'utilisation de la seule farine avec poudre levante comme agent levant. Le pain au malt est encore meilleur lorsqu'on peut le laisser refroidir, l'envelopper dans de l'aluminium et attendre 1 jour ou 2 avant de le déguster, avec du beurre.

Pour préparer un pain au malt, il vous faut 375 g de farine avec poudre levante, 1/2 cuillère à café de sel, 50 g de beurre ou de margarine, 250 g de raisins de Smyrne ou de Corinthe, 20 cl de lait, 5 cuillères à soupe d'extrait de malt, 50 g de cassonade et 2 œufs légèrement battus.

1 *Mettez la farine et le sel dans une grande jatte. Ajoutez le beurre, jusqu'à ce que le mélange devienne grumeleux, puis les fruits séchés. Faites tiédir le lait, l'extrait de malt et la cassonade. Ajoutez les ingrédients secs en remuant avec une cuillère en bois, puis les œufs battus. Mélangez.*

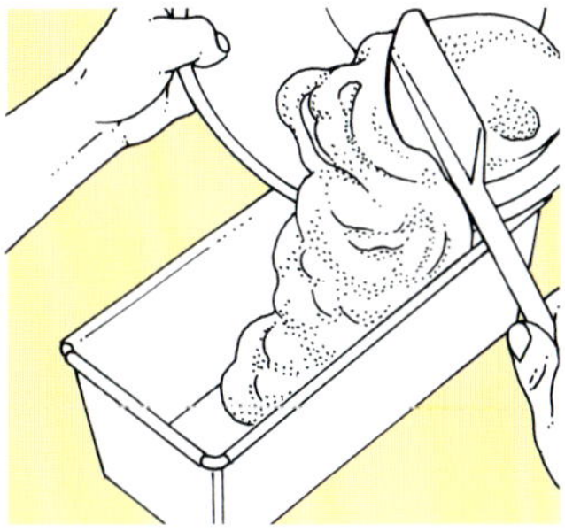

2 *Versez la pâte dans un moule à cake de 1 litre de contenance. Faites cuire au four à 180 °C, Th. 4, pendant 1 heure, jusqu'à ce qu'elle soit ferme. Si vous introduisez une brochette au milieu, elle doit ressortir propre. Laissez reposer pendant 5 minutes, puis démoulez et laissez refroidir sur une grille.*

QUELQUES VARIANTES

- Personnellement, je préfère les scones préparés avec de la farine ordinaire et servis avec de la confiture et du beurre, mais il existe des variantes de la recette de base, qui donnent également de savoureux petits pains. Vous pouvez par exemple utiliser un mélange de farine avec poudre levante et de farine complète, ou ajouter du zeste d'orange râpé, 1 cuillère à café de macis et de cannelle en poudre, ainsi qu'une pincée de clous de girofle moulus.
- Si vous souhaitez servir les scones avec un repas, omettez le sucre. Les scones sont excellents avec les terrines de poisson et le fromage frais.
- Les fines herbes hachées parfument délicatement la pâte à scones.
- Les scones au fromage agrémentés de noix pilées et de sauge fraîche ou d'origan séché sont exquis.
- Ajoutez des petits morceaux d'oignons frits ou de la ciboule hachée à la pâte servant à confectionner des scones au fromage.
- Dans la recette du pain au malt, remplacez l'extrait de malt par du miel ou, si vous préférez obtenir un pain plus foncé, utilisez de la mélasse.
- Les fruits secs se marient particulièrement bien avec les pâtes de ce chapitre : les abricots et les pêches séchés et hachés, les pruneaux, les raisins secs et le zeste d'orange et de citron se mêlent très agréablement aux dattes et aux noix.
- Les noisettes ou les noix de pécan grillées et hachées gros sont délicieuses dans le pain à la banane.
- Dorez vos scones et pains briochés avec un peu de miel, dès que vous les sortez du four. Parsemez-les de noix grillées ou de morceaux de sucre pilés.
- Le zeste de citron ou d'orange parfume délicieusement bien les pâtes à pain brioché. Certaines épices apportent une note discrète très agréable aux recettes de scones ou de pain à la banane. Il s'agit notamment du macis, de la cannelle, des clous de girofle, de la cardamome et des graines de carvi entières.

Tranches beurrées de pain au malt et pain à la banane.

PAIN À LA BANANE

Ce délicieux pain à la banane est autant apprécié des enfants que des adultes. Il permet d'utiliser au mieux des bananes abîmées ou trop mûres.

Si vous le souhaitez, vous pouvez ajouter du zeste de citron finement râpé ou 1 cuillère à café d'épices mélangées.

Pour préparer un gros pain à la banane, il vous faut 500 g de bananes mûres, 250 g de farine avec poudre levante, 1/2 cuillère à café de sel, 125 g de beurre ou de margarine, 125 g de sucre en poudre, 2 œufs légèrement battus et 2 cuillères à soupe de miel.

1 *Écrasez les bananes épluchées avec une fourchette dans une jatte, avec un zeste de citron. Mettez la farine et le sel dans une jatte. Mélangez le beurre, du bout des doigts, jusqu'à ce que cela devienne grumeleux.*

2 *Avec une cuillère en bois, ajoutez le sucre, les œufs, le miel et les bananes écrasées, en battant énergiquement. Versez la pâte dans un moule à cake de 1 litre beurré et préparé* (*voir page 262*).

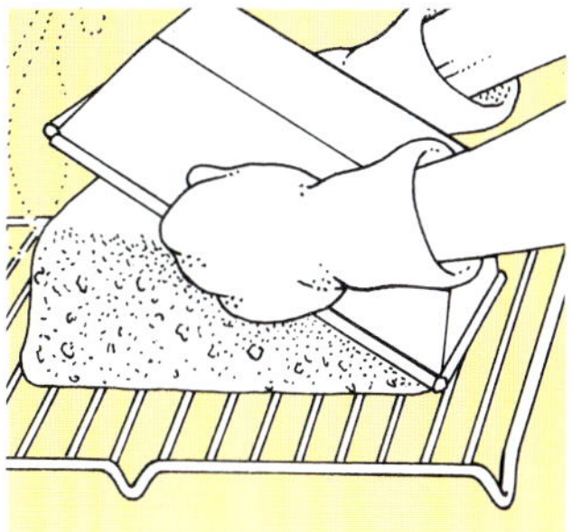

3 *Faites cuire à 180 °C, Th. 4, pendant 1 heure 15, en couvrant le gâteau si nécessaire. Laissez reposer pendant 5 minutes, et démoulez sur une grille. Coupez en tranches et beurrez.*

FOUGASSE AUX OLIVES NOIRES *(280)*

La *focaccia* ou la *schiacciata* sont deux variétés de fougasse italienne, dont il existe de nombreuses variantes. Elles partagent un délicieux goût d'huile d'olive, et se dégustent tièdes.

POUR 1 GROSSE FOUGASSE

375 g de farine de force
1 sachet de levure rapide
4-5 cuillères à café de gros sel, écrasé
quelques feuilles de romarin haché fin
18-25 cl d'eau
5-6 cuillères à soupe d'huile d'olive
40-50 g d'olives noires, dénoyautées et hachées gros

Beurrez légèrement une tôle à pizza ou à pâtisserie. Mettez la farine dans une grande jatte avec la levure, 2 cuillères à café de gros sel écrasé, le romarin (gardez-en un peu pour la fin). Remuez à l'aide d'une cuillère en bois, puis versez l'eau et 3 cuillères à soupe d'huile d'olive, jusqu'à ce que vous obteniez une pâte molle et légèrement collante. Pétrissez la pâte sur un plan fariné pendant 8 à 10 minutes, jusqu'à ce qu'elle soit lisse et élastique.

Formez une boule de pâte puis étalez-la en un cercle de 25 à 28 cm de diamètre et de 1 cm d'épaisseur; la surface ne doit pas être complètement lisse.

Transférez la pâte sur la tôle préparée. Avec une fourchette en bois, piquez profondément la pâte, en plusieurs endroits. Enveloppez la pâte dans un grand sac en plastique et repliez-le sous le moule ou la tôle, en enfermant le maximum d'air. Laissez à température ambiante pendant 1 à 2 heures, jusqu'à ce que la pâte ait doublé de volume.

Enfoncez les morceaux d'olive dans la pâte, à intervalles réguliers, puis arrosez la fougasse avec le reste d'huile d'olive, en l'étalant du bout des doigts (vous pouvez en laisser un peu plus dans les trous de la pâte). Parsemez la pâte avec le reste de romarin et de gros sel. Faites cuire à 220 °C, Th. 7, pendant 20 minutes, jusqu'à ce que la pâte soit bien dorée.

PETITS PAINS À LA CIBOULE ET AU FROMAGE *(280)*

Ces délicieux petits pains sont très rapides à préparer. Ils sont exquis pour accompagner un déjeuner ou un dîner léger. Coupez-les en deux et fourrez-les avec du fromage frais et des tomates ou une autre garniture.

POUR 6 PERSONNES

250 g de farine complète
250 g de farine de force
2 cuillères à café de bicarbonate de soude
2 cuillères à café de crème de tartre
1 cuillère à café de sel
1/2 cuillère à café de piment de Cayenne
250 g de fromage râpé, plus un peu pour garnir le dessus des pains
1 botte de ciboule, nettoyée et hachée fin
1 cuillère à soupe de moutarde en grains
30 cl de babeurre ou de lait
un peu d'huile d'olive

Mélangez dans une jatte la farine complète avec la farine de force, le bicarbonate de soude, la crème de tartre, le sel et le piment de Cayenne. Ajoutez le fromage râpé et la ciboule hachée fin. Mélangez la moutarde avec le babeurre et ajoutez ce mélange à la farine, en remuant, jusqu'à ce que la pâte se décolle des bords.

Pétrissez la pâte brièvement sur un plan fariné. Formez un rouleau de 10 cm de diamètre puis découpez 6 petits disques. Disposez-les sur une tôle beurrée, badigeonnez-les d'huile d'olive et parsemez avec un peu de fromage râpé. Faites cuire à 200 °C, Th. 6, pendant 20 à 25 minutes. Servez tiède.

PAIN AUX ABRICOTS ET AUX RAISINS *(280)*

Ce pain, préparé avec du saindoux, est excellent pour l'heure du thé. J'aime inclure un peu de beurre, qui apporte une petite note raffinée des plus agréables.

POUR 1 PAIN

500 g de farine de force
2 cuillères à café de sel
1 sachet de levure rapide
30 cl d'eau chaude
1 cuillère à soupe d'huile de tournesol
75 g de beurre, coupé en petits morceaux
125 g de cassonade
2 cuillères à café d'épices mélangées
175 g d'abricots séchés, hachés fin
75 g de raisins secs
75 g de saindoux, coupé en morceaux

Beurrez un moule de 25 cm × 20 cm. Tamisez la farine et le sel dans une jatte puis ajoutez la levure. Versez l'eau et l'huile sur ce mélange et remuez avec une cuillère en bois, afin d'obtenir une pâte molle. Pétrissez sur un plan fariné pendant quelques minutes. Mettez la pâte dans une jatte huilée, couvrez d'un linge et laissez reposer dans un endroit tiède, jusqu'à ce que la pâte ait doublé de volume.

Pétrissez la pâte sur un plan fariné pendant environ 5 minutes. Étalez-la en un rectangle de 5 mm d'épaisseur. Parsemez de beurre les deux tiers de la pâte, puis saupoudrez avec 3 cuillères à soupe de cassonade, 1 cuillère à café d'épices mélangées et la moitié des abricots et des raisins. Repliez la pâte non beurrée sur la garniture et scellez les bords à l'aide du rouleau à pâtisserie. Étalez la pâte en un nouveau rectangle et parsemez les deux tiers avec le saindoux, 3 cuillères à soupe de cassonade, les épices, les abricots et les raisins restants. Repliez le tout et roulez la pâte comme précédemment.

Mettez le rectangle de pâte dans le moule préparé, en appuyant bien dans les coins et en pratiquant des entailles en forme de croix sur le dessus. Placez le plat dans un grand sac en plastique et repliez-le dessous, en enfermant le plus d'air possible. Laissez reposer la pâte, jusqu'à ce qu'elle ait doublé de volume.

Badigeonnez le gâteau avec de l'huile et parsemez-le de cassonade. Faites cuire à 220 °C, Th. 7, pendant 30 minutes, jusqu'à ce qu'elle soit bien dorée. Dégustez tiède si vous le pouvez.

PAIN AU FROMAGE ET À LA TOMATE *(280)*

L'odeur de ce pain en train de cuire est absolument merveilleuse. La découpe de la première tranche suscite toujours l'étonnement des convives; en effet la pâte marbrée des préparations au fromage et à la tomate présente un joli contraste qui est un véritable plaisir pour les yeux. Cette pâte ne lève qu'une seule fois; elle est donc extrêmement facile à préparer. *POUR 1 GROS PAIN*

750 g de farine de force
1 cuillère à soupe de gros sel
1 sachet de levure rapide
environ 1 cuillère à soupe d'estragon haché ou 3 cuillères à café d'estragon séché
40 cl d'eau tiède
2 cuillères à soupe de concentré de tomates
2 cuillères à café de paprika
9 cuillères à soupe d'huile d'olive, plus un peu pour badigeonner la surface
150 g de fromage râpé
1/4 de cuillère à café de piment de Cayenne
2 grosses gousses d'ail écrasées

Mettez la farine dans une grande jatte avec le sel et la levure et mélangez soigneusement. Mesurez 300 g de cette préparation et mettez-la dans une autre jatte. Ajoutez l'estragon. Versez 15 cl d'eau tiède dans un verre gradué et ajoutez le concentré de tomates, le paprika et 4 cuillères à soupe d'huile d'olive. À l'aide d'une cuillère en bois, mélangez ces ingrédients au contenu de la jatte avec les herbes, jusqu'à ce que la pâte obtenue devienne collante. Pétrissez pendant 2 à 3 minutes, jusqu'à ce que vous formiez une boule lisse.

Avec une cuillère en bois ou vos mains, mélangez le fromage râpé (à l'exception d'une cuillère à soupe que vous réserverez pour garnir) avec le reste de farine, puis ajoutez le piment de Cayenne et l'ail écrasé. Versez le reste d'eau tiède avec le reste de l'huile d'olive. Pétrissez la pâte sur un plan fariné pendant 2 à 3 minutes, puis formez une boule molle, mais pas trop sèche.

Étalez la pâte au fromage sur un plan non fariné, en une abaisse de 5 mm d'épaisseur. Étalez la pâte à la tomate en un cercle moins épais, légèrement plus petit que le précédent. Posez la pâte à la tomate sur celle au fromage et roulez-les ensemble. Repliez les extrémités sous le rouleau formé.

Posez la pâte sur une tôle beurrée, badigeonnez d'huile d'olive et découpez de petites entailles sur le pain, tous les 2 à 4 cm. Parsemez le dessus avec le reste de fromage. Mettez la tôle dans un grand sac en plastique et repliez dessous, en enfermant le plus d'air possible. Laissez reposer à température ambiante pendant 1 heure 30 à 2 heures, jusqu'à ce que la pâte ait doublé de volume.

Faites cuire pendant 20 minutes à 230 °C, Th. 8, puis baissez la température à 200 °C, Th. 6 et poursuivez la cuisson 20 à 25 minutes. Laissez refroidir sur une plaque et dégustez le pain pendant qu'il est encore tiède, ou froid, coupé en tranches et grillé.

PAIN AUX GRAINES *(280)*

Si vous n'êtes pas chez vous pendant la journée, vous pouvez très bien préparer la pâte le matin en quelques minutes, la laisser lever toute la journée dans un endroit frais, puis faire cuire le pain le soir, en rentrant. Vous pouvez également préparer la pâte le soir, la laisser lever toute la nuit et faire cuire le pain le matin, pour déguster chaud au petit déjeuner. *POUR 3 PAINS DE 1 KG*

beurre mou ou margarine
1 kg de farine complète
500 g de farine de force
2 sachets de levure rapide
2 cuillères à soupe de gros sel
4 cuillères à soupe de son, plus un peu pour la surface des pains
75-125 g de graines de sésame
75 g de graines de potiron ou de tournesol
2 cuillères à café de graines de carvi
12 cl d'huile de tournesol
1 litre d'eau tiède

Enduisez trois moules à cake de 1 litre avec la matière grasse, réunissez les farines et la levure dans une grande jatte, puis ajoutez le sel, le son et toutes les graines, en en réservant quelques-unes pour décorer. Ajoutez l'huile et l'eau, en remuant jusqu'à ce que le mélange commence à coller. Pétrissez sur une surface farinée, quelques minutes, jusqu'à ce que la pâte soit lisse. Coupez-la en trois et placez chaque morceau dans un moule (voir page 282). Faites des entailles profondes sur le dessus et parsemez avec les graines réservées. Recouvrez de son la surface des pains. Enveloppez les moules dans de grands sacs en plastique, et fermez-les avec le plus d'air possible. Laissez reposer jusqu'à ce que la pâte ait doublé de volume, dans une cuisine chaude, pendant 2 heures.

Faites cuire à 230 °C, Th. 8, 20 minutes, puis baissez la température à 200 °C, Th. 6, 20 minutes supplémentaires. Démoulez et laissez refroidir.

PAIN AUX PRUNEAUX ET AU CITRON *(280)*

Ce pain est recouvert d'un sirop au citron, qui est aussitôt absorbé par la pâte. *POUR 1 PAIN*

175 g de farine
1 cuillère à café de bicarbonate de soude
1/2 cuillère à café de crème de tartre
1 cuillère à café de macis moulu
1/2 cuillère à café de sel
le zeste râpé et le jus de 2 petits citrons
50 g de beurre
2 cuillères à soupe de miel
4 cuillères à soupe de lait
1 gros œuf battu
175 g de pruneaux dénoyautés, hachés gros
25 g de sucre en poudre

Tamisez la farine avec le bicarbonate de soude, la crème de tartre, le macis et le sel. Ajoutez le zeste de citron. Mettez le beurre et le miel dans une casserole et faites fondre, à feu doux, en remuant; retirez du feu dès que le mélange est liquide. À l'aide d'une cuillère en bois, ajoutez le lait à la farine, puis incorporez le beurre et le miel, ainsi que l'œuf battu. Mélangez soigneusement, jusqu'à ce que vous obteniez une pâte lisse. Ajoutez les pruneaux dénoyautés. Versez la pâte dans un moule de 500 g.

Faites cuire à 160 °C, Th. 3, pendant 40 à 50 minutes, jusqu'à ce que la pâte soit bien levée et ferme. Retirez-la du four et percez des trous à l'aide d'une brochette, à intervalles réguliers. Filtrez le jus de citron dans une casserole, ajoutez le sucre en poudre, faites-le dissoudre à feu moyen, puis faites-le bouillir rapidement pendant 2 minutes. Versez le sirop sur le pain, en le laissant s'écouler dans les trous. Laissez refroidir dans le moule. Lorsqu'il est tiède, démoulez-le, en décollant les bords avec un couteau si nécessaire et laissez refroidir complètement sur une grille.

MODELLO DEPOSITATO

CONSERVES

La vue d'un garde-manger rempli de bocaux et de conserves est toujours très agréable. Autrefois, les conserves étaient le seul moyen dont on disposait pour déguster certains produits alimentaires en dehors de la saison. Aujourd'hui, il ne s'agit plus de conserver des aliments, qui peuvent être facilement réfrigérés, voire congelés, mais de préparer des produits d'une façon bien particulière, et qui est toujours très appréciée des gourmands. La confection de conserves est une activité extrêmement agréable, qui transforme les produits d'une manière parfois très étonnante. Les confitures, les gelées et les marmelades vendues dans le commerce sont parfois excellentes, mais à aucun prix elles ne sauraient rivaliser avec les produits faits maison.

Le meilleur moment pour faire des confitures se situe au moment où les aliments que vous souhaitez conserver se trouvent en abondance, par exemple, en octobre si vous avez un pommier dans votre jardin, ou pendant l'été, si vos promenades vous conduisent près des buissons de fruits rouges.

Les aliments frais s'abîment très rapidement. Mais si on les traite en les faisant chauffer à des températures élevées ou si on les associe avec du sucre, du sel, du vinaigre ou de l'alcool, on peut ralentir le processus, voire le stopper. Les procédés de conservation visent l'objectif suivant : utiliser des aliments frais en bon état pour les conserver le plus longtemps possible.

Les méthodes les plus anciennes de conservation consistaient à faire sécher les aliments, les fumer ou les saler, sous l'action du soleil, du vent, de la fumée et du sel. Il est tout à fait possible de faire sécher des aliments chez soi, qu'il s'agisse de fruits, de légumes ou d'herbes, même si ceux-ci sont extrêmement courants dans les magasins d'alimentation. De nos jours, il est assez rare de pouvoir faire fumer des produits chez soi, car les habitations comprenant les cheminées adéquates pour ce type d'opération sont peu fréquentes. Le salage effectué à une échelle domestique est de nos jours très limité. Ce processus peut en outre se révéler dangereux s'il n'est pas réalisé selon certaines règles très précises. Toutefois, les petits poissons ou certains légumes peuvent être salés, sans trop de risques.

La congélation (voir page 312) est la technique la plus moderne de conservation. Elle est certainement aussi la plus simple à mettre en œuvre, mais elle n'améliore pas la saveur des aliments, comme certaines techniques ancestrales peuvent le faire. Toutefois, il ne faut pas oublier que la congélation reste la méthode de conservation la plus saine qui soit, puisqu'il n'est pas nécessaire d'ajouter des ingrédients conservateurs, comme le sel ou le sucre, qui ne sont pas toujours très bons pour la santé. Le principe de la conservation des aliments par la congélation repose sur la destruction de micro-organismes, tels que bactéries, levures et moisissures par le froid.

Parmi les autres méthodes de conservation, on peut noter l'utilisation du sucre. Une forte concentration de sucre empêche le développement de micro-organismes. Il ne faut pas oublier que le sucre associé à une température élevée, permet la conservation des fruits dans les confitures, gelées et autres marmelades. C'est pourquoi, il est important de respecter les recettes le plus scrupuleusement possible, et ne pas réduire la quantité de sucre à volonté car il tient lieu de conservateur.

Il est également possible de conserver des aliments grâce au vinaigre et à l'alcool. Comme pour le sucre, une forte concentration d'alcool ou de vinaigre empêche la prolifération des micro-organismes. On utilise le vinaigre dans les recettes de chutneys et de condiments divers. L'alcool est généralement utilisé pour conserver les fruits.

Les conserves et confitures sont toujours très esthétiques sur une étagère ou dans un garde-manger. Mais il ne faut pas oublier pour autant qu'elles doivent un jour ou l'autre être dégustées, car elles ne se gardent pas indéfiniment.

Les conserves que l'on prépare à toutes les saisons permettent de préserver certaines saveurs éphémères. Au fond, de gauche à droite : la Confiture de framboises (page 309) est parfumée avec du jus d'orange et de citron qui viennent accentuer le goût des fruits. La recette des Citrons en saumure (page 309) est d'origine marocaine; ils sont délicieux dans les viandes en sauce. Le Chutney à l'orange et au poivron (page 308) est parfumé avec du curcuma et de la cardamome. À l'avant, de gauche à droite : le Miel au sureau et à la noisette (page 308) permet de transformer un miel ordinaire en une délicieuse pâte pour gourmands; (en haut) Champignons marinés (page 309); (en-dessous) le Condiment aux abricots et à la tomate (page 309), parfumé avec du gingembre, de la cannelle et de la cardamome, est excellent avec des curries; (à droite) d'autres bocaux de champignons au vinaigre et de condiment aux abricots et à la tomate.

CONFITURES ET GELÉES

Les confitures et les gelées sont deux cas de conserves préparées avec des fruits additionnés de sucre. La forte concentration de sucre, associée à une température élevée, permet la conservation des fruits. Le sucre joue également un rôle dans la façon dont la confiture prend. Les quantités nécessaires sont fonction de la teneur en pectine de la variété de fruits utilisée. Les fruits ne peuvent véritablement se transformer en confitures que s'ils contiennent suffisamment de sucre, d'acide et de pectine. Les fruits à forte teneur en pectine sont les pommes à cuire, les groseilles et les cassis, les groseilles à maquereau, les coings et les oranges de Séville. Parmi les fruits modérément riches en pectine, on peut noter les canneberges, les pommes à couteau, les abricots et les framboises. Les fruits à faible teneur en pectine sont les bananes, les cerises, les baies de sureau, les figues, les nectarines, les pêches, le melon, l'ananas, la rhubarbe et les fraises. Il est préférable de faire cuire les fruits pauvres en pectine avec un mélange de sucre en poudre et de sucre à confiture. Les conserves de fruits rouges tels que les framboises, sont délicieuses lorsqu'on les fait cuire très rapidement. Grâce au sucre à confiture, il est aujourd'hui possible d'obtenir de la confiture convenablement prise, malgré une cuisson rapide. Le meilleur sucre à utiliser pour les confitures est le sucre cristallisé. Le sucre roux ou le sucre semoule produisent trop d'écume.

LE CHOIX DES FRUITS

Les fruits doivent être fermes et tout juste mûrs. Préparez-les comme indiqué dans la recette, en veillant à retirer les parties abîmées. On les cuit à feu doux, afin d'extraire la pectine et l'acide qu'ils contiennent.

Seuls les fruits riches en pectine conviennent pour la préparation de gelées. Ils ne nécessitent qu'une préparation sommaire, car ils sont débarrassés de leurs pépins et de leur cœur au moment du filtrage de la préparation. Les parties abîmées sont retirées avant la cuisson.

LA PECTINE

Certains fruits sont plus riches en pectine et en acides que d'autres. Les fruits pauvres en pectine doivent être cuits avec de la pectine, afin que la confiture prenne convenablement. On ajoute généralement du citron, de la pectine liquide ou du sucre contenant de la pectine, destiné précisément à la préparation des confitures. Il arrive que l'on ajoute de l'acide citrique ou tartrique par exemple. Ces produits ne contiennent pas de pectine mais aident à extraire le peu de pectine contenue dans les fruits. Le jus de citron apporte une petite note très agréable.

LE TEST DE CUISSON

Vous pouvez savoir qu'une confiture est cuite en procédant au test suivant (retirez la bassine du feu pendant que vous vérifiez le degré de cuisson) :

Plongez une cuillère en bois dans la bassine et prélevez un peu de confiture. Mettez-la à refroidir légèrement, puis laissez-la retomber dans la bassine. Si la confiture ne coule pas mais tombe en petits tas, elle est cuite. Si la confiture est encore trop liquide, continuez la cuisson pendant quelques minutes, et recommencez le test.

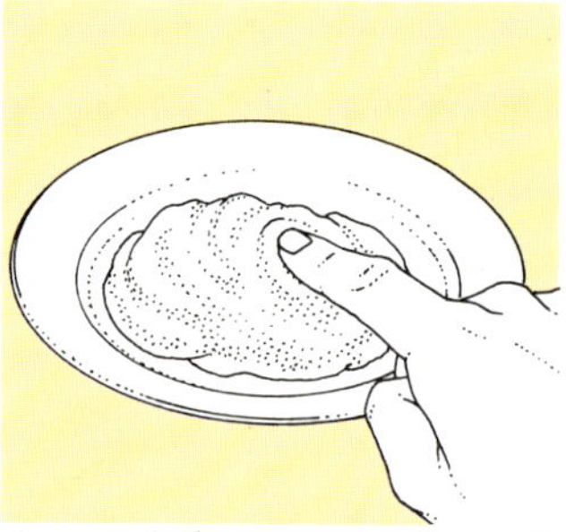

On peut également mettre un peu de confiture dans une petite soucoupe et la passer au congélateur pendant 1 ou 2 minutes. Glissez un doigt dans la confiture; celle-ci est cuite lorsqu'elle se plisse.

MISE EN POTS ET CONSERVATION

Lorsque la confiture est cuite, il convient de la mettre en pots. Éteignez le feu et laissez la confiture reposer pendant 15 minutes (ainsi les fruits n'auront pas tendance à se concentrer sur le dessus du pot), puis retirez l'écume à l'aide d'une grande écumoire. Remuez pour bien répartir les fruits.

Pendant ce temps, lavez les pots à l'eau chaude et rincez-les, puis faites-les sécher dans un four chauffé à 140 °C, Th. 1. Placez-les sur une tôle avant de les enfourner, vous les manipulerez plus facilement. Remplissez les pots pendant qu'ils sont encore chauds; ainsi ils ne risqueront pas de se fendre sous l'effet de la chaleur de la confiture. Une fois que les pots sont remplis, essuyez les bords et lissez la surface pendant que la confiture est encore chaude. Couvrez d'une couche de paraffine. Humectez l'une des faces d'un disque de cellophane et étirez-le sur le bord du pot. Fixez le tout avec un élastique. À la place de la paraffine et de la cellophane, vous pouvez utiliser des couvercles en métal ordinaire, en veillant à stériliser les pots.

Vous pouvez attendre que la confiture ait bien refroidi avant de la couvrir. Essuyez les pots, étiquetez-les et conservez-les dans un endroit sec et sombre. La plupart des confitures se gardent pendant un an.

Utilisez un entonnoir et une louche à long manche pour remplir vos pots de confiture. Cela vous évitera de vous brûler lors de cette délicate opération. Veillez à ne pa trop remplir les pots (soulevez l'entonnoir pour voir où en est le niveau de remplissage).

Pour couvrir les pots, mouillez une face d'un disque de cellophane avec un pinceau, afin de pouvoir l'étirer et enfermer la confiture hermétiquement. Posez la cellophane sur le pot et fixez-la avec caoutchouc. Étiquetez et rangez les pots.

LA GELÉE

Pour préparer de la gelée, il convient de faire cuire les fruits avec les épices ou les arômes de votre choix. Laissez les fruits s'égoutter dans un filtre (par exemple un filtre à café en nylon) jusqu'à ce que tout le jus se soit écoulé. Si vous ne possédez pas de mousseline à gelée (voir page 25), vous pouvez utiliser une mousseline nouée. Ébouillantez la mousseline ou le filtre en nylon avec de l'eau. Mesurez la quantité de jus écoulé et remettez-le dans la casserole avec le sucre (dont la quantité dépend de la teneur en pectine des fruits utilisés. Les fruits riches en pectine cuisent avec 500 g de sucre pour 60 cl de jus, tandis que ceux qui sont modérément riches en pectine ont besoin de 375 g de sucre pour la même quantité).

Pour préparer de la gelée de groseille, il vous faut 1,5 kg de groseilles, 60 cl d'eau et du sucre (voir recette).

1 *Retirez les fruits abîmés et jetez-les. Placez les groseilles et l'eau dans une bassine à confiture et laissez mijoter à feu doux, afin d'extraire le plus de jus possible, pendant 30 à 45 minutes, jusqu'à ce que les baies soient « crevées ». Remuez souvent avec une cuillère en bois, afin que les fruits n'attachent pas au fond de la bassine.*

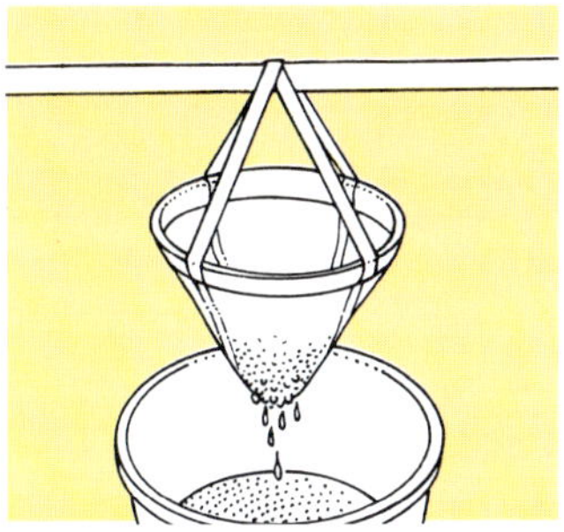

2 *Pendant ce temps, préparez votre filtre et votre jatte. Si vous n'avez pas de support spécial, suspendez le filtre sur un manche à balai posé entre deux chaises. Placez une jatte en dessous, afin de recueillir le jus. Laissez les fruits s'égoutter pendant 12 heures. Ne pressez surtout pas les fruits, afin que la gelée ne se trouble pas.*

3 *Jetez la pulpe restée au fond du sac. Ajoutez 500 g de sucre pour 60 cl de jus. Faites chauffer la gelée jusqu'à ce que le sucre soit dissous, puis portez à ébullition et laissez cuire pendant 10 minutes, jusqu'à ce qu'elle soit prise (voir page ci-contre). Retirez du feu, écumez et mettez en pots (voir page ci-contre).*

LA CONFITURE

Il est important de commencer à faire cuire les fruits en les faisant mijoter à feu doux, avant d'ajouter le sucre. Le deuxième temps de cuisson, en effet, ne ferait pas suffisamment ramollir les fruits. Les variétés à la peau dure, telles que les prunes, devront cuire pendant environ 30 minutes, tandis que les fruits à la peau molle n'exigent que 20 minutes de cuisson environ. C'est au cours de cette première cuisson que la pectine est libérée des fruits.

Pour préparer environ 5 kg de confiture, il vous faut 3 kg de prunes, 90 cl d'eau, 3 kg de sucre et une noix de beurre.

1 *Mettez les prunes et l'eau dans une bassine à confiture et laissez-les mijoter à feu doux, environ 30 minutes, jusqu'à ce que les fruits soient mous. Retirez du feu. Pendant ce temps, faites chauffer le sucre au four pour une dissolution plus rapide.*

2 *Ajoutez le sucre tiède, puis un peu de beurre, pour diminuer la quantité d'écume. Remettez la bassine sur le feu, portez à ébullition aussi rapidement que possible et laissez cuire à feu vif pendant 10 à 15 minutes.*

3 *Retirez du feu et vérifiez la cuisson de la confiture. Retirez les noyaux des prunes et écumez la surface. N'écumez pas pendant la cuisson, vous devriez alors jeter trop de confiture claire. Mettez en pots et couvrez.*

Grâce aux confitures, gardez la saveur exquise des fruits de saison. De gauche à droite : Gelée aux pommes et à la menthe (page 308), confiture de poires au gingembre et confiture de prunes.

LEMON CURD ET MARMELADES

Le *lemon curd*, spécialité anglaise, se prépare avec du citron et du sucre, épaissis avec des œufs et du beurre. Cette préparation présente une consistance épaisse et molle et s'étale facilement sur du pain ou des viennoiseries. Elle peut servir à garnir un biscuit de Savoie ou de petites tartelettes (voir ci-dessous). La présence des œufs limite la durée de conservation ; c'est pourquoi elle n'est pas considérée comme une confiture. N'en préparez que de petites quantités à la fois, conservez-les au réfrigérateur et dégustez-les rapidement.

La marmelade est délicieuse au petit déjeuner ou au goûter, ainsi que pour garnir des gâteaux ou des entremets. Elle accompagne également très bien les compotes de pommes et de prunes. La marmelade se prépare avec les mêmes techniques que les confitures, mais utilise un autre type de fruits. Il s'agit presque exclusivement de préparations à base d'agrumes, d'oranges, de citrons, de pamplemousses ou de citrons verts. Les oranges de Séville, légèrement amères, permettent de confectionner de délicieuses marmelades, à la consistance très claire. Les oranges plus sucrées donnent des résultats plus troubles et sont généralement utilisées en association avec d'autres agrumes. On trouve des oranges de Séville en janvier et en février ; c'est en hiver que l'on prépare la marmelade. Si vous le souhaitez, vous pouvez également congeler les oranges et préparer votre marmelade plus tard. Si c'est le cas, ajoutez un huitième de fruits supplémentaires, afin de compenser la perte de pectine occasionnée par la congélation.

La marmelade doit cuire plus longtemps que la confiture, afin que la peau des agrumes ait le temps de se ramollir convenablement, que la pectine puisse être libérée des pépins, des membranes et de la peau, et pour que la quantité de liquide puisse s'évaporer. Si la cuisson n'est pas assez longue, la marmelade ne pourra pas prendre convenablement.

LEMON CURD

Cette spécialité à base de citron est délicieuse avec d'autres agrumes. Préparée à la maison, elle est incomparablement meilleure que celles que l'on peut acheter dans le commerce. Si vous souhaitez utiliser d'autres parfums, il suffit de remplacer le jus de citron par du jus d'orange ou de citron vert par exemple. Le lemon curd est très facile à préparer par la méthode traditionnelle, mais il se prête parfaitement bien à la cuisson au four à micro-ondes (voir page 311).

Cette recette se prépare sur le feu, de façon très classique. Pour obtenir 750 g de lemon curd, il vous faut le zeste finement râpé et le jus de 4 citrons, 4 œufs légèrement battus, 125 g de beurre et 375 g de sucre en poudre.

Ces délicieuses spécialités au citron et à l'orange constituent de jolis cadeaux, à offrir à Noël ou pour un anniversaire.

1 *Mettez tous les ingrédients dans une jatte au bain-marie, en veillant à ce que l'eau bouillante ne touche pas le fond du récipient. Remuez constamment avec une cuillère en bois, jusqu'à ce que le beurre soit bien fondu.*

2 *Faites cuire à feu doux, en remuant fréquemment, pendant environ 20 minutes, jusqu'à ce que le sucre soit complètement dissous, que le mélange soit bien crémeux et qu'il nappe le dos de la cuillère. Ne laissez surtout pas bouillir la préparation.*

3 *Filtrez aussitôt la pâte cuite au travers d'un chinois afin d'éliminer les morceaux de blanc d'œuf, et remplissez des pots à confitures, jusqu'au bord, car le lemon curd a tendance à diminuer de volume en refroidissant.*

4 *Couvrez les pots pendant qu'ils sont encore chauds avec des disques de cellophane mouillés (voir page 300); fixez avec des caoutchoucs. Conservez au réfrigérateur pendant 2 ou 3 semaines.*

MARMELADE D'ORANGES

Selon les méthodes utilisées, on obtient des marmelades très différentes. On peut par exemple faire cuire les fruits entiers et ne les couper qu'une fois qu'ils sont bien ramollis ; on obtient ainsi de la marmelade avec de gros morceaux d'orange. Pour une marmelade avec de fins morceaux, il convient de hacher l'écorce très finement. On peut aussi préparer de la marmelade très limpide en filtrant du jus d'agrumes auquel on ajoute du zeste de citron râpé. Peut-être préférerez-vous couper les oranges ou les citrons une fois qu'ils seront cuits et récupérer les pépins et les membranes pour les enfermer dans une étamine au moment où vous ajouterez le sucre.

Cette recette est préparée avec des oranges de Séville (oranges amères). Hachez l'écorce plus ou moins finement, selon votre goût. Pour préparer 5 kg de marmelade, il vous faut 1,5 kg d'oranges, 4 cuillères à soupe de jus de citron, 3,6 litres d'eau et 3 kg de sucre (ou moitié de sucre moitié de sucre à confiture, contenant de la pectine).

La marmelade d'oranges amères, avec sa couleur vive, est toujours très appréciée au petit déjeuner.

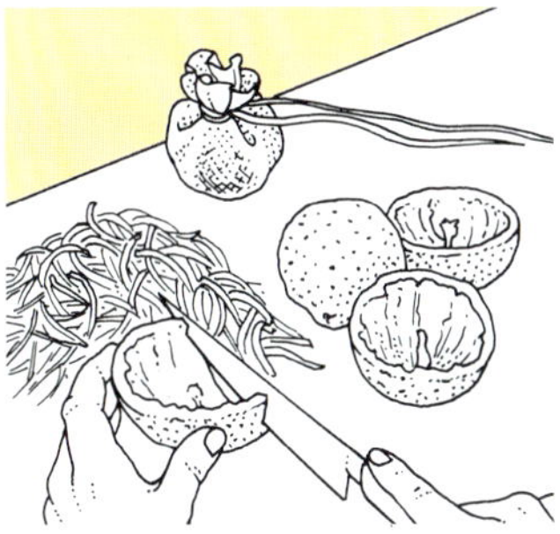

1 *Lavez les oranges, puis coupez-les en deux et pressez le jus au-dessus d'un chinois posé sur une jatte. Enfermez les pépins et les membranes qui se sont échappés de la pulpe dans un morceau d'étamine. Coupez l'écorce d'orange plus ou moins finement, selon votre goût.*

2 *Mettez l'écorce d'orange, le jus d'orange et de citron, l'eau et le petit sac d'étamine dans une bassine à confiture ; ficelez le sac à l'une des poignées, afin de pouvoir le retirer facilement. Laissez mijoter pour libérer la pectine, pendant 1 à 3 heures, selon le temps que met l'eau à s'évaporer. Le contenu doit réduire de moitié et l'écorce doit se ramollir.*

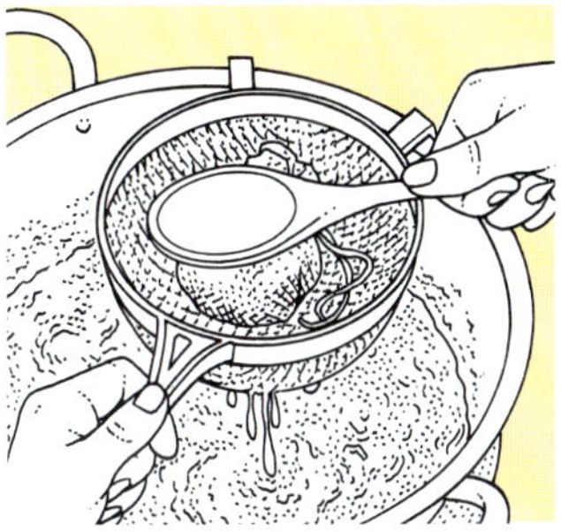

3 *Détachez délicatement l'étamine de la poignée et posez-la dans une passoire, au-dessus de la bassine. Avec le dos d'une cuillère, pressez le sac contre la passoire, afin que le jus s'écoule dans la bassine à confiture. Jetez le contenu du sac, mais conservez l'étamine, qui pourra être réutilisée.*

4 *Ajoutez le sucre, en mélangeant jusqu'à dissolution et laissez bouillir pendant 15 minutes. Retirez du feu et vérifiez la cuisson (voir page 300) ; refaites bouillir la confiture si nécessaire. Lorsqu'elle est cuite, écumez soigneusement la surface. Laissez refroidir 10 à 15 minutes, puis remuez pour bien répartir l'écorce. Mettez en pots et couvrez-les (voir page 300).*

QUELQUES IDÉES

- À l'instar du *lemon curd*, vous pouvez élaborer d'autres recettes avec de la compote de fruits lisse et peu épaisse (voir page 224). Les purées préparées avec des abricots frais ou séchés, des pêches ou des groseilles à maquereau, ainsi que des poires cuites avec du jus de citron ou des framboises donnent d'excellents résultats. Veillez à filtrer les fruits avant de les réduire en purée, afin d'obtenir une préparation bien homogène.
- La marmelade d'oranges est indiscutablement la meilleure de toutes ; cependant d'autres fruits permettent d'obtenir de délicieuses préparations. Vous pouvez par exemple mélanger les oranges avec de l'ananas frais ou avec des citrons et des coings, des pêches ou des abricots.
- Le pamplemousse peut être mélangé avec des oranges et des citrons, au sein d'une délicieuse marmelade aux trois fruits.
- Les kumquats permettent de confectionner une délicieuse marmelade. On peut les préparer seuls ou les associer avec des oranges sanguines. De la même façon, l'orange se marie très bien avec le citron et la rhubarbe.
- Parfumez votre marmelade avec des épices et des herbes, que vous enfermerez dans le sac contenant les pépins et la pulpe d'orange. De petites tranches de gingembre frais, 1 ou 2 cuillères à soupe de clous de girofle entiers, de l'anis étoilé, des graines de coriandre, des gousses de cardamome, des bâtons de cannelle, du romarin, de la lavande, des feuilles de menthe ou de laurier parfument délicieusement les marmelades, et ajoutent une note originale à vos préparations.
- Ma confiture préférée est la confiture de groseilles à maquereau, parfumée avec des fleurs de sureau. C'est un mélange à la fois étonnant et magique. Les fleurs de sureau apportent aux groseilles un délicieux petit goût de muscat.
- Diverses liqueurs peuvent être ajoutées à une confiture en cours de cuisson : le cognac, par exemple, se marie à merveille avec les prunes, et le kirsch parfume agréablement la confiture de cerises.
- Certains légumes sont délicieux sous forme de confitures et de marmelades. Le potiron et la courge comptent parmi les plus classiques, mais la confiture de tomates, seules ou associées à d'autres légumes, ainsi que la confiture d'oignons sont délicieuses avec des pâtés ou des viandes froides.
- Ma gelée préférée se compose de coings, de nèfles et de pommes. On obtient ainsi une préparation au goût suave et aux couleurs ambrées.

CHUTNEYS ET PICKLES

C'est au cours de mon premier voyage en Inde que j'ai découvert et appris à apprécier le chutney. Ces délicieux condiments se composent d'un mélange de légumes ou de fruits, parfois des deux mélangés, cuits avec du vinaigre, du sucre et des épices qui tiennent lieu de conservateurs. Les ingrédients sont finement hachés ou émincés puis cuits à feu doux. C'est pourquoi il est tout à fait possible d'utiliser des ingrédients de forme irrégulière.

Les pickles sont un condiment à base de légumes ou de fruits (ou d'un mélange des deux). Ces derniers sont préparés avec des produits crus ou légèrement cuits, qui sont ensuite conservés dans du vinaigre clair et épicé. Pour ce type de recettes, n'utilisez que des ingrédients extrêmement frais. Les légumes sont généralement salés au préalable, afin d'éliminer le maximum d'eau de leur chair. De cette façon, le vinaigre ne risque pas de se diluer, et joue pleinement son rôle de conservateur. Veillez à utiliser du vinaigre de qualité, contenant au moins cinq pour cent d'acide acétique. La couleur du vinaigre ne présente aucun rapport avec son degré d'alcool. Utilisez du vinaigre d'alcool lorsque vous souhaitez préparer des légumes clairs. Pour la confection des légumes au vinaigre, n'utilisez pas de casserole en cuivre ou en laiton, car le vinaigre associé à ces métaux provoque des réactions chimiques. Fermez vos pots avec des couvercles recouverts de plastique. Si vous n'avez que des couvercle en métal, veillez à ce qu'ils n'entrent pas en contact avec le vinaigre. L'idéal est de conserver vos produits dans des récipients en verre fermés hermétiquement avec un couvercle muni d'un joint en caoutchouc et maintenu par une agrafe métallique.

CHUTNEY À LA POMME VERTE

Certaines personnes adorent les chutneys riches et sucrés, mais personnellement je préfère les préparations sobres, aux couleurs claires et au goût unique.

Pour préparer des chutneys, on peut utiliser de nombreux ingrédients qui n'ont pas besoin de cuisson. L'utilisation du robot ménager pour mixer de la pomme verte avec de la menthe et de la coriandre permet de confectionner une délicieuse préparation en un tournemain, qui se conserve une semaine au réfrigérateur. Servez-la pour accompagner de la viande ou de la volaille rôtie, ajoutez-en quelques cuillères à vos plats à base de curry et à vos plats en sauce, ou garnissez-en des pommes de terre en robe des champs.

Mettez 1 pomme verte épluchée et coupée en morceaux dans un robot ménager et ajoutez 4 cuillères à soupe de jus de citron, 1 piment vert épépiné et coupé en deux (voir page 49), 1 poignée de menthe fraîche, 2 cuillères à soupe de coriandre fraîche et 1 cuillère à café de sucre en poudre. Mixez jusqu'à ce que vous obteniez une pâte grossière. Ajoutez du sel et du piment de Cayenne. La préparation doit être humide — si elle vous paraît trop mouillée, ajoutez encore des feuilles de menthe et mixez à nouveau.

QUELQUES SUGGESTIONS

- Les chutneys peuvent se composer de légumes très variés, mais l'oignon est un ingrédient essentiel dans toutes ces recettes.
- Quelques associations bien réussies : les abricots secs et les échalotes entières additionnés de jus d'orange, la rhubarbe et les oranges finement hachées, les cassis et les pommes avec des fleurs de sureau, le raisin mélangé avec des pommes et des poivrons verts, les pommes et les pruneaux, les coings et les poires parfumés avec de petits morceaux de citron, le pamplemousse et le potiron mélangés avec des raisins secs, les prunes et les pommes et le gingembre frais coupé en rondelles, ainsi que les tomates, les abricots et les poires.
- Petites tomates au vinaigre : pelez les tomates et mettez-les dans un bocal avec du basilic haché puis recouvrez de vinaigre salé et relevé avec du piment de Cayenne.
- Certains fruits exotiques, une fois vinaigrés, se prêtent bien aux préparations : les kiwis, les mangues et la papaye notamment se marient très bien avec le gibier et le porc.
- Après avoir disposé les ingrédients dans un bocal et les avoir recouverts de vinaigre épicé, versez un filet d'huile d'olive pour parfumer la préparation et la tenir à l'abri de l'air.

CHUTNEY À LA TOMATE

Cette recette de base peut être variée à l'infini. Cela signifie que vous pouvez faire preuve d'imagination pour associer les ingrédients à votre guise.

Pour préparer 1 kg de chutney à la tomate, il vous faut 2 cuillères à soupe de graines de moutarde, 1 cuillère à soupe de piment de la Jamaïque, 1,5 kg de tomates pelées et coupées en quatre (voir page 48), 500 g d'oignons émincés, 1 cuillère à café de piment de Cayenne, 250 g de raisins secs, 250 g de sucre en poudre, 2 cuillères à café de sel et 45 cl de vinaigre.

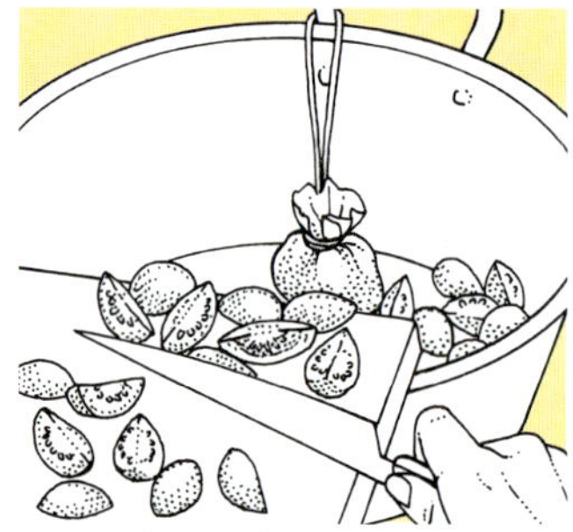

1 *Enveloppez les graines de moutarde et le piment de la Jamaïque dans un morceau d'étamine. Ficelez ce petit sac et attachez-le à la poignée de la bassine à confiture. Réunissez dans la bassine les tomates, les oignons et le piment de Cayenne.*

2 *Laissez mijoter à feu doux environ 45 minutes, en brisant les morceaux, jusqu'à les réduire en une pulpe épaisse. Ajoutez le reste des ingrédients, laissez mijoter, en remuant de temps en temps, environ 1 heure 30, jusqu'à obtention d'une préparation épaisse.*

3 *Retirez la mousseline. Versez le chutney dans des bocaux propres, secs et préchauffés (voir page 300) et couvrez-les immédiatement. Conservez-les dans un endroit sec et sombre pendant 2 ou 3 mois avant de les ouvrir pour déguster le chutney.*

VINAIGRES ÉPICÉS

Les épices ajoutées à du vinaigre apportent une petite note parfumée très agréable, tout en renforçant les qualités de conservateur du vinaigre. Celui-ci, ainsi aromatisé, se garde plusieurs mois.

Lorsque l'on parfume soi-même son vinaigre, on peut laisser libre cours à son imagination et essayer de nouvelles associations de fragrances. Il est préférable d'utiliser des épices entières, car les épices moulues auront tendance à le troubler. On peut varier les épices en fonction de ses goûts, en s'inspirant de la recette suivante : pour 1,2 litre de vinaigre, prévoyez 3 bâtons de cannelle de 5 cm, 2 cuillères à café de clous de girofle entiers, 10 feuilles de macis, 2 cuillères à café de piment de la Jamaïque et 2 cuillères à café de grains de poivre noir.

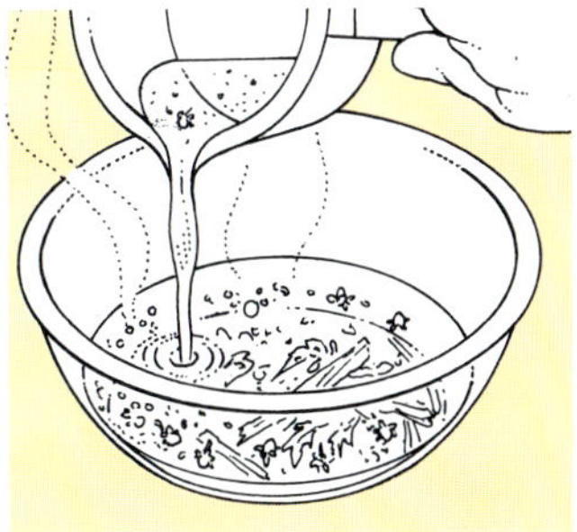

Mettez les épices entières dans une casserole et ajoutez 1,2 litre de vinaigre d'alcool. Portez à ébullition puis versez-le dans une jatte résistant à la chaleur et laissez reposer pendant 2 heures. Conservez le vinaigre avec les épices dans des bocaux propres et secs et fermez-les hermétiquement. Filtrez le vinaigre avant de l'utiliser. Conservez-le pendant 2 à 3 mois, afin que les saveurs s'accentuent.

Dans le sens des aiguilles d'une montre, en partant du haut à droite : oignons au vinaigre, chutney à la tomate, chutney à la pomme verte et chou rouge au vinaigre.

PICKLES D'OIGNONS

Dans cette recette, les oignons sont recouverts de saumure, afin de les débarrasser de leur excédent d'eau. Utilisez du sel de table ordinaire et du vinaigre épicé (voir ci-dessus), plus parfumé que du vinaigre ordinaire. Les choux-fleurs séparés en petits bouquets peuvent être traités de la même façon. Conservez-les pendant 3 ou 4 mois avant de les utiliser.

Il vous faut 2 kg de petits oignons, 500 g de sel, 4,8 litres d'eau et 1,2 litre de vinaigre épicé.

1 *Mettez les oignons avec leur peau dans une grande jatte. Faites dissoudre 250 g de sel avec 2,5 litres d'eau, afin d'obtenir de la saumure. Versez sur les oignons. Laissez macérer 12 heures au moins.*

2 *Égouttez les oignons, pelez-les et recouvrez-les de saumure fraîche préparée avec le reste de sel et d'eau. Laissez tremper pendant 24 à 36 heures, puis égouttez-les et rincez-les.*

3 *Placez les oignons dans des bocaux propres et secs, jusqu'à 2,5 cm du bord. Arrosez de vinaigre épicé et fermez avec des couvercles.*

CHOU ROUGE AU VINAIGRE

Dans cette recette, les couches de chou sont intercalées avec des couches de sel. Ce type de préparation convient également pour des concombres, des tomates et des courges. Ces légumes doivent être consommés assez rapidement, dans les 2 ou 3 mois qui suivent leur préparation, car au-delà de cette période, ils perdent de leur croquant. Il vous faut 5 kg de chou rouge finement émincé (voir page 45), 2 gros oignons émincés, 4 cuillères à soupe de sel, 2,5 litres de vinaigre épicé (voir ci-dessus) et 1 cuillère à soupe de cassonade.

1 *Étalez le chou et les oignons en couches successives, en salant abondamment chacune d'elles. Couvrez avec un linge propre et réservez pendant 24 heures. Le lendemain, égouttez les oignons et le chou, rincez-les et égouttez-les à nouveau.*

2 *Tassez-les dans des bocaux, jusqu'à 2,5 cm du bord. Faites chauffer le vinaigre à feu doux, ajoutez le sucre et remuez jusqu'à ce qu'il soit dissous. Réservez, puis arrosez les oignons et le chou avec ce liquide. Couvrez aussitôt.*

CONSERVES PARTICULIÈRES

Voici des recettes plus luxueuses que celles des pages précédentes, certaines permettant de conserver une petite quantité de vos fruits ou légumes préférés, d'autres associant la saveur des fruits à la force d'un délicieux alcool.

Le *mincemeat*, ce hachis de fruits secs parfumés au cognac, très populaire en Angleterre, a été conçu à l'origine comme une façon de conserver la viande, sans avoir recours aux méthodes de salage et de fumage. De nos jours, il s'agit d'un mélange de fruits secs et d'épices, que l'on conserve dans de l'alcool et du sucre. Seule la graisse de rognon de bœuf subsiste dans la recette d'aujourd'hui. Vous pouvez toutefois ajouter un peu de bœuf haché, qui ajoute une note très originale à la préparation. Certaines épiceries fines vendent du *mincemeat* en conserve. Si ce type de produit ne peut se comparer à la recette préparée chez soi, on peut néanmoins en améliorer la saveur en ajoutant du jus de citron frais, un peu de cognac, du zeste d'orange râpé et des pommes à cuire râpées.

Les fruits peuvent être mis à macérer dans de l'alcool, dans du sirop seul ou dans un mélange de sirop, de vinaigre et d'épices. L'alcool généralement utilisé est le cognac, car il se marie avec la majorité des fruits, y compris les cerises, les abricots, les pêches, les kumquats, l'ananas et les oranges, mais on peut préférer d'autres alcools comme du kirsch. Ce dernier est délicieux avec des cerises, de l'ananas et des framboises. Les fruits à l'alcool constituent une excellente façon de terminer un repas, surtout si on les mélange avec des fruits frais, des fruits rouges notamment. Les fruits conservés dans un sirop épicé et vinaigré peuvent accompagner les viandes et les volailles.

Il est possible de conserver des légumes dans de l'huile. Les tomates, les champignons, les olives, les artichauts et les poivrons se prêtent très bien à ce type de préparation. Quant aux citrons, on peut aussi les faire saler, méthode de conservation qui remonte à l'époque romaine, et que l'on utilise encore très souvent en Afrique du Nord (voir page 309).

LE MINCEMEAT

Préparez de grandes quantités de mincemeat et utilisez-les au fur et à mesure, en fonction de vos besoins, pour préparer de délicieuses tartelettes (page 248) et autres entremets. Vous pouvez en confectionner de petits pots qui seront des cadeaux très appréciés.

Le mincemeat, préparation d'origine britannique que l'on sert surtout à l'époque des fêtes de Noël, est délicieux à tout moment de l'année. J'en ai toujours un bocal en réserve. Pour obtenir du mincemeat qui se conserve convenablement, utilisez une variété de pommes fermes et dures ; les pommes trop juteuses rendent la préparation trop molle. Mettez le mincemeat en pots comme de la confiture (voir page 300), et prévoyez d'attendre pendant 2 semaines avant de l'utiliser. S'il devient trop sec, ajoutez encore un peu d'alcool.

Pour préparer 1,5 kg de mincemeat, il vous faut 125 g de raisins de Corinthe, 125 g de raisins de Smyrne, 75 g d'abricots secs, 75 g de cerises confites, 75 g de noix de pécan ou de cerneaux de noix, 175-250 g de pommes à cuire, le zeste et le jus de 2 citrons, 50 g de fruits confits hachés, 125 g de graisse de rognon, 175 g de cassonade, 1/2 cuillère à café de clous de girofle hachés, 1 cuillère à café de cannelle moulue et 8-15 cl de cognac.

1 *Hachez les raisins, les abricots, les cerises et les noix dans une grande jatte. Ajoutez les pommes épluchées, vidées et hachées avec le zeste et le jus de citron, les fruits confits, la graisse de rognon, la cassonade et les épices. Ajoutez du cognac jusqu'à obtention d'un mélange humide.*

2 *Couvrez la jatte et laissez reposer 2 jours. Remuez et ajoutez du cognac si nécessaire. Remplissez des bocaux en tassant bien avec le dos d'une cuillère, couvrez et fermez hermétiquement (voir page 300). Laissez reposer 2 semaines, afin que les goûts se mélangent. Si c'est trop sec, ajoutez encore un peu de cognac.*

CERISES AU COGNAC

De nombreux fruits peuvent être conservés dans l'alcool, à condition qu'ils soient fermes et frais. La peau des fruits dénoyautés doit être piquée avec une fourchette, afin que l'alcool puisse pénétrer jusqu'au cœur du fruit. Mettez les fruits en pots et couvrez de la même façon que les légumes au vinaigre (voir page 305) et laissez reposer pendant au moins 3 mois avant de les déguster.

Il vous faut 500 g de cerises, 250 g de sucre cristallisé, 10 cl d'eau, 1 bâton de cannelle et 25 cl de cognac, de rhum ou de kirsch.

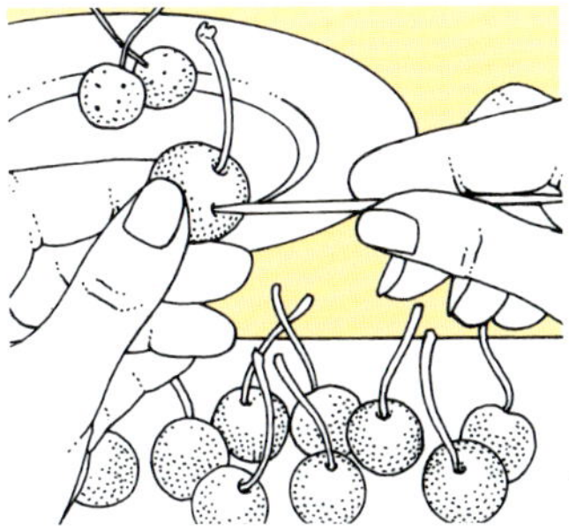

1 *Percez la peau des cerises avec une pique de bois ou une aiguille. Faites dissoudre la moitié du sucre dans l'eau. Ajoutez les cerises et le bâton de cannelle et faites pocher 4 à 5 minutes.*

2 *Sortez les cerises du sirop et disposez-les dans de petits bocaux propres et secs. Faites dissoudre le reste du sucre dans le sirop réservé, et portez à ébullition pendant 5 à 6 minutes.*

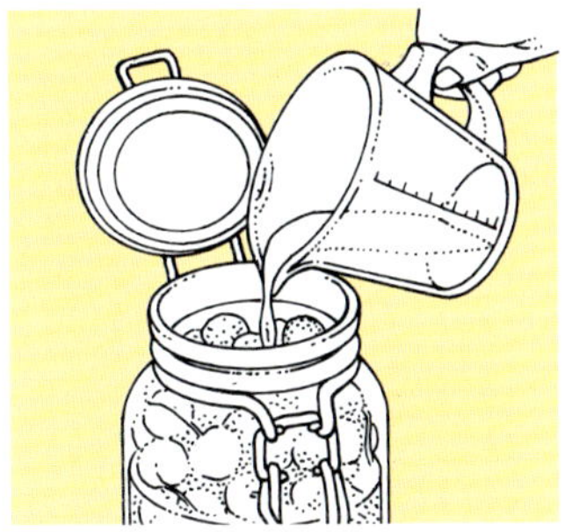

3 *Laissez refroidir le sirop, puis ajoutez autant de cognac. Versez le sirop au cognac sur les cerises, couvrez avec des couvercles en plastique et laissez reposer au moins 3 mois.*

ENCORE DES IDÉES

• Chaque année j'ajoute à ma recette de mincemeat un nouvel ingrédient ; l'ananas haché, l'angélique, les abricots secs, les pêches et les poires sont excellents avec les autres fruits secs.

• On peut pocher toutes sortes de fruits dans un sirop de sucre (voir page 208) puis les disposer dans des bocaux, en couches successives, en alternant les variétés, les recouvrir à moitié d'alcool et remplir les bocaux avec du sirop (réduit et épaissi avant d'être refroidi et versé). Il est important de stériliser les pots avant de les remplir (voir page 300). Parmi les fruits qui se prêtent le mieux à ce type de préparation, on peut citer les pêches, les abricots, les coings, les cerises dénoyautées, les mangues coupées en tranches, les kiwis et les figues fraîches (ces deux derniers ne nécessitent pas de précuisson). Les abricots secs et les pruneaux sont délicieux préparés ainsi.

• Les clémentines coupées en deux ainsi que les kumquats accompagnent délicieusement le gibier ou le porc rôtis ; faites-les bouillir avec des épices dans un mélange d'eau et de vinaigre, jusqu'à ce qu'ils soient mous, puis ajoutez du sucre. Portez à nouveau à ébullition et remplissez les bocaux avec ces fruits. Faites réduire le sirop, laissez refroidir et arrosez les fruits.

• Pour conserver des aubergines dans de l'huile, plongez de fines tranches de ce légume dans du vinaigre bouillant pendant 3 ou 4 minutes, puis égouttez-les et essuyez-les entre deux épaisseurs de papier absorbant. Tassez-les dans des bocaux propres et secs, saupoudrez de paprika, de poivre et de sel, d'ail écrasé et d'origan séché, puis recouvrez d'huile d'olive.

• Parfumez votre huile d'olive avec des herbes fraîches ; il n'est pas nécessaire de filtrer l'huile avant de l'utiliser.

Ces poivrons à l'huile sont délicieux avec des viandes froides ou même du fromage. Lorsque vous préparez des cerises au cognac, laissez les queues sur les fruits, afin de pouvoir les saisir.

POIVRONS À L'HUILE

Les légumes conservés dans de l'huile sont excellents pour agrémenter une salade, un plat en sauce ou une pizza. L'huile peut ensuite être utilisée dans une vinaigrette. Les poivrons gagnent à être préalablement grillés, puis débarrassés de leur peau avant d'être plongés dans l'huile. Pour préparer des poivrons à l'huile, il faut 2 kg de poivrons rouges, verts ou jaunes — ou un mélange des trois. On ajoute également des bottes d'herbes fraîches ainsi qu'une gousse d'ail épluchée et de l'huile d'olive mélangée à de l'huile de tournesol.

1 *Coupez les poivrons en quatre dans la longueur. Retirez les tiges, les cœurs et les graines. Disposez sur une grille, la peau vers le haut. Faites griller jusqu'à ce qu'ils soient complètement noirs. Enveloppez-les dans un linge et laissez refroidir 10 minutes. Pelez-les (voir page 55), puis coupez-les en bandelettes.*

2 *Tassez les morceaux de poivrons dans des bocaux propres et secs, en les intercalant avec des épaisseurs d'herbes fraîches et en ajoutant une gousse d'ail. Versez suffisamment d'huile pour recouvrir les poivrons. Fermez les bocaux et conservez-les pendant 1 mois dans un endroit frais et sombre.*

GELÉE AUX POMMES ET À LA MENTHE *(301)*

Cette délicieuse gelée accompagnera de façon très originale votre gigot d'agneau. J'utilise pour la parfumer des épices du Moyen-Orient et du jus d'épinards pour renforcer la couleur.

POUR ENVIRON 2 KG DE GELÉE

1,5 kg de pommes vertes, non épluchées, hachées gros
1 poignée de menthe fraîche, plus 2 cuillères à soupe de feuilles hachées
2 bâtons de cannelle brisés
90 cl d'eau
125 g d'épinards, débarrassés de leur tige et hachés gros
30 cl de vinaigre de cidre
3 cuillères à café de grains de cumin
3 cuillères à café de graines de coriandre, écrasées
6-8 gousses de cardamome, écrasées
sucre semoule ou à confiture
1 grosse botte d'aneth frais, séparé en petits bouquets

Mettez les pommes dans une bassine à confiture avec une poignée de menthe fraîche et les bâtons de cannelle. Ajoutez l'eau, portez à ébullition et laissez mijoter pendant environ 45 minutes, en remuant de temps en temps. Ajoutez les épinards à mi-cuisson. Lorsque les pommes sont cuites, ajoutez le vinaigre de cidre et faites bouillir pendant 5 minutes supplémentaires.

Versez la préparation dans un filtre en nylon ébouillanté (voir page 301) au-dessus d'une grande jatte et laissez le jus s'égoutter pendant au moins 12 heures, sans presser les ingrédients. Enveloppez dans un carré d'étamine noué les graines de cumin, les graines de coriandre et la cardamome, et les 2 cuillères à soupe de menthe hachée dans une autre étamine.

Mesurez le jus extrait de la préparation aux pommes et aux épinards et versez-le dans une bassine à confiture avec 500 g de sucre pour 60 cl de jus. Jetez le contenu du filtre. Mettez la bassine à feu moyen et remuez jusqu'à ce que tout le sucre soit dissous, puis ajoutez les sacs d'épices et de menthe. Portez à ébullition, faites bouillir rapidement pendant 10 minutes, retirez la bassine du feu et vérifiez le degré de cuisson (voir page 300).

Lorsque la confiture est cuite, écumez-la. Ajoutez l'aneth frais. Laissez refroidir pendant 8 à 10 minutes, puis remuez à nouveau et versez dans des bocaux propres et secs (voir page 300), en déposant un peu d'aneth dans chaque pot. Fermez les pots et conservez-les.

MIEL AU SUREAU ET À LA NOISETTE *(298)*

Cette recette permet de transformer un miel ordinaire en une agréable et délicate préparation. Le sureau fleurit en mai et en juin ; profitez de cette saison pour parfumer votre miel de façon originale. Les noisettes grillées et hachées apportent une délicieuse petite note croquante.

POUR 1 KG

1 kg de miel
3-4 têtes de fleurs de sureau, bien propres
50 g de noisettes pilées

Versez le miel dans une casserole. Secouez les fleurs de sureau au-dessus, afin qu'elles tombent dans le miel ; tirez sur celles qui ne tombent pas facilement. Faites chauffer à feu doux, en remuant. Lorsque le liquide commence à bouillir, retirez du feu, couvrez et laissez infuser 1 heure au moins.

Refaites chauffer le miel, puis versez-le au travers d'une passoire, dans des bocaux propres, secs et chauds (voir page 300). Ajoutez quelques noisettes pilées dans chaque pot. Lorsque le miel est refroidi, couvrez hermétiquement et conservez-le 2 semaines avant de l'utiliser. Les noisettes auront tendance à s'amasser sur le dessus du pot, il convient donc de remuer le miel lorsqu'il commence à refroidir, afin de les répartir uniformément.

CHUTNEY À L'ORANGE ET AU POIVRON *(298)*

Ce chutney agréablement parfumé et à la belle couleur vive se marie délicieusement bien avec le canard, le porc et le gibier. Il est également excellent avec la dinde et le jambon. Il ressemble plus à une compote de fruits qu'à un véritable chutney, bien que l'oignon et le vinaigre lui confèrent un petit goût exotique caractéristique des chutneys.

POUR ENVIRON 1,5 KG

3 grosses oranges
5 citrons verts
2 gros oignons, coupés en morceaux de 1 cm
9-10 gousses d'ail, coupées en deux
2 piments rouges, épépinés et hachés menu (voir page 49)
1 cuillère à café de curcuma
375 g de sucre semoule
30 cl de vinaigre
30 cl de jus de pomme
1 cuillère à café de sel
10-12 gousses de cardamome, légèrement écrasées
6-8 clous de girofle
1 gros poivron rouge, vidé, épépiné et coupé en morceaux de 1 cm (voir page 49)
1 gros poivron jaune, vidé, épépiné et coupé en morceaux de 1 cm (voir page 49)

Grattez les oranges et les citrons verts avec de l'eau savonneuse, rincez soigneusement dans de l'eau froide et essuyez. Pressez le jus des oranges dans une casserole en acier inoxydable, et retirez les pépins. Grattez les petites peaux blanches des écorces d'orange à l'aide d'une cuillère et jetez-les ; coupez la peau en petits morceaux. Coupez les citrons verts en huit et jetez les pépins.

Ajoutez l'écorce d'orange, les quartiers de citron, les oignons, l'ail et les piments au contenu de la casserole puis le curcuma, le sucre, le vinaigre, le jus de pomme et le sel. Mettez les gousses de cardamome écrasées et les clous de girofle dans un carré de mousseline fermé avec une ficelle assez longue fixée à la poignée de la casserole. Portez à ébullition puis laissez mijoter lentement, sans couvrir, en remuant souvent, pendant 1 heure. Ajoutez les poivrons. Poursuivez la cuisson 30 à 45 minutes, en remuant avec une cuillère en bois, à mesure que la préparation épaissit.

Retirez le sac d'épices et jetez-le. Laissez le chutney refroidir dans la casserole, puis versez dans des pots (voir page 300), fermez et conservez dans un endroit frais au moins 2 semaines avant de l'utiliser.

CONFITURE DE FRAMBOISES *(298)*

Les confitures de framboises ou de cerises, fruits pauvres en pectine, gagnent à être préparées avec du sucre à confiture, qui permet à la préparation de prendre sans que l'on ait besoin de trop la faire cuire. Les fruits gardent ainsi toute leur saveur.

POUR 1,5-2 KG

1 kg de framboises fraîches
4 cuillères à soupe de jus de citron, filtré
le jus d'une orange, filtré
875 g de sucre à confiture

Mettez les framboises dans une bassine avec les jus de citron et d'orange filtrés. Ajoutez le sucre et portez doucement à ébullition, à feu moyen. Faites bouillir vigoureusement pendant 3 à 4 minutes et vérifiez la cuisson (voir page 300). Lorsque la confiture est cuite, mettez-la en pots (voir page 300).

CITRONS EN SAUMURE *(298)*

Après plusieurs séjours au Maroc, j'en suis venue à adorer ces délicieux citrons que l'on utilise souvent pour parfumer les célèbres tajines (ragoûts cuits dans des plats en terre). Quelques rondelles de citron suffisent pour rehausser le goût d'un poulet en sauce ou d'un ragoût d'agneau. Lorsqu'ils sont prêts à être dégustés, ces citrons ne présentent pas un goût salé trop prononcé, leur peau est molle et a perdu toute son amertume.

POUR ENVIRON 1 KG

environ 1 kg de petits citrons, plus 6 pour leur jus
environ 125 g de sel de mer

Grattez les citrons à l'eau savonneuse, puis rincez-les soigneusement sous le robinet avant de les sécher. En vous plaçant au-dessus d'une jatte, coupez les citrons dans la longueur en quartiers, en veillant à ne pas les séparer. Retirez les pépins.

Parsemez une cuillère de sel dans chaque citron et tassez-les dans des bocaux propres et secs (voir page 300), en appuyant fermement avec une cuillère. Versez le jus qui s'est écoulé dans les bocaux. Le liquide doit complètement recouvrir les citrons ; ajoutez le jus des autres citrons, et plus si vous voyez qu'il n'y en a pas assez.

Posez un poids, par exemple une grosse pierre bien lavée dans une soucoupe au-dessus de chaque bocal, afin qu'aucune partie de citron ne dépasse du liquide ; couvrez les pots et laissez à température ambiante pendant 2 ou 3 semaines. Lorsque les citrons sont prêts (la peau est molle), retirez le poids. Lorsque le pot est ouvert, conservez les citrons au réfrigérateur.

CONDIMENT AUX ABRICOTS ET À LA TOMATE *(298)*

Ce délicieux condiment ressemble à un chutney peu cuit et présente un goût frais et aigre-doux assez inhabituel.

POUR 2-2,5 KG

500 g d'abricots frais, coupés en deux, dénoyautés et hachés gros (voir page 222)
750 g de tomates, pelées et hachées gros (voir page 48)
250 g d'échalotes, coupées en quatre dans la longueur
1 morceau de gingembre de 2,5 cm, épluché et émincé
4-5 gousses de cardamome, légèrement écrasées
1 bâton de cannelle, cassé en morceaux de 2,5 cm
125 g de cassonade
1 cuillère à soupe de miel
15 cl de vinaigre de cidre
2 cuillères à café de poivre vert

Mettez les abricots, les tomates, les échalotes, le gingembre, la cardamome et la cannelle dans une bassine à confiture, puis ajoutez la cassonade, le miel, le vinaigre et le poivre vert. Portez à ébullition et laissez bouillir, sans couvrir, pendant environ 20 minutes, jusqu'à ce que les échalotes soient molles et que le mélange soit bien épais. Versez dans des pots propres et secs (voir page 300) et fermez-les. Conservez les pots pendant au moins 3 semaines avant les ouvrir.

CHAMPIGNONS MARINÉS *(298)*

Les champignons marinés sont très appréciés dans toute l'Europe de l'Est, et plus particulièrement en Russie. Lors d'un voyage à Prague, une vieille femme nous offrit quatre variétés de champignons au vinaigre ; certains d'entre eux présentaient une consistance très moelleuse. En utilisant des champignons différents, vous obtiendrez une grande diversité de goûts et de consistances. Vous pouvez même ajouter des champignons que vous trouverez en automne dans les sous-bois. Les champignons marinés sont délicieux dégustés tels quels ou avec du fromage ou encore dans des salades.

POUR ENVIRON 75 CL

250 g de cèpes
125 g de champignons chinois
125 g de petits champignons de Paris
125 g de grisets
3 cuillères à soupe de sel
30 cl de vin blanc
30 cl de vinaigre
2 cuillères à café de sucre en poudre
1 petit oignon rouge, émincé
2 grosses gousses d'ail, coupées en quatre dans la longueur
2 cuillères à café de poivre vert (ou de baies roses), écrasé
1 cuillère à café de graines de coriandre
2 brins d'estragon frais, séparés en feuilles
3-4 cuillères à soupe d'huile d'olive

Si les champignons sont sales, essuyez-les soigneusement avec un linge humide. Coupez l'extrémité du pied. Si les champignons sont trop gros, coupez-les en deux. Ajoutez le sel à une casserole d'eau et portez à ébullition, puis ajoutez les champignons et faites bouillir pendant 4 à 5 minutes. Égouttez les champignons et laissez refroidir.

Versez le vin blanc et le vinaigre dans une casserole. Ajoutez le sucre en poudre puis les rondelles d'oignon, l'ail, le poivre, les graines de coriandre et les feuilles d'estragon. Portez à ébullition, couvrez et laissez mijoter pendant 5 minutes. Retirez du feu et laissez refroidir. Ajoutez les champignons cuits.

Tassez les champignons et le mélange vinaigré aux épices dans des pots propres et secs (voir page 300). Assurez-vous que les champignons sont bien recouverts de liquide. Versez l'huile d'olive par-dessus. Couvrez hermétiquement et laissez reposer pendant 3 semaines avant de les utiliser. Une fois ouverts, les bocaux de champignons se conservent au réfrigérateur.

LA CUISSON AUX MICRO-ONDES

L'équipement des ménages en fours à micro-ondes a considérablement augmenté ces dernières années, à mesure qu'ils découvraient le potentiel et la commodité de cet appareil. Bien que le four à micro-ondes passe, aux yeux de nombreuses personnes, pour un simple appareil destiné à réchauffer les aliments, il faut savoir qu'il peut également être d'une aide précieuse dans la préparation des repas. Il est vrai que l'utilisation du four à micro-ondes dans de bonnes conditions exige que l'on connaisse certaines règles de base. Tout d'abord, il faut savoir que la puissance est délivrée en vagues d'énergie intenses, qui doivent ensuite être réparties dans les aliments. Si le four n'est pas équipé d'un plateau tournant, il faut remuer les ingrédients très régulièrement. La cuisson aux micro-ondes n'est pas toujours plus rapide qu'un mode de cuisson classique, mais elle est souvent plus commode, notamment pour mener à bien certaines étapes d'une recette classique.

Le four à micro-ondes ne cuit pas en dégageant directement de la chaleur. C'est en activant les molécules des aliments que les micro-ondes provoquent un frottement, lui-même source de chaleur. Les aliments cuisent de l'intérieur et continuent de cuire hors du four.

La cuisson au four à micro-ondes présente de nombreux avantages, mais aussi quelques inconvénients. Par exemple, on ne peut pas faire dorer les aliments, à moins d'utiliser un plat brunisseur. Dans certains cas, il est plus rapide de faire cuire des aliments de façon classique, sur la cuisinière ou dans le four traditionnel. Dans un four à micro-ondes, on ne peut pas faire frire les aliments, pas plus qu'on ne peut les rendre croustillants. On ne peut pas mettre à cuire plus d'un plat à la fois. Si vous devez préparer un repas complet, vous ne pourrez donc pas utiliser le four à micro-ondes pour la confection de tous les plats, à moins de posséder plusieurs fours!

L'avantage principal de la cuisson aux micro-ondes est indiscutablement sa commodité d'utilisation. Le temps de cuisson est réglé à la seconde près et les aliments cuisent généralement dans le plat de service; la corvée de vaisselle s'en trouve donc allégée. Les petites quantités se prêtent particulièrement bien à la cuisson aux micro-ondes. De nombreuses personnes âgées redécouvrent ainsi les plaisirs de la cuisine. Certains aliments sont meilleurs cuits aux micro-ondes que préparés de façon classique, surtout ceux qui exigent une cuisson rapide (poisson et légumes notamment) ou une très petite quantité d'eau.

Techniques de cuisson Elles sont assez peu nombreuses. Vous vous apercevrez rapidement que les aliments doivent être remués plus souvent que pendant une cuisson classique; vous ne pourrez donc pas laisser cuire les aliments sans surveillance. Si votre four ne comporte pas de plateau tournant, il faudra redisposer les aliments, les répartir différemment et les remuer en cours de cuisson. Ces opérations sont indispensables pour préserver la qualité des aliments et assurer une répartition homogène de la chaleur. Dans un four à micro-ondes, certains endroits chauffent plus intensément que d'autres. Reportez-vous au manuel du fabricant pour connaître les spécificités de votre appareil. Il convient généralement de remuer les aliments de l'extérieur vers l'intérieur et de disposer les morceaux les plus fins au centre du four.

Il ne faut pas oublier non plus que les aliments continuent de cuire hors du four, pendant la période que l'on appelle « temps de repos » dans la plupart des recettes. Par exemple, les œufs brouillés doivent être sortis du four alors qu'ils sont encore coulants. Après un repos de 2 minutes, ils seront cuits à point.

Réglage de la puissance et consommation La puissance maximum du four est directement liée à la consommation. La puissance restituée la plus courante est de 650 watts. Les indications données dans ce livre se réfèrent à un four de cette puissance. Si votre four est moins puissant, consultez le manuel du fabricant et rectifiez les temps de cuisson en conséquence. Le réglage de la puissance se fait au moyen d'un sélecteur indiquant le plus souvent des pourcentages : 100 % (puissance maximum), 50 % (puissance moyenne), 30 % (décongélation) et 10 % (puissance minimum). Ces chiffres expriment la durée pendant laquelle les micro-ondes sont libérées au cours du temps de cuisson. Lorsque l'on règle son four sur 30 %, cela signifie que l'énergie n'est libérée que pendant 30 % du temps de cuisson, à intervalles réguliers. Sur certains fours, on entend le générateur se déclencher et s'arrêter régulièrement. Les fours présentent des caractéristiques différentes selon les modèles, aussi est-il préférable de lire attentivement le guide d'utilisation avant de commencer à cuisiner avec votre four à micro-ondes.

Récipients Les micro-ondes traversent la plupart des matériaux, à l'exception du métal. C'est pourquoi vous pouvez utiliser de nombreux types de récipient, à condition qu'ils ne soient pas métalliques et qu'ils ne comportent aucune trace de métal (pensez notamment aux motifs qui ornent certaines porcelaines). Le verre, la terre cuite, la porcelaine et le plastique résistant à la chaleur conviennent parfaitement bien. Bien que les plats et récipients ne chauffent pas dans le four à micro-ondes, comme ils le feraient dans un four classique, soyez prudent lorsque vous les sortez du four; en effet, la chaleur des aliments se propage et chauffe plus ou moins intensément les matériaux.

Pour couvrir les aliments, utilisez un couvercle spécial micro-ondes, avec des ouvertures réglables, ou du film alimentaire. Si vous utilisez du film, veillez à placer vos aliments dans une grande jatte. Certains spécialistes préconisent de ne pas mettre en contact les aliments chauds (surtout ceux qui présentent une teneur en graisses élevée) et le plastique. Pensez à percer le plastique ou à en replier une partie sur l'un des bords, afin que la vapeur puisse s'échapper. Pour couvrir des récipients plats, vous pouvez aussi utiliser du papier sulfurisé mouillé et chiffonné.

Cuisson des légumes C'est là que le four à micro-ondes est le plus commode : rapidité, propreté et absence de vapeur dans la cuisine sont les trois avantages principaux de la cuisson au four à micro-ondes. En outre, les aliments gardent toutes leurs vitamines et leur croquant. Les personnes qui doivent suivre un régime sans sel apprécieront ce mode de cuisson, car les aliments réclament peu d'assaisonnement, en raison notamment de la faible perte en eau durant la cuisson. Les légumes ne cuisent pas plus rapidement au four à micro-ondes que dans une casserole, mais ils exigent moins d'eau et le risque de les faire brûler ou de laisser l'eau s'évaporer est nul. De plus, la vaisselle est réduite au minimum. Pour faire cuire une grosse pomme de terre, prévoyez environ 5 minutes; pour de petites pommes de terre nouvelles cuites à l'eau, 10 minutes sont généralement suffisantes.

Préparez vos légumes normalement, placez-les dans une grande jatte avec quelques cuillères à soupe d'eau, couvrez de film alimentaire percé, en veillant à ce qu'il ne touche pas les aliments, et faites cuire pendant quelques minutes à 100 %. Le manuel de votre fabricant vous indiquera le temps de cuisson exact. Si vous possédez un four avec plateau tournant, il n'est pas nécessaire de remuer les aliments. Les légumes aux formes irrégulières (brocoli par exemple) doivent être disposés de sorte que les parties les plus fines soient orientées vers le centre. Les gros légumes (épis de maïs, notamment) doivent être repositionnés en cours de cuisson, afin de cuire uniformément.

La cuisson des pommes de terre en robe des champs est proprement spectaculaire dans un four à micro-ondes. Une pomme de terre cuit en tout juste 5 minutes, alors qu'il faut généralement 1 heure dans un four classique. Toutefois, la peau du légume ne sera pas croustillante comme lorsqu'elle cuit de façon traditionnelle.

Cuisson du poisson Le poisson est certainement l'aliment qui se prête le mieux à la cuisson au four à micro-ondes. Il cuit rapidement, sans odeur, dans son jus, qui peut d'ailleurs être utilisé pour la confection d'une délicieuse sauce d'accompagnement instantanée. Placez les filets ou les darnes de poisson sur une assiette, parsemez de noisettes de beurre puis assaisonnez. Couvrez avec du papier sulfurisé et faites cuire à 100 % pendant 2 à 4 minutes, en fonction de l'épaisseur du poisson. Consultez le manuel de votre fabricant pour connaître les temps de cuisson exacts. Laissez reposer pendant 2 à 3 minutes.

Cuisson de la viande et de la volaille Le four à micro-ondes ne peut pas dorer les aliments, sauf s'il s'agit d'un four combiné. C'est pour-

QUELQUES CONSEILS

Le réglage de la puissance et le temps de cuisson étant parfaitement maîtrisés, le four à micro-ondes permet de réussir à coup sûr de délicieuses recettes. Voici quelques conseils utiles concernant la cuisson. Toutefois, consultez toujours le manuel de votre fabricant.

• Faites mijoter et réduire les bouillons de viande, sans les couvrir, pendant 1 heure, et les fumets de poisson et les bouillons de légumes pendant 30 minutes. Vous éviterez ainsi que la cuisine se transforme en étuve et que la casserole brûle sous l'effet de l'évaporation.
• Le chocolat fond sans brûler ni durcir. Cassez le chocolat en morceaux dans une jatte et faites-le fondre au four à micro-ondes pendant 2 minutes à 100 %, en remuant à mi-cuisson. Consultez le manuel de votre fabricant pour plus de précision.
• La gélatine se dissout sans brûler, et donc sans perdre ses qualités. Mélangez-la avec de l'eau froide, laissez-la fondre puis faites-la chauffer à 30 % (décongélation) pendant 2 ou 3 minutes, jusqu'à ce que le liquide soit clair.
• On peut faire fondre la confiture et le miel directement dans leur pot, mais veillez à bien retirer le couvercle en métal. Vous pouvez faire fondre de la confiture d'abricots ou de la gelée de groseille dans un bol, pour en napper tartes et entremets.
• Confectionnez du caramel en faisant dissoudre le sucre en poudre avec de l'eau (voir page 217) puis en faisant cuire la préparation à 100 % pendant 6 à 8 minutes, jusqu'à ce qu'elle soit bien dorée. N'utilisez pas de récipient en plastique.
• Faites fondre le beurre et la margarine en position décongélation (30 %) pendant 1 à 3 minutes.
• Pour clarifier du beurre, passez-le d'abord de 1 à 3 minutes à 100 %, puis reportez-vous à la page 96.
• Faites chauffer du lait aromatisé ou non directement dans un pichet et utilisez-le pour préparer une béchamel (voir page 196).
• Faites griller les noisettes et la noix de coco en poudre en les passant 5 minutes à 100 %, et en les remuant de temps en temps.
• Faites précuire le poulet, les côtes de porc ou les saucisses au four à micro-ondes avant de les faire cuire au barbecue. Vous serez ainsi assuré de la bonne cuisson de votre viande.
• Faites ramollir la crème glacée à 30 % (décongélation) pendant 1 ou 2 minutes, jusqu'à ce qu'elle ait la consistance idéale.
• Les pommes de terre en robe des champs cuisent en quelques minutes, mais leur peau ne devient pas aussi croustillante que lorsqu'on les fait cuire au four. Commencez par les entailler, badigeonnez-les d'huile d'olive (voir page 56). Faites cuire à 100 % pendant 5 minutes pour une pomme de terre ; de 7 à 8 minutes pour 2 pommes de terre ; de 10 à 12 minutes pour 3 pommes de terre ; de 12 à 15 minutes pour 4 pommes de terre.
• Faites ramollir au four à micro-ondes les fruits destinés à une tourte et garnissez le moule foncé. Vous gagnerez ainsi du temps sur la cuisson de la tarte.
• Préparez un *lemon curd* instantané en faisant fondre 75 g de beurre à 100 %, puis ajoutez 250 g de sucre en poudre, le zeste râpé de 2 citrons, 4 cuillères à soupe de jus de citron fraîchement pressé et 3 œufs battus. Faites cuire pendant 2 à 3 minutes à 100 %, en remuant de temps en temps, jusqu'à ce que le sucre soit bien dissous. Poursuivez la cuisson pendant 2 à 3 minutes, en remuant deux fois, jusqu'à ce que la pâte ait épaissi. Laissez refroidir et mettez en pots (voir page 300).
• Si vous souhaitez réchauffer des plats tout préparés présentés dans des sachets en plastique, percez-les afin que la vapeur puisse s'échapper ; ouvrez le sachet avec précaution.
• Lorsque vous retirez le film alimentaire, veillez à ne pas vous brûler avec la vapeur.
• Laissez toujours un verre d'eau dans votre four à micro-ondes lorsque vous ne l'utilisez pas. De cette façon, si vous le mettez en marche de façon accidentelle, les micro-ondes seront absorbées par l'eau et ne risqueront pas d'abîmer l'appareil.

quoi il est important de badigeonner la viande ou la volaille avec des épices et une sauce colorée. Personnellement, je préfère faire cuire viande et volaille de façon traditionnelle. Une viande en sauce en cocotte demande généralement moins d'attention et de travail sur le feu que dans le four à micro-ondes, où elle doit être remuée à plusieurs reprises.

En revanche, les petits morceaux de viande, de poulet ou de porc, cuisent délicieusement bien au four à micro-ondes, tout comme les boulettes ou les pains de viande. Il sera sans doute nécessaire de les accompagner d'une sauce colorée.

Si vous souhaitez faire rôtir une viande au four à micro-ondes, investissez dans l'achat d'un thermomètre à viande spécial micro-ondes ; n'utilisez pas de thermomètre à viande classique. Les fours combinés comportent parfois une sonde que l'on pique dans la viande et qui permet d'en connaître la température interne.

Cuisson du riz, des pâtes et des légumes secs Même si ces aliments ne cuisent pas plus rapidement au four à micro-ondes, de nombreuses personnes apprécient ce mode de cuisson, les légumes ne brûlent pas et ne sont pas trop cuits. Pour la cuisson du riz, reportez-vous à la page 108 et assurez-vous que le film alimentaire ne touche pas le riz.

Pour faire cuire des pâtes sèches, placez-les dans une grande jatte, couvrez-les d'eau bouillante, couvrez d'un film alimentaire percé et faites cuire pendant les trois quarts du temps indiqué sur le paquet de pâtes ; laissez reposer pendant 2 minutes, puis vérifiez le degré de cuisson. Égouttez et parsemez de beurre avant de remuer.

Pour faire cuire des légumes secs, commencez par les faire tremper de façon classique (voir page 112) et égouttez-les. Placez-les dans une grande jatte, parfumez-les avec des herbes et des légumes, mais ne salez pas ; couvrez-les d'eau bouillante. Couvrez le plat de film alimentaire percé, en veillant à ce qu'il ne touche pas les légumes. Faites cuire à 100 % jusqu'à ce que le liquide commence à bouillir, puis à 30 % (décongélation) pendant 35 à 50 minutes, jusqu'à ce qu'ils soient tendres. Égouttez-les et parfumez-les avec des épices et de l'huile.

Gâteaux À moins que vous ne possédiez un four combiné, vous ne pourrez pas faire dorer vos gâteaux. Mais les pâtes cuisent très rapidement et lèvent de façon spectaculaire. Les gâteaux qui se prêtent le mieux à la cuisson au four à micro-ondes sont ceux qui comprennent des ingrédients foncés tels que cassonade, cacao en poudre ou épices. Les gâteaux au chocolat (voir page 272), le pain au malt (voir page 295), le pain d'épices (voir page 269), vous donneront toute satisfaction dans un four à micro-ondes. Il vous faudra investir dans des moules à gâteaux spécial micro-ondes, ou utiliser des plats en Pyrex.

Décongélation La fonction décongélation est souvent, dans un four à micro-ondes, celle qu'on utilise le plus. La décongélation accélérée des aliments présente, entre autres avantages, la possibilité de préparer, au pied levé, un délicieux repas, ce qui permet de retenir des amis à dîner à l'improviste. La décongélation s'effectue à 30 % environ de la puissance maximum. Pour des aliments coupés en petits morceaux, il sera parfois nécessaire de régler votre four à 10 %, afin que les bords ne commencent pas à cuire avant que le centre ne soit décongelé. Les poulets et les rôtis de petite taille décongèlent facilement de cette façon. Veillez à les poser sur du papier absorbant, afin que le jus ne s'écoule pas dans le four. Vérifiez que l'intérieur de la volaille est bien décongelé avant de commencer la cuisson. De nombreux légumes, les sauces, ainsi que les filets de poisson peuvent être cuits sans décongélation préalable.

Hygiène et sécurité Lorsque vous faites réchauffer au four à micro-ondes des plats préparés, suivez toujours les indications portées sur le paquet. Une certaine température interne doit en effet être atteinte pour détruire d'éventuelles bactéries et toxines. Le même principe doit être respecté lorsqu'on réchauffe des plats préparés chez soi.

Fours combinés L'invention des fours combinés a vraiment apporté une innovation en matière d'électroménager. Ce type d'appareil associe les avantages du mode de cuisson classique (vous avez ainsi la possibilité de faire dorer les aliments et de les rendre croustillants) à ceux des micro-ondes (rapidité et propreté). En outre, vous pouvez utiliser l'une ou l'autre fonction séparément. Consultez le manuel d'utilisation afin de connaître les spécificités de votre appareil et les matériaux que vous pouvez utiliser. Sachez toutefois que le volume interne du four ne permet pas toujours de faire cuire les grosses pièces.

LA CONGÉLATION

Les congélateurs sont devenus des appareils extrêmement courants dans les cuisines modernes. Ils permettent de conserver pendant plusieurs mois des plats préparés chez soi ainsi que les plats cuisinés du commerce. On dit souvent que le congélateur fait gagner du temps. En fait, il serait plus juste de dire qu'il permet de s'organiser : vous pouvez cuisiner des plats lorsque vous avez quelques heures devant vous, les congeler et les sortir du congélateur pour les réchauffer un soir où vous manquez de temps.

La congélation est un mode de conservation moderne. Les méthodes traditionnelles de salage, de fumage ou de conservation dans du sucre ou du vinaigre (confitures, gelées et légumes au vinaigre), ralentissent le processus de décomposition bactérienne mais affectent également le goût de l'aliment, ainsi que sa consistance et sa couleur. La congélation, en revanche, lorsqu'elle est menée dans de bonnes conditions, avec des produits de qualité, conserve aux aliments toutes leurs caractéristiques naturelles. Vous sortez du congélateur ce que vous y avez mis. La viande, les légumes, les fruits et le poisson de bonne qualité surgelés puis décongelés ressemblent à s'y méprendre à des aliments frais.

Tous les produits alimentaires contiennent de l'eau. Au cours de la congélation, le froid intense la transforme en glace, stoppe le développement des bactéries et ralentit le processus de décomposition. L'eau forme des cristaux de glace, dont la taille varie en fonction de la rapidité à laquelle les produits ont été congelés. Les aliments congelés rapidement se transforment en une masse de cristaux de glace, qui altèrent très peu la structure de l'aliment. Si le produit est congelé lentement, les cristaux de glace prennent plus lentement et ont tendance à être bien plus gros. Cela affecte à la fois la consistance et le goût de l'aliment. De plus, les ingrédients présentant une haute teneur en eau souffrent davantage de la congélation. Si l'on prend l'exemple d'une fraise et celui d'une framboise : la fraise présente une masse d'eau plus importante et se ramollit énormément lorsqu'on la congèle ; la framboise, dont les petites baies sont bien serrées les unes contre les autres, supporte mieux la congélation.

Les aliments non couverts se déshydratent très rapidement, que ce soit au réfrigérateur ou au congélateur ; cette sécheresse altère leurs qualités gustatives. Cela signifie qu'il est aussi important d'envelopper les aliments que de les congeler rapidement.

Techniques de base En se congelant, les liquides augmentent de volume. Prévoyez donc un emballage ou un récipient suffisamment grand, ne remplissez les récipients que jusqu'à 2,5 cm du bord et ne les fermez que lorsque le liquide est congelé. La plupart des autres ingrédients peuvent être simplement enveloppés dans du film alimentaire, de l'aluminium ou des sacs en plastique. Emballez les ingrédients fragiles dans des boîtes ou dans des sacs, après les avoir congelés au préalable tels quels. De cette façon, ils ne risqueront pas de s'abîmer ou de s'écraser dans le congélateur.

Par exemple, posez un gâteau ou une tarte sur une grille et congelez-les. Lorsqu'ils sont durs, mettez-les délicatement dans une boîte en plastique. Pour éviter que certains fruits, tels que les framboises ou les groseilles, ne forment un bloc pendant la congélation, étalez-les sur un plateau, congelez-les puis enveloppez-les dans des sacs en plastique.

Pour les plats en sauce, tapissez la cocotte avec de l'aluminium résistant à la congélation et faites cuire le plat dedans. Lorsque le plat est froid, congelez-le. Dès que la préparation est suffisamment solide pour être soulevée, placez-la dans un sac en plastique. De cette façon, vous ne serez pas obligé d'immobiliser la cocotte. Déballez le bloc congelé et remettez-le dans la cocotte pour le faire réchauffer.

Emballages et récipients Lorsqu'ils ne sont pas suffisamment protégés, les aliments congelés se dessèchent. Cela signifie que les matériaux employés pour emballer les produits congelés doivent être plus épais et solides que la normale, afin de ne pas se déchirer. Le froid intense du congélateur provoque des « brûlures » qui se matérialisent sous la forme de taches brunes. Celles-ci, bien qu'inoffensives, altèrent le goût du produit alimentaire.

Les emballages conçus spécialement pour le four à micro-ondes évitent ce type de brûlures, mais on peut aussi envelopper les ingrédients dans une double épaisseur de film alimentaire normal. Le film alimentaire est très commode, d'une part, parce qu'il permet de voir les ingrédients, mais aussi parce qu'il épouse la forme du produit. L'aluminium rend également de grands services, tout comme les sacs à congélation, qui existent dans des tailles diverses. Veillez à bien évacuer tout l'air du sac avant de le refermer.

Pour des produits de petite taille (saucisses, crêpes, tartelettes notamment), le papier sulfurisé est très commode, car il permet de séparer les différentes épaisseurs ou produits.

N'oubliez pas d'étiqueter et de dater les aliments que vous surgelez, même si vous pensez pouvoir vous souvenir du contenu du sac. Une fois congelé, un fumet de poisson surgelé ressemble à s'y méprendre à du bouillon de viande !

Congeler viande, volaille et gibier Pour obtenir de bons résultats, il est important de congeler des produits d'excellente qualité, et de les congeler correctement. Pour cela, il convient de les surgeler le plus rapidement possible, après les avoir emballés convenablement dans du papier d'aluminium ou du film alimentaire, en veillant à éliminer tout l'air du sac. Vous protégerez ainsi les produits de la déshydratation provoquée par le froid intense. Enveloppez soigneusement les os qui dépassent afin qu'ils ne risquent pas de trouer l'emballage.

Les côtes de porc, les saucisses et les tranches de foie gagnent à être congelées sur une grille avant d'être emballées. Préparez la viande et le gibier avant de les congeler, en les débarrassant des entrailles et des parties non comestibles.

Ne congelez pas le bœuf, la volaille et les grosses pièces de gibier pendant plus de 8 mois, l'agneau, le veau, le porc et le petit gibier plus de 6 mois, les abats plus de 3 mois, le lard et le jambon fumé plus de 2 mois, le lard et le jambon non fumé plus de 1 mois. Les plats de viande abondamment aillés et épicés doivent être consommés dans les 6 semaines ; les autres se conservent 3 mois. Le bouillon de viande se garde pendant 2 ou 3 mois.

Congeler du poisson Ne congelez que des poissons très frais. Videz-les et retirez la tête si vous le souhaitez (voir pages 118-121), puis enveloppez les poissons entiers dans du film alimentaire et/ou de l'aluminium. Vous pouvez intercaler des feuilles de papier sulfurisé entre les filets, puis les envelopper ou les emballer dans des sacs.

Le poisson cru surgelé peut être utilisé après décongélation dans des tartes, des croquettes ou des quenelles. Ces plats cuits peuvent à leur tour être congelés ; consommez-les dans le mois qui suit et faites-les réchauffer complètement.

Ne conservez pas le poisson au congélateur pendant plus de 3 mois. Les poissons gras, tels que le maquereau ou le saumon, ne se gardent pas plus de 2 mois ; le poisson fumé ne se conserve pas au-delà de 6 semaines. Le fumet de poisson peut être congelé pendant 2 à 3 mois.

Congeler fruits et légumes La congélation des légumes et des fruits n'est à mon avis intéressante que si vous avez un potager et un verger qui donnent une trop grosse quantité de produits à la fois. En effet, il faut au préalable blanchir les légumes et accompagner les fruits d'un sirop de sucre.

Les légumes verts, tels que salades, concombres, cresson et tomates ne se prêtent pas très bien à la congélation, à moins de les incorporer dans des purées ou des soupes. Pour compenser la perte de goût, vous pouvez congeler les légumes sous la forme de préparations parfumées, telles que la ratatouille (voir page 59).

Les fruits rouges peuvent être congelés avant d'être emballés ou, au contraire, enveloppés directement dans des sacs en plastique. Vous pouvez également parsemer les fruits préparés avec un peu de sucre et les congeler dans des boîtes en plastique. Si vous souhaitez déguster les fruits congelés sans les faire cuire au préalable, faites-les décongeler doucement au réfrigérateur, afin qu'ils gardent tout leur goût et leur consistance.

Les fruits et les légumes se conservent au congélateur pendant 1 an.

Blanchir les légumes Cette opération est nécessaire avant de congeler les légumes et certains fruits, car les enzymes contenues dans les produits frais continuent d'exercer leur action, même à des températures très basses.

En plongeant rapidement les légumes dans de l'eau bouillante avant de les tremper dans de l'eau très froide, vous stopperez le processus de décomposition provoqué par les enzymes. Placez vos légumes dans un panier métallique et plongez-les dans une grande casserole d'eau bouillante. Chronométrez le temps à partir de la reprise de l'ébullition. Ne faites pas blanchir plus de 500 g de légumes à la fois. Égouttez les légumes et plongez-les aussitôt dans de l'eau froide, pendant un temps égal à celui du blanchiment, puis égouttez-les soigneusement, emballez-les et congelez-les aussitôt.

Congeler des plats cuisinés Congelez toujours de petites portions, car il est plus facile de faire décongeler et réchauffer plusieurs petits blocs congelés qu'un gros.

La congélation intensifie le goût de certains aliments, comme les épices, l'ail et les aliments très salés. Veillez donc à utiliser ces ingrédients avec parcimonie et à ne pas congeler les plats épicés pendant plus de 6 semaines. De même, les aliments très riches en graisses, comme le lard, ont tendance à rancir lorsqu'on les congèle pendant plus de 6 semaines. Les gâteaux, pains et pâtisseries se congèlent parfaitement s'ils sont correctement enveloppés. Le pain de mie se congèle très bien; les tranches restent séparées, ce qui est très commode.

Congeler des produits laitiers La crème peut être congelée après avoir été légèrement fouettée. Faites-la décongeler doucement au réfrigérateur, afin qu'elle ne se dissocie pas.

Le fromage, frais ou non, se congèle correctement. Le fromage blanc en revanche ne se prête pas à la congélation. Avant de congeler du fromage, coupez-le en morceaux réguliers, puis enveloppez-les dans du film alimentaire. Utilisez les fromages à pâte dure dans les 6 mois suivant la congélation, les fromages frais dans les 6 semaines.

Le beurre emballé dans de l'aluminium se conserve 6 mois au congélateur, 3 mois s'il est salé.

Les yaourts peuvent être congelés, mais ont tendance à devenir plus liquides lors de la décongélation. Remuez-les avant de les utiliser et ne les conservez pas plus de 4 semaines.

Décongélation et réchauffage Tous les aliments pourraient être congelés, mais certains perdent de leurs qualités lors de la décongélation. Il est préférable de faire décongeler la viande, le poisson et les fruits au réfrigérateur, afin de limiter la déperdition en eau.

Veillez à ne pas faire décongeler de la viande ou de la volaille au-dessus de plats cuits, afin d'éviter tout risque de contamination croisée et d'intoxication alimentaire. Déballez la viande, la volaille et le gibier, mettez-les sur une assiette creuse ou dans un plat et recouvrez-les d'aluminium avant de les mettre au réfrigérateur. Les aliments décongelés se détériorent plus rapidement que les aliments cuits; faites-les cuire ou consommez-les le plus rapidement possible.

Les aliments cuits congelés doivent être réchauffés jusqu'à ce qu'ils soient bien chauds, ou consommés froids dès qu'ils sont décongelés.

Les aliments de grande taille doivent être décongelés avant d'être cuits. En revanche, de nombreux aliments peuvent être cuisinés alors qu'ils sont encore gelés. C'est le cas des ingrédients exigeant une cuisson rapide ou des légumes qui ont été blanchis avant la congélation et qui peuvent être plongés directement dans de l'eau bouillante.

Le pain en tranches peut être introduit dans le grille-pain encore congelé. Les pizzas, les filets de poisson peu épais et les steaks hachés n'ont pas besoin d'être décongelés au préalable. Faites chauffer vos sauces congelées et vos bouillons jusqu'à ce qu'ils soient liquides, puis faites-les bouillir pendant quelques minutes.

Les fruits rouges gagnent à être décongelés au réfrigérateur. Certains aliments peuvent être décongelés à température ambiante, mais veillez à les couvrir et à les utiliser aussitôt qu'ils sont décongelés.

Les volailles doivent être décongelées avant d'être enfournées, afin que l'intérieur atteigne une température suffisamment élevée avant que l'extérieur ne soit trop doré. Pour savoir si une volaille est complètement décongelée, introduisez une main dans la cavité. Vous ne devez plus sentir de cristaux de glace.

Attention : quel que soit le produit concerné, *ne recongelez jamais un produit décongelé* tel quel. Seuls les produits crus peuvent être recongelés après cuisson.

QUELQUES CONSEILS

Voici quelques trucs qui vous permettront de tirer le meilleur parti de votre congélateur et de gagner du temps pour préparer le repas les jours où vous êtes pressé.

- Les bouillons se congèlent très bien, sans que leur goût soit altéré (voir page 27). Pour gagner de la place dans le congélateur, faites réduire le bouillon au maximum. Vous pouvez congeler le bouillon dans des bacs à glaçons et les stocker ensuite dans des sacs en plastique. Présentés de cette façon, les cubes de bouillon peuvent être facilement utilisés; il suffit d'en mettre 2 ou 3 dans une casserole et d'ajouter un peu d'eau, ou d'en faire la base de délicieuses sauces riches et parfumées.
- Les herbes fraîches peuvent également être congelées dans des bacs à glaçons. Pour cela, hachez les herbes très finement, garnissez-en les alvéoles du bac et remplissez-les d'eau. Lorsqu'ils sont congelés, démoulez les glaçons et mettez-les dans des sacs en plastique. Ces herbes surgelées donnent de bien meilleurs résultats que les herbes séchées. Si vous ne souhaitez pas cuisiner vos herbes avec l'eau, faites décongeler les glaçons dans une passoire, afin que l'eau s'égoutte lentement.
- En été, essayez de congeler de jolies fleurs comestibles dans de l'eau minérale et ajoutez-les à des cocktails colorés. Vos amis seront impressionnés par votre ingéniosité. Les violettes et les fleurs de bourrache donnent d'excellents résultats.
- Parfumez du beurre ramolli avec des herbes hachées ou du jus de citron, de la pâte de curry, de la moutarde ou de l'ail. Congelez-le en petits carrés; ils seront prêts à garnir un steak en train de cuire dans une poêle. Le beurre à l'ail ne se conserve pas plus de 6 semaines.
- Préparez de la chapelure fraîche en écrasant des restes de pain. Mettez la chapelure obtenue dans un sac en plastique et congelez-la. Pour l'utiliser, frottez-la et prélevez-en la quantité nécessaire pour votre recette.
- Vous pouvez également congeler des croûtons : coupez du pain dur en petits dés, faites-les dorer dans une poêle avec un peu d'huile chaude, puis laissez-les refroidir avant de les congeler (voir page 35).
- Il est préférable de congeler les fonds de tarte crus. Vous pourrez ensuite les enfourner avant même qu'ils ne soient décongelés. Emballez-les très soigneusement dans de l'aluminium, car ils sont plus fragiles une fois congelés.
- C'est sous la forme de compotes et de purées que les fraises et les tomates se congèlent le mieux. D'autres fruits, tels que les pommes, les prunes, les framboises, les abricots et la rhubarbe peuvent être utilisés pour confectionner des compotes qui serviront à préparer de succulents entremets (voir page 224) et sorbets (voir page 234).
- Pour économiser de l'espace et ne pas immobiliser les récipients trop longtemps, tapissez des boîtes vides avec des sacs en plastique. Remplissez-les de soupe, de bouillon ou de sauce et congelez-les. Lorsque le bloc de liquide est bien pris, retirez-le de la boîte et stockez-le au congélateur.
- Je garde toujours au congélateur un peu de Sauce bolognaise (page 213), que je parfume avec des herbes ou des épices, selon l'utilisation que je souhaite en faire.
- Avant de congeler des crêpes ou des saucisses, enveloppez-les individuellement dans du papier sulfurisé. Ainsi, vous pourrez n'en décongeler que la quantité nécessaire et garder le reste au congélateur.
- Si vos glaçons sont collés les uns aux autres dans un sac en plastique, laissez-les tomber : ils se sépareront aussitôt.
- Congelez des blancs d'œufs deux par deux; c'est la quantité nécessaire pour garnir une tarte de meringue.
- Utilisez des pots de yaourt pour congeler de petites quantités de purée, de compote ou d'aliment pour bébé. Stérilisez-les au préalable.
- Les œufs durs font partie des rares ingrédients que l'on ne peut pas congeler. On peut toutefois les incorporer à des plats après les avoir hachés menu. La mayonnaise et la sauce hollandaise ne se congèlent pas bien non plus, mais la mayonnaise peut néanmoins être incorporée dans des plats que l'on souhaite congeler. Les bananes et les avocats noircissent lorsqu'on les congèle. La crème légère ne se prête pas à la congélation, pas plus que le lait qui se dissocie, à moins qu'il ne soit écrémé. Les pommes de terre se congèlent mieux dans une préparation.

GLOSSAIRE

Abattis Pattes, ailerons, cou, tête, foie et gésier d'une volaille.
Agar-agar Sorte de gélatine faite à base d'algues. Elle se présente sous forme de lanières translucides, de pain ou de poudre.
Aiguillette Tranche de chair longue et étroite prélevée dans les blancs de volaille et de gibier à plumes.
Al dente Légèrement croquant sous la dent. Ce degré de cuisson s'applique aux légumes et aux pâtes.
Appareil Mélange d'ingrédients servant de base à une préparation.
Arroser Verser de la graisse ou du jus sur les aliments en cours de cuisson, afin qu'ils ne se dessèchent pas.
Arrow-root Fécule riche en amidon utilisée pour lier des sauces.
Aspic Gelée préparée à partir d'un fond de volaille, de poisson ou de légumes clarifié et moulée autour des aliments.
Bain-marie Bain d'eau bouillante dans lequel on place un récipient contenant une préparation à cuire ou à réchauffer.
Barde Mince tranche de lard gras ou maigre, destinée à recouvrir une pièce de viande ou à foncer une casserole.
Battre en crème Mélanger du beurre et du sucre, jusqu'à ce que le sucre se dissolve et que le mélange devienne léger et lisse.
Beurre manié Beurre pétri en quantité égale avec de la farine, servant à enrichir soupes et sauces.
Bisque Soupe crémeuse préparée à partir d'un coulis de crustacés ou de poisson.
Blanchir Plonger dans l'eau bouillante (ou dans l'huile) avant toute autre préparation, légumes ou viandes pour les attendrir, les nettoyer ou les débarrasser d'un excès de sel. Ce terme signifie également travailler au fouet un mélange de jaunes d'œufs et de sucre jusqu'à ce qu'il blanchisse.
Borchtch Soupe d'Europe de l'Est à base de betterave.
Boulghour Blé germé, séché et concassé.
Bouquet garni Petit paquet ficelé composé de persil, de thym et de laurier, qu'on ajoute aux soupes et aux plats en sauce.
Braiser Cuire doucement à l'étouffée (dans un récipient fermé) avec peu de liquide.
Brandade Purée de morue aillée émulsionnée à l'huile d'olive et au lait.
Brider Maintenir avec de la ficelle les pattes et les ailes d'une volaille.
Caraméliser Transformer du sucre en caramel en le chauffant à feu doux.
Caraque Fin copeau de chocolat roulé servant à décorer un gâteau.
Chemiser Tapisser le fond et les parois d'un moule d'une préparation empêchant le mets de coller au récipient.
Chevrette Trépied métallique.
Clarifier Éliminer les impuretés d'un bouillon. Débarrasser le beurre des substances solides qui le composent, en le faisant fondre et en le filtrant.
Coulis Purée fine de légumes, de fruits ou de crustacés servie en accompagnement.
Court-bouillon Bouillon composé de légumes, d'eau, de vin et de vinaigre ou de jus de citron, servant à pocher du poisson, des fruits de mer et du poulet.
Darne Tranche épaisse de poisson.
Déglacer Ajouter un liquide dans la plaque ayant servi à la cuisson pour dissoudre les sucs caramélisés, afin de confectionner une sauce.
Dégorger Saupoudrez des légumes, des aubergines par exemple, de sel, pour éliminer l'eau de végétation et les rendre plus digestes.
Dégraisser Retirer la graisse à la surface d'une soupe, d'une sauce ou d'un bouillon.
Dhal Nom indien des lentilles, pois et autres légumes secs ; également purée de lentilles.
Dorer Enduire à l'aide d'un pinceau le dessus d'une pâtisserie avec un jaune d'œuf délayé avec un peu d'eau ou de lait.
Écumer Retirer l'écume, la mousse ou la graisse à la surface d'un liquide en ébullition.
Émincer Couper en tranches très fines.
Emporte-pièce Ustensile de forme variable, lisse ou cannelé, qu'on utilse pour découper des abaisses de pâte.
Émulsionner Lier ensemble des ingrédients qui, normalement, se sépareraient, comme par exemple de l'huile ou du beurre avec de l'eau, du vinaigre ou du jus de citron et du jaune d'œuf.
Essence Substance aromatique concentrée.
Extrait Liquide concentré aromatique, utilisé pour parfumer les plats, obtenu par réduction d'un fond de cuisson.
Fillo Pâte grecque et moyen-orientale très fine.
Filtrer Retenir les ingrédients solides d'un liquide en le passant au travers d'une passoire ou d'un chinois.
Foncer Garnir le fond et les parois d'une cocotte ou d'un moule.
Fraiser Écraser une pâte avec la paume de la main pour la rendre homogène.
Frire à la chinoise Cuire des aliments coupés régulièrement dans une poêle à feu vif.
Fumet Bouillon de poisson ou de champignon fortement réduit.
Galantine Préparation à base de morceaux de porc, de gibier, de poisson, de lapin ou de volaille, cuite et prise dans une gelée.
Garam masala Mélange d'épices indiennes composé de graines de coriandre, de cumin, de clous de girofle, de cardamome et de cannelle.
Ghee Nom indien du beurre clarifié.
Glacer Enrober des légumes d'un sirop brillant et caramélisé, ou napper le dessus d'un gâteau.
Gratiner Passer au four chaud un plat saupoudré de chapelure ou de fromage râpé jusqu'à ce qu'il prenne, en surface, une couleur dorée.
Incorporer Mélangez un ingrédient dans une préparation fouettée, en un large mouvement circulaire, de façon à ne pas faire éclater les bulles d'air présentes dans la préparation. On utilise généralement une cuillère en métal.
Infuser Verser de l'eau bouillante sur une substance végétale dont on veut extraire les principes actifs.
Julienne de légumes Carottes, navets, céleri, blanc de poireau coupés en minces lanières.
Larder Traverser la viande à intervalles réguliers pour y introduire, dans le sens des fibres, des lardons.
Lever un filet Prélever à cru un filet de poisson le long de l'arête centrale, avec un couteau aiguisé.
Levure Champignon microscopique se multipliant rapidement dans certaines conditions en provoquant la levée de la pâte. La levure peut être fraîche ou séchée.
Lier Augmenter l'onctuosité d'une sauce ou d'un potage en y ajoutant des éléments divers (farine, jaune d'œuf, beurre, roux, crème, etc.).
Macérer Faire tremper des substances dans du sucre ou un liquide aromatique à froid, jusqu'à ce que les parties solubles soient dissoutes et que les aliments s'imprègnent de parfum.
Maïzena Farine de maïs.
Mariner Mettre de la viande crue à macérer dans un mélange aromatique pour l'attendrir ou lui donner une saveur spéciale.
Mirepoix Préparation composée de légumes et d'aromates utilisée pour relever le jus de viande ou les sauces.
Monder Enlever la peau d'un fruit (principalement les amandes) après l'avoir échaudé.
Mousseline Purée de poisson, de volaille ou de viande blanche, dans laquelle on incorpore des blancs d'œufs et souvent de la crème.
Nage Court-bouillon aromatisé dans lequel on fait cuire des crustacés et qu'on sert en accompagnement.
Napper Couvrir un mets aussi uniformément que possible avec une sauce, une crème ou un coulis.
Pectine Substance contenue dans les fruits dont la solution se gélifie sous l'action de la chaleur. Les fruits riches en pectine sont les pommes à cuire, les groseilles à maquereau, les coings, les oranges amères et les mûres.
Pétrir Travailler de la pâte avec la paume de la main, afin d'obtenir un mélange lisse et homogène.
Pocher Faire cuire des aliments dans un liquide frémissant.
Réduire Concentrer un liquide en le faisant bouillir rapidement, afin qu'une partie de l'eau s'évapore.
Réserver Mettre de côté des ingrédients en attendant de les utiliser.
Rissoler Faire colorer des ingrédients dans un corps gras chaud.
Roux Quantités égales de farine et de beurre, cuites ensemble. Le roux entre dans la préparation de nombreuses sauces.
Ruban (Faire le) Se dit d'un mélange qui se déroule comme un ruban lorsqu'on le laisse couler d'une spatule.
Saisir Brunir la surface de la viande rapidement à feu vif.
Sauter Faire cuire un aliment dans du beurre ou une autre matière grasse, jusqu'à ce qu'il soit bien doré.
Tempura Plat japonais de poisson, de fruits de mer ou de légumes recouverts de pâte et frits.
Trousser Ficeler de la volaille ou du gibier en lui donnant une forme régulière.
Wok Grande poêle en fonte à fond bombé utilisé en Chine pour faire sauter des aliments à feu vif.
Zeste Peau externe colorée des agrumes. Très parfumée, elle sert à parfumer ou décorer les plats.

INDEX

A
Abats 150-151.
Achards 8
Agar-agar 225; voir aussi gélatine
Agneau 146-147
  désosser et farcir 146
  préparer un carré d'agneau 147
  tableau de température 159
Ail 10
Ananas 222, 224
Aneth 10, 12
Angélique 10
Anis étoilé 132
Artichauts 47
  sauce mystère 65
Asperges 47, 52
Aspic 32, 33, 103
Aubergines
  conserves 307
  et gombos à la menthe et aux pignons 62-63
  préparation 48
Avocats 48

B
Babas au rhum 291
Bain-marie 216
Basilic 10
Beignets de courgettes 54
  de légumes 54
Beurre à la cannelle 288
  clarifié 96
  d'amandes 209
Biscuit 276-277
  express 277
  fondant 276
  long 267
  roulé 267
Bisque de poisson 39
Blanchir 312
Bocaux et bouteilles 8
Bœuf 144-145
  braisé 160
  cuisson à l'eau 164-165
  cuisson à la poêle ou au gril 163
  cuisson en cocotte 160
  découper 145, 166
  rôti 156
  salé 164
  tableau de température 157
  techniques de cuisson 145
Bombe glacée 237
Bouchées aux lentilles 114
Bouillons
  congélation 313
  de légumes 30-31
  de viande 28-29
  utilisation 31
Boules de neige 278
Boulettes aux épinards et aux champignons 170
  de viande 153
Boulghour de viande 110
Bouquet garni 10
Bourrache 10
Brioche 290-291
  traditionnelle 290
Brochettes 133, 163, 183
Brocoli 44, 52
Bulbes 46-47

C
Cabillaud à la sauce aux crevettes et à l'aneth 141
Cailles
  à la vapeur 187
  au barbecue 183
  aux poires 192
  cuisson 179
  découpe 189
Cake léger 269
  royal 269
  royal aux fruits et aux noix 278
Calmars 126-127
  aux poireaux et aux épinards 139
  farci 127
  préparation 126
Calzone 89
Canard
  cuisson 179
  découpe 175, 189
  désossage 177
  fruité 192
  grillades 182
  rôtissage 179
  terrine 104
Cannelle 12
Cannelloni à la dinde et au fenouil 90
  au crabe et au saumon 92
Câpres 8
Cardamome 12
Carré de porc rôti 159
Carvi 12
Cassoulet 114
Céréales 110-111
Cerfeuil 10
Cerises au cognac 307
Champignons 51
  farcis 60
  lyophilisés 9
  marinés 309
Chapatis 293
Charlotte glacée au chocolat 236
Chevreuil
  morceaux et préparation 154-155
Chips 43
Chocolat
  coupe en 231
  décoration 230
  fonte 230
Chou 45, 52
  blanc 45
  de Bruxelles 44
  -fleur 44
  -fleur au vinaigre 305
  rouge au vinaigre 305
  rouge braisé 59
  vert 45
Christmas pudding 219
Chutneys 8, 304-305
  à l'orange et au poivron 308
  à la pomme verte 304
  à la tomate 304
Ciboulette 10
Cinq-épices 12
Citronnelle 10
Citrons en saumure 309
Civet de lièvre aux coings 171
Clams 123
Clémentines épicées 307
Clous de girofle 12
Cœur 151
  au chocolat et aux framboises 241
Compote de pommes 207
  lisse 224
Condiment 8
  aux abricots et à la tomate 309
Confiture 300-301
  choix des fruits 300
  de framboises 309
  de prunes 301
  mise en pots et conservation 300
  test de cuisson 300
Congélation 312-313
Conserves 8
  confitures et gelées 300-301
  conserves particulières 306-307
  lemon curd et marmelades 303
Consommé de bœuf 32
Cookies 277
Coq de bruyère 185
  sauce mystère 192
Coquelets
  à la coriandre et au citron vert 191
  à la vapeur 187
  au barbecue 183
  cuisson 179
  découpe 189
Coques 8, 122
Coquilles Saint-Jacques 123
  aux tomates et à l'avocat 138
Coriandre 10, 12
Côtes de porc au roquefort et poires au four 170
  grillées 162
Coulis 208, 241
  d'oranges 241
  de fraises 208
  de framboises 208
Courges 49
  cuites au four 57
Courgettes grillées au fromage et aux noix 62
Court-bouillon 30, 130
Couscous 110
Crabe 124
Crème à la noix de coco 241
  anglaise classique 210
  au beurre 274
  aux fruits 224
  blanche sucrée 209
  brûlée 240
  caramel 217
  chantilly 211
  de légumes 34
  de poulet aux huîtres fumées 38
  pâtissière 211
Crêpes 74
  congelées 313
Crevettes 124
  papillons 133
  tempura 129
Croissants 288
Croquettes de poissons 129
  de saumon 138
Croûtons grillés 35
Crustacés 124-125
Cumin 12
Curcuma 12
Curry d'agneau 161
  de légumes 58, 79

D
Décongélation 312-313
Dinde
  cuisson 179
  découpe 188
  rôtissage 178-179

E
Éclairs 255
Eggah 72, 73
Entremets
  aux coings 240
  aux fruits 224
  aux fruits de la passion et à l'orange 239
  aux œufs et au lait 216-217
  cuits à la vapeur 218-219
  de la Saint-Jean 238
  en chemise 257
  épaississants express 199
  glacés 236-237
  recette de base 218
Épaule d'agneau 158
  farcie en croûte 168
Épices 9, 12-13
  mélangées 12
Épinards 45
  à la purée de patates douces et de navets 63
Équipement de cuisine
  au four 20-21
  couper et hacher 16-17
  de base 14-15
  mélanger, écraser et mesurer 22-23
  spécialisé 24-25
  ustensiles de cuisson 18-19
  Escalopes de veau 162
Estragon 10
Éventail de l'empereur 141

F
Faisan
  cuisson 179
  découpe 189
  en cocotte 185
  rôti à l'indienne 192
Faux-filet 156
Fenouil 10, 12, 46
  gratin 57
  salade 50
Fenugrec 10
Feuilletés 250
  à la viande 251
Feuilles de vigne 8, 61
Fèves 44
Filet d'agneau grillé à la sauce au yaourt 170
  de porc aux fruits 169
  de saumon farci sauce au safran 140
  mignon 149
Fines herbes 10
Flan 217
Foie 151
Fonds bruns 28
  de cuisson de base 28
  de volaille ou de gibier 29
Fougasse aux olives noires 296
Fricadelles de veau et de rognons à la tomate 168
Frites 43
Friture à la poêle 128
Fruits en compote 224
  pochés 224
  secs 8, 9, 268
Fumet de poisson 31

G
Galettes de riz farcies 79
  de pommes de terre 54
Garam masala 12

Gâteau
à l'orange 270
à l'orange et aux fraises 278
à la carotte 270
à la pomme 271
au chocolat 272-273
au chocolat et au caramel 273
au fromage blanc cru 233
au fromage blanc cuit 233
au robot ménager 265
aux amandes 271
aux fruits 268, 269
aux fruits, aux légumes et aux noix 270-271
aux fruits secs 268-269
cuisson 263
décoration et glaçages 274-275
de pommes de terre 54
de riz au four 216
de Savoie 267
exotique au chocolat 279
fourré 264
fourré aux myrtilles 279
individuel 265
meringué aux framboises et au chocolat 240
préparer un moule 262
préparer une plaque à pâtisserie 263
renversé aux fruits 221
techniques de base 262-263
Gaufres 75
Gélatine
dissolution aux micro-ondes 311
utilisation 224-225
Gelée 300
aux pommes et à la menthe 308
de fruits 225
de groseille 301
Genièvre 12
Génoise aux fruits 266
fouettée 266
Gibier 154-155
Congélation 312
Gigot d'agneau 158
Gingembre 12
Glaçage
à l'eau 274
à la pâte d'amandes 275
royal 275
Glace 234-235
à la vanille 235
menthe-chocolat 239
Gnocchi
aux poireaux et céleri-rave 65
de pommes de terre 87
de semoule au four 87
Gombos 49
Gougère 255
Graines et haricots germés 113
Grains d'anis 10
Granité 234
Gratin de fenouil 57
de fenouil et de pommes de terre 63
de pâtes 91
de poisson doré 141
Gravalax 135
Grillades de légumes mélangés 55

H

Hamburgers maison 153
Haricots 44-45
Haricots verts 44
à rames 44
Herbes 10-11
congelées 313
Homard 125
Huile 8
d'olive pour les sauces 204
parfumée 36
parfumée aux herbes 307
Huîtres 123

I

Ingrédients secs et séchés 8

J

Jalousie 251
Jambon 149
cuisson 165
découper 167

K

Kippers 136

L

Langue de bœuf en gelée 165
Lapin 155
à la moutarde et au potiron 171
Lard 149
découpe 167
morceaux et techniques de cuisson 148
préparation du lard 149
Lasagne 84
Laurier 10
Légumes
aux micro-ondes 310
braisés et cuits à l'étouffée 58-59
congélation 312
couper menu 42
cuisson à l'eau et à la vapeur 52-53
cuisson au four 56-57
farcis 60-61
frits et grillés 54-55
fruits 48-49
verts, petits pois 44-45
Légumes secs 8, 112-113
aux micro-ondes 311
cuisson 112
purées et sauces 113
trempage 112
Lemon curd 302-303
Levure 282
Lièvre 155
Livèche 10
Linzertorte 221

M

Macis 12
Maïs 47
Maquereau grillé farci 140
Marinades pour
gibier 154, 155
poisson 126, 135, 138
terrines 99
viande 158, 163
volaille 182, 183, 187, 192
Marjolaine 10
Marmelade 302-303
d'oranges 303
Méli-mélo de viande en croûte 259
Mélisse 11
Menthe 11
sauce 207
Meringue
dans des entremets glacés 237
italienne 227
pour garnir une tarte 227
suisse 226
sur le feu 226
Micro-ondes 310-311
Miel au sureau et à la noisette 308
Mincemeat 306
Moelleux au chocolat 273
Mollusques 122-123
Morue salée 137
Moules 8, 122
marinière 122
Mousse
au chocolat 229, 237
de navets à l'ail 104
de poisson fumé 97, 136
froide 100
Moutarde 12
Muesli 111
Mulet aux épices 140
Muscade (noix de) 13

N

Noisettes caramélisées 228
Nouilles 86-87
à l'orientale 86
chinoises aux légumes 93

O

Œufs
au plat 70
brouillés 70-71
brouillés au saumon fumé 135
cuisson à la poêle et au four 70-71
cuisson à l'eau 68
cuits au four 70-71
cuits dans un plat 71
de cabillaud fumés 137
mollets sur un curry de légumes 79
pochés 69
pochés sur un coussin vert 78
recommandations 68
Oie
découpe 189
rôtissage 179
Oignons 46
Olives 8
Olivettes de bœuf 145
Omelettes
classique 72
plate 73
soufflée 73
Orange, préparation 222
Origan 11
Oseille 11

P

Paella 109
Pain
à la banane 295
au bicarbonate de soude 283
au fromage et à la tomate 297
au malt 295
aux abricots et aux raisins 296
aux graines 284, 297
aux légumes et au fromage 285
aux oignons et au fromage 284
aux pruneaux et au citron 297
aux raisins 286
brioché 294-295
d'épices 269
de seigle 284
exotiques 292-293
façonner la pâte 283
farci à l'huile d'olive 285
rapide au chocolat 287
recette de base 282
salés 284-285
sucrés 286-287
techniques de base 262
Pancakes 75
Pannequets 75
Papillons aux boulettes de viande 91
Parathas 293
Parfait 235
Pâte
à biscuits 264-267
à choux 254-255
à crêpes et à beignets 74-75
à frire 74-75
à strudel 252, 253
au chocolat 249
brisée 246-247
congélation de la pâte 313
pour les tempura 129
sablée feuilletée 250-251
sucrée 248-249
sucrée au beurre chaud 249
techniques de base 244-245
Pâte d'amandes 275
Pâtes
au haddock 138
au poulet et à l'estragon 90
au saumon et au haddock 90
aux micro-ondes 311
aux navets et au chorizo 93
de couleur 85
farcies 85
fraîches 82
machines à 83
sauces 83
Pâtés
de foies de volaille express 96
en croûte 99
Pavés au chocolat 278-279
Pectine 300
Perdrix, découpe 189
Persil 11
Pet-de-nonne 254
Petits pains à croisillons 287
à la ciboule et au fromage 296
Petits pois 44
Pickles d'oignons 305
Pigeon 182, 184
en cocotte 184
Piment 13, 49
de Cayenne 13
de la Jamaïque 13
Pintade
au barbecue 183
cuisson 179
découpe 189
Pita 292
Pizza 88-89
aux pois chiches et aux poireaux 92
napolitaine 88
Poireaux 46
braisés 64
Poisson
à la vapeur et à l'eau 130-131
au barbecue 133
aux micro-ondes 118, 310
choisir et préparer 118
congélation 118, 312
cuisson au four et au grill 132-133
cuisson au four en cocotte 132

cuisson en friture 128
dépouiller les filets 119, 121
écailler, nettoyer et vider 118
en cocotte 131
farci 119, 121, 130, 133
friture 128-129
friture à la poêle 128
fumé, salé et séché 136-137
grillé 133
idées de préparation 130
lever les filets 119, 120, 121
papillotes en aluminium 132
papillotes en papier 132
plat 120-121
poché 130
préparation 138
rond 118-119
vider un poisson par les ouïes 118
Poitrine de veau farcie 145
Poivre 13
Poivrons 49
à l'huile 307
farcis 61
grillés 55
Polenta 111
Pommes de terre
au four 56
aux micro-ondes 311
chips 43
en purée 53
frites 43, 54
rôties 57
salade 51, 136
sautées au gingembre et aux épices 65
variétés 43
Porc
choisir 148
désosser et rouler 148
grillades 162
morceaux et techniques de cuisson 148
rôti 158
Porridge 111
Potage 35
Potiron farci 60
Poulet
à la vapeur 187
au poivron jaune et à la sauce à l'aneth 190
aux amandes et au lait de coco 190
aux aromates 191
brochettes 183
cuisson 179
découpe 175, 188
désossage et farce 176-177
frit 180-181
grillades et au barbecue 182-183
poché 186
préparer et trousser 174
rôti 178-179
Poulpe 127
Profiteroles 255
Pudding classique 216
Purée d'aubergines 97
de haricots secs gratinée 115
de légumes 53
d'épinards et de petits pois au chou et au parmesan 64

Q

Quenelles 101
Quiches 247

R

Ratatouille 59
Ravioli 85
Ris 151
Risotto 109
Riz 8, 108-109
à la créole 108
à l'indienne 108
au safran et au coco 115
aux micro-ondes 108, 311
basmati croquant 114
pilaf 109
préparation et cuisson 108
Rognons 150
Romarin 11
Roquette 11
Rôti
barder 156
d'agneau et de porc 158
de bœuf et de veau 156
de porc aux pommes de terre et aux épices 169
de porc en cocotte 161
de veau aux pruneaux et au gingembre 168
Roulade 77
aux anchois 78
Roulé à la confiture 79
Rouleaux de poulet farcis 190-191

S

Sablés 276
Sachertorte 272
Safran 13
Salade
chaude et froide 62
composée 50
de carottes aux oranges et à la ciboule 64
de champignons 51
de chou 45
de fruits frais 223
de fruits secs 223
de haricots et de poivrons grillés 115
de légumes 50-51
de pommes de terre 51, 136
de tomates 51
niçoise 51
verte 50
Sarriette 11
Sauce acidulée 206
aïoli 202
à l'oignon 207
à l'orange 209
à l'orientale 207
à la noix de coco 213
au chocolat 213
au fromage 196
au pain 212
au persil 196
au pistou 8, 207
au yaourt 205
aux champignons et à la crème 197
aux écrevisses 197
aux fruits 207
aux fruits et aux légumes 206-207
aux kumquats et à l'aneth 212
aux prunes et à la menthe 212
béarnaise 200, 201
béchamel 196
béchamel au fromage 196
beurre blanc 201
blanche 196-197
bolognaise 213
brune 198-199
brune classique 198
caramel au beurre 209
chaude au chocolat 213
choron 200
émulsionnée 200-203
espagnole 198
express 157
foyot 200
hollandaise 200, 201
indienne aux champignons 212
maltaise 200
mayonnaise 8, 202-203
mayonnaise aux poivrons 203
melba 208
nantua 197
pour rôti 199
sabayon 211
tartare 203
tomate 8, 83
tomate express 89
tomate fraîche 206
veloutée 197
veloutée rouge 213
Saucisses 149
congélation 313
surprise 78
Sauge 11
Saumon 134-135
cuit au four 135
froid mariné 135
fumé 135
préparation 134
trancher 135
Savarin 291
Scones 294
Selle de chevreuil aux épinards et aux rognons 171
Sirop de sucre 208
Sorbet 234
au cassis 234
Soufflé
au citron 229
au fromage 76
au Grand Marnier 228
aux fruits de la passion et au citron 238
glacé 236
salé 77
sucré chaud 228
Soupe
à la framboise et à la menthe 37
aux carottes et aux canneberges 38
aux échalotes et à l'estragon 38
aux fruits de mer 39
aux légumes et aux œufs de caille 39
aux tomates et aux poivrons 36
claire 32-33
claire à la chinoise 33
crue au robot 36
d'été indienne 38
de poulet aux huîtres fumées 38
épaisse et passée 34-35
froide 36-37
Steak 163
Stollen 287
Strudel aux pommes 253
Sureau 11

T

Taboulé 110
Tagliatelle verdi aux calmars et à la sauce verte 93
Tamarin 13
Tarama 137
Tarte
à l'oignon, à l'ail et au safran 259
à la mélasse 220
aux bananes et aux noix de pécan 241
aux fraises et au citron vert 258
aux fruits 220-221
aux fruits de mer 139
aux myrtilles 258
aux pommes et aux pignons 258
caramélisée à l'orange 238
renversée 221
surprise 221
Tartelettes salées 247
Terrine
à la viande 98
chaude de poisson 105
de canard, de poulet et de porc 104
de fruits 225
de légumes 103, 104
de poisson 102
de viande 98-99
en croûte 105
Thym 11
Thermomètre à viande 23, 159
Tortellini 85
Tortilla 72, 73
Tourte au gibier 256
aux fruits 230
aux œufs, au fenouil et à la tomate 64
salée 247
Travers de porc 163
Truite saumonée 134-135
Tubercules 42-43

V

Vanille 13
Veau
morceaux et techniques de cuisson 145
Viande
aux micro-ondes 310
congélation 312
cuisson à l'eau 164-165
cuisson à la poêle ou au gril 162
cuisson en cocotte 160-161
découper 166-167
en brioche 157
hachée 152-153
marinades 154, 155, 158, 163
Viennoiseries 288-289
garniture 289
Vinaigres 8
Vinaigrette
classique 204
au fromage frais 205
au roquefort 205
au yaourt 205
épicée 305
Volaille et gibier à plumes
aux micro-ondes 310-311
congélation 312
décongélation 174
découpe 188-189
désosser et farcir 176-177
en cocotte 184-185
fritures et plats sautés 180-181
grillades et barbecue 182-183
marinés 182, 183, 187, 192
pochés et cuits à la vapeur 186-187
préparation 174-175
rôtissage 178-179

Y

Yaourt
marinade 158, 163, 182
sauce 205
Yorkshire pudding 74

REMERCIEMENTS

Il y a bientôt deux ans que j'ai commencé la rédaction de ce livre et je remercie chaleureusement tous ceux qui m'ont encouragée et aidée tout au long de ce travail : mon mari et mes enfants, en particulier mon fils Henry qui est devenu mon « coéquipier » en cuisine, Gwen et Bert Grimmond dont l'aide dans la maison et le jardin m'a permis de me consacrer à mon livre, mes amis John et Nicola Hilton, chez qui j'ai préparé de très nombreuses recettes, Christina Gascoigne, qui m'a écoutée patiemment chaque jour. Toute ma reconnaissance va aussi à Roz Denny, qui a tout vérifié dans le livre avec objectivité et son efficacité habituelle ; à Sandy Carr, Fiona Holman et Beverly Le Blanc, mes éditeurs, qui m'ont soutenue sans faillir malgré les échéances, et à Susie Macdonald, qui m'a été d'une aide précieuse en tapant avec enthousiasme et rapidité la plupart du manuscrit. Enfin, je voudrais remercier ma mère, qui la première me fit découvrir les plaisirs de la nourriture.

Les éditeurs tiennent à remercier les personnes et organismes suivants, grâce auxquels ils ont pu réaliser cet ouvrage :

Judy Bastyra, Bodum, British Chicken Information Service, Elizabeth David Cookshop, Flour Advisory Bureau, Indigo, Leon Jaeggi & Sons Ltd, Norma MacMillan, Caroline Macy, Magimix UK Ltd, Stuart McClymont, David Mellor, Sea Fish Industry Authority, Petra Steenhamker, Susanna Tee, Villeroy and Boch Tableware Ltd, Josiah Wedgwood & Sons Ltd, Elizabeth Wolfe-Cohen, Sandy Carr, Douglas Wilson, Fiona Holman, Sara Kidd, Michael Leaman, Beverly Le Blanc, Jane Haworth, Wendy Toole, Sally Powell, Siobhan Bremner, Gemma Hancock, Mary Cadogan, Roz Denny, Louise Pickford, Bridget Sargeson, Naomi Good, Rebecca Gillies, Jane Haworth.

Photographies : Clive Streeter, Struan Wallace, Simon Wheeler (ouvertures de chapitres)
Illustrations : Diana Leadbetter (dessins en couleurs), Coral Mula (séquences filmées)